宁夏通志

宁夏通志编纂委员会 编

七 建设环保卷（上）

方志出版社
Publishing House of Local Records

图书在版编目(CIP)数据

宁夏通志·建设环保卷 / 宁夏通志编纂委员会编. -- 北京 : 方志出版社, 2010.12

ISBN 978-7-5144-0013-7

Ⅰ. ①宁… Ⅱ. ①宁… Ⅲ. ①宁夏-地方志 ②环境保护-概况-宁夏 Ⅳ. ①K294.3

中国版本图书馆CIP数据核字(2010)第245846号

宁夏通志·建设环保卷

编　　者：宁夏通志编纂委员会

责任编辑：李　沛

出 版 人：冀祥德

出 版 者：方志出版社

地址　北京市朝阳区潘家园东里9号(国家方志馆4层)

邮编　100021

网址　http://www.fzph.org

发　　行：方志出版社发行中心

电话(010)67110500

经　　销：各地新华书店

印　　刷：宁夏报业传媒印刷有限公司

开　　本：787×1092　1/16

印　　张：128

字　　数：987千字

版　　次：2010年12月第1版　2016年3月第2次印刷

印　　数：2001~3000册

ISBN 978-7-5144-0013-7　定价(上、下册)：368.00元

宁夏回族自治区地方志编审委员会

（2010年10月调整）

宁夏回族自治区地方志编审委员会

（2011 年 10 月调整）

宁夏通志编纂委员会

（2010年10月调整）

宁夏通志编纂委员会

（2011年10月调整）

《宁夏通志·建设环保卷》编纂领导小组

（2004年8月成立）

组　　长　田　明

副 组 长　何　琮　王辛武　王建国　马利明　樊自保

成　　员　马　力　张守志　李桂珍　金韶琴　金国兴

　　　　　李玉明　宋红斌　王田才　魏建华　罗存仁

《宁夏通志·建设环保卷》编纂领导小组

（2006年12月调整）

组　　长　刘学军

副 组 长　邸国卫　王辛武　王建国　马利明　刘化齐　于天恩

　　　　　何　琮

成　　员　张守志　李桂珍　张吉胜　金韶琴　金国兴　李卫华

　　　　　钱全富　房生金　李玉明　宋红斌　万东刚　王田才

　　　　　张沁元　罗存仁

《宁夏通志·建设环保卷》编纂领导小组

（2008年5月调整）

组　　长　刘慧芳　冯志强

副 组 长　王建国　刘化齐　陈银生　蔡　琦

成　　员　张吉胜　郑德金　潘多俊　金韶琴　金国兴　何　琮
司继涛　刘延刚　张沁元　魏建华　万东刚　强小媛
罗存仁

《宁夏通志·建设环保卷》编纂领导小组

（2010年10月调整）

组　　长　刘慧芳　冯志强

副 组 长　刘化齐　李玉明

成　　员　马占林　白耀华　张吉胜　郑德金　潘多俊　刘德军
李桂珍　鲁国会　郑忠安　金国兴　蔡　琦　强小媛

《宁夏通志·建设环保卷》编辑部

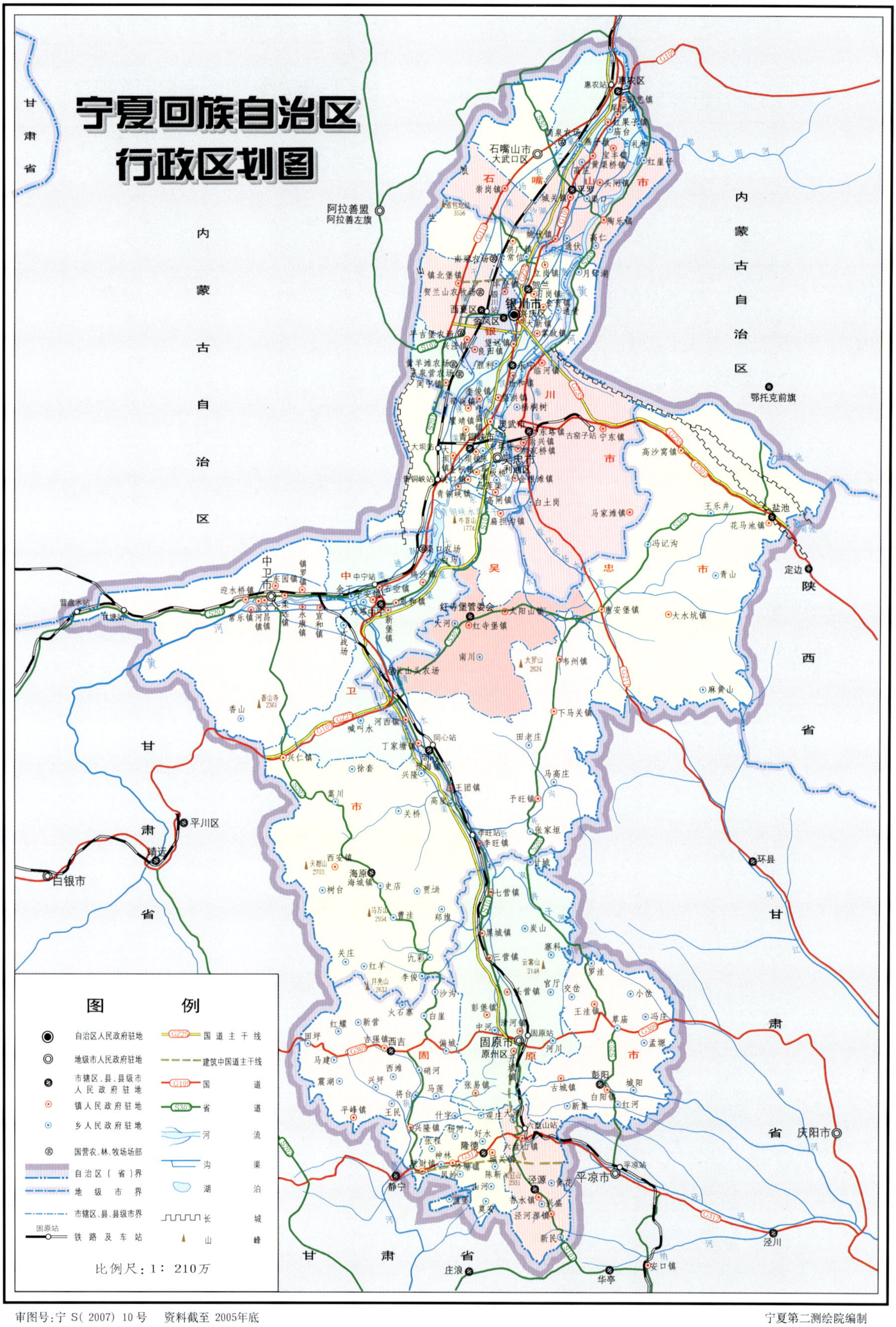

审图号：宁 S(2007) 10号　资料截至 2005年底

宁夏第二测绘院编制

建设篇

国家部委领导视察考察城乡建设工作

2001年2月，建设部部长汪光炁（前排右三）在自治区主席马启智（前排右二）、副主席马骏廷（前排右四）陪同下考察银川住宅小区建设。

2009年8月，住房城乡建设部部长姜伟新，自治区领导陈建国、崔波、蔡国英、李锐等与建设厅机关干部职工合影。

2005年5月，建设部部长汪光炁（中）考察银川规划档案馆。

2009 年 8 月，建设部部长姜伟新（左三），自治区党委书记陈建国（左五）考察宁夏保障住房建设。

2009 年 8 月，建设部副部长仇保兴（右三）在自治区党委常委、银川市委书记崔波（右二），建设厅厅长刘慧芳（前排右一）陪同下考察银川住宅建设。

自治区领导考察、检查、调研

2008年5月，自治区党委书记陈建国(右)、自治区主席王正伟(左)为宁夏建工集团有限公司成立揭牌。

2008年2月，自治区党委书记陈建国(前排左三)、自治区党委常委刘晓滨(前排左四)、自治区副主席郝林海(前排右一)在自治区建设厅党组书记、厅长刘慧芳(前排左二)陪同下视察经济适用住房建设。

2008年7月，自治区主席王正伟(左二)视察住宅建设。

2007 年 9 月，自治区党委副书记于革胜（前排左二）调研新农村建设。

2008 年 8 月，自治区副主席李锐（左二）在建设厅厅长刘慧芳（左三）陪同下赴甘肃慰问宁夏援建人员。

2008 年 3 月，自治区副主席李锐（左四）、主席助理田明（左三）视察新农村建设。

1998年8月，自治区党委书记毛如柏(左四)接见中国建设报社赴宁夏采访组及宁夏记者站成员。

2010年8月，自治区主席王正伟(左三)、自治区党委副书记于革胜(左四)、副主席郝林海(左一)考察城乡建设工作。

2008年8月，自治区副主席李锐(左三)、建设厅厅长刘慧芳(前排左五)、建设厅总工程师郑德金(前排左一)在援建工程现场。

2000 年 7 月，自治区党委书记毛如柏(右二)考察建筑市场。

2008 年 9 月，自治区副主席李锐(右)在过渡房交接仪式上接受甘肃省副省长泽巴足(左)赠送锦旗。

自治区建设厅及相关部门领导检查指导工作

1996年3月，自治区建设厅党组书记、厅长黄超雄（中）为先进单位颁奖。

2002年，自治区建设厅领导成员合影（右起李桂珍、王辛武、田明、王建国、张守志、马力、钱全富）。

2007年6月，自治区建设厅党组书记、厅长刘学军（右二）在基层检查工作。

2008年5月，自治区建设厅党组成员、副厅长张吉胜(左三)参加建筑节能宣传活动。

2009年5月,自治区住房和城乡建设厅领导班子合影。

2008年8月,自治区建设厅厅长刘慧芳（中）和援建指挥部工作人员合影。

城乡建设活动

2009年，自治区建设厅表彰全区建设行业先进。

2008年12月，平罗县城关镇农民向自治区建设厅赠送牌匾。

2009年1月，自治区建设厅领导班子参加厅机关及直属单位春节团拜会。

2009 年 4 月，自治区召开沿黄城市带建设启动大会。

自治区建设厅召开轻型抗震房屋推广应用座谈会。

自治区建设厅召开建筑施工安全生产管理现场观摩会。

省际援建

2008年8月，自治区建设厅党组书记、厅长刘慧芳（左一）赴甘肃天水慰问援建人员。

2008年5月，自治区建设厅向四川地震灾区捐赠环卫车辆和救灾物资。

2008年5月，自治区建设系统组建抗震救灾小分队赶赴汶川地震灾区。

城乡建设面貌

古城银川。

1978年银川旧城。

宁夏商业大厦旧貌。

银川新貌。

银川新区建设。

湖城银川。

1978年的银川解放街、民族街口。

银川市城市街道新貌。

城市绿化。

石嘴山星海家园农民新居。

银川牡丹园住宅小区。

银川湖畔嘉苑住宅小区。

唐徕渠新貌。

银川唐徕渠综合整治项目获中国人居环境范例奖。

中房天鹅湖小镇。

2008年，全国园林绿化城石嘴山市新貌。

中华回乡风情园。

银川鸣翠湖。

中卫综合整治后的农村新貌。

吴忠新区。

1978 年的固原城东。

1978 年的固原邮电所。

固原行政区广场。

固原东岳山。

永宁县李俊镇许桥村二、三队。

环保篇

国家及部委领导视察考察环境保护工作

2005 年 5 月，全国人大常委会副委员长盛华仁（前排中）在宁夏考察工作，全国人大环资委主任毛如柏（左）、自治区副主席王正伟（右）陪同考察。

2009 年 8 月，国家环境保护部部长周生贤（前排中）在同心县考察调研。

2003 年 7 月 26 日，国家环保总局局长解振华（中）在宁夏考察调研。

2004 年 8 月，自治区主席马启智（右一）陪同国家环保总局副局长潘岳（前左二）在宁夏沙湖自然保护区考察。

2006 年 9 月 5 日，国家环保总局副局长吴晓青（前左三）在宁夏考察调研农村生态环保，自治区副主席刘慧（左二）陪同调研。

2006 年 9 月 4 日，国家环保总局副局长吴晓青（中）、自然生态司司长万本太（右一）在中卫沙坡头、灵武白芨滩考察生态保护工作。

2009年2月，环保部副部长周建(左二)在自治区常务副主席齐同生(前右二)陪同下，考察宁东能源化工基地。

2009年7月，自治区主席助理田明(右一)陪同环保部纪检组长傅雯娟(左三)考察宁夏麻黄沟黄河出境断面水质情况。

1992年秋，国家环保局局长曲格平(前左三)在银川检查，应邀为在银川参加全国环保系统宣传处长会议的代表及银川党、政、企代表作《中国的可持续发展》专题报告，会后与宁夏环保职工亲切交谈。

2002年8月31日，国家环保总局副局长王心芳（左一）在宁夏考察。

1998年9月12日，国家环保总局副局长王玉庆（前左三）参加宁夏第四次环保大会后检查环保工作。

1993年秋，国家环保局副局长金鉴明（右二）在中卫沙坡头自然保护区考察。

1991年春，宁夏举行中宁石峡沟陆相泥盆系及其生物群保护点揭碑仪式，地矿部副部长张宏仁(左三)、自治区副主席任启兴(右三)等领导及工作人员在碑前合影。

自治区领导考察、检查、调研

2004年3月30日，自治区党委书记陈建国（前右二)、自治区主席马启智(前左二)带领有关部门负责人对全区环保工作进行视察。

2004年3月，自治区党委书记陈建国(前左一)到宁夏赛马水泥股份有限公司视察调研企业污染治理工作。

2010年8月30日，自治区主席王正伟在全区农村环境连片集中整治项目启动仪式上讲话。

2004年3月，自治区主席马启智（右二）到企业调研环境保护（污染防治）工作，主席助理郝林海（左二）等陪同调研。

2008年7月，自治区政协主席项宗西（右一）考察调研宁夏启元药业水污染治理情况。

2005年11月，宁夏危险废物和医疗废物处理中心奠基典礼在宁东举行，自治区副主席王正伟(前左二)、自治区人大副主任李国芳(前左一)、自治区政协副主席马瑞文(前右二)、自治区计委副主任冯志强(前右一)出席开工典礼。

2008年6月，首届“宁夏十大环保人物”颁奖大会在宁夏人民会堂举行，自治区党委常委、宣传部部长杨春光(右)为获得“宁夏十大环保人物”之一的王有德颁奖。

2009年11月20日，自治区环保厅、文化厅、宁夏书画院联合举办宁夏首届“人与自然和谐暨全区书画作品联展”。自治区人大副主任何学清(中)与有关领导在观看展览。

2008年9月19日，自治区副主席郝林海（前左一）在青铜峡大坝电厂调研脱硫工程建设情况。

2003年秋，自治区领导于革胜（中）、郝林海（右）检查农村环保工作，自治区环保局副局长王永忠（左）陪同检查。

1989年6月14日，在全区环境保护会议上，自治区副主席任启兴（右）与石嘴山市副市长缪应祥（左）签订环保目标责任书。

1988年4月1日~7日，在宁夏第七个“爱鸟周”期间，自治区环保局与自治区林业厅联合在银川中山公园举办“爱鸟周”活动，自治区顾委主任薛宏福、自治区人大副主任丁毅民、自治区副主席马思忠出席。薛宏福主任为活动题词。

2005年5月7日，自治区人大副主任韩有为(中)在银川市检查环境保护工作。

2002年8月13日，自治区人大常委会副主任黄超雄（前左二），带领环保执法检查组在中卫美利纸业集团公司进行环保跟踪执法检查。

2006年4月26日，自治区人大副主任马骏廷（右一）检查企业污染治理工作。

1994年7月，自治区政府、国家环保局、铁道部联合在银川对中卫铁路固沙林场荣获联合国“全球500佳”举行表彰大会，自治区副主席刘仲（前排左六）、国家环保局副局长王玉庆（前排左四）、铁道部副部长傅志寰（前排右四）等领导出席大会并与获奖者及会议代表合影留念。

1997年6月，自治区政协副主席周振中（右三）考察调研石嘴山落石滩四合木分布及周边环境污染情况。

自治区环保厅(局)历届领导及有关部门领导检查调研工作

2009年5月，自治区环保厅党组书记、厅长冯志强(右)在全区环境保护工作会议上与国控污染源重点监控企业签订污染减排目标责任书。

2006年10月31日，自治区环保局党组书记、局长郧国卫(左二)在中卫市委书记刘云(左一)、副市长刘慧芳(右一)及有关部门负责人的陪同下实地考察中卫沙坡头机场建设。

2009年7月，环保部召开上半年主要污染物总量减排核查核算视频会议。自治区环保厅副厅长鲁国会(前排中)、郑忠安(前右二)，总工金国兴(前左二)、纪检组长蔡琦(前右一)和副厅长强小媛(前左一)参加分会场会议。

2005年6月，自治区党委组织开展保持共产党员先进性教育活动，驻环保局督导组组长杜成挺（中）在自治区环保局副巡视员李玉明（右二）陪同下督导调研中卫沙坡头国家级自然保护区工作。

2007年4月27日，自治区政府新闻办公室就宁夏环境保护有关情况举行新闻发布会，邀请自治区环保局局长邸国卫（左二），副局长马利民（右二）、金韶琴（左一）出席。

1999年夏，《宁夏自然保护区发展规划（1998~2010年）》编制中，自治区环保局局长何琮（左四）、副局长李天鹏（左二）带领有关专业技术人员在中卫香山对规划中的拟建保护区进行实地考察。

1995年4月，在盐池县城西南方突现地下水喷涌并形成一定面积的水域，自治区环保局组织有关工程技术人员会同吴忠市、盐池县环保部门负责人对水域湿地进行实地考察。

1995年9月，西北五省区环保协作会议在宁夏化工厂招待所召开，自治区环保局局长孙宁璋（前左）听取代表发言。

1994年夏，自治区环保局党总支书记赵培栋（左二）带领有关专业技术人员在灵武白土岗地区考察调研生态示范基地建设情况。

2009年6月5日，自治区环保厅在银川市光明广场举办纪念“六·五”世界环境日大型宣传活动。自治区环保厅厅长冯志强（中）、自治区党委宣传部副部长房全忠（右）、自治区政府副秘书长曹志斌（左）亲临活动现场。

1988年春，自治区建设厅厅长董家林（右一）、纪检组组长高起飞（左一），自治区环保局局长艾先源（右二）在中卫沙坡头自然保护区考察调研。

1990年冬，全区环保系统局（站）长会议在自治区环保局召开，自治区建设厅副厅长范大焜（左二）出席。

污染防治

1990年4月,全区乡镇工业污染源调查培训班在自治区环保局举办。

1995年9月,河南、陕西的建筑垃圾通过铁路运进宁夏,正在参加西北五省区环境保护协作会议的代表就污染转嫁事件接受媒体采访。该事件被国家环保局确定为本年度全国十大污染事件。

1999年6月,宁夏开展“一控双达标”活动。自治区环保局组织工程技术人员对吴忠造纸厂造纸废水排放情况进行检查。

2000 年 6 月，自治区人大常委会执法检查组对石嘴山市部分企业废水排污口进行现场执法检查。

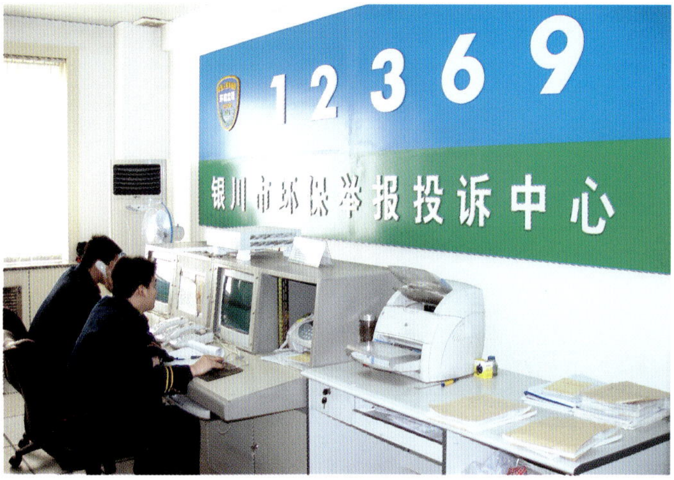

2001 年 11 月 29 日，银川市环保举报投诉中心 12369 投诉电话开通,2002 年 9 月实行 24 小时值班。

2002 年 6 月 3 日，自治区环保局在长庆油田公司第二助剂厂召开污水处理环保示范工程命名大会。

2005年7月4日，中卫市环保部门依法对中卫城区分散采暖锅炉进行拆除。

2006年5月，宁东能源化工基地规划环境影响评价工作领导小组办公室协调会在银川召开。

2007年6月28日，为实现污染减排、淘汰落后产能目标，自治区环保部门对平罗县落后的小水泥生产设施进行爆破拆除。

2009 年 7 月 2 日，环保部组织专家对宁夏放射性废物库建设工程进行检查验收。

2009 年 7 月 29 日，国家水体污染控制与治理科技重大专项宁蒙项目实施启动仪式在灵武市举行。

2009 年 8 月 11 日，自治区环保厅在银川市召开宁东污染源普查工作培训会议。

环境监测

2003年7月，宁夏辐射环境监督站工作人员对使用放射源企业——宁夏长城须崎铸造股份有限公司进行现场常规监测。

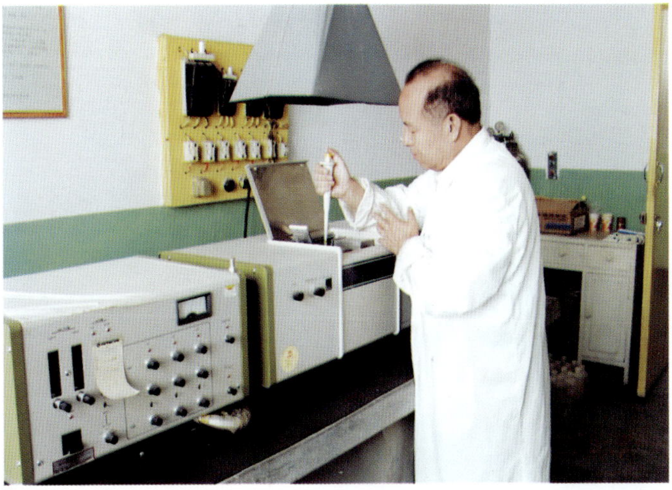

2005年6月，自治区环境监测中心站工程技术人员对所采样品进行化验分析。

2009年9月，宁夏宝塔石化开展环境突发事件应急演练，自治区环境监测人员对水污染情况进行采样监测。

2009年10月11日，宁夏环境监测事业发展规划研讨会在银川举行。中国环境监测总站站长魏山峰（前排左一）出席研讨会。

环境监察

2006年3月，自治区环境监察执法人员会同灵武市环境监察执法人员在灵武马莲台电厂进行现场监察。

2008年6月，自治区环保局局长冯志强（右二）带领环境监察执法人员夜查银川市夜间施工企业。

2009年6月，自治区环保厅对银川市高考各考点环境执法人员执法情况进行检查。

2009年9月，自治区环保部门在宁夏宝塔石化开展环境应急演练。

生态保护与建设

1985年6月，自治区环保局、自治区畜牧局、宁夏环境科学学会组织有关专家教授和专业技术人员在盐池沙地对宁夏草地类自然保护区进行规划考察。

1987年春，自治区政协、自治区环保局组织专家对青铜峡库区鸟岛进行实地考察。

1987年8月，自治区环保局有关专业技术人员对六盘山自然保护区进行考察。

20世纪80年代，在荒漠草原上的长期超载过牧导致草原退化沙化。

20世纪80年代，盐池县部分乡镇村民滥挖甘草，造成土地退化沙化。

2001年11月，固原原州区河川乡上黄村退耕还林还草工程已整治成的矩形漏斗坑。

2001年10月，自治区环保局组织宁夏地方级自然保护区评审委员会委员对贺兰山国家级自然保护区扩界召开评审论证会。

2004 年 5 月 9 日，自治区环保局、中国联通宁夏分公司等单位在银川市金凤区西沙窝联合举行“联通缘公益林”揭碑仪式。

2005 年 4 月 12 日，自治区环保局组织机关及直属单位干部职工在新小线参加植树劳动。

2004 年 7 月，宁夏千乡万村环境保护科普行动计划启动仪式在银川市兴庆区大新乡举行。

2006年9月，宁夏农村小康环保行动启动仪式在吴忠市金积镇举行。自治区常务副主席王正伟(前排左六)出席启动仪式。

2009年7月15日，自治区人大环资委、自治区环保厅领导对同心县移民新村环境建设进行检查。

环境科研

1990年夏，国家环保局、国家环保局南京环科所专家刘启(前排左四)、王秋华(前排右三)在宁夏调研化学农药使用及污染防治情况期间，与宁夏环保局、科委、农业厅的技术人员合影。

1995年7月，宁夏环境科学学会第三届理事会在自治区环保局召开，部分理事合影留念。

2001年11月，国家环保总局生态环境战略研究中心研究员孙炳彦在固原河川乡上黄村考察太阳能利用情况。

2004年8月，宁夏环境保护产品科研生产基地命名授牌庆典在吴忠市举行，自治区人大、政协有关领导参加庆典活动。

国内外交流与合作

1986 年 11 月，北京大学王华东教授（左二）陪同加拿大外宾在国家三北防护林工程建设重点县西吉县考察。

1992 年 12 月，自治区科委、自治区环保局与加拿大国家水文研究院联合在银川召开水环境污染防治学术交流会期间，李平副局长（右）与加拿大水环境专家亨·罕德里亲切握手。

1994 年 6 月，中卫铁路固沙林场荣获“联合国全球环境保护 500 佳”荣誉称号，自治区环保局副局长李天鹏（右三）、固沙林场场长张克智（左二）赴英国伦敦领奖时，联合国环境规划署执行主任伊丽莎白·多得斯韦尔女士（左三）与中国环境代表团成员合影。

1995 年 7 月，日本国岛根县环境生活部考察访问团在中卫固沙林场与自治区环保局总工程师杨春兰（左一）、固沙林场场长张克智（左三）合影。

1995 年 7 月，日本国岛根县环境生活部考察访问团在中卫沙坡头国家级自然保护区考察访问。

2006 年 9 月，自治区环保局在银川举办宁夏环境保护与可持续发展中意合作研讨会。

1995年9月，西北五省区环境保护协作会议在银川召开，与会代表在中卫沙坡头国家级自然保护区考察合影。

1995年9月，西北五省区环境保护协作会议暨环境管理学术交流会在银川市召开，与会代表在中卫沙坡头国家级自然保护区考察铁路治沙工程。

机关能力建设、党建及精神文明建设

2006年4月，第六次全国环境保护大会在北京召开，参加会议的自治区常务副主席王正伟(左二)、自治区环保局局长郧国卫(右二)与宁夏获得全国环境保护系统先进工作者杨红、顾川合影。

2001年6月，自治区环保局参加区直机关纪念中国共产党成立八十周年歌咏大赛并获奖。

2004年7月，自治区环保局参加区直机关第三届运动会。

2005年6月，自治区环保局党员干部到革命圣地延安接受光荣传统教育。

2009年6月，自治区环保厅在银川市光明广场举办清凉宁夏"6·5"世界环境日广场专场文艺晚会。

2006年3月，全区环境保护暨党风廉政建设会议在银川召开。

2009 年 5 月，自治区环保局升格为环保厅后，开始推行领导干部竞争上岗工作。

2008 年 4 月，宁夏环境保护预警应急中心奠基，2010 年 2 月投入使用。

1989年6月，全区第二次环境保护会议在宁夏召开，自治区主席白立忱(前排左起十二)等领导出席会议。

2003年3月，全区环境保护工作会议在银川市召开。

2008年6月，首届“宁夏十大环保人物”评选活动颁奖大会在宁夏人民会堂举行，自治区领导与首届“宁夏十大环保人物”合影留念。

2005 年 6 月，自治区召开银川市创建国家环保模范城市工作会议。

2008 年 4 月，自治区政府在银川市悦海宾馆召开全区农村小康环保行动试点暨环境整治工作会议。

2008 年 12 月 29 日，自治区政府召开常务会议，专题研究 10 件环保实事。

2009年2月，环境保护部宁夏环保工作协调会在银川召开。

2009年6月4日，自治区环保厅在银川举办污染减排环保论坛，环保部总工万本太应邀出席并发表演讲。

人大、政协提议案办理

2003年9月，自治区环境保护局办理人大代表、政协委员建议提案工作座谈会在宁夏工会大厦召开。

2007年8月，自治区环保局会同自治区政协在石嘴山市污水处理厂现场办理政协委员提案。

2009年7月，自治区人大召开办理人大代表重点建议座谈会，部分人大代表、自治区环保厅有关人员参加会议。

2009年12月，自治区人大环资委、自治区环保厅联合召开学习贯彻《宁夏回族自治区环境保护条例》座谈会。

自然生态景观

自1982年固原六盘山国家级自然保护区成立至2001年7月，保护区天然林得到了很好的恢复。

2001年秋，由于不同的管护、海拔高度，罗山自然保护区从山顶至山脚及洪积冲积区自然生态(植被覆盖度)有十分明显的变化。

中卫沙坡头国家级自然保护区内工程措施与生物措施相结合的治沙工程。

1999年秋，贺兰山国家级自然保护区，从山脚至山顶已有明显的垂直高度的季节变化。

沙湖自然保护区景观。

西吉火石寨丹霞地貌景观。

1987年秋，在六盘山自然保护区二龙河小南川发现出土古木，距今约7000余年，证明历史上六盘山生态环境良好，森林繁茂。

盐池哈巴湖国家级自然保护区沙漠中的水堰景观。

环境宣传、教育培训与修志工作

1985 年 7 月，自治区环境监测中心站（环境保护研究所）在银川举行全区水质监测分析培训班。

1991 年 10 月，全区中小学环境教育表彰大会在银川召开。

1996 年 6 月，纪念世界环境日暨第二届“环保杯”征文颁奖大会在中卫宾馆举行。

2006年5月，银川市举办“全民参与五创、共建和谐家园”主题知识竞赛活动。

2007年6月，自治区环保局、银川市人大等单位在光明广场举行纪念“六·五”世界环境日暨“中华环保世纪行——宁夏首府行动”启动大会。

2009年3月，环保部宣教中心在宁夏组织绿色社区创建培训班。

2009年6月，“2009—中国全民低碳行动项目”启动仪式在银川市西夏区正茂社区举行。

2009年10月，自治区环保厅在银川市举办首批国控重点企业环境监督员培训班。

2009年10月，自治区环保厅在银川市举办全区第五期放射性同位素与射线装置安全和防护培训班。

2008 年 11 月,《宁夏通志·建设环保卷》(环保部分)初稿完成,参加编写的全体人员合影留念。

2009 年 7 月,《宁夏通志·建设环保卷》(环保部分)评审会在银川召开。

2009 年 7 月,《宁夏通志·建设环保卷》(环保部分)初审会在银川召开,参加初审会的自治区地方志办公室、自治区环保厅、自治区住建厅领导和特邀专家及工作人员合影。

总序一

宁夏回族自治区主席　马启智

地方志是华夏文化的宝贵遗产,编修志书乃中华民族的一项优良传统,方志文化源远流长。"方志"一词始见于儒家经典的《周礼》,其文曰:"诵训,掌道方志"。又曰:"小史,掌邦国之志。"或曰:"外史……掌四方之志。"故而学术界一般认为,地方志大约滥觞于周代,举凡"百国宝书"之鲁《春秋》、晋《乘》、楚《梼杌》、郑《志》等古国史和《禹贡》、《山海经》等古地理书,以及古舆图之类,皆为方志的族源。后经汉唐发展,两宋成型,明清鼎盛,犹如一条文化长河,一泻千里,两千多年经久不衰,逐渐成长为一尊博大精深的特殊文化载体。它卷帙丰繁,浩如烟海,汗牛充栋,现存世者即逾万种,达11万卷之巨,约占我国全部汉文典籍总量的十分之一,并在世界文化之林独树一帜,堪称中华文化的一大"特产",给世界文化宝库增添了一朵奇葩,不失为人类特有的一项精神文化遗产。

宁夏虽然偏处祖国西北的一隅之地,但是由于区位居黄河上游,属著名的河套引黄灌区,北峙贺兰山,南凭六盘山,黄河横穿北境,"扼孤悬而控区脱"(杨应聘:《万历朔方志序》),从而造就了宁夏成为锁钥三边,屏蔽关陕,形胜特殊的北国岩疆、巨防雄区重地。加之自然条件优越,开发历史久远,早于秦汉之际,就因驻军和移民屯垦戍边而得到大规模开发,出现"畜牧为天下饶"、"富名遐迩天下"和"冠盖相望"的繁荣景象(《史记·货殖列传》)。正如东汉大臣虞诩在著名的《请复三郡疏》中所描绘的那样,整个河套地区是"厥田惟上。且沃野千里,谷稼殷积,又有龟兹盐池以为民利。水草丰美,土宜产牧,牛马衔尾,群羊塞道。北阻山河,乘厄据险。因渠为溉,水舂河漕,用功省少,而军粮饶足"(《后汉书·西羌传》),被时人比称为"新秦中"的天府沃区。到南北朝至隋唐前后,宁夏引黄灌区的水利已经建设得十分成功,成为“擅河渠之利,丰稻秫,足鱼盐”(永龄《乾隆宁夏府志序》),“举锸为云,决渠为雨”(石茂华《万历重修宁夏志》),旱涝保收的鱼米之乡,被誉为“塞北江南”,是祖国大西北一颗璀璨的明珠。

历史上,今宁夏地区又曾是众多古民族活动的大舞台,西北边疆的诸多少数民族与汉族一起,共同开发、建设与保卫过这片美丽的山河,并在这块热土上导演出许多威武雄壮的历史活剧。水洞沟考古发掘证明,早在两三万年前,先民们就在这里的大河两岸劳动、生息、繁衍;南部六盘山山脉,更是华夏民族的至尊“人文初祖”炎黄古帝和他们的祖先伏羲、女娲部族的活动范围,是华夏文明与黄河文化的摇篮与主要源头之一。一方水土养育一方人,地杰则人灵,正因为宁夏地区民风“强梗尚气”,“性勇,锐于战斗”,“土沃而民庶,士秀而兵强,文通武达者后先相望”(张金城《乾隆宁夏府志序》),“奋迹行阵,乘节钺任封疆者”(《乾隆宁夏府志凡例》)代不乏人,故而古有“关东出相,关西出将”之说,所以历史上武将建功于朔方者代代相济,尤为突出。从《诗经》所赞美商周之际的南仲、尹吉甫(兮甲)“薄伐西戎”、“城彼朔方”起,到秦汉间大将军蒙恬、卫青、霍去病、公孙贺等,于塞北大败匈奴,扬威漠北的壮举,再到唐宋时期的李道宗、张仁愿、郭子仪、仆固怀恩、李怀光和范仲淹、韩琦等各族名将耀兵塞上的业绩;以及党项族羌人元昊族系对西夏的经营,后至元明清三代,宁夏首建行省,朱明王朝庆藩建国和清代的八旗驻防,都为武人的表演开辟过广阔的天地;而文臣良吏治边贺兰所留下的风采,亦蔚为大观,诸如司马迁、皇甫谧、郦道元、郭守敬、杨一清和左宗棠等;还有众多墨客骚人纷纷在塞上留下了千古绝唱,举凡杜甫、王维、白居易、沈括、张舜民、贡师泰、金幼孜、李梦阳和谭嗣同等,他们的许多美文名句至今仍在宁夏城乡广为传诵;更有甚者,历代帝王涉足宁夏者同样是史不断章,从黄帝至崆峒山,登鸡头,问道于广成子到穆天子西游和秦惠文、昭襄二王巡视“北河”、建立郡县伊始,继而中国历史上的旷世名君,诸如秦皇、汉武、唐宗、清祖和一代天骄成吉思汗等千古大帝,无不在宁夏大地上留下重重足迹。此外,还有羌人滇零的称帝,匈奴铁弗部赫连大夏王和党项拓跋氏西夏王的建国等少数民族建立的地方政权,极大地丰富了宁夏地区的边疆历史文化内涵,并创造了绚丽多彩的少数民族文化遗产,为华夏多元文化增添了光彩。

宁夏回汉各族人民还有着光荣的革命传统,从同治、光绪年间掀起的以回族穆斯林为主的反清抗暴斗争，到1911年宁夏人民在辛亥革命时的英勇表现。再到大革命时期，于1926年中共宁夏党组织成立以后，宁夏人民的革命斗争进入到一个崭新的时期。1935年，毛泽东率领中国工农红军长征经过宁夏南部回族聚居地区，受到回汉人民的热烈欢迎，胜利到达陕北，完成了人类历史的伟大壮举——二万五千里长征。毛主席在翻越六盘山时写下了著名的《清平乐·六盘山》词一首。从此，宁夏便与伟大的长征和这首不朽的诗篇紧紧联系在一起而名垂青史，千古留名。1936年，中央红军又在宁夏等地区开展了重要的西征战役，实现了中国工农红军三大主力第一、二、四方面军先后在会宁、将台堡和同心城的完全会师，建立了巩固的陕甘宁革命根据地。其间，在宁夏建立了中国共产党领导下的我国第一个县级少数民族自治政权——陕甘宁省豫海县回民自治政府。它是实现我国少数民族自治的一次伟大实践和正确解决民族问题的有益尝试，是民族解放的先声。宁夏人民终于在1949年9月实现彻底解放，得到了新生。

编修地方志在宁夏也不逊于各兄弟省区，据考证，早在元代，宁夏南部六盘山地区就编修过《开城府志》，惜已失传。至有明一代，由明太祖朱元璋第十六皇子、藩封宁夏庆王朱㮵率先创修首部《(宣德)宁夏志》起，宁夏地区连续修成8部志书，并大多传世；而清代宁夏的修志更为兴盛，府、州、厅、县可谓无地无志，现存志书多达20多部；最值得一提的是，宁夏于民国之初修成的《朔方道志》，该志在我国方志史上占有特殊的地位。因为中国的修志传统，于鸦片战争之后，当国家面临被瓜分和亡国灭种的民族危难之际，特别是进入民国之后，全国又陷入新旧军阀连年混战的动荡年代，国无宁日，民不聊生，所以祖国的修志传统几乎被迫中断了近百年。而就在这种兵燹四起的乱局之下，宁夏地区竟然奇迹般的纂修成一部32卷集的鸿篇巨制，足令世人刮目相看。现今宁夏存世的各级各类古志书已有41种、531卷之多，这对于一个小省区来说，实属不易。

当前，自治区人民政府正在主持编修《宁夏通志》。这是宁夏回族自治区首部社会主义新方志，是一项大型的文化建设系统工程，是权威性的官修政书和综合性的区情资料著述。通志将由25卷分志组成，总字数高达约2000万之巨，内容涉及到全自治区的自然与社会、历史与现状的方方面面，是一项牵动全局的工作。通志堪称宁夏的“万有文库”和“全史”。古人尝言“治天下者以史为鉴，治郡国者以志为鉴”。我们共产党人是历史唯物主义者，从来反对历史虚无主义。所以,我们不能数典忘祖,让自己家乡的志书久付阙如,历史断载,典章散佚,使子孙后代指顾茫然,沧桑莫辨而留下缺典与遗憾。因此,我殷切期望,自治区地方志编审委员会和全区方志界的同志们要进一步提高认识,加强领导,精心组织,努力贯彻国务院和中国地方志指导小组的一系列指示精神,全面落实自治区党委、政府对全区修志工作的要求与安排,克服困难,努力工作,早出成果。我也希望各级政府和自治区各直属部门要按照国务院和自治区党委、政府对修志工作的统一部署和"一纳入"(把修志工作纳入各地经济社会发展计划和各级政府的任务之中)、"五到位"(领导到位、机构到位、经费到位、队伍到位、条件到位)的基本要求,把领导修志工作作为应有的"官职"与"官责",大力支持,主动帮助解决存在的问题,关心修志人员的政治进步和生活困难,使广大修志人员心情愉快,无后顾之忧。

《宁夏通志》的编纂应以质量为生命,要为后人留传信史,把对历史负责,对党和政府负责与对人民负责统一起来。首先要严把政治质量关,坚持正确的指导思想,即以马列主义、毛泽东思想、邓小平理论和"三个代表"重要思想为指导,运用辩证唯物主义与历史唯物主义立场、观点和方法,坚持实事求是的思想路线,秉笔直书,不唯上,不唯书,只唯实,不为尊者讳,不为亲者讳,不为智者增,不为愚者减,不为请托动,遵守志规,注重史德。《宁夏通志》的编写既要符合传统志体,又要有创新精神,要按"新观点、新体例、新资料、新方法"的要求,编纂出一部观点正确,体例完备,资料翔实,文字优美和地方特点、民族特色突出的社会主义新方志,为宁夏精神文明建设作出贡献,为后人留下一份珍贵的文化遗产。

最后,我特别要向全区修志战线上的专家学者和对修志有过贡献的朋友,以及关心和支持修志事业的各级领导同志们表示衷心的感谢,你们为家乡做了一件功德无量的大事、好事,你们的名字也将与志书一起铸成史册,芳名永存。

在《宁夏通志》即将陆续出版问世之际,通志编委会邀序于我,不便固违,亦不揣浅陋,辄草心得数语,以表达对于方志之识和对全区修志同志的亲切慰问,聊附志末,以为序。

二〇〇四年春

总序二

宁夏回族自治区主席　王正伟

修志，是中华民族优秀的文化传统，是我国文化遗产非常宝贵的一部分。地方志编修在我国已有两千多年历史，《周礼·地官》就有“诵训，掌道方志，以诏观事”一说。纵观中国历史，方志之修之所以延续至今，在于其具有广泛性与综合性的本质和“鉴前世之兴衰，考当今之得失，嘉善矜恶，取是舍非，足以懋稽古之盛德，跻无前之至治”（《进通鉴表》）的实用价值。我们党一直非常重视方志的编修与运用，尤其是党中央、国务院部署编修社会主义新方志工作，是社会主义物质文明、精神文明与政治文明建设的重要组成部分，更是一件利在当代、惠及后世的德政工程。

宁夏编修社会主义新方志工作是宁夏系统文化建设的基础工程，具有承前启后、继往开来的重大意义，是宁夏各族人民社会政治生活中的一件大事。宁夏历史悠久，文化璀璨，物载丰厚，山水形胜。境内水洞沟遗址证明早在三万年前的旧石器时代已有人类繁衍生息，是中华文明的发祥地之一；宁夏地处河西走廊枢纽和西北区域中心地带，地理位置显要，自古乃帝王必争之地，将相成名之场，承载了太多的历史变迁；又集江南柔媚与塞北豪放于一身，中原文化与草原文化交汇，河套文化与丝路文化相融，经历了繁复的人文更迭。但是，由于战乱频生及统治者不够重视，历朝历史，宁夏史志残缺，典籍稀少，即使历史上惟一在宁夏建朝立都的西夏王朝，二十四史亦无专记，断代空白史期漫长。这使得宁夏方志编修工程浩大艰辛，任重道远。然而，自上世纪八十年代宁夏编修社会主义新方志工作建章立制始，在党中央、国务院关怀指导下，以“党委领导，政府主持，专家修志”为宗旨，在全区各级党政部门及各族人民的支持下，在自治区地方志编审委员会组织和推动下，在宁夏修志者无私奉献共同努力下，宁夏方志编修事业成果丰硕，止目前，已编修出版各类志书60余部，整理旧志26部，收集各类方志资料达10亿字之巨。方志品种之全，数量之多，质量之优，是历朝历代无可比拟的。

《宁夏通志》修撰成书，凝聚着无数修志者之心血。《说文》曰："史，记事者也，从又持中。中，正也。"宁夏方志编修者正是以"正"为道，本着对历史负责、对社会负责、对将来负责之态度，以党和人民的事业为重，志存高远，淡泊名利，甘于寂寞，不计得失，一批专家学者，于盈积繁杂之简牍中，精详考证；于青灯黄卷之寂寞中，笔耕不辍，窗外丝竹不乱其耳，过眼繁华弗动其心，数年面壁，于无声处，终成大志。同时以"板凳要坐十年冷，志书不留半句空"的人格魅力，修筑起修志者的精神高地。我们更应该感谢自治区历届编审委员会主任黑伯理、马英亮、杨惠云、马文学、冯炯华和张来武，尤其是前不久调离宁夏的自治区主席马启智等领导同志，由于他们对修志大业的高度重视、精心部署和关心指导，打造出一支品学兼优的团队。事实证明，这是一支优秀的团队，正是这支优秀的团队，在全国志书评选中，他们有三部志书荣获一等奖，9部志书荣获优秀奖，2004年《宁夏年鉴》获得首届中国地方志年鉴一等奖。在断代空白史期漫长、资料残缺稀少的现状下，能够取得这样的成就，意义非凡！这种精神值得发扬光大！

即将面世的《宁夏通志》，全面、客观、系统、科学地展示了宁夏的历史与现状，是宁夏空前的一部地情书，它涵盖了历史、政治、军事、经济、文化、天文、地埋、人物、风物、民俗等诸多内容。其内容覆载广博，包罗万象，上至天文地理，下至民生风俗，大至更朝换代，小至虫生草长悉数尽叙，呈现出古今载籍，互相资证；纠谬补阙，广征博引；训诂名物，尽详备举；拾遗考辨，科学严谨的特点。整部通志体例完备，述、记、志、传、图、表、录自成一体，叙事简约，却不疏略，简繁有序，文图相益，是一部高质量的志书。方志之修，由来久矣，规章体例繁杂，流派方家甚多，然，宁夏修志者不囿于古，创新旧制，与时俱进，开创了以新观点、新方法、新资料为主旨，融思想性、科学性、资料性于一体的社会主义新方志风格，从而使《宁夏通志》呈现出鲜明的时代精神，无疑将成为今后我们工作不可或缺的案头工具之书,是决策施政,治理一方的重要文献,具有鉴策资治,服务现实的重要意义。

修志在于用志,用志在于治世。地方志作为一种传统文化典籍,以其“资治、教化、存史”的本质,而成为地方官的“辅治之书”,科学决策的依据与根本。无古不成今,西周时期封建统治者就认识到这一点:“不可不鉴于有夏,亦不可不鉴于有殷”(《尚书·召诰》)。欲掌一方政事,必读一方之志,只有以古为镜,考论得失,方能究尽变通,贻鉴将来。正如司马迁在《高祖功臣侯者年表》所说:“居今之世,志古之道,所以自镜也。”前有所稽,后有所鉴,无“前车之鉴”,何谈“自镜”?!社会主义新方志有“一地之全史”、“一方之百科全书”和地方官员的《资治通鉴》之誉。因此,对于我们每一位决策者来说,学志用志的意义更为重大。《宁夏通志》面世了,各级党政部门决不能束之高阁,要把学志用志同我们开展的各项工作结合起来,通过学习,正确把握区情,吸取历史经验,充分发挥其前瞻性与实用性的特点,使我们的决策更为科学,更切实际,更得人心。宣传教育部门应将宁夏的历史文化、革命传统、英烈前贤、山水胜景、土贡特产等汇编成册,作为开展传统教育、爱国主义教育的乡情教材,激励人们的热爱家乡、热爱祖国之心和民族自豪心,激发他们为祖国的繁荣富强和家乡的和谐昌盛而奋斗的雄心壮志。

目前,第二轮方志编修工作已在我区全方位展开。在新一轮方志编修工作中,希望广大修志工作者认真贯彻落实国务院颁布的《地方志工作条例》指示精神,在方志编修工作中重点体现以胡锦涛为总书记的党中央的战略部署,反映社会主义制度的优越性和社会主义建设的伟大成就,以自治区党委、政府贯彻科学发展观、构建社会主义和谐社会、推进跨越式发展、体现以人为本、执政为民的宗旨和社会主义新农村建设为主线,充分展示改革开放以来,我区社会主义物质文明、精神文明和政治文明建设以及各条战线上的巨大变化。修志为史,责重泰山,希望广大修志工作者继续以为党和人民负责为修志宗旨,以鉴于往事、资于治道为修志目的,发扬“其载欲悉,其事欲核,其书欲直”的修志思想,忠于职守无私奉献的敬业精神,把这项责任重大、学术性强的文化基础工程做好,为全区各项事业的发展提供更为翔实更为科学的资治决策文本。

值《宁夏通志》付梓之际，自治区地方志办公室的同志希望我能为序，虽愧无其学，却有酷爱之心，累赘数言，聊以为序。

丁亥年季夏

序　一

宁夏回族自治区住房和城乡建设厅党组书记、厅长　刘慧芳

《宁夏通志·建设环保卷》在宁夏通志编纂委员会的领导下，经过全体编纂人员认真收集与考证资料、精心编纂整理和反复校对，终于付梓出版了。这是宁夏住房和城乡建设、环保系统修志取得的又一硕果，是值得庆贺的一件大事。我谨代表宁夏住房和城乡建设系统广大干部职工对《宁夏通志·建设环保卷》的出版发行表示热烈的祝贺！

人类的发展史就是一部波澜壮阔的建设史。宁夏是中华民族远古文明的发祥地之一，早在四五千年以前的新石器时代，就出现了人类居住的房屋，战国时期产生了能够考证名称的第一批城市。新中国成立后，宁夏城乡建设事业翻开了崭新的一页，开始了大规模的城市建设和村镇建设，城乡面貌日新月异。中共十一届三中全会以来，特别是改革开放以后，在党中央、国务院的亲切关怀下，在国家住房和城乡建设部的关心支持下，在自治区党委、政府的坚强领导下，全区各级住房和城乡建设部门坚持高标准规划，高品位建设，高水平管理，高效益经营，推动住房和城乡建设事业取得了长足的发展。城镇化进程加快推进，基础设施建设不断加强，城市服务功能逐步完善，人居环境进一步优化，城乡面貌发生了翻天覆地的变化，为宁夏经济社会跨越式发展做出了积极贡献。

盛世修志，志载盛事。《宁夏通志·建设环保卷》正是通过丰富的史料，记录了这个伟大时代的点点滴滴。全卷以马列主义、毛泽东思想、邓小平理论和“三个代表”重要思想为指导，以科学发展观为总揽，以客观、翔实的资料，全面、系统地展示了宁夏住房城乡建设事业发展的辉煌历程，反映了建设

管理机构、历代建筑、城乡规划、城乡建设、建筑业与勘察设计、住宅与房地产业等方面的巨大变化，集中体现了宁夏住房城乡建设事业所取得的宏伟业绩。这些前人留给我们的宝贵财富将会载入史册，彪炳后世。

志书具有资政、存史、教化的功能。《宁夏通志·建设环保卷》近百万字，以翔实的资料、鲜明的行业特色，浓墨重彩地记述了宁夏住房城乡建设系统发展变革的历史，充分反映了建设系统广大干部职工忘我奉献的精神风貌，是一部记述全面、资料翔实、可供资政存史、进行社会主义和爱国主义教育的好教材。

回顾过去的奋斗历程，我们豪情满怀；展望新世纪的美好前景，我们信心百倍。让我们在自治区党委、政府的坚强领导下，进一步解放思想，与时俱进，开拓创新，务实苦干，抢抓沿黄经济区列入国家主体功能区规划和国家“十二五”规划纲要的历史机遇，全面落实区域统筹和城乡一体化发展战略，按照“把宁夏作为一个大城市规划建设”的思路，加快沿黄城市带和宁南山区大县城建设，大力推进保障性安居工程，强力实施“塞上农民新居”和农村危房改造两大工程，努力构建以沿黄城市带为核心，以固原为次中心，以城带乡，以川济山，以工促农，城乡联动、协调发展的新格局，为实现宁夏住房城乡建设事业又好又快发展，建设和谐富裕新宁夏做出新的更大的贡献。

二〇一一年十月

序 二

宁夏回族自治区环境保护厅党组书记、厅长 冯志强

《宁夏通志·建设环保卷》是在宁夏通志编纂委员会的领导下，由自治区住房和城乡建设厅、自治区环境保护厅共同组织力量完成的，全卷共11篇41章146节，80余万字，既是《宁夏通志》25卷之一，也是记录宁夏城乡建设、环境保护历程的资料性著述。

宁夏环境保护工作始于二十世纪七十年代，起步于工业“三废”治理。30多年来，在自治区党委、政府的正确领导下，在国家环境保护部等国家有关部委的大力支持下，在全社会的关注和共同参与下，经过几代环境保护工作者的艰苦奋斗和不懈努力，全区环境保护工作取得了长足的发展和进步，工作范畴不断拓展，工作领域不断延伸，工作职能不断强化，工作手段不断丰富和完善。特别是进入新世纪以来，党和国家把建设生态文明、推动科学发展作为经济社会发展的重要战略指导思想，环境保护被摆在了更加重要的位置，成为建设生态文明的主要阵地和根本措施，环境保护的工作理念、内容和措施等实现了重大的转变，逐步从被动防治向主动控制、从单一的运用行政手段向综合运用法律、经济、技术和必要的行政手段解决环境问题转变。工作领域已扩大到污染防治、生态保护、农村环保以及环境立法、监测、监察、宣教、信息和环境影响评价、固体废物、辐射环境监管等多个方面。各级环保机构和队伍建设不断得到重视和加强，工作体系不断得到完善，由最初单一的治理工业“三废”领导小组办公室，逐步发展成自治区、市、县人民政府的组成部门，并自上而下建立和完善了环境监察执法与监测等工作机构。

“十一五”以来，全区环境保护工作实现了重大突破，在支撑和保障全区

经济社会快速发展的同时,积极探索符合全区实际的环境保护新道路,不断完善服务发展、改善民生、保障群众环境权益的工作机制。经过多年探索和实践,全区环境质量持续改善,提高了一个质量类别,实现了经济发展与环境保护的共赢和良性互动,农村环保、主要污染物排放总量控制等许多工作都走在了全国的前面,得到了环境保护部主要领导的高度评价和充分肯定。2010年环境保护部部长周生贤曾批示:“宁夏全面完成‘十一五’规划目标是一件可喜可贺的事情,近几年来,宁夏环保坚持在探索中不断前进,总结出了很多值得推广的经验和作法,在全国产生了一定影响,希望再接再厉,争取‘十二五’创造更大的辉煌。”

地方志书有资政、存史、教化三大功能。《宁夏通志·建设环保卷》图文并茂,全面、翔实、客观地总结了全区环境保护成效、经验和存在的问题,系统概括了宁夏环境保护工作的发展历程,是认识和研究宁夏环保工作的科学性、资料性著述。本卷首次系统记述了宁夏环境保护的历史和现状,其功能更为凸显,必将对今后的全区环境保护工作和经济社会全面、协调、可持续发展,起到一定的启迪作用。在新的历史起点上,自治区党委、政府明确提出要着力建设西部生态文明先行区,环境保护作为重要的民生工程和经济社会实现科学发展的重要基础,被赋予了更为重要的使命,迎来了历史性的发展机遇。我们有理由相信,在自治区党委、政府的强有力领导下,在全社会的共同参与和大力支持下,环境保护将会取得新的、更大的成绩,将为建设和谐富裕的新宁夏奠定更为坚实的基础!

二〇一一年六月

《宁夏通志》凡例

一、本志以马列主义、毛泽东思想、邓小平理论和“三个代表”重要思想为指导，坚持四项基本原则，坚持实事求是的思想路线，运用辩证唯物主义和历史唯物主义的观点，存真求实，秉笔直书。记述中华人民共和国成立以后的史实，以《关于建国以来党的若干历史问题的决议》和《中共中央关于社会主义精神文明建设若干重要问题的决议》为准绳，恰如其分地记述社会主义革命与建设的成就和失误。坚持以经济建设为记述重点，力求使整部志书达到思想性、科学性和资料性的有机统一。

二、本志上限不定，各类事物的记述，均追溯至起始发端；下限断至 2000 年 12 月底。

三、本志所记地域范围，以现行宁夏回族自治区行政区划为准。对在宁夏境内的中央驻宁部队，中央所属的企、事业单位和三资企业等均作记述。为反映事物的完整性，对历史、地理、沿革，对业务主管范围需延伸至自治区外者，延伸部分作简略记述。

四、全志由卷首（凡例、总目、总概述、大事记等）、各分卷和人物、卷末（附录、索引、修志始末）4 个部分组成，共 25 卷，采用述、记、志、传、图、表、录 7 种体裁进行记述。

五、从现代社会分工、科学分类和便于编纂计，全志坚持略古详今，重在当代，事以类聚，类为一志的原则，横分门类，纵向叙述。志内设卷、篇、章、节、目、子目 6 个层次进行记述。

六、全志运用现代汉语语体文记述，并遵照述而不论的原则。全志的总概述和分卷的概述，述论结合，勾勒事物发展的轮廓。全志的大事记和分卷的纪事以编年体为主，辅之以纪事本末体。

七、人物卷收录人物，以近现代为主。人物分传、简介、表 3 个层次，遵守“生不立传”的原则。立传人物多为对宁夏经济社会发展有重大影响的已故人士，对长期在外地工作的宁夏籍人士和长期在宁夏工作并作出突出贡献的外籍人士，均收入本志。副省（区）级以上领导干部和同时享有正高职称、国务院政府津贴的科研业务人员等列入简介。对2000年前正式批准为革命烈士和省(区)级英雄模范人物列入表、录内。历史人物中以对社会、经济发展起促进作用的人士为主,起负面作用的人士也选择影响较大者入志,以警示后人。人物不分类别,人物传以卒年为序,人物简介以生年为序排列。各分卷不设人物志,用以事系人的办法,反映人民群众的作用。

八、党、团、工会组织及其活动,由各承担编写任务的单位提供详尽资料,由总纂人员收入《党派社团卷》或《政权政协卷》。政治运动不设专志,分别在“大事记”、“纪事”和有关分卷中记述。

九、志内称谓,凡历史朝代,一般沿用通称并括注公元纪年。中华人民共和国成立后通用公元纪年。地名,以自治区地名委员会颁布的地名为准,古地名及历代政权、官职,均依当时的称谓。地图,以自治区测绘局的标准图为蓝本。文字使用除引用古籍原文、少数有特定含义的用繁体字外,其余一律按照1992年7月7日新闻出版署、国家语言文字工作委员会颁布的《出版物汉字使用管理规定》执行。志中所用科学术语、名词、名称,以有关方面审定的为准,未经审定和统一的,从习惯。

十、全志资料,均为经过核实考证的历史文献、档案和口碑资料,一般不注明出处。中华人民共和国成立后的统计数字,以统计部门的统计为准入志;统计部门没有的,以业务主管部门的统计为准;数字书写,按照1995年12月国家技术监督局批准实施的《出版物上数字用法的规定》执行。

十一、计量单位,采用国务院1984年2月27日颁布的《关于在我国统一实行法定计量单位的命令》。1984年3月以前使用的计量单位则照实记载,必要时括号注明其换算值。古代计量与计量单位依照原文记述。

十二、全志均实行三级审稿制度。各分卷由分卷编纂领导小组进行初审,再由宁夏通志编纂委员会编辑部组织专家进行复审后,上报通志编纂委员会终审通过后出版。涉及党的路线、决议、方针政策、民族宗教等重大敏感问题,均经有关部门审定。

《宁夏通志·建设环保卷》编辑说明

一、本卷以社会主义新编地方志理论为指导，按《宁夏通志》编纂要求，在内容上融思想性、时代性和资料性为一体，在体裁上以志为主。

二、本卷卷首由图照、目录、概述、纪事等组成，主体设机构团体、历代建筑、城乡规划、城乡建设、建筑业与勘察设计、住宅与房地产业、环境质量、污染防治、自然生态环境保护、环境保护管理、科技教育共11篇，卷末设文献选编、限外辑要、参考文献、修志始末、索引。

三、本卷遵循《宁夏通志》凡例，篇下设章、节、目等层次，重点反映当代，突出各项事业的发展，对具有民族特色的建筑适当增加了笔墨。

四、本卷通鉴古今，上限起自事物、事件发端，下限止于2000年12月底。本志中所提到的行政区划、地名、均以2000年12月底的称谓为准。副厅级以上领导干部名表下限延至志书出版之前。

五、本卷中数字和标点符号、计量单位等的使用，均按《宁夏通志》凡例的有关规定执行，并严格遵守《中华人民共和国保守国家秘密法》，使用已经公开发表的资料。

六、本卷引用主要参考资料、书籍者均在参考文献中注明。古地名括注，一般在第一次出现时加注今地名，外省各地、县均冠以省、市、自治区名，本自治区境内在县、市地名前均未加注“宁夏”字样。

目　　录

总序一 ……………………………………………………………………………… (1)
总序二 ……………………………………………………………………………… (1)
序一 ………………………………………………………………………………… (1)
序二 ………………………………………………………………………………… (1)
《宁夏通志》凡例 ……………………………………………………………… (1)
《宁夏通志·建设环保卷》编辑说明 ………………………………………… (1)
概　述 ……………………………………………………………………………… (1)
纪　事 ……………………………………………………………………………… (1)

第一篇　机构团体

第一章　建设管理机构与团体 ……………………………………………… (3)
　第一节　历代机构 …………………………………………………………… (3)
　第二节　当代机构与团体 …………………………………………………… (5)
第二章　环保管理机构与团体 ……………………………………………… (14)
　第一节　自治区环境保护机构与团体 ……………………………………… (14)
　第二节　地(市)县环境保护管理机构 ……………………………………… (22)

第二篇　历代建筑

第一章　古城堡　古长城 ……………………………………………………… (31)
　第一节　城　池 ……………………………………………………………… (31)
　第二节　堡　寨 ……………………………………………………………… (39)

第三节 长 城 …………………………………………………………………… (44)
第四节 烽燧 关隘 ………………………………………………………………… (47)
第二章 宗教建筑…………………………………………………………………… (52)
第一节 寺 庙 …………………………………………………………………… (52)
第二节 道堂 清真寺 拱北 ……………………………………………………… (66)
第三章 其他建筑…………………………………………………………………… (78)
第一节 古民居 …………………………………………………………………… (78)
第二节 古园林 …………………………………………………………………… (79)
第三节 楼阁 牌坊 ………………………………………………………………… (84)
第四节 西夏王陵 ………………………………………………………………… (88)

第三篇 城乡规划

第一章 城市规划…………………………………………………………………… (93)
第一节 城市布局及特征 ………………………………………………………… (93)
第二节 城市规划修编 …………………………………………………………… (94)
第三节 城市规划管理 …………………………………………………………… (96)
第四节 主要城市总体规划简介 ………………………………………………… (99)
第二章 村镇规划 ………………………………………………………………… (117)
第一节 村镇规划编制 …………………………………………………………… (117)
第二节 村镇规划实例 …………………………………………………………… (120)

第四篇 城乡建设

第一章 市政设施 ………………………………………………………………… (129)
第一节 城市道路 ………………………………………………………………… (129)
第二节 城市桥梁和广场 ………………………………………………………… (135)
第三节 城市排水 ………………………………………………………………… (137)
第四节 污水处理 ………………………………………………………………… (140)

第五节　城市路灯 ……………………………… (142)
第六节　城市防洪 ……………………………… (145)
第二章　公用事业 ……………………………… (149)
第一节　城市供水 ……………………………… (149)
第二节　城市供热 ……………………………… (161)
第三节　城市燃气 ……………………………… (165)
第四节　公共交通 ……………………………… (171)
第三章　城市园林绿化 ……………………………… (176)
第一节　园林绿化建设 ……………………………… (176)
第二节　园林绿化管理 ……………………………… (180)
第四章　城市市容环境卫生 ……………………………… (182)
第一节　发展概况 ……………………………… (182)
第二节　生活垃圾清扫运输及处理 ……………………………… (183)
第五章　风景名胜区 ……………………………… (187)
第一节　发展概况 ……………………………… (187)
第二节　重点风景名胜区 ……………………………… (190)
第六章　城建监察及城建档案管理 ……………………………… (198)
第一节　城建监察 ……………………………… (198)
第二节　城市建设档案管理 ……………………………… (199)
第七章　村镇建设 ……………………………… (201)
第一节　农村住宅建设 ……………………………… (201)
第二节　村镇建筑设计 ……………………………… (207)
第三节　回族民居 ……………………………… (209)
第四节　集镇建设 ……………………………… (211)
第五节　村镇建设管理 ……………………………… (220)

第五篇　建筑业与勘察设计

第一章　建筑业发展历程 ……………………………… (227)

第一节 历代建筑业 …………………………………………………… (227)
第二节 新中国建筑业 ………………………………………………… (228)
第二章 建筑施工 ……………………………………………………… (261)
第一节 施工队伍 ……………………………………………………… (261)
第二节 建筑机械 ……………………………………………………… (264)
第三节 施工技术 ……………………………………………………… (268)
第四节 境外承揽工程施工 …………………………………………… (272)
第五节 建筑施工企业及重点建设工程 ……………………………… (275)
第三章 建筑管理 ……………………………………………………… (285)
第一节 质量安全管理 ………………………………………………… (285)
第二节 鲁班奖工程 …………………………………………………… (295)
第三节 建设工程招投标 ……………………………………………… (297)
第四节 建设工程监理 ………………………………………………… (298)
第五节 建筑工程劳动保险基金统筹管理 …………………………… (299)
第六节 劳动定额和工程造价管理 …………………………………… (301)
第四章 勘察设计 ……………………………………………………… (306)
第一节 工程勘察设计发展历程 ……………………………………… (306)
第二节 勘察设计队伍 ………………………………………………… (314)
第三节 勘察设计管理 ………………………………………………… (318)
第四节 勘察设计单位及工程设计项目 ……………………………… (337)

第六篇 住宅与房地产业

第一章 住宅建设 ……………………………………………………… (357)
第一节 公房建设 ……………………………………………………… (357)
第二节 私人建房和集资建房 ………………………………………… (360)
第三节 房地产开发与危房改造 ……………………………………… (362)
第四节 保障性住房建设与管理 ……………………………………… (368)
第二章 房地产管理 …………………………………………………… (370)

第一节 机构设置 …………………………………………………… (370)
第二节 公房管理 …………………………………………………… (371)
第三节 私房管理 …………………………………………………… (377)
第四节 房屋产权产籍管理 ………………………………………… (378)
第五节 房地产市场管理 …………………………………………… (383)
第六节 物业管理 …………………………………………………… (386)
第三章 城镇住房制度改革 ………………………………………… (389)
第一节 机构设置 …………………………………………………… (389)
第二节 城镇公有住房租金改革 …………………………………… (390)
第三节 城镇公有住房出售 ………………………………………… (393)
第四节 经济适用住房(安居工程)建设 …………………………… (399)
第五节 职工住房货币补贴 ………………………………………… (402)
第六节 住房公积金 ………………………………………………… (404)

第七篇 环境质量

第一章 水环境 ……………………………………………………… (417)
第一节 河流水质 …………………………………………………… (417)
第二节 排水沟 ……………………………………………………… (441)
第三节 湖泊水质 …………………………………………………… (455)
第四节 农田灌溉水质 ……………………………………………… (459)
第五节 集中式水源地水质 ………………………………………… (459)
第二章 大气环境 …………………………………………………… (473)
第一节 全区大气质量 ……………………………………………… (473)
第二节 城市大气环境质量 ………………………………………… (478)
第三节 监 测 ……………………………………………………… (484)
第三章 声环境 ……………………………………………………… (489)
第一节 城市区域环境噪声 ………………………………………… (489)
第二节 功能区环境噪声 …………………………………………… (492)

第三节　城市道路交通噪声 …………………………………… (500)
第四节　噪声监测 ……………………………………………… (505)
第四章　辐射环境 ……………………………………………… (509)
第一节　电离辐射 ……………………………………………… (509)
第二节　电磁辐射 ……………………………………………… (527)
第三节　辐射环境监测与管理 ………………………………… (530)
第五章　生态环境质量 ………………………………………… (532)
第一节　植　被 ………………………………………………… (532)
第二节　土壤环境 ……………………………………………… (537)
第三节　湿地环境 ……………………………………………… (544)
第四节　农业生态环境 ………………………………………… (546)

第八篇　污染防治

第一章　水污染防治 …………………………………………… (561)
第一节　工业废水 ……………………………………………… (561)
第二节　生活污水 ……………………………………………… (569)
第二章　大气污染防治 ………………………………………… (572)
第一节　工业废气 ……………………………………………… (572)
第二节　工业粉尘 ……………………………………………… (579)
第三节　城市烟尘 ……………………………………………… (580)
第四节　汽车尾气 ……………………………………………… (582)
第三章　噪声污染控制 ………………………………………… (583)
第一节　工业噪声 ……………………………………………… (583)
第二节　生活噪声 ……………………………………………… (583)
第三节　交通噪声 ……………………………………………… (584)
第四章　固体废物污染防治 …………………………………… (585)
第一节　工业固体废弃物 ……………………………………… (585)
第二节　放射性固体废物 ……………………………………… (587)

第三节 矿山企业固体废物 …………………………………………… (590)
第五章 乡镇企业污染防治 ……………………………………… (593)
第一节 乡镇企业环境管理 …………………………………………… (593)
第二节 农村与农业环境保护 ………………………………………… (594)

第九篇 自然生态环境保护

第一章 自然保护区 ……………………………………………… (599)
第一节 国家级自然保护区 …………………………………………… (599)
第二节 自治区级自然保护区 ………………………………………… (605)
第二章 生物多样性 ……………………………………………… (608)
第一节 物种多样性 ………………………………………………… (608)
第二节 遗传多样性 ………………………………………………… (613)
第三节 生态系统多样性 ……………………………………………… (614)
第四节 生物多样性保护 ……………………………………………… (620)
第五节 “天牛”入侵与防治 ………………………………………… (626)
第三章 生态示范区与生态农业建设 ……………………………… (628)
第一节 生态示范区 ………………………………………………… (628)
第二节 生态农业 …………………………………………………… (630)
第四章 区域生态环境建设 ……………………………………… (634)
第一节 植树造林 …………………………………………………… (634)
第二节 水土流失治理 ……………………………………………… (637)
第三节 土地荒漠化治理 ……………………………………………… (641)
第四节 矿山生态恢复 ……………………………………………… (644)

第十篇 环境保护管理

第一章 计划管理 ………………………………………………… (649)
第一节 规 划 ……………………………………………………… (649)

第二节 五年计划 …………………………………………………… (667)

第二章 法制建设 …………………………………………………… (695)

第一节 地方立法 …………………………………………………… (695)

第二节 行政规章 …………………………………………………… (698)

第三节 环保及相关部门规范性文件 ………………………………… (701)

第四节 环境执法 …………………………………………………… (703)

第三章 环境管理措施 ……………………………………………… (716)

第一节 环境总量控制 ……………………………………………… (716)

第二节 污染源限期治理 …………………………………………… (718)

第三节 城市环境综合整治定量考核 ………………………………… (719)

第四节 关停重污染小企业 ………………………………………… (722)

第五节 排放达标 …………………………………………………… (723)

第六节 环境目标管理 ……………………………………………… (727)

第七节 建设项目管理 ……………………………………………… (728)

第四章 环境监察及排污收费 ……………………………………… (735)

第一节 环境监理 …………………………………………………… (735)

第二节 污染源调查及排污申报登记 ………………………………… (737)

第三节 排污收费 …………………………………………………… (738)

第十一篇 科技教育

第一章 建设科技 …………………………………………………… (747)

第一节 科技管理 …………………………………………………… (747)

第二节 新技术新产品推广应用 …………………………………… (760)

第三节 城市抗震防灾 ……………………………………………… (765)

第四节 墙体材料革新 ……………………………………………… (770)

第五节 宣传教育 …………………………………………………… (778)

第二章 环保科技教育 ……………………………………………… (795)

第一节 科学研究 …………………………………………………… (795)

第二节　学术交流与合作 …………………………………………… (800)
第三节　宣传教育 …………………………………………………… (802)

文献选编 ……………………………………………………………… (811)
限外辑要 ……………………………………………………………… (857)
参考文献 ……………………………………………………………… (896)
修志始末 ……………………………………………………………… (897)
索　引 ………………………………………………………………… (899)

Contents

General Preface One .... (1)

General Preface Two .... (1)

Preface One .... (1)

Preface Two .... (1)

On the Guide to *The General History of Ningxia* .... (1)

On the Editorial of *The General History of Ningxia · the Volume of Construction and Environmental Protection* .... (1)

Outline .... (1)

Chronicle .... (1)

Part one Organizations & Groups

Chapter One Administrative Organizations and Groups of Construction .... (3)

Section One Organizations of Past Ages .... (3)

Section Two Organizations & Groups of Contemporary .... (5)

Chapter Two Administrative Organizations and Groups of Environmental Protection .... (14)

Section One Organizations & Groups of Autonomous .... (14)

Section Two Administrative Organizations of Prefectures (Cities) Counties .... (22)

Part Two Ancient Architecture

Chapter One The Ancient Castle The Ancient Great Wall .... (31)

Section One City Wall and Moat .... (31)

Section Two The Fortified Villages .... (39)

Section Three The Great Wall .... (44)

Section Four The Fire – Beacon The Passes .... (47)

Chapter Two Religious Buildings .... (52)

Section One Temple .... (52)

Section Two Dao Tang Mosque Gong Bei .... (66)

Chapter Three Others Buildings .... (78)

Section One Ancient Dwelling House .... (78)

Section Two Ancient Gardens .... (79)

Section Three Pavilion Archway …… (84)
Section Four Mausoleum of Xixia Dynasty …… (88)

Part Three Urban and Rural Planning

Chapter One Urban Planning …… (93)
Section One Urban Layout and Characteristic …… (93)
Section Two Revising Urban Planning …… (94)
Section Three Urban Planning Management …… (96)
Section Four Brief Introduction to Major Urban Overall Planning …… (99)
Chapter Two Planning of Village and Town …… (117)
Section One Planning of Village and Town Compilation …… (117)
Section Two Planning of Village and Town Examples …… (120)

Part Four Urban and Rural Construction

Chapter One Municipal Facilities …… (129)
Section One Urban Road …… (129)
Section Two Urban Bridge and Square …… (135)
Section Three Urban Drainage …… (137)
Section Four Sewage Treatment …… (140)
Section Five Urban Street Lamps …… (142)
Section Six Urban Flood Control …… (145)
Chapter Two Public Utilities …… (149)
Section One Water for Cities …… (149)
Section Two City Heating …… (161)
Section Three City Gas …… (165)
Section Four Public Traffic …… (171)
Chapter Three Landscaping in City …… (176)
Section One Landscaping Construction …… (176)
Section Two Landscaping Management …… (180)
Chapter Four Environmental Sanitation of City Appearance …… (182)
Section One General Development …… (182)
Section Two Cleaning 、Transport and Disposal of Garbage …… (183)
Chapter Five Scenic Spots and Historic Sites …… (187)
Section One General Development …… (187)
Section Two The Key Scenic Spots and Historic Sites …… (190)
Chapter Six Supervision of City Construction & Archives Management of City Construction …… (198)

Section One Supervision of City Construction ……………………………………………… (198)
Section Two Archives Management of City Construction ……………………………………… (199)
Chapter Seven Village and Township Construction ……………………………………… (201)
Section One Housing Construction in Rural Areas ……………………………………… (201)
Section Two Design of Villages and Towns Buildings ……………………………………… (207)
Section Three Dwelling House of the Hui Nation ……………………………………… (209)
Section Four Construction of Market Town ……………………………………………… (211)
Section Five Management of Village and Township Construction ……………………… (220)

Part Five Construction Industry and Investigation & Design

Chapter One Survey of Construction Industry Development ……………………………… (227)
Section One Survey of Construction Industry before 1949 ……………………………… (227)
Section Two Construction Industry after 1949 ……………………………………………… (228)
Chapter Two Building Construction ……………………………………………………… (261)
Section One Construction Team ……………………………………………………………… (261)
Section Two Construction Machinery ………………………………………………………… (264)
Section Three Construction Technology ……………………………………………………… (268)
Section Four Building Construction of Overseas …………………………………………… (272)
Section Five Introduction of Construction Enterprises and Major Construction Project ………… (275)
Chapter Three Construction Management ………………………………………………… (285)
Section One Quality and Safety Management ……………………………………………… (285)
Section Two Projects of Luban Prize ………………………………………………………… (295)
Section Three Tendering and Bidding of Construction Project ……………………………… (297)
Section Four Supervision of Construction Engineering ……………………………………… (298)
Section Five Overall Management of the Labor Insurance Fund of Construction Project ……… (299)
Section Six Management of Labor Quota & Project Cost ………………………………… (301)
Chapter Four Survey and Designing ……………………………………………………… (306)
Section One Development and Reform ……………………………………………………… (306)
Section Two Ranks …………………………………………………………………………… (314)
Section Three Management …………………………………………………………………… (318)
Section Four Introduction of Unit Engineering Design Project ……………………………… (337)

Part Six Housing & Real Estate

Chapter One Housing Construction ……………………………………………………… (357)
Section One Public – owned Completed Housing ………………………………………… (357)
Section Two Private – owned Housing & Financing – built Housing ………………………… (360)
Section Three Real Estate Development & Reconstruct Dilapidated Buildings. ……………… (362)

Section Four Construction and Management of Affordable Housing …… (368)
Chapter Two Real Estate Management …… (370)
Section One Organization Settings …… (370)
Section Two Public – owned Housing Management …… (371)
Section Three Private – owned Housing Management …… (377)
Section Four Management of House Property Right & Registration …… (378)
Section Five Management of Real Estate Market …… (383)
Section Six Property Management …… (386)
Chapter Three Reform of the Urban Housing System …… (389)
Section One Organization Settings …… (389)
Section Two Rent Reform of Public Housing in Town …… (390)
Section Three Sale of Public Housing in Town …… (393)
Section Four Construction of Economically Affordable Housing(Comfortable Housing Project) …… (399)
Section Five Worker Housing Currency Subsidy …… (402)
Section Six Housing Accumulation Fund …… (404)

Part Seven Environmental Quality

Chapter One Water Environment …… (417)
Section One River Water Quality …… (417)
Section Two Dainage Ditches …… (441)
Section Three Lake Water Quality …… (455)
Section Four Farmland Irrigation Quality …… (459)
Section Five The Central Water Source Quality …… (459)
Chapter Two Atmospheric Environment …… (473)
Section One Atmospheric Quality of the Whole Region …… (473)
Section Two The Atmospheric Environment Quality of City …… (478)
Section Three Monitoring …… (484)
Chapter Three Acoustical Environment …… (489)
Section One Environment Noise of Urban Regional …… (489)
Section Two Environment Noise of Different Function Areas …… (492)
Section Three Noise Pollution of Urban Road Traffic …… (500)
Section Four Noise Monitoring …… (505)
Chapter Four Radioactive Environment …… (509)
Section One Ionizing Radiation …… (509)
Section Two Electromagnetic Radiation …… (527)

Section Three Monitoring and Management of Radiation Environment ······ (530)
Chapter Five Ecology Environment Quality ······ (532)
Section One Vegetation ······ (532)
Section Two Soil Environment ······ (537)
Section Three Wetland Environment ······ (544)
Section Four Agro – Ecological Environment ······ (546)

Part Eight Prevention and Control of Pollution

Chapter One Prevention and Control of Water Pollution ······ (561)
Section One Industrial Wastewater ······ (561)
Section Two Domestic Sewage ······ (569)
Chapter Two Prevention and Control of Air Pollution ······ (572)
Section One Industrial Wastegas ······ (572)
Section Two Industrial Dust ······ (579)
Section Three The Smoke Dust of City ······ (580)
Section Four Automobile Exhaust ······ (582)
Chapter Three Noise Pollution Control ······ (583)
Section One Industrial Noise ······ (583)
Section Two Noise of Social Activities ······ (583)
Section Three Traffic Noise ······ (584)
Chapter Four Solid Waste Pollution Prevention ······ (585)
Section One Industrial Solid Waste ······ (585)
Section Two Radioactive Solid Waste ······ (587)
Section Three Solid Waste of Mining Enterprises ······ (590)
Chapter Five Pollution Prevention and Control of Township Enterprises ······ (593)
Section One Environmental Management of Township Enterprises ······ (593)
Section Two Rural and Agricultural Environmental Protection ······ (594)

Part Nine The Natural Ecological Environment Protection

Chapter One Nature Reserve ······ (599)
Section One National – level Nature Reserves. ······ (599)
Section Two Autonomous Region – levels Nature Reserves. ······ (605)
Chapter Two Biodiversity ······ (608)
Section One Species Diversity ······ (608)
Section Two Genetic Diversity ······ (613)
Section Three Ecological System Diversity ······ (614)
Section Four Protection of Diversity Species ······ (620)

Section Five Invasion and Control of Longicorn ······ (626)
Chapter Three Construction of Ecological Demonstration Zones& Ecological Agriculture ······ (628)
Section One Ecological Demonstration Zones ······ (628)
Section Two Ecological Agriculture ······ (630)
Chapter Four The Eco – construction in Region ······ (634)
Section One Forest Planting ······ (634)
Section Two Control of Soil and Water loss ······ (637)
Section Three Control of Decertified Areas ······ (641)
Section Four Ecological Recovery of Mine ······ (644)

Part Ten Management of Environmental Protection

Chapter One Planning Management ······ (649)
Section One Planning ······ (649)
Section Two Five – Year Plan ······ (667)
Chapter Two Legal Construction ······ (695)
Section One Local Lawmaking ······ (695)
Section Two Administrative Rules ······ (698)
Section Three The Normative Document of Environment Protecting & Related Department ······ (701)
Section Four Environmental Enforcement ······ (703)
Chapter Three Environmental Management Measures ······ (716)
Section One Total Amount Control of Environment ······ (716)
Section Two Pollution Sources Treatment within the Specified Period of Time ······ (718)
Section Three Quantitative Assessment of Urban Environment Comprehensive Improvement ······ (719)
Section Four Shut Down Seriously Polluted Small Enterprises ······ (722)
Section Five Emission Standards ······ (723)
Section Six Object Management of Environment of Ningxia ······ (727)
Section Seven Construction Project Management ······ (728)
Chapter Four Environmental Monitoring & Sewage Charges ······ (735)
Section One Environment Supervision ······ (735)
Section Two Survey of Pollutive Source & Report and Registration of Sewage Discharge ······ (737)
Section Three Pollution Charges ······ (738)

Part Eleven Science – technology and Education

Chapter One Construction Science – technology ······ (747)

Section One Management of Construction Science – technology ······ (747)

Section Two Popularize and Apply of New Technology and Products ······ (760)

Section Three Earthquake – resistant and Damage Prevention in City ······ (765)

Section Four Wall – building Material Innovation ······ (770)

Section Five Publicity and Education ······ (778)

Chapter Two Science and Technology Education of Environmental Protection ······ (795)

Section One Scientific Research ······ (795)

Section Two Academic Exchanges and Cooperation ······ (800)

Section Three Publicity and Education ······ (802)

On the Section of the Important Documents ······ (811)

Some Records of Significant Events After 2000 ······ (857)

Reference Documentation ······ (896)

On the Edition and Compilation of *General History of Ningxia* ······ (897)

Index ······ (899)

概 述

宁夏位于中国西北地区东部，总面积 6.64 万平方公里，地形南北狭长，地势南高北低。北部是以贺兰山为屏障的宁夏平原，南部是以六盘山为屏障的黄土高原。黄河介于六盘山与贺兰山之间穿宁夏平原而过。宁夏平原渠道纵横，田连阡陌，素有“天下黄河富宁夏”之说。宁夏山川秀丽，稻香鱼鲜，有“塞上江南”之美称。在宁夏这块古老而又年轻的土地上，各族人民世世代代以胼手胝足的辛勤劳动，创造了光辉的历史和灿烂的文化，谱写了一幅幅城乡建设的壮丽图卷。社会的进步、发展，有赖于建设；人类的生存、繁衍，依存于环境。汇集、整理宁夏历史上建设事业发展、环境变迁及保护治理的资料，并进行科学排比，以利于存史资政，启迪后人，使建设发展更加科学，使人类与环境更加和谐。

一

历史上的一切生产建设活动，都是人们生存和发展的必须，也是当时社会经济状况的反映。建设事业与经济社会的发展历程同步。

宁夏是中华民族远古文明的发祥地之一，早在 3 万多年前的旧石器时代晚期，人类就在这块土地上掘穴筑巢，繁衍生息。在四五千年以前新石器时代，宁夏贺兰境内就出现了人类居住的房屋居室，这是宁夏地区迄今发现的最早民居。在海原菜园村南梁子东坡发掘的半地穴式和窑洞式房屋，利用黄土依山掏挖而成，反映了先民们在宁夏境内的生活居住状态。

宁夏城市建设活动首见于文字记载的是《诗经·小雅·出车》：“天子命我，城彼朔方……”吟诵的是商末封于关中的周文王命令大将南仲到“朔方”（今固原一带）筑城。其城名失于考证，但这次筑城的规模显然不小，因为南仲的车队“出车彭彭，旗旐央央”。而宁夏建城史上能够考证名称的第一批城市出现于战国时期。当时的宁夏南部居住着义渠和乌氏两个大的戎族部落，在今盐池县还居住着朐衍戎。他们先后建设了自己的城邑，如位于今彭阳县的“朝那邑”，而位于今盐池县张家场的古城，泾源县境的乌氏城，则在战国秦昭襄王(前 327 年)时成为朐衍县、乌氏县的县城。宁夏北部平原地区的第一个县级城市建于秦始皇派大将蒙恬北逐匈奴之后,即秦始皇三十三年(前 214 年),置富平县,治所在今吴忠市利通区西南。与此同时,蒙恬又在黄河内侧构筑神泉障和浑怀障要塞以据守。

到了西汉,朝廷在“河南地”(今河套以南地区)迁入大量内地居民,开渠引水,开发农业。此时宁夏平原人口大增,司马迁在《史记》中形容为“冠盖相望”。为了适应这种形势,西汉从北地郡析置安定郡,郡治设在高平县(即今固原市)。北地郡内新建了灵州县(今吴忠市古城湾)、灵武县(今青铜峡邵岗镇西)、廉县(今贺兰县西北暖泉附近)3 座县城,还修筑了上河城、南典农城、吕城、北典农城等沿河城镇。安定郡新建了郡城及三水县(同心县下马关红城水)、眴卷县(今中宁县城南古城)、参䜌县(今甘肃庆阳县西北)3 座县城。至此,宁夏城镇群落初具规模。尤其是安定郡治高平城,有高大而坚固的城墙,有用下水管道布设的排水系统,有南通长安、西通西域的驿站,当时号称“高平第一城”。

南北朝至隋唐五代,宁夏形成南北两个中心城市格局。北部以灵州为中心,管理若干县及 10 多个城镇。南部以原州(治所即今固原市)为中心,管理今同心以南各地及若干城镇。唐代,灵州城规模宏大,城内有街市、商铺、州衙、大都督府、关内道营田史、关内道采访使、盐池使等官署。尤其是唐肃宗在灵州登基后,起宫殿,增官署,城池规模进一步扩大。这两座历史名城,都经历了千年沧桑。原州城于广德年元年(763 年)毁于吐蕃引发的战火,而灵州城在明代被黄河洪水冲毁。

北宋咸平五年(1002 年),兴起的党项族进入宁夏平原,并于 1038 年建立西夏政权,定郡兴庆府(今银川市城区)。西夏对宁夏建设史的重大影响在于:将宁夏的中心城市北移至银川,并按“国都”进行建设。兴庆府的城市建设始于 1020 年,历时十余年,城池宫室才初具规模。李元昊即位后,又于西夏开运元年(1033 年)开始扩建宫城,营造殿宇。延祚九年(1046 年)起又进一步扩大城市规模,在城内修建避暑宫,亭榭楼阁华丽壮观。兴庆府的城市设计,直接受唐代长安城与北宋东京城建设布局的影响,城呈长方形,“东西倍于南北”、“相传为人形”,周长 18 里,护城河阔 10 丈。兴庆府城市建设的另一特点是与周围地区的建设联系起来综合考虑,形成了以兴庆府为中心、西抵贺兰山、东达黄河畔40余公里的都城布局整体。这种宫城、寺院、陵园、园林遥相呼应、互为补充的城市建设格局,体现了当时建设者的规划理念。1038年李元昊称帝后,建筑业有很大发展。西夏政府设立了木工院、铁工院、砖瓦院等管理建筑业的机构。当时已出现了石匠、木匠、泥匠、纸匠、漆油匠、彩画、雕刻匠、铁匠等与建筑业有关的技术队伍。西夏还在其他地方修建了许多宫殿,这些宫殿、寺庙宏伟壮观,反映了西夏的建筑技术达到了较高的水平。西夏的建筑技术还表现在营造的皇帝陵园上。西夏王陵每座陵园都独自成为一个完整的建筑群体,各陵园由角台、阙台、碑亭、月城、内城等组成,平面严格按照中轴线左右对称的格式布局。元灭西夏,对兴庆府破坏惨重,居民四逃,史书称"空居其城"。

元灭西夏后,于蒙古至元八年(1271年)始设西夏中行路行尚书省,次年改为行中书省,元至元二十二年(1285年)正式设宁夏行中书省,成为"宁夏"地名始称。

明代宁夏为边防要塞。明朝统治者为了防御北方少数民族部落的入侵,曾在北部边疆设置了包括宁夏、固原2镇在内的9个军事重镇,固原当时还是延绥、甘肃、宁夏3个边防重镇指挥部——"三边总制"府的所在地。明朝的宁夏卫城仍然是"周回一十八里,东西倍于南北"。朝廷对宁夏镇的城市建设,在人力、财力方面给予了巨大支持。明庆王府建于宁夏镇城南熏门内(今银川市中山南街与新华街交汇处),工程规模宏大,萧墙高1丈3尺,周回3里,内有王宫、东宫、西宫、承运殿等宫殿及逸乐园、宜秋台等亭台楼阁,后又陆续建有慎德轩、延宾馆及拥翠楼等。庆王府内设有管理建筑工程的机构——工正所。明英宗正统年间,宁夏镇经过重修扩建,城池更加雄伟壮丽,城郭高3丈5尺,基阔2丈。环城引水为池,池深2丈宽10丈。镇城有城门6座,城门之上均建城楼,城墙四周建角楼。明代在桥梁建设上也有较大发展。据《嘉靖宁夏新志》记载,明代宁夏镇有桥梁15座,结构绝大多数是木桥梁,只有建于成化二十一年(1485年)的永通桥是一座比较有名的石拱桥。

清顺治十六年(1659年),宁夏巡抚黄图安修缮宁夏镇城。康熙元年(1662年)巡抚刘秉政继修。雍正元年(1723年)在宁夏府城东北5里处(今银川市满春乡)筑城,为屯兵之所,称宁夏满营,驻扎八旗官兵,俗称"满城"。乾隆三年(1738年)宁夏发生特大地震,宁夏府城和满城被震毁。乾隆五年

(1740 年),清廷以工代赈,重建宁夏府城,耗银 31.45 万两。在宁夏府城西 15 里平伏桥东南建新满城,耗银 15.65 万两。民国 2 年(1913 年)宁夏满营解散后,新满城一度成为宁朔县城。

民国建元,宁夏改府为道,称朔方道。民国 18 年(1929 年)1 月宁夏省政府正式成立,朔方道城改称宁夏省城,为宁夏省会。民国 36 年(1947 年)改宁夏省城为银川市。民国时期宁夏所有城市率多荒凉,因陋就简,在城市建设和建筑设计上无所作为。宁夏政府虽然制定了建设大纲,但由于政治腐败,战乱频繁,建设大纲成为纸上谈兵。宁夏省会银川市的城市建设勉强做了修筑马路、疏通阴沟、修建市场商场、开凿水井、改修门棚、建设中山公园、修建学校等工作,城市发展步履维艰。人们形容当时银川居民生活是"渠水浑,井水苦,土坯草泥盖房屋"、"晴天满街土,雨天满街泥"。省城银川尚且如此,其他城镇建设的简陋更是不言而喻。

回顾 3000 多年的宁夏建设事业,有 5 个鲜明的特点。

第一,古代城镇的规划选址多临水而建。出于水源和交通的考虑,宁夏古代县以上城市,除个别(如朐衍县)位于广袤草原者外,莫不建在河流沿岸。如西汉在宁夏平原的城镇,全部建在黄河两岸,出现了"沿黄城市带"。高平城建在清水河畔,泾阳县城建在泾水之阳,朝那县、三水县等山区古城也都有水源可依。

第二,古代城镇的功能以军事防御为重,兼顾民用、商业和交通等。每个重要城镇,乃至民间屯堡,都有高大的城墙,城门均设瓮城,以保军民安全。较大的城寨,城墙外面还有护城河(或壕)。早在汉代,已考虑城市排水系统。每座城池,都有交通大道穿城而过。城市的布局,已考虑官署、民居、商业、工匠、休闲景观等功能区。

第三,军事防御工程浩大。由于宁夏地处北疆,是中原防御北方游牧民族南进的屏障,因而历代都有浩大的军事防御工程。战国秦及秦长城横亘宁夏南部。北魏在固原设高平镇、吴忠设薄骨律镇,两座城池都属军镇。唐朝在六盘山区建"长壕巨堑",在灵州设朔方军镇又在建有军城。西夏政权与北宋双方都大量修筑军事上的城寨,其数量不下数百座。其中大的城池,北宋建为"军",如在固原的镇戎军,在隆德的德顺军,其等级与州同;而西夏叫"监军司",在宁夏境内多达 5 个。到明代,万里长城在宁夏境内总长过 1500 公里,还有烽墩数百座,营堡上百座。这些军事设施,工程量之大,耗费之多,维护时间之久,朝廷重视程度之高,都是其他民用工程所不能比拟的。

第四,民居具有浓郁的地方特色。宁夏平原农村及城市的古代民居,具有简单实用、隔热保暖、材料低廉三大特点。由于平川区缺乏石料,墙体材料多用土坯;由于降雨很少,房顶略带坡度,近似平顶;房顶材料也是就地取材,铺上约30厘米厚的芦苇,再抹上一层以麦芠拌和的黄泥即可,其保暖功能极强。

第五,多种风格兼容的民族建筑特色。宁夏古代始终是多民族融洽相处之地,各种公用建筑如楼宇、寺庙、殿堂,既有汉族的“大屋顶”建筑,也有阿拉伯风格的清真寺,更有各种风格互相融洽的建筑。如建于元末明初的同心清真大寺,是宁夏规模最大、保存最完好的古建筑群,其特点是把中国传统的木结构建筑与伊斯兰木刻砖雕装修艺术融为一体,形成中国回族风格。始建于北魏的须弥山石窟,有印度佛教文化的元素,而大量融进中国传统艺术,其人物造像、石刻,则有北魏、北周、唐代等多个朝代的风格。众多的佛塔、寺庙,大量采用了中国传统建筑艺术中的斗拱、挑檐飞脊、大屋顶,雕梁画栋既气势雄伟,又玲珑秀丽。

二

1949年10月,中华人民共和国成立,开辟了宁夏发展新纪元,城乡建设事业也结束了长期停滞、徘徊不前的局面。

1949年宁夏解放时,从国民政府手中接收了1市、1镇、2旗和13个县。当时宁夏城镇非农业人口只有7.02万人,市、县城面积总共不足10平方公里,不仅没有现代化工业,更无市政公用设施。集镇零落破败,村庄残垣断壁,山川农村到处都是土房、窝棚、窑洞。人民政府在大力恢复生产、安置就业和铲除社会积弊、发展教育事业的同时,开始了城市建设和村镇建设。从1949年到1976年改革开放前,宁夏城乡建设大体上经历了3个阶段。

第一阶段,经济恢复及国民经济“一五”计划时期(1949年~1957年)。城市建设以银川市为重点,进行城市道路、桥梁和住宅建设,1953年修建了银川市第一座钢筋混凝土桥梁(唐徕渠桥),1956年打了第一眼150米深水井、建成16吨水塔及第一个100吨蓄水池,并相继铺设和疏通了城市排水暗沟、明沟,修缮和新建了一批住宅,初步改善了城市居民的生产生活环境。在农村经济迅速恢复的同时,农民重建家园的积极性空前高涨,农村居民点建设以翻建和改造旧房为主,同时也建设了一批新房。从1952年到1957年,随着农业合作化的发展,农村经济活跃,许多农村以农业生产合作社为单位,兴建农民住房,建设为合作社生产、生活服务的各类建筑设施,初步改变了过去农村房舍分散、自由发展、建设杂乱的格局。这一阶段,宁夏建筑业初步创业,开始组建专业建筑施工队伍,在外省建筑施工队伍的协助下,完成了一批工程建设项目。1957年,宁夏建筑业产值比1949年提高了6.5倍。

第二阶段,"二五"计划及国民经济调整时期(1958年~1965年)。1958年宁夏回族自治区成立以后,经济建设规模空前,促进了城乡建设发展。"二五"期间,国家积极扶持少数民族地区的经济发展,在银川、石嘴山、吴忠、青铜峡、中卫、平罗、固原等地选址建厂,投资建设了一批机械、煤炭、电力、冶金、化工、轻纺等企业,工业生产迅速发展,给城市建设注入了新的活力。1958年,银川开始铺设沥青路面,开始以管道供水,首条市内公共汽车营运线路开通,市容市貌有了新的变化。这一时期,还在银川市西部开辟了新市区。宁夏其他城镇的建设也有了较大发展,逐步建立了城市建设管理机构,开始了城市规划工作。村镇建设虽然在1958年开始的"大跃进"和人民公社化运动中盲目冒进,急于求成,追求"组织军事化,生活集体化",过多地迁村并点,走了一段弯路,但随着1962年到1965年的国民经济调整,逐步恢复并有了新的发展。引黄灌区基本形成各社、镇的村镇体系和以生产大队为中心、以生产队为基层聚居点的村庄网络,大部分公社所在地相应建设了供销社、信用社、粮店、卫生院、学校等公共设施,集镇面貌有了明显改观。这一时期,工业建设的大发展,促进了建筑业的大发展,宁夏建筑勘察设计力量也不断壮大,一般输电线路、邮电通信、水利设施、道路桥梁、城市供水设施建设项目等,宁夏的建筑勘察设计单位都可以自己承担完成。

第三阶段,在艰难曲折中前进的时期(1966年~1977年)。"文化大革命"中,宁夏本来就基础薄弱的城市建设遭受严重挫折,城市规划失控,片面强调"先生产,后生活",城市建设投资仅占基本建设总投资的1.6%,使潜在的现代化社会化大生产与落后薄弱的城市基础设施之间的矛盾日益突出。最为痛惜的是,一批古建筑如固原城的城墙,银川市的西门、北门、东门城楼,一些庙宇,先后被拆除。这一时期,城市建设虽然遭遇严重挫折,但由于“二五”计划后期新建和外地迁到宁夏的一批骨干企业相继建成投产,随着工业生产有所发展,城市建设在艰难曲折中前行,城市市政公用设施有一定增长。农村片面推行“先治坡,后治窝”的做法,村镇建设进入低落阶段。这种情况下,宁夏仍有少数地方从当地实际出发,采取集体和个人共同集资、统一规划建设、住宅产权归农民所有、个人逐步偿还集体投资的办法建设农民住房,调动了农民建房的积极性。这一时期,由于“三线”建设项目陆续上马等原因,建筑业也取得了一些进展。

改革开放带来了宁夏城乡建设事业的春天。1978 年中共十一届三中全会以后,宁夏城乡建设进入了全面发展的新阶段。在深化改革、扩大开放政策的推动下,建设行业开展全方位改革,各项建设事业充满生机和活力,为振兴宁夏经济,改善人民生产生活条件,促进社会进步发挥了重要作用。

城市规划工作逐步加强。在城市建设中,各地大力加强城市规划工作,确立规划的“龙头”地位,充分发挥综合指导城市建设的功能,全区 20 个市县全部开展了市(县)城总体规划的修编和控制性详细规划的编制工作,对城市合理布局、提高城市总体水平,发挥了重要作用。自治区首府银川市和石嘴山、吴忠、灵武、青铜峡、中卫、固原等市(县)城在总体规划的指导下,坚持“统一规划,合理布局,综合开发,配套建设”的原则,突出民族特色和地方风格,进行旧城改造,使城市面貌焕然一新。宁夏各地的建设,在总体规划的指导下,逐步朝布局合理、功能完善的综合性、现代化、多功能方向发展。至 2000 年底,宁夏共有设市城市 5 个。其中,地级城市 3 个,县级城市 2 个。有县城 15 个,建制镇 53 个。全区总人口 554.32 万,其中城镇人口 193.43 万,城镇化率为 34.89%,全区城市建成区面积达到 202.58 平方公里。

城市基础设施建设步伐逐年加快,市政公用事业发展迅速。各级政府将城市基础设施建设摆到改善投资环境、促进经济社会发展的重要地位,深化投资体制改革,逐步建立多元化的城市基础设施建设投资机制,变改革开放前的由政府单一投资为多渠道、多层次筹集资金。各市县结合当地实际,采取贷款修路、收费还贷、以路带房、以房养路、出让转让部分市政设施、环卫设施经营权等办法,广筹城市建设资金,使各城市市政公用事业、环卫事业有了长足发展,改变了过去供水不足、排水不畅、交通拥挤、环境脏乱的状况。至

2000年底,宁夏城市自来水普及率为82%,燃气普及率为55.25%,城市绿化面积为3791公顷,人均公共绿地为3.06平方米,全区有城市公共汽车789辆,出租车5542辆,基本上适应了不同层次居民的生活需要。

城镇居民的住房条件得到明显改善。改革开放以后,城市住宅建设投资逐年增多,城镇居民的居住条件发生了巨大变化,昔日破旧的土房,逐步变成高楼林立、新房成片的居民住宅小区。随着经济发展速度加快,宁夏房地产业迅速崛起,成为第三产业的支柱产业。各级政府和建设主管部门充分发挥宏观调控职能,深化城镇住房制度改革和城镇住宅建设投资机制改革,打破单纯由国家投资建房的体制,实行多渠道筹资、统一管理的方法,使住宅建设向投入产出的良性循环方向发展。引导房地产开发企业在城市危旧房屋改造、建设经济适用住房等方面贡献力量,全区城市房地产投资结构合理,综合开发效益显著,房地产市场日趋活跃,市场交易行为逐步规范。至2000年底,宁夏城镇居民人均住房建筑面积达到18平方米,住宅成套率达到80%。各地陆续实行房地产物业管理服务,逐步建立了社会化、专业化、经营化的住宅管理新体制,城市住宅小区的服务功能和环境质量有了较大的提高。

村镇建设在农民脱贫致富奔小康进程中发挥了重要作用。改革开放以后,农村经济体制改革呈现一派生机,宁夏村镇建设实现了前所未有的大发展。村镇建设尤其是集镇建设对农村经济具有巨大的推动作用,成为各级党委、政府和社会各界的共识。全区农村住宅建设量在每年平均160多万平方米的基础上,建设质量有了根本的改变,农村新建住宅基本为砖木、砖混结构,土木结构的住房逐步被淘汰。各地按照统一规划和自治区建设厅编制的农宅建设通用设计图,建设了一批布局合理、功能较为齐全的楼房住宅,改写了宁夏农村自古以来没有住宅楼房的历史,建成了大武口村、双庄村、五星村、上桥村等一批农民小康新村。农民人均居住面积由改革开放前的7平方米增加到2000年底的12.33平方米。中心集镇基础设施明显改善,道路、市场、商业街基础设施建设水平、建设标准有了很大提高,较好地适应了现代新型小城镇发展的要求,逐步成为农村一定区域的经济文化和文化科技服务中心。

建筑业的产业规模和产业素质有很大提高。建筑行业率先在全区进行管理体制改革,按照政企分开的原则全面实行厂长、经理负责制,扩大企业自主经营权，逐步建立了按企业资质分级、按总承包、专业施工承包和劳务分包进入建筑市场的新秩序，实行一业为主、多业开发的经营策略，有力地促进了建筑业的发展。至2000年底，宁夏形成了一支以全民所有制施工企业为主体、以城镇集体施工企业为补充，以乡镇、私营、联营、有限责任、中外合资施工队伍为依托的建设产业大军。施工队伍的专业类型，发展到综合性的土木建筑、矿山电力、铁路、水力、冶金、机械、工业设备安装、建筑装饰等29种专业，产业规模逐渐扩大，专业类别和地区结构趋向合理。建筑施工企业尤其是国有建筑施工企业通过深化改革，健全内部管理制度，不断增强自我发展能力，竞争实力日益雄厚。区直属施工企业，除承担、参与区内各种重大工程项目的建设外，还将业务领域拓展到区外和国外，先后开拓了北京、上海、广东、海南、山东等省区的建筑市场和北也门、埃及、科威特、乌干达、日本、阿联酋等国家和地区的建筑市场，创建了一大批优质工程，取得了良好的经济效益和社会效益。

建设科技教育事业迅速发展。改革开放以后，建设行业遵循“建设事业振兴必须依靠科技进步，科技进步必须为建设事业服务”的方针，强化科学技术是第一生产力的指导思想，坚持面向基层，服务生产，在不断加强组织机构建设和科研院所改革改制的同时，着重抓好实用技术的研究开发和推广应用工作，促进建设行业科技成果的质量水平和效益逐步提高。建设教育工作从建设行业发展的实际出发，全面开展基础知识培训、技术培训、岗位培训和专业技术人员的培养，形成了“高、中、低”多层次的全日制、业余、函授、自学考试等多种形式的人才培养教育体系，输送了大批专业技术人才，为建设事业的发展提供了人才保障。

三

宁夏远古自然环境可从发现的各种古生物化石找到证据。在距今2.5亿年～7000万年的中生代，宁夏雨水丰沛、湖沼密布，植物茂密，给各种大型脊椎动物提供了良好的生存环境。灵武市东境的南磁湾，现属半荒漠草原地带，土壤沙化严重，植被稀疏，但在中生代的侏罗纪、白垩纪，都是大型恐龙的乐园。2005年4月，一位当地农民无意中发现裸露的动物骨骼化石，经考古部门发掘，显露出一个恐龙化石群遗址。其中一条巨型蜥角恐龙，一块脊椎骨的厚度就达1.1米,在同类恐龙中,其体型之大在亚洲居冠。它食量极大,每天要消耗数百公斤植物。这么多的恐龙群居,说明当地雨水丰沛,植物繁茂。经测定,这批恐龙化石距今1.4亿~1.3亿年。

经历了"浑沌初开"的猿人时代,人类在宁夏出现。距今二三百万年的灵武市水洞沟旧石器遗址表明,当时人类的生存环境极佳,湖泊中有鱼类供捕,陆地上有众多的鹿坡毛犀、驼鸟等动物供猎。位于海原县西安州的菜园新石器遗址距今约4000年。今天这里属"宁夏中部干旱带",年降雨量不足200毫米。但在当时,却是人类聚居的乐园。他们利用黄土边坡建造房舍,从事畜牧业和农业。房前有场院,村内有专业陶窑。

进入有文字记载的历史时期,宁夏的自然环境变迁按人类活动的频繁程度,分三个时期。

一是优良的原生态环境时期,时间跨度为唐代以前。此时,宁夏南部六盘山区为原始森林,塬地是全国最好的牧场。唐贞观年间,朝廷将监牧从关中迁移到原州,牧场东西600里,南北400里,共管50个监。极盛时存栏马匹达70多万匹,"安史之乱"时统计仍有319387匹。这个"陇右监牧"还饲养牛、羊等其他畜类。这么多的家畜,常年用"长壕巨堑"围限在固定范围内,必定导致草场退化。到南北朝时,因为湿地众多,有水田、草园,盛产稻麦,因而号称"塞北江南"。贺兰山有树木青白,远望如骏马。在平原的农耕区,树木也很多。唐代诗人韦蟾有诗"水木万家朱户暗"为证。就连大小罗山当时也是原始森林,"有良木薪秸之利"。

二是森林严重破坏阶段,时间跨度为五代至清朝。首先是森林破坏程度大。在公元1000年至1200年间,宁夏的林木遭到乱砍滥伐,六盘山、贺兰山、罗山的原始森林,被用来建造国都、城池和堡寨。西夏定都兴庆府,营建都城、营室,大量砍伐贺兰山林木。金国攻占宋都开封府,旧城毁于战火,又于正隆年间(1156年~1161年)营建新都,派降将张仲彦采伐木材。张仲彦是宋德顺军(今隆德县)知军,所以到他熟悉的六盘山砍伐。这里原来是"古木参天"。张中彦组织人力,先用木材"架崖构壑,起长桥十数里",然后伐木运木。金国的"新都"建成,六盘山的林木也损失殆尽。在《宋史》的列传中,好几位朝官都有专门贩运陇山(六盘山)木材的记录。不仅如此,宋与西夏兵戎相见140年,双方都大量修筑堡寨,修好不久即毁于战火,毁了再修,不知消耗了多少林木。面对这种场面,曾有仁人志士大声疾呼。如宋代一位幕僚张舜民,于元丰四年(1081 年)随大军攻西夏到达灵州城外,触景生情,写下诗一首:“柳城城下千株柳,总被官军砍作薪。他日玉关归去路,将何攀折赠行人。”到元明清,宁夏已无森林可言。蒙古中统四年(1263 年),忽必烈下旨建立黄河水驿,但造船无木材,只能从青海省大通河流域采伐。到清代,每年都要由皇帝“御批”采伐青海省的造船用木,扎成木筏,由湟水、黄河流放到宁夏。贺兰山脊以东,只剩下杂木可供作薪,汉人常越界到山脊西侧樵猎,两次引发阿拉善蒙古王向皇上“告御状”。由于贺兰山森林受到破坏,降雨减少,阿拉善境内的风沙越过贺兰山,开始侵蚀银川平原。据明代《嘉靖宁夏新志》记载,今石嘴山市一带的贺兰山麓,全系沙漠,寸草不生。至于草原,在清初还基本保持葱郁。明长城的盐池到横城一段,选线原则是“沙碛之地弃之于外,使虏不庐;草茂之地包之于内,使虏不牧”。也就是说,长城以内,当时还都属草原,而且有众多水泉。据《九边考》记,仅红寺堡到罗山一带,就有四五十处水泉。但到清末,由于过度放牧,盐池到同心的草场都已成为半荒漠草原。保持较好的是宁夏平原的湿地,康熙亲征噶尔丹来宁夏,返程沿黄河而去,曾亲驾渔舟多次在黄河两岸的湿地撒网捕鱼,并称横城到石嘴山一带为“湖滩河朔”。这是对湿地的真实描述。

三是近现代的生态环境极度恶化阶段。从清末到 19 世纪 80 年代,由于人口的急剧增加,不得不大量垦荒,过度放牧,大量林地、草原、湿地被改造成农田。到 1949 年宁夏仅剩天然次生林 6 万多公顷。中华人民共和国成立后,工业化的进程加快,但经济实力弱,不得不以环境为代价。农药、化肥的大量使用,则加快了环境恶化的进程。加上“文化大革命”中的围湖种田、开荒,“大炼钢铁”运动中的伐木炼钢,仅有的森林、草场、湿地不断减少。宁夏平原原来湖泊星罗棋布,整个银川城亦在湖泊包围之中,西南有七十二连湖,西北有小西湖、大西湖,东面是黄河湿地、湖泊更多。这些湖泊水面,能够调节气候,增加空气湿度,又是候鸟的繁殖、栖息地。对黄河鱼类资源而言,湖泊是生态循环链上的一个重要环节。每年春节,黄河中的成鱼循排水沟逆水而上,到湖泊中产卵繁殖。小鱼留在湖中越冬,而多数成鱼在白露之后仍回到黄河中。1966 年以后,这些湖泊十去八九,多数被垦作稻田,少数在 20 世纪 80 年代被隔作渔池。至此,黄河鱼类的生态循环链少了一个环节。原来随便找个水坑便能用手抓鱼的银川平原,现在野生鱼类已成稀罕之物。至于鸽子鱼、水獭等名贵品种,已近乎绝迹。

到20世纪70年代,人们开始认识到问题的严重性,环境保护被各级政府提到议事日程,环境恶化的趋势得到遏制。1998年后,宁夏开始执行退耕还林、退牧还草,实行严格环境保护措施。从此,宁夏生态环境开始向良性循环方面发展。

四

宁夏环境保护工作始于1973年。前10年为环境保护工作起步阶级,1984年~2000年为发展阶段。

1973年8月,根据国务院、国家计委指示精神,自治区革命委员会决定成立"宁夏回族自治区革命委员会治理工业'三废'领导小组",并下设办公室在自治区计委,与综合处合署办公。1974年1月,自治区革命委员会根据国务院批转国家计划委员会《关于全国环境保护会议报告》的要求,将自治区治理工业"三废"领导小组改名为环境保护领导小组,领导小组办公室仍设在自治区计委。1975年9月,自治区编制领导小组为自治区环境保护领导小组办公室定编5人。这两个机构先后统管全区"三废"综合利用、污染防治。此后,逐步完善了环保机构,队伍建设、环境管理、环境调查、环境监测、环境保护立法、环境科学研究等工作逐步展开。1973年,为调查"三废"对黄河的污染,开始对主要排水沟进行水质监测。1977年8月宁夏第一个环境监测站银川市环境监测站建立。之后,石嘴山、银南地区环境监测站、宁夏回族自治区环境保护研究所和环境监测中心站陆续成立。1974年~1979年进行了大气监测和地区水质监测。1982年完成了全区工业污染源调查,并开始对酸雨进行监测。1981年成立宁夏回族自治区环境保护局,银川市、石嘴山市也相继成立环境保护机构,全区环保专业人员增加到154人。

1984年3月,宁夏回族自治区人民政府召开全区第一次环境保护工作会议,并于7月作出《贯彻国务院关于环境保护工作的决定》。此后,宁夏环保工作步入发展阶段,并不断取得新的成效。

环境保护工作受到各级政府和全社会的高度重视。自治区人民政府先后召开4次环境保护大会及不定期的环境保护座谈会,部署工作,制定措施,宣传环境保护的重大意义，发动全社会都来关心环境问题。各级政府也相应制定了环境保护工作的规划和措施，各行业、部门对建设项目实行环境影响评价、环境管理、限期治理。新闻媒体不但加强环保宣传工作，而且实行舆论监督，对污染环境的事故无情曝光。群众自发地保护环境、监督举报各种破坏环境的行为。整个宁夏，已初步形成自觉保护人类生存环境的良好氛围。在退耕还林、退牧还草工作中，数十万民众积极响应，有的离开世代相处的故土，到移民新点重新安置；有的放弃几千年散放牧羊的习惯，投资建舍实行牲畜圈养。群众发自内心保护环境的意识，形成巨大的动力。贺兰山濒临灭绝的青羊，通过保护，现在不但恢复了原有的种群，而且已大大超过每平方公里6只的承载能力。

以治理“三废”为重点的城市环境整治取得突破。通过对主要城市工业锅炉、窑炉和采暖锅炉进行消烟除尘改造，实行集中供热，推广电炊、石油液化气、焦炉煤气等清洁能源，千家万户点多面广的小污染源得到有效治理。到1985年已改造锅炉256台，占需要改造的锅炉35%，全区1600多台烟尘污染比较严重的锅炉有75%采取了消烟除尘措施，减轻了环境污染。到1986年，工业废气消烟除尘达到58.4亿立方米，处理率24.6%；工业废水处理891吨，处理率10.8%；工业废渣年综合利用量67万吨，综合利用率33%。1986年～1987年，根据国家城乡建设环境保护部、国家经委、国家统计局通知，自治区各级环保部门和企业环保工作者，历时一年多完成了《宁夏工业污染源调查报告》，查清占全区工业总产值81.27%的514家工矿企业周围环境、能源及资源利用情况，查清污染物种类、数量、排放方式及规律、区域和行业分布特点，污染危害及治理情况，建立了全区工业污染源档案和数据库。通过治理，城市环境质量有所改善。自治区政府先后4次与银川市、石嘴山市政府和有关工业管理部门签订环保目标责任书，推动了城市环境综合整治。主要城市建成烟尘控制区50平方公里，城市绿地覆盖率由8.7%提高到19.8%。

工业污染从被动防治向主动控制转变。1990年与1985年相比，工业废水处理率由10%上升到41%，工业废水达标率由18%上升到53%。工业废水排放量比1985年下降121万吨；工业废气消烟除尘率由24%上升为83%；废气净化处理率达到12%。1990年～1995年，全区直接用于污染治理资金2.14亿元，完成工业污染治理项目900个，新增工业废水处理能力10.84万吨,工业废气处理能力160.7万标立方米。至1995年底,县及县以上企业工业废水处理率达到67.1%,工业废气处理率达到74.6%,工业固体废物综合利用率达到33.4%。自治区政府前后两批下达重点污染源限期治理,涉及26家企业68个项目,取缔关停了一批污染严重的小工业污染源。1995年,全区共完成治理项目148个,投入治理资金3178.1万元。当年新增工业废气处理能力每小时471万标立方米,工业废水处理能力0.4651万吨,工业固体废物年处理能力1.4703万吨,年"三废"综合利用产品产值达5750万元。全区首次对5家生产炉渣空心砖的企业进行放射性物质监测,对3家企业补办环境影响评价报告表。自治区环保局和工商局联合对城市饮食、娱乐业环境及污染情况进行了普查并加强了管理。提出全区环境保护工作指导方针和发展目标,采取一系列重大措施,结合经济结构调整,取缔了一批污染严重又没有治理前景的"十五小"企业和1700余座土炼油炉,取缔关停率达到99%。淘汰了一批技术落后,浪费资源,质量低劣,污染环境和不符合安全生产条件的小造纸、小煤矿、小水泥、小火电、小炼油厂,全区1172家工业污染企业中,90.7%的企业实现主要污染物达标排放。期间,全区安排工业污染治理项目341个,累计完成工业污染治理资金4.23亿元,比1990年增长97.7%。列入《中国跨世纪绿色工程规划》的项目开工建设率达到100%,完成投资6.93亿元,全区下达限期治理项目共39个,完成率达到87%,工业污染治理能力有较大提高。

城市环境综合整治取得成效。针对群众反映强烈的问题,采取了集中供热、推广清洁能源和无铅汽油,实施垃圾无害化处置、限制机动车辆鸣笛、安装汽车尾气净化装置、完善城市排水设施、兴建生活污水处理厂、扩大城市绿化面积、加强放射性废物收贮和电磁辐射监管、控制餐饮娱乐服务业排放污染物等措施,抑制了银川、石嘴山、吴忠等主要城市废气、废水、废渣和噪声污染加重的趋势,提高了城市形象和人民群众生活质量。期间,全区完成城市环保基础设施建设投资7.67亿元,建设城市生活污水处理厂3座,新增城市生活垃圾处理能力380吨/日,城市集中供热面积446万平方米,建成烟尘控制区117.2平方公里,噪音达标区76.5平方公里。银川市已实现地表水质量按功能分区达标并成为全国47个环境保护重点城市中声环境质量最好的城市。

跨世纪环保工程成绩卓著。1998年9月11日,自治区政府召开第四次环境保护大会,重点部署跨世纪环境保护工作,以迎接新千年的到来。自治区政府分管领导分别与银川市、石嘴山市、吴忠市、固原四地市,石化、建材、电力、煤炭4个行业及宁夏化工厂、青铜峡铝厂两个中央属企业的负责人签订了1998和2000年环保目标责任书。把环保目标和实现污染物总量控制计划与2000年工业污染物达标排放结合起来,使责任落到实处。1998年工业污染源治理项目投资比上年增加2730万元。污染治理资金的大量投入,使工业"三废"的排放量显著降低。工业废水达标率提高0.8个百分点,年削减COD排放量1.1万吨;年削减工业二氧化硫排放量6847吨,年削减工业烟尘排放量220870吨;工业固体废弃物产生量比上年减少10.05万吨,综合利用率提高11.2个百分点,占地面积减少10万平方米。开始启动了2000年工业污染源达标排放工作方案,当年完成限期治理项目123项,完成投资9300多万元,加快了污染防治进度。1999年2月12日,自治区党委、政府召开环境保护工作座谈会,明确要求各级党委和政府要对本地区的环境质量负总责,建立和完善环境管理目标责任制,将党政一把手负总责制度落到实处。是年,污染排放量较大的3家甜菜制糖、1家棉纺企业从经济结构中整体退出;工艺落后、生产能力过剩的毛纺、煤炭、机械行业的产量也大幅紧缩。1999年,全区用于工业污染治理的资金投入达1.085亿元,为历年之最。完成限期治理项目297项,比上年增加1.4倍,办理建设项目123项,其中环保部门履行申报手续的113项,环评执行率91.9%。1999年3月23日,经自治区人民政府批准,自治区环保局编制印发了全区2000年工业污染源达标排放和环境保护重点城市环境功能区达标排放工作方案,下达了2000年重点污染源达标排放限期治理名单,公布并通报了达标排放开展情况及举报电话。环保部门相继建立了督办制度、月报制度和检查制度。针对全区造纸行业达标率较低的实际,自治区环保局、经贸委、轻纺厅联合召开造纸行业污染治理防治会议,结合产业结构调整,组建造纸集团集中治理,当年投入治理资金1.3亿元。至年底,全区有9项污染物排放总量指标低于国家下达的控制指标。银川市地面水环境质量达到国家标准,但工业污染企业主要污染物达标率低于全国平均水平。2000年,竣工工业废水治理项目35个,完成投资11313.3万元,新增废水处理能力5.68万吨/年,工业废水处理率达到74.1%,工业废水达标率达到35.3%。2000年度黄河宁夏段水质在各监测断面均为五类或超五类水质。与1995年相比,黄河宁夏入境断面悬浮物、挥发酚,总磷污染加重,出境断面氨氮、总磷污染加重,化学需氧量污染减轻。2000年,竣工工业废气治理项目63个,完成投资4556.7万元,新增工业废气处理能力188.2万标立方米/年,废气处理率达到79.9%。2000年度全区空气质量属中度污染,呈现自然尘和煤烟型综合污染特征。首位污染物是总悬浮颗粒物,全区平均值为0.414毫克/立方米,超出国家空气质量二级标准;其次是二氧化硫,全区年平均值为0.062毫克/立方米,基本达到国家空气质量二级标准。自治区各级党委、政府对完成"一控双达标"任务十分重视,自治区人民政府在2000年12月30日~31日零时,在全区范围内统一开展了"一控双达标"倒计时攻坚零点执法行动。

生态环境保护得到加强。自治区人民政府批准了《宁夏生态环境建设规划》、《宁夏自然保护区发展规划(1998~2010年)》,发出了《关于进一步加强自然保护区工作的通知》,《关于禁止采集销售发菜,制止滥挖甘草和麻黄草有关问题的通知》,组织开展并完成了《宁夏生态环境现状调查》。至2000年底,全区共建立各种类型自然保护区8处,其中国家级4个,省级4个。总面积20.48万公顷,占全区总面积的3.015%。西吉火石寨地质景观、银川湖泊湿地、惠农落石滩四合木等自然保护区科考工作启动。农村环境保护有所进展,开展了秸杆禁烧和综合利用工作。广夏征沙渠种植基地和中卫县被列为国家级生态示范区。在全区范围内开展的禁止采集销售发菜、制止滥挖甘草和麻黄草工作,取得成效,受到国家有关部委的支持和国家检查组的肯定。

环境科研取得成果。从70年代初开始,30多年来在环境科技研究、环境科技推广、环境学术交流、环境影响评价、区域生态环境调查研究及国际合作刊物出版技术咨询等方面做了卓有成效的工作,取得一批环境科研成果,编辑撰写、出版了一大批学术论文和各种报告,并多次获得各种奖励。1983年~1984年,宁夏环保研究所(中心监测站)完成了宁夏贺兰山、六盘山自然保护区综合考察项目,取得多项成果。1983年,自治区环保局、宁夏农学院开展宁夏甘草资源的调查研究,完成了《甘草资源调查初探》、《宁夏甘草蓄积量的初步研究》等报告和论文。1986年~1990年,宁夏环保研究所承担并完成了国家重点科技攻关课题《宁夏土壤环境背景值研究》,为制定地方环境标准提供了依据。1986年~1988年,自治区环保局组织开展“宁夏环境天然放射性水平调查研究”(全国总课题子课题之一),1996年总课题获国家科技进步二等奖,1999年组织申报科研项目8项。其中,《渣场灰水渗漏研究》、《造纸黑液综合利用研究》、《宁夏环保所与日本岛根县公害研究所黄沙现象共同研究》、《宁夏扶贫扬黄灌溉工程生态环境问题研究》被自治区科委和国家环保总局立项实施。由自治区环保局、环保研究所分别承担的《宁夏环保产业发展及对策研究》、《宁夏扶贫扬黄灌溉工程生态环境研究》获自治区1999年科技进步三等奖。

环保产业有所发展。1999年,自治区人民政府决定把节能环保产业作为新的经济增长点,加快发展。按照自治区政府的要求,自治区环保局、自治区计委、经贸委、科委共同编制了《环保产业发展规划》,提出了宁夏优先发展的环保产品和奋斗目标。1999年10月14日~17日,中国环保产业协会水污染防治委员会与宁夏环保产业协会在银川召开全国污水处理设备国产化技术策略交流会与东西部环保产业经济技术合作洽谈会暨宁夏环保产品展销展示会,来自国内12个省(自治区、市)的100多名代表和30多家环保企业参加交流研讨和产品展销。大会期间签订治理合同和合作意向11份,协议资金1000多万元。

环保法制建设不断加强。全区各级人大和政协分别对各级人民政府环境执法进行了监督检查和视察。自治区人大常委会多年对全区执行环境保护法律法规的情况进行执法检查和跟踪检查,作出了《宁夏回族自治区人民代表大会常务委员会关于依法推进环境保护工作的决定》。自治区人民政府在全区范围内组织开展了关停“十五小”、“一控双达标”和禁止污染向本区转移等执法行动。自治区环保局、监察厅、经贸委、计委等部门多次对贯彻《国务院关于环境保护若干问题的决定》情况进行检查、监察和督察,推动了环保工作法制化进程。全区组建了各级环保执法队伍,形成区、市(地)县三级环境执法网络。截至2000年,全区共有环境监理机构16个,环境监理人员120多人。全区各级环境监理机构,全面开展环境监理政务“五公开”工作。全区环保部门建立了政务公开和规范化服务制度,执法责任制度、环境污染举报快速查处制度,推行依法行政,统一执法文书,规范执法程序和执法行为,查处了一批重大违法案件。2000年,全区各级环保部门处理群众举报信件数量比 1995 年增长 19.8 倍，处理群众环境污染投诉比 1995 年增长 26.1 倍，切实保护了人民群众的利益。

在二十多年来宁夏环境保护事业不断加强，全面发展的同时，由于宁夏仍处于经济欠发达地区，环保投资严重不足，科技相对滞后，管理机构薄弱，能力建设欠账较多，经济持续发展与城市人口增加所带来的环境问题相当严重。全区地表水已普遍受到不同程度的污染，局部水域水污染性质恶化，一些城镇的饮用水水源也受到不同程度污染；以燃煤为主要能源结构及金属冶炼所形成的大气污染仍是宁夏一项严重的环境问题；城市化进程加快和城市基础设施落后的矛盾在短期内还难以解决，生活污染负荷将会大大增加；生态环境恶化加剧，生态保护亟待加强；农村环境问题日益突出，农业环境保护不容忽视。

五

建设与环境密不可分。建设依存于环境，反过来影响环境；环境给建设提供广阔的空间和无尽的资源。如果环境被践踏和破坏，人类生存都成了问题，各项建设成了空中楼阁，无所依存。汉代晁错在《新书》中说："焚山斩木为时，命曰伤地。"刘向在《别录》中说："唇亡而齿寒，河水崩其环在山。"所谓皮之不存，毛之焉附。古人已经认识到建设与环境保护的关系。如果在各项建设中无休止地破坏人类赖以生存的环境，则是对子孙后代的一种罪过。中共十七大提出科学发展理论，宁夏各项建设事业正遵循这一理论，在建设中国特色社会主义和小康社会的进程中，高度重视人与自然的和谐，创建自己美好的家园环境。

纪　　事

远古至清代

公元前3000年新石器时代的“细石器文化”时期，生活在今中卫、青铜峡、灵武、陶乐等县的古人类就居住于中发现有浅穴式住房，均为单间，略成方形，向东有一狭长的门道，房址中心设有一个供炊煮食物、照明和取暖的“火膛”。

公元前2000年“齐家文化”时期，生活在今固原、隆德、西吉等县的古人类房屋的地面普遍采用“白灰面”的设施以防潮。

约公元前2000年，宁夏出现民居建筑。位于海原县西安镇的菜园遗址，属新石器晚期人类活动遗址，发掘清理出居址13座，形制为半地穴式和窑洞两种。室内功能齐全，室外有场院。

公元前1100多年，周文王派大将南仲“城彼朔方”，是宁夏最早见于文字记载的城市建设活动。

公元前272年，秦昭襄王灭义渠戎国置北地郡，同时筑长城以拒胡，即为战国秦长城，今西吉、固原、彭阳3县遗址尚存。

秦始皇三十三年（前214年），蒙恬在黄河沿岸修建34（一作44）座县城，设在宁夏的富平县亦在其中。

东汉建武六年（30年），刘秀率大军亲征隗嚣至高平。其城规模宏大，有“第一城”之称。

407年，匈奴族首领赫连勃勃建大夏国，在饮汗城（银川市东约15里）建皇家林园，名丽子园，又在灵洲境建果城，史称赫连果城。

西魏大统六年（504年），西魏重筑灵州城。故城于大统元年北齐与西魏争夺战中，引黄河水灌城而毁之。

唐咸亨三年（672年），唐朝廷迁原居青海的吐谷浑王诺曷钵及其部众数千帐3万口于灵州鸣沙县境，在今同心县下马关镇红城水村建安乐州城，并在灵州城内为诺曷钵妻弘化公主建造府第。

唐仪凤二年(677年),建在今银川市东约15里的怀远县城为黄河汛损。次年于今银川市城区老城另筑怀远县城,是为银川市建城之始。

唐先天二年(713年),朔方大总管郭元振筑定远军城(今平罗县姚伏镇),幅员14里。又筑丰安城(今中宁县石空镇西)。

唐广德元年(763年),吐蕃攻占原州并毁城。

唐贞元三年(787年),吐蕃攻陷盐州,毁城而去。贞元九年,夏绥节度都统杜希全奏请复筑。朝廷调动6000人筑城,两旬而成,白居易特作长诗《城盐州》颂之。

北宋淳化五年(994年),北宋陕西转运使郑文宝为保护灵州运输线,筑清远军城(今盐池县萌城宁甘省界处)。城在700里旱海中,素无水泉,环境恶劣,不生草木。为改变环境,郑文宝发民取水数百里外,又募民栽植榆槐杂树,调运猫、狗、鸦、鸟放养。因地干旱,"树皆立枯"。此为宁夏历史上首次改造生态环境试验,以失败告终。

宋天禧四年(1020年),西夏主李德明将都城由西平府迁至怀远镇(今银川市),改怀远镇为兴州,大修宫殿、阙台。

西夏大庆三年(1038年)八月,元昊在兴庆府境大修佛寺和宝塔。

西夏天祐垂圣元年(1050年)春,李谅祚母没藏氏以临轩听政的身份,令民夫数万于兴庆府西始建承天寺塔。

金正隆年间(1157年~1161年),金在汴梁(今开封市)营建新都,宋降将张中彦组织民夫在六盘山大肆砍伐木材。因六盘山"古木参天",山高谷深,运输困难。张中彦"构崖架壑,起长桥十数里,以车运木,若行平地"。木材不断运往汴梁,六盘山原始森林惨遭破坏。

西夏天盛十七年(1165年),西夏西平公任得敬在灵州大兴土木,"役夫十万大筑灵州城",并将翔庆军司驻地改建为宫殿。

金兴定三年(1219年)六月十八日巳时,地震毁镇戎城,次年四月二十一日差军民夫役2万余人动工筑城,五月十五日竣工。

明永乐五年(1407年),庆王朱栴对宁夏卫公署进行大规模改造,建庆王府,利用宁夏水利之便和湖泊众多的自然地理条件,修建丽景园、金波湖等游乐场所。

明正统五年(1440 年),宁夏巡府金濂请禁止砍伐贺兰山树木,明英宗准之。

明景泰二年(1451 年),兴工重修固原城。

明成化三年(1467 年),宁夏城原为土筑,为了加固宁夏城的防卫,始用砖包砌城墙。

明成化五年(1469 年),固原兵备佥事杨勉增筑固原城。

弘治十五年至明嘉靖十六年(1502 年～1537 年),在固原北边修筑一道长城即“内墙”,东起定边营饶阳堡(今属陕西省定边县姬塬乡),西至靖虏卫花儿岔(今属甘肃省靖远县),全长 318 公里。

明正德七年(1512 年),陕西三边总制张泰驻节固原,动工重修固原钟鼓楼,于次年冬竣工。

清雍正三年(1725 年),在宁夏府城东北 2.5 公里处择地创建宁夏满营。

清乾隆三年(1738 年),十一月二十四日,宁夏等地发生大地震,宁夏府城庙宇、衙署、兵民房屋倒塌无存,旧满城四门下陷。

清乾隆五年(1740 年)五月,修建宁夏府城,次年六月告竣,共支国库银 314529 两。是月,在府城西 7.5 公里处重建新满城,历时 14 个月竣工,共支银 156520 两。

清乾隆十八年(1753 年),修葺银川海宝塔被地震倾圮的殿宇。

中华民国

民国 18 年(1929 年),宁夏建省,设置宁夏建设厅,为宁夏最早的城乡建设管理机构。

民国 22 年(1933 年),宁夏省政府将银川市原西马营处 400 余亩空地辟为中山公园。

民国 33 年(1944 年),银川市政筹备处成立。

民国 34 年(1945 年),宁夏省会正式改称银川市。

是年,宁夏省政府下令将银川钟鼓楼四周的商家店铺迁移退后 10 米,留出车马、行人通道,砖砌店铺门面,统一门牌广告,使市容大为改观。

中华人民共和国

1949 年

12 月 23 日,宁夏省人民政府宣布正式成立,同时设立省人民政府建设厅,统一领导和管理全省基本建设。

1950 年

4 月,银川市公房管理委员会成立。

1951 年

2 月 23 日,宁夏省建设厅组成工作组,分赴金积、灵武、吴忠、平罗、惠农、中卫、中宁等市县协助推动生产工作。

2 月 26 日,《宁夏日报》报道,宁夏省部分牧畜地区野狼为害情况严重,仅灵武五区马家圈和盐池二区甲山村两地周围 10 公里内,在 1950 年 12 月下旬至 1951 年 2 月初,已有 200 多头牛被狼咬死。此报道也说明狼是当时宁夏境内主要的野生动物。

3 月 5 日,宁夏省建设厅召开全省公路汽车运输统一管理会议,决定组织联管会宁夏分会,统一对客货运输的管理。

4 月 12 日,《宁夏日报》刊登宁夏省建设厅厅长郝玉山给刘宝玉、李长清等 75 位劳模写的信,鼓励他们再接再厉,带头发展生产。

5 月 21 日,宁夏省建设厅、阿拉善旗自治区人民政府、贺兰山 2 个林区管理所等单位联合组建贺兰山林区管理委员会。

9 月 21 日,银川市人民政府市政建设试修工程动工,计划在 11 月 20 日前将解放西街鼓楼以西地段的泥土路翻修为石子路。

10 月 1 日,吴忠市人民电厂建成,向吴忠、金积、灵武城乡居民供电。

1952 年

12 月 1 日,宁夏省建筑公司成立,专门负责各种基本建设工程的设计和施工指导等工作。

是年,宁夏省建设厅厅长郝玉山带队由青铜峡沿贺兰山东麓到石嘴山,过黄河沿东山边经陶乐到吴忠,查勘黄河两岸灌区外缘的荒地。

1953 年

是年,银川动工兴建宁夏第一座城市钢筋混凝土桥梁即银川市唐徕渠桥。

1954 年

8 月,甘宁并省,甘肃省银川专员公署设立建设科。

1955 年

1 月 25 日,在固原县城兴建的火力发电厂开始供电。机关及城区部分居民、主要街道开始用电照明。

4 月 4 日,《银川报》报道,银川中山公园制定绿化银川市的 5 年规划。6 月 10 日,《银川报》报道,银川中山公园沿公园解放塔通过红军桥直到中共银川地委门前,新修了长 417 米、宽 6 米的环湖马路。

12 月,惠农县 160 多人进入贺兰山林区,乱砍滥伐矿柱材 1505 根、燃料柴 22.72 万公斤,烧木炭 485 公斤。银川专署对这一事件进行了严肃处理。

1956 年

2 月,中国科学院林业土壤研究所开始研究治理包兰线迎水桥到孟家湾铁路两侧的流沙。

3 月,银川专区举办修建县乡道路工程技术训练班。

4 月,惠农县组织沿黄河 6 个乡的 38 个青年团员突击队共 6400 余人,两天营造黄河护岸林 400 多公顷。

5 月,甘肃省林业局林野调查队开始对贺兰山进行为期 2 个多月的森林资源清查。

11 月,中卫固沙林场筹备处成立。

1957 年

6 月 12 日晚黄昏时分,银川中山公园里有 3 朵昙花开放。

1958 年

年初,甘肃省城建局派规划工作组到银川协助编制银川市城市总体规划,于当年 5 月完成。

6 月,银川市第一眼公用机井在老城区新华东街西府井打成,井深 115 米,银川市居民也是宁夏城市居民第一次喝上了自来水。

7 月 19 日,银川市开通第一条公共汽车营运线路—1 路公共汽车,线路长 12 公里,时有 3 辆公共汽车。

8 月,宁夏回族自治区筹备委员会经济计划委员会提出银川市城市发展和工业建设用水量估算报告。

11 月,宁夏基本建设委员会成立。

是月,宁夏建筑工程局成立。

是年,自治区投资 33.5 万元在银川建成一处 3000 人的集体供暖工程。

是年,宁夏建筑工程局设计院和国家建设工程部西北综合勘察设计院宁夏工作站成立。1960 年合并为宁夏建筑勘察设计院。

是年,宁夏对石嘴山及吴忠、中卫、固原等城市进行规划,完成规划面积 134 平方公里。

是年,在全国"大跃进"形势推动下,宁夏农村进行大居民点规划。

1959 年

10 月 13 日,银川市颁布《银川市公房管理暂行办法》,此为宁夏房地产管理史上第一个法规性文件。

11 月,经自治区人民政府批准,银川市开展全市第一次房屋普查工作。

12 月,银川市政工程公司成立,为全民所有制单位。

是年,宁夏建筑工程局创办宁夏建筑工程学校,成为宁夏第一所培养中等建筑技术管理人才的学校。1960 年合并撤销。

是年,宁夏建筑科学研究所成立。

1960 年

7 月,动工兴建石嘴山城市统一供水工程,1966 年建成石嘴山区水厂,设计供水能力 1.5 万立方米/日。

10 月,动工兴建银川市人民街水厂,1962 年 10 月竣工,设计供水能力 1800 立方米/日。

1961 年

1 月,宁夏建筑工程局撤销。

3 月,宁夏基本建设委员会撤销。

1962 年

是年,银川公共汽车公司成立,统一管理城市公共交通客运业务。

1964 年

是年,开工建设固原县城统一供水工程。

1965 年

6 月,银川市筹建老城区小南门水厂,投资 170 万元,设计供水能力 6600 立方米/日。1967 年开始供水。

1966 年

11 月,宁夏工业设计试验研究所试制成新型墙体建筑材料碳化灰砂砖。

1967 年

6 月 22 日,同心建成一座苦水淡化厂,基本解决了县城及附近农村居民生活及工业用水。

1968 年

3 月 18 日,自治区革命委员会筹备小组生产指挥部下达 1968 年基建计划,其中安排自治区商业厅系统基建款 280 万元,用于仓库和新建工矿区商业网点建设。

8 月 9 日,自治区建筑工程公司革委会成立。

8月19日,自治区革委会生产指挥部对贺兰山森林经营所《关于猎取野生动物马鹿的报告》作了批复,同意并规定猎取地点和数量,严禁猎取壮、幼龄公鹿。

1969年

5月,自治区革命委员会成立基建组,主管全区建设工作。

12月,银川市小南门水厂正式建成投产。

1970年

2月,自治区革委会建设组撤销,成立基本建设局。

12月,宁夏设计施工的第一座黄河公路大桥(叶盛大桥)建成通车。大桥全长452.7米。

1971年

10月21日,新华社报道甘肃、宁夏等省区的治沙工作取得很大成绩。

1972年

9月23日,银川市城市规划委员会成立。

1973年

7月3日,宁夏自治区党委决定撤销自治区基本建设局,成立自治区基本建设委员会。

8月9日,自治区革命委员会发出《关于成立自治区治理工业"三废"领导小组的通知》,自治区革命委员会副主任邵井蛙任组长,领导小组办公室设在自治区计委,与综合处合署办公。

10月13日,自治区党委第126次常委会在讨论银川市城市规划问题。

是年,宁夏测绘局成立。

1974年

1月9日,自治区革命委员会决定将自治区治理工业"三废"领导小组改名为自治区环境保护领导小组。

是年，银川动工兴建宁夏第一座城市立交桥，即银川新城铁路立交桥。1974年9月建成通车。

1975年

7月28日~8月1日，自治区环境保护领导小组召开第一次全区环境保护会议。

9月30日，自治区革命委员会编制领导小组核定自治区环境保护领导小组办公室行政编制定为5名。

9月，自治区基本建设委员会研究制定《宁夏设计工作十年规划初步设想》。

10月15日，自治区革命委员会对自治区环境保护领导小组成员进行调整，自治区革命委员会副主任邵井蛙任组长，成员共10名。

是年，自治区基本建设委员会制定《宁夏城市建设十年发展规划》，提出按"工农结合，城乡结合，有利生产，方便生活"的原则和多搞小城镇的方针，对城市建设进行合理安排。

是年，宁夏建筑勘测设计院在宁夏设计单位中率先应用电算技术进行结构设计。

1976年

1月16日~26日，全区第四次沙漠造林科研协作会议在阿拉善左旗召开。

4月1日~5日，全区农村改灶节柴、节煤经验交流会召开。

6月17日，《宁夏日报》报道，自治区建委第一工程处加工厂试制成功制作四种规格的墙体砌块成型机。

6月25日，自治区革委会颁布《护林公告》。

1977年

7月18日，宁夏第二建筑公司一大队党总支书记王德章赴北京参加全国工业学大庆会议，受到时任党和国家领导人的接见。

10月,宁夏建筑材料研究所研制成高强度石膏。

1978年

5月31日,宁夏建筑工程学校恢复成立。

6月6日,自治区建筑工程局、自治区建筑材料工业局成立,归自治区基本建设委员会管辖。

9月21日,自治区环境保护领导小组办公室划归自治区建委领导,其办公室编制及人员一并移交自治区建委。

是年,银川市成立路灯维修队,隶属城区供电所管理。

是年,银川市投资260万元在新城区西南角建新城水厂,设计供水能力1万立方米/日,1981年5月1日正式建成投产。

1979年

3月上旬,银川塑料厂氯气泄漏造成贺兰山农牧场枸杞、水稻、林木、果树污染及人身受害就医等问题。3月25日、5月10日,自治区副主席李恽和两次批示,并经自治区环保办、农垦局、轻工局调查核实,共同商定,赔偿贺兰山农牧场318528元。

是年,石嘴山市开始建设大武口区第一水厂,1982年正式建成投产,设计供水能力2万立方米/日。

1980年

1月,在全国城市住宅设计方案竞赛评比会上,宁夏建设学会门溥中设计的大模板方案和林京、张光壁设计的内模外砌方案,分别获优秀奖和表扬奖。

5月4日~5月5日,自治区基本建设委员会在"环境保护宣传月"活动期间,召开有宁夏钢铁厂等36个企业及有关部门、新闻单位等100余人参加的重点污染企业限期治理座谈会。

6月18日,银川市革命委员会颁布试行《银川市市政设施管理条例》。

7月,银川市编制完成《银川市城市总体规划》。

8月7日,自治区政府召开第23次常务会议,研究决定由自治区编制委员会上报自治区党委确定,自治区应成立环保局,2地、2市成立环保办,自治区经委及各专业局应成立环保科或配备专人管理环保工作。环保研究所需经费应列入计划。

8月19日,宁夏水源勘察队在石嘴山市大武口区承担战备井施工任务中发生毒气中毒事故,造成1人死亡。

12月,自治区基本建设委员会设计处、标准设计办公室联合举办全区农村住宅设计方案竞赛活动。

是年,银川市公共汽车公司成立出租汽车队,购置菲亚特小轿车10辆、旅行车1辆,开展旅游包车、长短途客运等业务。

是年,宁夏环境保护研究所开展对宁夏黄灌区银川等8县(市)土壤和小麦中有机氯农药残留状况定点调查,共布设16个采样点。以山区固原和贺兰山苏峪口未施用过农药的山地作为土壤"本底"。

1981年

3月25日,自治区人民政府决定成立自治区环保局,归自治区基本建设委员会管理,同时决定撤销自治区环保领导小组办公室。

5月,银川市路灯维修队从银川城区供电所划出,移交银川市市政工程管理处,成立银川市路灯管理所。

6月29日,将自治区基本建设委员会城市建设处改为城市建设局(二级)。

是月,宁夏建筑职工学校成立。

9月6日,自治区批准银川市新市区部分地区的自建供水设施由银川市统一管理,并由银川市自来水公司对当时各单位的自建供水设施进行联网改造,实行联片供水。

是年,宁夏建筑勘测设计院设计的六盘山电视塔获全国优秀设计表扬奖。

1982年

2月5日,自治区人民政府召开全区公交、建筑企业表彰会议,118个企业受到表彰。

3月18日,自治区环保局首次在全区组织开展酸雨普查工作。

4月16日,自治区环保局通知,罚征石嘴山电厂粉煤灰水污染黄河水费

23万元。

5月19日，自治区环保局印发宁夏编制的“六五”规划和“十年”设想，规划到1985年，工业废水排放6962万吨/年，工业废水处理率3.1%，有害气体排放总量1210715万标立米/年，处理率5%。

是月，自治区人大常委会颁布《宁夏回族自治区排污收费暂行规定》。

1983年

3月，在自治区基本建设委员会的基础上成立自治区城乡建设厅。

6月，自治区城乡建设厅对固原、泾源、同心、灵武4县回族聚居的6个公社所属生产大队社员的居住情况进行调查，向自治区人民政府提出了重点改善宁夏南部山区6县回族聚居农村窑洞的建议。

是月，自治区建设厅组织编制全区县城供水工程规划，并按规划开始对县镇的供水设施进行改造。

10月，在全国首届建筑青工技术比赛中，宁夏代表队获团体第十名。

12月16日，国务院批准银川市城市总体规划。

是年，宁夏城乡规划研究所成立。

是年，宁夏建筑学会成立。

是年，银川市政工程管理处成立城市污水化验室，宁夏开始对城市污水进行化验监测。

是年，宁夏启动新一轮城市总体规划的修编工作。

是年，自治区财政开始每年补助一定数额的资金用于各市县购置城市环境卫生车辆等城建专用设备。

是年，宁夏环境保护研究所（环境监测中心站）承担宁夏贺兰山自然保护区综合科学考察项目中的贺兰山自然保护区东坡水微量元素环境背景值初探、水体生物、水的细菌类微生物分布等调查研究项目。至1984年完成调查研究项目。

1984年

2月29日，自治区人大常委会第五次会议作出《关于加强城市建设工作的决议》。

3月8日，自治区党委决定成立自治区环境保护委员会。自治区党委副书记、自治区副主席李惲和任主任委员，自治区城乡建设厅副厅长杨瑞周任副主任委员。自治区环境保护委员会的办事机构设在自治区城乡建设厅。

是月，自治区城乡建设厅召开全区第一次城镇路灯管理工作会议。

是月，宁夏村镇建设学术委员会、宁夏集体建筑企业协会成立。

5月21日，自治区环境保护委员会印发《关于建立健全我区地、市、县（区）环境保护管理机构问题的通知》。

11月5日，自治区环境保护委员会下发《关于审批环境影响报告书有关规定的通知》，就环境影响报告书审批问题作了11条规定。

11月16日，自治区环境保护委员会转发自治区环境保护局《关于贯彻全区环境保护会议情况的报告》通知。

11月26日~28日，自治区环保局召开全区环境监测工作会议。会议研究讨论了全区环境监测工作目标、任务和规划及环境监测的规章制度，布置了当年及下一年的工作。

是月，自治区城乡建设厅组织召开全区村镇规划评议交流会。

12月2日~5日，自治区城乡建设厅与自治区农业厅在中卫县联合召开全区农业生态环境保护座谈会。中卫、固原、彭阳等7个单位的代表作了典型经验交流。

是年，自治区城乡建设厅会同宁夏建筑学会举办全区农村住宅设计方案竞赛。

是年，宁夏勘察设计行业全面进行经营体制改革，普遍推行经济技术责任制。

是年，宁夏环境保护研究所（环境监测站中心）参加宁夏六盘山自然保护区综合科学考察，至1986年3月完成六盘山自然保护区地表水环境背景值、浮游生物等专题考察（调查研究）任务。

1985年

1985年10月，自治区环境保护局开展宁夏天然放射性水平调查研究工作。至1988年，本课题共完成外照射测量点201个，采集土样192个，共获取直接测量数据8600多个，建立了宁夏192个土类样品的环境天然放射性本底土样库。

是年,银川市在市城建局规划管理科的基础上成立银川市规划设计管理局。

是年,从下半年开始,宁夏对完成规划编制的乡镇进行集镇建设试点工作。

1986年

1月8日,自治区环保局上报《宁夏自治区环境放射性水平调查方案》。

2月18日,根据自治区计委批复,自治区环保局决定建设固原地区环境监测生态站,占地3.9亩,建筑面积2219平方米,总投资95万元。

3月21日,自治区党委办公厅决定调整自治区环境保护委员会领导成员,自治区副主席王燕鑫任主任委员。

4月12日,自治区环保局批复同意固原地区环境监测站为三级站,近期以生态监测为主。

5月13日,根据国家城乡建设环境保护部等部门的统一部署,宁夏环境保护委员会印发《关于组织进行全区工业污染源调查的安排意见》的通知,本次调查基准年为1985年。本次对全区1503家企业中的516家企业进行调查。1987年5月,宁夏工业污染源调查办公室完成宁夏工业污染源调查技术报告。

5月,青铜峡市瞿靖镇被建设部列为村镇建设联系点。

8月,自治区政府在固原县召开宁夏南部山区农房抗震工作座谈会,专题研究南部山区农房抗震改造工作。

9月2日,自治区环保局因青铜峡水泥厂在除尘的治理中,表现突出,决定奖励2000元。

是月,自治区人民政府发布《宁夏回族自治区建设单位资格暂行规定》、《宁夏回族自治区工程承包公司管理暂行办法》。

10月16日,艾先源任自治区环保局局长。

10月27日,宁夏放射性废物管理所成立,编制暂定6人。

11月17日,宁夏环境保护科技服务公司成立,实行独立经营,自负盈亏,暂定编制7人。

12月10日,自治区党委书记李学智对自治区政协《加强环境保护项目的建议》作出批示。1987年1月6日,自治区环保局将贯彻意见上报自治区人民政府。

12月25日,自治区建设厅同意自治区环保局下设办公室、综合科、污染防治管理科、大自然保护科。

是年,银川市第一市政公司承担的银川民航机场跑道工程,在西北首次采用橡胶沥青混凝土新工艺,仅用95天完成跑道65780平方米的施工任务。

1987年

1月,自治区环保局与宁夏农学院联合开展《改善农业生态环境,实现粮食稳产高产——紫穗槐作为稻田追肥的研究》。该课题于1990年通过自治区科委成果鉴定。

3月,自治区城乡建设厅批复银川市集中供热规划,采暖期定为150天。

4月1日~3日,自治区环保局邀请自治区政协、党委办公厅、计委、科委、编办、科协等部门和银南行署、青铜峡市政府及有关部门、单位的领导、专家、教授及工程技术人员48人,对青铜峡库区的资源和环境进行实地考察论证。自治区政协副主席吴尚贤、杨辛参加考察论证。

5月,自治区建设厅和固原县政府在固原县联合举办固原地区农村住宅设计方案竞赛活动。

6月5日,自治区政协邀请部分委员和农、林、水、牧及环保方面的专家、学者和科技人员,就自治区生态环境的现状和急需采取的措施进行座谈。

8月5日,自治区建设厅成立宁夏南部山区生土建筑改造试点小组,承担南部山区生土建筑改造实验课题研究任务。该课题列入建设部“七五”重点科研课题。

10月3日,自治区体制改革办公室在宁夏建筑构件厂召开自治区首次企业公开招标承包现场会。

是年,各市县开始编制集中供热规划。

1988年

2月,自治区住房制度改革领导小组成立,自治区副主席王燕鑫任组长。

3月25日，宁夏电化厂发生氯气泄漏造成3名工人轻度中毒，相邻的宁夏钢铁厂12人中毒，直接损失1.5万元。

3月28日，自治区人民政府召开全区环境保护工作会议。

4月1日，自治区环保局、宁夏环境科学学会等单位联合在银川中山公园举办宁夏爱鸟周首届笼养鸟比赛大会。

4月28日~29日，自治区政协副主席吴尚贤带领部分政协委员视察青铜峡库区、贺兰县金贵乡土炼油厂。

5月5日，西北地区、内蒙古、山西黄土高原地区农业环境保护协作组在银川成立。

是日，宁夏农业环境保护协会成立。

5月，自治区人民政府印发《关于在全区城镇分期分批推行住房制度改革的实施规划》。

是月，自治区城乡建设厅和宁夏土木建筑学会编印出版《宁夏农房抗震设防构造节点图集》。

6月4日，自治区政协办公厅和自治区环保局联合召开纪念"六·五"世界环境日座谈会。

6月8日，自治区环保局首次向自治区人民政府、国家环保局上报环境质量年报。

8月9日，宁夏城镇供水协会宁夏分会成立。

是月，自治区城乡建设厅编印出版《宁夏南部山区农房抗震改造方案图集》。

9月6日，中国建设报社副总编辑、副社长张怀京率领采访小组对宁夏城乡建设事业进行专题报道，自治区党委书记毛如柏接受了采访小组的专访。记者李晓鸿、马晓丽、张沁元联合采写的反映宁夏回族自治区成立40周年城乡建设成就的系列报道，获宣传宁夏好新闻、中国建设报好新闻一等奖。

是年，自治区城乡建设厅批复石嘴山市集中供热规划，采暖期定为150天。

1989年

1月，国家环保局对全国32个城市进行环境综合整治定量考核，银川市环境监测站成为16个合格的城市监测站之一。

3月7日，自治区环保局、教育厅决定，银川九中、银川市回民三小、银川市第一幼儿园为开展环境科学知识教育试点学校。

6月1日，自治区首次农业环境保护工作会议暨纪念“6·5”世界环境日座谈会在银川召开。会议认为全区生态环境还在恶化，农业环境形势严峻。

6月14日，自治区人民政府召开全区第二次环境保护会议，确定防治污染、改善生态环境为本届政府环境保护的目标和任务。决定首次推行深化环境管理五项制度（环境保护目标责任书制度、城市环境综合整治定量考核制度、排污许可证制度、污染物集中控制制度和限期治理制度）。自治区主席白立忱作了讲话。自治区副主席任启兴代表自治区政府与银川、石嘴山市、吴忠、青铜峡市和自治区电力工业局等企业签订了环境保护目标责任书。

6月23日，自治区环保局对全区中小学生“环境和我们”征文比赛进行表彰，全区共有35所学校，333名中小学生参加比赛，48篇作文获奖。

是月，银川市房地产管理局被建设部授予全国住房解困先进单位。

9月，自治区城乡建设厅印发《勘察设计单位全面质量管理达标验收细则》。

10月10日，自治区人民政府发布《宁夏回族自治区污染源治理专项基金有偿使用实施办法》。

是月，自治区城乡建设厅批复固原县城集中供热规划，采暖期定为162天。

11月，自治区城乡建设厅在自治区工商局、审计局、建设银行宁夏分行等部门配合下，对全区勘察设计单位进行了一次全面复查。

是年，自治区城乡建设厅组织力量对南部山区农房进行抗震改造，共改造5138户。

是年，银川鼓楼—玉皇阁地段保护及改建规划获建设部优秀工程设计二等奖。次年获全国优秀工程设计铜奖。

1990年

2月6日，《宁夏日报》报道，银新干沟水质严重污染，沿沟13个厂矿企业工业废水和生活污水排入沟内，废水量为4693.9万吨。是年，水利部水文司在全国评出的重点污染河段中银新干沟为146个重点之一。

3月10日，自治区人大常委会第十一次会议批准颁布《银川市市政设施管理规定》。

4月，由自治区城乡建设厅、农业厅、乡镇企业局、统计局共同发出关于联合进行乡镇工业主要污染行业污染调查的通知。具体调查工作由自治区环保局、乡镇企业局、农业环保站实施。

6月14日，自治区城乡建设厅召开全区城镇节水和地下水资源管理工作会议。

8月9日，灵武县马跑泉改水工程正式通水。该县已建成10处氟改水工程。其中8处为自来水，水质符合国家标准。

10月10日~12日，自治区环保局接待联合国环境规划署生态农业培训班的非洲9个国家的10名科技工作者，到盐池县沙边子村考察沙漠化整治成果。

10月29日~30日，自治区教育厅、环保局召开表彰大会。银川九中等4所中学、银川市回民小学等2所小学、银川市第一幼儿园等3所幼儿园被评为环境教育先进集体，姜大坤等25人被评为环境教育优秀工作者，受到表彰。

12月，银川市政府召开会议，专题研究银川市危房改造工作。

是月，自治区城乡建设厅批复隆德县城集中供热规划，采暖期定为165天。

是年，银川市动工兴建新市区北部水厂，设计供水能力4万立方米/日，1994年建成投产。

1991年

2月13日，银川市危房改造指挥部成立，银川市大规模危旧房屋改造工作启动。

3月，自治区环保局内设办公室、开发监督科、综合管理科、自然保护科、计划法规科5个科室。

4月，自治区城乡建设厅发出通知，要求全区勘察设计行业开展“质量、品种、效益年”活动。

5月，自治区党委、政府召开全区村镇建设工作会议。

是月，自治区城乡建设厅会同吴忠市建设局、宁夏土木建筑学会举办以吴忠市古城乡五星村居民点规划建设为对象的规划设计竞赛活动。

6月，自治区人民政府印发《宁夏村镇建设十年规划和“八五”计划纲要》。

9月7日，自治区主席白立忱为环保工作题词：保护环境，造福人民。

是月，国务院批准《银川市历史文化名城保护规划》。

10月，自治区人民政府发布《宁夏回族自治区城市规划管理实行“一书两证”制度的规定》。

12月，自治区城乡建设厅编印《宁夏工程勘察设计队伍“八五”计划和十年规划》。

是年，由银川市第一建筑公司施工的银川电信局长途通信综合楼工程被建设部评为全国房屋样板工程，并获中国工程质量最高荣誉奖——鲁班奖。

是年，宁夏墙体材料革新领导小组成立。

1992年

3月26日，自治区环保局决定设立自治区环境保护局行政复议办公室，与自治区环保局计划法规室合署办公。

4月13日~16日，自治区环保局在平罗县举办宁夏首届县属乡镇工矿企业负责人环保学习班，40名学员参加学习。

5月19日，自治区环保局决定于6月10日~6月30日进行全区环境执法检查。

是日，自治区环保局决定授予长庆油田马家滩炼油厂、西北煤机总厂电机厂、大武口发电厂、宁夏水泥厂“自治区环境保护先进企业”称号。

6月，银川市房管局被建设部授予“全国房地产业管理先进单位”和“全国城镇房屋产权登记发证先进单位”。

7月，宁夏房地产协会成立。

8月29日，宁夏建筑统筹研究会成立。

10月19日，自治区排污收费监理站更名为自治区环境监理站。

是月，自治区房改领导小组印发《关于执行〈宁夏全面推进城镇住房制度改革实施意见〉的补充规定》。

11 月 26 日，自治区环保局就自治区人大代表提出《解决宁夏化工厂泄漏有毒气体污染银川市园林场果园》的建议案，转交银川市环保局办理。银川市环保局进行依法裁决：由宁夏化工厂向银川市园林场赔偿 3 次污染事故的直接经济损失 27 万元，补偿性罚款 48 万元。

是月，自治区城乡建设厅会同自治区劳动人事厅、财政厅、税务局等部门印发《关于进一步深化工程勘察设计改革的若干规定》和《关于工程勘察设计单位试行技术经济承包经营若干问题的意见》。

12 月，宁夏勘察设计协会成立。

是年，自治区人民政府颁布《宁夏回族自治区城市节约用水管理条例》、《宁夏回族自治区城市房屋节水型卫生洁具应用监督管理办法》。

是年，自治区城乡建设厅编印《宁夏农村住宅设计通用图》。

1993 年

1 月，自治区环保局对全区放射性污染开展调查。历时一年完成调查任务，全区放射性污染单位共 238 家，其中开放性放射源同位素应用类有 4 家。

4 月 21 日，自治区人民政府印发《关于加快墙体材料革新和推进节能建筑的意见》。

6 月 11 日，银川市人民政府发布《银川市配套建设节约用水设施管理办法》。

9 月 20 日，自治区人民政府发布《宁夏回族自治区实施〈城市房屋拆迁管理条例〉细则》。

是月，银川市人民政府印发《银川市城镇住房制度改革实施方案》。

10 月，孙宁璋任自治区环保局局长，赵培栋任自治区环保局党总支书记。

11 月，全区开始发放统一的城建监察标志。

是年，自治区城乡建设厅组织设计人员参加全国农宅设计和村镇试点优秀设计方案竞赛，宁夏选送的大武口乡住宅建设设计方案和贺兰县洪广镇农贸市场建设方案获全国优秀项目奖，青铜峡市瞿靖镇的规划方案获三等奖。

12 月 30 日，自治区环保局针对宁夏环保公司管理混乱的情况决定进行整顿。

是年，宁夏建设工程质量协会成立。

1994 年

3 月 28 日，自治区城乡建设厅、财政厅、物价局发布《宁夏回族自治区城市道路占用、挖掘收费管理办法》。

4 月，自治区环保局联合邮电管理局、国家三北林业局、自治区林业厅、银川铁路分局举行（沙漠绿化）邮票首发式活动。

5 月 19 日，自治区物价局、财政厅、环保局发布《宁夏自治区建设项目环境影响评价收费项目和标准（试行）》。

6 月 3 日，联合国环境规划署在英国伦敦向荣获联合国"全球环境保护 500 佳"的宁夏中卫铁路固沙林场颁奖，自治区环境保护局、中卫铁路固沙林场的代表李天鹏、张克智领奖。

6 月 10 日，自治区环保局确定全区 300 家重点工业污染源名单。

是月，西吉农林能源综合建设试点、陶庄生态农业示范点分别被国家环保局评为最佳实用技术推广项目一、二等奖。

是月，自治区环保局总工程师杨春兰与银川铁路分局耿永恩参加中国首届妇女与环境会议并获"妇女环保百佳"荣誉称号。

7 月 19 日，宁夏第一条高等级公路银古一级公路全线建成通车。

是月，自治区人民政府、国家环保局、铁道部联合在银川召开表彰大会，对中卫铁路固沙林场荣获联合国"全球环境保护 500 佳"进行表彰。

8 月，全国人大常委会副委员长王丙乾到宁夏视察环境保护工作。

9 月，全区开展环境执法大检查。自治区常务副主席任启兴、自治区人大副主任张立志、汪愚等率检查团分别到银川市、石嘴山市、青铜峡市、盐池县、固原县、泾源等地检查。

10 月 6 日 ~7 日，自治区环保局组织有关部门负责人和专家，对宁夏中卫沙坡头自然保护区进行验收，验收组认为中卫沙坡头自然保护区十年规划，十年建设，初具规模。

10 月 14 日，自治区人大常委会第九次会议审议通过了《宁夏回族自治区实施〈中华人民共和国城市规划法〉办法》，自 1995 年 1 月 1 日起施行。

是月，银川市房产局被建设部授予"全国建设系统精神文明先进单位"称号。

12 月，自治区住房公积金管理中心、宁夏建设工程造价管理协会、银川市实施国家安居工程建设工作领导小组成立。

是年，国务院批复西夏王陵风景名胜区总体规划。

是年，根据自治区党委、政府关于自治区党政机构改革方案实施意见，将自治区城乡建设厅改名为自治区建设厅。

是年，开始筹建陕西靖边至银川天然气输气管线工程，1997 年建成。

是年，石嘴山市开始建设黄河水厂，1997 年正式建成投产。设计供水能力 4 万立方米/日。

是年，石嘴山市大武口区获全国绿化先进城区称号。

1995 年

1 月 17 日，自治区环保局决定成立整顿宁夏环保公司领导小组。1 月 20 日，自治区环保局责令宁夏环保公司停止经营活动。

2 月 17 日，自治区人大常委会第十一次会议审议通过《银川市城市绿化条例》。

4 月，宁夏建设新技术新产品推广协会成立。

5 月 15 日，举行银川市安居工程项目高台寺住宅小区建设项目奠基仪式和开工仪式，拉开了银川市安居工程建设的序幕。

是月，自治区党委、政府批转自治区建设厅等部门《关于加强宁夏小城镇建设的意见》。

是月，自治区人大常委会批准颁布《银川市城市房屋拆迁管理办法》。

6 月，银川市被列为全国 59 个实施国家安居工程建设的城市之一。

是月，银川市供水水质检测中心申请加入国家城市供水水质监测网，成为国家水质监测网银川监测站。

8 月 23 日，宁夏建筑装饰协会成立。

8 月 25 日，自治区建设厅和自治区经济贸易委员会召开全区第一次城市节约用水表彰大会，对 22 个企事业单位进行了表彰。

9 月 25 日 ~28 日，西北五省区环保协作会议在银川召开。

是月，自治区环保局、地矿厅、煤炭厅、统计局联合组成调查组，对矿区生态环境破坏及重建进行调查，至年底完成调查任务。

10 月 9 日～13 日，由自治区党委宣传部、人大财经委、自治区环保局等 8 部门及 13 家新闻单位组成的“宁夏 95 中华环保世纪行”活动组开展活动。

11 月，自治区人民政府印发《宁夏回族自治区深化城镇住房制度改革实施方案》。

是月，自治区政府印发文件，要求各市县加快经济适用住房（安居工程）建设。

是年，宁夏各城市陆续开展面向 21 世纪的城市总体规划修编工作。

是年，根据建设部要求，宁夏将每年 5 月 15 日在内的一周定为节约用水宣传周。

是年，吴忠市金积镇、平罗县太西镇、贺兰县立岗镇、永宁县李俊镇、青铜峡市峡口镇、中卫县宣和镇、固原县三营镇共 7 个集镇被建设部列为全国小城镇建设试点。

1996 年

1 月 11 日，自治区环保局就铁路排空车皮转运垃圾事件发出通报。

1 月 25 日，自治区环保局向王业等 20 名第四批环境监理人员颁发“中国环境监理”证件、证章。

是月，自治区党委办公厅、政府办公厅印发《关于加强农民住房建设的意见》，确定“九五”期间农民住房建设的目标任务。

2 月 8 日，自治区人民政府决定石嘴山第二碳素厂、中卫造纸厂、宁夏铁合金厂 3 家企业为宁夏第三批环境污染限期治理项目。

2 月 27 日，国家环保局批准中卫县为全国生态示范区建设试点地区。

3 月 4 日，自治区政府办公厅印发《自治区建设厅职能配置、内设机构和人员编制方案》。

3 月 5 日，《银川市深化城镇住房制度改革实施方案》及配套办法出台实施。

3 月 13 日～16 日，由自治区环保局邀请的加拿大国家水文研究院院长、加拿大西部地区环保局长等一行 4 人对宁夏进行访问，并签署“中国宁夏环境保护局与加拿大国家水文研究院合作协议”。

是月，自治区人民政府颁布《宁夏回族自治区城市建设档案管理办法》。

是月,自治区建设厅委托宁夏城市道路照明协会组织专家对银川、石嘴山、吴忠、青铜峡市和部分县城的城市路灯照明情况进行检查。

5 月 23 日,自治区环保局复函铁道部第一勘测设计院,同意由该院设计的宝中线环保工程。5 月 27 日,自治区环保局复函银川铁路分局及各市(地)环保部门,明确宝中铁路单位的环保管理工作(监测、监理)由沿线地级环保部门统一监督管理。

6 月 15 日 ~6 月 24 日,宁夏环境保护考察团赴日本岛根县访问交流,并签署有关酸雨、沙尘暴联合研究协议。

7 月 4 日,自治区环保局、自治区国家保密局联合发布《环境保护工作中国家秘密其及密级具体范围的规定》。

7 月 10 日,宁夏环保产业协会成立。

7 月 24 日 ~26 日,自治区政府办公厅副主任郝林海为组长的执法检查组,对银川、石嘴山、银南等地环保执法进行重点检查。1995 年,全区有 3124 家乡村集体企业,其中有污染企业 1000 家。

8 月 7 日,自治区环保局印发《宁夏环保产品注册登记审查认定管理规则》。

8 月 30 日,自治区人民政府召开常务会议决定:1. 原则同意自治区环保局提出的《关于贯彻落实第四次全区环境保护会议精神的意见》;2. 成立自治区环保委员会,各地市、县成立相应的领导机构;3. 将已列入《中国跨世纪绿色工程规划》中的自治区项目及自治区重点项目,补充纳入到"九五"计划和 2010 年规划中;4. 自治区环保局为政府工作部门,按副厅级组建,内设处室,为正处级。

9 月 24 日 ~26 日,由国家环保局外经办主任刘亿为组长的调研督查小组一行 9 人,到宁夏对贯彻落实第四次全国环境保护会议精神及执行《国务院关于环境保护若干问题的决定》情况进行检查。

10 月 4 日,自治区人民政府决定成立自治区环境保护委员会。自治区主席白立忱任主任,自治区主席助理于革胜任副主任。环保委员会办公室设在自治区环保局,孙宁璋兼任办公室主任。

10 月 18 日,王英福任自治区环保局党组书记。

是月,自治区建设厅印发《宁夏工程勘察设计单位资格动态管理实施办法(暂行)》。

是月,石嘴山市大武口城建监察队被建设部授予全国城建监察先进集体。

11月19日,自治区机构编制委员会决定将自治区环境保护研究所(环境监测中心站)和宁夏中卫沙坡头自然保护区管理所由自治区建设厅划归自治区环保局管理。

1997年

1月3日,自治区环保局决定对依法取缔关停15种重污染小企业进行检查。全区应列入取缔关停的“15小”的708家,截至1996年12月5日,已关停656家,占总数的93.2%。

4月22日,由自治区环保局组织中国科学院等治沙专家,对沙坡头管理所编制的《宁夏中卫沙坡头国家级自然保护区总体规划》进行论证评审。

是月,银川市规划建筑设计院被建设部评为全国建筑节能先进集体。

5月6日、9日,银川出现2次沙尘暴天气。

5月19日~24日,由国家环保局局长顾问金鉴明任团长,中纪委监察部监察室副主任朱振生任副团长的国家环保检查团11人在宁夏检查期间,接到举报电话,群众来访75件,自治区环保局要求各地、市做好查处工作。

是月,自治区环保局组织人员对银川市、石嘴山市、吴忠市和固原县人民政府开展城市环境综合整治工作进行定量考核。

7月15日,何琮任自治区环保局党组书记。8月任自治区环保局局长

8月20日~21日,自治区放射性环境管理所对宁夏伊斯兰地质工程公司等5家单位进行检查监测,发现自治区地矿系统放射源暂存库问题较多,暂存源多达50多个,包装简陋,存放条件差,长期不用,外照射剂量较高。

8月21日,自治区人大常委会第二十六次会议审议通过了《宁夏回族自治区城市绿化条例》。

10月30日,自治区环保局召开全区环保局长座谈会。自治区人大副主任张立志到会讲话,自治区环保局局长何琮作了题为《认真学习党的十五大精神,解放思想,团结奋进,努力开创环保工作新局面》的报告。

是月,在建设部组织的全国试点镇规划检查评比中,青铜峡市峡口镇获表扬奖。

11 月 15 日 ~17 日，国家环保局城市放射性废物库检查团华北区检查组对自治区城市放射性废物库进行检查。

12 月，银川市第一市政工程公司被建设部授予全国市政工程质量优良企业。

是年，自治区建设厅委托银川水质监测站对宁夏 13 个市县的城市供水企业进行水质监督检测。

是年，开始建设银川市民用天然气输配工程，设计日供气量 28.2 万立方米，总投资 18484 万元。

是年，银川市开始征收污水处理费。

1998 年

1 月 27 日，自治区人民政府办公厅印发《自治区环保局职能配置，内设机构和人员编制方案》，主要职责 12 条，内设 5 个职能处（室）、机关党委、纪检组（监察室），核定行政编制 30 名。

2 月 11 日，自治区环保局机关党委成立，下设 5 个党支部。

6 月，建设部等 4 部委授予银川市“国家安居工程实施先进城市”。

7 月 25 日，自治区人民政府发布《宁夏回族自治区城市居住小区物业管理办法》。

是月，宁夏城市建设协会成立。

8 月 1 日，宁夏第一条步行街——银川鼓楼南街改建工程竣工并举行开通仪式。

9 月 17 日，自治区环境保护局行政复议委员会成立。

9 月 24 日，银川光明广场建成竣工。

是月，自治区政府召开全区第四次环境保护会议。自治区主席马启智作讲话，自治区副主席马骏廷作工作报告，国家环保总局副局长王玉庆应邀出席会议并讲话。自治区政府与 3 市 1 地和 4 个行业、2 个中央直属企业鉴订了 1998 年 ~2000 年环境保护目标责任书。

是年，银川市文萃路道路排水工程被中国市政工程协会授予“中国市政工程金杯奖”。

10 月 5 日，自治区环境保护局开发建设活动环境保护审查委员会成立。

10月，田明任自治区建设厅厅长。

是月，银川市安居工程项目高台寺住宅小区获“全国物业管理住宅小区”称号。

12月17日，自治区环保局工会委员会成立。

是月，自治区人民政府印发《关于进一步深化城镇住房制度改革加快住房建设的通知》，规定从1998年12月31日起，全区所有行政事业单位一律停止住房实物分配。

是年，银川水质监测站通过自治区质量技术监督局审查批准，被授权为宁夏水质监督检验站。

是年，自治区建设厅联合自治区工商局、计委等部门，对全区建筑业企业进行资质年检，注销了65家建筑业企业的资质，对20家建筑业企业进行降级处理。

是年，自治区建设厅抗震办公室组织区内外专家审定通过了中房银川公司开发的银湖小区和展览馆隔震住宅楼技术，将其列入宁夏隔震技术示范工程。

1999年

4月15日，自治区人民政府批转《宁夏建筑工程劳动保险基金统一管理实施办法》，开始对全区建筑施工安装企业劳动保险基金实施统一管理。

是月，自治区建设厅批复沙湖风景名胜区总体规划。

8月13日，自治区人大常委会审议通过了《宁夏建筑管理条例》，从10月1日起实施。

9月~11月，自治区环保局在局领导班子及领导干部中集中进行“讲学习、讲政治、讲正气”为主要内容的党性党风教育。

9月8日，银川市首次举行城市客运出租汽车经营权拍卖活动，150辆城市出租汽车经营权各归其主，拍卖成交金额达520万元。

是月，自治区人民政府印发《宁夏回族自治区经济适用住房建设实施办法》。

11月22日，自治区环保局印发《宁夏回族自治区环境保护局工作规则》。

11月26日，银川市公交公司二队荣获“全国精神文明建设创建文明行业工作先进单位”称号。

是月，银川市第三建筑公司被建设部评为“全国建筑安全生产先进单位”。

是年，自治区人民政府决定在全区开始实施“千户农宅建设示范工程”，通过统一规划，统一建设，示范引路，对农民住宅进行改造。

是年，石嘴山市开始建设大武口第二水厂，2000 年正式投产，设计供水能力 4 万立方米/日。

是年，银川市政府颁布《银川市古建筑及道路两侧建筑物亮化暂行规定》，对鼓楼、玉皇阁、南门城楼等古建筑及主要街道两侧实施亮化工程。

是年，自治区、银川、石嘴山、固原、吴忠均建立有形建筑市场（建设工程交易中心），规范了建筑市场的竞争行为。

是年，银川市获全国绿化先进城市称号。

是年，宁夏设计人员欧阳丽容、桑建华的设计方案获建设部“二十一世纪农民住宅设计评选”优秀奖。

2000 年

1 月 10 日，自治区人民政府发布《宁夏回族自治区推广应用新型墙体材料管理规定》。

1 月 18 日，自治区人民政府印发《自治区房改领导小组关于全区实行住房补贴指导性意见》和《宁夏回族自治区在银行政事业单位职工住房分配试行方案》。

是月，银川市人民政府将 2000 年确定为物业管理年，对全市 513 万平方米的住宅实行统一规范的物业管理。

2 月 23 日，自治区小城镇会议召开。自治区主席马启智强调推动城市化进程，加快经济发展。

2 月 25 日，自治区党委宣传部、自治区教委、自治区环保局决定授予银川市第九中学等 33 所学校（幼儿园）为“绿色学校（幼儿园）”称号。

3 月，银川市城建监察总队、石嘴山市石嘴山区城建监察支队市政大队、青铜峡市城建监察大队获全国城建监察先进集体称号。

4 月 1 日，银川市“首府绿化节”正式启动。从 2000 年开始，每年的 4 月 1

日~4月15日为首府绿化节。

4月18日，自治区人民政府印发《宁夏自然保护区发展规划(1998~2010年)》。本次规划最终确定了6种类型自然保护区总数39个，面积63.93万公顷，占宁夏国土面积的12.34%。

4月30日，邸国卫任自治区环境保护局局长。

5月7日，自治区党委政府决定，将自治区环境保护局升格为正厅级政府直属机构。

5月9日，国务院批复《银川市城市总体规划(1996~2010)》。

5月15日，国家环保总局、农业部、科技部、共青团中央联合表彰全国秸秆禁烧和综合利用先进集体，先进个人。青铜峡市环保局、西夏糖酒工业(集团)公司、贺兰县农业技术推广中心、陶乐县农机管理站为先进集体。黄德升、王玉梅、鲁长才为先进个人。

6月11日，总投资8200万元，可为城市集中供热450万平方米的石嘴山市大武口热电联户集中供热工程开工。

是月，自治区建设厅编制《宁夏新世纪农民住宅施工图集》，向全区农村发放推广应用。

是月，自治区人民政府印发《关于加强和改进城乡规划工作的通知》。

7月12日，自治区人民政府办公厅印发《自治区环保局职能配置，内设机构和人员编制规定》。自治区环保局内设办公室(人事教育处)、规划财务处(政策法规处)、污染控制与科技标准处、自然生态保护处、监督管理处(环境监理总队)。核定行政编制28名。

7月17日，国家环保总局表彰全国建设项目环保管理及环境影响评价先进集体和先进个人。银川市环保局、自治区计划委员会及张抒峰个人受到表彰。

8月13日，自治区人大常委会审议通过《宁夏住房资金管理条例》，自2000年1月1日起实施。

是月，国务院批复《银川市城市总体规划》。

9月4日，自治区人民政府办公厅印发自治区建设厅职能配置、内设机构和人员编制规定。将自治区测绘局改为由自治区国土资源厅管理。

是月，自治区建设厅印发《宁夏建筑工程施工图设计文件审查实施办法》,开始实施建筑工程施工图设计文件审查制度。

10 月 19 日,宁夏建设集团有限责任公司挂牌成立,自治区人民政府授予其国有资产投资主体权,自治区建设厅原直属管辖的 34 家企业划归宁夏建设集团管理。

是月,银川南门广场改造工程竣工。

11 月,自治区物价局印发《关于集中供热收取增容费标准有关问题的通知》,允许建设单位向新用户收取供热增容费。

12 月 18 日,银川市环保局、青铜峡市环保局、自治区辐射环境管理所被评为全国环保系统先进集体。石嘴山市环保局局长马占山被评为先进工作者。

是年,自治区纪委、监察厅、建设厅联合对全区处级以上领导干部住房进行登记、清理,共清退领导干部住房 382 套,收缴房款 2329 万元。

是年,自治区建设厅联合自治区计划、工商、统计等部门,对全区建筑业企业进行资质年检,对 70 家施工企业和 14 家混凝土预制构件企业注销资质,对 22 家施工企业和 14 家混凝土预制构件生产企业降低了资质等级。

是年,自治区建设厅组织开展全区勘察设计市场整治活动,注销 14 家勘察设计单位资质,对 19 家勘察设计企业进行降级、停业整顿处罚,对 9 家企业限期整改。

是年,自治区建设厅联合自治区计划、工商、统计等有关部门,对全区 173 家房地产开发企业、30 家物业管理企业和 17 家房地产估价机构进行资质审查,注销了 37 家开发企业的资质,对 11 家开发企业和 10 家物业管理企业降低了资质等级。

是年,银川老城区污水厂主体工程基本建成。

第一篇　机构团体

从秦代到隋唐时期，宁夏地方没有专设的建设管理机构，均由各州、县署衙直接建设和管理。西夏国专门设“开封府”，负责管理城市事务。元明清诸朝，宁夏虽然整个政治、军事格局发生了变化，但对城市建筑的建设和管理仍未单设机构，基本沿袭了汉唐时期的行政建置。

1929年宁夏建省，即设立建设厅，管理范围广泛，有交通、工业、矿业、农业、商业，林业、畜牧、合作、市政、度量衡等多方面，下属机构也相应建立。

1949年9月，宁夏省人民政府成立，并组建宁夏省建设厅，统一领导和管理全省基本建设和建筑业。其后随着行政区域的划分和机构的分合调整，管理范围和工作职能也随之调整，但对全区基本的建设管理职能没有变化。1954年宁夏并入甘肃省，1958年9月25日宁夏回族自治区成立，自治区建设厅是自治区人民政府管理全区建设工作的职能机构，对自治区内城市规划、村镇规划、工程建设、城市建设、村镇建设、建筑业、住宅房地产业、勘察设计咨询业、市政公用事业等进行行业管理。是研究制定自治区建设事业的政策、法规和发展战略及中长期规划并组织实施的综合职能部门。

宁夏环境保护工作起步于20世纪70年初，当时业务主要渗透在计划、工业、卫生、城建、水利等部门。1973年，自治区成立治理工业“三废”领导小组并下设办公室在自治区计委，统一管理全区环保工作，各地市也相应成立机构并初步开展工作。这一时期，人们对环境保护的认识不足，环境意识不强，环境保护工作主要侧重于工业污染防治。1974年1月，自治区治理工业“三废”领导小组改称自治区环境保护领导小组。1975年9月，自治区环保领导小组办公室成为正式在编机构。1981年3月，宁夏回族自治区环境保护局正式成立，由自治区建委代管。

1986年底，自治区环保局下设4个科室进行具体的业务管理。1996年9月，根据自治区机构改革方案，自治区环境保护局成为自治区政府工作部门，按副厅级组建，内设5个职能处（室）和机关党委、纪检组（监察室），1998年实施完成。至此，自治区环保系统机构、职能关系基本到位和理顺。2000年7月，自治区环保局由副厅升为正厅，由政府工作部门变为直属机构。此间，各地市县环保机构也逐步理顺和加强，环保工作面逐步拓宽，执法力度不断加大。

截至2000年，宁夏建设行业社团组织共有学会、协会10个。即：宁夏建筑业联合会、宁夏土木建筑学会、宁夏城镇供水协会、宁夏房地产业协会、宁夏勘察设计协会、宁夏建设新技术新产品推广协会、宁夏城市建设协会、宁夏建设工程质量管理协会、宁夏建设工程造价管理协会、宁夏建筑装饰协会。宁夏环保团体有：宁夏环境科学学会、宁夏环境保护产业协会。

第一章　建设管理机构与团体

第一节　历代机构

西夏时期建设管理机构

宋明道二年(1033年),李元昊在兴州建立御史台、开封司、翊卫司。开封司即是管理兴州的机构。西夏延祚元年(1038年),正式建都兴庆府后,管理都城的机构改称“开封府”,其职责为“掌尹正畿甸之事”。到中期,据《西夏天盛律令》记载,其中央机构设置的建设管理机构有:皇城司,级别为次等司(二品)、主管京都兴庆府事务;京饰工院,级别为三等司(三品),主管施工工程及制作;地边城司,级别为次等司(四品),主管地方及边远城寨;铁工院、木工院、砖瓦院,级别均为末等司(五品),是分工明确的专业机构;京师工院的下属单位,级别为等外司(六品)。以上各司,形成一套完整的建设管理机构。

明、清时期建设管理机构

明代,宁夏镇城设承奉司、长史司、仪卫司、纪善司、典膳司、典宝所、良医所、审理所、工正所、奉祠所、典仪所等机构。其中工正所主管各种工匠。为生产军事装备的需要,又在镇城设官营作坊杂造局、兵车厂、神机库等,制造盔甲、腰刀、弓箭、长枪、兵车等军事器械。在庆王府设的工正所,辖有包括画工、刻字工、金箔匠、银匠、表背匠、笺纸匠、绣匠等66个工种的360名工匠,为王府贵族生产生活奢侈品和日用品。

清代在地方设省,省下设府、直隶州、县(厅)。今同心县以南固原地区分属甘肃省平凉府所辖固原州(后升为直隶州)及化平川直隶厅,固原州辖海城县、平远县;北部地区属甘肃省宁夏府,辖宁夏县、宁朔县、中卫县、平罗县、灵州、宁灵厅以及后来增设的新渠、宝丰2县(乾隆四年1739年平罗大地震后被裁撤)。清乾隆时期,地震后重建的宁夏府城建有万寿宫、宁夏府署、宁夏县署、宁朔县署及所属司院部局等官衙署所40余处,部分官衙署所负责城镇建设事务。

民国时期建设管理机构

民国18年(1929年)1月1日,宁夏省政府正式成立,当时即成立宁夏省建设厅。民国23年(1934年)对省建设厅进行改组,全厅设置为秘书室及三科,另附设水利办公处,专司全省水利事宜。公路事业则成立省道管理处专办,直属省府管辖。1935年,为节省支出,裁撤水利办公处,业务并入第二科办理。1936年春,省政会议决定再予调整:厅内增设技术室,12月设立林矿局,办理全省林矿事宜;撤省道管理处,其所辖汽车管理处改属省建设厅。1937年,厅内增设第三科。1938年,林矿局裁撤;汽车管理局直属省政府;又增设全省水利工款稽核委员会,负责核查河渠工程料款。1939年设立养路遂办处,以加强公路修护。对河运事宜,组织船业公会负责管制。1940年,水利实施自治,将水利工款稽核委员会取消,分别在夏、朔、平、金、灵、卫、宁各县设水利监察委员会,采取民督民治制度。1941年,为求事权统一、节省经费,合并各县水利监察委员会为宁夏省水利监察委员会,各县分设驻县监察委员一人,增设水利工程设计组,聘用专门人员,专司测量设计,谋求利用科学方法兴建各项水利工程;成立矿务局,办理全省各项矿产调查、矿业整理及特种矿计划开采等事宜;设立农业改进所,办理全省农业改进事宜;设公路管理局、河运管理局与市政处,分别办理公路修护、河道船筏管理及市政建设。1942年7月,为推行合作农贷业务,厅内又增设合作科,各县增设合作指导室。成立妇女纺织专习所,设班招收学徒,训练纺织技艺,宁夏、宁朔、平远3县亦各筹设县妇女纺织专习分所。

民国24年(1935年)9月,宁夏省政府设立市政筹备处,拟定市政建设计划,推进修筑马路,整顿市容,建筑市场商场,开凿水井,改修棚门等事宜。

民国时期宁夏省建设厅机构设置及任职人员表

表1-1

职　别	姓　名	籍　贯
厅　长	李翰园	甘肃临夏
水利督导专员	于光和	宁夏宁朔
宁夏省水利局局长	李　斌	宁夏贺兰
宁夏省水利局副局长	李树元	宁夏宁朔

续表

职　别	姓　名	籍　贯
宁夏省农林局局长	于光和	宁夏宁朔
宁夏省农林局副局长	罗时宁	江西南昌
妇女纺织专习总所所长	阎亭东	宁夏平罗
妇女纺织专习总所副所长	史廷弼	甘肃临夏
宁夏省公路管理局主任	陈欢仁	

第二节　当代机构与团体

一、机　构

1949 年 10 月，宁夏省人民政府批准正式成立宁夏省建设厅，李景林首任厅长。

1954 年 9 月，宁夏省撤销后，建立甘肃省银川专员公署，设立专署建设科。1956 年秋，银川专署建设科与林业局合并为农林水牧交通组。1957 年 2 月，将农林水牧交通组的农牧部分职能划分为农牧科，并将该组的交通部分职能与工商劳动组中的工业、劳动部分职能合并成立了工业交通科。

1958 年 10 月，宁夏回族自治区正式成立。自治区人民政府组建并成立宁夏建筑工程局。同年 11 月，宁夏回族自治区基本建设委员会成立。1961 年 1 月，宁夏建筑工程局撤销，其职能并入自治区基本建设委员会。

1960 年初，调整建设管理机构，确定自治区基本建设委员会是自治区党委主管基本建设的工作部门，也是自治区人委主管基本建设的行政机构。按照减少层次、健全建委、充实下层领导骨干和节省干部以及“增事不增人”的原则，确定了建委的组织机构和人员编制。自治区建委设置工程管理处、设计处、经济定额处、综合设计处、材料设备处、办公室等 6 个职能处室，人员编制 40 名。

1960年自治区建委系统精简情况表

表1-2

单位	原编制数	实有人数			现编制数			精简数（人）	比原编制（%）	精减占实有人数（%）
		小计	干部	工人	小计	干部	工人			
总　计	9646	7117	10039	6077	4425	494	3931	2592	57.24	37.8
区建委	167	162	157	5	97	92	5	65	45.6	40.0
区建筑公司	6670	5495	457	4998	262	258	3183	2054	46.4	30.6
区设计院	370	358	240	118	26	59	203	96	29.2	26.8
科研所	33	34	26	8	199	22	4	6	23.3	23.3
建　校	342	245	29	216	400	23	176	46	41.8	18.77
青铜峡水泥厂	358	504	38	466		40	360	104		
宁夏水泥筹建处	667	162	20	142				162		
玻璃厂	359	56	14	42				56		
陶瓷厂	226	37	4	33				37		
石膏厂	454	64	15	49				64		

1968年4月10日，宁夏回族自治区革命委员会下设生产指挥部，1969年5月成立基建组，归自治区生产指挥部领导，主管全区建设工作。1970年2月撤销基建组，正式成立自治区革命委员会基本建设局。

1973年7月3日，自治区党委决定撤销自治区革命委员会基本建设局，正式成立自治区基本建设委员会，并将环保领导小组办公室由区计委划归区基本建设委员会管辖。是年成立自治区测绘局。

1978年6月6日，自治区党委决定成立宁夏建筑工程局、宁夏建筑材料工业局，为自治区革命委员会的行政职能部门，归自治区基本建设委员会管辖，同时撤销自治区建材工业公司。

1981年3月25日，自治区人民政府决定成立自治区环保局（二级局），归自治区基本建设委员管辖，同时决定撤销自治区环保领导小组办公室。同年6月29日，将自治区基本建设委员会内设的城市建设处改为城市建设局（二级）。

1983年3月,全国进行机构改革,自治区党委决定,将自治区基本建设委员会改为自治区城乡建设厅,内设城市建设处、村镇建设处、建筑管理处、综合计划处、科学技术处、劳动人事处、办公室、机关党委、纪检组。同时决定撤销宁夏建筑工程局,成立宁夏建筑工程总公司。将宁夏建筑材料工业局改为自治区城乡建设厅建材工业局。同年7月30日,宁夏建筑材料工业局归自治区经委领导。

1994年,自治区党委、人民政府印发《自治区党委、人民政府关于印发自治区党政机构改革方案实施意见的通知》,将自治区城乡建设厅改为自治区建设厅。

1996年3月4日,自治区人民政府办公厅印发《关于自治区建设厅职能配置、内设机构和人员编制方案的通知》,核定行政编制72名,下设办公室、计划财务处、体改法规处、科学技术处、建筑业处、勘察设计管理处、建设监理处、审计处、城市建设处、房地产业处(挂自治区住房制度改革领导小组办公室牌子)、村镇建设处、人事劳动处等12个职能处室和纪检组(监察室)、机关党委(挂自治区建设建材工会牌子)。

2000年9月4日,自治区人民政府办公厅印发《自治区建设厅职能配置内设机构和人员编制的通知》,核定行政编制48名,下设办公室政策法规处、综合计划处、勘察设计处(抗震办公室)、城乡规划处、村镇建设处、城市建设处、科学技术处、住宅与房地产业处、住房制度改革办公室、建筑管理处、标准定额处、人事教育处等12个职能处室和机关党委、纪检组(与监察室合署办公)。同时,将自治区测绘局改由自治区国土资源厅管理。

宁夏回族自治区建设管理机构历任领导名表

(1949年10月~)

表1-3

机构名称	职务	姓名	任期
宁夏省人民政府建设厅 (1949-10~1952-06)	厅　长	李景林 郝玉山	1949-10~1951-02 1951-02~1952-11
	副厅长	郝玉山	1949-10~1951-02

续表

机构名称	职务	姓名	任期
自治区建筑工程局 (1958－11～1961－01)	局　长	丁毅民	1959－02～
	党委副书记	李有煜	1958－12～
	副局长	李道贵 陈更生	1958－11～1962－03 1959－08～1962－03
自治区基本建设委员会 (1958－11～1961－03)	主　任	吴生秀	1959－01～1961－08
	副主任	王　克 杨　克 高俄光	1958－11～1961－08 1958－11～1961－08 1959－03～1962－03
自治区革委会基建局 (1970－02～1973－07)	领导小组组长	李耀东	1971－09～1973－08
	副组长	张纯亮 周建昌 刘　力 杨志远 王恩祥	1971－09～1973－08 1971－09～1973－08 1971－10～1973－08 1972－04～1973－08 1972－04～1973－08
自治区基本建设委员会 (1973－07～1983－03)	主　任	吴生秀 杨一木 李培桐	1973－08～1978－06 1978－06～1979－02 1981－12～1983－03
	代理主任	陈　昶	1977－08～1978－06
	副主任	王恩祥 王　英 孙　昶 杨志远 任玉钧 阎立人 刘　力 姜志福 高亚才 赵卷章 李培桐 杨瑞周 韩云文(回族)	1976－10～1979－11 1973－08～1976－10 1973－08～1979－08 1973－08～1979－04 1973－08～1978－06 1978－06～1983－03 1973－08～1979－02 1973－08～1979－11 1977－11～1980－12 1978－06～1979－02 1978－08～1981－12 1981－01～1983－03 1981－07～1982－05
	纪检组长	沈学元 杨瑞周	1981－03～1983－03 1981－12～1983－03

续表

机构名称	职务	姓名	任期
自治区城乡建设厅（1983－03～1994－12）	厅 长	李培桐 董家林 黄超雄	1983－04～1986－04 1986－04～1989－11 1990－06～1994－12
	党组书记	杨瑞周 韩云文 黄超雄	1986－04～1988－01 1990－06～1993－08 1993－08～1994－12
	党组副书记	黄超雄	1990－06～1993－06
	副厅长	杨瑞周 杨圣诠 韩云文 程好智 黄超雄 邵钧儒 范大焜 沈 波 史是伟 吴士民 陈建石	1983－03～1986－04 1983－03～1986－09 1983－03～1990－06 1983－03～1990－03 1986－09～1990－06 1987－11～ 1989－08～1993－12 1991－12～1994－12 1991－12～1994－12 1991－12～1994－12 1992－06～1994－10
	总工程师	沈学元 黄超雄	1983－03～1985－07 1986－09～1994－12
	顾 问	潘世保 王福茂	1983－03～1985－12 1983－03～1985－12
	纪检组长	高起飞 孙志荣	1985－11～1987－10 1992－07～1994－12

续表

机构名称	职务	姓名	任期
自治区建设厅（1994－12～）	党组书记、厅长	黄超雄 田　明 刘学军 刘慧芳（女）	1994－12～1998－05 1998－11～2005－06 2005－06～2007－09 2007－09～
	党组副书记、副厅长	王辛武 陆维平	2003－09～2007－05 2007－05～2007－11
	副厅长	沈　波 史是伟 吴士民 田　明 王辛武 王卫平（回族） 马　力（回族） 张守志 张吉胜（回族） 潘多俊 马占林（回族） 刘德军	1994－12～1996－05 1994－12～1999－04 1994－12～1996－10 1996－10～1998－11 1997－04～2007－05 1997－04～1999－01 1999－06～2006－04 1999－06～2007－09 2006－06～ 2007－10～ 2008－05～ 2008－06～
	总工程师	马　力（回族） 郑德金	1997－04～1999－06 2007－10～
	纪检组组长	孙治荣 刘化齐 李桂珍（女）	1994－12～1997－04 1997－06～2000－08 2000－11～
	巡视员	史是伟 刘化齐 于天恩	1999－04～2001－01 2002－11～ 2007－03～
	副巡视员	孙金泉 钱全富 房生金 郭　强	1997－04～1998－03 2001－03～ 2002－07～ 2010－04～

二、团　体

截至2000年，宁夏建设行业社团组织共有学会、协会10个。

宁夏建筑业联合会 1984年3月成立宁夏集体建筑业协会,协会理事为各市县建设局局长、部分市县骨干建筑施工企业主要负责人。

1988年,中国集体建筑业协会更名为中国建筑业联合会。1989年,宁夏集体建筑业协会更名为宁夏建筑业联合会。建筑业联合会主要开展全区建筑业企业项目经理的培训工作。1995年~2000年,在全区各市县共举办项目经理学习班55期,培训人员6100余人次,受培训的人员中有5800人取得了项目经理证书,取证率达95%以上。

宁夏土木建筑学会 1983年成立宁夏建筑学会,挂靠自治区建设厅,理事会成员60人,会员541人。1995年,宁夏建筑学会更名为宁夏土木建筑学会,各专业学组改为专业学术委员会。宁夏土木建筑学会业务主管部门为中国建筑学会、中国土木工程学会、宁夏科学技术协会。学会的专业学术组织有建筑师分会、结构专业学术委员会、暖通空调专业学术委员会、给水排水专业学术委员会、电气专业学术委员会、岩土工程专业学术委员会。

学会主要工作是:1.参与中国土木建筑学会、中国土木工程学会各专业委员会及西北地区分会组织的学术交流活动;2.开展科学普及教育活动,请区外专家来宁夏讲学、讲座,普及推广新科学、新技术;3.按照中国建筑学会及土木工程学会的安排,组织詹天佑、梁思成等勘察设计奖项的推荐评选。4.受建设部委托,与勘察设计协会共同组织全区优秀设计评选及注册师教育进修和培训。

宁夏城镇供水协会 1988年8月9日,中国城镇供水协会宁夏分会在银川召开成立大会,选举了第一届理事会,选举理事12人、常务理事7人。分会下设技术咨询部、企业管理咨询部、县镇供水工作部、节水工作部等5个常设工作机构。共吸纳会员单位22家。制定了宁夏分会章程。业务范围包括:组织会员学习,开展人才培训和技术经营管理咨询;开展供水、节水基础资料调查、搜集和整理;主持参与供水工程的设计、施工的审查和验收;编辑出版刊物,交流经验,推广新技术、新工艺、新产品。

1991年6月,中国城镇供水协会分会更名为宁夏城镇供水协会。

宁夏房地产业协会 成立于1992年7月。1994年发展会员单位47家。1993年7月,宁夏房地产协会组织召开全区房地产形势理论研讨会。

1997年3月25日召开宁夏房地产协会第二届会员大会,会员单位125

家。1998 年,宁夏房地产协会第二届理事会参与起草了《关于培育宁夏住宅产业成为新的经济增长点的实施意见》。

宁夏勘察设计协会　1992 年 12 月成立,同期召开第一届会员大会,制定了协会章程。协会下设计算机应用专业委员会、质量管理委员会、勘察设计体制改革研究会、工程总承包研究会。协会成立以后,在勘察设计行业方面做了大量工作,主要是召开技术座谈加强行业技术交流,受建设主管部门委托开展勘察设计单位质量检查、优秀勘察设计评选和勘察设计技术人员培训、注册人员继续教育培训。1993 年召开全区勘察设计单位工作座谈会,1995 年召开勘察设计单位座谈会、QC 小组成果发布会,举办有线电视设计技术培训班。1993 年、1995 年、1998 年、2000 年连续组织了全区优秀工程勘察设计评选活动。

宁夏建设新技术新产品推广协会　1995 年 4 月 1 日召开成立大会,通过了《宁夏建设新技术新产品推广协会协会章程》。协会成立以后,首先配合和协助建设主管部门抓好新产品推广认证工作。从 1995 年 6 月开始,协助建设主管部门对 50 家企业九大类 45 种产品进行了 4 次推广认证。共举办了 4 次推广会、3 次建设新技术新产品展示会。协会配合建设主管部门建立自治区示范工程 2 项、国家级示范工程 1 项。2001 年 4 月启动部级课题《外墙外保温技术应用研究》。是年,宁夏建设新技术新产品推广协会协会会员单位由成立时的 42 个发展到 55 个。

宁夏城市建设协会　1998 年 7 月制定了《宁夏城市建设协会章程》。协会的主要工作是:完成建设主管部门交办的城市建设资质年检、安全检查工作;组织区内同行业间进行工作交流;指导各分会召开年会;组织会员单位到外省市进参观学习;参加国家协会组织的学术交流活动等。协会下设城市燃气、城市园林绿化、城建监察、污水处理共 4 个专业分会。

宁夏建设工程质量管理协会　1993 年协会成立后,在每年 9 月"质量月"期间,组织全区样板工程观摩会。协会组织会员单位参与自治区建设厅在《宁夏日报》举办的"中房杯"建筑工程质量知识有奖竞赛活动,在宁夏电视台参加全区建设系统"新世纪花园杯"建筑工程质量知识电视大赛。举办了各种培训学习班。先后组织调研,参与制定了多项规章制度。编辑《宁夏工程质量》刊物。

宁夏建设工程造价管理协会　1994年底正式成立，下设人事培训部、工程技术经济咨询服务部、信息部3个办事机构。归自治区计划发展委员会管理。

宁夏建筑装饰协会　1995年8月23日召开成立大会正式成立。协会的主要任务：研究、探讨自治区建筑装饰业改革和发展的理论、政策，向政府提供决策参考；开展建筑装饰基础资料调查、收集、整理工作，为政府主管部门制定规范、标准和管理法规提供依据；受政府部门的委托，进行技术咨询、质量检查评比和先进企业、先进经理（厂长）评选活动；协助政府开展信息传递、经验交流、人才培训工作。

第二章 环保管理机构与团体

第一节 自治区环境保护机构与团体

自治区环境保护领导机构

1973年8月9日,自治区治理工业"三废"领导小组成立,组长由邵井蛙兼任,5位任副组长,成员由3人兼任。领导小组办公室设在自治区计委,与综合处合署办公,负责全区"三废"的综合利用和污染治理工作。

1974年1月9日,自治区革命委员会决定将自治区工业"三废"领导小组改名为自治区环境保护领导小组,领导小组办公室设在自治区计委。要求各地、市和自治区有关部门也建立相应机构;各县、旗要指定专人兼管此项业务。1975年9月,核定自治区环境保护领导小组办公室行政编制5名。

1975年10月15日,自治区革命委员会对自治区环境保护领导小组组成人员进行调整:组长邵井蛙,副组长由5人兼任,成员由10人兼任。

1978年9月,自治区环境保护领导小组办公室编制及人员一并移交自治区建委。1979年6月22日、1980年4月9日,自治区环境保护办公室各增加事业编制3名,环办人员编制共11名。1981年3月25日,自治区政府决定撤销自治区环境保护领导小组及其办公室,成立自治区环境保护局(为二级局),由自治区建委代管。

1984年3月8日,自治区党委决定成立自治区环境保护委员会,自治区党委副书记、自治区副主席李恽和任主任委员,自治区城乡建设厅副厅长杨瑞周任副主任委员,委员由3人担任。8月又增补委员10人。办事机构设在自治区城乡建设厅。

1986年3月21日,自治区党委办公厅对自治区环境保护委员会领导成员进行调整,自治区副主席王燕鑫任主任,自治区城乡建设厅副厅长杨瑞周任副主任,其他9人兼任委员。赵培栋兼办公室主任。1987年5月22日,自治区党委和人民政府决定撤销自治区环境保护委员会。

1996 年 10 月 4 日，自治区人民政府决定恢复成立自治区环境保护委员会，自治区主席白立忱任主任，自治区主席助理于革胜任副主任，委员由 27 人担任。环保委员会在自治区环保局设办公室。

省(区)级环境保护行政主管部门

1973 年 8 月 9 日，自治区治理工业"三废"领导小组成立，办公室设在自治区计委，与综合处合署办公。1974 年 1 月 9 日，自治区治理工业"三废"领导小组改名为环境保护领导小组，领导小组办公室设在自治区计委。1975 年 9 月首次确定自治区环境保护领导小组办公室行政编制 5 名。

1978 年 9 月，自治区环境保护领导小组办公室划归自治区建委领导。

1981 年 3 月 25 日，自治区人民政府决定成立自治区环境保护局(二级局)，由自治区建委代管。同时撤销自治区环境保护领导小组及其办公室，人员编制 11 名划拨自治区环保局。同年 4 月 22 日，自治区机构改革领导小组明确了自治区环保局任务、职责范围和人员编制。自治区环保局是自治区人民政府主管环保工作的职能部门，主要任务是保护水质、大气、河流和自然环境，防治环境污染和生态破坏，为人民创造良好的生产和生活环境，保护人民健康，促进经济发展。同年 6 月 13 日，自治区城乡建设厅印发《关于自治区城乡建设厅环境保护局职责范围及机构设置的通知》，自治区城乡建设厅环境保护局的业务范围：管理由生产和生活引起的环境污染问题，管理由开发建设活动引起的环境破坏问题，管理大自然环境，贯彻国家环保方针、政策、法规，监督检查各地区、各部门执行情况，定期将检查情况向自治区城乡建设厅和自治区政府报告，并提出保护和改善环境的对策和建议；承办自治区人民政府和城乡建设厅交办的其他事宜。机构设置为综合组、防治组、自然保护组。职责范围是：贯彻执行环境保护法和保护环境的方针、政策和法令；拟订本区环保标准、规范、条例和规定等。核定自治区环境保护局人员编制 15 人。1984 年 7 月，人员编制增至 18 人。

1986 年 12 月 25 日，经自治区城乡建设厅批复，自治区环保局内设办公室、综合科、污染防治管理科、大自然保护科。1991 年 3 月，自治区环保局将机构调整为办公室、开发监督科、综合管理科、自然保护科和计划法规科。

1996 年 8 月 30 日，自治区人民政府常务会议决定自治区环境保护局为政府工作部门，按副厅级组建，内设处室为正处级。1997 年 12 月，宁夏环保研究所(环境监测中心站)和中卫沙坡头自然保护区管理所由自治区建设厅划归自治区环境保护局管理。

1998年1月27日,自治区人民政府办公厅印发《自治区环境保护局职能配置、内设机构和人员编制方案》的通知,确定自治区环境保护局是自治区人民政府环境保护行政主管部门,主要职责是:依照法律和行政法规,对全区环境保护工作实施统一监督管理,防治污染和其他公害,保护和改善生活与生态环境,促进经济和社会持续、协调、健康地发展。内设机构为5个职能处(室)和机关党委、纪检组(监察室)。5个职能处(室)为办公室(挂人事教育处牌子)、计划法规处、污染控制处、科技开发监督处、自然保护处。核定人员编制30名。

2000年7月12日,自治区政府办公厅下发《关于印发自治区环境保护局职能配置、内设机构和人员编制规定的通知》,明确自治区环境保护局是主管全区环境保护工作的自治区人民政府直属机构。核定机关编制为28名。自治区环境保护局设办公室(人事教育处)、规划财务处(政策法规处)、污染控制与科技标准处、自然生态保护处、监督管理处(自治区环境监理总队)及机关党委。

自治区环境保护领导机构及其办事机构领导名表

表1-4

机构	职务	姓名	任职
自治区治理工业“三废”领导小组	组长	邵井蛙	1973-08~1974-01
	副组长	王克 丁毅民 席凤洲 吴生秀 鹿鸣	1973-08~1974-01 1973-08~1974-01 1973-08~1974-01 1973-08~1974-01 1973-08~1974-01
	办公室负责人	兰玉朴	1973-08~1974-01

续表

机　构	职　务	姓　名	任　职
自治区环境保护领导小组	组　长	邵井蛙	1974－01～1981－03
	副组长	王　克 丁毅民 席凤洲 吴生秀 鹿　鸣	1974－01～1981－03 1974－01～1981－03 1974－01～1981－03 1974－01～1981－03 1974－01～1981－03
	办公室负责人	赵培栋	1974－01～1981－03
自治区环境保护委员会	主任委员	李恽和	1984－03～1986－03
	副主任委员	杨瑞周	1984－03～1986－03
	主　任	王燕鑫 白立忱	1986－03～1987－05 1996－10～
	副主任	杨瑞周 于革胜	1986－03～1987－05 1996－10～
	办公室主任	高起飞 赵培栋 孙宁璋	1984－08～1986－03 1986－03～1987－05 1996－10～

自治区环境保护局历任领导名表

表1－5

职　务	姓　名	任　职
党组(总支、支部)书记	赵培栋 高起飞 艾先源 赵培栋 王英福 何　琮 邸国卫 冯志强	1981－03～1983－08 1983－08～1986－10 1986－10～1993－10 1993－10～1996－10 1996－10～1997－02 1997－07～2000－04 2000－04～2007－09 2007－09～2009－04
党组副书记	何　琮	2000－04～2003－01
负责人	赵培栋	1981－03～1982－08

续表

职务	姓名	任职
局长	高起飞	1983-08~1986-10
	艾先源	1986-10~1993-10
	孙宁璋	1993-10~1996-10
	何　琮	1997-08~2000-05
	邸国卫	2000-05~2008-01
	冯志强	2008-01~2009-04
副局长	赵培栋	1982-08~1986-10
	艾先源	1984-03~1986-10
	李天鹏	1986-10~2000-05
	李　平	1986-10~2000-05
	马　勇	1998-12~1999-10
	何　琮	2000-05~2003-01
	马利民	2000-12~2007-07
	王永忠	2002-11~2004-05
	金韶琴	2004-04~2008-12
	王　中	2007-07~2007-08
	郑忠安	2008-04~2009-04
	鲁国会	2008-12~2009-04
总工程师	杨春兰	1990-10~1998-06
	金　波	1999-03~2000-03
	金国兴	2004-06~2009-04
纪检组长	吴治平	2000-08~2003-12
	李卫华	2003-12~2008-02
	蔡　琦	2008-02~2009-04
巡视员	何　琮	2003-01~2005-12
副巡视员	孙宁璋	1996-10~2000-12
	李玉明	2004-06~2009-04

注:1981年3月至1982年8月,赵培栋主持自治区环保局全面工作;1996年10月至1997年2月,党组书记王英福主持自治区环保局全面工作;1997年3月至1997年10月,副局长李天鹏主持自治区环保局全面工作。

自治区环境保护厅领导名表

表1-6

职 务	姓 名	任 职
党组书记	冯志强	2009-04~
厅 长	冯志强	2009-04~
副厅长	鲁国会 郑忠安 强小媛	2009-04~ 2009-04~ 2009-04~
总工程师	金国兴	2009-04~
纪检组长	蔡 琦	2009-04~
副巡视员	李玉明	2009-04~

自治区环境保护局直属事业单位

宁夏环境保护研究所(宁夏环境监测中心站) 1978年2月28日批准成立宁夏环境保护研究所,暂定编制15名,为县处级全额拨款事业单位。1979年8月27日,成立宁夏环境监测(中心)站,编制10名,与宁夏环境保护研究所两个牌子,一套机构。1983年11月,宁夏环境保护研究所定编50名,为自治区人民政府执行环境保护法规的监测技术仲裁机构。1996年11月和1997年12月,自治区机构编制委员会办公室发文明确规定,自治区环境保护研究所(自治区环境监测中心站)由自治区建设厅划归自治区环境保护局管理。是以监测为主,科研为辅的站所合一的机构,是全区环境监测网的组织、数据、技术中心。

宁夏辐射环境管理所 1986年成立宁夏放射性废物库筹建管理所,为暂定6名编制的科级事业单位。1987年8月,经自治区计委批复,同意在贺兰山建设一处设计规模为贮存容积300立方米,使用年限30年,安全有效期100年的宁夏放射性废物库。同年10月,项目破土动工,1991年竣工并投入使用。1989年3月,宁夏放射性废物库管理所增加4名事业编制,共有编制10名。1990年3月,宁夏放射性废物管理所更名为宁夏放射性环境管理所。1993年5月更名为宁夏放射环境管理所。1998年1月更名为宁夏辐射环境管理所,并由正科级升格为正处级单位,核定事业编制10名。宁夏辐射环境管理所主要职责任务是负责对伴有辐射项目和活动的环境实行监测和监督；负责全区带有辐射污染建设项目的环境影响评价；负责组织对辐射污染源的调查、登记、建档和排污申报登记；负责对本地区放射性废物实行集中管理，收贮本地区辐射技术应用中产生的放射性废物和废放射源，对放射性物质运输活动中的环境安全进行审查和监督；负责本地区伴有辐射设施事故的应急响应，参与辐射事故处理，负责对来自辖区外事故影响的监测；负责对本地区含辐射性工业废渣等使用实施监督、监测管理工作；负责对本地区从事辐射管理人员的业务培训和对公众的宣传教育工作。

2000年11月，增事业编制1名，专用于接受军队转业干部，增编后，宁夏辐射环境管理所共有编制11名。

宁夏环境监理站　1987年12月，成立宁夏排污收费监理站，为自治区环保局下属科级事业单位，核定事业编制4名。任务是负责全区排污收费的管理、统计、治理补助资金计划使用情况的监督检查；环境治理效益调查，排污收费政策研究等。

1992年10月，宁夏排污收费监理站改名为宁夏环境监理站。1998年1月，增挂宁夏环境执法稽查大队牌子，核定事业编制8名。其主要职责任务是：依法对全区执行环保法规、环保管理制度、生态环境破坏情况进行监督检查；对环境违法行为、污染事故纠纷进行调查并参与处理；按照分级管理原则，依法征收排污费并负责全区排污收费年度收支，决算报表的编制；监督管理下级环保部门排污费的征收、管理和使用状况；负责全区排污收费纠纷的调查仲裁，组织全区环境监理人员的业务培训及执法标志的发放管理工作；对污染源或污染物排放现场进行监督检查、调查或取证，依法查阅排污单位的有关材料，制止和纠正违法排污行为；检查下级政府及其职能部门与环保法律、法规、规章有抵触的文件、材料，对环境执法行为进行稽查；对环境违法行为提出处罚建议，限额内当场处罚。2000年2月，经自治区推行国家公务员制度领导小组研究，原则同意自治区环境监理站工作人员依照国家公务员制度进行管理。

宁夏环境宣传教育(信息)中心　1990年11月，自治区环境保护局培训部成立，核定4名事业编制，负责环保干部培训工作。1998年1月，自治区环保局培训部更名为宁夏环境宣传教育中心，与自治区环境信息中心一套机构、两块牌子,核定事业编制 10 名。宁夏环境宣传教育(信息)中心主要职责任务:为环境宣传教育提供技术支持和服务,组织实施环境保护宣传活动;组织编写环境保护宣传材料,编写各类环境教育与培训教材,编辑、出版环境保护刊物;承担各类环境保护法律知识、环境保护科学知识、环境专业技术等教育培训工作;搜集、存储、加工和传输本区环境质量、污染物排放和治理、自然保护、环境管理以及相关的社会经济信息,为环境管理和科研及各级各部门提供环境信息技术支持;培训本区环境信息管理人员和计算机应用开发技术人员。

宁夏中卫沙坡头国家级自然保护区管理处　1984 年 7 月,宁夏中卫沙坡头自然保护区管理所成立,为全额拨款县团级事业单位,编制 15 名,由自治区城乡建设厅归口领导。管理所内设办公室、管理科、技术科 3 个职能科室。1989 年 3 月,增挂中卫沙坡头治沙技术研究中心牌子。1997 年 12 月,宁夏中卫沙坡头自然保护区管理所由自治区建设厅划归自治区环境保护局管理。保护区管理所主要职责是:贯彻执行国家有关自然保护的法律、法规和方针、政策;制定自然保护区的各项管理制度,统一管理自然保护区;调查自然资源并建立档案,组织环境监测,保护自然保护区内的自然环境和自然资源;组织或者协助有关部门开展自然保护区的科学研究工作;进行自然保护的宣传教育;在不影响自然保护区的自然环境和自然资源的前提下,组织开展参观、旅游等活动。1999 年 12 月,宁夏中卫沙坡头自然保护区管理所更名为宁夏中卫沙坡头国家级自然保护区管理处。

自治区环境保护局机关服务中心　1998 年 1 月成立,为处级事业单位,核定事业编制 5 名。2000 年 8 月,核定自治区环保局离退休干部服务人员编制 1 名。至此,自治区环保局机关服务中心有事业编制 6 名。

自治区环保局劳动服务公司　1991 年 9 月成立,为自负盈亏、独立核算,依法承担经济责任的集体所有制经济组织。公司人员暂定 10 名。1996 年 9 月,自治区环保局研究决定,将自治区环保局劳动服务公司对外更名为自治区环保局科技服务公司,对内劳动服务公司性质不变,两块牌子、一套人马。

中国环境报宁夏记者站　1986 年 11 月成立。业务上由中国环境报社直接领导,行政上由地方环保部门和报社双重领导,以地方为主。记者站的职责是:执行报社的办报方针和报道计划,采编新闻稿件;了解和反映本地环保情况;组织通讯员队伍,培养提高其业务水平;协助宁夏环保部门做好报纸的发行工作。

环保学会协会

宁夏环境科学学会 1979年12月正式成立,主管部门为自治区科协,挂靠自治区环保局。学会主要从事学术交流、科教培训、出版刊物、咨询服务、项目评估、鉴定、奖励、信息宣传、课题研究。1979年12月有会员218人。1997年9月,选举产生第二届理事会,有会员132人

宁夏环境保护产业协会 1996年11月成立。1999年8月,召开第二届会员代表大会,选举产生第二届理事会,何琮当选为理事会会长。1999年,自治区政府决定,把节能环保产业作为新的经济增长点,加快发展。按照自治区政府的要求,自治区环保局、自治区计委、经贸委、科委共同编制了《环保产业发展规划》,提出了宁夏优先发展的环保产品和奋斗目标。1999年10月,中国环保产业协会水污染防治委员会与宁夏环保产业协会在银川召开全国污水处理设备国产化技术策略交流会与东西部环保产业经济技术合作洽谈暨宁夏环保产品展销展示会。

第二节 地(市)县环境保护管理机构

银川市

银川市环境保护局 1973年5月成立银川市治理工业"三废"领导小组。1974年2月成立银川市环境保护领导小组并下设办公室。1978年4月,银川市环境保护领导小组办公室改为银川市环境保护办公室,为市革委会的一个独立部门。1979年8月,银川市委决定将银川市环境保护领导小组办公室改为银川市革命委员会环境保护办公室。至1980年3月,改为银川市环境保护局。1983年9月,撤销银川市环境保护局,成立银川市环境保护办公室,由副处级降为科级,隶属银川市城乡建设环境保护委员会。1984年6月,成立银川市环境保护委员会办公室,设在银川市城乡建设环境保护委员会内。1984年11月,银川市环境保护办公室升格为副县级单位,隶属关系不变。1985年7月,银川市环境保护办公室设置综合管理科、污染防治科、人秘科,核定事业编制17名。1986年4月,银川市环境保护办公室成立政工科,与人秘科合署

办公。1991年4月,银川市环境保护办公室更名为银川市环境保护局,隶属市政府直接领导,仍为副县级。1996年8月升格为正县级。同年11月,核定市环保局行政编制18名、事业编制3名。内设办公室、综合计划科、开发监督科、污染控制科、法制宣教科。2000年9月,成立银川市湖面湿地保护办公室,设在银川市环保局。

银川市环境监测中心站　1977年8月成立银川市环境监测中心站,编制暂定20人,为科级事业单位。1981年,内设办公室、环境监测室和综合业务室。1985年6月,成立银川市环境保护研究所,为科级事业单位,与市环境监测中心站合署办公。1999年8月,核定市环境监测中心站人员编制47名。2000年4月,将银川市环境监测中心站水质生物监测室、大气物理室合并成立监测室,新设空气质量监测室。

银川市环境监理支队　1985年1月成立银川市排污收费所,为科级事业单位,人员编制3名。1986年12月扩编至6名。1999年8月成立银川市环境执法稽查大队,与银川市环境监理所合署办公,人员编制增至23名。另在城区、新市区、郊区设环境监理分所,同时挂环保分局牌子,为市环境监理所的派出机构。2000年1月,银川市环境监理所更名为银川市环境监理支队,3区环境监理所分别更名为环境监理大队,挂环境保护分局牌子。2000年10月,银川市环境监理支队成立监理科、收费科,原设监理一科、二科撤销。

银川市环境信息中心　2000年8月,设立银川市环境信息中心,为科级事业单位,核定人员编制2名。

银川市郊区环境保护办公室　1989年2月成立银川市郊区环境保护办公室,隶属郊区土地管理科领导,为股级事业单位,定编5名。1999年8月,增挂郊区环境监理分所、郊区环保分局牌子,为银川市环境监理所的派出机构。2000年1月,郊区环境监理分所更名为郊区环境监理大队,挂银川市环境保护局郊区环境保护分局牌子。

石嘴山市

石嘴山市环境保护局　1976年5月成立石嘴山市环境保护领导小组。1976年8月成立石嘴山市环境保护办公室,隶属石嘴山市城建局。同时成立石嘴山市环境监测站。1983年8月组建石嘴山市城乡建设环境保护局。1984年12月成立石嘴山市环境保护委员会。1985年8月,石嘴山市环境保护办公室升格为副县级，仍归市城乡建设局领导。1986 年 8 月，撤销市城乡建设局，组建石嘴山市城乡建设环境保护局，下设环境保护办公室。1989 年 3 月，石嘴山市环境保护办公室更名为市环境保护局，为市政府的直属机构，级别、编制不变，市环境监测站、排污监理站归市环境保护局领导。同年 12 月，市环境保护局设政工科、污染防治科、综合管理科，均为副科级。1996 年 10 月，确定市环境保护局是市人民政府主管环境保护的职能部门，内设办公室、污染管理科、法规宣传科 3 个职能科室。1998 年 11 月在石嘴山市环境监测站挂石嘴山市环境保护研究所牌子。

石嘴山市环境监测站　1977 年 5 月建立石嘴山市环境保护监测站，配备 3 人～5 人开展工作。1978 年，市监测站完成基本建设，1980 年 1 月，监测站大楼落成。1985 年 12 月，核定市环境监测站编制 30 名，不设排污监理站，业务由环境监测站管理。1989 年 1 月，市环境监测站分设综合室、行政办公室、自动监测室、仪器分析室、生物室、化学分析室、物理监测室 7 个科室。1999 年又确定内设中心化验室、污染源监测室、综合室、办公室、大气监测室 5 个科室。

石嘴山市环境监察支队　1986 年成立石嘴山市排污收费监理站，为副科级事业单位，人员编制 5 名。1989 年 7 月增加编制 8 名，核定编制为 13 名，隶属石嘴山市环境保护局。1993 年 4 月，石嘴山市排污监理站更名为石嘴山市环境监理站，1998 年又更名为石嘴山市环境监察支队，由副科级升为正科级。

吴忠市

吴忠市环境保护局　1978 年 10 月成立银南地区环境保护办公室，规格为副处级，隶属银南地区计划建设处，核定编制 5 名。1989 年 8 月，银南地区环境保护办公室改称为银南地区行政公署环境保护局，核定编制 5 名。1996 年 6 月，银南地区行政公署环境保护局升格为正处级单位，内设办公室、综合技术管理科，核定编制 7 人。1998 年 9 月，银南地区行政公署环境保护局更名为吴忠市环境保护局，内设机构办公室、综合科、污染控制科，核定编制 10 名。

吴忠市环境监测站　1985 年 10 月成立银南地区环境监测站，核定编制 31 名。1998 年 9 月更名为吴忠市环境监测站，核定事业编制 25 名。

吴忠市环境监理站　1985 年 10 月成立银南地区环境保护收费站，隶属银南地区环境保护办公室，为正科级事业单位，核定编制5名。1998年9月更名为吴忠市环境监理站，核定事业编制10名。

吴忠市利通区环境保护局　1986年8月成立吴忠市（县级）环境保护委员会办公室（副科级），隶属吴忠市（县级）城乡建设环境保护局。1992年10月，吴忠市（县级）环境保护委员会办公室改称吴忠市（县级）环境保护局（副科级），隶属吴忠市（县级）城乡建设委员会。1996年11月，吴忠市（县级）环境保护局升格为正科级单位，隶属吴忠市人民政府，内设办公室、综合室，核定机关行政编制8名、机关后勤服务编制（事业）2名。1998年9月，吴忠市（县级）环境保护局更名为吴忠市利通区环境保护局，隶属吴忠市利通区人民政府。

固原地区

固原地区环境保护局　1984年4月成立固原地区环境保护委员会，在固原地区计划经济处设环境保护办公室（科级）。同年设立固原地区环境（生态）监测站，为副处级事业单位。1985年1月，设立固原地区环境保护委员会办公室，为副处级机构。1986年9月设立固原地区城乡建设环境保护处，配备专职环保工作人员4名。1991年，固原地区环境保护委员会办公室改设为固原地区环境保护局，为正处级单位。1996年7月，固原地区环境保护局与固原地区城乡建设局合署办公，一套机构、两块牌子，设环境保护科，编制5名。1998年11月，设立固原地区环境保护局，为正处级单位，下设环境保护科。2000年5月，增设固原地区环境保护局办公室，人员编制为6名。

固原地区环境监测站　1984年设立固原地区环境（生态）监测站，为副处级事业单位，人员编制7名。1985年10月降为正科级。1990年11月，编制增加为16名。

固原地区环境监理所　1988年12月设立固原地区排污收费监理站，为科级事业单位。1990年11月更名为固原地区环境监理所，核定编制4名。

县（市）环境保护机构

贺兰县环境保护局　1984年，贺兰县城乡建设局下设环境保护办公室，1992年单列环境保护局（副科级），1993年确定行政编制6名。1998年撤销县环境保护局，设置县建设与环境保护局（正科级），下设环境保护局，为二级局，人员编制12名。

永宁县环境保护局　1989年,永宁县城建局内设环境保护办公室,为股级单位,人员编制2名。1993年,人员编制增加到3名,1995年增至5名。1998年成立永宁县环境保护局,隶属永宁县城建局,为二级科级事业局,人员编制2名,2000年增至8名。

灵武市环境保护局　1986年6月,灵武县环境保护委员会成立,在县城乡建设科设环保办公室。1992年5月,县城乡建设局环境保护办公室下设环境监测站,同年7月核定编制4名。1993年10月成立灵武市环境保护局(副科级),隶属县城乡建设局,人员编制增至11名。内设环境保护监测站、业务股、办公室、财务室。1996年6月,灵武县环境保护局改称灵武市环境保护局。

平罗县环境保护局　1985年5月,平罗县环境保护监测站成立,为股级事业单位,隶属平罗县城乡建设环保科。1986年6月,平罗县环境保护办公室成立,为副科级事业单位,与平罗县环境保护监测站合署办公,隶属平罗县城乡建设环保科。1998年9月,平罗县环境保护办公室更名为平罗县环境保护局,为副科级事业单位,隶属平罗县建设与环境保护局。

惠农县环境保护局　1987年6月,石嘴山郊区城乡建设科更名为惠农县城乡建设环境保护科。1988年2月核定事业编制3名。同年5月,在县城乡建设环境保护科增设县城乡规划设计室、县环境保护技术监测站,室、站合署办公。是月,环境保护技术监测站、公用事业管理站增编3名,至此环境保护技术监测站、公用事业管理站有事业编制6名。1990年,惠农县城乡建设环境保护科更名为惠农县城乡建设环境保护局,明确环境保护技术监测站专职人员2名。1995年成立惠农县环境保护水资源管理站,为副科级单位,隶属惠农县建设局,人员编制3名。1998年2月成立惠农县环境保护局,为副科级单位,隶属惠农县建设局,人员编制仍为3名。

陶乐县环境保护站　1988年,陶乐县城乡建设科更名为城乡建设环境保护局,内设环境保护办公室。1997年更名为建设环保局,下设环境保护监测站和环境保护办公室,环境保护监测站事业编制3名,环境保护办公室行政编制1名。

青铜峡市环境保护局　1985年成立青铜峡市环境监测站,1988年7月成立青铜峡市环境保护办公室(副科级),隶属市城乡建设局。1990年9月撤销市环境保护办公室，成立市环境保护局，为正科级局，内设办公室、环境监测站、环境监理站。1997年增设综合室，总编制25名。

同心县环境保护办公室 1990年成立同心县城乡建设局环境保护办公室，隶属县城乡建设局，为股级单位，人员编制为5名。

盐池县环境保护办公室 1985年成立盐池县环境保护办公室，隶属盐池县城建科，为股级单位，核定编制5名。

固原县环境保护局 1984年5月成立固原县环境保护委员会，在固原县城乡建设科设办公室。1990年3月成立固原县环境保护局，人员编制5名。同年5月，固原县环境保护委员会办公室改设在固原县环境保护局。1997年1月撤销固原县环境保护局，组建成立固原县建设环境保护局，下设固原县环境保护站，为副科级事业单位。1998年3月，固原县环境保护站更名为固原县环境保护局。

西吉县环境保护股 1985年3月，在西吉县城乡建设局设立专职环保工作人员1名，负责环保日常工作。1988年7月，在西吉县城乡建设局内设环境保护股，有环保专干1名。

隆德县环境保护监督站 1989年11月，在隆德县城乡建设局设环境保护监督站，为股级事业单位，定编3名。1992年5月，成立宁夏隆湖扶贫经济开发区建设土地局，下设环境监测站，有工作人员7名。

泾源县建设与环境保护局 1994年，泾源县城乡建设科更名为泾源县建设局，内设环境保护站，无编制，环境保护工作由1人兼职承办。1998年，泾源县建设局更名为建设与环境保护局，内设环境保护站，有兼职工作人员2名。

彭阳县环境保护办公室 1991年5月成立，隶属彭阳县城建局，为股级事业单位，定编3名。1997年4月，成立彭阳县环境监测站和彭阳县环境监理所，与彭阳县环境保护办公室一套班子、三块牌子，定编3名。

中卫县建设环保局 1984年3月，中卫县城乡建设科设环境保护股。1985年4月成立中卫县环境保护监测站，为股级事业单位，与县城乡建设局环境保护股一套人马、两块牌子，有工作人员5名。1989年成立中卫县环境保护办公室，为科级事业单位，原环保股、环境监测站合并到环境保护办公室，隶属县城建局。1992年3月，中卫县环境保护办公室从城乡建设局分离出来，为县人民政府直属部门，内设政工科、监理站、监测站。1995 年 12 月，中卫县环境保护办公室更名为中卫县环境保护局。1996 年机构改革中，中卫县环境保护局归口中卫县建设局管理。2000 年底，中卫县环境保护局、中卫县环境监理站、中卫县环境监测站共有人员 23 名。

中宁县建设环保局　1984 年 8 月成立中宁县环境保护办公室，与中宁县城乡建设科合署办公。1992 年 6 月成立中宁县环境监测站，为股级事业单位，人员编制 5 名，隶属中宁县城乡建设科。1997 年 3 月，中宁县城乡建设局与环境保护办公室合并，成立中宁县建设环保局，下设环保办公室，工作人员 2 名。1999 年 4 月成立中宁县环境监理站，与县环境监测站一套班子、两块牌子，隶属中宁县建设环保局，人员编制为 12 名。

海原县环境保护局　1987 年 6 月，海原县城建科组建环境保护股。1989 年 4 月成立海原县环境保护办公室。1992 年 10 月成立海原县环境保护局，为副科级事业单位，隶属县城建科，人员编制 5 名。

第二篇 历代建筑

宁夏建造和遗存了大量的古代建筑，形成了汉文化建筑、西夏建筑、伊斯兰建筑等具有西北建筑风格的古长城、古城堡、古民居、古园林以及众多楼阁、庙宇、清真寺等。

早在新石器时代，今贺兰县境内就出现人类居住的多座房屋居室，这是银川地区最早的民居。在海原菜园村南林子梁东坡挖掘出土的古窑洞式房屋，利用黄土坡掏挖而成，证明宁夏境内原始社会时期人类祖先居住生活的状态。宁夏南部地处黄土高原地区，远古和秦汉时期窑洞建筑极为普遍，由于窑洞具有冬暖夏凉的功能，且经济实用，是宁夏汉民族居住建筑首选的主要形制，窑洞的开凿和使用也就一直延续到近现代。除靠崖凿窑外，还有地坑窑等，总的风格是质朴敦厚。在今彭阳县挖掘出的两座南北朝早期墓葬中，有座长方形土筑房屋模型，这种在封土下用夯土雕塑出的房屋模型，表明宁夏汉民居已开始从窑洞向独立式建筑发展，建筑功能也较为齐全。宁夏北部属黄灌区，汉族居住区以土坯房为主，院落的封闭性很强，屋身低矮，屋顶坡度低缓，还有相当多的建筑使用平顶，很少使用砖瓦，多用土坯或夯土墙。

宁夏自古又是中国北部的边防前线，因此，在中国长城建筑史上，宁夏境内修筑长城的时间较早，里程较长。从战国时期，到秦、汉、隋、明几个朝代，都在宁夏修筑过长城。自南至北，数道长城相衔接，体现了宁夏“长城博物馆”的宏大格局。宁夏境内的长城，砖砌、石垒、土夯、墙堑结合形式多样。宁夏长城沿线内还设置了许多烽堠和关隘，用来传递军情和守卫。明代时期境内烽燧、关隘遍布山川，墩台相望，关隘密布。烽堠、关隘建筑牢固，大多用砖石砌成。堡寨遍布宁夏南北，尤以明代最多。

魏晋以来宁夏已有佛寺。西夏崇尚佛教，作为西夏的首府兴庆府（今银川市），德明、元昊两代大兴土木，建设的城墙、宫殿、宗社、寺庙、民居、陵园，都很有规模。宁夏历史上有很多著名古刹寺庙，除众所周知的北塔海宝寺、西塔承天寺外，还有平罗武当山寿福寺、姚伏田州塔皇祇寺；中宁大佛寺、牛首山万佛阁、净土寺；中卫城保安寺（高庙）、准提庵、宣和堡羚羊寺；灵武马鞍山甘露寺；贺兰县插旗口磨盘寺、马兰口龙泉寺；青铜峡瞿靖马站观音寺；永宁李俊正觉台寺、盐池灵应山寺、石嘴山头闸观音寺等。从今银川承天寺塔、玉皇阁以及贺兰山拜寺口双塔、贺兰县宏佛塔、贺兰山拜寺沟方塔、同心县康济寺塔、青铜峡一百零八塔，可以看到西夏佛塔类型多样，结构精巧。西夏建筑基本上继承了汉族建筑的传统，形制大体与唐宋建筑相仿，采用群体式组合形式，以中轴线上为中心的均衡对称布局，以夯土墙垣和四合院组成的内向封闭的总体格局，瓦当、脊兽、滴水等构建组成的屋顶装饰等都体现了中原汉族文化建筑的主要特点。

宁夏是回族主要聚居区，道堂、清真寺和拱北遍布各地。这些建筑大多将伊斯兰风格与中国传统建筑手法融会贯通，风格各异，是穆斯林宣教和进行宗教活动、料理宗教事务的场所。宁夏伊斯兰建筑集中反映了伊斯兰文化与中国传统文化相结合的过程，并具有鲜明的地方文化特色和民族特色，古老恢弘的银川南关清真大寺就是其中主要代表。据 1958 年统计，宁夏有清真寺 1880 座、道堂 15 座，较有影响的拱北 28 处。到 2000 年，宁夏有清真寺 3400 多座。固原是宁夏回族的主要聚居地之一。固原地区历史上的清真寺，多采用中国古老宫殿的建筑形式，在现有的清真寺中，明代的有 6 座，清代的有 428 座，民国年间的有 615 座，其余都是新中国成立后新建的，平均每11.46平方公里就有一座清真寺。

第一章　古城堡　古长城

第一节　城　池

城池概况

宁夏见于文字记载的城市建设活动，最早可考至商纣时，即商灭亡前夕。是时，正兴起于关中的周文王向北扩展，击败戎族，命大将南仲到朔方（今宁夏固原及甘肃平凉地区）筑城。《诗经·小雅·出车》歌颂此事说："王命南仲，往城于方。""天子命我，城彼朔方。"春秋战国时期，居住在今盐池、固原等地的游牧民族首领建立"戎国"，先后修筑了一批城邑，如朝那邑、朐衍邑。秦惠文王到秦昭襄王时，先后征服这些戎国，城邑变成县治，称朐衍县、朝那县、乌氏县。秦始皇统一全国后，于秦始皇三十三年（前214年）派大将蒙恬北逐匈奴，在今吴忠市利通区西设富平县，这是宁夏平原的第一个县城。与此同时，还在黄河内侧修建军事要塞神泉障、浑怀障。出于水源和交通的考虑，西汉在宁夏平原出现了沿黄城市带，如灵洲城、南典农城、北典农城、上河城廉县城。西夏时期，城池、堡寨自成体系，李元昊称帝前后，都城内外的驻军就达十几万之众，加上官吏、商贾、工匠、市民，兴庆府人口不下二三十万。元明清时期，长城以内，城池雄踞，卫所之下，城池、营堡规模日益扩大，从《嘉靖宁夏新志》图中可见明代今银川市内建筑已具有一定规模。城市人口迅速增长，建制逐步完善，街道井然，通衢四达。清乾隆时期，宁夏府城就有127条街巷，清末时期，宁夏的城池已有39处。

古城池及遗址

银川城　十六国时称饮汗城，南北朝建怀远郡城，唐代为怀远县城，西夏为兴庆府，元代以后为宁夏城，通过历代经营，形成了今银川市的规模。其中，唐代以前城池在今银川市东郊掌政乡东，滨临黄河，唐仪凤二年（677年）城为黄河汛损，次年在故城西即今银川市老城更筑新城。

廉县城　建于汉武帝元鼎三年（前114年），是西汉北地郡19县之一。

西汉末年,王莽建立新朝,曾将“廉县”改名“西河亭”,东汉时恢复原名,为北地郡 6 城之一。廉县城池先后存在了 300 多年。

唐代怀远县城　唐高宗仪凤二年(677 年),旧怀远县城(今银川市东黄河西岸)因黄河河道西移而遭“汛损”,第二年,于故城以西 15 里“更筑新城”,称怀远新城,即今银川市城区所在地,距今 1300 多年。唐代怀远县城的规模和形制已不见记载,但在城东北隅相传建于唐代的汉寿亭侯庙(关公庙),经元、明、清历朝多次重修,一直保存到民国时期。

西夏都城兴庆府　唐代兴建的怀远县城(治所即今银川市城区),在宋初降为怀远镇,是当时著名的“河外六镇”之首镇,管蕃部七族。北宋咸平五年(1002 年),怀远镇被党项族首领李继迁占领。宋天禧四年(1020 年),李继迁之子李德明大兴土木,将其升为兴州,并作为临时都城。宋明道二年(1033 年),李元昊为准备称帝,升兴州为兴庆府。西夏延祚元年(1038 年),李元昊在兴庆府南“筑坛受册,即皇帝位”,建立了大夏国,史称西夏。天庆十二年(1205 年),兴庆府改称中兴府,终西夏之世。

从李德明定都兴州到建立西夏国,用了十多年时间,对原怀远镇进行了大规模的扩建和营造。两次大兴土木,营建了城池门阙、宫城殿宇和立国必备的宗庙、社稷建筑,开辟了皇帝“亲耕”的籍田,把一个规模狭小、建筑简陋的怀远镇,建成为具有显赫地位的西夏都城。兴庆府城垣“周回十八里,东西倍于南北,相传以为人形”。城中有“逶迤数里,亭榭台池,并极其胜”的元昊宫;有包括中书省、枢密院、三司等中央行政、军事机构的官厅衙署和功臣勋戚的宅第园林;有皇后没藏氏曾经为尼的戒坛寺、“大崇精舍、中立浮图”的承天寺及文帝庙、汉寿亭侯庙等寺庙建筑;有民居宅院密集分布在数十个街坊之内;有驻军营地、仓库馆舍、店铺酒楼及制金工司、织绢院、铁工院、木工院、造纸院、砖瓦院、出车(造车)院、刻字司等官营手工业作坊分列其间。在兴庆府郊外,东郊有著名的高台寺及诸浮图,西面贺兰山东麓有长达数十里、台阁高十余丈的“避暑宫”、“离宫”和规模宏大的帝王陵、木栅行宫、佛祖院、五台山寺等。

元代宁夏城　蒙古军灭西夏后,中兴府城(即兴庆府)一度空废。中统二年(1261 年),设西夏中兴等路行中书省及中兴府路,治所均在中兴府城。后中兴府路改为宁夏府路,中兴府城遂改称宁夏府城。元末因战乱侵扰,人不安居,城池难以守备,曾将今民族南北街以西城池废弃,修筑东城区,城墙高3.5丈。明洪武三年(1370年)设宁夏府,城池仍循元末旧制。

明代宁夏镇 明建文四年(1402年)后,蒙古鞑靼、瓦剌各部日渐强大,成为明代北方边境的大患。明朝在东起鸭绿江、西抵嘉峪关的边防线上修筑长城,并将长城沿线的战略要地划分为9个防区,分段防守,称为"九边"或"九镇"。当时宁夏五卫城又因此而称为宁夏镇城,成为九边重镇之一。明正统年间(1436年~1448年),因镇城人口繁众,又修复了元末时弃守的西半部城池。

经过大规模的修复扩建后,明代的宁夏镇,城郭高3.5丈,基阔2丈。环城引水为池,池深2丈,阔10丈,水四时不竭,产鱼鲜菰蒲。镇城有6座城门,东曰"清和",西曰"镇远",北曰"德胜",南曰"南薰",西南曰"光化",西北曰"振武"。城墙四角均建有角楼,城门之上各建城楼。清和门、镇远门、光化门、振武门之外建月城,南薰门、德胜门外建关城,称为"南关"、"北关"。南关门曰"昭阳太平",北关门曰"平虏庆府"。另外还有85座悬楼、70座铺楼。整个城郭的门楼、角楼及悬楼、铺楼之设达171座,雄伟工绝。"文化大革命"中将东门、西门、北门及南面的双城门拆毁。北城墙,当时基本完好,亦被拆除。今银川市仅留南薰门、玉皇阁、鼓楼3座明代建筑。

明镇城内设庆藩封王府10处,其中第一代庆王朱栴的庆王府萧墙高1.3丈,周回3里。原址在今新华东街以北,解放东街以南,中山南街以西,朝阳街以东。王府设棂星门、端礼门、承运门3座,府内有承运殿、后殿、王宫、宗庙、书堂、迎薰阁、延宾馆、逸乐园等建筑。

明代宁夏镇城内除了设置必备的署衙司所及地方显贵的府院宅第外,还建有文庙、儒学(今银川二中原址)、书院、射圃、演武教场(今国际饭店址)等修文习武的场所及坛庙寺观等20多处。镇城内有熙春、毓秀、泰和、咸宁、里仁、广和、慕义、永春等32处街坊市集,分别交易"胡麻、糟糠杂物"、"苏杭杂货、鱼肉、瓜菜、五谷"、"布帛、果晶、颜料、纸张、山货、鞋帽"及"骡、马、猪、羊"等。

明代高台寺城 据明《弘治宁夏新志》载,在明代宁夏镇城东15里,有一座废城,称为高台寺城,因西夏在此建高台寺而得名,其位置在今银川市城区掌政乡洼路村境内,据学者考证,这就是唐代被黄河淹没的怀远县城。

清代宁夏府城　明代的宁夏镇城在清代称为宁夏府城。清乾隆三年（1738年），宁夏发生大地震，府城“官民房舍，瞬息之间一齐倾坍”，“震后继以水火，民死伤十之八九”。地震前，宁夏府城“人烟辐凑，商贾并集”，被时人誉为“小南京”。乾隆五年（1740年），虽重建城郭，但规模小于旧宁夏镇城，人口骤减。直至乾隆中后期，府城景况才逐渐恢复。

重修后的宁夏府城，周2754丈，城墙高2丈有余，基阔2.5丈，顶厚1.5丈，并以砖石包砌。城门仍以明代旧制建为6座，建有瓮城门6座，角楼4座，炮台铺楼24座，水沟62道，6门马道6条，水关4座。在南薰门外建关厢土城1座，周长598丈。设关门1座，曰“朝阳”。在德胜门外建关厢土城1座，周长436丈，城墙高厚与南关相同。设关门1座，曰“永安”。

据成书于乾隆四十五年（1780年）的《宁夏府志》记载，恢复元气以后的宁夏府城，建有万寿宫、宁夏府署、宁夏县署、宁朔县署及所属司院部局等官衙署所40余处，学宫、书院、社学共7所。府城内外的坛庙祠阁、寺宫庵院、堂台殿观有80多座，其中较有名的有山川社稷坛（今南薰西路）、先农坛（今银川商都东）、东魁阁、文昌宫、关帝庙（今南门南）、城隍庙（今银川景岳小学）、永祥寺（今中山公园）、清宁观、福宁寺（今富宁街）、报恩寺（今银川商城东）、正觉台、十方院、地藏庵（今前进街西）等。城内外耸立形制迥异的石坊、牌楼有50多座。

当时的宁夏府城街道井然，通衢四达，共有127条街巷。有的因官署衙门得名，如左司衙门巷、总府东栅口、仪宾府街、巩昌府巷等；有的因寺观庙阁得名，如白衣寺巷、关帝庙巷、药王庙街（今中山南街北段）、波罗庵巷等；有的则以市集得名，如羊市街、碴子市街（今朝阳街）、糠市街（今鼓楼北街）等。一些街巷名，至今仍为银川居民所熟知，有的则一直沿用下来，如羊肉街口、铁匠街（今利民街）、芦席巷（今仁义巷）、柳树巷（今鼓楼南街中段）、王元大街（今民族街）、草巷（今中兴巷）等。城内集市有17处，计有米粮市（今民生巷南段）、羊市、猪市、青果市、炭市、碴子市（今朝阳街北段）、南北柴市（今玉皇阁南北街）、番货市（今鼓楼南街北段）、麻市、故衣市（今业勤巷，原称棺材巷）、木头市（今进宁北街南段）、箱柜市等。从外地来宁夏经商的人也不少，以山西商贾居多，在府城南还建有山西商民会馆。清末，府城出现由山西人创办的敬义泰、天成西、隆泰裕、合盛恒、百川汇、广发隆、福新店、永盛福等八大商号。

清代宁夏新满城　清康熙十五年(1676 年),清廷首次派八旗兵驻防宁夏,总人数 3472 人,临时在宁夏府城占用民居驻守。雍正元年(1723 年),为使旗兵在宁夏永久驻防,清廷拨库银于宁夏城外东北 2 里处筑城,以资屯守。这座驻军小城,周长 6.3 里,城高 3.6 丈,城壕宽 6 丈,深 2 丈。史称“宁夏满城”,亦称“宁夏满营”,其址在今银川东郊红花乡满春村境内。雍正三年(1725 年)设镇守宁夏等处将军、都统,居无定所的旗兵从此移驻满城,正式定居宁夏。

乾隆三年(1738 年),宁夏发生强烈地震,建成仅 13 年的满城在震中坍毁。清廷兵部左侍郎班第受命速至宁夏震区查看后,上奏乾隆帝,请求移建满城。乾隆四年(1739 年),宁夏道伊阿炳安奉命在距宁夏府城西 15 里平湖桥东南兴建新满城。乾隆五年(1740 年),新满城及官兵衙署、兵丁房屋全部建造完竣,费银 156520 两。新满城自建成到 1914 年八旗驻防撤销,宁夏驻防旗兵在新满城驻扎 174 年。新满城原居住人口仅为 3757 名八旗官兵。以后除驻兵外,陆续迁入大批驻军家属。至道光年间,新满城居住有 1725 户,计 13411 人。

新满城俗称新城,又称“八卦城”。城郭呈正方形,周长 1360 丈,墙高 2 丈 4 尺,底宽 2 丈 5 尺,顶宽 1 丈 5 尺。城墙四周垛口 1240 个,炮眼 1363 个。新满城四角建角楼,辟有东、西、南、北 4 座城门,城门之上均建有城楼,东曰“奉训”,西曰“严武”,南曰“永靖”,北曰“镇朔”。有瓮城 4 座,每座瓮城各建门楼 1 座。有马道 4 处、药楼 8 座、炮台 24 座、水沟 20 道。环城筑有护城河,宽 3 尺,深 1 丈。在城内东南角建万寿宫,西北角建马王阁、城隍庙,东门大街建关帝庙。在城外西北建斗母宫,东北建三圣庙,西门外良田渠畔建龙王庙,东门外建东岳庙。在城中心十字大街口建有 4 座牌楼。城内东西南北大街呈十字型,将全城官兵衙署房屋分为面积相等的 4 个区,各级官署和八旗驻地皆按固定的方位整齐布局。将军府、右翼都统署在城西大街,左翼都统署在城东大街。八旗官兵营房均分布在四区,镶黄旗、正白旗在城东北区,正黄旗、正红旗在城西北区,镶白旗、正蓝旗在城东南区,镶红旗、镶蓝旗在城西南区。四区建房均为两列 16 排,全城共 64 排房。新满城的周长、城墙高度、垛口数、炮眼数、炮台数、药楼数及城内官兵衙署房屋的排列栋数、将军、副都统衙署房间数、协领以下衙府数、兵房间数等，都是 8 的倍数。这种以“八”为计算单位的建筑形制和空间布局，暗合八旗，将驻防八旗的编制和城市建筑形制巧妙地结合在一起，可谓别具匠心。

1913 年，宁朔县治从省城移置新满城。1915 年，宁夏护军使马福祥代表北洋政府颁布满营官兵全部化旗为民。当时被解散的官兵有 2200 余人，家属 2400 余人，其中除一部分人酌情给予少量救助外，其余仅拨给湛恩渠（今新开渠）附近荒地，以供开荒谋生。1935 年秋，宁夏省政府决定在新满城修建飞机场，强令城内居民一律限期迁出。而后来修建起来的飞机场，因跑道太短，飞机无法起降而废弃，新满城成为一座空城。到新中国成立前夕，新满城已是一片荒凉破败的景象。1951 年，新满城划归银川市，不久便成立了新城镇，1961 年成立新城区。

古灵州城　即明代以前的灵州城，是西夏以前宁夏平原的中心城市。故址在今吴忠市利通区古城湾，始建于西汉惠帝四年（前 191 年），为灵州县治。因在黄河洲岛上，随水高下，未尝沦没，故号“灵洲”。十六国时赫连勃勃建为“赫连果城”。北魏太延二年（436 年）升薄骨律镇，孝昌二年（526 年）为灵州治所。西魏大统元年（535 年）因战争引黄河水毁城，大统六年（540 年）重新筑城。此时因河水改道，州城已在黄河南岸。唐代因设都督府、大都督府，又是朔方节度使驻地和丝路重镇，城池扩大，城内所驻经略军士兵即达 20700 人，战马 3000 匹。至德元年（756 年），因安史之乱，太子李亨逃出长安，在灵州登基称帝（即唐肃宗），并指挥平定安史之乱的战争。灵州雄兵云集，名臣猛将皆至，于是大兴土木扩展城池、兴建宫殿，一时“供应穷水陆”。城内有大都督府、节度使署、州府及关内道营田使、关内道采访使、盐池使、水陆转运使军官府。北宋开宝二年（969 年）废朔方节度存州。1002 年被西夏攻占，升为西平府，为临时首都。西夏天盛年间，任得敬专权，被封为西平公。天盛十七年（1165 年）五月，任得敬在灵州大兴土木，“役民夫十万大筑灵州城，以翔庆军司所为宫殿”。明洪武十六年（1383 年）城被黄河冲毁。此后 3 次更筑新城，于宣德三年（1428 年）固定在今灵武市城关，此即明代以后的灵州城。

浑怀障　为石嘴山迄今已知最早的古代建置。据唐代《元和郡县图志》“废灵武城”中所述“其城本蒙恬所筑，古谓之浑怀障”，说明始建时间约在秦始皇帝三十三年（前 214）修建长城前后，距今已 2200 余年。据《水经注》记述

“河水又东北径浑怀障西”，反映北魏时期浑怀障位于黄河河道东侧，与秦在河套地区“城河上为塞”的记载相符，为秦防御体系在“河南地”的障城之一。

镇木关西夏避暑宫遗址　在今贺兰山东麓镇木关口内，是李元昊所建的避暑宫。遗址分布在沟北岸的山坡上，长约数百米，为两级建筑台地组成。高处遗址是北依山峰、三面临沟的大面积台地，台地长48米，宽56米，台前筑成直壁，并筑有石阶以便上下。低处共有4个建筑台地，台台紧靠山壁，其面积不一，呈长方形，台前直壁均以块石垒砌，两侧有台阶踏步登临，以上各台地有曲径贯通。在沟口处则有近2000平方米、大门向东南开口的近似方形的城廓，石砌墙基仍保存较好。镇木关古遗址的台地上，遍布有大量西夏时期的建筑材料，其中砖瓦、琉璃瓦、屋脊、白瓷板瓦、瓦当和滴水等建筑残件，与西夏陵区所出土的相同。城外虽发现有石砌房屋墙基，但无建筑材料，据唐宋八大家之一的曾巩在《隆平集》中说，党项族“民居皆土屋，有官爵者，始得覆之以瓦”。避暑宫的西夏建筑材料，充分证实了这个特点。

惠农西夏遗址省嵬城　在今宁夏石嘴山市惠农县西庙台乡南约1公里处。据吴广成《西夏书事》记载：“天圣二年(1024年)春二月，德明作省嵬城于定州。”西夏立国之前，李德明占据灵州之后，就在灵州东北200里黄河边宋原设置的定州(俗称田州)内建省嵬城。

古城垣为方形，城墙夯土筑成。这座古城的西、北两城墙保存较好，高2米至4米不等。除南城门址发现少量的砖瓦等建筑材料，全城很少发现砖、瓦。出土中木炭和兽骨很多，以骆驼、牛、羊、马骨为常见。出土的瓷人头像，秃头，如实反映了西夏的社会习俗。

定远城　故址在今平罗县南姚伏镇田州塔南，唐代为朔方军镇所辖六城之一，是西北边防战略要地。据《元和郡县图志》记载：唐玄宗先天二年(713年)，朔方军行军大总管郭元振“以西城(西受降城，今内蒙古自治区五原县附近)远阔，丰安(丰安军，今宁夏中宁县黄河北)势孤，中间千里无城，烽堠杳渺，故置定远军”，目的是加强同在黄河西岸的西受降城和丰安军的战略联系，由朔方节度使统辖。

平虏城　明永乐初(1403~1408年)筑城置兵马哨备，古址在今平罗县城关。清乾隆三年(1738年)大地震倒塌，乾隆四年(1739年)重建。

新渠县城　清雍正四年(1726年)筑城，古址在今平罗县南姚伏东。

宝丰县城　清雍正四年(1726 年)筑城,古址在今平罗县宝丰镇。

盐池眗衍故城遗址　在盐池城西北 30 余里的柳杨堡乡张家场村西,有规模大、出土文物丰富的秦汉时期的古城遗址,即眗衍县故城。古城遗址呈长方形,东西长 1200 米,南北宽 800 米,总面积约 96 万平方米,城墙塌毁后已被流沙淹埋,仅存有隆起的漫坡状沙梁。从现存状况上分析,门正面向东开,在古城西南,发现有汉代墓葬。东门一带,历年来先后挖出的牛、羊、马等牲畜骨骼,多达数万个。古城址的废墟之上,遍布秦汉时期的绳纹陶器残片,以及大量的残砖碎瓦。从张家场古城址所处的位置分析,正属古代眗衍戎族活动的区域。据《史记・匈奴传》载,春秋"秦穆公得由余,西戎八国服于秦,……岐、梁山、泾、漆之北有义渠、大荔、乌氏、朐衍之戎"。西汉北地郡下有眗衍县。因此,张家场古城应是秦汉眗衍县城遗址。

原州古城　即今固原地区、固原县所在地。西汉时已是安定郡的治所,因位于原上,既高且平,故称高平城。当时城市规模已经很大,有"高平第一城"之称。

西汉元鼎三年(前 114 年),将北地郡的西部分出来,另置安定郡,其郡治就在高平城(即今固原市)。北魏在这里设置军镇,称高平镇,属多民族杂居之地。正光五年(524 年)废高平镇改置原州,取"高平"即原之意。到唐朝,原州成了全国最驰名的牧马城,监牧使就设在原州。广德元年(763 年),宁夏南部被吐蕃攻占,州城被毁。宋代,为防御西夏,保护军事运输线,于至道三年(997 年)重新筑城,置镇戎军。金攻占后改镇戎州。兴定三年(1219 年)地震毁城,"屋宇摧坍"。次年四月动工兴筑,五月竣工。元朝在原州故城之南 30 里(今开城乡)设开成府,后又降为州。到了明代,才正式将这里称为固原,并于弘治十五年(1502 年)设固原州。明代城墙在 1960 年前基本完好,可惜在 1970 年被拆毁。

固原安西王府　今六盘山东麓固原县南开成,是成吉思汗、蒙哥、忽必烈共同苦心经营的一块黄土地,也是安西王府的所在地。元贞二年(1296 年),安西王阿难答为纪念忽必烈,报请成宗皇帝准允动工在开成兴建安西王府,于大德七年(1303 年)建成竣工。成宗为此"加赐黄金,两计者二百五十;楮币,贯计者五万;米,石计者千四百五十"。建筑规模,"一以都城敕建诸寺为师,而小之",即仿大都(北京)敕建者寺的形式,规模略小。"土木之工,雕楹绘墉;朱侍绮疏,匹帝之宫"。通过延厘寺的建筑规模,可窥见安西王府的建筑规模。顾祖禹《读史方舆纪要》载,安西王府建有"清暑楼",是一座雕梁画栋,饰以琉璃瓦的豪华建筑。明嘉靖《固原州志》载,安西王府的宫殿府库,豪华壮丽,又有花园、养鱼池等供安西王及王妃游玩的场所。大德十年(1306年)八月,"开成地震,坏王宫及官民庐舍,压死故秦王妃也里完等五千余人。"从压死的人数看,当时的宫邸、房屋建筑面积相当宏大。

第二节 堡 寨

堡寨都是以土筑的小城,北宋、西夏时期所筑堡寨很多。其中的堡一般为居民点,筑土墙围护;寨多为驻军用,可驻军二三千人,墙体坚实高大,规规一般比堡大。北宋还筑有少量比堡寨还大的城,也作军事据点用。到了明代,则改称营、堡。营的规模相当于一座城池,是长城、交通干线沿线的驻军据点。堡的规模略小,多为军事屯垦的士兵居地,和平时期改作居民点。

北宋堡寨

北宋与西夏兵戎相见百余年。出于军事上的需要,在宋夏边界之南修建了大量堡寨。属镇戎军管辖的有彭阳城、东山寨、乾兴寨、飞泉寨、威川寨、天圣寨、三川寨、高平寨、定川寨、熙宁寨及高平信岔等17座;属怀德军管辖的有平夏城、萧关城、荡羌寨、通峡寨、灵平寨、好水寨、镇羌寨、九羊寨、通远寨、胜羌寨及临川、通关等12堡;属德顺军管辖的有笼竿城、羊牧隆城、得胜寨、隆德寨及10余堡;属西安州管辖的有临羌寨、绥戎寨、宁安寨、定戎寨及10余堡。今彭阳县、泾源县当时属渭州(今甘肃平凉市)管辖,境内也有10多个寨、20余堡。上述城、寨、堡,大多数都有遗址存在,其中规模较大且著名的有9处。

萧关城 宋夏以萧关为界。今海原县高崖乡草场村有草场古城遗址。元丰四年(1081年),宋泾原路转运判官张大宁奏筑,作为军事前沿粮草存储、转运据点。因草料堆积如山,当地民众称其为"草场"。其此即宋夏边界,立有界堆。

通峡寨 在今固原县黑城镇北苋麻河口。元符元年(1098年)筑,辖于堡。因在峡谷口外,亦名没烟前峡。大观元年(1107年),宋朝在此寨内设都仓,称裕民仓,可储军粮百万石。

定川寨　在今固原县中河乡大营村硝河西北，依山临水，在战国秦长城之北。庆历二年(1042 年)筑。东西约 800 米，南北约 500 米。是年闰九月，即发生著名的宋夏定川之战，宋军 3 万余全军覆没，死者近万人，主将葛怀敏战死，寨亦毁于战火。

高平寨　在今固原县城北曹洼古城遗址。北宋庆历二年(1042 年)筑，置榷场，为宋夏边民贸易之所。

平夏城　在今固原县黄铎堡乡，遗村城墙基本完好。宋绍圣四年(1097 年)由宋将章楶奏筑，规模较大，占地 56 万平米。宋朝廷在城内设都仓，称裕财仓，可储粮百万石。又设有驿站，称石门驿。大观二年(1108 年)，宋在此设怀德军。

笼竿城　即今隆德县城关，一作“陇干城”。宋大中祥符四年(1011 年)，渭州知州曹玮上奏筑，大中祥符七年城筑毕，称笼竿城。庆历三年(1043 年)在此置德顺军，辖 1 城 6 寨。

隆德寨　在今西吉县将台镇南火家集，宋天禧元年(1017 年)在好水川口筑。当地民众称好水川为邪牧笼川，故又名羊牧隆城。庆历元年(1041 年)二月，宋夏发生好川水之战。庆历三年(1043 年)置隆德寨，属牧马军寨。

平安寨　今彭阳县城阳中学院内有遗址。属宋原州临泾县，始筑时间不详。今存遗址分 2 座，相距 40 米。其在平川存长 280 米，宽 200 米～220 米，墙残高 9 米遗址。依山者长 320 米，宽 160 米～200 米。

耳朵城　今彭阳县小岔乡东北耳城村有遗址。始筑于大中祥符元年(1008 年)。当地居有党项族之明珠、灭藏 2 部。庆历初，范仲淹任陕西招讨安抚副使，为安抚 2 部族，特重修其城，又名细腰葫芦。所呈遗址形似葫芦(或耳朵)，东城墙长 1340 米，西城墙长 1460 米，依山而建。

西夏堡寨

西夏自李元昊定都兴庆府后(治所即今银川市城区)，就开始沿夏、宋边界修筑堡寨 300 余处，建立“且耕且战之基”。西夏贞观年间(1101 年～1113 年)，见宋朝在沿边实行进筑堡寨战略，层层推进，夏主乾顺也下令“多筑堡栅”，导致全国经济“困于板筑”。由于史籍佚失，西夏的堡寨多数无法考证，仅有少数在《宋史》《西夏天盛律令》中留下名称，在宁夏境内的有圣泉、折羌会、南牟会、啰没宁堡、天都寨、定戎寨等。另前北宋堡寨中，有一部分原属西夏,后被北宋攻取,如西安州、宁安寨、萧关城、平夏城、通峡寨等。

天都寨　在今海原县城关南郊耙子洼村。原名洒水平,因地靠天都山而名。寨呈长方形,周围2里,有南、北门及瓮城。四隅角台及等距离凸出墩台。西城墙脚有通往西安的地下隧道。城墙外围护城河宽约20米。北宋元符二年(1099年)被宋攻取。西夏元德八年(1126年)收复,改名东牟会。

南牟会　即今海原县西安州古城,位于今海原县西南40华里,南靠天都山,北临锁黄川,向为"固靖之咽喉,甘凉之襟带"。宋夏时期,为两国兵家必争之地。据《宋史·夏国传》记载,宋元丰四年(1081年),宋神宗派遣重兵分五路讨伐西夏,熙河经略使李宪率兵"营于天都山下,焚夏之南牟内殿并其府库。"宋元符二年(1099年),宋朝把南牟会新城建为西安州,城"周围五里六分,高阔三丈二尺。"西安州本来是西夏南牟会,创建于西夏初期。元朝豫王曾经在西安州城建都。明朝成化四年(1468年),在城里筑了一道墙,把城隔为南北二城,修南城,用砖来瓷,里面设立了游击和千户所。清朝以后,西安州城因地震塌毁,现在的古城只是些残垣颓壁。北城倾塌严重,城墙只存2米~3米的漫坡状土垄。南城现存状况较好,夯筑城墙残高4米~8米,开东西二门,绕以瓮城,四周有护城壕痕迹。城内地表有大量明清时的残砖碎瓦和器物残片。

折羌会　在今同心县马高庄乡之东,西邻甘肃省环县。西夏初期即已建为堡,并立为和市,长期与北宋边民贸易。

定戎寨　在今海原县西安州镇之西盐池古城。因其池有盐湖,周围土地含碱量极高,故又名碱隈川。现城墙大体完整,呈正方形,边长900余米。东西各有城门,西门设瓮城(已坍毁)。元符二年(1099年)被宋攻取,属西安州。南宋绍兴十年(1146年),西夏收复。

宁安寨　今西吉县白城子乡上白城子遗址,长宽各约800米。原属西夏,元符二年被宋攻取,崇宁五年(1106)筑新寨,大观元年竣工。

明代营堡

明代宁夏、固原属"九边重镇"的2镇,处在军事防御的前沿。在长城内侧,筑有军队集中驻扎的城池,称作营,如清水营、兴武营、洪广营等。在重要交通干线的沿线,也筑有营,如固原镇向北至李旺,因为是通宁夏镇的交通大道,沿途筑有头营、三营、五营、七营直到八营。营的建城规模较大,城墙每个边的长度一般都超过1000米。在长城内侧及交通干线沿线，还筑有军事防御性质的堡，其规模比营略小。另外，在宁夏平原各地实行军事屯垦，由一名低级军官"百户"率领军余士兵耕垦，其驻地亦修筑堡，堡名即用低级军官之姓名相称。宁夏平原沿袭至今的大量乡、镇、村名即源于此，如吴忠、叶盛(升)、望洪(王鋐)、王太、李俊、姚伏(福)等。

镇罗堡 位于今中卫县东。明弘治元年(1488年)修筑，有南门1座，并设月城。城楼3座，角楼3座，炮台1座。明、清设把总防守。原名镇虏，清改称镇卤，后改称镇罗。

枣园堡 位于今中宁县东北。明弘治元年(1488年)修筑。清乾隆四年(1739年)重修。设南门1座，并建月城。

镇北堡 位于今银川市西北35公里处，今存遗址两处，相距200米，两城堡约建于明弘治十三年(1500年)。北城堡于清乾隆五年(1740年)重修，保存较好，遗址呈长方形，东西长170米、南北宽150米，墙体系夯土建筑，高10米，底宽11.7米，上宽5米，城门面东设瓮城。墙上筑堞墙垛口，堞墙高1.8米。门洞上方建门楼。城墙四角设角楼。南城堡已毁，遗址平面呈长方形，东西长175米，南北宽165米，残高1米~3米，基宽5米。

威镇堡 旧威镇堡始建于明初。堡址在今平罗县城西北"北门关墙"以北约1.5公里处，堡名因地名得名。明嘉靖九年(1530年)在"边墙以南、县城西北十五里处重建威镇堡"。遗址东西长300米，南北宽250米，呈长方形。堡墙"高约二丈，宽丈余"，顶部砌女儿墙，堡四角均建有墩台。明代驻军丁157名，驻马兵57名，清代驻马、步守兵80名。民国年间逐渐变兵营为民寨。新中国建立后至农业合作化期间，逐步拆除堡墙。

镇朔堡 位于今平罗县城西南，镇朔湖南侧。始建于明初，堡名因地名而得。遗址呈长方形，东西长250米，南北宽200米。墙体"高约二丈余，宽丈余"，顶部砌女儿墙。堡门向南开，并建有门楼，堡墙四角建有墩台。明洪武二十五年(1392年)隶宁夏右屯卫，后属平虏守御千户所。万历年间置操守。堡内建有仓场、庙宇等。

吴忠堡 位于今吴忠市利通区。筑堡年代为明永乐二年(1404年)至弘治十四年(1501年)间，以当时驻屯军官吴忠命名。清同治初，为金积堡回民起义军主要据点，同治八年(1869年)战毁。光绪十年(1884年)重修，以土夯筑城墙。城堡分设6门，东、西各1门，南、北各2门。民国末，仍见北部土墙残垣。

金积堡　位于今吴忠市利通区金积镇东北约500米处，筑堡年代为明弘治十四年(1501年)至嘉靖十九年(1540年)间。堡名由来有二：一说以金积山(或名紫金山)而名。一说城堡西畔黄河，河沙中有金，经人筛出，加以熔炼，积而成金，故名。初属宁夏中屯卫，后属灵州守御千户所。清同治二年(1863年)，马化龙在金积堡西南主持建筑保生寨，“高四丈，厚三丈，周围相延九里余”。翌年二月，马化龙在堡生寨西南隅建东府、西府和办公府。同治四年(1865年)二月，马化龙又据保修建仓廒。在此前后，围绕金积堡和保生寨，从灵州至青铜峡，在原有村寨的基础上，修建堡寨578座。同治九年(1870年)被清军摧毁。同治十一年(1872年)，清政府在保生寨遗址新筑土城，升为宁灵厅城。

横城堡　位于今灵武市北35公里处。西临黄河，北靠明长城，南距横城古渡2公里，西北距银川10余公里。明正德二年(1507年)，右都御史杨一清负责修筑，“周围一里许”。之后，巡抚杨时宁负责包裹砖石。清乾隆初，地震损坏严重。乾隆六年(1741年)拨银3335两重新维修。据现地勘察，残址呈正方形，边长280米，墙体外层砖包，基宽7米，顶宽4米，残高3.5米。城门在南墙附瓮城，向东开砖券拱形城门，门洞深14.5米，高、宽各4米。今砖被拆除，其余保护完好。

红山堡　位于今灵武市东北35公里处。北倚长城，西距横城堡10公里，东距清水营25公里。明正德六年(1511年)，都指挥使史镛负责修筑。残址呈正方形，黄土夯筑，边长200米，底宽7米，顶宽4米，高8米，面东开城门一道。有瓮城，门向南开，为砖券拱形，门洞深6米，宽3.3米，高3.3米，瓮城长30米，宽20米。今仅存残墟，部分砖石墙基保存完好，房屋形制尚可辨。

清水营　位于今灵武市东北38公里处，因坐落在清水河西南边，因河得名。据史料记载，明代以前，为“周长一里”的小城。明弘治十三年(1500年)，都御使王珣“拓其城周围二里”，之后以砖石包裹。残址基宽14米，顶宽6米，高9米，有一东门，外有瓮城，长36米，宽18米，门向南开，门洞深7.8米，高3.5米，宽3.5米，瓮城上有城楼痕迹，长22米，宽7米。30多年前保存较完整，后砖石被拆，成为废墟。

磁窑堡 位于今灵武市东。又名磁窑寨,建于明代,有南门,城墙残址呈脊状,东部高2米,西部、北部高约1.5米。因此地盛产陶瓷而得名。

石沟驿 位于今灵武市东南50公里处。原有古城1座,“周围三百步”。明弘治十三年(1500年),都御史王珣“拓其城周围二里,开一南门”。残址呈长方形,东西长460米,南北宽300米,墙体黄土夯筑,基宽7米,顶宽3米,残高8米。城内距北墙50米处有一与北墙平行的内墙,略高于外墙,现有墙体除了西部150米左右的一段保存较好外,其余部分多塌毁,埋于流沙。瓮城被毁,只有城楼楼台遗存。明代,石沟驿即属屯军堡寨,也属宁夏通往关中的驿站之一。

柳杨堡 位于今盐池县柳杨堡乡。明弘治七年(1494年),秦纮主持修筑。因当时杨柳成荫而得名。嘉靖十年(1531年),王琼主持修建深沟高垒,将该堡隔于边墙外。土筑残垣尚存。残址周围约200米。

惠安堡 位于今盐池县惠安堡镇老盐池城南7.5公里处,遗址尚存,开南、北2门,带瓮城。

安定堡 位于今盐池县城西30公里处。明嘉靖年以前修筑,残址东西长1000米,南北宽250米,门面南有瓮城。原甃砖被拆除,土筑墙身基本完整。四隅设角台,北墙正中设跨腰墩。

隰宁堡 位于今盐池县惠安堡镇南10公里处。明成化年间,巡抚徐廷章主持修筑。“周围一里许”。弘治十三年(1500年),都御使王珣“拓为二里许,开南门”。今尚存“凸”字土筑残垣。

第三节 长 城

战国秦长城

秦昭王三十五年(前272年),灭义渠戎,宁夏南部纳入秦国版图后,即在宁夏南部、甘肃东部一带修筑了一段长城,年代当在战国秦昭王(前306年~前251年)时期。秦始皇统一六国后,又将这段长城加以修缮,使其与燕、赵长城连贯为一,是为秦长城。战国时期固原境内的秦长城,是宁夏境内最早修筑的长城,也是中国古代最早修筑的长城之一。

秦长城跨经宁夏境内的西吉、固原、彭阳,长度近180公里,由甘肃静宁县沿着葫芦河岸进入固原境内西吉县,大致走向经黄家岔、玉桥、张吉子、好水川口、单民、兴隆镇等地进入将台。在将台堡,长城以90°的角度转折向东,沿马莲河谷穿过马莲水库出西吉县境,进入固原市原州区境的张易、红庄。过红庄后,进入滴滴沟,出滴滴沟口转折向东到孙家庄,之后绕固原古城以北,径往东北方向清水河谷地乔洼,在海堡分为"内城"和"外城"两道。外城向西北、东北方向形成一个不规则的半圆状,经乔洼过清水河;内城由明庄梁穿过公路,爬上小丘陵,经郭庄、北十里铺过清水河,内外城在沙窝地方相汇,合二为一。现在,外城基本被夷为平地,残留的多为2米~3米高的城墩。内城城墩、城墙高大、宽厚、完整,气势雄伟壮阔,每200米~230米一个墩台,垂直高10米、20米。长城由沙窝出,沿茹水(泾水支流)经阳洼、上黄水库、王家嵝岘等地出原州区入彭阳县境,在固原市原州区80余公里。彭阳县长城走向利用的全是茹河上游小川河与小河的分水岭。李岔至张沟圈是一道15公里的长梁,长城就在这道较平缓的梁上夯筑,故称长城梁。长城由孟原乡刘家堡子南侧,又取东北方向,再进入甘肃镇原县。

这段长城,全是就地取土,夯筑而成。许多地段的墙身、墙台和驻兵的城堡遗址仍存迄今。

秦长城

指秦始皇时修筑的固原秦长城,在战国秦长城基础上修缮和续筑的。它西起甘肃临洮、渭源,经宁夏固原,甘肃镇原、环县,陕西志丹、安塞等县往东,分为两支,一支经绥德、榆林,止于肤施;一支经绥德往北,过榆林、神木,到达内蒙古自治区准噶尔旗黄河南岸的十二连城,长约3000里。这条长城,后来成为秦始皇万里长城西段的基础。

宋代壕堑

宋代在宁夏境内虽没有大规模地修长城,但宋初在防御西夏的战争中,曾经沿着固原地区的秦长城挑挖壕堑,用以阻挡西夏骑兵。据《宋史·曹玮传》载:"以镇戎军(今固原内城)据平地,便于骑战,非中国之利,(曹玮)请自陇山以东,循古长城堑以为限。"由此可见,宋在与西夏的战争中,也是把固原地区的战国秦长城作为防御工事,并加以改造利用。这些遗迹现在多已毁灭。

明长城

明朝为防御逃回北漠的蒙古贵族不断南下骚扰掠夺,从洪武到万历年间曾先后18次修筑长城,全长12700多公里。明代在宁夏修筑长城的规模宏大,现存遗迹之多也超过历代。其中宁夏镇所辖外边(又称大边)东起花马池,西接甘肃靖远县,总长约1000公里;固原内地(又称重险、小边)470公里。外边的选线原则是:“沙碛之地弃之于外,使虏不庐;草茂之地包之于内,使虏不牧”。宁夏平原西部,则利用贺兰山天然屏障设防,只在有道路的山谷修筑关隘。按建筑方式分,首以黄土板筑者为最多;二是“深沟高垒”,即在板筑高墙后再挖掘深沟,增加墙的相对高度;三是石砌墙体,数量很少,只在石料较多的贺兰山麓使用,如青铜峡市北岔口长城;四是利深沟铲削与局部筑墙配合,如徐冰水至鸣沙段,多数利用红柳沟加以铲削;五是砖砌墙体,只在重要关隘、关门使用。宁夏境内明长城主要有以下几段:

河东墙　西起今宁夏灵武市横城黄河岸,东南行,过水洞沟文化遗址等地,进人盐池县高家边壕、兴武营等地,达陕西省定边县,全长近400里。明成化十年(1474年)六月,修筑花马池至横城387里。后因倾圮,又于嘉靖十年(1531年)重筑360里。兴武营以东的长城,为河东长墙的东段,俗称“二道边”,这是与它南面的“深沟高垒”长墙相比照而说的。河东墙最明显的标志,就是每隔数里便有一座高大的墙台耸立在蜿蜒的城垣之上。据宁夏新志载:嘉靖十年(1531年),三边总督王琼以为河东长城年久失修,又离军营较远,不利于当时的防御,需要再筑新的长墙。王琼奏筑的新墙,分两步处理:一是将原来“河东墙”即兴武营以西至横城的西段长墙加固,继续发挥防御作用;二是将兴武营以东的长墙南移,将通常称“二道边”的这一段放弃,重新修筑的长墙向南移动10余里,长54里,走向与“二道边”相同。这段新墙,人们又称它为“头道边”。现盐池县境内仍可看到两道长城遗址。

宁夏镇北长城　位于贺兰山北段与黄河之间,分为旧北长城和边防北关门墙。

旧北长城修筑于明弘治年间,始于贺兰山红果儿沟北侧,向东延伸,直达黄河西岸,长30里。嘉靖十年(1531年)三边总督王琼于旧边墙内再筑边墙一道,官军遂弃外边不守,以致旧边内田地荒芜,这段长城也就随之废弃。

边防北关门墙,是嘉靖十年(1531年)由佥事齐之鸾建议三边总制王琼上奏朝廷同意修筑的。齐之鸾在他的抛防北关门记中有详细记载:“由沙湖西至贺兰山之枣儿沟;凡35里,皆内筑墙,高厚各2丈,外浚堑,深广各1.5丈有奇。墙有堞可蔽，有空可以下视以射击。为关门二，东曰平虏，中曰镇北，其上皆为堂，若干楹，其下各增城三面，周回百二十余步，徙旧威镇并镇北堡军实之。”这道边墙起筑大武口，终止黄河西岸。

宁夏镇西长城　西长城从甘肃靖远县界，沿黄河向东进入宁夏中卫，逾黄河，再东北行，进入贺兰山麓，长达400余里，属于明代宁夏镇左屯卫管辖，弘治年间修筑。嘉靖年间，再修筑青铜峡大坝至贺兰山三关口一带长城，这一段长80里，称西关门墙。总体上，称为西长城。嘉靖以后，明朝除对先前筑就的长城进行修缮外，还陆续增筑到达贺兰山红果儿沟的长城。赤木关以北有宿嵬、归德、大武口等诸隘口，是人马出没的通道，也是明代宁夏镇的西北防线，战略位置非常重要，所以都建有关隘，而且一般都是三道关。

固原内边　在明代西北的防御体系中，延绥、甘肃、宁夏数镇地处外边前沿，固原镇地处腹里，因而陕西三边总督驻节固原。固原镇第一次修筑长城是在弘治十四年（1501年）设镇之后，秦纮总制陕西三边军务时，从甘肃靖远县经海原县、同心县穿越宁夏中部至甘肃环县筑内边墙一道，长320公里。第二次是嘉靖十五年（1536年）刘天和任三边总制之后，东起徐冰水，经红寺堡至鸣沙黄河岸铲削新边一道，长62.5公里。

固原古城“靖朔门”

第四节　烽燧　关隘

烽　堠

战国至汉代烽堠　战国时期，顺地势建有分散的墩堠。汉代建筑的烽燧，其上竖高架，架上挂笼子，笼中装枯草干柴，有敌来犯，则点燃柴草，发出火光作为信号，称“烽”。

隋唐时期烽堠　隋唐时期继续建筑墩堠加强边防，并沿交通大道近侧筑堠，标记道路里程。唐代以后开始筑牧马墩，专供官方放牧军马者登高望远。烟墩大多用黄土和砖石夯砌而成。

明代烽堠 今存遗迹较多。据《万历朔方新志》载:宁夏镇所辖地方,万历年间共设烟墩596座。

在中卫胜金关附近,西望贺兰山峰,“每隔二三里,便有烽火台一座,”犬牙交错。位于今落石滩火车站西百余米处的高阜上有明代烽燧一座,四壁砌石,中间砂石夯筑,底阔25米,高8米~10米,顶阔15米,当为长城的前沿信号站。贺兰山北端沿山诸口烽燧密布,可谓“设墩台防哨,东西联属,远迩观望,烽火严明”。在下马关北去韦州,每2.5公里设置一墩,由南而北直线连接,计有7座墩台,均为黄土夯筑。墩台四周筑有坞墙,损毁不一,但仍能看出其建造形式相同。其中,下马关至韦州的第五个墩台,西去公路约1公里多。坞城门向东,坐落在墩院正中,呈方形,坞城保存较为完整。由韦州向北至惠安堡,分为两线,一线由石沟驿至白土岗子,每2.5公里设置一墩。白土岗子又北,因为地处平原,墩台遗迹已损毁殆尽。另一线,由惠安堡东北向花马池而去。今下马关南至豫旺城亦为2.5公里一墩,其中下马关南5公里上马烽墩,为现存遗迹中规模最大的一个。盐池一带为北方军事要冲,现境内尚存烽堠171个,绝大多数为明朝所筑。

战 台

八步战台位于花马池城(今盐池县城)以西35公里处,今地属盐池县苏步井乡芨芨沟村和青羊井村。战台筑于坞城正中,门亦南开。台残高20余米,基阔15米,内土筑,外甃砖四层,顶部四周设垛口,垛口下四面开设箭窗,每面3孔。台内构造分3层。中华人民共和国成立前,八步战台保存完好,1964年兴修水利时拆砖使用,1968年农业学大寨运动中被炸毁,现仅存10余米高的土筑台残迹。另在八步战台附近有四步、六步、七步战台,均属明代军事建筑。战台修建十分坚固,外墙的包砖厚达四层。

关 隘

秦汉萧关 大致位置在固原县南三关口至瓦亭峡一带,是古代西北边地著名关隘。这里不但雄峰环拱,深谷险阻,易守难攻,有独特的地理优势,而且有泾水南出弹筝峡(三关口),是萧关由南向北天然形成的一个整体防御体系。

唐陇山关 在今固原县南瓦亭,与汉萧关在同一地。唐在全国设6个上等关,陇山关是其中之一。朝廷设关令一人,带士兵固守。因处丝绸之路上,

过往行人须持有叫“过所”的通关文书，还要记录其年龄、相貌以备查验。对通关货物要逐一检查，凡有兵器、铁器之类的违禁品，则没收货物，对货主按律令治罪。其他货物只检查不征税。当地猎户出入关，须申请“长籍”，一月一更换。因此，陇山关具备今海关的职能。

隋唐石门关 隋朝即设此关，唐为原州七关之一。地处须弥山下寺口子，是古丝绸之路东段北道必经之关隘。寺沟水即石门水由西向东，斩须弥山为南北两半，犹如石门，并形成一峡，称石门峡，此处之关称石门关。唐中叶后军事地位相形见重。石门关既通河西走廊，又通今甘南地区。关城设在在石门镇，即宋代石门堡，今固原县东北黄铎堡城之西。

隋唐木峡关 位于固原县西南红庄，是固原西越六盘山的重要隘口，属张易镇红庄乡，紧依战国秦长城。南北朝时就是重要的关隘，也是唐朝拱卫原州的七关之一。隋开皇二年(582 年)，突厥纵兵自木峡、石门两道南下关陇，造成陇东、陇西各地“六畜咸尽”。唐、宋时这里称堆沙堡，唐代名其山曰“颓沙山”。唐代，因由原州通临洮的驿道经此，地位更加重要，遂成为全国 13 个中关之一。

唐六盘关 为原州七关之一，在今固原县南六盘。唐中叶之后，为防御吐蕃兵东越，始设关。故址在六盘山顶上，是“扼九寨咽喉，七关襟带”的交通枢纽，控制着由瓦亭西向的“六盘鸟道”。宋夏对峙时，宋陕西转运使韩琦经营边事，置六盘关寨戍守。蒙古汗国成吉思汗拔德顺州(隆德)，到开城避暑，走的就是这条路。蒙哥宪宗、忽必烈挥兵南下攻宋伐金，也经过了六盘关寨。从元代起，六盘山道路已成为丝绸之路的主线。

唐石峡关 是唐代原州最北面的一个关隘，为原州七关之一，地处海原县东北部高崖乡石峡口。

北关门 在今石嘴山市北大武口。明嘉靖十年(1531 年)，由齐之鸾料理修筑的“边防北关门墙”，即大武口长城上筑有的两道关门。齐之鸾在《朔方天堑北关门记》中写道：“为关门二，东曰‘平虏’，中曰‘镇北’。其上皆为堂，若干楹。其下各增城三面，为二堡，周遭里百二十余步，徙旧威镇并镇北堡军实之。”经实地勘察和走访，确定东暗门(平虏)在铁路东。中暗门(镇北)在今潮湖农场西水管所处。

贺兰山隘口 贺兰山是宁夏平原西部的天然屏障，有 30 余处山口与山后相通。

明代北路平虏城分守的贺兰山隘口有:滚钟、黄峡、水吉、镇北、白寺、宿嵬、贺兰、新开、塔峡、西番、大水、小水、汝箕、小风、大风、归德、打磴口 17 个隘口。每个隘口中间或口门都筑有关墙,屯兵把守。清代平罗营分管的贺兰山隘口有:石嘴子口、镇远关口、红果子口、王泉口、打硙口、枣儿口、镇北关口、韭菜口、归德口 9 个隘口。

胜金关　位于今中卫、中宁两县交界的黄河岸处,属贺兰山南端主要道口。明成化年间始筑。弘治元年(1488 年),参将韩玉重修,形容此关胜过金陵潼关,故名胜金关,为西长城重要关隘,与赤木、打硙口、镇远并称宁夏"城防四隘"。弘治六年(1493 年)、万历四十一年(1613 年)分别重修。山顶设墩台,四周筑较高城墙,外侧削成绝壁。清同治四年(1865 年)因战事被毁。

赤木关　位于今银川市西南 43 公里与内蒙古自治区阿拉善左旗交界处,现名三关口。堪称贺兰山一大名关,明代为宁夏"城防四隘"之一,驻兵坚守。明嘉靖十九年(1540 年),巡抚杨守礼、总兵任杰主持建关,耗白银 4 万两。从沟口自东向西,设头道、二道、三道关,故称三关口。头道关设于贺兰山东麓山口,山势开阔,"溪口可容百马"。关墙南北与长城连接。二道关设于关口东北侧,高山峭壁,形势险峻,属人马无法攀越的天然屏障。三道关自二道关西去 2 公里处,山谷狭窄,危崖对峙,中间一路,易守难攻,可谓"一夫当关,万夫莫开"。过此关,即出贺兰山,进入内蒙古自治区阿拉善左旗境内。

贺兰口　位于贺兰山东麓,今贺兰县金山乡贺兰口村,沟内流水较大。10 公里处,有西夏宫殿遗址一处。遗址西侧上方为海拔 3556 米的贺兰山最高峰敖包疙瘩。

打硙口　打硙口意为打制石磨的山口。位于今石嘴山市大武口区大武口乡北侧,为贺兰山重要山口之一。明代属宁夏"城防四隘"之一。沟口两侧沟壑纵横,左右联属,可通步骑之处甚多。明嘉靖年间,沿沟谷通道咽喉处筑有"三关",为西长城和贺兰山重防。头道关位于平汝铁路支线一号桥处;二道关位二号桥处;三道关位于大武口沟与清水沟交会处,亦为交通咽喉要道。关墙在海拔 1325 米的小山头上,是扼守大武口沟和清水沟的咽喉要道。关墙遗址尚存,关墙南北长 120 米,东西宽 30 米,城门向东。民国 31 年(1942 年)改称大武口。

镇远关　位于今石嘴山区火车站西10公里处,今名正义关,筑于明洪武九年(1376年),为宁夏镇北境长城的重要关隘,亦为宁夏“城防四隘”之一。关东为黄河,关西为贺兰山尽头,山水相交,最为要地。《万历朔方新志》记载:“开镇置镇远关,去平虏城北八十里,是宁夏北境极边之地”。

平虏关门　亦称长城北关门,位于今平罗县城北5公里处。为明代北长城沿线三大关门之一。据文献载:初建时,“十分雄伟,其上皆为堂,下各增城三面,为二堡,周回一百二十余步,徙军驻守。”

长城关　亦称长城东关门墙,位于今盐池县城北侧,距明代花马池城北城墙百余米。明嘉靖九年(1530年),总制王琼主持修筑,底阔30米左右,高20余米。关楼高耸雄壮,上书:“朔方天堑”、“北门锁钥”等字样。登临远眺,朔方形势尽收眼底。关下设市场,昔日汉族与蒙古族货物交易十分繁华。数十年前砖楼遗迹尚存,今已毁没。

插旗口　位于今贺兰县金山乡金山村境内。贺兰山山口之一。明代在山口南、北制高点各建两座烽堠。南侧为石砌,北侧用土石垒筑,均高约8米,其旁各有11座石砌高台。

第二章 宗教建筑

第一节 寺 庙

寺 庙

大武口武当庙　位于石嘴山市大武口区西北数里的山坡上，名曰寿福寺，又称北寺，因山名武当山，俗称武当庙。始建于清康熙癸未年（1703 年），整个寺庙坐南朝北，左右对称，是一个由前后四进院落组成的建筑群体。进了山门，穿过过殿，就相继看到观音楼、无量殿、宝塔、大佛殿等。这些建筑均位于这一建筑群体的中轴线上。两侧建有钟楼、鼓楼、五佛殿、五藩殿等。山门、观音楼为两层歇山顶建筑，最高处是 5 层宝塔，高低错落，前后有致，庄重威严，十分壮观。钟楼、鼓楼是 2 层十字歇山顶的亭式建筑，重檐飞脊，玲珑剔透，精巧秀丽。大佛殿前的宝塔，是一座高约 20 米的砖砌 5 层楼阁式塔，平面方形，四壁门洞山轩，使塔身形成众多的棱角，结构与银川市著名的海宝塔十分相似，古朴壮观。整个寺院结构紧凑，布局合理，建筑风格端庄秀丽，别具一格。

中卫高庙　坐落在中卫市北城墙上，是一座古寺庙建筑群，明代称新庙，清代改名玉皇阁，到了近代，习惯上把下边的保安寺包括在内通称高庙。

中卫高庙

高庙创建的准确年代失考，根据地方志记载，在明代永乐（1403 年～1424 年）间已具雏形，距今 580 多年，经历代不断修葺、新建，规模最大的有两次，一次是在康熙四十八年(1709年)九月发生地震楼阁坍塌后重修。另一次在乾隆七年(1742年)农历二月十五日的庙会中,因香火不慎失火,“南天门”以上的所有建筑焚毁,次年动工重建,历时4年完工。其基本形制维持原貌,楼阁较前增大加高,气势更加宏伟。

高庙建筑的特点是集中、紧凑、回曲高耸。在占地仅4100多平方米的面积上,建有260多间宫殿楼阁,最高的建筑物高达29米。建筑格局,从原有的广场戏楼径直通向奎星楼(山门)、大雄殿、南天门、中楼、大楼,依照这条中轴线,所有建筑两相对称,逐次伸展增高,形似凤凰展翅。

高庙的宗教归属,一贯标榜为“三教合一”、“三教同源”。正如南天门前的一座仿木砖砌三孔牌坊,砖雕匾额为:“妙有真境”,左右对联为:“儒释道之度我度他从这里,天地人之自造自化尽在此间。具体来说,保安寺是属于佛教,过去住有僧人主持;高庙上部是属于道教,住有道士主持;还有儒教孔、孟之所在,表现了宗教融合,三教同源的独特宗旨。

牛首山寺庙群　牛首山位于吴忠、青铜峡和中宁三市、县的交界处。海拔1774米。山顶高耸两峰,宛如牛头上一对犄角的高山,称为牛首山。牛首山上,有宁夏境内现存规模最大的古寺庙群,总称牛首寺。牛首山寺庙群始建年代不详,据清初的碑刻记载,诸庙始建于明朝嘉靖年间,后遭兵焚,万历迄清初重修。

牛首寺,主要分为西寺和东寺两个庙群。西寺以万佛阁、睡佛殿、净土寺为中心,修建在牛首山西麓的幽谷之中。在沟谷两侧依山势开凿庙台,寺院坐东朝西,台院以石砌筑。在睡佛殿院内有金牛池,旁有明万历年间的碑刻1道,据说明初庆靖王曾看到池中显现金牛,故此得名金牛池。净土寺南有大鸿庵、观音台和极乐寺诸庙。庙院内还有碑刻5道。在净土寺北有滴水寺、万寿庵和地暗塔,地暗塔前有文殊、弥陀、普贤等诸殿。在牛首双峰的顶端有大西天寺、小西天寺和清凉寺。三寺高低不同,鼎足而立。上有祖师、迦蓝、观音、十方宝佛和菩萨等诸佛像,还有佛母洞和迦叶塔。

据碑文记载,这些庙宇都是民国13年(1924年)修建的。西寺所有的庙宇皆依山峦走向、沟谷形势自上而下进行修建,其布局别具匠心,海拔在1200米~1600米之间。

由西寺向东10余里,便是东寺。东寺以金塔寺为中心,山门向北,前为娘娘庙(又称赵家寺),北面的山坳处是大鸿庵,庵后的舍身崖,高约百米。崖上则是保安寺。由保安寺向东的山巅上是晴峰寺,半山腰上苦工庙。在山脚下有几座无名小庙。再向西列有三佛殿、四量庵、西方镜。在西方镜山门两侧刻写的对联是:“佛法无边普渡众生离苦海,玄机妙至文化世人出迷津。”再西是龙泉寺,寺下有清清的泉水,水流出百余步即消逝不见。龙泉寺上面为山神庙,再上山巅是十王殿。然后顺山谷而上,蜿蜒曲折,一直攀至山顶,就是太阳宫,太阳宫的南面是无量殿。

延伸在中宁县境内的牛首山寺庙位于文华武英二峰西麓。现有遗址 25 处,分为 4 组。第一组在文华、武英峰巅及其附近,有大西天、小西天、净西门、药王庙、倒坐观音、老君台、三圣宫、清谅寺、古佛寺、无量殿、地藏寺等。其中:小西天韦驮八卦亭建于民国年间,工艺精细,浮雕生动,颇有艺术观赏价值。第二组在牛首山西麓,有万佛洞睡佛殿、百子观间洞、滴水寺、金牛池、三圣寺、净土寺。其中,滴水寺有泉一眼号称神水。第三组在牛首山西南脚下,有极乐寺、大鸿庵、观音台。其中,极乐寺规模较大,常住居士较多。第四组在牛首山西北的黄河岸边,有地涌塔寺、地藏寺、龙王庙、孙家寺,其中地涌塔寺为山后蒙古族佛教徒朝拜之地。

从碑文“构木成殿,垒石为垣”的记载,可知寺庙群的建筑用料,多半是就地取材,以石垒垣,伐木作栋,飞檐漫砖,雕梁画柱,以及栩栩如生的泥朔金身,其建筑“殿宇崔嵬,金碧辉煌”,确有一定风格与气派。随着文化事业的发展,牛首山寺庙群将作为人们游览的佛教名胜古迹,得以保护和维修,使千年古寺再展新颜。

固原关帝庙　俗称“老爷庙”,座落在固原市北门外,地处横贯固原南北的大通道两边。路西是关帝庙山门及庙院,路东有关帝庙大戏楼,南北大车道从中间穿过。兴建时间大约在明朝前期,庙院占地面积(不包括路东的戏楼)8 亩。“文革”期间,关帝庙没有得到应有的保护而拆毁。

关帝庙山门坐西向东,山门起脊瓦兽,呈宽廊敞篷式,宽两丈余,纵深一丈多。跨进山门数米即至头道殿,是供奉关云长的大殿,也是该庙的正殿。殿前修有宽敞的卷脊门廊,俗称卷棚,三开间,二梁四柱,宽同殿齐,纵深约丈余,两边山墙之上,有龙虎花卉纹的精细砖雕,前无门,后无屏,直通大殿木棂雕楣的四开殿门。大殿门廊两边各有一半圆拱顶门洞,出拱门洞往后即至二道殿，名叫“三义殿”。“三义殿”三间大，与关公殿同宽，也是隆脊瓦兽，雕梁画栋，飞檐翘角，明柱深廊，刻花门窗，泥塑彩绘，似有生机。“春秋楼”建在最后边，是第三道殿。它筑以丈把高砖砌楼台，上修一座殿宇，正中敬台上有一关云长观春秋坐像。楼台从下到上有二十余级砖台阶，登上楼台可总览庙宇全境，殿堂四层，逐级升高，错落有致。

海原天都山石窟寺　位于海原县西安州古城西15里的天都山上。从天都口循沟走进大约15里，在沟北朝南的山坡上，依山势筑窟，沿山建有古寺数处。自沟底向上，有盘山曲径可以登临。山坡有一眼泉井，水涌甘甜，长年不涸，泉旁原建有龙王洞。沿着缘山幽径向上100多米，有寺庙遗址一处，旁立民国33年(1944年)重修天都山诸洞庙祠碑刻。再向上约百米，是一处依山削成陡壁修筑的台面，长50余米，前后宽约30米，崖下凿有三窟。窟室平面均呈长方形，宽3米~4米，进深5米~6米，平顶直壁，室内佛像现已荡然无存。据碑称这3洞为三圣殿、子孙宫和白衣大士洞。大士洞内有一碑刻，系后人由洞外移入，碑面字迹模糊不清。再沿山向上数十米，又依山劈筑一个平面，长50米，前后宽20米，危崖峭壁下凿有玉皇、观音、祖师3洞。洞窟平面呈长方形，宽5米~7米，进深9米~13米，皆为平顶。窟内塑像早毁。

寺院前临深沟约100多米，背靠悬崖30多米，是天都寺庙群的主体建筑，昔名金牛寺。寺院内立石碑四道，分别为明万历二十六年(1598年)仲春立《重修西山上帝祠宇记》和《施财姓氏》石碑二道。清康熙八年(1669年)立的《补修金牛洞记》石碑一道。在天都山寺庙群的台院和山坡前，散布着大量的残砖碎瓦、琉璃屋脊等建筑构件，说明原来在寺窟前的台地上有高大的殿宇。如碑文所载“相其山之巅末，观期势之高下，察其神之大小，由上登下，见其层层居神，迭迭栖怪。至于山之将顶，更有最上一乘烟景迷习音，密林雅致，可以居尊礼上……”据此文看，昔日的天都山寺庙群，挑檐飞脊，雕梁画栋；庙宇雄伟，金碧辉煌，山清水秀、神塑满堂的繁荣景象是可以想见的。

天都山石窟寺始建年代不详，但据史迹分析，天都山石窟寺的始凿年代，当在西夏时期。

塔

银川海宝塔　历史上又称“赫宝塔”、“黑宝塔”。坐落在宁夏银川城区北郊的海宝塔寺内。因位于城北，当地人又称之为“北塔”。始建年代不详，相传为公元五世纪初大夏国王赫连勃勃(407 年 ~424 年)所重修。该塔端庄秀丽,形制独特,风格别致,被人们称颂为“古塔凌霄”而列入“朔方八景”之一。明弘治年间(1488 年 ~1505 年)的《弘治宁夏新志》记载:“黑宝塔在城北三里,不知创建所由。”这是关于海宝塔最早的文献记载。明代志书称“黑宝塔”,清代改称“海宝塔”。“黑”和“海”都是赫连勃勃“赫”的同音字。

银川海宝塔

海宝塔寺坐西朝东,寺内殿宇主要有山门、接引佛殿、大佛殿、韦陀殿、卧佛殿等,都建在一条东西向的中轴线上。海宝塔就建在卧佛殿和大雄宝殿之间。海宝塔属于仿楼阁式砖塔,共 9 层 11 级,通高 53.9 米,由塔基、塔座、塔身、塔刹组成。

海宝塔台基呈方形,高 5.7 米,每边长 19.2 米,中立塔座,四周以砖砌栏墙。台基四壁稍有收分,平直无饰,檐口用 3 层菱角芽子叠涩砖外挑 45 厘米,其上又有 3 层平砖收进。台基正面有有台阶可上,塔座后有天桥 1 架,与塔后另一高台相通,台上建有韦陀殿、卧佛殿,是海宝塔寺的后院。海宝塔的塔座呈方形,高 4.2 米,宽 14.4 米,中立塔身,四周以砖砌栏墙,座壁南、西、北三面正中置拱券壁龛,正中辟券门,卷门前置券棚歇山顶抱厦 1 间,起翘甚高,玲珑俏美,突出了塔的入口;与塔身出轩部分上下呼应,具有很好的装饰效果。券门内设暗道,其西壁正中龛内原供罗汉像;其南北两面设阶,均可登上塔座顶层,是登塔的唯一通道。

塔身由青砖砌筑于塔座中央,9 层有收分,包括塔刹共高 44 米。塔身四壁均有 60 厘米的出轩,形成“十字折角”的平面,使上下层次分明。塔的整体呈方形。塔身底层边长 10 米,中间出轩占 3.95 米,每层出轩两侧壁面,都有一个拱券壁龛,第二、四、六、八诸层的壁龛顶砖隐砌为尖拱形状,壁龛面宽 65

厘米,进深80厘米,阴影对比效果强烈。每层塔檐,分作二层,上层用3层平砖叠涩外挑;下层先用3层菱角牙子叠涩砖外挑,然后以3层平砖收进,恰似木构建筑的檐口。中间出轩部分,每层都有相同的券门檐口,而其位置正好高出两侧壁面的檐口,使出轩部分凸出于塔身的透视感更为强烈。塔身9层之上又加了一层塔檐,形成内为9层外看10层的特殊结构,也加强了塔身上部的装饰效果。

塔身内部是一个上下贯通的方形空间,以木梁楼板相隔,缘梯可达顶层;每层方室四面,都有一个拱券通道,与出轩部分券门相接,扩大塔内采光通风面,游人可以从每一层向四面观赏银川新貌和塞上江南的胜景。海宝塔的塔刹在顶层塔身之上。塔的四角和出轩部分的顶角,向上延升成12条棱线,束向方型刹座;刹座上一个形体庞大的用绿色硫璃砖砌成的桃型四角攒尖刹顶,并无相轮、华盖、宝珠之类,却甚为壮观,这种型制,实属罕见。

银川承天寺塔　承天寺在银川市兴庆区中部,寺内中间一座耸立云端的古塔,就是承天寺塔,人称“西塔”。为宁夏现存的一百多座古塔中最高的一座砖塔。于西夏毅宗天祐垂圣元年(1050年),季春二十五日动工,历时5年建成。西夏开国皇帝元昊死后,其子刚满周岁就登上皇位。乾隆三年(1738年)地震毁塔。现存的承天寺塔,为嘉庆二十五年(1820年)重修。寺门朝东开启,院内现存建筑有五佛殿、佛塔、韦驮殿、卧佛殿。韦驮、卧佛二殿两侧建有南北向配殿。殿宇之间,以重檐砖雕垂花门和围墙连接,形成四合院式的院中院。坐落在外院的五佛殿与佛塔同建在一条东西向的中轴线上。外院院落宽阔,古树参天,松柏长青,肃穆宁静。

承天寺塔为8角11层楼阁式砖塔,高64.5米,比西安的大雁塔还高0.5米。塔体建在高2.6米、边长26米的方形台基上。塔门面东,可通过4.8米的券道进入塔室。塔室呈方形空间,室内各层为木板楼层结构,由木梯盘旋而上。塔身一至二层各面设券门窗式壁龛,三、五、七、九层设南北券门式明窗,塔身各层收分较大,每层之间的塔檐上下各挑出三层棱牙砖。各层檐角石榴状的铁柄上挂有铁铃,微风吹过,叮当作响。塔身十一层以上挑出五层棱角牙砖,上建八面攒尖顶刹座,其上立桃形绿色琉璃塔刹。四、六、八、十层设东西向多门式明窗,十一层设四明四暗圆窗。整座塔造型挺拔,呈角锥形风格,古朴简洁。

贺兰拜寺口方塔　在今贺兰县西北。拜寺口是贺兰山东坡的山沟之一，在宁夏贺兰县境内，东南距银川50公里。沟口内有全国重点文物保护单位拜寺口方塔。方塔位于距沟口约10公里的贺兰山腹地。方塔史志不载，不知创建所由，西夏名称早佚，因在拜寺沟，以沟名塔形俗称为拜寺沟方塔。1990年冬，方塔被不法分子炸毁，成为一片废墟。在现场调查时，发现墨书西夏文和汉文题记的塔心柱，方知方塔是一座颇具特色的西夏古塔建筑，是中国最早的方形高层实心塔，是现知国内唯一塔心柱贯通塔身的塔，也是少见的塔壁装饰只有窗没有门的塔，而且是唯一有明确纪年的、建于西夏惠宗大安二年(1076年)的西夏古塔，也是现知西夏最早的古塔。

方塔区四面环山，地处海拔1996米。这里形如枣核，东西约700、南北最宽处约300米，是拜寺沟内最宽展的地方。洪沟南北台地上，有大面积的西夏遗址，砖瓦建筑材料俯拾即是。塔后山腰有两个做禅窟使用的自然岩洞，岩洞前有坚固的石砌护壁，方塔原来就坐落在沟北靠山的一个台地上。方塔背山面水(沟)，平面方形，底层边宽6.8米，地面现存十一层，高约30多米。塔腰出檐，为密檐式塔。经发掘得知，西夏时期的地面在距地表7米以下。地面上的第一层，实为原塔的第三层。方塔原是一座平面方形、高十三层的密檐式砖塔。

塔基部分。一般说来，山间古塔多建在山体基岩上。而方塔不同，塔基是用毛石和黄泥浆堆砌而成。塔基中心筑有立塔心柱的圆坑，圆坑是堆砌塔基时预留的。圆坑上部横置中有圆孔的用以固定塔心柱的大柁。塔身直接从塔基上筑起，不设基座。塔心柱部分：就地取材，用松木做成，有圆形和八角形两种。圆形的较粗，用于塔身下段，八角形的较细，用于塔身上段。柱头两端均有榫卯结构。塔心柱从塔基圆坑内立起，穿过横置于塔基圆坑和各层塔心室上的大柁，从下到上直贯塔顶。塔心柱之间的连接，有的在塔体内榫卯相接，有的在大柁圆孔内交会相接。这种塔心柱从下到上直贯塔顶的做法，“国内实例已不存在了”，所以是国内古塔中是仅有的一例。塔身和塔心室部分：以塔心柱为中心，围绕塔心柱采用满堂砖砌法，表里内外，层层铺砌。砌砖基本上是一顺一丁以黄土泥为浆，交错压茬而砌，每层叠涩出檐，并作出悬挂铃铎的檐角。第一层特高，第二层以上各层的高度和宽度逐层递减收缩。在第三、十和十二层，皆构筑方形塔心室。塔心室顶部用大柁和板木棚顶，塔心柱从塔心室和大柁中穿过。出土文物原来就藏在上两层塔心室中，以作供养。

塔壁装饰。四壁抹白灰皮，并有彩绘。壁面残留彩绘，有二至四层之多。表层彩绘的是日月、兽面、流苏；下层应为原始彩绘，为立柱、额枋等。需要补充的是，从清理结果和照片分析，南壁正中除第三、十和十二层为塔心室方形出口外，其余各层以柱枋斗拱分成三间格局，当心间为凹下去的方形直棂假窗，次间绘物情况不明。而后三壁则不见直棂假窗的痕迹。所绘木构件由立柱、由额、栏额、栌斗和柱头枋组成，全部朱绘，直棂窗亦为朱绘。塔心柱题记有“缠腰彩塑佛画”，说明方塔原有塑像和壁画，可惜由于方塔的破坏，这些“彩塑佛画”已永远消失了。有人将直棂窗说成“佛龛”，显然是错误的。这种只有窗没有门的做法，是唐宋古塔中所没有的，当是古塔壁面装饰的孤例。

塔刹。塔刹早年被毁，估计其形状似应为唐宋时期北方古塔多见的相轮式。塔心柱的最上端即为塔刹刹杆。

贺兰拜寺口方双塔　在今贺兰县西北，位于拜寺口沟口北边的台地上，分东西两塔，相距约80米。双塔背靠贺兰山，面向银川平原，海拔在1380米~1400米之间。

据考古学家和西夏学家考证，在西塔第九层正东塔檐上放置一个绿色琉璃套兽，与西夏陵出土的套兽，在形状、大小、色泽上完全一致。在该塔檐角上，尚有残留之木质角梁。从塔的结构上看，肯定是檐角上的套兽。在西塔十一层正东佛龛左上角，还发现西夏文“任口口”三字，证明双塔为西夏所建。

贺兰拜寺口方双塔

双塔建筑结构。拜寺口东西两塔，都是正八边形、高十三级的密檐式砖塔。两塔都具有直起平地、不设基座、厚壁空心的特点；都是底层特高，壁面平素无饰；二层以上各层，都有精致的影塑及彩绘装饰图案。但两塔的细部处理,颇有差异、各具千秋。

东塔。塔底用自然石块砌筑,露出地面约 30 厘米,很不规整。底层每边长 2.9、平面直径 7.24 米。塔身残高约 35 米,从底层到顶层,仅有五度收分,呈直线锥体,显得挺拔有力。塔身上敷白灰,但大部分脱落,露出砖体。每层叠涩出檐,上承平座。腰檐和平座的砖,有的敷黄色,有的敷红色,棱角牙子或敷红色,或敷青色,红黄辉映,青红相间,增加了塔身的美感,可惜大部分已经脱落。塔顶上砌成八角形平座,每角置一个圆形饰物,平座中间为圆形刹座,上承“十三天”宝刹,现残存九层,顶上露出二砖高的铁质圆形刹杆。底层正南为券门,高 2.1 米、宽 0.7 米、深 2.1 米,甚为窄小。从门洞残毁部分看,塔身全部用砖实砌。砖的规格不一,有 38×19×7 厘米的,有 39×19×6 厘米的,主要是 36×18×6.5 厘米的。砌砖用黄土泥浆,泥质坚硬如石,可能加有某种物质。从券门入塔,塔内呈圆锥形空筒,由于塔壁很厚,底层直径仅 2.8 米,空间很小。塔身第三层正南、正北,第四层西南,第七层正东,第九层正东、正南、正西、正北,第十二层正西,各有一个圆拱形明窗,分布塔身上下,可以透光。第一层楼板尚存,楼板西侧开方形梯口,沿木梯可上(木梯已不存)。通过梯口往上观察,在塔壁里侧的相应部位,筑出放置楼板的台面。

西塔。塔底每边长 3.2 米、直径 8.4 米。塔身残高约 36 米,比东塔较为粗壮高大。塔身下九层收分不大,十层以上急骤收回,使塔身外壁的轮廓线更为协调秀美。塔身每层皆叠涩出檐,腰檐上部做出瓦垄勾头,勾头为宝珠形,有的为一珠,有的为三珠,比普通瓦当大,增强了塔檐的装饰效果。塔顶上承八角形须弥刹座,须弥座束腰上部为一周彩绘仰莲瓣。束腰八个转角处各置圆塑跪坐的护法力士一尊。力士面相浑圆,裸体挺腹,双腿屈跪,背负刹座,魁梧有力。刹座上承“十三天”,现残存十一层。第一层正南有券门,券洞高 1.70 米、宽 0.5 米、深 2.85 米,甚为狭小。从门洞入塔,塔室上下贯通,呈圆锥形空间。从下向上仰视,下部为一字横梁,其上至少有五层十字横梁,按一定位置均匀交错置于塔室内壁。由于塔壁很厚,塔室很小,底层直径仅2.05 米。塔室后壁置一半圆形佛龛,高 60 厘米、深 65 厘米。佛像早年被毁。塔壁无窗洞,室内昏暗无光。塔体用砖实砌,黄泥作浆。砖的规格为 36×18×6.5 厘米,大小稍有参差。维修时,在塔刹须弥座内部发现一圆形攒尖顶密室,直径、高皆 2 米。塔心柱从中穿过。环壁横排朱书梵文七行,另有墨书西夏文两字,汉译为“上师”。内藏夏元文物多件,有钱币“大朝通宝”、纸币“中统元宝交钞”、木桌、木椅、木花瓶、绢花、印花绸、铜佛像等,还有绢质彩绘大师像、藏传佛教的绢质彩绘上乐金刚双身像和木雕上乐金刚双身像等。这些文物都异常珍贵,有重要的研究价值。

双塔建筑装饰。东塔的外壁第二层以上,每层每面都有影塑兽面和彩绘图案。兽面两个,左右并列,兽面嘴下布满彩绘红色串珠。两个兽面之间,是彩绘云托日月图案。圆形太阳已变为青色,半月和云朵用朱红勾画,线条流畅明快。塔壁转角处是影塑火焰宝珠图案。这种影塑和彩绘相结合的构图方法,在古塔装饰上甚属少见。现在,影塑兽面大部分脱落,残留者约1/3。彩绘图案脱落更多,残留者仅四五组。西塔影塑彩绘,远比东塔丰富。第二层以上,每层每面皆有影塑佛龛一组。另外兽面和装饰图案都是彩色影塑,而不是画卜的。影塑佛龛为一竖置的长方形,下凹约半砖,置于壁面中心,第二层佛龛高宽约70×45厘米,二层以上依据壁面缩小相应有所缩小。龛边画暗绿色边框,龛边里侧涂赤红色,龛内为影塑佛像。佛龛外两边各一影塑兽面,兽面口含联珠流苏七串,呈八字形下垂。塔壁转角处有两种影塑图案,单层为火焰宝珠纹,双层为云托日月纹。这些彩绘影塑佛像和装饰图案,布满整个塔身,将古塔装扮得绚丽多彩,美好壮观。彩绘多用青绿,间有朱红,惜大部脱落。佛龛中的造像,与辽金佛塔上的造像风格完全不同。塔身上兽面放置的位置及兽面数量之多,也为唐宋辽金佛塔所无,体现了西夏佛塔的特点。

青铜峡一百零八塔　在宁夏青铜峡市南青铜峡水库西侧的山崖上,坐落着一个巨大的塔群,因塔数总计为108座,俗称一百零八塔。据考证,一百零八塔始建于西夏。每当风和日丽,群塔倒映在金光闪闪的湖中,景色奇特、幽雅明丽。塔群坐西朝东,背山面水,随着山势凿山分阶而建,由上而下,错落有序,呈一、三、三、五、五、七、九……十九奇数排列成十二行,构成一个等边三角形的大型塔群,这108塔,除最上面的第一座塔较大之外,其余均为小塔。塔全部用砖砌成,抹以白灰,属于喇嘛式的实心塔。塔群的总体布局别具匠心,风格独特。民间相传,一百零八塔是穆桂英的“点将台”,“天门阵”,其实它是佛教的纪念塔。佛教认为人有108种烦恼,为了去掉人生众多的烦恼,善男信女要戴108颗贯珠,念108遍经。

中宁永寿塔　俗称鸣沙塔，位于中宁县东北鸣沙镇北侧。是一座八角多层楼阁式空心砖塔。青砖挑檐，白灰抹壁，角挂风铃，宝瓶钻尖。《嘉靖宁夏新志》载：“相传建于谅祚之时”；明嘉靖四十年（1561 年）地震倾圮；隆庆三年（1569 年）开始重建，至万历八年（1580 年）竣工，命名永寿，计一十四级。康熙四十八年（1709 年）发生大地震，复崩其半。1963 年 2 月 21 日，宁夏回族自治区人民政府确定为自治区重点文物保护单位。1985 年国家文物局和自治区人民政府拨款 15 万元，由云南省大理白族自治州古塔修缮队承包，在文化部文物保护技术研究所工程师设计指导下，由中宁县文物管理所主持修缮，除加固塔身、塔座、修复糟朽部分外，重新修复 4 级，安装金属塔刹，角铃、避雷器、驾设塔内楼板。修复后略如旧制，并环以围墙，树碑塔旁，记载修复经过。

平罗田州古塔　俗呼姚伏塔，在平罗县南姚伏堡东北三里处，相传建于西夏，塔在砖包土台基正中，台基南北长 70 米，东西宽 40 米，高 3.5 米，台基上面四周砌有高 1.8 米的围墙。其塔系黄低寺中一塔，寺门开在台基南正中，是将台基掏挖了一个长 14 米，宽 2 米，高 2 米的直洞，然后又向东西斜挖上去各 6 米长，成为两个进出口，门洞用大青砖拱券而成，进出口的斜道是梯形砖阶，寺内观音阁呈方形，直径 8 米，中间塑一东西长 5 米的山，南为正面，呈奇峰怪石，怪密又叠嶂，险峡恶谷，深沟密林状，北是背面，靠山背装一刻花木板格子。山前正中塑观音坐像，两侧塑伟驮、叱咤二像，对面塑文成公主立像，山上塑十八罗汉，名“十八罗汉观音”，寺后院建一宽敞的三间佛殿，中塑如来佛，两侧塑文殊、普贤二菩萨，这三座佛像两侧均塑有仙女相陪，殿东西各有一个东西宽 9 米，南北长 13 米的天井院，院北建厢房三间，南二间。寺院东西千建厢房九间，寺内除观音阁外，其他建筑物均离开围墙 4 米，游转畅通。古塔七层，呈六楞，高 26 米，顶呈锥形覆琉璃绿瓦，塔的底层直径 6 米，南北各开门，中塑面向南北拿背弥勒佛座像，其他各怪系空室，二层南北各开门，其他各层只南面开门，各层均有木梯，塔的外形层次分明，每层都有 6 个悬挂风铃的翘角。观音阁南北门首、塔南北门首和佛殿门首，均建拱脊卷蓬，飞檐，檐角均为张口兽翘角，角下悬挂风铃，檐下都有刻着山水人物和花草木的挂方。

古塔在明代因地震受损，嘉靖年间进行重修，清代乾隆三年（1738 年）塔被震毁，乾隆四十八年（1783 年）由维秀和尚重修，同治年间，马化龙反清，发生战乱，皇祇寺被烧，光绪十五年（1889年）重修，民国21年（1932年），在塔上设高等小学堂，新中国成立后于1953年将学校迁至姚伏堡，迁校时将寺内厢房拆去，“文化大革命”期间，古塔被劫一空，塔的台基也被挖去大部，塔的底层四周仅剩下两米多宽，使塔岌岌可危，1981年县文化馆进行了维修，修成直径20米，四周砌石的土台基。

贺兰宏佛塔　在贺兰县东北10余里的潘昶乡红星村附近，为造型独特的密檐式砖塔。奇特之处在于塔身和塔刹的高度大致相等，兼有汉传佛教和藏传佛教的不同风韵。

佛塔通高约25米，塔身3层，平面呈八角。第一层高4米，面南辟有券门，高2.4米，宽0.95米，门楣上两侧用砖雕龙凤等花纹进行装饰。塔身每层之间，有上、下两重檐，均以迭涩出檐，下檐迭涩牙砖12层，出檐1米左右，檐下每面饰有两组粗壮浑厚的砖雕斗拱，塔棱的转角外饰一组斗拱，均系一斗三升的仿木结构，在挑檐转角处的斗拱之上，有悬挂风铃的木柄，多已残朽。上檐三层迭涩砖出檐很短，檐下每面和塔棱的转角均一斗一升的砖雕斗拱。三层塔身之上即是塔刹，由刹座、刹身、刹顶3部分构成，基本形制是一座较大的喇嘛式塔刹。刹座平面采购十字向内折二角的形式，往上逐渐收缩；刹身呈宝瓶形（或称覆钵体），其上饰有三重相轮；刹顶为桃形攒尖式，南边在半残塌。塔室为厚壁空心，壁厚3米。据说塔室的地面中心，原有一眼井，水味清冽甘甜，常年不涸，供寺僧和香客们饮用。

宏佛塔的修建年代没有记载，仅从门上刻字得知，清雍正年间曾经维修，相传是宋代建筑，塔下前后原有寺庙，后来塌毁。

永宁李俊塔　位于永宁县西南李俊乡，俗称“金塔”。李俊塔是一座砖砌八角15层楼阁式重檐塔，高31.52米，塔身第一层高4米，东西辟有券门，高1.3米，宽0.65米。以迭涩出檐，下檐大于上檐。每层下檐的转角处饰有铁铎风铃，多已残毁。部分塔层开设券形门窗。塔顶刹座呈八面覆斗形，每面正中开设佛龛；宝珠式的刹身，上托巨大的桃形攒尖式塔刹。塔室为厚壁空心木板楼层结构，原有木梯可以登临。

据传，李俊塔为明代弘治年间宁夏镇总兵官李俊所筑，亦因之得名。

灵武镇河塔　在灵武县城东5华里外，是座砖砌八角11层楼阁式塔，高43.16米，俗称东塔。塔身每层逐级缩短，近塔顶的各层收缩较甚，从而，呈现出立体线角比较柔和的艺术效果。塔顶是硫璃砖雕须弥座,上托绿色琉璃的宝瓶形塔刹。塔身表面简洁朴素,清雅大方。以迭涩砖出檐,每层挑檐的转角处皆悬以盘旋而上。现存塔身每层均用白灰抹墙,上面绘有彩色人物、花卉、飞鸟等,这是近代维修时所加。

镇河塔在清康熙四十八年(1709 年)、康熙五十七年(1718 年)两次地震倾塌,清康熙六十一年(1722 年)重新修建。1962 年 11 月,于塔顶发现铜佛一尊,外罩铜塔,从铜佛腹内倒出藏文经 31 卷,据纸的质地和书写内容考证是元代遗物。据此可见,镇河塔可能始建于元代以前。

同心韦州喇嘛式墓塔　喇嘛式墓塔坐落在同心县东北韦州城西北角,和位于韦州城东南角的康济寺塔遥相呼应,这是一座具有典型喇嘛教风格、保存较完整的砖塔。塔的始建年代不详,但从所使用的青砖长 44 厘米、宽 21 厘米、厚 10 厘米这一情况考证,此塔的始建年代在明代,因明代城墙砖和建喇嘛式墓塔所用的砖完全一样。

喇嘛式墓塔,塔基为单层八角须弥座,塔身呈宝瓶形,通高约 15 米,在塔身和基座之间施莲瓣纹一周。西南设一小龛,称“眼光门”,原为设置佛像的地方。从塔身损毁的部分可以看出,塔的基座内腹部为土筑,外砌以砖。塔顶砖砌作密檐 13 层,是“十三天”相轮的一种变体作法。塔刹已毁,塔体外表通抹白灰,故又称“白塔”。

同心康济寺塔　位于在同心县东北大罗山东麓的韦州乡,始建于西夏。康济寺塔总高约 42 米,是一座八角 13 层密檐式砖塔。塔身除第一层较高之外,二层以上檐与檐之间的距离逐渐缩短。最高一层每面设置着一个佛龛。塔顶为八面桃形攒尖式刹顶。南面辟有高 1.95 米的券门,进入塔室,里面原有八角空心木板楼梯,可以登梯上顶。塔四周悬挂铎铃,构成了“金顶塔身铜铃响”的宁夏一景。

1936 年,中国工农红军西征时路过韦州,被土豪官吏阻击,双方交战数天。红军利用康济寺塔为阵地,曾在塔的第二层凿洞口侦察敌情。至今,康济寺塔上还留下当年激战的弹孔,它不仅是历史古迹,还是一处宝贵的革命文物。中华人民共和国成立后,重修古塔。

固原禹王庙铁塔　简称禹塔,是固原城东门外,清水河东岸禹王庙的重要组成部分。在明朝嘉靖十一年至十五年间(1532 年 ~1536 年),由时任兵部尚书兼都察院右都御史、陕西三边总制唐龙所建。清乾隆二十三年(1758年),经当地士绅高义等人补葺重修正殿、神像、厢房、塔院、庙门,墙垣完整,并立石碑为记。宣统固原州志和民国固原县志载,同治年间兵燹,毁于战火,殿宇颓废。明石碑虽存,然惜碑字多处剥落,唯铁塔巍然屹立,其势凌空,竖立在清水河岸。据乡里传说,民国9年(1920年)海原大地震,庙殿震毁,铁塔未免厄运,数层倾倒。民国10年,由地方乡绅杜万礼等人主持,在电信局电杆等物扶助之下,用木杆撬伐重新垒起。但因顶层脚柱有伤迹,无法垫平,塔头向东北方稍有倾斜。《民国固原县志》记:民国19年(1930年),乡民募捐重修庙宇,建正殿三间及庙门、围墙,粗具祭祀规模,直至1958年拆毁。

铁塔构思别致,铸造精美,气势雄宏,可称固原辉煌历史的不朽见证。远近目击者有口皆碑,竖指称绝。近访邻居耄耋老人目睹,铁塔全用生铁分层铸造,叠垒而成。塔底以青土夯筑,青砖白灰包砌,直径约六米,高出地平面一米多圆墩基础,墩面用料石铺成六边形塔基,基石内外地平用青砖铺面。铁塔七层,每层连接处有凸凹卯眼衔接叠垒。

铁塔呈六边形,底大顶小,逐级收缩,整体成塔。底层高约1.5米,直径2米。下部六个角各有10公分宽厚的三角形脚柱着基石。每层上部六个平面处有一作出檐,顶铸筒瓦形溜水,檐口铸一排椽头形圆陀,六角铸屋脊状突起方楞。六个立面各留有三角形通孔,孔顶两斜边呈云纹状花沿。二、二层沿脚柱两侧有竖书文字,大概是铸造时间,铸造人姓名及楹联横批之类,但观者无法描述,史书亦无记载,书文不详。一至六层,式样花饰相同,只是逐级稍矮渐小。顶层除六边立面与别层相同外,顶面铸六坡瓦楞溜水,当中镶一西瓜大圆球顶,球周有莲花瓣数层簇拥。

铁塔总高程,目击者回忆三丈有余。第一层较高,十四、五岁牧童可侧身从三角形通孔钻人塔内,可同时对蹲三、四人避雨玩乐。每层顶部有网状空隙,抬头可以通视塔顶圆球空洞。第六、七层处有喜鹊窝巢。塔身铸铁壁厚约5厘米~10厘米。毁塔时,残铁用4辆牛车拉了好几趟,总重2万斤以上。由于塔身高大雄伟,铁色浑沉,加上地位正与东城门隔河相望,十分显眼。

固原璎珞宝塔　在固原县城东北约百余里的冯庄和小岔乡交界处。宝塔前临深洞,背靠山坡。洞内细水涓涓,由西而东流过,附近村庄的人畜饮水皆赖于此。璎珞宝塔,平面呈八角形,为7层楼阁式砖塔,通高约20米,塔身一层略高。面东辟有券门,高1米,以条石彻筑。每层迭涩砖牙檐上,每面正中及塔棱的转角处,均饰有砖雕的一斗三升的斗拱。第七层之置有上仰莲瓣形刹座,承托八面覆斗形十三璇相轮,相轮之上置圆形刹顶。塔身每层挑檐的转角处,原有砖铎悬挂风铃,今已铃毁柄残。整个塔体为仿木结构,显得简洁朴素,小巧玲珑。塔室采用厚壁空心式木板楼层结构,原有木梯可以攀登。

在璎塔宝塔第二层的背壁上,嵌有一长方形石匾,上刻“璎珞宝塔”,落款“嘉靖三十年三月初一日立”,距今已有400余年。

第二节　道堂　清真寺　拱北

道　堂

明末清初,苏非教派由中亚地区传入中国西北地区,在宁夏形成了虎夫耶、哲赫忍耶、嘎德林耶三大门宦。宁夏各苏非门宦根据自己的影响力和经济实力,建有规模不一的道堂。道堂建筑一般包括有:宣讲教义的道堂、清真寺、拱北主宅、客房、办公室等。其建筑形式多为中国庭院式建筑布局,有的由六角形的八卦亭和卷棚组成,礼拜殿建筑风格一般为过尔曼里式的古典建筑。

明月道堂　位于固原县西北三营镇,教众大部分系抗战时由河南迁来的难民,它的“老人家”是马仁甫。明月道堂系甘肃兰州市嘎德林耶灵明堂的分支。道堂新建的拱北由六角形的八卦亭和卷棚组成,砖雕和木雕十分精美。

通贵门宦道堂　位于银川市郊通贵。相传建于民国27年(1938年)。“文化大革命”中拱北被拆毁,道堂房屋被生产大队占用。1986年落实党的宗教政策,退还了房屋,并在经济上给予了补偿,由当地信教群众修葺,恢复了原拱北、道堂。道堂主要有两层攒顶八卦亭2座、古典礼拜殿1座。

王道祖道堂　位于同心县东南王家团庄,建于清同治年间,并建拱北。

板桥道堂　位于吴忠市利通区。始建于1946年,规模较鸿乐府小,由道堂、拱北、清真寺三组建筑组成。该道堂建筑在一座方形城堡内,犹如一座小城。在道堂城堡内,建筑都沿用一般民宅,采取四合院式,道堂本身大厅较为高大,板桥道堂则纯为讲道而设。板桥道堂虽分三处建成,房间较小,但道堂外貌的城堡形式,甚为壮观。

西吉滩道堂　位于西吉县南西滩。“文化大革命”期间，道堂、寺院均被人民公社占用，宗教政策落实后归还。1990 年道堂重建，清真寺礼拜大殿是新建的钢混结构。在西吉滩道堂中，有一间地基是用青砖围砌起来的老房子。这座老房子是当年仿照北京西宫修建而成的道堂院落中的一座，保存较完整。

鸿乐府道堂　位于吴忠市西南金积镇西南约 10 里外（今属青铜峡市峡口镇）。建筑由道堂、拱北、住宅、花园、客房、水房、厨房、账房等构成。其主建筑是三合式带天棚的大建筑，又能使教众直接看到道堂后面的拱北建筑群，而且沿袭我国庭院式建筑形式。

清真寺

清真寺，又称礼拜寺。宁夏的清真寺分为两大建筑风格，一种是近十几年兴起的阿拉伯建筑式样，其外观造型是在大殿顶上设置一组浑厚饱满的绿色穹顶，周围有四个小穹顶，各居殿顶一角，簇拥着中间一个巨大穹顶。大穹顶上有一弯新月挺向蓝天。同时，注意整体色彩运用，殿堂内布置淡雅、素洁，不饰彩画或雕刻。平面布局采用集中式构图，强调垂直轴线。这种建筑特点的典型代表为银川南关大寺、西吉北大寺和吴忠东大寺，银川西环大寺里的回廊等。另一种保持了中国传统宫殿式建筑风格，古朴大方，雄伟庄严。一般采用四合院布局，使用大木起脊式的礼拜大殿。通常由前卷棚、殿身、后窑殿三部分组成，上面用勾连搭的形式连在一起，形成一座完整统一的大殿。庭院富有中国传统风格，种植花草树木，立碑悬匾，反映出回族穆斯林重视现实的生活态度。这种运用中西合璧的建筑装饰，将伊斯兰风格与中国传统建筑手法融会贯通，以永宁纳家户清真大寺和银川中大寺最为典型。

宁夏清真寺的建筑设置，一般都有礼拜大殿、邦克楼或望月楼、沐浴室。大殿内部有米合拉布（圣龛）及设在殿内西北角的敏拜尔（宣教台）。在方向上，无论寺址建于哪方，其拜殿一律在坐西朝东的方位。寺内不供奉偶像，也不用动物图形装饰，只是以《古兰经》经文或植物花卉作装饰图纹。

银川南关清真寺　位于银川市玉皇阁南街与黄河东路交叉处。始建于明朝末年，原址在银川南关外“拱北”亭，规模较小，1916 年将寺址迁入南关内，建成一座具有古典风格的大寺。寺院在“文化大革命”期间被毁殆尽，1981 年由穆斯林募资在原址重建。重建的南关清真大寺主殿建筑高 26 米，坐西朝东,寺院面积约1万平方米。主殿为圆形拱顶两层,上层是大殿、阳台,方形大礼拜殿可容纳1300多人做礼拜。下层有宽敞的沐浴室、小礼拜殿、女礼拜殿、阿拉伯语学校、阿訇卧室、办公室、会客室等,皆以回廊相连。楼顶正中耸立着一大四小的绿色穹隆装饰,大的居于中央,直径9米,顶端高悬新月,小的直径3米,分布在楼顶四角,远眺,绿色圆顶闪闪发光,十分壮丽。主楼前有通向上层的阶梯,两侧种植花圃。殿前中部为一座直径15米的喷水池,四周花木扶疏,两边各建有30米高的"宣礼塔"。寺院内还种植了许多珍贵的松柏和各种树木、花卉。整个建筑布局严整,结构紧凑,规模宏伟。

银川南关清真寺

南关清真大寺具有鲜明的阿拉伯建筑风格,是银川市最大的清真寺,也是回族穆斯林的宗教文化活动中心。

银川中大寺　又名清真中大寺,位于银川市解放西街中寺巷内(珠宝城南侧)。清真中寺初建于民国20年(1931年),当时只有土木结构的平房7间(大殿3间,配房2间,沐浴室2间),规模比较小。民国28年(1939年),当时居住在银川地区的甘肃临夏籍高级官员马光田、马珍、马宣三(马继德)等人倡议集资,并得到国民党宁夏省政府主席马鸿逵的支持,在原址上对中寺进行了重新修建。

寺院两进院落,东西向的轴线分明,平面布局南北对称。外院较小,进入寺门,迎面建置了一座高大的影壁,影壁左右各设立一个小门洞进入内院。内院呈方形,长、宽各20米。礼拜大殿建于西边,面阔5间,宽12.7米,深12.1米,为中国传统木架结构歇山顶建筑,由卷、棚顶人口和歇山顶主体勾连而成。殿内梁架结构轻巧纤细,空间高敞;室外檐下托斗拱,列檐柱,环绕檐廊。斗拱五彩,檐下彩绘以绿白色为基调,采用写实的手法勾勒出花卉、庄稼、生活器皿等。檐廊以八字墙与南北厢房连接,厢房面阔5间,宽14.6米,深3.6米,而供礼拜者大小净之用的淋浴室则设在外院。寺院内筑花池、植花木，显得素雅、整洁。银川中寺整体结构严谨，布局合理，是宁夏清真寺的代表之一。历史上，中大寺经过了多次维修。

同心清真大寺　位于宁夏同心县西北角，是宁夏现存规模最大、历史最久的一座伊斯兰教建筑，相传建于万历年间，是一座把中国传统木结构建筑和伊斯兰木刻砖雕装修艺术融为一体的建筑。寺门朝西，有一砖砌照壁，照壁中心有大幅雕刻“月桂松柏”图。进券门通过门洞，沿台阶可登高达10米的方台，上建礼拜殿、邦克楼、阿訇住房等建筑，它始建于元末明初，坐落在耸出地面达7米之高的青砖台面上。寺门前仿木的砖墙照壁，大幅花木砖雕，刀法细致，构图精美。由券门通过暗道可登上高达数米的基台，台上首先见到的是二层四角攒尖顶的唤拜楼，楼亭上缀满了砖雕纹样，柱枋之间镂刻着硬木挂落，给人以玲珑纤巧的感受。越过唤拜楼侧的墙门，即进入礼拜大殿和南北讲堂组成的大院落，其中礼拜大殿由前后两殿勾连而成，可容1000余人同时礼拜。

同心清真大寺

永宁纳家户清真寺　坐落在银川市永宁县城西3里处。其建筑具有典型的宁夏建筑风格，并突出了伊斯兰教装饰艺术，二者自然结合，浑然一体。呈长方形，由门楼、礼拜大殿、厢房和沐浴室等组成。殿堂内宽敞宏大，殿前有两株大槐树，每逢礼拜时辰则由阿訇在门楼上敲打木头梆子，呼唤村内穆斯林前来履行宗教功课。门楼上部壁面，嵌有伊斯兰风格的精美砖雕。邦克楼两旁，是阿拉伯式的二层圆尖顶望月楼。殿堂宽大，四壁无华，可容近千人同时进行礼拜。

韦州清真大寺　位于同心县东北韦州镇，是宁夏境内规模宏大、历史悠久的古寺之一。寺平面布局为左右对称的两进院落。1966年被拆毁。1979年当地群众募资重建。礼拜大殿为钢筋混凝土式结构，长方形殿堂式，采用勾连搭结构。随着当地回族人口的增加，殿内容纳不下，后又采用几个勾连搭，将大殿逐渐扩充增大，使殿内可容千人礼拜。方棂窗门，屋顶为斜山式，上覆琉璃瓦。大门为现代阿拉伯样式建筑，大门两侧为较小的便门。

单明清真寺 在西吉县，单家集为西吉境内最大的回族聚居村寨，分单北、单南两个村。村中北大寺原为单姓清真寺，创建于明代，有古典宫殿式礼拜大殿，气势雄伟，“文化大革命”中被拆除，现已重建。单南寺始建于清光绪年间，礼拜大殿为一脊两卷宫殿式，北侧厢房为教长住室和讲经堂，南为沐浴室。

露田洼子清真寺 位于吴忠市西南金积镇露田洼子村六队。属于中国传统四合院庭院式布局，门楼为现代阿拉伯元宝式样，西边的大殿为中国庙宇式建筑，重檐歇山顶，平面呈长方形，清真寺北侧的二层楼分别是沐浴室、教长室、经堂。南侧的拱北为八卦亭式建筑。整个清真寺以传统结构和细部的水泥雕刻为主。水泥雕色彩用灰色，形式有浮雕、透雕和立体雕塑，用于清真寺的屋脊、山花、垛头、墙檐、漏窗、亭顶、斗拱、栏杆、券、拱顶等。水泥雕内容有阿拉伯文、山水、花鸟，题材多为玉兰、海棠、仙丹、桂花和祥云、团风、云鹤、花纹、几何图案等。整个清真寺显得淡雅别致、精美耐看。

同心王团南大寺 位于同心县西南王团镇内，清代所建。呈正方形，由山门、邦克楼、南北配房、礼拜殿组成。牌楼门为铁架拱券大门上置一弯月牙。邦克楼为六角攒尖式三层楼阁。南北配房为进深2间、面阔5间，前带廊，一面坡式屋顶。礼拜殿由前殿与后窑殿组成，建在三层阶梯台基上，前殿面阔7间、进深7间，带前廊，廊内作出卷棚式，左右置砖八字墙，有精美砖雕。殿内为五架梁，减柱造。后窑殿原为面阔及进深皆3间，斜叉梁架，后来将其向后延伸，尾部加宽成5间，使大殿整个平面成束腰形状，下面设龛。前后殿相接成多脊歇山顶。主要建筑采用汉式，在部分装饰方面则吸收了伊斯兰教手法。其大木结构的处理别具一格，梁架绝大部分出头，部分驼峰，装饰效果明显突出，又不失承托作用，使整个殿显得稳重和谐，给人以宏伟肃穆之感。

大梗子清真寺 位于西吉县城内。中国古典式样建筑，二层建筑歇山式屋顶。整个屋面造型，上部为双坡型的左右，是两际山花，富于装饰美感。下部为四个坡面，前后与上部双坡自然联接，呈凹曲形，下垂到檐口略有起翘。左右在两际山花之下，与山花的连结呈折线状，檐口与屋面前后之檐口联结，并处于同一面。屋顶中央置月牙，并塑灰白鸽子。屋顶两侧是两层六角攒尖顶亭式样的宣礼塔，即可构景。这两个亭筑虽然形式不大，起到组织空间、造型空间节奏、层次美感的重要作用。是清真寺一处视点较高、视野比较开阔的建筑。

南坊清真寺　位于固原县城南门外的宋家巷子。民国9年(1920年)始建于老马饮河湾湾子,1947年春天迁到沙石坡,土木结构,仿古大殿,规模宏伟,寺北厢房3间,南仓库5间。

黄渠桥清真寺　位于平罗县北黄渠桥镇黄渠桥街。于清光绪十年(1884年)创建。原为中古式建筑,有两脊一卷,四面出阁的大殿15间,配房27间,沐浴室9间,库房3间,共54间。1958年宗教制度民主改革中保留开放,"文化大革命"中关闭,寺房拆除。1979年集资重建,现有土木结构的大殿12间,砖木结构的配房6间,沐浴室6间,1987年大殿重修,共有寺房24间。现清真大寺为二层,面开五间,悬山顶,檐角起翘,3个起脊卷棚连搭。

吴忠北大寺　位于吴忠市区吴忠汽车站南侧,大寺坐西向东,平面呈正方形,为一规正四合院制式。始建于清光绪十九年(1893年),民国年间更拓其制,原为一处高敞壮丽、雕梁粉壁的古典式建筑群落。1958年保留开放,"文化大革命"中被迫关闭,建筑全部拆毁。1980年筹资重建,1983年、1992年又分别加以修缮扩充,遂成目前四合院制式。现大殿面宽7间,为"三脊一卷"相连接结构。殿前另有雨棚,琉璃覆顶。殿内平整肃穆,铺蓝色羊毛条毯,上为石膏天花板吊顶,镶有装饰性照明灯。大殿南侧另有跨院,为附设女寺。

海原清真大寺　是海原县内最古老的一座伊斯兰教寺院,始建于明神宗万历年间。坐落在海原县城内西北侧大寺巷内。是县内穆斯林宗教活动的中心场所。大殿主体建筑为钢筋混凝土结构,阿拉伯样式,上下两层,上层绿色大圆顶十分巨大,圆顶上面是一月牙,四角有四个高大的宣礼塔组成,高45米,其中前面的宣礼塔仿圣寺建造,后面的仿克尔白建造,每层12200平方米,共两层,可同时容纳4000多人礼拜。大殿地面、墙壁、顶棚、窗户采用新式装饰材料,大殿内光线明亮,宽敞整洁。经堂为三层。望月台、经堂均由3厘米厚的松木板铺垫而成。二道院内建有正房三间(五檩)、东西厢房六间、过道学房五间、沐浴室三间、保管室五间、卫生间一间。经堂的挑角、门窗上都有精心雕刻的花纹。高大的拱形门洞用砖砌成,上面建有三层木隔望月楼,高8米。整个建筑气势宏大、肃穆壮观。寺院周围还有与大寺同龄的参天榆树14棵,围径4米左右,使大寺愈显古老。

同心北大寺 位于同心县城西北角，大约建于清代。“文化大革命”中被拆。1979 年重新修建。大殿为古建筑风格，砖木结构，殿堂隆起，大殿前有卷棚，雕梁画栋，斗拱粗壮，飞檐翘角，外观庄严肃穆，南侧为沐浴室，北侧为二层混凝结构楼房，分别为教长室和满拉室，共计 10 间。

灵武中心清真寺 位于灵武市中心的广场南侧，与广场北边的汉族庙宇相互对应，始建时间不详。清真寺的门楼是阿拉伯圆顶式建筑，两侧由两个宣礼塔组成。北边是阿訇的厢房和满拉宿舍，南侧是沐浴室。正北面是大殿，有两层，上面是礼拜殿。大殿为阿拉伯式建筑。

石嘴山清真大寺 位于石嘴山市石嘴山区中街。清光绪年间初建，经数次扩建，至新中国建立已具相当规模。原有寺门 3 间 7 檩歇山顶，左右设卷棚顶门，礼拜大殿正对大门，殿前为讲堂、教长满拉室等建筑，成中轴线四合院形制。礼拜大殿为四进，前为卷棚后为单檐歇山顶，中间为双檐歇山顶，最后为 3 座三重檐十字脊及攒尖顶并列，高达 14 米。大殿木结构，斗拱承托，出檐深远，有柱廊回环。殿前为 3 开间，至窑殿加至 5 开间。从外面看越往后越高，屋檐、屋顶越多，至后窑殿则可以兼作望月楼功能。整体建筑玲珑华丽，庄严幽深。沐浴间在北跨院。

殿内有民国元年及民国 20 年的匾额，系英商洋行所赠，可以看出当时石嘴山商业已十分繁盛。民国时寺内也曾设过阿訇教义国文讲习所。“文化大革命”中除沐浴间外其余均遭拆除，落实宗教政策以后重建。现大殿为阿拉伯式风格的二层锻钢筋混凝土结构。

银川西关清真寺 位于银川市区唐徕渠东侧，始建于清康熙二十六年(1687 年)，初期极为狭小简陋。后经多次扩建续修，至光绪二年(1876 年)建成宏大规模的清真寺。原为一寺两院形式，前院为四合院，有礼拜大殿、南北厢房。大殿主体结构为重梁起架，两脊三拱、五转七制的中国古典式建筑风格。1949 前曾附设中阿初级小学一所。1958 年，清真寺被迫关闭，寺房改作他用。“文化大革命”时遭拆毁，后重建。1995 年再度修建，布局紧凑，设计新颖。现有建筑物 3 座，南北两侧为两层小楼，为会客厅、阿訇、满拉学习生活用房。礼拜大殿坐西朝东，楼高 20 米，分上下两层，总建筑面积 1500 平方米，其中礼拜大殿 410 平方米，可容纳千余人礼拜。大殿为钢筋混凝土结构，上、下层前廊是深黄色瓷砖镶成的 8 根大圆柱，一楼两侧的走廊则是白色的 16 根圆柱。二楼平台前沿为方钢花栏杆,门楣三面出盆,琉璃瓦挑檐。大殿两层的双扇门及窗户,均用茶色玻璃镶嵌。大殿顶部为圆形穹顶结构,直径为9米,侧后还有两个小的穹顶作为衬托。大小穹顶皆为空心,内设天窗,增加殿内的光照度。大殿前两侧各矗立六角形邦克楼一座,高度均为28米,楼内有旋转形楼梯,可登高唤礼。邦克楼中部为八角攒尖形,开天窗成阁楼形式。邦克楼上部顶尖处又串接3个圆球,高托合金质银色新月,具有浓重的阿拉伯风格。

灵武市南关清真寺　位于灵武市南门,相传始建于清嘉庆十七年(1812年)。后毁于战乱。1989年重建,整体由礼拜大殿、南北厢房、诵经室、沐浴室、接待室等组成,各类房屋共39间,为中阿结合式建筑风格。寺正中门楣上有"阐扬真教,敬服五功"的匾额,闪闪生辉。邦克楼是寺内最高的建筑,合理的设计和精湛的工艺使其显得格外挺拔秀丽,院内环境幽雅,庄严静谧。

台子清真大寺　位于灵武县南崇兴镇台子村。始建于清同治十一年(1872年),曾进行过两次翻建,第一次于民国4年(1915年)将大殿扩建为15间,配房、沐浴室各5间,门面5间;第二次于民国22年(1933年),建有阿拉伯式的前、中、后三进院落,前院"拜克楼",淋浴室14间,中院砖木结构的卷棚房顶大殿。

1958年宗教制度民主改革中保留开放,1960年关闭,1963年冬地震将"邦克楼"震倒,1972年春拆除,1982年重建,现有钢筋混凝土结构的大殿54间,可容纳千人礼拜。

三营清真大寺　位于固原县北三营镇内,始建于清同治初年(1862年),称三营清真东寺,有土木结构大殿及其他用房共30间。寺内简朴古拙,幽雅洁净,寺经堂教育早年就颇有声誉。1958年保留并开放,"文化大革命"中先被关闭,后被拆毁。1981年重建,为一开阔四合院,寺大门东向朝街,院内西边台基之上,礼拜大殿平顶,前带檐廊,檐廊之上月为南北长方形二层,最靠边的平顶楼上,南北各建一亭式宣礼塔,塔顶月为半球形圆顶,二层楼向东开尖拱落地窗。墙面浅色水刷石,明柱瓷砖贴面。大殿总体设计比例谐调,造型端庄,线条柔和,色彩淡雅素洁。大殿南北厢分别为二层砖混结构的经堂和沐浴堂。经堂上层出廊,其脊两坡硬山样式。

海原县南关清真中寺　始建于清光绪七年(1881年),位于海原县城关镇中心。建筑独特，布局整齐，后毁于“文化大革命”当中。1982 年重建，1984 年进一步修缮。为中国古典式建筑风格。寺内有“弘扬正教”、“兴教爱国”等匾额 30 余面。大殿平面呈六角形，采用传统宫殿式建筑风格，大殿内的朝向与外部中轴线成一直线，使大殿的朝向正对“克尔白”方向。是县城唯一一座哲赫忍耶清真寺。因为本教派有戴六角帽的习俗，故该寺在建设时采用了这个形状，在宁夏清真寺建筑艺术风格中别具一格。

吴忠市清真南大寺　在今吴忠市区。始建于清光绪七年(1881 年)，是吴忠市区内历史最久的大寺。大殿建于民国 6 年(1917 年)，为平顶式砖木结构建筑，面宽 5 间，进深 5 间，出檐深广。刻桷雕梁，油漆彩绘，庄严古朴。1958 年保留开放，“文化大革命”中关闭，1979 年落实政策，退还大殿。整个寺院由 3 部分建筑构成，北面院有大殿，南北厢房，南面院为经学及女寺，也建有礼拜殿，配房及净水堂等，南北院之间开门连通。

拱　北

宁夏拱北建筑主要可分为 3 种类型。第一种为固土布拱北。“固土布”是阿拉伯语，意为轴心、极点、首领。“固土布”被认为是特殊的“卧力”，隐藏在人间，是真主派往人间的要人。在宁夏他们大多数是外国传教士去世后当地人所建的拱北。这些拱北已有几百年的历史。第二种类型是门宦老人家、穆尔什德的拱北。门宦的道祖和导师一般称为“老人家”、“道祖”、“穆尔什德”。第三种类型是海里凡的拱北。“海里凡”意为继承人，他们是穆尔什德的高足弟子，也是穆尔什德的继位人或代理人。

拱北

宁夏拱北较集中的地区有西吉、海原、固原、同心、吴忠、灵武、银川等市县区。

固原二十里铺拱北　是固原嘎德林耶九彩坪门宦的重要拱北之一。在固原城西北 20 里，位于银平公路东侧的山坡上。整个建筑顺山势而建，集伊斯兰教建筑与中国传统古典建筑为一体，建筑格局为六进式。围墙门第一进是门厅，第二进为院落，第三进为砖坊，第四进为拱北内门，第五进为墓室，第六进为后院。墓室前有殿院,左为客房,右为外院,规制完备。穆斯林在此举行宗教活动后,还可休憩。拱北内有大小3座陵墓,攒尖顶亭式的墓亭、硬山、歇山等形状的门厅,庭院诸建筑,覆以辉煌耀眼的琉璃瓦,飞檐、鸱吻、斗拱、亭刹,或伸张,或高耸,轮廓丰富。拱北内无论是墓亭,还是门墙,皆有精巧的雕刻,云纹、龙纹、古线纹等浮雕、高浮雕,以夸张和变形的手法。装饰着坚实的建筑、舒适而紧凑,朴质而华丽,显示了穆斯林工匠的高超雕刻技艺。

同治年间,二十里铺拱北被毁。后由固原提督雷正绾及官绅军民捐资,按原貌修建,依山势分三院,并立铁杆旗一对,雷正绾亲自撰写"重修南古寺碑","文化大革命"时遭到损坏,碑文难以辨认,但仍立于寺内。1920年海原大地震,拱北再次被毁,后由九彩坪重建。1981年,广大回汉各族群众八方筹措资金,陆续重建,现已修葺一新,有大殿、墓庐、经房、浴室、厢房等,成为固原地区一处著名的伊斯兰教文化人文景观。

九彩坪拱北　在海原县东南九彩坪乡九彩坪村的疙瘩山上,是嘎德林耶七辈道祖杨保元、九辈教主杨枝荣等人的墓地,占地面积4000平方米。拱北始建于同治三年(1864年),民国9年(1920年)年海原大地震时被毁,1942年重修,建筑面积近10亩,亭台楼房100多间。"文化大革命"中,建筑物几乎全遭破坏。1980年后,经过多年的修复,基本恢复原貌,一进四院建筑物均以水磨砖雕装饰,重现了当年建筑风格。在前院照壁背面,镶嵌3块石碑,上刻嘎德林耶门宦的道统史所记载各辈道祖的事迹,石碑两旁有对联。二进院建有砖木结构过道,东西两侧为客厅。三进院为水磨石砖雕面的山门。一般平时不开,中门两旁各有一偏门,中门左壁为砖雕图案,右壁为砖雕海莲花;背面有海水朝阳、月照松林砖雕图案;山门两侧是墓室;四进院为中堂,是拱北的主体建筑,由大卷棚、东西小卷棚、八卦亭等组成,大卷棚后的中八卦(实为六挂、习惯称为八卦)内为杨保元之墓。亭下端有砖雕基座;中部左右各有一团中形图,其图案由阿拉伯文字母组成;窗上方四周有吊垂牙子板、如意彩、鸽子头、飞椽、滴水猫头鹰兽背、琉璃瓦等构件;顶部为钻天顶,上置空瓶、新月。疙瘩山下有古堡道堂,门额上书"清真古教"四字。

黑窑儿拱北　位于西吉县北火石寨丹霞奇观旅游景区的中心地带,北有石寺山、石城堡禅佛寺,南依云台山、扫竹岭,东靠板石窑自然风景区,西面紧靠一石山,山势险峻。大殿坐西向东,不同的是,黑窑内的碑上雕刻着二龙戏珠图。是伊斯兰教嘎德林耶九彩坪门宦朝拜地。

洪岗子拱北　位于同心县西下流水乡洪岗子村。民国26年(1937年)农历七月二十四日洪寿林归真,教众为其修建灰砖八卦亭拱北,并建有附属的沐浴室、照壁、坐静室、门楼。拱北周围有家人和教众坟。“文化大革命”中拱北被拆,于1992年重建。附属建造了礼拜殿、沐浴室、餐厅、宣礼楼、接待室、花园、假山、门楼、书院等,拱北周围植树100多亩。已成为堪称西北一处规模最大、气势最雄伟的拱北。

拱北坐北朝南,北依山峦,南面平滩。布局完整,采用传统四进四合院格局。沿一条中轴线为中心左右分配,有次序、有节奏地布置四进四合院,形成一组完整的空间序列,递进层次。每进一院都有各自独具的功能、要求和艺术特色,共同表达了一个完整的建筑艺术风格。采用中西合璧的建筑装饰,成功地将中国传统手法和伊斯兰装饰手法融会贯通。拱北建于台基之上,宫殿式建筑,顶部为阿拉伯圆拱顶样,分上下两部。建筑平面呈凸字形状,钢筋混凝土结构。上殿前檐左右各有两个绿柱子,顶为尖拱形平面,上置一个大石英钟,两侧有阿拉伯经文对联。上殿的顶部是一个浑厚饱满的圆包,下部呈绿色,上部白色,顶部置宝瓶装饰,镀金的新月直插云霄,在阳光照射下,熠熠闪光。圆包前内侧建有两个中式小阁亭,四面飞檐,跑龙走脊,铜色琉璃瓦覆盖,雕梁画栋,古式柱子与圆拱顶相呼应。圆包顶外侧两旁耸立着两个三级锥形尖顶塔,塔顶都置月牙,塔楼内塔梯可上塔顶。上殿的两侧又建两个圆拱,由若干柱子托着一个圆包,上边也置一弯月牙。整个建筑相当壮观,气势雄伟。殿门柱子林立,门窗精雕细琢。从殿门进入先到前殿,两面墙上画有国画。正面门楣上挂有匾额“真光普照”、“穆教泰斗”。此殿为专供教民诵经祈祷之用,殿内肃穆庄严,整洁干净。从殿内塔底进去,沿楼梯而上到站台,鸟瞰全院,宫殿、楼、阁、亭、室、墓、碑尽收眼底,通过光影、色彩、花纹、装饰、空间、节奏、造型完整有序地组合,成功地将实用性与艺术性完美结合在一起。

周海里凡拱北　位于同心县西北丁家塘乡杨家塘村,周海里凡于1948年农历七月二十三日归真。整个拱北建筑由寝殿、八卦亭、门楼、厨房、接待室等组成。拱北坐北朝南,拱北门楼修建得十分壮观,正门5间,3个门洞,白色瓷片砌墙,门顶前檐红瓦飞檐,上面建造八卦亭,飞槽高翅,青色筒子瓦覆盖,两侧建攒角形两层塔楼，气势雄伟。四周围墙环绕，墙顶覆有绿色琉璃瓦。进入院子，拱北建于中央。据说这是仿照青海凤凰山拱北而修建。拱北前的静室为中国式与阿拉伯式相结合的建筑风格，屋顶前为绿色琉璃瓦飞槽，有回廊环绕，上面是一组绿色圆顶包，中间大四周小，相互环绕映衬。进入室内，四周墙上挂有匾藯和砖雕的对联，有信众送的“十八字真言”匾额。静室后面就是拱北八卦亭，用一个砖雕圆花门相接。门上对联：“来信探爱复根源，先传后行传真道”。八卦亭三重飞槽，绿色琉璃瓦顶，每层六面墙壁上都有砖雕的梅花、松树、鹿、鹤，图案形象逼真，栩栩如生。

西旗梁子拱北　位于吴忠市北门外东侧。清同治十年(1871 年)农历正月十三日，马化龙凌迟就义。1925 年，马元章令其“热依斯”马学海以重金将该地买回，修建“拱北”。“文化大革命”中被毁，1984 年落实政策后修复。

整个拱北建筑材料为钢筋混凝土结构，高 24 米，为六卦形拱北。六卦塔形含有二层意思：一是按哲赫忍耶的六角帽形而设计仿建；二是象征着伊斯兰教的六大信仰。拱北底座为 1.8 米，下有 9 层钉阶，直登拱北正门。底座上面围有 0.51 米的“垂卦财子”栏杆，每个栏杆上面都精雕细刻花卉图案。整个拱北建成后，表面全部用砖青灰粉饰，内部用白色大理石镶嵌，各种花草图案全部是水泥浮雕，精雕细刻而成。

沙沟拱北　位于西吉县东北 30 公里，地处西吉、海原、固原 3 县交界的深山之中。集拱北、道堂、清真寺为一处。拱北地处一座南北向大山延伸地带。“文化大革命”期间遭破坏。1979 年重建、维修。

克马伦丁长老拱北　即克马伦丁长老的坟墓。虽在坟墓旁修建了清真寺，但仍称为克马伦丁长老拱北。位于贺兰山著名的风景区滚钟口内。克马伦丁原名为克马伦丁·本·奥斯曼，阿位伯也门人，于 16 世纪末不远万里来到中国，在银川等地从事传教活动 30 余年，于 1628 年 7 月 13 日归真葬于此地。

“文化大革命”中拱北遭到破坏，中共十一届三中全会后落实政策重修。拱北的平面布局呈四合院式，礼拜大殿坐西，南北两侧是厢房，位于东侧的拱北外为木构建筑，整体风格深受中国传统木结构建筑的影响。

第三章　其他建筑

第一节　古民居

银川地区最早的民居

我国著名的考古学家裴文中教授和宁夏考古工作者在贺兰县暖泉村南约3公里的贺兰山洪积扇坡地东缘,发现了一处有多座房屋居室的新石器时代文化遗址。这是宁夏迄今为止所知道的银川地区最早的民居。

这处四五千年以前的民居遗址,均为一个个单间结构的居室,聚集在一起形成一个小小的村落,每间房屋都略呈正方形、圆角,边长3米左右,相当现代住房的半间。房屋遗址距地表甚浅,门向东开,门前有一条狭长的门道,供居民出入。在正对门道的房址中央,有一座圆形的火膛,火膛的后壁,还安放着一口红色夹砂圆底陶罐,罐口沿装饰为锯齿纹,腹部为绳纹。从罐内残存的灰烬看,这个陶罐主要用于保存火种。在火膛旁边,有一副石质磨盘和磨棒。室内除有少量细石器外,别无其他遗存。从这些居室的结构及面积看,只能适用于对偶婚姻的小家庭使用,这说明当时以对偶婚烟为主要婚姻形态的家庭已经出现。室内文化层堆积甚薄,缺少大型农业工具的情况表明,当时的居民虽已定居,但只是短暂的,其基本经济形态仍然是半农半牧的游牧生活。

这些民居遗址均东向开门,说明古代人类在最初建房时已考虑到了朝阳的问题。这样,室内可以有充足的阳光。至于火膛设在房址中央,除了用以炊煮食物外,更可供室内取暖散热均匀和居中照明之用。旁边的石磨盘和磨棒,无疑是用来碾磨粮食或植物子实的用具,可以说是现在农村还继续使用的石磨和碾盘的前身。

宁夏古窑洞式房屋

遗址在海原县西安州镇菜园村南林子梁东坡中部。共清理出窑洞式房屋8座,半地穴式房屋5座,有袋形灰坑、筒形灰坑、锅底形灰坑50多处。经过挖掘展露出原始面貌的窑洞式房屋，不是在自然垂直的断崖上掏挖的横穴，而是在黄土阶地中坡上人工削出一段断崖，然后向里掏挖而成。其中保存较好的第3号居址由半圆形场院、长条形门道、隧道式门洞和椭圆形居室4部分组成。居室又由居住面、凹弧形周壁和穹窿顶构成，居住面为灰褐色黄土，平整坚硬，最大使用面积25平方米，并设有火膛和室内小窑穴，场院和门道相连，用建筑垃圾掺石子铺垫而成。入口有缓冲空间处理，并有入口掩闭设置，人口前有铲削陡坡崖壁所取土方铺垫的门前场地。由于它保存了塌落的顶部自然土拱，从而有力地证实它确是原始横穴。

北朝土筑房屋模型

1984年于彭阳县新集乡石洼村“圪挞梁”的北山上发掘，为两座北朝早期墓葬，出土有一座长方形土筑房屋模型。模型位于墓室顶部的土冢下，长4.84米、宽2.9米，最高处1.88米。依地势高低而筑，其底部呈斜坡状，前高后低（现已分块加固迁移），从切割揭取时观察看，模型内部为黑褐色土夯筑，土质较松软，接近表层时用土加白灰夯筑，土质较为坚硬，模型顶部及正面涂一层白灰。顶部为两面坡式，两部各有13条瓦垄，最左侧的瓦垄为双层，类似砖砌。正脊仿砖砌，中央略底，两边略翘起，两端置鸱尾。正面刻出门和直棂窗。门在中部，高0.85米、宽0.7米。左扇关闭，右扇半开，边上有宽约0.1米的门框，上有门额，门框两角向上挑起。门及框均涂朱红彩。门的左右各有一直棂窗，长0.4米、宽0.16米，门框四角向外突出呈放射状，两窗各竖四根剖面呈三角形的直档。房檐下出16根挑檐枋，上承替木托屋顶。

整个模型似先夯成长方形，然后剔刻而成。这种在封土下用夯土雕塑出的房屋模型，在中国同期考古发现中尚属首例。

第二节　古园林

宁夏平原中部，属著名的河套灌区，开发历史悠久。早在秦汉之际，京都的达官贵人们就在这里圈估土地，修建了许多“苑囿园池”。南北朝时期，匈奴族铁弗部首领赫连勃勃建立大夏国，当时的饮汗城，地临黄河西岸，隔河相望，是无际的大草原，雄浑奇丽；河西贺兰山下到黄河岸边，湖光山色，林园连片，瓜果飘香，风光秀丽。城内修建有行宫，作为大夏国王的别墅和皇家园林。元昊称帝西夏国,定都兴庆府,宁夏的园林已从黄河西岸发展到贺兰山东麓一带,初步具备了人文园林的基本格局。

明代是宁夏园林大发展、上层次的新阶段。银川古城内外基本上实现了园林化,即城在园中,园在城中,城在林中,林在城中。加之银川平原大小河渠成网,湖沼与湿地遍布,城外有七十二连湖之说,故又有城在湖中,湖在城中的独特塞上高原湖城的奇丽风光。

银川古园林

十大王府花园　明代宁夏镇城内建有以庆王府为代表的宗室王府群,可考者有十大王府,其中最大的王府是庆靖王府,位于今银川市中山南街,"小吃街"北段至"羊肉街"南口南西侧。除庆王府(简称庆府)外,次为郡王府以及以下各府,如真宁王府、丰林王府、安塞王府、巩昌王府、弘农王府、寿阳王府等。庆府花园规模最大,名曰"逸乐园",大园之中又套建小园一所,名为"康园",别号"慎德轩"。园内还修建了延宾馆,馆内再建有拥翠楼,为庆王晏请宾客,登高望远,以文会友和赋诗吟颂之处。除庆府之外,各郡王府花园也各有特色,其中以安塞、巩昌府花园为最。该园名曰"永春园",园内有湖,湖中有岛,岛名"沧州",洲上有假山、草庐。园中还建有延宾轩一所,是庆宗有名的才子王爷朱秩炅读书、问学和会友吟对之所。其他王府花园较知名者还有:真宁府的"赏芳园",弘农府的"寓乐园",丰林府的"真乐园"等。以上王府花园现均已不存在了。

公署和私宅花园　明代宁夏镇城中高级军政大员的署衙遍布全城,举凡都察院、总兵帅府、太监宅、按察司和在城五卫衙门等公署,亦多各建有自己的庭园。在这些小型庭院式园林之中,当以都察院行台与镇守总兵官帅府的后花园堪称代表作。都察院花园名曰"后乐园"。园集观赏与游戏于一处,乃胜过别家园圃。与都察院的"后乐园"相比,镇守总兵帅府的后花园亦不逊色。帅府后园名曰"西园",被时人称为镇城中的"小蓬莱"。此园以牡丹闻名边塞。

私宅花园,除王府、文臣武将的宅第有园之外,富商大贾之家亦不能少,就连流寓贬戍之人,也受人兴园林的影响,力所能及建造自己的小小袖珍花园,其中比较著名的有戍人郭原在自家寒舍修建的小园,取名"梅所",竟然奇迹般地将内地的梅花在镇城移植成功。时塞上诗人承广、潘元凯等人所作咏

《梅所》的诗就是见证。但尚有更多的私家花园未见载于史志，不得而知，无以记述。这些私宅花园现都不复存在。

公共园林与绿地　明代为了适应宁夏镇城大规模的园林建设，早在“永乐甲中，何福始引红花渠水，由城东垣开窦以入城中”，“循绕人家，长六里余。”由于四城处处活水环流，便在城内潴水处出现了一些大小湖沼，近湖之处便建成一些公共园林绿地。水上游建有“静得园”，园名取邵尧大诗句“万物静观皆自得”之意，在今银川市城东。在下游积水为湖的城西部，环湖小园和沿水小园列布之间，较大者为“凝和园”，在今自治区科委西北一带。此外，众多寺观利儒生学习之所，也是城中环境幽雅的小型绿地。如承天寺（城西南）、宁静寺（城东南）、洁，广观（城西北）、晏公庙（城中心）、岳王庙（城东北）和回纥礼拜寺（城东）等，以及学宫、儒学、文庙和书院等都应该是公众与学子经常出入的地方。

丽景园　位于银川清和门（东门）外，园名显仿赫连夏之“丽子园”而出，它是明代塞北最大的园林。出清和门，过红花渠赤栏桥即是，由庆府果树园改扩建而成，为庆王私家园林。此园规模宏大，建筑精美，园中有园，园内园外有湖，步步为景，景景各别。园内主体建筑为芳林宫和群芳馆，为庆王避暑宫，宫内建有望春楼，围绕宫楼与馆舍，则有溪水、湖沼勾连全园。湖沼依大小与形状，分别名为：鸳鸯池、碧沼、桃蹊、杏坞、菊井、莲塘、凫渚、鹤汀、月榭、晴虹、积翠等芳名。近水又有众多亭榭点缀其间，庆王亲自题墨赐名为：望春亭，宜春亭、水月亭、清漪亭、涵碧亭、蹴鞠亭和湖光一览亭等。

丽景园有北门一座名曰“青阳门”，门外又是著名的大型水上乐园金波湖。金波湖又称“东湖”，湖之南建有雄伟的“宜秋楼”。湖之西有临湖亭，湖之北有鸳鸯亭，亭之东为古刹高台寺（又名延庆寺）。

南　塘　位于银川南熏门（南门）外，出南门3里许，过红花渠“永通桥”，西南向即是。南塘义名南池，池北为大门，门外有坊一座，上书“濠濮间想坊”。池原属“七十二连湖”之一，为嘉靖间宁夏巡抚张文魁、杨守礼相继建成，遂为宁夏镇城一处公共游乐园。由于此湖与众湖相通，长年活水澄澈。塘之北原有接官亭一座，塘之东又建花园一处，名曰：“撷芳园”，塘之南建有知娠轩、连漪轩。现均已不存在。

海宝园林　在今银川市德胜门（北门）外，古刹海宝寺有一方胜景宝地。

明宁夏佥事孟霜的诗句中有:"春日暄晴野,浑林隐化城。……石堂开树杪,宝塔出山隈。"可见该寺景致之一斑。再偏东八里许,也有一处园林,名曰"盛实园",是一座以水景为主调的大型园林。

镇远门园林　在今银川市西门外,近有唐徕古渠,两岸古柳为镇城构筑一道绿色长城屏障。远有离城40里的"快活林",这里靠近贺兰山,山泉在林间静静流淌,中有大小湖沼与湿地,湖山泉林交融,一望无际,既是大型天然牧场,牛羊成群,马驼遍布,也是镇人郊游的好去处。

湖沼湿地　黄河从银川地区横穿而过,因银川平原地势平坦,河床屡屡改道,即所谓的"三十年河东,三十年河西"之说,加之贺兰山各山谷洪水、泉溪的作用,在银川沿黄两岸和贺兰山东麓的洪积扇大地上便留下了众多的湖沼湿地。因此,银川自古不仅是一座园林城,而且也被称为"水抱城"。周边素有所谓"七十二连湖"的分布。历代封建统治者能在这块黄土高原上建苑圃园池,修行宫御园,以及古人之所以赞美这片绿州为"塞北江南","塞上天府"都是与水有关。

七十二连湖之说只是一种泛称,其实大小湖沼湿地绝不止"七十二"之数,主要湖泊有:金波湖、南塘、千金波、高台寺湖、三塔湖、连碧湖、月湖、东湖、长湖、巽湖、观音湖、沙湖、王保湖、清水湖、黑渠湖、大莲湖、塔湖、连湖、槽湖、龙头湖、晏海湖、张浪湖、滋泥湖、白家湖、落星湖、暖湖、野猪湖、杨家湖、位光湖、碧沼、桃溪、杏坞、莲塘、凫渚、鹤汀、月榭、晴虹、积翠、庆家湖、双塔湖、黄沙湖、海子湖、洛洛湖、胶泥湖、牛毛湖、驾马湖、鹰食湖、张家湖、段子湖、上湖、瓦一湖、官湖、孟家湖、周家湖、化牙湖、卜湖、陈家湖、西湖、锅底湖、新生湖、金凌湖、路家湖、池子湖、新头湖、解而湖、杨家湖等近70处。在众多湖泊之中,当数千金波水面最为辽阔,此湖水面长约50里,阔约10里。次之,当数高台寺湖。

中山公园　位于银川市兴庆区西北角,总面积近900亩,有水面积约100亩。西夏时期,是李元昊建造的以水景为主的宫廷禁苑。清代,满汉人民在此聚居贸易,称为"西满营"。马鸿逵统治时期,在此长期驻扎军队,群众称为"西马营"。1929年11月,时任宁夏省主席的吉鸿昌,为纪念孙中山先生,将"西马营"辟建为公园,命名为"中山公园"。但直到1949年,公园也只有文昌阁、银湖等几处风景。1949年后,逐年投资修建,进行规划管理,形成现在规模。

公园鸣钟亭内的铜钟是明朝成化年间从西夏废寺中得来，钟高7尺，周长9.5尺，重约7000余斤。相传这口铜钟“夜静不扣自鸣”。清朝同治年间，有人想以铸炮，“不能化，以八牛拽之不动”。坐落在银湖北岸的文昌阁建于清代，气势雄伟。文昌阁东南，有一座“岳飞送张紫岩先生北伐诗碑”。

银川市中山公园文昌阁

固原古园林

原州清水河景观　在固原东门外东岳山麓，有一清水河，以禹王庙铁塔为中心，构成古原州一处景色秀丽的风景名胜。禹王庙铁塔，是固原城东门外，清水河东岸禹王庙的重要组成部分。简称禹塔，是过去固原州城一处享誉盛名的景观。

明朝嘉靖十一年至十五年间（1532年~1536年），时任兵部尚书兼都察院右都御史、陕西三边总制唐龙在清水河岸建禹王庙铁塔。唐龙建铁塔初衷，是为了镇河而设，属镇河塔。选址河岸冲刷剧烈之地竖铁塔，镇水目的明显。

固原小西湖　西湖公园初名中山公园。由于它建在固原县城内城西南隅，加之地方文人墨士以杭州西湖媲美，俗称“小西湖”。1988年，固原县人民政府依照人们平时对该园的习惯称谓，正式易名为“西湖公园”。

西湖公园的创建人是民国时期国民党的一位军官及其部下广大士兵。1944年~1945年，国民党陆军第17军军长高桂滋驻节固原。看到固原城内没有一处供居民游玩的公园，便于1945年和副军长高建白商议后，动员全军士兵在内城西南隅清理墙角地基，铲除杂草，平整土地，种植花草树木，开凿人工湖池，修复西惠渠，引西海子水入城为湖，在湖心建“宛在亭”，并从岸边修一木板桥直达宛在亭，供游人在亭内休息。然后在湖之四周分别建有“朝曦”、“夕阴”、“乐寿”诸亭。在城墙西南角上建有八角砖塔，名曰“宁远塔”。还修有“凌霄台”、“安乐窝”、“憩游别墅”、“陇关金匮”、“枕流阁”、“钓台”等景观。全园占地面积4万平方米。

第三节　楼阁　牌坊

楼　宇

银川南薰楼　俗称“南门楼”，位于银川兴庆区南环东路与中山南街交叉口上，坐北朝南，面临广场。门楼通高27.5米，下为高7米的长方形券门洞台基（东西长37米，南北宽28.1米），台基北面门洞两侧筑有对称台阶，以便登临其上。高大台座上是歇山顶的二层重檐楼阁，高20.5米。四面花窗，廊檐彩画，绚丽夺目。楼阁内设有木梯可登楼远眺。整个建筑结构严谨，规模雄壮。唯门楼始建年代不详，相传宋景德年间（1004年～1007年）与银川城同时所建（一说为西夏所建）。清乾隆三年（1738年），楼因地震倒塌，乾隆五年（1740年）重新修建。宣统三年（1911年）复毁于战火，1917年重建之。1949年以后，人民政府多次整修南门楼，1953年拆除东西两侧城墙，1978年又在两侧兴建观礼台。每逢节日，银川市民在此举行盛大的庆祝活动。

银川玉皇阁　位于银川市兴庆区解放东街。据《朔方新志》记载，始建于明代洪武年间，迄今已有600多年的历史。玉皇阁是一组建在长方形台基上的古代建筑群体，台基下部中间有拱形门洞，是银川市仅存的古代木结构高层楼阁，其独特的建筑风格，高超的建筑技巧，充分体现了宁夏古代能工巧匠的精湛技术。玉皇阁主阁为重檐二层阁楼，

银川市玉皇阁

阁高约有22.1米，台基呈长方形，高19米，东南长37.6米，南北宽25米，气势雄伟，犹如大鹏展翅，凌空欲飞，给人以向上、拼搏之启迪，因内铸玉帝像，

因而称之为玉皇阁。台基为土建,外表包砖,下有宽近5米的南北向拱券形砖砌通道,可供行人车辆通过。台基的东南角还各建有3层的飞檐角亭一座,游人可在此登高远眺。玉皇阁同鼓楼遥相辉映,别有情韵。

银川钟鼓楼　坐落在银川市兴庆区解放东大街和鼓楼南北街十字路交叉处的钟鼓楼,又称"十字鼓楼"、"四鼓楼",俗称"鼓楼"。钟鼓楼台基始建于清道光元年(1821年),为宁夏知府赵宜喧主持建造,并手书了洞额石刻题记。光绪三十四年(1908年),宁夏地方绅商捐资在台基上又建了三层楼梁架,后因"款绌停辍"。直到民国6年(1917年),才由宁夏县知事余鼎铭接续重建,并在四角增盖了券棚顶角坊。落成后的钟鼓楼,曾悬大钟一口。楼总高36米,占地576平方米。由台基、楼阁、角坊组成。台基呈正方形,边长24米,高8.5米,用砖石砌筑。台基四面辟有宽5米的券顶门洞,中通十字,与解放东西街、鼓楼南北街相通。四面洞额有石刻题字,东曰"迎恩",南曰"来薰",西曰"挹爽",北曰"拱极"。东面门洞两侧各辟一券门,南券门额上题为"坤阖",内为一耳室;北券门额上题为"乾辟"。从北券门沿券砌暗道石阶可登至台基之上。台基中心建有十字歇山顶重檐三层楼阁,每层楼阁四面围以环廊。登临阁上,扶栏眺望,银川景色,尽收眼底。楼阁顶脊饰以龙首,中置连珠,呈二龙戏珠之势,别具情趣。仰观钟鼓楼,挑檐飞脊,高耸秀丽,造型生动,颇为壮观。

中卫新鼓楼　又名钟鼓楼,清初名曰"文昌阁"。高居中卫市城之中。底基呈长方形、拱门四开,联通东、西、南、北四条大街,始建于明崇祯四年(1631年)。清嘉庆二十二年(1817年)因火灾,仅存楼基。清道光十二年(1832)重建,筑楼3层,属砖木结构、楼高23米,基高7米,底基361平方米。三楼塑奎星、中楼塑文昌、底楼东塑雷祖、南塑火帝真君。西塑财神,北塑观音菩萨。南北两侧有报时钟鼓小楼。底座四拱门上各镶砖横额,东曰"锁扼青铜"、南曰"香严对峙"、西曰"爽挹沙山"、北曰"控制边夷"(后改陲),楼顶中间垒坚黑色彩球五颗,四周置蟋龙、组成群龙戏珠画面。但从不同方位观看均为二龙戏珠。楼脊八角各置蟠龙、昂首太空。各县楼角均挂铜铃,随风摇曳,叮当作响,整个建筑八角玲珑,结构严整,造型壮观。1984年列为重点文物保护单位。

平罗钟鼓楼　在今平罗县城中心,始建年代不详,明代弘治六年(1493

年）扩建平房城后就有鼓楼。清朝乾隆三年（1738 年）地震被毁。次年重修县城时重建，宣统三年（1911 年）又遭火而毁。民国元年（1912 年）由当地绅士高登第筹措重建。呈方形，基直径长 12 米，下部用石条，上部用大青砖，拱券成东西和西北二洞，洞高约 3 米余（今因街面垫高，洞高约 2 米）墙对东、西、南、北四大街。楼建于洞顶，实则二层，楼的下层洞宾殿，约 4 米 5 见方，四面走廊和廊檐各宽约 3 米，四角各有顶檐立柱五根，洞壁角的一根柱子通过梁连为一体。财神阁，大小与下层同，四周走廊宽约 2.2 米，廊檐宽约 2.8 米，四边有高约 80 厘米的雕花木栏杆，楼顶样式名叫“八仙庆寿顶”。楼的四角都有三暗角。即每层有 8 个暗角，意名“四明八暗式”，全楼共有 36 个翅角，72 根柱子，意为“三十门天罡，七十二地煞”的象征，一楼塑有洞宾像，二楼置有财神牌，过去常有人前往烧香礼拜，摇鉴求卜、求药。

平罗玉皇阁　在今平罗县城北，共分 4 个部分，二、三部分始建于清光绪元年（1875 年），一、四部分建于民国 28 年（1939 年），砖包填土台基，东西宽 39 米，南北长 98 米，由南向北渐次升高，一是山门楼，台基高 1.6 米，二是八仙殿（也叫城隍厅），台基高 2.3 米，三是玉皇阁，台基高 9.6 米，四是三母殿，台基高 10.2 米。三母殿在最后，是三层楼，高 14 米，计台基总高 24 米，整个建筑物的最高部分。

玉皇阁座北面南，山门前约 10 米处，东西各竖一旗杆。旗杆的石座 1.2 米见方，高 1.6 米，旗杆高约 15 米，上部配有雕花斗，顶端配有黑色扁圆突尖陶瓷帽，穿出斗口约 1 米高，借光生辉。山门台有 8 级台阶，山门顶上建观音阁，6 米见方，高 10 米，计台基总高 11.6 米。山门内有 300 平方米的庭院，两侧各有相房 3 间，上房是一座八仙殿，八仙殿靠后的两侧各有一间陪殿，东为观音殿，西为娘娘殿，八仙殿与两陪殿之间，各有一道 10 级登高道，宽 1.5 米，上去向里拐，各有一个钻门，钻门顶上各建一座小楼，东为黑虎灵官楼，西为黛虎灵官楼。过钻门，达蓝天门，很宽敞，中隔木格，前为三清殿，后为斗母宫，上层是玉皇阁，四周有 1 米宽的走廊，配有一米高的雕花栏杆，庭院两侧，各配厢房 3 间，厢房北面，各有一座小钟楼，厢房后面是东西外转，各建五间小房。斗母宫后，有南北宽 9 米，东西长 17 米的小院，院内东西西侧各有一座层小楼，高 10 米，下层是均为八仙阁，上层东为文昌阁，西为关帝阁，小院上房是一座 3 层楼，一楼 5 间，隔为三殿，无量殿居中，三宫殿、洞宾殿，左右相陪，二楼正中3间为三宝殿，西旁各附半间楼梯室，四周有转道，边配80厘米高的花栏杆；这层楼与玉皇阁架天桥相通连。桥宽1米，两边有一米高的雕花木栏杆，统名“八面天桥”，天桥穿文昌、关帝二阁通玉皇同阁，3楼是三母殿，楼顶是五凤朝阳盘龙顶。楼四周围以1米高的雕花木栏杆。

这座建筑物所有楼阁的角，都是张口飞龙翘角，下配垂条此风铃，楼顶四边俱压飞檐，廊下统统挂方，所有楼阁的门窗，或为凤眼雕花格子，或为核花云转，门道悉悬彩匾，所有楼殿墙壁的砖码头，都嵌有精雕细刻的各式花砖，各楼阁内皆为雕刻画栋，廊檐柱方统统油饰、彩绘。

固原文澜阁　原名奎星阁，建于明代，地址在固原市原中山街副食门市部附近。迨至清代，阁之椽瓦木石为风雨剥落，1845年重修。阁原建在阔五丈六尺、高二丈四尺的一座高台上。重修后，台周长扩为八丈余，高仍是二丈四尺，台中有砖箍洞，犹如城墙门洞。台上建阁三层，有阶可循，有梯可升。光绪末年，知州王学伊见旧阁年久失修，另选新址在内城墙东南角（今城关第二小学院内），再建奎星阁。目的在于“以招东来紫气，起地方文脉，壮山城景色”。现在虽然城墙已毁，但留一锥体土墩，高12.3米，阁座落其上。阁为六边形三层檐亭式木结构。列柱里外两排，内全柱通至檐，二柱间童柱托承中檐，各柱之间均以梁、枋连接。上檐内部为攒尖式，角梁及由戗支承雷公柱和顶部。各层外檐均用双层椽飞，方形飞椽前端做刹。全部瓦顶为筒板布瓦。各角砌脊施兽，砖宝顶。各翼角翘起，有南方建筑风格。仅上檐用斗烘，除角斜外，每面正身施一，为三踩单翘结构。

民国年间，地方一些文人墨士又给奎星阁起了个雅名“文澜阁”。只因县图书馆在其西侧，于右任为图书馆题联时，写下了“翠接文澜阁，瑞映须弥山”的佳句。

牌　坊

在中国封建社会的历史上，对于忠、孝、节、义之人，通常由地方呈请，奉旨用立牌坊赐匾额等方式加以褒扬，以资教化乡井。旧时宁夏境内牌坊林立，因建造材料多为石砌，又称石坊。但现存的牌坊实物几乎没有，有关牌坊的记录资料也因历史原因遗失较多。

清代宁夏府城牌坊　在今银川市。清代时期宁夏府城（即今银川市）内外耸立着形制迥异的石坊、牌楼有50多座。城中最大的四牌楼矗立在今鼓楼四面，东曰“东来紫气”，西曰“西土孔固”，南曰“南薰解愠”，北曰“北拱神京”。在今利民街西侧有乾隆皇帝御书赐云贵总督张文焕之父张应赋坊曰“云林幽”。在清和门大街（今解放东街市老市政府东段）有御书赐清代名将、勇略将军赵良栋牌坊曰“勇略邦屏”，牌坊两侧的对联是“忆昔鹰扬能百胜，每思方略冠三军”。数目众多的石坊、牌楼，构成当时宁夏府城的一大景观。

清代新满城牌坊　清代在满城（今银川市北满春）城中心十字大街口建有四座牌楼，东曰“承恩”，西曰“威远”，南曰“定功”，北曰“拱极”。在城西门大街建有两牌坊，西曰“惠泽”，东曰“恩澍”。这些牌楼建筑，冲淡了森严的军城气氛，迎合了驻防旗人顺乎地方民俗的心理要求，为他们与宁夏回、汉、蒙各族人民和睦相处提供了宗教信仰上的感情联系。

固原六盘关牌坊　在今固原县南六盘。元代时，六盘山道路已成为丝绸之路的主线，并在六盘关处立有牌坊，上书“陇干锁钥”。牌楼三孔门，石砌，中高侧低，檐下数组斗拱，依次布置椽、檐、瓦当，瓦当上用条砖严收券顶。1842 年林则徐戍途过六盘山时，还见到“山顶有兵房数椽，问其兵数，人三成众而已”。1899 年，隆德县知县潘龄皋题联“峰高华岳三千丈，险居秦关百二重”，成为千古绝句。

中卫范家牌坊　在今中卫县柔远乡范庙村境内，横跨原官路（卫青公路）、于现范庙学校址所建“贞节牌坊”，称为范家牌坊。范家牌坊于清代嘉庆年间建成，当时即闻名方圆十里八乡，有文官到此下轿，武官到此下马之说。

第四节　西夏王陵

银川西夏陵位于宁夏银川市西郊的贺兰山东麓，距银川市区 35 公里。在陵区方圆 53 平方公里的岗阜丘陇上，布列着 9 座西夏帝王陵园和 250 余座西夏王公贵戚的陪葬墓。其规模与河南巩县宋陵、北京明十三陵相当。是中国现存规模最大、地面遗迹保存最完整的帝王陵园之一。

西夏自公元 1038 年立国，建国 190 年，共传十帝，于 1227 年被蒙古灭亡，陵区有太祖继迁裕陵、太宗德明嘉陵、景宗元昊泰陵、毅宗谅祚安陵、惠宗秉常献陵、崇宗乾顺显陵、仁宗仁孝寿陵、桓宗纯佑庄陵、襄宗安全康陵等 9 座帝陵。

陵区按地形由南而北划分，为4个自然区：南3区各2陵、北区3陵。帝陵和陪葬墓在整个陵区的分布特点是“大分散，小集中”。帝陵多居于近贺兰山地势较高的一侧，陪葬墓则绝大多数分布在地势较低的山前缓坡东侧。在陵区北部偏东的开阔地带，有一处面积约6万平方米的西夏建筑遗址。

西夏王陵

由于文献缺载，陵区诸陵与陵主尚无法一一对应，只有7号陵被考证为西夏第五代皇帝仁宗仁孝之寿陵。多数人认为，西夏深受唐宋文化影响，在埋葬制度上与宋陵一样，实行昭穆葬法。西夏陵从南到北，以左昭右穆的方式排列，此说尚待进一步考证。西夏陵区的每一座帝陵，都是一个由宫城和其他附属建筑物组成，具有独特建筑艺术的建筑群体。它们均坐北朝南，基本结构大体相同。如果从陵园的宫城的墙垣形制考，可分为一重墙垣和双重墙垣两种平面布局形式。除8、9号陵宫墙已夷为平地无可考证外，陵区3号、4号陵是一重墙垣，其余五座帝陵均为双重墙垣。其中，又可以外廓形制分为封闭式和半封闭式两种。1号陵和2号陵为封闭式的陵园，外廓墙垣环绕整个陵区，仅在其南墙垣中间开一通道，5、6、7号陵为半封闭式陵园，外廓墙垣环西、北、东三面，南面开口。每座陵园单体建筑的平面布局是大体相同的，从南到北布列着双阙、碑亭、月城和宫城，宫城内有献殿和陵塔等建筑。

3号陵是西夏9座帝陵中茔域面积最大、保存最完好的一座陵园，陵园坐北朝南，面积15万平方米陵园。园陵的建筑设计有4座角台、2座阙台、2座碑亭、1座月城和1座陵城组成。最南端是左右对峙的“双阙”，又称“阙台”，残高8米。它们巍然耸立在神道两侧，是陵园的入口。往北有左右对峙的碑亭遗址，碑亭里曾经树立过记载陵主生平事迹和文治武功的西夏文碑刻。再往北走就是月城，东西长130米，南北宽50米，东西墙垣与宫城南墙相接。月城内神道两侧原排列有雕刻精美的石像生。月城往北是宫城，又称内城。宫城南北长180米，东西宽160米。宫城四面正中辟有门阙，四角建有角阙，墙垣残高4米~5米。城内偏西的献殿遗址，台基为正八边形，其上建.有圆形殿庑，曾经是一座宏伟建筑，陵园隆重的祭祀活动就在这里举行。献殿后面是高大的突兀的陵塔,残高 22 米,其上多有砖瓦堆积。据考证,在未破坏前是一座实心密檐塔。献殿和陵塔之间突出地表,状为鱼鳞的土梁是墓道封土,在它的下面,便是通往墓室的墓道。墓道封土的北端,在据陵塔约 10 米处有一个大坑,是西夏陵横遭洗劫时所挖的盗坑。根据 1972 年对西夏 6 号陵发掘的情况看,盗坑下面就是墓室。即所谓地宫。离地表有 24. 6 米深。墓室的形制和唐宋帝陵基本相同,有甬道、中室及左右耳室组成,但规模都比唐宋帝陵的墓室小得多,且不做砖室。仅在四壁砌护墙木板。

西夏陵的建造是一项宏大的工程,无论是富丽堂皇的献殿、陵邑(宗庙)建筑,还是角台、碑亭,都需要大量的砖瓦和装饰构建,建筑材料中普遍带有佛教特性和皇家特性。这些建筑材料都是由距西夏陵不远的缸瓷井窑烧造而成的。缸瓷窑位于西夏陵区东部 3 公里,是利用高隆的自然地势,开凿土坑穴,再用砖砌成前低后高的窑身,由窑门、窑室、火堂、烟囱等部分组成,南北全长 6. 3 米。

第三篇 城乡规划

宁夏境内历史上城镇的形成和发展，虽无专门的城镇规划，但在长期的历史演变和建设实践中积累了丰富的规划建设思想与内涵。从宁夏的古城遗址到城镇建设布局来看，选址科学，依山傍水，据险扼要，水源充足为其主要特征。城镇布局合理，功能明确，随地形筑城修路，除满足政治军事所需外，还适应了工商贸易、宗教文化、民族风俗的需要。如西夏都城兴庆府的建设，受到唐代长安城与北宋东京城建设布局的影响，并结合府城周围地形特征，发展为“周回一十八里，东西倍于南北，相传为人形”的长方形用地形态，城市的基本格局由此形成。之后又以兴庆府为中心，在西起贺兰山、东抵黄河畔之间 40 余公里的整个地区，广修宫城、寺院、行宫、陵园，从整体上与都城遥相呼应，互为补充，体现了当时建设者的规划理念。明、清时期，建城已有规划布局之作，如明代宁夏城图、清代新满城图等。民国 25 年(1936 年)制有宁夏省会图。反映了当时建城的基本布局和功能区分。

中华人民共和国成立后，宁夏的城乡规划工作开始起步。从 1958 年宁夏回族自治区成立到 2000 年，城乡规划工作大体分为三个阶段。第一阶段，1958 年到 1977 年，为探索阶段。由于受“左”的思想影响，城乡规划工作脱离实际，没有起到科学指导城乡建设的作用，城镇规划片面追求“大”，村庄规划也只是居民点的布局规划。第二阶段，从 1978 年到 1990 年，为恢复阶段。城乡规划进入健康发展时期，各市县全面开展了城市总体规划的编制工作，开展了集镇建设规划和村庄建设规划的编制工作，部分市县在完成城市总体规划的基础上，还开始进行控制性详细规划和专项规划的编制工作。第三阶段为调整完善阶段。从 1991 年开始，各市县相继进行新一轮城市总体规划的调整修编工作,进行了第二轮集镇建设规划的修编完善即加深加细工作,1995 年之后又相继开展面向 21 世纪的城市总体规划修编工作,城乡规划编制和管理工作更加规范化,城乡建设走上了按规划进行建设的发展轨道。

第一章　城市规划

第一节　城市布局及特征

城镇发展与军事需求密切联系。宁夏地处多民族交汇之地，两山南北耸峙，中为冲积平原，历史上战争频繁。宁夏很早实行"屯田戍边"的政策，早期形成的高平、富平两个城镇便是因地处交通要冲、驻军屯守而逐渐发展起来的，其后的灵州在唐末天宝年间一度成为全国最大的军镇。

城镇发展与灌溉事业密切相关。历史上宁夏城镇在两汉、隋唐、清朝时期曾出现3次大的发展。汉代，随着光禄、七级、汉、尚书、高渠等古渠的修建，作为屯田城镇的上河城和南、北两个典农城便发展起来；盛唐、清初时期，不仅修复了汉渠，还新修了新的渠道，生产力得到较大发展，也成为城镇体系发展较快的时期。中华人民共和国成立后，随着经济社会的进步，北部黄河灌区形成了带动全区发展的城镇群体，成为全区自然环境、交通区位、生产条件最好的地区。以银川为中心，基本形成包括石嘴山、平罗、银川、贺兰、永宁、吴忠、青铜峡、灵武等市镇的城镇群体。

交通对城镇发展的诱导作用突出。宁夏城镇的又一显著特点是沿包兰铁路、109国道、中宝铁路沿线发展。除石嘴山、银川、吴忠、中卫、固原五大城市外，分布在上述3条交通线两侧的建制镇，占宁夏建制镇总数的55%，而3条交通线两侧市、镇非农业人口占到全区市、镇非农业人口的80%以上。

城镇发展与资源开发关系密切。宁夏蕴含丰富的矿产、水利资源，由于矿产资源的开发，一些矿区城镇和为矿区发展服务的城镇随之发展起来，如石嘴山市、灵武市、青铜峡市等城市发展与资源开发密切相关。

城镇发展与移民开发关系密切。汉朝时期，实施"募民徙下疏"政策，屯田耕牧，移民实边，使移民地区人口、经济得到发展，宁夏迎来了城镇发展的第一个高潮，形成富平和高平两大郡县，一些小城镇也发展起来。隋朝，"发丁三万于宁夏"。到唐朝，这里更形成为前来归顺的众多民族的聚居地区，

"种落愈繁",灵州、盐州等中心城镇逐渐壮大,小城镇的数量增多。

城镇发展具有多民族交融的文化内涵。宁夏自古就是多民族融合之地,汉族、匈奴、鲜卑、羌、党项、吐番、回鹘都曾以此为舞台,戍守征战,耕耘开发。特别是回回民族,与汉、蒙古、满等兄弟民族一起,共同营造和发展了具有浓郁地方特色的宁夏地域文化,这种有多重色彩的文化内涵在城镇的内在气质和外在风貌上都充分展示出来。

城市间经济资源互补性强。宁夏城镇格局虽呈带状分布,但经过多年发展,初步形成了"一核三级"(一核:银川市,全区中心城市;三级:第一级区内地区性中心城市即石嘴山、吴忠、固原、中卫,第二级县(市)域中心城市即灵武、青铜峡、平罗、盐池、同心、红寺堡、西吉、隆德、彭阳、泾源等县城,第三级为中心镇)的城镇结构体系。各城市功能明确,优势突出,互补性强,如银川具有综合型特点,石嘴山则是资源加工型城市,吴忠的机电工业比较发达,中卫的旅游资源丰富,青铜峡则是以水力火力发电为特色的城市,而更多的城镇是以发展农牧产品加工为主,城镇之间互补空间较大,可避免城市间工业同质性过强而出现相互争挤的现象。

第二节　城市规划修编

宁夏的城市规划编制,起步于20世纪50年代。中华人民共和国成立后,宁夏共设市、县18个,1954年撤销宁夏省,除原属宁夏的阿拉善、磴口等旗县并入内蒙古自治区外,大部分市县并入甘肃省。1958年10月宁夏回族自治区成立到2000年,宁夏的城市规划大体分为3个阶段。第一阶段,1958年~1977年,为起步探索阶段,由于受"左"的思想影响,城市规划脱离了实际,未能起到科学指导城市建设的作用。第二阶段,1978年~1990年,为恢复阶段。城市规划进入健康发展时期,各市县全面开展了城市总体规划的编制工作。第三阶段为调整完善阶段。从1991年开始,各市县相继进行新一轮城市总体规划的调整修编工作,城市规划趋于科学完善。

1958年初,甘肃省城建局派规划工作组来银川协助编制银川市城市总体规划,于当年5月完成。规划以改建旧城为主,新城作为工业区,两地相向发展,使之逐步接近,远景可望联成一片,这是宁夏第一次现代城市规划。

1958年还对计划新建的石嘴山及吴忠、中卫、固原等城市进行了规划，完成规划面积134平方公里。同时对其他县城进行了勘察，完成全面控制测量7400平方公里。1958年～1977年，银川市先后做过12次规划，但由于规划本身也搞“大跃进”，使规划失去了指导建设的作用，在12次规划中，有3次规划城市人口为100万～120万，而当时宁夏全区总人口不足180万。20世纪60年代中期，由于贯彻“三线”方针，造成银川、石嘴山、青铜峡3市的布局过于分散。银川市由“五十里长街”连接着旧城、新城和新市区；青铜峡市由小坝镇和青铜峡镇组成，黄河又将青铜峡镇分隔成河东、河西两部分；石嘴山市则由各自相距35公里～60公里的大武口区、石嘴山区和石炭井区组成。分散布局使得城市名不符实，城市面貌难以形成，同时影响了生产与生活。人民衣食住行及入学就业等困难产生一系列社会问题，削弱了城市的综合效益和吸引力，制约了城市中心作用的发挥。

“文化大革命”开始后，城市规划受到批判和冲击，机构撤销、队伍解散、资料丢失。城市建设陷于混乱状态，乱建、乱占较为普遍，造成了严重的后果。

中共十一届三中全会后，城市规划进入了蓬勃发展的新时期。各市、县开展了规划编制工作，于1980年先后完成了1∶5000或1∶2000比例尺的地形图测绘工作，为总体规划的编制创造了条件。银川市总结历次规划的经验教训，纠正了过去脱离实际，盲目追求大城市的思想，经过3年反复论证，完成了《银川市城市总体规划》的编制工作，并于1983年10月16日经国务院正式批复。这次规划从银川市的实际情况出发，制定了“合理利用和有计划地改造旧城，逐步建设新市区”的方针和“旧城抓改造，新城抓配套，新市区抓基础设施”的总体原则，以及在“六五”计划期间“以旧城改造为重点，以改造解放街为突破口”的实施原则，有效地指导了城市改造、建设和管理，使各项事业得以有计划地协调发展。截至1985年底，银川市、吴忠市和平罗、陶乐、永宁、贺兰、青铜峡、盐池、同心、彭阳、泾源等县城相继完成总体规划编制工作，并经国务院和自治区人民政府批准；固原、隆德、西吉、海原、中宁、中卫等县城完成总体规划编制并上报。全区46个建制镇除16个城关镇在县城规划内，其他30个建制镇已有20个完成总体规划。随着各市、县城总体规划的实施，城市建设管理结束了没有规划指导的混乱局面，进入了按规划进行建设和管理的轨道。1985年之后，各市、县在完成总体规划的基础上，又继续完善和编制了供水、排水、供热、供气、电力、电信、道路交通、园林绿化、治洪、抗震防灾、人防、历史文化名城保护、城市分区等专项规划和居住区、居住小区的详细规划。

从1991年开始,各市县相继开展了城市(县城)总体规划的修编工作。各设市城市从1995年陆续开始了面向21世纪的城市总体规划修编工作。各地在城市总体规划修编中,坚持城乡统筹、区域整体发展、可持续发展、逐步现代化和以人为本等原则,重视城市发展目标的确立,结合本地区国民经济与社会发展"九五"计划和2010年发展纲要,研究确定城市的经济结构、产业方向,预测城市规模、人口增长和经济发展速度,重视研究社会主义市场经济体制对城市规划工作的影响和对城市空间布局的要求,优化城市用地结构,调整空间布局,重视发展城市规划的宏观调控作用,强调历史文化、名胜古迹保护和生态环境建设,注意防止市场经济条件下可能发生的人口过多集聚和对资源、环境的破坏。在规划编制中,注意遥感、计算机新技术的应用,普遍利用计算机进行数据处理、分析,提高城市总体规划的科学性和可行性。1998年以后,银川市在城市总体规划和城市分区规划的基础上,先后完成了工业园区和城市布局地区控制性详细规划9项,完成居住区和居住小区建设详细性规划近百项,完成了解放街改建规划和8个广场建设规划等。这些规划为银川市旧城改造和新区开发建设都起到了积极的指导作用,达到了良好的实施效果。其中,银川市鼓楼—玉皇阁地段保护及改建规划,1989年获建设部优秀工程设计二等奖、1990年获第四次全国优秀工程设计铜质奖。

2000年5月9日,国务院以国函〔2000〕39号文件,批复了《银川市城市总体规划》(1996年~2010年)。截至2000年底,全区20个市、县中,除石嘴山市以外,全部完成了第一轮城市(县城)总体规划的编制,并开展了控制性详细规划的编制工作,同时还进行跨211世纪城市总体规划的编制工作。石嘴山市城市总体规划虽已编制完成,但因种种原因,在2000年前未得到批复。

第三节 城市规划管理

管理机构

自治区管理机构 1929年宁夏建省时,设立了宁夏省建设厅,这是宁夏城乡建设最早的专门管理机构，但没有明确城乡规划的管理职能。

1958年宁夏回族自治区成立后，组建了宁夏基本建设委员会，职能包括全区的城市规划管理工作，即进行城市规划的部署。1961年之后，自治区建设行政管理机构设置虽几经变更，但城市规划管理的任务基本没有大的变动。

1983年进行机构改革时，在原宁夏基本建设委会的基础上成立自治区城乡建设厅，内设城市建设处，负责城市规划建设管理工作。2000年机构改革时，自治区建设厅内设城乡规划处。自治区建设行政主管部门在城乡规划管理方面的主要职能是：组织编制和监督实施全区城市和村镇体系规划，负责自治区人民政府交办的城市总体规划和地、市区域城镇体系规划、历史文化名城的审查报批，参与土地利用总体规划的审查，指导全区城市规划执法监察，指导城市和村镇规划、城市勘察和市政工程测量工作，负责规划单位的资质审查，负责城乡规划专业技术人员执业资格管理工作等。

市、县管理机构　1972年，银川市城市规划委员会成立，由自治区人民政府主要领导担任主任，自治区有关部门和银川市政府、相关部门的负责人担任副主任或委员。银川市城市规划委员会虽然是非常设机构，成员由相关部门的负责人兼职，但在实际工作中便于协调各个部门的工作关系，初步解决了过去规划与计划相互脱节的问题。1984年，银川市规划委员会内设由各方面专家组成的建筑艺术委员会，对银川大、中型公共建筑的建设风格、艺术造型、建筑色调进行审查把关。

1985年，银川市在原市城建局规划管理科的基础上，成立了银川市规划设计管理局，对全市城乡规划、勘察设计等实行统一管理，同时还成立了银川市市政警察大队，负责查处各类违章占地和违章建筑，保证规划实施。

1990年之后，各城市相继成立了规划管理机构，陆续组建了城建（规划）监察队伍。

管理法规规章

1984年1月，国务院颁布了《城市规划条例》，标志着城市规划工作开始进入法治阶段。同年2月29日，自治区第五届人民代表大会常务委员会第五次会议做出了《关于加强城市建设工作的决议》。

1989年12月26日，第七届全国人民代表大会常务委员会第十一次会议审议通过了《中华人民共和国城市规划法》，自1990年4月1日起实施。规划法对城市分类标准，城市规划的任务、方针、政策，城市规划的制定和审批程序，城市规划的实施及有关法律责任等，都作出了明确规定。1991年~1998年，建设部先后制定发布了《建设项目选址规划管理办法》《城市规划编制办法》《城市国有土地使用权出让转让规划管理办法》《城市绿化建设指标的规定》《城镇体系规划编制审批办法》《历史文化名城保护规划编制要求》《开发区规划编制管理办法》《省域城镇体系规划审查办法》等规章、办法。

1991年10月，自治区人民政府于1991年10月发布了《宁夏回族自治区城市规划管理实行"一书两证"制度的规定》，明确规定宁夏城市规划管理实行《建设项目选址意见书》和建设用地规划许可证、建设工程规划许可证制度。1994年10月14日，宁夏回族自治区第七届人民代表大会常务委员会第九次会议审议通过了《宁夏回族自治区实施〈中华人民共和国城市规划法〉办法》，自1995年1月1日起施行。2000年6月，自治区人民政府印发《关于加强和改进城乡规划工作的通知》，对城乡规划编制、审批、实施、监督管理等提出了明确要求。

根据国家和自治区有关城市规划管理的法律、规章，宁夏各市、县也结合当地实际，制定颁发了一系列管理条例、管理办法和规范性文件，基本形成了健全完善的城市规划管理法规政策体系。

规划实施

城市用地　宁夏回族自治区成立后，各城市对建设项目使用土地的管理，在各个历史阶段虽有所不同，但总的要求是一致的。即审查建设用地的选址是否符合城市规划，核定用地是否符合初步设计，用地定额是否符合节约土地的原则，征拨土地后是否做好补偿及对被征用土地者的安置工作等。在管理程序上，由建设单位向土地管理部门提出申请，经过选址，核定用地数量，审批征地安置方案，进行土地划拨。国务院分别于1982年、1984年颁布了《国家建设征用土地条例》、《城市规划条例》，城市用地管理走上了规范化轨道。全区各地认真贯彻条例，严格实施城市用地规划管理。1989年12月《中华人民共和国城市规划法》颁布及1991年《宁夏回族自治区城市规划管理实行"一书两证"制度的规定》发布后，各地在城市规划管理中严格坚持实行"一书两证"制度，凡城市规划区内的建设工程选址和布局，必须经规划管理部门的审查核发《建设项目选址意见书》，各项建设需要申请用地的必须经规划管理部门的审查核发建设用地规划许可证后，再向上级管理部门申请，办理征用或划拨用地手续。新建、改建、扩建的建筑物、构筑物、道路、管线和其他工程设施，办理经规划部门审查核发建设工程规划许可证后，方可办理开工手续，使规划管理工作进一步规范。

城市建设　《中华人民共和国城市规划法》和《宁夏回族自治区实施〈中华人民共和国城市规划法〉办法》颁布后，各城市人民政府正确处理城市建设中局部与整体、近期建设与远景发展、经济效益与社会效益、环境效益的关系，坚持原则，严格按规划进行建设，依法加强城市规划区内新建、改建、扩建等各项建设的统一管理，建立健全"一书两证"审核发放制度，逐步公开办事程序和办事制度，接受群众监督，避免审批环节的随意性，提高办事效率和管理水平。在城市住宅建设方面，改变见缝插针、分散建设的做法，实行统一规划、统一拆迁，成片改造、综合开发、配套建设，既改变了城市形象，又方便了居民生活。银川市新建的主要公共建筑，都要经城市规划委员会、建筑艺术委员会审查讨论，在建筑风格、层数、位置、造型、装修、色调等方面进行把关，重视建筑风格，突出西夏古都、回族之乡、塞上江南等特色。

违章建筑检查处理　违章建设是城市规划建设管理工作中的热点难点问题，严重影响城市形象和居民群众的生产生活。对未按建设程序取得建设工程规划许可证、建设用地许可证的建筑物及其它设施，各级建设、规划管理部门在政府的领导下历年进行清理检查和处理，每年对清理拆除违章建筑工作进行安排部署。各地在抓好城市总体规划修编、搞好分区规划、详细规划编制工作的同时，严肃查处违法占地和违章建筑，遏制违法违规建设行为。各市、县在实践中积极探索，积累经验，在查处中采取政府统一部署、相关部门协同作战、责任明确、分工合作。工作方法，基本形成了市、区、街道办事处上下联动的"三级"检查管理网络，有效地遏制了违法占地和违章建筑的蔓延。

第四节　主要城市总体规划简介

银川市

1958年版银川市城市总体规划　银川市的城市规划工作，于1958年5

月开始，最初由甘肃省城市建设局负责编制，以新旧城为主体。同年8月又由铁路设计院按近期30万～50万人，远期100万～120万人规模进行规划，建议在铁西辟新市区。9月，中国城市设计院派工作组到宁夏协助进行正式规划工作，对城市规模、城市用地选择、规划原则、用地定额指标等做了研究分析，经市委审查同意，确定在铁西建立新市区为银川市市区主体，近期（1962年）人口规模10万人，远期（15年～20年）人口规模40万～50万人，设想将来新城区可与新市区连成一片，旧城逐步改造为人民公社居民点或新市区的卫星城，近期为支援新市区建设的基地。

这次规划采取了远、近期结合，近期紧凑发展，进可攻、退可守的规划原则。改变了此前支撑起城市架子，由远到近，由外向内逐步充实，近期分散、零乱的规划手法。

银川市生活用地定额指标（1958年城市规划）

表3-1

	近期（m^2/人）	远期（m^2/人）
居住用地	11	22
居住面积	4	9
公共建筑用地	5	11
道路广场	4	8
绿　化	3	5

1983年版银川市城市总体规划　1983年10月经国务院批准的《银川市城市总体规划》贯彻“合理发展中等城市”的方针和从实际出发、量力而行、积极改造旧城、逐步发展新市区的原则，确定了银川城市发展中面临的一些具有全局性、整体性的问题。基本内容是：

城市性质：银川是宁夏回族自治区首府，是全区政治、经济、文化、科研中心，是以发展轻纺工业为主，机械、化工、建材工业协调发展的综合性工业城市。

城市规模：到2000年城市人口发展到30万人，城市用地面积46平方公里。

城市布局：根据城市现状和用地条件，城市总体布局采用“多中心并联式”模式。已形成的旧城、新城、新市区3片市区既是统一的城市，又是一组相对独立的小城镇群。各片市区设有相对独立的道路网、供排水系统和生活服务设施。3片市区功能各异，各有特色。旧城是西夏国的国都所在地，虽历经战乱和地震破坏，仍保留着原有的城市格局及一些文物古迹，规划中基本保留原来的特色，作为银川的文化古迹中心和市级行政中心；新城具有工业镇的特点；新市区规划为自治区行政中心、文教科研中心和工业中心。旧城、新城工业用地，在现状的基础上进行调整，相对集中，对居住区内有污染的和易燃易爆的工厂、仓库、站、场逐步搬迁至城市边缘。新市区除发展南部工业区外，将北部的宁光电工厂附近留做工业发展备用地。城市远景发展方向确定在新市区纬二路以北地区。

城市建设方针：从银川已经形成旧城、新城、新市区三片市区，并各具特点的现实情况出发，确定了“合理利用和有计划地改造旧城，逐步建设新市区”的方针和“旧城抓改造，新城抓配套，新市区抓基础设施”的总原则，以及“六五”期间“以旧城改造为重点，以改造解放街为突破口”的实施步骤，正确处理了旧城改造和新市区建设的关系。

这个总体规划还提出了对外交通、城市道路、给水排水、供电通讯、燃气供热、城市住宅、园林绿化、环境保护等专项规划，以及近期建设主要项目。

2000年版银川市城市总体规划　2000年5月国务院批准的《银川市城市总体规划》(1996年~2010年)，是在1983年版的《银川市城市总体规划》基础上，结合银川经济社会发展变化和建立社会主义市场经济体制的需要而修编完善的，这次规划确定的银川市总体空间布局的原则为“一城两区，空间间隔，功能互补，协调发展”。《国务院关于银川市城市总体规划的批复》(国函〔2000〕39号)明确提出：

银川市是宁夏回族自治区首府，国家历史文化名城。银川市的城市建设与发展要遵循经济、社会、人口、环境和资源相协调的可持续发展战略，有重点地发展高新技术产业，不断完善公共服务设施和城市功能，把银川市建设成为经济繁荣、社会文明、民族团结、设施完善并具有民族特色的现代城市。同意《总体规划》确定的1375平方公里的城市规划区范围。在城市规划区内，实行城乡统一规划管理。要保持“一城两区”的布局结构，严格控制好东部城区和西部城区之间的绿色空间。要积极发展西部城区，控制东部城区的发展，尤其要严格控制东部城区向东扩展。要以中心城市为核心，统一考虑郊区和贺兰、永宁两县的空间布局和职能分工，加大市域西部城镇建设和经济开发的力度，逐步形成规模适度、功能合理的市域城镇体系。在市域城镇体系规划指导下，做好县域城镇体系规划，促进城乡经济社会协调发展。严格控制城市的人口和建设用地规模，保护耕地、节约用地。到2005年，城市实际居住人口要控制在66万人以内，建成区建设用地控制在69平方公里以内；到2010年，城市实际居住人口要控制在72.5万人以内，建成区建设用地控制在76平方公里以内。加强基础设施的规划建设。加强东部城区和西部城区之间的快速交通联系，综合考虑两区的道路网结构，以形成合理、完善的道路网系统。优先发展公共交通。重点完善西部城区基础设施。要加强对水源地的保护，加大节水力度。高度重视城市防灾工作，妥善解决好主城区防震灾的问题，并根据防震灾的需要，控制东部城区的发展；充分利用洼地、沙漠、荒地的滞洪条件，扩大泄洪能力，并严禁在滞洪区内进行建设。加强城市环境综合治理，保护和改善生态环境。要加大工业污染治理的力度，确保工业区与生活居住区的绿化隔离带不受侵占。要结合城市防护林地及河道水网绿化，形成完善的城市绿地系统，突出"塞上江南"的风貌。要加强对银川周围湖面湿地及贺兰山自然保护区的保护工作。重视城市风貌和特色保护。银川市是国家历史文化名城，要以保护西夏历史文化遗产为中心，重点保护好西夏古都城市格局和西夏王陵、海宝塔等文物保护单位及其周围的历史文化风貌。在城市建设中，要注意突出民族和地方特色。严格实施《总体规划》。《总体规划》是银川市城市建设、发展和管理的依据，城市规划区内一切建设活动必须符合《总体规划》的要求。要抓紧编制分区规划等各层次规划，深化必要的专业规划，进一步建立和健全城市规划、建设和管理的各项法规，强化全社会遵守城市规划的意识。城市规划行政主管部门要依法对城市规划区范围，包括开发区在内的一切建设用地与建设活动实行统一、严格的规划管理，切实保障规划的实施。市级规划管理权不得下放。驻银川市各单位都要遵守有关法规及《总体规划》，服从城市规划管理，支持银川市人民政府的工作，共同努力，把银川市规划好、建设好、管理好。

这次总体规划确定的期限为近期1996年~2000年，远期2001年~2010年，远景2010年以后。主要内容为：

1. 社会经济发展策略与发展目标。近期(2000年),银川市城市社会经济发展的主要任务是:充分发挥中心城市的优势,加强第一产业,壮大第二产业,发展第三产业,强化经济辐射力度,提高社会文明程度。到2000年,实现人均国内生产总值比1980年翻两番半,人民生活达到小康水平,进一步发挥带动全区经济发展的作用。远期(2010年),人均国内生产总值比1995年翻两番,把银川市建设成为西北地区东部经济、交通、科技、文化和旅游综合发展的初步现代化大城市。

2. 全市人口规模。近期:市域总人口100万人,城市人口50万人;远期:市域总人口120万人,城市人口72.5万人。

3. 推进技术进步与经济增长方式的转变。根据银川市以化工、建材、机械、食品为主导行业的工业结构特征,技术进步的重点首先在于引进适用技术,改造现有工艺流程,推行清洁生产。同时,有重点地发展高新技术产业。城市新建工业项目,应严格执行国家产业技术政策和环保法规所制定的规模效益标准、技术标准和环保标准,确保新建项目的效益指标和洁净技术达到同期领先水平。大力普及推广成熟的环保技术及设施,加强对工业污染的控制和治理。严格控制资源能源消耗高、污染严重的工业在城市发展。

对城区实行"退二进三"的产业发展原则,第三产业的发展以高层次的金融保险、商业贸易、商务管理和行政管理为重点;适当发展部分无污染的轻型工业产业,将重型工业向新城区工业用地集中。对新城区实行"优二兴三"的产业发展原则,优化第二产业,提高工业企业管理水平和工艺技术水平,壮大支柱行业规模,发挥规模经济效益;强化"科教兴市"的城市发展方向,充分利用新城区科研院校集中的优势,加强科研院校与生产企业的联合协作,大力发展信息咨询和技术服务行业;充实和完善新区的公共服务设施。

至2000年,银川市产业结构逐步调整为:一产13.5%,二产43.5%,三产43%。至2010年,银川市产业结构逐步调整为:一产9%,二产43%,三产48%。

4. 市域城镇发展战略。这次规划所称银川市市域是指银川市行政区划范围,包括城区、新城区、郊区、贺兰县和永宁县,总面积为3499平方公里。市域城镇化水平近期达到62%,远期达到70%。

5. 市域城镇体系建设目标。增强市域经济的整合度,以中心城市为核心统筹郊区和两县的空间布局和职能组织;加大市域西部城镇建设和经济开发的力度;调整乡镇的行政区划,实施撤乡并镇,归并规模过小的乡镇。

6. 市域城镇体系结构。城镇体系等级规模结构:按照中心城市、县域中心镇、重点城镇、一般城镇四个层次的等级序列,实施银川市域城镇体系的开发建设,与行政区划和村镇布局调整。

7. 远期规划确定。一级:中心城市1个(银川市区:包括旧城、开发区、新城和新市区);二级:县域中心镇2个(习岗、杨和);三级:重点城镇8个(洪广、李俊、望远、立岗、金贵、金山、平吉堡、黄羊滩);四级:一般城镇9个(望洪、增岗、掌政、通桥、仁存、带信、芦花、通贵、镇北堡)。

长庆石油勘探局银川燕鸽湖基地为独立工矿居民点,远期人口规模为3万人。

到规划期末,银川市域建制镇总数将达到19个,建制镇的平均人口规模接近1万人

8. 市域城镇体系空间结构规划。随着市域西部金山、镇北堡、芦花、平吉堡、黄羊滩等一批新城镇的开发建设,市域西部人口和城镇空间分布密度将有较大幅度的提高,区域经济发展不平衡的格局将得到一定程度的改善。

沿山公路一带将成长为市域城镇经济发展的二级主轴,市域城镇经济发展空间轴线的构架将由"┤"型逐渐发展演化为"H"型。这一"H"型的轴线构架也是宁夏回族自治区北部南北向的主城镇带的核心组成部分。

1995年至2010年期间,市域内以"四纵七横"为骨架的公路网建设和公路等级的改善提高,将大大加强市域范围内城区和各级城镇之间、城乡之间的运输经济联系。

在市域经济的空间整合度大幅度提高的基础上,银川市域将初步形成以城区为核心、县城镇为分区中心、建制镇为基础,联系密切、分工有序、城乡一体的网络型城镇体系空间结构。

9. 市域基础设施规划。姚叶高速公路从长庆油田勘探局银川燕鸽湖生活基地东侧通过。分别在贺兰、银川市区交叉口及永宁留有四个高速公路出入口。

垃圾处理场:分别位于新市区长城机床厂南面和旧城东北角八里桥。城市垃圾分类处理后可用于农田肥料、低洼地填筑材料、工业回收料等。

保证银川市城市发展对地下水资源的需求,重点保护城市南部水源地。

城市性质:银川是宁夏回族自治区首府,全区政治、经济、文化中心;国家历史文化名城;西北地区东部重要的区域中心城市。城市经济结构:高效优质的第一产业;实力雄厚、技术先进的第二产业;高层次的、发达的第三产业。

城市人口规模:近期(2000 年)50 万人,中期(2005 年)66 万人,远期(2010 年)72.5 万人。

用地规模:近期(2000 年)城市建设用地 59 平方公里,人均 105 平方米;中期(2005 年)69 平方公里,人均 105 平方米;远期(2010 年)城市建设用地 76 平方公里,人均 105 平方米。

10. 城市用地布局规划。布局原则:一城两区、空间间隔,功能互补、协调发展。城市用地发展方向:近期完善城区的功能,控制用地规模;中远期主要向新城区的南、北、西三个方向发展。北二环路以北、红花渠以东不再安排新的建设项目。城区与新城区之间留有 1.5 公里 ~2 公里宽度的农田保护区和绿化地带,严格控制建设。布局结构:城市总体布局布局采取"一城两区"的双核结构,即银川市城区由城区和新城区组成。

11. 功能分区。城区——以行政办公、商贸和居住为主;新城区主要以文教科研、工业和居住为主。产业发展:城区——以发展高层次的金融、保险、商贸、商务和行政管理等第三产业为主,保留无污染的轻工业;新城区——优化第二产业,壮大支柱行业规模,为今后国家和自治区重点建设项目留有工业备用地。发挥科研集中优势,大力发展技术服务行业,充实完善新市区的公共服务设施。

12. 居住用地规划。新居住区建设与现有居住用地改建相结合,全面提高居住水平,改善居住环境。保护历史文化名城并满足抗震防灾规划的要求,适当降低旧城居住建筑密度。节约利用土地,适当提高新市区居住建筑密度。各类居住用地均应采取集中成片开发的方式,统一规划、统一建设。居住用地内不得安排二、三类工业项目,对现居住用地内影响生活环境的工业项目逐步搬迁或改造。居住区建设应以《城市居住区规划设计规范》为依据,建设风格类型多样、配套完善的现代化居住区和居住小区。居住用地指标:至 2010 年全市 72.5 万人,居住用地 20.3 平方公里,人均居住用地 28 平方米,人均居住水平 15 平方米。居住用地布局:在城区和新城区北部发展居住用地，居住用地在城区外围适当集中，按照居住区、居住小区成规模，统一规划建设高质量居住用地。城区外围地区发展四片相对集中的新建居住用地，面积约530公顷，可容纳约20万人；城区共形成9个居住区，居住用地10.2平方公里，居住人口约38万人。新城区北部地区发展的新建居住用地，面积约440公顷，可容纳15万人。新城区共形成10个居住区，居住用地10.1平方公里，居住人口约35万人。配套公共设施：每2~3个居住区的配套服务设施适当集中，形成片区中心，为8万~10万人服务，全市共形成7个片区中心。城市中心地区的居住区配套服务设施与城市公共中心相结合。严格按《城市居住区规划设计规范》配建各类居住绿地，加强宅间绿化建设，优化居住环境。

13. 城市绿地规划。强调和突出“塞上江南”的自然风貌，结合城市生产防护林带及河道两岸水网绿化，点、线、面结合，形成完善的城市绿地系统。公共绿地按市、区、居住区和小区四级配置，加强道路绿化。将郊区大片的林地、农田通过河道绿化及道路绿化引入城市。连接城市外围的郊野公园、城市公园、滨河林荫道和城市道路带状绿地，形成大环境绿化系统。利用水渠绿化，开辟城市公园与滨河风景绿带，形成生活性绿环；城市边缘地带设交通防护绿地，保护自然生态环境，形成连续防护性绿环。规划在工业区与生活区之间，沿高速公路、过境公路两侧及高压走廊布置绿化隔离林带。至2010年，新建市级综合公园2个，专项公园4个，区级综合公园2个，居住区级公共绿地13处及多处街头公共绿地，苗圃4处。结合居住区规划，按标准配套建设小区级小游园。至2010年，规划城市绿地面积达1266公顷，占规划城市建设用地16.7%，人均绿地面积为17.5平方米；其中规划公共绿地面积为742公顷，占规划城市建设总用地9.8%，人均公共绿地面积10.2平方米。

14. 城市景观规划。城市景观走廊为：同心路、兴庆路、宁大湖东路、怀远路、兴州路、银新北路、满城南街、银新南路和解放街。传统风貌街区：玉皇阁—鼓楼、承天寺、南薰门构成的区域为规划的传统风貌街区。新城区原民航机场用地和兴庆路两侧，为银川市新中心区的现代建筑区。海宝塔、承天寺、玉皇阁—鼓楼、南薰门广场、光明广场及火车站广场、原民航机场用地和兴庆路两侧公建等，为银川市的标志性地区和标志性建筑所在，规划建设应留有足够的通视走廊。城市东入口为北二环路与姚叶高速公路的立交口处、银古公路与姚叶高速公路的交叉口处，这两处的景观要突出识别性。城市西入口主要为北京西路的西端，城市景观结合一侧的绿化防护林带，增加景观内涵，突出绿化环境。银川市西边贺兰山脚下为以西夏王陵风景区为主的城市名胜古迹旅游带。景观以西夏人文景观和贺兰山森林灌木风光为主。城区和新城区的空间间隔地段，呈现“塞上江南”的绿化和水系湖泊景观。

15. 历史文化名城保护规划。保护规划原则是在系统发掘、保护和利用历史文化遗存的基础上，强化对历史文化和生态环境的保护意识，从城市总体上，甚至更大的范围内，提出以继承历史文化传统风貌及确保景观生态环境为重点的、比较完整的综合设想。

发展保护旧城（即西夏古都）原有格局和传统风貌特色，妥善处理好旧城保护和经济发展的矛盾，从整体上提高对历史文化遗产的保护水平。

保护范围：银川市现有市域3499平方公里以内。

总体设想和保护重点：一个中心——以西夏历史文化为中心；两大片——西夏古都和西夏王陵；三条线——具有悠久历史的灌溉渠系唐徕渠；反映传统历史文化的沿贺兰山东麓旅游线；体现古城风貌特色的一条街——中山南街南段；五片重点保护区西夏王陵；海宝塔及寺院；承天寺塔及寺院；玉皇阁及鼓楼；南熏门搂及广场；26个保护重点——海宝塔、承天寺塔、拜寺口双塔、宏佛塔、拜寺沟方塔、李俊塔、暖泉汉墓群、西夏王陵、大口子遗址、贺兰岩画、马莲口佛塔佛像、山嘴沟千佛洞、镇北堡城堡、三关口古长城、纳家户清真寺、鹤泉湖景区、唐徕渠、银川中大寺，居士林、玉皇阁、鼓楼、南熏门楼、文昌阁、古铜钟。

2000年版的银川市城市总体规划还同时提出了对外交通、城市道路交通、供水工程、排水工程、供电工程、电信工程、环境保护、环境卫生设施、燃气工程、供热工程、综合防灾、消防工程、人防工程等专项规划，提出了城市远景构想河实施城市总体规划的措施。在城市远景构想中，针对银川市区及周边城镇的发展情况，银川远景不宜只限于市区发展，未来的银川市应该是在市域范围内的银川，简称“大银川”。至2050年城市远景总用地控制在140平方公里，城市人口控制在120万人。

银川市域辖区面积及人口分布(1995 年)

表 3－2

	辖区面积(平方公里)	总人口(万人)	非农业人口(万人)	非农业人口比重(%)	人口密度(人/平方公里)
全　市	3499	89.38	47.63	53.29	255
市　区	1277	54.49	42.46	77.92	427
城　区		23.08	23.08	100.00	
新市区		19.38	17.54	90.51	
郊　区		12.02	1.84	15.31	
永宁县	1015	17.71	2.56	14.46	175
贺兰县	1207	17.18	2.61	15.19	142

银川市现状城市建设用地平衡表(1995 年)

表 3－3

用地代码	名称	面积(万平方米)	比例(%)	人均(平方米/人)
R	居住用地	1345.4	28.3	29.4
C	公共设施用地	763.5	16.0	16.7
M	工业用地	1063.3	22.4	23.2
W	仓储用地	331.5	7.0	7.2
I	对外交通用地	185.5	3.9	4.1
S	道路广场用地	406.0	8.5	8.9
H	市政设施用地	196.4	4.1	4.3
G	绿地	263.2	5.5	5.7
D	特殊用地	205.2	4.3	4.4
	城市建设用地	4760.0	100	103.9

注:现状城市人口按 45.8 万计。

石嘴山市

石嘴山市从 1959 年～1995 年先后共进行了 6 次城市总体规划编修工作,但由于种种原因,一直没有经过正式批准。1995 年以后根据石嘴山市的发展状况，进行了新一轮的总体规划修编。主要内容为：

1. 规划原则。以宁夏经济和社会发展战略总方针提出的“北部重镇”为中心，以实现石嘴山市国民经济社会发展“九五”计划和2010年远景目标为宗旨，结合石嘴山市城市组群分布状况和地区资源优势，以及经济、产业结构的调整，从区域经济和社会发展的程度，在更大地域范围内寻求拓宽城市发展方向，保持城市规划和建设的可持续性、可操作性发展。在注重经济、社会、环境效益相统一的同时，体现民族风格、地方特色和时代气息。规划遵循“积极发展中心城市，重点建设卫星城，注重培育中心城镇，引导扶持基础城镇”的指导思想，确定“着重发展大武口、积极改造石嘴山、调整完善石炭井”的城市建设原则。

2. 规划范围。本次总体规划界定规划区总面积为562平方公里由大武口片、石嘴山片、石炭井片、王泉沟水源地片四大片组成。

3. 规划期限。近期为1995年~2000年；中期为2001年~2010年；远期为2011年~2020年；远景为展望21世纪中叶。

4. 城市规划用地规模。近期42.3平方公里；中期49.4平方公里；远期52.2平方公里。

5. 城市人口规模。近期32.5万人；中期39.5万人；远期45万人。

6. 城镇体系规划。石嘴山市行政区划范围包括大武口、石嘴山、石炭井和平罗、惠农、陶乐三县，总面积为4454平方公里。市境城镇体系建设的目标为增强市境经济发展的整合度，使城镇职能分工合理化，强化中心城地位的核心作用，提高城镇体系中同层次的次位度，加速发展具有向农村腹地经济渗透作用的基础城镇，建立具有层次等级序列化的市境城镇体系。

按照“中心城市、副中心卫星城市、中心城镇和一般基础城镇”四个层次的等级序列，划分城镇体系的等级规模。大武口区是市境中心城市，具有综合性城市职能，为全市科技、教育、文化、旅游的发展服务，为全市对外开放和区域经济技术合作交流服务，具有辐射带动功能；石嘴山区是市境北部以煤炭采掘业为主的副中心卫星城市；平罗是以轻工、商贸和交通为主的副中心卫星城市；其他城镇职能综合归纳为综合性城镇、工矿性城镇、交通性城镇和农贸性城镇。其中惠农县城和陶乐县城为综合性城镇，汝箕沟、红果子、大武口沟口和隆湖开发区为工矿性城镇；太西镇、西大滩、渠口和崇岗为交通性城镇;宝丰、黄渠桥、姚伏、头闸和礼和为农贸性城镇。城镇发展建设遵循“积极发展中心城市、重点建设卫星城、注重培育中心城镇、引导扶持基础城镇”的指导思想,实行“按计划、有重点、分阶段、有步骤的同步实施”的基本原则。

7. 城市用地布局分为3个区。(1)大武口区,采用“一城(中心组团)、两翼(煤机总厂组团和大武口沟口组团)”的布局结构,工业以非污染和高、精、尖、轻工业为主。(2)石嘴山区,采用“一城两区(老城区和河滨工业园区)”的布局结构,工业以重工业为主。(3)石炭井区,采用“条带状”扩大型的布局结构,工业以煤炭采掘工业为主。

吴忠市

吴忠市的总体规划编制于1983年,并于1984年经自治区人民政府批准实施。到1992年,原总体规划制订的近期目标基本达到或有所超出,因此,市政府在1993年对总体规划进行了第一次调整,1996年又再次完成了总体规划调整工作。

1984年版总体规划　1984年批准的吴忠市城市总体规划确定的城市性质是:“银南地区的政治和经济中心,自治区南北交通的要道,陕甘宁蒙传统贸易活动的交换中心。”城市的发展方向是:“成为银南地区大型农贸市场和食品加工工业基地,为大工业配套服务的机械加工工业城市。”在布局上,考虑吴忠、金积、九公里(即金银滩)三个片区,其中金积镇以农副产品加工为主,九公里镇以重工业、机械及化工为主。

该版规划的重点是解决城市功能分区不明确、居住和绿化用地严重缺乏等问题。当时现状人口为3.9万人,城市建设用地3.5平方公里;规划近期1990年人口6万人,用地6平方公里;远期2000年人口8万人,用地7.2平方公里。

在这一版总体规划的指导下,城区经过8年多的建设,面貌发生了巨大的变化。兴建了裕民、北门、红星、金星、民生西街、裕西等一批4层以上、设施配套的楼房住宅区,缓解了住房紧张的状况。建成了人民商场、长庆商场、朝阳商场、五金百货大楼、商贸大厦等市级商业服务设施。新开辟建设了街心公园和秦渠小游园以及文化娱乐、医疗卫生、学校等设施。此外,基础设施建设也得到很大的推进,拓宽改造了利通、裕民、朝阳、胜利、文卫、西环等主要道路;建成了日供水1.1万吨的自来水厂一期工程和相应的供水管网。为发挥吴忠商贸集散地的优势，建成了大型全覆盖式的吴忠市场，开辟了木材批发市场和东郊、左营、五星等多处专业市场。

但是，在建设过程中，城市功能分区不明晰的问题依然存在。而且随着房地产业的兴起，许多问题日趋明显，如城区建筑密度过大，规划保留的绿化和停车用地被占用，基础设施建设缺乏统一的管理等。

1993 年版修订调整规划　1992 年，吴忠市城区人口已达 9 万多人（包括农业人口），城市建设用地为 5.6 平方公里，原总体规划制订的近期目标基本达到并有所超出。因此，1992 年对上版总体规划进行了修订和调整，并于 1993 年通过了自治区城乡建设厅和吴忠市人民政府的审查。

这次调整规划提出吴忠是"银南的政治、经济、文化和交通中心，陕甘宁蒙传统的商品贸易中心，农副产品等物资的主要集散地之一，宁夏主要的回族聚居区之一，宁夏引黄灌区主要的农业和地方工业生产基地。"城市重点发展方向是"以民族贸易为导向，贸工农结合，城乡一体化全面发展"，成为贸工农并重、农副产品丰富、民族风情浓郁、科技教育发达、劳动者素质较高、具有较强吸引力和辐射力的塞上新城。规划 2000 年城区人口 12 万人；2010 年 15 万人，城市建设用地 14.7 平方公里（不包括原规划用地平衡表中的沟渠用地和发展用地）。

该版调整规划提出，城区依托旧城并环周边向外扩展。城区外围规划了东、南、西、北 4 条疏导过境交通的环城公路；城区内开辟和完善十来个专业市场，以及体育中心、公园、职业培训学校等设施；新建工业和仓储项目一般不再安排在城区内，原有的污染严重的工厂限制发展。同时规划沿吴忠至金积镇一线建成"工贸长廊"，重点发展电子、轻纺、塑料、食品、木器家具和私营工商业。

此次调整规划在对外交通布局方面对上版的总体规划进行了完善和补充，但在城区道路网络的规划方面，忽略了东西向交通联系的组织，缺乏东西向干道。

1996 年的再调整规划　随着改革开放的不断深入，国家经济建设高潮的到来，吴忠市的地位和作用发生了较大的变化。1993 年的调整规划被认为规模偏小，缺乏一定的适应性和灵活性，故在 1996 年再次进行了调整。这次规划在 1993 年调整规划的基础上提出了发展民族经济和发挥商埠优势的指导思想,以及把吴忠建设成为“银南中心城市和宁夏中等城市”的目标。规划确定城市的规模目标分成三个发展阶段:第一阶段人口9万人,用地9平方公里;第二阶段人口12万人,用地12平方公里;第三阶段人口18万人,用地18平方公里。

此次规划除了略扩大城市发展规模外,对上版规划的城市道路网络稍做了局部调整,增加了道路密度,同时首次提出了城市规划区的范围为利通区行政区划范围。

2000年城市规划　受吴忠市人民政府委托,中国城市规划设计研究院承担了吴忠市城市总体规划(1998年~2020年)的修编工作。2000年1月6日吴忠市城市总体规划通过了评审。

1. 规划期限。近期建设规划1999年~2005年;中期规划2006年~2010年;远期2011年~2020年。规划还对2020年以后的远景发展提出战略性框架。

2. 规划范围。城市规划区范围为吴忠市利通区行政管辖范围,包括吴忠、金积和金银滩3镇及东塔寺、上桥、古城、早元、陈袁滩、秦渠、马家湖、板桥、马莲渠、高闸、汉渠、杨马湖、扁担沟、黄沙窝等14个乡,面积1112平方公里。

城市性质:宁夏的经济次中心;宁夏南部地区及与甘肃、陕西、内蒙古接壤的经济边缘区的经济中心;以机械、食品、医药和商贸服务为重点的综合性城市。

3. 人口发展规模。规划2005年、2010年和2020年城区总人口分别发展到14万人、16万人和22万人。人口户籍构成为2005年非农业人口10.7万人,农业人口3.3万人;2010年非农业人口13.5万人,农业人口2.5万人;2020年非农业人口21万人,农业人口1万人。

4. 城市建设用地规模。根据合理利用土地资源、节约耕地、保护耕地的指导思想,以及国标的规定,规划人均城市建设用地指标控制在90平方米以内。规划城市建设总用地2005年控制在12平方公里,2010年控制在14平方公里,2020年控制在19.7平方公里。规划在2020年中心城市建设总用地为19.7平方公里,人均城市建设用地89.7平方米。

5. 城市用地发展方向。规划城市建设用地的主要发展方向是北部和南部。局部地段将开敞空间楔入环城公路深入城区,形成虚实结合、空间实用、效益优化的集合型发展的城市形态。依托老城,充分利用现状环城公路及现有的基础设施,在路网规划和新增用地时尽可能减少现状拆迁量,充分利用闲置空地,提高土地的使用率。控制现状城区东南向的用地发展,着重安排好北部以及南部的用地布置和对外衔接。老城区的规划应与新区的成片建设有机结合,以形成完整的城市风貌体系、功能结构和交通体系。

6. 城市绿地系统规划目标。加强城区、秦渠两岸及环城公路两侧的绿化建设,形成以城市公园、环城渠系、环城绿带、街头绿地及道路绿带为主的城市绿地系统,高起点地建设具有"塞上江南"城市特色的绿地景观,确保城市环境的改善和达到国家人均公共绿地标准目标的实现。

7. 城市景观规划目标。尊重城市历史,重视城市文脉的延续,塑造具有浓郁回族风情和浓厚文化品位的城市空间环境。

8. 环境保护目标。规划城区秦渠以南地的工业区应达到三级标准环境质量,即大气控制在国家大气环境质量的三级标准以上;噪声控制在 65 分贝以下。秦渠以北市区应达到二级标准环境质量,即大气控制在国家大气环境质量二级标准;噪声控制在 55 分贝以下。

青铜峡市

青铜峡市城市规划始于建市初期的 1961 年,当时市址设立在青铜峡河东地区,即建设拦河大坝的工地福利区。在此地能否建成城市,缺乏科学依据。1961 年 7 月,青铜峡工委决定由市计委组成城市建设用地选择调查组,经过对卡子庙、大坝农场、马长滩等 7 处实地勘察比较,认为在河东地区进行城市建设没有发展前途,最后推荐大坝农场为青铜峡市城市建设适宜地区,并进行初步规划。后因市改县,县府迁回小坝,规划未能实现。

1981 年,青铜峡县委设立城市规划领导小组,对小坝、青铜峡两镇进行了全面规划,1982 年和 1984 年进行了县城及乡镇规划,1986 年又进行了新市址规划,但因种种原因未能实施。1999 年又重新对最终确定的市址小坝及各乡镇建设规划进行了修订。根据青铜峡市社会经济发展与城乡建设的需要,将规划范围分划为三个层次:即规划控制区、城市规划区和城市建设区。考虑到城市建设发展的需要,将规划时限定为两个时期:近期为 1990 年至 2005 年;远期为 2006 年至 2020 年。远景设想到 2050 年,只进行城市形态的宏观预测。城市规划用地规模:近期(2005 年)占地 1286 公顷,远期(2020 年)占地 1852 公顷。城市人口规模:近期(2005 年)人口 9.7 万人;远期(2020 年)人口 15.3 万人。

1. 规划控制区。青铜峡市城市总体规划中对市域城镇体系进行统一规划,明确各乡镇性质、规模及职能,使中心城市、镇、乡、村形成社会经济发展的互动网络,城市规划区确定青铜峡市行政区为规划控制区,面积为 1898 平方公里。

2. 城市规划区。根据青铜峡市中心城市与周边地区的相互关系,特别是水源、能源、生态、城市防灾以及城市发展用地等几个因素,规定小坝镇、青铜峡镇、小坝乡、大坝乡、中滩乡的行政区以及大坝镇、立新镇行政区的沿山公路以东地区,为青铜峡市中心城市规划控制区,面积 372.3 平方公里。

3. 城市建设区。青铜峡市城市建设是在小坝镇、大坝镇、青铜峡镇的基础上发展起来的,3 镇为城市未来发展提供建设用地。城市规划确定小坝镇、大坝镇、青铜峡镇为青铜峡市中心城市区,形成 1 市 3 镇的组团结构,面积为 32 平方公里。

4. 城市性质。青铜峡市是宁夏回族自治区经济核心区的重要组成部分,是全自治区重要的以电力、冶金为主导,以建材、化工、农副产品加工为辅的重工业城市和自治区风景旅游城市。其职能为承银川、吴忠经济辐射力带动自身建设发展,发挥地区核心作用,辐射周边城镇,带动全市城镇体系及社会经济的建设与发展,促进自治区社会经济与生态环境的进步。小坝镇为青铜峡市的政治、文化、商贸中心。作为城市主要发展区,以生活居住、行政办公、金融商贸、文化教育等为主要发展方向。技术密集型的无污染工业及第三产业为该区的主要产业构成。大坝镇是中心城市的重工业区,也是城市对外交通的门户,重点发展冶金、建材、化工等高耗能、大运量的三类工业,以及仓储运输业。逐步完善配套基础设施,满足工业发展的需要。青铜峡镇为一、二类工业及旅游服务发展区,产业以电力、加工业及旅游业为主,逐步完善生活居住及配套设施建设,带动青铜峡市黄河以东地区的发展。加强城镇与集镇建设,完善基础配套设施,辐射周边乡村,带动周边乡村的经济发展。重点发展瞿靖、叶盛、峡口等建制镇及各乡政府所在地的城镇与集镇建设,加快城乡二元结构的转化和城市化进程。

5. 城市建设用地规模。根据 1997 年 7 月对青铜峡市城市用地现状调查，青铜峡市城市现状总用地约为 14.1 平方公里，现状建设用地 11.5 平方公里，现状人均建设用地为 157.6 平方米。由于青铜峡市现状建设水平高低差别较大，基础设施建设严重滞后，文化、体育设施建设用地不足，城市绿地匮乏，仓储区占地较大，城市生活服务功能不能很好地发挥。为了改变这一现状，完善城市功能，必须保证市政公用设施、公共服务设施、城市绿地等建设用地，适当提高人均建设用地指标，依据国家《城市用地分类与规划建设用地标准》，确定青铜峡市中心城市规划建设用地人均指标为 120 平方米。由于 3 镇的现状用地差别较大，对 3 镇的人均规划建设用地指标选用不同的标准。小坝镇主要做生活居住组团，人均规划建设用地指标采用 60 平方米。大坝镇的支柱产业青铜峡铝厂及长庆油田转运站等单位占地相当大，加之特殊的地形地貌影响用地规模，人均规划建设用地标准采用 280 平方米。青铜峡镇工业用地和特殊用地的比例相当大，是不可调整的部分，人均规划建设用地标准采用 140 平方米。根据中心城市人均规划建设用地指标和人口规模，中心城市规划建设用地为 2005 年城市建设用地 1164 公顷，2020 年城市建设用地 1836 公顷。

灵武市

灵武县城总体规划始于 1985 年 7 月，由宁夏城乡规划设计研究所协助编制，1986 年 7 月《灵武县城总体规划(1986 年～2000 年)》批复实施。1990 年之后，根据灵武县经济社会发展对城市建设的需要，开始在原总体规划的基础上进行修编完善，1994 年 5 月自治区人民政府批复了修编完善的《灵武县总体规划(1993 年～2010 年)》。这次规划修编主要调整了用地布局，使各类用地特别是工业和居住用地更趋于合理；确定城区路网格局上的完整统一；城市形态趋于完善。这个规划对灵武县城的建设起到了重要的指导作用，城市建设步伐加快，功能不断完善，城市面貌发生了显著的变化，成为全县经济发展中的主要基地和载体。但同时随着改革的不断深化，城市经济结构的重大调整，人民生活水平的进一步提高和对城市功能的多样化、现代化的需求，这个规划在某些方面还是不能满足城市建设和管理的要求，在实施过程中由于诸多因素影响，致使居住用地失控，挤占绿地面积，城市交通组织欠妥，对城市秩序形成较大干扰，环境污染问题没有很好解决，重工业区设置在城市主导风向的上风而没有隔离,城区功能的正常发挥受到一定限制等问题逐渐凸显。

1996年5月,经国务院批准,灵武县撤县设市。灵武撤县设市成为城市经济发展的积极助推因素,同时也对城市规划建设管理提出了新的要求,亟需对原总体规划调整修编。

2000年,灵武市人民政府委托西安市城市规划设计院在《灵武县城总体规划(1996年~2010年)》的基础上,调整修编了《灵武市城市总体规划(1999年~2020年)》,于同年8月完成。

这次总体规划的期限为:近期1999年~2005年,中期2006年~2010年,远期2011年~2020年,还对2020年之后的远景发展提出战略性框架。城市规划区范围为城镇行政管理范围及东塔乡和灵武农场部分行政管理范围,总面积15.7平方公里。

这次总体规划在充分考虑现状的基础上,中心城市规划方案形成了"一个水系、两个中心区、四个新的生活居住片区、五个公共服务中心、一个绿化隔离区"的布局。一个水系即利用现状西湖公园及沟渠改造,形成城市的绿地、水系风光带;两个中心区即老城区和北门307国道沿线的工业区;四个新的生活片区即以老城为中心,向东、西、南、北形成四个新的城市生活居住片区;五个公共设施中心,即以老城为中心,分别在东、西、南、北形成四个行政办公、商业、文化娱乐、金融为主体的综合性中心,其中考虑老城区为综合中心又是整个城市的主要公共服务中心,其他四个区域为城市的次级公共服务中心;一个绿化隔离区即在朝阳路以北及东环路以东规划大面积绿化带,以降低工业区对城市下风向居民用地的污染程度。

第二章 村镇规划

第一节 村镇规划编制

中国人民共和国成立前，宁夏人口稀少，村镇规模不大，农民自发建房，居住分散凌乱，加之长期受剥削压迫和战乱灾害，乡村居住条件长期得不到改善，村庄和集镇自然发展，从未进行过专门的村镇建设规划。中华人民共和国成立后，通过恢复经济和土地改革，农村经济有了快速发展，广大农民建新房、修缮旧房，开始改善居住条件，但因没有村镇规划，建设依然十分凌乱，很多地方存在浪费土地现象，制约了村镇建设的健康发展。1958 年 9 月，农业部第一次发出开展人民公社规划的通知，要求建设新村，区内一些地方开始进行村庄布局规划。在全国当时“大跃进”的推动下，宁夏全区在 1958 年 9 月至 10 月间，把 1809 个农业生产合作社合并为 152 个人民公社，实现“人民公社化”。人民公社化初期，由于连年的自然灾害加之“左”倾错误思想的指导，造成了 1959 年至 1961 年农业生产的下降，在村镇建设上脱离经济条件，片面追求大而全，过多地迁村并点，给人民生活生产带来不便，而且在进行的村镇规划建设中造成不应有的浪费和损失，挫伤了农民群众建设家园的积极性。这一时期，全区普遍进行了居民点规划，但由于脱离当时经济社会发展实际，大多建设方案标准过高，规模过大，超越了人民公社经济所能承担的限度，因而规划难以实现。例如，原中卫县东方红公社规划将原 258 个居民点合并为 16 个大居民点，每个居民点容纳 2000 多人，平均 2 人一间住房，在建设第一个新居民点的规划中，设公共食堂 3 个，幼儿园、托儿所、敬老院各 1 所，还设影剧院、图书馆、浴池、理发馆、运动场等，并计划在五年后在各个公共场所安装电扇，宿舍安装暖气，将土路改成水泥路，并购置公共汽车，发展居民点的公共交通等。如此大规模的建设量，无论资金还是建筑材料，在当时都是无法解决的。

1962 年～1965 年三年国民经济调整时期，宁夏农业生产水平迅速回升，村镇建设也逐步恢复并有了新的发展，宁夏川区农村基本形成了一社一镇的村镇体系和以大队为中心、以生产小队为基础的村庄网络，大部分公社所在地的集镇，相应地建起了银行、信用社、供销社、粮店、医院、中小学校等公共设施，集镇面貌有了一定的改善。

1964 年 ~ 1977 年的“农业学大寨”，农村大搞农田基本建设，对沟、渠、田、林、路、村进行统一规划，拆、迁田间零散的旧房，调整和建设不同规模的居民点，盖起了一批新住宅，乡村道路、通讯和电力网络也初步形成，对村镇建设起到了一定的积极作用。例如永宁县通桥公社在 1966 年 ~ 1976 年，全社 10 个行政村，先后平整出 10 万亩机耕条田，规划了 800 多个村庄，建设大小 322 个新村，并取直了队与队、村与村之间的道路。这一时期，由于“左”倾思想的影响，村镇建设还是未能走上健康发展的轨道。主要表现为：在大多数居民点的规划建设中，不能因地制宜，而是过分强调集中，建设大居民点。如中卫县的柔远公社，永宁县的纳家户村等，村庄规模达 300 ~ 700 多户，与当时的生产生活不相适应，一定程度上给群众的生产生活带来不便。这一时期的村镇规划，大多是村镇居民简单的集中，引导村民过大集体生活，规划形式单一，未考虑到村镇发展和农民生活水平的提高，由于规划技术人员严重缺乏，这种规划也是简单的、粗线条的规划，加之由于缺乏对经济发展的科学预测，当时的规划落实起来难度很大。

中共十一届三中全会后，农村经济迅速发展，村镇建设事业作为农村经济社会发展的一项内容进入了新的发展时期。

1980 年以前的规划实质上只是农村的庄点布局。自 1983 年起，宁夏逐步建立机构，开始抽调人员进行培训，当年年底进行试点。1984 年 4 月，自治区建设厅和自治区党委组织部联合举办全区市、县长城乡建设学习研讨班，全区各市县主管城乡建设工作的专员、市长、县长和地市负责城乡建设工作处长、科长参加。研讨班采取边听课，边讨论，边研究工作的形式，明确了城乡建设的职责范围和主要任务，并分析总结了全区城乡规划建设管理工作中的经验教训及主要问题，初步树立了“先规划后建设”的思想观念。这次学习研讨班结束后，全区掀起了村镇规划的热潮，规划工作以点带面全面展开。1984 年 11 月中旬，自治区建设厅举行全区第一次村镇规划评议交流会，同时举办了“全区村镇规划方案选”展览。这次参加评议和展览的规划方案按照村镇规划和建设规划的内容要求,结合 1984 年中央 1 号文件的精神,对农民进入集镇和安置剩余劳动力方面做了大胆的尝试和探索,在研究集镇的性质、规模和发展方向以及如何利用原有设施节约用地、合理布局、安排好近期建设项目等方面做了大量调查工作,并结合经济发展水平使规划具有现实性和可能性。

1984 年底,全区完成乡、镇规划总任务的 32%。到 1985 年底,全区有 259 个乡镇编制了初步规划,川区各地基本编制完成了乡镇初步规划,山区各县的乡镇规划也于 1986 年上半年收尾,达到和接近了全国平均水平。这些乡镇规划以一定区域的农业区划、土地利用规划和国民经济发展计划为依据,并根据乡镇的历史和现状,在调查研究的基础上确定了各乡镇的规模、性质和发展方向,同时对集镇内的道路、电力、电讯、给排水等基础设施进行了规划设计,对主要的生产和公共建筑等用地布局进行了合理安排,从宁夏农村经济现状出发,在规划中以搞活农村经济为中心,首先安排或调整了集贸市场和乡镇企业的用地,为商品流通和乡镇企业的发展提供了环境和必要条件。在村镇规划中,各地注意从实际出发,在进行旧村改造时尽量避免大拆大建,不搞统一模式,特别是山区,根据其经济条件和自身特点进行规划。通过对盐池县杨柳堡乡规划的典型分析和宣传,引导山区把村镇规划工作重点放在充分利用山地、荒地、节约水地、好地等这些大原则上,并把住宅建设与发展庭院经济结合起来,改善山区农民生活条件。1986 年后,又对 20 多个中心集镇的规划进行了调整完善。规划的编制实施,对村镇的合理布局、控制用地、指导建设起到了积极作用,结束了长期以来村镇盲目自发建设的状态。

1990 年 ~ 1995 年,开展了集镇建设规划的第二轮修编完善即加深加细工作,这次集镇规划修编完善,普遍树立了区域发展的观念,集镇建设规划与产业结构调整相结合,更加注重方便农民生产生活,注重基础设施建设和环境的改善,增强了规划的前瞻性。

1993 年 6 月,国务院发布《村庄和集镇规划建设管理条例》,自当年 11 月 1 日起施行。《村庄和集镇规划建设管理条例》对村庄和集镇规划的制定、村庄和集镇规划的实施、村庄和集镇建设的设计、施工管理、房屋、公共设施、村容镇貌和环境卫生管理以及违反《村庄和集镇规划建设管理条例》应负的法律责任和处罚等做了明确的规定。1994 年 12 月,宁夏回族自治区人民政府发布施行了《宁夏回族自治区村庄和集镇规划建设管理实施办法》,对村庄和集镇规划建设管理工作提出了具体明确的要求。按照《宁夏回族自治区村庄和集镇规划建设管理实施办法》的规定,宁夏村镇建设统一实施核发村庄规划选址意见书制度,这是全区村镇规划管理逐步走向法制化轨道的一个重要标志。

1996 年 1 月,自治区党委办公厅、人民政府办公厅下发《关于加强农民住房建设的意见》,明确提出加快农民住房建设,提高农民住房建设水平,必须十分重视规划和设计。要求各地安排必要的资金,组织技术力量,按照造价不高质量高、面积不大功能全、占地不多环境美的要求,精心设计出广大农民喜欢的住房图样,本着因地制宜、合理布局、一次设计、分步实施的原则,认真搞好农村道路、通讯、绿化、水电以及文化体育、医疗卫生等设施的建设规划。将农村住房建设规划纳入当地经济社会发展的总体规划,县要规划到乡(镇),乡(镇)要规划到村,并认真组织实施。提出农村住房建设规划既要保持相对稳定,维护其权威性,更要注意其科学性,随着经济社会发展的需要,不断加以完善。

2000 年 6 月,宁夏回族自治区人民政府制定印发了《关于加强和改进城乡规划工作的通知》,进一步要求认真搞好小城镇和村庄规划的编制工作,重点做好中心镇的规划。小城镇和村庄的规划要在县域城镇体系规划的指导下,合理确定规模,统筹配置基础设施和公共建筑,集中规划乡镇企业建设用地。小城镇和村庄规划要因地制宜,量力而行,紧凑布局,节约用地,保护耕地,注重实效。中心镇要有镇区域总体规划,建设规划要达到详细规划的深度。小城镇和村庄规划须报县级人民政府批准。

截至 2000 年底,全区 53 个建制镇(或集镇)大部分编制完成了镇区建设规划和镇域总体规划,并按规划进行建设。

第二节 村镇规划实例

1. 贺兰县立岗镇。南距贺兰县城 13 公里,西邻包兰公路 4.5 公里,交通方便,历来是农副产品集散地。1983 年 10 月,自治区建设厅在立岗镇举办了全区村镇规划学习班，此后，建设厅村镇处和贺兰县城乡建设科支持帮助该镇从实际出发，编制完成了总体规划和集镇建设规划，广泛征求居民群众和社会各方面的意见，经镇人民代表大会审议通过，于 1985 年报县人民政府批准实施。立岗镇以规划为指导，先后对集镇水、电、路等基础设施和集贸市场、商业街区进行改造建设，使集镇建设初具规模，形成了主要道路骨架和功能分区。1988 年结合集镇发展实际，对集镇规划进行调整完善，调整后的集镇建设规划以总体规划为依据，把集镇的西侧主要建设成为文化、行政街区，东侧主要建设成为商业街区和农贸交易场所，充分利用闲散荒地，调整居住用地，开辟新的商业街区，以最大限度地活跃集镇商业气氛。以镇修造厂为依托，将部分无污染企业布局在集镇北面，将有污染的企业布局在集镇以南地三公里处，并进行环保治理，形成了相对独立的工业区。在规划实施过程中，尽可能利用现有道路和建筑物，通过改造发挥其作用，避免了大拆大建。这次建设规划的调整，使集镇功能更加明确，布局更加合理。在规划实施过程中，该镇对规划区内的每个建设项目，做到先申请，按规划进行审查、批准后再进行建设，使规划真正起到指导建设的作用。

2. 永宁县李俊镇。李俊镇是银川平原的重要集镇，交通便利，早在明代就设立了李俊堡，许多外省客商到李俊定居，建字号、立商会，集市贸易一度繁荣。改革开放后，随着党在农村政策的逐步落实和改革开放政策的逐步深入，集贸市场日趋活跃。1984 年，为进一步发挥集镇优势，自治区建设厅和银川市规划局、永宁县建设科帮助该镇在认真调查、广泛征求群众意见的基础上，立足于把该镇建设成区域性的农副产品集散地，对集镇进行了全面规划，分期实施建设，经过多年不懈努力，使集镇管理走上正轨，建设初具规模，道路畅通，商业繁荣。李俊镇总体规划在 1984 年 12 月自治区建设厅召开的全区村镇规划评议会上评为一等奖。李俊镇的规划着重突出了乡村集镇的特点，做到了“两个坚持”、“两个结合”和“一个利用”。两个坚持即坚持以当地经济和社会发展为依据，坚持以区域范围来指导规划；两个结合即改造与新建相结合，远期规划与近期规划相结合，一次规划，分期实施，充分体现了合理布局、节约土地的原则；一个利用即充分利用荒地、劣地、低洼地搞建设，在实施规划中对现有土地进行丈量、调查，做出了占用集镇周围的荒地、低洼、劣地进行建设的决策，保证了规划的落实。

3. 平罗县宝丰镇。位于平罗县境东北部，是平罗县比较发达的乡村集镇，又是一个回族聚居的少数民族集镇。宝丰地区境内有昌润渠、惠农渠，得灌溉之利，农业发达，地理上接近内蒙古地区，加之回民有传统的经商习惯，是石嘴山地区重要的商品集散地。1984年宝丰镇在各级建设主管部门和县政府的支持下，组织编制了集镇建设规划，对建设规模、建筑物布局、基础设施等做了初步安排。1987年7月，在1984年初步规划的基础上，对宝丰镇进行了加深加细规划，根据发展变化情况对原规划布局进行了科学调整，广泛征求意见，多次讨论修改，做到了以总体规划为依据，结合现状，集中紧凑地发展，充分利用劣地、荒地，提高土地的利用率。宝丰镇的加深加细规划方案，对主要街道两侧的建筑物进行了平面和立面规划设计，对各个规划功能分区按实际情况进行了相应的调整，使道路规划更加详细，并设计出了道路的坐标、坡度和纵横断面，确定了主要道路的转弯半径，对重要公共建筑的单体设计、其平立面、造型都有明确要求，给水、排水工程设计达到了施工的深度，对农宅设计也提出了多种方案，房屋组合灵活，适合分代居住，为搞好集镇建设提供了科学的管理依据。

宝丰镇集镇规划方案在1988年自治区城乡建设厅和宁夏建筑学会举办的村镇规划修订完善评议会中被评为优秀奖。

4. 中卫宣和镇。位于中卫县城东南，北靠黄河，南依香山，西接永康乡，东与中宁县相连，东、南、西、北与中宁、同心、海原三县及邻近七个乡镇有着密切的经济贸易和联系。改革开放前，宣和集镇没有一个像样的农贸市场，每逢集市拥挤不堪，“晴天尘土飞扬，雨天泥水汪汪”是当时宣和集镇的真实写照。1984年宣和乡党委、政府确立了围绕经济发展进行集镇建设、先规划后建设的思想观念。1984年县城乡建设科组织规划设计人员，利用一个多月的时间，对宣和集镇的现状及发展前景进行了调查研究和综合分析考察，在此基础上制定了具有地方鲜明特色的集镇建设总体规划。总体规划遵守“统一规划、全面安排、充分利用、逐步改造、有利生产、方便生活、节约用地”的原则，对村镇的分布、规模、性质与发展、主要公共建筑的配置、道路、给排水工程、电讯等都进行了详细安排。总体规划分两个时期：近期为1984年到1990年，远期为1991年到2000年。分三步实施：第一步，以组织机构为主，成立村镇建设管理机构，配备专职干部，组织村镇建设技术队伍，对各村调查摸底，确定建设范围;第二步,以旧村改造为主,以个别调整为重点,使村镇内部达到布局合理化,同时对两个中心村及集镇进行部分公建项目的改建、新建,完成大部分道路的铺设,并初步形成排水系统;第三步,以扩建新建为主,完善各村的文化教育、科技、商业服务等设施建设,完成全部道路的一般铺设和主要道路的柏油铺设,建立完整的给排水系统,实现总体规划的所有项目。1987年,根据全乡经济发展状况和中宝铁路途经宣和镇的实际情况,对集镇总体规划又进行了完善修改。为保证规划的顺利实施,乡政府对规划管理、公共设施建设、卫生管理和治安管理等每个方面都制定了具体要求和规定,重点抓好规划的落实,使集镇建设在规划的指导下顺利实施,公共设施正常发挥效益,整个集镇面貌焕然一新,卫生状况良好,集镇秩序井然。

5. 吴忠金积镇。位于吴忠市西南3公里处,东与马莲渠乡、板桥乡接壤,西与青铜峡市峡口乡毗邻,南接马家湖乡,北靠秦渠,是吴忠市三大集镇之一,境内有银平、吴青、金廖三条公路通过,交通便利。金积镇地形单一,为黄河冲积平原,地势平坦,土壤肥沃。金积镇第一次总体规划于1986年由宁夏城乡规划设计研究院编制,并经市人民政府批准实施。经过连续几年的建设,金积镇第一次规划的主要内容基本实现。1992年7月,根据金积镇建设发展的实际需要,对金积镇总体规划进行了修改完善。修改完善的金积镇总体规划以引导农民实现小康为目标,结合当地特点和自然条件,坚持“工农结合,城乡结合,有利生产,方便生活”的原则,充分利用原有的土地和基础设施,采取远近期结合,留有一定发展用地的办法,确定金积镇的性质为吴忠市南部的农副产品集市贸易中心,新型的工业生产基地,发展为功能齐全,环境优美,经济发达,具有较强吸引力和辐射力的外向型工业集镇。规划东起银平公路以东400米,南至金廖路口向西延伸,西至吴青公路与东西大街交汇处,北至吴青公路,总面积4平方公里,作为全镇最终发展的控制区。这次规划还明确了集镇总体布局、工业用地规划、生活居住用地、道路广场、绿化规划、市场用地、给排水规划、电讯线路规划等内容,确定了近期集镇建设项目。

“七五”、“八五”、“九五”末宁夏村镇规划编制情况简表

表3－4

年份	累计编制建制镇镇域总体规划（个）	完成比率（%）	调整完善建制镇总体规划（个）	完成比率（%）	累计编制镇（乡）域总体规划（个）	完成比率（%）	调整完善镇（乡）域规划（个）	完成比率（%）	累计编制村庄规划（个）	完成比率（%）	已进行调整完善村庄规划（个）	完成比率（%）
1990年	25	100	16	64	227	93.03	20	8.20	14091	90.46	139	0.90
1995年	47	100	47	100	198	86	129	56	4094	27.27	470	3
2000年	49	92.45	45	84.91	218	94.37	125	54.11	5280	35.05	1388	9.21

资料来源：建设部村镇建设统计年报。

第四篇　城乡建设

宁夏近代城市建设始于民国。民国 23 年(1934 年),宁夏省政府组建了市政筹备处,从事市政建设。市政筹备处成立后,即拟定计划修筑马路,疏浚阴沟,建筑市场商场,开凿水井,改修棚门等。民国 25 年(1936 年)改由工程处兼办市政。民国 26 年(1937 年),改工程处为省建设厅市政工程处。因限于技术设备条件,市政建设内容十分简单。市政建设也仅限于银川和吴忠。到中华人民共和国成立时,宁夏最大的城市银川市市区面积仅为 4 平方公里,全市人口 7 万余人,城市人口 3 万余人。

中华人民共和国成立后,加快了市政设施建设步伐。重点对银川市进行了建设,主要内容是修筑简易马路,开挖、砌筑排水明、暗沟,疏通排水,整治城市环境卫生。1958 年宁夏回族自治区成立后,开始了较大规模的市政公用设施建设。由于国家向宁夏迁建了一批工业企业,加之包兰铁路全线通车,宁夏的经济建设处于较快的发展时期,城市建设规模也相应扩大。自治区计划委员会和基本建设委员会制定了《宁夏回族自治区城市公用事业五八年计划及长远规划》,根据规划,市政公用设施建设集中在银川、吴忠、固原、石嘴山等几个工业比较集中、国家重点投资的城市,并将近期的建设重点放在银川市和石嘴山市。按照集中力量、保证重点的原则,首先解决城市供水问题,其次加强城市排水工程建设,适当解决城市主要干道、园林绿化、公共交通等问题。到 1959 年底,仅银川市共修建了各种道路路面 262445 平方米,长 17.27 公里,其中高级路面 34310 平方米,长 2.14 公里;排水沟 8577 米,疏通环城排水沟 13630 米;给水工程修建了简易给水管道 2979 米,16 吨水塔一座,100 吨蓄水池 1 个,改善了市容和人民生活。1960 年 ~ 1963 年重点解决了石嘴山、银川旧城的供、排水和公共交通问题。"三年调整"时期,城市建设规模压缩，主要安排了银川市银新公路建设，增加银川旧城供、排水管道，建设石嘴山供水工程、固原县城防洪工程，补充市政工程设备等。

“文化大革命”期间，城市市政建设速度十分缓慢，主要安排了银川和石嘴山旧城供、排水设施的建设。经过20多年的发展，全区24个城镇的面貌都发生了不同程度的变化，银川市、石嘴山市和吴忠县的变化较大。到1974年底，全区城市人口52万人，比1949年底的13.4万人增加了3.88倍。银川市城市建成区面积发展到了31平方公里，是1949年底的7.75倍，形成了旧城、新城、新市区3片；城市人口达18.79万人（其中旧城10万人、新市区6.29万人、新城2.5万人），比1949年底增加5.16倍。新修城市道路和巷道面积约80多万平方米；建成日供水6万立方米的供水设施；建成22公里的排水管道，2个排污泵站。石嘴山市自1959年开始建设，形成旧城、新市区、河滨区三片，旧城初步建设成为经济、政治、文化和新兴工业城市的中心。到1974年底，城市人口7.13万人。建成城市道路63公里，安装路灯5公里；绿化面积788亩，苗圃400亩，植树135万株；建成水厂及上水管道5公里，排水管道6.45公里。1975年9月，自治区基本建设委员会制定了《宁夏城市建设十年发展规划》，按照“工农结合、城乡结合、有利生产、方便生活”的原则和多搞小城镇的方针，对城市建设进行合理的安排。城市建设以现有城镇为基础，突出重点，兼顾一般。重点建设银川市，兼顾一市（石嘴山市）、“三地”（大武口、吴忠、固原）、一旗（巴音浩特）、“四镇”（吉兰泰、呼鲁斯太、石炭井、青铜峡镇）及革命老区盐池县。规划新建中宁县枣园镇。规划加强城市环境保护，要求工业和生活污水得到净化处理，按国家规定标准排放；工业窑炉、采暖锅炉、茶炉等排烟装置要采取消烟除尘措施，使烟尘排放达到国家规定的标准；垃圾、废物要做到及时、妥善处理；加强植树造林，种植草坪，绿化环境；减少城市噪声和汽车废气的污染。按照这个规划，还恢复建设了一些急需的市政公用基础设施。

改革开放以后，城市建设进入了一个全新的发展阶段。首先，启动了宁夏第一轮城镇总体规划的修编工作。以规划为指导，加快了城市市政公用基础设施的建设步伐，重点是加强城市道路、供水和排水设施建设，弥补过去的欠帐。其次，开辟稳定资金来源，加强对各类市政基础设施的维护管理，提高设施完好率。自1979年起，经国家同意，银川市从工商利润中提取5%作为城市维护和建设资金。同年,在工业比较集中的县镇(旗)开征公用事业附加费,主要是工业用水和用电附加,附加率为5% ~8%。1985年2月8日,国务院颁布《城市维护建设税暂行条例》,允许征收城市维护建设税,税率分别为城市7%、县镇5%,其他1%。1985年4月11日,自治区人民政府批准银川市征收城市基础设施配套费,配套费按建设工程总投资的6%征收。所征收的上述费用全部用于城市市政公用基础设施的建设与维护。在各项政策的推动下,1985年以后,不仅银川市、石嘴山市等几个较大的城市,而且各个县城的建设步伐也明显加快。以道路和供、排水为重点的城市建设工作全面展开。

鉴于改革开放后城市建设速度明显加快,1994年,开始有计划地推进宁夏城市化进程,构建以大、中城市为中心,小城市和县城为纽带,广大建制镇为基础的城镇网络体系。合理配置生产资源,优化工业和城市布局,以城市化促进工业发展和经济建设。到1998年,城市建设进入了一个新的转折点。是年,国家为抵御东南亚金融危机,大量增发国债用于包括城市基础设施在内的国民经济基础设施建设。1998年也是宁夏回族自治区成立40周年大庆。利用这一有利时机,宁夏争取到了大量国债资金,并增加地方配套资金用于城市道路、供水、排水、污水处理、垃圾处理、集中供热、天然气等城市市政公用基础设施的建设。1998年~2000年,全区城市基础设施固定资产投资分别达到了5.04亿元、6.41亿元和10.42亿元,达到了历史最高。大规模的投资使宁夏的城市建设速度和城市化进程明显加快,城市基础设施水平大幅度提高,城市环境面貌发生了显著变化,城市综合服务功能显著增强。污水处理、垃圾无害化处理、民用天然气实现了零的突破。到2000年底,全区共有5个设市城市,即银川市、石嘴山市、吴忠市3个地级城市和青铜峡市、灵武市2个县级城市;15个县城,即县城关镇所在地,分别是永宁、贺兰、平罗、陶乐、惠农、中卫、中宁、盐县、同心、固原、海原、西吉、隆德、泾源、彭阳。全区总人口554.32万人,其中城镇人口193.46万人,城镇人口占全区总人口的34.89%。银川市区人口49.38万人、石嘴山市区人口31.83万人、吴忠市区人口9.22万人、青铜峡市区人口8.32万人、灵武市区人口3.90万人、固原县城人口11万人、中卫县城人口8.10万人,其他县城人口均在5万人以下。全区城市建成区面积达到了202.58平方公里,其中银川市52.05平方公里、石嘴山市 46. 96 平方公里、吴忠市 8. 53 平方公里、青铜峡市 14. 72 平方公里、灵武市 4. 52 平方公里、固原县城 23 平方公里、中卫县城 12. 63 平方公里，其他县城均在 7 平方公里以下。

中华人民共和国成立后，随着经济的发展和人民生活改善，宁夏村镇建设逐步开展起来。20 世纪 50 年代 ~60 年代经过土地改革和农业合作化、人民公社化，以重建家园兴建住宅为主要内容的村镇建设得到一定发展。20 世纪 70 年代随着农业学大寨运动的兴起，结合山、水、田、林、路、村的综合整治，川区大部分村庄由分散向集中进行了统一建设，住宅结构以土木平房为主。中共十一届三中全会以后，随着国民经济的发展，试点村镇建设逐步推进，宁夏村镇建设步入有领导、有规划、有组织地建设的轨道，得到快速发展。截至 2000 年底，宁夏共有集镇 231 个，其中建制镇 53 个。集镇实有住宅建筑面积达 492. 48 万平方米，实有公共建筑 323. 64 万平方米、生产性建筑 106. 07 万平方米。共有村庄 15064 个，农户 76. 24 万户、354. 65 万人；农村住宅建筑面积达 5629. 03 万平方米，其中楼房达 111. 75 万平方米，混合结构住房建筑面积达 294. 35 万平方米，砖木结构住房建筑面积为 1961. 62 万平方米。农村人均住房使用面积为 12. 33 平方米，人均居住面积 9. 46 平方米。

第一章　市政设施

第一节　城市道路

道路建设

古代城市道路的形成,或源于居民的自然出行,或源于统治者有意识的规划。道路大多以钟楼或鼓楼为中心,延伸出东、西、南、北大街,形成城市的主轴线,再辅之以各街、巷。清末民国初,宁夏各主要城市的街、巷已初具形式,但全部为简陋的土路。民国 18 年(1929 年)宁夏建省后,对城市道路整修有所重视。民国 23 年(1934 年)9 月,省政府市政筹备处成立后,即拟定计划,整修街道。重点对省城银川和吴忠镇的街道进行了整修。主要内容是平整路面,用石条统一铺砌街道两旁阶基,以使街道整齐划一。为了规范街道整修,还于民国 25 年(1936 年)7 月,制定了宁夏省会建筑规程,将街道划分为干线、支线和车辆不通行的巷道,干线宽度定为五丈(16. 7 米),支线宽度定为四丈(13. 3 米),巷道定为一丈至一丈五尺(3. 3 米 ~5 米),干线两旁人行道各为一丈(3. 3 米),支线两旁人行道各为七尺五寸(2. 3 米)。吴忠镇为当时宁夏南北交通要道和重要的商业区,民国 30 年(1941 年)借修建公路之际,对吴忠镇的市区道路进行了整修。

中华人民共和国成立后,国家和宁夏省委、省政府十分重视城市道路的维修改造。结合公路养护、抢修,动员组织群众借农闲季节对城市道路和过境城市的公路进行平整维修,保持道路畅通。1951 年,重点对首府银川市的道路进行了维修和改造,改土路面为泥结碎石路面,到 1953 年底,修成泥结碎石路面 1746 平方米。1954 年,配合银川市下水道工程,修建了东、西、南、北四条路的泥结碎石路面。在整个三年恢复期(1949 年 ~1952 年)和“一五”期间(1953 年 ~1957 年),在财政十分困难的情况下,政府先后拨款 69 万元,共修建了银川旧城解放街、中山街、新华街、胜利街、公园路等 13 条街巷的泥结碎石路面或煤渣三合土路面,总长 7. 91 公里,面积 8. 5 万平方米。

1958年自治区成立后的第二个五年计划期间(1958年～1962年)和“三年调整”时期(1963年～1965年),重点对银川、吴忠、固原、石嘴山等城市的道路进行了改造或新建。1958年～1959年,修建了银川市文化街、民族南北街、西塔巷碎石路面和解放西街沥青路面,新开工建设银新南路,共计道路长度16.25公里,面积12.38万平方米,投资114.8万元。其中,1958年对银川市解放西街(鼓楼至西门)泥结碎石路面进行沥青表面处理,这是宁夏修建的第一条高等级城市路面,长2公里,宽10米。新开工修建的银新南路,是连接银川新、旧城之间的第一条干道,全长5.8公里,宽7米。因投资量和施工量都很大,工程进展缓慢,1958年由于气候和材料运输影响,只完成部分土路基。修建后曾一度停建,1963年又在原路基上继续修建,起初修建为泥结碎石路面,后在其上又做了沥青表面处理,到1965年基本建成。这一期间,银川市还陆续对“一五”期间已建成碎石路面的其他主要街道铺装了沥青路面,拓宽了部分街道。并修建了西北环路级配碎石路3.4公里。到1965年末,银川市实有铺装道路总长35.1公里,面积26.4万平方米。吴忠县城面积不大,1958年投资2.4万元整修路面3.2万平方米,1962年、1963年投资4.8万元新建道路面积0.7万平方米。固原县城较大,人口主要集中在南半边和南关外,政府每年组织干部和群众进行义务劳动,在土路上铺沙子,进行简单维修。1960年、1961年在原油面厂地区又新建了几处地方工业,随将这一地区的部分土路面修建成泥结碎石路面,计1.75万平方米,投资8.5万元。并对穿越该地区的银(川)平(凉)公路加以利用。石嘴山市是1959年新设立的工业城市,1959年起,根据城市人口增加情况和道路建设计划,按每人0.5平方米逐年新修碎石路或沥青路。其余城市因财政拮据,主要任务是组织群众对原有土路面进行平整,或在其上铺砂石形成砂石路,尚无新建或改造道路计划。

“文化大革命”前期,各城市新修道路很少,主要是修建了银川市铁路以西和石嘴山市北部区的部分道路。由于“文化大革命”的干扰,城市道路建设和养护投资少,道路状况很差。到1973年,银川市60%以上的道路仍是土路或砂石路,已修道路也大多未做翻浆处理,每逢春季解冻和雨季,道路坑洼不平,泥泞不堪,甚至积水成泽,车辆、行人集中在几条较好的道路来往,造成交通拥挤,秩序混乱,车祸时有发生。连接银川旧城、新城和新市区三片市区的只有银新南路，且在火车站调车作业区内与包兰铁路平面交叉，交通阻绝时间较长。1973年以后，城市建设工作逐步恢复正常，各个城市把道路建设和改造作为城市建设的重点。银川市续建银新西路沥青路4.2公里及其桥涵，改建新城道路和银巴公路唐徕渠至新城路段，改建旧城南环路、中山南北街、胜利街等。为了发展新城和新市区，加强新、旧城之间的联系，1975年开始修建银新北路，这条道路是连接银川新、旧城之间的第二条干道，到1977年基本修建完毕。并为庆祝1978年自治区成立20周年，还铺设了银川旧城公园街、中山街等街巷21430平方米的人行道牙、道砖，打通南环路等。石嘴山市城市道路建设的重点是新区大武口区，修建了大武口区贺兰山路、朝阳街、文化街、大武口区至平罗公路市区段道路等。吴忠、固原、中卫、青铜峡、盐池、平罗等较大县城也都完成了主要街道的修建。由于资金困难，只是对一些主要街道修建为沥青路面或混凝土路面，其余路面仍为简易路面。

改革开放以后，城市道路建设进入了一个快速发展的时期。特别是从20世纪80年代初自治区全面开展第一轮城市总体规划修编工作之后，城市道路建设不仅速度快，而且依据总体规划进行，使城市道路的建设更加趋于合理化。银川市依据新批准的城市总体规划确定的城市要向新区发展的原则，重点解决了新、旧城之间的联系、城市边缘道路建设和疏散过境交通问题。在全面建成第二条连接新、旧城的交通干道——银新北路的同时，新建了新市区南郊的黄河路，加强了旧城、新城和新市区之间的交通联系。在旧城拓宽了环城路，新建了新南环路等城市边缘道路，使过境交通不再进入城市。同时，拓宽新、旧城的主要街道，形成为三块板路面，快慢车分道行驶，形成了比较完整的城市道路网。旧城街巷基本上实现了沥青化，并铺装了人行道砖。1988年，自治区成立30周年大庆，银川市开始建设快速林荫干道，东起旧城东环路，西至军用机场，全程24.86公里，是联系旧城、新城、新市区的全市性干道，担负着繁重的交通运输任务。石嘴山市在继续完善大武口区道路建设的同时，加强了对老区石嘴山区和石炭井区道路的改建。吴忠、中卫和固原也开始了大规模的道路改造。其他城市的道路建设也很突出，不仅对城市的主干道，而且对次干道和大部分街巷均改造为沥青或混凝土路面。

1990年以后，银川市在继续加强旧城和新城道路改造的同时，加快了新市区道路建设步伐。其他城市以道路改造为主。城市道路建设在满足数量要求的同时，更加注重质量和景观效果的提高，道路路面从最初的砂土路、泥结碎石路面全部改为沥表路面、橡胶沥青路面和混凝土路面，道路质量不断提高。由于城市道路建设的快速增长，在融资方式上也进行了一些变革，除政府财政投资外，采取了贷款修路、收费还贷的方式。银川市长城路是银川市郊区人民政府利用银行贷款修建的第一条城市道路，全长 6.7 公里，总投资 5450 万元。之后又贷款对银新南、北路进行拓宽改造。全部贷款利用长城路车辆通行收费进行偿还。1998 年后，利用国债资金大规模建设和改造城市道路，使城市道路的数量和质量有了进一步提高。到 2000 年底，全区城市道路总长 1073 公里，道路面积 1498.19 万平方米，其中人行道面积 271.17 万平方米。

道路施工

中华人民共和国成立后，宁夏组建了省建筑公司，主要任务是房屋建筑施工，也承担少量的道路维修任务。1954 年宁夏并入甘肃省后，由甘肃省抽调施工队伍承担银川等城市的道路建设工作。1958 年自治区成立后，由甘肃省调入了一个拥有 1600 多名技术工人的建筑工程公司，承担包括道路施工在内的各项建筑施工任务。银川、吴忠、石嘴山、中卫、中宁等市、县和固原专区也组建了建筑工程队。自治区建筑工程局也于 1958 年 9 月成立，领导全区建筑工作。虽然市政工程施工力量不足，但在当时条件下，施工队伍克服种种困难，加快城市道路建设，以满足居民出行和道路运输的需要。在当时最大的市政工程——银川市银新公路施工中，实行工地军事化，施工队伍之间开展社会主义劳动竞赛和技术革新，加快了施工进度。在公路土基工程中采用了大流水作业法和架空线、使用铁轨平车、平车转盘等在当时比较先进的工具，大大提高了工率。尤其是铁轨平车比人工运土提高工率五六倍。但随着市政工程任务的扩大，市政道路施工力量明显不足，市政工程测绘、勘察设计力量也很薄弱，与建设需要不相适应。并且由建筑公司承担道路施工任务又显专业技术力量不对口。为此，国家又调入西北第九工程公司承担宁夏的重点市政工程施工任务。

在从外省调入施工力量支援宁夏市政道路建设的同时，宁夏也在培养自己的市政工程施工队伍。1959 年 12 月 24 日成立了银川市市政工程公司，为全民所有制单位，承担城市道路、给排水工程施工。1974 年，公司又招收了

100 名集体性质职工，成立下属市政工程队，独立核算、自负盈亏。1982 年，这个集体性质的市政工程队从市政工程公司分出成立银川市第二市政工程公司，原市政工程公司更名为银川市第一市政工程公司。这两个公司是宁夏唯一的两个市政工程公司，成立后承担了银川市大量的市政工程任务。其他市、县仍由建筑工程队伍承担市政工程施工任务。由于计划管理体制的约束，1981 年之前，各市、县的市政工程均由本市、县的市政公司或建筑公司承担。1981 年，银川市市政工程公司承揽贺兰县排水工程。1988 年，银川市第一市政工程公司投标承揽了内蒙古吉兰泰碱厂水源地供水管网工程，总造价 750 余万，这是宁夏市政工程公司第一次参加全国性跨省投标工程，标志着宁夏市政工程公司第一次走出区内。在区内市政公司走向区外的同时，区外的市政工程施工队伍也在逐渐进入区内市场，互相竞争，推动了宁夏市政工程建设质量的提高。到 1982 年底宁夏共有 4 个市政工程施工企业，即银川市第一市政公司（国营）、银川市第二市政公司（国营）、石嘴山市市政工程队（集体）、灵武县公用事业公司市政维修队（集体）。随着施工队伍的不断壮大，施工技术力量也在不断革新。1979 年，银川市市政工程公司投资 11 万元自制半自动化的沥青搅拌机，提高了工效，节省了人力。在道路施工中采用大型挖掘机和运输机械，提高了机械化施工水平，减轻了工人劳动强度。市政工程公司承担的市政工程也多次获得全国表彰。1986 年，银川市第一市政工程公司承担的银川民航机场跑道工程，在西北首次采用了橡胶沥青混凝土新工艺，仅用 95 天时间完成了跑道 65780 平方米的施工任务，创公司施工史上最好记录，经西安民航总局检验验收，该工程被评为优良工程。1988 年修建的银川火车站广场道路，被评为自治区优良工程和全国优良工程。1997 年 12 月银川市第一市政工程公司被国家建设部评为全国市政工程质量优秀企业。1998 年 9 月，中国市政工程协会授予银川市新市区文萃路排水、道路全国市政工程的最高奖项——中国市政工程金杯奖。

道路养护及管理

在加强城市道路建设的同时，也加大了道路的养护和管理力度。1958 年铺设了大量的泥结碎石路面，由于养护不到位，石料松散，影响了道路使用寿命，使行驶车辆易受损坏，乘客舒适安全度降低。人行道路砖砌侧石有残缺现象，没有随时补缺，影响市容。对路面的沥青表面处理也由于施工技术和气候掌握不好，工程结束后没有多久就出现路面皲裂与剥落现象。但当时没有专业的养护队伍，仅由市政工程施工队伍抽调部分力量进行简单维修。1973 年，根据城市市政建设发展和管理的需要，银川市市政工程公司所属养护队分出，成立了银川市市政管理处，专门负责城市道路、桥梁、排水的养护、维修和管理工作。1974 年底，市政管理人员 204 人。其他市、县在城市建设局内设市政管理科、股负责市政道路的养护管理工作。在市政道路管理工作中，还加强与外省、区的经验交流。1987 年 9 月 10 日 ~ 14 日西北五省(区)市政工程管理工作经验交流会在银川召开，共 40 名代表参加了会议。1992 年 8 月 18 日 ~ 21 日，在银川市召开了西北地区城市道路沥青混凝土行业研究会第二次年会，共有 21 名代表参加了会议。1994 年 8 月 30 日 ~ 9 月 1 日中国市政设施管理专业委员会西北片组第四次组委会议在银川市举行，参加会议的有西安、兰州、乌鲁木齐、西宁和银川市政工程管理处的 24 位代表。通过交流，推动了宁夏城市市政道路管理水平的提高。

1980 年 6 月 18 日，银川市革命委员会颁布试行《银川市市政设施管理条例》。1990 年 3 月 10 日宁夏回族自治区第六届人民代表大会常务委员会第十一次会议批准颁布实施《银川市市政工程设施管理规定》。1994 年 3 月 28 日，自治区城乡建设厅、财政厅、物价局发布《宁夏回族自治区城市道路占用、挖掘收费管理办法》。规定凡是在城市规划区内因特殊需要临时占用道路的单位和个人，必须交纳占道费；因施工、抢修地下管线等需要挖掘道路的单位和个人，必须交纳道路挖掘修复费。依据城市道路结构和路面不同，按不同标准收取道路占用费和挖掘修复费，最高为沥青和混凝土路面，占用费每天每平方米 0.40 元 ~ 0.50 元，挖掘费每平方米 100 元 ~ 180 元。收取的费用全部用于道路的恢复和修复。道路占用、挖掘费的收取，不仅抑止了乱占乱挖道路的现象，保护了城市道路完好，而且筹集了一部分城市道路养护经费。

城市道路管理的重要内容还有地下管线、地下空间的开发利用和无障碍设施建设管理。城市地下管线包括排水管道和供水、供热、燃气、电力、电信等管线。改革开放以前，除供水和排水管线埋设地下外，其他各类地下管线很少，或者架空设置。改革开放以后，各城市普遍修建排水设施和地下电信、电力等设施。为了规范地下管线的埋设，确立了城市道路建设"先地下，后地上"的原则，即先修建完善地下各类管线，再铺设路面。各类地下管线要统一规划、统一建设。盐池县城从1999年开始实施大规模的旧城改造工程，在全区率先实现了主要道路的各类管线全部埋设地下的目标，改变了地上空间电力、电信等各类管线盘旋环绕、影响市容的现象。对城市地下空间的利用，最初是出于防空的需要，建设地下防空设施。随着城市的发展，对城市地下空间的商业开发利用活动也开始起步。1998年2月，国家建设部颁布了《城市地下空间开发利用管理规定》。宁夏各城市加强了城市地下空间规划的编制工作和对地下空间利用开发项目的管理。2000年，银川市改造南门广场，建成了宁夏第一个地下商场，商场集防空和商业需要为一体，迈出了地下空间开发利用的第一步。为了便于残疾人出行，从1997年开始，银川、石嘴山等较大城市在修建城市道路时在道路两侧设置盲道、盲坡等无障碍设施，交通警察部门还在十字路口等处设置了盲人过街音响信号。

第二节　城市桥梁和广场

桥梁建设

中华人民共和国成立后，随着城市道路的发展，开始建设钢筋混凝土结构的桥梁。1953年，动工建设宁夏第一座城市钢筋混凝土桥梁，即银川市唐徕渠桥。唐徕渠桥的建成，解决了银川市区东、西两边的交通问题。1958年自治区成立，对银川、吴忠、固原、石嘴山的城市桥梁和涵洞建设进行了比较全面的规划。1959年建设的固原县城南河滩大桥是当时一座比较重要的桥梁，成为连接旧城和新厂区的必经之地，不仅解决了市区居民的出行和生产车辆通行问题，也保障了银平公路交通运输。1974年动工建设了宁夏第一座城市立交桥，即银川市铁路立交桥。这座桥梁的建设，是由于银川市新市区一些工厂企业建成后，新市区和新、老城之间的交通运输量急剧增加。但由于包兰铁路与纬六路平面交叉，道口交通经常严重阻塞，急需解决铁路交通和城市道路交通相互影响问题。立交桥建成后，使城市道路从铁路桥底穿过，两者立体交叉，互不影响。到2000年，宁夏共建成129座城市桥梁，其中立交桥6座，全为中、小型桥梁。

主要桥梁

银川唐徕渠桥　位于银川市西门外唐徕渠上。1953年动工建设，1954年建成。桥长37米,宽14.4米,为5孔料石墩台、钢筋混凝土连续梁结构。

固原南河滩大桥　位于固原县城南河滩上。1959年动工建设,桥长100米,宽12米,为钢筋混凝土桥梁。投资33万元。南河滩大桥既是银平公路上的干桥,也是市区重要的桥梁。

银川唐渠桥　后称兴隆桥,位于银川市唐徕渠上。修建银新北路时所建,1976动工建设,1977年建成。桥长34米,宽18米,为单孔拱型桁架微弯桥,钢筋混凝土结构。

银川保伏桥　位于银川市唐徕渠上。修建新南环路时所建,桥长38米,宽18米,为3孔钢筋混凝土结构灌注墩台,装配式空心板结构。

银川铁路立交桥　1974年6月动工建设,1975年9月建成通车。为箱涵式钢筋混凝土建筑,上部为铁路线,东西宽26.5米,设3股道。下部为公路线,南北宽31米,分3孔,中孔净高5米,宽约15米,为机动车道;两厢边孔各高3.5米,设5.5米宽非机动车道及人行道。桥南北两侧有人行道上下连通。总投资363万元。

城市广场

银川南门广场　南门广场原为旧城南门城楼外一片空地,东侧建有长途客运汽车站,并设有市内公交车站,是交通客流集散地和集会广场。1986年对南门广场进行了改造,全部铺设为水泥地面。广场面积约2万平方米。广场北侧为旧南门城楼,形似北京天安门,有小天安门之称。

银川火车站广场　银川火车站广场原在车站的东面,面积很小。1974年,进行了改造。1988年将火车站广场移至车站西面,进行大规模改造建设。整个工程建设内容为火车站站台改造、站舍和邮政枢纽建设,广场建设及配套给排水、供电、电信工程。广场面积5.3万平方米,道路4.9万平方米,总投资1588万元。

银川光明广场　光明广场是1998年自治区成立40周年献礼工程,是集休闲娱乐集会绿化为一体的园林式广场,占地面积3万平方米。工程由宁夏建筑设计院设计,银川市工程咨询中心、市政二公司、市园林局承建,总投资1700万元,于1997年11月1日动工建设,1998年8月30日竣工。广场北依中山公园,西临自治区体育馆,东仰宁夏人民会堂,南通解放街。广场中央有一池喷泉和一座雕塑。雕塑名为“西部之光”,底座为混凝土石造陶鬲状,上为铜制弯曲闭合状黄河造型，其上有一明珠，寓意西部之光、民族团结之光、城市文明之光。广场建竣，每临夏季，喷泉涌动，游人如织，成为银川一大美景。

第三节　城市排水

排水设施建设

宁夏的城市排水借农田退水之利而兴，通过简易的排水渠道，使城市雨、污水同农田退水一起排出。民国时期，宁夏府城银川东、西、南、北四条大街，均有明沟或暗渠用于排水。宁夏省政府组建市政筹备处后，曾对银川市区的排水沟、渠进行了疏浚。但由于城市外围农田排水系统不畅，市区排水沟、渠又缺乏统一规划，渠道年久失修，疏浚不及时，致使市区排水沟、渠污泥淤塞，流通不畅，雨、污水无法顺利排出。到中华人民共和国成立时，银川市区污水任意流淌，形成了众多的臭水坑，对居民的出行和身体健康十分不利，也影响房屋建筑，污染地下水资源。南部各县城地处山区，利用自然地势排水，无排水设施。

中华人民共和国成立后，在川区首先重点解决了城市外围的农田退水、排水问题，整修、改善和新建排水沟。1950 年～1959 年，整修了河东山水沟、清水沟，新修了河西第一、二、三排水干沟及一一、二一、二二、三一、清一等五条干支沟，以及永宁第四排水沟、平(罗)惠(农)第五排水沟、中卫排水沟、银川三一一分沟、平罗第二农场渠山洪导引沟等。这些排水沟、渠的修建，使灌区大量积水迅速排出，地下水位显著下降，既有利于开垦农田，排出农田退水，又为最终解决城市排水问题提供了先决条件。其次，重点解决了银川市区的排水问题。当时银川市的地形是城内低、四周高，生活污水和雨水无法排出城外，排水问题成为当时银川市市政建设最为迫切的问题。从 1954 年开始在城内修建东、西、南、北四条大街以及中山街、文化街等地段的下水道，修建砖砌排水暗沟 3000 多米，使局部地段的排水状况有所改善。随后几年，在老城外围开挖环城排水明沟 10 公里，与市郊排水干沟相通，排泄市区污水，解除了雨、污水对房屋建筑和人民生活的威胁。

自治区成立后，开始整体规划建设银川老城排水工程。1958 年，结合修建解放西街高级路面，埋设排水管道4000米，管道采用石嘴山市瓷厂生产的50厘米口径的磁管（陶土管）。这是宁夏第一次采用管道的形式排放城市污水。同时，对环城排水沟再加深1米。1960年7月，在银川市主要街道开始铺设混凝土排水管，当年完成400多米，并完成了中途泵站（西门泵站）土建工程和600米的砖拱下水道。西门泵站是银川市也是宁夏修建的第一个排水泵站。以后陆续在主要街道铺设排水干管。到1965年建成了新华街、中山南街等街巷的排水干管及相应的支管，使银川市的混凝土排水管道长度达到了13.8公里，初步解决了老城区南部的排水问题。随后，又埋设了文化街、湖滨街等街巷的排水管道，扩大了排水面积。吴忠县城地势较高，“二五”期间（1958年~1962年）没有考虑城市排水设施建设问题。固原县城也因地势较高，雨量较小，未全面考虑排水问题，但对新建厂区和新建道路的排水予以了少量投资。石嘴山市作为新建城市，结合道路建设修建排水明、暗沟或铺设管道，排水设施投资按照道路建设投资的10%安排。其他城市则组织群众清掏沟、渠淤泥，以利排水，暂未考虑排水设施建设问题。为了配合排水设施的建设，在从外地加工混凝土管材的同时，1961年开始建设宁夏自己的混凝土管厂，设计能力为每年生产管道15公里。

“文化大革命”期间，主要修建了银川旧城北部排水设施，建成银川北门排水泵站。由于“文化大革命”的干扰，全区城市排水设施建设进展缓慢。到1973年，银川市排水设施仍然很少，仅旧城排水设施较好，新城有少量排水管道，新市区没有排水设施，排水不畅，经常发生雨后积水成灾，污水横流，并引起地下水位上升，造成道路翻浆，房屋倒塌，树木枯死。工业废水未经处理，任意排放。城市排水问题依然是市政建设中最为需要解决的问题。1973年，银川市结合城市建设向新市区发展的计划，规划建设新城和新市区的排水设施。并采取雨、污分流制，工业废水经专门的管道排出，雨水和生活污水另建管道排出，最终都经银新干沟排入黄河。1974年开始修建新城及火车站排水。石嘴山市大武口区于1976年开始建设排水设施，到1977年主要街道的排水干管基本建成。

改革开放以后，对银川市旧城的排水设施进行了扩建、续建新城排水系统，在新市区修建了临时性排水管道和泵站。到1985年，新建了3座排水泵站，排水量达每秒13.2立方米，埋设排水管道40公里，排水面积达到10.8平方公里，基本解决了新、旧城雨后内涝和新市区中心区域的临时排水问题。“七五”期间（1986 年～1990 年），除继续加强银川、石嘴山等几个主要城市的排水设施建设外，特别对县城的排水设施建设给予了大量投资。自治区计划委员会和建设厅制定了“十二个县城排水计划”，安排投资 2500 万元，按计划新建、改建县城排水设施，初步解决了各县城主要街道的排水问题。1990 年以后，继续加强各城市的排水设施建设。特别是从 1998 年开始，利用国债资金大规模建设排水设施。银川市以新市区北部排水工程为重点，建设排水泵站 2 座，排水管道 61.9 公里；石嘴山市以大武口区排水工程为重点，建设排水泵站 1 座，排水管道 29 公里；吴忠市铺设排水管道 20 公里；中卫、平罗、盐池、同心等较大县城也增建了排水设施。到 2000 年，全区共建成排水管道长度 700.51 公里。

排水管理

最初疏浚管道全靠人工，后来利用管道疏通机等设备辅助疏浚。为了保护城市下水道工人的身体健康，改善工人作业条件和提高工资福利待遇，1988 年 3 月起，给予城市下水道工人特殊岗位津贴待遇。岗位划分及享受津贴等级标准为，对属劳动条件恶劣，直接接触有毒有害物质的下水道疏通、污泥掏挖工人每人每天享受津贴 0.90 元；对属劳动条件比较恶劣，经常接触有毒有害物质的泵站操作工人每人每天享受津贴 0.70 元；对属劳动条件比较差与污染物质有一定接触的污泥运输工、检查井维护工、排污明沟维护工、泵站电机修理工、污水化验工人每人每天享受津贴 0.60 元；管理干部到现场工作按实际天数享受相应岗位人员的津贴标准。

为了加强排水许可管理，国务院于 1982 年 2 月 5 日发布了《征收排污费暂行办法》。随后，自治区人大常委会颁布了《宁夏回族自治区排污收费暂行规定》。1993 年 8 月起，按照国家建设部、物价局、财政部《关于征收城市排水设施使用费的通知》，征收排水设施有偿使用费。规定凡直接或间接向城市排水设施排放污水的企事业单位和个体经营者，要按规定向城市建设行政主管部门申请排污许可，并缴纳排水设施使用费。对大、中、小学校（不含校办工厂、职业学校）、幼儿园、托儿所、敬老院等社会公共福利事业单位和城市居民暂不征收城市排水设施使用费。城市排水设施使用费按核准的污水排放量和水质征收。矿井水排放符合水质排放标准的，酌减征收。

为了加强污水检测，1983 年，银川市市政工程管理处成立了城市污水化验室。1995 年，污水化验室更名为城市排水监测站。排水监测站的主要任务是对各单位特别是化工、造纸、酿造、制药等单位排入城市排水管网的的污水进行监测，防止有毒有害物质排入城市排水管网。

第四节　污水处理

污水处理概况

中华人民共和国成立初期，宁夏几乎没有工业，城市人口数量少，工业废水和生活污水的产生量也很小。1958 年自治区成立后，城市人口规模和工业建设规模不断扩大，生活污水和工业废水排放量逐渐增多。这一时期只是对生活污水和工业废水进行收集和排放，而未进行任何处理。这些废水直接排入沟渠、湖泊和黄河，对环境的污染越来越严重。1970 年以后，要求造纸、纺织等企业建设污水处理设施，对其产生的工业废水进行处理，达到国家规定的排放标准后才可允许直接排入沟渠、水体或城市排水管网。1975 年，建设银川亚麻纺织厂染色废水处理设施，染色废水采用“帆、棉分流，分别处理，二级净化，回收再用”的工艺。1982 年，建设灵武绒线厂 1000 锭扩建工程配套污水处理工程。1980 年以后，建立了“三同时”制度，即要求工业企业的厂房设施要与污水处理设施同时设计、同时建设、同时验收。到 1994 年，全区工业废水排放总量为 7655 万吨，处理率为 59.9%，工业废水循环使用量为 4424 万吨。

1990 年以后，城市生活污水产生量和收集量不断增大，加上一部分工业废水进入城市排水管网，污水对环境的影响越来越大。银川等较大城市开始规划建设生活污水处理厂。1996 年银川市曾申请利用世界银行或亚洲开发银行贷款建设污水处理厂，但未获成功。直到 1998 年国家增发国债，宁夏抓住这一大好时机，争取到国债资金建设城市生活污水处理厂。到 2000 年，共在建 3 个污水处理厂。固原、中卫等较大的城市也在进行污水处理工程的可行性研究，积极争取国债资金。

污水处理厂

石嘴山市大武口区污水处理厂　1998 年开始筹建，1999 年 9 月 29 日自

治区计划委员会正式批复初步设计，一次设计，分期建设，近期日处理污水6万立方米，远期（2015年）日处理污水6万立方米。近期审定总概算9370万元，其中集污系统1810.62万元，污水处理系统7559.38万元。污水处理厂选址在大平路以北，白银北路以东的沼泽地，占地面积近20万平方米，总建筑面积控制在4712平方米。集污范围西起金山路，东至白银路，北起工人街，南至长庆街，服务面积16平方公里。集污工程主要是完善现有的排水系统，新建第四排水系统，铺设污水管网9.44公里。污水处理采用吸附生物降解法（AB法）处理工艺，以氧化塘为后续处理，出水水质达到排放标准。工程于2000年完工，并进行了试运行。

银川市老城区污水处理厂　1998年2月开始筹建，1999年11月9日自治区计划委员会正式批复初步设计，设计日处理污水10万立方米。审定总概算18456.18万元，其中集污管道工程6631.68万元，污水处理工程11824.5万元。污水处理厂选址在老城区满春乡八里桥村七队、第四排水沟东侧，占地面积9.33万平方米。集污工程建设内容为新建北二环路排水系统（包括北二环东段、凤凰北街、民族北街、中山北街、新华东街、解放东街、东二环路），及凤凰南街、西二环路、民族南街、北环路东段排水管道，改造治理北环沟、第四排水沟、南大沟，共铺设管道12.81公里，治理沟道5.69公里。集污范围西起唐徕渠、东至红花渠、南起铁路、北至上海路，服务面积22.4平方公里，服务人口约22万人。污水处理采用SBR处理工艺，为二级生化处理，部分工艺、电气、自动控制的主要设备及软件由美国汉氏公司引进，其他设备由国内配套。污水处理厂主要构筑物、建筑物有进水闸及渠道提升泵房、粗格栅、细格栅、曝气沉砂池、计量井、SBR反应池、鼓风机房、接触池、加氯间、计量槽、污泥浓缩池、均质池、脱水间等。到2000年，污水处理厂主体工程基本建成。

吴忠市污水处理厂　1999年开始筹建，2000年3月20日自治区计划委员会正式批复初步设计。设计日处理污水6万立方米。审定总概算为12884.5万元，其中集污工程4594.5万元，污水处理工程8290万元。污水处理厂选址在城市西北部的古城乡新生村的五星村，占地面积9.3万平方米。集污范围为东起东二环路，西至西二环路，南起南环路，北至北三环路。集污服务面积18平方公里，其中秦渠以北服务面积11.2平方公里，铺设排水管道

22.19 公里,在吴惠路和南环路交叉口东北侧新建提升泵站一座,并改造一期排水泵站;秦渠以南服务面积 6.8 平方公里,铺设排水管道 13.4 公里,在纬新二号路与经新一号路交叉口东北角新建提升泵站一座。污水处理厂主要收集秦渠以北城市建成区的工业、生活污水进行处理。污水处理采用卡鲁赛尔氧化沟工艺流程,污水出水指标按照国家《污水综合排放标准》(GB8978－96)二级标准执行,即二级生化处理,处理后的污水排入黄河。在设计上还考虑脱氮除磷。污泥处理采用直接浓缩脱水处理的方案。污水处理厂的核心设备,氧化沟及污泥脱水设备从国外成套引进,其余设备均采用国产设备。2000 年,吴忠市污水处理厂还在建设之中。

污水处理收费

1997 年,经自治区物价局、财政厅、建设厅和环保局同意,银川市开始征收污水处理费。2000 年 9 月 15 日,同意石嘴山市征收污水处理费。污水处理费随同水价一起征收,具体标准为,居民生活用水、公用事业用水每吨加收污水处理费 0.4 元;机关、团体、事业单位、军队每吨水加收污水处理费 0.5 元;工商企业(含私营企业、个体工商户、特种行业)每吨加收 0.6 元。

第五节　城市路灯

路灯建设

中华人民共和国成立前,宁夏城乡居民主要利用植物油或动物油制作的蜡烛、油灯照明,城市街道在一些重要的节日里利用悬挂灯笼的方式照明。由于近代煤油、汽油的生产,也有一些官商富户家用煤油灯、汽油灯照明。20 世纪 40 年代,银川市建设了一个数百千瓦的小型火力发电厂和一个电灯公司,主要供面粉厂之用,少量供应城市照明。石嘴山有一个 250 千瓦的小火电站,专供瓷厂用电。中华人民共和国成立前夕,银川市区街巷约有路灯 25 盏,大多安装在军政要员宅邸所在路段,其他街巷路灯很少。中华人民共和国成立后,大力发展电力事业,20 世纪 50 年代,银川、固原、石嘴山、中卫、吴忠、盐池、平罗均建设了一定规模的火力发电厂,这些电厂在为工业发展提供动力的同时,也供城市居民、各机关、企事业单位和道路照明。"一五"期间(1953 年～1957 年),银川市在主要街道安装了 500 多盏路灯。

1958年自治区成立后，随着电力工业的发展和城市道路建设的加快，除银川市和石嘴山市，其他城市也开始在主要街道安装路灯，但路灯数量增加缓慢，灯型全部为白炽光源灯。到1978年，银川市路灯数量为1200盏，其他市、县很少，有的不到100盏。改革开放以后，城市路灯安装数量增加较快，质量逐步提高，灯型以汞灯、钠灯为主。到1984年，全区约有路灯5200盏，其中80%以上为高压汞灯和高压钠灯，白炽光源灯具逐步被淘汰。主要街道亮灯率保持在95%以上，城市道路照明状况有了明显改善。1984年以后，灯型种类逐渐增多，除白炽灯、汞灯和钠灯外，还有彩虹灯、瀑布灯、绿色泛光树灯、电子礼花灯、彩色护栏灯、高杆灯等。灯头从一杆一灯向一杆两灯、一杆多灯发展。1988年，银川市为迎接自治区成立三十周年大庆，投资120万元在火车站广场安装了3套高杆灯、33套庭院组合花灯和67套双臂海欧式路灯，共计293盏。其中3套20米高杆组合灯（其中升降式1套）为自治区首次安装。路灯控制系统从人工操作转向智能控制。1990年以后，城市路灯数量快速增长，主要道路的装灯率、亮灯率达到了98%以上。到2000年，全区城市路灯数量为35168盏。

亮化工程

1999年，银川市政府颁布了《银川市古建筑及主要街道两侧建筑物亮化的暂行规定》，决定对鼓楼、玉皇阁、南门城楼等古建筑及主要街道两侧建筑物实施亮化工程。并规定繁华街区高层建筑物亮灯时间每晚不少于3小时，其他街道建筑物亮灯时间每周五、周六、周日晚不少于2小时。建筑物装饰灯开启时间与街道路灯同步。2000年，银川市开展建筑物“平屋顶改坡屋顶”试点工程，完成了两幢楼房坡屋顶轮廓照明投光灯173盏和260米护栏序光灯的安装工作，为银川市城市亮化增添了一道靓丽的风景线。同年，银川市对玉皇阁、鼓楼、世纪广场城市中心地带实施夜景照明改造工程，实施范围北至光华头道巷，南至意志巷，西至山河湾，东至中山街。整个改造工程统一规划，统一设计，统一管理。并规定了统一的照明方式，行政机关、事业单位建筑物射灯采用高压钠灯，外形轮廓为黄色彩虹灯；图书馆、医院建筑物射灯采用白色金属烟化物灯，外形轮廓为黄色彩虹灯；各商业、餐饮业建筑物射灯采用高压钠灯、绿色泛光灯交错排列，外形轮廓灯为红色彩虹灯。门头为装饰灯、霓虹灯、彩虹灯。

路灯管理

1978 年,银川市成立了路灯维修队,隶属城区供电所管理。1981 年 5 月 6 日路灯维修队从供电局划出,移交银川市市政工程管理处,成立了银川市市政工程管理处路灯管理所。1984 年 2 月,成立了银川市路灯管理所(1998 年 10 月更名为银川市路灯管理处)。主要承担城市路灯设计、安装、维修管理和自治区城市道路照明情报交流等工作。到 1984 年,除个别县的路灯仍由供电部门附属管理外,其他市、县都成立了专门的路灯管理所或管理组。路灯管理机构成立初期,管理人员和维修设备很少,全区路灯管理人员不到百人,有的县仅有一、二个人。专业维修设备除银川市、石嘴山市外,其他市、县几乎没有,大多数市、县没有一辆路灯高杆维修车,路灯损坏,全需维修人员攀登到灯杆上修复,工作效率很低。1990 年以后,路灯维修设备逐步完善,工作效率大幅提高。

在加强道路照明建设与管理的同时,广泛开展路灯工作经验交流活动。1981 年 6 月 26 日 ~27 日,在银川市召开了全国城市道路照明技术情报总站西北分站宁夏小组会议,对宁夏的城市道路照明工作进行总结和部署。1984 年 3 月,自治区城乡建设厅召开了全区第一次城镇路灯工作会议,交流各市、县路灯建设、管理工作经验,表彰路灯管理先进单位和个人,传达全国城市道路照明技术情报总站和西北分站工作会议精神。在相互交流经验的基础上,代表们评选出了银川市路灯管理所、平罗县公用事业管理站路灯组、中卫县公用事业公司路灯组,为自治区路灯管理的先进单位。同时,评选出了 4 名先进个人。1987 年 7 月 10 日 ~12 日,宁夏城市道路照明技术情报组工作委员会在银川市召开会议,传达了全国总站 1987 年 4 月洛阳会议精神,要求各市、县对本单位路灯工作进行自查。并从 9 月 1 日开始,对大武口、陶乐、平罗、灵武、盐池、同心、海原、泾源、固原的路灯工作进行了检查。1994 年,成立宁夏城市道路照明协会。1996 年 3 月,自治区建设厅委托宁夏城市道路照明协会组织专家对银川、石嘴山、吴忠、青铜峡 4 个市和 5 个县的城市路灯照明情况进行了为期 12 天的现场检查,对受检城市从 1993 年到 1995 年的城市照明工作进行了总结评比,评选出 3 个先进集体和 7 名先进个人。

第六节　城市防洪

城市洪灾基本情况

宁夏地形分北、中部平原区和南部山区,北部平原区有黄河自西向东北穿过并有贺兰山横亘西北,南部有六盘山、南华山、天都山等众多山脉和沟、壑。北部城市以防贺兰山山洪和黄河河汛为主,防洪的重点城市是银川市和石嘴山市,两市均西靠贺兰山,东临黄河,每年受河汛和山洪的双重危害,尤以贺兰山山洪为甚。南部各城市以防山洪为主。防洪的重点期都在每年的夏、秋雨季,以7月、8月、9月为主。

银川市新市区距离贺兰山洪积扇7公里,山洪直接威胁党政军机关、大专院校、科研单位和一些大工厂、大型仓库,也威胁包兰铁路、银川机场(老)、银川火车站和西干渠。据统计,自1969年以来共发生较大洪水14次,其中6次冲垮西干渠,两次侵入新市区。洪水不但冲毁房屋,还造成人员伤亡、工厂停产、学校停课、机场停飞,交通、通讯中断,最严重的是每次洪水都对包兰铁路干线的正常通车造成危害。1973年7月9日晚,银川市突降暴雨,雨量达52毫米,占年平均降水量的25.3%,使市区积水成灾,街巷普遍积水20厘米~30厘米,部分地区积水深度达1.2米,造成部分工厂停工停产,学校停课,商店停业,库存物资损失达300万元以上。倒塌住宅461间,有倒塌危险的3093间,使1500多户近7000人无法居住。

东部的盐池县城因地势较低,也多次遭受山洪的袭击。1994年8月4日晚至5日凌晨,盐池县突降暴雨,降雨量达83.8毫米,暴雨引发的山洪使全县8个乡和县城普遍受灾,其中县城和城郊村庄受灾最为严重。据调查统计,全县受灾人口24525人,伤亡33人,其中死亡13人,伤20人;冲毁民房2108间,损坏2558间,冲毁厂房、办公室及校舍517间,损坏283间;冲毁圈栅、粮仓737间,损坏202间;冲毁砖围墙6221米。全县直接经济损失3297万元。1999年7月13日,盐池县局部地区又一次突降暴雨,2小时降雨量达120毫米,相当于年平均降雨量的二分之一,迅速形成的洪水袭击了县城和部分乡村。据不完全统计,受灾人口达6万多人,死亡2人,失踪2人,倒塌房屋310间,800多人失去住所;县城毁损道路1000米,桥梁2座,防洪堤坝6处1500

米，供、排水管道近 3000 米，其他基础设施多处；5 家骨干企业受淹。全县洪灾直接经济损失达 3200 万元，其中县城直接经济损失 2240 万元。

黄河对宁夏北部两岸城市的威胁较大。但由于宁夏段流势平缓，加之历代屯田垦地，凿渠引水，建设多处水利设施，疏导河水，使黄河的益处远甚于危害，所谓“黄河百害，唯富一套”。中华人民共和国成立后，对黄河进行全面治理，加强防汛工作，使黄河成为一条造富于宁夏人民的河流。由于气候的变化和生态环境的破坏，到 20 世纪 90 年代末，黄河流量锐减，黄河下游甚至出现断流现象，对黄河的防汛任务减弱。

防洪设施建设

中华人民共和国成立后，将城市防洪与河流治理、水利建设整体规划，在治理河患、山洪、兴修水利设施的同时，加强城市防洪设施建设。在川区主要采取“导、蓄、泄”的方法，建设防洪堤、筑造拦洪坝、修建泄洪渠、疏通泄洪沟。并将防洪工程与农田退水各干渠统一规划建设，利用退水干渠排泄洪水。20 世纪 50 年代，川区各市、县组织群众整修、新建各大排水干渠和支渠，疏通农田和湖泊排水。并将排水干渠与城市排水设施连接，疏通城市排水。同时，兴修黄河水利防洪工程。到 1958 年，黄河防洪工程完成土方及土石混合方 590567 立方米，筑各种坝、堤等构筑物 885 座，基本上保证了黄河沿岸各城市、灌溉渠道、农田村舍和人民生命财产的安全。山区城市防洪以建水库、筑堤坝、修渠道为主，拦截或疏导山洪。

1958 年自治区成立后，把城市防洪设施的建设作为城市建设的重要组成部分，统一规划建设。1958 年编制的《自治区城市公用事业一九五八年计划及长远规划》，对固原县城的防洪设施优先加以考虑。1958 年建设雷滩沟防洪工程，1959 年在火烧河设立水库，两沟汇水于雷滩沟，减轻了山洪对县城的威胁。工程由城市建设和水利部门共同投资建设。

银川市从 1963 年开始，修建了一批贺兰山山洪防治工程。1972 年建成了西干渠砌护工程，提高了西干渠东堤设计水位，加高 1.5 米以上，增大了输洪能力。在西干渠以西，建设了园林场泄洪区、平吉堡第二泄洪区、军区西第四泄洪区和高家闸第五泄洪区，总蓄洪量达 1673 万立方米。在西干渠建成了西新桥、银安闸、方家圈、高家闸、砂井子等 5 处退水闸和泄洪沟，泄洪量达 55 立方米/秒。还建设了芦草洼、纤维板厂两个二次滞洪区。这些工程的实施，对于消减洪峰、减轻山洪危害发挥了重要作用。1973 年 10 月 13 日自治区党委第 126 次常务会议在讨论银川市城市规划问题时,将城市防洪与排水设施的建设列入重要议题,要求将银川市的水利防洪规划与城市防洪规划协调一致,在贺兰山区内选择适当地点,修建一些小型水库,疏导和治理山洪。并要求加强银新干沟建设,使沿沟各建筑物的设计标准满足上游泄洪和城市排水的要求。

1983 年,国务院批准了银川市城市总体规划,规划要求银川市新市区的防洪标准按百年一遇设计,三百年一遇校核。1984 年,自治区人民政府正式批准了银川市银西山洪治理方案,规划在西干渠以西建九座滞洪区,以东建 6 座滞洪区,总蓄洪量 4624 万立方米,扩整泄洪渠道 9 条。到 1991 年,按规划陆续修建了一批防洪工程,起到了较好的防洪效果。石嘴山市大武口区于 1980 年建设山洪治理工程,除新建滞洪区外,对历史上形成的老滞洪区予以保留,老滞洪区范围包括了平(罗)石(嘴山)公路以南、第二农场渠以东、铁路支线以北的自然滞洪区。滞洪区围堤防护措施以生物措施(植树造林)为主,滞洪区范围内不许建设永久性建筑物及进行农田耕种。

1990 年以后,海原、彭阳、盐池等山区县城陆续建成了防洪堤、泄洪渠等防洪设施。到 2000 年,全区共建成城市防洪堤长度 117.66 公里。

2000 年宁夏各市、县城市市政设施情况

表 4－1

城市名称	道路长度(公里)	道路面积(万平方米)	人行道面积	桥梁数(座)	立交桥	路灯盏数(盏)	排水管道长度(公里)	防洪堤长度(公里)
宁夏	1073	1498.19	271.17	129	6	35168	700.51	117.66
银川市	291	467	83	23	2	15646	169	41.34
石嘴山市	286	329.8	42.8	22	1	9824	172	61.5
吴忠市	56	85.8	15.44	6		1746	55.6	
青铜峡市	124	123.3	19	25	1	2251	61.6	4
灵武市	33	74.4	9.1			308	21.4	
永宁县	11	22.1	5.84	2		275	8	0.4
贺兰县	17	19.12	4.98	7		399	17.56	

续表

城市名称	道路长度(公里)	道路面积(万平方米)	人行道面积	桥梁数(座)	立交桥	路灯盏数(盏)	排水管道长度(公里)	防洪堤长度(公里)
平罗县	23	38.2	5.4	2		387	20.71	
陶乐县	7	8.85	1.55			205	6.27	
惠农县	15	19.15	4	2		268	12.1	
中卫县	56	55	10	6	2	840	30	
中宁县	17	24.94	5	11		333	7.15	
盐池县	12	19.3	3.1	3		540	7.8	2.3
同心县	23	43.18	16.49	2		347	18.21	
固原县	39	72	18	6		942	32	0.4
海原县	8	10.41	0.97	1		236	8	3.42
西吉县	16	23.3	9.13	2		130	25	
隆德县	18	31.6	11.27	4		114	7.47	1.3
泾源县	10	13.64	1.9	3		97	8.04	
彭阳县	11	17.1	4.2	2		280	12.6	3

第二章 公用事业

第一节 城市供水

城市水源

宁夏是一个水资源分布十分不均匀的地区,北部平原有黄河流经其中,地下水资源80%分布在北部地区。南部山区和中部干旱带地区地下水资源十分贫乏,地表水有清水河、泾河、葫芦河、山水河、苦水河等河流,但流量小、水质差。

中华人民共和国成立后,政府开始重视开发水源为人民群众提供清洁、卫生的饮用水。自治区成立后,大批企业和工人内迁宁夏,城市生产和生活用水量急剧增加,用水问题成为当时城市建设中最为迫切的问题之一。从1958年开始,自治区组织力量对银川、石嘴山、青铜峡等几个重点城市进行水文地质普查和勘探,寻找能够为城市发展提供大量用水的集中水源地。可供选择的水源有地表水和地下水,地表水源主要为黄河水,但对于城市用水水源究竟是用黄河水还是地下水尚未定论。1958年8月1日,宁夏回族自治区筹备委员会经济计划委员会提出了银川市城市发展和工业建设用水量估算报告,并委托国家建筑工程部供水排水设计院水源勘察第五队承担银川市水源勘察任务。估算1962年以后银川市每日需用水量28万吨,其中较大厂矿用水量14万吨,生活用水5万吨,一般工业用水3万吨,备用水6万吨。在每日需用水量28万吨中,拟利用黄河水解决工业用水9万吨,其余19万吨水,准备利用地下水。经过几年的勘察和用水成本比较,基本确定了主要利用地下水作为城市生产和生活用水水源。其他城市因人口规模和工业建设规模都比较小,暂未开展大规模的水源勘察工作,只是进行局部性的勘察和打井解决少量工业用水和部分城市居民的生活用水。

起初,宁夏的水源勘察技术力量比较薄弱,水源勘察工作主要由国家建筑工程部西北给水排水设计院所属水源队负责。1970年12月,水源队下放移交给宁夏自治区基本建设局。钻井任务主要由宁夏建筑设计院钻井队承担。到1971年,设计院钻井队每年能完成14口水井的钻探任务。改革开放以后,各个城市的用水量都在增大,水源勘察的规模逐步扩大。为加强水源勘察力量,自治区加快培养水源勘察设计、供排水工程技术人员,建立水源勘察队伍和打井队伍。除自治区基本建设委员会所属水源队,地质矿产等部门也大量介入城市水源普查和勘探工作。1980年初,自治区地质局编出了宁夏125万水文地质图,1982年,又开展了更为详细的"城市水文地质图"编制工作,为大规模寻找城市供水水源提供了初步的指导依据。

1982年~1988年,宁夏地质局完成了国家地质部下达的银川市水文地质勘察任务。1984年,宁夏水源勘察队完成了石嘴山市王泉沟洪积扇水文地质勘察任务。以后,又扩大了普查与勘察的范围,包括大武口区及归德沟洪积扇、大风沟洪积扇等,勘察及评价报告于1987年完成。1987年,宁夏水源勘察队完成了盐池县城东北十七公里处骆驼井水源地勘察任务,测绘水文地质面积120平方公里,提出了2000吨/日的开采量。1993年完成了平罗县城供水水文地质勘察。到2000年,大部分市、县完成了城市供水水源勘察工作,全区共有29个已开采的集中供水水源地,全部为地下水。个别市、县利用地表水作为城市供水水源,其中石嘴山市石嘴山区黄河水厂利用黄河水作为水源,1993年开始论证,1997年建成水厂。泾源县、隆德县城用水和固原县城一部分用水利用山泉水和雨水汇集成的水库作为供水水源。

2000年宁夏各市、县已开采集中供水水源地

表4-2

水源地名称	面积（平方公里）	水源地可开采量（万立方米/日）	现状开采量（万立方米/日）	勘探年代
银川市小南门水源地	4	4	3	1982.12
银川市东郊水源地	16.79	10	2.5	1995.6
银川市南郊水源地	25.6	15	5.8	1999.2*
银川市新市区北郊水源地	46.44	13	3.8	2000.7*
宁夏化工厂第一水源地	9.7	4.3	1.91	1978.12
宁夏化工厂第二水源地	15.69	3	1.09	1995.10*

续表

水源地名称	面积（平方公里）	水源地可开采量（万立方米/日）	现状开采量（万立方米/日）	勘探年代
石嘴山市石炭井矿区水源地	3.5	4.1	5.69	1960
石嘴山市汝箕沟矿区水源地	5.8	1.5	1.12	1974.12
石嘴山市联合钢铁厂新水源地	6.63	3.2	1.27	1991.12
石嘴山市大武口区第二水源地	6.62	4	1.79	1998.7
吴忠市水源地	4.4	2.5	2.51	1985.1
青铜峡市小坝镇水源地	2.75	2	0.9	2000.4
青铜峡市大坝镇水源地	5.11	1.5	0.15	2000.11
青铜峡市青铜峡镇水源地	2.09	1.2	1.7	2000.10
灵武市大泉水源地	4.5	3	2	1990.3
灵武市水源地	4.5	2	0.3	1998.11
永宁县水源地	0.5	1	1	1991.3
贺兰县水源地	11.25	3	1	~
平罗县水源地	4	2	1	1993.4
陶乐县高仁镇水源地	3.2	0.52	0.2	1998.11
惠农县红果子水源地	2.77	1	0.38	1997.7
中宁县鸣沙水源地	10	1.6	1	1979
中宁县水源地	3.68	2	0.41	1994
盐池县骆驼井水源地	23.75	1	0.17	1998*
同心县红寺堡柳泉水源地	14.04	3	0.35	1997
同心县小红沟水源地	4.5	1.2	0.35	~
固原市原州区三里堡水源地	3.49	1	0.1	1991
固原市原州区彭堡水源地	20	2.5	0.96	1993
海原县闵家淌水源地	1.72	0.25	0.4	1987
合　计	267.02	94.37	42.85	

注："*"者为第二次勘探时间。

公共供水

中华人民共和国成立前，宁夏城市居民饮用水主要依靠土井和水窖。北部川区居民多利用挖土井的方式取水，井深一般为 4 米 ~ 8 米。南部山区居民多利用水窖蓄水饮用，窖深在 5 米左右，所蓄之水来源于雨水、积雪和山泉水。银川市是宁夏最大的城市，市区用水人口约为 3 万人，有土井 200 多眼，分散在街头巷内。由于井少人多，居民取水需要排很长的队，拥挤耗时。中华民国 23 年，宁夏省政府市政筹备处曾计划开凿自流井四、五处，安设机头，用人力车汲水。

中华人民共和国成立初期，城镇居民用水方式依然没有改变，但供水组织发生了较大变化。1950 年，银川市成立了群众性的供水组织——水井管理委员会，统一管理城区土井，将 200 多眼水井集中管理起来，为群众提供用水，并调剂用量。管委会有 200 多人，大家靠肩挑、驴驮和车拉，走街串巷、挨家挨户为居民送水。水井管理委员会还利用为居民送水服务获得的微薄收入买驴买车，修井打井，用水条件十分艰苦。其他城市仍以各家各户自行解决用水问题。

1958 年 6 月，由政府投资 12 万元在银川市老城区新华东街西府井打出了银川市也是宁夏有史以来第一眼公用机井，井深 115 米，安装一台 1.5 立方米空压机抽水。同时，修建了 75 立方米清水池 1 座，高 11 米容积 16 立方米的水塔 1 座，二级泵房 1 座，供水站 4 个，给水管 2979 米。1958 年 10 月 1 日投产，银川市居民也是宁夏城市第一次喝上了自来水的居民。

1958 年 ~ 1970 年，重点建设银川市和石嘴山市的公共供水设施。1959 年，在银川市旧城东部筹建人民街水厂，1960 年 10 月动工，1962 年 10 月全部竣工投产。人民街水厂设计供水能力 1800 立方米/日，打深井 3 眼，建成 200 立方米清水池 2 座，高 28 米容积 100 立方米水塔 2 座，二级泵房 2 座以及相应的供水管道，修建临时供水站 20 座。随着供水条件的改善，水管组织也发生了变化。1963 年 6 月，原水井管理委员会从集体企业转为全民所有制企业，并更名为银川市供水公司。1965 年 6 月，投资 170 万元建设银川市老城区小南门水厂，水厂设计供水能力 6600 立方米/日，打深井 3 眼，建 500 立方米清水池 2 个，1967 年开始供水，1969 年 12 月正式建成投产。小南门水厂建成后，原西府井水厂和人民街水厂并入小南门水厂。石嘴山市是 1959 年建立的新兴工业城市,1960年7月动工建设城市统一供水工程,工程内容包括管道工程、水厂、第一、二沉淀池、取水泵房等,同年送水能力达到5000吨/日,基本满足了当时钢厂、化工厂、炼油厂等工业用水和洗煤厂等基建用水,以及城市四万人口的生活用水。在此基础上,于1966年建成石嘴山区水厂,设计供水能力1.5万立方米/日。固原县城1964年开始建设统一供水工程,解决了固原专署、地委、固原县委、人委、专区医院等单位及附近群众的用水。其他城市主要由各单位自建供水设施和由各家各户自行解决用水问题,一些小单位和居民打手压井取水。

1970年以后,大部分市、县开始建设简易公共供水设施。盐池、青铜峡、海原、石嘴山市大武口区、吴忠等市、县(区)先后建成了简易公共供水设施。

改革开放以后,城市公共供水事业有了较大发展。银川市于1978年投资260多万元在新城区西南角建新城水厂,设计供水能力1万立方米/日,打深井7眼,建2300立方米清水池1座,铺设给水干管13公里,1980年7月10日开始临时供水,1981年5月1日正式建成投产。1980年6月,投资700万元扩建小南门水厂,设计日供水能力3万立方米/日。石嘴山市于1979年建设大武口区第一水厂,1982年正式投产,设计供水能力2万立方米/日。

改革开放初期,除银川、石嘴山两市建有较完善的公共供水设施外,其他20个县镇中有16个县镇全部为简易供水设施,供水能力仅为1.85万吨/日,中宁县城和3个镇无公共供水设施。供水技术力量薄弱,设施简陋,供水量少,普及率低,水质差,远远不能满足生产、生活的需要。急需对这些县镇的供水设施进行改造。1983年8月,建设部召开了全国县镇供水工程建设7年规划会议,决定从1984年起,用7年时间分批进行县镇供水工程建设,解决全国县镇居民吃水困难问题。利用这一有利时机,自治区建设厅从1983年6月起,组织编制全区县镇供水工程规划,并按规划对这些县镇的供水设施进行改造。国家也对宁夏的县镇供水建设给予了很大帮助,每年下拨一定数量的补助资金,其中从1983年到1986年共补助资金842万元。1985年,国家计划委员会、建设银行总行和建设部豁免了当年国家补助宁夏的县镇供水“拨改贷”投资180万元本息。吴忠县1983年撤县设市,1985年12月,自治区计划委员会批准吴忠市供水工程初步设计批复,一期11000吨/日,投资400万元。经过几年的努力,全区所有县城镇均建成了公共供水设施。彭阳、陶乐、惠农是1983年以后新建的县，也建成了公共供水设施。

1990年以后，城市公共供水事业进一步发展。银川市1990年动工建设新市区北部水厂，设计供水能力4万立方米/日，到1994年基本建成，同时对老城区水厂进行扩建。石嘴山市于1994年开始建设石嘴山区黄河水厂，1997年正式投产，设计供水能力4万立方米/日；1999年建设大武口区第二水厂，2000年正式投产，设计供水能力4万立方米/日。青铜峡市于1991年新建一座1.2万立方米/日的供水厂。吴忠市对原有水厂进行扩建。其他大部分市、县对原有水厂进行了扩建或改造，完善供水设施，增加了供水能力。到2000年，全区共建成30个公共供水厂，其中银川市5个，石嘴山市4个，青铜峡市、中宁县、固原县各2个，其他市、县各1个。公共供水能力48.12万立方米/日，供水管道长度1257公里。

自建供水

自治区成立初期，工业生产和基本建设规模很大，公共供水设施仅能满足部分工业生产和基本建设用水，以及少量的城市居民生活用水。大量的生产和生活用水需要各单位自己解决，在当时情况下，允许各单位自行打井解决生产用水和职工生活用水。

银川市新市区（今西夏区）是1958年自治区成立后发展起来的新兴工业区，1990年北部公共供水厂动工建设之前，各单位全部依靠自备水解决生产、生活用水。形成了各单位自建供水设施、自成一体、独立分散的供水局面。到1988年，新市区各单位共打井66眼、建水塔40座。这种独立分散的供水方式最初为自治区的工业生产和基本建设发挥了积极的作用，但随着自备水井数量的不断增多，造成了地下水资源的无序开采，破坏了水资源的平衡。为了改变这种状况，1981年9月6日，自治区人民政府批准同意新市区部分地区的自建供水设施交由银川市统一管理，由银川市自来水公司对现有各单位的自建供水设施进行联网改造，实行联片供水。银川市自来水公司随即抽调48名职工到新市区组建新市区管理所，开始对新市区部分地区供水设施实行统一管理，联片供水。到当年12月10日，已有9个有自备井的单位同意实行联片供水，并埋设好了连通管线。1985年8月，对唐徕渠以西区域实行联片供水，首批联供单位11个，收管深井1眼。到1988年，共接管深井10眼。同时，自来水公司投资130万元，打深井4眼，铺设连片干管13公里，实现了6

平方公里的连片供水,解决了新市区5万居民及部分企、事业单位的生产、生活用水。

石嘴山市和青铜峡市都是新兴的工业城市,生产用水主要依靠自备水井。吴忠综合机床厂于1958年开始打深井建泵房。1965年,吴忠仪表厂、配件厂相继打深井,解决本厂生产、生活用水。随后,其他机关、企业单位也打井建塔,到1970年增至10多家。吴忠县城建队也在城内打9眼20米深的滤水砂管井,向居民供水。到2000年,全区自备水供水能力85.32万立方米/日,供水管道长度634公里。自建供水是特殊历史条件下的选择,改革开放以后,随着公共供水能力的不断增加和对城市水资源实行统一管理,对自建供水设施实行严格控制,并采取关停、与公共供水联网等措施,使自建供水规模逐步缩小,转而实行集中公共供水这种更为有效、更加节约水资源的供水方式。

2000年宁夏各市、县城市供水情况表

表4-3

城市名称	供水能力(万立方米/日)	公共供水	自备水	地下水	供水管道长度(公里)	供水总量(万立方方米)	生活用量	用水人口(万人)
宁夏	133.44	48.12	85.32	116.89	1891	28608	9959	158.71
银川市	44	20	24	44	568	12180	4141	56.25
石嘴山市	45.8	7.6	38.2	32.8	406	8497	2645	32.51
吴忠市	8.12	4	4.12	8.12	87	1755	1071	11.03
青铜峡市	17.3	3.4	13.9	15.9	136	2890	446	9
灵武市	1.05	0.35	0.7	1.05	34	149	97	3.8
永宁县	1.5	0.7	0.8	1.5	9	547	192	2.04
贺兰县	1	1		1	24	156	79	4
平罗县	2.1	2.1		2.1	20	465	130	4.2
陶乐县	0.38	0.38		0.38	13	42	38	0.85
惠农县	0.5	0.5		0.5	48	88	54	1.2
中卫县	1.9	1.3	0.6	1.9	60	570	290	7.4

续表

城市名称	供水能力（万立方米/日）	公共供水	自备水	地下水	供水管道长度（公里）	供水总量（万立方米）	生活用量	用水人口（万人）
中宁县	1.5	1.5		1.5	28	190	125	2.9
盐池县	0.3	0.3		0.3	105	80	68	3.1
同心县	0.35	0.35		0.35	52	78	55	2.8
固原县	4.3	1.7	2.6	4	102	410	264	8.8
海原县	0.7	0.7		0.7	54	196	106	2.8
西吉县	0.5	0.5		0.5	54	64	52	2.11
隆德县	1.1	0.7	0.4		39	109	40	1.32
泾源县	0.75	0.75			13	95	38	1.2
彭阳县	0.29	0.29		0.29	39	47	28	1.4

供水管理

供水收费　1962年，银川市供水管理委员会改变自来水收费办法，规定居民用水在公用水站凭证取水；各单位用户安装水表计量，按月上门抄收，水价1元/立方米。后经五次降价，到1976年4月1日，水价从1元/立方米降低到0.15元/立方米。1964年，固原县建设统一供水设施，因建成后用水量少，费用高，每吨水成本2.4元，每担水约8分，群众用不起。1965年，吴忠县城建队与吴忠水泵阀门厂、仪表厂、配件厂等单位协商设供水点，每日定时向附近居民供水，每担1分。随着供水事业的进一步发展，供水收费分类逐步细化，到2000年，银川市居民生活用水和公用事业单位用水每立方米0.85元；机关、团体和事业单位用水每立方米1元；工业企业用水每立方米1.1元；商业企业用水每立方米1.2元；特种行业用水每立方米2.5元。

安装水表　各市、县建成公共供水厂后，水费是按照水表计量收取的。水表有院表和户表之分，院表安装在各单位、院落内和单元楼前的水表井，户表安装在用户室内，院表水量为户表水量之和。到1983年7月，银川市安装院表3093户、户表8211户。1981年，银川市新市区自备水单位实行联网供水后，要求自备水用户也要安装水量计量用水和收费。

维修服务　1973年2月,银川市供水公司兴建翻砂车间。1975年12月,在翻砂车间基础上,建成银川市供水公司管道配件厂,正式投产。1974年6月,银川市供水公司在城区设5个水压监测点,对供水服务压力开始进行监测。1975年1月,银川市供水公司成立自来水管道安装队。

供水组织　1963年6月,原银川市水井管理委员会从集体企业转为全民所有制企业,并更名为银川市供水公司,定员106人,实有职工79人。改革开放后,城市供水事业发展很快,到1987年全区共有19家自来水公司,拥有职工1158人,固定资产6019万元。

供水资质管理　从1993年开始,按照国家建设部的要求,对全区城市自来水公司进行资质审查,要求供水公司具备国家规定的条件才能向用水单位供水。1998年7月,对全区城市供水企业进行了资质复审换证工作。

供水水质

宁夏地下水质变化较大,高矿化、苦咸水分布全区,盐池、灵武、同心3个市、县遍布高氟水,吴忠、青铜峡、中宁等市、县地下水质铁、锰离子超标,六盘山地区地下水严重缺碘,地方病流行。1958年以前,人民群众全部饮用地表水和浅层地下水,水质不好,且不卫生。自治区成立到20世纪80年代初,城市供水条件有了较大改善,但大多数市、县仍然采用就近打井或直接取用地表水等原水直供方式,主要是为了保证水量,水质没有进行化验检测和处理。银川、石嘴山等较大城市打深井供水,水质比较干净卫生。银川市1967年成立水质化验室对水质进行化验,1970年开始在水中加漂白粉消毒,之后改用液氯消毒。石嘴山市在1960年建设公共供水设施时,最初两年也主要是满足水量需求,暂时没有考虑水质问题,后来才加强了水质处理。其他大多数市、县虽然建成了一些供水设施,但仍然采取原水直供方式,还有很多居民直接饮用土井水、泉水、窖存雨雪水等地表水和浅层地下水。山区的固原、隆德、泾源、海原、西吉、同心、盐池七县和石嘴山地区的陶乐县,全部为简易供水,没有水质处理措施,水质差,不加处理,直接饮用。泾源县水质缺碘,地方病中粗脖、傻子病很多。固原、同心主要河流是碱水。同心县从中宁县抽水由明渠直接流入蓄水池,仅靠自然净化,不加处理就供人饮用。隆德县由于水量不足,一部分城市居民直接挑饮山沟水,得痢疾病的人很多。川区部分市、县地下水质铁、锰离子超标。青铜峡市在1992年之前仅有一些简易的供水设施,采取原水直供,水质差,其中铁、锰离子含量分别超过国家饮用水标准的五至十倍。石嘴山市石嘴山区在黄河水厂未建成之前,依靠老水厂解决用水问题,水质含氟量较高,居民饱受苦咸水之苦。银川市水质以东北处较为咸燥,西南处较为清洁。

20 世纪 80 年代中后期至 90 年代初,城市供水由简易供水和原水直供模式转向较高阶段的供水。大部分市、县在对原有供水设施进行扩建改造或新建水厂的同时,优先进行水源地勘察,寻找优良的地下水,确保水质基本符合饮用水卫生条件。同时,加强水质化验,固原、中宁、中卫、吴忠、青铜峡等较大城市先后建立了水质化验室,对水质进行严格地监测和处理。1998 年以后,各市、县利用国债资金建设的水厂均建有水质化验室和相应的水质处理设施。

1994 年以后,自治区建设厅加强了对全区城市供水水质的监督检查。是年 10 月,经自治区建设厅和质量技术监督局审核同意,银川市自来水公司水质检测中心改为银川供水水质检测中心。银川供水水质检测中心在组织机构、仪器设备、技术人员、检测环境、工作制度等方面符合国家《产品质量检验机构计量认证技术考核规范》,具备了对国家《生活饮用水卫生标准》(GB5749 - 85)规定的指标进行全部检测的能力,可面向全区供水行业提供水质检测服务。1995 年 6 月,银川供水水质检测中心申请加入了国家城市供水水质监测网,成为国家水质监测网银川监测站。2000 年 7 月,银川监测站再次通过了国家计量认证复查评审,扩大了检测项目,具备了对生活饮用水、地表水、地下水、饮用天然矿泉水、瓶装饮用纯净水五大类产品 178 个参数的检测能力。银川监测站还在 1998 年通过了自治区质量技术监督局的审查评审,被授权为宁夏水质监督检验站。

银川水质监测站自 1995 年先后引进许多国外大型的检测仪器,如美国 PE 公司 5100PC 型原子吸收光谱仪、美国惠普公司 5890 - II 型气相色谱仪,美国 waters 公司 600E 高效液相色谱仪等大型先进的检测仪器。同时,还购买了北京海光仪骥公司 AFS - 120 型双道原子荧光光度计、国营二六二厂 α、β 弱放射性测量仪等精密仪器。2000 年,银川监测站又陆续对部分仪器设备进行更新,先后购置了新型的双道原子荧光光度计和国营二六二厂 α、β 弱放射性测量仪等精密仪器。这些先进检测仪器的投入使用,有效地保障了各项水质检测工作的顺利开展。

水质检测的主要对象是水源水、出厂水和管网水。检测内容包括综合指标和分项指标，综合指标有3项，即水质综合合格率、出厂水水质合格率和管网水水质合格率。分项指标有35项，包括细菌总数合格率、大肠菌群合格率、余氯合格率、浑浊度合格率4项常规指标和国家规定的其它31项指标的合格率。银川水质监测站具备了对全部指标进行检测的能力，其它较大的市、县能够检测20余项，小市、县能够检测常规4项，部分市、县没有检测能力，委托银川水质监测站或卫生部门进行检测。

1997年，自治区建设厅委托银川水质监测站按照《国家生活饮用水卫生标准》，先后对全区13个市、县的城市供水企业进行了水质监督检测。检测结果为，对35项指标全部进行自检或委托有能力的单位检测，达到《国家生活饮用水卫生标准》的有银川市、石嘴山市、吴忠市、青铜峡市、贺兰、平罗、中卫、灵武、固原县（地表水）的供水公司；没有按国家规定对水质进行加氯消毒，水质检测综合合格率不及格的有永宁、中宁、盐池、惠农、固原（地下水）县的供水公司。陶乐、同心、海原、西吉、隆德、泾源、彭阳县的供水公司未接受水质监督检查。检测结果中水质综合合格率为，银川市99.94%、石嘴山市黄河水厂99.7%、大武口区水厂100%、吴忠市92.7%、青铜峡市96.9%、、灵武市96.6%、贺兰县99.5%、平罗县97%、中卫县98.6%、固原县（地表水）76.7%，永宁、中宁、盐池、惠农、固原县（地下水）余氯不合格。贺兰、永宁、平罗、惠农、中宁等县的水质铁、锰超标。依据水质检测结果，各市、县在新建水厂或对原有水厂进行改造时，采取相应的水质处理措施，增加消毒和除铁、锰、氟等设施，改善水质，保证饮用水卫生和安全。

城市节约用水

自治区成立到20世纪60年代中期，大批工矿企业从沿海等地内迁宁夏。由于缺乏统一的供水规划，各单位自行凿井解决用水问题，自建供水设施众多，对地下水资源乱开滥采，造成局部超采，到90年代初期，银川、石嘴山等较大城市已出现了地下水位持续下降现象。各用水单位缺乏计划用水和节约用水意识，用水不讲成本，浪费现象比较严重。

改革开放以后，国家确立了开源、节流的用水方针，从水资源管理和节约用水两个方面开展供水管理工作。自治区各市、县按照国家城市建设总局

1980年颁发的《城市供水工作暂行规定》,以及国家计划委员会、经济委员会、财政部、建设部1982年《关于印发二十五个城市用水会议纪要的通知》中"各城建部门首先要把城市范围内的地下水资源统一管理起来,制定管理办法"的要求,对城市地下水资源初步实施统一管理。1989年,银川市、石嘴山市人民政府分别制定了城市地下水资源管理办法,成立了城市节约用水管理办公室,统一管理城市规划区的地下水资源,实施取水许可制度,征收地下水资源费。经过一年多的努力,到1990年,两市地下水开采量减少了2733万吨,节约用水1761万吨,乱打井、乱开采和超采地下水的现象基本得到了控制。石嘴山市通过实施节水目标管理模式和采取凿井审批、取水许可、计量取水、计划用水、节水技术改造、水表入户等节水管理措施和推广节水器具等手段,使用工业用水重复利用率由17%提高到34%,控制了地下水持续下降的趋势,取得了明显的社会效益和经济效益。

1990年6月14日,自治区建设厅在银川市召开了全区城镇节水和地下水资源管理工作会议,要求各市、县提高对城市用水管理工作重要性的认识,建立健全城市节水和地下水资源管理机构,制定法规、制度和节水规划,统一管理城市地下水资源。会议还介绍了银川橡胶厂、太西洗煤厂等一批节水先进单位的经验。在这次会议推动下,全区城市节水工作进入了一个新的阶段。同年8月,宁夏回族自治区城市节约用水办公室成立,挂靠在自治区建设厅。节水办的主要职责是负责全区城市节约用水和地下水资源管理;贯彻执行国家和自治区关于城市节约用水和地下水资源管理的方针、政策和法规;制定全区城市节水规划和用水定额;组织全区节水宣传工作和节水管理人员的培训;研究城市地下水资源费的征收使用和城市取水许可制度的实施。自治区城市节水办成立以后,吴忠市、青铜峡市以及平罗、永宁等几个较大的县也成立了城市节水办,其他较小的县在城市建设局或供水公司增设城市节水职能。1992年,自治区人民政府颁布了《宁夏回族自治区城市节约用水管理条例》,自治区建设厅、财政厅、物价局联合印发了《关于征收城市规划区地下水资源费的通知》,规定对城市规划区的地下水资源实行统一管理和有偿开采,确立了利用经济手段和行政许可手段相结合的地下水资源管理原则。

在加强城市地下水资源管理的同时,积极推广使用节水器具。1992年,自治区人民政府颁布了《宁夏回族自治区城市房屋节水型卫生洁具应用监督管理办法》。同年12月,自治区建设厅向全区下发了《关于首批推广应用节水型器具、设备的通知》,规定自1993年起,全区新建房屋必须使用节水型器具和设备,包括水箱、便器、水龙头等。并要求设计部门在设计用水设施时必须选用自治区审定推广的节水型器具,建筑施工单位必须按照设计要求购置和安装节水型器具,工程竣工后由节水管理部门、自来水公司验收合格后,供水部门方能供水。已经使用的非节水型器具,应当有计划地淘汰更新。1993年6月11日,银川市人民政府发布了《银川市配套建设节约用水设施管理办法》,规定在银川市行政区域内的新建、扩建、改建的建设项目,包括技术改造项目、城市住宅小区项目和单位自建项目,必须配套建设节约用水设施,做到节约用水设施与项目主体工程同时设计、同时施工、同时投产使用。

广泛开展节水宣传。从1992年起,按照国家建设部的要求,在每年的五、六月份举办城市节约用水宣传周活动,到1995年节水宣传周时间统一规定为每年5月15日在内的一周,从周日开始到周六结束。在宣传周期间,利用多种方式向社会各界和广大市民宣传节约用水工作,制定了若干宣传口号,如"为了人类和您自身的生存请珍惜每一滴水""水是生命的源泉、工业的血液、城市的命脉""节约用水是每个公民的责任和义务""深入广泛地开展节约用水工作"等。1995年8月25日,自治区建设厅和经济委员会在银川市召开了全区第一次城市节约用水工作表彰大会,对在全区城市节水工作中取得突出成绩的22个企、事业单位和31名先进个人予以了表彰。2000年5月,表彰了第二批全区城市节约用水先进单位29个和先进个人17名。先进单位有水泥厂、化工厂、橡胶厂、炼油厂、洗煤厂、钢铁厂、仪表厂、造纸厂、化肥厂、发电厂、糖厂、宾馆、酒店、医院、供热公司、供水公司等。

第二节　城市供热

中华人民共和国成立前,各家各户利用薪木烧水、做饭兼取暖。川区农村和山区还盛行一种特别的取暖方式,即在屋中烧土炕取暖,这种土炕散热面大,是一种经济、节约和有效的取暖方式。这种取暖方式直到20世纪末仍存在于广大农村地区。清光绪年间(1875年~1908年),在石嘴山地区的贺兰山汝箕沟发现了煤矿,居民自采自用烧饭、取暖。到中华人民共和国成立前，汝箕沟煤矿有工人66名，全年产量1000吨。

自治区成立后，大批工业和移民迁入银川等地，需要建设城市集中供暖设施。1958年，自治区投资33.5万元在银川市建设了一个3000人的集体供暖工程，包括1座锅炉房、4台锅炉、1个烟囱以及室外暖气管、沟和室内采暖设备。由于没有统一规划，工业布局和职工居住分散，集中供暖在以后的几十年中并没有成为主要的供暖方式，而是以各单位自建小规模供热设施为主。银川市和石嘴山市依托大型工业企业，在建设工业锅炉供生产用热的同时，兼供本厂职工居民家庭用热。供热能力较大的单位，也兼供其他单位职工家庭用热。机关、学校、医院等单位均自建锅炉供热。1970年，银川市新城电厂供热站停建后，将两个锅炉房移交给银川毛纺厂使用，作为毛纺厂的锅炉房，并兼供银川机床修配厂的用热。1975年固原地区医院采用K2G2～8型卧式快装锅炉两台，供蒸汽采暖、消毒、药厂使用；WZ～1.8～8型卧式水管锅炉一台，供热水采暖用。小单位和城市居民大多用铁炉各家各户烧炭取热。

从20世纪70年代末开始，统一规划建设成片住宅，将集中供热纳入住宅建设规划。1979年建设的银川市幸福新村，在规划中预留了采暖锅炉房的建设用地，为以后实施集中供热创造了条件。1984年开始建设的银川市唐徕小区，配套建设集中供热锅炉房，1988年开始建设，1990年建成，供热面积60万平方米，供热管道4.5公里，总投资1375万元。1992年唐徕小区三组团开始建设，又配套建设了20吨供热锅炉。新华西街明德巷小区、利民街（西）小区、民乐新村等住宅小区均配套建设了集中供热锅炉房。机关、企、事业单位等公共建筑的供暖，由于缺乏统一规划，大多仍以自建小型供热锅炉为主。到1985年，银川市市区有工业锅炉及采暖锅炉500余台，年耗煤量约80万吨，原煤浪费和大气污染较为严重。

1987年以后，各市、县开始编制集中供热规划。1987年3月，自治区建设厅批复银川市集中供热规划，采暖期规定为150天。要求集中供热设施统一规划，统一设计，统一建设。并一次规划，分期实施，逐步发展。供热建设要从实际出发，结合城市改造与发展，充分利用现有锅炉能力，推广联片供热，逐步建立起以集中锅炉房供热为主，以各工业企业锅炉房为辅的供热系统。集中供热范围分为旧城区（今兴庆区）、新城区（今金凤区）、新市区（今西夏区）3片。新城区利用起重机厂、毛纺厂和糖厂锅炉房逐步扩建实行联片供热,新市区利用现有工厂企业和机关单位的锅炉房实行联片供热,以后随城市发展建设集中供热锅炉房。旧城区按东南区、唐徕区、西南区、南外区、北外区建设集中供热工程。1988 年 4 月,自治区建设厅批复石嘴山市供热规划,采暖期规定为 150 天。石嘴山市是西北煤炭工业、电力工业的重要基地,煤炭资源丰富,具备集中供热的条件。规划以发展热电联厂作为该地区的主要供热方式。规划范围为大武口区、石嘴山区和石炭井区的中心城区。近期对大武口区热电厂和石嘴山区电厂五期工程进行改造,对外供热;远期将集中供热锅炉房与热电联产相结合,分步实施。1989 年 10 月批准固原县城集中供热规划,采暖期规定为 162 天,规划范围分南、北两个供热区域。近期对现有各单位的锅炉房进行改造,实行小区域联片供热;远期按供热规划分步实施。1990 年 12 月批准隆德县城集中供热规划,采暖期规定为 165 天。从 1991 年到 1996 年,又先后批准了吴忠市以及中卫、灵武、永宁等县城的集中供热规划。其他市、县在城市总体规划中编制了集中供热分项规划。

按照供热规划,各市、县加快了集中供热设施建设。1992 年～1997 年,银川市旧城区新增集中供热面积 357 万平方米;吴忠市新增 4 台 15 吨锅炉,供热面积 60 万平方米;盐池县新增 1 台 10 吨锅炉,供热面积 15 万平方米;隆德县新增 1 台 6 吨锅炉;平罗县新增 2 台 10 吨锅炉;彭阳县新增 1 台 15 吨锅炉;泾源县新增 1 台 6 吨锅炉;石嘴山市大武口区新增 1 台 10 吨锅炉。1997 年,灵武市新增 1 台 6 吨锅炉;青铜峡市新增 4 台 10 吨锅炉,供热面积 35 万平方米。1998 年以后,银川、吴忠、灵武等市利用国债资金进一步扩大了供热能力和面积。

银川市和石嘴山市具备大规模集中供热的条件,在建设集中供热锅炉房的同时,逐步发展更大规模的热电联产供热项目。1997 年,筹建银川热电厂及配套热网工程。一期工程选用 3×75 吨/小时次高压电站煤粉锅炉、2×12 兆瓦抽汽供热汽轮机配 2×15 兆瓦发电机组。热电厂选址在银川良田工业开发区,在老城区以西,银新南路南侧,东临文昌路,南近长城路,北靠银川电校,西接重工业厅职工大学。征用土地 13.6 公顷。供热范围内为三一支沟以东、唐徕渠以西的银川市高新技术开发区和良田工业开发区;民族南街以西、解放街以南、南二环路以北的城区区域,供热面积 202 万平方米。整个供热区域划分为 20 个供热小区。供热介质为,高新技术开发区采用蒸汽,老城区采用热水。设置28座热力站、2座换热站。到2000年底,银川热电厂及配套热网工程顺利建成投产。石嘴山市也建成了热电联产项目,1997年~2000年新增供热面积45万平方米。到2000年,全区城市集中供热面积为2166.8万平方米,其中住宅供热面积1409.86万平方米。

在加快集中供热设施建设的同时,加强供热规划管理和节能改造。1995年6月26日,自治区建设厅、计划委员会转发国家建设部、计划委员会《关于加强城市供热规划管理工作的通知》,要求供热规划设计必须要有供热专业设计资质的设计单位编制。供热规划的编制应结合城市的实际,远期规划与近期实施相结合,集中供热与区域联片供热相结合,大型锅炉与小型锅炉相结合。供热规划要按规定进行论证。没有供热规划或供热规划不符合规定要求的,各级计划部门不予批准城市供热工程项目建议书。1998年4月,自治区经贸委员会和科学技术委员会联合在全区推广变频调速、锅炉分层燃烧节能新技术。要求各地推广应用新技术,促进集中供热企业降低成本、提高效益。引导企业合理利用能源,提高能源使用效率,进一步推进节能降耗措施,减少环境污染。各地申请的供热节能项目可列入自治区经贸委节能技改项目计划或自治区科委的电子振兴计划,两委根据项目的实施情况给予供热企业技术改造贷款贴息支持或一定的资金补贴。

为了筹措资金,加快集中供热设施建设。自治区物价局于2000年下发了《关于集中供热收取增容费标准有关问题的通知》,允许建设单位向新用户收取供热增容费,增容费标准全区统一为一次性按建筑面积每平方米最高不超过40元收取。

2000年宁夏各市、县城市集中供热情况表

表4-4

城市名称	蒸汽			热水			集中供热面积(万平方米)	住宅
	供热能力(吨/小时)	供热总量(万吨)	管道长度(公里)	供热能力(兆瓦)	供热总量(万百万千焦)	管道长度(公里)		
宁夏	662	247	139	3425	3751	747	2166.8	1409.86
银川市				1859	1440	196	988	834.6

续表

城市名称	蒸汽			热水			集中供热面积（万平方米）	住宅
	供热能力（吨/小时）	供热总量（万吨）	管道长度（公里）	供热能力（兆瓦）	供热总量（万百万千焦）	管道长度（公里）		
石嘴山市	472	179	120	679	842	258	562	185
吴忠市				170	210	54	163.9	95.6
青铜峡市	174	62	12	197	295	53	144	93.3
灵武市	16	6	7	58	75	37	37	29
永宁县				47	169	9	28.95	13.49
贺兰县				20	70	4	13.5	11.9
平罗县				60	59	27	43	27
陶乐县				3	11	3	4	2.8
惠农县				17	45	11	11.3	3.1
中卫县				68	81	16	49	41.5
中宁县				58	203	16	43	34
盐池县				42	32	14	19	9.3
同心县				8	6	2	7	3
固原县				60	58	12	28.5	10.5
海原县				15	44	17	1.82	1.82
西吉县				34	18	7	4.27	3.28
隆德县				16	53	5	10.7	7.4
泾源县				4	5	3	1.36	0.92
彭阳县				10	35	3	6.5	2.35

第三节　城市燃气

人工煤气

宁夏有十分丰富的煤炭资源，具有发展人工煤气的有利条件。1983 年之前，城市居民用木材、煤炭、蜂窝煤烧水做饭，既不卫生也不方便。尤其是一部分住宅楼，因设计住房面积比较小，许多住户挤到楼道做饭，对公共环境影响很大。1983年，银川市对煤气化问题进行了可行性研究，并制定了“七五”(1986年～1990年)城市煤气发展规划。但最终未能列入国家计划。

石嘴山市石嘴山区于1986年完成煤气工程的可行性研究，1988年动工建设，1990年竣工投产。工程内容包括焦炉煤气脱萘、脱硫设备和3万立方米螺旋式储气罐，中低压供气管网46.7公里，调压站24座。设计供气能力5万立方米/日。供气范围包括河滨工业园区、三矿、电厂及市区。工程总投资1590.94万元。1996年，又对原煤气工程进行改、扩建，新建1万立方米低压水槽式螺旋导轨储气罐一座，将原3万立方米储气罐报废、拆除，在原罐基础上新建3万立方米储气罐一座，形成双罐供气。并完成了脱硫干箱的改建工程和增加输配管网。1999年6月全部建成，日供气能力5.28万立方米，工程总投资1800万元。到2000年底，用气户数达21252户。石嘴山区另有工矿企业自建煤气设施，用户达2240户。

吴忠市一工业企业建有一个小型的附属煤气工程，供本厂职工用气，用户681户。其他市、县均没有煤气设施。

天然气

宁夏天然气来源有陕甘宁盆地气田和新疆气田。1994年，开始筹建陕西靖边—银川天然气输气管线工程，1997年建成。工程批准总投资41945万元，主要建设内容为铺设管径426毫米、长度313公里的天然气管道。工程是宁夏化工厂化肥扩建工程的配套工程，供化肥厂制造化肥之用。1997年开始建设银川市民用天然气输配工程，设计日供气量28.2万立方米，主要建设内容为调压站及管网，总投资18484万元。主体管网工程到2000年结束，用户达4074户。工程建设的同时，分别成立了宁夏长宁天然气公司和银川东部民用天然气公司，长宁天然气公司主要供工业用气，并为民用天然气公司提供气源。后来银川成立民用天然气总公司，东部天然气公司并入天然气总公司。

2000年，国家西气东输工程过境宁夏。同年9月，中国石油天然气股份有限公司西气东输工程项目经理部和设计联合体派线路踏勘人员抵达银川进行西气东输管道工程的前期工作，踏勘管道线路走向。经与自治区和沿线各市、县协商,并经实地踏勘,确定了宁夏境内管线的走向。即从中卫县营盘水入境,自西向东依次途经中卫、中宁、同心和盐池县,线路水平长度约275公里。过境线路在宁夏境内需要穿越黄河、长城、包(头)兰(州)铁路、宝(鸡)中(卫)铁路、109国道、201省道、1236省道、沿途各县县境公路和在建高速公路。在宁夏境内共设阀室15座,清管站1座,压气站1座。其中中卫县设阀室8座,中卫压气站1座;中宁县设阀室2座;红寺堡(原同心县)设阀室3座;盐池县设阀室2座,清管站1座。

继银川之后,贺兰等县也开始编制民用天然气利用规划。四川、重庆等省、市的一些天然气经营企业与宁夏部分市、县签订了天然气工程建设和营运意向合同。

液化石油气

宁夏液化石油气供应始于1982年下半年。银川市率先成立了液化气供应站,由财政拨款18万元,购置了一些必要的设备,向300户居民试供瓶装液化石油气。1983年,成立了银川市煤气供热总公司,由财政陆续拨款354万元,建成了北塔罐瓶厂和新城储配站,拥有14个卧式储气罐,储气能力达到200吨。并购置了铁路专用槽车2辆、汽车槽车6辆。在市区永康巷、南环路、北塔路、新城、新市区建立了5座供气站。销售的液化石油气主要由灵武市马家滩炼油厂供应。到1984年5月,用户已达3000多户,每年需540吨液化气。由于马家滩炼油厂气源有限,银川市煤气公司还从甘肃庆阳、玉门和新疆等地高价求购气源,扩大供应。

继银川市之后,其他市、县陆续建设液化石油气供应工程。1992年,石嘴山市、吴忠市、中宁县、中卫县建成液化气储配站,供气规模分别为2600吨/年、1200吨/年、1200吨/年和1000吨/年。1994年建成灵武县、永宁县液化气储配站,供气规模分别为1200吨/年和500吨/年。除国家投资之外,随城市公用事业市场化改革,20世纪90年代中后期,一部分市、县由私人投资建成了液化气储配站,个别市、县虽未建设储配站,但由已建成供气设施的市、县运送供给。到2000年,全区共有16个市、县用上了瓶装液化石油气,用气户数达273911户,其中家庭用户273026户,用气人口95.71万人。

2000年宁夏各市、县利用人工煤气和天然气情况表

表4-5

气源类型	城市名称	供气总量（万立方米）	家庭用量	用气户数（户）	家庭用户	用气人口（万人）	管道长度（公里）
天然气	银川市	56	21	4074	4074	1.35	81
人工煤气	石嘴山市	2793	1125	23492	23422	9.53	202
	吴忠市	45	45	681	681	0.27	1

2000年宁夏各市、县利用液化石油气情况表

表4-6

城市名称	供气总量（吨）	家庭用量	用气户数（户）	家庭用户	用气人口（万人）
宁夏	22349	21616	273911	273026	95.71
银川市	12503	12287	130134	129450	44.22
石嘴山市	1896	1814	26092	26082	10.2
吴忠市	1747	1447	20520	20500	6.95
青铜峡市	890	790	14830	14680	5.2
灵武市	1195	1185	9451	9450	3.3
永宁县	375	375	5810	5810	1.79
贺兰县	300	300	6050	6050	2.45
平罗县	600	600	7000	7000	2.42
中卫县	586	586	17330	17330	5.86
中宁县	900	900	9200	9200	2.8
盐池县	340	340	3500	3500	1.6
同心县	118	118	1260	1260	0.69
固原县	320	300	12000	12000	4.3
海原县	296	296	7270	7270	2.18
西吉县	150	145	1800	1780	1.17
泾源县	133	133	1664	1664	0.58

燃气管理

1989年,银川市煤气供热公司建立了钢瓶检验站。检验站选址在银川市郊区丰登村,占地20亩,建有210平方米锅炉房一座,占地415平方米办公楼一栋,车间面积845平方米。拥有各种压力容器检验、检测设备26台,专业工程技术人员6人,专职检验、探伤人员7名。检验站成立初期只对本公司的钢瓶进行检验,到1992年检验钢瓶2万余只,维修了部分压力容器附件。1992年9月,检验站获得自治区劳动人事厅颁发的钢瓶检验和压力容器修理检验资格证书,可以面向全区其他市、县开展钢瓶检验和压力容器维修、检验业务。

1992年,依据国家建设部、劳动部、公安部第10号令《城市燃气安全管理规定》,自治区建设厅、劳动人事厅、公安厅联合制定了《宁夏回族自治区城市燃气安全管理规定实施细则》。规定由建设厅统一负责全区城市燃气的安全管理和经营管理工作,劳动人事厅负责全区城市燃气压力容器的安全监察工作,公安厅负责全区城市燃气的消防监督工作。并规定燃气工程的建设必须由自治区建设、劳动、公安部门审查同意后方可开工建设,竣工后由三部门验收合格方可投入使用。燃气工程中锅炉、储气罐、气瓶等压力容器的安装、检验完成后,由自治区劳动人事厅审查认可发放燃气充装许可证。燃气工程中的消防设施建成后由自治区公安厅消防部门审查合格发给消防安全许可证。最后由自治区建设厅颁发城市燃气经营许可证(一年期)或城市燃气企业资质证(长期),燃气企业才能经营。

1994年正式启动燃气企业资质审查登记工作。从1994年10月到1996年5月,自治区建设厅和工商局按照国家建设部和工商局制定的《城市燃气企业资质和集中供热企业资质管理规定》,对全区已有城市燃气企业进行了资质审查和登记。审查内容包括企业法人代表、安全技术负责人、技术资料(施工图、压力容器合格证、施工及安装验收资料、安全及消防设施资料、燃气充装资质证等)、液化石油气来源等情况。审查合格的发给城市燃气企业资质证书;审查不合格的,责令限期整改;整改仍不合格的,不予发放资质证书,企业到工商部门办理注销登记。在这次审查中,共有12家燃气企业符合国家规定的条件,准予颁发城市燃气企业资质证。其中银川市3家,石嘴山市2家,吴忠市、青铜峡市、永宁、贺兰、灵武、中卫、中宁县各1家。固原和同心县的液化气企业正在建设,未予颁发资质证书。新建燃气企业,必须先申请取得城市燃气企业资质证，方可到工商部门办理营业登记。城市燃气企业资质证每年进行一次年检，年检时间为每年的 12 月初至次年的 1 月末。之后，自治区建设厅还对代储代充燃气企业资质管理做了进一步的规定。针对一些不具备运输、装卸、储存灌装等完整生产工艺的液化石油气经营单位和个人，允许其在自治区境内就近选择有储存、灌装能力的液化石油气经营企业，与之订立代储代充协议。并发给城市燃气经营许可证，每年审查更换一次，但不发给城市燃气企业资质证。并规定对新建液化石油气经营企业第一年的经营许可证和代储代充企业的经营许可证的审查发放工作，由企业所在市、县城市建设主管部门负责。各市、县在审查发证时，报建设厅签署审核意见，并领取建设厅统一印制的燃气经营许可证。

20 世纪 90 年代中后期，一些私营企业开始投资建设燃气供应设施，在满足城市供气需要的同时，也带来管理上的困难。自治区建设厅和各市、县燃气主管部门加强了燃气安全管理，开展了几次大的燃气安全检查活动。1996 年下半年，在全区范围开展燃气安全检查，重点查处尚未取得资质和不具备运输、装卸、储存灌装等完整工艺的单位和个人非法经营液化气。特别是对严重违反规定擅自利用罐车进行临时灌装，或将供气站布置在民用楼内，以及供气站与周围建筑物安全距离不够、建筑设计不符合防火和通风要求的企业进行严格查处，并会同当地工商部门吊销此类企业的营业执照。对管道煤气设施和地下管网进行了一次全面的检查，消除隐患。对使用期超过 5 年或用户反映问题较多的地下管线进行监护、修理；对压占管线的违章建筑物予以拆除；对影响煤气管道的施工加强管理，防止管道损坏燃气泄露事故的发生。并督促燃气企业做好各项安全预防工作，建立健全管网巡检及维修制度，配齐燃气检漏仪器设备，制定安全责任制度，提高职工责任心，保证安全供气。

1996 年年底，国家建设部对江苏省、山东省和广东省的 23 家液化石油气钢瓶制造企业进行了现场抽检，发现其中 8 家企业制造的钢瓶不合格，这 8 家企业都是使用非气瓶钢板制造钢瓶。接国家通知，自治区建设厅与劳动厅于 1997 年 5 月组织各市、县进行全面检查，对查出的“8 家钢瓶”进行专门检验，合格者方可允许继续流通使用。并监督燃气企业经营单位今后不得购买和使用“8 家钢瓶”。由于燃气安全管理工作做得比较突出，1997 年 8 月 26 日建设部在哈尔滨召开的全国城市燃气安全管理工作会议上,授予银川市煤气供热总公司先进集体称号,2 人荣获先进个人称号。

2000 年下半年,按照建设部、公安部和国家工商行政管理局的工作部署,在全区又一次大规模开展燃气市场清理整顿和安全管理工作。大力查处和取缔非法经营液化石油气的企业,遏制无证经营、违章经营的势头;全面清理、拆除压占燃气管网设施的违章建筑;加强对燃气设施的安全管理和保护工作;清理整顿燃气器具的销售和安装维修资质;加强燃气市场的管理,建立燃气管网安全评估制度;对新、改、扩建燃气工程,严格按城市燃气规划和消防安全要求进行审查,执行基本建设程序;加强对燃气行业从业人员的培训和管理,实行持证上岗制度。清理整顿工作分自查、重点抽查和全面验收三个阶段进行,自治区和各市、县均设立了专项清理整顿领导小组。这次清理整顿使全区的城市燃气市场秩序和安全管理水平明显提高。

第四节 公共交通

公共汽车

中华人民共和国成立,只有城市之间的公路客、货运输,没有城市市内公共交通。1958 年自治区成立后,开辟了银川市新市区,使银川市成为一个旧城、新城、新市区三片连接东西狭长的城市。为解决市内交通,1958 年由银川市运输公司开办了银川市也是宁夏第一条城市公共交通营运线路,从老城南门到银川火车站,线路长 12 公里,有公共汽车 3 辆。1962 年,成立了银川市公共汽车公司,统一经营管理城市公共交通客运业务,并投资兴建调度场地,购置车辆,扩大公共汽车营运范围。1962 年,开通了老城到新市区北部宁夏军区的公共汽车,运营线路长度 17 公里。1964 年,开通了老城至新市区西南部银川化肥厂的公共汽车,营运线路长 20.5 公里。以后又开通了至郊县、国营农牧场的公共交通线路。1965 年,公共汽车增加到 20 辆,运营线路发展到 4 条。石嘴山市是 1959 年新设立的一个城市,工业建设规模大,工厂区与职工居住区较远,也开通了市内公共交通。到 1974 年,银川市拥有市内公共汽车 65 辆,只有 41 辆出勤较好,分 9 路行车,平均每路行车不到 5 辆。石嘴山市拥有市内公共汽车 20 辆,分 6 路行车,平均每路 3 辆多一点。

改革开放以后,城市公共交通事业有了较大发展。吴忠、青铜峡相继开通了市内公共交通。1981 年,吴忠县汽车运输公司开辟了市区至 201 农场的公共交通线路,1985 年 8 月成立吴忠市公共汽车公司,又开辟了 3 条线路。青铜峡市区是由三个相对独立的城镇组成,各镇之间相距较远,1986 年,青铜峡市成立了公共交通事业公司,开通市内公共交通,有公交车 2 辆,线路两条,一条从小坝镇通往青铜峡镇,一条从小坝镇通往青铜峡铝厂。以后,又开通了小坝镇至大坝电厂和小坝镇至邵刚的线路,并相应增加了车辆。银川市和石嘴山市继续发展城市公共交通,到 1985 年,银川市拥有公共交通车辆 124 辆,其中铰链车 69 辆,单车 55 辆,运营线路 11 条,总长 248.5 公里。石嘴山市拥有公共交通车辆 35 辆,其中绞接车 1 辆,单车 34 辆。

1990 年以后,中卫县、灵武市、固原县、盐池县先后开通了市内公共交通。到 2000 年,全区共有 8 个市、县开通了城市公共交通,拥有车辆 789 辆,运营线路长度 591 公里,年客运总量达 7711 万人次。

公共交通管理

1990 年以前,城市公共交通车辆由国家计划供应,统一分配。自宁夏开通城市公共交通以来,国家每年分配给宁夏一定数量的公共交通车辆,车型有公共汽车、团体大客车、中型客车、出租车等。公共汽车有铰接车和单车,专门用于市内公共交通;团体大客车和中型客车分配给各机关、团体、学校、军区、工矿企业等,用于接送本单位职工上下班。1965 年国家计划委员会分配给宁夏各类车辆 65 辆,其中公共汽车 5 辆(石嘴山 4 辆、银川市 1 辆)。1970 年以后,银川、石嘴山、青铜峡、中卫等地区的城市规模逐步扩大,对公共交通的需求量增大,特别是一些厂矿企业远处市郊及山区,职工上、下班往返十几里,交通十分不便。为此,国家加大了对宁夏公共交通车辆的分配数量。其中 1974 年,补充分配给宁夏团体客车 9 辆。1975 年,分配公共汽车和团体客车 30 辆。1977 年,分配给银川市和石嘴山市市内公共汽车各 5 辆。1983 年到 1990 年分配给宁夏公共汽车 97 辆,其中铰接车 42 辆,单车 55 辆。

1990 年以后,公交车市场逐步放开,公交车辆购置实行按计划分配和由市场购置相结合,并最终过渡到全部由市场购置。1990 年 8 月 11 日,自治区建设厅会同财政厅、自治区"社会集团购买力控制办公室"、自治区税务局、银川城区税务局一分局、自治区工商管理局、交警总队、银川市车辆管理所等单位，在银川市召开了“城市客车、城建设备工作座谈会”，研究城市客车计划采购、管理和公共交通发展问题。要求统一分配采购车辆、合理规划车辆运力，形成大、中、小型公共汽车、团体客车、旅游客车、出租汽车相互补充的城市客运交通体系。并规定凡是公共汽车可以到达的地方，原则上不供应团体客车。同时，按照建设部1990年颁发《城市公共交通当前产业政策实施办法》，鼓励发展个体车辆，补充公共交通的不足。

为了保证公交车辆安全运行，一方面，按规定报废和更新车辆。另一方面，建设公交维修服务基地。银川市建成了公共汽车保养厂，拥有各种金属切削机床29台，汽车检测仪器6台，其他汽车保养机具31台，承担公共交通车辆的大修、检修业务。

开展公交服务竞赛活动，提高服务水平。1991年5月1日到1992年4月30日，按照建设部和中国城建建材工会关于在全国城市公共交通系统开展优质服务竞赛活动的通知要求，银川、石嘴山、吴忠、青铜峡市的公交公司开展了城市公交系统优质服务竞赛活动。经过一年的竞赛活动，各公交公司在安全运行、运营秩序、规范服务、车容站貌、后勤保障、双增双节等方面均有了很大提高，企业管理工作得到加强，经营管理机制逐步完善，公交服务态度有了明显改善。不仅得到了乘客的好评，也使公交企业的经济效益和社会效益普遍提高。

出租汽车及管理

改革开放以后，随着城市人口的增加，公共交通已不能满足居民的出行需求，城市出租汽车作为一种方便、快捷的交通方式应运而生。1980年，银川市公共汽车公司成立了出租车队，购置菲亚特小轿车10辆、旅行车1辆，开展旅游包车、长短途客运业务等，昼夜服务，很受群众欢迎。到1985年，出租汽车增加到24辆，其中小轿车20辆，小客车2辆，大客车2辆。同时，一些私人也开始开办汽车出租业务。出租汽车逐步发展成为城市公共交通的重要组成部分。到1989年，银川市的出租汽车发展到了700多辆。为加强管理，银川市成立了城市客运交通管理处，负责出租汽车及火车站停车场的管理工作，工作人员19人。

1998年5月，建设部、公安部制定了《城市出租汽车管理办法》。依据此办法，各市、县加强了对出租汽车的管理，制定统一的出租汽车经营资质规定，实行统一的收费标准和车票发票。在出租汽车上安装经技术部门鉴定合格的计价器、统一制作的顶灯以及公司的名称、监督电话等客运标志，并安装驾驶员防劫安全防范设施。设置出租汽车营业站及停车场，制订出租汽车服务性关键岗位服务规范，建立投诉受理制度。对出市境或者夜间去郊县、偏僻地区的出租汽车实行验证登记制度，出租汽车驾驶员可就近到公安机关办理验证登记手续，并报告所属汽车公司。

“九五”期间（1996 年～2000 年），全区城市出租汽车发展很快，到 2000 年，全区城市出租汽车数量达到 5542 辆。给城市交通秩序和客运市场秩序带来了一定的影响。为了规范出租汽车的发展，1999 年，银川市决定对城市客运市场（包括银川市三区两县）实行统一管理，对出租汽车的发展实行总量控制，实施出租汽车经营权有偿出让。即根据城市人口、道路、载客率等实际情况合理确定每年的出租汽车发展数量，并向社会公布，对出租汽车经营权进行公开拍卖，拍卖所得款项上缴市财政，专款专用。具体办法是，跨市县、市郊的定线客运中巴车，以每年每车 1000 元为基数一次性收取 5 年的拍卖费；对申请在银川市区范围营运微型出租汽车的，按每年每车 3500 元的标准，一次性收取 5 年共 17500 元有偿使用拍卖费。并规定从 1999 年起，停办箱式货车（面的）、中巴车客运出租业务，原有出租汽车报废不得更新为箱式货车。现运营的箱式货车要限期治理尾气，达到规定的环保排放标准。原有城市中巴车报废不得更新为中巴车。市郊、市县之间的定班中巴车依照保持总量平衡的原则，实行报废一辆更新一辆。同时，加强对出租汽车联营公司的管理，鼓励大企业兼并规模小、资质差的小公司，对管理水平低、拖欠应缴税费的公司予以取缔。

国家也加大了对城市出租汽车市场的清理整顿力度。1999 年，国务院办公厅在全国范围开展城市公共交通重点是出租汽车客运市场清理整顿工作。按照国家要求，自治区人民政府办公厅组织建设厅、交通厅、计划委员会、财政厅等单位对全区城市公共客运交通市场进行了一次全面的、大规模的清理整顿。重点是打击出租汽车非法营运行为，规范出租汽车客运市场秩序，清理涉及出租汽车的不合理收费。整顿工作历时两年，到 2000 年仍未结束。

在清理整顿的同时，努力提高出租汽车管理水平，利用现代化管理手段管理出租汽车。2000 年 1 月，银川市客运管理处委托宁夏兴达电子设备有限公司编制完成了《出租汽车电调 GPS 综合系统》设计方案，即“出租汽车 GPS 定位无线高度管理系统”。系统设计由调度指挥中心、基站、传输设备、车载设备四部分组成。到 2000 年底，系统仍处于项目申报阶段。

2000 年宁夏各市、县城市公共交通和出租汽车情况表

表 4－7

城市名称	公共汽车数量（辆）	小公共汽车	公共汽车客运总量（万人次）	小公共汽车	运营线路网长度（公里）	出租汽车数（辆）
宁夏	789	574	7711	3424	591	5542
银川市	532	340	6687	2556	266	4220
石嘴山市	76	76	400	400	220	400
吴忠市	70	57	330	282	29	743
青铜峡市	25	15	130	22	20	129
灵武市	16	16	12	12	19	
中卫县	30	30	15	15	10	50
盐池县	8	8	1	1	7	
固原县	32	32	136	136	20	

第三章　城市园林绿化

第一节　园林绿化建设

发展概况

宁夏的城市园林绿化最早源于封建统治者的皇家园林。大夏王赫连勃勃曾在今银川市建设了皇家园林——丽子园。西夏时期,统治者在今银川市和贺兰山境内大规模建设皇家寺院、园林和避暑地。西夏王朝灭亡之后,银川市的经济和政治位置日趋衰落,城市园林绿化不复兴盛。民国22年(1933年),宁夏省政府将银川市原西马营之处四百余亩空地辟为中山公园,在园内开道路,建亭榭,栽树木,整湖泽。这是近代宁夏城市园林绿化事业的开始。民国24年(1935年),在中山公园内设立省农事试验场一所,进行苗木栽培和农作物试验,增添了园内景色。民国25年(1936年),在园内修筑了明耻楼一座、光园一处(内建怀远楼一座)。民国29年(1940年),省农业改进所在园内设置苗圃一百亩,并于第二年扩大至一百五十亩,花木作物,较为繁多。使中山公园成为当时宁夏省城银川的唯一风景区,每天游玩的人,络绎不绝。除中山公园外,还在银川部分街道栽植了一些树木。但由于受战乱影响,管护不力,到中华人民共和国成立前夕,银川市区仅有官邸宅院和部分街道种植树木4000余株。中山公园杂草丛生,树木稀少,且大部分为军营所占。

吴忠市在中华人民共和国成立前,街道只有零星植树,多属官府或居民在其门前屋后或院落栽植的杨、柳。清光绪年间,清军将领张俊修建张府花园,占地近60亩,建造亭台楼阁,种植花草树木。中华人民共和国成立后,市人民委员会接管张府花园,1954年更名为市人民公园,购置虎、狼、猴子等动物,免费开放,成为市区最早的公共绿地。

近代宁夏城市绿化的另一个重点是建设防护林和生产林(苗圃、林场)。宁夏中、北部地区西濒腾格里沙漠,东邻毛乌素沙漠。受西伯利亚气候影响,大部分地区多有干旱、风沙和霜冻等自然灾害,尤其是靠近沙漠地带,常年风沙肆虐。引黄灌区从南到北狭长三百多公里的东西两侧，都处于风沙线上，滚滚黄沙无时无刻侵袭这些地区。封建社会无力防风固沙，风沙侵没沟渠、农田、庄园、房屋、道路甚至城镇，危害农业和畜牧业，危及城乡居民生存。民国18年（1929年）宁夏省成立后，曾推广植树造林事业，设立农场、苗圃，将整个宁夏划分为贺兰山造林区、荒原荒地造林区、黄河滩地造林区和防沙造林区等，但实施效果甚微。

中华人民共和国成立后，宁夏把种树种草、防风固沙、造林绿化作为一项十分重要的任务，全面调查规划，大力实施。不仅保护了城市生态环境和工、农业生产，也起到了美化城乡环境的作用。1958年自治区成立后，城市园林绿化事业迈出了新的步伐。是年编制的《自治区城市公用事业五八年计划及长远规划》，对银川、吴忠、固原、石嘴山等重点城市的绿化作了投资安排。到1965年，城市道路绿化、公园建设、单位庭院绿化、生产绿地建设等均取得了很大的发展。

“文化大革命”期间，城市园林绿化遭受了严重破坏。仅银川市各类绿地被占用30多处，老城环城林带只剩西环林带北段树木2000余株，城市街道保留下来的树木只有2万余株，单位庭院绿化较好地保留下来的只有8处。

改革开放以后，城市园林绿化事业得到了较快发展。恢复了园林绿化管理机构，制定了绿化管理法规，全面建设各类绿地，城市园林绿化总量和水平均有了很大提高。由于城市园林绿化工作比较突出，石嘴山市大武口区于1994年获得了全国绿化先进城区称号，银川市于1999年获得全国绿化先进城市称号。从2000年开始，银川市又制定了创建“国家园林城市”实施方案，积极开展创建国家园林城市活动。到2000年，全区城市建成区绿地面积达到了3791公顷，其中公共绿地面积591.85公顷。

园林绿化

公共绿地 1958年自治区成立后，公园和街头游园等公共绿地建设取得了很大进展。吴忠市于1959年建成了一个小型公园，供群众游玩。银川市对原有中山公园进行了大规模改造，增添了树木和花卉，整修和新建了楼台亭榭等园林建筑，兴建了一批游乐设施，更好地满足了群众游览、休息的需要。在公园的西北角还辟出一块地方建成了动物园。1978年，又投资50万元进行整修，将少年宫、文工团、市工会等单位搬迁出园，建成儿童活动场所，购置电动转马、儿童玩具等机械，建露天舞台300平方米、场地200平方米、化装室120平方米。1983年9月在老城区西门桥以南、唐徕渠东侧，建设唐徕公园，占地面积6.7公顷。公园主要是采取财政补助、单位集资、群众参加义务劳动的办法来建设，清除垃圾，拉土填坑，建设亭、榭、曲桥、道路等建筑，种植树木、花卉，于1984年10月1日建成开放。新市区西夏公园于1983年选址设计，1984年动工挖湖堆山，1985年10月1日建成开放。占地面积12公顷，以山水为骨架，沿湖建有长廊、水榭、曲桥、湖亭等，配置各种树木花草，构成丰富多彩的景观。石嘴山市于1977年开始建设大武口区森林公园，在市区以西贺兰山脚下，基本依靠义务劳动完成植树等项任务，到2000年一期工程完成。青铜峡市、灵武市、贺兰、平罗、陶乐、中卫、中宁、盐池、同心、固原、彭阳县均建有公园。在加强公园建设的同时，银川、石嘴山等城市在主要街道建成了多处街头绿地和小游园，栽植常青松柏和花灌木，种植草坪、草花。主要街道已开始由绿化向美化方向发展，初步实现了四季常青、三季有花。银川市还在老城区西门、新城转盘路及街头绿地等处建造了多处雕塑，同园林绿化融为一体，装点市容，美化了环境。西门转盘的凤凰碑已成为银川市的标志性雕塑。

道路、广场绿化　中华人民共和国成立初期，银川市在管护好原有街道树木的同时，在一些主要街道试栽行道树，取得了经验。1954年，银川市成立绿化委员会，制订了全市5年植树规划，开始在主要街道大量种植树木。1958年到1965年，在60多条街道栽植行道树12.3万株。1982年以后，银川市及其它城市每年春季都要组织群众进行义务植树，加快了城市绿化步伐。所栽树木有新疆杨、毛白杨、白蜡、国槐等。在树种结构上，增加了长青树、花灌木的比重，注重常青树、落叶树相结合，乔、灌、花、草合理配置。到2000年，各城市的主要街道均栽植了行道树。银川市火车站广场、光明广场等均建设了一定比例的绿地。

单位庭院和居住区绿化　1958年以后，银川市发动各单位搞好庭院植树和绿化。到1965年，市区有58个机关、工厂等单位实现庭院绿化。改革开放以后，单位庭院绿化迅速恢复发展。到1985年，银川市已有275个单位实现庭院绿化。有些单位在造景艺术上已达到了一定水平。在绿化树种上增加了常青树和观赏花灌木的比重，适当配置假山、喷泉、凉亭子、雕塑等园林建筑，由绿化向美化发展。

生产绿地　为了加快城市绿化步伐，银川、石嘴山等城市建成了生产绿地，专门给城市绿化提供苗木、花卉和种子。银川市建成了城市苗圃和西干渠苗圃，石嘴山市建成了苗木场。其他较大县城也建成了苗木场或园林场。

防护绿地　银川市冬、春两季风沙大，从1956年起，发动老城区各单位按分片包干的办法，营造老城环城林带，植树4万余株。1958年~1965年，在新市区的工业区与居住区之间、纬六路南侧，营造了一条长7600米、宽230米的卫生防护林带，植树53.6万株，对防卸风沙危害和工业废气污染，发挥了重要作用，被称为银川市的"绿色项链"。在连接老城区的交通干道银新南路两侧，营造了长5500米、宽12米的护路林带，植树1万余株。同时，加强北塔、滚钟口两个风景区的绿化建设，修建了沿路两侧的绿化林带，在北塔风景点植树2万余株，在滚钟口公路两侧植树2.3万余株。基本形成了城市的防护绿地体系。

2000年宁夏各市、县城市园林绿化情况表

表4-8

城市名称	城市规划区绿化覆盖面积（公顷）	城市建成区	城市规划区绿地面积（公顷）	城市建成区	公共绿地面积（公顷）	公园		苗圃面积（公顷）
						个数（个）	面积（公顷）	
宁夏	4463	3139	3791	2665	591.85	27	334.92	153.82
银川市	2086	1164	1828	975	217.27	6	80.83	69.5
石嘴山市	1282	1085	1082	986	175	3	130	58
吴忠市	157	125	133	102	18.57	2	4.27	1.52
青铜峡市	299	190	250	165	30	3	16	13
灵武市	24	24	23	23	22.15	1	21.9	
永宁县	8	6	4	2	1.5			
贺兰县	19	17	18	16	12.87	1	11.87	3.8
平罗县	42	38	35	31	14	2	11	
陶乐县	8	7	7	6	6	1	2.8	
惠农县	6	5	5	4	2.8			

续表

城市名称	城市规划区绿化覆盖面积（公顷）	城市建成区	城市规划区绿地面积（公顷）	城市建成区	公共绿地面积（公顷）	公园		苗圃面积（公顷）
						个数（个）	面积（公顷）	
中卫县	23	23	11	11	8.3	2	4.4	
中宁县	11	10	10	9	9	1	8.5	
盐池县	22	16	17	13	8.5	1	8	2
同心县	39	32	29	23	6.58	1	4.95	
固原县	346	306	270	230	51	2	29	6
海原县	4	4	2	2	1			
西吉县	10	10	6	6	1.2			
隆德县	3	3	2	2	0.85			
泾源县	25	25	22	22	1.76			
彭阳县	49	49	37	37	3.5	1	1.4	

第二节　园林绿化管理

1954 年，成立银川市绿化委员会，依靠发动群众的方法开展城市园林绿化建设与管理。1959 年初组建了银川市绿化队，之后又成立了银川市园林局，加强城市园林绿化的组织领导与管理。改革开放以后，银川、石嘴山等市积极改革园林管理体制，建立了专业部门与群众相结合的市、区、街道三级管理体系，加强了城市园林绿化日常管护工作。银川市还成立了园林科学研究所、园林规划设计室、绿化一处、绿化二处、城区绿化队和新城区绿化队，从科研、规划设计、施工、养护等方面积极开展城市园林绿化工作。

1995 年 2 月 17 日，自治区第七届人民代表大会常务委员会第 11 次会议通过了《银川市城市绿化管理条例》，1997 年 8 月 21 日，自治区七届人大常委会第 26 次会议通过了《宁夏回族自治区城市绿化管理条例》。两个《条例》的出台，进一步推动了全区城市园林绿化工作。

依据城市绿化条例，重点加强了城市园林绿化的规划、设计、施工和养护管理。各城市开始编制城市绿地系统规划,并将绿地系统规划纳入城市总体规划,严格执行。城市新、改、扩建工程按一定比例建设绿地,其中新建居住区不低于30%,旧居住区改建不低于25%;新建主干道不低于20%,次干道不低于15%;新建学校、医院、疗养院、公共文化设施和机关团体等单位不低于30%;新建经济技术开发区不低于30%,工矿企业不低于25%,产生有毒有害物质、污染环境的工厂不低于35%,并在其周围营造卫生防护林带;城市商业区不低于20%;其他工程建设项目地处城市建成区的,不低于25%,地处城市建成区以外的不低于30%;城市苗圃、花圃、草圃等生产绿地建设,面积不少于城市建成区总面积的2%。城市绿化工程的设计和施工要由具有资质的单位承担。

为了加强绿化施工管理,规范绿化施工市场秩序。2000年6月开始,自治区建设厅在全区范围开展城市园林绿化企业资质认证工作。规定凡是在宁夏从事各类城市园林绿化规划设计、施工、养护管理,经营城市园林绿化苗木、花卉、草坪生产,以及提供有关城市园林绿化技术咨询服务等业务的企业都要获得城市园林绿化企业资质。资质等级分为一、二(暂二)、三(暂三)、四(暂四)级。未获得资质证书的企业,一律不准承担城市园林绿化工程项目的设计与施工任务。2000年8月8日,自治区建设厅首次批准银川开发区太阳升环境工程有限公司的绿化施工资质,资质等级为暂四级。2000年11月20日,宁夏化工厂实业开发公司、宁夏林果花卉快繁中心、银川市花木公司、宁夏瑞立丰园林绿化有限公司获得城市园林绿化施工资质,资质等级分别为暂二级、三级、暂三级、暂四级。

第四章　城市市容环境卫生

第一节　发展概况

中华民国23年(1934年),宁夏省政府成立市政筹备处。其中一项主要工作是整修沿街铺面、改建菜市场、建筑商场、改换各巷口的栅门。并在各街要口,固定张贴处,以便机关商民张贴,禁止乱贴。并仿照外省经验,招募清扫夫若干人,负责修养马路、掏浚阴沟、清除市场商场的秽物垃圾等。

中华人民共和国成立后,对环境卫生事业十分重视,成立了全国及各级地方爱国卫生运动委员会。宁夏也相应成立了爱卫会,组织群众对城市街道、沟渠等的环境卫生进行大力的清理整治,使城市面貌大为改观,保障了人民群众卫生健康。1958年自治区成立后,在加强市政道路建设的同时,发动群众每日清扫街道和人行道,既整洁了市容,也增强了群众对市政设施的爱护。

改革开放后,城市市容环境卫生事业有了很大发展。在环卫设施投入、环卫工人待遇等方面均有了很大提高。1983年起,自治区财政每年补助一定数额的资金用于购置环卫车辆等各种城建专用设备,1991年以后全部用于购置环卫设备。到2000年共补助1039万元,平均每年补助58万元。各市、县也加大了环卫设施投入。为了稳定和发展环卫职工队伍,提高环卫工人的社会地位和工作积极性,在1986年9月和1997年12月两次提高了环卫工人的津贴标准,第一次按不同岗位将环卫津贴标准由每人每天0.2元、0.3元、0.4元提高到0.6元、0.7元、0.8元,第二次提高到3元、4元、5元。第二次还同时提高了城市下水道工人岗位津贴标准,按不同岗位由每人每天0.9元、0.7元、0.6元提高到7元、4元、3元。在提高环卫工人待遇的同时,对环卫工人进行表彰。1987年9月28日,根据建设部和中国城建建材工会全国委员会的统一部署,经自治区建设厅和建筑工会审查,对全区从事环卫工作25年以上的职工,颁发首批荣誉证书,其中银川市环境卫生管理处10人,银川市城区市容管理局43人,银川市新城区市容环卫局2人。

在加强日常环境卫生管理工作的同时,开展了三项大的重要活动。一是从1987年开始,在银川、石嘴山、吴忠、青铜峡4个城市开展文明城市建设竞赛活动,竞赛活动的主要内容是精神文明建设和和城市市容市貌、公用事业、环境卫生、城市绿化5个方面。重点是环境卫生和城市绿化。这项活动持续了3年。二是从1993年起,在每年的9月份(一般在19日到21日)参加由"使世界清洁起来"国际组织和联合国环境规划署联合发起的"使世界清洁起来活动",号召城市居民开展清洁活动,清理周围的杂乱物,保护环境。活动主题是"心想全球,从我做起",国内活动主题是"人人动手、清洁城市"。这项活动一直持续到2000年。三是按照国务院办公厅和建设部的要求,在全区开展城市环境综合整治活动,每3年开展一次。1995年8月,第一次开展整治活动,活动集中在银川、石嘴山、吴忠、青铜峡4个城市,其他县城和建制镇暂未参加。1998年逢自治区成立40周年,又开展了一次,全部市、县参加。

为了加快环境卫生事业发展。1995年2月21日,自治区城乡建设厅、财政厅、物价局联合制定了《宁夏回族自治区卫生费征收使用管理办法》。规定各机关、企事业单位、部队、个体工商户、城市居民等均须按年或按月交纳卫生费。并规定居民卫生费由各街道办事处征收,其他卫生费由各市、县(区)城市建设行政主管部门负责征收。城市卫生费收入作为预算外资金管理,实行财政专户储存,用于增设、购置、维护环卫设施、设备,以及雇用清扫人员的工资支出等。1996年自治区人民政府制定了《宁夏回族自治区实施〈城市市容环境卫生管理条例〉办法》,进一步推动了环境卫生事业的发展。

第二节　生活垃圾清扫运输及处理

生活垃圾清扫运输

中华人民共和国成立初期,城市街道垃圾的清扫都是通过组织群众义务劳动的方式进行。1958年自治区成立后,各市、县陆续成立了专业性的市容环卫清扫队伍和管理机构。改革开放以后,环卫清扫工作制度化和规范化,制定了劳动定额和清扫保洁标准。将城市街道划分为若干责任区域,由环卫工人每人负责一定的区域,做到每日清扫,全天保洁,垃圾日产日清。同时,实行“门前三包”制度(包卫生、包绿化、包秩序),发动单位和群众清扫垃圾。1995年以后,一些市、县对环卫制度进行改革,实行街道清扫保洁权招标拍卖制度,即将划定的责任区域的清扫保洁权通过招标拍卖的方式拍卖给个人。这种方式有利于调动环卫工人的劳动积极性,并有利于监督管理。环卫工人将清扫的垃圾收集到脚踏三轮车上,然后运送到指定的垃圾箱、垃圾池、垃圾坑或垃圾中转站。各单位、居住区的垃圾由分别单位、小区物业公司或居民委员会收集运送到指定的地点。银川、吴忠等城市还实行垃圾袋装收集,即要求居民将垃圾收集到袋中后,由环卫工人每日清晨或晚上利用机动车辆或人力车挨门挨户流动收集,机动车上安装有扩音器,提醒居民及时将垃圾袋送到车中。清扫收集的垃圾最终经垃圾池、垃圾箱或中转站用垃圾运输车二次转运到垃圾处理场。为了减轻清扫工人的负担,银川市购置了大型垃圾清扫车,对主要街道实行机械化清扫。吴忠市和青铜峡市购置有小型清扫车清扫垃圾。到2000年,全区城市街道实际清扫面积1186.02万平方米,其中机械化清扫面积204.6万平方米。生活垃圾清运量120.23万吨,粪便清运量15.08万吨。

各类环卫设备由简单到高级。改革开放以前,垃圾清扫全为人工清扫,垃圾收集、运输设备十分简陋,大多数为人力车,仅有少部分为机动车辆。垃圾收集箱最初为砖砌,后改为铁皮制作。改革开放后,加大了环卫设施投入,加快垃圾中转站、垃圾池、公共厕所等设施的建设,购置垃圾运输车、清扫车、冲洗车、粪便清掏车等各类环卫车辆。在城市主要街道设置比较高档的果皮箱。银川等较大城市建有大型垃圾中转站,这种中转站可以将垃圾进行压缩,再将压缩后的垃圾运送到垃圾处理场,减少了垃圾运输次数。到2000年,全区共有环卫机械315台,其中垃圾运输车199台,粪便车34台,扫路车22台,冲洗车17台,其他43台。

公共厕所最初为旱厕,粪便由人工清掏。改革开放以后,开始建设水冲公厕,并逐步提高建设档次,水冲公厕的粪便直接排入城市下水道。居民楼前均建有地下化粪池。化粪池和旱厕的粪便除人工清掏外,利用吸粪车进行清掏,减轻了工人负担。到2000年,全区公共厕所数量1188座,其中水冲式377座。

生活垃圾处理

1997 年之前,所有的生活垃圾都是运送到指定的地点进行简单填埋,达不到无害化处理标准。1997 年以后,银川市建成了 2 座垃圾堆肥厂,设计日处理垃圾 750 吨,其中一座在老城区八里桥,一座在新城。同时,在两座堆肥厂中各建成一座粪便无害化处理设施,设计日处理粪便 80 吨。青铜峡市和吴忠市相继建成了简易卫生填埋场,设计日处理垃圾分别为 100 吨和 200 吨,吴忠市在垃圾处理场中也建成一座粪便无害化处理设施,设计日处理粪便 10 吨。2000 年,三个城市的实际垃圾处理量为 28.78 万吨,粪便处理量为 2.42 万吨。

2000 年宁夏各市、县城市环境卫生情况表

表 4－9

城市名称	街道清扫面积(万平方米)	机械清扫	生活垃圾清运量(万吨)	粪便清运量(万吨)	公厕数量(座)	水冲式	环卫机械总数(台)	垃圾运输车	环卫职工人数(人)
宁夏	1186.02	204.6	120.23	15.08	1188	377	315	199	3298
银川市	419.6	169.6	19.1	2.28	177	163	123	48	1109
石嘴山市	254		44.4	5.5	637	94	78	66	335
吴忠市	86	30	5.48	0.14	19	13	22	15	317
青铜峡市	106	5	4.5	1	88	23	13	11	158
灵武市	65.3		2.6	0.2	18	5	10	8	261
永宁县	16.8		1.5	0.3	11	2	6	4	80
贺兰县	19.5		1.1	0.87	41	5	13	10	65
平罗县	36.8		2.5	0.9	33	14	4	4	107
陶乐县	6.7		0.45	0.12	10	2	1	1	16
惠农县	5.4		2.1	0.57	23	5	1	1	26
中卫县	33		12		12	12	8	5	180
中宁县	22		7.3	1.2	7	4	5	3	100
盐池县	16		1.8	0.6	52	5			63
同心县	25		1.4	0.32	10	7	3	3	94
固原县	38		6.8	0.2	13	10	10	8	175

续表

城市名称	街道清扫面积（万平方米）	机械清扫	生活垃圾清运量（万吨）	粪便清运量（万吨）	公厕数量（座）	水冲式	环卫机械总数（台）	垃圾运输车	环卫职工人数（人）
海原县	3		0.26	0.08	5	3	3	3	42
西吉县	8.82		1.82	0.01	6	1	5	3	45
隆德县	5.8		0.76		9	4	3	2	26
泾源县	8.1		3.63	0.79			1	1	28
彭阳县	10.2		0.73		17	5	6	3	71

第五章　风景名胜区

第一节　发展概况

宁夏有丰富的风景名胜资源。北部川区有蜿蜒的黄河、浩瀚的大漠和雄伟的贺兰山,南部山区有广袤的黄土高原、风景秀丽的六盘山和历史悠久的泾河源。宁夏还曾是历史上的边关要塞和屯兵戍守之地,有众多的军事和历史文化遗迹。西夏王朝曾在宁夏建国近两个世纪之久,与宋、辽、金鼎足而立,留下了许多特有的西夏文化古迹。元、明以来,宁夏成为中国回族的主要聚居地之一。独特的自然、地理和历史文化环境形成了许多具有价值的风景名胜资源。经过多年的保护、开发和利用,已建成了若干独具特色、具有一定规模的风景名胜区。截至2000年,全区有一处国家级风景名胜区,即西夏王陵风景名胜区;两处自治区级风景名胜区,即泾河源风景名胜区和沙湖风景名胜区;若干处市、县级风景名胜区,如沙坡头风景名胜区,须弥山风景名胜区等。另有一些具有地方特色和民族特色的景区、景点。如银川承天寺塔、海宝塔、宏佛塔、同心清真大寺、青铜峡一百零八塔、中宁石空寺石窟、中卫高庙、平罗高庙、陶乐凤凰头、兵沟风景区、马兰花大草原、庙庙湖、西吉火石寨等。

宁夏最早开发利用的风景名胜区位于贺兰山的滚钟口风景区(即小口子风景区),风景区由中华民国宁夏省政府筹资开发建设,专门用于省政府高级官员避暑休闲和接待中央高级官员。1958年宁夏回族自治区成立后,将其规划建设为风景游览胜地,不仅政府官员而且普通百姓也可游览。“文化大革命”时期,滚钟口风景区遭到严重破坏。改革开放后,对滚钟口风景区进行了恢复整修,种植常青树,栽花铺草,增加了绿化面积,使其恢复了原有的风貌。

1972年,自治区人民政府拨出专款,组织考古人员对银川市西夏陵进行调查,先后发掘了一座帝王陵和四座陪葬墓,清理了7处陵园的碑亭、窑址,采集收藏了散落在陵区的建筑残件和石刻遗存。改革开放后,随着旅游业的发展和对风景名胜资源、文物古迹保护工作的重视，对西夏王陵、沙坡头、沙湖、泾河源等几个重点风景名胜区进行了保护性开发和利用。1983 年银川市对外开放，同年 7 月，西夏王陵 1、2 号陵对外开放。1986 年 11 月 12 日成立银川市西夏王陵管理所。经过几年的开发建设，西夏王陵风景区已初具规模。1988 年，西夏王陵风景名胜区正式被国务院批准为国家级风景名胜区。1994 年，国务院正式批复西夏王陵风景名胜区总体规划。风景名胜区成立后的主要工作是对西夏陵进行保护性修复，并修建简易道路、开凿深水井、对景区进行绿化、建设防洪设施等，使景区的旅游设施和接待条件逐步得到完善。中华人民共和国建设部从 1992 年起，每年拨付 10 ~ 20 万元用于西夏王陵风景名胜区的保护与建设。1997 年 7 月到 1999 年上半年，投入 2000 万元，对西夏王陵风景名胜区的两个主要景区——西夏陵景区和滚钟口景区进行了大规模的修复性建设。在西夏陵景区建设了西夏博物馆，博物馆体现了地方和民族特色，建筑形式和色调与西夏陵协调一致。建设了旅游接待餐饮服务中心。同时，完善道路、供水、供电、通讯和环卫等基础设施，使西夏陵景区的接待服务功能更加完善。西夏陵景区地处贺兰山山脚荒滩地带，防洪工作十分重要。为此，特别加强了绿化和防洪建设，1997 年到 1999 年西夏陵景区共造林 2300 亩，植树 14.6 万株，种植草坪 2.3 万平方米，绿篱 0.4 万平方米。自治区和银川市还把西夏陵景区确定为区、市两级义务植树基地，发动社会力量，绿化美化景区，初步改善了景区的旅游环境，有效地防治了风沙和洪水侵害。1999 年起，修建景区防洪堤 4800 米、拦洪坝 500 米、小型蓄水水库 3 座。

中卫沙坡头位于腾格里沙漠的边缘。中华人民共和国成立后，进行了大规模的治沙造林。到 1984 年，已造林 22.5 平方公里，栽植乔、灌木 1700 多万株，有 30 多种脊椎动物在此地栖息、生存。沙坡头的生态环境有了明显恢复，已成为中外闻名的沙漠绿洲。并且，沙坡头地区有沙坡清泉、黄河泛舟、沙坡鸣钟以及沙漠绿洲和腾格里大沙漠的自然景致；有自治区重点保护的明代文物高庙和鼓楼；沙漠边缘有古长城和峰火堆历史遗迹，风景优美，别具一格，是当时宁夏已开放的旅游胜地。为了进一步加强对沙坡头的保护，并大力发展景区旅游业，1984 年 7 月 12 日，自治区人民政府办公厅批复成立了中卫县沙坡头自然保护区管理所。沙坡头自然保护区成为当时宁夏第一个自然保护区，也是全国第一个沙漠类型的自然保护区。保护区范围为：西起孟家湾，东至龙宫湖，南到美丽渠，北在铁路以北500米，总面积约8平方公里。保护区分为科研教学区、试验区和生产区三个部分。沙坡头保护区管理所成立后，由中华人民共和国建设部和自治区各投资30万元，建成了管理所，建筑面积1400平方米。在此后十几年中，沙坡头在加强资源保护工作的同时，按照旅游风景区标准，逐步完善旅游基础设施，把沙坡头建成了一个闻名中外的自然保护区和风景名胜区。

沙湖原系平罗县西南荒漠地区，西面为雄伟的贺兰山，山下为西高东低的山麓洪积平原，洪积平原前缘是低洼地区，即第二农场渠以东至第三排水沟以西的西大滩地。该地呈碟形，略向北倾，由于地势低洼，水位高而蒸发量大，多为盐碱地。沙湖正处于碟形洼地中，中心部分为湖泊，湖的南岸为流动沙丘。1949年由中国人民解放军农一师抽调人员在此组建前进农场，至1977年开始利用沙湖养鱼。1986年，自治区将其列为禁猎区。1989年9月，自治区政府主席白立忱去前进农场视察时，被这里美丽的湖光沙色所吸引，提出建立风景旅游区的设想。1990年第二次视察时，亲自命名为沙湖。自此，沙湖风景区的开发建设拉开了序幕。经过几年的开发建设，沙湖风景名胜区已建成为一个别具特色的风景名胜区，游客逐年增加，知名度不断提高，社会反映良好。1996年2月，自治区人民政府正式批准沙湖风景名胜区为自治区级风景名胜区。1997年5月，向国务院申报国家级风景名胜区。1999年4月15日，自治区建设厅批复沙湖风景名胜区总体规划，同意沙湖风景名胜区规划范围总面积为45.10平方公里。

泾河源风景名胜区位于六盘山麓泾源县境内。为了充分利用六盘山的风景名胜资源，发展旅游业，促进当地经济发展。1994年7月29日和8月30日，泾源县人民政府两次邀请自治区建设厅、旅游局、林业厅、固原地委、行署、六盘山林管局和银川市园林局等部门的领导和规划设计人员对泾河源风景名胜资源的规划、开发、利用问题进行了研究和讨论。泾源县人民政府还委托银川市园林局于当年八月初开始组织规划设计人员对泾河源风景名胜资源进行了详细调查、考察，完成了“泾河源风景名胜区资源调查考察评价报告”。在此基础上，编制了“泾河源风景名胜区总体规划”。1995年，自治区人民政府正式批准泾河源风景名胜区为自治区级风景名胜区。1996年1月上报国务院申报国家级风景名胜区。为了使泾河源风景名胜区和沙湖风景名胜区能够尽早申报成为国家级风景名胜区。1997年6月28日至7月3日，自治区建设厅邀请建设部城建司风景处的负责人和清华大学、北京林业大学、中国地质科学院的专家教授对泾河源和沙湖风景名胜区进行了详细考察。按照专家提出的意见，这两个风景名胜区加强了对景区资源的保护，进一步规范了景区的建设和管理工作。

经过改革开放后多年的努力，全区风景名胜资源得到了有效的保护和合理的开发，并形成了以西夏王陵、泾河源、沙湖、沙坡头、弥须山为重点，其它景区、景点为辅的风景名胜资源体系。

第二节　重点风景名胜区

西夏王陵

西夏王陵风景名胜区是国务院1988年8月批准的国家级风景名胜区。位于银川平原西北部，东靠银川市区，西依贺兰山，海拔高度在1150米~2431米之间。风景名胜区包括西夏王陵、滚钟口、拜寺口、苏峪口、贺兰口、马莲口6个景区和三关明长城、镇北堡影视城2个独立景点，总面积86.34平方公里。

风景区以贺兰山为依托，会聚了丰富的人文景观和自然景观。人文景观有以西夏王陵为代表的西夏文化遗址，有反映古代游牧民族生活信仰的贺兰口岩画，有独特的佛教、道教、伊斯兰教三教合一的宗教庙宇，还有中华民族珍贵的历史遗产明代长城和城堡。自然景观主要有山势险峻、群峰叠嶂的贺兰山山岳景观，松涛滚滚、云雾缭绕的森林公园，怪石嶙峋、深邃奇特的沟涧及“贺兰晴雪”、“山屏晚翠”等独特的天然气象景观。“贺兰晴雪”源于贺兰山山峰高耸、重峦叠障，山上山下温差大，在初秋仲春微雨即成雪，雪积此山，日照不融，山下阳光明媚，山头常如披絮，故有此称。贺兰山环抱如屏，每当夕阳返照，万壑千岩，岚气苍翠欲滴，形成“山屏晚翠”，甚为壮观。两者均为古代宁夏(朔方)八景之一。

6个景区中西夏王陵景区东以西干渠为界，南以银巴路、阀门厂路为界，西至贺兰山东麓，北靠特殊用地，面积47平方公里。景区内沿贺兰山布列着9座西夏王朝帝王陵墓，253座勋臣贵戚的陪葬墓群和一些祖庙、窑址等建筑遗存、遗址，是中国最大的一处西夏古文化遗址。西夏陵园中每座帝王陵又是一组完整的建筑群，坐北朝南，呈纵向长方形，占地面积达10万平方米以上。其外廓形制有开口式、封闭式和无廓式三种，但基本结构大致相同。长宽比均在1.5~1.7之间。每座帝王陵分别由鹊台（亦称阙台）、碑亭、月城、内城及角台等组成。月台、内城周围有神墙环绕，四墙正中辟有神门。内城中有献殿、墓道、墓坑、陵台及地下墓室（亦称地宫），陵台呈八角塔形。陪葬墓封土堆有圆柱体、圆锥体、圆锥截顶体、穹窿体等各种形状。三号陵泰陵位于西夏王陵景区中部，据考证为西夏开国皇帝李元昊之墓。但在近千年的历史中，因战乱和自然、人为损毁，西夏陵区建筑仅存遗址，墓葬大多被破坏、盗窃，陵台外表构造全部脱落，难觅昔日辉煌。滚钟口景区东以小口子沟洪积扇上缘线为界，南以笔架山为界，西以青羊溜山顶为界，面积4.36平方公里。景区因西夏时期佛教盛行，曾建有不少的大型寺院，如西夏佛祖院、五台山寺等，但历经沧桑，屡遭破坏，至今只留下断瓦残垣。明、清时期又建了不少寺庙，除佛教外，道教和伊斯兰教也相继建寺建堂，形成了滚钟口景区三教共存共处的独特景源。其中滚钟口清真寺内有克马伦丁长老的拱北。贺兰庙始建于清光绪十八年（1892年），是当地乡绅为保地方平安和民富粮丰而兴建的，为滚钟口景区最高最大的庙宇建筑。三层大殿坐南朝北，依山而建，雕梁画栋，雄伟壮观，庙内20余尊塑像仙风道骨栩栩如生。老君堂始建于清乾隆初期，1988年修复，坐西而东，为两组四合院式建筑。前院为老君堂，后院为斗母宫，庙前广场有二百多年树龄的古槐一株。中华民国时期，国民党军阀马鸿逵在滚钟口景区内建有避暑山庄和戏楼，为明清风格的砖木结构建筑。现在保存比较完好。拜寺口景区东以双塔为界，西以殿台子为界，南、北以拜寺沟两侧山脊线为界，面积13.67平方公里。景区以西夏时期的双塔、佛寺和方塔遗址、幽谷奇峰、峡谷怪石为景观特色。拜寺口双塔坐落在拜寺口沟口北边山坡上，双塔高耸、东西对峙，相距近百米，背靠大山，面向银川平原，东塔高39米，呈直线锥体，挺拔有力。西塔高40米，较东塔粗壮高大。从第二层以上两塔有影塑画面或佛像及装饰图案，是价值很高的艺术珍品。经考古鉴定，拜寺口双塔为未曾重建的西夏古塔。苏峪口景区东以苏峪沟口为界，西以宁（夏）蒙（内蒙古）交界的分水岭为界，南以拜寺沟北侧山脊线为界，北以苏峪口南侧的道路为界，面积15.44平方公里。苏峪口景区内有国家森林公园一处，景区山高林密、奇峰绝石、林海茫茫、鸟鸣蝉吟、环境清幽，动植物资源丰富，为西夏王陵风景名胜区内最好的自然景区。贺兰口景区东以贺兰沟口为界，南、北以沟两侧的山脊线为界，西以距沟口600米处为界，面积1.27平方公里。景区以贺兰口岩画和沟涧溪水景观为特色。贺兰口岩画分布在贺兰口沟谷两岸绵延600多米的山崖石壁上，约有近400幅个体图形，以类人头像为主，次为马、驴、牛、羊、豹等动物图形，以及狩猎、飞禽、人手、人脚和重环形等图案。除贺兰口外，其他沟口亦有发现。其分布范围之广、数量之多、内容之丰富，为国内少见。这些岩画是古代游牧民族创造的艺术珍品，记录了古代贺兰山的自然生态和北方游牧民族的生产方式，反映了他们的社会形态、生活习俗和宗教信仰。马莲口景区东以大口子沟口、朱峰沟口一线为界，西以峰火台、三佛塔西边山脊线为界，南以来峰沟南侧山脊线为界，北以大口子沟北侧山脊线为界，面积2.98平方公里。景区以朱峰沟、大口子沟中的摩崖造像、烽火台、佛塔为特色。在朱峰沟内石壁上，有摩崖石像一尊，面积10平方米，中为释迦牟尼浮雕，两侧为老子和孔子线刻像，雕刻年代不详。再向内有三座不同造型的砖砌喇嘛塔，建于明、清时期。

两个独立景点中三关明长城是中国万里长城的组成部分。俗称河西墙，是明长城的重要关隘，古为宁夏镇城“四险”之一，是阿拉善高原进入宁夏平原的咽喉要道。镇北堡是明代古城遗址，属兵防建筑，有南、北两座城堡，南堡已毁，为明弘治十三年（1500年）所筑，北堡保存较好，为清乾隆五年（1740年）所建。镇北堡现已建成为西部影视城，是《红高粱》等多部国际获奖电影的外景地。

风景区因依托贺兰山，还有较为丰富的动、植物资源。据科学考察，贺兰山及风景名胜区共有野生植物690种，隶属于80科324属，植物资源较为丰富，有国家重点保护植物5种（沙冬青、野大豆、蒙古扁桃、贺兰山丁香、四合木）和数量稀少、濒临灭绝的植物12种。贺兰山又是多种植物标本的原产地和很好的教学、实习和科研基地。贺兰山共有陆栖脊椎野生动物179种，其中鸟纲115种、哺乳纲51种、爬行纲8种、两栖纲3种、鱼纲2种。野生动物中以鸟类为优势，宁夏区鸟“蓝马鸡”盛产于此。兽类有马麝、马鹿、青羊、岩羊等。属于国家重点保护的动物有17种。

泾河源风景区

泾河源风景名胜区是自治区人民政府1995年批准的自治区级风景名胜区。位于六盘山麓泾源县境内距泾源县城4～30公里，主要由荷花苑、老龙潭、凉殿峡、鬼门关、沙南峡5个景区和秋千架、延龄寺石窟、堡子山公园、六盘山自然资源馆、城关清真寺5个独立景点组成，总面积为44.90平方公里。

风景区主要分布在六盘山自然保护区，具有独特的自然山水、森林景观和人文景观。主要风景资源分为中山峡谷景源、泉溪瀑布景源、生物景源、气候天象景源、历史文化景源和回族风情景源六大类。各景源相互融合，形成了许多丰富多彩、各具特色的景点、景观。各景区群峰竞秀、山峦起伏、峡谷奇幽、林深似海、草茂花繁、流泉飞瀑、喷珠溅玉，既有北国风光之雄，又兼南国山色之秀，是黄土高原上的一块"绿岛"。既具有很强的游览观赏性，又具有很高的文化和科学考察价值。

5个景区中荷花苑景区从西峡水库沿泾（源）隆（德）公路经香水峡到荷花沟（红沟）的香水脑止，游线长8公里，景区面积约12平方公里。景区沿线道路两边松树生长茂密，谷间涓涓流水似一条玉带，水边野荷与蔷薇相伴，碧玉夹道，绿伞如云，景色颇佳。荷花沟荷叶重重，黄花泛香，彩蝶飞舞，风光隽秀。荷花沟因野荷花而得名。野荷花为菊科的大黄橐吾，其花为黄色，分布于沟谷溪边，因叶片似荷花而得名，观赏期为五月到八月中旬。老龙潭景区位于泾源县城南20公里，为泾水发源地，景区面积3平方公里。清人胡纪漠于乾隆五十五年（1790年）奉诏勘泾水源头，在他的《泾水真源记》中赋诗曰："无数飞泉大小珠，老龙潭底贮水壶，汪洋千里无尘滓，不到高陵不受污。"老龙潭不仅泉水清冽，而且是传说魏征梦斩老龙的地方。现在二潭处红色石头传说是龙王的血迹。老龙潭共有四潭，现为水坝分隔，坝的下游为一、二潭，是一段深峡危崖，急流深潭，深不可测。上游为四潭，是龙潭的门户，由危崖绝壁构成，湍流飞瀑穿谷而去。三潭为水库淹没。二龙河（鬼门关）景区位于泾源县城南30公里处，游线长约8公里，景区面积14平方公里。二龙河景区相传因泾河老龙王家族居住龙潭时，老龙王命其两个儿子把守此处而得名。沿二龙河口溯流南上，经桂花崖、虎啸峰（老虎嘴），最后达景区终点鬼门关。传说鬼门关是唐魏征与泾河老龙王打赌，龙王败输丧命之地。此地为五条沟谷交汇处，曾有"鬼门关、山套山，进去容易出来难"的说法。凉殿峡景区位于泾源县城南 25 公里处,主要景点有点将台,避暑宫遗址等,景区面积 2. 25 平方公里。凉殿峡景区在六盘山腹地,气候温和湿润,自古就是避署胜地。据史料记载,元太祖成吉思汗西征时,于 1227 年 5 月在此避暑,并建有亭台楼阁和殿堂。元世祖忽必烈在 1258 年南征时,屯兵六盘山,也曾在此避暑。如今这里还留有当年建筑物的基石、柱墩、元太祖喂马的石槽、插旗座等。沙南峡景区位于泾源县城东南约 10 公里处,为香水河、盛义河、泾河等河流交汇之处,形成了著名的“泾水”。景区面积约 3. 25 平方公里,游线长约 4. 5 公里。过开阔的溪流河滩,入峡口内,没峡谷北侧半山腰的盘山小道曲折而行,峡谷空间幽邃峻峭,峰回峡转,景界时雄时险,时秀时奇,既可环仰峡谷奇峰,又可俯视谷底急流,有“泾水小三峡”之称。除 5 个主景区外,小南川景区位于县城南约 25 公里处,属二龙河林场。从小南川沟口到“一线天”是长约 5. 6 公里的一条峡谷,谷内峰崖绵延,茂林修竹,流泉飞瀑。“一线天”为自然形成,人站瓮中,抬头观天,天空狭窄如线,近在咫尺。1982 年,在小南川口出土了一根约 7000 年前的云杉古木,长达 25 米,胸径 0. 78 米,树龄 230 年。古树现存于六盘山林管局标本室,小头仍留在小南川沟口。

5 个独立景点中有 3 个为自然景点。其中秋千架位于泾源县城东北 10 公里处,襟连崆峒山峦,在泾(源)平(凉)公路边。两壁山峰如柱,如两把利剑插入运端,高耸险拔,颇象摇来荡去的秋千,故得名“秋千架”。民间传说穆桂英在此荡过秋千,两面石峰上的脚印和挂绳的石柱就是她所留。崆峒碑文记载神仙广成子修道时因倾倒这里的奇观景色常游玩荡秋千。古人为此在谷底石壁上留下了“秋千幽谷一线天,游人到此难往返”诗句。延龄寺位于泾源县城南 30 公里,俗称“石窟儿”。经考证是宋代名僧济公和尚当年修仙成道之处。1991 年 3 月 28 日,济公和尚第十三代传人,台湾活佛冯敏堂 73 岁时,持图朔源来此拜佛。此寺建于宋代,原佛寺三层(最下一层被土覆盖)。现石壁上有佛窟四处,一窟卷门方洞,内雕佛像一尊;二窟正面有佛像三尊,两侧小佛四尊;三窟正中雕佛一尊,其双手置于膝,两腿盘坐在莲花石座上。窟内诸佛、力士像虽毁坏不全,但其神态栩栩如生,各有千秋。堡子山位于泾源县城东南角,原名观山。据《新编化平县志》记载:“观山在城东半里,峰头右有朝阳紫金观,故名。”现有堡子山公园建于其上。1987 年在山上建“云龙亭”。在此远眺,泾源县城尽收眼中。

风景区因依托六盘山自然保护区，动、植物资源种类比较丰富，有高等植物113科382属788种，其中经济价值较高的植物资源150种。陆栖脊椎动物207种，其中被列入国家一、二类保护动物的有金钱豹、麝、红腹锦鸡、勺鸡、金雕等17种。

沙湖风景区

沙湖风景名胜区是自治区人民政府1996年批准的自治区级风景名胜区。位于银川市北面42公里，平罗县城西南19公里处。景区总面积为45.1平方公里。

风景区以自然景观为主，有湖泊、沙漠、生物、天象、气候五大类。其中以湖泊和沙漠为景观主体。湖泊面积8.2平方公里，平均水深2.2米，湖水容积为1804万立方米。位于湖内东部和北部的芦苇荡，面积约为湖泊面积的三分之一。芦苇片片丛生，点缀在湖面上，或聚或散，或离或合，形状奇特，别具一格。湖中有鲤鱼、鲫鱼、鲶鱼、泥鳅、青鱼、草鱼、鲢鱼、大鲵等17种鱼类，分属于4科15属。其中大鲵（俗称娃娃鱼）为国家二级保护动物。湖中鸟类有天鹅、鸥、凫（野鸭子）、鹭、毛腿沙鸥、夜莺、啄木鸟、省鹰、茑、峰鹰、胡颓、鹰、雕、鹞、乌鸦、燕子、喜鹊、斑鸠、麻雀、布谷鸟等11目24科98种。其中，国家一级保护动物有黑鹳、中华秋沙鸭、白属声海雕、大鸨4种，国家二级保护动物有斑咀鹈鹕、大天鹅、小天鹅、白额雁、鸳鸯、灰鹤、蓑羽鹤、苍鹰、鸢等14种。景区有流动沙丘面积12.7平方公里。沙丘连绵起伏，与湖泊相映成趣，形成沙、水相连的独特景观。沙湖风景区天象景观迷人，清晨湖面上笼罩着一层薄薄的雾纱，湖区静谧而朦胧；太阳初升，霞光万道，透过苇丛，染红了万亩平湖和临湖飞翔的鸥鹭。傍晚，从沙湖风景区向西眺望巍巍贺兰山，夕阳返照，万壑千岩，景色秀丽，气势壮美。沙湖风景区气候温凉，6～9月平均气温为20℃，平均湿度为60%，是疗养避暑胜地。

沙湖风景名胜区自1989年开发建设以来，依托自然景观，逐步建成了荷花园、芦苇迷津、湖中观鸟、西部大漠、湖中荡舟、龙舟比赛区等景区、景点。成为在全国具有很高知名度的风景游览胜地。党和国家领导人也对沙湖风景区的开发建设给予了大力支持，江泽民总书记亲笔为沙湖题名。

沙坡头风景区

位于中卫县城西20公里处的腾格里沙漠南缘、黄河北岸。古时称沙陀，元代名为沙山。乾隆年间因在黄河北岸形成了一个宽约2000米、高约100米的大沙堤而得名沙陀头，讹音为沙坡头。沙坡高150米，倾斜60度。每当天气晴朗、气温升高时，人坐在沙顶上倾侧下滑，沙坡内便发出“嗡嗡”的轰鸣声，犹如金钟长鸣，悠长宏亮，故得“沙坡鸣钟”之景胜，是中国四大鸣沙之一。

风景区集沙、山、河、园于一体。奔腾的黄河穿峡越谷，自黑山峡入境中卫，一路经“洋人招手”、“三兄弟”、“七仙女”、“一窝猪”、“古长城”、“成吉思汗古渡”、“双狮山”、“阎王匾”、“汉代砖瓦窑址”、“白马拉缰”至“沙坡头”，景观不断，传说纷纭。沙坡底下，有3眼清泉汇入东南沙坡下的果园内，古称蕃王园，今叫童家园。园子面积不大，但避风向阳，林木茂盛，迭翠流红，溪流潺潺，鸟语花香，被人们誉为“沙海绿洲”、“世外桃园”。园内所种蔬菜、瓜果，发芽出土早，成熟快，且个大味甜，色艳鲜嫩，为招待贵宾之上品。景区还融入了独特的人文景观和治沙、治水成果。黄河在此处经人工分流，灌溉万亩良田，因其形式类似四川都江堰，有“小都江堰”之称。沙坡头的治沙成果举世瞩目，大面积的流沙被固定住，保护了周边生态环境，使铁路线在沙漠中畅通无阻。1978年起，先后有60多个国家和地区的行政官员、观光代表和科学工作者前来参观学习。1994年，沙坡头被列为国家级自然保护区。并因治沙成绩卓越而被联合国命名为“全球环境保护500佳”单位。2000年，国家旅游局命名沙坡头为国家AAAA级旅游区。

风景区经过一、二期工程建设，建成了“天下黄河第一索”、沙坡鸣钟亭、泪泉、毛泽东诗词碑林、乔维新中国画艺术馆、矿泉水游泳池、腾格里大漠营地、通湖草地旅游区、水稍子渡假村、小湾民俗村、水车渡假村等。三期工程正在规划建设。“天下黄河第一索”，横跨黄河两岸，游人固定在索道上，利用北高南低的地势，借自然重力，穿越黄河而过，但见长空万里，云散风集，黄河涛涛，奔流不息，万般景象，尽收眼底。在黄河上弄筏漂流，更有一番情趣。羊皮筏子是西北地区一种简易而古老的水上交通工具，载重量为一吨左右，可乘6～8人，它用48根细木竿扎成长方形木框架，然后下面拴牢14个充足气的山羊皮混脱，就可以放在水里载人运物。羊皮筏子重量较轻，又没有动力，故只能顺流而下，不能逆水而上。返回时，由筏工用肩扛回去，既轻巧又灵便。现在已无人用羊皮筏子载运货物，纯粹成为一种游览黄河的旅游工具。当游客乘坐羊皮筏子，在滔滔黄河中追波逐浪时，仿佛置身于遥远的古代，不禁感慨先民为了生存而与大自然顽强拼搏的精神。

须弥山风景区

位于固原县城西北55公里。景区内峰峦叠嶂，苍松挺拨，桃李郁然，“须弥松涛”为固原清代八景之一。寺口子河（古石门水）徐徐流淌，将山体分为南北两段，酷似一座石门，史称石门峡。景区以石窟著称，石窟开凿的确切年代已无从稽考。从窟室形制和造像风格判断，大约开凿于北魏孝文帝太和年间(477年~499年)。北周和唐代都在这里进行过大规模的凿窟造像活动。到唐代，已成为一座很大的石窟寺院。据明成化《重修圆光寺大佛楼记》碑记载，当时称景云寺。后经五代、宋（包括西夏、金）、元至明初，皆沿袭这一名称。明正统八年(1443年)，“旧景云寺僧绰吉汪速”大兴土木，修建“佛殿廊庑”，并上书英宗朱祁镇赐名，改称圆光寺（明正统八年《敕赐禅林》碑记载）。经过历代开凿，共有130多窟，其中70多窟雕凿造像。这些石窟分布在须弥山向东延伸的八座崖面上，形成八个区域，分别为大佛楼、子孙宫、圆光寺、相国寺、桃花洞、松树洼、三个窟、黑石沟。由于自然的侵蚀和人为的破坏，现存有造像的石窟仅剩20多个，主要是北魏、北周和唐代的，并集中在石窟区南部和中部的“大佛楼”、“子孙宫”、“圆光寺”、“相国寺”、“桃花扇”五区。整个窟群共约113龛，各类大小造像约980余尊。在13个洞窟中保存有唐代以后的题刻题记55则，在10个洞窟中保存有壁画。现存有明代碑刻3通，残碑13块，根据记录复制的清代碑刻1块。

第六章 城建监察及城建档案管理

第一节 城建监察

20世纪80年代末至90年代初,各城市陆续设立了城建监察管理队伍。1993年11月,全区开始发放统一的城建监察标志,以便于城建监察人员依法行政和社会对执法人员的监督。统一的城建监察标志含臂章和胸章两部分,与"城建监察证"配套使用。"城建监察证"证件由中华人民共和国建设部统一印制,自治区建设厅统一编号、发放。到1995年,所有市、县均成立了城建监察机构,组建了城建监察队伍。城建监察队伍人数按城市总人口的万分之三至五配备。1995年9月26日,自治区人民政府颁发了《宁夏回族自治区城建监察规定》。为贯彻此规定,并加强城建监察队伍素质建设,提高城建监察人员执法水平,从1995年12月下旬开始分期、分批举办全区城建监察人员法律培训班。培训合格者由自治区建设厅颁发的"城建监察法律培训合格结业证"。1997年,按照《建设部关于进一步加强城建监察工作的意见》,进一步规范城建监察队伍设置,要求一个城市只设一支城建监察队伍。银川、石嘴山两个地级市可设城建监察支队,并在支队下设立专业监察大队或中队。县和县级市只设城建监察大队,建制镇设城建监察中队,不再分设其他队伍。到2000年,全区共有28支城建监察队伍。

城建监察的重点内容是对违反城市规划、市政工程设施、公用事业、市容环境卫生、园林绿化等城建法规的行为进行监督检查和处理。1996年10月,石嘴山市大武口区城建管理监察队被国家建设部评为全国城建监察先进集体,银川市和青铜峡市各1人被评为全国城建监察先进个人。2000年3月,银川市城建监察支队市政大队、石嘴山市石嘴山区城建管理监察队、青铜峡市城建监察大队获得建设部全国城建监察先进集体称号,5人获得全国城建监察先进个人称号。

第二节 城市建设档案管理

1978年以后,加强了城建档案管理工作。1986年11月,自治区建设厅向自治区人民政府报告申请筹建市级城建档案馆。限于当时的经济条件,各市城建档案馆均未能建立,仅在市城建局内设城建档案室,配备专、兼职人员负责城建档案管理工作。1996年3月1日,自治区人民政府颁布了《宁夏回族自治区城市建设档案管理办法》,明确了城建档案的内容、接收范围、质量要求和密级划分等。之后,各市、县建设部门加强了对城建档案工作的组织领导,建设城建档案馆(室)。1997年10月,建立了城建档案保证金制度,允许城建档案馆(室)向建设单位收取城建档案保证金。保证金在建设单位报送建设工程档案后退还建设单位。1998年11月,国家财政部在全国范围内取消了城建档案保证金制度。1999年8月30日,自治区物价局、财政厅批复同意各城建档案馆(室)可以利用城建档案收取服务费。2000年,国务院发布了《建设工程质量管理条例》,规定建设单位应当严格按照国家有关档案管理的规定,及时收集、整理建设项目各环节的文件资料,建立、健全建设项目档案,并在建设工程竣工验收后,及时向城建档案馆或者其他有关部门移交建设项目档案。这项规定为开展城建档案管理工作提供了有利保障。到2000年,银川、石嘴山、吴忠、青铜峡、灵武五个设市城市均建立了城建档案馆(室),统一管理各类城建档案。其他县大部分还未开展城建档案管理工作,城建档案仍由各单位分别管理。

银川市城建档案馆

成立于1996年5月,定编8人,隶属于银川市规划土地管理局。其前身为银川市规划土地局资料室。1998年1月24日增设城市建设档案管理处的牌子。内设档案管理科、档案业务指导科、办公室。档案馆办公地点设在银川市规划土地局,办公用房5间约115平方米,库房7间约504平方米。档案馆成立前,有密集架39列,档案柜36组。1998年至2000年底,先后购置计算机3台,摄像机1台,录像机1台,复印机1台,照相机1架。馆藏档案9474卷(盒)、底图465张、照片601张、底片514张、录象带4盒、光盘9张、城建资料1226册。档案馆成立后,制定了《银川市城建档案管理办法》、《银川市城建档案接收进馆范围》、《银川市建设工程档案编制与报送规定》、《建设工程档案报送责任书》等规章制度。开展业务指导工作，先后为108家单位举办了20期城建档案培训班，对施工单位资料员及工程技术人员进行城建档案业务知识培训，受训301人。档案馆开放后，共接待社会团体、个人381人次，调档918卷，提供并复印图纸395张，查阅并复印文字资料852份。1998年1月，银川市城建档案馆被国家建设部评为全国城建档案工作先进集体。

石嘴山市城建档案室

成立于1989年，隶属石嘴山市城乡建设局。1990年配置了10套档案柜，2组底图柜、1架照相机等设备。1992年以“石嘴山市城建档案馆”立项，新建了办公楼，建筑面积332平方米，库房面积134平方米。2000年11月，石嘴山市建设局办公楼扩建，档案室搬迁至新馆，新馆面积530平方米，馆库120平方米。馆库资料达到了2000余卷。档案馆成立以来，制定了《石嘴山市编制建设工程竣工档案的具体要求及作法》《石嘴山市城建档案实施细则、收集范围、密集划分及分类大纲》等，实行《建设工程竣工档案移交责任书》制度。同时，建立健全内部各项规章和岗位责任制，使城建档案管理工作进一步规范化、正规化。

第七章　村镇建设

第一节　农村住宅建设

发展概况

宁夏川区、山区自然和经济条件差异较大，农民居住条件也有较大差别。银川平原地区村庄密集，规模较大，大村庄有500多户，中等村庄也有200户左右。南部山区村庄稀疏，规模一般较小，多为50户以下小村庄。中华人民共和国成立前，农民生活普遍贫困，加之兵、匪、盗的骚扰和苛捐杂税的沉重负担，农民无暇顾及住宅建设，川区农民住宅一般为干打垒作墙，草泥抹面，房顶为木檩条、木椽铺苇草、苇柴，用草泥封顶，墙壁留一方孔，多用木棍扎成牛筋形小窗。房内砌有火炉，用于做饭和取暖，室内吃、住、休息、堆放杂物并用，长年烟熏火燎，住房低矮、窄小、阴暗、凌乱。农民建房时，通常先请木匠将房屋框架用木料搭好，随后砌土坯、抹草泥，房顶用檩条、木椽铺好后，再用苇笆麦草覆盖后盖上草泥。条件较好的农户，房屋为土木结构的青瓦房。宁夏南部山区东部为黄土高原地带，如盐池县和固原、同心的东部山区，梁峁起伏，沟壑纵横，农民多以陡壁、冲沟挖掘崖窑居住；南部山区西部，包括同心、西吉两县的西半部，地形平坦，木材奇缺，当地农民多居住在以土打墙做拱脚，土坯黄泥砌成拱窑内。南部六盘山地区属阴湿地区，相对潮湿多雨，树木较多，当地多为木框架、土打墙、草泥或瓦屋面房屋。由于木材极易腐蚀虫蛀，土打墙易被雨水冲刷，房屋使用寿命较短。大部分农户的房屋墙体裂缝、屋面霉烂，不遮风雨，窄小拥挤，几代同堂，甚至人畜混居，住房条件甚差。

中华人民共和国成立后，各级党委和政府对农村群众的住宅采取多种形式进行改造和建设。宁夏农村住宅建设和全国村镇建设一样，随着农村经济形势的变化而发展变化。20世纪50年代在恢复和发展生产的基础上建设村镇，使农民的住房条件和村镇面貌得到一定改善；60年代～70年代结合田园化整治，村庄进行了几次大规模的调整，逐步消除了分散布局的零星户，村庄由分散走向集中；80 年代初，随着农村商品经济的发展和国家鼓励农民建房有关政策的引导，形成了遍及宁夏山川的“建房热”，其特点是增加住房面积，以土木平房为主，但开始讲究门、窗、梁、椽的材质；80 年代末至 90 年代初期，农民住房逐渐由单纯追求面积向改善功能布局、提高房屋质量方面转变，砖木、砖混结构住宅大量出现，城市郊区农村一批楼房住宅拔地而起，开始改写宁夏农村自古以来没有楼房住宅的历史；90 年代中后期，农民住房在注重增加面积、提高质量的同时，向方便生产生活和改善配套基础设施等方向发展，全区各地结合小康村建设、千户农宅示范建设工程等，都抓了村庄改造建设试点，并改变传统的农宅建设方式，广泛采用新技术、新材料，农房建设质量普遍提高。

“一五”计划期间，广大农民响应中国共产党和人民政府号召组织起来，走集体富裕的道路，农业生产合作化的实现，农村经济发展较快，促进了乡村建设的开展。在居民点建设中，有计划地以农业合作社为单位，兴建农民住房和为全社生产、生活服务的各类建筑设施，开始初步改变过去房舍分散、自由发展的格局。1956 年，宁夏农房人均 17.8 平方米，高于同期全国农房人均 11 平方米的水平。

1958 年，在全国“大跃进”形势的推动下，宁夏农村进行大居民点规划，按照“组织军事化，生活集体化”的要求，建造了一批住宅。如原宁朔县小坝公社红星管理区第九生产队，在试办第一个居住点中，新建房屋 270 间；贺兰县原桃林大队，陕西朝邑县移民新建的 70 间住宅，全部为砖砌墙角。

1962 年～1965 年三年国民经济调整，宁夏农业生产水平迅速回升，村镇建设也逐步恢复并有了新的发展，川区农村基本形成一社一镇的村镇体系和以大队为中心、以生产小队为基础的村庄网络。

1964 年～1977 年的“农业学大寨”，农村大搞农田基本建设，调整和建设了不同规模的居民点，盖起了一批新住宅。例如永宁县通桥公社在 1966 年～1976 年，全社 10 个行政村，先后平整出 10 万亩机耕条田，规划了 800 多个村庄，建设了大小 322 个新村。这期间，由于“左”倾思想影响，在农村住宅建设上坚持“先治坡、后治窝”、“先抓粮，后盖房”的观念，大部分地区不能及时有效解决群众的住房问题，把农民自己建房、家庭副业、集市贸易等看成是资本主义尾巴，认为只有集体建房、集体所有才符合社会主义方向，束缚了农民群众建设住宅、改变村庄面貌的热情，从无形中加重了集体建房地经济负担。这种环境下，少数地方从实际出发，实行集体和个人共同集资，由集体统一规划，建成的住宅产权归社员所有，个人逐步偿还集体所投资金的办法，进行住宅建设。例如灵武县台子大队第八生产队采取"自建公助"的办法，调动群众的积极性，同时也减轻了集体的负担，受到农民的欢迎。

中国共产党十一届三中全会以后，宁夏村镇建设事业步入了快速发展的新时期。1979 年全国第一次农村房屋建设工作会议，确定了"农民自筹资金，自建公助建住房，产权归农民自己所有"的政策，极大地调动了农民建房地积极性。随着农民收入逐年增加，普遍要求改善居住条件。根据全区农民家庭抽样调查结果，1978 年至 1983 年农民收入逐年增长，1983 年全区农民人均收入 288.5 元，比 1978 年增加了 174.5 元，其中引黄灌区农民 1983 年人均收入 352 元，比 1978 年增加 229 元，南部山区 1983 年农民人均收入 214 元，比 1978 年增加 112 元。大批专业户的涌现和家庭副业的兴起，农民迫切需要扩大生产用房面积。农村经济发展，推动了宁夏农村形成建房热。"六五"期间，宁夏农村建房 1050 万平方米，相当于中华人民共和国成立后 28 年宁夏农村建房的五倍，速度之快、规模之大为历史罕见。全区每年约有 3% ~5% 的农户新建或翻建了住宅，到 1985 年，全区农村人均居住面积达 11.79 平方米，比 1978 年增加了 4.09 平方米。随着住房面积的增加，农村住宅的质量也得到了不同程度的提高，川区农民建房使用材料讲究"五松"（松梁、松桁、松椽、松窗、松门）和砖木结构（砖柱土坯房），部分富裕户建起了砖木平房和楼房。南部山区盖土木平房的家庭增多，窑洞本身也在逐步改善，特别是在通风采光、防潮、抗震方面取得了进展。在快速发展的农村住宅建设中，也出现了一些不容忽视的问题，突出表现在追求大面积，盲目攀比，川区有的地方四、五口之家便盖上七、八间房屋。"夏天住大房，冬天住小房，闲上几间房"的现象普遍存在；重形式、讲排场、忽视结构质量，新建房屋盲目追求高大门窗；新材料、旧式样、千篇一律，村庄平面布局依旧沿袭兵营式"排排房"的旧模式，忽视环境建设等。针对这些问题，为把方兴未艾的农村住宅建设引向健康发展的轨道，引导农民建设安全、实用、紧凑、美观、卫生的新住宅，宁夏建设厅加大宣传引导力度，开展农宅设计方案竞赛活动，加强管理，普及建房知识，引导农民从适用出发，由追求面积型向功能型过渡，由追求数量向讲求质量过渡，转变传统的建房观念，通过典型示范，在农村广泛推广新结构、新样式的住房。

1990年以后，随着经济社会的进一步发展和农民收入的不断增加，宁夏农房建设进入了新的高潮，农民建房开始由面积型向功能型转变，由平房向楼房转变，由传统的个人分散建设向集体统一建设转变，新建的农宅中川区有80%是砖木、砖混结构，山区有30%是砖木结构，广大农民的居住条件得到明显的改善，到1995年底，全区农村人均住房面积达到17平方米，许多粗糙简陋的土房、窑洞已被美观实用的砖木、砖混结构房屋所取代，一些地方还建起了具有时代特色的小康新村和农民住宅小区，如川区银川的五星村、银华新村，吴忠的金积新村，青铜峡的叶盛新村等，山区出现了妥家山、下金村等新农房改造试点村。但就总体而言，农民住房式样单调、质量不高、功能不全、环境较差等问题仍然没有得到根本解决。当时，广大农民既有改善居住条件的热切愿望，也逐步有了物质基础。为不失时机地对农村住房建设加以引导，1996年1月，自治区党委办公厅、人民政府办公厅制定印发了《关于加强农民住房建设的意见》，确定了“九五”期间农民住房建设的目标任务，提出农民住房建设要按照实现小康的要求，逐步由面积型向功能型转变，由土坯房向砖木、砖混结构和楼房发展，努力做到式样新颖、质量高、功能全、环境美。提出到2000年，全区农村人均住房面积达到20平方米以上，川区农村砖木、砖混结构住房达到80%左右，山区砖木、砖土木结构住房达到30%以上，基本淘汰危房危窑。要求农民住房建设必须重视规划和设计，要求各地从实际出发，以改革的精神，制定相应的政策和得力的措施，包括必要的资金扶持、简化审批手续、提供各种服务等，引导、保护农民群众建设住房和农村公用设施的热情。要求自治区有关部门积极支持、密切配合，支持农民住房建设。提出对农民庭院面积，规定不宜过死，要为农民发展庭院经济、家庭养殖等提供必要的空间。解放思想，更新观念，充分相信广大农民会珍惜和利用好每一寸土地。农村基础公用设施建设，坚持谁投资、谁受益，任何组织和个人不得侵犯农民的合法权益。要求各地在农民住房建设中，强化组织领导，地、市、县、乡党委、政府把农民住房建设列入重要议事日程，像抓城镇建设那样狠抓农民住房建设，注意工作方法，坚持典型引路，不搞强迫命令，要求各地都要抓一批水平较高、示范性强的典型村庄和典型住宅，引导农民搞好住房建设。

1999 年,为了从根本上改变宁夏农村住宅建设格式单调,布局不尽合理等现象,营造良好的村庄环境,宁夏回族自治区人民政府决定在全区实施“千户农宅建设示范工程”,按照规划科学,布局合理,设施配套,功能齐全,风格迥异,适用美观的原则,针对不同层次、进行分类指导,用 3 ~5 年时间,建设 1000 多户新型示范住宅,带动全区农村进一步提高村庄规划建设总体水平,优化、净化、美化农村环境,充分显示塞上江南社会主义新农村的风貌,推动宁夏广大农村不断走向繁荣、富裕、文明。从 1999 年开始,自治区人民政府每年投入 100 万元,用于扶持千户农宅示范建设,各市县财政也安排一定扶持资金。在实施过程中,自治区建设厅按照各示范点工程建设进度和标准,采取以奖代补形式,奖励规划设计新颖、施工质量优良、管理措施得力、如期完成建设任务的村庄。通过实施“千户农宅建设示范工程”,宁夏各地建设了一批规划科学合理、功能齐全、设施配套、适度超前,体现地方民族风格和现代文明气息的村庄,农村住宅建设质量、功能质量和村庄环境得到明显提高和改善。

农房抗震改造

宁夏地区农村在房屋建设中,沿袭了许多陈规陋习,农房质量较差。无论在山区还是川区的土坯墙体,均为干码立砌,墙体节点接头部分没有任何加强措施,房屋的整体性差,一遇地震则墙体外闪或房屋落架。而宁夏山区流行的起脊土木平房结构很不合理,固原、隆德一带流行的单坡顶横椽竖檩的滚木房屋面也很不稳定,历次震害受损严重。宁夏地区自宋代始有地震记录以来,宁夏发生 5 级以上地震 10 余次。历次震害表明,南部山区的窑洞在地震烈度 6 度时破坏,7 度时倒塌,土木平房 7 度时破坏,8 度时倒塌。如 1970 年 12 月 3 日发生在西吉蒙宣地区的 5. 5 级地震,震中烈度为 7 度,窑洞倒塌 64% ,24% 受到严重破坏。改变宁夏农房建设中的陈规陋习,进行农房及窑洞抗震改造,提高房屋质量,直接关系到农民群众的生命财产安全。1983 年 6 月,根据城乡建设部《关于调查研究少数民族地区村镇建设改善居住条件问题的通知》,自治区城乡建设厅对固原、泾源、同心、灵武四县回族聚居的六个公社所属生产大队社员的居住、生活情况进行了初步调查,结合村镇建设工作检查情况,向自治区人民政府提出了重点改善宁夏南部山区六县(同心、盐池、固原、海原、西吉、隆德)回族聚居的农村居住窑洞的条件的建议,特别提出要重点改进土箍窑的抗震、防震问题。得到了自治区人民政府的重视,山区农民住房建设的抗震引导工作逐步开展起来。

为了加强南部山区农房抗震改造工作,提高山区群众住宅的抗震能力,保障山区人民的生命财产安全,宁夏回自治区人民政府于1986年8月在固原县召开了"宁夏南部山区农房抗震工作座谈会",专题研究南部山区的农房抗震改造工作,会后,以自治区政府文件专门印发了会议纪要,明确提出了宁夏南部山区农房抗震改造的方针,即在"七五"期间或较长的时间内,逐步淘汰土坯拱窑,加固崖窑,提高土木平房的抗震能力,并决定每年安排70万元作为农房抗震补助经费。从1987年开始,宁夏建设厅根据山区实际情况和会议确定的目标任务,组织开展了生土农房抗震改造的研究工作,这一课题被列入自治区科研课题和建设部"七五"期间的重点科研课题,由自治区建设厅村镇建设处处长平德仁主持,在甘肃工业大学、宁夏建材研究所等单位的配合下,经过3年努力圆满完成,并获得自治区人民政府科技进步二等奖,首创的整体式夯土墙模具取得了国家专利。各级建设主管部门积极引导,利用课题成果指导山区的农房抗震改造和加固工作。主要方法是采取窑内加工土坯或砖的砌护,窑外修正窑面的坡度,达到稳定的角度,加强窑体的强度,在窑面上做好防水处理,减少雨水冲刷,防止窑面滑坡造成"封门"事故。经过这样处理的窑洞不仅提高了抗震能力,而且也改善了通风、采光的条件。在农房改造中,各级建设主管部门还在有关部门的配合下,广泛对农民群众进行房屋抗震设防知识的宣传,在广大干部和群众中树立"立足有震、以防为主、平震结合"的思想,纠正过去群众中存在的"小震不用跑,大震跑不了"的麻痹消极思想,从培训技术骨干和农村工匠入手,抓农房改造试点,通过典型引路,全面推开农房抗震改造工作。经过连续4年的努力,到1990年底,宁夏山区有计划、有组织地完成农房抗震改造18543户,其中淘汰土坯拱窑4259户,加工崖窑7277户,解决其他危房7007户。此后在每年逐步改造、加固农房的同时,宁夏山区农房的抗震设防坚持区别对待的原则,即全民和集体所有制公房,按照国家颁发的抗震设计规范进行抗震设计,农民群众自建的私有住房,则因地制宜采取简易抗震措施,根据不同地区的情况,采用小开间、矮房屋、轻屋顶等形式,这种房屋平面简洁大方,工程造价不高,房屋整体性能较好,群众易于接受，收到了较好的效果。

第二节　村镇建筑设计

中华人民共和国成立前，宁夏农村建房没有正式设计，沿袭当地的民俗与传统，由木匠、泥瓦匠依照传统式样建造。中国人民共和国成立后，农民生活水平提高，新建农房大量增加，但建筑式样变化不大，只是面积的扩大和房间的增加。到20世纪70～80年代，农民建房仍然是“亲帮亲，邻帮邻”，自发建设，房屋缺乏设计，靠泥瓦匠的经验，沿袭传统习惯，在人们印象中还是排排房、“三合院”，新材料，旧式样，千篇一律，农民住房面积虽然有所增加，但突出表现为“院子一大片，房子一大排，屋子几大间”，而且建房不考虑实际需要，以宅基地多少确定建房数量，造成房屋闲置，利用率低，就房屋本身看，传统的大开间、小进深仍居主导，有的很不实用，院落布局也不尽合理，有些地方仍然没有改变过去“厕所门前筑，柴草遍地堆，鸡猪墙角睡”环境卫生差的落后状况。

为引导农民建设安全、实用、紧凑、美观、卫生的新住宅，自治区建设主管部门倡导建筑设计人员面向基层，服务农民，技术下乡，为农民建房提供服务。同时要求各级建设主管部门加强管理，加强宣传，向农民普及建房知识，引导农民革新建房旧观念和“老传统”。建设厅多次组织专业技术人员，开展农村住宅设计方案竞赛，推广新结构、新样式的住房，树立样板，典型引路。1984年春，自治区建设厅会同宁夏建筑学会举办了全区农村住宅设计方案竞赛，发动全区各专业设计部门和热心农村建设的专业技术人员参加竞赛活动，支援农村住宅建设。此次竞赛共征集农民住宅设计方案137个，从中评出二等奖5个，三等奖15个，鼓励奖13个。将获奖方案汇编成册，发放农村，供广大农民建房选用。这次编入图集的方案有的适用山区，有的适用川区，各方案均系独户独院，且便于街坊组合，从节约能源和合理使用宅基地出发，改进了房屋的平面布局，同时还保留了地区的习惯，各户都设有堂屋、二至四间卧室及厨房、粮库等，院落布置注意了环境卫生和使用功能的要求。图集发放当年，贺兰县习岗八社的20多户农民选用了其中的部分方案建设住宅，群众反映良好。此后在全区山川地区广泛推广。同年底，自治区建设厅会同文化厅、体委、建筑学会联合举办了全区农村集镇文化中心设计方案竞赛活动，评选出优秀方案，汇编成册，供农村在集镇建设中参考。

1987 年 5 月，自治区建设厅和固原县政府在固原县联合举办了固原地区农村住宅设计方案竞赛，全区各设计单位共选送了 121 个方案参加竞赛活动。经评选，3 个方案获得二等奖，5 个方案或三等奖，10 个方案获鼓励奖。1988 年 7 月，自治区建设厅、宁夏土木建筑学会、固原县城乡建设科举办了固原三营商业街规划设计方案竞赛活动，从征集的 18 个方案中评选出一等奖、二等奖各 1 个，三等奖 2 个，鼓励奖 3 个。1991 年 5 月，建设厅会同吴忠市建设局、宁夏土木建筑学会举办了以吴忠市古城乡五星村居民点的规划建设为对象的规划设计竞赛活动，共征集到村庄规划方案 15 个，住宅设计方案 97 个，参赛技术人员近百人。这次竞赛有 7 个规划方案获得二、三等奖，18 个住宅方案分别获得一、二、三等奖。这次的获奖方案后来在银川郊区、石嘴山大武口乡和吴忠市古城乡等新村建设试点中采用，获得社会好评。1993 年，建设厅组织宁夏设计人员参加了全国农宅设计和村镇试点优秀工程竞赛评比，宁夏选送的大武口乡住宅建设设计方案和贺兰县洪广镇农贸市场建设方案获全国优秀项目奖，青铜峡瞿靖镇的规划方案获三等奖。

1996 年 2 月，在宁夏农民住房条件已有明显改观的情况下，为了进一步适应小康村建设的形势，自治区建设厅、宁夏土木建筑学会联合举办全区小康型农村住宅设计方案竞赛，要求设计人员根据宁夏山川不同区域和不同层次村镇居民改善居住条件的需要，以实现小康家居文明为目标，充分体现以现代村镇居民生活为核心的设计思想，围绕创造环境优美、设施配套、文明向上并具有塞上田园风光和地方特色的现代乡村居住环境，要求设计的农宅方案面积不大功能全，占地不多环境美，注重提高村镇住宅建筑功能及环境质量；努力改进和突破农村传统的建造技术，开发适用于不同地区的坚固耐用、灵活多变、施工简便的新型住宅结构体系，体现标准化、系列化，推广应用新材料、新技术和节能设施；创造适宜的室内空间尺度和良好的视觉效果；在继承和发扬地方传统建筑风格的基础上，力求体现现代气息和乡村特色。这次竞赛活动在各级建设主管部门和各设计单位的积极配合下，设计人员精心设计，踊跃参加，专业设计人员结合宁夏山川不同特点和民族习俗，设计了多种不同类型的方案，共有 36 人报送竞赛设计方案 56 个，经认真评选，评出二等奖方案1个,三等奖方案7个。1997年10月,在建设部组织的全国试点镇规划检查评比中,宁夏青铜峡峡口镇获建设部表扬奖。1999年宁夏设计人员欧阳丽容、桑建华选送的方案获建设部“二十一世纪农民住宅设计评选”优秀奖。

1988年5月,自治区建设厅和宁夏土木建筑学会村镇学术委员会在多次试验研究和总结交流的基础上,收集了自治区山川地区的各类农房构造,整理出版了《宁夏农房抗震设防构造节点图集》,发放到全区各市县乡镇。

1988年8月,建设厅村镇建设处经过多年研究探讨和实地试验,总结南部山区各类生土建筑改造的经验编印出版了《宁夏南部山区农房抗震改造方案图集》,发放到南部山区八县的乡镇、和中心村。这次图集的出版对于加快宁南山区农民住房的改造,提高房屋窑洞的抗震能力起了积极的推动作用,受到了山区农民的普遍欢迎。

1992年,建设厅村镇处先后从银川市、固原地区等农民住宅设计参赛方案中筛选出四类楼房住宅和五类平房住宅设计方案,编印了《宁夏农村住宅设计通用图》,面向全区农村发放,深受基层建设者和农民的欢迎,许多小康村的试点的建设组织者和农户慕名上门求购,并广泛应用于实际之中。

2000年6月,自治区建设厅在组织全区建筑设计人员积极参加建设部“二十一世纪农民住宅设计竞赛”的基础上,将区内参选作品的优秀方案进行修改整理,并参考外省区农宅设计优秀方案,结合宁夏千户农宅建设示范工程的实际,编制了《宁夏新世纪农民住宅施工图集》,向全区农村广泛发放,大力推广应用施工图集,引导农民建设实用、美观、经济的新型住宅,并按照科学合理的设计图纸和规范的建设程序进行建设,提高农民住宅建设水平。

第三节　回族民居

宁夏凡有回族居住的地方,无论城镇乡村,总是相对集中地聚居在一定地段、街道、山村,很少有单家独院的回民村。而且多分布在交通线上或靠近交通沿线,以保持与临近地区的联系。这种居住格局,方便呼应联系、应酬交往、团结御侮,便于婚嫁结亲、殡葬吊亡,便于集中力量兴建寺院,礼拜念经。“围寺而居”是回族民居的又一显著特点。往往一个清真寺周围就是一个回族聚居的村落、教坊或小区，使回族居民经常能保持着紧密的社会联系，开展统一而正常的宗教活动。

宁夏回族居民住宅的样式很多，有虎抱头式，有小高楼式，有普通平房等等。房屋一般面南，习惯向阳背阴。在宁夏北部川区，住宅典型的传统形式是平顶房，采用生土建筑——土坯墙（或称垡拉墙）较多，经济条件较好的家庭用块石或青砖打地基、地脚，房角及房柱使用青砖以增加强度和美观，房顶大多为草泥平顶呈一面缓坡以便于排水。房屋布局多为一字排列，一般为3~5间，有的在一端或两端修建两间耳房，作为客房，或供子女居住，也有用来做仓库或厨房。在宁夏南部山区，回族住宅大多为坡屋顶瓦房，有的地方习惯在院落一角加盖一小间二层楼的小房子，类似岗楼，俗称“高房子”或“小高楼”，供主人礼拜用，以防小孩或外人干扰，有的还作为看护场院等用途。随着经济的发展，宁夏农村逐步出现了一些三合院式的农房，还有一些地方建起了上下两层的别墅庭院式住房，砖混结构较多，清净雅观，房屋质量不断提高，门面装修也比较讲究。

回族民居——高房子

宁夏回族民居建筑中，最能体现地域色彩的就是占据房间相当空间的火炕。由于气候寒冷，在宁夏大部分地区，火炕是每一个家庭所必须的。特别是在南部山区，即便是在短暂而凉爽的夏季，居民还是有煨火炕的习惯，因为早晚温差大，日照不足，房屋内比较潮湿，一些年长者更是离不开火炕。火炕是当地居民最基本的休息之处，除了睡觉以外，吃饭、喝水、聊天都围坐在炕桌边进行。典型的火炕一般都靠着房屋的窗户而建，通常是通间大炕，即炕建在房间的左边或右边，炕的两头紧贴着墙壁，往往占去房间的三分之一，炕内设有烟道通向外面。在大多数人家中，炕灶连为一体，具有节约燃料的作用。许多农户通常在火炕中放置一些铁管，还在火炕的旁边隔出一个小淋浴间，将引来的自来水通过铁管加热，用来淋浴。这样，只要煨火炕就有热水可以淋浴、洗衣等，这是一种既节约燃料，又简洁方便的沐浴方式。

回族是讲究卫生的民族。注重清洁卫生和环境美化,是回族民居的共同特点。每个回族家庭一般都备有浴室和吊罐(吊桶),可随时洗浴作大小净。许多家庭都因地制宜,喜欢在庭院内栽种鸡冠花、牡丹花、石榴、夹竹桃一类的花草,在房前屋后种植各类果树。回族民居门前都爱悬挂一块洁白的门帘,走进室内,红箱亮柜一尘不染,古色古香地摆在醒目的地方。一般家庭都喜欢在正屋中间悬挂山水花卉、圣地麦加等字画、图片,两旁配有阿拉伯文书写的对联。回族民居在檐头、檩榫、门窗、家具、照壁上,通常以牡丹、葡萄等花木、山水自然景观和一些几何图形作为雕镂刻绘的装饰图案,古朴典雅,别具一格,使环境更为幽雅,也展示了回族人民的生活情趣。

在宁夏南部山区的塬台、山梁上,有一些依稀可辨的古堡子,较为集中地分布在宁夏西海固山区市县。这些古堡子是历史上回族居民为躲避战乱和土匪骚扰而建的民居。回族堡子的建筑方式也是就地取生土筑墙,多为四方形样式,其中堡子四角设有了望台。这是过去回族比较流行的民居类型,在当时具有良好的防御功能,显示了聚众自保的特征,其建筑规模大小不等,根据家庭实力而定,堡子内的居民多以宗法血缘关系为纽带而实行宗族聚居,堡子门前通常有大片农田。这种围堡式大屋,适应了回族人宗族共同体聚居和自卫防御的需要,有利其在兵荒马乱的岁月生存、发展。随着时间的推移和经济社会的进步,如今这种居住方式基本消失。

第四节　集镇建设

集镇建设概况

中华人民共和国成立前,宁夏集镇的建设发展受经济交通和自然条件的限制,集镇经济活动主要以集市贸易为主,基础设施十分简陋,许多集镇没有一条宽直的道路,集贸市场面积窄小,文化设施为数甚少,信息交流更无场所。只在大的集镇建有学校、邮电所和私营商店,条件较好的村镇建有戏台和清真寺。

中华人民共和国成立后,随着人民生活水平的提高,从20世纪50年代开始,在公社、大队逐步兴建小学校,在部分乡镇兴建中学。在1958年“大跃进”中,集中建设了一批集镇公共福利设施,1958年底全区农村有公共食堂

10573 个，托儿所 9039 个，敬老院 150 所，这类设施一部分是新建，大多是旧房改建而成。各公社（乡、镇）政府所在地逐步成为当地交通、经济、文化的中心，集镇建设发展较快，先后建起了乡镇卫生院、供销社，中、小学和电影院、政府办公场所、文化站、兽医站、公安、工商、税务、信用社营业所，粮站及仓库、邮电所、粮食加工厂、农机修造厂等。国民经济调整后，宁夏农业生产水平迅速回升，村镇建设得到新的发展，宁夏农村基本形成一社一镇的村镇体系和以大队为中心，以生产小队为基础的村庄网络，大部分公社所在地的集镇，相应地建起了银行、信用社、供销社、粮店、卫生院、中小学校等公共设施。通过这一时期的建设，宁夏的集镇面貌虽然有了一定的改善，但由于当时建设没有规划，商业网点、各项服务设施基本上处于盲目发展状态。

中国共产党十一届三中全会以后，农村经济快速发展，从 1980 年开始，各地农村兴起建房热，各级政府也将农房建设纳入工作日程，公共设施与农房建设受到高度重视，逐步进入配套阶段。在集镇基础设施建设上，首先从中心集镇抓起。宁夏的中心集镇大多是历史上传统的集贸中心，有简易的交易市场和摊店街坊。农村商品经济的发展，使群众首先涌入传统市场，在旧有基础上对原有设施加以调整充实和扩建，收到事半功倍的效果。在建设中，利用中心集镇的地理优势首先搞好排水、供电、电讯、道路网络的建设，为发展二、三产业提供基础设施条件，为职工群众提供生产生活环境，使乡镇企业向集镇集中，充分发挥企业的规模效益，促进第三产业的发展。中心集镇一般都有完全中学和一定规模的卫生院，也有文化馆及通讯设施，较好地发挥了一定区域的“中心地”作用，改善了集镇的基础设施条件，方便了群众生活，增强了吸引力。

1984 年，海原县在村镇规划时，将全县 24 个乡镇按不同的历史、地理及其在农村经济社会中的地位，依据每个集镇的辐射半径，排列出全县的集镇网络，即每个中心集镇辐射一般集镇，每个一般集镇辐射中心村，并以此排列出村镇规划重点和先后次序。宁夏建设厅将这种网络体系的构想和工作方法推广至全区各县，对全区当时的 277 个集镇（不含城关镇）进行分类排队，共确定了 57 个中心集镇：银川市为通贵、芦花、掌政、立岗、常信、金贵、洪广、李俊、望远、望洪；石嘴山市为礼和、宝丰、黄渠桥、姚伏、头闸、红崖子；银南地区为高闸、金积、翟靖、叶升、青铜峡、宣和、永康、柔远、镇罗、常乐、石空、鸣沙、枣园、崇兴、新华桥、惠安堡、大水坑、韦州、下马关、豫旺；固原地区为七营、三营、张易、寨科、什字、李旺、西安、树台、兴仁、新营、苏堡、将台、沙塘、联财、山河、白面、新民、新集、古城、王洼。

在集镇基础设施建设资金的筹集方面，宁夏根据“全面规划，正确引导，依靠群众，自力更生，因地制宜，逐步建设”的方针，确立了充分发挥国家、集体、个人的积极性，特别是动员广大群众依靠自己的积累和集资建设自己的家园，同时通过多种途径，广开资源渠道的工作思路。公共基础设施的建设资金采取县财政挤一点、乡镇积累拿一点、群众义务建勤贡献一点、受益单位分担一点的办法，坚持“各负其责、各投其资、各记其功、各受其益”的原则。各市、县将搞好农村商品生产，发展乡镇企业，疏通城乡物资交流渠道，与集镇建设紧密结合起来，对集镇基础设施建设给予很大支持。贺兰县的立岗乡、青铜峡的瞿靖乡等，在区、市、地、县的支持下，首先按规划进行了公用设施建设，从铺路、疏通上下水，电力线路的调整和垫坑、平整贸易地等方面入手，改善集镇基础设施。在建设实践中，各地还从实际出发，进行了有益探索，如关帝乡动员个体户集资建设贸易楼，立岗镇采取入股分红的办法集资建设商业楼等，有效地调动了群众参与集镇基础设施建设的热情。

到 1985 年底，全区有 339 个村庄和 47 个乡镇用上了自来水，分别占村、镇总数的 2.2% 和 16.2%，受益人口达 15 万人，占村镇人口的 4.5%；有 9640 个村庄和 240 个乡镇通了电，分别占村、镇总数的 61.6% 和 82.8%；村镇道路长 14207 公里，其中铺装道路 4154 公里；全区乡镇有敬老院 242 处，乡村文化站 252 处，乡村中小学校 4496 所。

试点镇建设 1985 年下半年，宁夏开始在完成规划的乡镇，着手进行集镇建设的试点工作。全区大部分市、县都相继进行集镇建设的试点，从宁夏经济基础薄弱、发展缓慢、基础设施简陋的现状条件出发，在集镇建设试点中从完善、配套集镇水、电、路等基础设施，从商业街区和集贸市场入手，对旧集镇进行改造，改善集镇基础设施条件，搭起集镇发展建设的骨架。进一步明确了以中心集镇建设为重点，带动整个村镇建设全面发展的指导思想。贺兰县立岗镇、永宁县李俊镇、平罗县宝丰镇、青铜峡瞿靖镇、固原县张易乡被列入自治区第一批试点建设集镇。

1986 年 5 月，由于青铜峡瞿靖镇的集镇规划与建设代表了西北地区乃至全国经济不发达地区乡镇建设实际，被建设部列为村镇建设联系点，这也是西北地区唯一的全国村镇建设试点联系点。

经过“六五”和“七五”期间中心集镇试点建设，宁夏初步探索出了集镇建设的路子。先后重点对集镇进行了上下水、供电、通讯、道路、市场和商业街区的改造和建设，改变了集镇的面貌，为贫困地区集镇建设树立了典型。同时通过舆论宣传和政策引导，初步形成了社会各界共同关注、重视村镇建设的良好氛围，村镇建设逐步列入了各级政府的议事日程，走上了科学健康发展的轨道，逐步形成农村一定区域的经济、文化和科技服务中心，全区除城关镇以外的 277 个乡镇中，有 50 多个初步形成了具有小区域中心作用的中心集镇。建制镇由 20 世纪 80 年代初的 4 个发展到 31 个，集镇人口由不足 20 万发展到 40 万，占全区城镇人口的 25%，以集镇为依托新建公共建筑和生产性建筑 300 万平方米。通过集镇试点建设，使 20 多个中心集镇的基础设施条件得到明显改善，在宁夏高含氟水和苦水地区有 204 个村庄、14、5 万人用上了符合卫生要求的饮水，通电的集镇和村庄分别占全区集镇和村庄总数的 98% 和 72%，全区乡乡通了公路，其中 90% 的乡镇通了班车，大部分集镇都设有中学、农业技术学校、文化站、敬老院、卫生院等公共设施，公共服务设施和乡镇企业得到了较快发展。

1990 年《中共中央关于制定国民经济和社会发展十年规划和“八五”计划的建议》明确指出：“进一步改善城乡居民的居住条件，有计划、有步骤地改善农民居住环境”。“乡村住宅建设要合理规划、节约用地、因地制宜地建设公用设施。严格控制大城市规模，合理发展中等城市，以乡镇企业为依托建设一批布局合理、交通方便、具有地方特色的新型乡镇”。1991 年宁夏自治区人民政府印发了《宁夏村镇建设十年规划和“八五”计划纲要》，提出在“八五”和“九五”期间，依据发展黄河经济的构想，从发育市场、搞好流通和建立乡镇企业基地入手，按照经济流向，重点发展建设一批中心集镇，集中力量加快其经济建设、文化建设和基础设施建设，以培育骨干，增加辐射力，逐步在一个县城内形成以县城为中心，以三到五个中心集镇为骨干，以若干个一般集镇为基础的县域城镇网络体系，充实和完善全区以银川市为核心的城镇整体群落。10 年内有计划地发展建设 70 个左右中心集镇，初步形成布局合理、交通方便、设施基本配套，能够适应宁夏农村经济、社会发展的社会主义新型集镇。重点加强中心集镇的道路交通,供水、排水、电力、电讯、环卫设施、集贸市场和文化中心等建设,同时抓好集镇绿化。前5年抓好30个左右中心集镇的主要基础设施建设,后5年再发展建设40个,争取到2000年,使全区大部分中心集镇的主要基础设施和公用设施基本配套。要求各级计划部门将中心集镇的基础设施建设列入国民经济发展计划。自治区在“八五”和“九五”期间,每年安排一定数量的启动资金,补助一部分亟待改造的中心集镇的道路、排水、环卫设施等的建设,补助额度占总投资的30%左右,市县配套补助20%,其余由乡镇自筹。中心集镇的供水设施、集贸市场建设和过境道路分别由自治区爱卫会、水利、工商和交通部门列入建设计划,逐年安排解决。“八五”和“九五”期间,自治区和地、市、县安排乡镇各项建设的条块投资项目,主要放在中心集镇,乡镇企业的布局重点,也要集中在中心集镇。自治区农垦局所属国营农场所在地的集镇建设,由建设厅牵头统一规划,各农场自筹建设资金,逐年解决。

根据当时宁夏集镇建设实际,宁夏建设厅制定了中心集镇建设标准,即:集镇道路网络骨架基本形成,路面铺装,对外交通通畅;自来水到户,有符合环境卫生要求的明沟或暗管排水系统;电力、电讯畅通,主要街道路灯照明,大部分集镇装备自动电话或程控电话;集贸市场布局合理、规模适中,有防风遮雨设施;集镇区全面绿化,有独立成片的公共绿地和活动场所,有简易的环境卫生设施;大部分中心集镇设有完全中学和带有病床的卫生院,有以文化站为基础的集镇影剧院、广播电视室、图书室、科技、教育活动场地等为一体的文化中心,有比较健全的农村社会化服务和村镇建设管理机构等。

1991年5月,自治区党委、政府召开全区村镇建设工作会议,进一步明确了加快实现在一个县域内形成以县城为中心,以三到五个中心集镇为骨干,以若干个一般集镇为基础的县域小城镇网络体系目标的总体思路,提出了“起点高,有特色,讲究美,功能全”的建设原则和“全面规划,突出重点,因地制宜,全民建设”的方针,确定在全区率先发展建设70个有一定基础条件的中心集镇,并将中心集镇建设列入了自治区国民经济发展计划。会议之后,宁夏中心集镇建设由点到面全面推开。在全区70多个中心集镇中,当年有40多个起步。到“八五”末期,有姚伏、太西、黄渠桥、叶盛、峡口、瞿靖、立岗、李俊、宣和、石空、李旺、兴仁、将台、新营、三营、兴隆、张易等近30个中心集镇的面貌得到明显改观。

1995 年 5 月，宁夏自治区党委、政府批转了自治区建设厅等部门《关于加强宁夏小城镇建设的意见》，明确指出小城镇在新的历史条件下，已经成为农村经济和社会进步的重要载体，成为带动一定区域农村经济社会发展的中心，随着改革的不断深入和商品经济的发展，宁夏的小城镇建设取得了历史性进步，但从总体上看，还存在规模小、基础设施落后、服务功能弱、建设速度慢、水平低等问题，为了适应发展社会主义市场经济的需要，必须采取有力措施，切实加强小城镇的建设工作。提出在发展思路上，坚持全面提高与重点发展相结合，按照建立社会主义市场经济新体制和中央提出的加快中西部地区乡镇企业发展，并引导其向小城镇集中，使小城镇成为区域性的经济文化中心的要求，再一次提出在突出抓好县城镇的改造和各项配套建设的基础上，有重点地发展建设一批具有地域中心作用的小集镇（即中心集镇），实现在一个县域内以县城为中心，以三到五个中心集镇为骨干，以若干个一般集镇为基础的县域小城镇网络体系的目标。即在当时现有 18 个县（市）城镇的基础上，再培育 70 个左右中心集镇，加上工矿镇和国营农场场部，形成 100 个左右小区域经济文化中心，建立起全区以银川市为核心的 1 个大城市，若干个中小城市，10 余个县城镇和 70 ~ 80 个建制镇（中心集镇）的“金字塔”型城镇体系。在这一发展思路的指导下，“九五”期间，宁夏重点选择了具有交通、产业优势和发展潜力，能拉动周边乡镇经济发展的小城镇作为试点，主要有惠农县红果子镇、平罗县姚伏、宝丰镇，银川市郊区掌政乡，贺兰县立岗镇，永宁县望远、李俊镇，青铜峡市峡口镇，吴忠市利通区金积镇，灵武市崇兴镇，中卫县宣和镇，中宁县石空、鸣沙镇，同心县韦州镇，盐池县大水坑镇，固原县三营镇，隆德县沙塘镇，泾源县白面镇，西吉县兴隆镇，前进农场等，重点加强规划修编，优化发展布局，加大扶持力度，加强基础设施和公共设施建设，改善住区环境，增强吸引辐射和拉动能力，初步成为布局合理、设施完善、功能齐全、各具特色、规模适度、环境优美的中心集镇。

1995 年，宁夏吴忠金积镇、平罗太西镇、贺兰立岗镇、永宁李俊镇、青铜峡峡口镇、中卫宣和镇、固原三营镇等 7 个集镇被建设部列为全国小城镇建设试点（全国共有 500 个试点镇）。

1999 年，吴忠市利通区金积镇被建设部评为全国示范镇。

“九五”期间，宁夏重点选择了具有交通、产业优势和发展潜力，能拉动周边乡镇经济发展的小城镇作为试点，主要有惠农县红果子镇、平罗县姚伏、宝丰镇，银川市郊区掌政乡，贺兰县立岗镇，永宁县望远、李俊镇，青铜峡市峡口镇，吴忠市利通区金积镇，灵武市崇兴镇，中卫县宣和镇，中宁县石空、鸣沙镇，同心县韦州镇，盐池县大水坑镇，固原县三营镇，隆德县沙塘镇，泾源县白面镇，西吉县兴隆镇，前进农场等，重点加强规划修编，优化发展布局，加大扶持力度，加强基础设施和公共设施建设，改善住区环境，增强吸引辐射和拉动能力，初步成为布局合理、设施完善、功能齐全、各具特色、规模适度、环境优美的中心集镇。

重点集镇建设简介

1. 青铜峡市瞿靖镇。原名瞿靖堡，地处宁夏引黄灌区，位于青铜峡市北部，建于明洪武年间。历史上的瞿靖堡，旬设三集，常有山西、陕西、内蒙等地的商客居此，逢集商贾云集。“文化大革命”期间，摊点、作坊、铺面先后被取缔，集市取消，街道被厕所、猪圈、粪堆等挤占，加之各家取土垫圈自行方便，造成水坑连片，一度热闹非凡的集镇变得萧条冷落。1984 年 4 月，银南地区计划建设处和青铜峡建设局组成集镇规划试点小组，进驻集镇开展建设规划，经过两个多月的实地工作，在反复调查研究的基础上，完成了镇域总体规划和镇区的建设规划，同年 8 月经市政府批准实施。随后，镇政府制定了《瞿靖镇建设规划实施办法》，规定镇区内所有建设项目必须经镇政府审查批准，按规划进行建设，不符合镇容、环境要求的一律不准开工建设。镇政府把建设着眼点放在改善集镇基础设施上，挤出有限资金和人力物力集中搞集镇的水、电、路等基础设施建设，同时敞开镇门，鼓励农村剩余劳动力进镇开店办厂，并根据建设进度，在不同的建设阶段制定出相应的政策与措施。明确了“谁建房，谁垫坑、谁受益”的办法，不论本地、外地，不论个体、集体或国营单位，土地使用权归已所有，一年内免征土地使用费的优惠政策。使本镇、邻乡一些群众闻讯而来，申请进镇开店办厂，从事第三产业，从而打开了集镇建设的新局面。1986 年，根据群众的要求，进一步对原规划进行加深加细的基础上对镇内居住区进行了改造，配套完善巷道路面和排水系统的建设。在修建巷道中，采取镇政府和村上补贴水泥款，其余由巷道两侧的住户出工备料的措施，有效地调动了群众的积极性，不到半年时间，十三条巷道全长 2000 多米的混凝土路面和排水支管全部铺设完成,同时还建设了桥梁、下水管线、公共厕所等基础设施,并对原有旧影剧院进行适当改造,建设了规模较大、内容齐全的集镇文化中心,集镇面貌大为改善。同年,瞿靖镇被建设部列为试点集镇建设联系点。

2. 平罗县姚伏镇。位于平罗县城南20公里处的唐徕渠西侧,明代建堡,清代设市。在中心集镇建设中,姚伏镇坚持依靠群众,发动社会力量加大集镇基础设施建设力度,镇政府制定了吸引多方投资建设的优惠政策,同时坚持多种渠道妥善解决拆迁问题。鼓励居民就地翻建改造住房,对不愿就地改造的拆迁户,统一规划居民点,搬迁另建,鼓励在规划区内建房,统一通水、通电、通路,顺利地解决了搬迁问题。在农贸市场建设上,采取镇、村和工商部门联办形式,较好地解决了土地征用和投资上多年扯皮的矛盾。在整个集镇的基础设施建设中,交通部门帮助修了路,邮电部门安排改造了通讯设施,工商部门修建了农贸市场,卫生和水利部门支援建设了自来水和渠道砌护,计划部门安排建设了一些无对口部门的工程项目,建设部门帮助编制了规划和建设设计方案并指导建设实施,驻镇各单位和群众按统一规划改造了临街建筑等。各部门的支持、各单位的配合和群众的积极参与,使姚伏镇旧貌换新颜,形成了长约2公里的商业街,建成了24000多平方米的农贸市场,基础设施大为改善。

3. 中宁县石空镇。位于中宁县城北部6.5公里处,与县城隔河相望,是连接宁夏南北通往甘肃等省的交通要道。1983年县城乡建设局聘请自治区测绘局对石空镇地形进行测绘,1984年自治区建设厅村镇处组织宁夏建工学校规划组对石空镇的现状及2000年的人口、经济、文化教育、卫生交通等发展前景进行了调查和综合分析研究,在此基础上制定了石空镇总体规划,经县人民政府批准实施。1987年在分析与研究原有规划资料和方案的基础上根据集镇发展动向和趋势,从实际出发对原规划进行了局部调整和补充,使规划达到布局合理、功能分区明确,科学确定集镇的性质、人口规模、用地规模以及发展方向,并做出各专项规划的局部规划设计。在集镇规划的执行中,本着长远规划,着眼现实,以改造旧镇为主,由里向外逐步发展,根据总体规划方案,分轻、重、缓、急,逐步建设,对急需或有可能建设的项目,积极筹集资金,促其早动工、早建成、早见效,对暂时无能力建设的项目,按规划方案预留位置。在集镇基础设施建设中,以道路为突破口,科学处理以房养路、以路带镇的关系,分期整修了镇区路面。此外还自建了文化娱乐和体育设施,自办了小学、幼儿园,并对外开放服务,创造了较好的经商、交往、工作和投资环境,进一步调动了社会各方投资建镇的积极性,促进了商品经济的发展。

4. 固原市张易乡。位于固原市西南,六盘山西侧,全乡辖 13 个行政村,总面积 156.8 平方公里,是宁夏固原山区最贫困的乡之一。张易集镇地处固原、隆德、西吉三县交界地带,是固原较大的山区集镇,早在宋代就是军事重镇和驿站。中国共产党十一届三中全会前,集镇年久失修,加之没有规划,建设混乱,市场狭小,以街代市,很不适应集市贸易和商品流通的发展。1983 年 6 月,张易乡把集镇规划建设列为政府工作的主要议程,在自治区建设厅村镇处的具体指导下,确立了自力更生、量力而行、不贪大求洋,利用本地市场现有布局、设施和地理优势进行改造、扩建的思路。1985 年在建设部门的指导帮助下对集镇进行全面规划,编制了集镇建设规划(1985 年~2000 年),坚持艰苦奋斗,勤俭建设的方针,以原有的集镇为基础,以改造与新建相结合,切合本地经济发展水平。规划批准后,张易乡坚持人民集镇人民建的原则,在财力、物力上采取了一些比较灵活的措施,规定以义务投工为主,在政府的资助下,进行多方筹资。在建设施工中,乡政府制定了定时间、定任务、定质量标准、定领导责任的"四定"责任制,干部群众自己动手把集镇建设轰轰烈烈地搞了起来,建设施工中严格按规划方案执行,不论单位和个人,都在规定的时间内拆除或退进了围墙、院落树木等,为集镇建设让路。既防止了财力、人力、物力的浪费,又消除拆了建、建了拆、大拆大建的错误做法,加快了建设步伐。在一年多的时间里实现了乡政府确定的近期建设"四化"目标,即道路砂石化、全面搞绿化、主要街道路灯化、集贸市场商品化,创造了贫困地区集镇建设的奇迹。不仅改善了集镇基础设施和环境面貌,同时也改变了落后地区群众封闭的思想观念,激发了农民群众发展生产的积极性,为脱贫致富开辟了新的门路。

第五节　村镇建设管理

管理机构

1958年宁夏回族自治区成立后，自治区设立了基本建设委员会，各地、市、县大都没有成立专门的建设管理机构，也没有明确村镇建设管理职能。1982年全国进行自上而下的机构改革，原国家建设委员会改为城乡建设环境保护部，宁夏回族自治区基本建设委员会改为城乡建设环境保护厅，从国家到地方都将“乡”纳入了建设管理的范围。自治区城乡建设环境保护厅内设农房处（后改为村镇建设处），主要职能为指导和管理全区的集镇和村庄规划、建设工作；负责全区村镇规划建设人员的技术业务培训和有关政策、法规制定起草工作。这是宁夏首次设立的村镇建设工作的专门管理机构。此前，宁夏除银川市和石嘴山市设立城市建设局外，其他市、县均未设立专门的建设管理机构。自治区人民政府明确要求在机构改革中各市县要设立城乡建设机构，有集镇的乡政府所在地可设专职的村镇建设干事，其他乡镇可设兼职的村镇建设干事，以加强村镇建设管理工作。这次机构改革后，全区各地、市、县相继成立了城乡建设管理机构。1984年自治区人民政府批转了自治区建设厅《关于加快我区小城镇建设的意见》，又重申了这一要求，在贯彻执行中，全区市县建设部门逐步健全完善了村镇建设管理机构，设立村镇建设股（办）等专职机构，大部分乡镇也以行政、事业、大集体和合同工等形式配备了专职管理干事。

培训教育

1982年机构改革之后，宁夏各市县虽然相继成立了村镇建设管理机构，配备了相应的管理人员，但对村镇建设的业务十分陌生，干部素质差异甚大，同时部分地方的干部对建设工作的重要性认识不足，对村镇建设工作不知从何抓起。针对这种状况，1984年4月，自治区建设厅联合自治区党委组织部举办了“城乡建设市、县长学习研究班”，全区各地、市县主管城乡建设工作的专员、市长、县长和地市负责城乡建设工作领导干部参加，建设厅厅长及有关部门的专家在培训班上授课，采取边听课、边讨论、边研究工作的形式，使参训学员明确了城乡建设的职责范围和主要任务，增加了地、市、县负责同志对村镇规划建设工作的紧迫感,激发了加快村镇建设的热情,树立了“先规划,后建设,以规划指导建设”的观念。这次培训班后,部分市县纷纷举办乡镇长培训班,明确提出搞好村镇规划建设是乡镇政府的主要职责。

为改变村镇规划建设人才缺乏、技术力量薄弱的被动局面,自治区建设厅坚持“稳定队伍,提高素质”的措施,要求各级建设主管部门立足于本地,逐步建设一支懂规划、会建设、善管理的村镇建设工作队伍。自治区和市县建设部门通过举办短期应用技术培训班、结合实际工作任务举办专业培训班、请专家下乡到施工现场做技术指导等多种形式,对基层村镇建设管理人员进行培训教育,提高业务技能。选择热爱村镇建设工作、高中以上文化程度、30岁以下的青年经培训合格后充实到村镇建设管理队伍,壮大村镇建设力量。1984年和1985年共培训800多人次,同时选送成绩优秀者到西北建工学院等大专院校深造,建立了一支村镇规划建设队伍,成为村镇建设的骨干力量。宁夏建筑工程学校设立了规划建设管理专业,为村镇建设培育专门人才,这些学员毕业后大都分配到市县乡镇建设管理岗位和建筑企业工作,村镇建设人员素质整体得到提高。

1990年之后,自治区建设厅和各市县建设局举办多种形式的培训班,对从事农村住宅建设的工匠分期分批进行培训,普及建筑知识,改变过去建房中的陈规陋习,提高农村建房工匠的技术技能,并逐步实行了农村建房人员持证上岗制度,促进了农村房屋建设施工质量的提高。

在加强村镇建设管理人员经常性的培训教育、利用宁夏建设职工中专学校、宁夏建筑工程学校等区内建设教育基地培养村镇建设人才的同时,自治区建设厅还积极争取建设部的支持,在20世纪90年代,通过河北农业大学、湖北建筑工程学校等区外大专院校,在宁夏定点招收录取了数十名高中、初中毕业生,学习村镇规划建设专业知识,这些学员完成学业毕业后,大多回到宁夏在基层第一线从事村镇建设管理工作。

管理制度

宁夏的村镇建设管理工作,是从规范农村建房用地、制止乱建房、滥占耕地入手的。1982年2月国务院发布了《村镇建房用地管理条例》,要求各地建立村镇建房审批制度,做到有章可循、有人管理,坚决刹住乱占耕地之风。1983年自治区人民政府发布了《关于贯彻执行国务院“村镇建房用地管理条例”的实施办法(试行)》,对全区农村建房用地标准作了具体规定,提出对农村建房要采取“既堵又疏”的办法,“堵”即先刹住农村建房中滥占耕地的现象,“疏”则要求各县尽早编制村镇规划,即坚持“先刹风、早规划、再建设”的方针。要求各级政府充分考虑长远利益,在制定本地宅基地的具体标准时,根据人均耕地、人口及民族习惯等情况,从严掌握。要求各县抓紧组织制定村镇规划,规划可先粗后细,首先解决合理布局、控制用地问题,在初步规划的基础上,逐步予以完善,并要充分利用和改造旧村落。根据各地具体情况对农村社员建房用地规定了几类限额标准,即:引黄灌区社员新建房屋每户宅基地面积为0.3~0.5亩,城郊区0.2~0.4亩,灌区各县所辖山区,参照山区规定执行;山区、丘陵地区,村镇在平原上的每户宅基地面积0.4~0.6亩,村庄在山坡薄地上,或将原占好地的旧村搬迁到山坡薄地上建新村,每户宅基地面积可适当放宽到0.6~0.7亩,如占水浇地的居民点,按川区规定执行;牧区(包括山区牧业大队)每户宅基地面积0.6~0.8亩。规定此后未经规划的村镇,不准扩大或新建居民点,确实需要建房的社员,要经公社批准,在规划居民点内调剂解决。村镇内宅基地,公共建筑、生产建筑、公用设施和道路、绿化等各项用地面积,应有合理比例,本着严格控制和节约耕地的原则,结合当地农村特点研究制定。

为保证村镇规划质量,提高规划水平,防止粗制滥造,1984年宁夏城乡建设厅根据国家有关规定,结合宁夏具体情况制定了《宁夏回族自治区村镇规划验收标准(试行)》,对村镇规划的基本要求、图纸和资料、验收审批办法等做了明确规定,从当年8月1日起执行。自治区建设厅还制定了《村镇规划图文深度规定》,要求编制度初步规划中都具有“两图一书”即现状图、规划图和规划说明书。1988年,为使各地规划的调整完善工作顺利进行,成立了自治区规划设计技术审核组,聘请了23名高级技术人员为成员,制定了审核组的工作章程,对完成的规划进行审查论证,保证了规划工作的质量。经过调整完善的规划都达到了“五图一书”即现状图、规划图、道路绿化图、管网布置图、电力电讯图、说明书。同年8月,针对规划试点工作中存在地问题,自治区建设厅提出了《宁夏集镇规划调整完善中的问题及对策》,明确在村镇规划调整完善工作中要树立区域观点,正确预测集镇人口发展规模,合理布局集镇商业服务业,妥善解决过境交通穿越集镇的问题,调整完善集镇规划工作的方法步骤等。在20世纪80年代后期，自治区建设厅成立了村镇规划建设专家委员会，对重点集镇的规划编制工作进行指导。

1991年7月，自治区党委、人民政府批转了自治区党委政策研究室、建设厅《关于加强我区村镇建设工作的意见》，要求各级党政组织切实加强对村镇建设工作的领导，遵循“全面规划、正确引导、依靠群众、自力更生、因地制宜、逐步建设”的方针，正确执行政策，认真组织实施。明确提出各市县对建制镇、中心集镇的财政包干实行一定几年不变，每年超收部分的大头留给乡镇。在建制镇范围内收取得城市维护建设税，要专款专用，保证用于集镇基础设施建设。工商管理部门收取的集镇市场管理费，每年返还30%～50%用于当地的市场建设。集镇区的土地实行统一规划、统一开发，集体土地可以折价入股，联合开发建设，可以规划一部分土地，进行房地产开发。农村宅基地按有关规定严格控制，利用荒地面积可适当放宽，鼓励发展庭院经济。要求村镇建设必须遵循先规划后建设的原则，首先搞好集镇和村庄的规划，在调查研究、广泛听取群众意见的基础上，搞好村镇建设规划。建设项目必须按规划实施，未经村镇建设主管部门许可，不得擅自进行建设。要求加强村镇建设的计划管理，严格履行村镇建设审批程序。加强施工管理和质量监督，对农村工匠进行岗位培训，实行持证施工。

1993年6月国务院颁布的《村庄和集镇规划建设管理条例》，是村庄和集镇建设的行政法规，对村镇建设的职责范围、规划原则和深度、规划审批和规划管理实施、房屋和市政公用设施管理、村镇建设设计、施工管理以及处罚等，做了明确的规定。1994年12月，自治区人民政府发布了《宁夏回族自治区村庄和集镇规划建设管理实施办法》，对村镇规划建设管理的主管部门、管理机构的设置及主要职责、村镇规划的制定、实施，村镇建设的设计、施工管理，房屋、公共设施、村容村貌和环境卫生管理、处罚等作了进一步详细的规定。

1984 年～1994 年宁夏村镇建设基本情况

表 4－10

项目 \ 年限		单位	10 年建设总量	1984 年度		1994 年度		10 年增量
				年末数	人均	年末数	人均	
农民住宅	数量	万平方米	2150	3959.88		5979.59		2119
	人均	平方米			11.3		16.9	
村镇道路		公里		12049		14460		2411
通水	镇、乡	个	51	43		94		51
	村庄		149	308		547		149
	受益人口	万人	33.5	1208		46.3		33.5
通电	镇、乡	个	58	235		293		58
	村庄		4610	9325		13935		4610
通讯	镇、乡		29	257		286（其中程控 73）		29
	村庄		－132	216		84		－132
	户		515			515（程控）		515
工业生产建筑		万平方米	115	139.26	0.46	240.22	0.8	100.96
公共建筑	文化		6	8	0.03	13	0.04	5
	教育		65	100	0.34	156	0.45	56
	医疗		15	28	0.09	38	0.11	10
	商业		55	40	0.13	81	0.23	41
	其他		120	163.52	0.54	270.56	0.77	107.04
	合计		261	339.52	1.13	558.56	1.57	210.04

注：截至 1994 年全区乡、镇通电为 100%，村庄为 93%，农户为 89%。

“七五”、“八五”、“九五”末宁夏村镇建设统计简表

表 4－12

	建制镇（个）	镇区现状用地面积（公顷）	建制镇人口（万人）	集镇（个）	集镇现状用地面积（公顷）	集镇人口（万人）	集镇住宅（万平方米）	集镇年末实有公共建筑（万平方米）	村庄（个）	村庄现状用地面积（公顷）	村庄人口（万人）	村庄住宅（万平方米）	人均使用面积（平方米）
1990 年	25	1598	9.43	245	4580	28.63	436.63	312.50	15577	46014	317.86	4161.70	9.60
1995 年	42	2961	18.59	229	6549	25.47	373.72	316.63	15013	45734	307.86	5352.89	11.22
2000 年	53	4588	22.43	231	6261	29.42	492.48	323.64	15064	49918	354.65	5629.03	12.33

资源来源：建设部村镇建设统计年报。

第五篇　建筑业与勘察设计

1949 年中华人民共和国成立前，宁夏没有一幢像样的楼房，没有一条像样的街道，更没有一座现代厂矿，民间建筑技术落后，尚未形成独立的建筑产业，只有一些寺、庙、塔、阁等建筑古迹，反映着宁夏历史上曾经有过的建筑成就。中华人民共和国成立后，在中国共产党和人民政府的领导下，宁夏建筑业随着经济蓬勃兴起。1949 年～1957 年，逐步完成了一些工程建设，为宁夏建筑业发展奠定了基础；1958 年～1965 年，工业建设的大发展促进了建筑业的发展；1966 年～1976 年"文化大革命"中建筑业受到严重挫折，同时由于"三线建设"陆续上马等原因，宁夏建筑业在艰难曲折中仍然取得了一些进展；1978 年中国共产党十一届三中全会以后，建筑业进入空前活跃时期，建筑业在改革开发方针的指导下，逐步走上健康发展的道路，宁夏建筑业在自治区城市经济体制改革中率先进行了全行业改革，国营、集体、民营建筑企业如雨后春笋般地成长起来；1986 年～1995 年，自治区城乡建设厅在全区建筑行业贯彻自治区党委政府关于进一步搞好企业的若干政策措施，深化国有建筑企业经济承包责任制，转换企业经营机制，建筑业在国民经济中支柱产业的地位逐步显现；1996 年之后，宁夏建筑行业全面进行产业结构调整，继续深化经营体制改革，随着建筑市场的治理整顿，建筑市场进一步规范，发展环境进一步优化，建筑业产业规模和产业素质得到很大发展，到 2000 年底，宁夏已形成一支以全民所有制施工企业为主，以城镇集体施工企业为依托，以乡镇、私营、联营、有限责任、中外合资施工队伍为补充的建筑产业大军，建筑施工队伍的专业类型发展到综合性的土木建筑、矿山、电力、铁路、水利、冶金、机械、工业设备安装、建筑装饰等 30 多种专业，除承担区内各种工程项目的建设外，还将服务领域拓展到区外和国外，先后开拓了北京、上海、广东、海南、山东等省区的建筑市场和埃及、北也门、科威特、乌干达等国家和地区的建筑市场。宁夏建筑业的发展壮大，为宁夏国民经济提供了雄厚的物质技术基础，在促进城市建设及相关产业的发展、改善人民生产生活条件等方面做出了积极的贡献。

勘察设计伴随着建筑业的发展壮大而发展壮大。中华人民共和国成立前，宁夏没有专门的勘察设计队伍，1953 年，宁夏建筑公司设置了设计室，仅有 5 名技术人员，只能承担砖木结构平房的设计。1958 年宁夏回族自治区成立后，勘察设计逐步走上行业发展轨道。中国共产党十一届三中全会之后，建筑勘察设计进入了新的发展阶段，通过落实知识分子政策，调动了广大设计人员的积极性，并根据实际需要健全了设计机构。建筑设计人员本着“解放思想，繁荣设计”的创作精神，在开展以现代建筑形式为主的建筑设计创作的同时，坚持从宁夏实际出发，将现代建筑气息与地方特色、民族风格有机结合起来，创作出了一批优秀作品，建筑勘察设计水平有了新的突破，勘察设计效率得到较大幅度的提高，服务领域进一步拓宽，技术装备普遍改善，职工队伍进一步发展壮大，成为宁夏城乡建设的一支重要力量，在宁夏经济社会建设中发挥了重要作用。

第一章　建筑业发展历程

第一节　历代建筑业

宁夏回族自治区虽然地域面积不大,但是地形变化复杂,建筑风格各具特色,大致可分为4个区。宁夏平原房屋建造历来广泛采用土木结构建筑,基本是砖基础,土坷垃墙或砖坯混合墙,木椽子,由于干旱少雨屋顶一般为草泥单面坡屋面,墙内外用草泥抹平。在城里沿街铺面及少数经济条件较好的住户,多在土坯墙外面贴上一层砖做为保护层或在外面加木柱檐廊。既保温又美观。这个地区由于风沙大,城市住宅建筑平面布局多为小四合院或三合院,房间虽然窄小,但结构紧凑。在农村大多盖“排排房”,外面用生土夯成院落围墙,房屋布局基本是“一明两暗”或“一暗两明”。东部黄土高原沟谷纵横,大部分居民都利用冲沟的陡坡挖窑洞,在没有冲沟的地方,多用人工挖地坑,在坑四壁挖窑洞,形成地下窑洞院落。南部山区这一地区雨水稍多,在较平坦的地方是采用土墙单坡瓦屋顶的建筑,房屋布局山区是两三间的大通间。住宅一般中间面南设堂屋,东西向各设厢房;在丘陵、山地或是依山挖窑洞,或是砌土坯拱窑,有的在院落一角盖土“二层楼”,称之为“小高房”,这也是这一地区富有地方特色的建筑形式。六盘山山地位于宁夏南部,山体大致为南北走向,峰脊山石裸露,为陕北黄土高原与陇西黄土高原的界山,雨水多,阴湿。在较平坦的地方大多采用土坯墙双向坡瓦屋顶建筑,但在山区或依山挖窑洞,或砌筑土坯拱房屋等类型建筑。宁夏民宅房屋多数都是室内土坯坑,双扇木板门,木格窗,窗格糊纸。固原地区清河谷平原区山崖窑洞房屋面积占房屋总面积的60%以上。窑洞及生土建筑具有就地取材,造价低,省工,节省能源以及保温隔热等优点,广大农村至今仍保持生土建筑。

这种简陋的房屋也经常被地震和军阀混战所破坏。由于北方地区寒冷,为了御寒房屋除一门挂上芦苇门帘外,只在山墙开一个约40厘米的方型窗洞用以采光和通风。百姓家中除了土坑、泥灶,别无家具,简陋破烂已极,只能容身,躲避风雨。

中华人民和国成立前,宁夏没有一个像样的城市工程建设,没有一栋像样的楼房,没有一座现代化工厂,不仅农村,就连城市都没有一条整齐的街道,更没有铁路,仅有简易公路1100多公里。建筑业始终未形成独立的产业。1949年中华人民共和国成立时,全宁夏仅在银川市建有电灯公司和一个部队修械所、一个生产低等纸张的利宁造纸厂、一个建筑面积不过数百平方米砖木结构用一个陈旧的蒸气机作为动力的宁夏普利机器面粉公司、一个兰鑫机器厂、一个火柴厂、一个兴夏毛织公司,石嘴山市有一个250千瓦的小火电站供瓷厂用电,平罗黄河东岸通伏堡建有裕宁甘草公司。这些可数的小厂和293个散布在全区各地的手工作坊代表宁夏工业和建筑业规模。其手工作坊不仅大都是前店后厂(场),而且或是土木结构或是砖木结构的平房,房舍简陋,多数都是从事手工加工毛线、栽地毯、制作毛口袋、织土布等一些简陋的手工生产,全部从业人员近千人,工业总产值(含建筑业产值)1214万元,代表着当时宁夏的工业和建筑业规模和水平。

第二节　新中国建筑业

崛起中的建筑业

1953年初,宁夏才逐步启动一定规模的工程建设。到年底,全年完成工业、交通、农业、林业、水利、文教、卫生、市政工程建设100584.33百万元(人民币旧币)。其中,工业工程建设占26.74%,主要项目是宁夏省机器修理厂和银川电厂、巴音浩特电厂、宁夏毛纺厂等工程;水利工程建设占28.61%,主要项目是第三排水渠和第二、第三农场水渠土方等工程。期间,宁夏省政府建筑公司和由各市县民间工匠组成的专业修缮社相继成立,由省市县统一调配使用。

1954年随着宁夏省建制的撤销,甘肃省银川专署为了完成地方工程建设,组建了近100名职工的银川专署建筑工程队,与各市县房屋修缮合作社共同在外省建筑施工队伍的支持下,承担城市和保障居民生活的工程建设。银川专署建筑工程队到1957年底发展到200人左右,为创建和发展宁夏建筑业奠定了基础,同时城市房屋建筑也由千百年的土木结构逐步发展成砖或毛石基础、木梁、木桁条、木椽子、木制风檐板、水泥砂浆砌筑的砖混结构，坚固美观耐用。由于处于宁夏省建制撤销的行政区划变动时期，建筑业任务仅是执行政府计划，以国营农场和水利建设为主，处于次要任务的城市建设是以卫生、教育事业为主的政府投资建设，发展十分缓慢。"一五"计划期间，宁夏主要工程建设项目是由甘肃省建工局宁夏工程处和外省区队伍承担施工的，其中比较大的工程建设有投资473万元宁夏省人民医院三栋新建病房，建筑面积1388.58平方米，增加病床108位；投资922万元扩建宁夏省卫生学校教室、宿舍、办公室及附属设施，总建筑面积1900余平方米，增加学生200余人；1952年，扩建宁夏省人民医院门诊部、吴忠市医院门诊部、防疫队办公室、盐池医院病房、门诊部、平罗医院病房、门诊部、河东回民自治区卫生院、省卫生学校教室，增加学生300席位及宿舍，总建筑面积3760平方米，总投资1592万元；1953年投资10020万元，新建宁夏省人民医院二层大楼，建筑面积3747.5平方米；投资1150万元，建成宁夏省卫生防疫站二层办公大楼，建筑面积735.7平方米；投资748万元，建成妇幼保健所门诊部及职工宿舍，建筑面积726平方米。以后陆续建成了宁夏日报社、1750千瓦的银川电厂、400锭的银川毛纺厂、银川体育馆、银川汽车修配厂、酒厂、固原电厂等200多座小型工程建设，其中，厂房74513平方米，仓库49675平方米，办公室27942平方米，其他用房96249平方米。

1949年~1957年，8年全区完成基本建设投资0.8亿元，平均每年用于固定资产建设和购置的资金仅960万元。经过对原有的残垣断壁、破烂不堪的建筑进行了必要的整修的同时，重建住宅310472平方米，城市居民居住条件得到很大改善；新建校舍122274.3平方米，使全区中、小学和大、中专学校达到1757所，就读在校学生281282人；改扩建1805个农村俱乐部，使全区实现了社社有俱乐部；修建了41个文化馆、179个文化站、15座剧院、3个电影院、3个图书馆，基本满足了城市居民文化娱乐需求；经过修建，全区已有各种规模的医院593家，增加医疗卫生建筑面积37875平方米，使卫生医疗状况大为改观；启动了城市道路、给水、排水工程建设，以银川市为例，8年共修筑了各种道路路面262445平方米，长17.27公里，其中高等级路面34310平方米，长2.14公里，初步改变了晴天尘土飞扬，雨天泥泞难行的状况；修筑排水沟8577米，疏通环城排水沟13630米；新建16吨水塔1座，100吨蓄水池1个，修建简易给水管道2979米,改善了市容和人民生活。随着建筑业的发展,带动了全区建材生产能力,8年生产黏土砖25268万块,瓦4027.6万片,石灰113838吨。建设的大发展,促进了消费,居民购买力由1950年人均22.82元上升到1957年的62.8元,提高近3倍。

改革开放前建筑业

1958年自治区成立初,自治区相继组建了自治区基本建设委员会和建筑工程局,归口管理建筑业。是年,国家对宁夏的基本建设投资,超过了历史上任何一年,建筑业成就也创历史新高,其中居住面积建设是中华人民共和国成立以来历年所建总和的3.85倍。自治区建筑公司当年冬季施工完成施工面积31989平方米,占全年峻工面积的26.1%,结束了宁夏建筑工程冬季不施工历史。

是年,宁夏在10万人上山大炼钢铁思想的影响下,导致了建设规模大上大下,其中不合适宜地提出"倾家荡产建石钢"的口号,强扶石嘴山钢铁厂上马。为了建设百万人口的首府银川,在银川铁路以西开辟了新市区,并在那里建有大小铸造厂42个、电镀厂19个、热处理厂44个,设备利用率分别只有11%、23%、16.5%。同时还有铁合金、磷肥、棉纺、拖拉机制造等十多个大中型工业企业。由于"大跃进"时期,热情有余、冷静不足,取消建筑业2.5%的法定利润,使宁夏建筑业和全国其他行业一样,经历了起伏较大的"大跃进"、"高指标"、"浮夸风"。在基本建设贯彻"以钢为纲、重中有轻、轻中有重的工程项目排队施工、以快速施工为纲"的口号下,出现了"卫星"式的快速低质工程。如自治区建筑公司在银川骨粉厂工程建设中,快速施工放"卫星",以7个半小时建成银川骨粉厂2座76平方米的危险品仓库。建筑业贯彻多、快、好、省,以土为主,土洋结合,因陋就简的方针,降底民用建筑标准,推行土打墙、土打坯的土木结构,全民搞建筑,各厂、矿、学校职工自已动手修盖职工宿舍,仅前进农场就建成7600平方米砖拱窑洞平房,用做宿舍或办公室。

1958年9月10日~10月,自治区在一个半月时间内农村全部实现了人民公社化。1958年12月,中共八届六中全会提出"各人民公社要逐步改造现有旧式房屋,分批分期地建设新型的园林化的乡镇和村的居民点,包括住宅、公共食堂、托儿所、幼儿园、敬老院、工厂、禾场、畜舍、商店、邮电所、仓库、学校、医院、俱乐部、电影院、体育场、浴池、厕所等",为建筑业的发展提供了多渠道的基本建设投资,创造了更广阔的市场。到1960年初,宁夏施工队伍从小到大,逐步形成勘察、设计、施工、科研、教学配套的行业体系,国营、城镇集体施工队伍发展到3.8万人,完成城乡基本建设投资2.44亿元。

1960年连续三年自然灾害和与苏联关系的破裂,工程建设也随之进入备战备荒的"靠山、分散、隐蔽"时期。西北轴承厂原设计建在平罗县西大滩火车站,为了"进山隐蔽",改建在贺兰山的大水沟里面,距铁路近30公里,距银川市和石嘴山市更远,生产管理不便,职工生活困难,工厂不得不兴办学校、商店、医院、影院,规模不小,利用率极低,其结果是每年增加运输上百万元,加上多支出的职工工资、地方津补贴和多占用的流动资金,每年要多支出成本高达460万元,产品成本直线上升。

1960年底,中央决定对国民经济实行"调整、巩固、充实、提高"的方针,精减城市人口,下放职工。期间,自治区建筑业处于全面压缩、精减的前哨。自治区建工局1960年10月13日被撤销,自治区建委1961年4月被撤销。地方建筑施工企业职工由原编制9646人,压缩到4425人。其中,自治区建筑工程公司(后改为宁夏第一建筑公司)将原编制6670名职工、15个基层单位,压缩到2200人,精减48.4%;宁夏第四建筑工程公司初建时有职工490人,经过精减,仅剩职工49人,基本停止承建工程。建筑业经过下马风,到1962年底仅剩7个建筑施工企业,从业人员由3.1万职工锐减到3222人,削减了近90%。

1962年施工企业人员精简情况表

表5-1

单位	原编制数(人)	现实有人数(人)			现编制数(人)			精简数(人)	比原编制(%)	精简占实有人数(%)
		小计	干部	工人	小计	干部	工人			
总　计	9646	7117	10039	6077	4425	494	3392	2392	57.24	37.80
区建委	167	162	157	5	97	92	5	65	45.60	40.12
区建筑公司	6670	5495	497	4996	3441	258	2054	2054	48.40	30.80
区设计院	370	358	240	118	262	59	96	96	29.20	26.80
科研所	33	34	26	8	26	22	8	8	23.50	26.80
建　校	342	245	29	216	199	23	46	46	41.80	18.77

续表

单位	原编制数（人）	现实有人数（人）			现编制数（人）			精简数（人）	比原编制（%）	精简占实有人数（%）
		小计	干部	工人	小计	干部	工人			
青铜峡水泥厂	358	504	38	466	400	40	104	104		
宁夏水泥筹建处	667	162	20	142			162	162		
玻璃厂	359	56	14	42			56	56		
陶瓷厂	226	37	4	33			37	37		
石膏厂	454	64	15	49			64	64		

1962年，自治区地方建筑施工企业完成基本建设投资5600万元，相当于1960年的22.95%，完成房屋建设锐减91.4%。

1964年以后，由于国家进行国民经济调整，特别是宁夏被定为大规模的“三线”建设地区之一，给宁夏建筑业发展带来了新的机遇，使全区建筑业重新走上了发展的道路。建设部为了支持自治区经济建设，再次陆续从甘肃、内蒙古、江苏、黑龙江、河南、河北等省区为宁夏调来建工部七局八公司、七局十公司、八局一公司五处、二冶、东北电力一公司、化工部第十建筑工程公司，河北省第六建筑公司等一批骨干施工企业；自治区党委、政府集中力量建设宁夏长城机床厂、大河机床厂、青山试验机厂、西北轴承厂、银川橡胶厂、吴忠试验机厂、青铜峡铝厂、有色金属冶炼厂、青铜峡水泥厂等10个由外省迁入宁夏的建设项目。同时青铜峡水利枢纽、石空电厂、银川化肥厂、银川纺织厂和各大矿区等地方工厂也陆续开工建设。1965年，全自治区地方国营建筑施工企业、专业施工企业达到20个，年底施工企业全部职工达到27474人，当年完成基本建设投资1.4亿元，比1962年增长了2.5倍。在“二五”时期，建筑业完成全社会投资总额6.67亿元。

1966年初，自治区建筑公司和中建三局五公司、中建二局五公司等进入宁夏的施工队伍合并，重新组建宁夏建筑工程公司。1970年～1971年，调入宁夏的中建七局八公司、十公司、八局第一公司五处等部属施工企业陆续下放地方和宁夏原区建公司共同组成自治区第一、二、三建筑工程公司和自治区住宅建筑公司（后改称宁夏第六建筑公司），成为地方骨干工程施工企业，逐步形成以宁夏第一、二、三建筑公司、住宅建筑公司和银川市建一公司、石嘴山市建筑公司(后组建成宁夏第六建筑公司)、固原地区建筑公司(后组建为宁夏建四公司)、贺兰县建筑公司等8个地方国营建筑施工企业为骨干,煤炭基建公司、石化建设公司、水利局水利工程处、水利局安装工程处、电力局送变电工程处、交通局公路工程处、农垦工程处等专业工程施工企业为配合,24个市县城镇集体施工企业为补充,带动乡镇施工企业齐发展的格局,建筑业呈现曲折中的快速发展,全区建筑业从业人达到32944人。1966年,银川化肥厂、银川棉纺厂、石炭井矿区、青铜峡水利枢纽等7项自治区重点工程实现了七战七捷,宁夏有色冶炼厂、银川橡胶厂、银河仪表厂建成投产,青铜峡水利枢纽第一台3.6万千瓦机组投入运行,全自治区共建成1396个工程项目,总面积785.6万平方米,完成基本建设投资2.61亿元,比1965年增长86.4%。1968年,自治区革命委员会生产指挥部设立基本建设组,主管建筑业,石炭井矿务局三矿和四矿、大武口洗煤厂、长城铸造厂、西北煤机总厂、叶盛黄河大桥、青铜峡铝厂、同心扬水工程等18个大中型建设项目相继建成投产使用。1970年,自治区革命委员会在基本建设组的基础上成立基本建设局,主管全区建筑业。1973年,自治区在基本建设局的基础上恢复基本建设委员会,1978年成立归口自治区建委的自治区建筑工程局,管理建筑施工企业。从1966年"文化大革命"开始到1978年,宁夏建筑业在曲曲折折的历史进程中,经受了各种考验和锻炼,广大建筑业职工在世事多变中与各行业共同配合,为全区工业初具规模、城市建设发展和提高城乡人民生话水平做出了巨大贡献。同时,基本建设已逐步改变了依赖国家搞建设的局面,国家预算内投资和预算外投资的比重由二五时期的95.3∶4.7变化为1978年的88.7∶11.3,平均每年用于建设事业的投资1.95亿元。1978年12月中共中央召开十一届三中全会,纠正了长期以来以"阶级斗争为纲"的思潮,将工作重点转移到建设四个现代化发展经济的轨道上来,迎来了建筑业扩大企业自主权、经济承包全面改革发展壮大的春天。

改革中的建筑业

1979年4月,国家建设委员会发出《关于试行基本建设合同制的通知》,提出基本建设实行合同制的意见,要求根据国家计划和经济发展条件签订合同,完善建筑安装工程合同管理。1980年,国务院作出《关于扩大国营施工企业经营管理自主权的决定》,恢复了施工企业2.5%的法定利润,并且3年不上缴,实行降低成本留成,推行经济责任制,以经济为杠杆调动企业和职工的生产积极性。在国家一系列政策的支持鼓舞下,自治区基本建设投资也由单一的全民所有制的国家基本建设,逐步发展到了全社会,成为囊括了全民、集体、私人、外资,合资在内的多渠道、多种类表的投资体系,形成多元化的格局,开辟了固定资产投资新阶缎,促进了建筑规模,促使了施工队伍不断扩大、素质不断提高。自治区建筑工程局为了使施工企业尽快适应市场经济发展的需要,从1981年开始,在全区国营和县以上集体施工企业开展企业整顿和启动管理体制改革。到1984年底,全区县以上施工企业整顿验收合格22个,占企业总数的46.8%,使宁夏建筑业,逐步摆脱了计划经济时期政府管得过多、管得过死、企业缺乏自主权、束缚生产力发展的弊端。

百元产值工资含量包干　1981年9月,自治区建筑工程局劳动人事处与自治区建筑工程劳动定额管理站经过到东北三省考察,提出了改革施工企业按人头核定工资总额的办法,在建筑施工企业全面推行职工收入与产值、质量相结合的百元产值工资含量包干职工工资分配方案,调动职工生产积极性,提高工程质量。在1983年机构改革中,自治区人民政府撤销了自治区建筑工程局,在原自治区建筑工程局的基础上成立了自治区建筑工程总公司,负责管理区属施工企业。总公司的百元产值工资总含量由自治区城乡建设厅核定,总公司所属建筑施工企业百元产值工资含量由总公司具体核定;各市县企业的百元产值工资含量,由市县建设管理部门与同级计委、劳动人事、建设银行核定。百元产值工资含量报自治区有关部门备案,暂定三年不变,如施工对象、人员构成发生较大变化和建筑材料调价、国家规定调整工资时,工资含量相应调整。职工工资总额根据完成的施工产值与工程质量创优相结合,上下浮动,完成工作任务越多收入也随之增加。工资超支不补,节约归企业的百元产值工资含量包干,彻底改变了施工企业按人头核定工资总额的分配方法,从而增强了企业活力,促进施工企业加强企业内部管理,做到少用人,多增产,扩大企业经济效益。1984年,自治区城乡建设厅批准宁夏建筑工程总公司制定的"百元产值工资含量包干实施细则",区建一公司每百元施工产值工资含量19.7元,区建二公司每百元施工产值工资含量20.68元,区建三公司每百元施工产值工资含量19.03元,区建五公司每百元施工产值工资含量18.63元。到1985年全区48个国有建筑施工企业中推广效益工资、百元产值工资含量包干的企业有25个，占企业总数的52.1%。百元产值工资含量包干一方面调动了企业和职工的积极性，增强了企业活力，有效地克服了企业之间干好干坏一个样的弊端，节约了工资支出，提高了经济效益。另一方面推动国营施工企业用工制度改革，建立起弹性的职工队伍结构，不再招收和逐步减少固定工，实行固定工、合同工、临时工、季节工、民工相结合的多种企业用工形式，改变了长期以来企业职工能进不能出的僵化用工制度。到1985年固定职工所占比例，由1980年的84.3%降到69%。经济责任制和用工制度的改革，广泛使用农村建筑工程队包工，推动了建筑业的发展，取得了良好的效果，使建筑业的亏损局面迅速扭转，建筑业逐步进入了全面良性发展阶段。

国营建筑施工企业　全自治区国营建筑施工企业经过推行和完善经济承包责任制、企业整顿、创全优、全员培训等活动，得到了全面发展。区建一公司等8家地方国营建筑施工企业到1982年职工达到13748人，拥有大中型机械设备1077台，总功率达到52000马力，固定资产净值4683.6万元，定额流动资金3028万元，年施工能力达到可完成建安工作量7600万元，年可承建70万平方米的施工面，年可竣工35万平方米。

集体建筑施工企业　截至1984年仅银川市就相继成立了银川市第二、三、四、五建筑公司和郊区第一、二、三、四、五建筑公司。集体建筑施工企业队伍经营自主、管理机动灵活、干部能上能下、工人能进能出、工资收入能升能降的经营机制，使其在取费和服务方面有很强的竞争能力，形成了强劲的快速发展趋势，各类集体建筑施工企业由1979年的92家，发展到1984年的324家，其中市、县及县以上集体建筑施工企业25家，职工7000余人。特别是乡镇集体施工企业发展势头更强，由1979年的74家，发展到1984年的297家。这些自党的十一届三中全会后陆续组建起来的乡镇集体施工企业，人员来自各乡镇农村生产大队或生产队组织的“四工、五匠”，从集体付给劳动工分，为农民建房起步，农忙务农，农闲修建，逐步发展承包一些小型工程，如翻修机关、学校的平房和围墙起步，在实践中学会了新材料、新技术、新工艺、新设备的应用，学会了培养引进人才，在实践中发展壮大。以平罗县为例，自1976年平罗县人民公社（镇）兴起建筑业，到1982年全县先后有宝丰、灵沙、黄渠桥、头闸、二闸、渠口、高庄、姚伏、前进、崇岗、城关、惠北、固城、周城等16个公社(镇)成立建筑工程队,有固定职工760人,季节性临时工1414人,并逐步发展扩大,形成强强联合的平罗县人民公社联合建筑公司,该公司下属14个施工队,有固定职工3131人,拥有固定资产283万元,各种施工机械设备309台(件),年创产值925万元。中卫县个体施工企业发展高峰期有大小74家,拥有职工2661人。1984年全区乡镇集体施工企业完成建安工作量占全区建安工作量总量的20.68%,是自治区建筑业强劲的后备力量。

建筑施工企业改革　1983年是建筑业改革起始之年,也是施工企业全面进行整顿的关键性一年。是年,根据自治区党委决定,自治区建委、建工局、建材局、人防办合并成立自治区城乡建设厅,原自治区建委计划处、施工处、设计处和工程造价定额站划归自治区计划委员会管理。建筑业管理的大变动,形成政出多门,互相牵制、扯皮,使施工企业也无所适从的分割管理,形成建筑业缺乏统一规划、统一管理,严重制约其改革和发展。经过全面调整改革后成立的自治区城乡建设厅,为了迅速改变这种被动,根据自治区人民政府的统一部署,认真贯彻《中共中央关于经济体制改革的决定》和《国务院关于改革建筑业和基本建设管理体制若干问题的暂行规定》,按照"调整、改革、整顿、提高"方针,一手抓建筑业全行业机构改革和企业整顿,一手抓生产建设和经济效益,在全行业广泛开展学习邯二、辽宁、北京、无锡市二建的管理经验,在企业管理上推行经济承包责任制,完善领导体制改革,取得了较好的成效。1984年自治区建设厅以经济承包突出一个"包"字,按照"包死基数、确保上交、超收多留、欠收不补"的原则与厅属15家企业签订承包经营责任制。其中:区建二、三、五公司、建筑机械厂、总公司建筑材料设备公司5家企业实行上交利润递增包干;区建一公司、六公司两个亏损企业实行定期补亏包干,施工企业对承揽的工程在管理上推行全优单项工程预算包干、综合计件直接包干、混合作业队包干、百元工资含量包干,初步理顺了施工企业经理、党委、工会三者关系;在整顿劳动组织中推行定员编制,施工企业广开门路,成立劳动服务公司,安置人员就业;推行全优超产计件工资制,加强劳动定额管理,从根本上解决企业"一线紧、二线松、三线肿"的问题。区建一公司经过整顿劳动组织,核减二、三线人员,使建安生产工人比重上升到64.3%。各施工企业领导班子经过整顿,经营指导思想由原来的单纯抓生产转移到提高经济效益的轨道上来；在安排施工计划中，对全区251项在建工程进行了调查，狠抓重点工程。经过调整，平罗糖厂、大武口电厂、宁夏涤纶抽丝厂、宁夏化工厂等重点工程完成了年度施工计划，特别是设计日处理甜菜1500吨、年产糖18500吨、酒精1300吨、厂区54个单项工程、建筑面积30240平方米、总投资4028万元的自治区重点工程平罗糖厂，经过区建一公司上下齐心全力以赴的努力，提前14个半月顺利完成了“五盖顶”，建成投产，为国家创造经济价值900万元，是全国同期建设的3个同类糖厂中进度最快经济效益最好的一个，受到了自治区人民政府、计委、轻纺厅的好评。同时，由于区建一公司的企业整顿工作达到合格要求，各方面工作跨入先进行列，1983年3月被自治区人民政府授予“全区先进集体”光荣称号，为建筑业赢得了声誉，增添了光彩。自治区城乡建设厅成立的第一年，全区8家国营建筑施工企业经过调整、改革、整顿，年度完成工作量8201万元，完成计划的119.7%，各类房屋竣工面积328911平方米，全员劳动生产率达到5528元/人年，实现计划利润900多万元（含奖金），人均实现利润664元（含奖金）。自治区建筑总公司所属企业，完成施工任务6856.67万元，全员劳动生产事率达到4932元/人年，竣工面积25.9万平方米，人均竣工面积20.58平方米，可上交财政利润345万元（含税金267万元、能源交通建设基金78万元），提前43天完成年度工作计划；所属施工企业11名瓦工、抹灰工、木工在技术能手选拔赛中，被评为全区技术能手，在全国28个省、市、自治区瓦工、抹灰工技术能手比赛中，获得总分前十名的好成绩，建筑业得到了较好的发展。

1984年7月，自治区城乡建设厅、自治区计划委员会等有关部门召开了自治区改革建筑业和基本建设管理体制座谈会，11月初自治区人民政府下发了关于贯彻执行国务院《关于改革建筑业和基本建设管理制度若干问题暂行规定》，为建筑施工企业完全进入市场提供了全方位的政策依据。建筑施工企业根据国家要求和相关政策规定，积极开展经理负责制试点，进入了全面的行业管理体制、工程承发包、工程造价、设备管理、质量安全管理、施工管理、分配管理、财务管理的管理体制改革，全行业率先进入市场。自治区人民政府根据国家从1984年开始加强施工企业资质管理的要求，由自治区城乡建设厅牵头，区建设银行、乡镇企业管理局参与，区工商行政管理局协助支持,按照统一制度、分级管理的原则对建筑业企业进行资质审查,根据施工企业申报的施工业绩、技术力量、固定资产、机械设备、流动资金、年产值、工程质量、人员配置评定企业施工资质等级,确定施工企业承担施工任务的范围。通过全面的行业改革与加强管理相结合,促进了国有和城市集体建筑施工企业发展壮大,使乡镇和其他经济性质的各类建筑施工企业如雨后春笋般地飞速发展。1985 年,全区共有建筑、安装、冶金、煤炭、化工、水电和机械工业、交通、邮电、农业等专业施工企业 2801 家和 5 家外省进入宁夏施工企业,年末施工企业职工总人数 103365 人。其中,全民所有制企业 54 家,45033 人;城镇集体所有制建筑施工企业 28 家,8389 人;村镇建筑工程队 2719 家(含各种乡村建筑工程队)。形成了以国有建筑企业为主、外省队伍支持,集体建筑企业为辅、乡镇企业为补充的多层次、多形式的同时发展,全年完成总产值 33952 万元,其中施工产值 32645 万元,全员劳动生产率(按施工产值计算)人均 6213 元,完成房屋建筑施工面积 154 万平方米,建设施工和建成投产工程 865 项,竣工面积 129 万平方米,工程质量优良品率(按单位工程的个数算)19.4%,实现利润 1211 万元。特别是全区国营和县以上集体施工企业同全面改革前的 1983 年相比,完成产值提高 46.3%,竣工面积提高 15.3%,全员劳动生产率提高 25.1%,为国家上缴利税提高 7.6%。在此期间,宁夏第二建筑工程公司承建的自治区重点工程大武口电厂第一期 2×10 万千瓦的发电机组及全部公用工程开工建设。该工程厂区建筑面积 8.6 万平方米,构筑物有 180 米钢筋混凝土烟囱和淋水面积为 2500 平方米的双曲线冷却塔两座,需要完成土方 79 万立方米和浇注混凝土 10 万立方米,总建筑面积 86930 平方米,总造价 7740 万元,整个工厂区 54 个单项工程。自治区人民政府要求 1985 年 10 月发电,工期只有 6 个月。工程开工后,公司工程技术人员与生产工人团结一心,全力以赴,共同研究分析施工技术措施,攻克难关,以严格的科学态度抓紧抢建。经过全体建设者的拼搏努力,顺利完成主体框架和吊装工程。11 月 26 日,大武口电厂第一台容量为 10 万千瓦的发电机组建成运行发电,使该公司提前完成年度施工计划,产值增长 26.7%,竣工工程面积增长73.6%,全员劳动生产率增长 19.6%;宁夏煤炭基建公司成立 27 年来,艰苦奋斗,克服各种困难,完成了四个矿区、10 对年产原煤 870 万吨的矿井、7 个工厂的建设施工任务;自治区公路工程建设队伍到1985年发展到自有职工4400人，累计完成干线公路12条，4600公里，其中能晴雨通车公路2800多公里，修建黄河大桥2座，沟通了宁夏各市县和全国公路交通网，对繁荣经济，加快宁夏经济建设做出了巨大贡献。

自治区建筑业从中共十一届三中全会开始，在自治区城市经济体改革中，率先进行行业体制改革，率先进入市场，率先实行经济承包责任制，经过全面的调整和各种经济承包责任制的全面展开，促进了行业全面发展，呈现改革中的全面繁荣，迎来了改革中的发展。国营施工企业继续加强领导体制改革，普遍推行经理（厂长）负责制和任期制；进一步推广招投标等多种形式的承包。1988年报告期施工的2369项工程，有2328项实行了承包，其中720项实行投标承包，1141项实行概算或施工图预算加系数包干，280项实行平方米造价包开，1个小区实行综合造价包干，1项工程按单位能力造价包干，185项实行其他形式包干；继续推行百元产值工资含量包干，完善企业内部经济责任制，有效地调动了干部和职工的积极性。在施工任务不足的情况下，全区建筑业共完成投资工程项目2260个，创造国民收入10.5亿元，建成各类房屋建筑面积相当于1978年前29年总和的60%，年平均竣工面积92万多平方米。自治区76家国有、城市集体施工企业90%以上的施工任务是自已在市场竞争中承揽的，其中11个市县实行招投标的单位工程338项，建筑面积57.5万平方米，占全区建筑总面积的27.3%，按比例居全国首位。全年实行各种经济承包制单位工程1577个，其中年度新开工程988个，建筑施工面积1460807平方米。建筑业的全行业改革，抓住了搞活企业与开放市场这两个重要环节，有效地解放了建筑业生产力。1985年自治区建筑施工企业同全面改革前的1983年相比，国营和县以上集体施工企业年完成产值提高46.3%，竣工面积提高了15.3%，全员劳动生产率提高了25.1%，为国家上交税利提高了7.6%。行业生产经营结构也发生了转折性的变化，1980年~1985年，共发展5个钢窗生产厂，年产钢、铝门窗29万平方米；1984年建成年产3万立方米混凝土预制构件的宁夏标准建筑构件厂和年产4万立方米的加气混凝土砌块厂，使95%以上的钢筋混凝土屋面板、楼板、预制桩及一般梁柱等预制构件均由混凝土预制构件厂加工生产。

建筑业的繁荣发展促进了建筑施工科技进步，一是建筑业由单一的建筑安装工程施工，发展成为建筑安装、装饰装修、市政建设、道路桥涵、水工电力、铁路等所有建设工程施工的综合队伍，并且走向区外、国外承揽工程；二是机械化施工程度大幅度提高，以宁夏建筑总公司综合工程机械化为例，1983年工程定额总工日3499645个，机械化完成1885323个工日，综合机械化达到53.9%；三是新结构、新技术广泛应用于工程建设，降低成本，加快工程进度。1980年底自治区建筑工程研究所成立，加快了全区建筑科技发展步伐，到1984年该所共取得32项新的科研成果，其中一项获全国科学大会奖，射水振动、灌注桩单桩承载力动测法等八项获自治区科研成果奖。宁夏建校职工食堂20×24米屋盖梁采用钢管球型绞空间架结构、宁夏化工厂外宾招待所钢扭壳结构轻型屋盖的采用解决了大跨度屋面结构难题；钢筋混凝土预制桩、灌注桩、灰砂井桩的研发应用解决了不同地质基础处理难题；宁夏第一建筑公司研制的振动灌注桩机，荣获全国科学大会奖，插入式混凝土坍落度测定仪。锥形短桩试测与应用和宁夏第五建筑公司研制的冷拔低碳钢丝双向整间大楼板获自治区科研成果三等奖。

从1979年~1985年，自治区建筑业为建立国民经济体系、改变城乡面貌和人民生活水平做出了重大贡献，也是建筑业历史上发展速度最快最好时期，建筑业初步形成了国民经济支柱产业。但是，由于改革不配套，行业管理体制还不顺，招投标制度尚未健全，监督管理力度不够等制约因素的存在，大中型国营建筑施工企业最终实现活起来还有待继续努力。

调整中的建筑业

1986年，国家实行经济结构调整，通过“双增双节”（增产节约、增收节支）“三压三保”（压缩计划外的、保计划内的，压一般工程、保重点工程，压非生产性项目、保生产性项目），全面抑制通货膨胀，基本建设投资规模大幅度压缩。在此期间，管理企业的上级主管关系不顺，“内耗”过大，缺乏统一有效的管理，对施工队伍规模控制不严，难以集中精力为企业创造一个好的外部环境。1988年宁夏的建筑施工队伍随着农村剩余劳动力大量向城市的转移，村镇建工队发展到2373个，从业人员达到53758人，完成产值26982万元，其中完成城市建设任务15950万元，比改革初期速度增长了近10倍，从而造成了建筑市场僧多粥少，竞争越来越激烈，企业面临的困难越来越多。特别是1988年、1989年、1990年，是自治区建筑业最困难的三年。首先是基本建设规模的锐减,形成建筑市场疲软,企业任务不足。以建设厅直属国有施工企业为例,1989 年应承揽工程任务 2.5 亿元,落实 1.2 亿元,缺口达 1 亿多;其次是由于任务不足,全区施工企业窝工高达 3.5 万人;其三是施工企业进入市场后,主要建筑材料,特别是“三材”(钢材、木材、水泥)仍是计划供应的体制,指定专职供应部门、制定统一价格、规定采购数量、限制材料品种,严重影响企业效益。以自治区气象局办公楼为例,仅仅因为物资部门水曲柳三合板长期无货,不能按设计要求完成房门的制作,致使该工程前后跨越了近 8 个年头才交付使用,被戏称为“八年抗战工程”,企业的效益可想而知;其四是投资不到位,拖欠工程款现象越来越严重。建设单位累计拖欠建设厅直属施工企业工程款 1392.24 万元,其中拖欠在建工程进度款 807.23 万元。1982 年,自治区第一建筑公司不得已就五个单位拖欠 65 万元工程款问题,向银川市法院经济庭起诉,官司打赢了,花了几千元的诉讼费,却由于拖欠单位涉及部门问题,法院无法执行。施工企业由于大量流动资金被拖欠工程款所占用,不得不向银行贷款,超定额贷款已高达 3636 万元,致使施工企业管理成本上升,负担越来越重,盈利下降,难以为继。1984 年起,施工企业经济效益持续逐年滑坡,出现全行业亏损,而且工程质量也受到不同程度地影响。据统计,1986 年全区 8 家老国营施工企业已有 4 家发生亏损。1989 年全区施工企业连同所付利息几年累计亏损 1100 万元,有的企业亏损高达上百万元,个别企业已到了破产的边沿。企业效益不佳,严重影响工程质量,建设部检查宁夏工程,仅合格 5 项,名列全国倒数第二,形势严峻。同时,由于建设行政管理机构的再次变动,影响建筑市场稳定。1987 年,自治区人民政府根据国务院国发〔1986〕103 号文件和上海、内蒙、黑龙江、辽宁等地经验,为了加强对建筑业实行统一归口管理,进一步扩大施工企业的自主权,批准撤销自治区建筑工程总公司,所属企业归属自治区建设厅管理,对施工企业不再收取管理费,减轻企业负担,进一步扩大企业的自主经营权。1989 年 4 月 1 日,自治区人民政府根据第七届全国人民代表大会第一次会议讨论通过的国务院机构改革方案和国务委员宋平所作的说明,进行了建筑业行业领导机构的调整,发出了《关于调整自治区计划委员会、城乡建设厅部分职能机构的通知》,撤销自治区计划委员会设计管理处、施工管理处和建设厅建筑管理处。自治区城乡建设环境保护厅设立设计管理处、施工管理处、建设监理处,负责全区和外地来宁的勘察设计、施工队伍的管理工作（标准定额站经自治区政府多次研究，于1997年划归自治区建设厅）。在改革交接过程中上述机构在变动中形成的职能短期弱化，间接影响了建筑市场管理。

为了使全区建筑施工企业克服暂时困难，适应国家经济调整，自治区建设厅在全区建筑业中贯彻自治区党委、人民政府关于进一步搞活企业若干政策措施，制定办法，广泛推广鲁布革工程管理经验，继续深化国有建筑施工企业经济承包责任制。明确经营者的责、权、利，给经营者以充分的自主经营、自负盈亏、自我约束、自我发展，使承包经营与竞争机制紧密相结合，转换企业经营机制，抓好企业内部改革。从1987年8月24日起，自治区建设厅以《中华人民共和国企业法》和《承包条例》为准则，先后同区属一、二、三、五、六建筑公司、宁夏建筑机械厂、建筑构件厂、总公司建筑材料设备公司等13个直属国营企业经过公开招标承包择优选定的企业法人代表，分别签订了第一轮招标承包合同，一定三年不变。其中：区建二、三、五建筑公司、建筑机械厂、总公司建筑材料设备公司5个企业实行上交利润递增包干；区建一公司、六公司两个亏损企业实行定期补亏包干。自治区人民政府主席白立忱、自治区党委副书记刘国范在建筑构件厂招标承包大会上，对招标承包给予高度评价。1990年，5个第一轮承包合同到期的企业，在承包期内实现利润1962.81万元，其中：区建一公司实现利润221.26万元，完成承包利润的117%；区建二公司实现利润875.64万元，完成承包利润的145%；建设公司实现利润81.38万元，完成承包利润的180%；材料设备公司实现利润51.4万元，完成承包利润的225%。完成承包期内出现亏损1779.9万元，其中：区建三公司承包期总亏损356.37万元；区建五公司承包期总亏损702.39万元；区建六公司承包期总亏损381.4万元；大成公司承包期总亏损37.4万元。盈亏相抵，承包期净盈利182.91万元，完成承包利润指标9.7%。与此同时，在城镇集体施工企业试行股份制、租赁制。承包经营责任制打破了长期以来企业经营队伍死水一潭的局面，通过竞争引入企业承包，通过竞争选择企业家，通过经营考察企业家，提高了企业自主经营的决策能力，增强了企业活力，加强了企业管理，激发了企业和广大职工的生产积极性，形成人人关心市场，千方百计找任务，想方设法加快工程进度和降低成本，增加职工收入，保证了工程质量。使施工企业在困境中发展；自治区建设厅再次加大市场管理整治力度，协调自治区人民政府批转自治区建设厅等六部门《关于妥善解决部分全民所有制施工企业停工待工问题的意见》，向大中型施工企业实施政策倾斜，抓好“吃饭工程”。1986 年对全区施工和混凝土构件生产企业进行了资质年检，吊销了一些企业的执照。1990 年 6 月 26 日自治区人民政府批转自治区建设厅等六部门《关于妥善解决部分全民所有别施工企业停工待工问题的意见》，同年 11 月 15 日，自治区建设厅等八部门联合制定并颁发了《宁夏回族自治区建筑工程施工任务管理暂行规定》，规定生产性建设项目 300 万元以上，非生产性建设项目 100 万元以上，技改更新项目 300 万元以上，都由区建筑工程招投标管理部门对全区三类以上国有施工企业招投标或定向议标，对特别困难的施工企业由自治区建设厅会同自治区计委、经委、建设银行等部门确定一些工程作为“吃饭工程”，由建设行政主管部门在同等条件下，优先考虑任务缺口大的国有施工企业，解决了部分全民所有制施工企业停工待工问题，使全区建设队伍在困难中保持稳定；自治区建设厅采取措施，鼓励施工企业调整经营思路，一业为主，多种经营，充分发挥施工企业优势，兼营房地产开发、生产建材、占领装饰装修和农村市场。走出去，到区外、国外承包工程，通过多渠道渡过难关。区建五公司将市场发展到北京，宁夏煤炭基建公司以“重合同、诚实守信”的良好信誉，长期参与内蒙古、陕西、山西、甘肃、江苏等省区建筑市场竞争，多年来承建的山西省大同云岗洗煤厂直径 40 米、高 52 米的园筒仓创造了亚洲之最，江苏大屯洗煤厂设备安装获全国煤炭系统首家国家质量金奖，内蒙古考赖供水工程获煤炭部特级优良工程奖。由于施工中的突出贡献，1977 年被国务院授予“大庆式企业”、“全国煤炭先进施工企业”称号，1978 年被煤炭部授予“特别能战斗的队伍”，并多次荣获“太阳杯”、“西夏杯”、“全国用户满意”等优良工程奖；自治区建设厅推行项目法施工，把工程施工的事前开发与事后积累结合起来，工程项目部择优用人，加强企业内部管理，力争把工程成本最大限度地降低，取得好的经济效益；自治区建设厅继续深化建材供应，以供求关系为导向，全方位开放建材市场，改变了过去物资供应独一家，非我莫属的材料供应制约企业发展的路障；自治区建设厅全面实行建筑企业资质管理，使政府对建筑施工企业从微观管理向宏观管理转变。1989 年 9 月由自治区建设厅、计划委员会、工商行政管理局、建设银行（当时建行受中行委托代行建设投资监管职能）和物价、工程造价、工程质量管理等相关部门联合组成建筑施工企业资质复查工作组，深入全区各市县，在市县相关部门的配合下，按照建设部1989年5月30日发市的《施工企业资质等级标准》和《施工企业资质管理规定》，对全区16种24个类别的440家施工企业严格进行资质复查和年度审核，清退部分计划外用工，一律不再成立新的施工企业，控制外省进入宁夏施工企业。质复查全方位提高了企业素质，控制队伍规模，遏制施工队伍盲目发展，缓解了施工力量与施工任务失衡的矛盾，为施工企业发展提供了缓冲的余地；自治区建设厅根据1994年5月9日建设部、国家计委、国家经贸委、中国人民银行联合发出《关于近一步做好清理拖欠工作和防止新欠的通知》，集中力量全面清理三角债"和取消建筑业不合理收费。据统计，1991年末在自治区建设银行基本结算户中，国有施工企业被拖欠工程款6788万元，1992年上升到9086万元，增长了34.85%，1993年末达到19963万元，增长了一倍多，到1994年5月底，已被拖欠20050万元。其中已结算工程拖欠13048万元，占65.08%，竣工未结算工程款拖欠4117万无，占20.53%，在建工程拖欠2885万元，占14.39%。"欠债有理、欠债有利、旧债不还、又欠新债"，使拖欠工程款越来越严重，不仅挫伤了施工企业的生产积极性，使其难以生存和发展，而且由于拖欠工程款，直接影响工程质量；由于拖欠工程款，施工企业开始出现拖欠职工和农民工工资，形成很大的社会不稳定因素；由于拖欠工程款，形成三角债影响社会各个行业和领域；由于拖欠工程款，造成的无序竞争，直接影响建筑市场有序发展。为了解决越来越严重的拖欠工程款给施工企业造成的不应有的困难，根据自治区人民政府任启兴副主席1994年10月15日的批示，自治区建设厅、计划委员会、经济委员会、建行区分行1994年10月18日联合印发了《关于进一步做好清理工程款拖欠工作和防止新欠的意见》，在全区开展工程款清欠防欠。在自治区人民政府支持下，经过实施各种措施，1990年全区建筑业完成建筑业总产值9.8亿元，完成竣工面积243.8万平方米，其中：建设厅直属企业完成总产值4.58亿元，完成竣工面积122.5万平方米，全员劳动生产率年人均达到3.17万元的好成绩。

进入20世纪90年代，全社会固定资产投资增长幅度创中华人民共和国成立以来新高。固定资产投资的增大，扩大了建设规模，所形成的旺盛市场需求，为建筑业的发展带来了机遇。自治区建设厅紧紧抓住党中央、国务院关于发展支柱产业的机遇，创造条件，加快贯彻建设部、国家体改委、国务院经贸办《全民所有制建筑施工企业转换经营机制实施办法》，进一步强化全民建筑施工企业转换经营机制，全面落实建筑施工企业用人制度改革。1995 年底，自治区建设厅直属施工企业 14260 名职工中，有 13860 人签订了劳动合同，确立了企业的市场主体地位，增强企业竞争活力，提高产业整体素质，使建筑施工企业的经营自主权进一步得到了落实，为企业在市场竞争中以信誉求生存，以质量求振兴，以效益求发展创造机遇和条件。施工企业也紧紧抓住施工任务相对饱满的机遇和职工心理承受能力增强的有利条件，面对市场，开拓经营，在管理中积极推行工程项目管理，实行多种形式的工程项目建造师负责制、工程项目成本核算制和施工企业 GB/T19000 质量管理和质量保证体系标准，使工程质量、工程进度和企业信誉、效益都落到实处。

1986 年～1995 年，宁夏建筑业在自治区党委、政府和建设厅的关怀支持下，采取了诸多行之有效的措施，加之国家全面启动住房制度改革，促进住宅建设全面发展，带动施工企业在困难中抓住机遇，克服困难，取得了稳定发展。但是建筑市场仍存在诸多急待解决的问题，如建筑市场发育不规范、主体不健全、价格不合理、平等竞争环境未能形成和施工企业改制深化、工程质量的进一步提高、“三角债”的清理，特别是企业离退休人员逐年增加，职工养老金超支越来越严重等问题严重制约建筑业的发展和社会稳定。以施工企业职工基本养老金为例，仅自治区建设厅所属企业，在第一轮企业承包期，职工养老金超支高达 1071 万元。

前进中的建筑业

“九五”期间，自治区建设厅根据自治区人民政府的部署，成立了企业改革领导小组，进一步对建筑业实施深化改革。全区建筑施工企业积极响应国家西部大开发战略，以市场为导向，以效益为核心，以工程质量为保证，充分利用自治区加大固定资产投资规模、加快结构调整的机遇求发展，建筑业进入高起点、高标准、持续发展阶段。

固定资产投资结构　“九五”计划期间，自治区党委、政府抢抓国家实施扩大内需的有力时机，全面实施“以投资启动经济，以结构调整推动经济，以科技提升带动经济”的发展战略，改革投融资体制，鼓励集体、个体、民营、外商通过独资、合作、股份等多种形式参与项目的开发建设，加大了多渠道多环节的固定资产投资，形成了投资主体多元化。“九五”期间，全区非公有经济完成投资144.5亿元，比全国平均水平高出17.2个百分点，占全社会固定资产投资的25.5%。特别是1998年以后，随着住房制度改革的加快，房地产投资成倍增长，非公有经济投资比重达到10%，成为投资的重要组成部分。非公有经济投资快速增长，加快了包括交通、城市基础设施和一批工业项目建设，为建筑业的发展奠定基础，创造了条件和新的机遇。

建筑市场治理整顿　根据建设部的部署和自治区党委、政府的要求，自治区各级建设行政主管部门1998年针对全区建筑市场近几年来出现的施工队伍供大于求、鱼龙混杂的现象，从源头抓起，以建筑业企业资质年检为突破口，控制施工企业数量的增长。在整顿中，认真执行国家强制性标准，认真实施安全生产管理条例，对发生违法违规行为和在工程质量、安全生产等方面出现违规行为的企业给予严肃查处，对发生工程质量或安全事故的52家施工企业和4家混凝土预制构件生产企业吊销资质证书。资质管理，不仅整顿了建筑市场，而且加强了工程质量监管力度，促进了工程质量的全面提高。当年宁夏在全国建筑工程质量、安全生产大检查中取得了历史上最好的成绩。

1999年，经自治区人民政府批准，发布实施全区第一部地方性建筑法规《宁夏回族自治区建筑管理条例》。为了切实贯彻条例，加强建设市场管理，自治区建设厅、工商行政管理局、计委根据建设部1999年《整顿和规范建设市场的意见》，印发了《宁夏回族自治区整顿和规范建设市场实施方案》，8月中旬再次进行建设市场整顿，对查出工程质量不合格或在建筑市场中有违规行为的50家施工企业注销了资质证书，42家施工企业降低了资质级别，99家施工企业资质加“暂”字，以示警告，净化了建筑市场，使自治区建设市场管理跨上了新台阶。

施工队伍治理整顿　1999年，全区四级及四级以上施工企业493家，完成施工总产值48.28亿元，房屋建筑施工面积564.34万平方米，竣工面积351.66万平方米。在竣工房屋面积中，住宅面积232.27万平方米，占66.1%，商业、服务业用房33.88万平方米，占9.61%，厂房25.28万平方米，占7.2%，办公用房25.1万平方米，占7.1%。完成施工总产值48.28亿元，其中:168家国有及国有控股施工企业完成施工产值26.32亿元,172家集体经济施工企业完成施工产值10.45亿元,13个股份有限施工企业完成施工总产值1.63亿元,19家私营施工企业完成施工总产值3.05亿元。从完成的施工产值比重看,国有和集体经济施工企业在全行业中所占比重分别为54.5%和21.6%,股份制有限公司占3.4%,私营企业占6.3%。由此可见,国有、集体经济仍然是支撑全区建筑业稳步发展的两大主导力量,而股份公司和私营企业的快速成长为建筑业的发展增添了新的生机活力,大力促进了建筑业,推动施工水平和工程质量的提高。

建筑装饰装修业悄然兴起　宁夏建筑工程受经济发展限制,1974年前建筑工程外墙基本是清水墙水泥素浆勾缝,内墙是混合砂浆抹灰,刷白灰浆。随着经济发展和人民生活水平的日益提高,建筑外装饰逐步由清水墙水泥素浆勾缝,走向砂浆抹灰刷涂料、水刷石、干粘石装饰,瓷砖、玛赛克、琉璃瓦装饰,水磨石、人造大理石装,玻璃幕墙装饰。同时,建筑装饰也逐步由街面工程,走向所有工程,使环境越来越漂亮,城市越来越美。由于建筑装饰业的需求,专业装饰施工企业应运而生,到1999年全区拥有建设行政主管部门核发资质证书的正规专业装饰装修施工企业68家,完成专业装饰装潢工程产值176亿元,占建筑业的比重上升到36%。

建筑业技术装备水平　从1987年自治区基本建设委员会对所属施工企业进行技术装备改造,到2000年,全区建筑施工企业拥有建筑机械总台数由1996年26939台发展到38383台,总台数提高42.48%,总功率668310千瓦,总功率提高60.21%。拥有固定资产净值92108万元,净增116.19%。随着企业自身实力的增强,其生产能力、产品质量、市场信誉都上了新台阶。全区建筑业企业完成总产值56.2亿元,完成建筑业增加值14.8亿元,实现年利润8025万元。按建筑施工产值排序,全区前20名建筑企业共完成施工产值20.73亿元,占全区建筑业施工产值的42.9%,企业个数仅占全部施工企业总数的4.1%,其中:施工产值过亿元的8家施工企业,按企业个数算,仅占全部施工企业总数的1.6%,完成施工产值13.19亿元,占全区施工产值的28.8%,集中度明显提高。

施工企业经济效益　2000年建筑业施工产值稳步增长,施工规模进一步扩大,企业经济效益由1988年的净亏损622万元变为1999年净盈利5528万元,利税1.98亿元,建筑业实现扭亏为盈,摆脱了多年来一直亏损的局面。

2000年是西部大开发起始年,自治区人民政府抓住西部大开发和国家实施积极财政政策的历史机遇,全年安排重点建设项目16个,是历史上安排最多的一年。其中:中央工程建设项目4个,地方项目12个,年度投资规模47亿元。经过建筑业职工的辛勤努力,到年底,国家两个重点建设项目之一的青铜峡铝厂三期扩建工程完成投资7.21亿元,完成年度计划的99.3%;自治区重点建设项目银川中策(长城)橡胶有限公司30万套全纲载重子午胎项目完成投资3.10亿元,完成年度投资计划的90.1%;美利纸业集团热电站工程项目完成投资1.10亿元,完成年度投资计划的81.9%。此外,宁夏药研所苦参素系列原料及注射液工程、银川城市及农村电网改造工程、宁夏邮政指挥中心工程、长城机器制造厂数控机床小巨人工程、宁夏有色金属冶炼厂旦尼高技术产业化工程等项目均已超额完成年度划划,全年施工顶目1333个,其中新开工顶目1006个,施工面积643.49万平方米,竣工面积349.5万平方米,其中住宅竣工面积210.74万平方米,完成基本建设固定资产投资88.675亿元,全员劳动生产率人均达到4.5万元,全区建筑业实现利润总额5180万元。

管理体制改革和产业结构调整 "九五"计划期间,自治区建设厅在企业改制和经营承包取得经验的基础上,对施工企业体制改革重点放在调整产业结构、全面提高企业素质上,到1999年批准厅属企业宁夏房地产综合开发有限公司实施改革方案;对宁夏建设工程公司、宁夏第六建筑工程公司、宁夏住宅建筑工程公司、宁夏氧化铁红厂等企业实行分类指导,加大改革力度。通过分立经营,基本完成了股份制改造和分立重组,使企业改制实现了新的突破,积累了经验,企业逐步进入良性发展。为了切实做好政企分开、政资分离,减少施工企业在承揽任务过程中的各种无序竞争带来的弊端,自治区建设厅在学习借鉴外省区经验的基础上,结合全区建筑业现状,拟定了宁夏建设集团有限责任公司的组建实施方案,并向自治区人民政府呈报了《关于组建宁夏建设集团的请示》。经自治区人民政府批准,2000年10月19日宁夏建设集团有限责任公司挂牌成立,刘化齐任董事长,王焕平任总经理。宁夏建设集团有限责任公司的成立,使宁夏建筑业基本完成了政企分开、政资分离改革。从1996年全区建筑施工企业资质就位,到2000年宁夏建设集团有限责任公司挂牌成立,全区建筑业企业经过全面剥离、改组、改制、重组和经济调整,那种建工队式的施工企业已经不复存在,企业的经济结构也由改革初期的国有和城镇集体所有制经济发展到以国有施工企业为主体,集体施工企业为依托,乡镇、私营、联营、有限责任、股份制、外商、港澳台、合资和其他经济等多种形式施工企业为补充的总承包、专业承包、劳务分包等多种所有制、多种形式的建筑业,施工企业拓展到32个类别,企业个数压缩到529家,按企业资质等级划分:一级企业13家;二级企业46家;三级企业185家;四级企业285家。按国民经济行业:土木工程建筑业384家,线路管道设备安装业企业76家,装饰装修业企业69家。"九五"计划期末,建筑业改变了从自治区成立到"八五"计划期末没有私营企业的历史,全区共有私营建筑施工企业116家;在自治区所属建筑业企业数量压缩、从业人员增加的同时,高素质建筑施工队伍和专业化施工队伍在不断增加。2000年末,已拥有一、二级资质的建筑施工企业59家;从事铁路、公路、遂道、路桥施工企业40家;堤坝、电站、码头施工企业8家;线路、管道安装施工企业47家;设备安装施工企业76家;矿山建筑企业4家;水利水电工程专业企业54家;地基基础、钻井、钻探工程专业企业17家。

宁夏建设集团有限公司(宁夏建工集团)历届负责人名录

表5-2

企业名称	职　务	姓　名	任职时间
宁夏建设集团公司(2000-08~2007-05)	党委书记 董事长	刘化齐	2000-08~2002-11
		于天恩	2002-11~2007-02
		刘慧芳	2007-02~2007-05
	总经理	王焕平	2000-08~2007-05
	副董事长	樊自保	2000-08~2007-05
	副总经理	王有国	2000-08~2007-05
		丁生才	2000-08~2005-05
		王天林	2005-04~2007-05
		丁宝善	2005-04~2007-05
	工会主席	王田才	2005-04~2007-05

续表

企业名称	职 务	姓 名	任职时间
宁夏建工集团（2007 年 5 月由原宁夏建设集团改革重组）	党委书记 董事长	刘慧芳 陈银生 白耀华	2007－05～2007－09 2007－09～2008－04 2008－04～
	总经理	王天林	2007－07～
	党委副书记	王天林 樊自保	2007－07～ 2007－07～
	副董事长	樊自保	2007－05～2007－07
	副总经理	丁宝善 高 平	2007－07～ 2009－02～
	工会主席	王有国	2009－02～
	总会计师	赵 文	2007－06～

“九五”期间建筑产业贡献

“九五”期间，在“西部大开发、宁夏要争先、建筑业走在前”精神鼓舞下，全自治区建筑业（含外省进入宁夏建筑施工企业）累计完成全社会固定资产460.22 亿元，其中建筑安装工程投资总额274.56 亿元，比“八五”期间增长了65.7%，累计完成新建、改建、扩建3389 个工程项目，其中农业水利建设完成工程量26.6 亿元，工业建设完成工程量201.9 亿元，为促进全区经济发展、城市现代化建设、改善广大人民群众物质文化体育生活水平创造了条件，做出了贡献。建筑业对自治区经济发展发挥越来越重要的作用。

“九五”期间，按可比价格计算，建筑业增加值年平均递增18.3%，比同期国内生产总值年平均递增9.4%高8.9 个百分点。仅2000 年，全区建筑业总产值、竣工产值、增加值分别为56.24 亿元、42.71 亿元和17.4 亿元，其中：建筑工程总产值48.29 亿元，安装工程7.13 亿元，房屋构筑物工程0.68 亿元，非标工程0.14亿元。建筑业按总产值计算，全员劳动生产率逐年增加，年人均达到4.49万元，较“八五”计划期间增长了89.5%，创历史新高。

“九五”计划期间，建筑业对宁夏经济总量增长的贡献不断增大。全自治区建筑业增加值在国内生产总值中的比重一直呈上升趋势，由“八五”计划末年的6.9%上升到“九五”计划末年的10.2%，提高了3.3个百分点。在第二产业中，建筑业所占比重由“八五”计划末年的15.8%上升到“九五”计划末年的22.5%，提高了6.7个百分点。按2000年价值计算，年平均递增18.3%，比同期国内生产总值年均递增9.4%高3.3个百分点，表明建筑业对拉动自治区经济增长发挥越来越重要的作用。

“九五”计划期间，自治区建筑业增加值逐年大幅度增加。“九五”计划期间，自治区建筑业增加值由1996年的0.41亿元增加到1997年的2.37亿元，1998年的3.47亿元，1999年的4.04亿元，2000年的5.06亿元。国内生产总值增量的贡献率由1995年的5%上升到2000年的21%，已超过五分之一。

“九五”计划期间，自治区建筑施工企业不断强化调整，在竞争中求生存、求发展、求效益。建筑业全行业从亏损最严重的低谷时期开始，经过广大干部职工的勤奋拼博，不断自我调整，经济效益由1996年累计亏损1500万元到2000年底盈亏相抵后实现净盈利1.4亿元，实现了扭亏为盈。五年为国家上缴各种税金6.8亿元，较八五时期增长了1.6倍。经过五年拼博，全区建筑业利税大幅度增长，不仅为国家、地方财政提供了积累，而且也为企业自身发展奠定了基础。

“九五”计划期间，建筑业积极吸纳城市就业人员和农业剩余劳动力，为社会稳定做出了重大贡献。随着国家开发建设大西北步伐的加快，自治区建设投资迅速增加，建筑施工企业任务逐步饱满，从业人员也随之迅速增加。1996年末全区建筑业从业人员达到16.8万人，比1995年增加了5.8万人，增长率达到52.7%，居全自治区城市各行业就业人员增长之首，是除农业以外增加从业人数最多的一个行业，解决了社会就业压力，为创建和谐社会再次作出新的贡献。

“九五”计划期间建筑业虽然取得了令人注目的发展，但是国有施工企业产权制度改革相对缓慢，组织结构仍存在大而全或大而不强、小而不专，企业重组做大做强的效果不明显，特别是缺少走出去的企业。同时，施工企业管理成本过大。据调查,仅2000年上半年,全区建筑企业管理费支出高达1.34亿元,直接冲减同期企业利润,造成企业实现利润出现净亏损0.62亿元;其次是施工企业债务负担沉重,在不规范的市场中举步维艰,企业实现的利润被过大的管理成本冲抵,使企业资金紧张,严重影响工程质量和建筑业社会形象,形成制约企业发展,制约总承包企业专业化发展主要因素。"九五"期间,拖欠工程款这个长期困扰建筑业发展的问题越来越严重,2000年底全区当年形成拖欠工程款7.7亿元,其中:竣工工程拖欠达5.5亿元,占全部拖欠工程款的68%,有的拖欠达6年之久,是造成企业经济效益差的重要原因。拖欠工程款使施工企业不得不以贷款垫资施工,致使许多企业资金状况日趋恶化,部分企业经营已陷入难以为继,逐渐失去了市场生存能力。施工企业在长期大量拖欠工程款中,不得不采取各种方式借款贷款,为此付出大量不应由企业支出的利息,造成拖欠工资,是施工企业负债的最大因素。自治区建筑业2000年总资产负债率均在70%左右,与国际通行的总资产负债率的最佳值50%相比,高出20个百分点。流动比率均在1:1的状态中,低于国际通行的流动比率2:1。这说明企业利息负担重,资金周转难度大,偿债能力弱,承担风险高。上述主要问题的存在,制约企业快速发展,拉大了自治区施工企业与全国同行的差距。2000年,按总产值计算的全员劳动生产率,在全国居第26位;按增加值计算的全员劳动生产率,在全国居第28位;资产利税率,在全国居第12位;按竣工面积计算的优良业品率,在全国居第14位;按房屋竣工面积计算的单位工程优良业品率,在全国居第28位。这些日趋严峻的问题,有待全社会共同努力才能得以解决。

1953年~2000年建筑施工企业个数、职工人数及总产值

表5-3

年份	施工企业个数(个)	年底全部职工人数(人)	劳动生产率(元/人)	建筑业总产值(万元)
1953年	1	100		
1954年	1	100		
1955年	1	132		
1956年	1	156		
1957年	1	200		

续表

年份	施工企业个数（个）	年底全部职工人数（人）	劳动生产率（元/人）	建筑业总产值（万元）
1958 年	9	15466	2522	3901
1959 年	20	13655	2969	4055
1960 年	26	31134	2705	8423
1961 年	18	20531	2588	5314
1962 年	7	3222	4872	1570
1963 年	7	3087	12001	2162
1964 年	9	7773	6094	4737
1965 年	10	12383	6099	7553
1966 年	12	20788	3642	7572
1967 年	12	20378	3676	7491
1968 年	12	19129	3978	7611
1969 年	12	23521	3243	7630
1970 年	12	23011	3324	7649
1971 年	13	19289	3975	7668
1972 年	33	24418	3368	8225
1973 年	32	25702	3659	9406
1974 年	32	21144	4316	9127
1975 年	35	25091	4103	10295
1976 年	35	26219	3582	9393
1977 年	43	28334	3894	11035
1978 年	47	34378	3854	13251
1979 年	121	38913	3996	14912
1980 年	131	41071	4286	17036
1981 年	145	40438	3699	13686
1982 年	234	52182	4273	16435
1983 年	279	57866	4895	21351

续表

年份	施工企业个数（个）	年底全部职工人数（人）	劳动生产率（元/人）	建筑业总产值（万元）
1984 年	349	68317	5604	26200
1985 年	2801	103365	6566	39374
1986 年	2515	108233	7474	49071
1987 年	2369	104906	8475	51365
1988 年	2566	106699	8974	50953
1989 年	2582	100700	11508	58634
1990 年	2568	99669	12481	71583
1991 年	2437	112903	14403	93190
1992 年	2888	126137	16983	134831
1993 年	2271	107400	15713	168761
1994 年	1698	81165	24427	198264
1995 年	103	95930	22048	211506
1996 年	427	100383	26312	264126
1997 年	409	106732	31605	337322
1998 年	433	115273	34145	393603
1999 年	493	124636	38739	482827
2000 年	529	125346	44864	562352

1949 年～2000 年全社会固定资产投资额

表 5－4　　单位：万元

年份	全社会固定资产投资额	基本建设投资	地方投资	更新改造投资	国有经济固定资产投资额	基本建设投资	地方投资	更新改造投资
1949 年								
1950 年		48	48		48	48		
1951 年	204		204		204	204		
1952 年	502	502	464		502	502	464	

续表

年份	全社会固定资产投资额	基本建设投资	地方投资	更新改造投资	国有经济固定资产投资额	基本建设投资	地方投资	更新改造投资
1953 年	811	811	701		811	811	701	
1954 年	1383	1383	1023		1383	1383	1023	
1955 年	1314	1314	1211		1314	1314	1211	
1956 年	1885	1885	1450		1885	1885	1450	
1957 年	1536	1536	826		1536	1536	826	
1958 年	9287	9287	5445		9287	9287	5445	
1959 年	19156	19156	12095		19156	19156	12095	
1960 年	24446	24446	16153		24446	24446	16153	
1961 年	9818	9818	4726		9818	9818	4726	
1962 年	3694	3694	1443		3694	3694	1443	
1963 年	4555	4555	2304		4555	4555	2304	
1964 年	7304	7304	4007		7304	7304	4007	
1965 年	14002	14002	4081		14002	14002	4081	
1966 年	22611	22611	12436		22611	22611	12436	
1967 年	13715	13715	7543		13715	13715	7543	
1968 年	16436	16436	9040		16436	16436	9040	
1969 年	21540	21540	11847		21540	21540	11847	
1970 年	24659	24659	15116		24659	24659	15116	
1971 年	24944	24944	10214		24944	24944	10214	
1972 年	23241	23241	12651		23241	23241	12651	
1973 年	22770	22770	18211		22770	22770	18211	
1974 年	24360	24360	19645		24360	24360	19645	
1975 年	24957	24957	19820		24957	24957	19820	
1976 年	22770	22770	18809		22770	22770	18809	
1977 年	31704	31704	17732		31704	31704	17732	
1978 年	42719	42246	16003		42719	42246	16003	

续表

年份	全社会固定资产投资额	基本建设投资	地方投资	更新改造投资	国有经济固定资产投资额	基本建设投资	地方投资	更新改造投资
1979 年	41704	38486	21181	2892	41704	38486	21181	2892
1980 年	39758	30409	22198	8903	39758	30409	22198	8903
1981 年	36618	20143	13448	14341	34484	20143	13448	14341
1982 年	48041	27348	19988	15421	42769	27348	19988	15421
1983 年	56159	32992	20710	16352	50949	32992	20710	16352
1984 年	83565	45500	26497	17595	68014	45500	26497	17595
1985 年	136346	79413	42590	26493	112644	79413	42590	26493
1986 年	173469	93164	39095	39982	143003	93164	39095	39982
1987 年	193748	108563	36354	39422	155511	108563	36354	39422
1988 年	187891	87760	45163	44476	139535	87760	45163	44476
1989 年	175757	80681	41869	46943	133687	80681	41869	46943
1990 年	219603	113336	52612	52045	175126	113336	52612	52045
1991 年	288134	158334	63802	54523	237723	158334	63802	54523
1992 年	380942	196743	106031	79569	306485	196743	106031	79569
1993 年	526673	253662	143163	113741	413669	253662	143163	113741
1994 年	609780	328750	195913	144188	488725	317832	184995	133907
1995 年	701237	336000	169677	158960	514041	331107	164784	149584
1996 年	773191	418094	201893	177760	603634	409016	192815	154881
1997 年	881027	480045	251407	181646	683450	469280	240642	164396
1998 年	1086536	595030	406973	185925	778335	548276	360219	168155
1999 年	1306062	702842	495300	192453	810959	614776	495300	141248
2000 年	1601603	887650	1306609	235214	986486	805530	608400	155822

1950 年～1977 年全社会固定资产投资额（按计划类别分）

表 5－5　　单位：万元

年　份	基本建设	年　份	基本建设
1950 年	48	1964 年	7304
1951 年	204	1965 年	14002
1952 年	502	1966 年	22611
1953 年	811	1967 年	13715
1954 年	1383	1968 年	16436
1955 年	1314	1969 年	21540
1956 年	1885	1970 年	24659
1957 年	1536	1971 年	24944
1958 年	9287	1972 年	23241
1959 年	19156	1973 年	22770
1960 年	24446	1974 年	24360
1961 年	9818	1975 年	24957
1962 年	3964	1976 年	22770
1963 年	4555	1977 年	31704

1978 年～2000 年全社会固定资产投资额（按计划类别分）

表 5－6　　单位：万元

年份	合计	基本建设	更新改造	其他投资	房地产开发	城镇集体	农村集体	城镇私人建房	农村个体	私营
1978 年	42719	42246				473				
1979 年	41704	38486	2892			326				
1980 年	39758	30409	8903			446				
1981 年	36947	20143	14341			1149	793	192	329	
1982 年	48041	27348	15421			697	1370	245	2960	
1983 年	56159	32992	16352	1605		805	1423	146	2836	
1984 年	83565	45500	17595	40919		1941	2310	386	10914	

续表

年份	合计	基本建设	更新改造	其他投资	房地产开发	城镇集体	农村集体	城镇私人建房	农村个体	私营
1985 年	136346	79413	26493	7038		6037	3938	1231	12196	
1986 年	173469	93164	39982	9857		6301	4568	579	19018	
1987 年	193748	108563	39422	7526		6996	4944	590	25707	
1988 年	187897	87760	44476	7299		10052	9669	3203	25432	
1989 年	175757	80681	46943	6063		3948	7298	2052	28772	
1990 年	219603	113336	52045	6911	2834	5088	7526	1046	30817	
1991 年	288134	158334	54523	15646	9220	7630	10016	1220	31545	
1992 年	380942	196743	79569	14373	15800	11879	17975	4667	39936	
1993 年	526673	253662	113741	21857	31094	16241	30011	4036	56031	
1994 年	609780	328750	144188	16287	30332	10821	24916	7816	46670	
1995 年	701237	336000	158960	12884	49060	15481	21925	6859	100068	
1996 年	773191	418094	177760	9924	54533	10449	27228	9150	66053	
1997 年	881027	480045	181646	19694	60497	7055	20135	13849	98106	
1998 年	1086536	595030	185925	18193	112982	9482	35180	8964	120780	
1999 年	1306062	702842	192453	11152	130178	8337	71236	10801	139740	39323
2000 年	1608204	888744	233621	30994	155691	6686	32968	9008	217338	33154

全社会固定资产投资(按构成分)

表 5－7　　单位:万元

年份	合计	建筑工程	改造工程	安装工程	设备工具器具购置	其他费用
1950 年	48		29		14	5
1951 年	204		122		61	21
1952 年	502		301		151	50
1953 年	811		487		243	81
1954 年	1383		830		415	138

续表

年份	合计	建筑工程	改造工程	安装工程	设备工具器具购置	其他费用
1955 年	1314		789		394	131
1956 年	1885		1131		566	188
1957 年	1536		922		461	153
1958 年	9287		5616		3128	543
1959 年	19156		12209		5649	1298
1960 年	24446		15779		7204	1463
1961 年	9818		6448		2872	498
1962 年	3964		3004		730	230
1963 年	4555		3818		530	207
1964 年	7304		5356		1597	351
1965 年	14002		8446		3831	1725
1966 年	22611		12348		7294	2969
1967 年	13715		8003		3703	2009
1968 年	16436		8394		5480	2562
1969 年	21540		13209		6479	1852
1970 年	24659		13872		8487	2300
1971 年	24944		14434		7941	2569
1972 年	23241		16338		5419	1486
1973 年	22770		16456		5213	1101
1974 年	24360		15827		7198	1335
1975 年	24957		17008		6735	1214
1976 年	22770		14955		6594	1221
1977 年	31704		24743		5472	1489
1978 年	42719		31307		9865	1547
1979 年	41704		31497		8188	2019
1980 年	39758		30631		7289	1838

续表

年份	合计	建筑工程	改造工程	安装工程	设备工具器具购置	其他费用
1981 年	36947		27779		7157	2011
1982 年	48041		36855		7958	3228
1983 年	56159		42983		8919	4257
1984 年	83565		56776		19666	7123
1985 年	136346		84920		38815	12611
1986 年	173469		96946		60938	15585
1987 年	193748		107390		66271	20087
1988 年	187891		117297		55377	15219
1989 年	175757	99327		14313	49040	13077
1990 年	219603	118868		18513	63526	18696
1991 年	288134	141267		22178	92693	41996
1992 年	380942	216746		20070	89638	54488
1993 年	526673	324764		24698	126297	50914
1994 年	609780	395282		30535	138614	45349
1995 年	701237	436889		44453	162404	57491
1996 年	773191	409082		50820	196028	117261
1997 年	881027	441829		91156	213153	134889
1998 年	1086536	629589		83988	228422	144537
1999 年	1306062	817721		99139	272987	116215
2000 年	1608204	952440		159861	309988	185915

第二章　建筑施工

第一节　施工队伍

1949年前，宁夏只有散落于城乡的木、泥、石等工匠，大部份以个人独立行动从事建筑。城镇为数不多的专业泥、木、石等建造工匠，搭班合伙地承担一些简单工程施工，一般修缮则多为单干。农村的建造工匠则以务农为主，兼揽建筑活计，有工做工，无工务农。民间较大建房时，请具有一定技术的泥、木、石工匠，自己带着简单的工具集中起来施工，工完人散。较大规模的屋宇、楼阁、寺庙等公益建筑，也仅仅是由工程主持们在民间精选一些有一定经验、技术水准较高的工匠们建造，同样是工完人散，千百年来，施工技术也非常落后，没有任何机具设备，没有专业队伍，建筑业根本谈不上产业。

1949年中华人民共和国成立初期，宁夏没有一支正规建筑施工企业，直到1953年宁夏省政府组建了有固定职工100人左右的宁夏省政府建筑公司，才改变了有史以来宁夏建筑业没有专业施工队伍的历史。由于宁夏省政府建筑公司处于发展阶段，队伍规模小，工程施工只能在开工前，请工程所在地劳动管理部门或工会组织招雇临时工，加以组织教育，以固定工为主，辅以较多的临时工进行施工，自治区成立前基本建设任务，主要依靠外省队伍完成。1954年银川专暑为了解决宁夏撤省后，省建筑公司调往甘肃省兰州市后地区施工任务的完成，成立了银川行署建筑工程队。1958年，宁夏回族自治区成立，为了适应宁夏基本建设的需要，在国家支持下，当年甘肃省张掖市建筑工程公司调入银川，与银川行署建筑工程队合并，组建成立了宁夏回族自治区建筑公司。自治区人民政府为了加快市县建筑业发展，陆续向重点建设市、县培养并输送各种工程技术人员和建筑工人，使各市县相继成立了建筑公司或工程队，他们与建设部从甘肃调来的部直属三局第五建筑工程公司和从内蒙调来部直属二局第五建筑公司一工区等外省建设公司共同承担宁夏建设工程施工，为加快部分城乡建设，使宁夏有了现代化工厂、街道、医院、学校和住宅。为了支援宁夏更大规模的经济建设,1960 年煤炭部从甘肃、江苏、黑龙江、河南调入宁夏几个煤炭专业工程处(这些队伍于 1969 年组建宁夏石炭井矿务局工程处,1973 年组建宁夏煤炭基建公司),为宁夏的建设事业的发展创造了有利条件。为了促进施工队伍发展,在建设部的支持下,自治区建筑公司和调入宁夏的部直属三局第五建筑工程公司和二局第五建筑公司一工区合并,组建新的自治区建筑公司,同时 7 个市县有了建筑公司和工程队,全区建筑业从业人员 6200 人,其中自治区建筑公司 4416 人,宁夏建筑队伍伴随着自治区建设步伐共同发展,不断壮大。1960 年党中央为了开发和建设宁夏,从兄弟省区和中央直属的建筑安装企业中调入宁夏一批建筑队伍。与此同时,银川市、石嘴山市、贺兰县等市县组建了一批国营和城镇集体所有制建筑公司,全区共有施工企业 26 个,从业人员 3.13 万人,是自治区成立时的近 38 倍。国民经济调整时期,全区建筑队伍有所减少,从业人员压缩到 1.7 万人。这个时期的施工队伍,只有国营企业和城镇集体企业。

中共十一届三中全会以后,随着改革开放的深化,城市和工业建设的快速发展,促进了建筑施工队伍也随着发展壮大,特别是农业承包责任制的落实,促进了乡镇集体施工企业的发展。1979 年自治区乡镇集体施工企业起步发展,改变了中华人民共和国成立以来,国营、城镇集体施工企业一统建筑业的历史。

自治区为了鼓励乡镇企业发展,在国家规定的建筑施工企业资质等级标准的基础上,制定了五级建筑施工企业资质等级标准,为乡镇集体施工企业起步发展创造条件。1985 年乡镇集体施工企业发展高峰时,全区拥有乡镇集体建筑施工企业 2719 家(含农村建筑工程队),而全民、城镇集体经济施工企业仅有 82 家。但是由于乡镇集体建筑施工企业起步晚,发展过快,普遍存在人员素质差,设备简陋,管理混乱等问题,在对建筑市场管理造成一定影响的同时,工程质量也出现了一些问题。为了规范建筑市场管理,提高工程质量,自治区根据建筑市场的需求和施工企业发展现状,于 1996 年取消了五级建筑施工企业资质标准,经过整顿重组,将城镇和乡镇集体建筑施工企业统一标准管理。2000 年,全区拥有国有、集体、股份制。中外合资、港澳台合资、私营和其他经济性质施工企业 529 个,企业个数虽然大量减少,但企业平均人员增加到 12.54 万人,完成产值成倍增长,工程质量也有很大提高。

1953年~1993年建筑业平均人数(按经济类型分)

表5-8　单位:人

年　份	平均人数	国　有	集　体	年　份	平均人数	国　有	集　体
1953年	100	100		1974年	21144	21144	
1954年	100	100		1975年	25091	25091	5598
1955年	132	132		1976年	26219	20478	5741
1956年	156	156		1977年	28334	21572	6762
1957年	200	200		1978年	31351	24750	6601
1958年	6841	6841		1979年	35481	26318	9163
1959年	10636	10636		1980年	37177	28702	8475
1960年	31134	31134		1981年	35731	28273	7458
1961年	20531	20531		1982年	40861	33495	7366
1962年	3222	3222		1983年	53251	45076	8175
1963年	3087	3087		1984年	40437	31721	8716
1964年	77737	77737		1985年	59967	49603	10364
1965年	12383	12383		1986年	65655	50591	15064
1966年	20788	20788		1987年	60607	45268	15339
1967年	20378	20378		1988年	56776	40520	16256
1968年	19129	19129		1989年	50950	36175	14775
1969年	22521	22521		1990年	57354	41934	15420
1970年	23011	23011		1991年	64700	45100	19600
1971年	19289	19289		1992年	79390	52800	26590
1972年	24418	20716	3702	1993年	107400	63500	43900
1973年	25706	21637	4069				

1994 年～2000 年建筑业平均人数(按经济类型分)

表 5－9　　单位:人

年份	平均人数	国有	集体	股份制	外商投资	港澳台投资	私营	其他
1994 年	81165	49435	29630	1600	300	200		
1995 年	95930	64116	29306	1208	200	200		900
1996 年	100383	50970	41851	3771	167	224	1326	2074
1997 年	106732	54676	39017	7632	556	88	2090	2673
1998 年	115273	56665	38522	4373	155	108	5571	9879
1999 年	124636	59408	35263	6355	90	67	8510	14943
2000 年	125347	57868	27219	8054	56	112	11723	20315

第二节　建筑机械

宁夏地处地震带,加上经济不发达,工程设计和施工技术相对落后,1949 年～1958 年宁夏很少有 4 层以上的建筑,建筑施工基本是传统的肩挑人抬,手工操作,基本没有施工机械。成规模的建筑公司基本都有马车队,负责远距离的建筑材料和工地转移时人员、设备运输。施工现场砖、石等材料水平运输全部是人力挑手提或用架子车,垂直运输则是工人沿木沙杆搭设的跑道或抬、或挑、或背步行运输,劳动强度很大。材料加工也是人力,如用于粘结或抹灰的白灰膏的加工,要事先人力在靠近现场的附近挖个大坑,再将马车运来的石灰块分批人力堆在坑的边沿池子中,用水泡发后,人力搅动,使粉灰溶解在水中,通过沙网流入坑中,经沉淀成膏,乘余的渣子则废弃。由于施工中材料全靠人力搬运,所以现场到处是用于抬砖、挑灰压断的绳子、扁担,不仅人力和用具浪费很大,而且生产率也很低。

1958 年后,国家贯彻“以土为主、土洋结合、因地制宜、自力更生”的方针,采取积极步骤,开展了改良工具,改进操作方法的技术革新运动,加之大型工厂的开工建设,施工机械逐步进入企业,进入施工现场,开始用汽车运送较远距离的材料,施工有了企业自制的少先吊,用于材料垂直运输,自制小型搅拌机,用于砂浆搅拌,自制的各种木材加工机械,用于加工木材和门窗制作,自制的手推车、土吊车、滑轮等机具，用于材料运输，使建筑工人放下扁担和抬杠。但在当时，机械搅拌混凝土、砂浆仅占总工程量的5%左右，捣固也是人力使用钢钎，综合机械化施工程度不到2%。1960年以后，施工企业逐步购置先进施工机械设备，到1966年施工企业有了大型搅拌机，用于搅拌砂浆和混凝土，开始用单双轮车和柴油翻斗车在施工现场运砖、运砂浆，大型施工企业有了红旗塔吊，用于材料垂直运输，同时建立了木材加工、铁件制作、构件预制等生产基地，为建筑业实现机械化施工，工厂化生产创造了条件。但是由于当时机械成本远远高于人工成本，很多企业宁用人力，而不用机械。

1970以后，特别是中共十一届三中全会以后，建筑施工企业机械装备使用得到迅速发展，形成施工条件非常大的改善。1971年，建设部七局八公司下放地方，组建宁夏第二建筑工程公司时，建设部为其配置了日产40吨平板运输汽车1辆、15吨载重汽车两辆、自动翻斗汽车4辆、装载汽车1辆和15吨汽车吊车1辆，拉开了宁夏建筑业机械装备现代化的序幕。从此，施工企业不仅施工现场以外材料运输全部实现了机械化运输，而且施工现场较远距离的材料运输全部使用机械，垂直运输使用龙门架卷扬机，大型工程全部是塔吊运材料。据统计，1983年自治区建筑工程总公司，土方施工机械化达到50.4%，吊装及垂直运输施工机械化达到97.1%，桩基础工程施工机械化达到100%，场内材料运输机械化达到54.5%，预制及现浇混凝土工程施工机械化达到63.8%，抹灰工程施工机械化达到15.5%。到2000年，城市建筑施工砂浆、混凝土和混凝土构件逐步启动商品化。

1977年自治区组建宁夏建筑机械厂，并于1980年建成投产后。宁夏建筑机械厂紧随宁夏建筑业发展，改进产品质量，扩大经营销路，从生产普通钢模板、组合钢模板、研制新型金属脚手架起步，发展到生产大型起重机械。宁夏建筑机械厂1982年生产钢模板4000平方米，1983年为1.1万平方米，1984年达到2.3万平方米；1983年生产钢窗7937平方米，1984年达到年产钢窗11384平方米，钢门框6588平方米；宁夏建筑机械厂从建成投产，到1983年共生产中小型机械1077台，完成工业总产值282。92万元，全员劳动生产率达到8652元/人年，年销售利润30万元，人均可达938元，经济效益在全国同类型建筑机械行业中居中上水平。1985年生产卷扬机、砂浆机、蛙式打夯机、塔吊等各种建筑机械达到2036台，除供应本区需用外，还远销内蒙、新疆、广西等地。但后来由于多种原因,该厂破产。

施工企业根据建筑物不断增高增大和设计要求,大量购置塔式起重机,逐步取代不安全的门式起重设备。宁夏电力建设工程公司,为了适应自治区加大能源建设,装备了600T、350T、275T及以下的大型起重设备、28T及以下牵张放线、200T载重拖板车等专业施工机械设备,全区建筑施工实现了土石方、材料构件运输安装、设备运输安装、混凝土搅拌、浇注、大型、特大型机械设备安装工程完全机械化,节约了大量人力物力,创造了良好的经济效益。

1980年全区建筑施工企业自有机械设备2536台,总功率123556千瓦,年人均劳动生产率4286元;1985年,建筑施工企业自有机械设备10728台,总功率142074千瓦,年人均劳动生产率6566元;1990年,建筑施工企业自有机械设备15146台,总功率215000千瓦,年人均劳动生产率12481元;1995年,建筑施工企业自有机械设备19523台,总功率340200千瓦,年人均劳动生产率22048元;2000年,529家施工企业,拥有各种机械设备38383台,总功率达到668310千瓦,机械设备净值92108万元,按期末从业人员计算,施工企业技术装备率7958元/人,动力装备率6.48千瓦/人,年人均劳动生产率44864元。机械化水平的提高,使宁夏施工企业不仅可以承担技术繁杂的高层建筑施工,而且可承建大中型工业建筑和水工、电力、铁路、桥涵、道路、城市市政公用工程的施工。

1962年~2000年建筑业技术装备情况

表5－10

年份	自有机械设备年末总台数(台)	自有机械设备净值(万元)	自有机械设备年末总功率(千瓦)	技术装备率(元/人)	动力装备率(千瓦/人)
1962年	2642	182.25	9436	689	3.57
1963年	2347	153.81	11882	655	5.06
1964年	2846	156.83	9276	551	3.26
1965年	5606	223.78	12904	399	2.30
1966年	7961	346.38	14434	435	1.81
1967年	7922	425.08	15730	536	1.99
1968年	6844	484.69	16651	776	2.43

续表

年份	自有机械设备年末总台数（台）	自有机械设备净值(万元)	自有机械设备年末总功率（千瓦）	技术装备率（元/人）	动力装备率（千瓦/人）
1969 年	8478	521.21	18101	614	2.14
1970 年	8160	651.53	19590	798	2.40
1971 年	8629	785.13	22179	909	2.57
1972 年	17560	2712.67	48601	1144	2.77
1973 年	21642	3466.16	68132	1606	3.15
1974 年	20162	3314.41	74016	1643	3.67
1975 年	22204	3175.97	103332	1430	4.65
1976 年	23443	3399.15	116240	1449	4.96
1977 年	25404	3883.76	127863	1528	5.03
1978 年	22369	3479.47	115635	1555	4.95
1979 年	2162	3827	99923	1515	3.96
1980 年	2536	4225	123556	1494	4.37
1981 年	5431	4177	111586	1515	4.05
1982 年	6639	4658	112837	1528	3.7
1983 年	8980	5325	118921	1323	2.95
1984 年	9280	5593	128500	1384	3.18
1985 年	10728	6415	142074	1332	2.91
1986 年	11836	6180	153857	1160	2.89
1987 年	11634	6754	140731	1386	2.89
1988 年	12072	7257	146771	1464	2.96
1990 年	15146	9673	215000	1789	3.98
1991 年	17449	13371	242800	2067	3.75
1992 年	21238	16444	287000	2369	4.14
1993 年	13732	15285	230600	2498	3.77
1994 年	17368	25914	283100	4546	4.97
1995 年	19523	36034	340200	3756	3.55

续表

年份	自有机械设备年末总台数(台)	自有机械设备净值(万元)	自有机械设备年末总功率(千瓦)	技术装备率(元/人)	动力装备率(千瓦/人)
1996年	26939	42560	417130	5310	5.2
1997年	30568	50536	483410	5361	5.13
1998年	33069	63561	564350	7881	7.00
1999年	36879	72925	665770	8660	7.91
2000年	38383	92108	668310	10968	7.96

第三节 施工技术

1. 建筑施工工业化。宁夏建筑工程从中华人民共和国成立到1958年，房屋建筑基本是土木或砖木结构，技术含量很低。建筑施工基本是肩挑人抬、手工操作，谈不上什么建筑机械，更谈不上工业化。自治区成立前后，在国家采取积极步骤逐步实现建筑工业化的方针指引下，自治区建筑业起步了建筑设计标准化、工程施工工业化。20世纪60年代后期，一批新建和迁建的大中型厂矿建设，工程建设逐渐步入大跨度和多层工业、民用建筑，使宁夏迅速兴起建筑设计标准化、工程施工工业化。

2. 蛙式打夯机。1959年，工人孙德成在工作实践中学习摸索，研制出“虎头式”打夯机，代替了人力打夯，在全国基建技术革新展览会上展出，受到高度重视和赞扬，并在全国建筑业推广应用。孙德成同志以谦虚的态度，从实际出发，刻苦钻研，不久在“虎头式”打夯机基础上，研制出“蛙式”打夯机，并迅速在全国推广使用。

钢丝网双曲拱薄壳屋面自治区第一建筑公司1959年承建宁夏体育馆工程，在技术、设备和施工力量缺乏的条件下，群策群力，建成了35米钢丝网双曲拱薄壳屋面，当时施工技术属全国第一；电视铁塔安。1960年，在没有大型起重设备的情况下，自治区第一建筑公司用三台绞磨，一次性整体起吊，完成了高62米的宁夏第一个电视铁塔安装。

3. 钢模板施工。随着钢筋混凝土大量应用于工程建设，木材供应紧缺和高成本成为基本建设的难点和热点。1966 年施工企业开始以钢代木，采用钢模板的初期，仅限于小型混凝土构件，如预制槽形板、盖板、过梁等，捣制的圈梁、小型承重梁等。钢模板也仅是将钢板根据需要，切割成常用尺寸的块状，四周预先钻出适当的孔洞，支模时，用铁钉钉在木模上。随着钢模板的大量使用，1980 年后，钢模板发展成先进的定型钢模板，1983 年形成更加先进适用的组合钢模板，最终实现了以钢代木，建筑业摘掉了木材消耗大户的帽子。1984 年，宁夏年组合钢模板年生产能力达到 24 万多平方米，仅自治区建筑总公司 1982 年自备组合钢模板 1 万多平方米，1983 年达到 2 万多平方米，1983 年上升到 3. 38 万平方米。以钢代木，节约了大量木材，仅 1984 年节约木材 2292 立方米。1983 年自治区第二建筑公司采用钢模板、钢门窗成效显著，被评为全区节约木材先进单位，受到自治区政府的嘉奖。

4. 滑模施工。1966 年，自治区第一建筑公司在银川化肥厂造粒塔筒仓工程施工中，首次采用自制车轮式人力螺旋丝杠升模，开创了宁夏混凝土滑模施工新工艺，为混凝土施工全面使用钢模板积累了经验。实践证明，混凝土施工钢模板化，不仅质量好、速度快，而且节省了大量木材，有效地缓解了我国木材紧缺的难题。

5. 折板屋面。自治区第一建筑公司 1966 年在银川化肥厂跨度 24 米的职工食堂工程施工中，屋面采用预制预应力钢筋混凝土 V 形折板，解决了大跨度屋面施工难题。随后，自治区第五建筑公司自建办公楼、银川工艺品大楼都采用了预制预应力钢筋混凝土 V 形折板。

6. 大型沉井工艺。1968 年，自治区第二建筑公司在石嘴山电厂河心取水泵房工程施工中，采用大型沉井工艺，创造了当时全国第一。

7. 钢珩架。1982 年，自治区第二建筑公司在承建石嘴山大武口电厂高 53 米、建筑体积 28 万立方米的主厂房施工中，采用钢珩架分段预制，整体拼装，起吊张拉；180 米烟囱采用无井架内衬砌筑与外壁钢筋混凝土液压钢模滑升同步进行；双曲线冷却塔采用吊桥折迭安装及下落新工艺、新技术取得明显效益。

8. 内板外砌和内浇外砌。1979 年以后，建筑工程，特别是住宅工程建设大量推广内板外砌和内浇外砌新技术、新结构、新工艺。1979 年至 1982 年，自治区建筑总公司内浇外砌住宅 32 项工程，面积达到 96970 平方米，内板外砌 16 项工程，面积达到 41228 平方米，全装配大板 7 项工程，面积达到 18700 平方米，占总公司全部住宅面积的 36. 85%。自治区第一建筑公司内板外砌体系，1983 年荣获自治区优秀科技成果奖。

9. 砂浆、混凝土砂浆集中搅拌。自治区第二建筑公司 1984 年在大坝电厂施工中，建立了砂浆、混凝土集中搅拌站，材料使用电子计量设备，不仅确保了砂浆、混凝土的质量，而且节约了大量人力和材料。1996 年以后，自治区城市建筑施工，砂浆、混凝土逐步走向工厂化、商品化，不仅省工、省料，而且减少了城市建筑污染，为市民优化居住环境创造了条件。

10. 钢筋混凝土沉淀池施工。宁夏煤炭基建公司在石嘴山市污水处理厂中间沉淀池工程施工中使用泵送混凝土和无粘结预应力技术，不仅施工速度快，省人省力，重要的是改变了池底结构，增加了池体的有效容量，而且防漏效果极佳，为我区地下施工技术革新摸索出新的施工技术。

11. 顶进法施工。银川市政一公司 1975 年承建的银川市纬六路立交桥工程，是自治区第一座公路铁路立交体交叉桥，桥长 265 米，桥宽 31 米，高 6. 9 米。在施工中采用箱桥顶进法和大中降水法施工获得成功，在施工过程中既保证了包兰铁路畅通，也为宁复高水位施工地下工程降水开创了新路，箱桥自重 4660 吨，总顶程 37. 04 米，在不影响铁路通车的情况下，改进降水、沉桩工艺，在保安全、保质量的前提下，平均日顶进 1. 46 米，施工技术达到国内先进水平。

12. 大跨度预应力钢桁架。1983 半自治区第二建筑公司配合西北电力设计院、哈尔滨建工学院成功进行全国跨度最大跨度（60 米跨、下弦为预应力钢绞线束）的预应力钢桁架施工试验研究，并在大武口电厂输煤栈桥施工中试验应用成功，这种新型予应力钢结构不仅能节约钢材 30% ~40%，而且可以达到大跨度、安全、可靠，经济效果好。大跨度预应力钢桁架荣获自治区 1990 年科技进步三等奖。

13. 振动灌注桩机。自治区第一建筑公司研制的振动灌注桩机获全国科学大会奖励。

14. 插入式混凝土坍落度测定器。自治区第一建筑公司研制的插入式混凝土坍落度测定器，经全国 26 个省、市、自治区 123 个施工、科研、教学单位试用成功应用。

15. 减水剂。1984年,自治区第三建筑公司研制的混凝土减水剂,经过实践应用,效果显著,荣获全国科学大会奖励。

16. 电动提模。大坝电厂是国家“七五”重点工程,210米混凝土烟囱在基础正负零处筒壁内半径10.15米,外半径10.65米;18.5米处,内半径9.04米,外半径9.54米;壁厚0.5米,外壁变坡6%。自治区第二建筑公司在囱身施工中,采用折移式钢范本翻模施工。出灰平台到210米段,采用电动升模体系施工。其主要方法是:正负零到18.5米段采用内外双排架,组合钢模板施工,垂直运输采用两个卷扬机井架,中心井架为中心吊线垂专用。待筒壁施工到18.5米后,内脚手架拆除。混凝土采用350公升卧轴式和400公升普通式搅拌机搅拌,铁锹入模,50圆插入式振动棒振捣,筒身18.5米以上电动提升钢滑模施工。由于施工组织合理,采用技术先进,工程不仅进度快,而且质量非常好。封顶后,经质量检测,筒身上口中心与基础中心垂直度偏差小于3毫米。动提模新工艺荣获1990年自治区科技进步二等奖。

17. 钢管扣件井架。为了充分发挥宁夏的能源优势,自治区人民政府先后批准开工了许多能源基础工程项目。大坝电厂是国家“七五”重点能源工程,也是自治区能源基础工程项目。自治区第一建筑公司在承建的103米冷却塔项目施工中,根据该项目独特的施工工艺和工程质量要求,为了确保工程质量和工期,在施工中成功应用120米普通钢管扣件井架,被第八届中国专利新技术、新产品博览会组委会评为金奖项目。

18. 条式滑移隔震住宅楼。全国首栋条式滑移隔震砖混住宅楼在银川建成,并于1995年7月18日经过了现场测试验收,各项性能、质量全部达到设计标准。

19. 钢筋气压焊。经过几年的实际试验,钢筋现场撇开式气压焊成功通过各种技术指标测试。自治区建设厅1995年正式发布实施《钢筋气压焊(撇开式)规程》,在全区全面推广应用钢筋气压焊。钢筋气压焊是将钢筋对接点通过快速电加热后,将溶点挤压连接,不改变钢筋技术性能,是一种操作简便,节省人力、材料、电能,质量好,效率高的钢筋焊接的新技术,彻底解决了钢筋搭接焊费时、费材料,焊接质量、钢筋保护层难以保证的难题。

20. 无粘结预应力混凝土。1998年,在宁夏体育场改造工程施工中,推广应用了无粘结预应力混凝土,取得了显著成效,这项科研成果,得到了宁夏建设新产品推广认证。

21. 建筑保温板。1998年,由宁夏第一建筑公司研制的膨胀珍珠岩保温芯板、水诡聚苯保温板、轻质保温板等建筑保温材料通过自治区建设厅1998年建设科技新产品推广认征,并荣获国家专利。

第四节 境外承揽工程施工

1980年,中国建筑工程总公司宁夏分公司成立。是年,宁夏公司通过中国建筑工程总公司,签订了为北也门马里卜省府办公楼、省长官邸、4个医院及萨那地区交通部办公楼和132套住宅、东法院等工程提供劳务的劳务承包合同,总建筑面积28506平方米,工作量7516.5万里亚尔,约合1634万美元。按合同规定,中建总公司除负担宁夏劳务人员在国外的生活零用、奖金等各项费用外,在国内还向派遣单位支付每人每月120元(后改为150元)的包干费,如有盈利,按四、六比例(自治区为40%)进行盈利分成,亏则由中建总公司负责,自治区输出劳务企业不承担风险。1980年底自治区派遣26名先遣人员,1981年2月7日派出203人赴北也门施工,当年分得利润107.9万元,外汇额度60.4万美元。1982年派遣435人,分得利润67.4万元,外汇额度未分配。1983年派遣268人,分得利润129.6万元,外汇额度72万美元。1984年派遣112人,分得利润0.7万元,外汇额度8万美元。1985年派遣228人,1986年10月底派遣188人,这两年均未分得利润。

1981年~1984年,自治区建筑施工企业在向中建总公司北也门、伊拉克、利比亚和苏丹工程提供劳务的同时,宁夏分公司与中建总公司签订了4475套约35万平方米住宅工程的分包合同。其中10月6日城工地1000套,西努巴尼亚975套,阿斯旺2500套。合同规定上缴中建总公司预测利润提取60%的管理费和按工程造价提取2%的埃方人员代理费外,由分包单位自主经营,自负盈亏。当年7月赴埃及施工人数达267人,1985年1051人,1986年10月底为900人。

宁夏建筑施工企业远赴阿拉伯北也门、埃及和科威特等国承揽工程取得了较好成绩。埃及"十月六日城"1000套住宅项目和阿拉伯也门"马里卜首府楼、省长官邸、医院"等工程,由于速度快、质量好、造价低,受到了当地政府

1984 年，时任宁夏第一建筑公司副总经理史是伟(后排左 3)与宁夏驻埃及项目部工作人员合影。

和有关方面的好评。出国承揽工程不仅锻炼了队伍、增加了职工收入，而且扩大了宁夏和宁夏建筑业在国际市场的知名度和信誉。1980 年到 1984 年完成国外工程 5678.8 万元，实现利润 707.86 万元，建筑工程竣工面积 20628 平方米，出国人员总数达 2667 人次。

但是，随着国外建筑市场竞争形势的变化，工程报价越来越低，各国从保护本国建筑业利益出发，对外国公司要求条件日益苛刻，加上宁夏国外工程管理跟不上，工作脱节，劳动纪律松散，效率低，经济效益下滑，出现亏损。埃及 1000 套住宅 1987 年底竣工结算，亏损 305.5 万埃镑，阿斯旺工程 87 年底已亏损 541.6 万埃镑，西奴 C 区竣工盈利 72.8 万埃镑，盈亏相抵，亏损近 800 万埃镑，折合人民币 1500 万元。北也门提供劳务只能收回国内工资，分不到利润；埃及工程自 1985 年下半年起，企业未得到中建总公司埃及经理部一元钱；出国职工国内工资及出国体检、照相、制装、防疫、办护照等各项费用，全由宁夏分公司或派出企业垫付，甚至大量贷款付息，据统计贷款总额高达 220 万元，企业陷入困境，经济亏损严重，面临撤兵的困境。

根据 1986 年中共宁夏党委批准的宁夏建设银行总会计师杨润霖提出的建设性意见，1987 年派遣以建设厅厅长董家林为首的 4 人工作小组赴埃及和北也门试行国外工程管理改革。工作组视察了 20 个施工点，召开了 15 次职工大会，和干部、工人吃住在一起。经过调研，制定了国外工程承包管理改革方案：一是取消出国人员国内工资和制装费，国内短途差旅费个人自理，选择费用低的国际航班和线路，其他费用一次包死，以降低人工费用，增强竞争力；二是打破国外分配上的平均主义，取消国外的固定津贴，工人工资收入实行按定额完成情况全额浮动，干部奖金发放和经济效益挂钩，上不封顶，下不保底，超额累进重奖，拉开收入差距；三是改变项目经理两年一期轮换制，实行项目经理任期目标责任制和项目负责制，项目经理从项目洽谈到交工负责到底,工程不交工不能回国;四是实行全民、集体施工企业一齐上,扬长避短,发挥各自优势,使出国承包与脱贫致富相结合。工作组与中建经理部进行多次谈判,决定更换北也门项目部经理,与项目组签订了《经济责任承包书》和《项目部经理奖惩办法》,进一步调动了项目部和职工的积极性。项目部在浙江、新疆等省施工队伍纷纷撤离埃及的情况下,知难而进,与中建总公司签订了"十月六日城'480'"工程1000套住宅分包合同;1988年,再次派遣以建设厅副厅长黄超雄为组长的工作小组赴埃及、北也门、科威特3国,总结分包项目改革经验,研究深化改革措施,为进一步开拓国外市场打基础。实施改革办法后,宁夏大成工程承包公司与区建二公司、中国对外材料设备公司联手参与中国北方公司总承包公司乌干达871工程国内招标分包,一举中标;宁夏分公司与北也门签订了364套住宅工程,这是国外工程承包改革后,第一项由分公司包工包料工程。国外工程承包改革后,由宁夏第一建筑公司广和分公司承包的"十月六日城'480'"套住宅工程和由经过短期培训,在1987年2月开工时,全面推行减亏增盈、减人增效的国外工程承包管理改革方案,结合原1000套工程打下的基础,施工条件好,项目组认真管理,精打细算,实行实物量定额包干,有效地控制人工费,提高劳动生产率,当年盈利5.04%,每月人均净收入92美元。

1987年,自治区新月建筑工程公司组织以回族为主体的乡镇建筑队伍承包国际工程和劳务输出队伍,进入国际建筑市场,赴埃及承包工程。项目组有胆有谋艰苦起家,抓关键,重索赔,在土方工程上用6000埃镑赚回14万埃镑。同时用"四对比"方法严格控制材料采购价格,当年年底盈利1.1%,每月人均净收入70多美元。同年,宁夏大成公司与宁夏第二建筑公司联合承包871工程。

1988年,埃及1219套住宅及配套的商店、学校、清真寺、西努巴尼亚土地改良c区975套住宅5个村点、阿斯旺省47栋984套4千多平方米住宅交工,受到多方好评。特别是埃及1219套住宅工程,由于质量好、速度快、造价低,受到埃及总统穆巴拉克的称赞。

1989年中国建筑工程总公司宁夏分公司和宁夏区建三公司联全分包阿联酋80套住宅工程,总建筑面积3.91万平方米,承包总价1116万美元。当年,宁夏共组织210人到国外承揽工程,全年完成产值677万美元,竣工面积

10万平方米。

1989年，时任宁夏第二建筑公司副总经理王焕平（左一）在境外施工现场。

1990年以后，由于国际建筑市场竞争日趋激烈，成交条件苛刻，标价下跌，加上物价上涨，工程款拖欠，管理不善等诸多原因，宁夏施工队伍纷纷退出国外市场。但是宁夏二建集团公司以1987年派出800多人赴乌干达承建乌干达国防系列工程、卢旺达国家医院工程为契机，与中国北方工业公司、乌方合资，在乌干达注册成立了米达林工程公司。由于在乌干达注册了合资公司，得以在乌干达及周边国家继续承包工程和劳务输出。1994年承建乌干达国防系列二期工程，1996年承建伊网加铁路桥工程，1997年承建乌干达国防系列三期军营维修工程，1998年承建坎帕拉医疗中心工程、诺威电站工程。多年来，该公司先后派出1300名人员，远赴也门、埃及、乌干达、卢旺达、贝宁等国家和地区承建工程，并多次向日本、新加坡派出劳务150人。

第五节　建筑施工企业及重点建设工程

建设施工企业

宁夏第一建筑工程公司　1950年1月，甘肃省在兰州市先后组建西北军区后勤生产部共和建筑公司、西北建筑公司、甘肃省五一建筑公司、甘肃省军区中华建筑公司、中国建筑公司驻兰州办事处等五大建筑公司。1952年7月，甘肃省人民政府将五大建筑公司合并，组建甘肃省建工局建筑工程公司，1956年2月改组为省建一、二、三公司，同年5月省建二公司调甘肃省张掖市，并于1957年2月更名为张掖市建筑公司，1958年8月迁往银川，与银川专署工程队合并，组建宁夏回族自治区建筑公司。1962年8月，国家建工部党组、西北建筑工程管理局指示，宁夏回族自治区建筑公司、建工部三局五公司、二局五公司三工区合并，组建建工部西北工程管理局第九工程公司。1965年7月划归建工部第七工程局，更名为建工部第七工程局第六建筑工程公司。

1966 年 1 月,为加速宁夏基本建设步伐,七局六公司归属地方,改称宁夏回族自治区建筑工程公司。1972 年 3 月,更名为宁夏回族自治区第一建筑工程公司。经过 50 年的拼搏,1991 年被国家建设部授予“全国先进施工企业”称号,1993 年被国务院发展研究中心、国家统计局评定为“全国 500 家最大施工企业”,1994 年被国务院发展研究中心、国家建设部评定为“全国 500 家最大规模建筑企业”,1997 年被国家建设部授予“精神文明先进单位”,1999 年被全国总工会、国家经贸委授予“优胜企业”称号,成为能够承接各种大型工程建设的国有一级建筑工程总承包施工企业。公司经理史是伟被中国建筑业联合会授予优秀建筑企业家光荣称号。

宁夏第二建筑工程公司　1951 年 4 月 1 日,于黑龙江省哈尔滨市成立,全民所有制建筑工程总承包一级施工企业 1956 年为了支援西北建设,由东北调迁甘肃省兰州市,承担了国家“一五”计划重点工程兰州炼油厂,西固电厂,水厂等大型工程项目建设。1966 年调迁宁夏,承担石嘴山钢厂,电厂,西北轴承厂等重点工程建设。1972 年下放地方,由中建部七局八公司改名为宁夏回族自治区第二建筑工程公司以来,先后承建了大武口电厂、大坝电厂一二期工程、石嘴山电厂一二期工程、银川热电厂、中宁、灵州、马莲台、河滨电厂等工程施工建设。1996 年经过企业改制,更名为宁夏二建集团有限责任公司。经过几十年的发展,宁夏第二建筑工程公司不仅能承包工业与民用建筑工程,机电设备安装,消防设施工程,建筑装饰装修工程,钢结构工程及市政公用工程施工而且具备对外经营合作权,能对外开展国际工程承包,劳务合作及相关机械设备材料出口业务,是取得 2000 版国际质量管理体系认证和英国 nqa 认证证书的“双证”企业,特别是擅长以施工高难险大的烟囱,水塔工程著称,多年来建成 80 米到 210 米不等烟囱 11 座,淋水面积 1000 米到 4000 米不等的冷却塔 12 座,电力建设的土建施工规模由 2.5 万千瓦机组上升到 5 万、10 万、33 万、40 万千瓦机组。其中自治区内最高的构筑物大坝电厂 210 米钢筋砼烟囱电动滑模,获评国家科技成果奖,全国总工会职工技协优秀技术成果奖,自治区技术进步二等奖。经过几十年建筑市场的历练,宁夏第二建筑工程公司不断发展壮大,具备了相当的市场竞争力,赢得了良好的社会信誉,先后被建设部授予“全国先进施工企业”,“全国建设系统精神文明先进单位”,被全国总工会和国家计委评为“全国合理化建议和技术改进先进单位”。

宁夏第三建筑工程公司　1951年4月1日成立,全民所有制建筑工程总承包一级施工企业,20世纪50年代~60年代,公司转战京、津、唐地区,参加了首都人民大会堂,中共中央党校,京钢铁学院,唐山电厂,唐山钢铁公司等国家重点工程项目的建设。1965年初,根据当时加强三线建设的需要,改称国家建工部七零二公司,成建制地来到宁夏,承建工程项目建设。1970年下放地方,成为自治区第三建筑工程公司以来,承建的工程项目涉及工业、农业、水利、电力、能源、交通各个领域,足迹遍及宁夏大地,相继承建了宁夏水泥厂、宁夏化工厂、宁夏炼油厂、自治区邮电局调度指挥中心大楼等自治区及国家重点工程建设。经过几十年的发展,宁夏第三建筑工程公司已成为以建筑安装工程为主业,建筑装饰,钢筋混凝土构件制作,铝合金门窗制作,氧气,乙炔气,各类水磨石构件生产,房地产开发,汽车运输,机械土石方多元化经营为一体的自治区骨干施工企业,可安装中型工业建设项目的设备、线路、管道、电器、仪表及其整体装置,可制作安装各种非标钢构件,可安装20吨锅炉及一般压力容器的制作安装,可单独承担总造价1500万元及以下的建筑装饰项目施工,可承建150万元以上的防腐项目,完成大型土石方工程。

宁夏第四建筑工程公司　1958年8月10日,全民所有制施工企业固原建筑工程营成立(曾改称固原工程队),有职工490人(其中管理干部13人,工程技术人员6人,生产工人455人)。公司机关设有办公室、生产技术组、财务组等机构。下设混合作业队3个,铁匠组1个。1964年4月,公司改称固原专署建筑工程公司。1960年大办农业、大办粮食,公司仅剩49名职工,基本停止承建工程。1962年,公司与固原县建筑工程队合并,称固原县建筑工程公司,由固原县管理。1976年7月1日,又在固原工程队的基础上,组建固原地区建筑工程公司,由固原地区计划委员会管理。公司设有中共党委和革命委员会,有职工289人,年产值150.51万元,年竣工面积4272平方来,全员劳动生主产率5453元,实现利润0.41万元。1980年8月1日,改为宁夏回族自治区第四建筑公司。1990年公司有职工480人,完成产值491.38万元,年竣工面积21073平方来,全员劳动生主产率10237元,实现利润10.55万元。

宁夏第五建筑工程公司　创建于1953年,前身为建工部八局一公司五处,在"一五","二五"计划期间,均担任国家重点工程建设,后改编成建工部八局四公司。1965年经国家建设部批准,八局四公司三工区改称八局一公司五处,由大同调往宁夏银川市,承建七机部国家一级重点工程。国家基本建设委员会〔1970〕基本字219号文决定从1970年12月将八局一公司五处下放宁夏回族自治区,改称宁建一处,直属自治区基本建设局。1979年6月,自治区计基字〔1979〕102号文件批复,撤销宁建一处,成立宁夏回族自治区住宅建筑工程公司,1983年经自治区人民政府批准,改称为宁夏回族自治区第五建筑工程公司,为全民所有制建筑工程总承包一级施工企业。多年来,承建了自治区河东机场,宁夏人民大会堂等重点工程建设,为宁夏建筑事业作出了突出贡献,受到了社会的认可。1980年被国家评为"全国安全生产先进集体",连续三年被评为"全国安康杯优质工程奖"4项,获建设部优质工程奖一项。

宁夏第六建筑工程公司　原为华北基本建设公司天津分公司,后改为华北直属第二工程公司,1955年迁到内蒙古包头市,为建工部第二工程局五公司。1958年建工部第二工程局五公司二工区、三工区承担宁夏石嘴山发电厂、钢厂部分工程施工。1962年国家调整建筑队伍,建设部将留守石嘴山的300余人划归国家第七工程局第六建筑工程公司,后更名为西北建设局第九公司一处。1966年经石嘴山市委批准西北九公司一处与石嘴山市土建队合并成立石嘴山市建筑公司。1986年9月25日,由石嘴山市政府、市委、自治区建设厅、自治区建设银行、自治区建设总公司五方协议批准,将石嘴山市建筑公司归属自治区建设总公司直属管理,并更名为宁夏第六建筑工程公司。1998年宁夏第六建筑分司经自治区建设厅宁(法)字〔1998〕10号和宁建(办)字2号文件批准,改制组建宁夏石元房地产开发有限责任公司和宁夏石元建筑工程有限公司。

银川市第一建筑工程公司　1958年11月28日,经银川市人民委员会决定,在银川市建筑工会的基础止,组建银川市建筑工程公司,即银川市第一建筑工程公司,企业经济性质为国营建筑施工企业,由银川市建筑工程公司和银川市市政工程公司组成,隶属银川市基本建设委员会管理。经过精减下放,1962年公司职工由1800人减少到308人,公司更名为银川市房屋修缮工程队。1979年5月1日,更名为银川市第一建筑工程公司。1990年3月1日,经银川市人民政府决定,报自治区计划委员会批准,公司由科级企业升为县级企业,2000年经公司第八届三次职工代表大会讨论通过,公司改制为银川市第一建筑有限责任公司。

贺兰县建筑工程公司　1970年11月,组建成立贺兰县建工队。1978年4月8日,更名为贺兰县建筑工程公司,企业经济性质为国营建筑施工企业。是当时全自治区唯一的县级国营建筑施工企业。1978年被银川市人民政府命名为大庆式企业,1988年被县人民政府列为企业经营承包改革试点单位,企业开始由生产型向经营承包型过渡,1992年开始第二轮经营承包。在第二轮经营承包的第一年,公司完成20多项工程建设,建筑面积3万多平方米,建安产值1200多万元。在第二轮经营承包中,三年完成建安产值2827万元,实现利税175万元,新增固定资产112万元,有9项工程被评为县级优良工程,1993年荣获县级文明单位称号。

"九五"重点建设工程简介

青铜峡铝厂三期10万吨电解铝工程　经国家计委批准,1999年3月1日青铜峡铝厂三期10万吨电解铝工程正式开工建设。该项目占地面积53.39万平方米,建筑面积22.46万平方米,由贵阳铝美设计研究院设计,规模为年产十万吨电解铝、6.8万吨碳素制品,由电解、碳素、供电、铝锭铸造、公用、化验、运输、管理及职工生话区9个系统78个子项目组成,概算总投资172929万元,其中:项目资本金47267万元,分别由青铜峡铝厂、宁夏电力开发投资有限责任公司、宁夏经济协作开发公司投资。工程采用先进、成熟的200KA大型预赔阳极电解槽,引进国外关键设备技术,具有国际先进水平、国内领先水平。三期工程历时工期34个月,扣除冬季停工期,实际工期28个月,计划2001年6月首批66台电解槽通电投产,2001年底形成10万吨电解铝产能。通过两次招标,区内外20多个施工企业中的10多个中标企业参予了工程建设。经过上万名职工一年多的精心施工,截至2000年底,碳素系统主要生产线提前陆续投产,首批电解槽全部安装完毕,是目前国内同类项目设计建设周期最短的工程。三期工程全部建成投产后,青铜峡铝厂电解铝产能将超过20万吨,碳素制QTX品达到12.8万吨,不仅名列全国铝冶炼企业前三位,而且采用国内同行业最先进的模糊等综合自动化控制技术,使环保达到一个新高度,每年新增产值150000万元、用电量19亿KWH、煤炭60万吨、运力70万吨,具有国际水平,对实现自治区煤、电、铝联合发展战略,促进电力、运输等行业的发展,拉动地方经济增长都具有十分重要意义。青铜峡铝厂三期工程完成后,将成为中国第三大电解铝企业,全国520家重点企业之一,产品QTX牌P1020铝锭在伦敦交易所注册。

大坝发电厂二期扩建工程　始建于1988年4月的大坝发电厂是国家重点建设项目,是目前宁夏最大的火力发电厂,也是宁夏能源工业的龙头企业。该厂设计规模为3600MW,由国家能源投资公司与宁夏自治区政府各投资50%合资兴建,总投资23.77亿元。工程计划分三期建成,其中二期工程安装两台300MW汽轮机组。二期工程国家计委于1991年7月批复兴建总投资23.77亿元,每千瓦造价3961元。工程于1994年4月18日开工建设,土建工程主厂房、烟囱、冷却塔由宁夏第二建筑公司施工,设备安装工程由东北第三火电安装公司安装。两组汽轮机组分别于1997年10月25日和12月19日完成168小时试运行双投产发电,并于1998年初实现了基建达标投产。大坝发电厂二期扩建工程的建成投产,有效地缓解了宁夏的缺电局面,满足了电力负荷增长的需要,解除了制约宁夏经济发展的瓶颈,实现了变输煤为输电的决策目标。

宁夏化工厂

宁夏石化分公司第二套大化肥工程　1997年国家第一批新开工重点工程项目宁夏石化分公司第二套大化肥工程1997年6月全面开工建设,总投资14.5亿元,建成后年新增合成氨30万吨、大颗粒尿素52万吨。工程建设充分依托宁夏石化分公司原有装置和公用工程设施,依靠新技术把改造与扩建有机地结合起来,建立建全投资约束机制,发包、材料、设备采购全面实行招投标,质量控制实施全过程"四全"管理,实现工程投资、工程进度、工程质量三大控制。该工程1999年8月基本建成,9月30日打通全流程,产出合格产品,实现了宁夏化肥产业的生产集中度,促进了西部地区天然气转化经济效益,产生了规模效应,有力地促进了地方经济发展。第二套大化肥建成投产,改善了宁夏石化分公司的原料结构和品种结构,增加了化肥产业的生产集中度,产生了很好的规模效益。

银川(长城)30万套全钢载重子午线轮胎工程　为1998年第六批国家重点专项限额以上的开工项目,1999年10月开工建设,总投资80475万元。全钢载重子午线轮胎是集多种先进技术为一体的高新技术产品,具有使用寿命长,低滚动阻力,节能,高速下行驶安全,乘座舒适等优点。全世界子午胎年产量占轮胎总产量的85%,西欧子午化率100%,美国达到90%。中国2000年子午轮胎产量居世界第三位,但子午化率仅为37.69%,其中载重轮胎子午化率只有9%。项目建成投产后,将填补了中国西北、华北地区子午轮胎生产的空白,并创造巨大的经济效益。首期30万套生产规模即11种规格年产22万套有内胎载重子午胎和8万套无内胎载重子午胎,年均将实现销售收入(含税)53367万元,出口创汇1696万美元,利税20801万元,净利润9860万元。

大元炼化扩建工程　宁夏大元炼化公司在"九五"期,先后投资6.41亿元对大元炼化进行了改扩建,其中:1.17亿元投资1万吨聚丙稀装置建设,投资3.65亿元用于60万吨重油摧化裂化技改项目建设,投资1.974亿元用于2万吨氢氧化钾扩建工程,投资2537.19万元用于中银输油管道建设,投资3400万元用于原银川氮肥厂改建化肥分厂工程,投资6184万元用于100万吨常压建设,投资2821.66万元化肥厂合成氨改造工程,投资1156万元对重整装置进行了技术改造,投资3600万元进行油罐改扩建。大元炼化公司通过一系列改扩建,新增销售收入7.7亿元,新增利税2.63亿元,工业总产值增长幅度达到90%左右。扩建工程竣工投产后,公司拥有150万吨/年的常压装置、80万吨/年的重油催化装置、5万吨/年的氧化沥青装置、2万吨/年的氢氧化钾装置、1万吨/年的聚丙烯钾装置、15万吨/年的重整装置、4万吨/年的合成氨装置和10万吨/年的碳酸氢氨装置,可生产90#、-10#、-20#柴油,民用液化气、聚丙烯、碳酸氢氨、液氯、高纯度盐酸和高纯度氢氧化钾,是一个集石油炼制、石油深加工及化工生产为一体拥有总资产18.6亿元,累计实现利税12.86亿元石油化工企业。

美利纸业三期工程　美利纸业三期工程包括15万吨原料基地、5.1万吨麦草浆连蒸、5.1万吨废纸脱墨、9万吨高档文化纸、9.2万吨中档文化纸、2万吨板纸、1.2万吨抄纸的白水回收、5万吨综合污水处理和2×1.2万WH发电机组、3×75T/H锅炉热电站工程。"九五"期间完成三期工程总投资90650

万元，形成造纸能力 20 万吨，新增销售收入 133800 万元，创利税 34600 万元，净增利润 29400 万元。美利纸业三期工程竣工投产后，美利纸业总资产达到 20 亿元，年制浆 20 万吨，年造纸 20 万吨，成为宁夏 21 家重点骨干企业之一，国内大型造纸骨干企业。

银川热电厂　该工程由宁夏电力开发投资有限责任公司与宁夏电力建筑安装工程公司按 7:3 合股投资，1998 年 9 月 9 日开工建设，1999 年 10 月 26 日 1#炉投产运营，1#机并网发电，11 月 5 日热网供热；2000 年 1 月 2 日 2#炉投产运营，2#机并网发电；2000 年 7 月 6 日 3#炉投产运营。截至 2000 年底完成投资 39101 万元，供热面积 120 万平方米。银川热电厂建成，实现了热电综合利用，取缔了银川市工业和民用小锅炉，昔日银川冬季高污染的空气明显好转。

小巨人机床厂扩建工程　位于银川高新技术开发区的宁夏小巨人机床有限公司，由宁夏长城机床厂和日本山崎马扎克有限公司共同投资 620 万美元合资兴建，占地面积 7 万平方米，厂房面积 1.2 万平方米，是一座加工高度柔性化、复合化、精益化，管理网络化、信息化、智能化的全新机床制造厂，达产后人均劳动生产率可达 160 万元。小巨人机床厂的建成投产，将引导中国机床制造业进入世界先进行列，产品将替代进口，实现中国现代机床国产化。

长宁天然气管道工程　1997 年 1 月宁夏和长庆石油勘探局合资成立宁夏长宁天然气有限责任公司，同年 3 月经国务院批准建设，计划投资 4.7 亿元建设长宁天然气管道。长庆气田至银川输气管道途经陕西、内蒙、宁夏的 8 个县（旗）、市，全长 293.41 公里，工程经过公开招投标，先后有国家石油天然气管道建设系统的 8 支施工队伍中标，近万名人员投入建设。1998 年 10 月实际投入投资 4.2 亿元建成的管道正式通气点火。长宁天然气管道的建成投运，将在实施西部大开发的战略中，起到不可低估的重要作用。

宁夏人民会堂　是宁夏回族自治区成立 40 周年的献礼工程，与毗邻的宁夏体馆、中山公园及光明广场构成了银川一道亮丽的风景线。经自治区人民政府批准工程于 1996 年 12 月兴建，内部结构为 4 层，总建筑面积 12880 平方米，投资 8000 万元，为区内当时最大的会堂建筑。会堂中心会议厅设有 1424 个座位，楼座 580 个，池座 580 个；主席台高 8.6 米，宽 18 米，可容纳 100 人的主席团就坐。设有 4 块液压升降板，2 台电动车台和整体升降式乐池，技术装

宁夏人民会堂

备国内屈指可数。宁夏人民会堂整体结构为外圆内方，造型优美，寓意回汉民族大团结，气势恢弘；该工程外形顶端为一个直径28米的球面体，晚间四周灯光齐射，形成众星捧月之势；宽厚的主房檐下镶着一排拱型装饰板，体现了浓郁的伊斯兰民族特色。宁夏人民会堂经过宁夏第五建筑公司598天的紧张施工，1998年8月以优良的工程质量竣工，同年10月中旬正式对外开放，它既是自治区各族人民共谋大计的神圣场所，也是自治区各族人民重大政治文化活动的重要舞台，还是自治区改革开放的窗口。

银川河东机场　位于银川市城区以东19公里的黄河东侧，1995年11月28日经国务院、中央军委批准兴建，占地5560亩，总投资5.4亿元，机场设计技术标准为4D级，候机楼建筑面积15000平方米，跑道长3200米，宽45米，设联络滑行道2条，可起降波音747以下各类机型，站坪面积5万平方米，停机位6个，属国内干线机场。工程于1997年9月6日建成投入使用后，开辟了银川至北京、西安、成都、重庆、昆明、乌鲁木齐、沈阳、上海、武汉、广州、福州、西宁、南京、太原、青岛、长沙、兰州、敦煌等飞往全国18个省、市、自治区大中城市的航线，是西安咸阳机场、兰州中川机场备降机场。2000年旅客吞吐量突破30万人次，是国家民航总局评估全国民航机场2个安全生产合格单位之一，为促进宁夏的对外开放和经济社会发展，发挥着越来越大的作用。

古王高速公路　古窑子至王圈梁高速公路是国家计划委员会批准建设的国家"九五"计划重点工程之一，是规划建设公路网"五纵七横"12条国道主干线青岛、太原、银川公路宁夏境内段，全长94.038公里，全封闭、全立交、全控制出入，设计行车速度为100公里/小时，路基宽26米，双向四车道，每车道宽3.75米，中央分隔带宽3米，两侧硬路肩宽2.5米，路缘带宽0.75米。1999年3月8日开工建设，计划2001年9月28日通车，总投资20.8余亿元。在"九五"计划期的1998年至2000年底古王高速公路共完成投资8.9亿元，其中：1998完成投资2亿元，1999年完成投资3.4亿元，2000年完成投资3.5

亿元。该工程1999年和2000年在国家交通部两度组织的全国在建重点公路工程项目质量检查中，分获90分、96分和国内通报表扬，名列全国在建重点公路工程项目质量前列，受到交通部高度评价。据专家估算，“九五”计划期间，仅古王高速公路建设，增加GDP3.56亿元，三年分别拉动宁夏GDP增长了0.38、0.62、0.58个百分点。古王高速公路建成通车后，丹东至拉萨公路（GZ25宁夏境内352公里均建成高速公路），标志着国道主干线在宁夏形成的“X”型主骨架，基本高速化、现代化，为“西部大开发、宁夏要争先”奠定了基础。

邮政生产指挥调度中心　工程总投资1.25亿元，建筑面积32400平方米，主楼地上19层，屋面高度70.4米，框架剪力墙，8度抗震设防，耐火一级。由中建三局于2000年3月开始施工。主体混凝土量为6768立方米，钢筋用量为2311吨，模板支护量为7800平方米，宁夏兴建混凝土业构件有限责任公司供应商品混凝土，泵送浇筑。工程建设严格按照施工规范和验收规范检查验收，2000年9月6日经宁夏建设工程质量监督总站对工程的基础、地下室、主体分部进行质量检查，评为优良工程，并通报表扬。

第三章　建筑管理

第一节　质量安全管理

从中华人民共和国成立到1985年,宁夏建筑工程质量和安全生产一直是由施工企业自设的质量管理部门监管,安全生产由上级相关部门督导。工程竣工后,工程质量由建设单位按国家质量验收标准对进行验收,合格后,施工企业将已完工程交付建设单位使用。改革开放以后,为了适应市场经济发展,国家进行了大规模的基本建设投资和大量的住宅建设,这种自建自管工程质量很不适应建筑业迅猛发展要求,加之长期以来“左”的错误指导思想影响,特别是“文化大革命”的干扰破坏,重进度、轻质量的思想在一部分领导、工程技术人员和工人中较严重的存在,使工程质量长期处于忽高忽低状态,矛盾越来越突出。全区国营施工企业为了增加社会信誉,从1980年,起步创建设工程质量创全优工程活动,工程质量由注重主体工程质量发展到注重装饰工程质量,尽量为用户着想。工程竣工后,交付用户使用时做到窗明地净,水通灯亮,环境整洁,道路畅通。一些施工企业还实行定期回访和保修一年制度,提高了社会信誉。到1980到年底,全区共创优良工程1927个,优良面积143.61万平方米,工程质量优良品率达60%左右。但是经国家城乡建设环境保护部工程质量检查组对宁夏5个国营施工企业的15个评为“优良”的竣工工程质量检查,结果全部都是不符合标准。为了维护建设单位和施工企业的双方利益,加强工程质量监控,规范建筑市场行为,各级建设行政主管部门逐步成立了专职建筑工程质量管理机构,到1985年全区18个市县先后成立了建筑工程质量监督站,配备专兼职人员99人,代表政府对工程质量和建筑预制构件生产实施第三方质量监督认证,并负责钢材物理力学检验,负责混凝土、土工、砂浆配合比和各种试块质量试验检测以及铝合金、塑钢门窗、水暖管材、配件等建筑材料质量测试,初步形成了工程质量监督体系。1985年各级建管站成立,代表政府对建筑市场进行监管。两站的成立,结束了建筑工程质量完全由企业自行管理的历史。

1986 年,国家建设部选派由辽宁、北京。河南、上海四个地区组成的工程质量检查组,自 5 月 11 日至 25 日对银川市五家施工企业工程质量进行抽检,其中:区建二公司(推荐企业)、区建一公司、银川市建一公司为国营施工企业,银川市建二公司、银川市建三公司为集体施工企业。共抽检 20 个竣工工程,面积为 70252 平方米,10 个在建工程,面积为 43083 平方米。检查结果:20 个竣工工程均由于技术资料不符合要求,最终评定为不符合标准;10 项在建工程,银川市建一公司施工的平坦巷商店、区粮食局住宅楼工程评定为优良工程,其余 8 项工程评定为不符合标准工程。

1987 年,自治区建设厅为了认真落实邓小平同志“质量问题是最重要的,没有质量意识就不能领导经济工作”重要指示,制订了《加强工程质量管理,严格监督,迅速改善宁夏工程质量状况的措施》,确定在全区开展优质工程达标竞赛活动,从企业选定样板工程,在宁夏日报张榜公布,工程质量公开接受社会监督。并于 6 月 21 日至 8 月 15 日组织对四级以上 91 家区内建筑施工企业 1000 平方米以上工程进行了质量安全管理检查。9 月 10 日至 15 日对全区部分市、县建筑工程质量进行抽查,其中:国营施工企业 22 家,城镇集体施工企业 29 家,乡镇施工企业 40 家。共检查、抽查竣工工程 126 个,建筑面积 558620 平方米;在建工程 44 项,建筑面积 257716 平方米。抽查结果是:竣工工程优良工程 3 个,建筑面积 11438 平方米,优良品率按工程个数计算为 2. 38%,按建筑面积计算为 2. 05%;合格工程 76 个(其中包括 3 个优良工程),建筑面积 131757 万平方米,合格品率按工程个数计算为 60. 31%,按建筑面积计算为 66. 67%。同年 9 月 10 日至 10 月 15 日,由建设厅建管处和部分市、县质量监督站专业人员组成工程质量 8 人检查组,按照建设部审定的《建筑安装工程质量检验评定标准》,对固原、泾源、隆德、西吉、同心、中宁、吴忠、平罗 8 个县(市)和银川市、石嘴山市的 58 个施工企业(其中外省施工企业 5 个)施工的 125 个单位工程质量按照 1987 年 3 月审定的《建筑安装工程质量检验评定标准》进行了抽检。受检 58 家施工企业,其中:国营施工企业 18 家,市县集体施工企业的 17 家,乡镇施工企业 20 家,城镇集体施工企业的 3 家,外省施工企业 5 家。受检 125 个单位工程,其中:竣工工程 81 个,建筑面积 197. 261 平方米;在建工程 44 个,建筑面积 143905 平方米。抽检结果:

区建二公司施工的区人大常委会会议厅和河南安阳建筑公司施工的税务局办公楼2个竣工工程为优良工程，建筑面积4169平方米，按个数算，优良率为2.5%，按建筑面积算，优良率为2.1%；合格工程31个（其中包括2个优良工程），建筑面积71864平方米，按个数算，合格率为38.3%，按建筑面积算，合格率为36.4%。在年度建筑工程质量抽查中，自治区第一建筑公司、自治区第二建筑公司、银川市郊区第二公司、银川市第五建筑公司、吴忠市民族建筑公司和江苏南通第七建筑公司受检工程质量全部合格。其中：自治区第二建筑公司施工的自治区人大会议厅和河南省安阳市第四建筑公司施工的自治区税务局办公楼被评为优良工程。1987年经过全面的监督检查，全区工程质量有明显的提高，事故频率为8.7%。

1988年全区建筑工程质量监督机构达到22个，职工154人，其中；工程师23人，助理工程师25人，技术员42人，全年监督工程559项，建筑面积88.71万平方米。在建设部组织的建筑工程质量检查中，对自治区抽检145项竣工工程中，合格率达到31%，其中一项工程优良，实现建工部对宁夏建设工程检查优良品率零的突破。

1989年，建设厅按建设部颁布的建筑工程施工安全检查评分标准，对全区30个施工现场的工程质量和安全生产情况进行了检查。在检查中，每个工地抽检一项工程进行质量评定。经检查评定，工程质量合格率为80%，其中二项为优良工程；安全生产优良率为31.58，比当时全国平均值高出6.09个百分点。经过各级建设行政主管部门和施工企业的共同努力，1989年全区安全事故频率为4%。自治区送变电工程公司抓全面质量管理10年不变，1989年经全面工程质量检查评定，优良品率达到90%，通过了能源部全面工程质量管理达标验收，连续4年荣获能源部、西北电力局先进企业荣誉称号。

自治区建设厅根据国务院对施工企业高质量、高效益、高素质的要求，1991年在全区开展"质量、品种、效益年"活动，组织检查组于6月3日~6月21日对全区一、二级和部分三、四级施工企业进行了工程质量检查的基础上，组织地、市对本地区工程质量进行全面检查，并派员参加了银川市、石嘴山市和银南地区的检查。全区共抽查了117家施工企业施工的217个单位工程，总建筑面积54.59万平方米。结果是：优良工程7个，建筑面积6.56万平方米，优良品率按工程个数计算为 3.23%，按建筑面积计算为 12.02%；合格工程 123 个，建筑面积 23.73 万平方米，合格品率按工程个数计算为 56.68%，按建筑面积计算为 43.47%；不合格工程 87 个，建筑面积 24.30 万平方米，不合格品率按工程个数计算为 40.09%，按建筑面积计算为 44.51%；在不合格工程中，因技术数据和观感评定质量都不合格的占 64.7%，技术数据合格观感评定质量不合格的占 35.3%，即实际工程质量检查不合格的工程为 43 个，按工程个数计算为 19.81%。1991 年度，全区工程质量监督 755 个工程，建筑面积 107.7 万平方米，总造价 27380.3 万元，青铜峡市、隆德县、中卫县经过工程质量监督创出了区级优良工程。银川电信局长途通讯综合楼、银川唐徕小区 63 号 70 号往宅楼楼、银川铁路分局 6 号往宅楼、银川民族北街 10 号 12 号往宅楼楼、区保险公司综合楼工程被评为自治区优良工程。银川市在全国建筑施工安全检查中，10 项工程全部合格，其中 8 项工程达到优良标准，成为全国 6 个建筑施工安全达标城市之一。

全国房屋建筑工程质量检查组对宁夏推荐的 8 项工程和随机抽检的 18 项工程进行了详细检查，8 项工程质量全部合格，其中 6 项被评为优良工程，优良品率位居全国并列第三；随机抽检的 18 项工程按建筑面积计算为 71.9%，位居全国中等水平。更可喜的是银川市建一公司施工的银川电信局长途通讯综合楼工程被评为 1991 年度全国房屋建筑样板工程，荣获中国鲁班奖，这是中国建筑业工程质量评定的最高荣誉奖。银川电信局长途通讯综合楼工程被评为全国样板工程，是宁夏建筑业的第一次，也是西北五省区唯一的样板工程，标志着宁夏建筑工程质量取得了突破性的进展和大幅度的提高。为了激发建设工程施工、设计和质量监督单位及广大管理人员的积极性，推进全区建设工程质量不断提高，自治区建设厅依据有关规定为银川市第一建筑公司颁发全国房屋建筑质量检查自治区优良工程第一名、自治区样板工程杯和证书，对工程的设计单位宁夏建筑勘察设计院颁发自治区样板工程设计纪念牌；奖励银川市第一建筑公司经理王大安及其他 5 名有功人员晋升一级工资，并按工程建筑面积（8221 平方米）每平方米奖励 5 元（含银川市政府每平方米奖金 2 元），奖金总额为 41105 元；对创建全区第一个施工质量样板工程，并在 1991 年全国房屋建筑工程质量检查中获两项优良工程的银川市第二建筑公司经理田希国及其他 5 名有功人员奖励晋升一级工资，颁发全国样板工程杯和证书；对经全国房屋建筑工程质量检查评为优良工程，并被树为自治区施工质量样板工程的宁夏第一、二建筑公司、银川市第一、三建筑公司分别颁发全国房屋建筑工程质量检查优良工程、自治区样板工程杯和证书，对相关人员给予奖励；对1991年度工程质量管理做出显著成绩的建设单位、工程质量管监督部门、施工企业、设计单位，颁发奖牌和物质奖励。

1992年，全区共抽查了110个施工企业施工的268个单位工程，总建筑面积48.4万平方米，其中：优良工程15个，建筑面积4。1万平方米，优良品率按工程个数计算为5.93%，按建筑面积计算为8.49%；合格工程191个，建筑面积36.9万平方米，合格品率按工程个数计算为75.8%，按建筑面积计算为76.2%；不合格工程52个，建筑面积11.5万平方米。在不合格工程中，因技术数据和观感评定质量都不合格和按技术数据合格观感评定质量不合格的各占50%。银川市建三公司在1991年创1项建设部、自治区优良工程和自治区样板工程的基础上，再创抽查5项工程全部合格，其中3项优良的好成绩；自治区第三建筑公司在1991年质量抽查中工程全部合格的基础上，再创抽查4项工程全部合格，其中3项优良的好成绩。经过全面的工程质量检查，自治区建设厅对在检查中工中工程质量全部全格并创出优良工程的区建三公司、银川中房开发公司、银川市建二公司、银川市建三公司、中卫县建筑公司、石嘴山市商业建筑公司、灵武县第二建筑公司、隆德县温堡建筑工程队等11个企业给予表彰；对在检查中工中有1至2项工程质量不合格的银川新城建筑公司等18个企业给予通报批评；对在检查中工中有3项工程质量不合格的银川郊区联建公司、银川郊区第四建筑公司给予降低一级资质等级，一年后再复查的处理。

自治区城乡建设厅1993年2月20日发出表彰奖励决定，对经全国市政工程质量检查评为优良工程的银川市同心北路道路、怀远路西段道路工程施工的银川市政一公司、银川市政二公司颁发全国市政工程质量检查优良工程奖杯和征书，对经理高雨仁、李传忠和作出突出贡献的有关人员奖励晋升一级工资；对经自治区工程质量检查评为优良工程，并被树为自治区施工质量样板工程的施工企业银川市市建三公司、中卫县西园建筑公司分别颁发自治区样板工程奖怀和证书、奖金，对经理给予奖金奖励；对经自治区工程质量检查评为优良工程的施工企业分别颁发自治区优良工程奖怀和证书、奖金、对经理给予奖金奖励;对在1992年工程质量管理中做出显著成绩的中房银川公司房地产开发公司、青铜峡市房地产综合开发公司、石嘴山市开发公司颁发质量管理先进单位奖牌、样板工程奖怀,对经理给予奖金奖励;对经自治区工程质量检查全部合格,并创出优良、样板工程且全面质量管理达标的银川市建三公司授予《建筑工程质量信得过企业》称号,对经理陈银生和做出突出贡献的有关人员晋升一级工资的奖励;对荣获1992年自治区工程建设、优秀质量管理小组的银川市建三公司唐徕70号楼攻关Qc小组和宁夏送变电天线创优Qc小组颁发自治区工程建设优秀Qc小组证书,并对个人给予奖金奖励;对经自治区工程质量检查评为优良工程的工程所在地质监站给予表彰,对站长和相关人员给予奖励。

1993年1月,在自治区城乡建设厅建设监理处增设宁夏回族自治区建设工程质量监督检查站,负责全区建设工程质量监督检查。自治区城乡建设厅组织全区建设工程质量检查组,于11月1日~15日,对全区8个市、县42个四级及四级以上施工企业施工总建筑面积16.02万平方米的78个单位工程,进行工程质量检查。经检查评审,10项工程为优良工程,建筑面积2.5万平方米,按项目个数,优良率为13.2%,按建筑面积,优良率为15.9%;53项工程为合格工程,建筑面积12.3万平方米,按项目个数,合格率为67.95%,按建筑面积,合格率为73.8%;25项工程为不合格工程,建筑面积3.7万平方米,其中技术资料和观感评定为质量不合格的为28%,观感评定质量不合格的和技术资料不合格的分别占60%和12%。区建二公司3项受检工程全部合格,并创出1项优良工程;银川市建二公司3项受检工程全部合格,并创出2项优良工程;区建四公司3项受检工程全部合格。为了进一步促进全区工程质量的提高,自治区城乡建设厅决定,对检查中工程质量全部合格并创出优良工程的自治区第二建筑公司、自治区第四建筑公司、银川市建二公司、吴忠市东塔建筑公司、灵武县第二建筑公司、石嘴山市商业建筑公司、石嘴山市大平建筑公司等7个施工企业给予表彰;对检查中工程质量1~2项不合格的固原地区二建彭阳分公司等8个企业给予通报批评;对检查中工程质量3项不合格和连续两年累计3项或两年检查都不合格的永宁县养和建筑公司、宁夏电力修造厂建筑公司、吴忠市建筑公司给予下年度施工企业资质年检降低一级资质等级的处罚，一年后组织复查。对质量不合格的工程，责令施工企业必须进行返修到合格，；固原地区二建彭阳分公司必须制定整改措施，报固原行署建设处、彭阳县城建局，抄报自治区城乡建设厅。

1994年6月3日，自治区城乡建设厅对银川市22项住宅工程质量进行检查。其中：6个推荐工程，16个抽检工程，涉及施工企业11个，开发公司6个，总建筑面积71717平方米。检查结果：唐徕小区102号楼、工艺品厂2号楼工程为优良工程，建筑面积9763平方米；区建一公司自建12号楼，唐徕小区88号、89号、92号、96号、97号、99号楼等14项工程为合格工程，建筑面积22837平方；前进街4号楼、新新小区1号楼等6项工程未达到合格标准，建筑面积9763平方米。自治区城乡建设厅对荣获建设部1994年度样板工程、自治区优良样板工程的同心县农行营业楼和荣获自治区优良工程的施工企业，颁发自治区优良样板工程、自治区优良工程奖杯、证书；对取得显著成绩的中房开发总公司银川分公司、宁夏金城实业开发总公司、银川市建设发展公司、银川宏大公司、石嘴山市房地产开发公司等施工企业颁发工程质量管理先进单位奖杯，对企业经理和相关人员给予表彰，并颁发奖金；对评为自治区先进工程质量监督站的质量监督站，颁发自治区建设工程先进质监站奖牌，对质监站站长和优秀质检员给予表彰，颁发荣誉证书和奖金；对创自治区优良工程的灵武县、平罗县、宁夏电力质监站给予表扬；对在全国建筑施工安全检查评分达到优良标准的自治区第一建筑公司、自治区第三建筑公司、银川市第三建筑公司颁发安全检查先进企业奖，对企业负责人和企业相关人员给物质奖励。

通过开展“安全生产周”活动，以预防事故、治理隐患为重点，组织区、地、市安全监督技术人员组成检查组，对石嘴山市、银川、银南、固原四个地市的15个市县58个施工企业62个施工项目现场安全生产情况进行了检查。检查结果：优良项目7个，优良率为11%；合格项目15个，合格率为24%；不合格项目40个，不合格率为65%。1995年9月，建设部安全检查组对银川、石嘴山、中卫、青铜峡的15个工地进行了安全生产达标检查，合格施工现场9个，其中优良4个，合格率为86.6%，优良率为11%，综合得分为75.52分，全国安全生产达标检查排名第18位，银川市在全国99个被查城市中排名第22

位。自治区第一建筑公司施工的自治区人民银行办公楼工程在检查中被评为全区安全达标优良工程。

自治区建设厅根据自治区人民政府颁布的《宁夏回族自治区建筑工程质量监督管理规定》,于1995年、1996年两年采用随机抽样的办法,对全区8个市、县72个施工企业施工的64项竣工和在建装饰工程进行了工程质量检查。检查结果:两年合计:质量合格工程19项,按项目个数算,合格率29.68%;不合格工程45项,承建不合格工程企业54个。检查质量合格的企业有石嘴山市商业建筑公司、青铜峡市第四建筑公司、青铜峡市恒源建设实业公司、平罗县建公司、平罗县第二建筑公司等18个施工企业;检查质量差的企业有中卫商业装璜公司、银川市金利装饰公司等施工企业,被检查的工程均不合格。造成工程质量不合格的主要原因,一是有14%的工程没有纳入质量监督;二是34%的工程施工图纸不全或无施工图纸;三是57%的施工企业施工无技术资料或技术资料不全;四是28%的企业没有资质或不办进宁施工许可(其中部分企业有2项缺失)。为了促进全区建筑工程质量,自治区建设厅在全区开展了工程质量评优活动。在活动中,中国人民银行青铜峡支行综合楼等28项工程被评为自治区优良工程。

1997年3月,无施工资质的宁夏现代工程爆破有限责任公司承揽宁夏旧体育馆拆除工程后,在对主体工程进行爆破时,由于技术问题,未能达到主体爆破的预期目标,但是整体已经松动。承包公司根本不考虑施工安全,为了节省成本支出,在没有任何安全保护措施的情况下。非法雇用社会闲散人员,以拆除旧材料归个人所有为代价,不交底,不培训,违规对经过爆破产生严重松动的墙体进行人工拆除,1997年4月7日部分墙体坍塌,造成自治区历史上最大的建筑工程安全事故,7人死亡,引起全国关注。国家建设部立即派员到现场查处,自治区成立以任启兴副主席为组长、自治区建设厅、劳动人事厅等部门组成的事故调查委员会,自治区建设厅黄超雄厅长、史是伟副厅长带领相关人员第一时间到达现场,消防、武警、公安人员及时进行现场抢救。经调查,造成此次重大安全事故的主要原因:一是原工程设计标准较低;二是施工企业无资质违法承揽工程;三是企业无安全培训、无保障设施,非法转包,违规施工。事后对相关责任人,依法进行了处理。

1998年,自治区建设厅历时20天,开展全区住宅工程质量大检查。检查分四个组,涉及全区20个市、县、矿区96个施工企业施工的121项竣工工程,建筑面积34.2万平方米。经检查,5项工程达到优良,建筑面积1.6万平方米;75项为合格工程,建筑面积22.4万平方米。其余41项工程,由于各种原因为不合格工程。

1999年,根据建设部的部署和自治区党委、政府的要求,各级建设行政主管部门重点加强建筑市场规范整顿,切实提高建设工程质量。针对强建筑市场存在的工程质量问题,从源头抓起,以建筑施工企业资质年检为突破口,对工程质量、安全生产存在违法违规行为问题的企业,从严处理。在建筑施工企业资质年检中,对42家工程质量、安全生产存在问题的施工企业予以降低资质等级,对52家问题严重的施工企业予以吊销资质,逐出建筑市场。资质整顿后,自治区建设厅对全区竣工工程面积35.17万平方米的3530项单位工程进行了全面质量和安全生产管理进行检查,结果优良单位工程697个,面积11.44万平方米,按工程个数算优良品率达到19.7%;按面积算优良品率达到32.5%。通过检查显示,经过整顿全区建筑工程质量有明显的提高。自治区建设厅对在1999年建筑工程质量管理中成效突出的银川地区、石嘴山市、吴忠市、青铜峡市、银川铁路分局建筑工程质量监督站通报表扬,并评为自治区1999年度先进工程质量监督站,对张海生、董妙玲、陈庆华、马勋、朱天明等22名工程质量监管人员,被评为自治区1999年度工程质量监督先进个人;对全区20个市县56个企业,71项工程进行安全生产检查。检查结果:7项工程合格,64项工程不合格,合格率10%。造成安全管理不合格的主要表现:1. 安全生产保征体系和责任制落实不够;2. 安全生产资金来源得不到保征;3. 安全生产教育不到位。

2000年,全区建筑业施工单位工程5233个,面积5631462平方米,其中新开工程4175个,竣工工程4255个,面积3407000平方米。经过有关部门严格监督检查,竣工工程创优良单位工程663项,面积1385431平方米,按工程个数算优良品率达到15.6%;按面积算优良品率达到40.7%,施工企业安全生产管理水平也逐年提高。

1962 年～2000 年历年建筑业工程质量情况

表 5－11

年份	验收鉴定的竣工工程个数(个)	优良工程(个)	竣工工程优良率(%)	验收鉴定的竣工面积(万平方米)	优良面积(万平方米)	竣工面积优良率(%)
1962 年	218	143	65.59	0.29	0.09	30.01
1963 年	260	205	78.84	0.38	0.11	30.01
1964 年	342	50	14.61	0.42	0.13	30.00
1965 年	546	104	19.04	0.44	1.3	29.99
1966 年	727	277	38.10	5.27	1,69	32.06
1967 年	249	83	33.33	2.30	0.38	16.67
1968 年	164	66	40.24	1.04	0.55	52.88
1969 年	268	97	36.19	0.78	0.56	71.79
1970 年	300	125	41.66	4.22	1.28	30.33
1971 年	235	107	45.53	3.37	1.75	51.92
1972 年	522	222	45.52	20.32	8.08	39.76
1973 年	644	325	50.46	25.22	13.37	53.01
1974 年	493	298	60.44	21.90	14.56	66.48
1975 年	708	317	44.77	23.24	10.28	44.31
1976 年	436	264	60.55	21.75	14.35	65.97
1977 年	585	308	52.64	25.59	14.06	54.94
1978 年	419	164	39.10	32.19	14.57	45.26
1979 年	480	258	53.00	29.51	18.25	61.90
1980 年	501	57	11.37	31.11	8.15	26.21
1981 年	844	310	36.7	63.10	21.85	34.62
1982 年	1081	401	37.1	77.50	29.08	37.52
1983 年	890	405	45.5	79.10	31.85	40.26
1984 年	1028	503	48.9	77.60	29.45	37.95
1985 年	1187	226	19	69.00		
1986 年	1631	221	13.5	113.20		

续表

年份	验收鉴定的竣工工程个数(个)	优良工程(个)	竣工工程优良率(%)	验收鉴定的竣工面积(万平方米)	优良面积(万平方米)	竣工面积优良率(%)
1987年	1382	162	11.7	125.70		
1988年	1522	156	10.2	105.90		
1989年	1639	151	9.2	90.20		
1990年	2090	227	10.9	114		
1991年	2648	303	11.4	136.4	22.6	16.6
1992年	2739	311	11.4	167.2	31.7	19
1993年	2824	622	22	295.3	133.8	45.3
1994年	2838	395	13.9	179.1	29.7	16.6
1995年	2666	331	12.4	171.8	32.9	19.2
1996年	3606	413	11.5	224.4	51.3	22.9
1997年	3952	570	14.4	235.8	65	27.6
1998年	2929	524	17.9	302.5	89.1	29.5
1999年	3530	697	19.7	351.7	114.4	32.5
2000年	4255	663	15.6	340.7	138.5	40.7

第二节　鲁班奖工程

银川市电信局通讯枢纽楼工程由银川市第一建筑工程公司、西安市延光铝门窗公司承建。工程位于于银川市解放东街羊肉街口东南角，银川市政府办公楼对面，座南面北，东西全长129米，局部钟楼高34.7米，总建筑面积8221平方米。整体结构由沉降缝划分为3段，第一段为生产配楼，面积1115平方米；第二段为生产主楼，面积6433平方米；第三段为电信营业厅，面积673平方米。

工程为全框架结构。基础为钢筋混凝土预制方桩；墙体除底层为砖墙外，其余均为加气混凝土砌筑；外装饰全部是面砖贴面；屋面是三毡四油一砂防水；楼地面除部分机房是水泥砂浆地面外，其余全部为水磨石地面；装饰工程，除第一段内墙面作装饰外，其余均为水泥砂浆压光刷无光漆；外墙门窗均为铝合金，室内部分为木门加筒子板；走廊和大厅均为轻钢龙骨石骨板吊顶；室内设备有集中采暖、通风、空调系统和消防、烟感、湿感报警等系统。整个建筑设施完备，是宁夏通信建设中规模最大、功能最齐全的建筑。

银川市第一建筑工程公司在工程施工中，采用网络法施工、项目责任承包、分段流水作业等科学的施工管理的同时，采用新工艺，推广新技术。为了保证框架柱钢筋搭接质量，采用气压焊接新工艺，使钢筋轴线位移不大于 2 毫米，焊包均匀，无横向裂纹和烧伤。为了解决蓄电池室耐酸瓷砖地面的粘贴，对环氧树脂的配方进行了多次试配，最终选择最适合施工所需的配方，粘贴的地面经使用检验，达到了设计要求的效果。

银川市电信局通讯枢纽楼

银川市第一建筑工程公司在工程施工中，为了保证工程质量，推行“下道工序是客户”的全面质量管理活动，实施工程质量“六定”、“三检查”制度，建立健全了一系列工程质量保证体系。如在水磨石地面施工中，为了达到优良标准，采用了由粗到细 5 种规格的油石五次磨光成活；在外墙面镶贴面砖时，为了保证质量，从 59 万块面砖中进行精挑细选 47 万块，并按 7 个长短等级编号装箱，将长度相同、色度一样的面砖分面镶贴，确保面砖横竖一条线，每面墙墙面颜色均匀，使整个工程外装饰美观；在水暖安装工程中，为了保证立管的垂直度，精选立管 3000 米，对 7000 片散热器逐个除锈，在安装时，操作人员人手一把靠尺拉线检查，使管线、散热器排列、与卡具的间距、与墙的距离、与地面屋面上下距离一致，左右对齐。

银川市电信局通信枢纽楼工程竣工后，经建设工程质量验收，综合评定为银川市优良工程、样板工程、宁夏自治区优良工程、样板工程。该工程经全国房屋建筑工程质量检查组检查，被评为 1989 年全国样板工程，即鲁班奖工程。是西北五省区唯一的全国样板工程，也是自治区历史上工程质量取得的最高荣誉，标志着宁夏建筑工程质量取得了突破性的进展和大幅度的提高。

第三节　建设工程招投标

1983宁夏回族自治区根据年国家建设部印发的《建筑安装工程招投标试行办法》,打破建设工程任务分配条块分割和地区封锁,开始改革单纯依靠行政分配施工任务的办法,逐步实行建设工程招投标承包制,建设工程招投标由点到面逐步启动,当年招投标工程项目329个,工作量52403.27万元。1984年国家计划委员会和国家建设部联合印发了《建设工程招投标暂行规定》后,到年底全区有11个市县全面推行建筑工程招投标。经过建筑工程招投标一是据当年78个实行建设工程招投标的新建工程项目调查统计,计划投资合计1.07亿元,实际价6675万元,比计划投资降低37.6%,取得了较好的经济效益;二是1983年宁夏第一建筑公司承建的平罗糖厂工程,当年五月开工,1984年12月建成投产,仅用了19个月的时间,比规定工期提前了12.5个月投产,为国家创造经济价值900万元。1985年,全区累计实行招投标工程222项,总建筑面积375.116万平方米,占新开工面积的64%,居全国前列。1986年全区房屋施工面积132.4万平方米,其中实行招投标承包制的占42.7%。1993年全自治区招投标工程项目达到329个,工作量52043.27万元。1998年,自治区先后出台了《宁夏建设工程施工招标评标定标管理办法》、《宁夏建设工程评标专家库暂行管理办法》、《宁夏建设工程交易中心章程》、《招标代理单位实施办法》,标志自治区建筑市场全面进入公开、公正、公平竞争的局面。当年9月24日自治区人民政府在首府银川召开全区建筑有形市场工作会议,贯彻落实宁夏回族自治区建设工程交易、工程交易中心、招投标、专家评标管理办法。11月8日,自治区人民政府副主席马骏廷,在宁夏回族自治区建设工程交易中心开业现场,与自治区各大厅局签订了进入有形建筑市场责任书。随后银川市、石嘴山市、吴忠市、固原地区和各县都相继成立了建设工程交易中心,负责本地区建设工程交易,随即招标办、建筑管理站、质量监督站、建筑工程劳保基金办、墙改办、散装水泥办、中介监理、工商、公证、监理等建设工程服务机构进驻建设工程交易中心联合办公,不仅有力地规范了建筑市场的竞争行为,而且形成一站式办理工程建设手续,使公开、公证、公平建筑市场竞争行为进一步规范、政策进一步落实。

随着自治区有形建筑市场的建立,1998 年全区单项投资 50 万元以上 624 项、面积 253 万平方米、计划投资 13.5 亿元的一般工程建设项目,报建率达到 100%,办理招投标 624 项,中标造价 13.36 亿元,面积 253 万平方米。其中公开及邀请招标 384 项,中标造价 8.43 亿元,面积 158 万平方米;议标 240 项,中标造价 4.93 亿元,面积 95 万平方米。仅一年时间,1999 年全区 50 万元以上新开工 785 单项工程,其中 629 顶公开招标和邀请招标,招标率达到 80.3%,形成了有形建筑市场与招投标互相促进、共同规范的良好市场环境。

2000 年全自治区施工工程 5233 个,建筑面积 563.15 万平方米,其中新开工程 4175 个,建筑面积 33.93 平方米,实行投标承包工程 1926 个,建筑面积 263.15 万平方米,按施工个数算招标率为 46.13%,按建筑面积算招标率为 77.56%。

第四节　建设工程监理

自治区建设厅依据国家建设部的相关规定,先后制定了《宁夏建设工程监理规范和规范标准》、《宁夏建设工程监理招投标管理办法》和《宁夏建设监理企业管理办法》、《宁夏建设监理人员管理办法》,从 1993 年起在自治区行政区域内对建设工程,实施工程监理。

为了确保全区建设工程监理健康发展,自治区建设厅根据国家建设部在全国开展的建设工程监理 8 个专题调研活动的要求,就影响宁夏建设工程监理起步、发展的多方面问题,组织相关部门、单位进行了认真细致的探讨,收集整理了规范监理企业的意见和建议,确立了监理企业健康发展总体思路。为了确保监理企业的高起点,确保监理行业整体水平,组织相关人员进行专业培训。培训方式以自我培训与请国家著名大学专业教授讲课相给合,以区内培训与区外培训相结合,以专业培训与专题实践相合,对 3000 多人进行了监理岗位培训,对 1500 多人进行了新规范培训,取得了良好效果。经过全社会的共同努力,到 2000 年底全区已有 61 家建设工程监理企业,其中:甲级企业 4 家,乙级企业 18 家,丙级企业 39 家,从业人员达到 1800 多人,其中有 783 人通过全国注册监理工程师考试,取得了全国注册监理工程师资格证书。经过专业人员培训,充实了监理队伍建设,促进了监理事业发展,使全区除偏远地区外均设立了监理企业，建设工程监理覆盖面达到80%以上。

为了加强宏观调控，积极稳妥地发展建设监理队伍，保证建设监理事业健康快速发展，自治区建设厅根据国家建设部的要求，在加强监理企业资质管理的同时，确立了建设监理行业管理工作由全面推进向整顿提高过渡、发展新的监理企业向空白县和薄弱地区及行业倾斜的基本工作思路。以这种工作思路为指导，对监理企业进行实地检查和现场指导，进行工作的综合考评，对不符合条件的监理企业坚决取消资质，确保监理队伍发展呈良好态势。

第五节　建筑工程劳动保险基金统筹管理

宁夏建筑业以1951年国家政务院颁发的《中华人民共和国劳动保险条例》规定，企业按职工工资总额3%提取劳动保险费，由工会或民政部门用于发放企业退休职工退休金或其它劳保费用的支出。1966年开始的文化大革命后，建筑业开始按企业经济性质和取费类别，由施工企业通过工程款结算，自行向建设单位收取劳动保险基金，由企业用于发放本企业退休职工工资和其他劳保费用的支出，节余连同利润全部上缴国库，用于国家经济建设。这种职工养老制度，在建国初期的计划经济时代是可行的，一是企业年轻，负担轻，矛盾不突出；二是一切都是国家的，企业任务是按国家计划分配的，不存在竞争，基金来源可靠；三是基金多少由国家按企业负担确定。

中共十一届三中全会后，建筑业在各行业率先进入市场，而不同于工业的劳动保险基金传统的预算取费制和计划经济延续下来的微利行业使建筑业职工养老矛盾越来越突出。一是建筑业多种经济性的新老企业在同一市场并存，由于负担不同不能公平竞争；二是价格是企业在市场中生存发展的竞争焦点，企业负担不同，在不规范的竞争中劳保基金被做为中标承揽工程的让利条件而大量流失，使施工企业职工养老金失去了来源。据调查，1986年自治区第一建筑公司（国营施工企业）3528名在职职工要负担1056名离退休人员的费用，1986年预算收入劳保基金44.17万元，实际支出125万元，超支81万元。吴忠市建筑公司（城镇集体施工企业）有职工320人，离退休职工320人，在职与离退休职工是一比一，企业负担十分沉重。而新成立的施工企业则负担很轻，或基本没有负担。全自治区施工企业劳保基金来源不畅和负担畸轻畸重问题，不仅影响建筑业的改革发展，而且已经成为制约公平竞争的重要因素，成为制约建筑业社会养老制度健全发展和形成社会不稳定的重要因素。建筑产品先有价格后有产品的行业特殊性，决定了职工社会养老金由施工企业自收自管不适应市场经济初期阶段，建筑业职工社会养老金向统一管理转轨是建筑业适应市场经济发展，健全社会保障制度，确保社会稳定的有效措施。

为了维护建筑业职工切身利益，促进建筑业发展，自治区建设厅从 1986 年 6 月着手全区建筑施工企业劳保政策、制度、措施的调研和协调相关部门落实相关办法、制度、政策。根据《国务院关于企业职工养老保险制度改革的决定》和建设部《建筑施工企业基本劳动保险基金行业统筹工作的实施意见》，与劳动、社保部门最终达成一致意见，将区属施工企业离退休职工的退休金发放，全部移交社保部门。但是企业必须及时足额按在职职工工资总额 20%、职工个人按个人工资总额 8% 向社保部门缴纳社会养老统筹金，社保部门才能接收够条件退休职工，确保及时足额为他们发放退休金。因此，无论是行业职工养老统筹，还是社会养老统筹，都没能从根本上解决建筑施工企业职工社会养老统筹金来源和企业间负担畸轻畸重问题。据全区调查，到 1997 年年底，全区建筑施工企业从业人员 133164 人，离退休职工 14287 人，需退休金 6535 万元，而当年企业实收劳保基金不足 800 万元，仅占应收额的 27%，占企业（不含职工个人部分）应向社保部门缴纳社会养老统筹金的 12.6%。1997 年自治区建设厅直属国有施工企业拖欠社会养老统筹金高达 2000 万元，而且拖欠数额一年一台阶地累加，致使企业够条件退休职工不能及时退休，已退休职工退休金不能保证，形成很大的社会不稳定因素。为了从根本上解决施工企业劳动保险基金来源和企业之间负担畸轻畸重问题，1998 年 11 月 12 日自治区建设厅、财政厅、物价局、人事劳动厅联合向自治区人民政府报送了《关于我区建筑业企业实行建筑工程劳保基金统一管理的请示》，1999 年 4 月 15 日自治区人民政府以宁政发〔1999〕38 号文件批转，从 1999 年 1 月 1 日起对自治区行政区域内承担施工任务的施工企业不分资质等级、隶属关系和经济类别，进行建设的工程项目不分资金来源、隶属关系，一律实行建筑工程劳动保险基金统一标准、统一收取、统一使用的三统一管理。1999 年 7 月 14 日自治区机构编制委员会批准宁夏回族自治区建筑安装劳动定额管理站增挂宁夏回族自治区建筑工程劳动保险基金管理办公室牌子,合署办公,其主要职责是:贯彻执行国家、自治区有关建筑施工企业劳动保险工作的法律、法规和政策;受自治区建设行政主管部门的委托,组织实施部分建筑工程劳动保险费用的收取拨付工作,审核部分施工企业劳动保险费用年度预算;指导、监督、协调各地、市、县建筑工程劳动保险基金管理工作。同年7月26日,自治区建设厅、财政厅、人事劳动厅印发《夏回族自治区建筑工程劳保基金统一管理实施细则(试行)》,对建筑工程劳动保险基金统一管理的机构设置、职责和收取管理、拨付管理、财务管理制定了祥细的规定。同年8月4日,自治区建筑工程劳动保险基金管理办公室挂牌。2000年,自治区基金办和银川市基金办基金办收取劳保基金2182万,满足了所管理的施工企业劳保基金需求。建筑工程劳动保险基金统一管理,从根本上解决了自治区建筑施工企业劳保费来源不畅,收不抵支,施工企业之间负担畸轻畸重问题,为稳定施工企业队伍、促进建筑业的全面改革发展提供了保障,为健全职工社会养老制度,创建和谐社会创造了条件。

第六节　劳动定额和工程造价管理

劳动定额管理

1958年自治区成立基本建设委员会时,设有劳动定额管理处,负责全区建筑安装工程劳动定额管理,各公司设有定额管理部门,负责公司劳动定额的管理,并开始在建筑业推行劳动定额管理。1961年自治区建委撤销后,劳动定额管理处于停顿状态,但是施工企业对生产工人仍在按国家和企业编制的劳动定额进行工效考核,按有限计件工资、无限计件工资和计时工资,对一线生产工人进行考核工资分配,直到1966年"文化大革命"十年动乱开始,批判劳动定额管、卡、压"十大罪状",全盘否定按劳分配原则,平均主义代替了按劳分配,政治口号代替了科学管理,定额管理机构被撤销,管理人员全部改行,数据资料大部分被焚毁,建筑业劳动定额管理完全中断。粉碎江青反革命集团以后,1978年国家建工总局根据中共中央"关于加快工业发展若干问题的决定"中关于"所有企业都要做好编制定员和定额工作,提高劳动生产率"的要求,对1966年劳动定额进行修订,颁布了1979年《全国建筑安装工程统一劳动定额(土建部分)》,共有27册,16092个项目,66281个子目。同时,明确统一劳动定额管理体制是"政府统一领导、分级管理"。对统一劳动定额的实行范围,由过去全民所有制建筑施工企业,逐步扩大到县及县以上集体所有制建筑企业。

1980年,自治区建筑工程局根据国家计划委员会、国家经济委员会、国家劳动总局《关于国营企业计件工资暂行办法》的要求成立了宁夏回族自治区建筑安装工程劳动定额管理站,负责全区建筑安装工程劳动定额管理。宁夏建筑工程劳动定额管理站成立后,积极开展自治区建筑工程劳动定额管理工作,1980年,根据自治区建筑业恢复劳动定额管理的需要,于8月在自治区政府招待所举办了首期劳动定额管理人员培训班,全区建筑施工企业120多名学员参加了为期一个月的培训,成为全区建筑业企业劳动定额管理的骨干;1981年劳动定额管理站编制了《宁夏回族自治区建筑安工程补充劳动定额》,4月自治区建筑工程局在全颁布执行,这是宁夏建筑工程劳动定额管理站成立后,依据国家1979年《建筑安装工程统一劳动定额》,结合自治区建筑业新材料、新技术、新设备应用需要自行编制的第一部地方性劳动定额,填补了宁夏建筑业没有地方劳动定额的空白。1982年,宁夏建筑工程劳动定额管理站在完成国家建筑安装工程统一劳动定额修订的基础上,结合宁夏地方建筑业的发展和施工企业的需要,开始研发利用计算机编制施工图预算,经过二年多的努力,成功利用计算机编制施工图预算,获自治区科技成果四等奖,并在建筑业广泛推广应用,其成效十分显著。1983年,编制了含人工、材料、机械消耗量的《宁夏回族自治区建筑安装工程施工定额》,1988年7月颁布《宁夏(银川地区)劳动定额实物量单价表》,2000年1月颁布《宁夏建筑安装工程、建筑装饰工程综合劳动定额》,为施工企业加强企业内部管理、贯彻按劳分配、提高劳动生产率提供了科学依据。

宁夏劳动定额在认真完成自治区建筑安装劳动定额管理的基础上,积极参予国家建筑业劳动定额的修编,1985年,国家城乡建设环境保护部在原国家建工总局颁布的1979年《全国建筑安装工程统一劳动定额》的基础上,编制《全国建筑安装工程统一劳动定额(土建部分)》,并于1985年在全国颁布执行。宁夏劳动定额管理站在编制工作中,任副组长单位,与吉林、陕西、湖南、云南、湖北等省市共同负责模板、钢筋、混凝土工程劳动定额册的修编;

1988 年，参加国家建设部组织编制的《全国建筑安装工程统一劳动定额（安装部分）》，在银川组织审定；1994 年，国家建设部组织编制《建筑安装工程劳动定额（土建部分）》和《建筑装饰工程劳动定额（土建部分）》，宁夏劳动定额管理站在编制中任组长单位，与北京、陕西、甘肃、湖北、河北等省市共同负责模板、钢筋、混凝土、油漆、玻璃工程册劳动定额的修编。新编制的《建筑安装工程劳动定额（土建部分）》和《建筑装饰工程劳动定额（土建部分）》作为推荐性行业标准，经国家劳动部统一编号、审查、批准，由劳动部、建设部以劳部发〔1994〕484 号文联合发布，1995 年 1 月 1 日起在全国推荐实施。

工程造价管理

宁夏回族自治区成立初期，工程造价基本采用甘肃省做法进行管理，后来实行“价目表”和“经常费”方式。1969 年 11 月，由自治区建工局牵头，组织建设银行、设计院、施工企业 20 余位专业技术人员编制了宁夏第一套《宁夏回族自治区建筑安装工程预算定额》和《银川市建筑安装工程材料预算定额》，由宁夏回族自治区生产指挥部批准，1971 年在全区颁布执行。

1980 年自治区建委在施工管理处设工程定额管理站，王文祥任副站长。1981 年 8 月 14 日，经自治区编制委员会批准成立处级事业编制的自治区建委工程定额管理站。工程定额管理站成立后，结合自治区建设需求，组织编制了《宁夏回族自治区建筑工程预算定额》。

1983 年，根据机构改革，工程定额管理站划规自治区计划委员会管理，并更名为宁夏回族自治区计划委员会标准定额管理站。1983 年编制的《宁夏回族自治区建筑工程预算定额》，由自治区计划委员会批准，1984 年 1 月 1 日在全区颁布执行。

为了适应建筑市场逐步开放，计划经济向社会主义市场经济转变，建筑材料价格不再由国家统一管理的需求，标准定额管理站 1986 年试行按季度发布建筑安装工程材料预测综合价和建筑安装工程材差包干系数，实行建筑安装工程动态管理，受到管理部门及设计、建设、施工单位的一致好评，并在全国工程建设标准定额工作会议上进行交流，这项改革走在全国同行的前列。

1987 年，建筑工程人工工资和材料价格普遍上涨，建筑安装工程劳动定额水平也进行了适当调整，原工程预算定额基价已不适应实际水平，标准定额管理站为了使工程造价符合市场需求，根据 1985 年全国《建筑安装工程劳动定额》对 1984 年建筑工程预算定额人工费部分进行了修编，并在此基础上编制了银川地区建筑工程预算定额单位估价汇总表，于 10 月 1 日在全区颁布执行，对理顺定额直接费，合理确定工程造价起到了重要作用。

隧着建筑业的发展，建筑工程概预算人员也大量增加，为了提高概预算编制的质量，提高工程概预算人员的行业地位，自治区标准定额管理站根据自治区计划委员会《关于实行建筑工程概预算专业人员考试制度的通知》颁发了《宁夏回族自治区建设工程概预算专业人员资格考评办法》，在全区实行建设工程概预算专业人员考核制度，并于 1988 年组织建设工程概预算专业人员培训、辅导、考核、发证，经过考评和初审，逐步实行“工程概预算专业人员资格管理制度”，对提高概预算人员的业务素质，提高工程概预算质量，合理使用建设资金起到保证作用。

从 1990 年起，标准定额管理站根据施工企业取费类别管理办法和年检制度，对自治区建筑、安装、市政、装饰、有线电视等行业近 400 家施工企业核发施工企业取费类别证书。

1996 年 3 月，根据自治区人民政府关于建设厅和计委三定方案，宁夏回族自治区标准定额管理站由自治区计划委员会划归自治区建设厅，并更名为自治区建设工程造价管理站。自治区建设工程造价管理站在每 2 个月发布一次建筑安装工程材料市场综合价的同时，创办了《宁夏工程造价管理信息》行业内部刊物，在扩大材料价格信息的同时，向广大工程造价管理工作者提供与工程造价有关的国家和自治区的法规、政策、文件、补充定额、理论研究等内容，对从事建设工程造价管理的有关部门及建设、设计、施工、咨询单位和个人确定工程造价提供了依据。

1997 年，为了解决建筑业发展对工程概预算人员的管理水平要求越来越高的趋势，根据全国造价工程师考试教材和自治区实际情况，编制了 30 多万字的《宁夏概预算专业技术人员培训教材》，并与自治区神机电脑科技公司合作，开发了宁夏概预算定额、材料价格、费用定额数据库，同自动计算工程量、自动套用定额软件配套使用，填补了自治区工程造价管理基础工作。

1998 年～2000 年，自治区建设工程造价管理站努力推动建设工程造价法规建设，先后出台了《宁夏建设工程材料预算价格动态管理办法》《宁夏回族自治区建筑管理条例》《宁夏回族自治区建设工程施工发包与承包价格管理暂行规定实施细则》《宁夏回族自治区工程造价咨询单位资质管理办法实施细则》《宁夏回族自治区建设工程材料预算价格动态管理暂行办法》《宁夏回族自治区概预算人员资格认证管理办法》《关于自治区建设工程造价管理站管理职责的通知》《关于恢复集中收取工程定额编制管理费和劳动定额测定费的通知》《关于建设工程造价管理站进入建设交易中心开展工作的通知》等法规、规章和制度，完成了“国家控制量、市场决定价、竞争决定费”的建设工程造价市场计价的初步改革。

第四章　勘察设计

第一节　工程勘察设计发展历程

工程勘察设计发展

早在战国秦昭王时,秦国就在今宁夏西吉、固原县境内修筑了长城。这段长城至今还有 50 余公里,保存高度达 2 米 ~ 10 米,基宽 6 米 ~ 8 米。位于银川市西北角的全国重点保护文物之一银川海宝塔,据清乾隆年间所撰《宁夏府志》记载,系"汉、晋物"。海宝塔建造在砖砌的双层方形台基上,台基高 9.9 米,塔身是楼阁式砖木结构建筑,共 9 层,逐级收分,总高 53.9 米。其严谨缜密的建筑结构和独特的建筑风格是中国古建筑的优良遗产。位于固原县西北 55 公里处的全国重点保护文物之一须弥山石窟,开凿时间距今约 1500 年,它从北朝起历隋、唐共凿出 130 余座窟室,其中 20 座窟室现仍存有雕像或塑像。此外,银川承天寺塔、拜寺口双塔、西夏王陵、青铜峡 108 塔、同心清真大寺,中卫高庙、银川玉皇阁、南门楼、平罗钟鼓楼,明庆王墓,明代长城,银川钟鼓楼等都是宁夏古建筑中的珍品。这些古建筑大多是砖木结构。从中可见宁夏古代建筑设计已具有很高的水平。

民国时期的建筑绝大多数是土木平房和窑洞。省城银川市稍好,除普遍的土坯墙、草泥平顶房屋外,沿街的铺面及其他极少数房屋在土坯墙外面砌有砖层以作保护、装饰之用。有的还在外面加了木柱檐廊。城南关建有一座大部 3 层局部 4 层的砖木结构面粉加工楼,可谓当时的建筑之最,但其设计不尽合理。

中华人民共和国成立初期,宁夏建筑工程勘察任务主要依靠国家建工部、水电部等部门的勘察队伍完成。1958 年宁夏回族自治区成立后,建筑工程勘察事业开始发展,采用人力钻探的方式作业,20 世纪 60 年代后期采用机械式工程钻机作业,勘察能力和技术水平有所提高。除承担民用建筑工程勘察任务外,还进行工业建设项目的工程勘察。70 年代初宁夏引进了标贯试验设备和静力触探机，建筑工程勘察拥有了原位测试手段。80年代以后又陆续采用旁压仪、液压荷载试验机、波速仪、电子计算机等先进设备和技术，建筑工程勘察能力和技术水平大幅度提高，不仅能做深层载荷试验，还可进行大型工程项目选址勘察论证。

中华人民共和国成立初期，宁夏建造的少量建筑是由陕西、甘肃等省或国家专业部门的设计院设计的（如银川电厂、宁夏省医院、石嘴山电厂、石嘴山矿区等）。这些建筑大多是砖混结构。1958年自治区成立后，宁夏建筑业兴起，建筑设计开始活跃。设计人员以"适用，经济，在可能条件下注意美观"的建筑方针指导下，重点设计出首府银川的一批公共建筑（如银川体育馆、银川红旗剧院、银川剧院、银川饭店等）。其外观简洁新颖，室内设计合理，使用功能良好，具有明显的建筑个性和较强的时代感。其中1959年由宁夏建筑勘测设计院设计的银川体育馆，是当时西北地区最大的体育馆，其30米跨度预制装配式钢丝网水泥双向波形拱屋盖，在当时国内同类结构中是跨度最大的。

20世纪60年代初期，国民经济处于困难时期，建筑设计以"艰苦奋斗、勤俭建国"为指导思想，贯彻"干打垒"精神，设计了一些低标准建筑（如银川市的上海新村住宅、银川市工人医院、银川市东方红影剧院等）。这些建筑在满足使用功能基本要求的前提下突出经济节约，造型艺术讲求朴素简洁。从20世纪70年代开始，这些建筑陆续拆除改建。从长远看，并不经济。1964年"设计革命"运动开始，建筑设计很快被严重政治化而偏离科学轨道，致使一些合理的设计遭到批判。1965年建成的宁夏第一座商业大楼银川百货大楼就是一例。1965年后，宁夏工业建筑设计能力和水平逐渐提高，独立完成了银河仪表厂等中小型工业建筑设计，还对工业厂房的梁柱系统和屋盖系统做过一些革新。大小型工厂设计仍是由外省或国家专业部门的设计院承担。当时建造的工业建筑人多采用了钢筋混凝土排架及框架，有的还采用钢筋混凝土拱结构、拆板结构、塔式结构以及预应力钢筋混凝土结构。

20世纪70年代后，特别是1978年国家提出"解放设计思想、繁荣建筑创作"的号召后，建筑设计蓬勃发展，设计能力迅速增强，设计水平显著提高，公用建筑设计成绩突出。广大设计人员坚持从宁夏实际情况出发，加强地质勘测，掌握第一手资料，破除"宁夏地下水位高，不能建高楼"的保守思想，建筑层数由60年代的3、4层发展到70年代的4层~7层，80年代又开始设计建设了9层~11层的高层建筑,90年代后发展到设计建设20层以上的高层建筑。宁夏体育训练中心练习馆、银川市纬六路立交桥、宁夏广播电视大楼、固原地区医院、贺兰山宾馆,银川市南关清真寺,贺兰县医院、银川市政府办公楼、宁夏工人文化宫,宁夏化工厂外宾招待所、宁夏体育馆、宁夏人民会堂、中国人民银行宁夏分行办公楼、虹桥宾馆、新华百货大楼等建筑,分别代表了不同时期的特点。这些建筑立意新颖、造型美观,建筑空间组合及室内外环境设计效果好、个性明显、装饰得体、时代感强。

从20世纪80年代开始,宁夏开始注意在建筑设计方面探索地方特色和民族风格,80年代建设的银川南关清真寺、回民中学、绿洲饭店、银川火车站、宁夏经学院等项目,把伊斯兰独特风格的拱线、穹顶、廊柱、花饰和色彩等与现代建筑有机结合起来,既继承发扬了中国古建筑及伊斯兰建筑的传统风格,又融入了现代科学元素,成功地表现了宁夏地方特色和民族风格。

住宅建筑设计从20世纪80年代开始推行工业化住宅体系和住宅小区规划设计,标准化程度明显提高。1978年银川市规划勘测设计处设计出宁夏第一栋框架轻质墙住宅楼——银川市房产公司框架轻板试验住宅楼。该楼以装配式框架承重,石膏板作填充墙,因造价高在当时未能推广。1979年自治区建筑勘测设计院门溥中设计的“城市大模板住宅方案”和银川市规划勘测设计处林京与自治区建筑勘测设计院张光璧合作设计的“宁夏北方地震区框架轻板住宅方案”,分别获得全国城市住宅设计竞赛优秀奖和表扬奖。同年,自治区建筑勘测设计院设计出4层全装配空心混凝土大板住宅通用图,设计上布置有1室户、2室户、3室户3种户型,平均每户建筑面积50平方米。到1982年底自治区内共建成这种住宅1.9万平方米。1979年银川市设计处设计出4层内浇外砌住宅通用图,设计上布置有2室户、3室户两种户型,平均每户建筑面积55平方米,当时推广建成10余万平方米。1981年自治区第一建筑工程公司蒋林书、卞国英、袁海德、蒋贞贵、胡俊源设计出内板外砌住宅方案,这种住宅既保持了全装配大板住宅的优点,又和传统砌筑相结合,技术经济指标好,推广建成5.5万平方米。这项设计1983年获自治区科技成果三等奖。在住宅小区设计方面,设计建成了银川市“幸福村”等设施配套的住宅小区。这期间设计的住宅楼大多在5层左右,室内设计注意改进平面布置,扩大使用面积,尽量利用空间,增加贮藏面积,并且独户设计厨房、厕所,有的设有暖气、浴盆等设施,较好地满足了住户的使用要求。

工业建筑设计从中小型设计发展到独立承担大中型设计。设计出银川市第二毛纺织厂、平罗糖厂等工程。

建筑功能的发展变化促进了结构设计的发展。在主体结构设计方面,民用建筑大量采用了框架结构,装配式混凝土大板结构、内浇外砌墙板结构及内板外砌墙板结构,有的还采用了塔式结构、钢架结构,整体箱涵结构、框架~剪力墙结构、钢丝网水泥壳体结构、网架结构、桁架结构等;工业建筑中出现了大型钢罐壳体结构,大跨度预应力钢桁架结构等。在基础设计方面,采用了爆扩柱、振动灌注桩、颈制桩、锥形短桩、射水颈制桩,射水振动灌注桩等深基础,有的还采用了箱形基础,深井基础等。在地基处理方面,采用了硅化法、井点排水法、灰砂桩、碎石振冲桩及振动碾压法等技术。1973 年自治区基建局设计队裴建平等人,在设计六盘山 93 米高调频电视铁塔过程中,改进了当时国内惯用的铁塔内力计算方法——空间桁架法,直接导出了柔性交叉斜杆四边形塔架内力计算公式,并借助有限元法导出了铁塔动力计算方法。所设计的六盘山电视塔,于 1981 年获全国 70 年代优秀设计表扬奖。1974 年银川市城建局设计室钟廉生、孙世耀、江泳等人设计的宁夏第一座立体交叉桥银川市纬六路立交桥,桥体设计采用了钢筋混凝土整体箱涵结构,且将当时国内常用的“斜桥正做”改进为“斜桥斜做”,不但技术先进,而且节约了 430 立方米混凝土,于 1981 年被评为全国 70 年代城市建设优秀项目。1975 年自治区建筑勘测设计院门溥中、胡飞彪等人设计的宁夏第一座高层建筑宁夏广播电视大楼,主体建筑面积 4198.8 平方米,地上部分 11 层,高 41.4 米,系钢筋混凝土框架——剪力墙结构,地下部分 1 层,底面标高 -3.6 米,系钢筋混凝土箱形基础兼作地下室,获自治区城乡建设优秀设计二等奖。

1975 年自治区建筑勘测设计院率先应用电算技术进行结构设计,并陆续用 ALGOL60 语言编写出铁塔动力特性计算程序、拱顶排架动力特性及内力系数计算程序,用 FOR-TRAN 语言编译出平面框架计算程序、平面排架计算程序及空间桁架计算程序等。1980 年以后,宁夏主要设计单位相继建立起自己的电子计算机室,电子计算机技术大量用于结构设计。1983 年自治区建筑勘测设计院用电子计算机技术设计宁夏展览馆,仅 1 周就完成结构计算,并通过电算多次改进结构方案,设计效率和质量明显提高。80 年代后期,电算技术已普遍用于大型、高层建筑的结构设计，电子计算机程序也发展为大型通用程序。1992 年，勘察设计全行业开始应用计算机辅助设计（CAD），CAD 出图率达 50%。1995 年，银川市规划勘测设计院在《银川市城市总体规划（1996 年～2010 年）》编制过程中，采用了航测地形图、地形图计算机扫描、计算机成图、计算机辅助设计等先进技术。

"九五"期间，自治区建设厅根据建设部关于推广应用计算机辅助设计技术大力提高工程设计水平的要求，结合宁夏实际，制定了"九五"期间工程勘察设计行业 CAD 技术发展规划，印发全区勘察设计单位实施，每年对勘察设计单位的 CAD 应用情况进行考核，并将考核成绩作为勘察设计单位资格晋升的依据之一。各勘察设计单位积极应用 CAD 技术，从装备到应用水平都有了很大的发展。1996 年全区勘察设计行业平均 CAD 出图率达 75%，全区的 18 家甲乙级勘察设计单位全部配备了微机，其中甩掉图板的达 11 家。1998 年，全区部分设计单位建成局域网，配置全套设计软件。"宁夏电力设计院 CAD 示范工程"获自治区科技进步奖三等奖。银川市规划建筑设计院实施的"CAD 应用示范工程"项目，1999 年获自治区科技进步奖一等奖，2000 年获国家科技部颁发的"全国 CAD 应用示范单位"称号。到 2000 年底，全区勘察设计单位 CDA 出图率达到 100%。

勘察设计经营体制改革

宁夏工程勘察设计单位，绝大多数从成立到 70 年代末，都是作为国家事业单位，由政府主管部门审批编制定员，按人数核拨事业费，完成上级下达的勘察设计任务。这种管理体制，在特定的历史条件下，对保证国家建设任务，起到了一定的积极作用。随着经济建设的发展，靠事业费支撑，单位吃国家"大锅饭"，个人吃单位"大锅饭"的管理体制，不利于调动单位和技术人员的积极性，制约了勘察设计事业的发展。

1979 年，中共中央、国务院批转《关于改进当前基本建设工作的若干意见》指出："勘察设计单位现在绝大部分是由事业费开支，需逐步实行企业化，收取设计费。"此后，国家计委、建委、财政部印发了《关于勘察设计单位实行企业化收费试点的通知》。宁夏在个别勘察设计单位进行了试点。1984 年 9 月，国务院《关于改革建筑业和基本建设管理体制若干问题的暂行规定》明确要求："勘察设计要向企业化、社会化方向发展，全面推行技术经济承包责任制。勘察设计单位承担任务一律要鉴定承包合同,按照国家规定的收费标准,收取勘察设计费,实行企业化经营,独立核算,自负盈亏。勘察设计单位内部可按照项目或专业实行承包。”当年 11 月,国务院批转国家计委《关于工程设计改革等几点意见》,提出工程设计队伍以国营设计单位为主体、允许集体设计单位和个体设计并存,实行企业化,增加设计单位的活力,逐步实行专业化和社会化,发扬技术民主,繁荣设计创作等具体意见。

根据国家要求,宁夏勘察设计行业从 1984 年开始全面进行经营体制改革,普遍推行经济技术责任制,大部分事业性质的设计单位实行了企业化管理,改进内部经营管理。设计单位一改过去“等设计任务上门”的作风,变为“上门找设计任务”,区内一些工程项目改变了过去单纯用行政手段下达设计任务的做法,通过招标投标来选择设计单位。经营体制改革为勘察设计行业增加了活力,给设计工作带来了生机,使勘察设计工作量得到较大幅度提高,1983 年全区设计单位完成初步设计 79 项,施工图设计 884 项,1984 年完成初步设计 92 项,施工图设计 1132 项,增长 16.5% 和 28%;1983 年完成设计投资初步设计 19820 万元,施工图设计 26107 万元,1984 年初步设计 96856 万元,施工图设计 29756 万元,分别增长 400% 和 14%;1983 年完成初步设计 33 万平方米、施工图 80 万平方米,1984 年完成初步设计 43.6 万平方米,施工图 110 万平方米,分别增长 30% 和 38%。

改革初期,宁夏勘察设计行业在少数单位也出现了一些不容忽视的问题。主要表现为越级设计,压价竞争,出卖图章、图签,私自乱拉其他单位人员设计,内部管理制度混乱,设计质量下降,违反基本建设程序等。针对改革发展中存在的问题,宁夏勘察设计行业按照国家提出的巩固、消化、补充、改善、存利去弊的方针,围绕提高质量、水平和效益,进一步深化改革,完善技术经济责任制,加强技术管理,努力提高设计质量,抓紧工程设计招标投标的试点及推广工作,整顿设计市场,严格对勘察设计单位的资格审查和发证工作,狠抓职工队伍职业道德建设,保证改革发展的顺利进行。

1992 年 11 月,自治区城乡建设厅在全面总结宁夏勘察设计行业改革发展经验的基础上,为进一步深化工程勘察设计体制改革,充分调动勘察设计单位和人员的积极性,增强勘察设计单位的活力和凝聚力,会同自治区劳动人事厅、财政厅、税务局等单位,根据自治区人民政府有关深化科研机制改革加快科技进步的政策,制定印发了《关于进一步深化工程勘察设计改革的若干规定》和《关于工程勘察设计单位试行技术经济承包经营若干问题的意见》,对勘察设计行业运行机制改革中的一些问题进一步作了具体明确的规定。根据上述若干规定和意见精神,按照政、事分开的原则,落实勘察设计单位的经营自主权,经费自立的勘察设计单位的方向任务、计划安排、经费使用、机构设置、分配制度、人员调配、资产处理等,由单位按国家法令、政策规定自主确定。勘察设计单位积极推行技术经济承包经营责任制,促使勘察设计机构转变运行机制,增强活力,多出成果,多出人才,多出效益。凡不实行技术经济承包营责任制的单位,实行院、所长任期目标责任制,并与主管部门签订任期目标责任书。进一步改革人事管理制度和分配制度各勘察设计单位根据本单位特点,实行全员聘任制和技术职务聘任制,实行优化组合,事业费自立的单位,人员编制放开。事业费包干的单位,在不增加事业费的前提下,可超编招收技术骨干,逐步用自然减员和人员调整顶替。增加人员的单位可增加工资总额,其经费自行解决。经费自立的勘察设计单位根据需要可以评聘各类技术人员和管理人员,并拒收不适合本单位工作的人员。在分配制度上,破除平均主义。工资、奖金与工作实绩和经济效益挂钩。在核定的工资总额内,可保留档案工资,实行内部工资制,自主决定工资、奖金分配形式。

鼓励勘察设计单位拓宽经营范围,实行两头延伸。有能力的勘察设计单位,经有关部门批准,开展以设计为龙头的工程建设总承包业务,承揽工程咨询和工程监理业务,开办岩土公司,从事岩土工程勘察设计、监理,监测业务。鼓励勘察设计单位开展技术转让、技术咨询、技术服务、技术培训、技术承包、技术入股等活动。实行技术经济承包经营责任制的勘察设计单位,由征收奖金税改为征收工资调节税。勘察设计单位税后留利,在保证事业发展基金占50%左右的前提下,福利、奖励基金的比例由单位自定。为增强勘察设计单位的发展后劲,改善勘察设计手段,允许勘察设计单位在提取技术开发费的基础上,把购置小型设备(限单台或单件在5万元以下)的费用计入勘察设计成本。勘察设计单位的生产性基建和技术开发贷款可实行税前还贷,自筹资金的生产性建设项目和住宅建设免征投资方向调节税和城市基础设施配套费。为了发挥勘察设计人员的潜力,各单位在完成核定承包基数指标的前提下,可有组织地开展业余设计。超额完成承包基数部分,可视为业余设计产值。各单位业余设计产值不能超过核定承包基数指标的二分之一。业余设计产值收入的55%,可提取现金分配给个人,不进入单位的工资,奖金总额。鼓励勘察设计单位繁荣建筑创作,创优秀勘察设计。凡获得自治区级及其以上的优秀勘察设计项目,勘察设计单位可按获奖项目收费的5%～10%奖励有关勘察设计人员,奖金不计入单位奖金总额和免征奖金税和个人收入调节税。充分发挥离退休设计人员的作用。允许离退休设计人员吸收一定数量的中青年设计人员组成设计实体,经设计资格认证后开展业务活动。离退休设计人员可以担任该设计机构的法人代表。设计收入按业余兼职对待,利用本单位物质技术条件和技术资料的,单位收取一定费用,其余部分分配给个人。对勘察设计单位实行"放水养鱼"政策。勘察设计单位的税收,以1991年为基数,自1992年起5年内,新增勘察设计收入全额免交各种税费,暂免征收能源交通基金和预算外调节基金,用于提高勘察设计技术装备水平和条件建设。任何单位不准借搞活勘察设计之机,搞无证设计,越限承揽任务,利用回扣,压价以及特权控制任务,隐瞒收入总额,不完成指令性任务等,否则一经发现,予以停业整顿或吊销证书,并没收其所得。

1999年,根据国务院办公厅《关于工程勘察设计单位体制改革的若干意见的通知》(国办发〔1999〕101号),为进一步推进勘察设计单位体制改革,解决工程勘察设计行业中存在的机制不活、功能单一、队伍过剩、素质偏低、经营方式落后、设计质量水平不高等问题,自治区建设厅在深入调查研究的基础上,从宁夏工程勘察设计行业的实际情况出发,与自治区计划发展委员会、经济贸易委员会、财政厅、劳动和社会保障厅、机构编制委员会办公室、地税局等部门联合制定了《全区工程勘察设计单位体制改革实施方案》,于2000年6月上报自治区人民政府。《实施方案》确定了宁夏勘察设计行业体制改革的主要任务是调整完善勘察设计单位所有制结构和经营方式,按照资产所有权与经营权分离的原则,勘察设计单位由事业性质改为科技型企业,成为自主经营、自负盈亏、自我约束、自我发展的法人实体和市场竞争主体,逐步建立起现代企业制度。确定体制改革的基本模式是国有大型勘察设计单位应当逐步建立现代企业制度,一般可改建为国有资本控股或参股的有限责任公司或股份有限公司,调整生产经营结构,发挥自身技术先进、设备优良和管理经验丰富的优势，坚持“一业为主、两头延伸、多种经营”的方针，实行以设计为龙头的工程总承包；中型勘察设计单位可以组建为股权多元化的有限责任公司；小型勘察设计单位应改企建制一步到位，改建为个人控股的有限责任公司或可以实行股份合作制以及政策允许的其他改革形式；勘察单位可以向岩土工程咨询公司或岩土工程公司转化，在体制改革中逐步使技术服务层和劳动服务层相分离；对一些经济效益差、管理不善的勘察设计单位，通过承包、租赁、出售、委托经营、合并、兼并等形式，进行资产存量调整和人才资源重组。

第二节　勘察设计队伍

中华人民共和国成立前，建筑营造采用手工操作，房屋基本上都是土木、砖木结构，建筑技术十分落后。

中华人民共和国成立初期，宁夏仍然没有专门的建筑勘察设计队伍，具有一定技能的营造匠师也寥寥无几。

1953 年组建的宁夏建筑公司设置了当时唯一的设计室，有 5 名技术人员，承担部分砖木平房的设计。

1954 年宁夏并入甘肃省。银川专区工程队既搞施工，也承担一些小型设计。1958 年宁夏回族自治区成立后，相继设立了宁夏建筑工程局设计院和国家建设工程部西北综合勘察设计院宁夏工作站，从此宁夏有了较为正规的勘测设计队伍。到 1958 年底发展到 383 人，其中工程技术人员 209 人。1960 年底建筑工程局设计院与西北综合勘察设计院宁夏工作站合并，正式成立了宁夏建筑勘测设计院。1962 年由于国民经济调整，基本建设规模压缩，宁夏建筑勘察设计院缩编为自治区计划委员会设计室，多数技术人员被下放调走，由原来的 358 人减少到 24 人，使这支刚刚组建起来的设计队伍，趋于解体状态。1963 年下半年，随着国民经济建设发展的需要，恢复了宁夏建筑勘测设计院。各地市县和一些自治区主管厅（局）的专业设计机构相继建立，勘测设计队伍又得到了恢复。到 1975 年底，全区有 13 个勘测设计单位，即：宁夏建筑勘测设计院、区燃化局设计队、区重工局设计室、区轻工局设计室、区电信局基建处设计组、区水电局水利工程处设计室、区水电局送变电工程处设计室、区交通局公路处勘测设计队、兰州铁路局第二工程设计室、第一矿务局设计室、第二矿务局设计室、银川市建设局设计室、石嘴山城建局设计室。共有职工578人,其中:工人79人占13.7%,技术人员428人占74%,管理人员71人占12.3%。宁夏建筑勘测设计院有职工148人(不包括打井队)占全区设计单位职工的25.6%,承担宁夏的水利、电力、电信、交通、矿井、工业与民用等设计任务,是宁夏的主要勘察设计力量。仅1974年6个工业与民用设计单位的统计,完成设计面积270000平方米,其中宁夏建筑设计院完成设计面积168700平方米,占62.5%;完成工程地质2000米,工程测量1288公顷,凿井23口(进尺2000米)。

中国共产党十一届三中全会以后,宁夏的建筑勘察设计事业进入了一个新的腾飞时期,经过拨乱反正,落实知识分子政策,大大调动了广大设计人员的积极性性。同时根据实际需要建立健全了设计机构,并通过各种方式和途径,积极培训设计人员,使设计力量不断壮大,设计水平迅速提高。到1985年底,全区已有43个勘察设计单位,职工1915人,其中设计生产人员946人,占49.40%,每年可完成初步设计建筑面积95万平方米,施工建筑面积160万平方米,工程测量240标准平方公里和工程地质进尺5万标准米的勘察设计能力,可以承担大中型水利、道桥、一般中型工业建筑和多种结构的高层公共建筑,市政公用工程的设计任务。各勘察设计单位活跃在建筑、轻纺、机械、建材、公路、电力、水利、煤炭等行业,为宁夏的工程建设作出了贡献。1985年,全区勘察设计单位完成施工图的工程造价达46975万元,施工图建筑面积159万平方米,工程测量235平方公里。

“七五”期间(1986年~1990年),随着改革开放的逐步深入,宁夏勘察设计行业深化改革,全面推行技术经济责任制,职工队伍不断发展壮大。到1990年底,宁夏城乡建设、水利、电力、煤炭、交通、石化、机械、轻工、铁道、邮电、农业、林业、冶金等16个行业都有了勘察设计队伍。全区共有勘察设计机构52个,其中甲级3个、乙级9个、丙级26个、丁级14个、职工人数达2309人,其中技术人员1461人。在技术人员中,具有中、高级技术职称的占36%。“七五”期间完成设计投资额为23.38亿元,占同期全社会固定资产投资的29.2%。

1991年12月,为了更好地坚持计划经济与市场调节相结合的原则,加强科学管理和宏观调控，促进技术进步，提高队伍素质，使工程勘察设计队伍与建设事业发展相适应，高水平、高质量、高效率地完成勘察设计任务，宁夏回族自治区建设厅根据自治区国民经济发展十年规划和“八五”计划，编制了《宁夏工程勘察设计队伍“八五”和十年规划》。规划坚持以推动技术进步、改善勘察设计手段、提高队伍素质、提高效率为中心，坚持计划经济与市场经济相结合的原则，不搞“大而全”、“小而全”的封闭体系，既要加强宏观调控，又要有利于市场发展。在科学预测宁夏勘察设计队伍发展趋势的基础上，对勘察机构的层次结构，勘察设计队伍总量、专业结构、人员结构比例、地区分布以及实施规划的主要措施等，作了较为科学详细的安排，成为指导宁夏勘察设计行业发展的纲领性文件，促进宁夏勘察设计行业步入了科学化、规范化、健康发展的轨道。

“八五”和“九五”期间，宁夏勘察设计效率得到较大幅度的提高，保证了重点工程建设和城乡建设项目勘察设计任务的完成，勘察设计水平有了明显的提高，勘察设计单位的服务领域进一步拓宽，技术装备普遍改善，职工队伍进一步壮大，素质明显提高。截至 2000 年底，全区共有勘察设计机构 84 个，从业人员达 3055 人。当年完成勘察设计施工图投资额达 32.5 亿元，完成施工图建筑面积 167 万平方米。勘察设计队伍已成为宁夏城乡建设的一支重要力量，在宁夏经济建设中发挥了重要作用。

1984 年～1990 年勘察设计职工统计表

表 5－12

行业名称	1984 年	1985 年	1986 年	1987 年	1988 年	1989 年	1990 年
城乡建设	456	646	690	661	686	875	868
冶金	23	17	17	21	17	16	16
有色金属	12	13	18	22	22	60	60
煤炭	225	236	239	235	247	233	215
化学工业	159	153	163	170	161	160	154
石油工业	—	5	22	21	22	23	23
水利	309	353	377	381	402	424	432
电力	—	—	—	22	17	19	21

续表

行业名称	1984 年	1985 年	1986 年	1987 年	1988 年	1989 年	1990 年
机械	19	27	33	35	39	51	53
建材	—	23	31	31	31	53	57
轻工	—	7	14	16	22	22	24
交通	73	91	97	102	100	103	102
邮电	—	—	—	—	16	17	18
铁道	13	12	12	12	13	13	13
农业	10	176	167	157	215	205	209
林业	0	43	43	43	45	45	45
其他	—	—	—	—	25	—	—
合计	1299	1802	1923	1929	2080	2318	2309

资料来源:1984～1990 年统计年报。

1990 年全区勘察设计队伍统计表

表 5－13

行业	职工人数	高级工程师	设计生产人员	技术人员	勘察生产人员	技术人员	生产人员	技术人员
城乡建设	865	62	494	429	195	65	689	494
冶　金	15	1	15	14	—	—	15	14
有色金属	60	3	12	10	43	22	55	32
煤　炭	215	13	192	150	21	10	213	160
化学工业	154	7	119	106	13	9	132	115
石油工业	23	3	23	20	—	—	23	20
水　利	432	23	162	141	190	44	352	185
电　力	21	2	17	16	3	2	20	18
机　械	53	7	38	33	—	—	38	33
建　材	45	2	—	—	38	19	38	19
轻　工	57	3	32	24	18	9	50	33

续表

行业	职工人数	高级工程师	设计生产人员	技术人员	勘察生产人员	技术人员	生产人员	技术人员
交 通	24	1	23	21	—	—	23	21
邮 电	102	2	37	30	65	10	102	40
铁 道	18	—	13	13	4	4	17	17
农 业	13	—	13	13	—	—	13	13
林 业	209	7	20	12	105	46	125	58
合 计	2309	136	1210	1032	695	240	1905	1272

资料来源:1990 年统计年报。

1995 年~2000 年宁夏勘察设计行业基本情况统计表

表 5-14

时 间	1995 年	1996 年	1997 年	1998 年	1999 年	2000 年
企业数量(个)	86	86	91	91	83	84
从业人员(人)	2993	3129	3902	3287	3206	3055
行业营业收入(亿元)	0.39	0.54	0.66	0.67	0.84	0.95
行业人均营业收入(万元)	1.29	1.71	1.69	2.03	2.61	3.21
行业完成施工图投资额(万元)	19.58	21.81	25.82	47.73	39.95	32.50
行业完成施工图建筑面积(万平方米)	224	298	204	329	311	167

注:数据来源:建设部勘察设计司历年统计报表资料。

第三节 勘察设计管理

管理机构及管理规章

勘察设计管理是建设行政主管部门的主要职能之一,自治区建设厅专门设置勘察设计管理处,指导协调各级建设行政管理部门和有关行业实施管理工作。勘察设计管理处曾在 1984 年~1988 年划入自治区计划委员会,期间,建设厅积极配合自治区计委对勘察设计行业实施管理。1989年自治区政府对计委、建设厅的职能进行调整,勘察设计管理处重又划归建设厅建制。《宁夏工程设计管理暂行规定》(宁政发〔1989〕101号)和自治区"三定"方案,明确各级城乡建设部门负责工程勘察设计的管理工作,主要职能是:研究制定勘察设计行业的发展规划;监督、检查工程勘察设计单位贯彻执行法律、法规和规章的情况;参与制定工程设计标准与定额;参与地方大中型基本建设项目和限额以上初步设计审查;审批工程勘察设计资格证书,办理发证、升级、降级等;监督工程设计招标投标;监督、检查、评审工程勘察设计质量等。

为了加强勘察设计管理,促进宁夏勘察设计行业健康有序发展,自治区建设厅根据国家有关法律、法规以及部门规章,结合宁夏区情,制定印发或报请自治区人民政府审定印发了一系列管理办法和规定,主要有:《宁夏工程设计管理暂行规定》《关于进一步深化工程勘察设计改革的若干规定》《宁夏工程设计单位技术装备及应用水平达标规划》《城市建筑方案设计竞选管理试行办法实施细则》《关于重申有关加强勘察设计市场管理规定的通知》《宁夏工程勘察设计单位资质动态管理实施办法》《宁夏建筑装饰装修设计管理暂行办法》《外省区勘察设计单位来宁夏承接任务管理办法》《宁夏建筑工程施工图设计文件审查实施办法》等。

勘察设计资格管理

改革开放以后,建设部、国家计委等主管部门先后颁发一系列法规文件,其中有国家计委1986年颁布的《全国工程勘察、设计单位资格认证管理暂行办法》,建设部1991年颁布的《工程勘察和工程设计单位资格管理办法》及《补充规定》等。这些管理办法,对勘察设计单位的发证条件、资格等级、审批权限及管理与监督等都作了明确规定。规定申请工程勘察证书、工程设计证书的单位,必须具备的基本条件是:1.有符合国家规定、依照法定程序批准设立机构的文件;2.有明确的名称、组织机构和固定的工作场所;3.具备所申请的工程勘察或者工程设计资格的等级标准。对于集体所有制工程勘察、工程设计单位,除了上述基本条件外,还必须具有与其承担任务相适应的注册资金及章程,注册资金甲级为100万元、乙级50万元、丙级30万元、丁级20万元。

工程勘察设计单位的资格,实行国家和地方两级审批制度。甲、乙级单位的资格由全国工程勘察设计资格审定委员会审批,其办事机构设在建设部;丙、丁级单位的资格由省(自治区)工程勘察设计资格审定委员会审批,其办事机构设在省(自治区)政府授权的综合管理勘察设计工作的行政主管部门。资格评定的具体办法是:申请甲、乙级证书的单位,按照隶属关系报国务院主管部门或省(自治区)主管勘察设计工作的部门进行初审,然后由初审部门送所申请行业归口管理的国务院主管部门,经行业管理部门组织专家审查,并签署意见后,报全国工程勘察设计资格审定委员会审定,审定合格后由建设部颁发资格证书;申请丙、丁级证书的单位,统一送单位所在地的地、市级政府建设行政主管部门,经审查后上报省(自治区)工程勘察设计资格审定委员会审定,审定合格后,由省(自治区)主管勘察设计工作的部门颁发资格证书,并将取得证书的单位名单抄送建设部和国务院有关行业主管部门备案。

1987年4月,当时承担勘察设计管理职能的宁夏计划委员会根据《全国工程勘察设计单位资格认证管理暂行办法》及国家计委、建设部有关文件精神,对全区工程勘察设计单位的资质、级别、承担任务范围及收费等情况,在各行业主管部门初审的基础上,进行了综合平衡审定。

经审定,全区持证的勘察设计单位共45家,其中甲级3家,即宁夏建筑设计院、宁夏水利勘察设计院、银川市建筑设计院,由国家主管部门颁证。宁夏工业设计院等6家单位为乙级,石嘴山建筑设计院等21家单位为丙级,吴忠市规划设计室等15家单位为丁级。1989年自治区建设厅全面承担勘察设计行业的管理职能后,根据建设部有关要求,开始对勘察设计单位资格实行动态管理,每年对其资格进行复查复核。按照建设部《关于整顿建设市场秩序的通知》和《全国设计处长会议纪要》要求,同年11月至1990年2月,自治区建设厅在自治区工商局、审计局、建设银行的配合下,抽调部分工程技术专家,组成勘察设计资格复查领导小组和工作组,按照查勘察设计风格、查经营作风、查勘察设计质量、查财务管理的"四查"原则,对全区勘察设计单位进行了一次全面复查。这次共复查61个勘察设计单位,其中国家部委所属驻宁单位9个,地方所属单位52个,按资质等级划分,复查甲级单位3个,乙级单位13个,丙、丁级单位45个。按照国家有关资质管理的具体规定和治理整顿勘察设计市场的各项政策,自治区设计资格复查领导小组对这次清理整顿勘察设计市场中查出来的问题,逐项进行了研究,决定给予宁夏农垦设计室等10

家单位吊销设计资格证书的处理；给予银川市房屋建筑设计研究所2家单位降低资质等级的处理。给予海原县建筑设计室等7家单位限期整改的处理。同时，决定收回西北地勘局宁夏总队工程勘察队的复印证书和宁夏建材地质勘探大队的工程勘察证书，并核定其从事地勘工作的人数和有关问题后，重新核定其资质等级。

为了进一步加强勘察设计的资格管理，规范工程勘察设计行为，建立平等有序的勘察设计市场秩序，自治区建设厅根据建设部《工程勘察和工程设计单位资格管理办法》等有关规定，结合宁夏实际，于1996年10月制定印发了《宁夏工程勘察设计单位资格动态管理实施办法（暂行）》。明确规定工程勘察设计单位的资格实行年度检查制度（简称年检），并对资格年检的主要内容、年检应提交的资料、年检程序等作了明确的要求，规定年检结果所对应的情况；明确规定了资格升级、降级的条件以及资格变更实行公告制度等。管理办法的印发实施，促进宁夏勘察设计行业资格管理、市场管理走上了科学化、规范化的轨道。

勘察设计质量管理

宁夏回族自治区成立以后，特别是改革开放以后，宁夏工程建设项目不断增多。为了保证和提高工程项目的勘察设计质量，自治区建设厅充分发挥行业管理职能，组织勘察设计单位建立健全技术责任制和各项质量管理制度，充实加强技术力量，开展技术业务培训，提高设计人员素质，努力提高勘察设计工作质量。有关单位在提高勘察设计质量方面也做了一定工作。

1975年9月，宁夏基本建设委员会研究制定《宁夏设计工作十年规划初步设想》，提出设计标准化的设想，即在“五五”期间，住宅建筑实现标准化；银川市民用建筑发展部分装配化设计；其民用建筑和适用性较强的单层工业厂房、工业构筑物、仓库等推广定型设计；多层工业厂房在规定标准构、配件，统一柱网和推行单元定型。“六五”期间，进一步提高多层工业厂房和多层民用建筑的设计标准水平，扩大建筑设计标准化范围，争取基本实现建筑设计标准化。研究制定农场建筑标准构、配件图集，支援农村建设。提出加强科学研究工作，大力发展和推广新技术、新材料、新结构，在“肥梁、肥柱、深基、重盖”上作出努力。进行墙体改革，因地制宜，充分利用地方材料和各种工业废渣，设计各种砌块和墙板，在设计上大力使用轻质、高强度的新型墙体材料。

1986 年 4 月，国家计委印发了《关于加强工程勘察设计工作的几点意见》。同年 6 月，宁夏全区勘察设计工作会议提出要加强技术管理，迅速提高设计质量，要求各设计单位，要摆正国家和集体利益的关系，坚决克服重产值、轻质量的片面做法，把质量放在首位，改变单纯以工作量来分配奖金的办法，从本单位奖励基金中提取一定比例，奖励本单位评出的优秀勘察设计，使奖金的分配和质量挂起钩来。要求勘察设计单位进一步严格各项审核制度，鼓励勘察设计人员在工作中采用新的设计理论、原则和方法，以优异的工作质量保证优异的设计质量；要求坚决反对为了抢进度，争收入而采取“少动脑筋、多配钢筋”、马虎从事的不良倾向和作风，提倡为工程建设精打细算、认真负责的精神，做到精心设计。要求各级综合部门和主管部门要重视项目的前期决策工作，确保可行性研究的客观性、科学性；要使各项基本建设计划早安排早下达，以确保有足够的勘察设计周期。要求各地逐步建立和健全勘察设计质量监督机构和制度。对于明显的勘察设计质量事故，要会同有关专家提出纠正意见。采取综合治理的办法，努力克服勘察设计保守，千方百计把勘察设计质量搞上去。

1986 年 9 月，国家计委印发了《关于勘察设计单位推行全面质量管理的通知》。1987 年 7 月宁夏计委对全区勘察设计单位推行全面质量管理做出了安排，要求区内的勘察设计单位按资格等级区分，分别在 1991 年底前达到基本要求。1989 年 9 月，自治区建设厅发出关于勘察设计单位全面质量管理工作和达标验收的通知，并制定印发了《勘察设计单位全面质量管理达标验收细则》，对验收标准进一步细化。同年 11 月，自治区勘察设计全面质量管理达标验收组，对宁夏建筑设计院、宁夏水利水电勘察设计院和银川市规划建筑设计院 3 家甲级资格单位进行了考核验收，做出了客观真实的评价，认为这 3 家甲级资格单位领导重视提高勘察设计质量，重视全面质量管理知识的普及和教育，质量保证体系比较健全，实现了项目管理并层层落实，建立健全了管理制度，职工队伍构成合理，专业人员较为齐全，重视技术装备更新和计算机开发应用，达到了甲级资格勘察设计单位的验收标准。1991 年 4 月，自治区建设厅发出通知，要求全区勘察设计行业开展“质量、品种、效益年”活动，提出勘察设计单位当年的工作目标是工程项目的设计要做到经济合理、工艺先进、安全可靠。其中重点工业交通项目和重点民用工程设计各项技术经济指标要达到自治区先进水平,争取达到或接近国内先水平。住宅工程设计要力求布局合理,功能齐全,设计质量水平明显提高,成果优良品率,甲、乙级单位要达到85%以上,丙、丁级单位要达到80%以上。勘察设计中存在的质量通病,要有明显消除或减少。要求各勘察设计单位找出差距,制定提高质量水平和效益的措施和规划,进行自查和自检,查思想、查制度、查隐患、找差距、订措施。要解剖一、二个工程实例,找出勘察设计中影响设计质量的主要问题,找出本单位与先进单位、与国内先进水平之间的差距,瞄准赶超目标,制定切实可行的措施,提高质量。要求各地把提高质量效益与深化改革、治理整顿工作结合起来,继续搞好治理整顿工作,加强勘察设计市场的管理,建立良好的市场秩序,严格资质管理,对1984年以后成立的乙级单位和所有丙、丁级单位的"五查"工作要在年内结束,同时要抓紧收费资格的清查,坚决清理不合格的单位。在"质量、品种、效益年"中,把推行全面质量管理工作作为一项中心任务来抓。甲级单位要在已达标的基础上继续巩固深化,乙级单位要按计划抓紧全面质量管理的推行,年底要通过达标验收,丙、丁级单位也要按照全面质量管理的精神,建立必要的规章制度。在勘察设计单位推行全面质量管理工作中,各单位广泛开展全面质量管理小组(QC小组)活动,对提高工程勘察设计、效益和管理水平起到了积极作用,如宁夏水利水电勘测设计院渠道断面设计QC小组,在盐环定扬黄工程中,以渠道断面设计优化作为攻关课题,解决了U型断面在工程中应用的实际问题,这项成果的应用,可节约投资423万元。宁夏电力设计院测绘队CAD技术QC小组解决了架空送电线路测量应用CAD(微机辅助设计)技术成图问题,使CAD出图率达到90%以上,提高了成果的准确性和工作效率。1994年4月,自治区建设厅对全区勘察设计单位QC小组活动成果进行评选,对8家获奖单位进行表彰奖励。宁夏水利水电勘测设计院渠道断面设计QC小组、宁夏水利水电勘测设计院泵站机泵选型QC小组、宁夏水利水电勘测设计院地质队钻井三组QC小组、宁夏电力设计院测量队CAD技术QC小组、宁夏工业设计院电气专业QC小组获二等奖;宁夏公路勘测设计院用PC－重500机进行公路回旋曲线设计QC小组、固原地区水利勘测设计院提高四、五等水准测站记录计算质量QC小组获三等奖;宁夏工业设计院暖通QC小组获表扬奖。

从1995年开始,自治区建设厅每年对全区建设工程勘察设计质量进行定期或不定期的检查，并将质量检查结果、存在问题、出现质量问题的单位及处理结果在建设行业进行公布，接收社会监督促进工程质量提高对出现质量问题的单位，区别不同情况，分别做出限期整改、停业整顿、通报批评、资质降级、注销资质等处理。2000年9月，自治区建设厅根据国务院《建设工程质量管理条例》和建设部《建设工程施工图设计文件审查暂行办法》，结合宁夏实际，制定了《宁夏建筑工程施工图设计文件审查实施办法》，要求各地建设行政主管部门及时落实有关技术审查人员，组建技术审查机构，并按规定经批准后，认真做好施工图设计审查工作，严把好质量审查关。是年，宁夏开始实施了施工图设计文件审查制度。

实施注册建筑师职业资格制度

1995年9月23日，国务院发布了《中华人民共和国注册建筑师条例》，对注册建筑师的考试和注册、执业、权利和义务、法律责任等做出了明确规定。1996年7月1日，建设部颁布了《中华人民共和国注册建筑师条例实施细则》，对注册建筑师实施过程中有关考试、注册、执业以及各级主管部门的职责等做了具体明确的规定。1996年12月建设部、人事部联合印发了《注册建筑师执业及管理工作有关问题的暂行规定》，1997年9月又联合印发了《注册结构工程师执业资格制度暂行规定》。根据建设部、人事部有关注册执业的精神，自治区建设厅安排布置了一、二级注册建筑师、一、二级注册结构工程师的考核认定及考试工作。组建了宁夏注册工程师考核认定审查委员会。宁夏首批注册建筑师、结构工程师注册执业工作于1998年12月开始办理，其中通过考核认定和考试取得一级注册建筑师20人，二级注册建筑师65人，一级注册结构工程师27人。

2000年2月，自治区建设厅印发了《宁夏回族自治区实施注册结构工程师执业制度暂行规定》，同时转发了全国注册师管理委员会《注册建筑师继续教育实施意见》和《注册结构工程师继续教育实施意见》。经报全国注册师管理委员会备案，自治区建设厅委托宁夏建筑设计院作为宁夏注册师继续教育代培单位，注册师继续教育培训每年举办一次，教育内容按全国注册师管理委员会统一要求进行安排，并建立了注册师继续教育培训管理制度，为注册师执业制度在宁夏的贯彻执行奠定了基础。宁夏实施注册师执业制度后，明确规定注册师只能在一个设计单位执业，一、二级注册师只能在与各自专业等级相符的设计图纸上签章，而且不能超越所在建筑设计单位的业务范围，注册师只能在自己任项目经理、主持人、设计人的图纸上签字盖章，不得在他人设计的文件中签章。在设计单位资质管理中，逐步补充完善和加强了对各级注册师数量的要求，以保证设计单位具有与其资质等级相符的技术力量。注册建筑师、注册工程师制度的建立和完善，为宁夏勘察设计行业的健康有序发展起到了积极的促进作用。

标准设计

宁夏的工程建设标准化工作由成立于1974年的宁夏建筑标准设计办公室（以下简称标办）负责。1983年国家机构调整，原国家基本建设委员会和各地基本建设委员会都相继改为城乡建设环境保护部和城乡建设厅，当时的自治区城乡建设厅参照全国各地建设机构的设置情况，于1984年向自治区编委提出了《关于将标准设计办公室划归城乡建设厅直接领导的报告》，自治区编委以宁编发[1984]10号文批复同意区标准设计办公室划归你厅直接领导，原定10名编制从自治区建筑勘测设计院划拨出，为事业编制单位。区城乡建设厅经自治区政府及有关部门同意，将标办改为财政全额拨款的事业单位，并确定了以下工作职责：负责拟定本区地方建筑标准设计规划、计划；负责组织审查地方通用建筑标准设计文件；负责建筑标准设计的推广使用中的管理工作，向国家推荐优秀标准设计；组织建筑标准的方案竞赛和评选工作；组织建筑标准设计的技术交流和情报活动；负责国家和地方建筑标准设计图集的出版发行和供应工作。

宁夏建筑设计标准办公室自成立后到1995年，工程建设标准化工作主要是组织编制、审定、发行的宁夏回族自治区地方标准设计图集和发行国家、行业标准及标准设计图集。由于机制、管理、技术和经费等诸多因素的制约，自治区的地方工程建设标准化工作严重滞后，工程建设标准应用主要是国家及行业标准。随着全区经济建设的迅速发展，“新技术、新产品、新材料和新工艺”大量涌现，国家及行业标准已不能覆盖工程建设标准应用的各个方面，地方工程建设标准化工作的开展已刻不容缓。从1995年开始，宁夏标办开始组织有关单位根据宁夏的气候、地质等自然条件，在国家工程建设标准体系框架基础上开展地方标准研究工作。截至2000年，完成的地方标准及标准设计共25项。

优秀勘察设计评选

宁夏回族自治区成立以后,宁夏勘察设计行业工程技术人员发挥聪明才智,创作出一批批造型美观、结构新颖、风格独特、富有时代气息和民族地方特色的优秀建筑作品。

1981 年 5 月,宁夏基本建设委员会根据国家建设委员会的要求,组织开展了 20 世纪 70 年代优秀设计评选活动,这次优秀设计的评选的主要条件是:工艺设备选型先进又符合实际,平面布局合理,结构安全可靠;庭院设计、建筑造型、空间组合反映了功能与结构要求,建筑风格有所创新;产品方案、定员、厂区、用地、建筑面积、产值、基建投资等综合技术经济指标先进;节能、环保、抗震较好,建成投产或使用后,经过实践检验,满足生产和使用,取得施工、建设等部门的好评,实际效果达到国内同类型的先进技术水平。从此宁夏勘察设计行业评选优秀成果活动基本上每两年进行一次。此外,还根据不同时期的工作实际,不定期地进行农村住宅规划设计、城市住宅规划设计方案等专项评选活动,同时积极参加建设部、中国勘察设计协会等组织的优秀设计评选活动。1998 年 11 月,宁夏建筑设计院陈兆华创作的 ND009 城市住宅设计方案获建设部"迈向二十一世纪住宅"设计竞赛表扬奖。1999 年 11 月,宁夏电力设计承担的"大固 330KV 送电线路工程"设计项目和宁夏水利水电勘察设计院承担的"陕甘宁盐环定扬黄灌溉工程"项目设计获全国第八届优秀工程设计铜奖。

20 世纪 70 年代优秀勘察设计获奖项目(1981 年评选)

表 5－15

项目名称	获奖等级	勘察设计单位
宁夏六盘山调频塔设计	优秀奖	宁夏建筑勘察设计院 中央广播局设计室
银川市纬六路立体交叉工程设计	优秀奖	银川市规划建筑设计院
石嘴山矿务局二矿主井塔设计	优秀奖	宁夏煤矿设计院 西北煤矿设计院
同心扬水工程羚羊寺泵站设计	优秀奖	宁夏水利勘察设计院 宁夏电力局设计处
宁夏人民医院综合医疗楼设计	优秀奖	宁夏建筑勘察设计院

续表

项目名称	获奖等级	勘察设计单位
莲湖农场纤维板车间设计	优秀奖	宁夏建筑勘察设计院
银川市第十八小学教学楼设计	优秀奖	银川市规划建筑设计院
同心县影剧院设计	优秀奖	宁夏建筑勘察设计院
银川市人民银行楼设计	表扬奖	银川市规划建筑设计院
薄壳渡槽定型设计	表扬奖	宁夏水利勘察设计院
银川市人民公园水榭设计	表扬奖	银川市规划建筑设计院
宁夏电信局通讯机房设计	表扬奖	宁夏建筑勘察设计院
包兰铁路418k－候家湾段改线设计	表扬奖	宁夏公路工程处勘察设计队
内浇外砌定型设计	表扬奖	银川市规划建筑设计院
银川市财经学校设计	表扬奖	宁夏化工勘察设计院
银川电力修造厂联合车间设计	表扬奖	宁夏轻工研究所设计所
灵武氮肥厂设计	表扬奖	宁夏化工勘察设计院
银川市酒厂液态发酵白酒车间设计	表扬奖	宁夏机械局工厂设计室

1986年优秀勘察设计项目

表5－16

项目名称	获奖等级	勘察设计单位
迎水桥至阎地拉图公路	一等奖	宁夏公路设计院
固海扬水工程	一等奖	宁夏水利设计院
平罗糖厂热热电站、制糖车间	二等奖	宁夏工业设计院
青侯古220kv送电线路工程	二等奖	宁夏电力设计院
石炭井一矿暗主井钢绳蕊胶带运输机	二等奖	石炭井矿务局设计室
银川二毛厂染色污水处理	三等奖	宁夏工业设计院
青铜峡220kv变电工程	三等奖	宁夏电力设计院
中宁县关帝完全中学	三等奖	银川铁路分局设计事务所
固海扬水工程勘察	三等奖	宁夏水利设计院
银川水果冷库	三等奖	宁夏工业设计院

续表

项目名称	获奖等级	勘察设计单位
同心县东部山区人畜引水工程	三等奖	宁夏水利设计院
青铜峡沥青库输水管桥	表扬奖	宁夏工业设计院
50t 露天吊栈桥及 5t ~ 50t 吊车试验台工程设计	表扬奖	宁夏工业设计院
柳条沟截潜流蓄水池工程设计	表扬奖	石嘴山市水电局设计室
汝箕沟回民食堂工程设计	表扬奖	宁夏煤矿设计院

1989 年优秀工程勘察设计获奖项目

表 5 - 17

项目名称	获奖等级	勘察设计单位
石炭井矿务局三矿斜井箕斗多水平提升工程设计	一等奖	石炭井矿务局设计院
古 - 青 330kv 送电线路工程设计	二等奖	宁夏电力设计院
第一排水沟穿惠农渠望洪洞改造工程设计	二等奖	宁夏水利水电勘察设计院
排水沟沟坡滑塌(流沙)治理工程设计	三等奖	石嘴山市水电局设计室
贺兰县造纸厂造纸车间改造工程设计	三等奖	宁夏工业设计院
灵武园艺场扩建扬黄工程设计	三等奖	宁夏水利水电勘察设计院
西北轴承厂幼儿园工程设计	三等奖	宁夏重工业厅设计处
西北煤机一厂重型加工车间工程设计	三等奖	宁夏工业设计院
石炭井二矿付立井井塔工程设计	三等奖	石炭井矿务局设计院
石嘴山黄河公路大桥工程地质勘探	三等奖	宁夏地矿局伊斯兰地质工程公司
海原县兴仁、蒿川、徐套人畜饮水工程测量	三等奖	宁夏水利水电勘察设计院
古 - 青 330kv 送电线路工程测量	三等奖	宁夏电力设计院
西北煤机一厂游艺楼工程设计	表扬奖	西北煤机总厂设计室

1991 年优秀勘察设计获奖项目

表 5－18

项目名称	获奖等级	勘察设计单位
银川火车站站房	一等奖	宁夏建筑设计院
宁夏伊斯兰教经学院	一等奖	宁夏建筑设计院
中宁黄河公路桥	二等奖	宁夏公路勘测设计院
银川市唐徕中学	二等奖	银川市规划建筑设计院
石嘴山矿务局 3 号井立井副井提升系统	二等奖	宁夏煤矿设计院
大坝电厂至银川变电所 220kv 送电线路	二等奖	宁夏电力设计院
厦门银城联合啤酒厂	二等奖	宁夏工业设计院
宁夏供销社综合贸易楼	二等奖	宁夏建筑设计院
银川华利市场	二等奖	宁夏建筑设计院
银川市鼓楼南街步行商业街规划	二等奖	银川市规划建筑设计院
王洼煤矿工程地质勘察	二等奖	宁夏煤矿设计院
银川火车站站场调向工程	二等奖	兰州铁路局勘测设计院
银川交通旅馆	三等奖	银川市规划建筑设计院
银川市西夏路工程	三等奖	银川市规划建筑设计院
金凤凰电影文化中心	三等奖	宁夏建筑设计院
银川铁路小学	三等奖	银川铁路分局设计事务所
青铜峡河西 110kv 变电工程	三等奖	宁夏电力设计院
平罗糖厂颗粒粕生产线	三等奖	宁夏工业设计院
宁夏武警饭店	三等奖	宁夏建筑设计院
贺兰山沿山公路卡子庙至银巴路口段	三等奖	宁夏公路勘测设计院
宁夏科技馆	三等奖	宁夏建筑设计院
固原县三营镇商业街规划	三等奖	宁夏建筑设计院
吴忠市一期给水工程	三等奖	银川市规划建筑设计院
银川火车站广场规划	三等奖	宁夏建筑设计院
宁夏检察院办公楼	三等奖	宁夏建筑设计院
同心阿语学校地基挤压桩	三等奖	宁夏建筑设计院

续表

项目名称	获奖等级	勘察设计单位
大坝电厂至银川变电所(甲)220kv送电线路测量	三等奖	宁夏电力设计院
吴忠市平面、高程控制网及1：500地形图测量	三等奖	宁夏建筑设计院
中房银川公司永康巷住宅楼岩土工程	三等奖	银川市规划建筑设计院
银川铁西专用线改造工程	三等奖	兰州铁路局勘测设计院
宁夏老干部活动楼	表扬奖	宁夏建筑设计院
中房银川公司办公楼	表扬奖	银川市规划建筑设计院
永宁县党政综合楼	表扬奖	银川市规划建筑设计院
石嘴山矿务局3号立井居住区规划布置	表扬奖	宁夏煤矿设计院
石嘴山小水沟截潜流蓄水池工程	表扬奖	石嘴山市水电局设计室
固原地区邮电局综合楼通讯设备安装工程	表扬奖	宁夏邮电设计所
银川富康新村住宅楼	表扬奖	银川市房管局住宅设计研究所
灵武毛纺厂工业用呢车间土建设计	表扬奖	宁夏轻工设计研究所设计室
泾源县城供水工程	表扬奖	宁夏城乡规划设计研究院
贺兰县洪广镇地形测量	表扬奖	银川市规划建筑设计院
宁夏武警饭店地基	表扬奖	宁夏建筑设计院

1993 年优秀工程设计和优秀勘察项目

表 5－19

项目名称	获奖等级	勘察设计单位
银川长途通讯枢纽楼	优秀设计一等奖	宁夏建筑设计院
银川商城	优秀设计一等奖	银川市规划建筑设计院
青铜峡黄河公路大桥	优秀设计一等奖	宁夏公路勘测设计院 交通部第一勘察设计院
宁夏大学教学楼	优秀设计二等奖	宁夏建筑设计院
宁夏发酵厂日产10吨柠檬酸工程	优秀设计二等奖	宁夏工业设计院

续表

项目名称	获奖等级	勘察设计单位
海原月牙湖吊庄扬黄工程	优秀设计二等奖	宁夏水利水电勘测设计院
同心阿语学校	优秀设计二等奖	宁夏建筑设计院
青铜峡老少活动中心	优秀设计二等奖	银川市规划建筑设计院
宁夏煤炭职工医院住院楼	优秀设计二等奖	宁夏建筑设计院 宁夏煤矿设计院
五里坡220千伏变电工程	优秀设计二等奖	宁夏电力设计院
惠农县蛟龙口农田排水工程	优秀设计二等奖	石嘴山市水电局设计室
青铜峡水泥厂立窑综合节能技术改造工程	优秀设计三等奖	宁夏工业设计院
大南110千伏送电线路	优秀设计三等奖	宁夏电力设计院
宁夏同心黑风沟公路大桥	优秀设计三等奖	宁夏工业设计院
大青古220千伏送电线路	优秀设计三等奖	宁夏电力设计院
银川市鼓楼南街3号楼	优秀设计三等奖	银川市规划建筑设计院
宁夏大学外语楼	优秀设计三等奖	宁夏建筑设计院
自治区党委幼儿园	优秀设计三等奖	宁夏建筑设计院
海原县兴仁人畜饮水供水工程	优秀设计三等奖	宁夏水利水电勘测设计院
青铜峡市瞿靖镇规划	优秀设计三等奖	青铜峡市城建局规划办公室
鸿乐府贸易批发市场	优秀设计三等奖	青铜峡市建筑设计室
宁夏化工厂商场	优秀设计三等奖	宁夏建筑设计院
宁夏机电公司营业楼	优秀设计三等奖	宁夏建筑设计院
宁夏医学院教学楼	优秀设计三等奖	宁夏建筑设计院
宁夏外办综合楼	优秀设计三等奖	宁夏建筑设计院
同心扬水扩灌工程	优秀设计三等奖	固原地区水利勘测设计院
同心扬水扩灌大战场滩二泵站	优秀设计三等奖	宁夏水利水电勘测设计院
西北煤机一厂培训中心	优秀设计表扬奖	西北煤机总厂设计室
上海新村危房改造工程	优秀设计表扬奖	银川市房屋建筑设计研究所
大武口游艺东街改造规划	优秀设计表扬奖	石嘴山市规划办
宁夏家电公司综合楼	优秀设计表扬奖	银川市规划建筑设计院

续表

项目名称	获奖等级	勘察设计单位
呼鲁斯太矿区供水工程	优秀设计表扬奖	石炭井矿务局设计院
石嘴山市二医院污水处理站	优秀设计表扬奖	石嘴山市规划建筑设计院
石嘴山矿务局3号井职工食堂	优秀设计表扬奖	宁夏煤矿设计院
宁夏黄河道整治第一批(技施阶段)工程测量	优秀勘察二等奖	宁夏水利水电勘测设计院
银川长途通讯枢纽工程地质勘察	优秀勘察三等奖	宁夏建筑设计院
石嘴山矿务局电厂工程地质勘察	优秀勘察三等奖	宁夏煤矿设计院
青铜峡树脂厂工程地质勘察	优秀勘察表扬奖	宁夏建筑设计院
宁夏化工厂建筑方格网测量	优秀勘察表扬奖	银川市城市测量队

1995年优秀勘察设计获奖项目

表5-20

项目名称	获奖等级	勘察设计单位
中卫赛金塘园艺场规划设计	优秀设计一等奖	宁夏林业勘查设计院
宁夏西夏王陵风景名胜区总体规划	优秀设计一等奖	银川市园林规划设计室
西北轴承厂铁路轴承分厂	优秀设计一等奖	宁夏重工厅工厂规划设计处
民乐110kv变电所工程	优秀设计一等奖	宁夏电力设计院
银川铁路俱乐部	优秀设计二等奖	宁夏建筑设计院
中卫县医院	优秀设计二等奖	宁夏建筑设计院
银川糖厂颗粒粕车间技改项目	优秀设计二等奖	宁夏工业设计院
古迎220kv送电线路	优秀设计二等奖	宁夏电力设计院
青铜峡小坝农贸市场	优秀设计二等奖	银川市规划建筑设计院
贺兰县洪广镇规划	优秀设计二等奖	银川市规划建筑设计院
宁夏交通科技信息通讯中心	优秀设计三等奖	银川市规划建设设计院
银川变压器厂1号车间接建工程	优秀设计三等奖	宁夏工业设计院
陕甘宁盐环定扬黄工程一干渠沙渡槽	优秀设计三等奖	宁夏水利水电勘测设计院
内蒙古阿拉善乱井滩扬水灌溉工程	优秀设计三等奖	宁夏水利水电勘测设计院

续表

项目名称	获奖等级	勘察设计单位
吴忠市金积镇建设规划	优秀设计三等奖	吴忠市规划委员会办公室
银川市新华清真寺	优秀设计三等奖	银川市规划建筑设计院
灵武磁窑堡中学	优秀设计三等奖	银川市规划建筑设计院
银川新城幼儿园	优秀设计三等奖	银川市规划建筑设计院
崔景岳三烈士纪念碑	优秀设计三等奖	银川市规划建筑设计院
银川唐徕小区节能住宅	优秀设计三等奖	银川市规划建筑设计院
银川市东环南路改造规划与建筑设计	优秀设计三等奖	银川市规划建筑设计院
银川高新技术开发区中央大道市政工程	优秀设计三等奖	银川市规划建筑设计院
西吉县二中道路仿古建筑群	优秀设计三等奖	西吉县建筑规划设计室
中卫城镇开发公司住宅楼	优秀设计表扬奖	中卫县规划建筑设计所
西北煤机一厂 93－2 型住宅楼	优秀设计表扬奖	西北煤机总厂设计室
下河沿—石嘴山黄河河道横断面测量	优秀勘察二等奖	宁夏水利水电勘测设计院
大坝电厂至固原 330kv 送电线路工程测量	优秀勘察二等奖	宁夏电力设计院
宁夏旅游宾馆工程地质勘察	优秀勘察三等奖	宁夏建筑设计院
宁夏建筑公司文湖小区六层商品住宅楼及营业楼勘察	优秀勘察三等奖	银川市规划建筑设计院

1998 年优秀勘察设计获奖项目

表 5－21

项目名称	获奖等级	勘察设计单位
陕甘宁盐环定扬黄灌溉工程(共用部分)	一等奖	宁夏水利水电勘测设计院
中国人民银行发行库营业办公楼	一等奖	宁夏建筑设计院
银川国际饭店	一等奖	宁夏建筑设计院
银川华联商厦	一等奖	银川市规划建筑设计院
大固 330kv 送电所工程	一等奖	宁夏电力设计院

续表

项目名称	获奖等级	勘察设计单位
平吉堡220kv变电所工程	一等奖	宁夏电力设计院
银川黄河公路大桥	一等奖	宁夏公路设计院
银川—古窑子一级公路	一等奖	宁夏公路设计院
宁夏化工厂二期勘察	一等奖	宁夏建筑设计院
宁夏附属医院综合楼病房	二等奖	宁夏建筑设计院
北京残联粮油贸易中心	二等奖	宁夏建筑设计院
宁夏财会信托投资综合楼	二等奖	银川规划建筑设计院
宁夏财会培训信托投资综合楼工程勘察	二等奖	银川市规划建筑设计院
中宁水源地勘察	二等奖	宁夏地质勘察院
银川市1：500航测机助成图	二等奖	银川市规划勘测设计院
大迎220kv送电线路工程	二等奖	宁夏电力设计院
宁夏900兆gsm移动通信网建设工程（一期）	二等奖	宁夏通信规划设计院
吴忠化肥厂3万吨/年合成氨技改工程	二等奖	宁夏化工设计研究院
宣和集镇规划	二等奖	中卫县城乡建设规划管理站
青铜峡政府办公楼	三等奖	宁夏建筑设计院
中卫县医院医技楼	三等奖	宁夏建筑设计院
宁夏商都	三等奖	银川市规划建筑设计院
银川市电信局北门维护分中心	三等奖	宁夏城乡规划设计院
石嘴山市第七小学	三等奖	石嘴山市规划建筑设计院
银川市第二水厂给水工程	三等奖	银川市规划建筑设计院
银新三干道道路工程	三等奖	银川市规划建筑设计院
大武口中心广场改造规划	三等奖	石嘴山市规划建筑设计院
中卫县鼓楼四周规划	三等奖	中卫县城乡建设规划管理站
峡口镇团结新村建设规划	三等奖	青铜峡市建设局规划设计室
青铜峡市政府办公楼钻孔灌注桩检测	三等奖	宁夏建筑设计院
长庆燕鸽湖基地强夯检测	三等奖	宁夏建筑设计院

续表

项目名称	获奖等级	勘察设计单位
银川市一级导线控制测量	三等奖	银川市规划勘测设计院
永丰 110kv 变电所工程	三等奖	宁夏电力设计院
海原—西吉—隆德二级干线光缆线路工程	三等奖	宁夏通信规划设计院
泰宁新型化工材料厂	三等奖	宁夏煤矿设计院
银川中策橡胶有限公司斜管沉淀池	表扬奖	宁夏建设公司建筑工程设计所
羊场湾煤矿一号井	表扬奖	宁夏煤矿设计院
银川银湖小区 7 号住宅楼	表扬奖	中房建筑设计院
兴隆大厦	表扬奖	中房建筑设计院
西吉一中大门	表扬奖	西吉县建筑设计室
贺兰县给水工程	表扬奖	银川市规划建筑设计院
惠农 110kv 变电所工程测量	表扬奖	宁夏电力设计院
宁夏经委住宅综合楼工程地质勘察	表扬奖	宁夏黄金工业公司地探队
大南—大荣 110Kv 出线间隔施工图	表扬奖	石嘴山市供电局隆湖电力设计室
银南地区邮电局市话线路扩容工程	表扬奖	宁夏通信规划设计院

2000 年优秀勘察设计获奖项目

表 5－22

项目名称	获奖等级	勘察设计单位
宁夏体育馆	一等奖	宁夏建筑设计研究院
中卫黄河公路大桥	一等奖	宁夏公路勘测设计院
青铜峡 330kv 变电所工程	一等奖	宁夏电力设计院
宁夏扶贫扬黄灌溉工程红寺堡 1－3 泵站工程	一等奖	宁夏水利水电勘测设计院
宁夏第三期 gsm 移动通信扩容工程一阶段设计	一等奖	宁夏通信规划设计院
新华商业大楼	二等奖	银川市规划建筑设计院

续表

项目名称	获奖等级	勘察设计单位
银—灵—吴一级公路	二等奖	宁夏公路测设计院
恩和 220kv 变电所工程	二等奖	宁夏电力设计院
宁夏扶贫扬黄工程水源高干渠扩整工程	二等奖	宁夏水利水电勘测设计院
宁夏汝箕沟煤矿技术改造工程	二等奖	宁夏煤矿设计院
银川热电厂粉喷桩地基处理工艺试验载荷及低应变动力检测	二等奖	宁夏建筑设计研究院
宁夏公路客货运输中心综合楼工程勘察	二等奖	银川市规划建筑设计院
银川市急救中心大楼岩土工程勘察	二等奖	银川市规划建筑设计研究院
红墩子隧洞工程地质勘察	二等奖	宁夏水利水电勘测设计院
红寺堡水源地质勘探	二等奖	宁夏地质工程勘察院
银湖花园住宅楼	二等奖	银川中房规划建筑设计院
光明广场	二等奖	宁夏建筑设计研究院
中宁县城总体规划	二等奖	银川市规划勘测设计院
银川铁路医院	三等奖	宁夏建筑设计研究院
宁夏体育场改造	三等奖	宁夏建筑设计研究院
银川橡胶厂幼儿园	三等奖	宁夏城乡规划设计研究院
国道 109 线中宁过境段	三等奖	宁夏公路勘测设计院
大关已 220kv 送电线路工程	三等奖	宁夏电力设计院
包兰电铁宁夏段 kv 送电线路工程	三等奖	宁夏电力设计院
关帝 220kv 变电所工程	三等奖	宁夏电力设计院
宁夏引黄灌区第二农场渠续建配套工程	三等奖	宁夏水利水电勘测设计院
黄河宁夏段 1999 年防洪工程	三等奖	宁夏水利水电勘测设计院
西吉县沙沟乡灌区配套工程	三等奖	固原地区水利勘测设计院
红墩子 35kv 送电线路工程	三等奖	宁夏石嘴山供电局隆湖电力设计室
中卫中宁自愈环增点扩容工程一阶段设计	三等奖	宁夏通信规划设计院
西吉农话光缆线路工程一阶段设计	三等奖	宁夏通信规划设计院

续表

项目名称	获奖等级	勘察设计单位
夏进乳品有限公司灭菌奶生产线项目	三等奖	宁夏工业设计院
宁夏邮电通信调度指挥中心工程勘察	三等奖	宁夏建筑设计研究院
宁夏体育运动中心(体育馆)工程勘察	三等奖	宁夏建筑设计研究院
宁夏扶贫扬黄灌溉工程红寺堡灌区三、四等高程控制	三等奖	宁夏水利水电勘测设计院
银川市地下管线探测与助成图	三等奖	银川市城市测量队
吴忠市利通区金积镇建设规划	三等奖	石嘴山市规划研究所
鼓楼南街道路改造工程	三等奖	银川市规划建筑设计研究院
银川市城区南三环道路工程	三等奖	银川市规划建筑设计研究院
银川市南部排水工程	三等奖	银川市规划建筑设计研究院
石嘴山市图书馆	表扬奖	石嘴山市规划建筑设计院
石嘴山市规划建筑设计院 41 中卫南环路工程	表扬奖	宁夏公路勘察设计院
红墩子变电工程	表扬奖	石嘴山供电局隆湖电力工程设计室
贺兰立岗 35kv 变电工程	表扬奖	宁夏元光电力勘察设计有限公司
宁夏制药厂 35kv 送电线路工程	表扬奖	宁夏元光电力勘察设计有限公司
宁夏化工厂成品包装储运装置工程勘察	表扬奖	宁夏建筑设计研究院
平罗县宝丰镇建设规划	表扬奖	石嘴山市规划研究所

第四节　勘察设计单位及工程设计项目

勘察设计单位选介

宁夏建筑设计院　成立于 1958 年,是宁夏成立最早的一家勘察设计机构,持有建设部颁发的建筑工程甲级、市政公用行业(给水、排水、热力、道路)甲级、工程勘察专业类岩土工程甲级资质的单位,同时具有规划及测量乙级资质。主要业务范围是工业与民用建筑设计、城市规划设计、市政工程设计、智能化工程设计、工程勘察与测量、项目代建、招投标代理、工程咨询、项目前期策划等。下设一个岩土工程勘察院,四个综合设计院,一个市政设计院,一个概预算所,一个设计审查中心。2000 年,全院有职工 200 余人,其中高级工程师 84 名(其中教授级高工 14 名),工程师 42 名,一级注册建筑师 9 名,一级注册结构工程师 16 名,注册岩土工程师 6 名以及注册规划师、造价师、咨询工程师、设备工程师等 20 多名。

宁夏建筑设计院坚持"科学管理,精心设计,优质服务,顾客满意"的办院方针,不断提高职工参与市场竞争的能力,认真抓好质量管理,做大做强企业,不断树立企业品牌,设计或参与设计了宁夏的大型工程、复杂项目、标志性建筑,如银川火车站、银川南关清真寺、宁夏国际饭店、宁夏伊斯兰经学院、宁夏展览馆、宁夏人民会堂、宁夏体育馆、宁夏科技馆、自治区政府办公楼、宁夏电力调度中心、银川虹桥大酒店、宁夏大学教学综合楼、宁夏医学院附属医院门诊楼、宁夏气象预警中心、银川供电局生产调度楼、宁夏和信商务办公楼、宁夏日报社综合楼、吴忠宾馆、宁夏大学国际交流中心等工程。

宁夏建筑设计院大力推广应用建设新技术,为行业技术进步进行了积极的探索。如自治区政府办公楼在宁夏首次采用钢筋混凝土超长结构无缝结构技术,获自治区科技进步二等奖;银川青春大厦二层地下室首次采用护坡桩加锚杆支护技术,获自治区创双优成果奖;石嘴山塌陷区软弱地基处理首次试验成功"重锤冲扩置换桩"处理方法,获国家专利及自治区建设厅科技进步二等奖,项目采用煤矸石做骨料,为宁夏煤矸石的废物利用和环保事业的发展开辟了新的途径。宁夏建筑设计院作为中国勘察设计协会、中国勘察设计协会建筑设计分会等 10 多家协会的常务理事单位或理事单位,承担了宁夏建筑工程勘察设计行业的各专业学会、协会的技术评估、培训教育等工作。院内数十名工程技术人员进入建设部建筑工程勘察设计质量、建筑工程市政工程设计评标、宁夏地震安全性评定委员会、宁夏设备招标投标、宁夏回族自治区及银川市建设工程招标投标各专业评标专家库,为宁夏及西北地区建筑行业各项专业技术工作的开展提供了数量众多的专家群体。组织和参与了许多专家委员会、专家小组、专业学会、协会等的学术活动和建筑工程招标投标、建筑工程质量检查及评优活动。宁夏建筑勘察设计行业内的业务交流、继续教育、技术进步、质量事故认定处理等大多由该院牵头组织进行,为宁夏建筑勘察设计行业的人才培养、技术进步以及新产品、新材料、新技术的引进、应用和推广发挥了重要作用。

银川市规划建筑设计研究院 成立于1964年成立。1979年～2000年6月为自收自支型事业单位。2000年6月通过转换经营机制,国有资产量化,个人出资买断,改企建制,成为员工持股的有限公司(企业)。具有国家建设部颁发的建筑工程设计、市政公用(道路、给水、排水)设计、岩土工程勘察甲级设计资质;城市规划、市政公用(除燃气)、工程测量乙级设计资质;公路工程设计丙级设计资质和甲级、乙级工程咨询资质。可承担工业与民用建筑、市政公用工程道路与桥涵、城市与工业给水排水及环境工程、热力、城市规划、岩土工程勘察、工程测量、公路工程设计、技术咨询服务等项目。

2000年,有员工181人,其中教授级高工9人,高级工程师63人,工程师49人,助理工程师51人,工程技术人员占院员工的95%。具有一级注册建筑师5人,一级注册结构工程师16人,二级注册建筑师13人,二级注册结构工程师3人,注册岩土工程师6人,注册市政公用工程师(暖通)4人(给排水)5人,注册电气工程师2人,注册咨询工程师1人,注册工程造价师2人及注册城市规划师2人,公路工程造价师2人。

银川市规划建筑设计研究院本着“团结、进取、开拓、创新”的精神,“诚信服务、精心设计、质量为本、勇于创新”的方针,设计建成了华联商厦、新华百货大楼、新华购物中心、宁夏商都、凯达大酒店、银川市医疗急救中心、财政厅培训中心、西北第二民族学院体育馆、艺术楼、银川市中级人民法院、银川市城区人民政府办公楼、区交通厅办公楼、沙湖宾馆、东方贸易大厦、银川市老年活动中心、银川贺兰山岩画馆、南门广场地下商场(人防工程)、南门汽车站等一大批建设工程项目。完成的市政工程项目有:银川市北京路、兴庆区丽景街、清和街、黄河路、湖滨东街、海泽路景观大桥、新区中央大道、西夏区怀远路、贺兰山路、金波路等;银川市第一、第二、第三污水处理厂、吴忠市第一污水处理、青铜峡小坝污水处理厂、中宁污水处理厂等。获省、部级优秀设计勘察项目40多项,设计任务遍及全区各市县。

1990年通过了宁夏建设厅组织的全面质量管理达标验收。1996年完成了自治区首个建筑节能科研项目低耗能住宅建造研究》的验收,获1996年度建设部“全国建筑节能先进集体”奖励。1998年通过了“科技事业单位档案管理达国家二级标准”的项目验收,1999 年“CAD 应用示范工程”荣获自治区科技进步一等奖。该项目又于 2000 年通过了科技部组织的验收并获得了“CAD 应用示范单位”证书和牌匾。

宁夏电力勘测设计院　宁夏电力勘测设计始于 1958 年。是年 7 月,为了支援即将成立的宁夏回族自治区电力工业建设,由水利电力部西安电力设计院(现西北电力设计院前身)抽调各类专业技术和行政管理人员共 76 人来到宁夏,组建了宁夏电力设计组,不久改为电力设计室。从此,宁夏有了自己的电力勘测设计机构和队伍。40 多年来经历了从无到有,从小到大,由弱变强,艰难曲折的发展过程,见证了宁夏电力勘测设计的发展历程。1958 年 ~ 1965 年,为队伍创建与初步发展阶段。1958 年宁夏电力设计组成立,适逢中国社会主义建设“大跃进”高潮,宁夏回族自治区成立,电力工业建设快速发展,为电力勘测设计发展带来了机遇,勘测设计工作得到了较快发展,开展小型火力发电工程设计 11 项,装机总容量 5. 35 万千瓦,后因组织机构调整,取消了火电发电工程设计业务。1966 年 ~ 1978 年,为艰难曲折发展阶段。广大勘测设计人员克服困难、排除“文化大革命”干扰,坚守工作岗位,在困境中艰难曲折发展。1976 年 1 月,完成银青(银川—青铜峡)二回 110 千伏送电线路设计中,53 公里按照可升压 220 千伏设计;1978 年完成大银(大武口—银川)220 千伏线路设计,标志着宁夏电力勘测设计水平上了一个新台阶。1979 年 ~ 2000 年,为改革开放快速发展阶段,宁夏电力勘测设计进入了新的发展时期。电力勘测设计职工队伍不断扩大,人员结构和素质均得到改善和提高,技术装备不断更新,勘测设计体制改革不断深化,各项管理工作得到加强,科研、标准化、业务建设,科技进步取得显著成绩。勘测设计技术水平也大大提高,1983 年完成了河北省秦皇岛小营 220 千伏变电所设计;1985 年 1 月完成了宁夏第一条 330 千伏送电线路勘测设计(古城—靖远);1992 年参与西北电力设计院设计固原 330 千伏变电所;1996 年完成青铜峡 330 千伏变电所设计,标志着宁夏电力勘测设计进入新的阶段。根据改革和发展的需要,宁夏电力勘测设计在向咨询、监理、岩土工程等领域“两头延伸”以及向区外市场发展方面也取得了一定的成绩。

从 1958 年电力设计组成立到 2000 年,共计完成送电线路工程设计 258 项,长度 6903. 2 公里,其中 220 千伏及以上 41 项,2073. 8 公里;变电工程设计

231 项，变压器总容量 1125.97 万千伏安，其中 220 千伏及以上 28 项，总容量 637.4 万千伏安；系统规划设计 48 项；工业与民用建筑设计 160 多项，约 13 万平方米。勘测设计工程先后有 26 项获得了国家级、省（部）级优秀工程勘测、设计奖。

宁夏电力设计院具备电力行业设计、工程勘察综合甲级资质，相应的工程总承包资质，电力行业甲级工程咨询资质。1996 年被宁夏自治区科委评为电子信息推广应用先进单位，被国家科委、国家技术监督局等联合授予 CAD 应用工程先进单位；1998 年被国家建设部授予“八五”期间全国工程建设管理先进单位称号；同年档案管理达到国家一级标准，2000 年通过 ISO9000 质量体系认证。

宁夏水利水电勘察设计研究院　成立于 1959 年 9 月，是国家认证的水利勘察设计、工程咨询、水土保持方案、水资源论证、建设工程监理等业务的甲级资质单位，同时具有工程造价咨询、环境影响评价乙级资质，主要从事大中型水利水电工程的规划及项目建议书编制、可行性研究、勘察设计、评估咨询、工程监理等业务。设水工、机电、金属结构、环保、水保、概预算、施工、工程测绘、工程地质以及土工等 26 个专业，在职职工 169 人，其中高级专业技术人员 50 多名、中级专业技术人员 52 名、注册工程师 17 名。从成立到 2000 年，承担了近 500 项大、中型水利水电工程项目的勘察、咨询、规划、设计等任务，其中有 80 余项成果获省部级科技成果奖或优秀设计奖，其中固海扬水工程设计获国家优秀设计银奖，陕甘宁盐环定扬水工程获国家优秀设计铜奖。在抓好生产业务的同时，重视精神文明建设，积极开展文明创建活动，1999 年被授予银川市文明单位称号。

宁夏公路勘察设计院　原名宁夏公路勘察测量队，是 1958 年在原交通部公路勘测设计院第五分院第七测量队的基础上组建的，于 1984 年建院，是宁夏唯一具有国家甲级资质的公路勘察设计院。1958 年～1977 年，由于计划经济的制约以及受财政、经费不足的限制，宁夏交通事业被严重束缚。主要测设三、四级公路以及简单的桥梁，测设经费极其短缺，测设设备落后陈旧。测设任务由交通局下达，职工只有固定工资收入和少许的野外津贴。1978 年～1984 年，尤其是中国共产党十一届三中全会以后，宁夏的公路建设事业逐步走上正规。随着经济的发展，交通量迅速上升，开始改造一些不符合要求的低标准的道路，经营体制也开始向企事业单位转型，开始与上级部门签定合同，收取一定的设计费。1985 年 ~ 1997 年，随着经济的快速发展，宁夏的交通事业也有了很大提升，全区的交通网模型基本形成，基本上达到了县际通油路、乡际通沙路。从 1990 年开始，测设的公路等级逐渐提高，一、二级公路增多，主要有西兰、银平和银古、银灵吴公路，还完成石嘴山、银川、中卫的黄河特大桥的勘察设计。单位也开始实行事业单位体制企业化管理，经济自支自收，虽然工程量较大，但基础薄弱，技术水平低，设计取费标准不规范，低于其他省区。1998 年 ~ 2000 年，随着公路建设投资力度加大，宁夏的公路建设事业进入了历史性的飞跃。公路等级越来越高，建设速度越来越快，为适应新的发展形势，全院加强职工的学习培训，安排职工去区外学习先进技术，大量引进各类勘察设计高科技人才，购进 GPS 等现代测设设备，积累经验，苦心钻研，先后完成姚叶、古王、和石中告诉公路的勘察设计工作。宁夏公路勘测设计院已发展壮大成为职工专业水平高、勘察设计设备先进，能够承担高速公路、特大桥梁、隧道、立交的勘察设计，公路过程可行性研究、地质勘察、材料试验检测、技术咨询和工程监理等业务的专业性公路勘察设计单位。

宁夏农业勘查设计院　前身为宁夏农业勘查设计队。1958 年 10 月由甘肃省荒地调查队、水电部北京设计院土壤调查队及林业部驻宁调查队三方组建成立，成为宁夏农业勘察设计的骨干力量，除进行一些国营农林牧场的勘察、规划、设计外，还进行了第一次全国土壤普查（1959 年）、全区和区域性荒地调查（1960 年 ~ 1965 年），对重点区域进行了农林牧规划。1964 年之后的“农业学大寨”，全区农业勘察设计工作逐步转向全面的农田基本建设。按照农林牧副渔全面规划，山水田林综合治理的指导思想进行全面规划，全区各县都有组织、有计划地开展县级农田基本建设和规划。1978 年以后的 10 年间，宁夏农业勘察设计进入了全面的农业资源调查阶段。1979 年根据国务院要求在全国开展农业自然资源和农业区划研究，宁夏以宁夏农业综合勘查队为主，在相关部门和单位共同参与下完成了第二次土壤普查以及土地资源详查、草场植被、林业果树、水面和渔业资源、荒地资源调查工作。基本查清了宁夏农业自然资源的家底，由宁夏农业综合勘查队完成的“平罗县农业区划”作为全区开展县级区划试点，之后相继开展了全区各县市的农业区划，同时完成了“宁夏种植业区划”。20 世纪 80 年代后期至 2000 年，宁夏农业勘察设计进入了农业综合开发时期，为了适应宁夏农业新形势要求，宁夏农业综合勘查队经自治区批准更名为宁夏农业勘查设计院。主要工作有：宁夏河套灌区改造世界银行贷款项目农业和移民工程规划设计、宁南山区小流域治理和农业综合开发、欧共体技术援助宁夏土地改造农业工程规划、宁夏农业综合开发农业规划(1～4期)、宁夏扶贫扬黄灌溉工程土地详查和土地利用总体规划及农业移民工程设计，宁夏土地开发整理规划设计。设施农业、节水农业、土地开发整理、无公害农业、农业产业化等现代农业的规划设计逐步成为宁夏农业勘察设计的主要任务，CAD设计、3S数字化等高科技的应用使宁夏农业勘察设计进入了一个全新的发展时期。全院编制160人，2000年底有职工135人。其中，技术人员101人，有研究员7人，工程师35人，助理工程师32人，注册咨询工程师11人，建筑、质量、计量、监理、造价师8人。是建设部批准的甲级工程设计单位、国家发改委批准的甲级工程咨询单位、自治区建设厅批准的农业工程勘察测量乙级单位、自治区测绘局批准的乙级测绘单位、水利部批准的乙级水土保持监测单位、农业部批准的农产品质量安全监督检验测试单位。截至2000年，有35项成果获省部级一、二、三等奖及优秀奖。

宁夏煤矿设计院　1978年6月22日，在石嘴山矿务局设计室的基础上，成立了宁夏回族自治区煤矿设计院，定员编制200人。院内机构设采矿室、土建室、机电室、技术经济室、出版科、总务科、政治处、技术情报室、办公室和工程地质勘察队。截至2000年底，宁夏煤矿设计院拥有员工125人，其中技术人员99人，包括高级工程师27人，工程师48人，初级职称24人。下设办公室、生产经营技术部、设计一所、设计二所、矿井所、岩土所及灭火站等部门，有采矿、露采、选煤、总图运输、环保、建筑、结构、供热通风、给排水、供配电、电气自动化、通信、机械制造、工程地质、工程测量、煤化工、计算机以及技术经济、概算等20多个专业，技术力量雄厚，专业配套，工种齐全，勘测设计手段先进，各项管理制度完善，多年来积累了较丰富的设计资料和实践经验，完成了区内各个矿区的矿井设计15部，荣获省部级优秀设计5项。

宁夏鸿日建筑幕墙装饰有限公司　成立于1999年，是一支专业化幕墙、室内外装饰工程设计、施工的企业，也是宁夏首家具备国家专项幕墙设计甲级资质的装饰企业。公司注册资本金的1010万元，有员工50多人，主营各种高档玻璃幕墙、金属幕墙、干挂石材幕墙及采光天棚、高级平开自动门等工程的设计及施工。公司拥有一批从事幕墙设计的专业人员,其中高级工程师 6 名、工程师 15 名、助理工程师 14 名,从设计方案到图纸均达到 100% 计算机出图率。组织设计了区内外许多大中型装饰工程项目,其中具有代表性的工程项目有:银川新华百货商店外装饰工程、中策(长城)橡胶有限公司办公楼工程、中房公司北苑小区活动中心外装饰工程、银川铁路局火车头游泳馆外装饰工程、宁夏种子管理站外立面装饰工程等项目。

宁夏城乡规划设计院　成立于 1983 年,是建设部核准的具有城市规划、建筑设计乙级、市政工程(城市道路、风景园林)丙级资质的设计单位。2000 年有职工 38 人,其中各类专业人员 36 人,专业人员占全院职工总数的 95%。专业技术人员中,高级工程师 16 人(其中教授级高工 2 人),工程师 10 人,注册建筑师、规划师、结构工程师、公用工程师、监理工程师 10 人。主要从事城市规划、工业与民用建筑、市政工程、工程监理等设计、咨询、研究业务。建院至 2000 年,先后完成了宁夏大部分县城的总体规划、重点乡镇建设规划及农民新村的建设规划,完成了多个市县的给水、排水、道路、集中供热等市政基础设施的规划设计,完成了大量工业与民用建筑设计,如宁夏高级人民法院办公楼、银川电信局信息大厦、宁夏电力宾馆、银川乳品饮料公司总公司办公楼、盐池县党政大楼、长城商贸大世界、西夏博物馆、苏峪口国家森林公园植物展馆、银川保伏桥清真大寺、青铜峡“青秀苑”公园、固原疾病控制中心以及为数众多的学校、住宅小区等工程规划设计,为宁夏地方民族建筑的创作做出了积极的探索。其中宁夏高级法院办公楼、银川电信局信息大厦等工程项目已成为银川市的标志性建筑。编制完成了宁夏千户农宅建设示范工程农宅建设通用图集,参与编制了宁夏优秀农村住宅建设方案挂图。承担的规划设计项目多次获得自治区勘察设计优秀奖,2000 年获宁夏墙体材料革新和建筑节能先进单位称号。为中国规划学会、中国勘察协会建筑设计分会会员单位,宁夏规划学会、宁夏小城镇建设协会常务理事单位。

吴忠市建筑勘察设计院　吴忠市建筑勘察设计院是由原银南地区建筑设计院和吴忠市建筑勘察设计院合并而成,是吴忠市唯一一家具有岩土工程勘察和建筑设计丙级资质的勘察设计单位。院内设三个设计室、一个勘察室,配置有 50 个站点的计算机网络系统。完成工业与民用建筑设计 350 多万平方米,完成设计总投资额达 20 多亿元。目前共有从业人员 51 人,其中高级职称14人,中级职称8人,初级职称23人,国家二级注册建筑师4人,一级注册结构工程师1人、二级注册结构工程师1人。能够完成从可研报告、初步设计到施工图设计全过程的勘察设计任务,并配置文档光盘存储系统和档案查询管理系统。先后承担了吴忠市西市场、新世纪商厦、银南电力调度中心、吴忠市医院住院部大楼等多项大中型项目的设计任务。下设平安监理公司,具有建筑工程和市政工程乙级监理资质。

固原地区水利勘测设计院　前身为固原地区水利勘测设计施工队,成立于1972年。1985年改建立院,现持有水利勘测设计乙级资质。建院伊始,仅有职工24人,其中中级以上职称6人,固定资产50万元,当年完成产值仅为10万元。多年来,在各级主管部门的关心支持下,经过全院职工的努力奋斗,截至2000年底,已发展为有职工48人,其中中级以上职称18人,固定资产180多万元,年产值达400多万元的企业。于1992年通过自治区建设厅对勘察设计单位进行的全面质量管理达标验收。拥有包括QPS、全站仪、红外测距仪、大型绘图仪、各种计算机在内的先进设备40多台(套),成为宁南山区乃至宁夏水利系统的一支技术力量雄厚的生力军。主要承担水库枢纽工程、引调水工程、灌溉排涝工程、河道整治工程等勘测设计任务。1993年6月完成的同心扬水扩灌工程获自治区优秀设计三等奖,1995年9月参与编制《干旱半干旱地区水窖蓄流节水灌溉技术指南》。1999年被宁夏扶贫扬黄灌溉工程建设指挥部授予先进集体称号,2000年8月完成的西吉县沙沟乡灌区配套工程设计获自治区优秀设计三等奖,同年被中共固原地委授予先进基层党组织称号。

宁夏林业勘查设计院　前身为1979年成立的宁夏林业勘查设计队,当时有队员35人,1983年人员增至45人。1985年根据勘查队任务变化,宁夏林业勘查设计队改为宁夏林业勘查设计院。2000年有人员45人,其中教授级高工1人,高级工程师15人,工程师14人,助理工程师12人。专业涉及林学、林业经营管理、遥感、环境保护、水土保持、沙漠治理、地理信息、野生动物保护、城市规划、园林等学科。是宁夏回族自治区唯一的林业勘查规划设计单位,主要职责是:负责自治区森林资源和森林生态环境监测;承担荒漠化和沙化土地监测;承担全区湿地和野生动植物资源监测;协助拟定全区林业勘查规划,开展重点生态林业工程研究;完成自治区林业局交办的与其业务相关的其他工作任务。成立以来一直从事全区森林资源连续清查，承担全区林业规划设计调查，作业设计调查，森林资源监测，荒漠化及沙化普查与监测，野生动物、湿地普查与监测，专业调查，林业区划、规划，编制森林经营方案，造林、营林、森林公园、园林以及风景林、自然保护区规划设计，林业作业设计等林业工程规划设计、工程技术咨询、造林检查验收等工作。先后完成了区内外资源监测和国家重点林业工程的调查规划设计及工程技术咨询项目150多个，如承担的大型项目有：《宁夏美利纸业集团有限公司造纸原料基地建设项目总体规划》、《贺兰山森林公园总体规划》、《宁夏重点风沙区生态环境综合治理工作可行性研究报告》、《银川市湿地生态环境保护建设工程可行性研究报告》、《宁夏恒力集团有限公司生态鹿业科技园建设项目总体规划设计》、《利用日本协力银行贷款宁夏重点风沙区生态环境治理项目可研报告》、《中德财政合作宁夏罗山地区荒漠化土地治理项目可行性研究报告》等，为宁夏争取林业生态建设奠定了良好的基础，取得了一定的成绩，受到有关部门的好评和奖励，其中获省部级二等奖1项、三等奖2项、四等奖四项，1986年被林业部评为全国林业调查规划设计先进单位。

宁夏轻工业设计研究院　原名宁夏轻工业设计研究所，成立于1958年，2000年在职职工224人，其中教授级高工6人，高级职称27人，中级职称69人，初级职称67人。下设轻化工，食品发酵，纺织，塑料，电子技术，机械设计，新技术开发，造纸，微生物等9个研究所及工程设计所，瑞德天然色素公司，轻工工艺设备安装队。附设造纸，纺织，食品3个行业产品质量监督检测站，担负着自治区级有关工业产品的质量监督检测任务。

十一届三中全会以来，承担了近百项科研项目，取得了一大批科研成果，获国家和省部级奖励47项，其中传真式电子提花手织机等两项科研成果，获全国科学大会奖；枸杞水晶糖获多项省、部级奖；低噪声系列微电机，洗衣机电机及高速吸尘器电机等项目获得国家经委、轻工部奖励；抗静电塑料的研制、葵花杆填充板、羊胎盘提取液、NaA型合或沸石以及中卫马海毛开发利用等项目研究获自治区科技成果奖；红麻纸浆造纸试验课题为宁夏的造纸事业开拓了广阔的前景。宁夏枸杞原汁及其系列产品研究成果1994年荣获巴黎国际发明博览会特别奖及轻工部三等奖；天然红曲色素生产技术荣获国家首届发明奖并获得了国家专利。红曲红色素生产技术被列为国家“七五”重点攻关项目，此项科研成果已在该院转化为主产。1994 年建成年产 20 吨红曲红色素生产线的宁夏轻工业设计研究院瑞德天然色素公司是国内较大的红曲红色素生产企业，扩建后的生产车间年生产能力达 50 吨，产品销往国内 30 个省市 80 余家厂商，并已批量出口，销售收入累计达 3000 多万元，取得了良好的经济和社会效益。红曲红色素产品被国家科委等五部委评定为 1995 年度国家级新产品，生产技术获 1995 年全国十年优秀发明成果暨第九届发明展览会金奖和宁夏回族自治区政府科技进步一等奖，瑞德天然色素公司被自治区科委认定为首家开发区外高新技术企业。自 1985 年改革以来，完成各类经济合同 200 多项，将科技成果转向技术市场，为社会创造产值 13927 万元，利税 2443 万元。此外还完成了近百项工程设计任务，其中包括五项引进的设计任务，工程总投资近 2 亿元，受到了社会的瞩目。

宁夏工业设计院　成立于 1983 年，到 2000 年已发展成为以规划、设计、咨询为主，以工程建设、工程监理为辅的综合性工业设计院，拥有化工、轻工、民用建筑、市政、监理、咨询等乙级资质。有职工 115 人，其中国家注册一级建筑师 1 人，国家注册一级结构师 5 人，国家注册化工工程师、设备工程师、安评师及其他注册技术人员 60 余人。主要承担区内外化工、轻工、纺织、医药、建材、机械、市政等工业项目及民用建筑工程的初步设计、施工图设计、工程技术咨询、工程技术监理、工程地质勘探、地形测量以及现有工业企业的挖潜、更新、改造项目的勘察设计任务，并参与宁夏工业发展中长期规划和建筑项目的可行性研究工作。

自 1983 年成立到 2000 年底，已完成区内外大、中型设计项目近 1000 项，其中代表性的项目有大荣集团公司石灰氮双氰胺工程、大庆万吨无水柠檬酸工程、宁磬儿生物制品公司 1 ~ 3 期工程、厦门同安啤酒厂工程、西夏白酒厂工程、宁夏启元制药厂工程等工业设计项目；银川河东机场、上海宁沪大厦、天津保税区大楼、宁夏日报办公大楼、自治区人大办公楼、自治区商业银行办公大楼等民用建筑设计项目；银川建华中学、固原第五中学、同心女子中学，银川、石嘴山国家粮食储备库，银川女子戒毒所、银川女子监狱、宁夏高速公路管理局大型服务区等综合性民用建筑设计项目；银川南苑住宅小区、高台寺住宅小区、天源名都别墅区等民用住宅小区设计项目；银川河东机场、固原旅游机场等大型工程的勘测；完成了陕甘宁天然气输气管道工程和大武口集中供热工程的监理。承担的设计项目中，有一部分项目获得了自治区优秀设计项目二、三等奖和优秀奖。

工程设计项目选介

银川南关清真寺　位于银川市南门附近，1981 年建成，由宁夏建筑设计院工程师姚复兴等设计。按照阿拉伯建筑风格设计建造，建筑面积 1396 平方米，转混结构，穹顶为钢丝水泥薄壳。主体建筑 2 层，主要设计人员都是回族，在施工过程中穆斯林群众给予极大的关注，捐钱捐物，参加义务劳动，工程投资省，建设速度快。建筑平面呈方形，座西朝东，一层为沐浴、办公、学习用房，二层为礼拜堂。立面以一层为平台，衬托二层五开间尖拱外廊，正面设室外大台阶可直上二层。在平屋顶的中央与四角有五个穹顶，中央穹顶直径 9 米。整个建筑有虚有实，白墙绿顶，很受穆斯林群众喜爱，不仅成为当地主要宗教活动场所，也是国内外客人到银川后必到的游览景点之一。

银川南关清真寺

宁夏展览馆　系省（自治区）级综合性展览馆。位于银川市民族南街，建筑面积 8531 平方米，1987 年 6 月建成使用。主体建筑平面呈矩形，以二层为主，局部四层，建筑总高 27 米，现浇钢筋混凝土框架结构。设计吸取国内外建馆经验，紧密结合环境，尽量满足使用，力图有自己的特色。

宁夏展览馆

为方便观众，减少展品垂直运输，五个展厅均布置在一、二层。一层展厅以展出实物为主，采用侧窗采光；二层层厅以展出图片为主，采用顶窗采光；三、四层二个陈列厅用于存放美术、摄影和书法作品。各展厅既可单独开放也可组成多展厅连续的参观路线。外观充分体现展览建筑的功能特点。一层为大面积玻璃窗,二层为大面积实墙面,形成强烈的虚实对比。一层柱面包白色大理石,二层墙面贴石绿色瓷砖,以形成强烈的色彩对比。一层尖拱窗与伞型柱融为整体,具有伊斯兰建筑风格,白和石绿是回民喜爱的色调。顶层正面作有长30.6米、高7.2米、以表现回族风情为主要内容的巨型混凝土浮雕,将浮雕艺术与建筑有机地结合在一起,更突出了展览馆建筑的艺术性。

银川火车站

银川火车站　宁夏回族自治区成立30周年(1988年)之际落成,站房建筑面积7203平方米,旅客容量2000人,钢筋混凝土框架结构。位于车站广场东侧,平面布局以广厅为中心,两侧候车厅对称布置,南北两端分别为售票处和贵宾室,客运管理和行政用房设在局部二层。室内空间力求丰富、典雅,设有小品和绿化的天井,改善了候车环境。富有地方特色和民族风格的大型壁画《塞上江南》、《回乡风情》和《凤凰城情思》,提高了建筑物的文化内涵。

站房外观新颖、简洁,具有交通建筑个性,在高耸的钟塔上银白色的尖顶中部镶嵌着一颗直径3.5米的“塞上明珠”,突出了建筑的地方特色。站房两翼以尖拱形折面装饰墙面,并在墙面上点缀抽象的金色凤凰羽片图案,使整个建筑体现出银川国家级历史文化名城在改革开放时代的新风貌。1991年获宁夏优秀设计一等奖和全国城乡建设系统优秀设计评选表扬奖。主要设计人张光璧、郝崇义、徐晓明、李武银、马贵珍。

银川绿洲饭店　原名伊斯兰宾馆,位于银川市城区主要干道解放西街北侧,主楼建筑面积8152平方米,地下1层,地上9层,局部11层,裙房2层。钢筋混凝土箱形基础,现浇框架,加气混凝土块填充墙,外墙瓷砖贴面。由3个部分组成:客房部235床,餐厅部500座,商场部营业面积740平方米。主楼檐部按开间划分成若干绿色檐板,檐板底边呈尖拱形,檐板之间由黑色凹槽分隔,白色立方体联接,形成一条绿色彩带。2层、9层及11层檐部三条绿色彩带,在白色墙面衬托下,显得格外清新典雅。楼顶水箱用混凝土板装饰,尤如含苞待放的花朵直指兰天。已列入银川市重要建筑保护名录。

银川绿洲饭店

宁夏伊斯兰教经学院　位于银川市银新南路,1989 年建成,由宁夏建筑设计院姚复兴设计,转混结构,主体建筑 3 层建筑面积 9816 平方米。由伊斯兰发展银行投资援建,可容纳 7 个班 245 名学生,教学、办公、食宿、礼拜等各类用房配置齐全。由于规模较小,设计将每个功能单一的建筑用廊子连接,形成具有一定体量的建筑组合体,前后有层次,高低有错落,白墙衬托绿拱,富有伊斯兰建筑风格。1991 年获宁夏优秀设计一等奖。

宁夏伊斯兰教经学院

光明广场　位于银川市中山公园主入口以南,东侧是宁夏人民会堂,西侧是体育馆,面积 2.9 公顷,是一个可进行政治经济、文化体育活动和群众休闲娱乐的综合性广场。周围有湖滨西街、文化西街和公园街三条城市道路,广场东北和西南各设一处机动车停车场。会堂、体育馆和公园门前均留出必要的缓冲地带和疏散通道。广场中轴线上形成东西宽 50 米,南北长 170 米的中心活动场地。湖滨西街对景处设 25 米高主题标志,会堂和体育馆之间设长 40 米,宽 24 米椭圆型喷水池。主题标志周围作硬地供集体活动。喷水池周围作环道供停留观赏,场地南端及东西两侧设五组花坛与小品供群众休息,场地共设 7 个出入口,北入口正对中山公园大门处设广场碑，作为广场建设的纪念。夜间照明是广场建设的重点，周围建筑物外立面照明为广场造成光照大环境。场地东西两侧设24根6米高柱灯，柱灯可分节闪亮，按程序控制，既有动感又有气势。主题标志和喷水池以其特殊的照明手段，起到画龙点睛的效果。

宁夏体育馆　位于银川市光明广场西侧，建筑面积17862平方米，是一个以球类比赛为主，兼供群众集会和文艺演出的中型综合性体育馆。比赛场地长50米，宽38米，高16米。练习场地长50米，宽32米，高9米。可进行足球、手球、网球、篮球、排球、羽毛球、乒乓球及体操、柔道、摔跤、武术、举重等比赛项目。比赛场地西端设15×8米液压升降台，供集会和演出使用。比赛厅有5000个固定座席和活动座席，均布置在比赛场地两侧，观众座席下方为休息厅，主入口设门厅与两侧休息厅相通。底层北侧设贵宾用房，南侧设运动员用房，东侧设新闻工作与广播电视用房，西侧设竞赛组织用房。除布置专用设施外，各房间尽量采用大空间灵活分隔，便于面向群众多功能使用。馆内空调、消防、通讯等各种设施齐全，比赛43场地照明、扩声、电子显示屏均按国际标准设置。体育馆平面呈鼓形，屋面网架外围杆件露明，与中间圆孔造型结合，刚劲简洁，富有体育建筑特点。2000年获宁夏优秀建筑设计一等奖。

宁夏体育馆

青铜峡330千伏变电所工程　青铜峡330千伏变电所是在原220千伏变电所基础上进行升压扩建，占地面积是同类变电所中最小，总体布局紧凑，功能分区合理，为宁夏电网与陕甘青电网进行电力潮流交换并担负地区供电任务的大型枢纽变电所。主控楼新旧楼有机连接，外型美观，使用功能布置合理。变电所最终建设规模为2×240MVA主变压器，一个半断路器接线，接线十分明晰，供电非常可靠。330千伏配电装置布置紧凑合理，采用了不交替三列式布置，使构架数量减少，没有双层构架，主要设备选择性能价格比高，整个布置在西北330千伏变电所设计中属首创，是经济实效、扬长避短的设计典范。330千伏系统保护采用双微机化成套保护装置，设有微机型安全自动解列装置,提高了系统安全运行稳定性,增加了输送容量。同时,将运动场地功能与微机防误闭锁有效结合起来,避免了重复投资,首次提出二次闭锁概念,增加了设备管理功能,达到国内领先水平。1996 年 6 月由宁夏电力设计院完成施工图设计,1998 年 9 月 30 日投运,被电力工业部命名为投产达标工程。

平吉堡 220 千伏变电所工程　平吉堡 220 千伏变电所是宁夏电力系统 220 千伏主网架上的一座重要变电所。终期规模为 2 × 120MVA 主变两台,并再预留一台。变电所总体布置紧凑,主建筑造型美观,使用功能合理。所内有 220kY、110 千伏、10 千伏三个电压等级,220kY、110 千伏户外配电装置选用“大”字型中型布置构架,软母线联结,双母线带旁路接线方式,户外构架全部采用螺栓连接解决了大构件镀锌困难问题。主要设备选择先进,如 200kYV、110 千伏均选用 SF6 断路器,10 千伏选用真空断路器,大大提高安全供电水平和减少运行维护工作量。主变压器和所用变压器都选用节能型,以减少本身能源消耗。主控设备采用了微机信号装置,220 千伏线路继电保护采用双微机化成套保护装置,首次在区内使用了微机防误闭锁装置,直流系统首次采用较大容量(300 安赫)的阀控式密封铅酸免维护蓄电池等,属当时国内比较先进的水平。1995 年 4 月院成施工图设计,1997 年 2 月 20 日并网投入运行,增强了银川地区供电可靠性,对银川地区工农业生产和包兰电气化铁路提供了更为可靠和充足的电力。1998 年获宁夏优秀勘察设计一等奖。

中宁黄河公路大桥　中宁黄河公路大桥位于中宁县城和包兰铁路石空火车站之间的黄河上,南离中宁县城 5 公里,北距石空火车站 2 公里。桥梁全长 926. 98 米,全桥共 23 孔,每孔跨径 40 米,行车道宽 9 米,两边人行道宽各 1. 5 米。于 1983 年 12 月正式动工兴建,1986 年 7 月建成通车。由宁夏公路设计院设计,2000 年获宁夏优秀勘察设计一等奖。

石嘴山黄河公路大桥　位于宁夏回族自治区石嘴山市东郊渡口,是连接宁夏与内蒙古的交通枢纽。大桥全长 551. 28 米,桥头引道 1000 米,桥面宽 12 米,主桥 4 孔长 300 米,孔跨度达 90 米,属大跨度 T 型刚构桥梁。于 1987 年 3 月开工兴建,1988 年 10 月建成通车。由宁夏公路设计院设计,获交通部优秀勘察设计三等奖。

银川黄河公路大桥　银川黄河公路大桥是宁夏自治区“八五”计划重点工程项目,位于银古公路 14K + 211 处,全长 1219. 9 米,东西引道长 1817. 16

米。主桥为60 +5 ×90 +60 米预应力混凝土 T 型钢构,东引桥为 2 ×30 米预应力简支 T 梁,西引桥为 1230 米预应力混凝土简支 T 梁和 14 * 16 米钢筋混凝土简支 T 梁。自 1991 年 11 月 1 日开工,1994 年 6 月 30 日完工并通车,由宁夏公路设计院设计,1998 年获宁夏勘察设计一等奖。

第六篇　住宅与房地产业

新中国成立前，宁夏住宅建筑物几乎是低矮、简陋、阴暗、潮湿的土平房，住宅与房地产业发展缓慢。马鸿逵主政宁夏后，称雄宁夏的“八大家”商号在民居建筑方面大量置办房地产。马鸿逵在银川地区的房地产，多数分布在南郊和永宁县的望远桥、大观桥、王太堡等地。主要坐落在市区中山北街、信义巷、立志巷、五亩宅以东地段，总计占地30余亩，各类房屋500余间。到1949年宁夏解放之前，在银川市仅有的62万平方米房屋中，掌握在达官贵人手中的私房达47万平方米，其中马鸿逵家族直接占有房屋约10万平方米。

中华人民共和国成立后，宁夏实行以实物分配为主要形式的公房制度，将接管及没收官僚垄断资本房产分配给市民居住，坚持低房租、小面积的管理原则。公房制度的初步建立，对改善市民当时十分恶劣的居住条件，缩小贫富差距、稳定经济社会秩序、巩固新生政权，增加公有资产积累发挥了积极作用。自治区成立后，城市住宅建设开始了3次集中公房建设时期。第一次公房集中建设时期是1958年~1963年，第二次公房集中建设时期是1964年~1970年，第三次公房集中建设时期是在1978年~1988年。随着城市人口的不断增加，“一大二公”的经济体制不能充分调动全社会住宅建设的积极性，造成住宅建设步伐十分缓慢，远远不能满足居民不断增长的住房需求，住房供需矛盾日益突出，公房制度的局限性愈加明显。

1991年~1999年，银川市对全市危房进行大规模集中改造，危房改造历经三届政府，坚持“统一拆迁、统一规划、统一设计、统一建设”的原则，全市共有近百家开发企业和70多家自管房单位参与，共计拆迁改造危旧房104万平方米，2.4万多户，竣工房屋210万平方米，安置拆迁户2万余户。通过大规模危房改造，出现了一大批房地产开发企业，并收到了良好的经济效益，改善了城镇居民的居住条件和居住水平。自治区政府总结银川市的经验，针对全区城市危房改造工作和房地产开发企业实际，提出了采取积极有效措施，加快城市建设步伐，鼓励房地产开发企业投入城市建设，改善居民居住条件的相关政策规定与要求，自治区建设厅针对全区房地产开发工作基础弱、规模小、起步晚的实际，提出先启动，后规范，积极引导房地产开发企业为城市建设和改善居民居住条件办实事、做贡献的指导思想和工作方针。石嘴山市、吴忠市、固原地区也先后在 20 世纪 90 年代中后期，加快了危旧房的改造步伐，与此同时房地产开发企业也发展壮大起来。1989 年 ~ 2000 年期间，宁夏住宅与房地产业进入了高速发展时期，房地产业摆脱了计划经济和福利住房体制的束缚，在社会主义市场经济和市场化住房体制的环境中，得到了空前发展。

宁夏回族自治区城镇住房制度改革起步于 1988 年。从 1988 年 ~ 2000 年，全区城镇住房制度改革分为三个阶段开始实施，1988 年 ~ 1990 年为探索和试点阶段，在出售新、旧公房，住房商品化，租金改革三大改革中积极探索。1991 年 ~ 1994 年为全面推进和配套改革阶段，分期分批推开城镇住房制度改革，1994 年 ~ 2000 年进入了房改的深化和全面实施阶段。停止住房分配，实行住房分配货币化，并在全区各市开始建设经济适用住房（安居工程）。宁夏回族自治区住房公积金管理中心于 1994 年 12 月成立，按照《宁夏回族自治区贯彻建立住房公积金制度的暂行规定的实施细则》（宁财综发〔1995〕346 号）确立的职工住房公积金交纳、归集办法和管理使用原则，自治区住房公积金管理中心积极探索，住房公积金的缴存、归集比例和使用业务平稳发展，截至 2000 年底，累计归集住房公积金 9439 万元。随着住房公积金缴存比例逐步提高，职工住房贷款数额不断增大，对加快住房制度改革、改善城镇居民住房条件发挥了重要作用。

第一章　住宅建设

第一节　公房建设

公房制度建立

新中国成立后，宁夏依据国家关于建立新民主主义经济体制的基本政策和国营经济占居领导和支配地位的方针，宁夏在城镇范围内相继建立了以全民所有房屋为主体的公房制度。

接管没收国民党旧政权和反革命分子房屋　1949年9月23日，中国人民解放军进驻银川。10月，成立了银川市军事管制委员会，对国民党宁夏各部门所有的房屋，按照部门对口进行登记接管，共接管各类房屋9229间，其中住宅900间，公共用房7340间，生产、营业用房980间，这是宁夏最早的社会主义公有房产。20世纪50年代初，在镇反运动中，宁夏没收了反革命分子房屋，其中银川市没收反革命分子的房屋73间。1954年，在整顿旧社团时，又接管了山西、三晋、四川、两湖、陕西等会馆房屋，其中银川市接管旧社团房屋288间。

收买私人房产　为缓解机关、团体用房及居民住宅紧张状况，宁夏各地公房管理委员会又大量收购私人房屋。截至1953年4月仅银川市就收买私人房屋2320间。

代管国民党外逃军政人员弃留房产　银川市在1952年对59户原国民党宁夏省外逃军政人员弃留的2387间房屋进行代管，以作公用。

私有出租房屋的社会主义改造　1958年5月，中共中央作出了对城市私有出租房屋进行社会主义改造的决定。宁夏根据中央决定相继开展了私房改造工作。仅银川市纳入改造的私房共679户，16985间。改造后的私房归房管部门实行统管。对原房主付给固定租息，以体现党的赎买政策。1966年9月，中共中央507号文件通知，停发改造私房的租息，所有私改房屋全部转为全民所有制的国有公房，完成了向全民所有制的过渡，确立了公有住房制度。

公房建设

第一次公房集中建设时期(1958 年～1963 年)　1958 年宁夏回族自治区成立后,在中央支持下,全国各地先后约有 27 万余人支援(含移民)宁夏的社会主义建设。为解决支宁人员的住房问题,银川市动用了 2 万多人,用了 5 个月的时间,建成了上海新村、和平新村等土木结构平房 5600 多间,建筑面积达 10.16 万平方米。1958 年一年内,国家用于银川市住宅投资达 676.4 万元,相当于 1950 年～1957 年 8 年间银川市住宅建设投资总额的 6.3 倍。石嘴山市 1958 年～1960 年 3 年间,为给从四面八方支宁的建设大军解决居住问题,新建砖坯平房(含干打垒窑洞)达 301763 平方米。

第二次公房集中建设时期(1964 年～1970 年)　1964 年 8 月,中共中央作出首先集中力量建设"三线"大后方的决定,宁夏被列入"三线"建设地区。1965 年 8 月全国工业搬迁工作会议后,以迁入企业家属区建设为特征,宁夏开始了第二次公有住房集中建设。

1965 年～1970 年,吴忠配件厂、银川长城机床厂、中卫大河机床厂、西北轴承厂等二十余家内迁企业落户宁夏,每个内迁企业均新建了数千至数万平方米的砖坯结构平房。在大批企业迁宁的同时,全国许多企业还以"援建"(不少是人力、物力的搬迁)形式支援宁夏建设,使宁夏在 60 年代初经济调整时期下马的企业恢复了生机。石嘴山钢厂、青铜峡铝厂、银川橡胶厂、银川氮肥厂、银川棉纺厂、银川亚麻纺织厂等企业相继开工和投产,同时新建了大批砖坯结构的职工住宅。

随着内迁企业相继到位,城市人口快速增加,促进了城市基础设施和住房建设。1964 年,银川市在原老城区文化街 13 号和 37 号新建了两幢砖混结构住宅楼,总建筑面积 3916 平米,造价为 38.41 万元,平米造价仅为 98.1 元。这是宁夏诞生的第一批砖混结构居民住宅楼,表明宁夏住宅开始向多层发展。吴忠市在此期间,先后兴建了裕民街向阳村、朝阳街 120 号大院及东寨子大院、民生街东方红新村、裕民街 22 号大院、民生街 90 号大院等居民住宅,院大者 30 余排平房、小者 4～5 排平房,每排 3～5 户,每户 2～3 间。吴忠配件厂、吴忠仪表厂、吴忠材机厂等也相继建设了一批简易住宅楼。石嘴山、中卫、固原在此期间相继建设了石嘴山电厂、中卫大河机床厂、固原 695 机械厂等一批家属住宅楼。至1980年7月底，仅银川市属区企事业单位自管公有住宅达120万平方米，占全市住宅总量的66%。

第三次公房集中建设时期(1978年~1988年)　1978年在中国共产党的十一届三中全会召开之后，宁夏增加了住宅建设投资，同时注意调动地方、企业、个人建设住宅的积极性，从而使住宅建设有了较大幅度的增长。宁夏住宅建设认真抓了小区规划，改变了过去那种见缝插针，建筑分散，公用设施不配套，使用极不方便的状况。从1980年开始，实行统一规划、统一投资、统一设计、统一施工、统一管理的统建方针，建设起成群、成片的住宅小区，统一安排室外供电、供水、排水、商业、邮电等配套工程，并开始向高层建筑发展。同时，实行住宅管理体制改革，取消由国家包下来的办法，发展商品住宅，集资住宅，国家购地私人建房，以及折价卖给私人等多种多样的办法，提高单位、集体、个人集资建住宅的积极性。这样，既节省了基建投资，又加快了住宅建设速度，收到较好的效益。从1978年~1984年，住宅建设投资42,454万元，竣工面积达到278.82万平方米，人均住房面积6平方米左右，住宅紧缺的状况得到了初步缓和。银川市已建成住宅小区5个，总面积为38.5万平方米，不但统一解决了室外配套工程，而且也将道路、商店、幼儿园、粮站等公用建筑一次配套交付使用，仅幸福村小区一个住宅就解决了1048户群众的住房、买粮、日杂用品、儿童入托、小病就医、邮电通讯等问题，大大方便了群众。户均投资为5943.6元，比各单位零建可降低工程造价13.1%。湖滨、民乐、唐徕小区和朔方小区，已建成一批住宅交付使用。这一时期住宅建设包括一下几项内容：

一是以两个"三十万吨"为标志的重点建设项目单位自管公有职工住宅建设发展迅猛。20世纪80年代初，宁夏化工厂(年产30万吨合成氨)、宁夏水泥厂(年产425高标号水泥三十万吨)等一批重点建设项目相继开工，这些项目基本摒弃了"先生产、后生活"的传统建设理念，实施了生产、生活同步建设的方针。一大批外观新颖、水、暖、电配套设施完善的职工住宅楼如雨后春笋般矗立在厂区周边，仅宁夏化工厂、宁夏水泥厂、宁夏炼油厂三个项目就新建职工住宅楼达30多万平方米。

二是城市直管公有住宅建设步伐明显加快。70年代末，银川市在新市区纬四路新建了第一个住宅小区，1982年竣工，共建成32幢4~5层住宅楼，建筑面积5.75万平方米，投资1036万元，安置居民1041户，开创了宁夏建设居民住宅小区的先例。与此同时，银川市改造了始建于1958年为安置支宁人员所建的1万余平方米土平房(和平新村等)，总投资达1028万元，建成单元楼42幢，砖木结构平房700余间，总建筑面积6.14万平方米，1138户居民迁入新居。1979年～1984年，银川市又新建幸福村小区，建成楼房21幢，5.9万平方米，总投资1654.6万元，迁入居民1018户。

三是随着住宅建设的快速发展，宁夏的住宅设计标准不断提高和完善。1979年，宁夏回族自治区印发了《宁住(79)403》和1981年印发的《宁住(81)409》单元式住宅通用图，在平面布置、面积使用系数和楼内设施等技术标准方面都有很大的改进和提高。尤其是中级以上知识分子和县(处)以上干部住宅的通用设计图形式多样，功能齐全，简朴实用，促进了干部的廉政建设，表明宁夏住宅建设逐步走上了规范化道路。

通过30多年的建设，宁夏城镇公有住房有了长足的发展。根据1985年4月开展的银川市第四次房屋普查资料显示，截至1985年，银川市住宅建筑面积发展到334万平方米，其中，公有住宅建筑面积323万平方米，占住宅总量的96.7%；固原县在1987年房屋普查中直管公房和单位自管公房的总面积达106.5万平方米，占全部房屋总面积89.1%；吴忠市到80年代末，城区住宅总建筑面积达63万平方米，其中房管部门直管公房15.9万平方米，全民所有制单位自管住宅33.93万平方米，公有住房占全部住宅总面积达79.1%。

第二节 私人建房和集资建房

私人建房

宁夏城镇私人建房发展速度缓慢。1978年，中央召开第一次全国城镇住宅建设会议，提出了“发挥国家、地方、企业、个人四个方面的积极性建设城市住宅”的重要方针。宁夏结合本地的实际情况，采取了“自筹自建”(即个人投资、投料、投工，由政府划拨土地，自行建设)和“自筹联建”(个人出资，由房产管理部门统建分配)两种方式，激发了私人建房的积极性。银川市于1984年按照“自筹联建”的方式建成了光华门和双庄子两个私人住宅区，建筑面积达

13560平方米,276户居民乔迁新居,在一定程度上缓解了市民住房难的局面。总体来看,宁夏私人建房时断时续,发展数度缓慢。截至1985年年底,私有住房仅占全部住房的20%。到1990年,全市私人建房达12.1万平方米。

集资建房

由于私人建房不利于社会化大生产,有碍于从整体上改变城市面貌,加之制度不健全,管理不到位,出现了侵占国家资产、以权谋私和违章建筑等情况。1984年,宁夏回族自治区城乡建设厅印发了《宁夏回族自治区私有房屋管理实施细则》,规定"未经城建规划部门许可的私建房屋为违章建筑,按城建管理规定处理;在产权登记阶段,不得伪造证件、侵占他人房产;不得私下进行交易、赠与、交换、分家析产"等,同时鼓励集资建房,目的是将千家万户的私人建房引导到社会化、规模化、规范化的集资建房轨道上来。集资建房是指国家、单位和团体补贴一部分资金,同时在土地费用上优惠或者不缴纳土地出金,在城市规划区域内建设住房,用于解决城镇居民住房困难问题。银川市人民政府在80年代成立了集资建房办公室,引导、组织和管理市民的集资建房,并于1980年,在全市12个单位集资70万元建设了湖滨小区,小区占地面积57000平方米,共建住宅26幢,建筑面积66000平方米,解决了1117户居民的住房问题。从80年代末到90年代初,银川市累计有53个单位集资14400万元,建设住宅10645套,总建筑面积达50万平方米,全部以优惠价出售给单位职工和住房困难户。石嘴山市集资新建了沿街综合楼59465.83平方米,一些工矿企业也集资新建了南小区、北小区、富强小区、民化职工住宅区、矿务局职工住宅区等,总建筑面积达58万平方米,多为4~6层砖混结构住宅楼。

集资建房不仅缓解了城市居民住房困难的局面,而且转变了人们长期以来形成的住房福利化的消费模式,引导住宅建设向商品化方向发展;引导个人、企事业单位的单体住房建设向城市综合开发方向转变,将个人、单位个体住宅建设中见缝插针、分散建设、标准过低、配套不全的粗放方式建设方式,转变到统一规划、统一设计、统一建设、基本配套的集约式城市综合开发上来。

第三节　房地产开发与危房改造

城市危房改造起步阶段与房地产开发

宁夏危房改造起步于80年代中期。由于当时宁夏城镇住宅基本上全系土木结构的平房,设计标准低、缺乏配套设施,加之地方财力薄弱,城市排水条件很差,造成晴天一脚土、雨天一腿泥、大雨必成灾,房屋倒塌现象屡见不鲜,仅靠私人和集资建房的方式已远不适应城市面貌的改变和市民迫切希望改善住房的强烈要求,而国家提出住房商品化方针后,财政预算内住宅投资逐年减少,这使宁夏各级城市政府面临巨大的压力。随着宁夏经济的快速发展,城市街区和危旧住房的改造势在必行,银川市作为首府城市现行实践。市人民政府不等不靠,解放思想,转变观念,将集资建房的被动等待方式变为主动出击的城市综合开发方式,对危(旧)房按城市总体规划要求进行成片改造,以此来带动城市基础设施建设,改变城市面貌,改善市民的居住条件。

1982年,根据银川市人民政府《关于加强城市建设管理,解决居民住房困难》的文件通知,由银川市建委牵头,在组织建设队伍,改造银川西大街(即今解放西街)的基础上,于1982年组建成立了宁夏第一家房地产开发企业－银川市建设开发公司(现中房集团银川房地产开发有限公司)。中房银川公司成立不久,即开始改造建设了银川市西大街(今解放西街),并按照银川市政府统一开发建设的部署,从1984年开始规划建设银川市第一个规模较大的唐徕小区,到1988年底,已建成住宅楼64幢,建筑面积14.7万平方米,2411户居民迁入新居。

1984年年初,银川市政府决定由银川市房管局组建成立一个房地产综合开发企业,重点承担市政府确定改造的住区和街道。1984年8月,宁夏第二家房地产开发企业,即银川市房地产综合开发公司成立。公司成立后承担的第一个项目就是拆迁建设银川南门小吃一条街,以百天拆除并建成的惊人速度,拉开了银川市危房改造的序幕。自1982年至1989年,先后开发了银川湖滨、唐槐、幸福村、民乐、北环、友爱、南门小吃一条街、民族南北街、中山北街等15个居住小区和街区,总建筑面积达56.39万平方米。1991年　月,银川市作出了改造老城区东环路的决定,并成立了银川市开发办公室,实施城市改造和建设任务，同年，改名为银川市建设发展公司。在完成城区东环路改造的基础上，用2年多的时间，建成了银川市乃至西北地区规模最大的商业集散中心——银川商都，紧接着又改造了城区永康南北巷，建成了银川第一个高档住宅区——永康家园，并打通了文化东街和新华东街，成为城市建设与危房改造的突击队和生力军。

到1984年年底，银川市已有7114户居民住房被拆迁安置。

城市危房改造的全面实施与房地产开发企业崛起

20世纪90年代初，自治区政府针对全区城市危房改造工作和房地产开发企业实际，提出了采取积极有效措施，加快城市建设步伐，鼓励房地产开发企业投入城市建设，改善居民居住条件的相关政策规定与要求，自治区行业主管部门针对全区房地产开发工作基础弱、规模小、起步晚的实际，提出先启动，后规范，积极引导房地产开发企业为城市建设和改善居民居住条件办实事、做贡献的指导思想和工作方针。

1990年12月26日，银川市政府召集有关方面的领导和专家，专题研究危房改造问题，提出了“以危房改造为突破口，调动各方面力量，多渠道筹集资金，用三至五年时间，基本完成城市危旧房改造，加快住宅建设步伐，从根本上解决银川市住房问题”的指导方针，同时确定1991年为“银川市住房年”，决定从1991年起大规模改造银川市危旧房屋。1991年2月13日，市政府常务会议决定成立了以市长张位正为指挥，常务副市长赵宁侠和市房产局局长陈应为副指挥的“银川市危房改造指挥部”，下设办公室、规划设计、施工材料、资金筹措、动迁安置、政策法制、宣传动员六个专业组，于同年3月正式开展工作。在大规模、长时期危房改造工程中，银川市人民政府坚持以人为本的执政理念。为鼓励开发企业积极参与危房改造，市人民政府颁发了一系列优惠政策。危房改造工程大都处于城市中心区寸土寸金的黄金地段，市政府在危房改造起步阶段，采取不收取土地出让金，全部让利于民的政策，并在拆迁改造中总结拆迁双方的利益关系，调整政策。先后过渡执行了关于拆迁安置的三个文件，这些政策的出台，极大地调动了房地产开发企业和市民参与危房改造的积极性。银川市实施的危旧房屋改造，共拆除危旧房屋320余片，使10万余市民基本不花多少费用就告别了环境脏乱不堪，没有任何配套设施的危旧土房，迁入了水、暖、电、通讯线路齐全的单元住宅楼。危房改造使得人居条件和城市面貌明显改变，从而使银川市发生了天翻地覆的变化，“一条马路两座楼”的旧银川荡然无存。危房改造不仅解决了群众的住房问题，而且极大地改变了城市面貌，美化了市容市貌，并带动了房地产开发和相关产业的发展，经济效益和社会效益十分明显。

自 1991 年～1993 年，银川市由房地产开发企业集中改造的老城区直管公房为主的危房改造基本完成。在此期间，银川建发集团从 1992 年开始，承担了东环路改造工程，共拆除危旧房屋 4. 2 万平方米，建成单项工程 24 个，总建筑面积 7. 5 万平方米。不仅拓宽了东环路，而且使银川商都、大自然宾馆、凯达大酒店等新颖建筑屹立在银川城东南北大通道两侧，开辟出一条银川城东的新兴商贸街。从 1994 起，又允许单位自管公房进行成片改造；1996 年后，又对主要街道两侧的危旧住宅楼进行改造。为解决日益突出的城市交通问题，银川市在危改中又制定了“以房补路、以路带房、统一规划、统一建设”的政策。1996 年，银川市住宅建设公司拆迁进宁南街 253 户居民的危旧住房 9171 平方米，打通了进宁南街，并新建了 41140. 04 平方米仿古形式的“西塔综合市场”，使其与古朴雄伟的西塔相得益彰，展示了银川作为国家历史文化名城的深厚文化底蕴。1998 年，虹桥大酒店在新打通的进宁南街和解放街交叉口落成，从而使宁夏的高层建筑进入人们的视野。1999 年底，银川市人民政府拆迁了宁园东侧的危旧房屋，修建起颇具时代特色的“世纪广场”，与宁园相映成辉，美化了城市环境。至 1999 年，银川市通过危旧房改造，共打通和新建道路 9 条，拓宽改造道路 25 条，宁夏体育馆、光明广场和宁夏人民会堂等一大批建筑新颖的公共建筑也随之兴起，极大地提升了银川市的城市品位。同时，促进了以住宅为主体的城市房地产综合开发和大批房地产开发企业的快速发展。1990 年大规模的危房改造前，银川市注册的房地产开发企业仅为 11 家，全区具有资质等级的开发企业仅 18 家；而到 2000 年底大面积危房改造结束后，银川市开发企业增至 120 余家，宁夏房地产企业增至 187 家；其中一级资质 3 家，二级资质 8 家，三级资质 52 家，形成了宁夏房地产业企业集群。

在银川市经验的带动下，宁夏其他城市也相继开展了城市危旧房改造工作。石嘴山市于 1993 年起开始了全市危旧房改造工作，并于当年建成朝阳小区，总建筑面积 2 万平方米，安置住户 280 户。“九五”期间宁夏旧城区改造、房屋拆迁保持比较大的规模，对改善城市基础设施建设、投资环境和居民的居住条件起到了重要作用。宁夏自1988年～2000年进行的城市危房改造和综合开发，共拆除房屋建筑面积105万平方米。银川市先后建成了唐徕、友爱、海宝、得胜、和平新村、北苑、湖滨、建南、光华、北安、安居工程等3万平方米以上的住宅小区44个，共拆迁危旧房屋95.4万平方米，新建住宅楼210万平方米，累计完成总投资25.81亿元。危房改造前的整个"七五"期间，宁夏房地产开发完成投资仅为2834万元，占全社会固定资产投资0.3%，而到2000年大面积危房改造结束后，宁夏当年完成房地产开发投资155691万元，占全社会固定资产投资9.7%，发挥了房地产作为国民经济重要产业的作用。银川市从1989年～1999年，累计完成住宅投资43.5亿元，是前40年投资的6.55倍，新建住宅691万平方米，是前40年住宅建设总量的1.75倍。

宁夏历年房地产开发完成投资情况

表6－1

年　份	固定资产完成投资（万元）	房地产开发完成投资（万元）	所占全区GDP比重（%）
"七五"时期	950486	2834	0.3
1991年	288134	9220	3.2
1992年	380942	15800	4.2
1993年	526673	31094	5.9
1994年	609780	30332	5.0
1995年	701237	49060	7.0
1996年	773191	54533	7.1
1997年	881027	60497	6.9
1998年	1086536	112982	10.4
1999年	1306062	130178	10.0
2000年	1608204	155691	9.7

1990年，宁夏房屋销售面积仅为6.39万平方米，到2000年大面积危房改造结束后，宁夏房屋销售面积达到104.5万平方米，其中个人购买商品住房面积为79.82万平方米，占同期商品房销售面积的88.1%，住房商品化理念深入人心。

1990 年 ~ 2000 年宁夏房地产开发房屋施工销售情况统计

表 6－2　　单位：万平方米

年　份	房屋施工面积	房屋竣工面积	房屋销售面积
1990 年	19.84	10.67	6.39
1991 年	33.03	20.57	8.77
1992 年	54.68	31.90	19.03
1993 年	70.56	42.58	11.00
1994 年	67.36	43.10	29.82
1995 年	113.04	69.94	28.13
1996 年	121.49	75.02	41.90
1997 年	126.61	68.80	35.82
1998 年	207.91	124.60	63.77
1999 年	209.65	124.24	76.68
2000 年	258.60	155.46	104.50

危房改造进程的加快，又促进了以住宅为主体的房地产业的发展，截止 1999 年，银川市建成 2 万平方米以上的住宅小区 80 个，约 470 万平方米；吴忠市（原县级市）新建住宅小区 10 个，总建筑面积约 20 万平方米；石嘴山市新建住宅小区 12 个，总建筑面积 25 万平方米；中卫市（原中卫县）于 1998 年开发了占地 56.8 亩，建筑面积为 5.17 万平方米的中山小区；固原市原州区也于 1998 年开发建设了总占地面积为 120 亩，总建筑面积为 12.6 万平方米的北苑小区等，宁夏以住宅为主体的房地产业进入了快速发展时期。

城市危房改造与房屋拆迁安置

1984 年，宁夏回族自治区人民政府根据国务院 1983 年发布的《私有房屋管理条例》，出台了《宁夏回族自治区城市私有房屋管理实施办法》，其中第七条对拆迁的基本原则，各类房屋的补偿标准进行了规定：因城市建设需要拆迁的私有房屋，其中需要国家另给安排住房者，其房屋拆除损失，国家按房屋的结构、质量、建筑面积，给予合理补偿，补偿评价的控制标准如下：立木出檐平房每平方米 25 元 ~ 30 元；普通立木平房每平方米 20 元 ~ 25 元；土木平房每平方米 15 元 ~ 20 元；简易土木平房每平方米 10 元 ~ 15 元。不需要国家另给安排住房者，在上述实偿的基础上再加价 30% ~ 50%。并规定，各地区的房屋造价不同,各市县人民政府可在上述控制标准的幅度内,做出具体规定。

随着居民生活水平的提高,居住观念的改善,原拆迁安置住房标准及“分得开、住得下”的安置原则已难以满足拆迁户的要求。1987 年 5 月,银川市人大常委会第 18 次会议讨论通过了银川市第一部较为完整的房屋拆迁管理地方性法规《银川市城市房屋拆迁管理办法》(简称《办法》)。《办法》明确了“等价有偿”和同时保护建设单位和拆迁户双方合法权益的拆迁安置原则。并从“分得开、住得下”的安置原则改为按原居住面积为标准“拆一还一”。1991 年 3 月至 1992 年 3 月期间,安置拆迁户以原拆间数为准,拆一还一,超面积部分以优惠价找补差。1992 年 4 月至 1995 年 4 月期间,对原地安置的拆迁户从按原拆间数“拆一还一”提高到按原居住面积“拆一还一”,超面积部分以建筑造价找差价。从 1995 年 5 月 1 日起,再提高到因设计原因超安置居住面积 3 平方米以内的被拆迁人不用找补差价等规定,适时提高了拆迁安置补偿标准,并明确了户型面积标准。

1991 年,国务院颁布《城市房屋拆迁管理条例》,1993 年 9 月 20 日,宁夏回族自治区人民政府发布了《宁夏回族自治区实施〈城市房屋拆迁管理条例〉细则》(简称《细则》)。《细则》授权拆迁房屋的重置价,建筑工程造价,商品房价,由市、县人民政府依据国家和自治区有关规定制定,报自治区城乡建设厅备案,凡属城市危房改造工程,安置办法由批准危房改造工程的市县人民政府另行规定。据此,相关市、县人民政府也制定了一些拆迁安置的办法和相关标准。细则中明确了自治区城乡建设厅是主管全区城市房屋拆迁工作的职能部门。县级以上人民政府房地产行政主管部门或者人民政府授权的部门主管本行政区域内的城市拆迁工作。并规定全区房屋拆迁实行拆迁许可证制度:任何单位和个人需要拆迁房屋必须持规定资料向房屋拆迁主管部门提出申请并经批准核发拆迁许可证后,方可拆迁。市县人民政府可以组织统一拆迁,也可以由拆迁人自行拆迁或者委托拆迁。城市中实行综合开发的地区或者连片开发的地方,应当实行统一拆迁。拆迁补偿可以实行作价补偿、以房偿还,或者作价补偿和以房偿还相结合的办法。《细则》的出台和实施,有效地规范了城市房屋拆迁行为,使宁夏拆迁管理走上了有法可依的轨道,为保障城市建设,维护拆迁各方的合法权益,提高人民群众的居住水平起到了十分重要的作用。从 1995 年 5 月起,银川市开始实行拆迁许可证制度,截至2000年底,宁夏各市县都陆续建立和完善了房屋拆迁安置政策和制度。

第四节 保障性住房建设与管理

建设保障性住房是城市政府和各级行业主管部门的一项重要职能。宁夏各级政府和行业主管部门十分重视弱势群体的安居问题,坚持一手抓市场、一手抓保障性住房建设的工作方针,不断深化对保障性住房工作重要性的认识,结合宁夏欠发达的具体区情,积极探索保障性住房的实施路径,逐步加大保障性住房的建设力度。1998年12月,宁夏回族自治区政府根据国务院国发〔1998〕23号文件关于"要保留足够的公有住房供最低收入家庭廉价租赁"和1999年4月,建设部第70号令《城镇廉租住房管理办法》的政策规定与要求,以宁政〔1998〕109号文件提出在积极推进公有住房改革中,要求各市、县要保留足够的公有住房供最低收入家庭廉价租赁。部分市、县在房管部门直管的公有住房中,对现住户家庭收入低和住房困难的仍维持当地低租金水平。截至2000年,全区各市、县提供廉租住房保障约 户,但总的覆盖面还比较低。

20世纪80年代末,银川市在财政十分困难的情况下补贴370万元,建设了首批房改商品房约600套,全部出售给城市无房户和住房特困户。在90年代大规模的危房改造中,在自治区人民政府积极支持下,银川市坚持"以人为本,让利于民"的执政理念,不惜牺牲地方税收和大量土地出让金,在老百姓基本不出钱的前提下,为全市24000多户居住在危(旧)土房中的市民改善了居住条件。同时明确规定,对孤寡老人等社会弱势群体,即使原住在违章建筑,也要求开发企业妥善安置,并要求开发企业每片危改任务完成后,须向政府无偿提供3至5套(根据危改规模大小分配)"解困房",由政府统一安置城市无房户或住房困难户。对入住危改后新建小区内的城市低保户,政府又明文规定,根据困难程度减免他们的取暖费和物业管理费。

1994年底,银川市人民政府在兴庆区东部,西临红花渠,东到东二环300亩土地内又新建了全国第一批安居工程——高台寺住宅区。总建筑面积达27万平方米,为3500户住房困难群体解决了住房。出售对象是家庭年收入低于2.5万元的无房户和住房困难户,售价仅为700元/每平方米建筑面积。

银川市不因售价低、弱势群体居住而降低小区的建设标准,聘请香港建筑师来主持小区的规划设计,使小区绿化率达到40%。并投资百万元建设了全区住宅小区内第一个广场音乐喷泉,建成后又实施专业的物业管理。小区先后荣获“全国城市物业管理优秀住宅小区”,“宁夏回族自治区物业管理示范小区”、“银川市文明示范小区”、“银川治安模范小区”等荣誉称号。

与此同时,自治区和各级城市政府加大了经济适用住房建设力度,组建了自治区级和各地市级经济适用住房专业开发企业,先后开发了银川北安小区、高台寺安居工程等大批经济适用房住宅区。银川市从1995年~1999年共竣工经济适用房94.22万平方米,占同期房屋竣工面积(354.6万平方米)的26.6%,大大超过了全国平均水平,新建楼房256幢,13287套,总投资达8亿元,极大地改善了城市弱势群体的居住条件。其他城市的住宅建设包括各市大型工矿企业集资建房,都坚持与当地经济社会发展水平和居民可支配收入相适应,坚持以中低价位的普通商品房为主体的开发思路,较好地满足了当地广大人民群众的住房需求。

第二章 房地产管理

第一节 机构设置

自治区房地产管理机构

中共十一届三中全会召开之前,宁夏一直未设置专门的房地产管理机构。国务院在〔1979〕70号通知中明确规定,国家城市建设总局应负责住宅建设和房屋管理(包括私有房产)工作。省、市自治区城市建设局和各级城建、房产部门都要在地方党政领导下,把这方面工作担当起来,建立健全必要的管理机构。1983年,自治区政府组建自治区城乡建设厅,内设城建处,主要职能之一是落实私房政策、接待来信来访、进行房产产权产籍方面的行业管理及房地产开发管理。1996年机构改革后。建设厅设置了房地产业处负责全区房地产业的行业管理。主要职能是:指导规范全区房地产市场;拟定全区住宅建设与房地产业的中长期规划、产业政策,拟定住宅建设、房地产开发、房地产市场、房地产评估、物业管理的规章制度并监督执行;负责全区房地产开发企业、物业管理企业的资质审查;负责房地产估价专业技术人员执业资格管理工作。

市(县)房地产管理机构

在改革开放前较长的时间里,由于指导思想上遵循重积累、轻分配,重生产、轻生活的方针,不仅城镇的住宅建设得不到应有的发展,而且在公有住房的管理上也未能引起足够的重视。表现在公房管理机构的设置上长期没有专业的管理部门,且代为管理部门又变化多端,造成住房发展缓慢、住房管理不到位,甚至连一些基础性的文献资料都未能很好保存。随着房地产业蓬勃发展,银川、石嘴山、吴忠、固原四市相继成立了房产管理部门。

银川市早在1950年4月10日就成立了以市长为主任的银川市公房管理委员会,但到1957年5月撤销,将公房管理业务移交市服务局,后又移交给商业局、公用事业局、城建局等部门管理,1968年成立银川市房产公司革命委员会(科级事业单位),直至1980年6月才正式成立银川市房地产管理局。局机关设人事秘书科、房屋管理科、计划财务科和基本建设科,下设东城、西城、新城3个房管所和维修队,隶属银川市人民政府。经过20年的发展,到2000年,银川市房产管理局的管理职能逐步从单纯的直管公房管理转向全社会房产,地政、产权产籍、政策研究等方面的管理。管理机构逐步完善,职工队伍从1980年96人壮大到2000年709人,具备了房地产行政管理、住宅建设、房地产市场管理、房屋供热管理、物业管理和房屋设计研究等功能。

吴忠市自解放到1958年,公用房屋一直由市财政部门监管。1959年成立吴忠市房地产管理委员会,1962年12月,吴忠市房地产管理委员会又被撤销,成立市房地产管理所,1984年4月又成立市房地产管理公司统一管理公房,1996年吴忠市房产管理局成立。

石嘴山市自1958年建市后,公房建设管理一直由市城建局承担,1985年成立石嘴山区城建局房屋管理所,1986年以后,市内的公房均由各区建设局下属的房地产开发公司建设和管理。至1991年6月,石嘴山市房产管理局成立。

固原地区于1992年12月组建起房产管理局。

各县均在建设局内设产权产籍交易所,也相应承担部分房地产业管理职能。

第二节　公房管理

直管公房租赁管理

公房管理主要指房产管理部门对直管公房的经营和管理,包括租赁管理、维修管理、房屋普查等基础性管理。租赁管理是公房管理中最主要的工作,宁夏城镇公有住房租赁管理是在不断探索中前进的。

中华人民共和国成立之初,为加强公房租赁管理,宁夏公房委员会先后制订了《公房管理办法》、《租金收缴标准》等制度,但由于经验不足,租赁手续不健全,漏租漏管房屋较多。从20世纪60年代起,印制了统一的《住房迁入证》并开始办理较为规范的租赁手续。到70年代,利用调整房租的机会,银川等地对直管公房进行了一次全面的清理登记,根据登记情况,重新建立了房屋账卡(一户一卡),还逐步换发了交租凭证,新账卡能记载10年租金的变化情况。1984年底,银川等地再一次对直管公房进行了全面的清理,进一步健全了房屋账卡,与所有承租户签订了《租赁契约》,核发了《缴租凭证》,根据租赁契约规定,每两年与承租人续订一次《租赁合同》,在很大程度上堵塞了转租漏洞。

宁夏城镇公用住房的租金标准,一直是按国务院关于"以租养房"的原则,结合各地的实际性情况制定的。中华人民共和国成立后,租金以面粉折价,住房分为甲、乙、丙三等,银川市甲等每间每月收取面粉10市斤,乙等6市斤,丙等4市斤,丙等以下不收租,由住户自住自修,地皮费每间每月收取面粉3市斤。1952年10月,宁夏省人民政府规定房屋租金改用人民币计算,租金没有区分营业用房和住房,将房屋等级划分为7等,1至3等为营业房,每间月租金分别为2元、1.7元、1.5元;4至7等为居民住房,每间月租金标准分别为1.3元、1.1元、0.8元3种,每间房地皮月租金为0.30元。1954年6月,宁夏省秘字(54)37号文件决定对城镇公房租金进行评等调整,但仍以间为单位计租,在具体执行中每个等级可在1元内灵活浮动,住房租金根据房屋质量、大小、采光等条件分为6个等级,每间月租金最高为3元,最低为0.6元。由于调整后的租金标准过高,欠租额有增无减,群众反映强烈,1956年6月24日经银川公署批准,将住房租金标准工作人员居住公用宿舍收租暂行规定,按房屋结构、屋面、内墙、门窗和地面等六个因素计租,每个因素又分为4个等级,并按使用面积计租,最新一等一级每平方米月租金为0.092元,最低的四等四级每平方米月租金为0.048元,租金中还考虑了维修费、管理费和税金等,这一计租办法开创了全区公有住房租赁管理的新思路,按面积计租,租金中包含维修费、管理费和税金的做法一直被沿用至今。1965年9月1日,自治区物价委员会为明确银川市新建楼房租金,特制订了住宅楼租金标准,并按使用面积计算。

1965 年 10 月 1 日制定的楼房租金标准

表 6－3　　单位:元

级别＼标准＼层次	一层	二层	三层
一　级	0.15	0.14	0.13
二　级	0.14	0.13	0.12
三　级	0.13	0.12	0.11

为适应城市建设发展,1978 年底,自治区物价委批准新建混合结构的营业房每平米月租金为 0.9 元、库房、办公用房等附属建筑月租金为每平方米 0.4 元,均按实际使用面积计算。1983 年,自治区财政厅宁财价字(83)第 089 号文件又重新制定了租金标准,新租金标准楼房分为 4 个等级,等级间相差 0.01 元,每平方米月租 0.09 元,平房分 4 个等级,每等级相差 0.01 元～0.015 元,每平方米月租为 0.0575 元,城镇私有住房租金可略高于公房,但最高不超过一倍。为解决城市住房分配不公,纠正建房分房中的不正之风。1984 年 2 月宁财发(84)26 号文件规定,干部超出住房面积 11 平方米～20 平方米的,按租金标准加收 2 倍;超出 21 平方米～30 平方米的,加收 3 倍;超出 31 平米的以上的加收 5 倍。

20 世纪 90 年代后,为促进住房制度改革,银川等城市人民政府又相继提高了公房租金。1990 年,银川市房产管理局转发了市政府"关于统一住宅租金标准的通知",对新建住宅楼房的计租面积各楼层租金作了部分修订,另外,对银川市居民所租赁的公房统一按使用面积计租,其标准是:1. 单元式住宅楼房,每平方米月租金 1～4 层为 0.10 元;2. 简易三层住宅楼房,每平方米月租金为 0.09 元;3. 二层简易楼房和平房任按现行计租面积和租金标准执行;4. 有集中供暖、卫生设备和庭院式楼房适当增加租金。自此,全市公有住房租金标准实现统一。

1993 年 9 月,银川市政府又颁布《银川市城镇住房制度改革实施方案》和作为配套改革办法的《银川市公有住宅提租补贴实施办法》出台之后,公房租金标准由原来每平方米使用面积 0.1 元提高到 0.3 元。此次提租后,租住公房的职工由所在单位按标准工资的2%一次核定，按月随工资发放住房补贴。调整后公有住房的平均月租金标准，分为5个等级：1. 有集中供暖的单元套房0.30/平方米；2. 无集中供暖的单元套房0.27元/平方米；3. 非单元套房0.24元/平方米；4. 二层简易楼0.21元/平方米；5. 独院二层和一层砖混结构单元套房0.36元/平方米。平房为一个等级，月租金0.18元/平方米。各类住房的月租金额还要按照地段、朝向和楼房层次等因素进行增减调整。

1996年，住房制度改革进一步深入。银川市人民政府修订了房改实施办法，下发了《银川市人民政府关于印发银川市深化城镇住房制度改革实施方案配套办法》。为合理调整住房租售比价和职工家庭住房合理支出，加大租金改革力度，使公有住房租金达到双职工家庭平均工资的3%。公有住房租金由0.30元/平方米提高到0.50元/平方米。即：1. 由集中供暖的单元套房0.50元/平方米；2. 无集中供暖的单元套房0.45元/平方米；3. 非单元套房和二层简易楼0.40元/平方米；4. 独院二层和一层砖混结构单元套房0.75元/平方米；5. 平房0.35元/平方米。

1998年11月，银川市人民政府下发了《市人民政府关于调整银川市区内公有住房售价和租价标准的通知》。据此，银川市公有住房租金由每平方米0.50元调整为0.70元/平方米。即：1. 由集中供暖的单元套房0.70元/平方米；2. 无集中供暖的单元套房0.65元/平方米。租金调整后，每套住房的月租金额按照《银川市公有住房提租实施暂行办法》确定的原则进行测算。此次调整租金标准，对中华人民共和国前参加革命工作的老干部和非在职的社会优抚对象的住房租金暂不做调整，仍按普通单元套房月租金每平方米使用面积0.30元的标准执行。

2000年3月，银川市人民政府发出《市人民政府关于调整银川市公有住房租金标准的通知》。据此，银川市第四次调整了公有住房租金标准，由每平方米0.70元，调整为1.00元，调整后的租金标准约占双职工家庭工资收入的4.97%。调整后各类住房租金标准是：1. 有集中供暖的单元套房1.00元/平方米；2. 无集中供暖的单元套房0.90元/平方米；3. 非单元套房和二层简易楼0.80元/平方米；4. 平房0.70元/平方米。5. 庭院式住宅1.30元/平方米。调整后的租金为月平均租金标准。在具体执行时，仍然根据住房的不同地段、结构、设施、层次和朝向等因素分别计算。此次调整租金标准，对建国前参加革命工作的老干部（及其遗孀）和民政部门确定的社会救济对象以及非在职的优抚对象的普通单元套房月租金标准从0.30元/平方米调整到0.50元；庭院式住宅的月租金标准由0.50元/平方米调整到0.70元/平方米。

银川市平房租金标准

表6-4　1993年9月16日

等　级	结构及设备	月租金:元/平方米
一	砖木（砖混）结构，水泥地面、白灰墙面、吊顶、室内上下水	0.21
二	砖木结构，砖地面，白灰内墙，纸顶	0.18
三	土木结构，土地或砖地面，白灰墙面	0.12
四	其他	0.10

注：此标准系二类地区南向住房，如系其他地段和朝向的住房，应再乘以地段和朝向系数。

银川市住房租金朝向调整系数

表6-5　1993年9月16日

南朝向	其他朝向
1	0.90

说明：以居室的主朝向为准

银川市住房租金楼层调整系数

表6-6　1996年5月

总层数 所在层次	一	二	三	四	五	六
二层（简易楼）	1	1				
三　层	1	1.05	0.95			
四　层	1	1.05	1.12	0.90		
五　层	1	1.05	1.12	1.05	0.85	
六　层	1	1.05	1.12	1.05	0.95	0.85
庭院住宅	0.5×1.5=0.75元/平方米					

银川市住房租金地段调整系数

表 6－7 1996 年 5 月

类别 \ 项目	地段范围	调整系数
一类区	老城：唐徕渠以东，东环路以西，南环路以北，北环路以南地段。	1.05
二类区	老城：一类区以外的地区。	1
三类区	新城：文昌路以东，满城路以西，永青街、兴庆西路一线以南，双渠路、黄河路以北地段。沿银新南北路两侧的地段。	1
四类区	上述三个类区以外的其他地段。	0.85

直管公房维修管理

中华人民共和国成立后，由于一直执行低租金政策，公房维修管理因缺乏有效的资金来源，一直处于十分被动的状态，银川市于 1960 年 2 月才组建了一支 100 余人的维修工程队，其余城市基本无固定的公房维修队伍，致使大量公房，尤其是中华人民共和国成立前和五、六十年代建造的平房年久失修，危房逐年增加。由于受"文化大革命"的影响，从 1970 年～1975 年之间，宁夏直管公房建设速度缓慢，数量下降，维修经费支出不足，银川市 6 年间维修经费总支出仅有 182.52 万元。十一届三中全会以后，宁夏住房建设加快，单元式住宅楼房大幅度增加，楼房的周期维修养护提到议事日程上。从 1986 年开始，银川市房管部门增加了楼房综合维修养护项目。1987 年，又确定了"维修项目分级管理和大修、抗震加固、楼房综合维修养护的预算二审制"原则，有效的提高了维修经费的使用率。这种维修养护办法沿用了 10 年。1999 年，银川市房产管理局改变过去对直管公房维修的旧模式集中资金重点对旧住宅区进行综合整治。截至 2000 年上半年，已对唐徕、湖滨、幸福村、友爱等几个较大的旧住宅区进行综合整治。共投资 2500 余万元，整治面积 55.4 万平方米，对 16.3 万平方米加装了暖气，增建绿地 7.1 万平方米。整治后的小区做到了安全、舒适、美化、净化。

单位自管公房管理

根据统计，宁夏城镇单位自管公房的数量远远大于直管公房（如银川市至1988年单位自管房屋已占全市房屋总量的89.85%，其中单位自管公有住房占全市住宅总量的77%），单位自管公房成为全区城镇公有房产管理的另一种主要形式。

单位自管公房系由产权单位自行投资建设，各单位按规定进行分配、维修和管理，租金则参照当地直管公房标准收取。单位自管公房的管理机构，按单位级别大小、企业规模和公房管辖的数量多少设置。如自治区人民政府的房屋，由办公厅管理，管理的面积达8.38万平方米。办公厅下设“房办”，“房办”辖有房管、基建、财务、材料等科室，并建有相应的管理制度，统一的租金标准。又如银川橡胶厂这样的大中型国有企业设有房管科（或总务科），一般配置3～5人，专司本企业公房管理职能。小型企业一般在行政科设有专人管理公有房产。

第三节　私房管理

私房租赁管理

中华人民共和国成立后，宁夏城镇开始用行政手段管理私人出租房屋。1952年银川市公房委员会规定私人出租房屋的租金标准可略高于公房租金，但最多不得超过一倍。1953年，由于城市人口急剧增加，为解决住房紧张状况，政府鼓励私房出租，并相应提高了租金，最高的每间每月租金达5元；1983年通过调查评定，银川市政府出台了《统一全市房屋租金标准》，并再次明确，私房的租金可略高于公房标准，但最高不能超过一倍。实际上，宁夏城镇私房租金一直未能有效控制，有的高出公房标准几倍到十几倍。

私房交易管理

中华人民共和国成立初期，随着城市经济的恢复和发展，私房交易十分活跃。为加强对私房交易管理，减少中间环节和买卖纠分，宁夏各地政府责成有关部门（财政科）办理私房的买卖登记，立契和过户手续；各机关、团体需购买私房的，须报经上级部门批准；私人间买卖私房的，须经政府部门鉴证纳税才算成交。

到20世纪60年代，随着城市建设和改造发展，折迁私有房屋的数量增加，为保证折迁双方的权利，银川市在1966年发出通告，重申私房管理的有关规定。1972年又颁发了《关于银川市折迁私有房屋暂行管理办法》,从此私房折迁有章可循,减少了矛盾和纠分,这也是宁夏第一个关于折迁管理的政府文件。1983年国务院印发了《城市私有房屋管理条例》,宁夏各地积级贯彻这一文件。银川市于1984年4月制定了《银川市城镇私有房屋买卖实施细则》,规定本市私房交易机构为市房地产管理局并制定了作价和纳税标准。1986年后,各市相继成立了产权产籍监理所,管理私房交易业务,私房交易逐步走上了规范化、法制化道路。

落实私房政策

根据中办发(1980)75号文件,宁夏城镇从1981年起,开展了落实私房政策工作,对"四清"、"文化大革命"期间无偿接管,无偿交公的私有房屋,对城市私房改造中遗留的问题和代管国民党军政人员弃留的房屋进行调查摸底。1982年5月,自治区人民政府第9次常务会议原则同意银川市提出的落实私房工作有关处理意见,并决定在3~5年内,专拨230万元用于落实私房政策,其中用于建设房源的资金138万元,其他落实处理的经费91万元,基本上落实了私房政策。

第四节 房屋产权产籍管理

房屋普查

产权产籍管理是房地产管理的龙头。中华人民共和国成立以后,宁夏对房地产业的产权产籍管理认识不清,重视不够,在相当长的时期内,所谓产权产籍只是对私房买卖和产权、使用权变更等有限的业务办理登记手续,近40年时间,宁夏房产地籍处于失控状态。产权产籍管理实际上始于1985年,国务院和建设部发文要求房管部门建立产权产籍监理所,建立队伍,规范房屋产权产籍管理。之后,宁夏相继成立产权产籍监理所,1986年3月,银川市房屋产权产籍监理所成立,并开始开展房屋普查工作。其他城市业相继开始了规模较大的房屋普查。

房屋普查是房屋管理部门的基础性管理工作。所谓房屋普查,就是按国家的统一要求,在规定的时间里,对城镇房屋进行逐幢逐户登记,标清楚本市房屋的面积、结构、用途、产权所属、设施、使用状况和质量状况,为城市经济发展提供基础性数据。银川市自中华人民共和国成立后到1981年,自行组织了3次房屋普查。1959年11月,经自治区人民政府批准,银川市开展了第一次房屋普查。此次普查,从1959年12月21日开始到1960年2月10日结束,历时50天,查清全市各类房屋138.94万平方米,其中国有房屋99.22万平方米,占71.4%;私改经租房屋26.87万平方米,占19.3%;私有房屋12.83万平方米,占9.23%;其他房屋2.01万平方米,占0.7%。1963年12月26日到1964年8月底,银川市开展了第二次房屋普查,历时8个月。查清全市共有各类房屋180.49万平方米,其中国有房屋140.22万平方米,居民住宅76.41万平方米。1979年10月至1980年7月,银川市又开展了第三次房屋普查,历时10个月。这次普查不仅查清了全市共有各类房屋528.01万平方米,其中住宅183.44万平方米,而且绘制了各类房屋平面示意图,为制定城市总体规划提供了可靠的依据。

1984年7月按照建设部和国家统计局《关于开展城乡房屋普查的通知》的统一部署与要求,宁夏城乡建设厅于1984年11月15日印发了《关于开展全区房屋普查工作的通知》,成立了自治区房屋普查办公室,并于同年12月10日召开了全区城镇房屋普查工作会议,各地市也相应成立了普查机构。参加此次普查的人员2400人,自治区政府拨经费60万元,普查面积27125平方公里,调查登记表格11.79万多张,登记普查范围内城镇居民户表15.60万张,制作房地产平面图3350多幅。经过普查统计,截至1985年年底,全区共有各类房屋总建筑面积2196.13万平方米,普查城镇居民156262户,普查城镇人口636841人,其中按地区分:

银川地区建筑总面积868.81万,64489户,283774人;

银北地区建筑总面积619.83万,54398户,220714人;

银南地区建筑总面积519.23万,30372户,122027人;

固原地区建筑总面积188.26万,7052户,30326人;

这次普查,对日后的住房制度改革和以住宅为主体的房地产业发展打下了基础。

1985年宁夏回族自治区城镇房屋普查统计表

表6－8

分　类	房屋面积(万平方米)	占总面积比例(%)
1.占有情况		
房管部门直管房	118.72	5.41
全民单位自管房	1184.65	85.81
集体单位自管房	124.90	5.68
私人房产	62.31	2.83
中外合资房产	0.81	0.01
其他产(寺庙等)	5.38	0.24
2.房屋结构情况		
钢(柱子或为钢筋混凝土的)结构	0.42	0.10
钢筋混凝土结构	71.2	3.2
混合结构	1114.43	50.70
砖木结构	659.66	30.30
其他结构	350.4	16.00
3.房屋层数情况		
平　房	1465.74	66.7
2～3层	415.03	14.1
4～6层	308.88	14.1
7～10层	4.67	0.2
11层以上	1.81	0.1
4.房屋建成年代情况		
一九四九年以前	19.55	0.9
50年代	107.53	4.9
60年代	347.20	15.8
70年代	790.54	36
80年代	931.31	42.4

续表

分　类	房屋面积(万平方米)	占总面积比例%
5.房屋用途情况		
住　宅	929.19	42.3
其中:集体宿舍	108.43	11.7
其中:成套住宅	129.32	
工业交通仓库用房	687.61	31.3
商业服务用房	187.51	8.5
教育、科研、医疗用房	212.39	9.7
文化、体育、娱乐用房	43.53	2.0
办公用房	120.10	5.5
其他用房	15.71	0.7
6.房屋使用面积情况		
自用	1434.99	65.3
出租	761.14	34.7
人均使用面积(平方米)		
7.按居住水平分析(不包括集体宿舍)		
建筑面积	820.76	
使用面积	564.23	
居住面积	412.82	
其中:4~6	44709户	28.6
6~8	42413户	27.1
8~10	2459户	15.7
10平方米以上	29104户	18.7
8.居民缺房情况		
缺房总户数	18885户	2.96
其中:无房户	8353户	
不方便户	3445户	
拥挤户	7087户	

房屋产权登记发证和档案管理

1986 年,在宁夏城镇房地产业的快速发展的新形势下,自治区建设厅于同年 7 月下发了《关于认真做好城镇房屋产权登记发证工作的通知》,就登记发证工作的组织领导、原则、标准和要求等事宜作了明确的规定。随后开展了全区的登记发证专业队伍培训、广泛性的宣传教育、各有关部门的密切配合、严格确权和严格检查验收等环节,使登记发证工作取得预期的效果。此次发放的房屋所有权证书由建设厅统一印制,证书封皮为兰色,房屋权属登记工作纳入日常管理中。其中银川市 1991 年以政府令第 28 号颁布了《银川市城镇房屋产权管理办法》,宁夏房屋权属管理工作逐步走上健康发展的轨道。

1987 年制定的房屋所有权证在内容、格式、防伪等方面已不适用房地产业形势发展的需要,为维护房屋权属证书的权威性和严肃性,保护房地产权利人的合法权益,整顿房屋所有权发证秩序,规范发证工作。

1997 年 10 月建设部出台了《城市房屋权属登记管理办法》,自 1998 年 1 月 1 日起施行。这是《中华人民共和国城市房地产管理法》的一个重要配套法规,它的颁布实施,标志着我国房屋权属管理迈入了一个新的时期。1998 年 7 月 17 日建设部下发了《关于颁发和制作全国统一房屋权属证书的通知》,此次房屋权属证书由建设部监制,北京印钞厂统一印制,分为房屋所有权证、房屋共有权证、房屋他项权证,证书封皮为红色。为做好此次换证工作,宁夏按照属地管理原则,向建设部上报明确了全区各市、县发证机关,建设部审核后统一批复了注册号,全区 20 个市、县共 20 家发证机关,注册号从 64001 ~ 64020,经与自治区物价局、财政厅调研,于 1998 年 12 月下发了《关于调整城镇房屋所有权登记等收费标准及有关问题的通知》;统一了与换发新证有关的表格,举办了“换发新证培训班”,在此基础上,建设厅厅下发了《关于开展换发全国统一房屋权属证书工作的通知》,宁夏统一换发新证工作全面开展。截至 2000 年年底,全区已登记房屋总面积为 6253.79 万平方米,占全社会房屋总面积的 78.1%。

宁夏各市、县产权产籍管理部门建立初期,档案室设备简陋,大多采用少量铁皮档案柜和木柜存放,既不防尘,也不防火,一般无专人进行管理,档案管理总体水平不高。当时图、档、卡、册的制作与编目工作全部依靠手工,手段落后,水平也不高。1994 年,依据建设部关于建立"城市房地产产权管理统计报表"的要求,一些条件好的市、县产权管理部门逐步配置电脑,设计简单的运行软件,将房屋产籍资料的录入、查询、修改和统计用电脑完成。1998 年换发新的房屋权属证书以来,为了实行微机缮证,各地结合属地实际,启动了房屋产权产籍网络管理系统,其中银川市与江苏无锡联合研制了《银川市房屋产权产籍网络管理系统》,使房管局、产权所、交易所都纳入其中,全面实现了房地产行政管理、房屋权属登记证、房地产档案管理、房地产交易管理的一体化与现代化;石嘴山市、吴忠市、青铜峡市、灵武市、固原市、中卫县、同心县、盐池县、隆德县等使用了建设部信息中心研发的房地产产权产籍信息系统,实现了产权登记、档案管理、缮证的一体化管理。各市、县房屋产权产籍档案已逐步增加,大部分市、县专门建立了档案室,配置了多功能档案密集架,建立健全了档案管理、借阅、保管和库房管理等项规章制度,房屋产籍管理工作不断规范。其中,2000 年 8 月,银川市产权所档案管理工作经宁夏档案局考核验收合格,获得"档案管理自治区级"证书。

第五节　房地产市场管理

房地产企业资质管理

宁夏的房地产综合开发从"统建"起步,按照"统一规划、统一设计、统一施工、统一分配、统一管理"的原则逐步发展起来的。1980 年,国务院批转的《全国城市规划工作会议纪要》中指出,对新建小城市、卫星城,现有城市的新建区、段和旧城成片改造地区,都应考虑组织开发公司,实行综合开发。为促进全区房地产综合开发的健康发展,1987 年自治区建设厅与自治区工商局联合下发了《关于加强城镇建设综合开发公司管理和进行资质审批的通知》,对全区房地产开发公司开展了资质管理。

1989 年,依据建设部发布《城市综合开发公司资质等级标准》,自治区城乡建设厅归口管理房地产开发企业资质,加强了对全区房地产开发企业资质审查和行业管理。1989 年 2 月自治区城乡建设厅在全区范围内首次开始房地产开发企业资质认证工作,有 26 家企业取得认证,经审定达到企业资质等级的 18 家,同意建筑企业兼营房地产开发工作的 5 家。对房地产开发资质审查的程序:一是对申请注册的房地产开发企业进行审批;二是对已具有房地产开发资质的企业进行年检,做出年检意见。2000 年,全区房地产开发企业按建设部令第 77 号《房地产开发企业资质管理规定》开展了资质重新就位工作,截至 2000 年底,全区共有房地产开发企业 187 家,其中一级资质企业 3 家,二级资质企业 8 家,三级资质企业 52 家,四级资质 57 家,项目资质 67 家。

20 世纪 80 年代和 90 年代初,随着城市大规模危房改造工程的开展,宁夏房地产市场逐步兴起。在对房地产开发企业进行规范资质管理的同时,宁夏城市政府对房地产开发企业采取了许多优惠政策予以扶持。如银川市人民政府对参与危房改造的房地产开发企业,给与免征建筑税、开发企业营业税,免收城市建设配套费、人防工程费、自来水增容费及减半收取质检费、勘探设计费等优惠政策,使银川地区房地产开发企业迅速发展壮大,住房供应体系不断完善,不仅加快了城市改造步伐,而且长期以来保持了开发企业数量、当年完成房地产投资、当年房屋竣工面积和销售面积均占全区总量 70% 以上的绝对优势,持续多年对地方财政贡献率达到四分之一以上。在市场培育中,宁夏还坚持以市场为导向,不断提升住宅品质,更好的满足了广大市民不断增长的住房需求。在城市危旧房改造工作中,各市政府制定了小区建设标准(包括绿化率,容积率、采光间距、公共配套设施指标等),并普遍实施了小区综合验收制度。与此同时,宁夏又积极推广和运用住宅建设中的新技术、新工艺、新材料,电子监控,地幅射采暖,抗震滑移件、橡胶垫件、外墙保温节能等新技术,提升了宁夏住宅的品质,适应了市场需求,引领了市场发展。

房屋交易管理

随着房地产业的持续发展,宁夏房地产增量和存量交易业务不断扩大。为了解决有市无场的情况,各市政府开展了房地产市场建设。银川市于 1996 年 11 月 28 日投资共 191 万元,在进宁南街 46 号,开设了全区第一家银川市房地产交易市场;1998 年 10 月 8 日,银川市又在新华西街新设了建筑面积达 1100 平方米的新银川市房地产交易市场,新市场对产权交易、权属登记、价格评估、贷款抵押、合同公证等一系列手续采取一条龙服务。新建市场还安装了 31 平方米的 LED 室外电子显示屏,设立了房地产信息系统和触摸屏查询系统,配备了 13 台电脑,实现了微机化管理。到 2000 年底,银川市各类房屋交易面积 36.15 万平方米,交易金额 46600 万元。

在房地产市场培育发展到一定阶段时,自治区行业主管部门和相关城市政府不失时机地着力于规范企业的市场行为。1993年,针对部分开发企业交易不规范、个别单位无证经营、偷税漏税、致使国家收益流失等问题,自治区建设厅下发了《关于加强宁夏房地产市场宏观管理促进房地产业和住宅建设发展意见》,强调要加强对国有土地出让的计划规划管理,加强对开发企业的管理,加强对外商投资房地产的管理,加速"解危"、"解困"步伐,采取有力措施,规范市场行为。并组织相关部门对房地产市场进行全方位检查,使全区房地产企业受到了教育,进一步规范了市场行为。

根据建设部《城市商品房预售管理办法》。宁夏从1998起全部实施了预售证制度。在贯彻初期,部分企业为回笼资金,无视政府规定,在达不到预售条件,不办理预售证的情况下就公开销售。对此,各级行业主管部门与电视台等媒体联手,发现一次,就公开曝光一次,直到开发企业自觉遵守为止。仅2000年一年,全区计发房屋预售证220个,预售面积达到74.08万平方米,预售证覆盖面达到100%。

房屋中介组织管理

宁夏房地产市场的不断发展,带来了房地产中介服务的兴起。1993年,宁夏第一家房地产估价机构——银川市房地产估价事务所成立。此后,宁夏通过组织估价人员参加全国统考和各种培训活动,1996年宁夏估价师全国通考合格率位居全国前列,充实了房地产估价技术力量,促进中介服务机构的发展。随后,依据国务院和建设部有关经济鉴证类中介机构与政府行政部门脱钩改制的要求,自治区建设厅重新修正出台了《宁夏回族自治区房地产价格评估管理办法》,要求宁夏所有房地产估价机构与原行政机构进行名称脱钩,财务脱钩,人员脱钩,业务脱钩。经过检查验收,对符合脱钩改制标准的8家评估机构予以保留,对未达标的八家评估机构,自治区行业主管部门按规定予以注销评估资格,维护了市场的公平和公正。为促进房地产二、三级市场联动,宁夏又大力发展以二手房交易、置换和租赁并举的房地产经纪机构。仅银川市1999年房屋二次交易达到608套,比1993年增长10.8倍。

1997年,依据建设部《关于房地产价格评估机构资格等级管理的若干规定》,自治区城乡建设厅开展了对估价机构的资质管理。截至2000年底,宁夏共有房地产估价机构12家,全国注册房地产估价师105人,估价员148人。

其中,二级机构 1 家,三级机构 7 家,四级机构 4 家。

第六节　物业管理

宁夏物业管理起步于 1994 年。自 1995 年银川市物业管理公司、银川中房物业管理公司第一批物业管理企业成立以后,物业管理工作稳步发展。为了推动这一新兴行业健康、有序发展,1996 年自治区建设厅对全区住宅小区的管理情况进行了调查摸底,针对物业管理工作起步晚、基础差的现状,提出了先培育物业管理市场、后逐步进行规范的工作思路。1997 年 9 月,自治区建设厅组织召开了第一次全区物业管理工作现场会。会议对宁夏物业管理工作现状进行了总结,确定了住宅小区逐步按照社会化、专业化、市场化的物业管理方向发展,并交流物业管理工作经验。1998 年,经过广泛征求、反复修改论证后,于 7 月 25 日发布了《宁夏回族自治区城市居住小区物业管理办法》(宁夏回族自治区人民政府令第 1 号简称《办法》),要求自 1999 年 1 月 1 日起施行,银川市、石嘴山市、青铜峡自发布之日起先行施行。《办法》作为宁夏第一部规范物业管理的地方规章,确立了业主自治与物业管理企业专业管理服务相结合的新体制,建立了物业管理委员会、物业企业资质管理、物业维修储备金管理以及物业管理服务等级收费等基本管理制度,明确了各方主体的权利与义务,对宁夏尚处于培育发展阶段的物业管理工作,起到了积极的推动作用。宁夏 1994 年以前投入使用的住宅小区大都比较陈旧,基础设施差、配套不齐全,居住区规模小、环境差,在全区物业管理管理工作会议之后,各市县对规模较大的旧住宅区进行分批分期进行综合整治,随后推行专业化、社会化物业管理的模式。其中,银川市于 1999 年启动旧有小区综合整治工程,多方筹措资金 5000 多万元,整治面积达 50 万平方米,一批原来“脏、乱、差”小区,经整治实现了“亮化、净化、美化”,并通过公开招标形式选聘了专业物业企业进行规范化管理,居民的住房条件较以往有了较大改善。2000 年 3 月,银川市首次物业管理工作会议召开,会议确定 2000 年为“银川市物业管理年”,提出了“以建立物业管理新体制为突破口,提高城市综合管理水平”的物业管理工作指导思想,确定了物业管理的总体目标并提出了具体的措施,这个会议标志着宁夏住宅小区物业管理工作全面推开。

1999年,自治区建设厅又陆续出台了《宁夏回族自治区城市居住小区物业管理收费管理办法》、《宁夏回族自治区城市物业管理优秀住宅小区达标暂行办法》、《宁夏回族自治区城市物业管理企业资质管理暂行办法》等相关管理政策;同时,银川市出台了《银川市住宅小区物业管理办法》,其它市、县也都相应的出台了物业管理的规范性文件,这些政策的出台,初步形成了宁夏物业管理的政策框架。基本内容是:一是对管理面积不足5万平方米、注册资金、专业技术人员达不到规定要求的企业,一律不予批准。通过提高入市门槛,推动了物业企业向着规模化、集约化方向发展。重点扶持了一批管理规模大、运行机制新、经济效益好,社会信誉高的企业,以带动物业管理行业逐步进入良性循环轨道。二是示范引路,促进物业管理水平的提高。宁夏从1999年开始进行区级城市物业管理优秀住宅小区的评比活动。每年10月,对申报小区组织有关人员进行考评验收,取得"自治区级城市物业管理优秀住宅小区"称号满一年的项目,推荐参加国家级示范小区的评比。通过对示范小区的规划建设、经营管理模式的不断推广,带动了全区住宅小区整体水平的提升。三是加强培训,提高物业管理人员的整体素质。随着物业管理行业竞争的加剧,物业管理人员素质的重要性逐步被人们所认识,为改变物业管理从业人员整体素质不高的状况,在全区组织开展了多种形式的物业管理人员的培训,共举办各种类型的培训15期,参加培训人员1200多名,通过业务学习,从业人员整体素质有了明显提高。四是加大行政监管力度,提高物业管理服务质量,规范收费行为。为及时解决物业管理纠纷,各市、县房产管理部门加强监督管理,采取设立物业管理投诉电话、建立信访接待室等手段,直接受理解决群众投诉,督促给予落实。石嘴山市、青铜峡市还组织了物业管理服务收费的专项检查,进一步规范了物业企业的收费行为。

截至2000年底,宁夏物业管理面积已达1000万平方米。其中住宅小区物业管理面积达410万平方米,住宅区物业管理覆盖率已达到41%,有3个小区获得全国城市物业管理示范小区和优秀小区称号,有8个小区获得自治区级物业管理优秀住宅小区称号。全区初步建立了社会化、专业化、市场化的物业管理新体制,物业管理工作正逐步为广大群众认识并接受,呈现出广阔的发展前景。

根据1998年《宁夏回族自治区城市居住小区物业管理办法》的有关规

定，自治区行业主管部门开始将物业管理企业的资质纳入行业管理工作中。1999 年自治区城乡建设厅在全区范围内开展了首次物业管理企业资质认证工作，依据申报企业的资金、人员、管理面积、服务质量等情况，有 30 家企业取得物业管理资质。截至 2000 年底，全区具有物业管理资质的企业 76 家，其中，二级企业 8 家，三级企业 10 家，四级企业 24 家，临时资质 34 家。

第三章　城镇住房制度改革

第一节　机构设置

自治区住房制度改革领导小组

1988年2月，宁夏回族自治区政府下发《关于成立自治区住房制度改革领导小组的通知》，成立以主管副主席王燕鑫为组长，自治区政府秘书长、城乡建设厅厅长、体改办主任为副组长，有关厅(局)、委(办)领导组成的宁夏住房制度改革领导小组，办公室设在城乡建设厅，主任由城乡建设厅副厅长、党组书记韩云文兼任，核定人员编制3名。其职责是：负责研究和制定宁夏城镇公有住房租金改革、公有住房出售等住房制度改革的相关政策，指导全区城镇住房制度改革工作。1998年7月，自治区政府办公厅下发《关于调整自治区房改领导小组组成人员的通知》，调整后的宁夏房改领导小组组长为政府主管副主席马骏廷，副组长为自治区政府副秘书长、办公厅主任王东亮，建设厅党组副书记、副厅长田明，计委副主任韩陕宁，财政厅副厅长章建忠，成员由人行、土地、建设、经贸、人劳、物价、工商、地税、国税、工行、建行、宁夏军区后勤部等部门负责人参加。1998年6月，办公室主任调整为陈锡康。

市、县住房制度改革领导小组

银川市人民政府于1988年3月批准成立银川市住房制度改革领导小组及其办公室(简称房改办)，于同年4月开始筹建，6月正式开展工作。1992年8月，银川市人民政府下发银政发〔1992〕126号文件，将银川市房改办由临时机构转为常设机构，市房改领导小组组长为银川市市长张位正，领导小组下设办公室，市房管局局长陈应兼任市房改办主任。

石嘴山市住房制度改革领导小组办公室成立于1988年4月，住房制度改革领导小组组长为郭志坚(副市长)，办公室主任为于行金(市房管局长)。

吴忠市住房制度改革领导小组办公室成立于1988年4月，市住房制度改革领导小组组长范存德(副市长)，办公室主任为秦振国。

固原地区住房制度改革领导小组办公室成立于1988年5月，住房制度改革领导小组组长为张建华（行署副专员），办公室主任为张建华。

其他市（县级市）、县（区）也在1988年内相继成立了由主管副县长任组长，有关部门领导组成的县住房制度改革领导小组及其办公室，办公室设在当地城乡建设局或房产管理局，工作人员多数由相关部门选调（编制仍在本单位），少数市、县确定1～2名事业编制的专兼职工作人员。

第二节　城镇公有住房租金改革

起步（1988年～1991年）

租金改革的目标和任务　1988年5月，自治区人民政府宁政发〔1988〕52号文件提出了宁夏城镇公有住房租金改革的目标和任务。目标是：从改革公房低租金入手，将现有的住房实物福利分配逐步改变为货币分配。任务是：用四年时间，分期分批的推行房改，调整公房租金，按折旧费、维修费、管理费、投资利息、房产税五项因素构成的成本租金计租，促进职工个人买房。从政策、立法、社会舆论等方面采取措施，引导和调节消费，使消费结构趋向合理，抑制不合理的住房需求，克服不正之风，为实现住房商品化奠定基础。

范围与做法　政策范围与实施对现租住的公有住房和以后新建的公有住房都纳入租金改革范围。租金统一按使用面积计算。为抵缴新增加的房租，在逐步提高房租的同时，按计券工资的一定比例给职工发住房券补贴，使提租总额和发住房券总额基本持平。做法有两种：

一是空转起步。提租后发给职工的住房券没有资金作后盾，产权单位通过职工交租收回的住房券，返还给发券单位继续用于给职工发券。

二是实转起步。所发的住房券有资金来源，成为名符其实的有价证券，产权单位通过建设银行向发券单位按券证面值收回现金。初步实现了住房资金投入产出的良性循环，理顺了国家与企业、产权单位与非产权单位的经济关系。

驻宁中央、区属党政机关、人民团体、企事业单位坚持实转起步。各市、县从实际出发，选择空转或实转起步，分步或一步到位。全区计划到1991年，全部公房按五项因素构成的成本租金计租，在全区（包括南部山区各个县镇）

全面铺开;1991年以后,在提租增资的基础上,全部实转到位,公房租金由成本租金,逐步提高到商品租金。同时,随着工资的调整,把住房发券补贴理入工资,企业进入成本,机关事业单位列入财政预算。

现行租金调整政策　砖混结构单元套房,每平方米使用面积月租金定在一元以上。采取实转起步、分步到位做法的市、县和单位,房租的起点可以定在一元以下,但三年内要达到一元以上的成本租金水平;发放住房券(补贴)的系数,按市、县职工平均使用面积,每平方米平均新增租金和职工平均计券工资基数计算,市、县总的系数控制在25%以内;实行减、免、补的比例,严格控制在发放住房券总额的5%以内,减免时间暂定三年;实行房改后进住公房的,因是依据自己的经济条件选择的住房,一律不实行减免补助。同时,对宁夏离休干部和已故离休干部的遗孀在房改中增加的租金支出,实行一定时期内(从本地房改方案出台算起五年内)减免补政策。对1937年7月7日以前参加革命工作的干部,发放的住房补贴不足以交纳房改后新增加租金的部分,予以免交;对抗日战争时期参加革命工作的干部,发放的住房补贴,不足以交纳房改后新增加租金的部分,减免70%;对解放战争时期参加革命工作的干部,发放的住房补贴,不足以交纳房改后新增加租金的部分,减50%。

租金改革(1992年~1995年)

目标　以改革低租金和无偿分配为基本点,公有住房租金力争达到维修费、管理费和折旧费三项因素的计租水平;到2000年,公有住房租金努力达到五项因素(前述三项再加投资利息和房产税)的成本租金水平;2000年以后,公有住房租金要达到八项因素(前述五项再加上土地使用费、保险费和利润)的商品租金水平。

任务　理顺和分步提高公房租金,租金标准基价定为砖混结构单元套房每平方米使用面积月租金不低于一角。考虑国家、单位、个人各方面的承受能力,采取租金理顺到标准基价的基础上再提高一倍不予补贴的办法,以后本着"多提少补"的原则,"分步提租,适时给予适当补贴"。不论起步迟早,1993年一律达到一项因素以上,1994年达到两项因素以上,1995年力争达到三项因素的计租水平。

政策　由各市县根据群众承受能力以及租、售、建合理比价等实际情况,自行测算确定提租的次数(即分几步提租)、提租的幅度(每次提多少)和每次补贴的幅度。对于超标准多住房者,多占一套房的必须收回一套;占一套房超标准过多的要分隔收回一部分;不能分隔收回的,对超标部分要加收房租不予补贴。

“九五”期间城镇公有住房租金改革(1996 年~2000 年)

目标　积极推进城镇公房租金改革,在职工家庭合理住房支出范围内加大租金改革力度。从 1996 年元月起,公有住房租金要达到占双职工家庭年平均工资的 3%;到 2000 年力争达到 15%。有条件的市县和单位可提前达到。

政策　各市县在现行租金的基础上,确定当地各类住房的提租标准,并由产权单位根据地段、结构、层次、朝向、设施和装修标准等因素,具体量化到户。在租金水平达到成本租金以前,新建公有住房的租金标准要高于现住公房租金标准的 10%,并按建筑面积收取本体造价 10% 的租赁保证金。租赁保证金属个人所有,由产权单位收取并给于活期存款利息,在承租人终止租赁关系时或租金水平达到成本租金水平时,将本息一次退还给承租人。腾空重新分配的旧住房(视为新房)的租金和租赁保证金要低于新房。民政部门确定的社会救济对象和非在职的优抚对象,房租不作调整,并根据实际情况予以减免。住房在标准以内的职工家庭(包括离退休职工家庭),用规定的个人合理负担部分加上全部住房租金补贴,仍不足支付租金的,其差额由所在单位适当给予补助。补助资金的来源,企业和自收自支事业在单位住房基金中列支;其他行政事业单位先在单位住房基金中列支,不足部分经同级财政部门核定,在城市住房基金列支。未建立住房基金的,在同级财政预算中列支。公有住房租金收入归产权单位所有,纳入单位住房基金,专项用于住房维修、管理、建设和房改。

各市县公有住房租金改革

银川市公有住房租金改革,从 1989 开始到 2000 年,按照“小步快走”的思路,调整了三次。第一次提租从 1992 年 10 月 1 日起,直管公有住房租金由原来的每平方米使用面积 0.10 元提高到 0.30 元,租金支出占双职工家庭平均工资的 2.5%。受传统住房观念的影响,80% 以上的单位自管公有住房没有提租,仍维持 0.10 元/平方米的低租金水平,有个别单位还在执行 0.04 元/平方米的标准。少数单位按规定给职工发放了租金补贴。第二次提租从 1997 年 1 月 1 日起,公有住房租金由 0.30 元/平方米提高到 0.50 元/平方米,并停止执行租金补贴政策，租金支出占双职工家庭平均工资的3%。由于这一时期的房改工作进入全面实施和深化改革阶段，单位领导和职工居民的房改观念和意识大大增强，大部分公有住房按规定标准和时间进行了提租，提租面达90%以上。第三次提租从1998年1月1日起到2000年，公有住房租金水平由0.50元/平方米提高到0.70元/平方米，提租面达98%以上。

银川市在三次提租的同时，均按规定对离休干部、民政部门确定的社会救济对象和优抚对象以及特困职工家庭实行了租金减免政策。

石嘴山市、吴忠市、固原地区也相继出台租金改革的相关政策。石嘴山市公有住房租金改革，从1989年5月1日开始到2000年，公有住房租金水平由0.20元/平方米逐步提高到0.60元/平方米，提租面积达95%以上。吴忠市公有住房租金改革，从1989年5月1日开始到2000年，公有住房租金水平由0.30元/平方米逐步提高到0.60元/平方米。提租面积达到98%以上。固原地区公有住房租金改革，从1989年5月1日到2000年，公有住房租金水平由0.15元/平方米逐步提高到0.50元/平方米。提租面积达到90%以上。

第三节　城镇公有住房出售

住房制度改革起步阶段公有住房出售

由于城镇公房租金还不够用于维修费、管理费支出，国家和单位背上了沉重的经济和社会负担。为了盘活存量住房，加快回收资金，带动租金改革，促进机制转换，1988年5月，自治区政府下发了宁政发〔1988〕52号）文件，决定在推进租金改革的同时，积极组织出售公有住房。

出售城镇公有住房的目标　自治区政府决定用4年时间，把住房制度改革在全区城镇分期分批推开，现有的旧公房要求在房改的4年间售出30%以上。

出售城镇公有住房的政策和施行　银川、石嘴山、吴忠三市被列为首批房改的城市。各市在做好城镇居民家庭和住房基本情况调查摸底、测算等准备工作的基础上，于1988年11月底前提出房改售房方案，1989年起开始了第一轮公有住房的出售。政策规定：向职工出售公有旧住房的售价按重置价成新折扣计算，并考虑住房结构、设施、环境、楼层、朝向等因素，拉开档次，按质论价，砖混结构的单元套房，每平方米建筑面积售价一般不低于120元；向职工出售新建的住房，只计住房本身的建筑造价和征地、拆迁补偿费，不计入其他费用；职工买房一次交款不得少于30%，剩下部分可向银行申请长期低息抵押贷款，买旧房贷款最长不超过10年，买新房一般不超过15年，最长不超过20年；一次交款超过30%的，可给予相当于超过部分存款利息的优惠折扣；职工个人第一次购买公有住房免征契税；房产经营单位可免缴建筑税、营业税，能源基金只计征税后留利部分。

各市、县公有住房的出售 银川市在广泛调研的基础上，于1988年7月制订了《银川市推行住房制度改革实施规划》；同年11月，制订了《银川市出售公有旧住宅暂行办法》。明确规定，出售公有旧住宅采取优惠政策，优惠价格按重置价（即上一年平均建筑造价）的70%计算。经测定，重置价为214元/平方米，优惠价为150元/平方米。出售公有旧住宅可一次性付款，也可分期付款。一次性付清房款的，给予总价款15%的优惠；分期付款的，首次付款不得少于总价款的30%，每多付10%，给予总价款2%的优惠；分期付款按月息千分之2.5的低息计息；分期付款的期限最长不得超过10年。以重置价购买的住房，购房人拥有全部产权。该办法虽未批准出台，但银川市作为房改售房先行试点的城市，从1989年～1993年，部分房改试点单位只出售了少量公有住宅。

石嘴山、吴忠、固原、平罗等市、县结合当地实际，采取标准价或补贴价组织出售现住旧公有住房（多数为平房）。截至1991年底，全区出售公有住房2.4万平方米，420套，回收售房款近400万元。

全面推进配套改革阶段公有住房出售

出售范围 凡在本市、县行政区域内房管部门直管的公有住房和各机关、团体、企事业单位自管的公有住房，均可出售；列入城市规划近期待拆迁改造的住房和沿街需要改成营业性用房以及产权有争议的住房，暂不出售。

出售政策 城镇居民购买公有住房实行市场价和标准价。超过住房面积标准10平方米以内部分，按标准价计算；超过住房面积标准10平方米以上部分，按市场价计算。按市场价计算的面积部分不享受优惠。住房面积标准按自治区政府颁布的《宁夏回族自治区城镇住宅标准》（宁政〔1984〕108号）

和《关于城镇干部职工住宅超标准的处理办法》(宁政〔1984〕26号)执行。即:厅局级和具有高级职称的,建筑面积不超过100平方米,县处级及具有中级职称的,不超过75平方米,一般干部职工不超过55平方米,五人以上的家庭,按每人不超过以上标准12平方米计算。

新建住房的标准价包括:住房本身建筑造价、征地费和拆迁补偿费。旧房的标准价按重置价成新折扣计算(重置价系指方案出台上年的同类型新建住房的标准价),并根据房屋质量、设施、地段、环境、楼层等因素进行合理增减。新房实行新制度,先售后租。

对于家庭年收入在1万元以下的中低收入职工和居民,采取扶持补贴政策。以标准价出售公有住房,每户只能享受一次。补贴的优惠政策是:给予标准价20%的少数民族地区一次性政策补贴;给予工龄补贴,按本地常住户口家庭成员中工龄最长的一人计算,其中:建国前的工龄,每一年给予标准价1%的补贴,新中国成立后的工龄,每一年给予标准价0.8%的补贴,工龄不满五年的按五年计算,以上两项补贴总和不得超过标准价的50%;征地费、拆迁补偿费,暂由售房单位适当负担;对买房者免征房产税、土地使用税和一次性契税;产权单位以标准价出售公有住房,免缴营业税,固定资产投资方向调节税(指新建住房),适用零税率。具体售价的核定,由市、县房改领导小组组织物价、房地产管理和国有资产管理部门评估确定。补贴折减后的实际最低售价不得低于当地确定的限价:砖混结构的单元套房,每平方米建筑面积最低实际售价,银川市不得低90元,川区不得低于80元,山区不得低于70元。

职工购买标准价房,首次交款不得低于应交房款的30%,余额可采取分期交款的办法,新楼房最长不得超过10年,旧楼房最长不得超过5年,旧平房不得超过3年。为鼓励职工尽早交清购房款,从签订购房合同之日起,对在3个月至1年内付清房款的,减收10%~20%的房款;3年内付清房款的,不计利息;3年后付清房款的,3年后的余额根据银行住房贷款利率交付利息。

凡按市场价购买公有住房,购房者拥有全部产权。按标准价购买公有住房,购房者拥有部分产权,即:占有权、使用权、有限的处分权和收益权,可以继承,不得赠予,自住满五年后,购房者可以出售和出租,原产权单位有优先购买权和租用权。出售后所得款,其增值部分,在扣除购房人新投入的维修、装修费用和有关税费后,按产权比例进行分配。

各市、县公有住房的出售 在自治区统一政策指导下,各市、县分散决策,制定了本地《全面推进城镇住房制度改革的实施意见》。银川市新建公有住房的标准价定为250元~300元/平方米,旧公房的标准价定为200元~250元/平方米(以上两种售价均不含征地费和拆迁补偿费)。

石嘴山市新建公有住房的标准价为250元/平方米,旧公房的标准价为160元/平方米,最低限价为70元/平方米。吴忠市新建公有住房的标准价为335元/平方米,旧公房的标准价为290元~320元/平方米,最低限价为50元/平方米。

1992年~1994年,是全区范围内的第二轮房改售房阶段,主要以标准价出售为主。各地共出售公有住房26.6万平方米,回收售房款0.43亿元。

全面深化住房制度的改革实施阶段公有住房出售

目标要求 全区各地除根据城镇建设规划及其它特殊原因,市县以上人民政府认为不宜出售的公有住房外,均可向城镇职工出售。职工购买公有住房坚持自愿的原则,新建公有住房和腾空的旧房实行先售后租,并优先出售给住房困难户。向高收入家庭出售公有住房实行市场价,向中低收入家庭出售公有住房实行成本价。成本价包括住房的征地和拆迁补偿费、勘察设计和前期工程费、建安工程费、住宅小区基础设施建设费(不含小区级非营业性配套公建费)、管理费、贷款利息和税金等7项因素。旧房的成本价按售房当年新房的成本价成新折扣(折扣年限一般为50年)计算,使用年限超过30年的,以30年计算;经过大修或设备更新的旧房按有关规定评估确定。标准价按负担价和抵交价之和测定。当年标准新房每平方米建筑面积的负担价,按当地双职工年平均工资的一定倍数(1995年为3倍,2000年以前达到3.5倍)除以56平方米计算。职工年平均工资按当地统计部门公布的上年职工平均工资乘以2计算。抵交价按双职工65年(男职工35年,女职工30年)内积累的由单位资助的住房公积金的贴现值的80%计算。旧房的负担价按买房当年新房的负担价成新折扣(折扣年限一般为50年)计算,使用年限超过30年,以30年计算。经过大修或设备更新的旧房,按有关规定评估确定。旧房的抵交价可根据使用年限适当降低,但最多不能低于新房抵交价的80%。

公有住房的出售坚持先评估,后出售的原则,住房的实际售价根据所处的地段、结构、层次、朝向、设施(成套率)和装修标准等因素区别计价。根据当时实际,以成本价售房确有困难的市县,可以实行标准价售房作为过渡。出售公有住房的标准价和成本价由市县人民政府逐年确定,报自治区人民政府批准后公布执行。售房价格要逐步从标准价过渡到成本价。当年的标准价根据各市县职工上一年平均工资增长的水平、单位发给住房补贴和资助职工住房公积金年增长水平,一年一定。

售房政策　职工以成本价或标准价购房,对购房职工夫妇双方建立住房公积金制度前的工作年限给予工龄折扣,标准价购房工龄折扣的数额按抵交价除以65年计算;成本价购房每一年工龄给予成本价0.6%的折扣,离退休职工购房计算工龄折扣的时间,按国家规定的离退休年龄计算。一次性付款折扣,折扣率参照购房政策性抵押贷款利率与银行储存款利率的差额以及分期付款的控制年限确定。成套率过低折扣,具体折扣办法由市、县人民政府确定。现住房折扣,职工购买现已住用的公有住房,可适当给予折扣,1995年折扣率为负担价的5%,此后逐年减少,2000年前全部取消。职工按成本价或标准价购买公有住房,每个职工家庭只能享受一次。购房数量按自治区政府宁政〔1984〕26号、108号文件规定的住房标准执行,超标准部分实行市场价。

职工购房可以一次付款,也可以分期付款。实行分期付款的,首期付款不得低于实际售价的30%,分期付款的期限一般不超过10年,分期交付的部分要计收利息,利率按政策性抵押贷款利率确定。职工以市场价购买的住房,产权归个人所有,可依法进入市场,按规定交纳有关税费后,收入归个人所有。职工以成本价购买的住房,产权归个人所有,一般住用5年后可进入市场,在补交土地使用权出让金或所含土地收益和按规定交纳有关税费后,收入归个人所有。职工以标准价购买的住房,拥有部分产权,即占有权、使用权、有限的收益权和处分权,可以继承。产权比例按售房当年标准价占成本价的比例确定,由市县人民政府发放统一制定的产权证书。职工以标准价购买的住房一般住用5年后可依法进入市场,在同等条件下,原售房的产权单位有优先购买、租用权。原产权单位已撤销的,当地人民政府房地产管理部门有优先购买、租用权。售、租房收入在补交土地使用权出让金或所含土地收益和按规定交纳有关税费后,产权单位和个人按各自的产权比例进行分配。

为了贯彻国务院《关于进一步深化城镇住房制度改革加快住房建设的通知》(国发〔1998〕23号),自治区政府于1998年12月下发文件规定,从1998

年 12 月 31 日起，全区所有行政企事业单位一律停止住房实物分配，不再为职工购房、建房、分房。对 1998 年年底前已开工建设，1999 年年底之前竣工交付使用的住房，允许职工按宁政〔1995〕98 号文件规定的成本价购买。校园内不能分割及封闭管理的住房不能出售，教师公寓等周转住房不得出售。

各市县公有住房的出售　1996 年 3 月，《银川市深化城镇住房制度改革实施方案》经自治区房改领导小组宁房改字〔1996〕第 3 号文件批复出台，同年 4 月，经市政府颁布实施。同年 5 月，制定出台了《银川市市区公有住房出售管理暂行办法》。明确，职工购买公有住房实行成本价（老城区 650 元/平方米，新城区 570 元/平方米。1998 年 10 月 1 日起调整为老城区 670 元/平方米，新城区 590 元/平方米），且每个家庭只能享有一次购买一套（处）住房的权利。购房标准按自治区人民政府宁政发〔1984〕26 号、108 号文件规定的住房标准执行，超标部分实行市场价。出售公有住房的成本价由市人民政府逐年制定，报自治区人民政府批准后公布执行。职工以成本价购买公有住房享受的折扣政策是：工龄折扣，每年工龄给予成本价 0.6% 的折扣；成新折扣，每使用一年给予成本价 2% 的折扣；现住房折扣，起步阶段给予成本价 3.5% 的折扣，以后逐年减小，到 2000 年全部取消（1998 年 10 月 1 日起调整为 2.5%）；一次性付款折扣，一次付清房款给予首次付款（应付款的 30%）后余额（应付款的 70%）的 15% 折扣。成套率过低折扣；免收房产税和一次性契税，缓交土地使用税。此外，宁夏作为少数民族自治区，经自治区人民政府批准，还出台了全国仅有的房改成本价售房的两项折扣政策，即：给予成本价 10% 的少数民族地区折扣；给予教师优惠，购房职工一方是教师的给予成本价 4% 的折扣，双方均为教师的给予成本价 7% 的折扣。

石嘴山市房改成本价为 170 元/平方米，后调整为 625 元/平方米。吴忠市房改成本价为 290 元/平方米，后调整为 520 元/平方米。固原市房改成本价为 260 元/平方米，后调整为 490 元/平方米。

1995 年 ~ 2000 年，这一阶段公有住房出售主要以房改成本价为主，原以标准价购房的，改为以房改成本价补交购房款，是全区范围内的第三轮房改。

全区共出售公有住房 960 万平方米，回收售房款 33 亿元。

第四节　经济适用住房(安居工程)建设

建设组织机构

1999年9月,自治区政府下发《宁夏回族自治区经济适用住房建设实施办法》明确规定,自治区住房制度改革领导小组负责全区经济适用住房建设的管理工作。主要职责是:负责审核各市、县经济适用住房的发展规划和年度建设计划;对建设项目的立项、土地供应、信贷资金及其实施阶段进行检查、监督、协调工作;核准各市、县经济适用住房的价格构成和指导价格。

1998年~2000年,各市、县政府相继成立由建设、计划、土地、物价管理部门组成的工作组,具体职责是:根据本地的社会经济发展状况、人口、中低收入家庭的住房水平和市场需求以及建设用地可供数量,编制经济适用住房发展规划和年度建设计划,报自治区工作组核准后实施;负责项目实施阶段的日常性监督、检查、协调工作;审查经济适用住房的价格构成和制定指导价格,报自治区工作组核准后实施;具体审定销售价格。

建设与管理

宁夏经济适用住房是具有社会保障性质的政策性商品住房。其建设用地,经批准原则上采取行政划拨方式供应。对经济适用住房建设项目,在计划、规划、拆迁、税费等方面予以政策扶持。经济适用住房出售价格实行政府指导价,按保本微利原则确定。其中经济适用住房的成本包括征地和拆迁补偿费、勘察设计和前期工程费、建安工程费、住宅小区基础设施建设费(含小区非营业性配套公建费)、管理费、贷款利息和税金等7项因素,利润控制在3%以下。经济适用住房建设所需的市政基础设施配套费用,原则上由当地政府承担。小区级营业性配套公建费用,按照"谁投资、谁所有、谁受益"的原则,由经营单位筹资建设。允许项目建设单位在经济适用住房开发小区内开发建设一定比例的商品房,用于弥补住宅小区非营业性公用配套设施的建设费用。

经济适用住房建设免征供水增容费、排污增容费、墙改费、减征50%的供电增容费和人防结建费。各级政府要求从严控制经济适用住房的成本构成因素和销售利润,不得擅自提高售价。经济适用住房只能向城镇中低收入家庭出售，并优先出售给无房户、危房户和住房困难户，在同等条件下优先出售给离退休职工和教师。各市、县政府制定中低收入家庭的认定标准和经济适用住房的销售管理办法，严格界定销售对象，加强监督检查，规范销售行为。购买经济适用住房实行申请审批制度。已购经济适用住房上市交易时，实行准开、准入制度。有条件实施集资合作建房的企业，可向有关部门申请，将本企业集资合作建房项目列入当地经济适用住房建设计划，享受相关优惠政策，并纳入统一管理。此类经济适用住房只能出售给本单位职工，不准对外销售。

自治区级经济适用住房（安居工程）实施

1995 年 11 月，自治区政府以宁政〔1995〕98 号文件提出各市县要加快经济适用住房（安居工程）建设，建立和完善以经济适用住房为主的多层次城镇住房供应体系，着力调整住房投资结构，重点发展经济适用住房，加快解决城镇住房困难居民的住房问题。从 1997 年开始，在自治区建设厅成立安居办组织建设北安小区安居工程一期项目，建筑面积 7.4 万平方米，1061 套。自 1999 年起，在建设厅安居办基础上组建成立宁夏住宅建设发展公司，重点开发建设经济适用住房。截至 2000 年，共建设经济适用住房 15 万平方米，1760 套。北安小区被国家和自治区列为文明示范住宅小区。胡锦涛总书记和温家宝总理等中央领导曾到小区视察并给予肯定。

各市县经济适用住房（安居工程）实施

从 1995 年开始至 1998 年，银川、灵武、吴忠、青铜峡、中卫等市、县相继组织实施了国家安居工程，自 1998 年底起，全部转为建设经济适用住房。各市、县采取有效措施取消各种不合理收费，切实降低经济适用住房建设成本，使其价格与中低收入家庭的承受能力相适应，促进居民购买住房。同时提倡和扶持职工在停止住房实物分配后采取多种方式集资合作建房：在一些土地资源比较丰富、土地价格和建房价格较低的城镇，由政府划拨土地统一进行规划，职工出资建房，政府承担配套费用；对有建房用地单位或对危旧房进行拆除改造的单位在符合城市规划的前提下，政府免收土地出让金，享受危旧房改造政策，由单位资助，职工集资建房；对既无建房用地，单位又无条件搞集资建房的，由房改或房管部门协调组织，统一征地、统一规划、统一设计、统一施工，政府免收土地出让金，减免一部分地方税费，并给予基础设施配套费的补助,统一组织职工集资建房。

银川市于1994年初开始安居工程建设的准备工作,同年11月,对银川市区城镇居民居住状况进行了调查。调查结果显示,全市区有1.1万户城镇居民属无房户和住房困难户,一定时期内这些户数还呈上升趋势。调查的结果,为制定安居工程规划提供了定量依据。1994年12月8日,银川市政府常务会议决定成立银川市实施国家安居工程领导小组。领导小组下设办公室(简称安居办),办公室设在银川市房管局,由银川市房管局负责安居工程的具体实施。同年12月29日,银川市人民政府《批转市房管局关于我市1995年实施安居工程有关问题的意见的通知》,就实施安居工程给予一系列优惠政策,减免了土地出让金、城市基础设施配套费、供水增容费、人防工程费、墙体改造费、造地费、公路建设费、新菜地开发基金等多种税费。1995年3月7日,银川市政府正式通过《银川市实施安居工程规划》,确定银川市安居工程总规模为60万平方米,总投资4.68亿元。其中,银川市房管局建设30万平方米;银川铁路分局和自治区建设厅建设30万平方米。计划从1995年起步实施,5年内解决1.07万户中低收入家庭的住房困难,同时确定银川市房管局为银川市实施国家安居工程的主管部门。银川市安居工程建设的指导思想是:"造价不高水平高,标准不高质量高,面积不大功能全,占地不多环境美,小区布局灵活多样,体现地方特色和民族风情"。

1995年5月15日,银川市房管局组织建设的安居工程高台寺住宅区举行了奠基、开工仪式,从此拉开了银川市安居工程建设的序幕。1995年6月,银川市被国务院房改领导小组确定为全国第一批实施国家安居工程的城市。1995年10月9日,银川市制定了《银川市安居工程住宅出售试行办法》,明确了安居工程购买条件、售房程序、出售价格、付款办法、购房信贷、管理与维修、房屋产权、法律责任等。先后制定了《隐蔽工程验收制度》、《样板活制度》、《奖惩制度》、《质量评定制度》等十余项规章制度。1997年1月,银川市聘请清华大学建筑系对安居工程高台寺住宅区1平方公里建设用地进行总体规划。1999年4月16日,银川市实施经济适用住房建设领导小组制定经济适用住房售价,规定城区平均售价不得突破1100元/平方米,新城区平均售价不得突破900元/平方米。同年4月24日,银川市政府成立了银川市经济适用住房建设领导小组。领导小组办公室设在市房管局(简称经住办),主要负责银川市经济适用住房建设的实施管理。同年5月21日,银川市人民政府印发了《银川市经济适用住房建设管理暂行办法》(简称《办法》)。《办法》规定,经济适用住房建设用地实行行政划拨。实施经济适用住房免征以下税费:土地出让金、固定资产投资方向税,城市基础设施配套费、供排水增容费、人防工程费,供电增容费减半征收。《办法》明确了售房对象、建设单位应具备的条件、售房程序等。

银川市房管局从1995年~1999年,先后建成安居工程高台寺住宅小区27.7万平方米、62栋楼、3943套住房;新城中强巷小区2.32万平方米,7栋楼、362套住房;新城新园小区2.94万平方米、9栋楼、444套住房和唐槐园小区7.5万平方米、860套住房。银川市房管局共建成安居工程和经济适用住房33.92万平方米,工程质量合格率达到100%,优良品率达60%。建设绿地面积7.47万平方米,绿化覆盖率达到33%,销售率达100%。相应配套建设了自行车棚、托幼、理发、浴室、商店等公共服务设施及音乐喷泉、旱地喷泉、健身娱乐等设施。

银川铁路分局在新城康庄、西花园、惠民等住宅小区建设的安居工程和经济适用住房,全部售给铁路系统内部无房和住房困难的职工。此外,1999年区、市48家企、事业单位、房地产开发公司,共建设经济适用住房22.19万平方米。已分别售给本单位职工和城镇中低收入家庭,销售率达到100%。

1998年6月,银川市被列为全国36个实施国家安居工程先进城市之一,受到国家建设部、国家发展计划委员会等有关部门的通报表彰。

灵武、吴忠、青铜峡、中卫等县、市也于1995年~1998年也实施了国家安居工程,共建设安居工程住房5.5万平方米,670套。

通过近5年的实践,经济适用住房对于推进住房制度改革,调整住房供应结构,平抑住房价格,改善居民住房条件发挥了重要作用。但是也存在建设发展不够平衡,户型面积较大,购买对象审查把关不严,管理不够到位等问题,经济适用住房相关政策亟待调整完善。

第五节　职工住房货币补贴

国务院《关于进一步深化城镇住房制度改革加快住房建设的通知》(国发

〔1998〕23号)明确指出,停止住房实物分配,逐步实行住房分配货币化。2000年1月18日,自治区政府办公厅印发了《自治区房改领导小组关于全区实行住房补贴的指导性意见》和《宁夏回族自治区在银行政事业单位职工住房货币分配试行方案》,简称《试行方案》)。规定,在停止住房实物分配后,房价收入比(即本市、县一套建筑面积60平方米经济适用住房的平均价格与双职工家庭年平均工资之比)在4倍以上,且财政、单位原有住房建设资金可转化为住房补贴的市、县,结合当地实际情况,制订住房补贴办法,报自治区房改领导小组批准后执行。

经测算,银川市区房价收入比为5.8倍,且自治区财政有住房补贴的资金来源。在自治区党委、政府的重视支持下,自治区在银行政事业单位职工住房补贴率先在全区推行。住房补贴的对象是无房职工和住房面积末达到规定标准的职工(含离退休人员)。住房补贴建筑面积标准:一般干部职工,65平方米;科级,75平方米;处级,90平方米;厅(局)级,120平方米;副省级,190平方米;正省级,230平方米。住房补贴标准依据当地经济适用住房基准价格、职工住房补贴建筑面积标准、工资水平等因素测定。职工住房补贴包括基准补贴和建立住房公积金制度前的工龄补贴。每平方米基准补贴额根据市、县经济适用住房基准价格除以2与个人合理负担额之差测定,职工个人合理负担额按不低于职工年均工资的4倍除以60平方米(建筑面积)确定;工龄补贴额按年度每平方米建筑面积工龄补贴额与职工建立住房公积金制度前的工龄以及职工购房补贴建筑面积标准的乘积计算。其中,年度工龄补贴额按国务院房改《决定》(国发〔1994〕43号)规定的出售公有住房工龄折扣办法计算。职工住房补贴面积,无房职工按规定的住房补贴面积标准计算;不达标职工按规定的住房补贴面积标准与职工享受房改政策购房(含房改房、集资建房等)面积的差额计算;双职工家庭由职工所在单位分别按职工个人应享受的住房补贴面积计算。各市、县人民政府可根据本地经济适用住房价格、职工工资水平、住房公积金缴存比例对职工住房补贴额适时调整,调整方案报自治区住房制度改革领导小组批准后执行。

职工住房补贴的发放方式实行一次性发放和按月发放向结合。一次性发放是将职工的住房补贴在职工购房时一次性发给职工。购房职工工作年限达到规定发放住房补贴年限的,一次性全额发放住房补贴。购房职工工作年限未达到规定发放住房补贴年限的,可一次性发给实际工作年限的住房补贴,差额部分按月发放。

第六节 住房公积金

住房公积金管理机构

1994 年 12 月 26 日,宁夏住房制度改革领导小组经自治区编制委员会核准,成立自治区住房公积金管理中心。自治区住房公积金管理中心由自治区房改领导小组领导,为挂靠在自治区城乡建设厅的正处级事业单位,编制 21 名,经费收支实行两条线,人员经费由财政核拨。自治区住房公积金管理中心的主要职责是:根据国家的统一政策规定,制定全区住房公积金的归集、使用、管理等有关制度规定,经自治区房改领导小组审批后颁布实施;指导检查各市(县)住房公积金管理机构的工作,协调解决中央驻宁单位、行业产业系统、各部门、各市(县)相互之间出现的有关住房公积金管理问题;直接管理区直行政、事业单位(包括行政性公司)和中央驻银单位(不含厂矿企业)的住房公积金。负责核定缴交基数、按月汇缴归集、编制使用计划和审查贷款申请、委托监督银行办理存贷款金融业务、进行核算、负责偿还本息等具体工作。

银川市人民政府于 1992 年 8 月 6 日下发银政发〔1992〕126 号文件,决定成立银川市住房资金管理中心,隶属市房改办,系事业性经济实体,负责房改资金的归集、使用和管理。1997 年 5 月,银川市机构编制委员会根据《市人民政府关于印发〈银川市住房公积金制度实施细则〉的通知》精神,以银机编发〔1997〕22 号文件,同意银川市住房资金管理中心更名为银川市住房公积金管理中心,挂靠市房管局,核定编制 25 名。1997 年 12 月 16 日,银川市机构编制委员会根据自治区编办《关于银川市住房公积金管理中心机构规格的通知》,以银机编发〔1997〕65 号文件,确定银川市住房公积金管理中心为正处级事业单位,归市房管局管理。其主要职责是:负责全市住房公积金的收集与管理;会同有关部门编制住房公积金的年度使用计划;承担住房公积金的核定、监交及政策宣传、解释等具体工作。

1992 年 12 月 25 日,石嘴山市人民政府 104 次常务会议研究决定,成立石嘴山市住房资金管理中心,隶属于市房管局领导,为正科级自收自支的事业单位,核定编制19人,在石嘴山区、石炭井区设立了办事处。市住房资金管理中心的职责是负责全市(不含3县)房改资金和职工住房公积金的归集、管理和使用。1993年2月1日,石嘴山市住房资金管理中心人员全部到位并开始办理各项业务。

1993年1月17日,吴忠市编制委员会下发吴编发〔1993〕21号文件,核定编制10人。1993年10月6日,吴忠市人民政府下发吴政发〔1993〕54号文件决定成立吴忠市住房资金管理中心,与市房改办合署办公,正科级单位,负责房改资金的归集和使用管理。1995年12月5日,吴忠市住房资金管理中心更名为吴忠市住房公积金管理中心。

1998年1月,吴忠成立地级市后市住房公积金管理中心仍归市建设局,正科级单位。其主要职责是:负责市区房改及住房公积金的归集与管理;会同有关部门编制住房公积金的年度使用计划;承担住房公积金的核定、缴交及政策宣传、解释等具体工作。

住房公积金制度建设

1994年12月至2000年12月,自治区住房公金管理中心在实践中不断探索和总结,摸索出了一套适合宁夏区情的、日趋完善的管理体系。为加强内部管理,1999年制定了《住房公积金内部管理办法》及《内部工作人员岗位职责》等一系列管理办法,加强内部人员培训,全面提高管理人员素质,确保住房公积金安全运作。为加强法律法规建设,2000年11月17日自治区住房资金管理中心提请自治区人大常务委员会出台了《宁夏回族自治区住房资金管理条例》(简称《条例》),新《条例》进一步明确了住房资金实行“分类管理、分别核算、专户存储、专项使用、安全运作、严格监督”的原则。标志着自治区住房公积金制度进入了法制化、规范化发展的新时期。这部《条例》的实施在全国同行业中居于前列。

为了进一步完善服务,自治区住房公积金管理中心于1996年7月在建行房地产信贷部开立了住房公积金存款户、结算户和委托贷款户,建立了区中心的总账和各单位二级账;随着归集量的增加,于1998年7月1日建立了住房公积金三级账,即:总账、单位账、职工个人明细账。在全国住房公积金管理同行中走到了前列,国家建设部给予肯定并在全国推广;1998年10月在宁夏率先建立了住房公积金电话查询系统;2000年12月,又适时更新了原有的住房公积金管理系统软件在本中心起动使用,彻底甩掉了繁重的手工记账,从住房公积金、售房款到住房补贴均实现了电算化管理,工作效率显著提高。

宁夏20个市(县),由于地域经济发展不平衡,在推行住房公积金制度的建立和管理工作中存在着不同程度的差异,银川、吴忠、石嘴山等市(县)按照国家关于住房公积金的政策要求,都先后制定了住房公积金的各种管理办法。

银川市1995年10月12日市人民政府出台了《银川市住房公积金制度实施细则》,明确规定职工住房公积金实行"专户储存、统一管理、专项使用"的原则,按照《实施细则》建立本市住房公积金管理制度。1996年市房改办与建行、工行、农行联合制定出台了《银川市住房公积金抵押贷款办法〈试行〉》,实行"房委会决策,管理中心运作、银行专户存储,财政监督"管理原则。2000年3月13日市人民政府出台了《银川市住房公积金管理实施办法》,进一步明确住房公积金的归集、使用、管理及使用计划、财务收支预决算审批和公积金的缴交基数。为了管好、用好住房公积金,银川市住房公积金管理中心从制度建设入手,强化微机软件的信息管理. 从1996年下半年起,银川市住房公积金的归集、使用等管理工作已全部实现电算化。1999年底,住房公积金实行个人磁卡查询系统,职工凭磁卡随时到指定地点查询各自的住房公积金缴存情况。建立了一整套内部管理制度、工作岗位责任制和业务办事程序,使本市住房公积金管理日趋规范。

石嘴山市1993年2月23日以市房改领导小组名义出台了《石嘴山住房资金管理暂行办法》(简称《暂行办法》),依据《暂行办法》建立住房公积金管理制度。1997年1月15日市人民政府出台了《石嘴山市职工住房抵押(委托)贷款暂行办法》明确了住房公积金贷款、提取和受托银行承办业务的有关规定。市住房公积金管理中心在实践中不断总结经验,建立、补充、修定、完善内部管理制度,明确工作责任,规范了办事程序,实行挂牌上岗,建立"首问责任制、服务承诺制、限时办结制和效能考评制度",有效地提高了工作效率和服务质量,确保了住房公积金管理规范、运作正常。

吴忠市于1995年12月6日出台了《吴忠市住房公积金制度实施细则》,按照"个人存储、单位资助、统一管理、专项使用"的原则,从方便快捷,安全使用的角度建立本市住房公积金管理制度。1996年9月24日市房改办出台了《吴忠市住房公积金中心住房委托贷款办法(试行)》。明确了住房公积金存贷和支取的管理规定及受委托银行业务处理承办办法。2000年3月31日吴忠市人民政府下发了《吴忠市贯彻国务院(住房公积金管理条例)实施细则》及《吴忠市住房公积金委托贷款办法》。使本市住房公积金管理更加合理、更加规范、有效发挥了住房公积金统一管理的作用。

住房公积金归集　1999年,自治区住房公积金管理中心管理的区直和中央驻银行政事业单位的住房公积金缴交比例为3%,当年归集住房公积金95万元;1996年提高到5%,归集1115万元;1999年,缴交比例调整为7%,归集住房公积金7860万元,区本级住房公积金缴交基数由1997年的工资额调整为1998年的工资额;2000年区直单位和银川市年缴交比例已提高到9%,截至2000年底,宁夏累计归集住房资金12.7亿元,全区除(银川市、石嘴山、吴忠)还有11个市县(贺兰、永宁、平罗、陶乐、吴忠、青铜峡、灵武、中卫、中宁、隆德、彭阳)均达到了国家规定的最低缴交标准5%。

宁夏电力系统住房公积金于1998年7月1日起统一归属于自治区住房公积金中心,缴交比例7%,当年归集1200万元,归集人数1.6万人。截至2000年底,累计归集住房公积金9439万元。

1995年~2000年宁夏回族自治区中心住房公积金归集情况

表6-9

项　目	缴存比例(%)	归集职工人数(人)		归集住房公积金(万元)	
		当年归集人数	累计归集人数	当年归集额	累计归集额
1995年	3	6494	6494	95	95
1996年	5	17747	24241	1115	1210
1997年	5	3538	27779	1486	2696
1998年	5	20203	47982	3058	5754
1999年	7	3041	51023	7860	13614
2000年	9	1820	52843	12736	26350

银川市于1995年10月,出台了《银川市住房公积金制度实施细则》,开始起步建立住房公积金制度。到1999年,住房公积金缴存比例共调整了三次,即从1995年起步时的3%分别提高到1997年的5%,1998年的7%和

1999 年的 8%。自 1995 年 10 月至 1999 年底,全市住房公积金归集总额(不含自治区住房公积金管理中心,下同)为 1.84 亿元,近 1000 个单位建立了住房公积金制度,归集覆盖面 79%;实行住房公积金制度的职工近 11 万人。

1995 年～2000 年银川市住房公积金累计归集情况

表 6－10

项　目	缴存比例(%)	归集职工人数(人)	归集资金额(万元)
1995 年	3		
1996 年	3	87169	7389
1997 年	5		
1998 年	7	108165	13227
1999 年	8	107739	18467
2000 年	5	24712	5204

1993 年 5 月,石嘴山市出台了《石嘴山住房资金管理暂行办法》,9 月进一步修改和完善了《石嘴山住房公积金管理暂行办法》,由市房改领导小组印发执行。截至 2000 年底,住房公积金缴存比例共调整 3 次,即从 1993 年起步时的 3% 分别提高到 1997 年的 5% 2000 年的 7%。2000 年 12 月,市人民政府又下发了《关于提高职工住房缴交公积金比例的通知》,要求从 2001 年 1 月 1 日起,将本市职工住房公积金缴交比例由 5% 提高到 7%。

1993 年 2 月至 2000 年底,石嘴山市累计归集住房公积金 2893.39 万元,归集覆盖面 32%;建立住房公积金个人账户 2.8 万人。

1993 年～2000 年石嘴山住房公积金累计归集情况表

表 6－11

项　目	缴存比例(%)	归集职工人数(万人)	归集资金额(万元)
1993 年	3	1.02	81.75
1994 年	3	1.19	116.91
1995 年	3	1.23	317.41
1996 年	3	1.2	308.93
1997 年	5	1.71	871.35

续表

项　目	缴存比例(%)	归集职工人数(万人)	归集资金额(万元)
1998 年	5	2.2	1340.28
1999 年	5	2.56	1983.39
2000 年	7	2.8	2893.39

1995 年 9 月，吴忠市人民政府出台了《吴忠市住房公积金制度实施细则》，开始起步建立住房公积金制度。到 1999 年，住房公积金缴存比例共调整了两次，即从 1995 年起步时的 3% 分别提高到 1999 年的 5%。自 1995 年 9 月至 1999 年底，吴忠市住房公积金归集总额为 5204 万元，共 362 个单位建立了住房公积金制度，归集覆盖面 91%；建立住房公积金个人账户 24712 户。

1996 年～2000 年吴忠市住房公积金累计归集情况表

表 6－12

项　目	缴存比例(%)	归集职工人数(万人)	归集资金额(万元)
1996 年	5	18000	310
1997 年	5	20000	569
1998 年	5	22800	1980
1999 年	5	24690	3506
2000 年	5	24000	5383

住房公积金使用　1995 年宁夏回族自治区财政制定下发了《宁夏回族自治区贯彻建立住房公积金制度的暂行规定的实施细则》，明确了住房公积金主要用于职工购买、建设自住住房抵押贷款；职工自住住房大型维修贷款；城市经济适用住房建设贷款；单位购买、建设住房抵押贷款。

1997 年，自治区住房公积金管理中心制定了《职工个人低息抵押贷款办法》，发放个人购房贷款 11.5 万元。1998 年底出台了新的《贷款办法》，确定了大委托的贷款方式（即贷款由银行审批，风险由银行承担），截至 1998 年底，累计发放职工个人贷款 305 万元，解决 204 户职工住房贷款需求。1999 年，根据《国务院住房公积金管理条例》的要求，及时调整资金投向，取消单位项目贷款和经济适用住房建设贷款，重点支持个人购房贷款。按照《条例》规定，再次修改制定《贷款办法》。截至1999年底，区中心已累计发放职工个人贷款1224万元，解决了770户职工的住房贷款需求。

2000年1月1日起住房公积金贷款由原来实行的大委托贷款改变为贷款由中心审批，银川市房地产交易中心提供担保，风险由中心承担，受托银行办理相关手续和发放贷款。截至2000年底，自治区中心已累计发放个人住房公积金贷款3531万元，贷款户数1772户。1997年~2000年共发放区直经济适用住房项目贷款3400万元，支持宁夏住宅建设集团有限公司承建的"北安小区"经济适用住房建设，建设经济适用住房39534平米，解决城镇居民住房459户。

1995年~2000年自治区中心住房公积金归集、使用情况

表6-13

项目	缴存比例(%)	归集职工人数(人)		归集住房公积金(万元)		提取住房公积金(万元)		发放住房公积金个人贷款(万元)	
		当年归集人数	累计归集人数	当年归集额	累计归集额	当年提取额	累计提取额	当年发放额	累计发放额
1995年	3	6494	6494	95	95				
1996年	5	17747	24241	1115	1210	27	27		
1997年	5	3538	27779	1486	2696	126	153	12	12
1998年	5	20203	47982	3058	5754	301	454	293	305
1999年	7	3041	51023	7860	13614	1020	1474	920	1225
2000年	9	1820	52843	12736	26350	4298	5772	2306	3531

1996年9月，银川市住房公积金管理中心按照国发〔1994〕43号文件规定，对住房公积金实行"房委会(或房改领导小组)决策、中心运作、银行专户、财政监督"的管理原则，市房改办、建行、工行、农行联合制定出台了《银川市住房公积金抵押贷款办法(试行)》。住房公积金的存贷款和提取等金融业务委托市工行、建行、农行和商业银行四家银行承办。

1995 年～2000 年银川市住房公积金累计归集、使用情况表

表 6－14

项　目	缴存比例（%）	归集职工人数（人）	归集资金额（万元）	贷款额度（万元）	支取额度（万元）
1995 年～1997 年	3－5	87169	7389	698	1676
1998 年	7	108165	13227	1830.68	2230
1999 年	8	107739	18467	2140.28	2095
2000 年	5	24712	5204	1852	312

1997 年 1 月石嘴山市人民政府出台了《石嘴山市职工住房抵押（委托）贷款暂行办法》，进一步规范住房公积金贷款、提取和受托银行承办业务的有关规定。1993 年 2 月至 2000 年底累计发放住房公积金贷款 2257.53 万元；累计提取住房公积金 597.54 万元。

1993 年～2000 年石嘴山市住房公积金累计归集、使用情况表

表 6－15

项　目	缴存比例（%）	归集职工人数（万人）	归集资金额（万元）	贷款额度（万元）	支取额度（万元）
1993 年	3	1.02	81.75		0.04
1994 年	3	1.19	116.91		2.69
1995 年	3	1.23	317.41		10.49
1996 年	3	1.2	308.93		38.72
1997 年	5	1.71	871.35		120.20
1998 年	5	2.2	1340.28		421.48
1999 年	5	2.56	1983.39	199.17	773.85
2000 年	7	2.8	2893.39	2257.53	597.54

2000 年 3 月，吴忠市人民政府按照国发〔1994〕43 号文件规定的对住房公积金实行“房委会（或房改领导小组）决策、中心运作、银行专户、财政监督”的管理原则，下发了《吴忠市贯彻国务院〈住房公积金管理条例〉实施细则》及《吴忠市住房公积金委托贷款办法》的通知。明确本市住房公积金的存款和提取等业务委托市工行、建行、农行和商业银行四家银行承办。由于归集量

逐步增大,于1996年向职工发放贷款和支取公积金。2000年底累计发放住房公积金贷款4568万元,累计提取住房公积金1013.41万元。

1996年~2000年吴忠市住房公积金累计归集、使用情况表

表6-16

项 目	缴存比例(%)	归集职工人数(人)	归集资金额(万元)	贷款额度(万元)	支取额度(万元)
1996年	5	18000	310	235	1.41
1997年	5	20000	569	240	56.61
1998年	5	22800	1980	813	127.38
1999年	5	24690	3506	2745	285.74
2000年	5	24000	5383	4568	1013.41

宁夏住房公积金管理在各级党委、政府和主管部门的正确领导下,在认直贯彻国务院《住房公积金管理条例》的基础上,紧密结合本地实际,从住房公积金的机构建设、制度建设、归集和使用等方面,逐步探索、认真总结,建立了比较完善的管理制度,各市县的住房公积金缴存比例进一步提高,职工住房贷款数额逐步增大,截至2000年底,全区累计发放住房公积金贷款3.1亿元,发放人数1.26万户,职工个人贷款比上年同期增长了174.2%,对加快住房制度改革、改善城镇居民住房条件发挥了重要作用。

2000年底公积金缴交比例达到5%的市县累计归集、使用情况表

表6-17

项 目	缴存比例(%)	归集职工人数(人)	归集资金额(万元)	贷款额度(万元)	支取额度(万元)
贺 兰	5	7400	1550		105
永 宁	3~12	9700	1470	360	104
陶 乐	5	1800	435.68	449.2	73
青铜峡	5	2800	8588.71	5148.73	1185.89
灵 武	3~7	1700	730.48	69.5	471.61
中 卫	8	3400	756.9	376.7	177.5
中 宁	7	5300	1486.96	433.1	215.45

续表

项　目	缴存比例（%）	归集职工人数(人)	归集资金额（万元）	贷款额度（万元）	支取额度（万元）
同　心	5	3500	47		
隆　德	5	5900	900	307	25
彭　阳	5	700	100.4	35	
西　吉	1~5	1000	27		8.1

宁夏通志

宁夏通志编纂委员会 编

七　建设环保卷（下）

方志出版社
Publishing House of Local Records

图书在版编目(CIP)数据

宁夏通志·建设环保卷 / 宁夏通志编纂委员会编. -- 北京：方志出版社，2010.12
ISBN 978-7-5144-0013-7

Ⅰ. ①宁… Ⅱ. ①宁… Ⅲ. ①宁夏-地方志 ②环境保护-概况-宁夏 Ⅳ. ①K294.3

中国版本图书馆CIP数据核字(2010)第245846号

宁夏通志·建设环保卷

编　　者：宁夏通志编纂委员会
责任编辑：李　沛

出 版 人：冀祥德
出 版 者：方志出版社
地址　北京市朝阳区潘家园东里9号(国家方志馆4层)
邮编　100021
网址　http://www.fzph.org
发　　行：方志出版社发行中心
电话(010)67110500
经　　销：各地新华书店
印　　刷：宁夏报业传媒印刷有限公司

开　　本：787×1092　1/16
印　　张：128
字　　数：987千字
版　　次：2010年12月第1版　2016年3月第2次印刷
印　　数：2001~3000册

ISBN 978-7-5144-0013-7　　定价(上、下册)：368.00元

第七篇　环境质量

早期人类活动为生存而努力使用环境。灵武水洞沟旧石器晚期文化遗址发现表明，距今3万年前，宁夏北部就有人类生息繁衍，必然同这里自然环境发生关系。奴隶制社会及封建社会初期，由于人烟稀少，开发利用植被只限于游牧、狩猎和农耕的空间需要，森林草原、干草原、荒漠草原三大植被类型，基本不受干扰，长期保持原生状态。宋代以后，原始森林破坏日渐加剧，草原因过度放牧、垦荒及气候因素而退化，以至出现盐池县西南、同心县东北的七百里旱海，腾格里沙漠也向平原地区侵蚀。明清之际，贺兰山、罗山的森林也遭到严重破坏，草原退化更加严重，但水环境质量、大气环境质量尚好，宁夏平原湿地众多，各种野生动物仍有较好的生存空间。

近现代随着人口的繁衍，生产技术的进步，人们对自然环境和生物资源的开发利用强度加大，自然环境逐步退化。特别是1958年的“大跃进”、“大炼钢铁运动”，砍伐大量树木开展土法“炼钢”，为数不多的森林受到严重破坏。农业学大寨中的围湖造田，垦荒造地使植被受到破坏，银川平原湖泊湿地十去七八。20世纪60年代后，宁夏加速发展工业、采矿业，所造成的污染日益加剧，水环境、大气环境、生态环境质量下降。

面对这种严峻形势，宁夏开始重视环境保护工作。1972年宁夏开始对黄河进行连续性的动态观测。1973年组建自治区治理工业“三废”领导小组。此后，随着国家对环境问题的重视，宁夏开始对环境中的各种问题进行调查，1974年开始对银川市大气进行连续性动态观测等。1979年，国家颁布《中华人民共和国环境保护法(试行)》。1981年3月25日，宁夏环境保护局成立。其后，宁夏环境监测机构逐步建立健全，环境保护管理体制逐步理顺，各项业务全面开展，加强了对大气、水、噪声和土壤的调查和监测。1984年5月11

日，第六届全国人大常委会第五次会议通过《中华人民共和国水污染防治法》，1989 年 12 月 26 日第七届全国人大常委会十一次会议通过《中华人民共和国环境保护法》和 1990 年 4 月 17 日宁夏回族自治区第六届人民代表大会常务委员会第十二次会议通过的《宁夏回族自治区环境保护条例》，为环境保护工作提供了法律保障。1996 年 8 月 30 日，宁夏环保局成为自治区政府的直属部门。环保部门有法必依、执法必严，为保护宁夏自然环境做了大量艰苦细致的工作，污染严重、环境恶化的趋势开始得到遏制，环境质量开始改善。

本篇所指环境质量，主要指水环境质量、大气环境质量、声环境质量、辐射环境质量、生态环境质量，在生态环境质量中又分为植被、土壤、湿地、农业生态环境质量。

第一章　水环境

第一节　河流水质

宁夏是全国水资源量最少的省(区)之一,大气降水、地表水和地下水都十分贫乏。量少、质差,时空上分布不均、变化大,是宁夏水资源的突出特点。宁夏多年平均降水总量为157亿立方米。年平均蒸发总量148亿立方米。除黄河干流之外天然地表水资源量为8.89亿立方米,地下水资源量为25.3亿立方米。综合天然水资源总量为10.5亿立方米。

宁夏有黄河干流及其一级支流祖历河、清水河、红柳沟、苦水河。黄河二级支流有泾河、茹河、葫芦河。黄河两岸还有众多的排水沟。

黄　河

黄河干流宁夏段总体水质除1972年~1976年为全段的监测数据外,1979年~2000年,《宁夏环境质量报告书》或《宁夏环境质量年报》中所述监测断面前后有一定的变化,并且在总体水质评价中均以不同断面进行评述。

1972年~1976年连续对黄河宁夏段水质监测,其结果是:pH值除银川断面波动较大,在7.6~8.6之间外,其余各断面均在8.0左右,较稳定。各年度溶解氧5月(枯水期)因气温低而数值高,8月(丰水期)因气温高而数值低;耗氧量则相反。总的来看,黄河宁夏段溶解氧不低,而耗氧量不高,说明有机物质及还原性物质污染不严重。

1972年~1976年黄河干流溶解氧、耗氧量检出均值

表7-1　　单位:mg/L

年份	时期	溶解氧	耗氧量
1972年	枯水期	8.2	2.0
	丰水期	5.8	2.5

续表

年份	时期	溶解氧	耗氧量
1973 年	枯水期	7.6	1.3
	丰水期	6.8	2.0
1974 年	枯水期	7.6	2.1
	丰水期	6.0	2.4
1975 年	枯水期	7.7	1.9
	丰水期	6.0	2.6
1976 年	枯水期	7.4	1.5
	丰水期	6.0	2.4

汞:根据 5 年监测,前 3 年在银川及石嘴山有关断面有检出,后 2 年各断面均未检出。检出的各浓度均未超过国家卫生标准。

砷:砷的检出率与超标率在 5 项毒物(汞、砷、酚、氰化物、铬)中居首位。除与工业废水对黄河干流的污染这一因素有关外,主要与黄河中泥沙含量相关。据测定,未经沉淀含泥沙的黄河原水中砷的含量为 0.0022mg/L,而经沉淀去除泥沙后的水中砷含量降至 0.0014mg/L。

酚:酚的检出率波动较大,主要检出是在从中卫到银川的各断面。检出的酚浓度均未超过卫生标准。

氰化物:氰化物虽各年都有检出,但均未超过卫生标准。由于部分工厂推广无氰电镀,故 1975 年以后检出率有较大的下降。

六价铬:仅在 1972 年从部分断面检出,检出率 4.2%,检出范围 0.0004 ~ 0.0020mg/L,未超标。

1972 年～1976 年黄河干流宁夏段主要污染物检出情况

表 7－2

污染物	指标＼年份	1972 年	1973 年	1974 年	1975 年	1976 年
汞	检出数(个)	18	6	17	0	0
	检出率(%)	18.9	6.4	8.4	0	0
	检出范围(mg/L)	0.0006～0.0038	0.0015～0.0026	0.0019～0.0094	—	—
砷	检出数(个)	73	84	157	121	107
	检出率(%)	76.8	90.3	77.3	96.0	100
	检出范围(mg/L)	0.0003～0.0540	0.0010～0.0600	0.0060～0.0320	0.0040～0.0720	0.0040～0.0710
	超标样品数(个)	1	3	24	17	9
	占检出样品的%	1.4	3.6	11.8	14	8.4
酚	检出数(个)	9	33	16	1	0
	检出率(%)	9.5	35.1	7.9	0.8	0
	检出范围(mg/L)	0.0001～0.0035	0.0010～0.0200	0.0020～0.0300	0.0020	
氰化物	检出数(个)	21	24	43	11	6
	检出率(%)	72.1	25.5	21.2	8.7	5.6
	检出范围(mg/L)	0.0005～0.0120	0.0010～0.0120	0.0010～0.0380	0.0010～0.0400	0.0020～0.0500

1977 年和 1978 年由于条件限制，监测资料不全，故无法对黄河干流宁夏段总体水质作出评价。

1983 年，黄河宁夏段水质已受到不同程度的污染，检出的有毒有害物质组主要有酚、氰化物、砷、汞等，其中砷的检出率最高。

1979 年～1984 年，黄河宁夏段干流总体水质评价按地面水 6 级分级标准进行。

地面水 6 级分级标准

表 7－3

$\rho_{水}$	级　别	依　据
<0.2	清　洁	多数项目未检出，少数项目虽有检出均在标准以内
0.2～0.9	尚清洁	部分项目有检出，检出值在标准以内，个别值接近标准
0.9～1.5	轻度污染	一个项目的最大检出值超过或接近标准
1.5～6.0	中度污染	一个或两个项目的最大检出值超过或接近标准
6.0～10	较重污染	两个项目的最大检出值超过标准
>10	严重污染	两个项目的最大检出值超过标准数倍或几十倍

1979 年，黄河宁夏段水体主要污染物为酚、氰化物、砷、汞，平均检出率（青铜峡断面和石嘴山断面平均值）分别为 57.4%、22.97%、76.74% 和 36.23%，平均超标率（平均值计算同上）除氰化物未超标，其余 3 项分别为 12.98%、1.64% 和 21.35%，总体水质为中度污染。

1980 年，黄河宁夏段水体主要污染物为氨氮、酚、氰化物、砷、汞，平均检出率（同上）为 77.8%、50.7%、12.0%、65.85% 和 34.5%，平均超标率（同上）酚为 2.35%、砷为 1.64%、汞为 5.74%，总体水质为中度污染。

1981 年～1983 年总体水质为轻度污染。

1986 年，黄河宁夏段干流水质监测仅有陶乐渡口断面水质监测结果，故本年度干流总体水质只能用该断面水质来评述。从本年度开始，至 1990 年，地面水环境质量分级标准，按水质质量综合指标共分 5 个级别。本年度干流总体水质为轻度污染。

地面水环境质量 5 级分级标准

表 7－4

$\rho_{水}$	级　别	分级依据
<0.5	清　洁	多数项目未检出，个别检出也在标准内。
0.5～0.7	尚清洁	检出值均在标准内，个别接近标准。
0.7～1.0	轻污染	个别项目检出值超过标准。

续表

$\rho_水$	级　别	分级依据
1.0～2.5	中污染	有两项检出值超过标准。
>2.5	重污染	相当一部分检出值超过标准数倍以上。

1990 年,黄河宁夏段干流水质监测断面资料与 1989 年相同,干流总体水质污染级别为中污染。

总的趋势是,黄河宁夏段干流水质污染 1986 年～1990 年为逐年加重。

1991 年～1994 年,黄河干流段水质总体为中度污染。

1995 年,黄河宁夏段干流水质监测共设 5 个断面,主要污染物是悬浮物、化学需氧量、氨氮、生化需氧量。悬浮物在银川段和石嘴山段超标率在 83.3%～100%,超标倍数在 5.4 倍～53.9 倍之间;化学需氧量在银南段(中卫下河沿断面和青铜峡断面)和石嘴山段均有超标,超标率在 41.7%～72.2%,超标倍数在 0.21 倍～0.73 倍之间;氨氮在青铜峡断面、银古公路桥断面和石嘴山断面有超标,超标率在 72.2%～100%,超标倍数在 0.69 倍～6.2 倍之间;生化需氧量在银南段和石嘴山断面有超标;挥发酚在银南段有超标,超标倍数为 1.38 倍;总磷在银川段有超标;石油类在银川段有超标;亚硝酸盐氮在麻黄沟断有超标。1995 年,黄河宁夏段干流总体水质污染类别为一个Ⅳ类、2 个Ⅴ类、2 个劣Ⅴ类。

1996 年～2000 年,黄河宁夏段干流设监测断面 5 个,入境断面(中卫下河沿断面)主要污染因子(物)是挥发酚、总磷、化学需氧量,出境断面(宁钢浮桥断面)主要污染因子(物)是石油类、氨氮、总磷,属有机污染、无机氮、总磷污染。黄河宁夏段各断面水质在Ⅳ类和劣Ⅴ类之间,全段的首要污染因子仍是悬浮物,在各监测断面占的污染负荷比为 42.32%～83.11%,各监测断面水质均未达到功能水体的要求。2000 年,入境断面与出境断面均污染加重,但入境断面比出境断面污染加重的幅度更大。"九五"期间,黄河宁夏段各断面综合污染指数沿程有明显但较缓慢的上升趋势。

黄河宁夏段入境段——中卫下河沿断面　1979 年,青铜峡断面(入境断面注:1983 年度,环境质量报告书中以青铜峡断面表示,下同。)水质监测结果:其监测项目 8 项:pH、溶解氧、耗氧量、酚、氰化物、砷、汞、铬,其中检出 4

项（酚、氰化物、砷、汞），酚、汞超标，超标率分别为 11.32% 和 20.75%。本断面属中度污染。

1983 年，青铜峡断面（入境断面）水质污染物共监测 10 项，与上年相同，其中检出项目 6 项，分别是氨氮、氯化物、酚、氰化物、砷、汞，其中氯化物的检出率达 100%，但无超标，砷的检出率为 53.2%，并且超标率为 4.16%，本年度属轻度污染。

1979 年 ~1983 年黄河青铜峡断面污染物年度变化统计

表 7-5　单位：mg/L，pH 无量纲

年度	指标	污染物含量										
		pH	总硬度	溶解氧	耗氧量	氯化物	氨氮	酚	氰化物	砷	汞	铬
1979 年	平均值	8.3	—	9.8	1.2	—	—	0.003	0.001	0.01	0.002	0.000
	最高值	8.5	—	7.3	1.7	—	—	0.006	0.004	0.04	0.009	0
	检出率%	—	—	—	—	—	—	66.0	26.42	75.47	35.85	0
	超标率%	—	—	—	—	—	—	11.32	0	0	20.75	0
1980 年	平均值	8.3	—	9.5	1.3	43.8	0.06	0.001	0.000	0.01	0.0002	0.000
	最高值	8.6	—	6.1	3.4	74	0.31	0.006	0.004	0.04	0.001	0
	检出率%	—	—	—	—	—	75.6	37.5	10.9	56.3	31.3	0
	超标率%	—	—	—	—	—	0	4.69	0	0	0	0
1981 年	平均值	8.5	—	9.3	1.5	40.3	0.03	0.000	0.001	0.01	0.0001	0.000
	最高值	8.7	—	6.9	2.8	65.6	0.16	0.002	0.008	0.02	0.0007	0
	检出率%	—	—	—	—	—	52.7	21.3	26.7	77.3	32	0
	超标率%	—	—	—	—	—	0	0	0	0	0	0
1982 年	平均值	8.6	—	9.4	1.5	42	0.04	0.000	0.000	0.01	0.001	0.000
	最高值	8.8	—	6.7	2.4	94.7	0.28	0.003	0.003	0.07	0.0015	0
	检出率%	—	—	—	—	—	69.8	30.2	20.8	92.3	20.8	0
	超标率%	—	—	—	—	—	0	0	0	3.85	5.66	0
1983 年	平均值	8.7	—	8.5	1.6	40.6	0.03	0.001	0.000	0.009	0.000	0.000
	最高值	8.8	—	6.3	2.8	92.1	0.16	0.004	0.001	0.08	0.0007	0
	检出率%	—	—	—	—	—	70.2	23.4	6.4	53.2	19.1	0
	超标率%	—	—	—	—	—	0	0	0	4.16	0	0

1984年,中卫下河沿断面(入境断面)丰水期水质污染物共监测项目13项,依次为pH、悬浮物、总硬度、耗氧量、溶解氧、氨氮、硝酸盐氮、亚硝酸盐氮、酚、氰、汞、砷、氟,除氰、汞无检出外,砷的检出率为33.33%,其余项目检出率均为100%,超标项目是悬浮物、酚、砷,最高值分别为32430mg/L、0.012mg/L和0.043mg/L,超标率分别为100%、100%和16.67%。

1991年,中卫下河沿断面水质监测共监测项目13项,依次为pH、悬浮物、总硬度、溶解氧、化学需氧量、生化需氧量、氨氮、亚硝酸盐氮、硝酸盐氮、挥发酚、氟化物、砷、六价铬,除pH、总硬度、硝酸盐氮、氟化物、砷不超标外,其余8项均超标。主要污染物(因子)是悬浮物、化学需氧量、生化需氧量、氨氮、挥发酚,年平均值分别为560.67mg/L、17.48mg/L、6.42mg/L、0.529mg/L、0.022mg/L,分别超标2.74倍、0.16倍、0.61倍、0.058倍和2倍,超标率分别为100%、50%、75%、60%和58.33%,综合污染指数1.16,本年度属中度污染。

1991年中卫下河沿黄河水质监测结果统计表

表7-6　　单位:mg/L,pH无量纲

断面	指标＼项目	pH	悬浮物	总硬度	溶解氧	化学需氧量	生化需氧量	氨氮	亚硝酸盐氮	硝酸盐氮	挥发酚	氟化物	砷	六价铬
中卫下河沿全年	总检点个数	12	6	12	12	12	12	10	12	12	12	5	12	10
	平均值	7.59	560.67	8.52	5.97	17.48	6.42	0.529	0.078	0.077	0.022	0.013	0.019	0.026
	超标率%	0.00	100.00	0.00	41.67	50.00	75.00	60.00	8.33	0.00	58.33	0.00	0.00	10.00
	最高值	7.90	703.50	14.44	8.70	36.00	13.30	1.060	0.222	0.155	0.070	0.050	0.025	0.053
	最低值	7.24	384.00	3.28	2.40	1.98	3.70	0.004	0.048	0.008	0.002	0.001	0.014	0.018
	污染指数	0.09	3.74	0.34	0.00	1.17	1.60	1.06	0.52	0.00	4.46	0.07	0.39	0.53
	污染分担率	0.63	26.77	2.44	0.00	8.35	11.50	7.58	3.71	0.03	31.95	0.48	2.78	3.80
	综合污染指数	1.16												

1994年,中卫下河沿断面水质监测项目16项,属V类水,属较重污染。

1994年中卫下河沿黄河水质监测结果统计表

表7-7 单位:mg/L,pH无量纲

断面	项目/指标	pH	悬浮物	总硬度	溶解氧	化学需氧量	生化需氧量	氨氮	亚硝酸盐氮	挥发酚	氰化物	砷	六价铬	氯化物	油类	总铬	硫化物
中卫下河沿全年	总检点个数(个)	27	27	27	27	27	27	27	27	27	27	27	27	27	27	27	27
	平均值	7.82	276.55	93.56	5.97	16.18	10.67	0.031	0.072	0.007	0.001	0.031	0.013	67.23	5.0	0.027	0.129
	超标率(%)	0	88.9	0	22.2	48.1	100	0	3.7	29.6	0	33.3	0	0	—	—	—
	最高值	8.16	485	139.08	8.00	32.0	14.1	0.07	0.315	0.020	0.004	0.072	0.04	150.62	5	0.060	0.235

1995年,中卫下河沿断面水质监测为Ⅳ类,属中度污染级。

1996年,本断面水质监测项目共14项,其中超标项目8项,主要污染因子(物)是pH、悬浮物、化学需氧量、生化需氧量、氨氮、挥发酚、总砷、六价铬,排前3位的是悬浮物、化学需氧量,生化需氧量,年最大平均值分别为266.3mg/L、30.3mg/L、4.63mg/L,超标率依次为66.7%、100%、72.2%,分别超标0.27倍、1.1倍、0.16倍。年度断面水质为劣Ⅴ类,属重度污染级。

1996年中卫下河沿黄河水质监测结果统计表

表7-8 单位:mg/L,pH无量纲

断面	项目/指标	pH	悬浮物	总硬度	溶解氧	化学需氧量	生化需氧量	氨氮	亚硝酸盐氮	硝酸盐氮	挥发酚	氰化物	砷	汞	六价铬
中卫下河沿全年	总检点个数	18	18	18	18	18	18	18	18	18	18	18	18	18	18
	平均值	6.75	266.3	128.5	7.05	30.30	4.63	0.430	0.054	1.448	0.004	0.001	0.019	0.00002	0.031
	超标率%	33.33	66.7	0.0	0.0	100.0	72.2	33.3	0.0	0.0	50.0	0.0	11.1	0.0	22.2
	最高值	6.95	574.0	141.4	7.40	48.00	6.07	1.318	0.099	1.76	0.008	0.002	0.053	0.00002	0.114

1997年,本断面水质监测项目共12项,其中超标项目3项,主要污染因子(物)是悬浮物、化学需氧量、氨氮,由于对中卫下河沿断面和青铜峡断面年最大平均值、年超标率及超标倍数均未分别记述,故对本断面的主要污染因子的测值无法评述。

1998年~1999年,年度断面水质均为Ⅴ类,属重污染级。

2000 年,断面水质监测项目共 21 项,其中超标项目 6 项。主要污染因子(物)为悬浮物、挥发酚、氟化物、总磷、化学需氧量和生化需氧量等。其中,悬浮物超标率为 72.2%,超标 8.97 倍;挥发酚超标率为 66.7%,超标 4.12 倍。年度断面水质为Ⅴ类,属重污染级。

黄河宁夏段青铜峡断面　1979 年,黄河宁夏段青铜峡断面(以下均简称青铜峡断面)水质监测主要监测 PH、总硬度、溶解氧、耗氧量、氯化物、氨氮、酚、氰化物、砷、汞、铬等,本年度该断面水质中酚、氰化物、砷、汞均有检出。1979 年～1983 年污染物年度检出率依次为 66.0%、26.42%、75.47%、35.85%,超标率仅有酚为 11.32% 和汞为 20.75%,为Ⅲ类水,属轻度污染级。

1979 年～1983 年黄河青铜峡断面污染物年度变化统计表

表 7－9　单位:mg/L,pH 无量纲

年度	指标	污染物含量										
		pH	总硬度	溶解氧	耗氧量	氯化物	氨氮	酚	氰化物	砷	汞	铬
1979 年	平均值	8.3		9.8	1.2			0.003	0.001	0.01	0.002	0.000
	最高值	8.5		7.3	1.7			0.006	0.004	0.04	0.009	0
	检出率%							66.0	26.42	75.47	35.85	0
	超标率%							11.32	0	0	20.75	0
1980 年	平均值	8.3		9.5	1.3	43.8	0.06	0.001	0.000	0.01	0.0002	0.000
	最高值	8.6		6.1	3.4	74	0.31	0.006	0.004	0.04	0.001	0
	检出率%						75.6	37.5	10.9	56.3	31.3	0
	超标率%						0	4.69	0	0	0	0
1981 年	平均值	8.5		9.3	1.5	40.3	0.03	0.000	0.001	0.01	0.0001	0.000
	最高值	8.7		6.9	2.8	65.6	0.16	0.002	0.008	0.02	0.0007	0
	检出率%						52.7	21.3	26.7	77.3	32	0
	超标率%						0	0	0	0	0	0
1982 年	平均值	8.6		9.4	1.5	42	0.04	0.000	0.000	0.01	0.001	0.000
	最高值	8.8		6.7	2.4	94.7	0.28	0.003	0.003	0.07	0.0015	0
	检出率%						69.8	30.2	20.8	92.3	20.8	0
	超标率%						0	0	0	3.85	5.66	0

续表

年度	指标	污染物含量										
		pH	总硬度	溶解氧	耗氧量	氯化物	氨氮	酚	氰化物	砷	汞	铬
1983 年	平均值	8.7		8.5	1.6	40.6	0.03	0.001	0.000	0.009	0.000	0.000
	最高值	8.8		6.3	2.8	92.1	0.16	0.004	0.001	0.08	0.0007	0
	检出率%						70.2	23.4	6.4	53.2	19.1	0
	超标率%						0	0	0	4.16	0	0

1984 年，青铜峡断面水质监测实际监测断面为中卫下河沿位置。

1991 年，青铜峡断面水质监测项目有 pH、悬浮物、总硬度、溶解氧、化学需氧量、生化需氧量、氨氮、亚硝酸盐氮、硝酸盐氮、挥发酚、氟化物、砷、六价铬共 13 项，其中超标项目有悬浮物、溶解氧、化学需氧量、生化需氧量、氨氮、挥发酚和六价铬，超标率分别为 75%、41.67%、91.67%、58.33%、22.22%、45.45%和 45.45%，属重污染级。

1991 年青铜峡黄河水质监测结果统计表

表 7－10　　单位：mg/L，pH 无量纲

断面	项目 指标	pH	悬浮物	总硬度	溶解氧	化学需氧量	生化需氧量	氨氮	亚硝酸盐氮	硝酸盐氮	挥发酚	氟化物	砷	六价铬
青铜峡水库全年	总检点个数	12	6	12	12	12	12	9	12	12	11	6	11	8
	平均值	7.60	259.08	8.98	5.81	29.21	6.51	0.324	0.033	0.053	0.15	0.004	0.064	0.013
	超标率%	0.00	75.00	0.00	41.67	91.67	58.33	22.22	0.00	0.00	45.45	0.00	45.45	0.00
	最高值	7.90	387.00	18.70	8.60	43.56	12.90	0.640	0.043	0.095	0.041	0.004	0.153	0.022
	最低值	7.35	138.00	3.76	2.40	11.88	3.45	0.004	0.017	0.012	0.002	0.003	0.025	0.002
	污染指数	0.10	1.73	0.36	0.00	1.95	1.63	0.65	0.01	0.36	3.04	0.07	1.29	0.26
	污染分担率	0.87	15.1	3.14	0.00	17.03	14.24	5.67	0.08	3.14	26.6	0.61	11.27	2.27
	综合污染指数	0.95												

1995 年，青铜峡水库断面水质监测主要污染因子是耗氧有机物、挥发酚，超标率化学需氧量为 59.3%～66.1%、生化需氧量为 33.3%～44.4%、挥发

酚为51.8%,3项年均值超标倍数依次为0.21倍~0.25倍、0.12倍~0.43倍和1.38倍,此外,氨氮超标达2.34倍。根据地面水环境质量分级标准,年度水质类别为劣Ⅴ类,属重污染级。

1996年,断面水质监测项目有14项,其中超标项目8项。超标项目依次为化学需氧量、生化需氧量、悬浮物、pH、氨氮、挥发酚、六价铬、砷,超标率分别为100%、66.7%、55.6%、33.3%、33.3%、33.3%、27.8%、110%,化学需氧量最高值为51.48mg/L,为首要污染因子,悬浮物为371.0mg/L,氨氮为1.84mg/L。年度断面水质类别为劣Ⅴ类,属重污染级。

1996年青铜峡水库黄河水质监测结果统计表

表7-11　　　　单位:mg/L,pH无量纲

断面	项目/指标	pH	悬浮物	总硬度	溶解氧	化学需氧量	生化需氧量	氨氮	亚硝酸盐氮	硝酸盐氮	挥发酚	氰化物	砷	汞	六价铬
青铜峡水库全年	总检点个数	18	18	18	18	18	18	18	18	18	18	18	18	18	8
	平均值	6.72	169.6	125.00	7.20	33.21	4.96	0.551	0.047	1.749	0.004	0.001	0.018	0.00002	0.013
	超标率%	33.3	66.6	0.0	0.0	100.0	66.7	33.3	0.0	0.0	33.3	0.0	11.1	0.0	0.00
	最高值	6.98	371.0	160.40	7.75	51.48	7.62	1.84	0.078	2.290	0.01	0.002	0.054	0.00002	0.022

1997年~1998年,水质类别为劣Ⅴ类,属重度污染。

1998年,本断面水质监测水体主要污染因子(物)为化学需氧量、悬浮物、氨氮、挥发酚和总镉,年均浓度悬浮物为872.1mg/L,总镉为0.008mg/L,挥发酚为0.007mg/L;污染指数悬浮物为5.82,总镉为1.66,挥发酚为1.42,氨氮为0.83。本年度断面水体首要污染因子(物)为化学需氧量。水质类别为劣Ⅴ类,属重度污染。

1999年,本断面水质监测水体主要污染因子(物)为挥发酚、总铅、悬浮物、氨氮、总镉,超标率分别是77.8%、61.1%、50.0%、33.3%、22.2%,最大值超标倍数分别是6.8倍、3.5倍、4.1倍、0.3倍和12.8倍。年度断面水体水质类别为Ⅴ类,属重污染。

1999 年青铜峡水库黄河水质监测结果统计表

表 7 – 12　　　　单位:mg/L,pH 无量纲

断面	项目 指标	pH	悬浮物	总硬度	溶解氧	化学需氧量	生化需氧量	氨氮	亚硝酸盐氮	硝酸盐氮	挥发酚	氰化物	砷	六价铬
青铜峡水库全年	总检点个数	18	18	18	12	18	0	18	12	18	18	18	12	18
	平均值	7.77	875.11	134.17	6.37	26.71	0.00	0.650	0.033	1.174	0.010	0.002	0.004	0.01517
	超标率%	0.00	88.89	0.00	8.33	88.89	0.00	83.33	0.00	0.00	33.33	0.00	0.00	0.00
	最高值	7.94	3808.00	145.86	8.00	100.00	0.00	0.960	0.059	3.680	0.025	0.002	0.006	0.02200
	综合污染指数	1.14												

2000 年,该断面水质监测水体主要污染因子(物)为悬浮物、高锰酸盐指数和总磷,本年度悬浮物比上年升高 3563.0mg/L,高锰酸盐指数比上年升高 1.37mg/L,总磷超标率为 58.3%,超标 0.37 倍。水体水质类别为Ⅳ类,属轻度污染,未达到功能水体要求,是有机污染和总磷污染混合类型。

吴忠古城浮桥断面　1994 年,本断面主要污染因子(物)为悬浮物、化学需氧量、生化需氧量,年平均值分别为 187.89mg/L、17.41mg/L、10.75mg/L,悬浮物不超标,COD、BOD_5 分别超标 1.9 倍、1.7 倍,年超标率分别为 55.6%、62.9%、100%。本年度水体水质类别为 V 类,属较重污染,未达到功能水体要求。

1994 年吴忠古城浮桥黄河水质监测结果统计表

表 7 – 13　　　　单位:mg/L,pH 无量纲

断面	项目 指标	pH	悬浮物	总硬度	溶解氧	化学需氧量	生化需氧量	氨氮	亚硝酸盐氮	挥发酚	氰化物	砷	六价铬	氯化物	油类	总铬	硫化物
吴忠古城浮桥全年	总检点个数(个)	27	27	27	27	27	27	27	27	27	27	27	27	27	27	27	27
	平均值	7.82	187.89	81.69	6.03	17.41	10.75	0.20	0.042	0.003	0.001	0.038	0.053	133.31	5	0.020	0.156
	超标率(%)	0	55.6	0	0	62.9	100	29.6	0	18.5	0	22.2	29.6	22.22	—	—	—
	最高值	8.28	568	117.77	6.70	34.00	13.60	0.65	0.085	0.008	0.003	0.074	0.60	300.00	5	0.[illegible]0	0.380

叶盛黄河大桥断面　1991 年,本断面水质监测水体主要污染因子(物)为

悬浮物、氨氮、石油类、总磷，最高值分别为1260.0mg/L、0.669mg/L、1.41mg/L、0.69mg/L，平均值分别为501.67mg/L、0.39mg/L、0.72mg/L、0.30mg/L，超标率分别为66.7%、38.9%、72.2%和66.7%。悬浮物在丰水期和平水期最高值分别超标7.4倍和5.2倍，污染程度丰水期>平水期>枯水期，总磷丰水期、平水期分别超标1.1倍和3.8倍，污染程度平水期>丰水期>枯水期，综合污染指数为0.51。年度断面水体水质类别为Ⅳ类，属轻度污染。

1995年，本断面水质监测水体主要污染因子（物）为悬浮物、氨氮、总磷，超标率分别为83.3%、72.2%、88.9%，年均值超标分别为53.9、6.2、2.0倍。与上年相比，氨氮升高了2.8倍，其它污染因子（物）无明显变化，综合污染指数为1。本年度断面水体水质类别为Ⅴ类，属轻度污染。

1996年，叶盛黄河大桥断面停止水质监测。

黄河银古公路桥断面　1996年，国家对黄河水环境质量监测国控断面点位认证确定，设黄河银古公路桥断面，宁夏环境监测机构开始对黄河银古公路桥断面进行监测。本年度主要污染因子（物）是悬浮物、总磷、氨氮，年最大平均值分别为14173.11mg/L、1.48mg/L、1.00mg/L，分别超标93.48倍、13.80倍、1.00倍，年超标率分别为100%、100%和88.89%，本年度断面水体水质类别为Ⅴ类，属中度污染。

1998年，本断面水质监测水体主要污染因子（物）是悬浮物、氨氮、挥发酚、石油类，年平均值分别为828.1mg/L、1.733mg/L、0.006mg/L、0.08mg/L，均超标，年超标率分别为100%、66.67%、77.78%、100%，与1997年相比，悬浮物、挥发酚、汞、总磷有所下降，氨氮、石油类、氟化物有所上升。本年度综合污染指数为0.92，水质类别为劣Ⅴ类，属重度污染。

2000年，本断面水质监测项目27项，水体主要污染因子（物）是悬浮物、氨氮、石油类、总磷、总硬度、非离子氨、化学需氧量、生化需氧量、溶解氧、挥发酚、氟化物和高锰酸盐指数等112项，占项目总数的40.7%。其中，悬浮物超标率为88.9%，超标11.2倍；氨氮超标率为66.7%，超标2.16倍。与1999年相比，悬浮物、高锰酸盐指数和总硬度的年平均浓度有所降低，分别降低3778.0mg/L、2.64mg/L和42.56mg/L，总磷、氨氮、生化需氧量、溶解氧和高锰酸盐指数的年平均浓度值均有所升高，分别升高0.237mg/L、0.590mg/L、0.07mg/L、0.05mg/L和0.49mg/L。本年度综合污染指数为劣Ⅴ类，属重度污染。

黄河宁夏段陶乐渡口断面　1986年，陶乐渡口断面水质监测水体主要污染物（因子）是悬浮物、汞、氨氮和生化需氧量（BOD_5），年平均值分别为419.8mg/L、0.0008mg/L、0.56mg/L和2.2mg/L，年超标率分别为94.44%、50.00%、50.00%和16.67%。悬浮物污染程度以丰水期为重，枯水期次之，平水期为轻；汞丰水期最高值达0.0028mg/L，超标4.6倍；氨氮和BOD_5的污染程度平水期>枯水期>丰水期。本年度断面污染类别为Ⅳ类，属轻污染。

1986年~1990年，悬浮物污染是逐年加重，砷每年均有检出，但自1989年度以后均有超标，1989年度丰水期最高超标率为100%；而1990年度各水期超标率均为100%，最大值为0.128mg/L，超标倍数达2.2倍。氨氮污染有逐年增加的趋势。

1991年，断面水质监测水体主要污染因子（物）是悬浮物、氨氮，超标率分别为83.3%、77.8%，悬浮物在不同水期的最高值不同，丰水期为1243mg/L、平水期为1125mg/L、枯水期为593mg/L，分别超标7.29倍、6.5倍、2.9倍，污染程度丰水期>平水期>枯水期。年度断面污染类别为Ⅳ类，属轻度污染级。与1990年相比，悬浮物年平均值降低了0.53倍，最大值降低了0.59倍；亚硝酸盐氮平均值升高1.65倍，最大值升高25.5倍。

1995年，断面水质监测水体主要污染因子（物）是悬浮物、化学需氧量、氨氮和石油类，悬浮物平均值为3976mg/L，超标率分别为100%、41.7%~72.2%、91.7%~100%和66.7%~100%，年均值超标倍数分别为5.4倍~25.5倍、0.29倍~0.73倍、0.69倍~1.29倍和4.18倍~7.0倍，其他因子无明显变化。本年度断面污染类别为Ⅴ类，属中度污染级。

1996年，断面水质监测水体主要污染因子（物）是悬浮物、氨氮，年平均值分别为1141.9mg/L和0.75mg/L，年平均值超标倍数为6.61倍和0.5倍，超标率分别为100%和66.7%，本年度断面污染类别为Ⅳ类，属轻度污染级。与1995年相比，悬浮物由3976mg/L下降至1142mg/L，降幅明显。

2000年，断面水质监测水体主要污染因子（物）是悬浮物、氨氮、高锰酸盐指数、石油类，本年度断面污染类别为Ⅴ类，属重污染级。与1999年相比，悬浮物、石油类、总硬度和生化需氧量的年平均浓度值均有所下降，分别降低

210、0.01、79.03 和 0.10mg/L；氨氮、亚硝酸盐氮、总铅、总镉、六价铬、氟化物和高锰酸盐指数的年平均浓度值均有所上升，分别升高 0.552mg/L、0.013mg/L、0.02mg/L、0.002mg/L、0.004mg/L、0.12mg/L 和 0.32mg/L。

1996 年～2000 年超标项目共 15 项，总磷、氨氮和石油类超标率分别为 88.9%、81.1% 和 71.3%，5 年均值超标倍数分别为 3.44 倍、1.33 倍、2.40 倍，总硬度在 1999 年～2000 年略有超标。首要污染因子是总磷、石油类、氨氮，污染负荷比分别为 25.89%、19.80% 和 13.57%，占总污染负荷比的 59.26%，水质为Ⅴ类，与 1995 年相比污染相当。

1986 年黄河陶乐渡口断面水质监测结果统计表

表 7－14　　　　　　　　　　　　　　　　　　　　单位：mg/L，pH 无量纲

时期	指标＼项目	pH	SS	总硬度	DO	BOD_5	NH_3-N	NO_2-N	NO_3-N	酚	硫化物	氰化物	砷	六价铬	汞	综合污染指数	污染级别
枯水期	平均值	8.46	426.2	137.2	6.9	2.3	0.52	0.032	1.8		0.09	0	0.009	0.004	0	0.79	轻污染
	超标率%	50	100	0	0	33.33	50	0	0			0	0	0	0		
	最高值超标倍数	0.1	3.16			0.2	0.5										
	污染指数	0.96	2.84	0.55	0.78	0.77	1.04	0.32	0.18			0	0.23	0.2	0		
丰水期	平均值	8.32	579.9	127	6.9	2.1	0.21	0.016	1.02	0	0.51	0.001		0	0.0019	1.13	中污染
	超标率%	0	100	0	0	0	0	0	0	0		0			100		
	最高值超标倍数		4.15												4.60		
	污染指数	0.82	3.87	0.51	0.85	0.7	0.42	0.16	0.1	0		0.02			3.8		
平水期	平均值	8.22	195.8	168	8.09	2.4	1.09	0.038		0.001		0				0.87	轻污染
	超标率%	0	83.33	0	0	16.67	100	0				0					
	最高值超标倍数		0.70			0.1	1.3			0							
	污染指数	0.72	1.3	0.67	0.71	0.8	2.18	0.38		0.2		0					
全年统计	平均值	8.35	419.8	141.5	7.2	2.2	0.56	0.028	1.45	0.001	0.28	0	0.009	0.002	0.0008	0.79	中污染
	超标率%	20	94.44	0	0	16.67	50	0	0	0		0	0	0	50		
	最高值超标倍数	0.1	4.15			0.2	1.3								4.6		
	污染指数	0.85	2.8	0.57	0.76	0.73	1.12	0.28	0.15	0.2		0	0.23	0.2	1.6		

1991 年黄河陶乐渡口水质监测结果统计表

表 7 - 15　　单位：mg/L，pH 无量纲

项目 指标	pH	悬浮物	总硬度	溶解氧	化学需氧量	生化需氧量	氨氮	亚硝酸盐氮	硝酸盐氮	挥发酚	氰化物	六价铬	氟化物	大肠菌群（个/L）
总检点个数	18	18	18	18	18	18	18	12	6	18	12	18	18	18
平均值	8.09	709.09	13.97	7.41	2.83	3.23	0.813	0.159	2.767	0.002	0.003	0.004	0.432	5856
超标率%	0	83.33	0.01	0	0	5.56	77.78	8.33	0	0	0	0	0	17
最高值	8.25	1243	15.75	9.84	4.78	6.01	1.59	1.25	3.23	0.007	0.01	0.016	0.51	23800
综合污染指数	0.76													

1996 年黄河陶乐渡口水质监测结果统计表

表 7 - 16　　单位：mg/L，pH 无量纲

项目 指标	pH	悬浮物	总硬度	溶解氧	化学需氧量	生化需氧量	氨氮	亚硝酸盐氮	硝酸盐氮	挥发酚	氰化物	砷	六价铬	铅	镉	石油类	电导率	氟化物	铜
总检点个数	18	18	18	18	18	18	18	18	18	18	16	17	18	18	18	7	18	6	6
平均值	8.39	1141.9	146.5	7.22	4.29	1.74	0.75	0.106	2.49	0.008	0.009	0.01	0.006	0.025	0.003	0.1		0.678	0.034
超标率%	50	100	0	0	22.2	0	66.7	16.7	0	16.6	0	0	0	5.6	16.7			0	0
最高值	8.6	3200	160.9	8.9	8.2	3	1.75	0.298	3.42	0.104	0.023	0.041	0.013	0.059	0.011	0.1	48	0.82	0.06

1996 年 ~2000 年黄河陶乐渡口水质监测结果统计表

表 7 - 17　　单位：mg/L，pH 无量纲

项目 指标	pH	悬浮物	总硬度	溶解氧	高锰酸盐指数	生化需氧量	氨氮	亚硝酸盐氮	硝酸盐氮	挥发酚	氰化物	总砷	六价铬	总铅	总镉	石油类	电导率（μs/cm）	氟化物	总磷	总铜	大肠菌群（个/L）
总检点个数	84	90	90	90	90	89	90	90	90	90	76	89	90	84	84	61	76	72	18	6	15
平均值	7.21 ~ 8.39	1482.39	217.79	6.64	4.21	2.32	1.164	0.081	2.672	0.004	0.007	0.018	0.011	0.02	0.002	0.17	248.95	0.667	0.444	0.034	4733
超标率%	10.7	98.9	25.6	4.4	6.7	7.9	81.1	8.9	0	16.7	0	1.1	2.2	3.6	4.8	71.3		12.5	88.9	0	0
最高值	8.6	8130	701.14	9.7	8.9	11	5.78	0.298	6.36	0.104	0.023	0.59	0.075	0.059	0.011	1.201	590	1.77	1.02	0.06	9600
综合污染指数	27.04（含 pss）																				
综合污染指数	17.15（不含 pss）																				

黄河宁夏段石嘴山渡口断面　1987 年,断面水质监测水体主要污染因子(物)是悬浮物、COD 和氨氮,年平均浓度值为 654.80mg/L、35.80mg/L 和 0.82mg/L,年超标率分别为 100%、100% 和 40%,悬浮物污染程度为丰水期 >平水期,COD 污染是平水期 > 丰水期,氨氮污染为平水期 > 枯水期 > 丰水期,本年度断面综合污染指数为 1.60,属中污染级。

1988 年,断面水质监测水体主要污染因子(物)是悬浮物、COD 和氨氮,年平均浓度值为 1914.0mg/L、7.05mg/L 和 0.64mg/L,年超标率分别为 100%、100% 和 76.01%。本年度断面综合污染指数为 1.48,属中污染级。

与 1987 年相比,主要污染物各水期污染程度有所加重。

1988 年黄河石嘴山渡口断面水质监测结果统计表

表 7－18　单位:mg/L,pH 无量纲

项目/指标	pH	SS	总硬度	DO	COD	BOD_5	NH_3-N	NO_2-N	NO_3-N	酚	氰化物	砷	六价铬	汞
总检点个数	6	9	9	9	3	1	9	9	9	9	9	9	9	3
平均值	8.51	1914	109.47	6.94	7.05	2.19	0.64	0.0227	2.75	0.001	0.004	0.008	0.002	0.00025
超标率%	50	100	0	38.11	100	0	76.01	0	0	0	0	0	0	0
最高值	8.7	2809	175	10.51	10.19	2.19	1.04	0.014	3.46	0.001	0.027	0.025	0.002	0.00025
综合污染指数	1.48													

黄河宁夏段出境(麻黄沟)断面　1979 年,断面水质监测水体主要污染因子(物)是酚、砷、汞,年平均值分别为 0.002mg/L、0.01mg/L 和 0.0022mg/L,年检出率分别为 48.8%、78.0% 和 36.6%,年超标率分别为 14.63%、9.26% 和 21.95%。

1980 年,断面水质监测水体主要污染因子(物)是氨氮、酚、氰化物、砷、汞,年平均值分别为 0.08mg/L、0.001mg/L,氰化物无平均值,砷 0.01mg/L、汞 0.0002mg/L,年检出率分别为 80%、63.9%、13.1%、75.1% 和 37.7%,年超标率氨氮、酚、氰化物无超标,砷超标率为 3.28%、汞为 11.48%。年度断面污染负荷比(a)分别为 8.99%、22.35%、0%、30.73% 和 27.93%,综合污染指数为 1.79,属中度污染级。

1981 年~1983 年为轻度污染。

1984 年,断面水质监测水体主要污染因子(物)是 pH、悬浮物、耗氧量、溶解氧、氨氮、酚,年平均值分别为 8.43mg/L、893.2mg/L、62.11mg/L、6.25mg/L、0.692mg/L、0.03mg/L,年超标率分别为 60%、100%、100%、40%、60% 和 66.67%%。年度断面污染负荷比(a)氨氮为 14.45%,酚为 80.61%;综合污染指数为 13.15,属较重污染级。

1989 年,断面水质监测水体主要污染因子(物)是悬浮物、化学需氧量、生化需氧量、氨氮、砷,年平均值分别为 1128.6mg/L、6.18mg/L、2.03mg/L、0.92mg/L和 0.049mg/L,年超标率分别为 100%、75.00%、33.33%、88.89%和 44.44%。各水期污染程度悬浮物为丰水期 > 平水期 > 枯水期,氨氮为平水期 > 枯水期 > 丰水期,COD 为丰水期 > 平水期,而砷为丰水期 > 枯水期 > 平水期。年度断面综合污染指数为 1.30,属中污染级。

1990 年,断面水质监测水体主要污染因子(物)是悬浮物、COD、BOD_5、砷和汞,年平均值分别为 1497.0mg/L、4.63mg/L、38.10mg/L、0.122mg/L 和 0.0006mg/L,年超标率分别为 100%、66.67%、38.1%、100% 和 61.54%。悬浮物污染为平水期 > 枯水期,砷为枯水期 > 平水期,COD 为平水期枯水期。年度断面综合污染指数为 1.34,属中污染级。

1991 年~1994 年为中污染级。

1995 年,断面水质监测水体主要污染因子(物)是悬浮物、氨氮、亚硝酸盐氮、生化需氧量,悬浮物年平均值为 967.28mg/L、氨氮为 1.15mg/L,亚硝酸盐氮、生化需氧量年平均值分别超标 1.3 倍和 0.12 倍,与 1994 年相比,亚硝酸盐氮从 0.088mg/L 升至 0.349mg/L,升高了 2.97 倍,其他因子无明显变化。年度断面属Ⅴ污染级。

1996 年,国控断面点位认证,麻黄沟断面改为河滨小区断面,水质监测水体主要污染因子(物)是悬浮物、氨氮,年平均值分别为 2239.28mg/L 和 0.98mg/L,分别超标 13.93 倍和 0.97 倍,年超标率分别为 100% 和 66.67%。与 1995 年相比,悬浮物平均值由 967.97mg/L 升高到 2239.28mg/L,氨氮由 1.5mg/L 下降到 0.98mg/L,其他因子无明显变化。本年度断面综合污染指数为Ⅳ,水质类别属污染级。

2000 年,断面水质监测水体主要污染因子(物)是悬浮物、氨氮、总磷、石油类、生化需氧量、总硬度、总铅、亚硝酸盐氮、溶解氧、挥发酚、高锰酸盐指数和总镉共12项超标，其中悬浮物超标率为100%、氨氮为100%、石油类为66.7%，超标倍数悬浮物9.1倍、氨氮3.2倍、石油类3.06倍。与1999年相比，悬浮物、氨氮、石油类、总硬度和高锰酸盐指数均有明显下降，生化需氧量、总铅、亚硝酸盐氮和总镉的年平均浓度值均有所上升。年度断面水质类别为劣Ⅴ类。

“九五”期间，本断面水质除1996年为Ⅳ类外，1997年~2000年均处于Ⅴ类或劣Ⅴ类水体。

1979年~1983年黄河石嘴山出境断面污染物年度变化统计表

表7－19　　单位：mg/L，pH无量纲

年度	指标	污染物含量									
		pH	总硬度	溶解氧	耗氧量	氯化物	氨氮	酚	氰化物	砷	汞
1979年	平均值	8.3		9.2	1.5			0.002	0	0.01	0.0022
	最高值	8.5		7.1	2.1			0.009	0.004	0.08	0.016
	超标率%							14.63	0	9.76	21.95
1980年	平均值	8.3		8.8	1.4	67.4	0.08	0.001	0	0.01	0.0002
	最高值	8.5		5.9	2.7	160.7	0.36	0.004	0.004	0.05	0.0014
	超标率%						0		0	3.28	11.48
1981年	平均值	8.5		8.8	1.5	57.4	0.03	0.000	0.001	0.01	0.0001
	最高值	8.7		7.1	2.8	99.5	0.16	0.006	0.008	0.03	0.001
	超标率%						0	5.6	0	0	0
1981年	平均值	8.6	129	8.6	1.5	53.9	0.05	0	0	0.01	0.0001
	最高值	8.7	158	6.6	2.5	69.6	0.47	0.003	0.003	0.03	0.0008
	超标率%						0	0	0	0	0
1983年	平均值	8.5	140	8.2	1.6	52.3	0.03	0	0	0.07	0.0001
	最高值	8.7	216	6.6	2.3	82.7	0.16	0.002	0.001	0.03	0.0008
	超标率%						0	0	0	0	0

1990 年黄河宁夏出境断面水质监测结果统计表

表 7－20　　　　　　　　　　　　　　　　　　单位：mg/L，pH 无量纲

指标＼项目	pH	SS	总硬度	DO	COD	BOD_5	NO_2^--N	NO_3^--N	酚	氰化物	砷	镉	六价铬	铅	汞
总检点个数	16	12	12	11	15	21	6	6	14	16	21	19	19	21	13
平均值	8.21	1497.0	145.4	7.74	4.63	2.48	0.06	2.46	0.0016	0.0036	0.122	0.0013	0.0031	0.0284	0.0006
超标率%	12.05	100	0	0	66.67	38.10	0	0	0	0	100	0	0	4.76	61.54
最高值	8.59	1959	230.4	8.89	7.71	4.5	0.06	2.81	0.003	0.0092	0.193	0.00184	0.009	0.0624	0.0009
综合污染指数	1.34														

清水河

清水河是黄河水体的一级支流，从源头到沈家河水库主要使用功能是生活、农业用水，此外还接纳工业废水和生活污水；从沈家河水库以下至入黄河口，主要使用功能为接纳工业废水和生活污水、泄洪。

1973 年～1976 年，宁夏卫生部门对清水河及一排水沟等 15 条排水沟的 5 项毒物（汞、砷、酚、六价铬、氰化物）进行监测。

1973 年～1976 年黄河主要支流 5 项毒物检出情况

表 7－21

	检出情况				超标情况	
	样品数（个）	检出数（个）	检出率（%）	检出范围（mg/L）	超标样品数（个）	占检出样品的%
汞	257	4	1.6	0.0009～0.0020	0	0
砷	256	207	80.5	0.0010～0.2400	16	7.7
酚	257	47	18.3	0.0010～0.7010	8	17.0
六价铬	257	4	1.6	0.0620～1.0200	3	75.0
氰化物	257	35	13.6	0.0005～0.1040	1	2.8

支流各种毒物的检出率与干流无明显差别，但超标率除汞、砷外，其余 3 类毒物明显高于干流。尤其是受纳银川市城市、工厂废水的第四排水沟，各项毒物的检出率及超标率更为明显地高于其他支流。

清水河1988年开始第一次例行监测，其水质矿化度为4.9g/L，全程共设4个断面，即拖配厂断面、皮革厂断面、沈家河水库断面和三营断面。

拖配厂断面　该断面1988年主要污染指数是溶解氧，年平均超标率为50%。

1989年主要污染指标为汞、溶解氧、pH、氨氮、硝酸盐氮、挥发酚和镉，年超标率分别为33.33%、66.67%、55.56%、33.33%、22.22%、33.33%和50%。汞污染出现在枯水期，平均值为0.025mg/L，最大值超标49倍；溶解氧除在枯水期外其他水期超标率均为100%，最小值为0.31mg/L，超标2.17倍；pH值枯水期和丰水期超标率分别达100%和66.67%；氨氮枯水期超标率达100%，最高值1.13mg/L，超标1.26倍；硝酸盐氮污染出现于枯水期和平水期，超标率为33.33%；挥发酚污染仅出现于枯水期，超标率为100%；镉污染出现于枯水期、丰水期，超标率均为100%。

1990年主要污染指标为悬浮物、镉、氨氮、pH值，年超标率分别为62.5%、100%、50%、44.44%。悬浮物污染为丰水期>枯水期>平水期；镉污染，平均值为0.0055mg/L，超标1.1倍，各水期超标率为100%；氨氮污染出现于丰水期和平水期，以丰水期严重；pH值各水期均超标，污染以平水期>丰水期>枯水期；COD和溶解氧污染出现在枯水期，超标率为33.33%，最高值分别为13.39mg/L和2.76mg/L，超标倍数分别为2.35倍和4.86倍。

“八五”期间，对清水河水质监测断面设置与1988年开始第一次例行监测时的相同。

1991年，该断面主要污染指标为pH值、悬浮物、总硬度、COD、大肠菌群，超标率分别为33.3%、22%、55.5%、44.4%和44.4%。平水期该断面严重缺氧，溶解氧年平均值为0.67mg/L，大肠菌群丰、枯水期最高值均为23800个/L，超标均为1.38倍，污染程度丰水期=枯水期>平水期。与1990年相比，1991年氨氮平均值降低了0.88倍，最高值降低了0.78倍；亚硝酸盐氮平均值降低了0.97倍，最高值降低了0.97倍。

1995年，该断面pH、大肠菌群有超标现象，但年均值不超标，其它均不超标。

“九五”期间，该断面超标项目共6项，以2000年污染最为严重，总硬度、氨氮、亚硝酸盐氮年超标率均为100%。1996年～1999年除溶解氧、大肠菌群年均值有超标现象外，其余项目均不超标。

1996 年～1999 年除溶解氧、大肠菌群，基本符合功能水体的要求，2000 年水质未达到功能水体的要求。“九五”期间水质变化趋势分析，该断面监测项目年际变化规律不明显。2000 年总硬度、氨氮、亚硝酸盐氮年均超标率均为 100%，与 1995 年相比，2000 年悬浮物、氨氮、亚硝酸盐氮、总硬度分别上升了 4.6 倍、24.2 倍、7.9 倍和 0.5 倍，水质呈无机氮污染和细菌污染。

皮革厂断面 1988 年，主要污染指标为 COD、BOD_5、氨氮、亚硝酸盐氮和 pH 值，年超标率除氨氮为 83.33% 外，其余均为 100%，COD 污染为丰水期 > 平水期，其他主要污染均为平水期 > 丰水期。

1990 年，主要污染指标为氨氮、硝酸盐氮和悬浮物，年超标率分别为 55.56%、33.33% 和 87.50%；其次为 DO（溶解氧）、COD 和 BOD_5，年超标率分别为 11.11%、66.67% 和 66.67%。氨氮及硝酸盐氮污染为丰水期 > 平水期 > 枯水期；悬浮物污染为枯水期 > 平水期 > 丰水期；DO、COD、和 BOD_5 污染为平水期 > 丰水期 > 枯水期。

1995 年，该断面主要污染指标为 pH、悬浮物、COD、BOD_5、亚硝酸盐氮、挥发酚、氟化物、大肠菌群。年均值超标分别为 0.07 倍、0.07 倍、1.9 倍、2.0 倍、0.73 倍、2.2 倍、0.08 倍和 1.3 倍，超标率分别为 71.4%、57.1%、100%、100%、71.4%、42.8%、100%、100%。与 1994 年相比，挥发酚从 0.014mg/L 降至 0.006mg/L，95 年比 1994 年降了 1.33 倍。

“九五”期间，该断面超标项目共 9 项，高锰酸盐指数、BOD_5、氨氮、亚硝酸盐氮、大肠菌群平均值超标，总超标倍数分别为 17.9 倍、25.7 倍、1.8 倍、1.3 倍、1.4 倍，超标率分别为 90%、96.7%、66.7%、59.9%、100%，氟化物年均值均接近标准。

“九五”期间首要污染因子是 BOD_5，其次为 COD、氨氮、亚硝酸盐氮、溶解氧、悬浮物，水质均为劣Ⅴ类，均未达到功能水体要求。水质呈有机污染、无机氮污染。

与 1995 年相比，BOD_5、悬浮物、亚硝酸盐氮、氨氮、总硬度明显上升，分别上升 11.3 倍、2.9 倍、1.4 倍、2.7 倍、1.1 倍，污染加重。

沈家河水库入口断面 1988 年～1989 年，主要污染指标为 COD、BOD_5、氨氮和亚硝酸盐氮。1989 年镉超标率为 66.67%。

1990 年仅监测枯水期水质，主要污染指标为悬浮物、BOD_5 和镉，超标率分别为 66.67%、33.33% 和 100%。COD、硝酸盐氮及铜均有超标。

沈家河水库出口断面　1988 年～1989 年，主要污染指标为氨氮、硝酸盐氮、pH、COD 和 BOD_5，其污染程度为平水期 > 丰水期 > 枯水期。

1990 年对枯水期进行水质监测，主要污染指标为镉和 pH，超标率分别为 100% 和 66.67%。

1995 年，主要污染指标是 pH、氟化物、大肠菌群，超标率分别为 71.4%、85.7% 和 86%，年均值超标分别为 0.05、0.04 和 1.1 倍。

“九五”期间，该断面超标项目共 10 项，氨氮、高锰酸盐指数、BOD_5 从 1997 年～2000 年均超标，超标率分别为 40%、60.0% 和 56.7%，超标倍数分别为 0.6、1.2 和 1.4 倍，大肠菌群五年间均值均超标，总超标率为 80%。5 年首要污染因子是 BOD_5，其次为 COD、氨氮、悬浮物，污染负荷比分别为 23.56%、21.58%、15.60%、10.82%，水质为劣Ⅴ类水，均未达到功能水体的要求，呈有机污染、无机氮污染。BOD_5、氨氮、亚硝酸盐氮、总硬度明显上升，分别是 1995 年的 5.1 倍、15.4 倍、2.6 倍和 0.8 倍。

三营断面　主要使用功能为泄洪等，1990 年开始水质例行监测。主要污染指标为 BOD_5、COD、氨氮、镉、总硬度和 pH，年超标率除 COD 和总硬度为 50%，其余均为 100%。

1991 年，该断面枯水期基本干涸，主要污染指标为悬浮物、总硬度、COD、BOD_5、挥发酚、氯化物和大肠菌群，超标率分别为 66.7%、100%、33.3%、33.3%、33.3%、33.3% 和 100%，悬浮物平、丰水期最高值分别为 435mg/L 和 836mg/L，超标 1.9 倍和 4.57 倍。COD 平水期最高值为 142.76mg/L，超标 9.59倍，大肠菌群丰、平水期最高值均为 23800 个/L，超标 1.38 倍。

1995 年，该断面主要污染指标与 1994 年相同，超标率除挥发酚为 83.3% 外，其余均为 100%，年平均值分别超标 2.25 倍、23.49 倍、14.71 倍、9.32 倍和 1 倍。与 1994 年相比，污染相当。

“九五”期间，该断面超标项目共 12 项，其中高锰酸盐指数、BOD_5、大肠菌群年均值均超标，五年总超标率分别为 93.3%、93.3% 和 90%，总超标倍数分别为 11.8 倍、8.8 倍和 1.3 倍。五年间首要污染指标是化学需氧量，其次为生化需氧量、悬浮物、氨氮，污染负荷比分别为 43.79%、33.78%、8.30%、

3.47%，占89.34%，参加评价的其他污染指标单项污染指数小于或等于1。水质为劣Ⅴ类水，均未达到功能水体的要求。水质呈有机污染、无机氮污染。5年间，六价铬年际变化有明显上升的趋势。与1995年相比，生化需氧量、亚硝酸盐氮下降0.47、0.64倍，悬浮物、总硬度上升1.2倍和1.7倍。

茹　河

茹河是泾河的一级支流，是黄河的二级支流。主要使用功能是生活、农业用水。1991年，宁夏环境保护部门开始对其进行水质监测，共设2个断面，均执行Ⅱ类标准。

古城断面　1991年，主要污染指标为pH、悬浮物、COD、挥发酚、氯化物、大肠菌群，超标率分别为50%、100%、33%、33%、66.6%、66.6%，悬浮物枯、丰、平三水期分别为3907mg/L、414mg/L、920mg/L，超标分别为25.1倍、1.76倍、5.13倍；挥发酚平水期污染最重，最高值为0.021mg/L，超标9.5倍。

1995年，该断面主要污染指标为悬浮物和大肠菌群，其他年均值均不超标。

“九五”期间该断面超标项目共8项，首要污染指标是悬浮物，1996年～1998年分别超标2.63倍、1.11倍和1.11倍，1999年和2000年不超标。其余项目除去大肠菌群、总硬度个别年份超标外，其它项目均不超标，“九五”期间悬浮物的污染负荷比为28.85%，1996年～1998年水质属Ⅱ类水，1999年～2000年为Ⅴ类或劣Ⅴ类水，未达到功能水体要求。与1995年比较，悬浮物下降了0.89倍，总硬度上升0.8倍。

彭阳水文站断面　1991年，主要污染指标为pH、悬浮物、总硬度、COD、挥发酚、氯化物、氟化物、大肠菌群，超标率pH为33%，挥发酚、氯化物、氟化物均为66%，大肠菌群为83%，其余3项均为100%，悬浮物丰、平、枯水期最高值分别达到5618mg/L、26955mg/L和44930mg/L，超标36倍、178倍和298倍，枯水期悬浮物是全区各水体同类污染物最高值，挥发酚超标19.5倍。

1995年，主要污染因子是悬浮物、COD、亚硝酸盐氮、氟化物、大肠菌群，年均值超标7.01倍、0.05倍、1.24倍、0.2倍和1.4倍，超标率分别为100%、66.7%、16.7%、100%和100%，与1994年相比，亚硝酸盐氮年均值由0.071mg/L升至0.224mg/L，升高了2.15倍。其他污染指标与上年污染程度相当。

“九五”期间，该断面超标项目共13项。其中，悬浮物、氟化物、大肠菌群5年超标倍数分别为4.65倍、0.14倍和1.06倍。总超标率分别为66.7%、73.4%和83.3%。首要污染因子是悬浮物，污染负荷比为47.63%，2000年首要污染因子是总硬度，依次为氨氮、亚硝酸盐氮、总镉、氯化物。

“九五”期间，水质未达到功能水体要求，呈无机盐类污染，亚硝酸盐氮年际变化有明显上升趋势。与1995年相比，氨氮、总硬度上升7.9倍和1.1倍；悬浮物、亚硝酸盐氮分别下降0.96倍和0.47倍。

第二节　排水沟

1973年~1976年，宁夏卫生部门对一排水沟、二排水沟、三排水沟、四排水沟、五排水沟、银新干沟、中干沟、反帝沟、青中干沟、永二干沟、山水沟、清水沟、灵武东沟、南河子沟、北河子沟等水质进行监测，受纳银川市城市、工厂废水的第四排水沟，各项毒物检出率及超标率更为明显地高于其他支流。

1979年~1983年，宁夏环保、水利部门主要对境内第一、第二、第三、第四、第五排水沟和清水沟、东排水沟、四干二沟、银新沟等水质进行监测。1984年，宁夏环保部门主要监测的排水沟为四二干沟、银新干沟、第二、第三、第四、第五排水沟和大武口沟。1985年，银川市环境监测站对四二干沟、银新干沟、第二排水沟和第四排水沟水质进行了监测。1986年~1990年，宁夏环保部门监测的排水沟有四二干沟、银新干沟、灵武东沟、吴忠清水沟、第二、三、四、五排水沟、大武口沟、十二分沟、三二支沟、中卫四排水沟。1991年~1992年只监测四二干沟、银新干沟、第三、第五排水沟等4条，1993年~1995年增加了对吴忠清水沟和灵武东沟的监测。至2000年底，宁夏环保部门独立监测的主要排水沟有6条，其中银川市2条，石嘴山市2条，吴忠市2条，污水均排入黄河。排水沟主要功能是接纳工业废水、生活污水、农田退水和少量灌溉，均执行V类标准。各排水沟监测以入黄河口断面为主进行。各沟的监测项目、频次、评价标准基本上是一致的。

四二干沟

四二干沟主要接纳银川市工业废水和生活污水。

1980年~1981年，宁夏环境监测中心站对银川市五大排水沟（湖）即银新干沟、第二排水沟和四二、三一支沟和宁大湖污染现状调查，各排水沟均设4个采样点，宁大湖设3个采样点，各采样点均为14项。1981年对2年中该沟酚、砷、氨氮、溶解氧、COD、pH进行分析，均超标，特别是氨氮和COD、pH超标率近50%～100%。氨氮超标率为97%～100%。

根据1983年监测结果，各排水沟均受到氨氮、酚、氰化物和砷等有毒有害物质的污染，尤以氨氮和酚为突出。检出率是100%，酚的检出率40%～100%，四二干沟受到的污染最为严重。其中，四二干沟新城断面氨氮平均值为52.73mg/L，超标9.5倍，最高值达160mg/L，超标21倍多。酚最高值0.031mg/L，超标5.2倍。从监测结果看，氨氮和酚的平均浓度值、最高浓度值都随着水体流动方向逐渐增大。1984年，该断面共设监测断面3个，分别为罗家庄九队、八里桥、入黄口，对排水沟的监测频率、监测项目及分析方法和水质评价标准与同期对河流监测的基本相同，只是采用的评价标准略有差别。

1985年主要污染物为氨氮、亚硝酸盐氮、挥发酚和汞，与1984年相比，氨氮污染加重，最大值和平均值均大幅度提高，超标率由66.7%增至95.2%，酚的污染情况稍有提高。

“七五”期间，该干沟沿程设银巴公路桥、石油站、宁城村和安渠五队4个监测断面。

1986年，各断面主要污染物排前两位仍是氨氮、亚硝酸盐氮，其次为COD、BOD_5和铜。污染时段特点：悬浮物污染以丰水期为重；COD、BOD_5和铜污染以枯水期>平水期>丰水期；氨氮、亚硝酸盐氮污染则为枯水期>丰水期>平水期。

1990年，共设银巴公路桥、宁城村和安渠五队3个断面。宁城村和安渠五队两断面主要污染物为氨氮、亚硝酸盐氮、COD、BOD_5。各断面最低超标率氨氮为100%，其余均为50%以上，污染严重，氨氮最大超标89倍。宁城村断面丰水期六价铬污染严重，超标率100%。

“八五”期间，四二干沟共设4个监测断面，即银巴公路桥断面、宁城村断面、安渠五队断面和入黄口断面。

1995年，四二干沟除银巴公路桥断面外，其他3个断面主要污染因子均为悬浮物、氨氮、COD、BOD_5、总磷，超标率分别为50%～83.3%、100%、50%

~66.7%、16.7%~100%、3.3%~50%，年均值超标分别为悬浮物0.51倍~41.1倍，污染最严重的是入黄口断面；COD超标0.16倍~0.67倍；$BOD_5$0.37倍~1.2倍；氨氮19.9倍~33.7倍，污染最严重的均是宁城村断面；总磷超标0.51倍~2.0倍，污染最严重的是安渠五队断面。

"九五"期间，四二干沟入黄口超标项目共13项。其中，氨氮、BOD_5、悬浮物、总磷、高锰酸盐指数、总硬度总超标率分别为96.7%、70%、50.3%、57.1%、73.3%和21.4%，分别超标12.87、3.46、1.68、0.94、0.52和0.16倍。水质劣于Ⅴ类水，未达到国家Ⅴ类水质标准。污染类型为有机污染、无机盐类污染。水质变化趋势分析，挥发酚、六价铬虽未超标，但年际变化呈小幅上升趋势。与1995年相比，氨氮、悬浮物下降了0.27倍和0.91倍，但BOD_5和总磷上升了2.23倍和0.73倍。

银新干沟

银新干沟使用功能主要是接纳工业废水和生活污水、农田排水。

自治区环境监测中心站专业技术人员正在采集水样。

1980年和1981年，宁夏环境监测中心站设4个采样点，监测频次、项目等均与四二干沟相同，对其酚等14个项目进行监测分析，超标率：氨氮是100%和97%、COD是100%和83%、溶解氧是62%和75%、酚是65%和64%。

1983年，银新干沟共设5个监测断面，即郭家庄、八里桥上、八里桥下、贺兰造纸厂、潘昶监测断面。1984年后，银新干沟均设3个监测断面，即罗家庄九队、八里桥和入黄口监测断面。"九五"期间，主要以入黄口断面为主进行评价。

1983 年银新沟水质监测结果统计

表 7－22　　单位：mg/L，pH 无量纲

时期	项目 指标	pH	总硬度	氨氮	氯化物	酚	氰	砷	汞	六价铬
郭家庄	总检点次数	10	10	10	10	10	10	10	10	10
	平均值	7.7	165	33.4	87.2	0.005	0.002	0.007	0	0
	检出率(%)			100	100	80	40	70		
	超标率(%)	0		80	0	30	0	0	0	0
	最高值	8.4	297	92	99.3	0.019	0.012	0.02	0	0
	最高值出现日期	7.15	3.5	12.16	7.15	3.5	12.16	3.5		
八里桥上	总检点次数	10	10	10	10	10	10	10	10	10
	平均值	709	429			3.78	808	0.002	0.003	0.002
	检出率(%)			100	100	50	30	20		
	超标率(%)	0	40	10	40	10	0	0	0	0
	最高值	8.4	880	16	1980	0.007	0.024	0.01	0	0
	最高值出现日期	4.15	12.16	12.61	10.16	12.16	6.15	4.15		
八里桥下	总检点次数	10	10	10	10	10	10	10	10	10
	平均值	7.4	252	7.8	395	0.022	0.001	0.001	0	0
	检出率(%)			100	100	60	30	10		
	超标率(%)	0	30	40	40	50	0	0	0	0
	最高值	7.8	460	22	1060	0.071	0.002	0.01	0	0
	最高值出现日期	6.15	10.16	3.5	10.16	3.5	11.15	10.16	0	0
贺兰造纸厂	总检点次数	10	10	10	10	10	10	10	10	10
	平均值	7.7	261	4.92	355	0.056	0.001	0.003	0	0
	检出率(%)			100	100	100	50	30		
	超标率(%)	0	40	40	40	60	0	0	0	0
	最高值	8.3	398	15	713	0.189	0.004	0.01	0	0
	最高值出现日期	4.15	12.16	3.5	4.15	3.5	4.15	5.15		

续表

时期	项目 指标	pH	总硬度	氨氮	氯化物	酚	氰	砷	汞	六价铬
潘昶	总检点次数	8	8	8	8	8	8	8	8	8
	平均值	7.7	236	1.85	255	0.036	0.001	0.001	0	0
	检出率(%)			100	100	75	37.5	12.5		
	超标率(%)	0	25	12.5	25	25	0	0	0	0
	最高值	8.0	426	6.1	596	0.165	0.002	0.01	0	0
	最高值出现日期	5.15	12.15	12.15	12.15	10.15	12.15	10.15		

根据1983年水质监测结果，银新干沟污染物沿程分布主要是酚和氨氮的浓度变化比较大，其变化规律是氨氮在上游浓度最高，郭家庄断面的平均值是33.4mg/L，随着水流方向逐渐降低，到八里桥下断面由于接纳老城区废水又有所上升，至潘昶断面最低为1.85mg/L；酚，由于沿途接纳各处所排废水，变化规律是随着水流方向浓度逐渐增大。

1985年，银新干沟主要污染物是氨氮、挥发酚和汞。其中，酚在入黄河口的最高值达0.228mg/L，超标44.6倍，氨氮超标率达100%，且平均值也超标几十倍。与上年比较，氨氮污染严重，最高值、平均值提高较大，汞的污染有所加重。

1990年主要污染物为COD、BOD_5、DO、氨氮和悬浮物，最低超标率分别为50%、33.33%、25%、100%、50%。入黄口断面挥发酚仍为主要污染指标。

"八五"期间，银新干沟，罗家庄九队断面在枯水期基本干涸，主要污染物为BOD_5、COD、氨氮、石油类、总磷、悬浮物等，其中BOD_5超标率为25%~100%、COD超标率为25%~100%、氨氮超标率为100%、石油类超标率1991年、1992年为100%、总磷超标率除1992年未列入外，其余4年为25%~100%、悬浮物超标率除1990年、1993年未列入内，其余3年为50%~100%。

"九五"期间，银新干沟入黄口断面超标项目共16项，首要污染因子是氨氮，其次为悬浮物、BOD_5、高锰酸盐指数和总磷。总超标率分别为100%、83.3%、95.1%、97.4%和79.8%，五年平均值超标倍数分别为11.50、6.76、5.53、4.11和2.89倍。水质为劣Ⅴ类水，未达到国家Ⅴ类水标准，污染类型为有机污染、无机盐类污染。水质变化趋势分析结果表明：总硬度、BOD_5 有明显上升趋势，石油类、氟化物有明显的下降。

2000 年与 1995 年相比，氨氮下降了 0.41 倍，悬浮物、BOD_5、总磷上升了 0.33、0.91 和 1.70 倍。

第三排水沟

第三排水沟使用功能为农业排水、接纳工业废水和城市生活污水，部分兼有景观功能。

从 1978 年开始由宁夏水利部门对该沟进行连续性监测至 1983 年，主要监测项目为 pH 等 11 项，其中被检出有统计记录的为 pH、总硬度、氯化物、氨氮、酚、氰化物、砷，1983 年选择了能反映水质污染状况、数据系统性、可比性较好的氨氮、酚、氰、砷、汞和六价铬等 6 个参数进行水质评价，酚平均值在 1980 年出现高峰。氰化物自 1980 年后下降，1983 年又有所上升。

1978 年 ~ 1983 年第三排水沟达家梁子断面污染物年度变化统计表

表 7 - 23　　单位：mg/L，pH 无量纲

年度	指标	污染物含量						
		pH	总硬度	氯化物	氨氮	酚	氰化物	砷
1978 年	平均值	7.7	279	436		0.014	0.004	0.002
	最高值	7.9	320	903		0.058	0.010	0.01
	检出率(%)			100.0		60.0	80.0	20.0
	超标率(%)			80.0		40.0	0.0	0.0
1979 年	平均值	7.7	252	348		0.004	0.003	0.000
	最高值	8.3	310	440		0.011	0.008	
	检出率(%)			100.0		60.0	60.0	
	超标率(%)			80.0		40.0	0.0	
1980 年	平均值	8.1	383	598		0.044	0.005	0.003
	最高值	8.8	1420	2430		0253	0.008	0.02
	检出率(%)			100.0		57.0	86.0	14.0
	超标率(%)			42.9		28.6	0.0	0.0

续表

年度	指标	污染物含量						
		pH	总硬度	氯化物	氨氮	酚	氰化物	砷
1981 年	平均值	8.1	228	370	1.4	0.000	0.001	0.000
	最高值	8.6	252	468	3.0	0.001	0.002	
	检出率(%)			100.0	100.0	20.0	40.0	
	超标率(%)			60.0		0.0	0.0	
1982 年	平均值	8.1	228	332	10.50	0.002	0.000	0.003
	最高值	8.2	320	440	49.00	0.006		0.008
	检出率(%)			100.0	100.0	80.0		60.0
	超标率(%)			60.0	20.0	20.0		0.0
1983 年	平均值	8.1	220	367	2.22	0.002	0.001	0.000
	最高值	8.3	300	454	6.1	0.007	0.002	
	检出率(%)			100.0	00.0	40.0	80.0	
	超标率(%)			80.0	25.0	20.0	0.0	

通过评价分析,第三排水沟这一时段的综合污染指数为 1.76,属中度污染。主要污染物酚、氨氮的最高检出值分别超标 1.4 倍和 1.22 倍,污染负荷比分别为 56.82% 和 42.05%。

“七五”期间,该干沟主要污染物 COD、BOD_5、氨氮和亚硝酸盐氮,个别时段石油类、悬浮物、pH 均有不同程度的超标。其中,COD 的超标率为 100%,BOD_5 的超标率均在 50% 以上,个别断面为 100%,污染严重。

1991 年,该沟主要污染因子为总硬度、悬浮物、氨氮、COD 和氟化物,不同断面总硬度超标率从 50% 到 100%,悬浮物的超标率从 25% 到 50%,氨氮从 25% 到 100%。1992 年,该沟 3 个断面主要污染因子除悬浮物、总硬度、COD、氨氮为各断面的共同因子外,大肠菌群、亚硝酸盐氮为不同断面的不同污染因子,悬浮物超标率从 50% 升至 66.67%、总硬度从 75% 降至 66.67%、COD 从 25% 上升至 100%、氨氮两个断面的超标率均为 100%。1995 年,该沟 3 个断面的共同污染因子是悬浮物,超标倍数从 1.17 倍上升至 3.1 倍。威镇七队桥断面和惠农园艺桥断面除悬浮物外,氨氮、COD、BOD_5 的超标率分别为

80% ~100%、40%、40% ~75%。惠农园艺桥断面(第三排水沟入黄河口断面),1995 年主要污染因子氨氮 7.22mg/L,与 1991 年该断面 17.07mg/L 相比,有较明显下降,但与 1994 年 1.02mg/L 相比,升高了 6.1 倍。

"九五"期间,第三排水沟入黄河口断面,超标项目共 12 项,首要污染因子是氨氮,其次是高锰酸盐指数、悬浮物、BOD_5,超标率分别为 92.6%、65.4%、80.8%和66.7%,五年均值分别超标 13.1 倍、1.68 倍、1.25 倍和1.01 倍,水质为劣Ⅴ类,未达到国家要求的Ⅴ类水标准,水质污染类型为无机氮污染和有机污染。水质变化趋势分析,悬浮物、BOD_5、氨氮年际变化有明显上升趋势,其中 BOD_5 上升幅度较大,总砷年际变化有明显下降,且下降幅度较大。与 1995 年相比,氨氮、悬浮物、BOD_5 上升了 0.92 倍、0.26 倍和 1.41 倍。

第五排水沟

第五排水沟使用功能以农业排水为主,沿途还接纳了平罗县姚伏镇、惠农县城生活污水和一部分企业排放的工业废水。从 1978 年开始由宁夏水利部门对其进行连续性监测至 1983 年,列入污染物年度变化统计表的有 11 项,其中被检出有统计记录的有 pH、总硬度、氯化物、氨氮、酚、氰化物、砷,氯化物检出率是 100%,超标率 40% ~100%;酚的检出率 16% ~60%;氰化物有四年检出;氨氮有后 3 年检出,检出率在 80% ~100%;砷只有 1981 年和 1982 年检出。第五排水沟主要是氯化物含量高,砷在 1982 年出现了一个高峰。通过评价分析,第五排水沟综合污染指数为 0.29,属尚清洁。主要污染物酚的污染负荷比为 68.97%,氨氮为 31.03%。

1978 年 ~1983 年第五排水沟熊家庄断面污染物年度变化统计表

表 7 -24 单位:mg/L,pH 无量纲

年度	指标	污染物含量							
		pH	总硬度	氯化物	氨氮	酚	氰化物	砷	六价铬
1978 年	平均值	7.9	370	701		0.003	0.001	0.000	0.000
	最高值	8.0	516	1070		0.010	0.004		
	检出率(%)			100		60.0	40.0		
	超标率(%)			100		20.0	0		

续表

年度	指标	污染物含量							
		pH	总硬度	氯化物	氨氮	酚	氰化物	砷	六价铬
1979年	平均值	8.0	310	504		0.001	0.001	0.000	0.000
	最高值	8.5	570	110		0.004	0.002		
	检出率(%)			100		20.0	40.0		
	超标率(%)			80.0		0	0		
1980年	平均值	8.0	297	514		0.001	0.000	0.000	0.000
	最高值	8.3	536	1110		0.005			
	检出率(%)			100		16.7			
	超标率(%)			83.3		0			
1981年	平均值	7.9	268	429	0.50	0.000	0.001	0.002	0.000
	最高值	8.2	449	936	1.1	0.002	0.004	0.01	
	检出率(%)			100	100	20.0	60.0	20.0	
	超标率(%)			40.0	0	0	0	0	
1982年	平均值	8.0	300	483	0.38	0.000	0.000	0.006	0.800
	最高值	8.2	505	1090	1.42	0.001		0.01	
	检出率(%)			100	80.0	20.0		80.0	
	超标率(%)			60.0	0	0		0	
1983年	平均值	8.0	264	428	0.31	0.001	0.000	0.000	0.000
	最高值	8.1	359	759	0.61	0.002	0.001		
	检出率(%)			100	100	40.0	20.0		
	超标率(%)			100	0	5	0		

1984年,石嘴山市环境监测站对所属区域地表水进行了监测,对第五排水沟水质监测列18项污染物中检出有11项,分别为pH、悬浮物、总硬度、耗氧量、溶解氧、氨氮、硝酸盐氮、亚硝酸盐氮、汞、镉、铅,其中除氨氮和铅的检出率为75%外,其余9项均为100%;超标率pH、溶解氧为25%,镉、铅为33.33%,耗氧量为100%。与1983年相比,酚的平均值和最高值下降趋势比较大,可满足地面水水质标准,汞的污染程度有所减轻,未出现超标,铅的污

染加重,指标增加,镉有检出,且有超标。

1986年,第五排水沟主要污染物为BOD_5、石油类、悬浮物和总硬度,年超标率分别在75%、50%、16.67%和66.67%以上。其中,石油类出现于出口断面(良繁场大桥)枯水期,最高值为1.22mg/L,超标1.44倍。1990年,仅在枯水期对各断面水质进行了监测。入口断面主要污染物为COD、石油类、砷、总硬度和pH,超标率分别为100%、100%、50%、100%和50%;出口断面主要污染物为BOD_5和总硬度,超标率均为100%,COD、pH和砷也超标,超标率均为50%。该沟入口断面1990年与1986年相比,相对污染加重。出口断面1990年与1988年相比,污染程度逐年减轻。

"八五"期间,第五排水沟出口(良繁场大桥)断面主要污染物为悬浮物、总硬度和氨氮,1991年超标率分别为33.3%、66.6%和33.3%,而1995年前2项的超标率分别为60%~100%和40%~75%。与1994年相比,良繁场大桥的悬浮物由238.75mg/L升至1642mg/L,升高了5.9倍。

"九五"期间,第五排水沟超标项目共10项,首要污染物是悬浮物,其次是高锰酸盐指数、总硬度,超标率分别为70.4%、55.6%和66.7%,5年平均值分别超标1.4倍、1.1倍和0.3倍。水质污染类型为有机污染、无机盐污染,为劣V类水,未达到国家要求的V类水标准。水质变化趋势分析,总铅年际变化有明显较大幅度上升,其余项目年际变化不明显。与1995年相比,悬浮物上升了0.62倍,总硬度下降了0.75倍。

灵武东排水沟

灵武东排水沟使用功能为农业排水、接纳工业废水等。1978年~1983年,由水利部门对其进行监测,"七五"期间该沟沿程共设有3个断面,由银南地区环境监测站负责监测。"八五"、"九五"期间全部为环保部门监测,"九五"期间主要以入黄口断面进行水质现状评价和变化趋势分析。

1978年开始水质监测的项目有酚、氰化物、砷、汞和六价铬,其中汞和六价铬1978年~1983年均无检出,1979年、1980年监测项目除上述5项外,增加了pH、总硬度和氯化物,1982年又增加了对氨氮的监测,从东排水沟史家壕断面污染物年度变化看出,酚、砷均有检出,酚的超标率在20%~40%之间;砷无超标;氰化物除1982年未检出外,其余5年均有检出,但无超标;氯化物1979年~1983年检出率为100%,超标率在16.7%~40%;氨氮1981年~

1983 年检出率为 100%，但无超标。该沟综合污染指数为 2.54，属中度污染级。主要污染物酚，最高检出值超标 4 倍，污染负荷比为 86.61%。

1978 年～1983 年东排水沟史家壕断面污染物年度变化统计表

表 7－25　　单位：mg/L，pH 无量纲

年度	指标	污染物含量						
		pH	总硬度	氯化物	氨氮	酚	氰化物	砷
1978 年	平均值					0.007	0.007	0.004
	最高值					0.024	0.015	0.02
	检出率(%)					60.0	60.0	20.0
	超标率(%)					40.0	0	0
1979 年	平均值	7.8	222	233		0.012	0.000	0.002
	最高值	8.2	350	652		0.054	0.001	0.01
	检出率(%)			100		60.0	20.0	20.0
	超标率(%)			20.0		40.0	0	0
1980 年	平均值	7.8	257	254		0.011	0.001	0.003
	最高值	8.2	393	638		0.048	0.004	0.01
	检出率(%)			100		50.0	17.0	33.3
	超标率(%)			16.7		33.3	0	0
1981 年	平均值	7.8	274	262	0.23	0.010	0.002	0.004
	最高值	8.2	365	454	0.53	0.046	0.004	0.01
	检出率(%)			100	100	60.0	40.0	40.0
	超标率(%)			40.0	0	20.0	0	0
1982 年	平均值	7.5	233	215	0.10	0.007	0.000	0.007
	最高值	7.8	348	528	0.16	0.030		0.012
	检出率(%)			100	100	80.0		60.0
	超标率(%)			20.0	0	20.0		0
1983 年	平均值	7.4	217	220	0.62	0.006	0.000	0.004
	最高值	7.6	342	553	1.5	0.020	0.002	0.01
	检出率(%)			100	100	60.0	20.0	40.0
	超标率(%)			20.0	0	40.0	0	0

1986 年，银南地区环境监测站只监测了该沟的丰水期水质，主要污染物为 COD、酚、石油类和氯化物，超标率分别在 100%、33.33%、100% 和 100% 以上。该沟Ⅱ断面主要污染物还有镉、铜，超标率均在 66.67%。Ⅲ断面主要污染物还有 BOD_5、氨氮和亚硝酸盐氮，超标率均为 100%。

1990 年，主要污染物为挥发酚、悬浮物、总硬度、DO（溶解氧）、COD、BOD_5 和氨氮，最低年超标率在 66.67%、100%、50%、100%、100%、100%、33.33%。氨氮污染仅出现于Ⅱ、Ⅲ两断面，枯水期 > 平水期。挥发酚最高值为 0.39mg/L，超标达 38 倍。1991 年，该断面水质主要污染物是悬浮物、COD、BOD_5 和氨氮。除氨氮在 2 个断面超标率在 50% ~ 83.3% 外，其他 3 项在 3 个断面的超标率均为 100%。各断面综合污染指数分别为 1.25、1.27、1.33。属以有机污染为主之类型。1994 年对该沟进行监测，主要污染物与 1991 年相同。1995 年，主要污染物是 COD、BOD_5 和氯化物，超标率分别为 66.7%、44.4% ~ 55.6% 和 50%。与上年相比，氯化物普遍升高 1.84 倍 ~ 2.95 倍。"九五"期间，主要污染物共 11 项，首要污染因子是 COD，其次是 BOD_5、氨氮、悬浮物和氟化物。超标率分别为 90.9%、90%、77.3%、72.7% 和 75%，5 年均值分别超标 4.96 倍、3.26 倍、3.14 倍、2.13 倍和 0.65 倍。污染类型为有机污染、无机盐类污染，水质为劣Ⅴ类水，未达到国家要求的Ⅴ类水标准。

2000 年与 1995 年相比，除氟化物外，其他 4 项分别上升了 0.21 倍、0.49 倍、0.13 倍和 0.78 倍。

吴忠清水沟

清水沟现状使用功能为农业排水，接纳吴忠市等地的工业及城市废污水，部分兼有景观功能。

1978 年 ~ 1983 年，对吴忠清水沟水质监测主要由水利部门进行，主要监测断面是新华桥断面，监测项目共有 9 项，其中氨氮 1978 年 ~ 1980 年无统计数据，汞和六价铬均为零，pH 和总硬度的检出率和超标率均为零，只有氯化物、氨氮、酚、氰化物和砷有不同时段的检出率和超标率。氯化物，1978 年 ~ 1983 年检出率均为 100%，超标率为 20% ~ 42.9%；氨氮，1981 年 ~ 1983 年检出率为 60% ~ 100%，但无超标率；酚，检出率为 60% ~ 100%，超标率除 1978

年其他5年在40%～57.1%之间；氰化物，除1982年外，其他5年的检出率为14.3%～40%，无超标现象或超标率为零；砷，1978年～1982年的检出率为14.3%～100%，无超标现象或超标率为零。

1986年，宁夏环境监测部门对该沟进行定期监测。1986年，对该沟仅限于丰水期进行水质监测，Ⅰ断面的挥发酚，平均值为1.347mg/L，超标133.7倍，最高值为1.92mg/L，超标191倍，且氰化物、砷和六价铬、COD、BOD_5超标率均达100%，汞、铜、石油类、氨氮、亚硝酸盐氮、硝酸盐氮等超标亦严重，均在33.33%和66.67%以上。Ⅱ断面和Ⅲ断面的主要污染物，如悬浮物、总硬度、COD、BOD_5、挥发酚、石油类、氰化物、镉、铜、六价铬和汞等均污染严重。1990年，主要污染物为悬浮物、总硬度、溶解氧、COD、BOD_5、氨氮、亚硝酸盐氮和挥发酚，超标率均在50%以上，其中BOD_5最高值为688mg/L，超标136.6倍。挥发酚最高值为1.28mg/L，超标127倍。"七五"期间，清水沟水质污染非常严重，已成宁夏之最，挥发酚超标数百倍，COD亦超标数十倍以上，属典型有机物污染类型。各水期均污染严重，多年综合污染指数高达14.55，属重污染级。

1978年～1983年清水沟新华桥断面污染物年度变化统计表

表7－26　　单位：mg/L，pH无量纲

年度	指标	污染物含量						
		pH	总硬度	氯化物	氨氮	酚	氰化物	砷
1978年	平均值	7.7	334	368		0.002	0.003	0.014
	最高值	8.2	830	1190		0.004	0.010	0.04
	检出率(%)			100		75.0	40.0	80.0
	超标率(%)			20.0		0	0	0
1979年	平均值	7.9	318	345		0.062	0.000	0.006
	最高值	8.4	780	1050		0.290	0.002	0.01
	检出率(%)			100		80.0	20.0	60.0
	超标率(%)			20.0		40.0	0	0

续表

年度	指标	污染物含量						
		pH	总硬度	氯化物	氨氮	酚	氰化物	砷
1980 年	平均值	7.8	475	625		0.098	0.001	0.001
	最高值	8.1	841	1250		0.357	0.004	0.01
	检出率(%)			100		71.4	14.3	14.3
	超标率(%)			42.9		57.1	0	0
1981 年	平均值	8.1	391	496	0.54	0.047	0.000	0.002
	最高值	8.6	822	1290	2.1	0.213		0.01
	检出率(%)			100	80.0	100		20.0
	超标率(%)			40.0	0	40.0		0
1982 年	平均值	7.9	365	415	0.28	0.036	0.001	0.007
	最高值	8.2	836	1200	0.83	0.159	0.004	0.012
	检出率(%)			100	60.0	80.0	20.0	100
	超标率(%)			40.0	0	40.0	0	0
1983 年	平均值	8.0	332	404	0.41	0.008	0.000	0.000
	最高值	8.4	723	1110	0.77	0.031	0.002	
	检出率(%)			100	100	60.0	20.0	
	超标率(%)			40.0	0	40.0	0	

1991 年,清水沟主要污染物为悬浮物、COD、BOD_5、氨氮,是该沟 3 个断面的共同物。另外,在Ⅰ断面(高闸乡韩桥断面)主要污染物还有挥发酚和六价铬。各断面污染物前 3 项超标率均为 100%,氨氮在 50% 以上,挥发酚和六价铬的超标率分别为 100% 和 75%。该沟 3 个断面共同污染物 4 项的综合污染指数分别为 5.96、1.41、2.10,属以有机污染为主的类型。1995 年,主要污染物是 COD、BOD_5、氨氮、挥发酚、氯化物,超标率前 4 项均在 66.7% ~100%,氯化物在 33.3% ~50%,除氯化物外,其他 4 项在高闸乡韩桥断面污染最严重。

"九五"期间,超标项目共 10 项,首要污染因子是悬浮物,其次是 COD、BOD_5、氨氮和挥发酚。超标率分别为 77.3%、90.9%、90%、68.2% 和 40%。

五年均值分别超标15.85倍、10.96倍、6.47倍、2.31倍和0.42倍。水质为劣Ⅴ类水，未达到国家要求的Ⅴ类水标准，污染类型为有机污染、无机盐类污染。水质变化趋势分析：总砷年际变化有明显上升趋势，且幅度较大，其余项目年际变化规律不明显。2000年与1995年相比，悬浮物、COD、BOD_5和氨氮分别上升3.22、0.32、0.34和0.84倍。

上述排水沟分布在工业集中的黄灌区，污染程度直接取决于沿沟分布的工业污染源的排放量。各沟中主要污染物种类与沿沟分布的工业污染源和城市污水中污染物种类有直接关系。此外，排水沟水质状况还受控于逐年增加的化肥、农药施用量的农田退水污染。

第三节　湖泊水质

宁夏湖泊众多，尤以银川平原为甚。宁夏湖泊有3种类型：一是黄灌区内由灌渠及农田退水形成的湖泊，如平罗县的明水湖、前进湖，惠农的燕窝池等；第二类是黄河改道形成的湖泊，如陶乐县的月牙湖；第三类系在盐池台地低洼处积水形成，此类湖泊由于长期蒸发形成盐湖，如盐池县的花马湖。

宁大湖

宁大湖主要承纳宁夏大学、自治区党委、宁夏亚麻纺织厂、自治区人民医院、银川柴油机厂等单位的生活污水及工业废水。枯水期水面缩小，夏季芦苇等植物繁茂。1981年，宁夏环境保护研究所（宁夏环境监测中心站）3期采样，设入口、湖中、出口3个采样点，检测湖水污染比较严重，其中酚、氨氮、亚硝酸盐氮、溶解氧、耗氧量超标率都在50%以上，最高达94%。最高超标倍数：酚1.6倍、砷0.2倍、氨氮4倍、亚硝酸盐氮1.5倍、COD0.64倍。综合污染指数：枯水期入口1.1、湖中0.83、出口1.08；丰水期入口0.72、湖中0.26、出口0.42；平水期入口1.24、湖中0.68、出口0.58，全年入口1.02、湖中0.59、出口0.72。1983年，宁大湖检出了砷、氰化物、酚、铬、汞、铅、镉等有毒有害物质，其中酚最高值超标7.8倍。1984年主要以COD、溶解氧、酚、亚硝酸盐氮等污染为主，而且氨氮和油等仍有超标现象。氨氮基本上维持1983年水平，但超标情况稍有加重；酚、汞、砷的污染较1983年有所下降，砷未出现超标情况；铅、六价铬超标现象较上年略有升高；亚硝酸盐氮污染程度加剧较大，平均值、最高值和超标率均有一定程度的增加。1985年,宁大湖以COD、溶解氧、氨氮、酚和油的污染较为严重,其中一部分有不同程度的超标现象。与1984年比较,氮污染加重,超标现象有所提高,最高值和年均值也有所提高。酚的污染有所加重,超标现象有所提高;六价铬、油的污染有所减轻。

1985年宁大湖水质监测成果表

表7-27　　单位:mg/L,pH无量纲

项目 指标	pH	总硬度(德国度)	悬浮物	耗氧量	溶解氧	氨氮	硝酸盐氮	亚硝酸盐氮	挥发酚	氰化物	汞	六价铬	铅	铜	油
总检点个数	8	8	8	8	8	8	8	8	8	7	8	8	5	3	8
平均值	8.66	11.1	26.4	59.2	3.4	9.8	0.36	0.101	0.018	0.006	0.0004	0.01	0.002	0.017	2.58
检出率(%)	100	100	100	100	100	100	100	87.5	87.5	57.1	62.5	87.5	20	66.7	75
超标率(%)	62.5			100	87.5	100	0	37.5	87.5	0	25	0	0	66.7	75
最高值	9.2	15.4	103	102.9	0.5	15.6	0.54	0.262	0.027	0.021	0.0016	0.015	0.01	0.03	4.67
最低值	7.8	6.4		17.1	8.8	6.4	0.08								
最高值出现日期	3月22日	11月14日	3月22日	3月22日	3月21日	11月14日	8月19日	8月20日	3月24日	8月20日	11月14日	11月14日	3月24日	3月24日	3月24日

明水湖

1983年,宁夏环境监测机构对明水湖进行pH、总硬度、溶解氧、耗氧量、氨氮、亚硝酸盐氮、硝酸盐氮、酚、汞、六价铬、氟、铅、镉共13项检测,其中氨氮、酚、汞、氟的检出率为100%,酚最高值超标39倍。硝酸盐氮和铅的检出率为33%。除氟超标100%外,其余项目不超标。

1984年,pH、悬浮物、总硬度、耗氧量、溶解氧、硝酸盐氮、亚硝酸盐氮检出率为100%,氨氮、汞、镉检出率为75%,酚、铅检出率为25%。pH、耗氧量(COD)超标率为100%,溶解氧为50%、悬浮物为25%。从监测结果分析,明水湖水质状况比较好,基本能够满足地面水水质标准。1984年,镉有检出,酚的污染较1983年有所好转。

沙　湖

位于石嘴山市平罗县境内,湖泊面积8.2平方公里,是宁夏境内最大的湖泊。20世纪70~80年代使用功能主要为渔业养殖,现状使用功能为渔业养

殖、旅游。沙湖自开发旅游业以来,水质日趋恶化,整个湖体总磷、总氮时有超标。1990 年前执行国家《地面水环境质量标准》(GB3838—83)的二级标准,1990 年～1999 年执行国家《地面水环境质量标准》(GB3838—88)三级标准。2000 年执行国家《地面水环境质量标准》(GBZB1—1999)三类标准。

1983 年,对沙湖水质中氨氮等 18 项污染物指标进行监测,其中氨氮、硝酸盐氮、亚硝酸盐氮、酚、汞、氟等均有检出,氨氮、亚硝酸盐氮、酚、氟检出率 100%,硝酸盐氮检出率 66%,汞为 50%;超标率仅有汞为 50%。

1986 年,沙湖主要污染物为 BOD_5 和硝酸盐氮,年超标率分别为 100% 和 33.33%。

1990 年主要污染物为 COD 和总硬度,年超标率均为 100%。

1986 年～1990 年,综合污染指数从 1.37～2.13～1.48～0.73～0.73,从趋势分析看,污染程度有逐年下降趋势。主要污染物 BOD_5 的 5 年平均值变化亦是下降的。

1995 年,主要污染物是 pH、悬浮物、总硬度、溶解氧、COD、氨氮、氰化物,超标率分别是 100%、66.7%、100%、66.7%、100% 和 50%。沙湖渡船区总磷、总氮最大值超标 30 倍,游泳区大肠菌群超标。

"九五"期间,沙湖监测资料不完整。1996 年,沙湖主要污染物 pH 和高锰酸盐指数有超标现象。pH 达到 9,高锰酸盐指数年平均值 6.50mg/L。1997 年主要污染物高锰酸盐指数年平均值 8.81mg/L,超标率 100%,总砷超标率为 25%。

2000 年,沙湖水质已出现富营养化趋势,水质中首要污染物为总磷,出现超标的项目有总磷、氟化物、氨氮、总镉、溶解氧、总铅、总氮、高锰酸盐指数。总磷年均值 0.286mg/L,年超标率 50%,最大值超标 13.16 倍;总硬度、高锰酸盐指数、氨氮、总镉、氟化物超标率均为 100%;溶解氧、总铅超标率为 50%;总氮监测值为 0.54mg/L,超标 0.8 倍;高锰酸盐指数均值 7.88mg/L,最大超标倍数 0.01。1998 年～2000 年,超标率较高的项目有高锰酸盐指数、氨氮、总磷、氟化物,尤其是氨氮、总磷、氟化物呈上升趋势,水质均未达到功能水体的要求。沙湖由于补水期间接纳第三排水沟的部分农田退水、生活污水和工业废水,同时受旅游业的影响,水质受到一定的污染,造成水体部分监测项目未能达到Ⅲ类水质标准。

西 湖

1997 年,宁夏环境监测机构开始对西湖进行监测,共监测项目 21 项。1997 年,主要污染物是总硬度、氨氮、总镉、氟化物和总磷,平均值分别为 369.64mg/L、0.822mg/L、0.004mg/L、1.464mg/L 和 0.18mg/L,超标率分别为 100%、33.3%、33.3%、50% 和 50%。

1998 年主要污染物是总硬度、氨氮和氟化物,平均值分别为 444.42mg/L、0.776mg/L 和 1.476mg/L,超标率分别为 100%、33.3% 和 50%。

1999 年主要污染物是总硬度、氟化物,平均值分别为 856.61mg/L、0.973mg/L和 1.56mg/L,超标率分别为 100%、100% 和 50%。

2000 年,主要污染物是 pH、总硬度、高锰酸盐指数、氨氮、氟化物、总磷,平均值分别为 8.54mg/L、890.3mg/L、7.40mg/L、1.711mg/L、1.29mg/L 和 0.115mg/L,超标率分别为 50%、100%、50%、50%、50% 和 50%。

西湖的主要污染物是总硬度和氨氮。1997 年 ~ 2000 年水质均未达到功能水体的标准。

银 湖

位于银川中山公园之中,是历史上形成的积水湖泊。1999 年 ~ 2000 年,银川市环境监测部门对其划分为荷花湖、中湖和东湖进行水质监测,监测项目 22 项。

荷花湖,1999 年主要污染物为总硬度、高锰酸盐指数、氨氮和非离子氨,平均值分别为 247.84、0.983 和 0.075mg/L,超标率分别为 66.7%、50%、66.7%、33.3%;2000 年主要污染物为悬浮物、总硬度、高锰酸盐指数和氨氮,平均值分别为 94、262、6.2 和 1.658mg/L,超标率总硬度为 75%,其余 3 项均为 50%。

中湖,1999 年超标 5 项,主要是总硬度、BOD_5、氨氮、非离子氨和石油类,平均值分别为 228.07、5.09、1.185、0.109 和 0.32mg/L,超标率分别为 33.3%、50%、66.7%、50% 和 50%;2000 年超标 5 项,主要是总硬度、高锰酸盐指数、氨氮和总磷,超标率除总硬度为 25% 外,其余均为 50%。

东湖,1999 年超标 4 项,主要是总硬度、高锰酸盐指数、氨氮和非离子氨,平均值分别为 433.37、6.33、0.692 和 0.095mg/L,超标率除氨氮为 66.7% 外,其余 3 项均为 33.3%;2000 年超标 3 项,主要是高锰酸盐指数、氨氮和非离子氨,平均值分别是5.25、1.714和0.165mg/L,超标率均为50%。

银湖主要污染物是总硬度和氨氮,按照国家城市定量考核的五项指标(pH、高锰酸盐指数、非离子氨、色度和透明度)来衡量。1999年~2000年,水质基本达到城市定量考核要求。

第四节　农田灌溉水质

宁夏川区(中北部)主要依靠渠系灌溉农田。1983年开始,银川市环境监测站对青铜峡河西灌区唐徕渠丰水期的水质进行每年一次的采样监测分析,成为宁夏环境监测机构对引黄灌溉渠道监测的唯一一条灌溉渠道。截至1990年,共监测8年,监测断面仅设在银川市区西门桥。

1983年~1984年,唐徕渠主要受到酚、六价铬、COD和油的污染,其中以COD污染较为严重,超标率达100%。1984年与1983年相比,水质污染有所加剧,特别是酚的污染增长较快,1983年酚含量在检出限以下,1984年检出率达50%,超标率也增至50%;油的超标率达100%。1985年,唐徕渠主要受COD、氨氮、挥发酚和油的污染。其中,以氨氮的污染较为严重,超标率达100%,与1984年相比,有所加重。COD的污染明显好转,超标率从100%下降至33.3%,挥发酚和油的污染也有不同程度的好转。

1986年主要污染物为悬浮物、BOD_5、COD、氨氮和铜,年超标率分别为66.67%、100%、66.67%、50%和50%。由于渠道枯水期基本上不引水,因此亦无监测,悬浮物、氨氮污染均为丰水期>平水期,铜污染出现在丰水期。

1987年主要污染物为悬浮物,超标率达100%,其次为铜,超标率亦为100%。悬浮物污染为丰水期>平水期。

1988年~1990年首要污染物均为悬浮物,超标率均为100%;亚硝酸盐氮超标率1989年为50%,1990年增至100%;氨氮超标率1989年为50%,1990年为75%;铅和铜超标率仅有1989年各为50%。从5年监测结果看,悬浮物和氨氮的污染程度均为丰水期>平水期。

第五节　集中式水源地水质

宁夏生活饮用水,根据水源种类及取水方式,可分为以下几种:以地下水为水源的井水、泉水、自来水;以地面水为水源的河水、塘(坝)水。此外,在干旱缺水地区,尚有窖水这一特殊类型的生活饮用水。井水是宁夏主要生活饮用水水源,占全区生活饮用水水源的51.85%。泉水主要分布于山区,主要存积于石质山岩构造的中、低山周围的洪积地带和黄土丘陵、断层沟壑。宁夏尚未发现喷泉,主要是溢泉及自流泉,多为浅层潜水。

宁夏供生活饮用的河水主要是黄河。沟水多为泉水在山沟中经流形成。河(沟)及塘(坝)水均为地面水,卫生防护较差,水质不良,饮用此类水源者不多。窖水系在地下筑窖以承接雨水或储雪备用。按收水方式大致可分为场水窖、沟水窖和引水窖3种。

2000年全区各类生活饮用水的类别及数量

表7-28 单位:t

	合计	井水				窖水	河水	泉水	沟水	坝水	自来水
		大口井	手压井	小口井	机井						
数量	158854	24440	52067	5005	850	68884	976	6002	90	33	507
%	100.00	15.38	32.78	3.15	0.54	43.36	0.61	3.78	0.06	0.02	0.32

宁夏处于华北地区和祁连地槽之间的交替地带,结构体系多样,既有纬向构造体系、经向构造体系,又有扭动构造体系。古老的南北古右脊梁构造控制东缘地区;新华夏系控制着贺兰山和宁夏平原,陇西系控制南部山区并波及卫宁平原。这种格局决定了宁夏水文地质条件异常复杂。区内主要的储水构造是中新生储水盆地,分布最广泛的是第三系储水盆地。本区地下水具有3个显著特点:水量地区分布上极不平衡;高矿化度、高氟地下水分布广泛;地下水与地表水转化关系密切。引黄灌区宁夏平原是宁夏工业集中,人口密集,排放污染物量大,对浅层地下水影响较大,特别是银川市在工业区实际开采量大于天然补给量,其超越的补给量主要由浅水"越流"补给,造成对承压水的污染较为普遍且程度较重。

银川市地下水水质

银川市地下水环境监测工作开展较早。1978年前,在新市区、新城区及城区做过局部调查。1979年,自治区地质局银川水文地质观测站正式对市区及近郊地区进行环境水文地质初步调查。调查面积约287.5平方公里,调查内容有工矿企业污染源及地表水、地下水水质普查，在此基础上选择74个潜水井、61个承压水井作为地下水环境长期监测网点，监测项目有酚、氰、汞、铬、砷和三氮、总硬度及常规离子，每年于枯水期、丰水期各采样一次。

银川市城市供水均取于地下水，地下水开采量由1983年的145785吨/日增加到1985年的195332吨/日。其中，承压水（第二含水岩组）185412吨/日，分布于老城61143吨/日，新城28508吨/日，新市区95761吨/日。潜水（第一含水岩组）9920吨/日。其中，分布于老城674吨/日，新城120吨/日，新市区9126吨/日。

1983年，潜水、承压水监测资料表明，汞未检出，除氰、铬检出很少外，砷、亚硝酸盐氮、硝酸盐氮、氨氮和酚检出率、超标率均较多。1983年，潜水水质检出在5项毒物中砷、酚检出率最高，酚的检出率平均为52.18%，检出含量0.0003mg/L～0.0117mg/L，超标率为37.5%，最高超标4.8倍；砷的检出率平均为66.5%，检出含量0.002mg/L～0.026mg/L，未见超标；三氮中以氨氮检出最高，枯水期检出高达100%，年平均达90.68%，检出范围0.01mg/L～51.2mg/L，超标率为78.81%；其次是硝酸盐氮检出率为74.02%，超标率为19.17%；亚硝酸盐氮检出率为49.63%，超标率为13.96%；总硬度及总矿化度超标率均在50%左右。

承压水是银川市主要供水水源。在新城区所辖、新市区所辖一带，机井密集，每昼夜开采量9万方，致使在集中开采地段水位大幅度下降，区域降落漏斗影响的面积已达200平方公里左右，且还在继续发展，并还有潜水越流补给，形成承压水水质恶化及污染的途经。监测结果表明，酚、砷、氨氮、亚硝酸盐氮及硝酸盐氮的检出情况基本上与潜水相似。酚的检出率平均为51.21%，检出含量0.0005mg/L～0.016mg/L，超标率为28.63%，最高值超标7倍；砷的检出率平均达78.63%，检出含量0.002mg/L～0.10mg/L；三氮中仍然是氨氮检出率最高，年平均达97.58%，超标率65.73%；其次是硝酸盐氮检出率为84.27%，超标率为13.71%；亚硝酸盐氮检出率51.60%，超标率为17.74%；氨氮检出率及超标率不论是潜水或承压水历年都比较高。

根据1981年～1983年水质监测结果，潜水中汞均未检出；氰、亚硝酸盐氮检出率均有下降；酚、铬、硝酸盐氮、氨氮1982年检出率比1981年低，1983年又有所上升；酚的超标率稍有下降，硝酸盐氮、氨氮超标率有所上升；砷的检出率逐年都在上升。承压水中除汞未检出外,氰检出率逐年下降,酚、铬、亚硝酸盐氮检出率稍有下降,酚的超标率 1982 年最低,1983 年最高;亚硝酸盐氮超标率 1981 年最高,后 2 年有所下降,而砷与氨氮检出率 1983 年枯水期最高。

根据监测资料分析,潜水与承压水比较,潜水中有害物质检出率及超标率均高于承压水,但承压水中的酚超标率与前 2 年比较增高不少,还有硝酸盐氮的检出率也有不同程度增高。

根据银川市区实际情况,以综合环境质量指数划分为 4 级。

银川市地下水水质综合环境质量指数分级表

表 7－29

污染质量分级	未污染	轻污染	中污染	重污染
综合污染指数(PQ)	<1.0	1.0～3.0	3.0～5.0	>5.0
污染物检出情况	各污染物痕量或未检出	检出污染物未超标	一、二种污染物超标不超过 5 倍	污染物超标严重或其中一项超标 5 倍以上

对银川市地下水水质的评价结果:

1. 潜水。中污染区:主要分布在城区红卫巷至保伏桥及东门外鱼池附近,新城北部至新市区北部盈北九队一带,其余呈点状分布。主要污染物为酚、砷,个别含有铬。轻污染区:主要分布在城区四周及南郊、新城区以北和新市区以南、北一带,主要污染物有酚、砷。

2. 承压水。重污染区:仅南门电表仪器厂一井,主要污染物为酚。中污染区:主要分布在城区小南门水厂以南至亚麻厂一带,新市区分布在木材仓库、药材仓库一带。其他如新城豆制品厂、宁夏大学、宁夏地质职工学校等地,主要污染物有酚、砷。轻污染区:主要分布在城区中部以南及新城区外围;新市区以北,长城铸造厂以东地区,主要污染物为酚、砷。

银川市地下水已遭到不同程度的污染,1983 年在承压水中酚的检出率比前 2 年有所增多。

1984 年对银川市及近郊区监测点进行了补正和调整。1985 年有承压水监测点 73 个,潜水监测点 122 个。

监测项目有酚、氰、汞、总铬、砷、硝酸盐氮、亚硝酸盐氮、氨氮、铜、铅、锌、氟、镉、钒、镍。此外，还有简分析和全分析项目，干枯水期、丰水期各采样一次。根据对银川市潜水和承压水监测资料分析，除汞、钒、镍、镉未检出外，其他所监测的项目都有检出。其中，总铬检出率较高，铜、铅、氰检出率较低，三氮和酚不但检出率高，超标率也较高。5 项毒物（汞、砷、酚、氰化物、铬）在潜水中检出率最高的是砷为 26.34%，其次是酚为 24.28%，总铬为 14.4%，超标率最高的是酚为 5.75%，其次是砷为 0.82%；承压水 5 项毒物的污染轻于潜水，酚检出率最高为 15.86%，超标率为 1.38%，其次是砷、总铬检出率分别为 6.2% 和 2.07%，均未超标。潜水和承压水中三氮检出率都较高。其中，氨氮潜水和承压水检出率都是 100%，潜水超标率为 25.5%；硝酸盐氮潜水的检出率高于承压水，分别为 68.31% 和 28.28%，潜水超标率为 13.58%；亚硝酸盐氮潜水检出率为 60.91%，超标率 20.58%，承压水检出率为 46.21%，超标率 13.79%。

1985 年水质监测结果与 1983 年相比，水质变化情况是潜水：除汞未检出外，酚、氰、总铬、砷、硝酸盐氮、氨氮检出率均低于 1983 年，只有亚硝酸盐氮检出率高于 1983 年，超标率除砷高于 1983 年外，其他超标率均低于 1983 年。承压水：酚、氰、汞、铬、砷、硝酸盐氮、亚硝酸盐氮、氨氮的检出率均低于 1983 年，超标率除亚硝酸盐氮、氨氮高于 1983 年外，酚超标率低于 1983 年，氰、总铬、硝酸盐氮未超标。

“七五”期间，银川地区监测区以银川市为中心，南至永宁县胜利乡陆坊村二队东西一线以北，北抵贺兰县立岗乡东西一线以南，约东经 105°52′～106°34′，北纬 38°20′～38°39′，东西长约 50 公里，南北宽约 30 公里，面积约 1500 平方公里。

监测区动态观测点 289 个，其中潜水观测点 165 个。第一承压含水组观测点 28 个，第二承压含水组观测点 6 个，潜水与第一承压含水组，第一与第二承压含水组混合观测点分别为 7 个和 19 个。地表水观测点 14 个。监测区内有水质监测点 245 个。其中，潜水监测点 167 个，承压水监测点 72 个，地表水监测点 6 个。

1986 年～1990 年 5 年监测资料表明：银川市第一承压含水组地下水区域降落漏斗面积平均每年扩展 30.2 平方公里；地下水降落漏斗中心最大降水平

均每年下降 0. 884 米。到 1990 年第一承压含水组区域地下水降落漏斗已达 383. 21 平方公里,漏斗中心水位下降 28. 431 米。

本期地下水水质监测评价主要针对地下水中的五项毒物及三氮的监测情况进行评价,评价标准参照国家标准 GB5749 - 85,《生活饮用水水质标准》,亚硝酸盐氮、氨氮分别以 0. 02mg/L、0. 2mg/L 为标准。

1. 潜水的检出状况及评价:(1)5 项毒物除汞未检出,其他均有检出,氰化物只在 1988 年丰水期与 1989 年枯水期个别井点有检出,检出率小于 3. 05%;挥发酚类各年检出变化较大,检出率 0. 00% ~30. 81%,超标率除 1988 年枯水期为 11. 8%,其它年份均小于 5%;六价铬的检出率均在 6. 49% ~33. 33%之间;砷的检出率除 1987 年枯水期较高为 46. 49%,其他年份均在 26. 01% ~40. 69%之间,但六价铬与砷均未检出超标点。(2)三氮的检出率普遍较高,硝酸盐氮与亚硝酸盐氮检出率均大于 50%,氨氮的检出率也在 42. 44% ~75. 15%之间,超标率:氨氮最高在 18% ~21%之间,其次为亚硝酸盐氮在4. 32% ~10. 91%之间,最低为硝酸盐氮,超标率在 1. 15% ~5. 49%之间。(3)全市潜水矿化度、总硬度、超标率分别为 50% ~60%与 40% ~50%。从分布看,市区高于郊区,老城区高于新城区、新市区。从潜水监测分析结果来看,已遭到不同程度污染。

2. 承压水的检出情况及评价:(1)5 项毒物中汞、氰化物无检出,酚的检出变化较大,检出率在 0. 00% ~26. 03%之间,六价铬检出率除 1986 年丰水期为 10. 9%,其他年份均小于 5%,砷五年中均有检出,检出率在 4. 41% ~21. 21%之间,挥发酚类个别年份有超标点零星检出,其他均未检出。(2)三氮的检出较高。其中,氨氮检出率在 82. 42% ~100%之间,最高;亚硝酸盐氮检出率在 52. 24% ~93. 51%之间,次高;硝酸盐氮检出率多在 21. 63% ~34. 25%之间,最低,其中 1987 年检出很高,枯水期检出率分别为 96. 05% ~97. 22%,1990 年丰水期检出率只有 7. 46%。从超标率看,硝酸盐氮均未检出超标井点;氨氮超标率均在 57. 52% ~73. 13%之间;亚硝酸盐氮超标率多在 10% ~15. 2%之间。从分布看,五项毒物检出均呈零星点状分布,三氮检出多呈面状、岛状分布。检出率与超标率均为城区高于新城高于新市区。在承压水中矿化度与总硬度也有超标井点检出,但超标率较低,多在 10%左右,且均分布在城区。

潜水与承压水的监测结果表明，除氨氮外，其他项目的检出情况为承压水高于潜水，氨氮的检出率、超标率呈承压水高于潜水，但其检出值低于潜水。从银川地区承压水的监测结果分析，部分地段已受到污染。

1991 年，银川市监测了 3 个区的自来水厂，老城区自来水厂主要污染因子为氨氮，平均值为 0.745mg/L，超标 0.49 倍，最高值为 0.794mg/L，超标 0.59倍；新城自来水厂主要污染因子为氨氮、总磷、超标率均为 100%，最高值分别为 0.595、0.17mg/L，分别超标 0.19 倍和 0.7 倍；新市区自来水厂主要污染因子为氨氮，平均值 0.381mg/L，最高值为 0.681mg/L，最高值超标0.37倍。

1995 年，银川市仍监测生活水源地的 4 个水厂，即老城一厂、老城二厂、新城、新市区，老城二水厂、新城水厂的 pH 值超标平均为 50%，年均值不超标。其它污染物的超标率均为零，符合 GB5749—85《生活饮用水卫生标准》。

1996 年 ~ 2000 年，银川市饮用水源地包括城区一、城区二、新城和新市区水源地，供水能力分别为 30000 吨/日、60000 吨/日、10000 吨/日和 40000 吨/日。“九五”期间，4 个饮用水源地主要污染物是氨氮，总超标率在 20% ~ 50% 之间，其他项目均未超标，水质基本符合《生活饮用水卫生标准》。

银川市水源地“九五”期间水质(5年均值)监测结果统计表

表7-30　　单位:mg/L,pH无量纲

名称	指标	pH	总硬度	高锰酸盐指数	氨氮	硝酸盐氮	挥发酚	氰化物	汞	砷	六价铬	铅	镉	氟化物	大肠菌群(个/L)	细菌总数(个/mL)
	评价标准(GB5749-85)	6.5~8.5	450	4	0.5	20	0.002	0.05	0.001	0.05	0.05	0.05	0.01	1.0	3	100
城区一水源地	样品总数(个)	20	20	20	20	20	20	20	20	20	20	20	20	20	20	20
	总平均值	7.85	263.12	1.13	0.335	0.040	0.001	0.001	0.000062	0.005	0.002	0.005	0.001	0.580	2	8
	总超标率(%)	0.0	0.0	0.0	35.0	0.0	0.0	15.0	0.0	0.0	0.0	0.0	0.0	0.0	0.0	0.0
	单项污染指数		0.58	0.28	0.67	0.00	0.50	0.02	0.06	0.09	0.05	0.10	0.07	0.58	0.67	0.08
	综合污染指数	3.75														
	秩相关系数(rs)	0.2	-0.3	-0.2	0.2	-0.9	0.0	0.0	0.4	0.4	0.7	0.0	0.0	0.1	0.0	0.0
城区二水源地	样品总数(个)	20	20	20	20	20	20	20	20	20	20	20	20	20	20	20
	总平均值	7.98	183.45	1.11	0.346	0.028	0.001	0.001	0.000085	0.004	0.002	0.005	0.001	0.686	2	9
	总超标率(%)	0.0	0.0	0.0	50.0	0.0	0.0	0.0	0.0	0.0	0.0	0.0	0.0	0.0	0.0	0.0
	单项污染指数		0.41	0.28	0.69	0.00	0.50	0.02	0.09	0.09	0.04	0.10	0.08	0.69	0.67	0.09
	综合污染指数	3.74														
	秩相关系数(rs)	0.1	0.3	-0.3	0.1	-0.7	0.0	0.0	0.4	0.7	0.7	0.0	1.0	-0.8	0.0	-0.5
	污染变化趋势	不显著	不显著	不显著	不显著	不显著	不显著	不显著	不显著	不显著	不显著	不显著	上升	不显著	不显著	不显著

续表

名称	指标	pH	总硬度	高锰酸盐指数	氨氮	硝酸盐氮	挥发酚	氰化物	汞	砷	六价铬	铅	镉	氟化物	大肠菌群（个/L）	细菌总数（个/mL）
	评价标准（GB5749–85）	6.5~8.5	450	4	0.5	20	0.002	0.05	0.001	0.05	0.05	0.05	0.01	1.0	3	100
新城水源地	样品总数（个）	20	20	20	20	20	20	20	20	20	20	20	20	20	20	20
	总平均值	8.04	159.72	0.89	0.344	0.030	0.001	0.001	0.000064	0.005	0.002	0.006	0.001	0.489	2	7
	总超标率（%）	0.0	0.0	0.0	45.0	0.0	0.0	0.0	0.0	0.0	0.0	0.0	0.0	0.0	0.0	0.0
	单项污染指数		0.35	0.22	0.69	0.00	0.50	0.02	0.06	0.10	0.04	0.12	0.07	0.49	0.67	0.07
	综合污染指数	3.41														
	秩相关系数（rs）	0.2	0.1	–0.6	–0.2	–0.8	0.0	0.0	0.4	0.2	0.7	0.4	1.0	–0.7	0.0	–0.6
新市区水源地	样品总数（个）	20	20	20	20	20	20	20	20	20	20	20	20	20	20	20
	总平均值	7.96	203.01	0.74	0.182	0.026	0.001	0.001	0.000064	0.008	0.002	0.006	0.001	0.443	2	7
	总超标率（%）	0.0	0.0	0.0	20.0	0.0	0.0	15.0	0.0	0.0	0.0	0.0	0.0	0.0	0.0	0.0
	单项污染指数		0.45	0.18	0.36	0.00	0.50	0.02	0.06	0.16	0.04	0.13	0.09	0.44	0.67	0.07
	综合污染指数	3.19														
	秩相关系数（rs）	0.0	0.5	–0.2	0.1	–0.9	0.0	0.0	1.0	0.2	0.7	–0.5	0.4	–0.6	0.0	–0.7
	污染变化趋势	不显著	不显著	不显著	不显著	不显著	不显著	不显著	上升	不显著	不显著	不显著	不显著	不显著	不显著	不显著

石嘴山市生活饮用水环境质量

20 世纪 80 年代,该市地下水虽未出现污染超标,但个别地下水水源地中有毒有害物的检出率逐渐增加。1989 年,城市饮用水源水质达标率 95%。

1991 年,石嘴山市共监测 11 个水源井点,总硬度有 3 个井点超标,超标率为 27.3%;氯化物有 2 个井点超标;氟化物有 5 个井点超标,超标率为 45.4%,大肠菌群有 6 个超标,超标率为 54.5%。

1992 年,石嘴山市共监测 9 个水源点,总硬度有 3 个值超标,超标率为 18.75%;氯化物有 1 个值超标,超标率为 7.14%;氨氮有 10 个值超标,超标率为 71.4%;挥发酚有 1 个值超标,超标率为 7.14%;氟化物有 5 个值超标,超标率为 41.66%;细菌总数有 3 个值超标,超标率为 35.71%;大肠菌群有 7 个值超标,超标率为 50%。水质基本符合国家《生活饮用水卫生标准》。

1993 年,石嘴山市共监测 6 个水源地,各水源地氨氮均超标,氟化物有 5 个水源地超标,氯化物在宁夏电化厂水源地超标;大肠菌群与细菌总数在个别水源地也有超标现象。

1994 年~2000 年无石嘴山市资料记载。

固原地区生活饮用水源地水质

海子峡水库为固原行署的主要生活饮用水源地,属地表水源。1991 年,固原地区环境监测站开始对该水源地水质和固原县自来水厂水质进行监测。海子峡水库采样点设在出水口,主要污染因子为氟化物,大肠菌群和细菌总数。超标率平均为 100%,平均值分别为 1133mg/L、4825 个/L 和 661 个/mL,分别超标 0.13 倍、1607 倍和 5.6 倍。

固原县自来水厂主要污染物为氟化物、大肠菌群和细菌总数,超标率平均为 100%。

1992 年,海子峡水库全年主要污染物为氟化物、大肠菌群、细菌总数,超标率分别为 66.67%、33.3%、66.6%,平均值分别为 1.01mg/L、4.3 个/L 和 199 个/ml,分别超标 0.02、13.33 和 0.99 倍。

1993 年,海子峡水库主要污染物为氟化物、大肠菌群和细菌总数,平均值分别为 1.22mg/L、70 个/L 和 274 个/mL;固原自来水厂平均值分别为 1.22mg/L、4468 个/L 和 3662 个/ml,超标率均为 100%。

1994 年,海子峡水库主要污染物为化学需氧量(COD),超标率为57.1%,

平均值超标 0.2 倍；自来水厂，COD、大肠菌群、细菌总数平均值分别为 4.48mg/L、69 个/L 和 124 个/ml，超标 0.12 倍、22 倍和 0.24 倍，其他污染物均不超标，与上年相比变化不明显。

“九五”期间，海子峡水库主要污染物为大肠菌群、细菌总数，均超标，氟化物、总硬度有个别样品超标，大肠菌群和细菌总数总超标率为 100% 和 83.3%，其他项目都不超标，水质经灭菌处理基本符合饮用水的要求。水质变化趋势分析：“九五”期间，海子峡水库细菌总数有明显上升趋势，其他监测项目变化不显著。

固原县海子峡水库“九五”期间水质监测结果统计表

表 7-31　　　　单位：mg/L，pH 无量纲

指标	pH	悬浮物	总硬度	溶解氧	高锰酸盐指数	生化需氧量	氨氮	亚硝酸盐氮	硝酸盐氮	挥发酚	氰化物	总砷	总汞	六价铬	总铅	总镉	电导率(μs/cm)	氟化物	氯化物	总铜	总锌	大肠菌群(个/L)	细菌总数(个/mL)
评价标准(GB5749-85)	6.5~8.5	150	450	6	4	3	0.5	0.1	10	0.002	0.05	0.05	0.001	0.05	0.05	0.01		1.0	250	1.0	1.0	3	100
样品总数	30	30	30	30	30	30	30	30	30	30	30	30	30	30	30	30	21	30	21	21	21	30	30
总平均值	8.02	20.01	326.14	7.74	2.04	1.06	0.047	0.011	0.219	0.001	0.001	0.004	0.00002	0.002	0.002	0.002	8147.14	0.94	32.39	0.001	0.005	668	2397
总超标率(%)	0.0	0.0	6.7	0.0	0.0	0.0	0.0	0.0	0.0	0.0	0.0	0.0	0.0	0.0	0.0	0.0		13.3	0.0	0.0	0.0	100.0	83.3
单项污染指数		0.13	0.72	0.56	0.51	0.35	0.09	0.11	0.02	0.50	0.02	0.08	0.02	0.04	0.04	0.19		0.94	0.13	0.00	0.01	222.60	23.97
综合污染指数	251.05																						
污染负荷(%)		0.05	0.29	0.22	0.20	0.14	0.04	0.04	0.01	0.20	0.01	0.03	0.01	0.02	0.02	0.08		0.38	0.05	0.00	0.00	88.67	9.55
秩相关系数(%)	−0.4	0.6	0	0.1	0.2	−0.2	0.3	0.3	−0.1									−0.8	0.7	0.4	−0.6	0.4	1.0
污染变化趋势	不显著	不显著	不显著	不显著	不显著	不显著	不显著	不显著	不显著									不显著	不显著	不显著	不显著	不显著	上升

全区生活饮用水水质

1980年~1983年,宁夏卫生防疫部门对全区生活饮用水水源进行卫生学普查的同时,随机抽样进行了水质检验,全区共检水样4227份。其中,大口井1628份,占38.5%;小口井238份,占5.6%;手压井748份,占17.7%;机井219份,占5.2%;泉水810份,占19.2%;河沟水190份,占4.5%;窖水338份,占8.0%,尚有少量水库水及塘坝水。检验指标包括感观(官)性状、一般化学、毒理、有机物污染及卫生细菌学指标共37项。据初步统计分析,全区生活饮用水的水质存在2个方面的问题:1. 因地质条件引起的问题。苦咸水、高氟水、低碘水、低硒水、六价铬检出并超标。2. 生活饮用水的污染。耗氧量合格率为84%,氨氮合格率为85%,亚硝酸盐氮合格率仅为41%,硝酸盐氮合格率为99.8%,细菌总数合格率仅为25.6%,大肠菌群合格率仅为19%。

造成污染的因素,主要有4个方面:1. 水源为人畜共用和近距离有多种生活污染源;2. 无井台、井盖;3. 窖水无圈无台居多,无盖者占有一定比例;4. 泉水、河沟水、坝水无任何卫生防护设施。

20世纪80年代以来,宁夏加速了"水改"工作的步伐,取得了一定效果。

1980年~1985年全区较大的"水改"工程

表7-32

	项目(处)	受益地区	受益人数(人)
盐池县	8	大水坑、马儿庄、王乐井、惠安堡、牙儿沟、城郊、冯记沟、红井子、麻黄山等10个乡	39990
同心县	11	同心镇、喊叫水、城郊、河西、新庄集、窖山、韦州、田老庄、马高庄、下马关等10个乡	109292
固原县	4	彭堡、杨郎、黄铎堡、黑城子、七营等5个乡	68658
彭阳县	2	孟原、草庙2个乡	3,900
西吉县	7	红跃、平峰、兴坪、田坪、吴明等5个乡	18800
海原县	5	贾塅、罗川、城关、树台	1017
灵武县	3	磁窑堡、马家滩、五里坡等3个乡	6016

续表

	项目(处)	受益地区	受益人数(人)
吴忠县	3	古城、东风、汉渠、秦渠、马莲渠、金积、红旗等7个乡	5700
陶乐县	1	马太沟、五堆子2个乡	7155
合计	44		260528

1985年,由于宁夏地下水监测工作尚未在全区范围展开,只选用银川市地下水监测资料。监测范围东到茂胜村,西依贺兰山飞机场,南至魏家桥村,北到顾家桥村,南北宽13公里,东西长31公里,面积约400多平方公里。

第二章　大气环境

第一节　全区大气质量

全区大气污染物

总悬浮颗粒物(TSP)　全区大气总悬浮颗粒物(TSP)年均值:1983年~1985年0.77mg/m³~0.83mg/m³;1986年~1990年0.358mg/m³~0.810mg/m³,超标率在40%~80%不等,一次最大值达12.36mg/m³,超标11倍;1991年~1995年0.388mg/m³~0.502mg/m³,超标率在50%~60%,一次最大值3.50mg/m³(二级标准0.3mg/m³);1996年~2000年0.414mg/m³~0.563mg/m³,超标仍在60%左右,一次最大值4.245mg/m³(二级标准0.2mg/m³)。TSP逐年呈降低趋势,但仍超标。

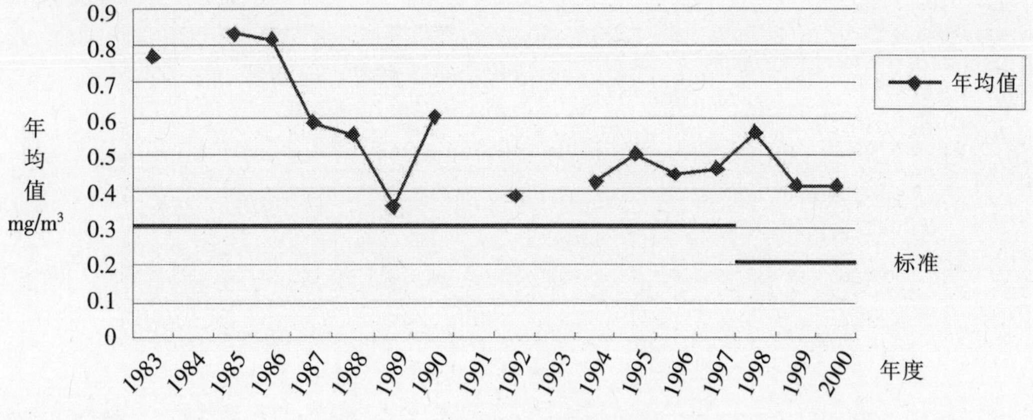

图7-1　宁夏大气TSP年度分布

二氧化硫(SO_2)　全区大气SO_2年均值:1983年~1985年0.04mg/m³~0.06mg/m³;1986年~1990年0.048mg/m³~0.091mg/m³,超标率4%~16.5%,一次最大值1.15mg/m³,超标1.3倍;1991年~1995年0.069mg/m³,超标率在10%左右,一次最大值2.260mg/m³,超标3.5倍;1996年~2000年0.062mg/m³~0.084mg/m³,超标率8.8%~17.0%,一次最大值0.855mg/m³。

SO_2 年均值呈降低趋势,2000 年接近标准值。

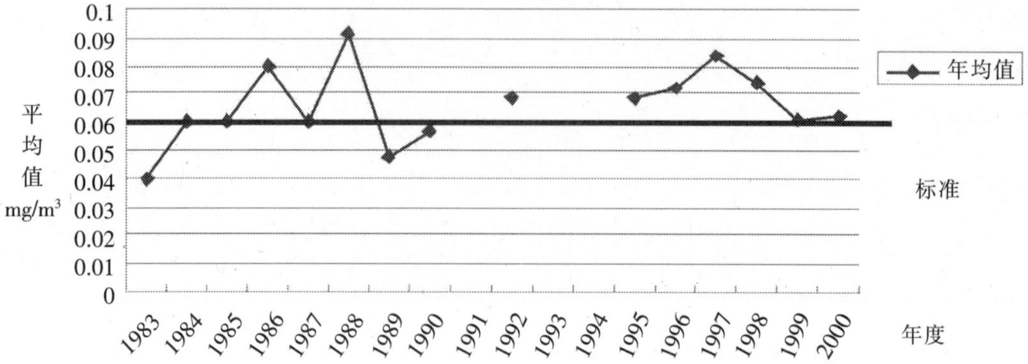

图 7-2 宁夏大气 SO_2 年度分布

氮氧化物(NO_X) 全区大气 NO_X 年均值:1983 年~1990 年 0.03mg/m³ 左右,超标率不足 1%;1991 年~2000 年 0.027mg/m³~0.041mg/m³,1992 年超标 8%,1998 年超标 3.1%。宁夏大气 NO_X 年均值变化不大,基本稳定,个别年份偶有超标,年均值均低于标准值。

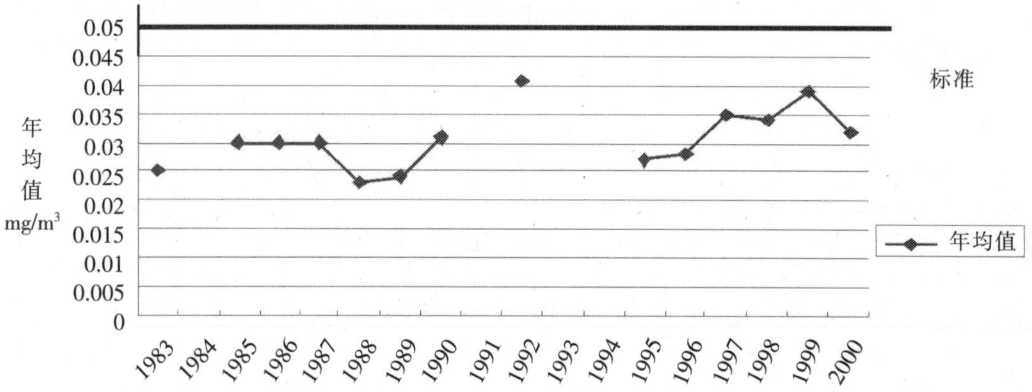

图 7-3 宁夏大气 NO_X 年度分布

降尘 银川市 1979 年开始监测,1982 年后有连续监测数据,年均值大部分在 30~40t/km²·月。石嘴山市 1995 年后有连续监测值,为 20~30t/km²·月。其他城市仅有零星监测值,不能进行全区降尘述评。

硫酸盐化速率 仅银川市、石嘴山市有监测结果,其他地市未开展。银川市 1991 年~2000 年,年均值 0.67~1.01mgso₃/(100cm²·碱片·d),超标率 50%左右。石嘴山市 1995 年~2000 年,年均范围值在 1mgso₃/(100cm²·碱片·d)左右,超标率在 70%以上。

质量评价标准

1990 年前采用的大气环境质量标准　二氧化硫、氮氧化物、总悬浮微粒统一选用国家大气环境质量标准(GB3095－82)二级标准。降尘标准按照《工业企业设计卫生标准》(TJ36－79)的规定执行,降尘量在当地清洁区实测数据的基础上增加 3 吨/平方公里·月。

1990 年前大气环境质量标准

表 7－33

污染物名称	浓度标准(mg/m^3)		
	年日平均	日平均	任何一次
二氧化硫	0.06	0.15	0.50
氮氧化物	0.10	0.10	0.15
总悬浮微粒	0.30	0.30	1.0
降　尘	对照点＋3 吨/平方公里·月		

1991 年～1997 年采用的大气环境质量标准　二氧化硫、氮氧化物、总悬浮微粒统一选用国家大气环境质量标准(GB3095－82)中的二级标准。降尘、硫酸盐化速率采用《环境质量报告书编写技术规定》的推荐标准,即降尘量在当地清洁点实测值的基础上增加 7 吨/平方公里·月,为评价标准;硫酸盐化速率采用 0.5 毫克 SO_3/100 平方厘米碱片·日,为月评价标准;0.25 毫克 SO_3/100 平方厘米碱片·日为年平均值评价标准。

1991 年～1997 年大气环境质量标准

表 7－34

污染物名称	浓度标准(mg/m^3)		
	年日平均	日平均	任何一次
二氧化硫	0.06	0.15	0.50
氮氧化物		0.10	0.15
总悬浮微粒		0.30	1.00

1997 年后采用的大气环境质量标准　二氧化硫、氮氧化物、总悬浮颗粒

物统一采用国家环境空气质量标准（GB3095 - 1996）中的二级标准；降尘、硫酸盐化速率采用《环境质量报告书编写技术规定》（国家环保局 1991）中推荐标准。

1997 年后环境空气质量标准

表 7 - 35

项　目	单　位	污染物的浓度限值	
		年平均	日平均
二氧化硫	mg/m^3	0.06	0.15
氮氧化物	mg/m^3	0.05	0.10
总悬浮颗粒物	mg/m^3	0.20	0.30
降　尘	吨/平方公里 · 月	月平均：清洁对照点月平均值 +7	
		年平均：清洁对照点年平均值 +7	
硫酸盐化率	$mgso_3$/（$100cm^2$ 碱片 · d）	月平均：0.50	
		年平均：0.25	

全区大气质量评价

采用空气综合污染指数法，评价大气质量，并参照有关大气环境质量分级标准确定空气污染程度。

环境空气质量分级标准

表 7 - 36

P	0 ~ 0.01	0.01 ~ 0.1	0.1 ~ 1.0	1.0 ~ 4.5	4.5 ~ 10	大于 10
级别	清洁	微污染	轻污染	中度污染	重污染	严重污染

全区大气环境质量以污染因子 TSP、SO_2、NOx 三项，采用空气综合污染指数法，进行大气质量评价。

全区大气质量综合指数：1986 年 ~ 1990 年 2.32 ~ 4.33，属中度污染，其中 TSP 占污染负荷 60% 以上，为主要污染物，其次，SO_2 占 30% 以上；1991 年 ~ 1995 年 2.85 ~ 4.2，属中度污染；1996 年 ~ 2000 年 3.74 ~ 4.73，属中度污染，较前二个五年期有增加，其中 1998 年出现重度污染。TSP 占污染负荷 50% ~ 60%，仍为主要污染物，SO_2 占 30% 左右，次之。

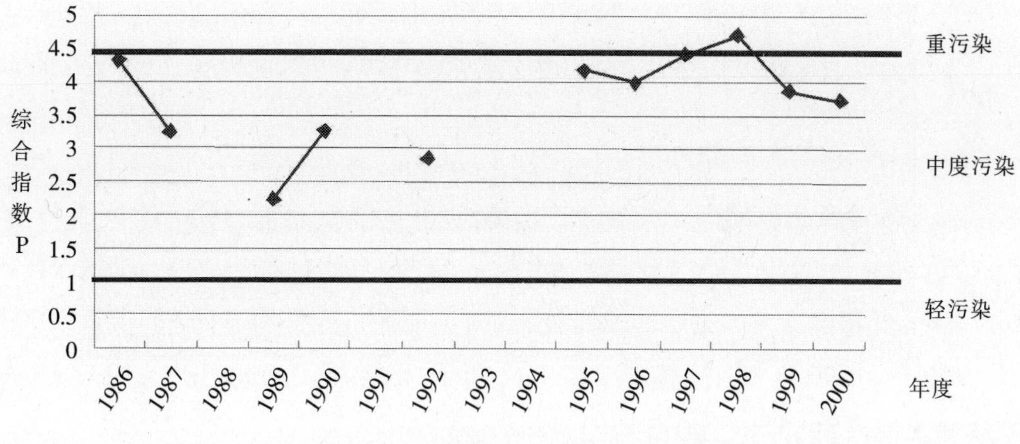

图7-4　宁夏全区大气综合指数

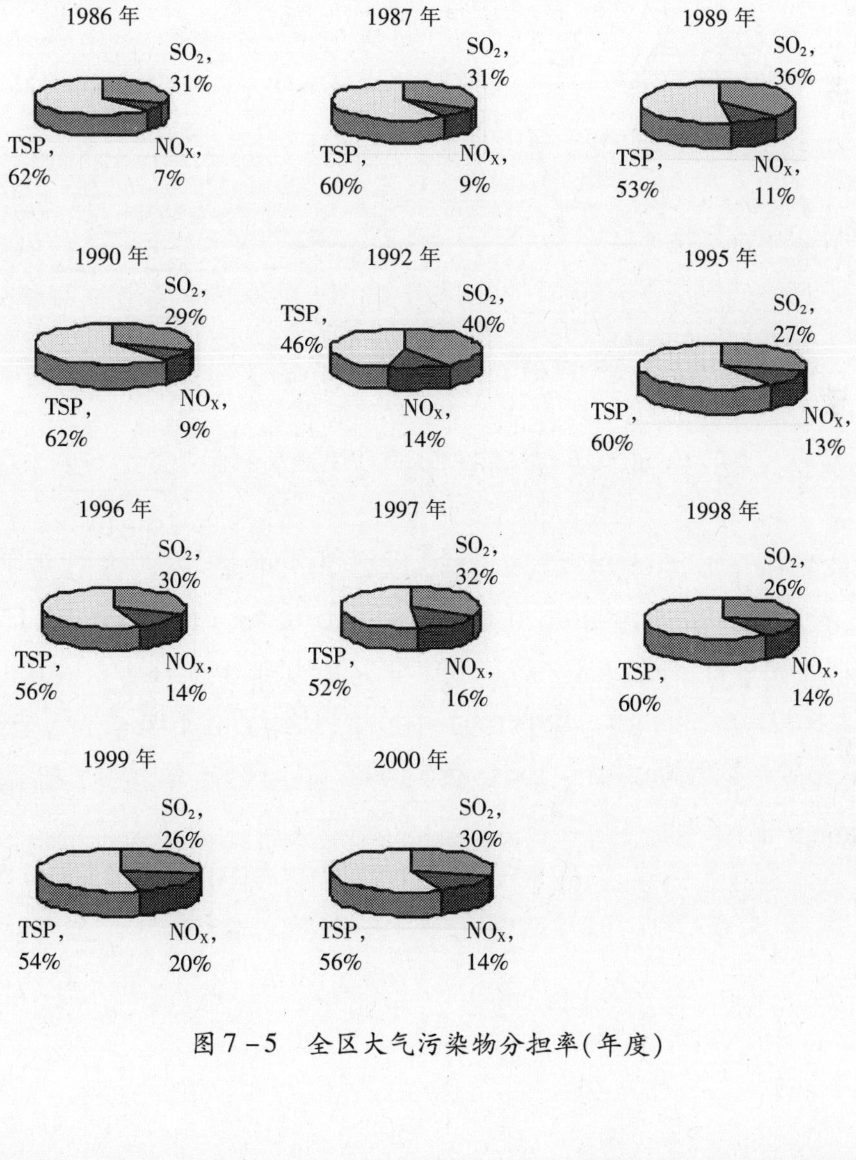

图7-5　全区大气污染物分担率(年度)

第二节　城市大气环境质量

银川市

总悬浮颗粒物(TSP)　大气 TSP 年均值逐年降低趋势:1979 年～1990 年 0.43mg/m^3～1.69mg/m^3,超标率 60%～100%;1991 年～2000 年 0.21～0.47mg/m^3,超标率 9.7%～84%,较前 10 年 TSP 浓度明显降低,其中 1994 年、1995 年、1996 年,年均值 0.2mg/m^3 低于标准值(0.3mg/m^3),1997 年～2000 年又有反弹,年均值 0.34～0.42mg/m^3。

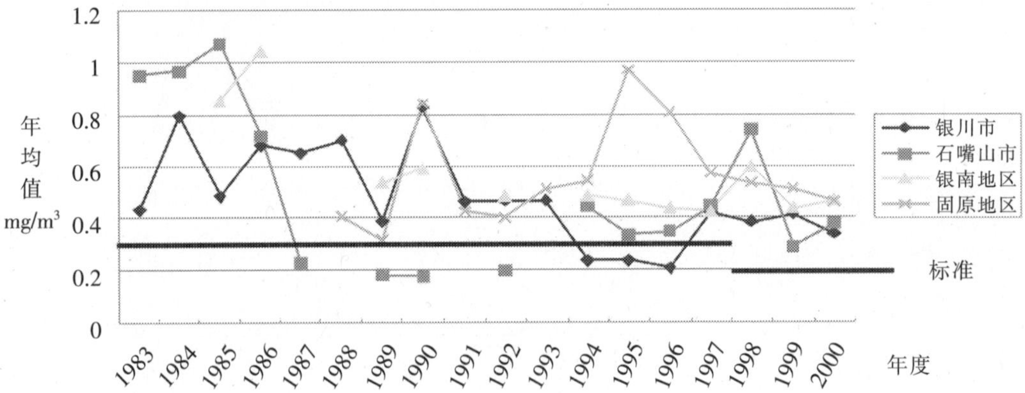

图 7－6　宁夏各市大气 TSP 年度分布

二氧化硫(SO_2)　SO_2 大气污染 20 世纪 80 年代较轻,90 年代污染加重。其年均值:1982 年～1990 年 0.02mg/m^3～0.054mg/m^3,超标率 1.7%～9.2%,低于国家标准 0.06mg/m^3。1991 年～2000 年 0.041mg/m^3～0.107mg/m^3,超标率 1.8%～32.8%,其中 1997 年最重,年均值 0.107mg/m^3,全年超标 0.8 倍,1992 年、1994 年、1995 年、1998 年、1999 年度均超国家标准(0.06mg/m^3)。

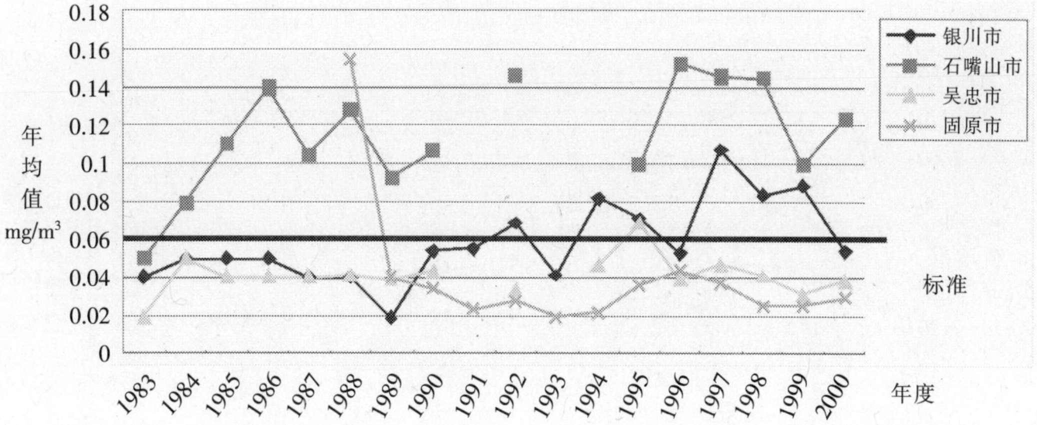

图 7-7 宁夏各市大气 SO_2 年度分布

氮氧化物(NO_x) NO_x 不是银川市主要污染物。大气 NO_x 年均值:1980 年~1990 年 0.012~0.05mg/m³,超标率 0%~8.3%;1991 年~2000 年 0.025mg/m³~0.044mg/m³,除 1997 年超标 6.7%,1994 年、1998 年、1999 年超标 1% 左右,其他年度不超标。

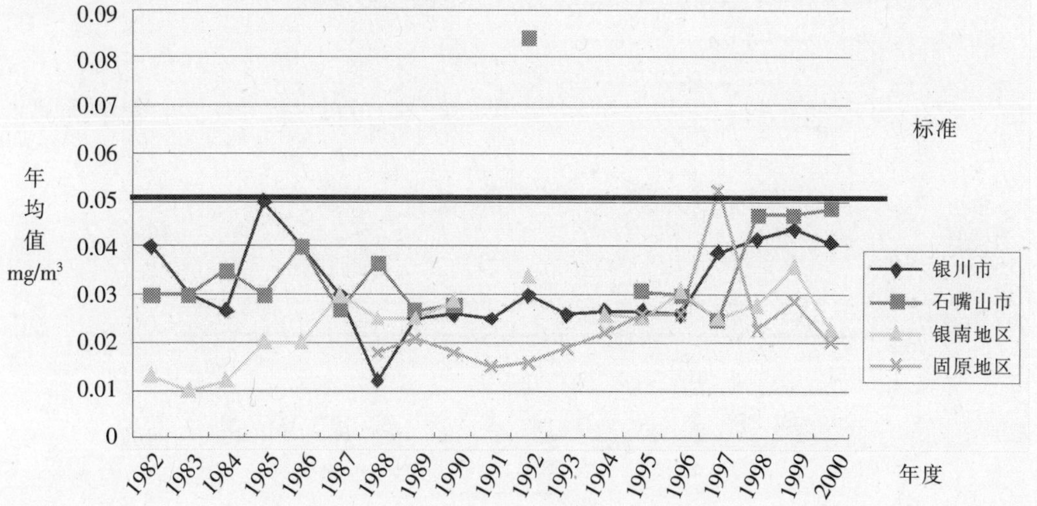

图 7-8 宁夏各市大气 NO_X 年度分布

降尘 大气降尘年均值:1979 年~1990 年 15.57~183.4t/km²·月,1984 年最高,183.4t/km²·月,多数年份在 30t/km²·月左右;1991 年~2000 年 26.93~40.02t/km²·月,这 10 年的降尘,前 5 年在 33t/km²·月左右,超标率 <60%,后 5 年,接近 40t/km²·月,除 1999 年外,高于前 5 年,超标率

达 80%。

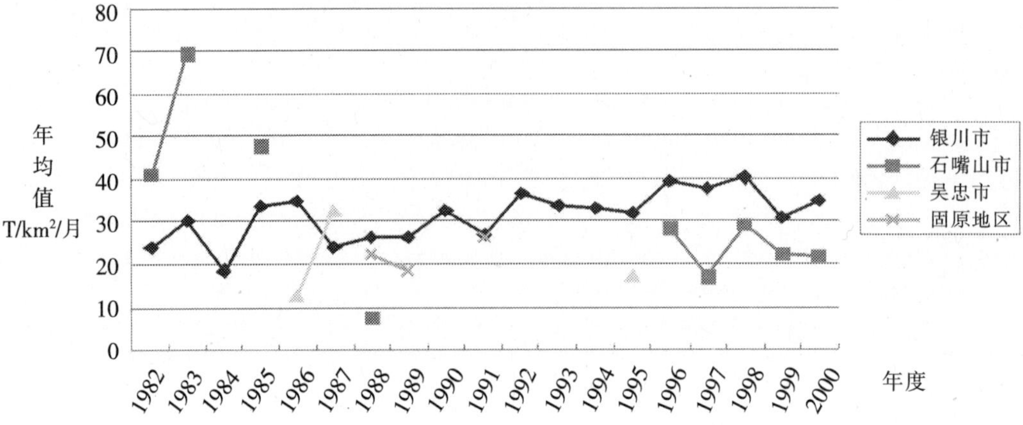

图 7－9 宁夏各市大气降尘年度分布

硫酸盐化速率 硫酸盐化速率年均值：1991 年～1995 年 0.78～1.01mgso/（100cm^2·碱片·d），超标率 50%～66.6%。1996 年～2000 年，年均值 0.67～0.88mgso/（100cm^2·碱片·d），超标率 35%～54%。1993 年出现一个浓度高值，其后呈逐年下降趋势，下降幅度较大。

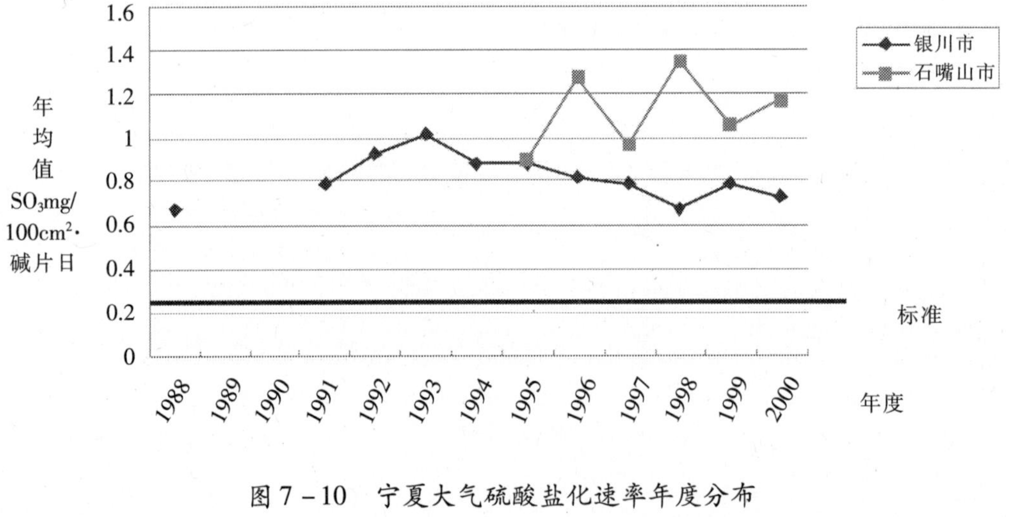

图 7－10 宁夏大气硫酸盐化速率年度分布

污染综合指数 大气质量评价的参数有 TSP、SO_2、NO_x（下同）。银川市大气污染综合指数揭示：污染最严重年份为 1997 年，属重度污染（P4.65）；1998 年、1999 年接近重污染（P4.14；P4.43）；其他年份属中度污染（P2～4.5 之间）；总体趋势是污染逐步减轻。

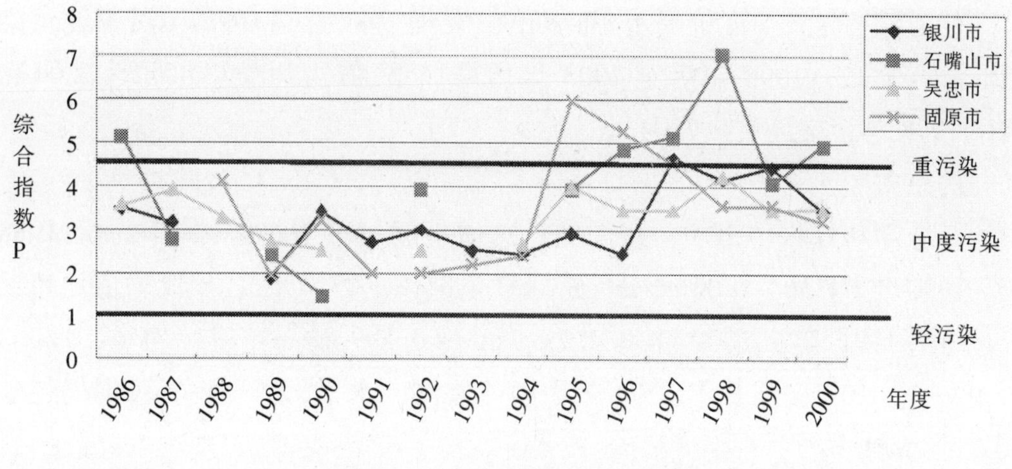

图7－11　宁夏各市大气污染指数

石嘴山市

总悬浮颗粒物(TSP)　大气TSP由严重超标到基本稳定,超标不大至不超标。其年均值:1983年～1990年0.18mg/m^3～1.07mg/m^3,超标率9.2%～97.8%,其中1983年～1986年,TSP污染严重,浓度年均值在1mg/m^{3}左右,远远超过标准0.3mg/m^3;1991年～2000年0.20mg/m^3～0.74mg/m^3,超标率17.8%～77.0%,除1998年浓度较高,其他年份基本在0.3mg/m^3～0.4mg/m^3,呈稳定状态。全年均值仍超标(0.3mg/m^3)。

二氧化硫(SO_2)　由于煤炭工业较多,加之有装机容量较大的火力发电厂,SO_2一直是石嘴山市的大气重污染物。20世纪80、90年代污染严重,其年均值:1982年～1990年0.05mg/m^3～0.14mg/m^3,超标率4%～41%,各年度均值基本都超过国家标准(0.06mg/m^3);1991年～2000年0.099mg/m^3～0.152mg/m^3,1991年、1993年～1994年不满足监测点位要求缺数据,1995年～2000年,都超标准1倍以上,各年度超标率均在30%以上。

氮氧化物(NO_x)　大气NO_x年均值:1982年～1990年0.027mg/m^3～0.04mg/m^3,超标率0%～3%;1991年～2000年0.025mg/m^3～0.084mg/m^3,1992年高值,超标29.5%,1998年超标10%,其他年度不超标。

降尘　1995年前仅对大气降尘进行过零星监测。其年均值:1995年～2000年17.09～29.32t/km^2·月,超标率34%～60%。

硫酸盐化速率　硫酸盐化速率年均值:1995年～2000年0.9～1.35mgso_3/(100cm^2·碱片·d),超标率59%～82%。

污染综合指数 评价揭示：石嘴山市大气1987年～1995年属中度污染（P1.46～3.95）；1996年后至2003年污染加重，属重污染（P4.72～7.04）。其中1998年污染最重（P7.04）。

吴忠市

总悬浮颗粒物（TSP） 大气TSP总体呈逐年减缓趋势，其年均值：1985年～1990年0.536～1.04mg/m^3，超标率6.58%～87.3%，各年度均值均超标1～2倍；1991年～2000年0.427mg/m^3～0.599mg/m^3，超标率47.0%～69.0%，这10年较前5年，TSP减缓，基本在同一水平，无显著高值，但仍超标（0.3mg/m^3）。

二氧化硫（SO_2） 大气SO_2年均值：1982年～1990年0.02mg/m^3～0.043mg/m^3，超标率0%～3.1%，总体评价不超标；1991年～2000年0.030mg/m^3～0.069mg/m^3，超标率0%～7.1%，年均值1995年超标，其他年度不超标。

氮氧化物（NO_x） 大气NO_x各年度都不超标，且稳定在同一均衡水平（0.02～0.03mg/m^3）之间。其年均值：1982年～1990年0.01～0.03mg/m^3，超标率0%～1.4%；1991年～2000年0.023～0.036mg/m^3，超标率0%～3.1%。

降尘、硫酸盐化速率 未开展监测工作。

污染综合指数 评价揭示：吴忠市P在2.49～4.24之间，均属中度污染，1995年～2000年，污染加重（3.42～4.24），其中1998年最重，P4.24，接近重污染。

固原地区

总悬浮颗粒物（TSP） 大气TSP年均值：1988年～1990年0.318mg/m^3～0.841mg/m^3，超标率34.6%～86.7%；1991年～2000年0.402mg/m^3～0.970mg/m^3，超标率48.7%～100%；1995年～2000年100%超标（0.3mg/m^3）。

二氧化硫（SO_2） 大气SO_2年均值：1988年～1990年0.034mg/m^3～0.154mg/m^3，超标率0%～50%；1991年～2000年0.020mg/m^3～0.044mg/m^3，超标率0%～2.5%。除1988年超标，其他各年度都低于国家标准（0.06mg/m^3）。

氮氧化物(NO_x)　大气NO_x各年度均未超标。其年均值:1988年~1990年0.018mg/m^3~0.021mg/m^3,未超标;1991年~2000年0.015mg/m^3~0.052 mg/m^3,亦未超标。

降尘、硫酸、盐化速率　未开展监测工作。

污染综合指数(P)　评价揭示:固原市(固原地区)1988年~1994年为中度污染(P1.94~4.10);1995年~1997年为重污染,其中1995年污染最重,P为5.97,依次为96年5.26、97年4.53,1998年后逐步减缓(P2.15~4.40),其他年度多在P2~3,属中度污染。

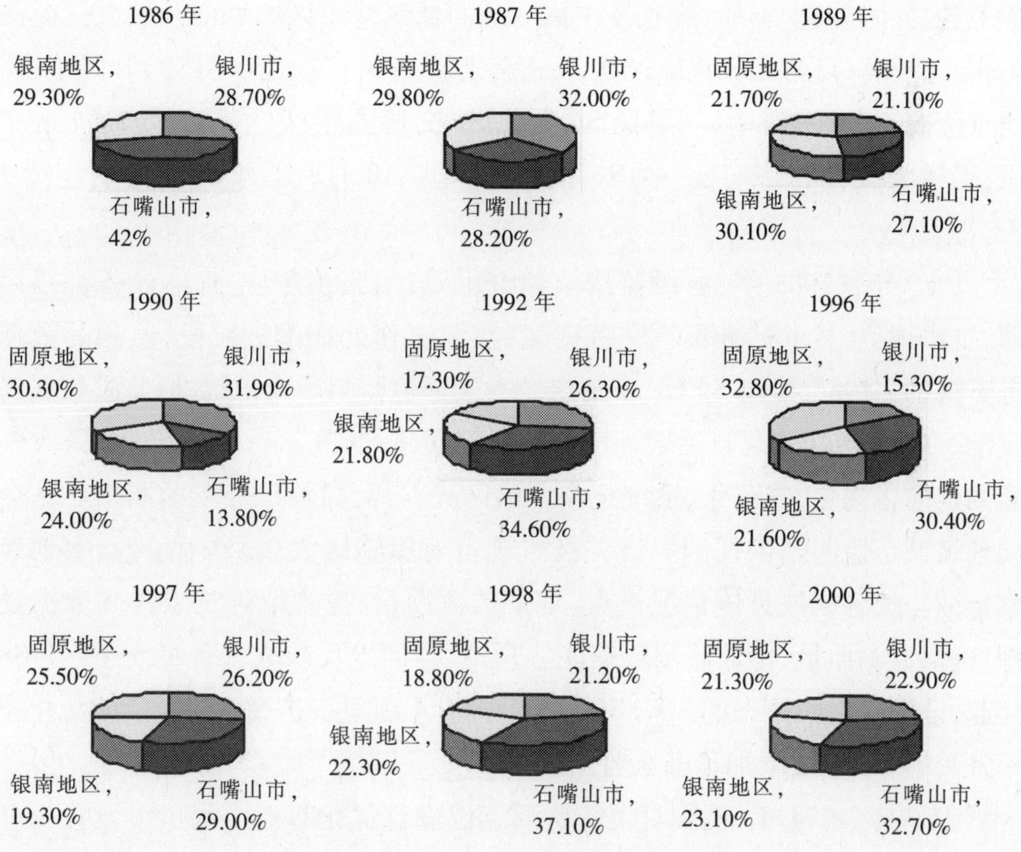

图7-12　城市污染对全区贡献率

第三节　监　测

1974 年，自治区卫生防疫站开始对银川市的大气污染状况进行监测，连续监测 9 年，分不同功能区：工业区、商业交通区、居民区；监测项目：SO_2、NO_x、飘尘、降尘 4 项。自 1983 年起，此项工作移交环保部门继续进行。

1978 年，自治区环境监测中心站，银川市、石嘴山市等环境监测站相继成立，宁夏的环境保护监测工作开始全面起动。1979 年起，自治区及地市县环境保护监测部门逐步在全区部分县市（银川市、石嘴山市、吴忠市、青铜峡县、中卫县、灵武县、中宁县、盐池县、同心县）的城镇或市区区域内开展大气监测工作。监测项目为二氧化硫（SO_2）、氮氧化物（NO_x）、颗粒物（TSP）和降尘，监测点位按工业区、商业区、居民区、文化区、交通稠密区、清洁区等功能区布设；采样频次分春、夏、秋、冬（1 月、4 月、7 月、10 月）监测 4 期，每期连续 5 天，每天 4 次。

1979 年 ~ 1983 年，各级监测站相继组建，实验室条件、仪器设备都很简陋，技术规范、技术标准很不完善，大气监测工作处在摸索阶段，监测的数据也不精确。1983 年、1984 年，宁夏全区大气环境监测步入正轨，但监测数据仍欠准。1985 年，《宁夏自治区环境监测管理实施细则（试行）》出台，全区大气监测走向正规化、规范化、系统化。自治区环保局、自治区环境监测中心站会同各级城市监测站依据国家有关技术规范对所辖区大气采样点进行实地考察论证。按各区域具体情况设点、规定监测项目、按规范进行采样和数据处理，确保监测质量，保证监测数据能客观地、全面地反映大气环境质量。1988 年起，监测项目由原来的 SO_2、NO_x、TSP、降尘 4 项逐步扩展增加了硫酸盐化速率，1998 年又扩展增加了降水监测。

1993 年、1994 年，再次对大气监测点位进行优化布点。银川市设置 4 个国控监测点位，其他城市也进行了点位优化，采样仪器设备逐步更新为中流量空气总悬浮微粒采样器（TH150C）。

银川市

1974 年由自治区卫生防疫站承担监测工作，1979 年改由银川市环境监测站承担大气监测工作。

1979 年～1986 年监测范围:银川市城市 3 区(老城区、新城区、新市区)。监测点位数:24 个。监测项目:二氧化硫(SO_2)、氮氧化物(NO_x)、颗粒物和降尘 4 项。监测频次:SO_2、NO_x 每年 1、4、7、10 月(春、夏、秋、冬)4 期,每期采样 5 天,每天采样 4 次,采样高度距地面 1.5 米,总悬浮微粒(TSP),一天一张膜;降尘,每月采样一次,每次 30 天±2 天,采样高度 5 米～15 米,相对高度 2 米。

1987 年,监测点位优化为 6 个,监测项目、监测频次、采样分析方法,同前。

1988 年,试建大气自动监测系统,增加硫酸盐化速率。

1989 年～1992 年,又恢复手工监测,点位数 3 个,项目同前。监测频次方法仍为一年四季、5 日手工间断监测。

1993 年～1996 年检测范围:城区、新城区,点位数 4 个。

1993 年,大气环境监测优化布点设置 4 个国控监测点,监测 SO_2、NO_x、TSP;降尘、硫酸盐化速率布设 6 个监测点,点位设置见表 7－78。采样仪器:SO_2、NO_x、TSP 为中流量空气总悬浮微粒采样器 TH150C,自然降尘:为 15×16(cm)集尘缸,硫酸盐化速率为 φ5cm 滤膜,碱片。

1993 年银川市环境空气监测点位布设情况表

表 7－37

监测点名称	测点代码	测点地理坐标		海拔(米)	所在行政区	监测项目	
		经度	纬度			二氧化硫、氮氧化物、总悬浮颗粒物	降尘、硫酸盐化速率
贺兰山自然保护区管理局	1	106°04′	38°32′	1126	郊区	*	*
长城机器制造厂	2	106°06′	38°29′	1109	新城区	*	*
新城区政府	3	106°10′	38°28′	1111	新城区		*
郊区水产中心	4	106°14′	38°28′	1109	开发区	*	*
市防疫站	5	106°18′	38°28′	1109	城区		*
宁夏日报社	6	106°17′	38°28′	1109	城区	*	*

注:*表示在测点进行监测。

1997 年下半年建大气自动监测系统，开始自动连续 24h 监测 SO_2、NO_x、TSP。监测频次：SO_2、NO_x，隔日采样，每日连续 24h 采样，每月 14 ~ 16 天，全年 12 个月，TSP 隔双日采样，每日 24h 连续，每月 5 ~ 6 天，全年 12 个月。降尘：每月 30 ± 2 天，全年 12 个月。硫酸盐化速率：每月 30 ± 2 天，全年 12 个月。监测点位：4 个，宁夏日报社、水产中心、长城机器厂，贺兰山林区（清洁对照点）。采样仪器：SO_2、NO_x 为微电脑大气污染器平均浓度自动采样器，TH3000A，TSP 为大容量空气总悬浮微粒采样器，TH1000C，采样高度 7.5 米 ~ 13.5 米。自然降尘、硫酸盐化速率同步。

1998 年开始增加降水监测，全年逢雨（雪）监测，项目有 pH、电导。

石嘴山市

监测起步于 1981 年，由银北地区环境监测站承担。

1981 年 ~ 1986 年，监测范围为所属石嘴山、大武口、石炭井 3 区，点位数 30 ~ 35 个。监测项目有 SO_2、NO_x、颗粒物和降尘。为四季，5 日间断手工监测。监测频次、采样方法、仪器、分析方法等，与银川市同期相一致。

1987 年 ~ 1993 年组建大气自动监测系统。在所属 3 区（大武口区、石炭井区、石嘴山区）各设一个监测点，共设降尘点位 10 个。监测项目有 SO_2、NO_x、TSP、降尘和硫酸盐化速率。监测频次：SO_2、NO_x，隔日采样，每月 14 ~ 16 天每天连续 24h，每年 12 个月。TSP：隔双日采样，每月 10 ~ 12 天，每天 24h，每年 12 月。降尘、硫酸盐化速率，每月 30 ± 2 天，每年 12 个月。采样仪器方法：大气自动监测系统，8850 型荧光 SO_2 仪、8840 型 NO_x 仪，XWC—1 大气含尘浓度测试仪。

1994 年，大气监测点位优化布点，确定为 4 个点位，即大武口区、石嘴山区、石炭井区、沙湖。

1994 年石嘴山市环境空气质量监测点位及监测项目情况

表 7 – 38

行政区域	测点性质	测点编号	测点位置	监测项目	测点高度（米）
大武口区	城市控制点	1#	市环境监测站楼顶	SO_2、NO_2、TSP、降尘、硫酸盐化速率	10

续表

行政区域	测点性质	测点编号	测点位置	监测项目	测点高度（米）
石嘴山区	城市控制点	2#	石嘴山矿务局教育处楼顶	SO_2、NO_2、TSP、降尘、硫酸盐化速率	10
石炭井区	城市控制点	3#	石炭井区政府楼顶	SO_2、NO_2、TSP、降尘、硫酸盐化速率	10
沙　湖	清洁控制点	4#	沙湖旅游区	SO_2、NO_2、TSP、降尘、硫酸盐化速率	7

1995 年～2000 年监测点位，依据优化布点 4 个。监测方法改为手工间断采样，即 SO_2、NO_x、TSP，每年春、夏、秋、冬四季，每季连续采样 5 天，每天间断采样 4 次，（8：00、12：00、16：00、20：00）。降尘、硫酸盐化速率，每月 30 ±2 天，每年 12 月，监测点位 10 个。

从 1998 年开始进行降水监测，仅在二季度施实，监测项目有 pH、电导。监测点位 10 个。

吴忠市

监测起步于 1982 年，由银南地区环境监测站承担。

1982 年～1983 年，监测项目范围为地属 7 县，即吴忠、青铜峡、中卫、中宁、灵武、盐池、同心，点位数 54～80 个不等。

1984 年，监测范围为吴忠市、青铜峡市、中卫、中宁、灵武五县市。监测项目为 SO_2、NO_x。监测频次：一年 4 期，一、二季每期 5 天每天 4 次，三季每期 3 天，采样方法、仪器、分析方法等同银川市、石嘴山市同期。

1985 年～1990 年，监测范围为地属 2 市 3 县。1985 年～1986 年，点位数分别为 79 个、80 个。1987 年后点位数 20 个。监测项目有 SO_2、NO_x、TSP、降尘。监测频次、采样方法、仪器、分析方法与银川市、石嘴山市同期相一致。

1991 年～2000 年，监测范围为吴忠市、青铜峡市、中卫县，点位数 11 个。吴忠市布点 5 个：燃料公司（1990 年后调整为种子公司）、地区招待所、卷烟厂（1999 年调整为吴忠师范）、看守所（调整为检察院）、建委楼，由利通区环境监测站承担。青铜峡市 3 个点位：水管所（后调整为树脂厂）、环保局、科委（后调整为化肥厂），由青铜峡市环境监测站承担。中卫县 3 个点位：沙桥头、中卫中学、香山饭店，由中卫县环境监测站承担。监测项目、频次、方法等同前。

固原地区

大气监测工作起步于1988年，由固原地区环境监测站承担。

1988年~2000年监测范围：固原县城，监测点位4个，具体点位多次变化，先后有自来水厂（养蜂站）、日杂公司、烟草公司（邮电局）、师专（地震局、固原农校）。监测项目有SO_2、NO_x、TSP、降尘。监测频次：SO_2、NO_x、TSP，每年春、夏、秋、冬4季监测，1、4、7、10月每季连续采样5天，每天采样4次，（8:00、12:00、16:00、20:00）；降尘：每月一次，30±2天，全年12个月。采样方法、仪器、分析方法等同其他各地市站。

第三章　声环境

第一节　城市区域环境噪声

噪声构成

银川市　20世纪80年代影响声环境质量的主要因素是交通和工业噪声,随着城市规划的合理布局和环境管理的加强,到2000年交通和工业噪声占城市环境声源构成比分别由1984年的52.66%和18.67%下降到12.0%和19.0%。但随着人民群众日益丰富的物质文化生活水平的提高,商贸物流业的繁荣,到2000年生活噪声和其他噪声占城市环境声源构成比已达到39.0%和22.5%,成为影响城市声环境的主要因素。

固原地区　影响固原地区声环境质量的主要因素是交通噪声和其他噪声,所占环境声源构成比由90年代初的25%和10%分别上升到2000年的31.25%和37.5%。

1991年~2000年城市环境声源构成比

表7-39

城市、项目 \ 年度		1991年	1992年	1993年	1994年	1995年	1996年	1997年	1998年	1999年	2000年
银川市	交通(%)	22	24	22.0	24.0	22.0	22.0	22.0	16.0	15.0	12.0
	工业(%)	8	8	8.0	8.0	7.0	7.0	7.0	12.0	12.5	19.0
	建筑施工(%)	4	4	7.0	4.0	4.0	4.0	4.0	5.0	6.0	7.5
	生活(%)	33	34	34.0	34.0	33.0	33.0	33.0	57.0	59.0	39.0
	其他(%)	33	30	32.0	31.0	35.0	35.0	35.0	10.0	7.5	22.5

续表

城市、项目 \ 年度		1991年	1992年	1993年	1994年	1995年	1996年	1997年	1998年	1999年	2000年
固原地区	交通(%)	25	27	14.8	25.0	24.2	31.2	25.0	31.2	31.2	31.25
	工业(%)	10	9.5	7.4	8.3	6.9	12.5	18.8	6.2	6.3	
	建筑施工(%)	10	13.5	14.8	16.7	10.3	12.5	12.5	6.2		
	生活(%)	45	40.9	37.0	33.0	34.5	25.0	31.2	28.2	31.2	31.25
	其他(%)	10	9.1	25.0	16.7	24.1	18.8	12.5	37.2	31.2	37.5

噪声监测结果

银川市　1981 年和 1984 年对区域环境噪声进行监测，等效声级分别是 56.0 和 57.6 分贝，分别超过居民文教区噪声标准(50 分贝)6.0 和 7.6 分贝，噪声污染等级分别为“一般”和“坏”水平。1986 年～1990 年虽然开展了区域环境噪声监测，但监测数据缺失，无法进行统计分析。1991 年～2000 年声环境质量较差的是 1992 年，等效声级 58.8 分贝，污染等级为“坏”水平。除 1995 年、1997 年和 1998 年，噪声等效声级分别超过一类标准(55 分贝)1.3、0.3 和 0.4 分贝外，其他年份区域环境噪声等效声级均在一类标准内，城市区域声环境污染水平总体呈明显下降趋势，声环境质量属较好水平。1999 年和 2000 年声环境质量为“好”水平，在全国 47 个重点环境保护城市中列最佳。

石嘴山市　1983 年在全市首次进行区域环境噪声监测，等效声级 57.4 分贝，声环境质量属于“坏”水平。1986 年～1990 年仅在大武口区和石嘴山区进行环境噪声定点监测，未作统计分析。1991 年～1994 年和 1998 年的区域环境噪声监测数据显示，5 年等效声级均超过 1 类环境噪声标准，声环境 1993 年和 1994 年为“一般”水平，其他 3 年属于“坏”水平。总体看，石嘴山市声环境质量较差。

固原地区　1991 年开始进行区域环境噪声监测，10 年监测数据显示，1994 年～1997 年和 2000 年区域环境噪声等效声级均超过一类环境噪声标准，声环境为“一般”水平，1993 年和 1998 年等效声级均超过二类标准(60 分贝)0.9 分贝，声环境等级属于“坏”水平。从数据分析可得出，噪声污染呈上升趋势，声环境质量属较差水平。

吴忠市　仅在1983年开展区域环境噪声监测，等效声级54.0分贝，声环境质量一般。

青铜峡市　2000年首次对区域环境噪声进行监测，城市区域环境噪声等效声级58.7分贝，污染等级分类为“坏”等级，城市区域声环境质量较差。

几个年份城市区域环境噪声污染等级及综合指数

表7－40

城市、项目 \ 年度		1981	1883	1984	1991	1992	1993	1994	1995	1996	1997	1998	1999	2000
银川市	LeqdB(A)	56.0		57.6	54.5	58.8	53.7	52.8	56.3	53.0	55.3	55.6	50.4	50.1
	PN	0.75		0.77	0.73	0.78	0.72	0.70	0.75	0.71	0.74	0.74	0.67	0.67
	分级名称	一般		坏	一般	坏	一般	一般	一般	一般	一般	一般	好	好
石嘴山市	LeqdB(A)		57.4		58.9	58.6	56.0	55.8				58.2		
	PN		0.77		0.78	0.78	0.75	0.74				0.78		
	分级名称		坏		坏	坏	一般	一般				坏		
固原地区	LeqdB(A)				55.7	57.3	60.9	52.7	53.0	53.4	54.0	60.9	59.8	54.9
	PN				0.74	0.76	0.81	0.70	0.71	0.71	0.72	0.81	0.80	0.73
	分级名称				一般	坏	坏	一般	一般	一般	一般	坏	坏	一般
吴忠市	LeqdB(A)		54.0											
	PN		0.72											
	分级名称		一般											
青铜峡市	LeqdB(A)													58.7
	PN													0.78
	分级名称													坏

城市声环境质量分析

银川市　20世纪80年代两次区域环境噪声监测，1981年等效声级56.0分贝，1984年是57.6分贝。1991年～2000年，1992年等效声级最大为58.8分贝，1995年、1997年和1998年等效声级在2类标准内，其他年份均属一类标准。污染总体呈明显下降趋势，声环境质量由“一般”水平上升为“好”

水平。

固原地区　1991年~2000年，等效声级最大值出现在1993年和1998年，为60.9分贝，1991年、1992年和1999年等效声级属二类标准，其他年份均属一类标准。噪声污染呈上升趋势，污染水平有所恶化，声环境质量属较差水平。

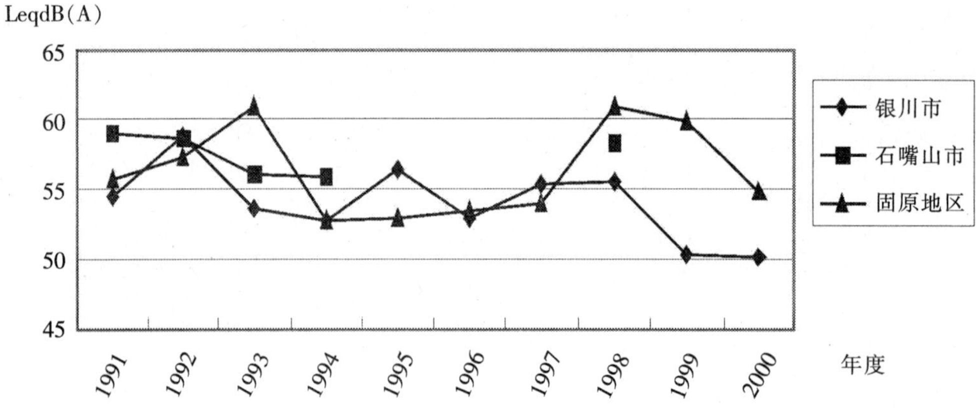

图7-13　城市区域环境噪声年际变化趋势

第二节　功能区环境噪声

噪声功能区划分

1996年，依照《城市区域环境噪声适用区划技术规范》(GB15190-94)和《城市区域环境噪声标准》(GB3096-93)，全区各城市对功能区划分进行了调整。

银川市　根据银川市自然地理状况、城市建设的现状和未来发展方向，于1996年进行功能区划分调整，共划分5类适用区域，适用区域8片，道路30条，区划面积116.4平方公里。

石嘴山市　根据石嘴山市独特的地理条件，分别按大武口区、石嘴山区和石炭井区三个行政区进行功能区划分。大武口区划定为4类标准适用区，分别是一类标准适用区、二类标准适用区、三类标准适用区和四类标准适用区。石嘴山区除国道109线、110线，煤炭路和石大公路等为交通干线两侧区域外，其余均为二类标准适用区。石炭井区均为二类标准适用区。

固原地区　划分为5类标准适用区，其中0类和1类标准适用区各1片，

2 类标准适用区 4 片,3 类标准适用区 2 片,4 类标准适用区 4 条。

银南地区 划分 4 类标准适用区,适用区域 10 片,道路 9 条。

1996 年城市噪声功能区划分表

表 7-41

城市 \ 项目	适用区	划分片数	面积(km^2)	占全市区划面积(%) 道路总长度 km
银川市	0 类标准适用区	1	2.16	1.85
	1 类标准适用区	3	32.58	27.9
	2 类标准适用区	2	67.63	58.1
	3 类标准适用区	2	14.03	12.15
	4 类标准适用区	30 条		
固原地区	0 类标准适用区	1		
	1 类标准适用区	1		
	2 类标准适用区	4		
	3 类标准适用区	2		
	4 类标准适用区	4 条		
银南地区	0 类标准适用区			
	1 类标准适用区	6	4.053	68.0
	2 类标准适用区	2	1.176	19.2
	3 类标准适用区	2	0.734	12.3
	4 类标准适用区	9 条		14.51

噪声监测结果

银川市 1982 年和 1983 年对六类功能区进行 24 小时监测,监测结果表明,除工业和交通干线两侧区域外,夜间噪声超标率都高于白天,而且超标倍数也高于白天。特殊住宅区白天有 81.3% 的时间超标,夜间 100% 超标;一类混合区、商业中心区白天分别超标 81.3% 和 68.7%,夜间分别超标 12.5% 和 85.7%,道路交通干线两侧多数时间未超标。1986 年~1990 年,特殊住宅区、居民文教区、一类混合区、二类混合区和商业中心区白天的噪声均超过国家标准,工业集中区和道路交通干线两侧噪声大多数不超标。

1982年～1995年银川市城市功能区环境噪声监测结果

表7－42　　　　单位：dB(A)

区域、项目		1982年	1983年	1985年上半年	1985年下半年	1986年	1987年	1988年	1989年	1990年	1991年	1992年	1993年	1994年	1995年
特殊住宅区	Ld	47.0	48.0	57	67	60.0	56.0	63.4	53.3	48.7	51.1	45.2	47.5	46.4	45.3
	Ln	42.0	42.0	60	50	41.2	50.6	51.2	52.3	51.4	48.1	46.3	46.5	46.0	43.0
居民文教区	Ld	56.0	50.7	69	61	59.4	54.0	56.6	54.9	52.4	54.2	44.1	53.3	47.0	44.1
	Ln	45.0	42.0	49	63	49.0	51.0	60.9	50.6	59.4	50.6	48.4	55.3	61.1	47.3
一类混合区	Ld	58.0	62.2	63	70	52.0		64.1	66.0	66.5	65.7	62.5	62.6	58.6	56.5
	Ln	44.0	39.3	58	62	44.4		63.9	65.9	63.1	62.5	54.7	63.8	60.6	58.2
二类混合区	Ld	62.0	64.1			66.0	63.0	65.5	60.9	61.1	60.8	59.9	59.5		
	Ln	40.0	57.4			61.0	57.8	62.9	59.0	56.6	58.3	61.4	58.5		
商业中心区	Ld							66.2	64.3	63.8	60.3	56.0	56.4	50.3	
	Ln							67.3	62.8	60.3	53.3	58.7	60.0	48.0	
工业集中区	Ld	61.0	55.8	57	56	58.4	54.0	64.5	52.7	54.1	49.0	49.1	49.0	46.2	44.5
	Ln	51.0	41.2	58	51	51.0	48.5	63.2	52.1	51.7	49.3	44.8	47.6	48.6	48.3
交通干线道路两侧	Ld	73.0	64.8	71	68	68.2	72.7	66.2	64.8	66.0	67.2	64.7	63.8	55.7	57.5
	Ln	49.0	47.1	69	68	63.5	65.7	67.1	64.4	67.7	65.0	62.9	64.1	60.1	58.6

1996年～2000年，各功能区昼间噪声等效声级均不超标，夜间等效声级以1996年超标的功能区最多，占功能区总数的80%，超标范围5.1分贝～12.6分贝，其他年份各功能区除二类区域超标外，基本符合国家标准。

石嘴山市　1984年～1990年仅在石嘴山区和大武口区进行功能区监测。石嘴山区各功能区的噪声大多数都超标，就其变化也无规律，各功能区的变化忽高忽低，呈波动形变化；大武口区的噪声相对石嘴山区的噪声来说有所下降，居民文教区、一类混合区、工业集中区噪声白天超标现象轻，而夜间超

标现象比较严重,其变化也无明显的规律,二类混合区和工业集中区的噪声白天基本都超标,夜间无明显的变化规律,总体趋势保持不变。

1991 年 ~1995 年,除 1994 年功能区监测数据不全未做统计分析外,其他年份功能区夜间噪声均超标,居民、文教区超标 5.0 分贝 ~15.4 分贝,一类混合区和交通干线两侧区域超标较轻。

因 1996 年仅上半年监测一次,数据不全未做统计,只作 1997 年 ~2000 年统计分析。四年间各功能区以二类标准适用区噪声污染较重,昼间超标 0.6 分贝 ~5.9 分贝;夜间超标 8.3 分贝 ~15.2 分贝;最大超标值出现在 2000 年,昼夜间分别超标 5.9 分贝和 15.2 分贝。

1984 年 ~1990 年石嘴山市功能区环境噪声监测结果

表 7-43　　单位:dB(A)

区域、项目			1984 年	1985 年上半年	1985 年下半年	1986 年	1987 年	1988 年	1989 年	1990 年
石嘴山区	特殊住宅区	Ld								
		Ln								
	居民文教区	Ld	47	52	56	52.0	59.4	54.4	63.0	67.4
		Ln	36.5	42	42	44.0	48.0	56.0	46.0	53.0
	一类混合区	Ld	47.9	57	55	62.0	61.0	64.8	66.0	61.8
		Ln	40.3	51	43	46.0	52.0	59.6	44.0	60.0
	二类混合区	Ld	55	67	74	68.0	64.0	67.5	66.0	64.0
		Ln	42.5	52	58	49.0	48.0	54.5	56.0	64.0
	商业中心区	Ld	65.5							
		Ln	50							
	工业集中区	Ld	63		77	81.0	78.0	66.7	72.0	74.0
		Ln	57.5			56.0	56.0	66.5	59.0	61.0
	交通干线道路两侧	Ld	70.9	70	73	69.0	74.0	71.3	77.0	75.0
		Ln	48.2	60	56	54.0	47.0	56.0	60.0	59.0

续表

区域、项目（年度）			1984 年	1985 年上半年	1985 年下半年	1986 年	1987 年	1988 年	1989 年	1990 年
大武口区	特殊住宅区	Ld								
		Ln								
	居民文教区	Ld	45.5	47	50	48.0	44.0	43.0	53.6	54.9
		Ln	41	41	38	41.0	38.0	50.5	50.8	32.8
	一类混合区	Ld	46	45	48	48.0	48.0	41.2	53.9	54.7
		Ln	36.8	42	41	38.0	38.0	51.0	51.0	39.5
	二类混合区	Ld		64	69	68.0	68.0	66.4	65.6	62.7
		Ln		47	45	45.0	46.0	53.5	62.9	47.1
	商业中心区	Ld	63.6							
		Ln	46							
	工业集中区	Ld	56.5			58.0	51.0	55.0	60.8	60.3
		Ln	52.5			55.0	55.0	66.0	61.5	50.3
	交通干线道路两侧	Ld	71.8	76	73	70.0	75.0	75.0	73.1	66.0
		Ln	48.4	55	50	52.0	52.0	70.5	63.4	52.6

固原地区　1988 年开始城市功能区噪声监测。1988 年～1995 年夜间噪声除 1988 年和 1990 年商业中心区未超标外，各功能区夜间噪声都超标，特殊住宅区超标范围在 11.6 分贝～21.2 分贝，居民文教区超标在 6.0 分贝～14.7 分贝。白天大多数年度功能区噪声都超标。

1996 年～2000 年，白天除四类标准适用区噪声超标外，其他标准适用区均在标准限值之内，而夜间噪声都超标，0 类标准适用区和一类标准适用区超标严重。超标最大值出现在 1999 年，0 类标准适用区和一类标准适用区分别超标 11.6 和 13.2 分贝。

吴忠市　仅在 1987 年和 2000 年进行功能区噪声监测。1987 年，噪声监测结果都超标。2000 年，全市布设功能区监测点 11 个，但监测数据缺失。

1988 年～1995 年石嘴山市、固原地区、吴忠市城市功能区环境噪声监测结果

表 7－44　单位:dB(A)

区域、项目			1988 年	1989 年	1990 年	1991 年	1992 年	1993 年	1994 年	1995 年
石嘴山市	特殊住宅区	Ld								
		Ln								
	居民文教区	Ld				57.3	49.0	46.4		
		Ln					55.4	53.4	45.0	
	一类混合区	Ld				54.7	47.7	50.6		
		Ln				47.1	52.1	48.3		
	二类混合区	Ld				68.1	56.4	59.4		
		Ln				66.9	56.4	63.7		
	商业中心区	Ld								
		Ln								
	工业集中区	Ld				65.2	57.6	56.1		
		Ln				62.2	61.5	52.8		
	交通干线道路两侧	Ld				70.4	65.8	71.0		
		Ln				69.0	58.6	72.1		

续表

区域、项目			1988 年	1989 年	1990 年	1991 年	1992 年	1993 年	1994 年	1995 年
固原地区	特殊住宅区	Ld	50.7	42.8	43.8	46.6	47.5	53.1	46.2	46.3
		Ln	56.2	46.6	47.6	49.8	52.6	53.6	46.9	47.8
	居民文教区	Ld	60.1	60.6	55.1	60.1	47.1	53.1	48.8	52.5
		Ln	52.4	51.4	50.8	54.7	53.1	51.3	46.0	50.4
	一类混合区	Ld	55.4	48.7	57.0	47.0	62.9	60.1	48.2	59.0
		Ln	52.6	52.9	49.0	50.5	55.6	55.4	48.9	54.2
	二类混合区	Ld					53.7	57.2	56.4	
		Ln						52.6	51.4	50.1
	商业中心区	Ld	69.0	47.8	55.8	53.8				
		Ln	54.5	49.7	46.0	53.9				
	工业集中区	Ld								
		Ln								
	交通干线道路两侧	Ld	71.6	70.4	71.8	69.6	71.4	71.6	69.8	72.4
		Ln	58.8	56.0	66.4	64.0	68.2	59.7	66.0	65.8
吴忠市	交通干线道路两侧	Ld								
		Ln					68.5	56.0	67.8	69.2

注：石嘴山市 1984 年～1990 年仅在大武口、石嘴山区进行城市噪声功能区噪声监测。1992 年～1995 年吴忠市仅为交通干线道路两侧 Ln。

1996 年~2000 年城市功能区环境噪声监测结果

表 7-45　　单位:dB(A)

区域、项目			1996 年	1997 年	1998 年	1999 年	2000 年
银川市	0 类标准适用区	Ld	44.6	46.1	47.0	47.5	45.3
		Ln	45.1	39.9	39.0	39.1	38.3
	一类标准适用区	Ld	47.3	50.5	52.5	43.8	51.0
		Ln	50.6	41.5	43.9	52.5	43.8
	二类标准适用区	Ld	59.4	59.2	57.3	57.2	57.6
		Ln	62.6	54.3	50.8	50.8	50.2
	三类标准适用区	Ld	47.0	50.8	51.3	52.9	57.7
		Ln	47.9	44.1	43.5	45.4	48.2
	四类标准适用区	Ld	62.2	59.8	63.0	61.0	60.8
		Ln	63.3	54.9	55.4	54.4	54.1
石嘴山市	0 类标准适用区	Ld					
		Ln					
	一类标准适用区	Ld		52.7	49.2	51.3	49.7
		Ln		57.5	41.8	55.0	52.7
	二类标准适用区	Ld		65.0	60.6	63.4	65.9
		Ln		58.3	48.2	65.6	65.2
	三类标准适用区	Ld		59.0	57.5	60.8	61.8
		Ln		65.4	55.0	63.4	70.4
	四类标准适用区	Ld		67.9	66.8	65.6	67.9
		Ln		68.5	56.0	67.8	69.2

续表

区域、项目			1996 年	1997 年	1998 年	1999 年	2000 年
固原地区	0 类标准适用区	Ld	45.8	44.9	47.5	45.8	47.3
		Ln	45.9	48.4	48.6	51.6	45.9
	一类标准适用区	Ld	50.4	51.5	54.8	54.7	49.8
		Ln	50.2	51.1	57.5	58.2	51.6
	二类标准适用区	Ld	57.4	57.9	50.2	49.2	65.3
		Ln	52.8	53.0	51.3	55.9	65.4
	三类标准适用区	Ld					
		Ln					
	四类标准适用区	Ld	70.2	69.6	71.9	75.5	74.1
		Ln	62.0	64.6	63.8	69.6	72.8

第三节　城市道路交通噪声

银川市

1981 年开展城市道路交通噪声监测以来，除 1987 年和 1988 年没有监测外，监测数据显示交通噪声呈逐年明显下降趋势。1994 年后等效声级均低于国家标准，从 1984 年的 75.1 分贝下降到 2000 年的 64.4 分贝，属污染最轻的城市。

石嘴山市

从 1984 年起在市辖 3 个区进行城市道路交通噪声监测。1984 年，全市道路交通噪声等效声级 70 分贝。1986 年～1990 年的道路交通噪声监测分别按三个区进行统计。石嘴山区的交通噪声五年都超标，超标范围在 2.0 分贝～4.0 分贝，大武口区除 1987 年和 1990 外，其他年份都超标，石炭井区交通噪声在五年中均不超标，并呈下降的趋势。

1981 年～2000 年，石嘴山市的道路交通噪声起伏变化，最大值出现在 1991 年，等效声级 71.8 分贝，超标 1.8 分贝；其他年份等效声级均低于国家标准；最小值出现在 1999 年，等效声级 66.0 分贝。石嘴山市交通噪声属轻度污染。

固原地区

1991 年开始城市道路交通噪声监测，至 2000 年的监测数据表明，除 1993、1996 和 1997 年，等效声级在国家标准之内外，其他年份均超过国家标准，属中度污染。

吴忠市

1999 年和 2000 年的道路交通噪声等效声级分别是 73.2 和 70.4 分贝，均超过国家标准，属中度污染，2000 年比 1999 年等效声级下降 2.8 分贝，污染有明显减轻。

青铜峡市

2000 年开展市区交通噪声监测，道路交通噪声等效声级为 74.4 分贝，超过国家标准 4.7 分贝，属中度污染。

1984 年～2000 年银川市城市道路交通噪声监测结果

表 7－46

年份	监测点数（个）	LeqdB(A)		主要干线总长（km）	干线平均路宽（m）	干线平均车流量（辆/时）
		平均值	最大值			
1984 年		75.1	82.7			
1985 年	8			5.55	10.7	218
1986 年		70.5				
1987 年						
1988 年	100			79.3	12	418
1989 年	100	73.6		79.3	12	337
1990 年	100	70.3		79.3	12	337
1991 年	75	69.8	82	79.3	12	337
1992 年	84	69	84.1	67.2	12	174
1993 年	89	70.7	84.4	72.3	12	466
1994 年	92	69.2	73.4	72	12	550
1995 年	97	68.5	76.4	77	12	575
1996 年	109	69.6	86.1	94.4	13	691
1997 年	109	68.8	79	94.4	19	288

年份	监测点数（个）	LeqdB(A)		主要干线总长（km）	干线平均路宽（m）	干线平均车流量(辆/时)
		平均值	最大值			
1998 年	109	68.2	73.8	94.4	19	114
1999 年	109	66.1	75.8	94.4	19.7	1143
2000 年		64.4	72.9			

注:1985 年,银川市分别在上半年和下半年进行监测,未做全年统计。

1986 年～1990 年石嘴山市交通噪声监测结果

表 7－47

区域、项目		1986 年	1987 年	1988 年	1989 年	1990 年
大武口区	路长(km)	7.40	7.65	7.65	7.65	11.04
	路宽(m)	10.7	10.7	10.7	10.7	11.0
	车流量(辆/小时)	184	171	149	260	240
	LeqdB(A)	71.0	68.0	74.0	76.0	65.4
石嘴山区	路长(km)	5.65	5.65	5.65	5.65	7.63
	路宽(m)	10.8	10.8	10.8	10.8	11.25
	车流量(辆/小时)	177	163	179	199	285
	LeqdB(A)	73.0	72.0	72.0	72.0	74.0
石炭井区	路长(km)	3.90	3.90	3.90	3.90	6.40
	路宽(m)	11.0	11.0	11.0	11.0	11.0
	车流量(辆/小时)	100	90	146	99	136
	LeqdB(A)	68.0	69.0	67.0	64.0	62.0

1984 年～2000 年石嘴山市城市道路交通噪声监测结果

表 7－48

年份	监测点数（个）	LeqdB(A)		主要干线总长（km）	干线平均路宽（m）	干线平均车流量(辆/时)
		平均值	最大值			
1984 年		70				

年份	监测点数（个）	LeqdB(A)		主要干线总长（km）	干线平均路宽（m）	干线平均车流量(辆/时)
		平均值	最大值			
1985年	15	72				
1986年	43					
1987年	45					
1988年	21					
1989年	21					
1990年	20			23.9	12	188
1991年	19	71.8	84	23.9	12	188
1992年	19	69	84.1		11	239
1993年	19	67.4	79		12	179
1994年		66.8	75.5	22.45	11	246
1995年	19	63.2	67.7		12	277
1996年	19	67.9	79.7		12	319
1997年	19	68.6	77		12	407
1998年	20	69.2	80		12	397
1999年	20	66	72	36.6	15	733
2000年		68.4	76.4			

注:1986年~1990年,石嘴山市城市道路交通噪声按3个区分别统计。

1987年~2000年固原地区城市道路交通噪声监测结果

表7-49

年份	监测点数（个）	LeqdB(A)		主要干线总长（km）	干线平均路宽（m）	干线平均车流量(辆/时)
		平均值	最大值			
1987年	4			8.5	13	152.5
1988年	9	73.4		8.5	13	180
1989年	6	70.2		8.5	13	180
1990年	6	71.4		8.55	13.3	214
1991年	6	71.5		8.55	13	214
1992年	6	71.6	79	1.425	12	213

年份	监测点数(个)	LeqdB(A)		主要干线总长(km)	干线平均路宽(m)	干线平均车流量(辆/时)
		平均值	最大值			
1993 年	6	69.1	79.9	1.43	13	452
1994 年	6	70.7	73.9	8.55	13	240
1995 年	6	70.7		1.4	13	307
1996 年	6	69.6	76.2	8.5	13.3	290
1997 年	6	69	74.2	8.6	13.3	187
1998 年	7	70.1	72.1	9.4	14.5	493
1999 年	6	74.9	80	8.6	14.5	573
2000 年		72.8	78.6			

几个年份吴忠市城市道路交通噪声监测结果

表 7－50

年份	监测点数(个)	LeqdB(A)		主要干线总长(km)	干线平均路宽(m)	干线平均车流量(辆/时)
		平均值	最大值			
1987 年	7					
1998 年	7			19.6	16.5	648
1999 年	7	73.2	76.7	18.9	15.8	604
2000 年		70.4	72.6			

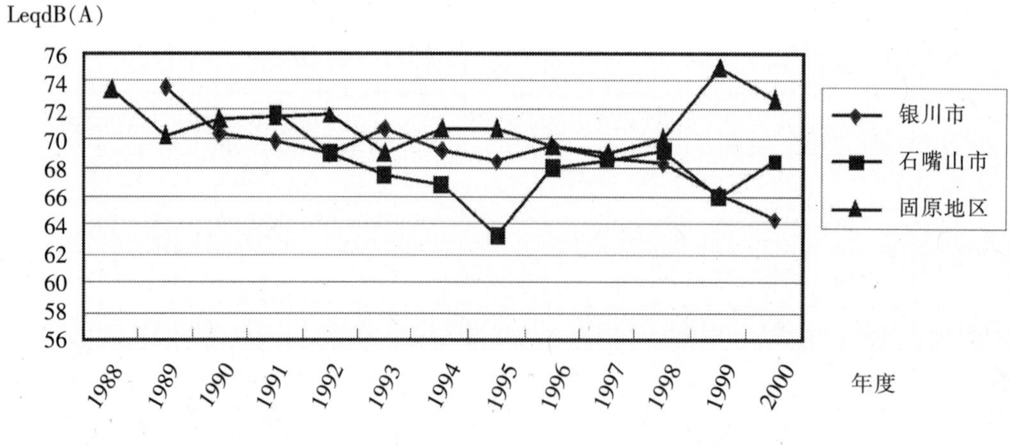

图 7－14　城市道路交通噪声年际变化趋势

第四节　噪声监测

环境噪声标准

从1982年8月1日开始实施的《城市区域环境噪声标准》GB3096－82将城市划分为6类区域。

1982年城市区域环境噪声标准(GB3096－82)

表7－51　　单位:等效声级 LeqdB(A)

适用区域	适用区域说明	昼间	夜间
特殊住宅区	特别需要安静的住宅区	45	35
居民、文教区	纯居民区和文教、机关区	50	40
一类混合区	一般商业与居民混合区	55	45
二类混合区、商业中心区	工业、商业、少量交通与居民混合区;商业集中的繁华地区	60	50
工业集中区	规划明确确定的工业区	65	55
交通干线道路两侧	车流量每小时100辆以上的道路两侧	70	55

1994年3月1日实施的《城市区域环境噪声标准》GB3096－93代替GB3096－82,新标准规定了城市5类区域的环境噪声最高限值。新标准对城市区域的环境噪声最低限值由昼、夜间的45分贝和35分贝,分别放宽到50分贝和40分贝。

1993年城市区域环境噪声标准(GB3096－93)

表7－52

类别	适用区域	昼间	夜间
0	疗养区、高级别墅区、高级宾馆区等特别需要安静的区域	50	40
1	以居住、文教机关为主的区域	55	45
2	居住、商业、工业混杂区	60	50

续表

类别	适用区域	昼间	夜间
3	工业区	65	55
4	城市中的道路交通干线道路两侧区域，穿越城区的内河航道两侧区域	70	55

监测方法

1986 年前，全区环境噪声监测按宁夏回族自治区基本建设委员会下发《宁夏回族自治区环境监测工作试行办法》执行；1986 年后按《环境监测技术规范》（第三册、噪声部分）进行。

测量仪器　从 1981 年开始，银川市对区域环境噪声进行监测，全区噪声监测仪器基本为国营红声器材厂生产的 ND2、ND6 和 ND10 型声级计。1993 年，银川市环境监测站开始使用国营红声器材厂生产的 HS－6211 型噪声统计分析仪。1996 年固原地区环境监测站使用 HS6220 型噪声统计分析仪。从 1997 年开始自治区大多数环境监测站使用杭州爱华电子研究所生产的 AWA6218 系列噪声统计分析仪。

城市区域环境噪声监测

1. 监测网格的划分。1981 年，银川市首次对区域环境噪声进行监测之后，1983 年石嘴山和吴忠两市按照《城市区域环境噪声监测规范》也相继开展了区域噪声普查工作。银川市首次普查时，共布设 154 个监测点、城区、新城区的网格大小为 250×250 米，新市区的网格大小为 500×500 米；石嘴山和吴忠两市的网格大小分别是 250×250 米和 200×200 米。

在以后的区域环境噪声监测中，除青铜峡市的网格大小是 175×175 米外，各市的网格大小均为 500×500 米。

城市区域环境噪声网格划分表

表 7－53

城市	监测时间(年)	网格大小(米×米)	网格总数	覆盖面积(Km^2)	占市区面积(%)
银川市	1981 年	500×500 250×250	154	19.2	64
	1984 年	500×500	150	37.5	
	1986 年～1988 年	500×500	46	11.5	
	1989 年～1991 年	500×500	211	52.75	
	1992 年	500×500	200	50.0	
	1993 年	500×500	211	52.75	
	1994 年	500×500	210	52.5	
	1995 年～1996 年	500×500	211	52.75	
	1997 年～2000 年	500×500	200	50.0	
石嘴山市	1983 年	250×250	189	9.2	54.1
	1986 年	500×500	26	6.5	
	1987 年	500×500	27	6.75	
	1989 年～1990 年	500×500	36	9.0	
	1991 年～1993 年	500×500	11	2.75	
	1994 年	500×500	18	4.5	
固原地区	1988 年～1989 年	500×500	16	4.0	
	1991 年～2000 年	500×500	16	4.0	
吴忠市	1983 年	200×200	76	3.04	67.5
	1988 年	500×500	19	4.75	
青铜峡市	2000 年	175×175	17	4.25	

2. 监测点布设。监测点采用网格均匀布点法，将要普查测量的城市建成区划分成多个等大方格，银川市除 1986 年～1988 年网格总数是 46 个外，其他年份均在 100 个以上，其他市网格总数均小于 100 个。

3. 测量方法。在网格中心布点进行监测，声级计置慢档，A 声级，每 5 秒钟读取一个数据，连续读取100个数据。用噪声统计分析仪测量时，仪器置快档、A声级、测量1分钟。

4. 监测频次。1984年开始，银川市每年(1985年除外)在正常工作时间，对全市进行一次区域环境噪声监测，固原地区从1991年每年进行一次区域环境噪声监测，石嘴山市仅在1991年、1992年、1993年和1998年对区域环境噪声进行监测，吴忠市和青铜峡市分别在1983年和2000年对区域环境噪声进行监测。

功能区噪声监测

1. 监测点布设。在各类功能区选择1~2个有代表性的点作为定期监测点，交通干线道路两侧区域至少设两个测点。

2. 测量方法。在规定的监测时间内每个测点每5秒钟读取一个数据，连续读取200个瞬时A声级。用噪声统计分析仪监测时，仪器置快档，A声级，测量2分钟。每个测点昼间和夜间各测量一次，同一测点的时间各次必须保持一致。

3. 监测频次。功能区环境噪声监测银川市每季度一次，其他市(地区)每半年监测一次。

交通噪声监测

1. 监测点布设。测点选择在两路口之间的交通干线的道路边人行道上，离道路沿20厘米，此处离路口的距离应大于50米。

2. 测量方法。在规定时间内每5秒钟读一瞬时A声级，连续读取200个数据，同时记录车流量。用噪声统计分析仪监测时，仪器置快档、A声级，测量10分钟，同时记录车流量。

3. 监测频次。银川市、吴忠市每年秋季监测一次，石嘴山市和固原地区每半年监测一次。

第四章　辐射环境

第一节　电离辐射

环境天然贯穿辐射主要指的是存在于地壳、建筑材料和空气中放射性核素产生的陆地 γ 辐射和宇宙线产生的外照射，陆地环境的 γ 辐射，包括室外 γ 辐射和室内 γ 辐射两部分。

20 世纪 60 年代，宁夏开始环境放射性本底的调查工作，包括对空气气溶胶、大气沉降灰、各种生物样品（蔬菜、粮食、肉类、水果和牛奶）及水的总 β 放射性活度的测定，以及各种人工和天然核素的分析。银川地区于 1963 年 ~ 1980 年对大气沉降灰、空气气溶胶以及水、粮食、蔬菜、牛奶等生物样品中总 β 放射性，以及 ^{90}Sr、^{137}Cs 含量水平进行了测定。

宁夏环境天然放射性水平调查

1985 年 10 月接受国家环保局下达的《宁夏环境天然放射性水平调查研究》课题，1986 年 1 月正式签订任务合同，课题下设《宁夏回族自治区环境天然贯穿辐射剂量水平调查研究》《宁夏回族自治区土壤中天然放射性核素含量调查研究》和《宁夏回族自治区水体中天然放射性水平调查研究》3 个子课题。自 1987 年 2 月 ~ 1988 年 10 月，宁夏首次在全区范围开展环境天然放射性水平调查工作，测量室外（原野和道路的 γ 辐射剂量率）及建筑物室内 γ 辐射剂量率，即测量离地面高度 1 米处的 γ 辐射空气吸收剂量率，并采集土壤和水体样品进行实验室分析。本次调查设计方案环境外照射布点为：全区以 25km × 25km 网格布点，共布设点 95 个；河套平原地区因人口密度大、工业集中，按 12.5km × 12.5km 网格加密布点 46 个；银川市区以 2km × 2km 加密布点 42 个；各县城亦加密布点 18 个；特殊点 3 个，即宁夏有色金属冶炼厂 2 个，宁夏放射性废物库址 1 个。总计布设测点 204 个（窑洞点除外）；土壤测点布设 192 个；水体采样点布设 84 个；另在南部山区农村居住窑洞增设 3 个点（只测建筑物）。

土壤采样点的布设与外照射测点基本一致，只在银川市区内略有减少，土壤布设 192 个采样点。水体采样点包括黄河出入境流域、清水河、苦水河上、中、下布设采样断面，对全区的主要水库、湖泊、泉水以及饮用水（自来水、井水、窖水）布设了采样点，一共布设采样点 84 个，分枯水期、平水期共采样 117 个（自来水及大部分井水平水期未采样）。

1988 年 10 月，自治区环保局完成《宁夏回族自治区环境天然放射性水平调查研究报告》及 3 个子课题研究报告，并上报国家环保局。

原野、道路、建筑物室内 γ 辐射空气吸收剂量率　根据调查，宁夏原野陆地 γ 辐射空气吸收剂量率范围为（3.88 ~ 8.67）$\times 10^{-8}$ Gy/h，按网格点平均和按面积、人口加权的均值分别为（6.08 ± 1.06）$\times 10^{-8}$ Gy/h、（6.10 ± 1.10）$\times 10^{-8}$ Gy/h 和（6.08 ± 1.98）$\times 10^{-8}$ Gy/h，在 U—82 年报告[1]给出的 3 ~ 7 $\times 10^{-8}$ Gy/h 之间属于正常本底。道路陆地 γ 辐射空气吸收剂量率范围为（3.47 ~ 11.41）$\times 10^{-8}$ Gy/h，按点平均值为（5.45 ± 1.20）$\times 10^{-8}$ Gy/h。建筑物室内 γ 辐射空气吸收剂量率范围为（6.23 ~ 13.78）$\times 10^{-8}$ Gy/h，按网格点平均和按人口加权的均值分别为（9.82 ± 1.50）$\times 10^{-8}$ Gy/h 和（10.02 ± 2.43）$\times 10^{-8}$ Gy/h。

宇宙射线电离成份所致（空气吸收）剂量率和天然贯穿辐射剂量率　宇宙射线电离成份所致（空气吸收）剂量率室外按点平均为（4.62 ± 0.38）$\times 10^{-8}$ Gy/h，天然贯穿辐射剂量率原野按点平均为（10.70 ± 1.08）$\times 10^{-8}$ Gy/h。按行政区划统计，宇宙射线电离成份所致（空气吸收）剂量率和天然贯穿辐射剂量率固原地区均为最高。

注：[1]为 UNSCEAR Report　1982 年

原野、道路、建筑物室内γ辐射(空气吸收)剂量率和天然γ所致人均年有效剂量当量

表 7-54

地区	人口数，10^4	面积，km^2	网格点数	原野γ辐射剂量率D原，$10^{-8}Gy/h$				道路γ辐射剂量率D道，$10^{-8}Gy/h$		室内γ辐射剂量率D室，$10^{-8}Gy/h$			人均年有效剂量当量He(γ)，$10^{-2}msv$	
				范围	均值±标准差			范围	均值±标准差	范围	均值±标准差		范围	均值±标准差
					按点平均	按面积加权	按人口加权		按点平均		按点平均	按人口加权		
银川	67.3529	4487	7	4.28~8.32	5.79±1.25	5.73±1.29	5.80±2.27	3.50~10.41	5.55±2.64	7.65~11.22	9.76±1.31	10.08±2.38	41.12~3.82	54.46±11.21
银北	55.3188	5323	8	3.88~8.02	5.54±1.38	5.56±1.44	5.15±1.77	4.26~5.72	5.18±0.60	9.17~13.53	10.91±1.69	12.17±2.28	47.15~73.51	62.57±10.52
银南	133.5396	33994	48	4.22~8.15	5.93±1.04	5.93±1.08	6.11±1.74	3.47~8.78	5.25±1.21	6.23~13.78	9.38±1.65	9.01±2.75	34.75~74.83	50.27±12.50
固原	133.3463	22596	32	4.68~8.67	6.51±0.97	6.55±1.01	6.57±1.02	4.39~8.34	5.79±1.02	6.68~13.05	10.24±1.28	10.10±1.34	37.53~72.50	56.14±6.17
全区	389.5576	66400	95	3.88~8.67	6.08±1.06	6.10±1.10	6.08±1.98	3.47~10.41	5.45±1.20	6.23~13.78	9.82±1.50	10.02±2.43	34.75~74.83	54.68±11.27

宇宙射线电离成分所致(空气吸收)剂量率和天然贯穿辐射所致剂量率及人均年有效剂量当量

表 7-55

地区	人口数(10^4)	面积(KM^2)	网格点数	宇宙射线剂量率 Dc(10^{-8}Gy/h)								天然贯穿辐射剂量率 D(10^{-8}Gy/h)										
				室内			室外			人均年有效剂量当量 He(c)10^{-2}msv		原野			道路			室内			人均年有效剂量当量 He(r+c)10^{-2}msv	
				范围	均值±标准差 按点平均	均值±标准差 按人口加权	范围	均值±标准差 按点平均	均值±标准差 按人口加权	范围	均值±标准差	范围	均值±标准差 按点平均	均值±标准差 按人口加权	范围	均值±标准差 按点平均	均值±标准差 按人口加权	范围	均值±标准差 按点平均	均值±标准差 按人口加权	范围	均值±标准差
银川	67.3529	4487	7	3.21~3.95	3.58±0.22	3.57±0.39	3.99~4.39	4.11±0.19	4.03±0.33	30.03~35.68	32.40±2.59	8.65~12.71	9.90±1.32	9.83±2.40	7.49~14.80	9.65±2.72	10.38±4.85	10.86~14.85	13.34±1.48	13.65±2.69	71.15~99.50	86.86±11.51
银北	55.3188	5323	8	3.26~4.81	3.75±0.43	3.42±0.21	3.98~5.34	4.17±0.47	4.06±0.08	30.32~43.44	31.53±1.34	8.32~12.01	9.71±1.23	9.20±1.75	8.26~10.43	9.35±0.66	10.92±1.97	12.77~17.12	14.66±1.63	15.59±2.16	77.47~116.95	94.10±10.41
银南	133.5396	33994	48	1.42~4.62	3.93±0.47	3.78±0.82	4.01~5.13	4.45±0.31	4.36±0.53	18.79~41.72	34.54±5.33	8.51~12.83	10.38±1.15	10.46±1.91	7.70~12.91	9.69±1.37	9.82±2.25	10.20~17.61	13.31±1.63	12.79±2.72	53.54~116.55	84.81±13.59
固原	133.3463	22596	32	4.00~5.95	4.58±0.45	4.59±0.47	4.44~6.61	5.09±0.50	5.12±0.52	36.12~53.74	41.51±3.23	9.69~13.38	11.60±0.87	11.69±0.90	8.83~13.32	10.88±1.15	10.88±1.20	13.02~17.22	14.88±0.97	14.83±1.01	37.65~126.24	97.68±6.96
全区	389.5576	66400	95	1.42~5.95	4.11±0.44	3.97±0.55	3.98~6.61	4.62±0.38	4.52±0.45	18.79~53.74	36.13±3.66	8.32~13.38	10.70±1.08	10.59±2.05	7.49~14.80	10.06±1.34	10.44±3.49	10.20~17.61	13.95±1.40	14.03±2.48	37.65~126.24	90.81±11.82

注:宇宙射线的剂量贡献中不包括中子成份。

按土壤类型分类调查统计的原野 γ 辐射剂量率，以列表记述。

各种土壤类型的陆地 γ 辐射剂量率

表 7－56

土壤类型	测点数	剂量率，10^{-8}Gy/h		
		范 围	均值*	标准差
黑垆土	34	4.68～8.67	6.47	0.95
灰钙土	31	3.16～7.38	5.36	1.10
灰褐土	6	4.92～7.45	6.21	0.98
沙、砂砾土	48	3.65～8.45	5.81	1.26
草甸土	45	3.90～7.92	5.68	0.84
盐 土	26	5.04～7.99	5.97	0.83
龟裂土	2	4.33～4.79	4.56	0.23
全 区	192	3.16～8.67	5.84	1.09

*表示按点平均。

调查与研究结果表明，6 类主要土壤中 γ 天然辐射剂量率：黑垆土为（6.47×10^{-8}Gy/h）、灰褐土为（6.21×10^{-8}Gy/h）、盐土为（5.97×10^{-8}Gy/h）、沙、砂砾土为（5.81×10^{-8}Gy/h）。

道路陆地 Y 辐射剂量率　1987 年～1988 年，全区不同类型道路的 γ 辐射剂量率有一定差异，道路设点的网格与原野设点相同。在 4 个地市共设监测点 197 个。

全区道路 γ 辐射剂量率按点的平均值为（5.45 ± 1.20）$\times10^{-8}$Gy/h，其范围值为（3.74～10.41）$\times10^{-8}$Gy/h。

不同路面道路的陆地 γ 辐射剂量率

表 7－57

类 型	测点数	γ 辐射剂量率，10^{-8}Gy·h^{-1}		
		范 围	均值*	标准差
水泥路	9	2.11～6.50	4.13	1.16
柏油路	111	2.56～8.83	4.79	1.21

续表

类　型	测点数	γ 辐射剂量率,$10^{-8}Gy \cdot h^{-1}$		
		范　围	均值*	标准差
碎石路	56	3.68 ~ 10.41	5.76	1.43
土　路	16	4.18 ~ 8.78	5.95	1.15
煤渣路	5	4.75 ~ 7.70	6.13	1.01

注：* 表示按点平均。

从表中可知各种路面道路的 γ 辐射剂量率，以煤渣路为最高，水泥路最低，其依次排序为：煤渣路 > 土路 > 碎石路 > 柏油路 > 水泥路。全区天然贯穿辐射剂量率道路按点平均为 $(10.06 \pm 1.34) \times 10^{-8}Gy/h$。

建筑物室内 Y 辐射剂量率　1987 年 ~ 1988 年，全区建筑物室内 γ 辐射剂量率，变化范围为 $(6.23 \sim 13.78) \times 10^{-8}Gy/h$，按点平均为 $(9.82 \pm 1.50) \times 10^{-8}Gy/h$。从地区统计来看，以银北地区最高，按点平均为 $10.91 \times 10^{-8}Gy/h$，银南地区最低，按点平均为 $9.38 \times 10^{-8}Gy/h$。

不同建材的建筑物室内 γ 辐射剂量率

表 7 - 58

类　型	宇宙射线屏蔽因子	测点数	剂量率,$10^{-8}Gy \cdot h^{-1}$		
			范　围	均值*	标准差
砖混楼房	0.8	39	5.11 ~ 13.50	8.60	1.50
砖混平房	0.9	36	5.81 ~ 13.52	8.40	1.66
砖木平房	0.9	47	6.78 ~ 13.53	10.14	1.63
土木平房	0.9	72	6.45 ~ 13.14	5.95	1.40
土窑洞	0.3	4	10.24 ~ 13.78	11.75	1.48

注：* 表示按点平均。

土窑洞主要分布在固原山区，土窑洞中 γ 辐射剂量率最高。全区宇宙射线电离成份所致（空气吸收）剂量率室内按点平均为 $(4.11 \pm 0.44) \times 10^{-8}Gy/h$；天然贯穿辐射剂量率室内按点平均为 $(13.95 \pm 1.40) \times 10^{-8}Gy/h$。

黄河流域及银川市区是宁夏工农业生产和人口集中的主要地区，在该地区布设加密点十分必要。

黄河流域及银川市市区环境天然γ辐射剂量率

表7-59 单位：$10^{-8}Gy \cdot h^{-1}$

地区	原野γ辐射剂量率			道路γ辐射剂量率			建筑物γ辐射剂量率		
	测点数	范围	均值±标准差	测点数	范围	均值±标准差	测点数	范围	均值±标准差
黄河流域	81	3.16~8.45	5.78±1.11	80	2.56~11.93	5.16±1.60	80	6.31~13.58	9.78±1.82
银川市区	32	3.92~6.88	5.21±0.74	39	2.11~7.70	4.46±1.17	39	5.11~12.12	8.57±1.55

黄河流域原野、道路、建筑物的γ辐射剂量率按点平均分别为(5.73±1.11)×10^{-8}Gy/h、(5.16±1.60)×10^{-8}Gy/h和(9.78±1.82)×10^{-8}Gy/h，低于全区均值；银川市区原野、道路、建筑物的γ辐射剂量率按点平均分别为(5.21±0.74)×10^{-8}Gy/h、(4.46±1.17)×10^{-8}Gy/h和(8.57±1.55)×10^{-8}Gy/h，也低于全区均值。

土壤中天然放射性核素水平

土壤测点共布设192个采样点，土壤样品的采集一般选在地势较开阔、平坦、未受污染的地方。平原区按梅花形(10m×10m)采样，山地区按蛇形采样。土壤中天然放射性核素包括^{238}U、^{232}Th、^{226}Ra、^{40}K，本次调查土壤样品只分析^{238}U、^{232}Th、^{226}Ra和^{40}K四种天然放射性核素含量，采用放化分析方法。

土壤样品中放射性核素含量测定方法

表7-60

分析项目	前处理方法及样品用量	分析方法及测量仪器	检测下限	回收率%	变异系数%
U	0.1~0.5克土样，用NH_4F、NH_4C1、$NHNO_3$、$(NH_4)_2$、SO_4混合铵盐分解，制成含$AI(NO_3)_3$(15%)，酒石酸(2%)HNO_3(15%)的溶液。	P350吸附树脂萃取色层分离Br-PADAP显色，721分光光度计测定。	0.6μg/g	91.3	11.1
Th		P350吸附树脂萃取色层分离，偶氮胂-Ⅲ显色，721分光光度计测定。	0.4μg/g	98.7	4.3

续表

分析项目	前处理方法及样品用量	分析方法及测量仪器	检测下限	回收率 %	变异系数 %
226Ra	2.00 克土样用 Na_2O_2 ~、NaOH 碱熔。	硫酸铝钡沉淀分离，FD－125 氡氩仪配 FH－408 定标器射气法。	5Bq/kg	81.9	8.9
K	0.100 克土样用 HF、Hcio 于聚四氟乙烯烧杯中加热溶解	6400 型火焰光度法	2Bq/kg	99.2	5.8

土壤中天然放射性核素含量

表 7－61　　　　单位：Bq/kg

地区	面积 (km^2)	网格点数	^{238}U			^{232}Th			^{226}Ra			^{40}K		
			范围	均值±标准差 按点平均	均值±标准差 按面积加权	范围	均值±标准差 按点平均	均值±标准差 按面积加权	范围	均值±标准差 按点平均	均值±标准差 按面积加权	范围	均值±标准差 按点平均	均值±标准差 按面积加权
银川	4487	7	21.60~39.20	31.99±6.93	32.15±7.15	34.60~47.10	42.24±4.50	42.01±4.65	22.60~34.90	29.00±4.49	29.02±4.64	698.67~923.24	749.76±79.84	741.29±82.52
银南	5323	8	13.90~48.10	32.21±10.92	31.99±11.40	29.00~45.90	39.63±6.50	39.21±6.79	6.40~31.10	21.06±7.64	21.93±7.98	478.58~815.12	671.16±104.30	687.31±108.91
银南	33994	48	10.20~48.20	29.56±9.28	29.23±9.60	27.80~61.20	39.45±7.52	39.60±7.78	14.90~55.30	27.96±8.00	28.25±8.28	598.85~798.48	683.29±46.41	682.68±48.02
固原	22596	32	20.30~49.90	33.06±7.92	32.98±8.24	40.30~58.10	45.88±3.63	45.57±3.78	21.30~72.30	34.82±9.84	35.85±10.23	632.13~931.56	722.06±59.73	720.85±62.12
全区	66400	95	10.20~49.90	31.14±8.79	30.92±9.18	27.80~61.20	41.84±5.90	41.76±6.42	6.40~72.30	29.77±8.33	30.38±8.82	478.58~931.56	700.23±58.23	699.92±62.04

按测点平均和面积加权，^{238}U 含量为 31.14 和 30.90Bq/kg（波动范围 10.20~49.90Bq/kg），^{226}Ra 含量为 29.77 和 30.19Bq/kg（波动范围 6.40~72.30Bq/kg），与国外典型值比较接近；232Th 含量为 41.84 和 41.68Bq/kg（波动范围 27.80~61.20Bq/kg），^{40}K 含量为 700.23 和 699.63Bq/kg（波动范

围478.58～931.56Bq/kg)。

宁夏土壤中天然放射性核素含量与国内外文献值的比较

表7－62　单位:Bq/kg

核素	宁夏		河北省		浙江省		辽宁省		贵州省		武汉市		包头市		UNSOEAR	
	均值	范围	均值	范围	均值	范围	均值	范围	均值	范围	均值	范围	均值	范围	均值	范围
^{238}U	31.41	12.90～49.90	30.40	13.20～69.90	46.30	13.50～123.00	27.00	7.80～50.90	45.80	3.20～123.10			25.90	10.20～83.90	25	10～50
^{232}Th	41.84	27.80～61.20	41.10	14.30～247.40	63.00	26.30～156.50	37.40	4.90～82.50	41.40	8.30～88.00	66.40	32.00～85.80	37.80	20.30～97.90	25	7～50
^{226}Ra	29.77	6.40～72.30	27.10	10.50～58.90	43.40	17.40～150.20	36.70	6.20～97.20	70.70	3.70～226.00	43.80	20.20～62.20	25.10	13.10～83.60	25	10～50
^{40}K	700.23	478.58～931.56	613.50	406.60～1202.20	711.00	118.00～1603.00	676.00	335.00～1121.00	305.10	23.70～802.60	513.80	181.70～851.00	522.40	83.90～1526.00	370	100～700

注:假定^{238}U处于平衡状态。

^{232}Th、^{40}K这两种核素均比国外典型值高,但基本都在世界典型值范围之内。从地区看,按测点均值详见表7－78,^{238}U的含量固原地区最高,为33.06Bq/kg,银南地区最低,为29.56Bq/kg;^{232}Th的含量也是固原地区最高,为45.88Bq/kg,银南地区最低,为39.45Bq/kg;^{226}Ra的含量,固原地区最高,为34.82Bq/kg,银北地区最低,为21.06Bq/kg;^{40}K的含量银川地区最高,为749.76Bq/kg,银北地区最低,为671.16Bq/kg。从地形、地貌上看,在山地、丘陵和黄土地貌中四种核素的含量较高,而平原、沙地、台地土壤中的核素含量较低。

不同地形、地貌土壤中天然放射性核素含量

表7－63　单位:Bq/kg

类型	样品数	^{238}U		^{232}Th		^{226}Ra		^{40}K	
		范围	均值±标准差	范围	均值±标准差	范围	均值±标准差	范围	均值±标准差
平原	119	13.20～63.58	32.39±9.61	18.10～61.20	40.71±8.21	10.20～128.50	31.13±11.69	478.58～898.29	700.49±83.94

续表

类型	样品数	^{238}U		^{232}Th		^{226}Ra		^{40}K	
		范围	均值±标准差	范围	均值±标准差	范围	均值±标准差	范围	均值±标准差
黄土地貌	25	19.50~49.00	32.33±7.65	41.30~51.00	45.54±3.02	20.40~72.30	34.17±10.08	632.13~862.04	702.94±52.13
山地	15	20.00~49.90	33.82±9.73	32.60~58.10	45.51±7.21	18.30~53.20	32.11±9.03	598.86~931.56	752.46±91.76
沙地	13	11.80~62.50	27.88±13.22	18.10~43.10	32.45±7.27	5.11~38.70	20.62±9.32	598.85~738.59	643.39±40.95
丘陵	13	19.90~75.10	34.75±14.53	36.20~55.80	45.17±5.16	20.40~45.50	32.98±7.05	648.77~914.93	729.39±70.84
台地	7	16.50~40.40	26.44±7.34	27.80~51.00	37.27±8.04	14.90~31.40	24.77±5.62	598.86~765.21	660.65±51.63

水体中天然放射性元素(或核素)浓度

宁夏水体包括河流、湖泊、水库、泉水、井水、自来水和窖水。为全面掌握宁夏各类水体中天然放射性元素、核素的水平，本次环境天然放射性水平调查时，将七类水体做为调查研究对象。水体采样分别在枯水期和平水期进行，样品只分析铀(U)、钍(Th)、镭(226Ra)、和钾(^{40}K)4 个项目。

水体总况　全区七类主要水体共采水样 117 个，其中枯水期 83 个，平水期 34 个。

各类水体中天然放射性元素、核素浓度范围

表 7－64

水体类型	采样期	样品数	铀(U)，μg/L	钍(Th)，μg/L	镭(^{226}Ra)，10^{-3}Bq/L	钾(^{226}Ra)，10^{-3}Bq/L
河水	枯水期	15	3.14~53.35	0.02~0.41	0.65~13.28	16~428
	平水期	14	1.57~41.60	0.02~1.53	0.65~11.32	46~2614
湖泊	枯水期	3	2.74~11.80	0.02~0.08	0.65~3.75	388~452
	平水期	3	6.66~12.10	0.02~0.79	0.65~8.84	372~555

续表

水体类型	采样期	样品数	铀(U),μg/L	钍(Th),μg/L	镭(^{226}Ra),10^{-3}Bq/L	钾(^{226}Ra),10^{-3}Bq/L
水库	枯水期	3	0.88~18.00	0.08~0.10	0.65~7.14	51~143
	平水期	4	1.61~10.80	0.02~0.26	5.29~6.73	57~475
泉水	枯水期	3	0.91~5.73	0.02~0.02	2.70~30.90	24~137
	平水期	3	1.51~6.78	0.02~0.64	1.85~5.14	43~125
窖水	枯水期	5	0.66~14.90	0.02~0.40	0.65~8.25	71~143
	平水期	5	0.25~14.50	0.02~0.02	0.65~8.73	57~222
井水	枯水期	39	0.17~47.20	0.02~0.59	0.65~24.24	14~792
	平水期	5	2.50~16.80	0.02~0.27	0.65~13.91	76~225
自来水	枯水期	15	0.27~18.70	0.02~0.05	0.65~77.40	35~198

枯水期4种元素的浓度范围分别为0.17μg/L~53.30μg/L、0.02μg/L~0.59μg/L、0.65×10^{-3}Bq/L~77.40×10^{-3}Bq/L、14×10^{-3}Bq/L~792×10^{-3}Bq/L;平水期四种元素的浓度范围分别为0.25μg/L~41.60μg/L、0.02μg/L~1.53μg/L、0.65×10^{-3}Bq/L~13.91×10^{-3}Bq/L、0.02μg/L~1.53μg/L、0.65×10^{-3}Bq/L~13.91×10^{-3}Bq/L、43×10^{-3}Bq/L~2614×10^{-3}Bq/L,在117个样品中,只有苦水河吴环路跃进桥枯水期样品U超标,其值为53.30μg/L。

河流　分3个方面予以记述。

1. 主要河流水体概况。仅监测分析黄河及其支流清水河、苦水河。枯水期采样9个,平水期采样8个。

U枯水期均高于平水期,Th是平水期高于枯水期,^{226}Ra是黄河平水期高于枯水期,清水河和苦水河是枯水期高于平水期,^{40}K是黄河、苦水河枯水期高于平水期,而清水河是平水期高于枯水期,苦水河吴环路跃进桥断面枯水期U的浓度为53.30μg/L,超过国家限制浓度标准(其原因不清)。其余各点样品均未超标。

河水中天然放射性元素、核素浓度

表 7－65

河流名称	采样期	样品数	铀(U)μg/L			钍(Th)μg/L			镭(226Ra)10^{-3}Bq/L			钾(^{40}K)10^{-3}Bq/L		
			范围	均值	标准差	范围	均值	标准差	范围	均值	标准差	范围	均值	标准差
黄河干流	枯水期	9	3.14～4.98	3.98	0.54	0.02～0.33	0.12	0.11	0.65～11.40	5.16	3.52	52～92	63.78	12.50
	平水期	8	2.17～3.52	2.80	0.48	0.21～0.36	0.26	0.05	4.48～11.32	6.59	2.43	46～62	54.75	5.04
清水河	枯水期	3	7.72～38.70	18.27	17.69	0.02～0.29	0.11	0.16	2.00～13.28	6.61	5.92	16～357	238.00	192.42
	平水期	3	1.57～28.30	17.26	13.96	0.02～1.53	0.61	0.81	2.63～9.18	6.48	3.42	222～2614	1030.00	1371.88
苦水河	枯水期	3	25.60～53.30	37.37	14.31	0.11～0.41	0.27	0.15	2.59～8.88	5.22	3.27	261～428	316.67	96.42
	平水期	3	8.19～41.60	27.06	17.12	0.07～1.19	0.63	0.56	0.65～7.10	4.54	3.43	105～301	217.33	101.10

2. 主要城市、重要工矿区所在河段。在吴忠、银川市、石嘴山市下游分别采枯水期和平水期的样品进行监测分析，四种元素在黄河6号断面(吴忠)枯水期的浓度分别为铀(U)3.88μg/L、钍(Th)0.08μg/L、镭(^{226}Ra)8.58×10^{-3}Bq/L、钾(^{40}K)59×10^{-3}Bq/L；平水期的浓度分别为铀(U)3.20μg/L、钍(Th)0.25μg/L、镭(^{226}Ra)4.48×10^{-3}Bq/L、钾(^{40}K)54×10^{-3}Bq/L。黄河8号断面(银川)枯水期四种元素的浓度为铀(U)3.14μg/L、钍(Th)0.19μg/L、镭(^{226}Ra)5.73×10^{-3}Bq/L、钾(^{40}K)71×10^{-3}Bq/L；平水期铀(U)2.75μg/L、钍(Th)0.26μg/L、镭(^{226}Ra)9.03×10^{-3}Bq/L、钾(^{40}K)60×10^{-3}Bq/L。黄河9号断面(石嘴山)枯水期四种元素的浓度为铀(U)3.26μg/L、钍(Th)0.23μg/L、镭(^{226}Ra)0.65×10^{-3}Bq/L、钾(^{40}K)92×10^{-3}Bq/L，平水期铀(U)3.20μg/L、钍(Th)0.25μg/L，镭(^{226}Ra)4.48×10^{-3}Bq/L、钾(^{40}K)54×10^{-3}Bq/L。由吴忠到石嘴山市断面枯水期和平水期钍(Th)浓度有所升高，但均未超标，属正常水平。

3. 主要河流支流汇合口上游断面、区界出入口断面。黄河入界口断面枯水期采样1个，四种元素的浓度分别为铀(U)4.14μg/L、钍(Th)0.02μg/L、镭

(^{226}Ra)2.81×10^{-3}Bq/L、钾(^{40}K)52×10^{-3}Bq/L。出界口断面枯水期采样1个,浓度为铀(U)3.26μg/L、钍(Th)0.23μg/L、镭(^{226}Ra)0.65×10^{-3}Bq/L、钾(^{40}K)92×10^{-3}Bq/L;平水期浓度为铀(U)3.20μg/L、钍(Th)0.36μg/L、镭(^{226}Ra)11.32×10^{-3}Bq/L、钾(^{40}K)62×10^{-3}Bq/L。清水河入黄河口(清3号)枯、平水期各采样1个,枯水期四种元素的浓度为铀(U)38.70μg/L、钍(Th)0.29μg/L、镭(^{226}Ra)4.55×10^{-3}Bq/L、钾(^{40}K)357×10^{-3}Bq/L;平水期浓度为21.90μg/L、1.53μg/L、7.62×10^{-3}Bq/L、222×10^{-3}Bq/L。苦水河入黄河口(苦3号)枯、平水期各采样1个,枯水期U、Th、^{226}Ra、^{40}K四种元素的浓度为25.60μg/L、0.30μg/L、4.18×10^{-3}Bq/L、261×10^{-3}Bq/L;平水期的浓度分别为8.19μg/L、1.19μg/L、7.10×10^{-3}Bq/L、和105×10^{-3}Bq/L,清水河、苦水河入黄河口上游断面水中U、Th、^{226}Ra、^{40}K浓度高于黄河出入界口浓度,U、^{40}K的浓度高于黄河水的数倍,但仍属于正常范围。

湖泊、水库　监测分析的湖泊为西滩湖、大碱湖、前进湖。枯水期、平水期各采样1个,共6个样品。水库为青铜峡水库、石峡口水库和寺口子水库,各水库所采样品数不同,共7个样品。

湖泊中天然放射性元素、核素浓度

表7-66

湖泊名称	采样期	样品数	铀(U) μg/L	钍(Th), μg/L	镭(^{226}Ra), 10Bq/L	钾(^{40}K), 10Bq/L
湖1 西滩湖	枯水期	1	4.90	0.08	0.65 (<1.30)	388
	平水期	1	12.10	0.79	0.65 (<1.30)	475
湖2 大碱湖	枯水期	1	2.74	0.05	3.70	452
	平水期	1	6.89	0.02 (<0.04)	8.84	372
湖3 前进渔湖	枯水期	1	11.80	0.02 (<0.04)	0.65 (<1.30)	436
	平水期	1	6.66	0.02 (<0.04)	3.81	555

注:表中括号内的值为检测限,上面的值是1/2检测值。

水库中天然放射性元素、核素浓度

表 7－67

水库名称	采样期	样品数	铀(U)，μg/L		钍(Th)，μg/L		镭(^{226}Ra)，10^{-3}Bq/L		^{40}K，10^{-3}Bq/L	
			范围	均值	范围	均值	范围	均值	范围	均值
库1 青铜峡水库	枯水期	2	0.88～4.52	2.70	0.08～0.10	0.09	2.00～7.24	4.57	51.00～52.00	51.50
	平水期	2	1.61～2.94	2.28	0.02～0.25	0.14	5.99～6.73	6.36	57.00～57.00	57.00
库2 石峡口水库	平水期	1		10.80		0.05		5.29		475
库3 寺口子水库	枯水期	1		18.00		0.10		0.65(＜1.30)		143
	平水期	1		9.42		0.26		5.29		246

泉水　本次调查监测分析的泉水为贺兰山苏峪口沟口、青铜峡庙山湖1号泉和泾源老龙潭。枯水期、平水期各采1个样，四种元素的浓度、范围分别为0.91μg/L～6.78μg/L、0.02μg/L～0.64μg/L、1.85×10^{-3}Bq/L～30.90×10^{-3}Bq/L、24×10^{-3}Bq/L～137×10^{-3}Bq/L，各项结果均未超标。

城市自来水及农村井水　本次调查监测分析的自来水采样15个，全部为枯水期样品，井水枯水期采样39个，平水期采样5个。

自来水中天然放射元素、核素浓度

表 7－68

自来水地点	水源	采样时间	样品数	铀(^{238}U) μg/L	钍(^{232}Th) μg/L	^{226}Ra 10^{-3}Bq/L	^{40}K 10^{-3}Bq/L
银川小南门水厂 自1	承压水	1987.3.12	1	0.27	0.05	77.40	41
石嘴山二区水厂 自2	承压水	1987.3.16	1	6.87	0.02(＜0.04)	2.96	46

续表

自来水地点	水源	采样时间	样品数	铀(^{238}U) μg/L	钍(^{232}Th) μg/L	^{226}Ra 10^{-3}Bq/L	^{40}K 10^{-3}Bq/L
吴忠自来水厂 自3	承压水	1987.4.25	1	2.52	0.02(<0.04)	5.77	68
青铜峡水暖公司 自4	承压水	1987.4.24	1	1.54	0.02(<0.04)	11.77	62
自5(1)、自5(2) 海原水厂	泉 水	1987.4.12 1987.4.11	1 1	5.20 5.17	0.02(<0.04) 0.02(<0.04)	3.81 0.65(<0.04)	111 106
中宁自来水公司 自6	承压水	1987.4.24	1	10.00	0.02(<0.04)	3.33	135
西吉县城 自7	承压水	1987.4.14	1	13.70	0.05	0.65(<1.30)	89
大武口区自来水厂 自8	承压水	1987.5.28	1	3.44	0.02(<0.04)	0.65(<1.30)	46
石炭井建筑公司 自9	承压水	1987.5.29	1	18.70	0.02(<0.04)	0.65(<1.30)	198
泾源自来水厂 自10	承压水	1987.6.23	1	0.83	0.02(<0.04)		35
彭阳自来水厂 自11	承压水	1987.6.24	1	5.68	0.02(<0.04)	33.82	124
自12(1)、自12(2) 固原县自来水厂	承压水	1987.6.24 1987.6.24	1 1	6.44 6.71	0.02(<0.04) 0.02(<0.04)	4.7 0.65(<0.04)	73 73
甘塘自来水站 自13	黄河水	1987.6.16	1	3.52	0.05	0.65(<1.30)	57

农村井水天然放射性元素、核素浓度

表 7－69

地区	采样期	样品数	铀(^{238}U) μg/L			钍(^{232}Th) μg/L			^{226}Ra 10^{-3}Bq/L			^{40}K 10^{-3}Bq/L		
			范围	均值	标准差	范围	均值	标准差	范围	均值	标准差	范围	均值	标准差
银北	枯水期	6	0.47～28.20	10.93	9.79	0.02～0.16	0.07	0.06	0.65～4.96	3.53	1.58	27～673	163.17	251.67
	平水期	1		16.80			0.02(<0.04)			2.52			127.00	
银川	枯水期	14	0.17～26.00	7.27	6.74	0.02～0.12	0.04	0.03	0.65～5.70	2.55	1.73	14～148	76.43	51.34
	平水期	1		2.50			0.02			4.29			113.00	
银南	枯水期	16	0.75～47.20	11.22	12.53	0.02～0.59	0.19	0.20	0.65～16.09	5.04	4.66	41～665	177.50	168.76
	平水期	2	10.40～12.10	11.25	1.20	0.02～0.02	0.02		0.65～13.91	7.28	9.38	76～225	150.50～105.36	
固原	枯水期	3	9.53～10.40	10.10	0.49	0.12～0.18	0.15	0.03	0.59～24.24	15.4	8.83	70～792	337.00	396.02
	平水期	1		12.50			0.27			3.26			190.00	

放射性污染调查

1987 年对全区放射性污染源进行了调查，宁夏有应用放射源、同位素单位 25 个，其中开放型的 6 个单位。所用核素有^{131}I、^{125}I、^{113}In、^{32}P、^{3}H、^{86}Rb、^{238}U、^{232}Th 等。开放型的单位是有解放军五医院、宁夏区医院、固原地区医院、宁夏附属医院、农林科学院和宁夏有色金属冶炼厂。

辐射环境常规监测

1996 年～2000 年期间，每年 4 次在自治区环保局门口、大武口青山公园草坪设立了 2 个常规监测点，测量 γ 辐射空气吸收剂量率。

环境γ空气吸收剂量率

表 7-70

监测点点位	监测时间	点数	频次	测值范围	平均值	标准差
宁夏环保局门口	1997 年	1	4	60.9~68.5	63.9	3.2
	1998 年	1	3	62.7~71.7	66.4	4.3
	1999 年	1	4	61.7~69.3	65.0	3.8
	2000 年	1	4	72.9~91.7	78.9	7.5
大武口青山公园	1997 年	1	4	70.2~79.5	73.9	4.0
	1998 年	1	3	69.1~80.4	74.2	5.7
	1999 年	1	4	74.8~81.0	76.8	2.5
	2000 年	1	4	75.5~84.0	80.3	3.1
银川市新市区	1997 年	40	不定	34.0~101.2	61.3	

污染源监测

1987 年,对宁夏放射性废物库库区原野、道路辐射贯穿空气吸收剂量率进行监测,结果分别为 7.93×10^{-8}Gy/h、6.02×10^{-8}Gy/h。

1996 年~2000 年期间对放射性应用单位进行了γ辐射空气吸收剂量率监测。

污染源场所及周围环境陆地γ辐射空气吸收剂量率

表 7-71

污染源类型	监测点位	监测时间	点数	频次(次/年)	测值范围	平均值	标准差
城市放射性废物暂存库	宁夏城市放射性废物库	1997 年	23	1	84.8~131.9	102.4	15.2
		1998 年	22	1	87.9~124.7	101.7	11.6
		1999 年	25	2	93.4~255.3	134.7	
		2000 年	24	2	84.7~160.6	118.7	15.2
伴生矿开发利用	宁夏东方钽业股份公司	1996 年*	129	不定	43.1~159.0	72.1	18.7
		1999 年	8	2	62.6~761.6	147.4	167.2
		2000 年	11	1	75.0~817.2	222.9	225.8

续表

污染源类型	监测点位	监测时间	点数	频次(次/年)	测值范围	平均值	标准差
同位素应用与射线装置类	宁夏农科院放化钴照室	1998 年 *	10	不定	42.5 ~ 83.2	54.5	
	宁夏医学院附属医院	1998 年 *	26	不定	58.3 ~ 12059.0	969.5	
		1999 年 *	23	不定	70.7 ~ 2257.7	450.4	
	宁夏电力建筑安装工程公司 γ 探伤机	1999 年 *	11	不定	74.5 ~ 808890	197386	
	宁夏电力建筑安装工程公司 X 探伤机	1999 年 *	14	不定	79 ~ 20222171	2211341	

注：* 测值已扣除宇宙射线响应值。

放射性应用场所土壤（底泥）中放射性核素含量

表 7 - 72　　单位：Bq/kg

采样点	监测时间	点数	项目	测值范围	平均值	标准差
宁夏东方钽业股份公司	1996 年	12	总 α	6.70E2 ~ 6.18E3	1.51E3	1.55E3
			总 β	5.78E2 ~ 1.62E3	8.95E2	2.62E2
			^{238}U	4.27 ~ 139	58.4	26.6
			^{232}Th	42 ~ 57	48.5	5.6
宁夏农科院放化钴照室	1997 年	5	^{226}Ra	27 ~ 35	31	4
			^{232}Th	38 ~ 43	39	2
			^{40}K	300 ~ 610	528	129
			^{60}Co	< LLD		

由表看出，宁夏东方钽业股份公司土壤个别采样点的测值略超出宁夏天然放射性水平调查值范围，底泥测值超出较多。宁夏农科院放化钴照室土壤中^{226}Ra、^{232}Th、^{40}K 的放射性比活度测值均在宁夏环境天然放射性水平调查范

围之内,土壤中未检出人工放射性核素^{60}Co。

随着环境保护工作的不断深入和加强,放射性核素及射线装置等的应用日益广泛,接触放射性的人员也不断增多,辐射环境管理工作逐步走向了正规的监督管理和辐射环境质量常规监测。截止2000年,全区共使用各种密封放射源约400多个,放射性同位素种类有^{60}Co、^{137}Cs、^{226}Ra、Am－Sr等,主要分布在科研、卫生、建材等多个行业的50多家单位;开放型同位素使用单位共3家,年使用量约为5.37×10^{11} Bq/a,全部用于卫生行业;使用射线装置的单位有200多家,装置种类有医用x光机、直线加速器及x探伤机;伴生放射性矿物资源应用类3家,其中宁夏东方钽业股份公司的生产规模最大。宁夏城市放射性废物已收贮自治区放射性应用单位废放射源503个,放射性废物约800公斤。

第二节　电磁辐射

电磁辐射的种类及分布

根据1998年5月对全区辐射环境污染源的调查,宁夏电磁辐射主要有广播电视,通信系统,工、科、医设备,交通系统和高压电力系统等五大种类。电磁辐射设施数量为广播电视73套,通信系统601台(套),工、科、医66台,交通系统1条,高压电力系统43台(条)。

1998年5月广播电视电磁辐射设备数量分布

表7－73　　单位:套

地区名称	中短波广播	调频广播	电视广播	合计
宁夏回族自治区	13	22	38	73
银川市	3	10	6	19
石嘴山市		1	5	6
吴忠市	8	6	13	27
固原地区	2	5	14	21

1998 年 5 月通信发射电磁辐射设备数量分布

表 7 – 74　　单位:台(套)

地区名称	长波	短波	微波	地球站	专业通讯网	移动通讯网	寻呼网	雷达	导航	合计
宁夏回族自治区		190	154	18		185	46	3	5	601
银川市		56	21	14		80	12	1	5	189
石嘴山市		41	36	1		39	11			128
吴忠市		66	77	2		52	11	1		209
固原地区		27	20	1		14	12	1		75

1998 年 5 月工、科、医电磁辐射设备数量分布

表 7 – 75　　单位:台

地区名称	工业	科研	医疗	合计
宁夏回族自治区	31		35	66
银川市	19		27	46
石嘴山市	3		1	4
吴忠市	9		7	16
固原地区				

1998 年 5 月交通系统电磁辐射设备数量分布

表 7 – 76

地区名称	轻轨地铁	电气化铁道		有、无轨电车	合计	
		条	公里		条	公里
宁夏回族自治区		1	345.25		1	345.25
银川市		1	345.25		1	345.25
石嘴山市						
吴忠市						
固原地区						

1998 年 5 月电力系统高压线与高压电缆数量分布

表 7－77

地区名称	高压输电线(110KV 以上)		高压电缆(KV)	
	条	km	条	km
宁夏回族自治区	8	472.339		
银川市				
石嘴山市	6	161.519		
吴忠市	2	310.82		
固原地区				

1998 年 5 月电力系统升压站与降压站数量分布

表 7－78

地区名称	升压站		降压站		合计	
	台数	功率	台数	功率	台数	功率
宁夏回族自治区	22	1442700	13	778100	35	2220800
银川市						
石嘴山市	11	519700	4	20600	15	540300
吴忠市	11	923000	3	94500	14	1017500
固原地区			6	663000	6	663000

电磁辐射对环境的影响

宁夏拥有的 5 种类型电磁辐射设备中，广播电视台站发射功率大，天线架设较高，在周围地区形成较强电磁场区，对周围环境有一定影响；通信系统发射设备种类多、数量大、分布广，在市区高层建筑上建设许多起联络作用的基地台站，使市区内高层建筑上发射天线林立，空中电磁波环境本底逐渐增强。工、科、医高频设备数量不大，但功率较大，工作时，高频能量转变成热能或做其它的功，不可避免泄露高能电磁波，对周围环境、电视、电子仪器可能产生损坏和干扰；高压输电线电压等级高、线路长，变电站功率较大，是不可忽视的电磁辐射污染源。

电磁辐射污染管理

宁夏电磁辐射污染管理起步较晚。1998 年 4 月,自治区环保局开始对电磁辐射环境污染源调查人员开展培训,先后举办 4 期培训班,5 月正式启动污染源调查工作。根据 1997 年国家环境保护局《关于开展全国电磁辐射环境污染源调查的通知》精神,1998 年 4 月 ~1999 年在全区范围内开展了电磁辐射污染源调查工作,又从 1999 年 11 月开始对宁夏联通公司 GSM 移动电话基站、微波站、微波设备电磁辐射进行环境影响评价工作。1998 年 12 月,宁夏放射性环境管理所完成《宁夏回族自治区电磁辐射污染源调查报告》,并上报国家环保总局。2000 年,电磁辐射的环境污染管理工作在移动通信、广播电视、电力等行业逐步开展,业务面不断拓宽。同年 1 月与宁夏联通分公司签订了 GSM 移动电话基站及微波设备的电磁辐射环境影响评价合同。3 月、4 月、6 月、8 月、9 月对宁夏联通分公司在银川市、石嘴山市和吴忠市境内建设的通信基站进行本底监测和竣工验收监测。

第三节 辐射环境监测与管理

监测机构

卫生部门辖属机构　1961 年,自治区卫生厅成立由 3 人组成的射线防护组,后将其划归自治区卫生防疫站劳动卫生科,职责是负责全区的放射防护工作。同年增加 2 名放射医学专业人员。1965 年,成立自治区工业卫生所,当年又增加专业人员 5 名充实放射卫生工作,逐步开展大气落下灰与空气气溶胶的总 β 放射性测定、食品中放射性核素含量的分析、国家核试验的观测,积累了大量监测数据。1972 年在工业卫生所内建立劳动卫生与射线防护 2 个不同业务性质的科室。1980 年,又将射线防护科分为射线防护与环境放射性监测 2 个科。

环保部门辖属机构　1986 年初,宁夏正式接受国家环保局下达的《全国天然放射性水平调查研究》课题。同年 8 月 23 日批复成立自治区放射性废物库环境管理所,为科级事业单位,编制暂定 6 人,属自治区环境保护局。

监测业务

1961 年,自治区卫生厅射线防护组开始进行大气落尘中总 β 放射性含量等的环境放射性调查。此为宁夏环境放射性检测工作之始。1962年开始环境放射性本底调查,1964年开展空气气溶胶中总β放射性活度的测量。

1986年初,宁夏正式接受国家环保局下达的《全国天然放射性水平调查研究》课题的子课题——《宁夏环境天然放射性水平调查》,签订了任务合同。1987年2月,在自治区环保局的组织下,由自治区环保局相关人员、宁夏回族自治区放射性废物库环境管理所5人、宁夏医学院老师与实习学生10人组成课题组,利用设备4台(其中SG—102型χ·γ剂量率仪2台,FT—620型χ·γ照射量率仪2台)开展课题研究工作。下设3个子课题:《宁夏回族自治区环境陆地γ辐射剂量水平调查研究》、《宁夏回族自治区土壤中天然放射性核素含量调查研究》和《宁夏回族自治区水体中天然放射性水平调查研究》。课题组分成2组,在全区布设204个点进行外照射测量及采样工作。10月,完成外照射测量任务,经中国原子能科学研究院等有关部门专家现场核查、验收全部合格。1988年12月,受国家环保局委托,自治区科委和自治区城乡建设厅在银川主持召开研究课题技术鉴定会。专家们认为该项研究达到了国内同类研究的先进水平,一致通过鉴定。

1991年5月,宁夏放射性环境管理所对全区放射源、同位素应用单位进行全面检查,同时对各单位的陆地空气吸收剂量率和表面污染进行监测。检查结果:全区有应用放射源、同位素的单位共29家,放射源总数345个,总源强16110.867居里。1990年以来,宁夏放射性环境管理工作主要是收贮放射源、同位素应用单位退役的废放射源、同位素和放射性废物;对应用放射源、同位素单位进行监测、技术审核;对伴有辐射的项目进行评价。

第五章　生态环境质量

第一节　植　被

植被的形成与演变

14～18亿年前，宁夏出现菌藻植物群，这是植物界繁衍演化的始祖。古生代泥盆纪晚期（距今约3.74亿～3.6亿年）在卫宁北山、烟筒山、牛首山、香山等地带，形成了目前所知宁夏最古老的陆生植物群。晚古生代的中炭世至早二叠世（距今约3.2亿～2.5亿年），植物界进化明显，卫宁北山、烟筒山和贺兰山等地覆盖着滨海沼泽和二叠纪内陆沼泽森林，成为宁夏石炭—二叠纪成煤期的原始质料。中生代白垩纪早期（距今约1亿～1.4亿年），陆生植物与侏罗纪相近，以真蕨类和裸子植物中的松柏类、银杏类、苏铁类植物为主。从新生代起同现代植被有直接因承关系，新生代第四纪的全新世是当代植被承袭的直接本底。

从距今6500万年起的新生代，植物界的发展进入一个新的阶段，被子植物在植物界占统治地位。硅藻、轮藻也十分发育。宁夏第三纪陆相地层十分发育，距今200万年的第四纪以来，古地理环境承续了第三纪，变化不很显著。但由于气候向干旱转变，宁夏植被由森林型向草原型变化。在干旱气候的趋势下，随着暖、冷波动，第四纪植被也呈现草原—森林草原—森林类型的交替。这样的气候波动引起的植被交替在第四纪以来大致出现了10次之多。起始于距今1万年来的全新世，植被格局最接近现代，宁夏处在全国由东南向西北的森林—草原—荒漠的过渡地带，细分为森林草原—干草原—荒漠草原。但植被类型及其分布界线有变化。据出土古木研究，古森林草原区（相当于现代的六盘山高寒阴湿、半阴湿森林草原区）的范围比现今的六盘山天然林区（100万亩）大10倍以上；干草原区（即相当于现代的黄土丘陵沟壑区），荒漠草原区（即相当于现代宁夏的整个北半部），从固原亲戚沟和灵武水洞沟地质剖面全新世地层沉积的孢粉资料看，既反映了荒漠草原主体区域的植被类型，也反映了荒漠草原区中一些高山森林和山地疏林草原的植被状况。据在贺兰山现代森林垂直分布带海拔2000米线上下发现和发掘6处历史森林火灾遗迹的研究表明：至少距今4000年以来，建群优势树种同现代一样没有显著变化，古林区范围要比现代大得多。从垂直分布讲，距今4000年前森林分布下缘比现代低了300米左右，油松林至少在距今2000多年来呈直线衰退趋势，这种趋势现代也还在继续。（上述记载见《宁夏植被》）

宁夏古代森林茂密。在北宋初年，六盘山山脉的原始森林由隆德、泾源、固原向东延展至彭阳。当时彭阳至瓦亭的道路两侧古木参天。宋绍兴六年（1136年），宋将吴挺为了阻止金兵，将路旁“巨木”伐倒作为路障。宋初贺兰山仍是“山有树木青白，远望如驳马”，罗山则有“良木薪秸之利”。北宋、西夏时期，这些森林被大量砍伐。一是宋朝的朝官大量砍伐木材沿泾水、渭水、黄河流放至中原贩卖，从中渔利。二是正隆年间（1156年~1160年），金在汴梁（开封）营造新都，派张中彦（原宋德顺军知军，时已降金）到六盘山砍伐木材。张专为此修建了一条道路，在六盘山上用木材“架崖构壑，起长桥十数里，以车运木，若行平地”。所伐大量木材，源源不断运往中原。三是西夏在兴庆府建都立国后，营造都城、宫室，又砍伐了部分林木；北宋在沿边大量修筑城寨，也要耗用木材。150年间，宁夏的树木用来营建了两个都城、数百个城、寨、堡。这些营建活动，导致宁夏森林锐减。到清代，居住在银川平原的民众已基本伐尽贺兰山东面的良木，甚至越界到西面砍伐。为此，阿拉善蒙古王公特奏朝廷要求制止。朝廷两次以皇帝圣旨断决：照贺兰山脊为界，不准过界砍伐。直到今天，贺兰山之西的森林仍比东面多。新中国成立后，森林减少的趋势仍在继续。1958年的“大炼钢铁”运动，伐木以土法“炼钢”，所伐林木无人统计。至此，宁夏已成为全国少林省（区）之一，森林资源十分贫乏。天然林由于滥砍乱伐，破坏情况十分严重。据《宁夏环境质量报告书（1983年）》记述，20世纪60年代初，六盘山林地面积52万亩（折合3.47万公顷），缩少为42万亩（折合2.8万公顷），平均每年毁林1万亩（折合666.7公顷）；罗山原有林区面积18万亩（折合1.2万公顷），收缩为10.8万亩（折合7200公顷），减少7.2万亩（折合4800公顷）；罗山红沟滩原有人工林0.8万亩（折合533.33公顷），70年代被全部毁光；贺兰山原有林区面积254万亩（折合16.93万公顷），收缩为237万亩（折合15.8万公顷），减少17万亩（折合

1.13 万公顷)。还有灵武马家滩刘家沙窝的原有白柠条林,中卫香山天景子山原有天然次生林,面积都大为减少。至 1983 年,全区林区面积总计减少了 71.9 万亩。

贺兰山、六盘山、罗山林区是宁夏的三大主要天然林区,也是宁夏重要的涵养水源、保持水土的防护林。据《宁夏农业环境质量状况及发展趋势(1990 年)》记述:自 1950 年以来,贺兰山森林覆盖率由 13.8% 下降到 10.4%;从 20 世纪 60 年代到 80 年代,贺兰山天然林区北部失去了近 30 万亩;1975 年,贺兰山天然林区 237 万亩面积中尚有林地、疏林地、灌木林地 31.7 万亩,到 1985 年减少到 28.8 万亩;六盘山天然林区从 60 年代的 230 万亩下降到 1983 年的 101.8 万亩;罗山 60 年代有林地面积 4.5 万亩,到 80 年代减少到 1.8 万亩。

宁夏古代草场资源极为丰富,所以畜牧业一直很发达。西汉时,朝廷在银川平原的"灵洲"上设立两个牧马苑,分别叫"河奇苑"、"号非苑"。其草场包括今天的青铜峡市、永宁县、银川市及贺兰县的农耕区。隋代在原州、盐州设驼牧、羊牧。唐代最大的军马场—陇右监牧使就设在原州,由朝廷直接管理,主要繁殖军马。下设四使:南使在州西南 180 里,管 18 监;西使在临洮军西 220 里,管 16 监;北使寄理原州城内,管 7 监;东使亦寄理原州城内,管 9 监。牧地西至兰州狄道县、会州(甘肃省靖远县),南至秦州(甘肃省天水市),东至原州,东西 600 里,南北 400 里。据天宝十二年(753 年)统计,诸监共存栏马 319387 匹,其中应交朝廷的课马 133598 匹。当时的牧马都在自然环境中散放,牧场不用围栏,而是挖掘"长壕巨堑",因此当时形容原州的险要,叫做"长壕巨堑,重复深固"。唐太宗参加灵州会盟时路过原州,曾在此观牧马。唐肃宗灵州登基前,在此收陇右监牧之马,以扩充军力。到明代,同心县的韦州、豫旺仍设群牧千户所。宁夏境内的明长城在选线时,基本原则是"沙碛之地弃之于外,使虏不庐;草茂之地包之于内,使虏不牧"。由此可见,今天的盐池、同心县,当时尚属"草茂之地"。清代之后人口增多,垦荒、过度放牧,宁夏草场逐步减少、退化。

植被现状

至 2000 年,宁夏植被总面积 6054.8 万亩,约占全区土地总面积的 77.9%,其中自然植被 4596.9 万亩,占全区土地面积的 59.2%,栽培植被

1457.9 万亩，占全区土地总面积的 18.7%。

自然植被有森林、灌丛、草甸、草原、荒漠和沼泽等基本类型。其中，以草原植被为主体，面积为 3656.76 万亩，占自然植被的 79.5%。干草原和荒漠草原又是宁夏草原的代表植被，共 2574.78 万亩，占草原面积的 97.8%。由于自然地理部位的差异和地形地势的影响，宁夏植被的地带性分异十分明显。

六盘山半阴湿区是由山地森林、草甸、灌丛和草甸草原等群落组合成的植被复合体，形成森林草原植被景观。南部半干旱黄土丘陵的植被，以干草原为主体，相间分布草甸草原群落，形成全区的干草原植被带。中部、北部干旱地区，分布以荒漠草原为主体的植被类型，沙生植被主要集中分布在荒漠草原植被带的东部、西北边缘地带。

在六盘山、贺兰山等海拔较高的中、高山地，植被由森林、灌丛、草甸和草原等群落组成，垂直分布明显，分别自高山的高寒草甸或亚高山及中山的山地中生草甸、森林、灌丛向山地草原带过渡。

在各个水平植被带局部特定的生态系统内，镶嵌分布一些低湿或耐盐性的植物群落，属非地带性植被。

组成宁夏植被的植物种，大多有较显著的旱生形态和生态生物学特点，从植物区系来看，宁夏仅有高等植物 1800 余种，不仅科属数量贫乏，而且只含一个种的科属比较多。在为数不多的全部植物中，大部分在较湿润的半阴湿山区分布，在广阔的草原地带分布的植物仅有三四百种，这是宁夏植被旱生特征在区系数量上的反映。

植被区划

宁夏植被区划所依据的最基本原则，是必须反映出地区植被地理的规律和植被区域性的分异规律，从根本上揭示出不同区域中植被与生态环境间关系的本质区别，并达到因地制宜利用、改良植被和最大限度发挥植被资源的目的。宁夏植被区划所依据的具体原则有：第一，本区植被在空间的组合及分布规律；第二，地理环境因素的组合规律；第三，栽培植被的组合和分布也反映了植被地理的分布规律，因而在植被区划中也作为考虑的因素和依据。

根据宁夏植被地理分布和组合特征，考虑与全国植被区划的衔接和区划单位的一致性，在进行宁夏植被区划工作中，采用植被区域、亚区域、植被地带、植被区、小区、副小区等区划单位。宁夏共分为 2 个植被区域、2 个植被亚区域、2 个植被地带、4 个植被区、12 个植被小区、16 个副小区。

温带草原区域　宁夏草原位于中国温带草原区域的最西端，由本区域向西，过中宁、中卫的黄河及过银川以北边的贺兰山即与中国温带荒漠区相接壤。本区域包括宁夏疆域的绝大部分，基本地貌单元由黄土丘陵、鄂尔多斯台地、银川平原和六盘山、月亮山、西华山、南华山、罗山、贺兰山等山地组成，整个地势南高北低。南部黄土丘陵区是以现成干草原植被为主体的黄土丘陵中森林草原的主要分布地；中、西部是以香山、天景山、烟筒山、牛首山、青龙山等低山及相间分布的山间平原或丘陵，部分山地有不甚明显的植被垂直分布带存在，大多则与水平地带的荒漠草原植被大类类同；中、东部的鄂尔多斯台地，沙生植被十分发育，但仍可见明显的草原气候的烙印；宁北的宁夏平原，除高耸的贺兰山脉对于自然条件及植被组合有较大影响，植被垂直分布带明显，中高山分布森林植被外，山麓洪积平原仅分布以水平地带性的荒漠草原群落为主的植被，但地势平坦的青铜峡和卫宁灌区为沟渠纵横、林网密布、稻麦遍野的“塞上粮仓”成为镶嵌在西北半荒漠区域中的一颗明珠。

中温半干旱的草原气候是宁夏草原区域气候的主要特征。受自然地理位置及地形的制约，南北部气候因素差异十分显著，南部属于暖温带半湿润气候区，中南部属于中温带半干旱气候区，北部属于中温带干旱气候区。

组成宁夏草原区域植被的植物种，据调查和统计约 128 科，609 属，1839 余种。受地理位置及地形地势的双重制约，在本草原区域内，自东南向西北随着降水的减少和蒸发的增强，植被呈现明显的带状分布。南端地势隆起的六盘山地区，分布与舌状地形走向一致的森林草原植被带，宁南黄土丘陵为干草原植被带，宁夏中北部为荒漠草原植被带。干草原和荒漠草原是本草原区域植被中的两个大片，其交界的走向呈显著的北东—南西方向，与夏季湿气流风向垂直。

在山地，处在本草原区域南端的六盘山系的植被，具有温带半湿润区山地植被的组合特征，垂直带谱中以落叶阔叶林植被为基本特征；区域北端的贺兰山系的植被，具有温带干旱山地植被组合的特征和规律，垂直带谱中以具有山地常绿针叶林植被带为特点，山体上部有亚高山和高山草甸植被，下部有山地草原及旱生灌丛植被分布，局部地段还有荒漠群落分布。

受人类长期活动影响，该草原区域的植被已全部次生化。

温带荒漠区域　该区域在宁夏战据面积甚小,是属于中国西北温带荒漠区域东缘的组成部分,与阿拉善荒漠区东南部分相连接,主要在中卫、中宁至青铜峡镇一带黄河西北部地区即卫宁北山地区和贺兰山北端正谊关沟以北及石嘴山落石滩一带。

该区植被与草原区域相比,具有植物组成单纯、种类成分贫乏、群落结构简单、生产力低等特征,植物群落由超旱生小灌木、小半灌木植物为建群成分。由于处在与草原植被相交接地带,因而又具有典型荒漠区植被所没有的过渡特征。

组成该区域植被的植物约120种。

荒漠植被是荒漠区域生态系统的核心部分,由于自然环境严酷,生态平衡脆弱,因而保护植被和减轻利用强度是经营本区域植被资源中必须注意的问题,放牧是20世纪主要的利用方式,但放牧量必须控制在小量范围以内,所以合理载畜是关键。

第二节　土壤环境

土壤环境背景是指在不受或很少受人类活动影响和不受或很少受现代工业污染与破坏的情况下,土壤原来固有的化学组成和结构特征。但是人类活动与现代工业发展的影响已遍布全球,很难找到绝对不受人类活动和污染影响的土壤,只能去寻找影响尽可能少的地方。因此这里所说的环境背景值在时间上与空间上的概念都具有相对的含义。同时,不同自然条件下发育的不同的土类,同一种土类发育于不同的母质母岩,其土壤环境背景值也有明显差异。

宁夏土壤环境背景值研究是“七五”国家重点科技攻关项目,属《全国土壤环境背景值研究专题》的分课题,由国家环境监测总站1986年下达。该课题由宁夏环境监测中心站(宁夏环境保护研究所)承担,于1987年1月正式签订了分、子题,起止年限为1986年~1990年。

土壤基本状况

民国时期,很少有人系统深入地研究宁夏土壤的分类。1935年,梭颇及侯光炯在中国北部及西北部土壤概图中,将宁夏南部固原、彭阳一带定为未成熟之栗钙土，盐池、麻黄山、豫旺及海原一带定为未成熟之淡栗钙土，中北部定为灰钙土及黄灰色之漠境土，宁夏平原定为盐质及非盐质冲积土。其所列之化验剖面，几无宁夏境内采集样。1946年，朱莲青将盐池、同心及其以北地区的土壤称为石炭性棕土；宁夏平原划分出盐土、碱土及离铁土，离铁土反映了种稻对土壤的影响；同时还列出平罗等7个土系的pH值、石灰质与溶性盐化验结果。

新中国成立后，中央和宁夏有关单位多次开展土壤调查，对宁夏土壤分类亦作深入研究。1956年～1958年，朱显谟、熊毅和席承藩、水利部北京勘测设计院土壤总队等先后对宁夏南部黄土地区进行土壤侵蚀调查、青铜峡灌区土壤概查和青铜峡灌区土壤详查。20世纪50年代末期开展的第一次土壤普查，60年代进行的荒地调查、河东沙区考察及70年代所作的银南山区和固原地区土壤概查，积累了大量的土壤资料，并汇集出版《宁夏土壤与改良利用》，将宁夏土壤类型归纳为地带性土壤、水成盐成土壤、耕种熟化土壤和山地土壤四大系列，16个土类，还编制了五十万分之一的土壤分布图。这是宁夏第一个全面系统的土壤分类，分类中提出了新积土及沙丘（现称风沙土）两个新土类。

宁夏第二次土壤普查自1979年开始，分期分批逐县开展。在原有工作的基础上，进一步摸清了土壤底细。不仅查清了土壤分类的上层单元，而且初步摸清了基层分类单元。1986年～1990年，由国家环保局、中国科学院、国家教育委员会主持，中国环境监测总站牵头实施的“七五”国家重点科技攻关项目——《全国土壤环境背景值研究专题》，其分课题《宁夏土壤环境背景值研究》由宁夏环境监测中心站承担，对宁夏土壤环境背景值进行进一步的多元素研究。

土壤环境背景值

1979年全国第二次土壤普查期间，宁夏对黄河平原的主要土壤灌淤土、潮土、淡灰钙土以及宁南山区的主要土壤黑垆土、黄绵土、灰钙土（亚类）中的铜、锌、铅、镉、镍、汞、铬、砷、氟等元素环境背景值进行调查研究，研究结果分表记述。

引黄灌区土壤中 9 种化学元素背景值

表 7-79　单位:ppm

元素	层次	样本数		全距	背景值		背景值范围	95% 置信域
		统计前	统计后		平均值	标准差		
As	上	161	160	4.5~18.5	11.9	2.0	9.9~13.9	11.6~12.2
	下	126	124	2.2~19.6	12.5	2.4	10.1~14.9	12.1~12.9
F	上	161	160	220~594	427	72	355~499	416~438
	下	126	126	226~639	443	81	362~524	429~457
Cr	上	160	158	15.0~75.0	57.1	8.7	48.4~65.8	55.7~58.5
	下	126	125	17.0~74.8	57.6	8.6	49.0~66.2	56.1~59.1
Hg	上	161	158	0.006~0.106	0.031	1.53	0.020~0.047	0.029~0.033
	下	126	125	0.006~0.089	0.025	1.59	0.016~0.040	0.023~0.027
Pb	上	161	158	5.4~21.1	11.4	1.28	8.9~14.6	11.6~11.8
	下	126	126	4.3~20.8	11.3	1.37	8.2~15.5	10.7~12.0
Cd	上	161	161	0.020~0.183	0.095	0.029	0.066~0.124	0.090~0.100
	下	126	125	0.029~0.176	0.089	0.030	0.059~0.119	0.084~0.094
Ni	上	161	160	11.6~36.8	23.7	4.7	19.0~28.4	23.0~24.4
	下	126	125	12.8~35.4	24.2	5.0	19.2~29.2	23.4~25.0
Cu	上	161	160	6.4~28.0	17.0	1.24	13.7~21.1	16.4~17.6
	下	126	125	5.2~25.6	17.4	4.3	13.1~21.7	16.4~18.4
Zn	上	161	160	25.0~107.0	69.3	13.0	56.3~82.3	67.3~71.3
	下	126	123	26.0~112.0	67.9	11.9	56.0~79.8	65.8~70.0

引黄灌区灌淤土中 9 种化学元素的背景值

表 7-80　单位:ppm

元素	样本数	全距	背景值		背景值范围	95% 置信域	分布类型
			平均值	标准差			
As	77	8.0~15.6	12.6	1.6	11.0~14.2	12.2~13.0	负偏
F	76	323~567	458	51	407~509	447~470	正态

续表

元素		样本数	全距	背景值		背景值范围	95%置信域	分布类型
				平均值	标准差			
Cr		75	47.8～74.3	60.6	6.1	54.5～66.7	59.2～62.0	正态
Hg	上	77	0.014～0.106	0.041	1.56	0.026～0.064	0.037～0.045	对数正态
	下	64	0.013～0.089	0.035	1.62	0.022～0.057	0.031～0.040	正偏
Pb		75	7.3～21.1	12.7	1.25	10.2～15.9	12.1～13.4	对数正态
Cd		77	0.046～0.183	0.108	0.026	0.082～0.134	0.102～0.114	正态
Ni		77	14.0～34.4	24.9	4.4	20.5～29.3	23.9～25.9	正态
Cu		77	10.5～26.1	18.3	1.19	15.4～21.8	17.6～19.0	对数正态
Zn		77	47.0～107.0	80.2	12.6	67.6～92.8	77.3～83.0	正态

注：负偏为接近正态分布的偏态，按正态分布统计。
　　正偏为接近对数正态分布的偏态，按对数正态分布统计。

引黄灌区潮土中9种化学元素的背景值

表7－81　　单位：ppm

元素		样本数	全距	背景值		背景值范围	95%置信域	分布类型
				平均值	标准差			
As		31	9.3～18.5	12.5	1.19	10.5～14.9	11.7～13.4	对数正态
F		31	310～594	455	66	389～521	431～479	正态
Cr		31	44.5～74.3	61.2	7.1	54.1～68.3	58.6～63.8	正态
Hg	上	31	0.011～0.062	0.032	0.013	0.019～0.045	0.027～0.036	正态
	下	19	0.007～0.048	0.020	1.71	0.012～0.034	0.015～0.026	对数正态
Pb		31	6.8～20.0	11.4	1.34	8.5～15.3	10.2～12.7	对数正态
Cd		31	0.063～0.150	0.105	0.025	0.080～0.13	0.096～0.115	正态
Ni		31	11.6～36.8	24.1	5.9	18.2～30.0	21.9～26.2	正态
Cu		31	11.5～25.1	18.7	3.4	15.3～22.1	17.5～20.0	正态
Zn		30	47.0～101.0	76.6	14.4	62.2～91.0	71.2～82.0	正态

引黄灌区淡灰钙土中9种化学元素的背景值

表7－82　　单位:ppm

元素		样本数	全距	背景值		背景值范围	95%置信域	分布类型
				平均值	标准差			
As		52	4.5～17.9	10.5	2.6	7.9～13.1	9.6～11.1	正态
F		53	220～600	369	1.28	288～472	345～395	对数正态
Cr		52	15.0～75.0	50.1	12.2	37.9～62.3	46.7～53.5	正态
Hg	上	50	0.006～0.036	0.015	1.49	0.010～0.022	0.013～0.017	对数正态
	下	41	0.006～0.030	0.012	1.55	0.008～0.019	0.010～0.014	对数正态
Pb		52	5.4～17.4	9.4	1.32	7.1～12.4	8.7～10.2	对数正态
Cd		53	0.020～0.175	0.071	1.55	0.045～0.110	0.063～0.080	对数正态
Ni		52	12.8～33.6	21.7	4.5	17.2～26.5	20.4～22.9	正态
Cu		52	6.4～28.0	14.2	1.35	10.5～19.2	13.1～15.4	对数正态
Zn		53	25.0～79.3	49.8	12.9	36.9～62.7	46.2～53.4	正态

南部山区土壤中9种化学元素背景值

表7－83　　单位:ppm

元素	样本数		全距	背景值		背景值范围	95%置信域
	统计前	统计后		平均值	标准差		
Cu	60	60	8.30～52.4	17.84	1.49	11.97～26.58	16.09～19.77
Zn	60	60	20.00～70.00	48.53	14.94	33.59～63.47	44.67～52.39
Pb	60	60	5.69～24.80	14.03	4.82	9.21～18.85	12.79～15.27
Cd	60	60	0.025～0.190	0.100	0.050	0.050～0.150	0.087～0.113
Ni	60	57	10.80～31.20	24.57	6.12	18.45～30.69	22.94～26.20
Cr	60	58	28.44～70.51	58.39	8.66	49.73～67.05	56.11～60.67
As	60	60	4.70～16.55	12.39	2.83	9.56～15.22	11.66～13.12
F	60	59	280～645	476	155	321～631	436～516
Hg	60	57	0.008～0.065	0.019	2.34	0.008～0.044	0.015～0.024

黑垆土 9 种化学元素的背景值

表 7－84 单位:ppm

元素	样本数	全距	背景值		背景值范围	95% 置信域	分布类型
			平均值	标准差			
Cu	26	16.70～24.80	20.03	1.10	18.21～22.03	19.21～20.88	对数正态
Zn	26	36.00～70.00	54.35	8.20	46.15～62.55	51.03～57.66	正态
Pb	26	9.98～24.80	15.93	3.92	12.01～19.85	14.35～17.52	正态
Cd	26	0.047～0.171	0.104	0.030	0.074～0.134	0.091～0.115	正态
Ni	24	24.00～31.20	27.27	1.87	25.40～29.14	26.48～28.06	正态
Cr	25	52.08～68.09	59.47	4.31	55.16～63.78	57.69～61.25	正态
As	26	10.10～16.55	13.13	1.33	11.80～14.46	12.59～13.67	正态
F	26	305～645	484	74	410～558	454～514	正态
Hg	25	0.008～0.065	0.026	1.70	0.015～0.044	0.021～0.032	对数正态

黄绵土 9 种化学元素的背景值

表 7－85 单位:ppm

元素	样本数	全距	背景值		背景值范围	95% 置信域	分布类型
			平均值	标准差			
Cu	20	14.80～24.00	18.68	1.15	16.24～21.48	17.53～19.90	对数正态
Zn	20	40.00～68.00	52.05	6.70	45.35～58.75	48.91～55.19	正态
Pb	20	9.83～21.10	15.08	2.97	12.11～18.05	13.69～16.47	正态
Cd	20	0.048～0.190	0.114	0.030	0.084～0.144	0.099～0.128	正态
Ni	19	21.00～29.20	25.91	2.53	23.38～28.44	24.69～27.12	正偏
Cr	19	50.40～64.13	59.12	3.53	55.59～62.65	57.42～60.82	正态
As	20	10.20～14.40	12.87	1.13	11.74～14.00	12.34～13.40	正态
F	20	335～640	510	84	426～594	471～550	正态
Hg	19	0.008～0.045	0.018	1.70	0.011～0.031	0.014～0.023	对数正态

灰钙土(亚类)9种化学元素的背景值

表7-86　单位:ppm

元素	样本数	全距	背景值		背景值范围	95%置信域	分布类型
			平均值	标准差			
Cu	14	8.30~22.20	14.21	4.28	9.93~18.49	11.74~16.68	正态
Zn	14	20.00~48.00	35.64	8.98	24.66~44.66	30.46~40.82	正态
Pb	14	5.69~14.90	10.11	2.32	7.79~12.43	8.76~11.45	正态
Cd	14	0.025~0.108	0.064	0.026	0.038~0.090	0.048~0.078	正态
Ni	14	10.80~25.60	19.36	4.53	14.83~23.89	16.75~21.98	正态
Cr	14	28.44~70.51	55.81	11.67	44.14~67.48	49.07~62.55	正态
As	14	4.70~14.80	10.66	2.83	7.83~13.49	9.03~12.29	正态
F	14	280~465	384	62	322~446	346~421	正态
Hg	13	0.010~0.030	0.019	0.005	0.014~0.024	0.015~0.021	正态

综上对比分析,宁夏引黄灌区的主要土壤9种元素背景值呈现灌淤土>潮土>淡灰钙土的趋势,但灌淤土和潮土均属同一水平,二者没有显著性差异,且两类土壤一般均与淡灰钙土有显著性差异。宁南山区主要土壤9种元素背景值一般呈现出黑垆土>黄绵土>灰钙土(亚类)的趋势;但前两类土壤除Hg元素外,其他均属于同一水平,没有显著性差异;除Cr元素外,前两类土壤均高于灰钙土(亚类),并与后者呈现出显著性差异。

1986年~1990年,由宁夏环境监测中心站杨春兰任组长,金国兴任副组长的《宁夏土壤环境背景值研究》课题组,根据宁夏土壤类型特点,进一步全面对分布于全区18个市县基本包括自治区土壤类型的黑垆土、灰钙土、灰漠土、风沙土、灰褐土、棕钙土、灌淤土、盐土、碱土等10个土壤类型,共设30个土壤剖面,对30个剖面分A、B、C层采样,并对所采88个土壤样品的13种化学元素(必测项目:Cu、Zn、Pb、Cd、Ni、Cr、Mn、Co、Hg、As、F、Se、V)和PH值、腐殖质、粒度等3个增加项目,同时对7个国控主剖面还增加了48个微量元素的分析测定,共获得分析数据2320个,为全面保护全区土壤提供了数据支持。

第三节 湿地环境

湿地形成

宁夏湿地有河流、滩涂、湖泊、沼泽等天然湿地及水库、稻田等人工湿地。

宁夏北部在地质上原是贺兰山与鄂尔多斯高原、黄土高原间的断层陷落带,后经黄河的冲积和贺兰山的洪积而逐渐形成平原。由于黄河在平原上经常改道,远古银川平原湖泊星罗棋布,沼泽遍地,不适宜于人类的繁衍和生活。只是到了3万年前,银川平原边缘地区才出现人类的活动。黄河造就了宁夏湿地。宁夏平原古代和近现代面积较大的湖泊、沼泽湿地,是受地质构造和地形地貌影响及黄河不断左右摆动改道形成的。长期以来,人类引黄灌溉,由于排水设施不配套,排水不畅,导致在低洼地积水,形成数量众多但面积较小的湖泊湿地。宁夏平原湿地形成,是自然因素与人类活动共同作用的结果。

湿地分布

宁夏湿地资源主要集中在银川平原,历史上湖泊面积曾达1600平方公里。据《宁夏回族自治区环境质量报告书(1983年)》采用自治区农牧厅水产处资料,宁夏在20世纪50年代初有湖泊802个,水面达79.24万亩(52853公顷)。后来由于农田水利需要或围湖造田,使一些大而深的湖泊大为减少,成为分割的小型或零星的浅湖沼。至1959年排干369个,面积55.01万亩(36691.7公顷),到1964年,中型水面全部排干,湖泊面积仅剩4万亩左右,湖沼水面面积减少了94.9%。据1981年渔业水域调查表明,宁夏水域总面积仅剩4.99万公顷。其中,河流2.97万公顷,沟渠0.24万公顷,湖泊1万公顷,池塘1116公顷,沼泽149.7公顷,水堰614公顷,水库0.59万公顷。

1999年,国家环保总局决定对西部12个省(区)开展生态环境现状调查。2000年,自治区环境保护局等8个部门进行了生态环境现状调查,根据《宁夏生态环境现状调查报告》中各市、县资料汇总,反映了宁夏湿地资源变化情况。

湿地资源变化统计表

表 7－87

指标	截至 1986 年	截至 1999 年
湿地总面积(万 hm^2)	8.05	12.19
天然湿地面积(万 hm^2)	2.69	3.17
天然湿地占土地总面积%	0.5	0.6
其中:湖泊个数(1Km^2 以上)	25	24
湖泊面积(公顷)	10204	10026.3
滩涂总面积(公顷)	16724	21747.9
滩涂占土地总面积(%)	0.3	0.4
人工湿地面积(万公顷)	5.366	9.02
人工湿地面积占土地总面积(%)	1.0	1.7
天然湿地围垦面积(公顷)	2039	3696.6

从以上湿地资源变化统计数据分析表看,宁夏整个湿地 1999 年比 1986 年有所增加,面积由 8.05 万公顷增至 12.19 万公顷,但是湖泊湿地面积在减少,由 1986 年的 10204 公顷减至 1999 年的 10026 公顷,天然湿地围垦的面积至 1986 年为 2039 公顷,至 1999 年达 3696.6 公顷。

湿地水化学特征及水生植物

宁夏多数天然水域(部分河流除外)和人工池塘,由于排水不畅,水体氯离子及硫酸根离子含量高,pH 值介于 9～10,主要离子总量可达 5 克/升,属于内陆弱碱微咸水水体。

黄河水中钾、钠离子平均值 1.20mg/L,占阳离子总数 19.88%,镁离子 1.75mg/L,钙离子 3.09mg/L,硫酸根离子 0.79mg/L,氯离子 1.07mg/L,属于水(即重炭酸盐类,钙组第二型水)。一些湖沼钾、钠离子占阳离子总数为 75.53%～77.90%,多数属于(氯化物类、钠组第二型水)。

硫酸盐在宁夏各水域中含量之高,尤为突出,据宁夏水产试验场 1965 年～1980 年的资料来看,普遍增加数倍,乃至十倍以上。

宁夏湿地植被主要有沼泽植被和水生植被两大类型。沼泽植被分为木本沼泽和草本沼泽。草本沼泽植被主要由芦苇、水葱、扁杆藨草、狭叶香蒲等多年生沼泽植物为建群成分。植物群落具有生长茂密、生物量较高等特征。水生植被是生长在水域环境中的植被类型，由水生植物所组成，由于形态特征和生活习性的不同，其生活型可分为沉水、浮水和挺水 3 个类型。

沉水植物有金鱼藻、狐尾藻、龙须眼子菜、大茨藻、石龙尾等。

浮水植物有莕菜、眼子菜、浮叶眼子菜、穿叶眼子菜等；

挺水植物有芦苇、狭叶香蒲、水葱、荆三棱、扁杆藨草等。

湿地具有调节气候、净化空气、改善环境重要生态功能和较高的生物生产量。

第四节 农业生态环境

据史料记载，宁夏在历史上虽有荒漠，但总的来说自然环境是很好的，特别是山区森林繁茂，水草丰盛，贺兰山“深林隐映”“万木葱青”，其森林覆盖之广，南北连至山之两端内蒙古境内，东侧伸到冲积扇下。清朝时，其浅山灌木仍与冲积扇相连。明代时罗山是“峰峦耸翠”，“草木茂盛，水甘土沃”，“其峰为蠡”，“苍翠如染”，“上多奇花异卉”，上下林满延至韦州红寺堡一带。六盘山历史上是森林草原地带，林区东侧崆峒山至蒿店、开城一带都是森林广复，春秋战国时局部尚“其木多棕，其草多竹”一派南方温湿景色。泾源县、固原南现今农田，也多为桦林和黑刺梢林。西侧月亮山至西吉大坪一线及祖历河上游且“山多林木”，固原东山林灌葱郁，连成大片，固原以此旧称“北草地”，草丛茂密，高达人肩。由于历代战争、火灾以及“刀耕火种”烧炭等盲目破坏性利用，天然林区森林经历摧残，直至新中国成立前，森林面积不断缩小，生态环境严重退化。据记载，20 世纪 20 年代，贺兰山苏峪口沟内一次森林大火，受山体地形地势影响火势彼起此伏，延烧数月，烟雾腾空，笼罩全山，秋后一场大雨，火方被熄灭，使大面积的茂密森林及几百年的大树（云杉）化为灰烬，形成现在的“火烧坡”，那场大火造成此坡的森林全部烧毁，并受暴雨冲刷造成十分严重的水土流失，岩石裸露，生态环境遭受到严重破坏。

1989 年～1990 年，由宁夏农业环境保护监测站承担的《宁夏农业环境质量状况及发展趋势调查研究》项目，根据农业部《关于开展全国农业环境质量状况及发展趋势调查的通知》，针对宁夏农业环境存在的主要问题和面临的严峻形势，采取点面结合、上下结合、收集利用已有成果和对重点地区采样监测相结合的方法，首次对宁夏农业环境质量进行较为全面的监测分析，对宁夏主要农产品—粮食、蔬菜、枸杞及产区土壤的污染状况进行采样监测，共采土样100个、粮食样95个、枸杞样10个、蔬菜样921个，获得测试统计数据5400项。

宁夏地处西北干旱、风沙和水土流失严重地区。由于历代的破坏，致使曾经森林植被由“风吹草低见牛羊”的水草茂盛环境，逐步演变为新中国成立前的“黄龙腾空”淹没庄田、沙进人退，人民背井离乡的惨状。新中国成立后，人民政府对生态环境建设很重视，特别是改革开放后，造林面积逐年增加。20世纪80年代初以来开展的“全民义务植树活动”，对改善生态环境起到积极促进作用，已经或正在发挥着显著的成效，使部分地区的生态环境逐步得到改善。但大部分地区因长期生态失调、植被稀少、加之人口的激增，恶性循环加剧，自然灾害频繁，干旱矛盾突出，水土流失、风沙侵袭严重，特别是沙区、山区，燃料、肥料、饲料、木料(即四料)奇缺，农业产量低而不稳，生态环境质量低劣，人民群众生产、生活受到一定影响，土地的承载力(生产力)已远远不能够满足人口增长的需要，已经变成“一方水土难以养活一方人”。因此，改革开放以来，在国家大力支持帮助下，自治区党委政府一方面采取积极的政策措施，治理和改善生态环境，另一方面，积极采取移民搬迁和引黄灌溉、扬黄扩灌等措施。由于采取了上述积极有效的政策措施，生活在这些生态脆弱区的人民群众的生存生活条件得到了改善，生态环境逐步向良性循环转变。尽管如此，宁夏的生态环境质量不容乐观，根据2000年宁夏生态环境现状调查，宁夏生态环境质量综合指数为0.4309，距1.0还差0.5691，说明生态环境质量较差，生态系统脆弱。

水土流失

宁夏由于所处地理位置，自然生态较为脆弱，自然环境甚为恶劣，水土流失严重。据不同时期调查，20世纪50年代宁夏水土流失面积35449平方公里，1986年，宁夏水土流失面积39175平方公里(折合5876万亩)，占自治区国土面积的75.6%，水土流失严重破坏土地资源，同时还带走大量的地表表土和土壤养分，致使土地生产力降低。

宁夏水土流失主要发生在南部黄土高原地区，由于地表覆盖有深厚黄土，加之地形起伏，暴雨集中，现代构造运动活跃等自然特点，客观上存在着水土流失的自然过程。1949 年以来自然植被继续遭到破坏，更加重了这一地区的水土流失。据 1980 年整编的多年水文资料，宁夏年均地面径流输沙量在 1 亿吨(悬移质)若计入推移质年均 1.2 亿吨左右。宁南山区每年要流失土壤有机质 126 万吨，总氮 9.45 万吨，总磷 26.04 万吨，相当于 20.54 万吨尿素，105 万吨普通过磷酸钙。水土流失使农、林、牧业发展受限，造成的经济损失也是相当可观的。1985 年全自治区因水土流失造成的经济损失 6623.87 万元，约占当年农业总产值的 6%。

1990 年，宁夏水土流失面积 38873 平方公里，1999 年为 37086 平方公里。2000 年，宁夏的水土流失面积为 36850 平方公里。就水土流失面积而言，2000 年与 50 年代相比，水土流失面积不仅没有减少，反而增加了 1401 平方公里。

造成宁夏水土流失加剧的主要原因：一是人为活动。如 20 世纪 80 年代山区八县因乱开荒、滥挖药材、过度放牧及直接毁林毁草等，开矿、采石、筑路的弃土、弃渣等。二是边治理边破坏，治理赶不上破坏，治理成果保存率低。三是干旱对生态环境建设的影响。

在水土流失防治方面，自治区成立后，水土保持在不断总结正反两方面的经验和教训中逐步发展，宁夏从 20 世纪 50 年代开展的水土保持工作到 20 世纪末，已进行了 40 多年，这项工作的发展从由“小打小闹”向规模化、小流域治理转变，由单一措施向综合治理措施转变，由重治理轻管理向预防为主、防治结合转变，由重生态、社会效益向经济、生态、社会效益兼顾转变，由单一国家投入向多层次、多渠道筹资转变，由单一水利部门治理向相关部门协调配合、合力治理水土流失转变，走出了一条具有宁夏特色的发展山区经济、再造秀美山川的治理水土流失的成功之路。截至 2000 年底，宁夏累积治理水土流失面积达 1237580 公顷(12375.8 平方公里、1856.37 万亩)。

土地沙化

据 2000 年宁夏生态环境现状调查，1949 年，宁夏土地沙化面积为 128.4 万公顷(折合 1926 万亩)，1960 年为 129.6 万公顷(折合 1944 万亩)，1970 年为 132.6 万公顷(折合 1989 万亩)，1990 年为 126.9 万公顷(折合 1903.5 万亩)，1995 年为 125.7 万公顷(折合 1885.5 万亩)。宁夏农业环境监测站编辑的《宁夏农业环境质量状况及发展趋势》中记述，1983 年，宁夏沙漠化面积为 2228.5 万亩（折合公顷为 148.57 万公顷），占自治区总面积的 28.7%，其中强度沙漠化（流动沙丘地段）土地 284 万亩（折合 18.93 万公顷），重沙地（平铺沙地和固定半固定沙丘地段）675.9 万亩（折合 45.06 万公顷），中、轻、微、沙化和农田沙化面积 1268.6 万亩（折合 845733 公顷）。

20 多年来，土地沙化不断发展。如盐池县，1961 年沙化面积 282 万亩（折合 18.8 万公顷），到 1983 年已发展达 686 万亩（折合 457.3 万公顷），占全县面积的 69%。宁夏每年因沙地损失耕地达 31364 亩（2091 公顷）。1985 年，土地沙化造成的经济损失达 1355.97 万元，占当年农业总产值的 1.3%。

土地沙化的原因有自然和人为两种。自然因素主要是干旱、多风、强烈的物理风化和地表的沙质物质组成。人为因素主要是人口快速增加造成滥垦、滥牧、滥采、滥挖、滥樵等对草原植被的严重破坏，特别是对草原的大量开垦和弃荒，任风吹蚀，是沙化迅速发展的主要原因。

土地沙化严重破坏土地资源和生物资源，使生态环境恶化，还直接影响农、林、牧业生产，威胁了交通、水利和居民点等设施。

宁夏在沙漠化治理方面已开始近半个世纪，包兰铁路中卫沙坡头段的铁路固沙工程，创造的治沙方法国际公认，并取得了举世瞩目的成就。宁夏对沙漠化土地治理采取的主要措施为对退化草场进行封育划管，封山育林、封沙育草、退耕还林还草、人工造林种草、飞播造林种草、开发建设扬黄灌溉区、井灌区，以水治沙，发展沙产业，形成防、治、用一体化的防沙治沙工程体系。1995 年宁夏沙漠化面积为 125.7 万公顷，与 70 年代相比减少了近 7 万公顷，由过去的沙逼人退到 20 世纪末的人进沙退，沙漠化面积从整体上实现了逆转。同时也涌现出了中卫铁路固沙林场、白春兰、王有德等一批防沙治沙先进集体和个人。

土壤次生盐渍化

土壤盐渍化主要是过量引水、渠系渗漏严重、不合理灌溉、排水设施不配套和作物种植、水产养殖布局不合理，潜水位升高所致。

宁夏引黄灌溉历史悠久，与灌溉伴生的盐碱问题也由来已久。《史记·平津侯主父传》中关于河套地区有“地因泽咸卤，不生五谷”之记述。宋时“兴州土产大麦、糜子……碱地蓬，碱地松实”。明时“高者沙砾，下者斥卤，膏腴之壤,事不及半”。在青铜峡以下多“硝碱田、全碱田”,中卫地区系“半硝碱田,半碱田”。清乾隆四十五年(1780年)纂成《宁夏府志 · 田赋》核定的地亩与土地等则,名称盐碱地卫宁灌区约占耕地的22.7%,银北占85.5%,河东占17%,银南、银中占21.2%~24.36%,全灌区占44.5%。

宁夏土壤盐渍化主要发生在北部平原的引黄灌溉区,这一地区又以银川以北地区盐渍化严重,这里降水稀少、蒸发量大,地下水埋藏浅。根据1979年~1983年宁夏土壤普查,宁夏引黄灌区盐渍化耕地(包括轻、中、重三级)共13.56万公顷(203.4万亩),占该区耕地面积的40.2%,其中轻度盐渍化耕地比重在53.6%、中度占29.6%、重度为16.8%,引黄灌区又以银川以北地区盐渍化严重,盐渍化耕地比重达48.4%。南部清水河流域等地也有盐渍化发生,固原、海源、同心三县1.3万公顷苦水灌区中,盐渍化耕地占32.7%。

青铜峡灌区盐渍化土壤面积13.87万公顷(包括2.31万公顷白僵土),占灌区土地面积的30%(不含灌区山区)。在耕地中,不同程度盐渍化的土壤达68.1%。

据调查统计,1986年引黄灌区盐渍化耕地面积为14.36万公顷,占耕地面积的39%;1999年全区仍有11.16万公顷盐渍化耕地,占耕地面积的27%,平均盐渍化耕地年减少2134公顷。根据2000年宁夏生态环境现状调查统计,宁夏盐渍化土地面积80年代为51.58万公顷,1999年为45.11万公顷,减少6.47万公顷。

新中国成立后,宁夏对土地盐渍化非常重视,成立盐碱土改良机构,开始盐碱土改良利用的科研试验工作,针对土壤盐渍化的实际情况,在整治灌溉系统(渠道)的同时,开挖排水干沟,形成自流灌区的排水系统,全灌区土壤盐渍化总趋势在减轻和好转。

植被退缩

近现代宁夏草场退化现象严重。至2000年,天然草场毛面积4521万亩(折合301.4万公顷),其中可利用草场面积为3938.3万亩,占草场毛面积的87%。而退化草场面积达4386.67万亩,占全自治区天然草场面积的97.03%,其中轻度退化987.27万亩,占22.5%;中度退化2658.45万亩,占60.6%;重度退化的740.96万亩,占16.9%。有害草草场面积1865.39万亩,占草场总面积的41.3%;沙化草场面积1125.62万亩,占24.9%。造成草原退化、沙化的主要原因一是盲目开垦，种后撂荒；二是过度放牧；三是过度樵采和滥挖药材。30 年来，仅统计在册的面积，由于挖甘草一项，已破坏草原 128.8 万亩，使甘草资源枯竭，荒漠草原沙化，导致农牧业生产环境恶变。宁夏每年因森林破坏、草原沙化、退化造成的经济损失达 2335.01 万元。

宁夏长期以来一直在积极进行植被保护，具体措施包括封山育林、人工造林、封沙育草、人工种草、飞播造林种草、小流域综合治理等，取得了一定的成效。但由于人口的过快增长，多年来出现边建设边破坏，甚至局部地区建设的速度赶不上破坏的速度，所取得的部分成果被人口增加所抵消。20 世纪 80 年代初以来，宁夏实行计划生育政策，对环境（生态）保护更加重视，特别是国家在 20 世纪 90 年代后期，国家实施的西部大开发战略，自治区党委、政府实施退耕还林还草、封山（沙）禁牧等一系列措施，生态环境质量改善及自然植被的恢复成效显著。就森林覆盖率而言，1950 年为 1.4%，60 年代中期为 1.6%，70 年代中期为 2.0%，70 年代末为 3.3%，80 年代中期为 4.20%，90 年代初为 4.85%，中期为 6.37%，90 年代末已达到 8.4%。上述数据说明，宁夏生态环境质量在逐步改善，生态恶化的趋势已基本得到控制，已向良性循环转变。

耕地减少

据宁夏农业环境监测站 1990 年编写的《宁夏农业环境质量状况及发展趋势》记载，宁夏土地资源危机已相当严峻，人口在增加，耕地在减少。宁夏人口由解放初期的 193 万增加到 1989 年的 454 万人。1989 年耕地面积比 1980 年减少 151.1 万亩（折合 10 万公顷），平均每年减少 17 万亩（折合 1.13 万公顷）。人均耕地 1950 年为 8.5 亩，1980 年为 3.6 亩（0.24 公顷），1989 年下降到 2.6 亩（0.173 公顷）。人均占有粮地 1950 年为 6 亩（0.4 公顷），1980 年为 2.8 亩（0.187 公顷），1989 年下降到 2.4 亩（0.16 公顷）。按农业人口计算：1950 年为 6.5 亩（0.43 公顷），1980 年为 3.4 亩（0.23 公顷），1989 年下降到 3.1 亩（0.21 公顷）。造成耕地减少的主要原因除人口增加外，还有基本建设、乡镇企业发展和农村个人建房不断膨胀所致。1980 年～1989 年宁夏平均每年减少耕地 28.3 万亩（1.89 万公顷）。1985 年基建和其他占地 4.8 万亩（0.32 万公顷），1986 年为 5.2 万亩（0.35 万公顷），接近当时一个陶乐县的耕地面积。1999 年底，宁夏总人口为 543.27 万人，人口密度已达 105 人/平方公里，在西北五省区中仅次于陕西省，居第二位，令人忧虑的是宁南山区（现今称中部干旱带的一部分）人口密度已达到110人/平方公里，是联合国沙漠化会议确定的干旱、半干旱地区临界值（7～20人/平方公里）的数倍，土地已严重超载。

土壤污染

引黄灌区是宁夏农业精华之地，同时也是中国十二大商品粮生产基地之一，俗有“塞上江南”之称。多年来，由于工农业生产的高速发展，工业“三废”和农村乡镇企业的污染以及农业生产中长期大量使用化学农药、化学肥料、化学除草剂、杀虫剂等对宁夏农业生态环境造成一定的影响。

农药　宁夏使用农药防治各种病虫害已有40多年的历史。60～70年代还曾使用飞机大规模喷撒有机氯六六六农药。1972年～1983年共使用农药为12430.1吨，平均每年1035.8吨，其中有机氯农药（主要为六六六、DDT）为6779.6吨，有机磷农药1536.3吨，分别占农药总量的54.5%、12.4%，平均每年施用有机氯、有机磷农药各为565吨、128.0吨。80年代前，农药主要在黄灌区的银川、永宁、吴忠、灵武、青铜峡、中卫、贺兰、平罗等8个市县使用。1972年～1983年间总用量占全区总用量的58.8%，其中有机氯用量占全区有机氯总使用量的61%。1980年～1982年，自治区土壤测试中心在上述八市县采样测试，结果表明土壤中六六六检出率为100%，DDT为37.4%（见表7－133）。1983年后宁夏基本停止销售和施用有机氯农药，改用敌百虫、敌敌畏、乐果等。1985年宁夏共销售农药530.142吨，其中除草剂211.62吨，杀菌剂107.97吨，杀虫剂210.38吨，有机氯农药（六六六、DDT）0.172吨。全区农药接纳量为44.4克/亩，比1972年～1983年平均减少了32.8克/亩，减少率为42.4%。由于1985年推广使用的高效低毒农药，使农药施用量比1984年减少170.07吨，但防治面积比1984年增加了339.3万亩，(22.62万公顷)，达到845.3万亩(56.35万公顷)。

银川等八市县土壤中六六六、DDT 含量(毫克/千克)

表 7－88

	六六六		DDT		有机氯总计	
	检出范围	均值	检出范围	均值	检出范围	均值
银川市	0.0150～0.3800	0.1165	未检出～0.3369	0.1686	0.0150～0.6760	0.2851
永宁县	0.2081～1.0341	0.5284	未检出～1.0940	0.2499	0.2083～1.9880	0.7759
吴忠市	0.0259～0.6272	0.3239	未检出～0.8800	0.1211	0.0529～1.0152	0.4449
灵武县	0.0060～0.2894	0.1039	未检出～0.2620	0.1167	0.0066～0.5514	0.2206
青铜峡市	0.0197～0.2251	0.0591	未检出～0.3090	0.1355	0.0225～0.5341	0.1945
中卫县	0.0442～0.2819	0.1587	未检出	—	0.0442～0.2879	0.1587
贺兰县	0.0125～0.0516	0.0266	未检出～0.3020	0.1491	0.0125～0.3463	0.1757
平罗县	0.0066～1.0341	0.1789	未检出～1.0940	0.1389	0.0060～1.9880	0.1750

1984 年,自治区城乡建设厅、粮食局、农业厅对永宁、吴忠、固原、青铜峡、中卫、中宁六县市的小麦、水稻、玉米主要粮食中有机氯农药污染进行普查,六六六超标率为 3.6%,平均残留水平为 0.07 毫克/公斤,居全国第 16 位。滴滴涕残留量超标率为零,平均残留水平低于 0.02 毫克/公斤。粮食中六六六检出结果:小麦 > 水稻 > 玉米。1984 年～1986 年,贺兰县用六六六农药毒土法和喷粉法防治小麦吸浆虫 25 万亩,用药总量为 344 吨(1984 年为 290.8 吨,1985 年为 42 吨,1986 年为 11.3 吨)。1985 年～1986 年,宁夏农业环境监测站连续对贺兰县小麦及 0～20 厘米耕作层土壤进行有机氯残留分析,麦田土壤六六六、DDT 检出率为 100%,小麦六六六检出率为 100%。1985 年超标率为 25%。

1985 年～1986 年宁夏粮食中六六六农药残留情况

表 7－89

项目 \ 残留水平 \ 作物	粮食总体		其中		
	全国	宁夏	小麦	玉米	水稻(早稻)
平均残留量(毫克/公斤)	0.11	0.07	0.08	0.04	0.07
超标率(%)	7.4	3.6	3.3	0	4.6
处于全国位次		16	14	15	2

1985 年 ~ 1986 年贺兰县小麦及土壤中有机氯农药残留情况

表 7 - 90

<table>
<tr><th rowspan="2">年份</th><th rowspan="2">项目</th><th colspan="4">麦田</th><th colspan="4">麦粒</th></tr>
<tr><th>检出范围(PPM)</th><th>检出均值(PPM)</th><th>检出率(%)</th><th>超标率(%)</th><th>检出范围(PPM)</th><th>检出均值(PPM)</th><th>检出率(%)</th><th>超标率(%)</th></tr>
<tr><td rowspan="2">1985 年</td><td>六六六</td><td>0.012 ~ 0.292</td><td>0.0795</td><td>100</td><td>0</td><td>未检出 ~ 0.914</td><td>0.1885</td><td>100</td><td>25</td></tr>
<tr><td>DDT</td><td>0.058 ~ 0.443</td><td>0.2287</td><td>100</td><td>0</td><td></td><td>/</td><td>0</td><td>/</td></tr>
<tr><td rowspan="2">1986 年</td><td>六六六</td><td>0.0001 ~ 0.0886</td><td>0.0097</td><td>100</td><td>0</td><td>0.0002 ~ 0.1223</td><td>0.0099</td><td>100</td><td>0</td></tr>
<tr><td>DDT</td><td>/</td><td>/</td><td>0</td><td>/</td><td>未检出 ~ 0.0054</td><td>0.0003</td><td>10.53</td><td>0</td></tr>
</table>

宁夏 1986 年 ~ 1990 年共施用农药 5053 吨，平均每年增长 11.9%，按全区耕地面积计算：1986 年每亩耕地接纳农药量 64 克，1990 年上升到 100 克。农药总用量引黄灌区占 70% 左右，南部山区仅占 10% 左右。1989 年化学农药总销售量为 1353.111 吨，引黄灌区 11 县市农药用量占 68.6%，南部山区 8 县占 9.8%。（表 7 - 136）。

1986 年 ~ 1990 年主要化学农药品种销售情况

表 7 - 91　　单位：吨

年份	总量	杀虫剂			杀菌剂	除草剂
		敌百虫	敌敌畏	乐果		
1986 年	765	55	97	81	120	264
1987 年	886	55	105	97	190	244
1988 年	1180	68	104	97	150	350
1989 年	1021	43	87	75	133	381
1990 年	1201	102	82	110	150	406

注：表中杀菌剂为使用量。

1991 年 ~ 1995 年共施用农药 6353 吨，比 1986 年 ~ 1990 年增加 1300 吨，其中 1992 年的农药施用量就达 1758 吨。

1996年~2000年,全自治区农药使用量达到7088吨,比1991年~1995年增加了735吨。单位面积平均使用量中卫县最高,为6.99公斤/公顷;泾源县最低,为0.02公斤/公顷。使用的农药主要有多菌灵、敌敌畏、氧化乐果、乐果、敌百虫、辛硫磷、杀草丹、禾大壮、富士一号等。

1990年~2000年宁夏化肥、农药施用统计表

表7-92

年份	化肥(实用量)万吨					农药(吨)
	化肥施用量	氮肥	磷肥	钾肥	复合肥	总量合计
“八五”	268.4	178	57	1.4	32	6353
1996年	67.8	43.7	15.8	0.2	8.1	1257
1997年	69.2	43.9	16.1	0.2	9.0	1350
1998年	74.5	46.2	18.1	0.4	9.8	1357
1999年	75.5	46.5	17.8	0.5	10.7	1552
2000年	76.9	46.9	18.3	0.6	11.1	1572
“九五”	363.9	227.2	86.1	1.9	48.7	7088
“九五”比“八五”增减量	+95.5	+49.2	+29.1	+0.5	+16.7	+735

化肥　宁夏从1958年开始推广施用化肥,施用量逐年增加:1980年17.7万吨,1985年23.2万吨,1990年46.1万吨,1999年达到75.5万吨。1983年~1989年平均每年递增12%。1992年,宁夏化肥施用总量为66.95万吨(标吨),其中氮肥43.19万吨(标吨),磷肥5.88万吨(标吨),钾肥0.78万吨(标吨),复合肥17.8万吨(标吨)。“八五”期间总施用量为268.4万吨(实物量),其中氮肥178万吨、磷肥57万吨、钾肥1.4万吨、复合肥32万吨。“九五”期间总施用量(实物量)为363.9万吨,其中氮肥227.2万吨、磷肥81.6万吨、钾肥1.9万吨、复合肥48.7万吨,其中“九五”期间比“八五”期间增加95.5万吨。

宁夏施用化肥主要以氮肥为主,常用品种有碳酸氢铵、尿素、氨水、硫酸铵。引黄灌区和山区氮素化肥施用量极不平衡，自治区每年有2/3的化肥集中在引黄灌区施用。1989年引黄灌区和山区平均亩施氮素化肥分别为82.7公斤、4.0公斤。1989年引黄灌区平均每亩耕地施用氮素化肥在100公斤以上的有吴忠、青铜峡市，亩施50公斤～100公斤的有中宁、陶乐、平罗、永宁、中卫、银川、贺兰、惠农、灵武，南部山区8县平均每亩耕地施用量均在10公斤以下。1988年自治区农业环境监测站对银川地区的秋菜每亩施用氮素化肥量进行调查，小于50公斤的占调查数的23%，50公斤～100公斤的占21%，100公斤～150公斤的占28.8%，150公斤～250公斤的占21%，250公斤以上的占5.7%。

20多年来，宁夏施用有机肥比重下降，部分耕地不施农家肥。自治区有机肥氮与化肥氮的比例由1965年前的10:1下降到2000年的0.48:1；施用化肥氮、磷、钾比例为1:0.21:0，氮磷比例失调，影响了氮肥肥效的发挥。

银川地区是宁夏化肥高施用量地区。1988年～1989年对银川地区蔬菜的24种鲜菜、4种腌菜（酸菜）样品的硝酸盐含量测定结果表明，多数菜类硝酸盐含量较高，含量均值在156毫克/公斤～4094毫克/公斤，达到了重度污染。

农膜　农膜覆盖栽培是当今先进的农作物栽培方式之一。宁夏农膜覆盖栽培已有30多年历史，农膜的使用已在农业领域产生了显著的经济和社会效益，同时伴生的白色残膜污染问题也日趋扩大、严重。全区农膜使用水平“九五”期间比“八五”期间有较大幅度增长，增加10584吨，山区增幅远大于川区。

1990年～2000年宁夏农膜使用量统计表

表7－93　　单位：吨、公顷、年

年份	农膜	其中地膜	地膜覆盖面积	地膜亩均使用量（千克/亩）
“八五”	11850	6244		
1996年	3424	2139	43407	3.3

续表

年份	农膜	其中地膜	地膜覆盖面积	地膜亩均使用量（千克/亩）
1997 年	4670	2934	63965	3.1
1998 年	4490	2800	60000	3.1
1999 年	5049	3338	93262	2.4
2000 年	4801	3008	63871	3.1
"九五"	22434	14219		
"九五"比"八五"增减量	+10584	+7975		

地膜是造成残留污染的主要农膜品种。据 1998 年 12 月贺兰县农业技术推广中心主持完成的《宁夏农田农膜污染现状及防治技术研究》表明：宁夏农膜残留污染已日趋严重，农膜污染的危害开始显现：残膜碎片的阻隔作用使土壤物理性能变差，影响作物出苗、根系发育和地上生长；增塑剂对农作物产生化学毒害作用；稳定剂对土壤形成重金属污染。

宁夏从 1980 年开始推广地膜，到 2000 年累计使用地膜 26961 吨，覆盖面积 467785 公顷，平均亩用膜量 3.8 公斤，累积覆盖面积与污染农田面积之比为 2.4∶1，被污染农田残膜平均残留率为 20.3%。据此推算，地膜污染农田面积 194910 公顷，占宁夏耕地总面积的 15.1%。累积残留量 5473 吨，平均亩残留量 1.9 公斤。宁夏 20 个县市郊区的农田均有不同程度的污染。灌区残膜污染程度重于山区，山区残膜污染速度快于灌区。

由于长期大量施用化肥，加上农药残毒、农膜残留释放的有毒有害化学物质和环境污染等因素，不仅使耕地受到不同程度污染，同时也造成了水体的污染，并通过植物的吸收进入农产品，通过食物链进入畜产品和水产品，进而进入人体，造成在人体内的积累，最终危害到人体的健康。

第八篇 污染防治

1973年第一次全国环境保护大会以后，宁夏的环境保护工作正式纳入自治区党委的议事日程，但环境保护工作部门只能从事一些宣传教育和新建工程环保设施的审批，开展污染治理等工作都还非常有限。1982年，自治区环境保护局根据国民经济调整方案，把环境保护和发展生产紧密结合起来，重点抓银川地区的“三废”治理和基本建设的环境管理工作，并把着眼点扩展到石嘴山市、吴忠县，有重点地解决工厂企业严重污染问题。为搞好综合治理，自治区人民政府借鉴鞍钢环境保护工作经验，结合技术改造，综合利用资源、能源，通过对银川、石嘴山、银南地区污染源的调查研究和治理情况的摸底，提出自治区治理“三废”，防治工业污染的环境规划。1983年，自治区人民政府提出环境保护要实行“防治结合，以防为主，综合治理”的方针。新建工业从选址开始就应根据合理布局的原则，严格把关，并坚持“三同时”的原则。老企业要通过企业整顿，技术改造和加强管理解决“三废”对环境的污染，在编制国民经济和社会发展规划时，环保部门会同计划、规划、城建、燃料、交通、农业、林业及工业各部门工作，使各种规划都体现环境保护的要求，达到从总体上考虑综合治理的对策。对老企业的污染治理，重点抓电镀废水、印染污水的处理，电力系统粉煤灰不再排向黄河，使工业“三废”处理能力和资源综合利用水平有较大幅度的提高。1984年第二次全国环保会议之后，宁夏召开了第一次环保会议，确定了环境保护总目标，即自1984年~1990年为第一阶段，1991年~2000年为第二阶段。自治区经济委员会、城乡建设厅按自治区计委编制国民经济社会发展“七五”计划和“2000年设想”，依实际提出控制指标的要求，组织编制限期治理污染项目，并纳入基本建设和技术改造计划和规划。1984 年 7 月，自治区人民政府作出了《贯彻国务院关于环境保护工作的决定》。至此，宁夏的环境保护开始纳入国民经济和社会发展规划，工业污染防治也逐步提到各级政府和各部门的重要议事日程。

第一章 水污染防治

第一节 工业废水

污染及治理状况

1969年,兰州军区所属的“五七”纸厂在吴忠县南部高糜子湾建厂投产,日产书写纸5吨。1975年后扩大生产,能力已达12吨/日。该厂主要的污染问题是造纸黑液,未经任何处理就排入水沟。自治区环境保护办公室于同年进行调查,后经自治区轻工局技术支持,采用发酵治理黑液法防治污染,但效果甚微。

1976年,银川亚麻厂污水处理设计方案获得批准。1977年11月,银川市城建局划定设计建设范围,最初由于自治区地质局不同意,没办理用地手续而搞成了违章建筑。后来自治区轻工业局计划投资25万元建设银川亚麻厂印染污水处理工程,但由于地址的争议未动工。同年,灵武绒线厂污水处理工程,因设计方案延误,影响了建设进度。1979年6月29日,自治区环境保护办公室、自治区电力工业局、自治区财政局对中宁电厂废灰水淹没农田问题进行调查,要求中宁电厂加强灰厂管理,积极治理灰水。是年,石嘴山电厂四期扩建过程中,七号机组违背“三同时”规定投产使用,还不断向黄河排放灰渣及工业废水5万余吨。1982年,自治区人民政府责成自治区电力工业局和自治区建工局采取有效措施,要求石嘴山电厂按规定期限完成排灰工程,并授权自治区环保局处罚石嘴山电厂25万元。同年12月3日,自治区环保局会同银南环保监测站再次调查吴忠县高糜子湾“五七”造纸厂臭水污染问题,要求该厂提出治理措施和方案,加快污染治理工作。

是年,检测出银川橡胶厂废水中氰化物和酚超标。银川化工厂停产,废水未经处理而排放。灵武绒线厂污水处理工程没有竣工就交付投产使用,造成污水超标排放,灵武县环保管理部门依照规定收缴排污费,并限期完成污水处理工程,否则停止生产。

1988 年,有关部门对电镀、铸造行业实行专业化整顿,实行电镀生产许可证制度,并撤销电镀点 21 个,减轻了电渡对城市地面水的污染,也阻止了电镀污染向乡村扩散。青铜峡市毛纺厂投资 10 万元建设废水处理设施。石嘴山市重点扶植石炭井三矿的酸性水改工程。

是年,全区废水排放总量 10637 万吨,其中工业废水 7482 万吨。根据监测结果,地表水主要污染物为有机污染,主要污染物质为 COD、BOD_5,还有酚。银川四二干沟、银新干沟、第四排水沟、吴忠清水沟、灵武东沟污染最为严重,几项主要污染指标超标率高。黄河(黄河渡口断面)COD 超标率 100%,最大值 44 毫克/升,超标 10 倍;酚超标率 40%,最大值 0.1198 毫克/升,超标 22 倍;BOD_5 超标率 75%。废水排放总量从 1983 年的 9661 万吨增加到 1988 年的 10673 万吨,增长 18%,万元产值废水排放量从 1983 年的 482 吨/万元减少到 1988 年的 334 吨/万元,减少了 44.3%。经过处理的工业废水 1983 年为 695 万吨,1988 年为 2103 万吨,增长 207.73%。废水处理达标量 1983 年为 416 万吨,1988 年为 901 万吨,增加 485 万吨。

1986 年 ~1987 年全区水污染治理情况

表 8－1

污染治理		全年	
		1986 年	1987 年
资金总额	合计	324	646
资金使用	治理废水	124	281
当年竣工项目	处理废水(万吨)	171.8	362
新增处理废水能力	吨/日	5841	5841

1989 年全区水污染治理情况

表 8－2

	单位	数量	其中企业
处理设施数量	套	72	70
设计处理能力	吨/日	82091	78441

续表

	单位	数量	其中企业
实际处理能力	吨/日	57645	54511
应处理废水量	万吨	5770	5770
实际处理废水	万吨	3660	3549
其中:达标的	万吨	1266	1259
其中:经过处理外排的	万吨	934	934
处理率	%	63	62

1992 年全区水污染治理情况

表 8－3

区、地、市	单位	全区	银川市	石嘴山市	银南地区	固原地区
废水排放量	亿吨	1.26	0.41	0.32	0.50	0.03
工业废水排放量	亿吨	0.78	0.267	0.247	0.259	0.014
处理率	%	54.7	47.8	45.6	31.7	8
工业废水中化学需氧量排放量	吨	24187	15761	1689	5089	1648
去除量	吨	227	84	1	162	
工业废水中石油类排放量	吨	385	243	34	108	
去除量	吨	344	302	10	32	
工业废水达标排放量	万吨	0.36	0.115	0.145	0.098	0.0032
工业废水排放达标率	%	46.1	43.1	60.1	34.4	40
安排治理项目数量	个	217	53	80	67	17

到 1994 年底,全区工业废水处理率达 59.9%,工业废水排放达标率提高到 45.8%。1995 年,工业污染治防成效明显,治理资金的投入也逐年增加,全区用于污染治理的资金为 40837 万元,资金的投入保证了治理的效果。1995 年与 1994 年相比较,工业废水处理率提高 7.2 个百分点。各级环保部门认真落实自治区环保局提出的“认真抓几项污染严重,群众反映强烈的项目”。固

原地、县环保局联合行动，现场办公，对固原硫化碱厂排放的黑液和废渣进行治理。自治区环保局组织启动了群众反映十分强烈的臭水沟——西大沟治理工程，银川市政府及市建委、环保局具体组织实施，银川铁路分局、银川中策（长城）橡胶有限公司等单位大力支持。自治区环保局对宁夏电化厂氯气泄露严重污染事故、大武口发电厂灰水淹没农田事故、宁夏化工厂废氯水污染果园等进行了严肃查处，使环境污染得到了控制。大武口电厂排污水淹没2800多亩良田，自治区环境保护办公室处罚大武口电厂和石嘴山市共34.5万元，平罗县宝丰洗毛厂洗毛溶液加入纯碱、洗涤剂，年排放洗毛废水71709M^3，经平罗环境监测站取样化验，PH值8.5，悬浮物738Mg/L，超过国家规定的排放标准。平罗长城糠醛化工厂年产300吨糠醛，年排废水391392M^3，废水中，PH值8.5，悬浮物146Mg/L，超过国家规定的排放标准。平罗县环保办对这2家企业废水进行了治理。第五排水沟年排水量为1.5亿M^3，各级环保部门对向第五排水沟的排放工业废水的企业进一步改造治理，减轻了对第五排水沟水质影响。

1995年全区水污染治理情况

表8－4

指标名称	单位	1995年实际
工业废水处理率	%	67.10
工业废水处理量	万吨	6939
工业废水排放达标率	%	50.44
工业废水排放达标量	万吨	3941
工业废氘排放量	万吨	7813

1996年，石嘴山第二碳素厂全部停产搬迁，工业废水污染问题得到解决。自治区计委立项造纸废水治理工程，并批复中卫造纸厂建设万吨碱回收工程。是年，宁夏有万吨以上纸厂5家，最大的纸厂中卫造纸厂处于治理中，其余纸厂尚未治理。宁夏有3家糖厂，其中青铜峡糖厂建有氧化池工程，其他糖厂酒精废水未处理，主要是资金问题，每家糖厂废水处理需500万元。

1997年，自治区环保局贯彻落实《自治区人民政府关于进一步加强环境保护工作的决定》，截止5月全区关停“十五”小企业的数量达660家，占应关停总数的93.2%。

1997 年全区水污染治理情况

表 8－5

项目	单位	1997 年工业合计
汇总工业企业数	个	221
工业废水排放总量	万吨	9394.1
工业废水排放达标量	万吨	3057
排放达标率	%	32.5
处理率	%	83.8
汞排放量	吨	0.08
镉排放量	吨	0.01
六价铬排放量	吨	0.23
铅排放量	吨	0.10
砷排放量	吨	0.33
挥发酚排放量	吨	55.49
氰化物排放量	吨	1.21
石油类排放量	吨	334.8
COD 排放量	吨	75171.8

1998 年全区水污染治理情况

表 8－6

指标名称	计算单位	1998 年实际
COD 排放量	万吨	9.74
石油类排放量	万吨	0.02
工业废水中有毒污染物排放量	吨	2.58
工业废水排放达标率	%	33.20
工业用水重复利用率	%	73.43
工业废水处理量	万吨	10604
工业废水排放理	万吨	8372

续表

指标名称	计算单位	1998 年实际
工业废水排放达标量	万吨	3215
需处理工业废水量	万吨	14012

1999 年,部分工业企业排放的废水流向四二干沟,沿线居住群众因水质污染造成饮水困难,自治区环保局对此进行调查,银川市环境保护局投资 60 多万元进行改水工程,并在丰登乡永丰村打深井一眼(125M),解决村民饮水问题。1999 年,纳入国家考核的 48 家重点排污单位,治理达标率仅为 35%。

政策措施

1978 年,宁夏首次下达 37 项限期治理项目,安排一批工业废水限期治理项目和治理资金,到 1985 年已基本完成。

1981 年,自治区制定了《基本建设项目环境保护管理办法》。1982 年 5 月 15 日,自治区人大常委会原则通过《宁夏回族自治区征收排污费暂行实施办法》。按照国家要求,各厂矿排放的含有汞、铬、镉等重金属的废水都要实现厂内处理,不再向河、渠、湖泊排放。为消除电镀污水的污染问题,自治区对银川市各电镀厂点的布局进行了调整,截至 1983 年底共撤销电镀点 20 个,保留 5 个,定点 2 个。限期治理一批群众反映大,污染环境严重的工业企业,银川毛纺厂、银川棉纺厂、灵武绒线厂、青铜峡造纸厂、银川糖厂、银川起重机厂、青铜峡铝厂、青铜峡水泥厂、中宁电厂、青山机械厂、宁夏医学院附属医院、银川市人民医院、银川市第二人民医院等 13 个单位在 1984 年内按计划完成治理任务。自治区计委、宁夏宾馆、自治区监狱、银川铁路分局、511 医院在 1985 年内完成了单项治理任务。

1986 年,全年共审查、验收新、改、扩建项目 20 多个。建设银行宁夏分行在项目对环境影响程度没论证清楚的前提下拒绝向银川碳化硅厂贷款。为了搞好废硫酸的综合利用,银川市环境保护办公室在 7 月联合召开银川钢窗厂、宁夏氧化铁红厂等排放和利用废硫酸的厂家协调会,排放废酸的单位一方面创造条件回收利用废酸,另一方面把无力回收的废酸无偿提供给宁夏氧化铁红厂,帮助其解决了原料问题,减轻了废硫酸的污染。

1987 年,依靠科技力量,开展环境容量和总量控制、排污系数的研究,采取许多措施,工业废水治理已见成效。是年,全区共完成限期治理项目28项,治理资金1700万元。1987年与1983年比较,全区工业总产值增长了59%,工业废水处理率提高了12.67%,企事业单位安排污染治理项目增加了183%,治理资金增加了249%。

1988年,根据宁夏环境特点,按地区制定37项环保指标,分解到各行署、市执行。计划指标分环境管理及污染治理、排污收费、乡镇企业环境管理等部分,对每项指标分别提出了具体的要求。经过一年实践,各地、市基本完成管理指标。是年,在下达全区环保工作计划指标中,安排了限期治理项目28项,实际完成76项。对银川市四二干沟实施排污许可证制度,以控制该沟的污染。对一些位于居民稠密区、生产效益低、污染严重的企业,促使其关、停、并、转。银川电石厂、银川电镀厂、城区化工厂、银川锯条厂等数个污染企业搬迁或合并。

1989年10月,自治区人民政府于1989年10月下达31项第二批限期治理项目。限期1989年12月完成16项,实际完成12项,完成效率达75%。一些市、县政府也分别下达市、县级控制的限期治理污染项目。由于市场疲软、经济滑坡、企业资金短缺,给限期治理项目的完成带来很大困难。1990年,银川市作为污水排放申报登记试点市,推行污染限期治理制度,针对危害严重,群众反映强烈的污染源提出了9项限期治理项目,并由自治区人民政府下达执行。

1993年,宁夏将环保目标责任制和城市综合整治结合起来定量考核,被考核的有银川市、石嘴山市、吴忠市、青铜峡市。被考核市均有主管市长负责,日常工作由该市环保局负责。自治区副主席与各市主管市长签订目标责任书目,各市再将指标层层分解,逐级落实,形成一个主管、横管到位的管理网络。

1994年,各级环保部门依法对辖区环境实施统一监督管理,实行环境保护目标责任制,签订环境保护目标责任书。各级环保部门布置编制重点污染源防治规划和企业污染防治规划。自治区环保局提出评选一个企业或工艺生产线,会同有关部门制定清洁工艺改造方案,以期建设清洁生产示范工程;选定排污减量化与资源化的试点项目与城市污水处理相结合,组织编制1~2个工业污染集中治理规划,督促颁发全区地面水水域功能区划。自治区政府先后 4 次与银川、石嘴山、吴忠、青铜峡、固原、中卫 6 个市县和自治区石化总公司、电力局、轻纺厅、建材总公司、煤炭厅、重工厅 6 个厅局以及宁夏化工厂、青铜峡铝厂 2 个中央直属企业签订环保目标责任书。许多企业结合技术改造，努力完成限期治理任务，如石嘴山发电厂贮灰场的治理、银川毛纺厂污水处理等，均投入了大量的资金，取得了很好的治理效果。是年，全区共完成各类治理项目 800 多个，投入污染治理资金约 1.4 亿元。

1995 年 2 月，自治区人大常委会出了《关于加强环境保护工作的决议》。自治区人民政府研究并提出了宁夏总体环境对策和与宁夏社会、经济发展相协调的“三阶段”环境保护战略，拟定重点城市排污总量削减与增长的流动实施计划，用治理老污染源腾出的“容量”来支持经济持续发展。将加强污染防治工作列入国家《绿色工程计划》项目，实施具体污染防治工程，并制定了分布实施，重点突破措施。银川市、石嘴山市制定“九五”和 2010 年环保目标，提出了实现目标的具体措施。银川市人民政府编制《银川市利用外资建设城区污水处理工程项目建议书》，将银川市城市污水处理工程建设作为自治区“九五”的重点工程建设项目，要求工业废水造成环境污染的企业限期治理，最晚至 2000 年前应达标排放。石嘴山市人民政府制定《石嘴山市“九五”及 2010 年环境综合整治和污染治理计划和规划项目》，全市拟筹措 3 亿资金用于环境综合整治和污染治理。吴忠、平罗、中卫、盐池、固原、中宁等市县人民政府都提出了本辖区“九五”环境保护目标、措施和污染防治计划。

1997 年 5 月下达自治区第三批环境污染限期治理项目 22 个。对不符合环境保护标准和要求的建设项目，不批准环境保护设施竣工验收报告。1998 年，自治区环境保护局、自治区计划委员会建立宁夏环境保护项目库，分别为：工业污染源治理项目（包括“三废”治理、清洁生产工艺、污染源搬迁改造项目）；环境基础设施项目（包括城市污水处理厂、集中供热供气、城市生活垃圾处理和城市饮用水源保护改造工程、供水工程项目）；重大生态环境建设项目（包括荒漠化防治、生态环境示范工程项目）。自治区环保局贯彻实施《建设项目环境保护管理条例》，明确建设项目环境管理程序，在项目立项阶段对建设单位提出办理环境影响评价及环保审批的要求，对不履行环境管理审批的重点建设项目给予通报批评。

1999 年，自治区环保局下达环境保护计划，分解落实到工程项目上，实施排污许可证制度，为16家排污单位核发排污许可证。从控制污染源头抓起，所有带有污染的建设项目，一律编报环境影响评价，杜绝新污染的产生。中宁县多方筹措资金186.41万元，完成了3个单位的废水污染限期治理。盐池县开展集中专项治理，取缔土炼油场点1000多处，关闭2家小炼油厂。

2000年，自治区人大常委会作出《关于依法推进环境保护工作的决定》。“九五”期间，自治区党委、政府逐步提高了对环境保护的重视程度，自治区第八次党代会作出了“走出一条节约资源，改善环境，造福当代，泽及子孙的可持续发展之路”的战略部署，自治区八届人大常委会增设农业和环境资源保护委员会，加大环境立法和执法监督的力度。自治区人民政府作出《关于进一步加强环境保护工作的决定》，成立专项行动领导小组，制定环保专项行动方案。全区有针对性地查处了一批违反环境保护法律法规的案件，解决了一些建设项目违反环境影响评价和“三同时”制度问题。“九五”期间，全区关停“十五小”企业共704家，全区取缔关停率达99%。自治区环境保护局与自治区监察厅联合对全区取缔、关停“十五小”企业进行监督检查，对检查中发现的反弹企业采取当即责令停产、拆除设备等措施。大部分被取缔企业基本断水、断电、拆除设备、吊销执照、清除原料。自治区环境保护局会同自治区经贸委等单位联合开展小炼油关停专项检查活动；对自治区第三批治理项目完成情况进行监督检查，并依法对逾期未完成限期治理任务的企业进行行政处罚。通过环保专项整治活动，进一步提高了整个社会依法保护环境的意识，促进了产业结构的调整及工业污染源的治理，遏制了“十五小”企业的反弹，有力地打击了环境违法行为，使全区环境质量得到了进一步的改善。

第二节　生活污水

规划治理

1980年6月，自治区环境保护办公室转发国务院环境保护领导小组、国家城建总局《关于地下排水和污水处理现状调查的通知》，要求按“城市排水和污水处理调查提纲”做好调查工作。此次排水和污水处理现状调查，目的是制定城市工业废水和生活污水处理建设方案，将其纳入城市总体规划，分期分批进行建设。是年，银川地毯厂染色车间污水泵发生故障，几起污水漫溢注入体育场造成严重污染，威胁生活用水质量，经检查督促将银川地毯厂染色车间迁出。银川酒厂、银川织袜厂污水均排入城市下水管网。

宁夏化工研究所位于银川市文化街西端人口稠密区，该所产生的废水造成空气与水源污染，给周围的单位职工、居民健康造成严重危害。银川市卫生局安排防疫部门对化工所和附近单位职工以及周围居民进行流行性病学调查。宁夏大学周围地下水污染严重，宁夏大学化学实验室、宁夏亚麻厂、自治区地质局等单位排出的有害性的污水聚集在宁夏大学后湖。自 1982 年 7 月 1 日起，自治区环保局一方面决定对超过国家排放标准的废水、废气征收排污费，另一方面督促排放污水的企业抓紧治理。

1986 年 9 月，自治区政府在银川铁路医院召开现场会，总结交流全区医院污水治理经验，表彰先进，促进了医院污水治理工作。是年，3 个县以上医院完成了污水治理工作。

1988 年，全区各行业投入污水治理资金 670 万元，银川市的各级医院部分安装了污水治理设施。固原地区环境保护办公室采取措施，帮助固原地区医院修建排污工程，安装污水净化设施，与西安环保设备厂联合召开现场会，督促固原冷库投资 7 万多元建污水治理工程。

城市污水处理

1988 年，银川市城市污水年排放量为 4500 余万吨，其中城区每天排放约 7 万吨。污水通过排水管道经泵提升排入第四排水沟，汇入银新干沟后流入黄河。由于城市污水的排入，使第四排水沟及黄河受到严重污染。主要污染物石油类 $BOD_5$165mg/l、COD346mg/l。水质严重超标，天气炎热时臭气散发，严重影响人民群众的日常生活。

银川市提出城市污水处理厂分两步实施：第一步在“九五”期间建设城区污水处理厂，规模为 10 万吨/日；第二步在 2001 年后建设新市区城市污水处理厂，规模 10 万吨/日。根据银川市城市总体规划，城区污水处理厂选择在城区北环转盘路以北 5 公里 ~6 公里处，占地面积 180 亩，总投资 2.4 亿元人民币，申请国外贷款 1600 万美元，其余国内配套资金 10560 万元。新市区污水处理厂预计投资 3.6 亿元。以上 2 个项目列入国家编制的《中国跨世纪绿色工程计划》。污水处理后初步估算每年 BOD_5 减少量 7300 吨，COD 减少量1.4 万吨。经处理后的出水可用于农灌、城市景观用水和市政用水等，可减轻城市自来水的供应负担。1995 年,生活水污染问题比较突出,银川市地下水长期超采,地下水位连年下降,已形成 436 平方公里的降落漏斗,城市污水未经处理直接排放进入明沟,造成市区水环境恶化。银川市新市区由于城市基础极不完善,没有城市集污管网系统,生活污水及工业废水任意漫流,造成地表水和地下水污染。

1996 年,全区各城市的工业废水、生活污水严重污染黄河等地面水体,许多城市周围排水沟水质均劣于Ⅴ类标准,而黄河水质中不少指标劣于Ⅲ类标准。银川市筹措 1650 万元资金,开工建设文萃北路集污管道 2.67 公里及集污泵站,银川市环保局筹措 150 万元,铺设丽子园路排水管道 650 米,基本解决了西大沟恶臭污染问题。自治区环保局制定《排放污染物申报登记工作方案》,实行污染物排放总量控制,部署了以治理水污染为目的的保卫黄河跨世纪污染治理工程计划,其中银川市城区污水处理厂列入 1996 年度利用外资计划。银川市城区污水处理及配套工程、银川市新市区污水处理及其配套工程、宁夏造纸废水治理、宁夏甜菜制糖废水治理列入《绿色工程计划》项目。截至 2000 年,银川市只有城区和新城区部分地段建有排水工程,新市区大部分排水系统尚在规划建设中。

第二章 大气污染防治

第一节 工业废气

污染及治理状况

1974年~1976年，银川塑料厂氯碱车间连续3年发生“三废”污染问题。1979年3月12日，自治区环境保护领导小组办公室对银川塑料厂因氯气污染造成贺兰山农牧场减产进行处理，责令赔偿损失，停产治理。

1976年，石嘴山树脂厂建成投产，该厂先后在1976年2月和1980年5月因排放高浓度氯气，严重污染环境，曾2次被迫停产。

1980年8月29日，自治区环境保护办公室会同有关部门赴吴忠造纸厂检查，发现该厂在生产过程中排放废气影响居民健康，督促该厂制定“三废”处理方案，进行废气治理。

1982年，自治区四届人大四次会议第225号提案反映宁夏化工研究所常用有毒有害化学试剂材料做实验，排放有害气体，影响周围群众健康。自治区环保局对反映的问题作了调查，提出实验工作应配有防护、应急、处理设备，对于含毒性较大的研究要严格监督，严禁在所内进行试验。1983年1月13日，自治区环保局作出对石嘴山树脂厂排放高浓度氯气给予罚款的决定，要求该厂自批准罚款之日起在3个月内解决治理污染问题，否则停止生产。

1986年~1987年大气污染治理情况

表8-7

企事业污染治理情况		1986年	1987年
企业污染治理资金	合计(万元)	324	646
其中	治理废气	116	260
设计年处理利用“三废”量	处理废气(万标立方米)	37016	6113
新增处理废渣能力	标立米/时	15000	—

1988年3月25日,宁夏电化厂发生一起氯气泄露事故造成环境污染,致使毗邻的石嘴山钢厂职工身心健康受到很大影响,生产经营活动受到一定损失。由自治区环保局牵头两次深入现场调查,认为石嘴山市电化厂自1976年投产以来,排放氯气污染环境的问题始终未得到彻底解决,为彻底解决这一问题,责令该厂采取有效措施,于1988年11月底前完成治理任务,以消除氯气外溢事故的发生。是年,全区大气环境质量基本控制在1985年的水平,没有因生产发展而呈恶化趋势。经过消烟除尘的废气排放量由1985年的58亿标立方米增加到1988年的409亿标立方米,增加605%。生产工艺过程中废气排放量经过净化处理由1983年的1.8亿标立方米提高到1988年的8亿标立方米,增加344%。全区建成烟尘控制区面积43.7平方公里。

1991年,鉴于宁夏化工厂燃煤锅炉烟气脱硫装置暂不投入运行,自治区排污收费监理站对该厂征收年补偿性罚款20万元。

1991年全区大气污染控制情况

表8-8

指标名称	计量单位	本年实际	(汇总城市个数)
限期治理项目数	项	5	
限期治理项目的投资额	万元	897	
烟尘控制区总数及面积	个/平方公里	15/36.46	4个市,35个县
其中:当年建成	个/平方公里	7/15.9	4个市,35个县
关、停、并、转、迁企业数	个	5	2个市,2个县

1992年全区大气污染治理情况

表8-9

指标名称	计算单位	全区	银川市	石嘴山市	银南地区	固原地区
工业废气排放量	亿标立方米	746.7	143.0	316.3	278.4	9.9
工业废气处理率	%	81.1	93	95.6	59.7	57
工艺废气排放量	亿标立方米	190.9	56.19	10.59	122.18	1.9
工艺废气净化处理量	亿标立方米	88.23	52.5	4.55	31.1	0.07

续表

指标名称	计算单位	全区	银川市	石嘴山市	银南地区	固原地区
净化处理率	%	46.2	93.4	43	25.5	3.6
工业燃料燃烧废气排放量	亿标立方米	555.86	86.83	305.76	156.2	7.07
工业燃料燃烧废气处理率	亿标立方米	517.35	79.21	297.77	135.2	5.17
消烟除尘率	%	93.1	91.22	97.38	86.5	73
二氧化碳排放量	万吨	14.3	2.07	8.48	3.40	0.35
烟尘排放量	万吨	10.39	1.01	7.63	1.49	0.26
去除量	万吨	99.0	1.93	70	27.16	0.05
工业粉尘排放量	万吨	5.5	1.56	0.66	3.17	0.12
回收量	万吨	10.7	4.00	0.08	6.46	0.06
竣工项目数量	个	182	43	74	54	11
治理废气	个	63	20	21	18	4
治理废气	万元	1499.9	593	524	380.9	2
废气处理	万标立方米	1988	5	7	1980	—

1995 年,全区除小造纸厂外,其他“十五小”企业基本关停,同时采取了吊销营业执照等措施,盐池县政府专门下发了《关于继续关闭停产土炼油的通知》整治一度死灰复燃的土炼油。石嘴山市环保部门也对重新点燃的部分土炼焦进行集中清查,以确保关停到位。吴忠市一家金属镁厂因污染严重而搬迁出市区。贺兰造纸厂因污染扰民问题作出治理计划,县政府也向群众作出尽快治理污染的承诺。

1996 年全区大气污染治理情况

表 8 - 10

指标名称	计算单位	1996 年实际
工业废气处理率	%	77.6
二氧化硫排放量	万吨	23.31
烟尘排放量	万吨	13.83
工业粉尘排放量	万吨	6.92
工业废气处理量	亿标立方米	766
工业废气排放量	亿标立方米	987

1998 年,国家环境保护总局、国家发展计划委员会、财政部、国家经济贸易委员会联合印发《关于在酸雨控制区和二氧化硫污染控制区开展征收二氧化硫排污费扩大试点的通知》,促进了大气污染治理的步伐。1999 年,盐池县开展集中专项治理,取缔土炼油 1000 多处,关闭 2 家小炼油厂。中宁县从控制污染源头抓起,所有污染的建设项目,一律编报环境影响评价表,杜绝了新污染的产生。

1999 年全区大气污染治理情况

表 8 - 11

指标名称	计算单位	1999 年实际
工业废气处理率	%	84.2
二氧化硫排放量	万吨	21.52
烟尘排放量	万吨	10.06
工业粉尘排放量	万吨	7.48
银川市天然气输配过程	续建	日供气量 28.2 万立米
银川热电厂及配套热网工程	续建	2×1.2 万千瓦热电机组、供热面积 200 平米
灵武市集中供热工程	续建	供热面积 30 万平米
石嘴山市天然气输配过程	续建	日供气量 4 万立米

续表

指标名称	计算单位	1999 年实际
石嘴山市大武口集中供热工程	续建	供热面积 240 万平米
青铜峡市集中供热二期工程	续建	供热面积 71 万平米
盐池县城集中供热工程	续建	供热面积 34 万平米
石嘴山市平罗集中供热工程	续建	供热面积 24 万平米
银川市贺兰集中供热工程	续建	供热面积 50 万平米

政策措施

1989 年，自治区全面规划，合理布局，制定集中控制污染措施和限期治理政策，坚持对污染严重的企业实行关、停、并、转。银川电石厂在市政府的责令下进行搬迁，当年全区关、停、并、转的企业共 9 个。1992 年，银川市环保局帮助银川氮肥厂贷款 30 万元用于治理废弃物、废水、烟筒污染问题。自治区环保局对宁夏化工厂连续 3 年发生污染事故 3 起进行处理。宁夏化工厂经过整改后，正式通过国家验收。

1995 年，针对小硅铁、小电石、小造纸、小水泥、小土焦、小碳素等污染严重并且不易治理的项目，自治区政府继续加强了宏观调控和产业政策导向，运用信贷和供电等调控手段，遏制小工业项目盲目发展的势头。采取停批供电方案的措施，避免了区域性工业污染。在制定和实施“九五”计划的过程中，自治区政府把通过产业、产品结构调整严格控制新的工业污染，严格执行“三同时”的要求纳入国民经济发展计划，先后做出了不再新批立窑水泥项目、不再新批 5000 吨以下小造纸项目的决定。责令取缔土炼焦、土炼油、土炼硫、小制革等点多面广的小污染源。平罗县人民政府针对太西镇大气污染，对已建成的半成品活性炭没有经过焚烧排放烟尘的企业，责令全部停产改造，待改造验收达到排放标准，方能恢复生产。对各种性质的土炼焦坚决实行停产和取缔。废气治理主要抓燃煤烟尘、铁合金、炭素和炼铝的工业废气。关停 3000KVA 以下的铁合金小电炉，对铁合金细微硅尘的污染治理和综合利用进行攻关项目研究。

1999 年，全区关停污染严重的小炼油厂 10 个，取缔死灰复燃的土炼油炉 400 余座，关停小火电机组 4 台、小煤窑 104 座、小玻璃厂 2 家，淘汰了一批

1800KVA 铁合金矿热炉和窑径在 2.2M 以下的立窑小水泥。自治区环保局全年审批建设项目 14 项，地、市、县环保部门审批建设项目 109 项，环境影响评价制度执行率达 91.87%。为全面推动全区工业污染源达标排放，自治区环保局相继建立了“双达标”督办制度、月报制度和检查制度，组织对自治区第三期限期治理项目完成情况的检查验收，完成率 70% 以上，达到历次限期治理的最好水平。同时下达并开始第四期限期治理项目。大武口发电厂装机容量 40 万千瓦时，属重点污染源，该厂 10 多年中先后投资数千万元对电除尘器及配套设施进行改造，除尘效率由原来的不足 95% 提高到 98% 以上，使煤质含硫量和含灰分量控制在 2% 和 35% 以下，大气污染物排放量大为降低。在废渣治理上，积极开展粉煤灰综合利用，减少储灰量，使废渣综合利用率达 30% 左右。另一方面，对灰厂分阶段进行覆土治理，完成 1 号灰厂 10 万平方米的覆土绿化工程，灰厂所剩区域逐步分割排放灰渣。填满一片，覆土一片，尽可能减少二次污染对环境的影响。

环境综合整治

1995 年，加强工业污染防治，深化城市环境综合整治，努力改善环境质量。抓建设项目环境管理“三同时”制度，贯彻“预防为主”，遏制新污染源增加。1997 年，自治区环境保护局实施污染物排放总量控制计划和绿色工程规划。自治区环境保护局成立以局长为组长的总量控制工作领导小组，制定宁夏主要污染物排放总量控制实施意见，分解下达 2 地 2 市主要污染物排放总量控制计划，要求各级人民政府把总量控制计划纳入国民经济计划与社会发展计划，定期研究解决环境保护和总量控制工作中存在的问题，保证总量控制工作的实施。各地市人民政府及自治区各有关部门将控制指标层层分解，落实到各县政府、行业和企业。按照总量控制计划的要求，实行总量控制目标领导负责制。根据全区总量控制要求，在建设项目管理中严格执行国家产业政策和“三同”时制度，积极推行清洁生产工艺，严格控制新的工业污染。对新建、扩建和技改项目坚持先评价、后建设的原则，实施污染物总量控制和浓度控制相结合，严格控制新污染源的产生。各市、县政府也下达了一批限期治理项目。固原地区针对清水河污染问题制定了碧水工程计划，并对 4 个污染企业进行了检查。石嘴山市以工业污染防治为重点，结合园林化城市建设，制定了污染防治计划，加大了大气污染治理的力度。

1999 年 3 月,自治区环保局编制印发了全区 2000 年工业污染源达标排放和环境保护重点城市环境功能区达标排放工作方案,在《宁夏日报》和网址上公布了全区 48 家重点污染企业限期治理名单和举报电话。增加了全区城市环境综合整治定量考核城市,把工业污染源达标排放作为主要考核内容。

2000 年,自治区人民政府第 51 次常务会议讨论决定了加强全区环境保护工作 6 个方面的重大问题,发出了《关于加快完成环境保护"一控双达标"任务的紧急通知》,召开了环境保护"一控双达标"倒计时攻坚零点行动电视电话会议,提出了狠抓全区工业污染源治理,努力实现"一控双达标"目标任务。自治区环保局对列入全区重点考核的 13 家达标无行动的企业连续 3 天在《宁夏日报》进行公开曝光;下发主要污染物仍然超标排放的企业实行关停或关闭其主要产生污染的车间或工段的规定;查处了 8 家污染严重的东西部合作项目;关停了 704 家"十五小"企业、3 个小水泥厂、4 台小火电机组、7 座冲天冶炼炉、20 余台 1800 千伏安铁合金炉、135 个小煤窑;加大对污染企业的监督和治理力度,全市 53 家尚未实现达标排放的工业企业已全部制定了治理方案,并逐步筹资开工建设治污工程。银川市要求全市所有工业企业污染源力争年底前完成达标任务。吴忠市开展建设项目环保执法检查,查处了一批违反环保法规的建设项目,逐步取缔关停辖区内"十五小"企业和"新五小"企业,强制对老污染源进行达标治理。固原地区实施碧水计划,西吉淀粉厂污水治理小试已经完成。银川市空气质量实现了阶段性控制目标。截至年底,全区 1172 家工业企业污染物达标排放合格率在 90% 以上,纳入国家和自治区重点考核验收的 48 家工业企业污染达标合格率为 80%。自治区环保局对中卫明盛化工厂、宁夏东方企业等 4 家未经环保审批开工建设、投产的企业进行严肃处理,各罚款 10 万元,并责令其停产治理,进行环境影响评价。为了严格执行建设项目环境保护管理制度,自治区人民政府决定建立建设项目预审制,今后自治区所有建设项目在审批可行性研究报告之前,要预先报送环保部门进行审查同意后方可立项。自治区环保局与自治区计委、经贸委联合下发《关于加强建设项目环境管理有关问题的通知》,加大对建设项目的环境管理,严格执行环境影响评价制度和"三同时"制度,防止了新污染源的产生。

第二节　工业粉尘

1983 年，青铜峡水泥厂投资 85 万元，治理粉尘和噪声，使粉尘超标倍数由原来的 13 倍降低到 1 倍，该厂除尘装置采用了自行改进和试制的高压静电吸尘器，除尘效率达 95.6%，年可回收生料尘 2235.6 吨，减轻了粉尘污染，收到了节电 16 万度的效果、年增收 58400 元的经济效益。宁夏建材公司在青铜峡水泥厂召开推广应用现场会，对其他小水泥厂的粉尘治理起到了示范作用。1986 年，13 项工程通过验收，青铜峡铝合金型材厂等 12 个大中型项目编制了环境影响报告书，大武口电厂 3 号立窑煤井、西北煤机总厂、太西洗煤厂等重点建设项目通过"三同时"执行检查。石嘴山市铁合金厂投入硅尘治理，为其他矿热炉行业树立了治理样板。

1993 年，自治区政协六届一次会议第 57 号提案提出大武口发电厂污染问题。自治区环保局调查认为，大武口发电厂是全国 3000 家企业重点污染源之一，近 5 年来，该厂用于环保设施的建设资金达 1000 多万元，1989 年、1990 年先后完成停止灰水外排，电厂除尘效率达 95% 以上的 2 个限期治理项目，减少了烟尘排放量。大武口洗煤厂矸石自燃，释放二氧化硫、硫化氢等有害气体。几年来洗煤厂采取了相应的措施，矸石自燃已得到有效控制，经市环保局验收合格。

1996 年，自治区环保局下达区级第三批限期治理污染项目，编制并起步以减轻煤烟型大气污染为目的的"蓝天工程计划"，编制并起步以消除硅铁合金和工业硅冶炼排放细微 SiO_2 尘污染为目的的"MS(MicroSilica)污染控制工程计划"，各行署、市、县对辖管范围污染严重，群众反映大的污染点源下达限期治理污染项目。平罗县太西镇集中了全区近五分之一的硅铁冶炼炉，还有小水泥、小化肥、小造纸、小活性碳、土炼焦等县办和乡镇企业 30 余家，大多没有污染治理设施，因此大量未经处理的烟尘、废气、废水长年排放，使该区域成为重污染区。平罗县政府编制太西镇污染治理规划并分步实施。对于小型开启式硅铁炉逐步淘汰；对 5000 千伏安以上的硅铁电炉立即安排治理，力争 2000 年全部达标排放；对土炼焦应明令取缔；对严重污染相邻学校的姚伏活性炭厂要求在年底前完成焦油烟气焚烧治理，否则责令关闭。

1995年,中卫县将“一城、一区、一沟、五厂、二行业”的污染防治计划列入政府计划,并得以顺利实施。石嘴山市及银南、固原、吴忠、中卫等地、市、县,分别下达并完成了一批限期治理项目。西北煤机一厂多年来加强污染防治,成绩显著,1995年被评为全国环境保护先进企业。银川市狠抓冬季烟尘污染防治,先后对不能达标排放烟尘的35个单位下达黄牌警告,并对45个单位下达限期治理,有效地控制了银川市冬季大气污染,使城区大气环境质量有所改善。

是年,向国家呈报“宁夏铁合金厂细微硅尘的治理及回收利用”、“石嘴山市第二碳素厂停产搬迁”及“中卫县造纸厂废水治理”3个项目作为国家级第三批限期治理项目。这3个限期治理项目有地区代表性,又有行业代表性,治理完成后可在全区有示范带动作用。是年,各级环保部门还对各地污染治理运行情况进行检查,银川、石嘴山、银南、固原、青铜峡、平罗、中卫对污染治理设施不按管理规定运行的企业进行了纠正或给予处罚。平罗县火车站地区建有小水泥、小碳素、土炼焦、硅铁合金等高耗能重污染企业20余家,在约2平方公里的范围内集中了10多台硅胶合金冶炼炉。这些企业基本上没有污染治理措施,排放大量工业粉尘和烟尘,使该区域常年烟雾笼罩,粉尘弥漫,成为自治区典型的大气污染重灾区。县政府制定出该小区大气污染防治规划,按照有关环保法律规定,由县政府对县属企业的铁合金细微硅尘下达限期治理任务。

第三节 城市烟尘

1983年1月31日~2月2日,全区环境保护工作会议召开。会议认为在防治大气污染方面,银川市大搞锅炉改造,消烟除尘上已取得一定成绩。提倡推广集中供热,联片取暖已初见成效。对现有污染源的治理也采取了积极措施,改造更新锅炉50台,改造炉窑6座。推行自治区计委、宁夏建工学校2个小区域联片采暖,解决采暖面积3万平方米。

1984年,自治区环保局认真研究解决烟尘污染问题,认为大气污染还在继续发展,银川市(工业居民混合区)、石嘴山市二区大气污染已达较重污染级,而大气污染主要是煤烟型污染。据统计,银川市有锅炉595台,其中应更新改造的锅炉为140台。在银川城区实现一块无黑烟区计划。自治区环保局在银川市召开推广型煤现场会,提高了居民对使用型煤的认识。在局部区域巩固和新建无黑烟区,实行对烟尘排放的控制。

1985年,全区已更新污染严重的淘汰锅炉占应更新锅炉总数的90%,锅炉除尘器安装率达85%以上。全区已实现联片采暖小区50多个。在老污染源的治理上,坚持对污染严重、危害扰民的企业实行关、停、并、转。对不能关、迁的企业督促其积极治理。全区共安排治理项目70多个,治理资金1700万元,有力地促进了污染治理工作。1986年,全区更新改造锅炉86台,更新安装锅炉除尘器40台,安装锅炉消声器96台,实现联片采暖20片,合计33.5万平方米,比1985年增加了2片,面积扩大了9.7万平方米,进一步巩固扩大了银川市无黑烟区的面积。1988年,全区锅炉除尘器安装率95%,在重点城市大力推行联片采暖、集中供热。银川市已实现联片采暖小区12个,采暖面积25万平方米。全区建成烟尘控制区21个,烟尘控制区面积39.74平方公里,改造工业炉窑16台。银川市环境保护办公室1984年~1988年共更新、改造锅炉200余台,改造旧式炉窑20座,更换低效除尘设备装置260台,实现小区联片采暖48户,采暖面积110.4万平方米。

1988年,吴忠市环境保护办公室制定了相应措施,建立吴忠市区金星小区0.24平方公里的无黑烟区和金银滩镇2平方公里的烟尘控制区,限期治理了14个单位的锅炉烟尘。银川市、吴忠市、石嘴山市都分别提出了集中供热方案。大武口区集中供热面积达231.45万平方米,集中供热普及率达85.6%。银川亚麻纺织厂锅炉在1989年黑烟滚滚,成为当地一害,完成限期治理后烟尘达标排放,节约了能源、减少了污染。

1995年,燃料燃烧过程中废气消烟除尘率达86.5%。全区几个主要城市建成烟尘控制区面积约50平方公里。太西洗煤厂、宁夏化工厂、石炭井三矿、西北煤机一厂、西北煤机三厂、马家滩炼油厂、宁夏水泥厂、大河机床厂、银川拖拉机配件厂、银川二毛厂、银川起重机器厂等工业企业先后获全国环境优美工厂或全国环保先进企业称号。银川市、吴忠市、灵武市等积极推进集中供热,扩大了烟尘控制区的面积,提高了城市气化率。

1996年,银川市在城市集中供热、联片采暖、提高城市气化率方面成绩突出,城市大气环境质量有所提高。石嘴山市狠抓焦炉煤气利用和其他一些工业污染防治,在一定程度上遏制了工业城市环境质量急剧恶化的趋势。对群众反映强烈、尚未解决的第二碳素厂污染问题,要求年内停产搬迁,对境内数量众多的土炼焦,必须依据有关规定明令取缔。城市餐饮业油烟异味严重扰民,已成为城市居民反映最强烈的环境污染问题之一,此类污染纠纷曾导致斗殴流血事件,影响了社会安定。自治区环保局制定贯彻落实国家环保局、工商局联合下发的《关于加强饮食、文化、娱乐业环境管理的通告》的实施细则,以有效解决全区餐饮业的污染问题。

第四节　汽车尾气

1988 年,宁夏废气排放总量 587 亿立方米,其中燃料燃烧过程排出的废气 477 亿标立方米,生产工艺过程排放的废气 110 亿标立方米,废气中二氧化硫 14. 97 万吨,烟尘 6. 7 万吨。是年,宁夏大气污染主要是煤烟型污染,其次是工业生产过程排放的工艺废气和交通运输车辆排放的汽车尾气。

1989 年,实行城市环境综合整治定量考核,使城市环境保护工作逐步由定性管理转向定量管理。银川市由国家直接考核,同时确定银川市、石嘴山市、吴忠市等城市由自治区进行环境综合整治定量考核。

2000 年,自治区环保局提出严格控制城市大气污染和机动车船排放污染,改进城市能源结构,推广清洁能源的生产和使用措施,划定大气污染防治重点城市,限期达到大气环境质量指标,采取更加严格的措施控制大气污染。

第三章　噪声污染控制

第一节　工业噪声

20世纪80年代中期，银川市提出加强噪声管理工作，完成50台锅炉鼓风机和引风机的噪声治理任务。其中，区属单位为28台，市属单位21台。锅炉鼓风机和引风机噪声治理完成后，必须经环保部门验收合格后方可运行。

1985年，银川共完成110台锅炉更新和改造，为计划的百分之132.5%，更新安装锅炉除尘器118台，为计划的213.4%，安装110套锅炉消声装置，为计划的183.3%。治理厂矿车间噪音80个噪声点。1999年，为实施2000年工业污染达标排放工作，银川市、石嘴山市开展了城市烟尘、油烟、噪声的专项治理，银川市的城市环境功能区达标排放方案经市政府批准实施。

第二节　生活噪声

1985年，银川市居民反映舞场噪声干扰和影响居民休息和学习，银川市环保部门配合工商部门对音乐性舞场进行了现场测试整顿，并提出噪声标准及要求。

1988年，城市噪声污染已成为群众反映突出的环境问题。据对银川市区域环境噪声监测，银川市除新市区工业集中区外，其他功能区噪声均超过标准，有的住宅区夜间超标率为100%。1997年，严格控制新污染源的产生，加快老污染源的治理步伐。银川市、石嘴山市在高考复习期间昼夜值班查处环境噪声污染。固原地区对歌厅噪声进行监测登记，出动120人次连续检查，对个别不听劝阻的采取了强制措施，使娱乐场所噪声扰民问题基本得到解决。灵武市对131家饮食娱乐服务业采取定期检查和突击抽查相结合的方法进行管理，解决了群众反映强烈的老大难问题。

第三节　交通噪声

1984 年,据银川市监测站测定,交通干线共测了 23000 个数据,其均值为 72 分贝,超过国家标准。银川市有锅炉噪声源 400 多个,测定 280 个超标,其中 78 个超过环境噪声标准。为解决交通噪声污染问题,要求市区公共汽车与各单位车辆喇叭换成低噪声喇叭,手扶拖拉机及工程车限期一年加装消声器。对于违反噪声管理条例的行政、企事业单位,按有关环保法规给予处罚。严格执行《银川市噪声管理暂行条例》,主要测点噪声强度分别降低了 2.9 至 4.7 分贝。石嘴山市石嘴山区平均等效声级为 72 分贝,超过标准 2 分贝,超标点路段占全市总路段的 62%,大武口区平均等效声级为 68 分贝,不超标,但有 8 个点超标。

1988 年在治理噪声方面重点抓银川市的工作,各单位高声喇叭已全部拆除,市内公共汽车和各单位的各种车辆喇叭换成了电喇叭,治理固定噪声 200 个点。银川市城区解放西街、新华东大街、怀远路、朔方路 4 条主要街道控制了噪声交通噪声低于国家标准 50 分贝。

1994 年,银川市、石嘴山市、吴忠市、青铜峡市完成并颁发城市噪声功能区划。

第四章　固体废物污染防治

第一节　工业固体废弃物

1978年~1983年,全区通过计划渠道用于污染治理费用累计达244万元,逐步实施固体废物污染防治。

汞是工业固体废弃物的一种。1980年,银川市开始对原来汞仪表的生产工艺进行彻底改造,全部生产无汞仪表。1986年,大武口电厂固体废渣淹浸农田,污染环境,自治区政府第8次常务会议研究做了处理决定。但由于有关部门推诿未能付诸实施,以致周围单位、群众蒙受损失,大武口电厂再次付出赔偿。

大武口电厂投产以来,一直使用临时渣场,冲渣对周围环境造成较大的污染,使邻近渣场的大武口乡、煤炭基建公司建材厂、宁夏军区碳素厂等单位的生产遭受损失。自治区人民政府要求自治区电力局尽快完成大武口电厂永久渣场子的建设,要求石嘴山市人民政府务必于1986年冬季解决好渣场问题,具体方案由石嘴山市确定。1988年,由于大武口电厂建设中没有完全坚持"三同时",在灰渣场未建成情况下提前投产,电厂排出的灰渣继续污染周围环境。自治区环保局要求抓紧灰渣场的设计、施工,限期年底以前建成投入运行。

1986年~1987年全区固体废弃物污染治理情况

表8-12

区地市	计算单位	全区	银川市	石嘴山市	银南地区	固原地区
竣工项目数量	个	182	43	74	54	11
治理固体废物	个	13	4	6	2	1
治理项目投资	万元	4947	2645	1390.8	702.4	208.8
治理固体废物	万元	1766.9	1549	166.9	50.6	0.4

续表

区地市	计算单位	全区	银川市	石嘴山市	银南地区	固原地区
产生量	万吨	394	61	273	55	5
综合利用率	万吨	101	40	47	13	
处置量	万吨	385	24	35.5	3	3
综合治理率	%	123.4	104.9	30.2	29	60
固体废物产生量	吨/万元	6.39	2.53	14.53	3.2	2.22
安排污染治理项目数量	个	217	53	80	67	17
治理工业固体废物	个	15	4	7	3	1

1989 年，石嘴山市人造革厂氯化稀土项目厂址迁往郊外。银川金属钠厂采纳了环保部门的意见，另选了厂址。

具体情况是，1995 年 8 月以来，在宁夏境内发生利用铁路排空车转运垃圾事件，在一些火车站及企业专用铁路线上发现装运垃圾的车皮 98 辆，总计约 4500 吨。自治区环保局要协调有关部门对已卸下的垃圾做了妥善处理，以减轻对环境的污染。9 月，铁路部门对主要装垃圾的郑州铁路局下属西安分局责任单位给予每车 500 元罚款。要求有关单位领导写出检查，并通报批评。

1999 年全区工业固体废物综合治理情况

表 8－13

指标名称	单位	1998 年实际
工业固体废物综合治理率	%	49.4
“三废”综合利用产值	亿元	1.32
工业固体废物综合利用量	万吨	186
工业固体废物综合利用率	%	40.8
工业固体废物排放量	万吨	31.5
石嘴山市城市垃圾处理工程	续建	垃圾中转站 13 座，垃圾处理厂 2 座
吴忠市城市垃圾处理工程	续建	垃圾中转站 5 座，垃圾处理厂 1 座
青铜峡市城市垃圾处理工程	续建	垃圾处理厂 2 座

第二节　放射性固体废物

污染及治理状况

1987年8月25日,自治区计划委员会批复同意放射性废物库设计规模为贮存容积300立方米,使用年限30年,安全有效期100年,同意放射性废物库建在贺兰山腊塔沟沟口。1988年12月7日,放射性废物库工程竣工验收。1988年,自治区环境保护办公室会同有关部门参与审查建设项目30个。石嘴山市人造革厂位于市区中心,经论证后转产氯化稀土项目。1991年8月,自治区辐射环境管理所对全区放射源、同位素应用单位进行检查,同时对各单位的陆地空气吸收剂量率和表面污染进行监测。检查结果为:全区共有29家应用放射源、同位素的单位;放射源总数为345个、总源强16110.867居里,其中废放射源23个,总源强827.428居里;放射性同位素种类有$^{60}C_O$,$^{137}C_S$等17个。宁夏城市放射性废物库正式启用后两次共收贮宁夏煤炭地质队的废放射源15个、放射性废物5公斤。自治区辐射环境管理所会同自治区药政局对自治区人民医院、宁夏医学院附属医院、固原地区医院的环保设施进行检查验收,核发了放射性药品使用许可证。

1992年9月,对银川市14家应用放射源与同位素的单位进行监督检查和监测,并针对各单位的情况作了具体要求。同年11月,收贮宁夏大学废放射源20个、废物120公斤。12月,自治区辐射环境管理所对吴忠仪表厂伽玛射线探伤室项目的选址和环评表进行了评审。

1994年5月,收贮固原师专的27个废放射源、大武口洗煤厂的2个(总强度为89毫居)废物射源,收贮固原地区医院的放射性废物180公斤、废源1个。

1995年,全区环境保护执法检查团对宁夏有色金属冶炼厂放射性废渣废水污染问题查处,要求加强对全厂职工放射性危害和防护知识的宣传教育,完善规章制度,加强对放射性废渣的管理,废渣库要设专人管理,废渣存放场所要设置明显标志,运输废渣的车辆应密闭完好,严防废渣散落污染环境。对厂内放射性废水处理渣池要做防渗漏处理,自治区放射环境管理所对宁夏有色金属冶炼厂提出了整改意见,对太西洗煤厂等3家企业进行了《伴有辐射环境影响报告表》的补办工作，对5家企业生产的炉渣空心砖进行了放射性物质监测，对905厂放射性废水、废渣处置情况提出了改进意见。

1996年，积极推行辐射环境影响评价制度，组织完成了大坝电厂等3个单位的放射性环境影响评价的补办工作，增强了应用放射源单位的放管意识和放射环境管理力度。自治区放射环境管理所制定在全区消除放射污染隐患的监控程序，提高了放射污染应急响应能力，妥善处理了六盘山水泥厂放射源脱落事故。全年集中收贮放射源14个，总活度348.8毫居。截至1997年共收贮15个企事业单位废放射源88个，总活度约2.82×1010Bq，放射性废物约384公斤。

1998年3月，青铜峡水泥厂丢失一铯－137放射源，自治区环保局下发了《关于加强全区放射源管理的紧急通知》，同时要求该厂继续查找放射源并将长期不用的源收贮到城市放射性废物库中。

1999年先后对9家单位进行了辐射环境影响评价，对全区20多家放射性废物产生单位的执法检查，配合公安部门查处了灵武特种水泥厂丢失3个放射性废弃源的事故，其中2个找回并作了妥善处置。全年抽查20多家利用工业废渣生产小型空心砖的厂家和30多家经销花岗岩石的厂家，对放射性指标合格的颁发了放射性检测合格证和放射性检测报告，收贮了29个放射性废源、100多公斤放射性废物。完成了《联通公司环境影响评价大纲》，启动了电磁辐射环境管理工作。同年11月，自治区辐射环境管理所联合自治区法制局法规监督处对全区20多家放射性废物产生单位进行了一次执法检查。

2000年11月23日，自治区辐射环境管理所受理银川北安小区部分居民投诉，并发文责令宁夏移动通信公司停止北安小区9号楼基站建设，要求其补办辐射环境影响评价手续。

放射性水平调查

1986年9月，国家环保局向自治区环保局下达了“宁夏环境天然放射水平调查”课题。1987年2月，课题组成员分成2个组，对全区布设的204个点开始进行外照射测量及采样工作。同年10月，课题组完成了全区外照射测量任务。中国原子能科学院部分专家对外照射测量进行了现场核查，经验收全部合格。

1988年7月11日～17日，宁夏环境天然放射性水平调查初审会议在山西太原召开。国家环保局辐射处、核工业部华北辐射防护所、全国环境天然放射性水平第二协作组等专家22人参加了会议。会议对宁夏提交的3个分课题报告初稿进行了认真审核,宁夏环境天然放射性水平调查课题的基本数据外检全部合格。同年12月21日,自治区科委和自治区城乡建设厅召开课题技术鉴定会,认为该项调查研究目的明确,总体方案科学合理,摸清了宁夏环境贯穿辐射剂量率水平,建立了宁夏放射性本底样品库,为今后的环境放射性管理、常规环境放射性监测、资源开发、放射性环境质量评价及制定各种管理法规和标准提供了基础资料和科学依据。

1989年,为促进核技术在自治区的广泛应用,加强对放射性废物的管理,自治区辐射环境管理所会同自治区科委对全区放射性污染源进行了初步摸底、建档调查工作,完成了《宁夏人工放射性污染源初步摸底报告》。1991年5月,自治区辐射环境管理所开展放射性水平调查工作,并提交了《宁夏化工所周围地区环境放射性水平调查报告》与《关于宁夏化工研究所对周围环境污染的调查报告》。

放射性环境管理

1990年3月20日,自治区财政厅、自治区物价局、自治区环保局联合制定《宁夏回族自治区放射性废物管理办法实施细则》,对放射性废物的分类、收贮、运输、收费等做了具体规定。这是自治区第一部地方放射性环境管理条例。

1991年7月,自治区环保局下发通知,要求全区各有关单位对使用的放射源(包括废源)进行一次全面清查。自治区辐射环境管理所对放射性废物库的启用制订了操作规程及放射性废物的分类和技术标准。1993年5月全面完成了污染源调查表的汇总工作,基本上摸清了放射性同位素及射线装置在全区的使用情况。

1994年3月完成了全国放射性污染源(宁夏辖区)调查工作。是年宁夏放射性污染源调查工作基本结束,对各类放射源的购置使用、退役、存贮建立了档案。全区放射性同位素应用单位限期补办《放射环境影响报告书(表)》。首次对区内3家利用工业废渣生产建筑墙体材料的单位进行了放射性监测,编写环境影响报告。完成了全区14家企业事业单位的《伴有辐射项目的环境影响报告书(表)》的补办工作。

1995年11月,在自治区部分地区开展了放射性监测。1998年12月,自治区辐射环境管理所完成了《宁夏回族自治区电磁辐射污染源调查报告》。1999年12月10日,《宁夏回族自治区防治辐射污染环境管理办法》经自治区人民政府第36次常务会议通过,并以16号主席令下发,于同年12月28日正式发布施行,填补了自治区辐射环境管理法规的空白,使全区辐射环境管理逐步走上法治化轨道。

第三节 矿山企业固体废物

1978年,石嘴山市投资450万元建设炉渣砖厂和大武口矿务局煤矸石砖厂。1979年,石嘴山市计委、建委、电厂追加炉渣砖厂基建投资,项目系石嘴山电厂三废处理,综合利用的重要工程。1980年,自治区基本建设委员会、自治区财政局联合下发《治理"三废",开展综合利用》文件,要求结合实际,企业进行治理开展综合利用有困难者,由主管部门或环保部门组织检查认定为治理"三废"集中生产单位,其产品享有文件规定的各项经济照顾和奖励。1985年,石炭井矿务局煤矸石山严重自燃,产生固体废弃物污染。

1986年~1987年固体废弃物污染治理情况

表8-14

项目		全年		
		1986年		1987年
企业污染治理资金	合计	324		646
	治理固体废物	49		41
新增处理废渣能力		标立米/时	15000	15000
新增处理废渣量		吨/年	14000	14000

1988年,全区工业废渣产生量386万吨。石炭井矿务局投资150万建设了煤矸石砖厂,这样煤矸石不仅得到利用,同时也基本上控制了自燃,减少了环境污染。平罗县太西镇洗煤矸石堆积如山。自治区人民政府提出粉煤灰的污染治理要按减量化、资源化、无害化的方法解决。1995年,工业固体废物年综合利用率上升到38.8%,"三废"综合利用年产品产值增加到3346.1万

元,实现利润1285.9万元。1995年,自治区环保局对全区乡镇企业重点污染控制的7个行业及28个限期治理项目进行检查,灵武县加强对乡镇企业中砖瓦行业的环境管理,对耗能大、污染重的小土窑(马蹄窑)予以取缔。平兰焦化厂、银川光华活性炭厂被国家环保局评为全国乡镇企业环境保护先进单位。针对2000年所有污染源排放污染物必须达到国家排放标准的要求,自治区环保局筛选并提出了自治区级污染限期治理项目,报自治区政府批准实施。

1996年工业固体废物综合治理情况

表8－15

指标名称	计算单位	1996年实际
工业固体废弃物综合利用率	%	28.6
工业固体废弃物排放量	万吨	9.95
工业固体废弃物产生量	万吨	412.43
工业固体废弃物综合利用量	万吨	117.93

1997年工业固体废物综合治理情况

表8－16

项　目	单位	1997年工业合计
汇总工业企业数	个	221
汇总企业总产值(现价)	亿元	128.7
工业固体废物产生量	万吨	423.1
其中:危险废物	吨	4779
工业固体废物综合利用量	万吨	118.7
综合利用率	%	28.1
工业固体废物处置量	万吨	31.83
工业固体废物贮存量	万吨	268.2
工业固体废物排放量	万吨	4.45
工业固体废物累计贮存量	万吨	2763.8
累计贮存占地面积	万平米	852

1998 年工业固体废物综合治理情况

表 8 – 17

指标名称	计算单位	1998 年实际
工业固体废物排放量	万吨	31.50
工业固体废物综合利用率	%	40.8

第五章　乡镇企业污染防治

第一节　乡镇企业环境管理

污染及治理状况

1978年,全区乡镇企业5005个,1987年发展到6.6万个厂家(点),总产值达8亿多元,是1978年的7倍多。

1987年,自治区环境保护办公室组织力量对全区18个县、43个乡污染严重的70个厂点进行调查,重点查"三同时"执行情况,也查污染源。做到查清一片,清理一片,处理一宗,教育一批,并写出了《宁夏乡镇企业环境污染情况报告》。在调查中,对国务院严禁从事生产的项目进行了重点详尽的调查和逐一登记工作。如固原地区7个县的8个亚麻厂均建在清水河、茹河、红河水库(坝)旁边,"三废"直接排入人畜饮用的水体。引黄灌区有22家小造纸厂属乡镇企业。石嘴山市除煤加工企业,另有土炼焦50家,铁合金20家。全区有电石厂22家、土炼油7家。这些都属严禁的生产项目。

1992年初,盐池采油三场反映大水坑采油井近村土法炼油炉纷纷上马,严重危及到油田的安全生产和农村环境。同年3月24日,自治区环保局派员到现场调查,发现有的正在点炉提炼,有的忙于建炉安装。据实地统计,全县有43座土炼油炉,主要分布于红井子、王家场、摆宴井等处。同时发现在盐池县和定边县的三角地带,就有土炼油炉65处。根据国务院关于《加强乡镇、街道企业环境管理的规定》和《宁夏回族自治区乡镇企业、街道企业环境管理办法》规定,自治区环保局要求发现生产的必须立即关闭,并提请自治区政府责成有关部门迅速采取强制措施,立即取缔土法炼油炉。

政策措施

1988年,自治区环保局要求近年投产的乡镇企业补报环境影响报告书(表),同时下达限期治理污染严重的乡镇企业数,对国家不允许生产的土炼油等污染严重企业进行清查。是年,乡镇企业环境影响报告书(表)及"三同时”执行率达100%，限期治理严重污染企业21个，关、停、并转9个，都超计划完成了任务，使乡镇环境管理纳入计划指标管理的轨道。

1993年，自治区环境保护局、自治区乡镇企业管理局联合发出《关于加强环境保护工作、促进乡镇企业发展的通知》，要求在制定乡镇企业发展战略时，必须从生产结构、规划布局和技术进步等方面作出有利于环境的选择；积极发展低耗、低污染、高技术密集的产业，鼓励乡镇企业提高规模经济效益，逐步按产品技术政策实现产品更新换代；所有建设项目，必须严格执行“三同时”（环保调入与主体工作同时设计、施工、投产）的规定，投产前必须经过环保部门验收发放“三同时”合格证后，方可正式投产，以保证经济建设、城乡建设、环境建设同步发展。

1994年，自治区环保局在乡镇企业污染调查的基础上，进一步提出对小造纸、小化工、小水泥、小炭素、铁合金等乡镇工业污染防治的最低模式化要求，向政府提出在全区禁止土炼焦的正式建议报告，提出一批污染限期治理项目（企业）建议。自治区环保局征集一批对保护和改善区域环境质量有显著作用的污染防治工程和生态工程项目，供“中国绿色行动计划”选用。

第二节 农村与农业环境保护

污染及治理状况

1985年，全区村镇企业492个，其中污染环境的企业有14个。自治区环境保护办公室起草《关于加强村镇工业污染管理的若干规定》，实施依法管理，防止村镇新污染源的发展。

1988年，大武口电厂冲渣废水淹没农田2300亩，赔偿222584元；明水湖农场受损农田800亩，赔偿77416元。固原清河机械厂超标排放氰化物毒死耕牛，自治区环保局对污染事故进行调查处理，并要求积极采取措施进行污染治理。

1989年，乡镇环境保护工作得到加强，但由于乡镇企业较快发展，乡镇企业的环境管理没有及时跟上，“三废”任意排入水体，渗入农田，污染乡镇环境。1990年，盐池县大水坑镇牛毛井村农业环境受石油污染，长庆采油三厂石油集中处理站设在该村，300亩的污水渗漏严重，使牛毛井村农田与草原污染严重,并继续扩大。另外由于石油大会战中占地较多,石油污染致使该村耕地和草原面积减少约1200亩(耕地570亩,草原林地630亩),严重影响当地农民生活。根据"谁污染,谁治理"的规定,自治区环保局认为石油部门有责任治理污染,帮助农民解决现实困难。自治区环保局提出石油大会战时占用的800多亩草原的复垦计划应尽快实施,集中处理站密闭改造工程应尽早上马,以彻底根治污染源。农民要求赔偿69万元由盐池县政府召集有关单位协商解决。

1992年,自治区环保局与银川市环保局、石嘴山市环保局、贺兰县环保局、平罗县环保办等反复调研,发现第三、四、五排水沟排放污水相当部分来自银川新市区有关工厂和沿途企业。石嘴山市环保局对第五排水沟实行总量控制,银川市环保局争取世界银行贷款,多方筹措污染治理资金。1993年,由于第五排水沟流域内乡镇工业的迅速发展和城镇污水排放量增大等原因,排入第五排水沟的污染物总量及浓度随之增加,使第五排水沟水质呈恶化趋势,个别水质超标。为保证第五排水沟水质长期符合农田灌溉水质标准,石嘴山市人民政府发出了《关于下达第一批环境污染限期治理项目的通知》,要求平罗和惠农县政府负责对第五排水沟流域内各排污单位进行总量控制,实行排污许可证制度,使第五排水沟水质达到地面水质Ⅳ类标准。1996年,自治区政协六届四次会议《关于对我区农业生态环境保护的提案》,对农业环境保护工作逐步得到重视和加强起到了推动作用。

农业环境保护

1994年12月15日,《宁夏回族自治区农业环境保护条例》经自治区第七届人大常委会第十次会议审议正式颁布实施。宁夏农业环境保护管理站成立后对全区农业环境保护工作行使监督管理的职能。固原、盐池、中卫县建立了县级农业环保站。宁夏农业环境保护管理站先后完成了宁夏粮食农药污染调查、宁夏引黄区农业土壤及主要粮食作物九种元素环境背景值研究、银川地区蔬菜污染状况评价及防治途径、不同类型生态农业试点(固原陶庄生态农业示范)、宁夏农业环境质量状况及发展趋势和宁夏家畜产品质量(有害物残留)等6项研究课题,其中5项分别获得国家和省部级科技进步二、三、四等奖。宁夏农业环境保护管理站配合农业部、自治区环保局、自治区乡企局和银川市环保局等单位,完成了宁夏乡镇企业污染源调查、宁夏农业土壤农作物环境污染定点监测、银川市 11 个工厂企业污水监测固原农村居住环境调查。在农业环境监测方面，进行全区农业环境质量状况及发展趋势调查、全区农畜产品（有害残留）质量状况调查、全区农业环境污染状况调查，开展全区污水灌区环境质量状况调查。通过调查，基本上掌握了全区的农业环境质量状况，并及时发现处理了多起污染事故。1996 年，对全区乡镇企业污染源进行全面调查，并提出乡镇企业污染防治工作的指导性意见。1997 年，全区乡镇工业污染源调查完成，共对全区 33 个行业、1926 家企业进行调查，调查产值覆盖率达 62.63%，达到了国家提出的摸清乡镇工业企业污染源分布和治理现状要求，调查成果为各级政府环境与发展综合决策的科学依据，为农村环境污染防治打好了基础。

自治区环保局参与了中国科学院牵头的"黄土高原环境规划"工作。经过两年努力，全区已建立 5 个分别代表不同类型地区的生态农业试点，自治区环保局在中卫县西园乡河滩村农业生产态试点，完成《河滩村农业生态规划实施方案意见》，开展了稻田养鱼、畜粪喂鱼、引进牛、猪、鸡新品种、种植青绿饲料等典型试验。

1997 年，各级环保部门开展关停取缔"十五小"企业的监督执法工作，关停取缔 684 家，占应关停取缔企业的 96.7%。为了防止回潮现象，各级环保部门坚持现场巡查，发现问题及时查处。石嘴山市对重新点燃的土炼焦进行集中清理，确保了关停到位。自 1984 年以来，全区共发生农业环境污染事故 40 起，其中会同环保部门调查处理农业污染事故 15 起，挽回农业经济损失 230 多万元。

第九篇 自然生态环境保护

宁夏地处温带内陆地带,在中国自然区划中跨西北干旱区和东部季风区,西南靠近青藏高寒区,处在三大自然区域的结合部位。在中国大地构造单元划分和地层区划中,又分属中朝准地台和昆仑秦岭地槽褶皱区,华北地层区和祁连山地层区,地理环境具有明显过渡性。自治区内水平地带性、垂直地带性、非地带性自然因素和人为活动影响综合交织,构成复杂多性的环境条件,形成草原、森林、荒漠、湿地、农田和城市六类生态系统。每个生态系统又由多种类型组合而成,仅草原生态系统就分为11种类型。在农田生态系统中有旱作农田生态系统和灌溉农田生态系统,基本特征、生态稳定度和生态系统的演化趋势等都有明显区别。垂直方向区分明显,如六盘山自然保护区,自下而上分为低山阳坡干草原、低山草甸草原、低山中山落叶阔叶林带、中山阳坡杂草草甸、亚高山中生杂类草草甸。还有非地带性,半人工和人工的各种生态类型。

在干旱半干旱气候控制下,以草地比重最大,占全区土地面积的47.24%,农田只占25.6%,且大多也是开垦草地而成。在草地中,以旱性覆盖度较低的荒漠草原和干草原为主,分别占到天然草地的55.1%和24.0%。在自然保护区建设上也是基于上述生态结构特点,截至2000年,共计建设自然保护区8个,其中国家级4个。

地理环境复杂性和生态系统的多样性,造就了宁夏生物多样性特征。据《宁夏植物志》载,全区有维管植物、蕨类植物、裸类植物、被子植物1839种,主要分布贺兰山和六盘山,且占到全区植物种类的40%以上,全区药类植物主要有枸杞、甘草、苦豆子等917种。据《宁夏脊椎动物志》记载,全区有脊椎动物415种,占全国3100种(不含海鱼)的13.3%,其中有国家一级保护动物

8 种,二级保护动物 43 种。由于人类活动的影响,全球生物多样性受到严重威胁,宁夏和全国一样,生物多样性保护也面临着严峻的形势。

宁夏地处内陆,雨量稀少,生态承载力十分脆弱,灾害种类多、分布广、频率高、强度大,地质地貌灾害有地震、滑坡、侵蚀、流沙、高氟地下水等;气候水文类有干旱、暴雨、洪水、泥石流、霜冻、寒流、冰雹、沙尘暴、干热风、低温冷害等;生物类有各种作物病害、虫害、鼠害等。南部山区水土流失严重,中部土地荒漠化严重,北部引黄灌区土壤盐渍化严重,导致全区生态系统十分脆弱。中华人民共和国成立后,尤其宁夏回族自治区成立以来,宁夏在水土流失治理、土壤盐渍化治理以及植树造林、土地荒漠化治理方面有突出进展。沙坡头的治沙经验受到联合国环境署的表彰。中共十一届三中全会后到 1999 年实施西部大开发,按照党中央国务院指示精神和部署,宁夏在开展退耕还林还草试点的基础上制定了未来 10 年 20 年的生态建设规划,随着国家环境保护各项方针政策的贯彻落实和规划的实施,宁夏环境污染将逐步得到控制,生态环境将得到恢复和发展。

第一章 自然保护区

第一节 国家级自然保护区

1956年10月召开的全国第七次林业会议,确定在全国设立15处自然保护区,宁夏贺兰山被列其中,从此宁夏开始了自然保护区建设。到2000年全区共建设自然保护区8处,其中国家级4处,自治区级4处。

贺兰山国家级自然保护区

宁夏贺兰山国家级自然保护区通过多年封禁保护已取得明显成效。

西夏时,由于修陵园、建亭台楼阁,贺兰山沿山森林遭到滥肆砍伐。明代修筑长城时森林又遭到破坏。清康熙年间允许民众上山伐木,乾隆年间又规定贺兰山各口门关向山上60里为界,界内为汉民伐木砍柴,界外为蒙民游牧区。因此形成东坡阳面(东侧)无树木,阴面(西侧)为森林的状况。民国时期,一场大火使贺兰山正木关毁林10公里。宁夏省主席马鸿逵曾在贺兰山小滚钟口修建避暑亭阁,并营造山地试验林3万余株,但因缺乏管护,保存甚少。

中华人民共和国成立后,宁夏省政府重视对贺兰山森林资源的保护,建立了贺兰山林管所,颁布了《天然林暂行办法》,宣传护林防火、制止滥砍乱伐、成立群众性护林防火组织,订立护林公约,保护了贺兰山等林区残存的自然林。1988年贺兰山被国家正式列为自然保护区后,贺兰山自然保护区才真正得以保护、建设和发展。

贺兰山自然保护区地跨银川、石嘴山2市6县(区)。位于贺兰山山脉东坡北段和中段,南起银巴公路,西以宁夏、内蒙古行政区界,东至贺兰山脚下,北至石嘴山市麻黄沟。北纬38°19′~39°22′,东经105°49′~106°41′,南北长

150公里,东西宽约10公里~40公里,总面积61000公顷。保护区地处蒙古高原中部南缘,华北黄土高原西北侧,西南临近青藏高原东北部,不仅地跨温带草原与荒漠两大植被区域交接处,而且系腾格里、毛乌素、乌兰布三大沙漠分界线,地形复杂、气候干旱,年降雨量200毫米左右,年蒸发量是年降雨量10倍以上,属典型大陆性气候,具有温带干旱、半干旱山地森林植被景观,是内蒙古、华北、青藏高原动植物成分相互渗透汇集地和风沙干旱森林生态系统的典型代表地带。保护区内动植物资源极其丰富,有野生维管植物690种,分属80科、324属。其中有国家一级保护植物——四合木,国家二级保护植物沙冬青、野大豆等4种,濒危物种小叶朴、西北沼委陵菜、青杨等10余种,贺兰山特有种30余种。以青海云杉为主的天然次生林17227.4公顷,灰榆为主的疏林地7998.74公顷,灌木林3865.2公顷。森林覆盖率13.4%。保护区有脊椎动物179种,其中鸟类115种及5个亚种;兽类51种;爬行类8种;两栖类3种;鱼类2种;分属10目30科。有马麝、大鸨、黑鹳、金雕4种国家一级保护动物;有马鹿、岩羊、蓝马鸡等国家二级动物14种。通过科学保护措施,国家二级保护动物岩羊种群已发展到13000头左右,并以每年10%的速度递增,是世界岩羊分布密度最大的地区之一。

贺兰山还以巍峨高大的山体和绵延的森林,有效地阻挡了腾格里沙漠的东移和西伯利亚寒流的侵袭,在涵养水源、保持水土、防风固沙、调节气候等方面发挥着不可替代的生态功能,也是银川平原的天然屏障。

1982年7月1日,宁夏回族自治区四届人大第四次会议把贺兰山部分划定为自治区(省)级自然保护区,1988年5月9日,国务院批准宁夏贺兰山自然保护区为国家级森林和野生动物类型自然保护区,总面积6.1万公顷。保护区建立后,根据《中华人民共和国自然保护区条例》、《中华人民共和国森林法》、《中华人民共和国野生动物保护法》、《中华人民共和国环境保护法》等法律法规,制定采取了一系列切实可行的规章制度和保护措施,使贺兰山自然保护区建设和管理走上依法治理、建设的轨道。资源保护工作基本做到了日常化、规范化、制度化,未发生一般森林火灾和大的病虫害,森林植被不断增加,野生动植物种群明显增多,多次受到国家林业局和自治区人民政府的肯定。

1951年贺兰山林管所建立后,先后进行了荒山造林试验、沟台地造林试验、育苗试验、种子引种试验。保护区建立后,积极贯彻“以林为主,多种经营”的方针,充分发挥资源优势,积极开展了多种经营,发展养殖业、苗木产业、森林旅游业等经营项目,使保护区具备了一定的自养能力。随着1996年保护区设计任务书(一期建设工程)的完成,使保护区管理能力有较大提高。

保护区实行局、站、点三级管理体制,直属自治区林业局领导。局设办公室、科研宣传教育科、计财科、林政资源保护科和公安分局,下设3个治安室(甘沟、大武口、汝箕沟)。截止2008年底在职人员192人,其中行政管理人员20人,科技人员38人,森警31人,护林员103人,比例分别占10.4%、19.8%、16.19%和53.7%。大学本科9人,大专6人,中专23人,分别占职工总数的4.7%、3.1%和12.0%。高级工程师2人,中级职称6人,初级职称11人,分别占职工总数的1.0%、3.1%和5.7%。通过订立一系列工作制度,层层明确岗位职责、目标,严格考核,形成了一套较为完整、严格的管理体制。多年来在封山育林、逐年扩大封育区面积、实行退耕还林等方面使保护管理措施落到实处。通过在交通要道口设立宣传标牌,开展林地管理、自然保护区管理、环境保护等法规以及相关政策、文件精神的宣传活动,编制专题片和彩色宣传材料等,收到良好的社会效果。

六盘山国家级自然保护区

宁夏六盘山国家级自然保护区荷花沟自然生态景观。

六盘山在古代为原始森林覆盖,且以巨木为多,北宋初大量开采经泾水、渭水、黄河运至中原。西夏时,宋在沿边筑堡寨过百,六盘山森林遭大量砍伐。后又经几代战乱和人为破坏,近代仅剩次生群落。中华人民共和国成立后,设立了关山森林经营站管护山林。1958年自治区成立后,又正式成立了关山森林管理所负责林区管护建设。1980年,六盘山被确定为黄土高原重要水资源涵养林地。1982年自治区人大四届四次会议决定六盘山部分建立自然保护区,面积26667公顷。1988年国务院批准为国家级森林生态型自然保护区。

六盘山自然保护区位于自治区最南端,北纬35°14′~35°41′,东经106°

30′~106°30′,跨泾源、隆德两县,分别与甘肃省平凉、华亭、庄浪接壤。保护区总面积 6.78 万公顷,有林面积 4.97 万公顷,森林覆盖率 73%。保护区有高等植物 113 科 382 属 788 种,主要树种及经济植物有山杨、白桦、红桦、辽东栎、少椴、华山松等 65 种。重要药用植物有党参、贝母、黄芪、窝儿七、五味子、大叶三七等 39 种。花卉观赏植物有玫瑰、单瓣黄刺玫,光果、野罂粟、光叶珍珠梅等 17 种。特有植物六盘山棘豆、四季旱熟禾、紫穗鹅冠草 3 种。脊椎动物 213 种,国家一级保护动物有金钱豹、金雕;二类保护动物有林麝、红腹锦鸡等。昆虫有 17 目 123 科 905 种。

保护区一次性可调蓄降水量 8700 万吨,相当于 1 个 8000 多立方米的水库向周边地区蓄水供水,保证了陕、甘、宁三省(区)沿河 13 县 180 多万人民的生产和生活用水。

六盘山自然保护区管理局、六盘山林业局挂两块牌子一套班子,隶属固原市政府领导。管理体制采用局—保护站—保护点管理。局下设办公室、保护科、科研宣教科、计划财务科、人事科、监察室、森林公安分局林科所,下辖二龙河、王化南、龙潭、孔峡、秋千架、东山坡和尚辅、小羊川、峰台、苏台、西峡 11 个保护站及 93 处保护点。

沙坡头国家级自然保护区

1982 年,中卫县人民政府与中国科学院沙坡头研究站及中卫固沙林场共同协商,建设中卫沙坡头沙漠植物自然保护区。1984 年,自治区人民政府批准建立中卫沙坡头自然保护区管理所,由自治区城乡建设厅领导。1994 年经国务院批准晋升为国家级自然保护区。

保护区位于宁夏西部中卫市境内,腾格里沙漠东南。西起孟家湾,东至高鸟墩,南以美丽渠—北干渠为界,北由铁路孟家湾—沙坡头段向北延伸 600 米~1500 米,沿"三北"防护林二期工程基础向东北延伸至定北墩外围 300 米~500 米,形成一条西南东北走向狭长弧形地带,北纬 37°26′06″~37°37′25″,东经 104°55′42″~105°11′54″。长约 30 公里,宽约 5 公里,总面积 13722 公顷。共有裸子植物 4 科 8 属 14 种,被子植物 75 科 220 属 426 种,占宁夏全区种子植物的 24.30%。其中栽培植物共 176 种,自然分布野生植物 264 种。列入国家保护的植物有裸果木、沙冬青和胡杨。防风固沙植物有 16 种,代表种类有沙枵枣、花棒、柠条、梭梭等;食用植物蕨麻、白刺、朱子蒿等 7 种;优良牧草细叶早熟禾、冰草、沙葱、赖草等18种；药用植物甘草、枸杞、麻黄等22种。有脊椎动物215种，其中鱼类18种，两栖类3种，爬行类5种，鸟类168种，兽类21种。列入国家重点保护野生动物名录的动物种类有23种，占保护区脊椎动物的10.7%，其中一级保护黑鹳、金雕、玉带海雕等5种；二级保护鸢、大鵟、白尾鹞、鹗、红隼等18种。

1999年12月，自治区编办发文，同意中卫沙坡头自然保护管理所更名升格为管理处。多年来，沙坡头保护区通过固沙造林、绿化沙区，在流动沙丘上卓有成效地建立起了以固为主、固阻结合治沙防护体系，有效阻止了沙漠的移动，减轻了风沙危害，保证包兰铁路沙坡头段40多年畅通无阻，实现了人进沙退的伟大壮举，向全世界展示了一个在沙漠地区进行生态工程建设的成功范例。1992年，沙坡头成为中国生态系统研究网络（CERN）站、联合国教科文组织人与生物圈和世界实验室研究点及国际沙漠化治理研究培训中心培训基地。1994年6月，中卫固沙林场荣获联合国环境署全球500佳，受到国家环保局、铁道部和自治区人民政府表彰。

沙坡头自然保护区编制15人，现有12人，其中专业技术人员8名，具有高级技术职称2人，中级职称2人，设管理科、技术科和办公室。针对保护区属国家和自治区重点投资建设的情况，管理处积极协调，与保护区内中卫林场、铁路固沙林场、县鱼种场等共同组成联防体系，分层分区、齐抓共管。同时，每年就自然保护与区域经济协调发展召开由中卫县人大、县政府、县农、林、水、牧、土等16部门参加的协作会议，共同研究解决保护区环境与发展中的矛盾和问题，制定环境执法目标责任制，明确执法岗位、职责，做到责任到人、职责分明，加强日常巡管，现场解决问题。先后完成国家级自然保护区能力建设项目《宁夏中卫沙坡头国家级自然保护区能力建设项目可行性研究报告》（代项目建设书）；国家计委《宁夏中卫沙坡头国家级自然保护区基础建设项目可行性研究报告》（代项目建设书）；自治区《沙坡头自然保护区脊椎动物资源调查》（1986～1987）；《沙坡头自然保护区植物资源调查》（1986～1987）以及沙坡头保护区总体规划等10多项重大项目。保护区加强对外交流，先后参加全国生物多样性保护研讨、中国可持续消耗与生产国际论坛、中国法学会举办的西部生态环境法制建设研讨、国家级自然保护区规划研讨会等多种学术交流，并在中国生物多样性保护信息网和中国天目山网上发布保护区信息。

白芨滩国家级自然保护区

1953 年建立盐灵防沙林场,1958 年改称灵武县国营林场,1970 年改称灵武县白芨滩防沙林场,1997 年自治区人民政府批准建立区(省)级自然保护区,2000 年国务院批复宁夏灵武白芨滩自然保护区晋升为国家级自然保护区。保护区地处毛乌素沙漠边缘,引黄灌区荒漠区域。北纬 307°49′05″～38°20′54″,东经 106°20′22″～106°37′19″,南北长 61 公里,东西宽 21 公里,总面积 81800 公顷。其中,核心区面积 26064 公顷,占保护区总面积的 31.90%;缓冲区面积 23535 公顷,占保护区总面积 28.80%;试验区面积 3220 公顷,占保护区总面积 39.30%。保护区集中分布有干旱沙地、荒漠草原和流动沙丘等,具有独特荒漠地貌景观。

保护区共有维管植物 53 科 170 属 306 种,其中蕨类植物 1 科 1 属 3 种。种子植物 52 种 169 属 303 种,其中裸子植物 3 科 6 属 10 种。被子植物 49 科 163 属 293 种。种子植物占保护区维管植物种类的 99%。其中有国家一级保护植物发菜,二级保护植物沙芦草及国家二级保护植物沙冬青等。各类沙地普遍分布沙生植物,主要有毛条、杨柴、沙米、绵蓬、刺蓬、甘草、沙竹等,丘间低地有芦草、白刺、红柳等耐盐碱植物。共有野生脊椎动物 23 目 47 科 115 种,其中两栖类 1 目 2 科 2 种,爬行类 2 目 3 科 5 种,鸟类 14 目 28 科 83 种,兽类 6 目 14 科 25 种。另查明昆虫 10 目 58 科 217 种。国家重点保护动物 22 种,其中一级保护动物 2 种,二级保护动物 20 种,自治区保护动物 25 种,属于濒危野生动物种国际贸易公约规定的保护动物 23 种。

多年来,保护区在恢复植被、防沙治沙方面取得重大成绩。1958 年受到国务院总理周恩来的签字嘉奖。1978 年获全国科学大会奖,1980 年被评为全国三大柠条采种基地之一。1953 年～1992 年累计造林 8733.3 公顷,平均成活率 80%,累计保存面积 5200 公顷,在干旱区初步营造了一条东起东湾,西至黄灌区边缘,东西长 40 公里,南北宽约 2 公里至 25 公里的人工乔灌混交大型防沙林带。保护区认真贯彻执行《自然保护区条例》,环境保护等法律法规,与中国科学院治沙队、宁夏农林科学院科技人员共同开展了育苗造林、抚育、病虫害防治等多项科学研究工作,成为"三北"地区防沙治沙典型。同海外民间组织合作,开展植被恢复、防沙治沙示范,先后通过外援开展了中日治沙研究项目、中日(宁夏—岛根)友好林项目、黄河中游流域防护林建设项目、中日青少年友谊林项目等,改善了山、沙区生态环境,给当地群众生活工农业生产创造了一个优良环境的同时,为灵武市、宁夏乃至国家间国际合作进行治沙造林、生态环境保护积累了丰富实践经验。2000 年晋升为国家级自然保护区后,国家林业局投入建设资金 1282 万元用于保护区基本建设一期工程项目。

第二节　自治区级自然保护区

罗山自然保护区

明代罗山一带森林遍布,林间山路草覆暗泉,生有南方蔓藤类植物。1950 年,宁夏省人民政府将罗山全部划为封山育林区。1980 年,国务院将罗山列为国家水源涵养林区。1982 年,自治区人民政府将罗山确定为区级天然林自然保护区。2000 年 9 月,自治区人民政府和同心县人民政府把保护范围扩至 33710 公顷,其中核心区 9645 公顷,占保护区总面积的 28.6%;缓冲区 8787 公顷,占保护总面积 26.1%;实验区 15278 公顷,占保护区总面积的 45.3%。

同心罗山自然保护区森林草甸生态景观。

保护区位于宁夏中南部同心县城东北部,距县城 55 公里。北纬 37°11′~37°25′,东经 106°04′~106°24′,南北长 25 公里,东西宽 18 公里,海拔 1560~2625 米。据不完全调查,保护区有高等植物 65 科、170 属、275 种,分别占全区植物科、属、种的 54.6%、28.7%、15.2%。主要植被类型有 3 个植被型组,4 个植被型,5 个植被亚型,8 个群系组,14 个群系,252 个群丛。4 个植被型为森林、灌丛、草甸、草原及草原沙生带。垂直分布明显从下至上分为山麓荒漠草原带、浅山灌木带、油松—山杨林带和云杉林带,野生动物 114 种和 82 个亚种,隶属 22 目、44 科,占全区野生动物种类总数的 29.16%。野生动物种类中鸟类占保护区动物种类的63.16%,哺乳类占28.07%,爬行类占7.02%,两栖类占1.75%。有国家重点保护野生动物22种,占自治区重点保护野生动物的43.1%,其中国家一级保护动物金雕一种,国家二级保护动物角鹈鹕、斑嘴鹈鹕、鸢、苍鹰等21种。

罗山自然保护区主管部门为同心县人民政府,共设东坡和西坡2个专干,12个管护点。保护区制定了《同心县罗山自然保护区管理办法》,向沿山乡、村、社发放宣传材料,广泛开展护林防火教育,建立健全防火组织,制定护林防火公约和制度,配备防火设备,成立专业扑火队与周边社区农民组成义务扑火队,形成专业队伍与义务队伍相结合的防火队伍体系,定期、不定期检查,弥补漏洞、加强防范、消除隐患;设置林政室、治安室,保护资源同时维护保护区治安秩序,阻止偷猎、盗伐等破坏治安行为;组织专干管理对管护点进行指导、检查和监督,提高了管护点工作人员管护效率;实行承包责任制,分山头地块,按保护面积、资源数量、管护难易程度定任务、定奖罚,责任到人;配合、协助县及自治区开展科研活动,主要有:旱地柠条直播综合技术应用、宁夏旱地农田防护林效应研究、黄土高原森林植被演化、罗山水资源论证等。

云雾山自然保护区

始建于1982年,1985年升格为省级自然保护区,总面积4000公顷。保护区位于宁夏固原县境内,地处北纬36°13′~36°19′,东经106°24′~106°28′,居黄土高原中间地带。1983年7月~9月,固原县组织区内外9个单位40多人的考察队,对保护区进行了综合科学考察,绘制出1/25000境界图,完成考察报告17份。植被分为草原和灌丛2个植被型,5个植被亚型,11个群系,42个群丛。计有野生植物51科131属182种。脊椎动物4纲15目34科74属77种,约占宁夏脊椎动物的23.6%,其中有国家一级保护动物3种,国家二级保护动物3种。有昆虫纲昆虫43科116种,蜘蛛纲蜘蛛5科7种。

云雾山自然保护区主管部门为自治区农牧厅,设保护区管理所,下设办公室、科研室、资源保护科和2个管理试验站。

沙湖自然保护区

位于银川平原北部,地处银川、石嘴山2市之间,总面积为4247公顷。1997年被正式批准为自治区级自然保护区。

保护区内的沙山、湿地、湖水、芦苇等和鱼鸟虾蟹等动物及微生物均属保护对象。在开发建设中，始终坚持“保护、开发、利用”的原则，将保护放在第一位，确立了“全面保护景区自然环境，最大限度地恢复和发展生物资源，合理利用自然资源，为人类造福”的宗旨，以实现生态效益、经济效益、社会效益兼顾的长远目标，坚持把保持沙湖自然特色的完整性和鲜明性放在首位。

中宁陆相泥盆系及其生物群保护遗址保护区

位于中宁县境内牛首山南部石峡沟中，其地理坐标为：北纬 37°36′31″～37°41′53″，东经 105°45′57″～105°52′39″，中心点坐标为 37°39′12″，105°49′18″。核心保护范围约 4500 公顷。保护区管理部门为自治区地矿局，未设管理机构。详见《宁夏通志·地理环境卷》

第二章 生物多样性

第一节 物种多样性

植物物种

宁夏自然植被有森林、灌丛、草甸、草原、荒漠、沼泽等基本类型，由于受自然地理环境的差异和地形地势小气候的影响，地带性分异十分明显，植物地理成分复杂，以温带成分为主。在种子植物属中，温带属占全部种子植物属的81.9%，其中北温带属占37.5%。

1981年~1986年，在宁夏农业区划委员会办公室的具体组织下，由宁夏农业勘查设计院、宁夏畜牧局、宁夏农学院等单位组成的宁夏植被、草场资源调查队用6年时间对全区植被、草场资源进行了全面、系统的考察和研究，经宁夏农业勘查设计院高正中、戴法和执笔完成的《宁夏植被》记述，宁夏境内有维管植物1839种，隶属128科609属。其中天然植物1610种，人工栽培植物229种。在维管植物中，有蕨类植物9科16属28种，裸子植物7科11属21种，被子植物112科586属1790种。种子植物119科593属1811种分别占全国种子科的39.5%、属的19.9%、种的7.4%。维管植物中蕨类28种，占全国蕨类植物种的1.08%，裸子植物21种，占全国裸子植物种的10.5%，被子植物1790种，占全国被子植物种的7.16%。

1987年10月，环保部门工作人员对平罗县头道墩林场人工种植的国家重点保护野生植物胡杨幼林进行现场调查。

1990年6月，宁夏农学院马德滋、刘惠兰教授编著出版的《宁夏植物志》

（第一、二卷）收录记载，宁夏境内有维管植物1685种（包括变种）隶属125科633属，其中蕨类植物12科18属31种，裸子植物4科8属16种，被子植物109科607属1638种。

分布在贺兰山口的小叶朴，该树种是宁夏的稀有树种。

分布在石嘴山落石滩的国家重点保护植物——四合木。

宁夏三大天然林区（六盘山、贺兰山、罗山）整个山地仅占宁夏土地面积的6%左右，但有植物近900种，占宁夏全境植物总数的近一半左右，素有自治区天然植物物种资源“宝库”和“基因库”之称，尤其六盘山是自治区物种最丰富的地区。而占宁夏面积18.1%的中、北部半荒漠地区，气候干旱，植物种数不足170种，仅占宁夏全境植物种数不足10%，是宁夏境内物种相对贫乏的地区。全区共有药用植物917种，重要的有枸杞、甘草、苦豆子等。

宁夏国家级重点保护植物

表9－1

级别	科	属	种	学名	分布
国家二级重点保护植物	蒺藜科	四合木属	四合木（油柴）	Tirana Mongolia Maxim	石嘴山落石滩
	胡桃科	胡桃属	胡桃	Juggles regia L.	六盘山红峡
	石竹科	裸果木属	裸果木	Gymnocarpos przewalslii Maxim.	贺兰山麓、中卫下河沿南岸山地
	毛茛科	星叶草属	星叶草	Circaeaster agrestis Maxim	六盘山

国家三级保护植物	豆科	黄芪属	黄芪	Astragalus membranaceus (Fisch.) Bunge	贺兰山、六盘山
	豆科	黄芪属	内蒙黄芪	Astragalus mongolicus Bunge	贺兰山
	豆科	大豆属	野大豆	Glycine soja sieb. et zucc	宁夏黄灌区
	豆科	沙冬青属	沙冬青	Ammopiptanthus Mongolicus(Maxim) Cheng f.	贺兰山、六盘山、须弥山及中卫、同心、盐池、灵武、陶乐莱县
	木犀科	白蜡树属	水曲柳	Fraxinus mandshurica Rupr.	六盘山秋千架
	藜科	梭梭属	梭梭	Haloxylon ammodendron (C. A. Mey) Bunge	中卫沙坡头
	藜科	梭梭属	白梭梭	Haloxylon persicum Bunge ex. Boiss. et Buhse	宁夏中卫(栽培种)
	木犀科	丁香属	羽叶丁香	Syringa pinnatifolia Hemsl	中卫香山、贺兰山
	杨柳科	杨属	胡杨	Populus euphratica Oliv	中卫黄河两岸
	小蘗科	鬼臼属	桃儿七	Sinopodophyllum emodi (Wall. ex Royle) Ying	六盘山西峡、红峡东、东山坡
	蔷薇科	李属	蒙古扁桃	Prunus mongolica (Maxim)	贺兰山、香山

资料来源:1994 年 7 月国务院环境保护委员会公布《国家重点保护植物名录》。

1987 年 7 月,根据国家环境保护局征集第二批《珍稀濒危保护植物名录》的要求,自治区环保局组织区内专家、教授对宁夏境内珍稀濒危植物进行科学论证,一致同意将在宁夏分布的濒危植物豆科黄芪、蔷薇科高山地榆(均分布在贺兰山)和稀有植物麻黄科班子麻黄(贺兰山)、列当科沙苁蓉(盐池县、陶乐县)、列当科盐生肉苁蓉(平罗县、陶乐县)、毛茛科露蕊乌头(海原县南华山)、毛茛科甘青侧金盏花(海原县南华山)及濒危植物豆科直立黄芪(全区普遍分布)等 8 种,建议列入第二批《国家珍稀濒危保护植物名录》。

1999 年 9 月 9 日,国家林业局、农业部发布《国家重点保护野生植物名录》(第一批),宁夏有 3 种植物列入其中:豆科野大豆、本犀科水曲柳、念珠藻科发菜。其中:发菜为国家一级重点保护野生植物,野大豆、水曲柳为国家二级重点保护野生植物。

自治区人民政府正式公布的宁夏地方保护植物11种是:蕨菜、木贼麻黄、短角淫羊藿、盐生肉苁蓉、油松、青杨、毛山楂、西北委陵菜、稠李、毛稠李、文冠果。

动物物种

宁夏自然条件复杂多样,并呈现出过渡性特征,自然地貌为黄土高原,鄂尔多斯台地、洪积、冲积平原及山地等,这些复杂的地形地貌和过渡性的自然环境,为野生动物的栖息创造了有利条件。在全国动物地理区划中,宁夏属蒙新区西部荒漠亚区,东部草原亚区和华北黄土高原亚区,脊椎动物以古北界种类占优势,东洋界种类较少。中华人民共和国成立后,宁夏逐渐开展了脊椎动物系统研究。1958年宁夏地方病防治所对银南及宁夏中部县、市兽类,特别是对啮齿动物进行了调查。1986年,兰州大学生物系刘乃发对中卫沙坡头自然保护区的野生动物进行了调查。1987年和1988年开展了宁夏脊椎动物调查。1995年~2000年,自治区林业部门又组织有关部门、单位的专家、教授对宁夏陆生野生动物资源进行了全面系统的普查与监测工作。

1990年12月,由王香亭主编的《宁夏脊椎动物志》由宁夏人民出版社出版发行。根据对宁夏野生动物资源调查,宁夏共有脊椎动物5纲29目82科247属415种20个亚种。其中鱼纲鱼类31种,占宁夏脊椎动物总数的7.6%;两栖纲6种,占宁夏脊椎动物总数的1.4%;爬行纲19种,占宁夏脊椎动物总数的4.6%;鸟纲285种20个亚种,占宁夏脊椎动物总数的68.8%;哺乳纲74种,占宁夏脊椎动物总数的17.6%。宁夏脊椎动物种数与全国脊椎动物种数比较,除鸟类所占比例超过20%,达到22.6%,哺乳类超过10%,达到14.7%外,其余三纲均不足6%。由此可见,宁夏脊椎动物种数与维管植物一样,种类比较贫乏。

宁夏的野生动物主要分布于贺兰山、六盘山和罗山等山地,大部分为保护动物。据统计,六盘山大约有200种,贺兰山有170多种,罗山有65种,在山区多为鸟类和大型兽类。宁夏中北部山间盆地、缓坡丘陵地和宁夏平原地区,以爬行类、鸟类、鱼类和哺乳类中啮齿目、兔形目为多,宁南黄土丘陵区野生动物的种类和数量均较多。

主要野生动物 有两栖类、爬行类等5类

1. 两栖类:主要有青蛙和花背蟾蜍。

2. 爬行类:主要有鳖、沙蜥、麻蜥、壁虎和蛇类等10余种。鳖分布于黄河干流区,以人工饲养为主;沙蜥、麻蜥多分布于中北部沙地,捕食害虫,又是多种肉食鸟类和兽类的食饵。

3. 哺乳类有30多种,主要由黄羊、麝、马鹿、岩羊、青羊、盘羊、野猪等,石貂、兔狲、艾虎、狗獾数量不多,且多为国家保护动物。

4. 鸟类:可供肉食鸟类有鸭科20种,雉科8种,鸠鸽科1种。有食肉益鸟161种(含亚种),食虫益鸟105种(含亚种)。

5. 鱼类:有9种,主要有鲤鱼、草鱼、鲫鱼、白鲢、花鲢等。

珍贵稀有动物 宁夏分布有国家重点保护野生动物名录中的国家重点保护动物51种。

1990年,自治区人民政府公布宁夏重点保护野生动物名录,其中,一级保护动物8种,分别是黑鹳、中华秋沙鸭、金雕、胡兀鹫、大鸨、小鸨、金钱豹等,大多分布于北部平原湖区,六盘山、贺兰山也有分布;二级保护动物43种,有班嘴鹈鹕、白琵鹭、鸳鸯、大天鹅、小天鹅、鸢、蜂鹰、苍鹰、雀鹰、大鵟、草原鹰、兀鹫、秃鹫、白尾鹞、游隼、猎隼、红脚隼、红隼、蓝马鸡(1983年定为自治区区鸟)、勺鸡、红腹锦鸡、灰鹤、蓑衣鹤、黑浮鸥、雕、纵纹腹小鸮、长耳鸮、短耳鸮、红角鸮、石豹、豺、兔狲、荒漠猫、猞猁、马麝、马鹿、林麝、岩羊、黄羊、盘羊等,大部分分布在六盘山、贺兰山等林区内。

宁夏境内还分布有《中日候鸟保护协定》中所列保护种类42种,《中澳候鸟保护协定》中所列保护种类9种。

有害动物 宁夏的有害动物主要有2目(兔形目和啮齿目)8科36种。全境都有分布,数量有增多趋势。其中长爪沙鼠、阿拉善黄鼠、大仓鼠等,吃、盗大量粮食,损害青苗,啃食草根、草茎,而导致草场衰败,农作物受损。有些鼠类,如沼泽田鼠、甘肃鼢鼠、中华鼢鼠喜食杨、柳、松等树木的韧皮部、根及果实,严重影响了造林成活率和树木的生长发育,六盘山地区甘肃鼢鼠较多,危害极为严重。蒙古兔、达乌里兔喜吃树皮,对幼树危害甚大。

天敌动物 宁夏有天敌动物125种,其中捕食鼠类和兔类的天敌动物有20余种,主要由沙狐、赤狐、狐狸、石貂、荒漠猫、艾虎、苍鹰、雀鹰、猫头鹰、鸢、大鵟、红隼、草原雕、獾类、鸮类。捕食有害昆虫的天敌动物有105种，主要有蟾蜍、林蛙、沙蜥、燕类、黄鹂、山鸦、大山雀、长尾山雀、河乌、点颏、红尾鸲、杜鹃、伯劳等。

宁夏脊椎动物种数占国内比例

表9－2

纲	全区种数	国内种数	比例(%)
鱼	31	719	4.3
两栖	6	284	2.1
爬行	19	343	5.5
鸟	285	1260	22.6
哺乳	74	504	14.7
合计	415	3110	13.3

资料来源：自治区环保局、自治区西部开发办汇编的《宁夏生态功能区划》。

第二节　遗传多样性

遗传多样性或基因多样性是生物多样性重要组成部分，丰富的物种多样性形成了不同类型的生态系统，为宁夏物种多样性的形成奠定了基础。

栽培植物

宁夏粮食作物种类较多，品种多样，1980年全区第二次农作物品种普查结果，种植面积在1亩以上的麦类品种499个，水稻152个，杂粮242个，豆类37个，油料65个。农业专家培育出许多优良品种，仅水稻就有20多个品种，实现了当家品种的6次更新；小麦有10多个品种，实现了5次更新。蔬菜品种也有了较大变化，除了北方蔬菜品种外，许多南方品种也落户宁夏，而且培育出许多适合川区、山区、露地和大棚设施种植的新品种。宁夏瓜果栽培历史悠久，由于大部分地区气候干燥、日照长、昼夜温差大，非常适宜瓜果类植物生长。西瓜品种有近70个，有地方品种，也有外引品种和自育品种，含糖量高，品质好，畅销区内外。宁夏果树资源较多，栽培经验丰富。据统计，宁夏苹果有近百个品种，枣有近10个品种，葡萄有20多个品种。人工培育的枸杞品种宁杞1号，宁杞2号，大面积推广种植。此外，在甘草和发菜人工种植方面开展了研究和开发,并取得成功。甘草种植获得较大面积推广。

家养动物

中国常见的家禽、家畜在宁夏均有分布,经多年引进的大量优质肉鸡、蛋鸡以及猪、牛、羊新品种,丰富了宁夏家养动物遗传基因库。宁夏特有的家养动物有中卫山羊、滩羊、泾源黄牛、固原鸡等,在长期驯化中形成了不同用途品种,如羊形成了板用皮、乳用、绒用、肉用、羔皮等多个品种。宁夏水产养殖发展迅速,不仅引进了大量名优品种,如甲鱼、胡子鲶、蟹、淡水鲳、非洲鲫鱼等,还培育了大量新品种,为宁夏水产品遗传多样性作出了一定贡献。随着农业机械化的发展,大家畜数量减少不可避免,一些土特品种处于濒危状态,在保有基本种畜的同时,家养动物出现产业化发展趋势,如饲养七彩山鸡、鸵鸟等,使家养动物有了新的品种。

野生动物

1960年宁夏开始野生动物养殖,由宁夏农垦集团所属暖泉鹿场(原贺兰山森林所管辖)开始对马鹿、梅花鹿的养殖。此后在银川、石嘴山、吴忠、中卫等地先后建立了马鹿、梅花鹿、野猪等野生动物移地保护饲养场。被保护的野生动物主要有马鹿、梅花鹿、孔雀、鸵鸟、鸸鹋、七彩山鸡、石鸡、狐狸、野鸡、欧洲雁等经济动物。2000年宁夏合木生物技术开发有限公司还从宁夏六盘山、陕西秦岭、浙江等地引进30头野种猪在贺兰县金山林场进行人工饲养,已繁殖600余头。

第三节 生态系统多样性

农田生态系统

宁夏平原灌区　南起沙坡头,北至石嘴山,中间由青铜峡阻隔,南为卫宁灌区,北为银川灌区(青铜峡灌区)。前者海拔1200米~1234米,地面坡降1/1200,宽10公里~15公里,长100公里。砂、砾石沉积层厚度达200米,透水性好。后者为贺兰山与鄂尔多斯台地间断陷盆地,由黄河冲积物充填组成,海拔1090米~1200米,地面坡降1/2000~1/4000~1/8000,长165公里,东西宽40公里~50公里,由西向东分为贺兰山麓洪积倾斜平原、黄河冲积湖平原与黄河沿岸滩地三大部分平原,总面积7450平方公里(1250.88万亩),

约占全区总面积14.4%。

20世纪80年代中期,春小麦在全灌区农作物总面积中为38%～45%,是农作物中的主体;水稻在卫宁及银南灌区种植面积为30%～32%;经济作物以油料、甜菜为主,占总播种面积的14.8%,夏秋杂粮因糜、谷产量不高,已逐步被套作玉米取代。2000年,小麦、水稻、玉米三大作物面积分别达到438.7万亩、115.05万亩、196.65万亩,经济作物200万亩。

20世纪80年代中期,羊只在种畜占有较大比重(含卫宁、灵武山区),大牲畜占畜群总数14.03%,其中役畜77.6%,乳牛3.04%。猪是农区牧业的主体,银南灌区最多,占灌区猪总头数的38.84%,到2000年大家畜存栏数分别达到92.1万头,其中牛60.5万头、羊394.3万只、猪132.9万只,分别比1990年增加17.8万头、32.6万头、76.7万只和68.9万只。

南部山区旱作区　宁夏南部半干旱黄土丘陵地区,包括固原中北部、彭阳全部、西吉和隆德中西部、海原中北部、同心中南部以及盐池县南部一带,土地面积16734平方公里。生态环境以水土流失严重、系统功能衰退为主要标志,是黄土高原138个水土流失重点治理地区之一。

植物种类丰富,属天然植被型干草原,经营粗放、低产,可利用面积864万亩,分为3个类型:一是山地干草原,分布西华山、炭山、云雾山、石岘子山等中低山;二是黄土丘陵干草场,分布麻黄山、马家大山、双井子山、罗山、瓜瓜山等山顶坡地及梁峁顶部;三是河川、山间盆地干草原及盐渍化草甸草场,分布于清水河、茹河干支流及海原甘盐池,同心豫旺山间盆地。干草原由旱生多年生草本植物为主体的植物群落组成,混杂一定数量的旱和中旱生植物,以小禾草占优势,并有旱生蒿类小半灌木伴生,主要群种有无芒草、短花针茅、星毛萎陵菜、糙隐子草、冷蒿、百里香、茭蒿等植物。因过度放牧,98%的草原植被退化,以艾蒿、铁杆蒿、冷蒿、百里香、星毛萎陵菜、阿尔泰狗娃花占优势,覆盖率30%～50%,干草原亩产少,利用鲜草156.59斤,载畜能力11.8亩/羊单位。许多草原植被覆盖度极差,不能对土壤起到保护作用。据人工封育试验,干草原亩产鲜草可达250公斤～500公斤,覆盖率可达75%以上;半人工改良草地亩产鲜草可达500公斤～1000公斤;人工种植苜蓿、沙打旺、红豆草等豆科牧草,亩产鲜草可达1250公斤～1500公斤。

旱作农业区为栽培植被,长期以来形成耐寒、耐瘠、抗逆性强的农作物品种,主要有春小麦、糜、谷、三豆(豌豆、扁豆、蚕豆)和油菜。20 世纪 90 年代马铃薯种植迅速扩大,2000 年全区马铃薯种植面积 179.24 万亩,亩产 118 公斤,总产 21.2 万吨。20 世纪 80 年代中期,牛、羊存栏数分别为 232377 头,3097010 只,2000 年发展到 604970 头、3942747 只。

森林生态系统

贺兰山 依据海拔高度分为以下类型:

1. 山地草原带。分布于海拔 1400 米~1500 米(阴坡)和海拔 1650 米(阳坡)一条狭窄地带。植物种类贫乏、草群低矮、覆盖度低、外貌灰绿。优势植物有短花针茅、灌木亚菊、松叶猪毛菜、狭叶锦鸡儿等。因靠近居民点,受到放牧、樵采等人为活动的严重破坏;草原呈强烈退化现象。生态稳定性较低。

2. 山地疏林草原带。分布于阴坡海拔 1500 米~1900 米,地带较为宽广,局地可延至山麓,具众多群落类型。主要是灰榆疏林草原,空间范围较大,显示出特殊外貌景观,由于所处大部地区干燥,土壤贫瘠,植物种类少、覆盖率低,易受人为干扰破坏。生态系统脆弱。

3. 针叶林带。分布于海拔 1900 米~3100 米范围,是贺兰山森林植被主体,分布广、面积大,植物组成丰富多彩,具四季常青和分化明显的垂直结构。主要有:油松林带,油松、青海云杉带,杜松、灰榆林带,杜松林带,山杨林带,青海云杉、山杨林带,油松、山杨林带。

4. 高山灌丛草甸带。分布于海拔 3100 米~3556 米主峰,位于山地森林上限以上的高山林带。气候寒冷、风大、太阳辐射强。土壤为山地草甸土,有机质含量高、冻结期长。植物大都具耐寒、避强风、生长期短,植株低矮、分枝繁茂、多为垫状、匍匐状或莲座丛状,基本保持原始状态。

因为是宁夏最早设立的国家级自然保护区,受到较长时间重视和保护,植被有所恢复,动物种群如岩羊等数量增加。

六盘山 森林垂直带为:

1. 低山草甸草原带。海拔 1700 米~2300 米。由白桦、山杨、红桦、辽东栎、椴树、槭树等落叶阔叶林组成的群落,由低温旱生多年生草本植物组成的植物群落,多在阴坡、半阴坡,且与阔叶混交林呈复合分布,群落高度 30 厘米~50 厘米,覆盖度 70%~80%,最大可达 90%。

2. 阔叶混交林带。海拔1700米~2300米,是六盘山森林植被的主要类型,分布山地阴坡、半阴半阳坡,多为中、幼龄林。

3. 针阔混交林带。海拔2200米~2500米,由天然华山林、人工落叶松、零星天然油松与辽东栎、白桦、椴、棘皮桦、红桦等针阔混交群落。分布山地阴坡、半阴坡,少见于阳坡、半阳坡。

4. 阔叶矮林带。海拔2300米~2600米,有小叶柳、中华柳、棘皮桦等低矮次生林群落,分布阴坡、半阳坡等高海拔林缘上部。

5. 高山草甸带。海拔2600米~2942米,由多年生草本植物短柄草、紫穗鹅冠草等为主组成的植物群落,为中度湿润条件下形成发展起来,生长十分旺盛,草层高度10厘米~20厘米。覆盖度50%~90%。

六盘山林区民国时期遭严重破坏,尤其苏台林区多次历经"剃光头"、烧木炭等浩劫,森林火灾频繁。中华人民共和国成立后,由于加强封山育林和人工造林,森林资源逐步得到恢复。中共十一届三中全会后,随着防护林工程的开展,自然保护区的建立,六盘山森林生态系统得到较好的发展。

罗山　海拔1900米~2100米的阴坡及1900米~2400米的阳坡为低山干草原带。海拔2100米~2200米,阴坡为低中山阴坡中生灌丛带,建群植物有虎榛子、紫丁香、小叶忍冬、灰栒子等。海拔2200米~2600米的阴坡为中山阴坡针叶林带,群落由油松和青海云杉组成。2400米以上的阳坡为中山阳坡杂草草甸带。

罗山林区虽面积较小,但破坏严重,林地面积1964年比1950年的7.54万亩少3.4万亩。"四五"时期仅为3.68万亩,经保护建设林地面积"六五"时期增加到3.71万亩。活立木蓄积量由1964年的9.2万立方米增加到2000年的22.3万立方米。

草原生态系统

据自治区有关部门1980年~1982年草场资源调查,全区天然草原面积4521万亩(毛面积),占全区土地总面积的58.2%。其中,可利用面积3938.3万亩,可利用褶皱面积4045.1万亩。平均亩产可利用鲜草66.1亿公斤,总产量26.25亿公斤,折干草约12亿公斤。草场分为11个类型,其中面积较大地为荒漠草原和干草原2个类型。荒漠草原还是著名裘皮羊品种——滩羊和中卫山羊的牧场。据不完全统计,全区天然草场植物种类有128种612属1788

种。其中饲用植物 1290 种,在饲用植物中主要有禾本科 149 种、菊科 152 种。豆科 112 种,藜科 62 种,其他 815 种。有动物 51 科 149 种(含亚种),其中两栖爬行类 5 科 10 种,鸟类 30 科 83 种,哺乳类 16 科 56 种,有国家一级保护鸟类 2 种,二级 16 种。国家二级保护兽类 3 种,有昆虫 140 科 436 种,其中害虫 109 科 376 种,益虫 34 科 60 种。

荒漠生态系统

全区荒漠土地面积 126 万公顷,占全区土地总面积 24.3%。其中:毛乌素沙地面积 84.6 万公顷,腾格里沙漠 12.4 万公顷,宁夏中北部 16.3 万公顷。在荒漠化土地总构成中,流动沙丘 20.1 万公顷,占 16.5%;半固定沙丘 23.4 万公顷,占 18.6%;固定沙丘 53.2 万公顷,占 42.8%;戈壁 20.8 万公顷,占 16.6%;闯田 5.5 万公顷,占 4.4%;重盐碱地 2.1 万公顷,占 1.6%。生物工程治沙 121 公顷,盐漠化 335 公顷。此外还有沙漠与湿地融为一体的独特生态景观。

植被类型有灌丛植被、草原植被、草原带沙生植被、荒漠植被和草甸植被。主要植物有沙生灌木、半灌木、小半灌木。在腾格里沙漠边缘的沙坡头区域内有脊椎动物 66 科 184 种,属国家一类保护动物 3 种,二类保护动物 16 种。贺兰山岩鹑还填补了国家标本空白。在毛乌素沙地哈巴湖区域有 51 科 149 种野生动物,国家保护一类鸟类 2 种,二类保护鸟类 16 种,二类保护哺乳动物 3 种。

湿地生态系统

全区共有湿地面积 25.6 万公顷,占全区总面积 4.9%,大小湿地共 413 处,分为河流、湖泊两大类、8 种类型、31 个湿地分类单元。

黄河自西南向东北流经宁夏中北部,形成了卫宁、银川两大平原。在不断开垦、耕作、灌溉等因素影响下,形成大小不一的湖泊、沼泽,历史上有名的七十二连湖、西湖、沙湖、明水湖、陈家湖、鹤泉湖等大型湖泊都在其中。由于黄河河床的摆动形成一定面积的河滩、水漫地,青铜峡水利枢纽建成后形成 8 万亩的库区,以及大小不等、季节性和长年性河溪,局部在自然和人工作用下形成的较大面积水塘和水库等,共同构成了宁夏整个湿地生态系统。对全区的防洪、蓄水、发电、旅游、渔业、灌溉及生存环境都起着重要的、不可替代的作用。

全区湿地共有维管植物202种、119属、52科，浮游植物8门、29科、67属。野生动物共有20目、40科、201种和亚种，其中鸟类119种，占宁夏鸟类总数（286种）的41.6%。青铜峡库区自然保护区和沙湖自然保护区是自治区重点湿地自然保护区，有面积分别为5500公顷和424公顷的湖泊、沼泽和水库。每年候鸟迁徙时在两地栖息的鸟类均在10万只以上。有鱼类3目5科37种，两栖类3目4科7种，爬行类2目8科20种，兽类4目6科18种，以及各种昆虫等。有国家一类保护动物黑鹤、中华秋沙鸭、大鸨、小鸨4种，国家二级保护动物大鲵、角鸊鷉、斑嘴鹈鹕、白琵鹭、白额雁、大天鹅、灰鹤、兔狲等15种，自治区保护动物28种。

1986年、1999年份宁夏湿地资源变化统计表

表9－3

指　标	1986年	1999年
湿地总面积（万公顷）	8.05	12.19
天然湿地总面积（万公顷）	2.69	3.17
天然湿地占土地总面积（%）	0.5	0.6
其中湖泊个数（1公顷以上）	25	24
湖泊面积（公顷）	10204	10026.3
滩涂总面积（公顷）	16724	21747.9
滩涂占土地总面积（%）	0.3	0.4
人工湿地面积（万公顷）	5.37	9.02
人工湿地占土地总面积（%）	1.0	1.7
人工湿地围垦面积（公顷）	2039	3696.6

城市生态环境

城市生态系统包括社会、经济、自然3个生态亚系统和衍生出的城郊共生系统。宁夏长期以来形成以首府银川市为核心、银北石嘴山市、银南吴忠市、宁南山区固原地区为区域中心及其城郊共生的社会、经济、自然生态系统。

城市生态系统是人类生存活动与自然生态环境共同作用的结果，生物多样性明显不同于其他生态系统。一是由于城市是人类社会经济、政治、文化交流中心，也是人口密度大、人类活动频繁的场所，随着人们环境意识的增强，家养观赏植物越来越普通，特别是改革开放以后，随着人们生活水平的提高，许多热带珍稀植物也涌入市民家庭，如郁金香、发财树、非洲菊等。二是在城市建设中除了栽植大量适宜本地区生长的杨、柳、国槐等树种外还引进了一定数量的外来树种、草种，大大充实了城市绿化植物种类和多样性。三是由于城市化进程引起的环境变化，如环境污染、野生动物生态系统的改变等，导致原有动植物种类发生根本性变化，野生动物如狼、鸟类如乌鸦等几乎绝迹，而一些伴随着人们生活的种类成为优势种，如麻雀、家鼠等，家养的各种宠物猫、狗，各种观赏鸟、鱼等。城市中的主要昆虫有蚊子、苍蝇、蚂蚁等。

第四节 生物多样性保护

中华人民共和国成立后，尤其自治区成立后，开展了生物多样性系统研究。1958 年，宁夏地方病防治所对银南及宁夏中部地区兽类，特别是啮齿动物进行了调查；1959 年，中国科学院动物研究所鱼类组在《黄河渔业生物学基础初步调查报告》一文中，记载了宁夏有鱼类 15 种；1962 年，兰州大学王香亭和宁夏水产试验场贺汝良发表了《宁夏渔业调查》，记载宁夏有 17 种鱼类，此后王香亭每年都带领学生在宁夏进行动物调查，并于 1974 年发表了《银川平原两栖类及其益害评价》；1977 年，《宁夏地区脊椎动物调查报告》记述了 245 种（包括亚科）脊椎动物。

1963 年～1979 年陕西师范大学生物系王庭正和方荣盛在陕北进行脊椎动物调查后，整理发表了《陕北及宁夏东部鸟类调查》，《陕西及宁夏东部兽类调查报告》；1981 年，西北高原生物研究所对六盘山地区脊椎动物进行考察，在《六盘山地区鸟类》一文中，增加了一些新记录；同年 8 月，自治区自然保护区区划专家组组织宁夏林业勘察设计队、宁夏农学院、宁夏环保所、林业部西北调查规划设计大队的专业人员共同对罗山进行了宁夏最早的自然保护区科学考察。

1983 年，宋世良在《渭河上游鱼类区系研究》一文中涉及渭河在宁夏境内主要支流葫芦河鱼类有 6 种。1983 年～1985 年，在自治区农业区划委员会的协调下，由自治区林业厅、自治区农业区划委员会共同组织并主持了对贺兰山、六盘山和云雾山的综合科学考察，参加考察的有自治区地矿局、自治区农科院、宁夏农学院、西北大学地理系及生物系、兰州大学生物系、东北林学院野生动物系等 20 多个部门、单位的 370 多位专家、教授、专业技术人员，分森林、植物、植被、野生动物、地质地貌、水文、土壤、森林历史、森林病虫、野菜野果、环境背景值、社会经济、气象等 10 几个学科进行综合考察，各专业都编写了专业考察报告，并先后通过了专家鉴定。

1983 年～1986 年，为加强对草原生态和甘草资源的积极保护和合理开发利用，由自治区环保局、宁夏农学院共同对宁夏甘草进行研究，得到了国家环保局、自治区科委的大力支持，并于 1988 年出版了《宁夏甘草资源研究》一书。

1984 年，宁夏农学院徐虹对贺兰山东麓金山草原鼠类进行了调查；1985 年，东北林学院在《贺兰山脊椎动物考察报告》中仅鸟类就收录 21 种新记录。

1986 年，兰州大学生物系刘乃发在《宁夏沙坡头夏季鼠类密度及危害调查》一文中，记载了 10 种鼠类，张迎梅于同期在《中卫沙坡头自然保护区鸟类区系与沙漠治理研究》一文中，收录了 102 种鸟类，其中宁夏新记录 13 种，并首次采得了国内唯一的贺兰山岩鹡标本。1986 年～1987 年，在自治区林业厅主持下，由兰州大学生物系、甘肃省科学院生物研究所、陕西省动物研究所、宁夏地方病研究所、宁夏农学院生物系、宁夏水产研究所、银川市园林局、银川市动物园等单位共同协作下，在区内外许多名专家、教授级科技人员的积极努力下，完成了《宁夏脊椎动物志》，本书共收录了宁夏境内分布的 5 纲 29 目 82 科 247 属 415 种野生脊椎动物，其中包括 1 个新种，58 个宁夏记录空白。1986 年～1988 年，在自治区城乡建设厅自治区环保局的支持下，中卫沙坡头自然保护区管理所牵头，自治区农业勘查设计院、兰州大学生物系、宁夏农学院园林系、自治区自然保护区办公室等单位共同参加，对中卫沙坡头自然保护区的森林、植物、动物、昆虫、土壤、社会经济等专业进行了综合科学考察，并于 1999 年在自治区科委的支持下，对中卫沙坡头自然保护区生物资源的消长变化情况进行了进一步研究。

1988 年，宁夏农学院马德滋，刘慧兰对经多年采集的植物标本加以整理、分类、鉴定，编写成《宁夏植物志》由宁夏人民出版社出版，全书共分两卷，书中收录了维管束植物 125 科 633 属 1685 种（变种、变型）；同年 8 月，在宁夏农业区划委员会办公室的组织下，由宁夏农业勘查设计院、宁夏畜牧局、宁夏农学院共同参加的宁夏植被、草场资源调查，由高正中、戴法和编写的《宁夏植被》印刷出版,书中记录宁夏有维管植物128科609属1839种。1995年~2000年在自治区林业厅的主持下,由宁夏林勘院、宁夏农学院、银川市中山公园等单位和各市、县(区)林业部门参加开展了“宁夏陆生野生动物资源调查与研究”,本次调查,全区共有陆生野生动物384种,其中兽类74种,鸟类285种,爬行类19种,两栖类6种。

1996年~1997年,自治区林业厅根据林业部的部署和要求,开展了自治区湿地资源普查工作。以宁夏林业勘查设计院为主组成宁夏湿地资源调查大队,聘请专家指导,于1997年底完成野外调查和数据整理工作,并编写完成《宁夏湿地资源调查报告》,宁夏湿地共分为2大类8种类型,宁夏湿地总面积为255743公顷。

2000年,根据国家环保总局《关于开展西部地区生态环境现状调查的通知》要求,自治区成立了以自治区主席助理张来武为组长、自治区环保局局长邸国卫为副组长的宁夏生态环境现状调查工作领导小组,各县(市)成立了相应的领导机构,首次对宁夏生态环境现状进行了全面、系统调查,调查采用了3S技术,调查数据在得到自治区有关部门的确认后,由自治区环保研究所完成《宁夏生态环境现状调查报告》并附图14幅,并通过宁夏生态环境现状调查工作领导小组审定。

野生动物保护

1962年5月,自治区人民委员会转发林业部“九项规定”,开始制止国营林场的狩猎行为。同年9月,自治区农业厅发出《关于缩短猎期和禁用步枪狩猎的紧急通知》。11月,自治区人民委员会发出《关于积极保护和合理利用野生动物资源的指示》。

1967年1月,自治区农业厅、供销社、外贸局发出《关于今冬明春狩猎生产工作的补充规定》。1970年12月,自治区农业局、商业局革命领导小组联合发出关于贯彻农林、商业、外贸部《关于开展今冬明春狩猎生产意见》的通知。1972年1月,自治区革命委员会生产指挥部批转自治区商业局、农业局《关于发展我区狩猎事业意见的报告》。1975年11月,自治区农林局商业局联合转发对外贸易部、全国供销合作社、农林部《关于开展冬季狩猎的联合通知》。1982年3月,自治区人民政府批转林业局、科委、环保局、外贸局、财政局、城建局、团委《关于贯彻中日候鸟协定开展鸟类保护的报告》,确定每年4

月1日～7日为自治区的“爱鸟周”。1983年2月，自治区人民政府颁布《关于保护鸟类资源的布告》。

1988年12月10日，国务院批准《国家重点保护野生动物名录》，确定宁夏境内分布的一级保护动物有8种，二级保护动物有43种。

1989年8月，自治区人大常委通过《宁夏回族自治区实施(渔业法)办法》。1990年9月1日，自治区第六届人民代表大会常务委员会第14次会议通过《宁夏回族自治区野生动物保护实施办法》，自1990年11月1日起施行。1990年10月12日，自治区人民政府公布《宁夏回族自治区重点保护动物名录》，六盘齿突蟾、风头鸊鷉、贺兰山鼠兔等51种野生动物确定为自治区重点保护野生动物。1991年2月，自治区人民政府发出《关于加强野生动物管理工作的通知》。

野生植物保护

在植物保护方面，全区86%的高等植物，特别是国家重点保护植物和珍稀植物的大多数都在代表各类生态系统的自然保护区得到保护。2000年贺兰山国家级自然保护区扩界时，还将国家二级特有保护植物四合木划归保护区，划为核心区并修建保护站，配套专门管护。草原化荒漠特有植物沙冬青也得到重视和保护。

分布在宁夏大部分荒漠半荒漠草原的国家珍稀植物——沙冬青。

自然保护区建立

1980年10月，在宁夏农业区划委员会办公室的组织协调支持下，以自治区林业局为主，由自治区农业区划委员会办公室、自治区环保局、自治区农垦局、自治区畜牧局等部门参加，设立了宁夏自然保护区区划专业组，对全区不同地貌类型进行了区划。1985年经自治区畜牧局、自治区环保局对全区草地类自然保护区的调查区划补充，按照自然保护区区划原则，全区共区划了不同类型、不同级别的自然保护区（禁猎区、点）39处。截至2000年底，全区共建立各类型自然保护区8个，面积20.48万公顷，占全区国土面积的3.95%。

2000 年，根据国家环保局、国家计委编制的《中国自然保护区发展规划纲要(1996 年 ~2000 年)》要求，由自治区环保局、自治区计委共同主持，自治区林业局、农业厅、水利厅、地矿厅、畜牧局等部门共同参加，在各部门规划的基础上，自治区环保局、自治区计委共同编制完成《宁夏自然保护区发展规划(1998 年 ~2010 年)》，经自治区人民政府批准执行，共规划新建各种类型不同级别的自然保护区 31 个，面积 37. 9 万公顷。

迁(移)地保护

在植物迁(异)地保护方面，自 1984 年开始，先后建立了盐池沙地旱生灌木园、银川植物园、六盘山植物园、石嘴山热带植物园和贺兰山国家森林公园，六盘山国家森林公园、火石寨国家森林公园、盐池花马池寺国家森林公园，以及石嘴山森林公园、银川森林公园、银川生态示范园和固原古雁岭等，对国家重点保护植物、珍稀濒危植物和乡土植物的保护起到了重要的作用。其中盐池沙地旱生灌木园以保护和保存沙生、旱生、耐盐碱的乡土灌木种质资源为主要任务，引进北沙柳、花棒、洋柴、柠条、毛条等旱生灌木 130 种，乔木 20 种，果树 26 种，针叶树 16 种，旱生、强旱生草本植物和小灌木 100 余种，使之成为优良沙生、旱生灌木的引种繁育基地。固原古雁岭生态示范园，引进山桃、山杏、柠条、沙棘等树种近 40 种，已基本形成了针阔混交、乔灌结合的稳定群落。此外六盘山国家级自然保护区，已繁殖成功了国家重点保护植物桃儿七，用扦插方法繁殖成功了南川绣线菊、三裂叶绣线菊和黄花楤木、中华绣线梅、山梅花等树种，并开展了大量的育苗工作；水曲柳亦大量育苗用于山地造林。宁夏林业学校用种子和嫩枝扦插方法已繁殖出万余株灰叶铁线莲苗。宁夏林科所已将野生互叶醉鱼草家化，并用于城镇与公路美化。此外，石嘴山区绿化队已将国家石嘴山发电有限公司灰场的千余株四合木整株移栽到绿化队的苗圃地，4 年来其保存率在 85% 以上，生长状况比原生地旺盛。沙坡头国家级自然保护区将西气东输管道经过的地区的国家重点保护植物裸果木整株进行移栽，也已成活。贺兰山国家级自然保护区已将野大豆、黄芪、灰榆等植物进行了大量的繁殖。

在野生动物就地迁(移)地保护方面，在各自然保护区的分类野生动物都得到较好保护，尤其如红腹锦鸡、白腹锦鸡、蓝马鸡、非洲鸵鸟、鸸苗等，多种珍贵濒危野生动物得到很好的保护。达到繁殖的珍贵动物有：黑鹳、大天鹅、蓑羽鹤、蓝马鸡、红腹锦鸡、蓝孔雀、牦牛、非洲狮、矮马、环颈雉、猕猴、岩羊、盘羊、黇鹿等。

此外，作为宁夏唯一省级园林单位——银川中山公园，在生物多样性保护方面做出了突出贡献。始建于1929年的中山公园，有农业试验改进功能，虽然也引进种植一些花卉、林木，以及野生动物饲养，但由于建园目标不明，以生产小麦、水稻、棉花、烟叶、花生、甜菜、西红柿、大白菜等为主，加之经费拮据，仅有的少量本地动物还遭到宰吃或占为己有。

中华人民共和国成立后，中山公园被正式列为国家事业单位，制定了坚持以绿化为主，做好经常性园艺养护工作，绿化与建筑面积保持合理比例的建园方针，明确了加强树木、花卉、地表植物养护，搞好动物展出和饲养以及"绿化第一，游客至上"的建园原则，先后成功引进绿化树木银杏、合欢、桃、李、杏、槭、梓、云杉、油松、桧柏、丁香370余种及野牛草、剪股颖、黑麦草、紫羊毛、硬羊毛等草皮。温室培育的花卉扶桑、橡皮树、榕树、无花果、炮红、月季、梅花等150多种，露地花卉大丽花、牡丹等38种。

1949年以前中山公园兴盛时有金钱豹、狗熊、梅花鹿、猴子、鹰、野鸡等野生动物30多种。中华人民共和国成立时，仅剩金钱豹、狗熊各一只，锦鸡一对。中华人民共和国成立后，特别是1958年自治区成立后，引进、饲养并展出了包括狮、虎、豹、蟒等大型动物，到1984年展出达97种929只。20世纪90年代初，野生动物的种数为75种、603只，其中兽类25种、69只，禽类50种、526只。银川中山公园还先后繁育成功公母小狮一对，繁育孔雀数十只，繁育小熊猫5只，成功饲养成活六盘山捕捉的小母金钱豹二只。配合自治区"爱鸟周"，建立鸟类为主的标本室，内藏标本100余本，300余件。被西北五省区动物园联组树为西北野生动物保护先进集体。

1994年~2000年银川中山公园动物园历年野生动物变化情况表

表9-4

年份	动物品种		兽类		禽类	
	种数	只数	种数	只数	种数	只数
1994年	69	885	27	126	42	759
1995年	68	586	25	126	43	460

续表

年份	动物品种		兽类		禽类	
	种数	只数	种数	只数	种数	只数
1996 年	71	706	28	132	43	574
1997 年	70	596	31	136	39	460
1998 年	69	582	30	124	39	458
1999 年	70	568	28	118	42	450
2000 年	71	616	26	110	45	506

资料来源:银川市中山公园管理处。

第五节　“天牛”入侵与防治

杨树害虫光肩星天牛和黄斑星天牛是宁夏林业主要害虫,也是中国杨树栽植地区两大毁灭性害虫。黄斑星天牛 1963 年由甘肃庄汶县传入宁夏隆德县,光肩星天牛 1974 年由宁夏大武口“九〇五”厂从华北调运木材传入石嘴山市,20 世纪 70 年代仅在上述两地危害。1987 年“两牛”已扩散至全区 17 个县、市(区),成灾面积 1.33 万公顷,受害林木 2000 万株,受害最重的石嘴山市天牛发生面积占全市人工林面积的 21.8%,平罗县的 17 个乡镇 135 村全部发生,受害林木 400 万株,占全县人工林面积的 35%,重灾区杨树受害率 100%。隆德县黄斑星天牛发生面积占人工林面积的 57%,严重受害林木达 400 万株。到 1989 年,全区除盐池外,其余 19 个县、市(区)全部受害,面积近 2.66 万公顷,危害林木 3000 多万株,当年减少材积量 4 万立方米,直接经济损失近千万元。林木受害株率为 40%,最高达 80%,单株有虫数平均 10 多头,最多达百头。1990 年“两牛”危害已遍布全自治区 20 个县、市(区),林木受害率 40%,宁夏主要树种—杨、柳树遭到毁灭性灾害。到 2000 年被迫砍伐天牛危害树木 8000 多万株,造成一代引黄灌区农田林网几乎全部毁坏。

20 世纪 70 年代,宁夏防治天牛方法主要是人工捕杀,80 年代人工捕杀结合药物、木材灭虫等,各地开展联防、联治,群防群治,取得一定防治效果。西吉县试点受害株率由防治前 84.62% 下降至 23.14%;虫害指数由 42.64% 下降到 11.16%,单株虫口数由 7.06 头下降到 0.89 头。1989 年,自治区人民政府专门主持召开“天牛”联防会议，成立由主管林业副主席李成玉挂帅的林木病虫害防治指挥部，决定动员全社会力量，用3年~5年时间控制扩散，把危害降低到最低点。之后，全区各地市县全部成立了由政府主管、领导挂帅的指挥部，农业、水利、煤炭、交通、农垦等部门及重点乡镇成立了领导小组，形成了一个比较健全的区、地、县、乡4级防治指挥管理系统。

1991年~1993年在全自治区开展天牛防治、监测工作的同时，开始规划建设第二代农田防护体系，一手抓防治，一手抓更新，其中1992年石嘴山市在更新示范县基础上，第二代农田防护林全面铺开并初见成效，更新改造1926.6公顷，营造骨干林带553条，银川市、银南地区也开始大面积更新样板示范林，引黄灌区各县新育和新造抗天牛树种分别达70%和64%。贯穿宁夏的109国道公路两侧防护林带完成100多公里的树种更新任务。到2000年，引黄灌区第二代农田防护林体系框架基本形成，林网大部完成，骨干林带抗虫免疫树种和混交林比例占65%以上，天牛危害得到根本遏制。

第三章 生态示范区与生态农业建设

第一节 生态示范区

广夏征沙渠种植基地生态示范区

1996年,广夏(银川)天然物产有限公司在永宁县西沙窝进行开发治理,历经3年时间,在沙丘开发0.13万公顷建立起药用植物麻黄草种植基地。1998年10月,广夏征沙渠种植基地被国家环保局批准为第三批全国生态示范区建设试点地区。在示范区近2万亩沙丘荒漠中有沙丘2458座,平均高度5米~8米,最高10米,覆盖面积约42.8%。建设中共移动沙方量1070万立方米,修建支渠8.8公里,修建斗渠11条,长13.54公里,修建斗渠建筑物45座、农渠334条,总长154.8公里。修建各类农渠配套建筑物10629座,3米宽道路172公里,5米宽道路37公里,8米宽道路2.4公里,8米宽支渠石子路7.6公里。配套深32米~36米浅层地下水机井40眼。架设10kv高压线8.98公里,低压线路14.7公里,修建扬水泵站二座,扬水干渠3.5公里,配套变压器13套,总容量1280千伏安。整个示范区建成综合防护林体系,长171公里,植树144万株,林网建设采用乔、灌混交形式,植树成活率93.1%。到1999年10月麻黄种植任务全部完成。

中卫县生态示范区

1996年2月,中卫县被国家环保局列为全国生态示范区建设试点地区。中卫示范区建设按照规划分两阶段实施。第一阶段(1996年~2000年)为试点阶段,到2000年重点建设生态城区1个,生态乡3个,生态村6个,生态户80个及五大生态示范基地;第二阶段(2001年~2010年)为全面推广阶段,建立8个生态示范乡、100个示范村、2000个示范户,示范区基本实现资源合理利用和优化配置,农村生态环境质量基本得到改善,群众生活质量有较大提高,预计总投资6.1亿元。除有较好的社会效益和生态效益外,还开发耕地8000公顷,改造低产田4000公顷,建经果林基地667公顷。一期工程完工后每年可增加粮食5万吨、水果4000吨,肉类5000吨,增加产值1.5亿元,利润6000万元。

经数十年艰苦奋斗,中卫县在北部沙漠边缘建起了60公里的防风固沙林带,形成了人进沙退的绿色长城;在南部山区建设30.67万公顷的次生灌木林带,在南山台子脚下建成了0.33万公顷经果林带;在黄河沿岸建起了45公里长的黄河护岸林带;在引黄灌区建2.2万公顷的绿化林网,形成"四带一网"防护林体系。尤其中卫县城以西的沙坡头自然保护区,以其丰硕的治沙成果和奇特的自然景观享誉中外,1994年被联合国环境署授予"全球500佳"称号。

腾格里沙漠风沙防治开发利用区　以营造防风固沙为重点,以开发旅游资源为突破口,利用引黄灌溉有利条件和黄河水泥沙含量大的特点,引黄扬水灌溉,淤泥压沙开发沙漠,营造良田。采用中科院沙坡头治沙站科研成果,防风固沙、改造沙漠生态环境,开发建设碱碱湖、小湖岗子葡萄墩塘新灌区,继续营造北部防风固沙林带。

引黄灌区生态农业建设区　有耕地3.5万公顷,是中卫农、林、牧、渔业发展的重点地区。以多学科科技成果推进优质高效农业和生态农业的发展、建立和发展多种模式生态农业试点示范户2000户,生态村100个,生态乡8个,建成生态示范区。截至2000年,已形成粮食生产、蔬菜生产加工、果品生产加工、畜禽养殖加工四大支柱产业。同时营造农田防护林网2.33万公顷,绿化总长度3322公里,林网控制面积1.6万公顷。继续开展了黄河护岸林和河堤保护工程。

南山台子节水生态农业区　位于中卫县老灌区以南,土地面积7570公顷,占全县土地总面积的5.9%。地势起伏较大,水土流失严重,以推广滴灌、渗灌等节水灌溉技术,建成以节水灌溉为核心的农业示范区667公顷,以苹果、红枣和梨为主的经果林667公顷。

香山低山丘陵草原改造示范区　是中卫县主要畜牧业生产基地,有可利用草原20多万公顷,但因持续干旱和超载放牧,沙化、退化严重,以综合治理水土流失、土地沙化、草场退化、土壤盐渍化和脱贫致富为主要内容,实行干旱山区旱地一律退耕还草。水保综合治理面积达到6.7万公顷,种植、补播耐旱牧草、沙蒿、柠条、甘草等,防治草原沙化和退化,共补播改良草原6.7万公顷，飞播种草、育草1.3万公顷，发展家庭围栏牧场100户，保护和发展名特良种中卫沙毛山羊、滩羊，建成了山绿羊肥的草原示范区。同时推广窑窖蓄水技术，解决了香山地区人畜饮水问题。

香山天然次生林、稀有树种保护示范区 位于香山地区帽儿山、香山寺、黄色水山、天井山米钵山等山地。植被为灌丛草原类型，分布有天然次生林6700公顷，有国家保护植物沙冬青、蒙古扁桃、羽叶丁香等。稀有树种有杜松、细叶丁香、罗布麻、狭叶鼠李、山榆等，有药用植物40种。有国家级保护野生动物猞猁、荒漠猫、金雕、红隼等18种，继续封山育林，保护天然次生林，共封育6700公顷，建立高原旱生树种苗圃66.7公顷，同时建立天然药物种植场和珍稀野生动物繁殖场各一处。

香山南麓新建扬黄节水生态农业区 为自治区扶贫扬黄灌溉工程兴仁灌区的一部分，借鉴南山台子扬黄灌区经验，开发三井乡、景庄乡部分地区，建成6670公顷扬黄节水生态农业示范区。

城市生态环境建设示范区 主要工程有城区园林绿化工程，包括扩建高庙公园，建设了城郊河滨公园、固沙公园、沙山明湖公园和县城至迎水地区10公里长的道路风景绿化带，建成集中供热工程12万平方米；建成城市垃圾处理场两处，面积13.3公顷；建成污水处理工程一处。

第二节 生态农业

中共十一届三中全会后开始重视生态环境保护，自治区根据中央指示精神，种草种树，发展畜牧，各级环境保护部门相继成立。随着改革开放农村联产承包责任制普遍实行，农业特别是粮食问题的解决，生态农业建设受到普遍关注和重视。1982年9月12日，全国第一次农业生态经济学术讨论会在银川召开，来自全国20多个省、市、自治区的190多位专家、教授、科研工作者，探讨了实现农业生态经济良性循环的战略措施和生态经济研究的对象和任务。1983年9月3日，自治区党委召开处以上干部大会，传达了中共中央总书记胡耀邦视察西北地区后提出的西北地区要大力种草种树，发展畜牧，改变干旱面貌，要“反弹琵琶，大念草木经”，积极开展多种经营的指示精神。同年11月，南部山区农业建设会议在固原举行，号召为实现“三年停止破坏，五年解决温饱，十年、二十年改变面貌”而奋斗。1983年12月，宁夏农业环境保护监测站、农村能源工作站成立。1984年12月5日，首次全区农业生态环境保护座谈会在中卫县举行，与会代表呼吁发展生态农业，保护农业生态环境。1985年6月，国务院环保委员会正式发出《关于发展生态农业加强农业生态环境保护的意见》。

自20世纪80年代开始，宁夏在南部山区的西吉黄家二岔、固原（今原州区）上黄、陶庄、彭阳白岔、海原蒿川、盐池四墩子、沙边子等农村，开展了不同类型和规模的生态农业试点。

西吉县黄家二岔通过积极开展以水土保持为中心的综合治理，实行生物、工程措施与农业技术相结合，大力种草种树兴农促牧，流域内水土流失比治理前的1982年减少90%；粮食亩产提高到1985年的88公斤（1982年24公斤），总产达到165万公斤，比1982年提高5.7万公斤。1987年遇特大旱灾，单产仍达73公斤，粮食虽减产，但收入反而增加11.07万元，人均收入196元。

固原县上黄村，分布在九沟十梁三块台地上，1986年被列为国家“七五”重点攻关项目。由中国科学院西北水保站主持，固原农业试验站参加，通过草灌乔农镶嵌配置，退耕种草，生物、工程、农业综合治理，保持了水土、绿化了荒山。试点后，农耕地减少了24%，林地增加了20%，人工草地增加40倍，林草用地占土地总面积达到76%，水土流失减少50%以上，改变了过去80%人处于半饥饿状态；1986年人均粮食由230公斤增加到510.8公斤，人均油料由12.6公斤增加到50.3公斤；人均收入由47.5元增加到355元，提高了7.4倍。全村平均积累两年余粮。

固原县陶庄村还作为全国七省（区）不同类型生态农业试点，以种草为突破口，建立“粮食—饲料—经济作物”三元种植结构，实行“苜蓿—家畜—粪肥—粮食”模式，形成较稳定的生态农业良性循环体系，林草覆盖率由1982年的10.5%提高到2000年的37.4%，苜蓿种植面积由占耕地面积的5.3%提高到20.9%；土地侵蚀模数由5000吨/平方公里下降到2000吨/平方公里。

20世纪90年代，生态农业由一村一户，向以县域范围发展。1993年9月固原县被国家农业部、国家计委、国家科委、国家环保总局等确定为国家级生态农业试点县。1994年12月，宁夏生态农业县建设领导小组成立，按照全国生态农业试点县建设设置方案、管理办法和技术规范要求,制定了生态农业建设规划,颁布了生态环境管理办法。自 1993 年开始,5 年中筹措资金 19559 万元,完成规划项目投资(5767 万元)的 3. 39 倍。其中国家、自治区安排 9015 万元占总额的 46. 1% ,县级财政和集体、农民集资 7171 万元占 36. 6% ,外援项目 3373 万元占 17. 2% 。主要建设项目 4 项:1. 农田水利基本建设、小流域治理等 11309 万元,占总额 57. 8% ;2. 林草工程建设 3489 万元,占 17. 6% ;3. 种植养殖业新技术推广,种子工程,温饱工程 4636 万元,占 23. 7% ;4. 农村能源利用 125 万元,占 0. 7% 。5 年中实施了农业主体复合种植、窖水灌溉、地膜覆盖,“四位一体”生态温棚和太阳能日光温室、旱地机械覆膜穴播和垄膜种植等 8 项生态农业配套技术,取得了显著经济、社会和生态效益。5 年中人均国民生产总值年均增长 14. 2% ;人均纯收入年均递增 25. 3% ;农畜产品率达到 38% ;粮食产量年均递增 7. 7% 。1998 年稳产农田占全部农田面积比例达到 77. 6% ;产业结构中种植业产值占农、林、牧及渔业总产值比例 83. 4% ,农畜产品加工增值率 120% ,畜牧业产值占农林牧渔总产值比14. 5% ;种植业产投比指数 2. 68;林草覆盖达标率指数 0. 97;退化土地达标治理率 60. 9% ;乡镇企业“三废”达标率 72% ;5 年内年均耕地递减率 -0. 43% ,土壤有机质含量年变化幅度 0. 16% ;1998 年秸秆返田率(含过腹还田)81. 5% ,综合防治病虫害农田占总农田面积比 56. 7% ,新能源及商品能源占农村生活用能比 10% ,节水农业推广面积占应节水农田面积比例 65. 8% ,人口自然增长率 14. 3‰,劳动力素质中,初中以上文化程度占总人口比例 40. 5% ,农村科技人才比例 0. 09% 。与 1993 年相比,固原县粮食总产量增长 39. 9% ,完成规划的 112. 2% ;人均占有粮食达到 365 公斤,增长 52% ,完成规划的 112. 4% ;农民人均纯收入达到 1030 元,增长 287. 2% ,完成规划的 206% ,提前一年实现全县整体脱贫;农业总产值增长 233. 2% ,比规划增长 83. 7% ;生态农业试验点面积达到 49% ,完成规划目标的 122. 9% ,生态乡镇站全县乡镇总数的 69. 2% ,生态村占全县村数的 71. 4% ,生态示范户占全县总户数的 69. 3% ,生态工程面积占全县土地面积的 49% ;土地退化治理率达到 6. 1% ;森林覆盖率由 7. 78% 提高到 11. 7% 。工农业总产值增长 142. 7% ,比规划目标增长 159. 3% 。1999 年 7 月,顺利通过国家验收。

20 世纪 90 年代中期,自治区农村能源、环保部门根据农业部建设农业生态家园的部署，开展了北方农村能源“四位一体”生态模式工程，以沼气为纽带，通过生物质能转换技术集沼气、猪舍、厕所、日光温室为一体，解决了北方地区沼气池安全越冬问题。成为发展“高产、高效、优质”生态农业的一个模式项目受到农民欢迎。1997 年 8 月，中共中央总书记江泽民批示：“大抓植树造林、绿化荒漠、建设生态农业”、“再造一个山川秀美的西北地区”后，根据自治区党委关于发展生态农业的指示，农业环保部门起草了《宁夏生态农业建设规划》《关于推进生态农业建设的意见》等。1998 年～2000 年，在国家计委及有关部门的关怀和支持下，自治区先后有 13 个县（市）被批准为全国生态建设治理重点县。自治区环保部门和农村能源等部门把生态农业建设有机地与生态县建设结合起来，尤其是实施西部大开发后，把退耕还林（草）、植树造林、水土保持、小流域治理结合起来，实行山、水、田、林、路综合治理，集中连片建设，建一片、成一片，把生态农业建设与生态环境建设与县域经济发展、增加农民收入、产业结构调整、群众脱贫致富结合起来，从根本上促进了生态环境的改善。1998 年国家安排的固原、隆德、彭阳 3 县生态环境建设任务已于 1999 年底全部完成。截至 2000 年 11 月底，其他 10 个生态环境建设重点县完成造林 2.47 万平方公里，占计划任务 81.3%；坡耕地治理 0.57 万平方公里，占计划任务 79.4%；封育治理完成 1.87 平方公里，占计划任务的 93.3%；水土保持工程完成 1600 座，占计划任务的 72.7%；沼气池完成 1840 座，占计划任务的 81.1%；太阳灶完成 25430 座，占计划 94.2%。

第四章 区域生态环境建设

第一节 植树造林

植树造林以面向沙漠、面向干旱黄土丘陵、营造防护林为主,因地制宜发展用材林和经济林。1950年~1952年,先后在风沙严重的中卫、灵武设立固沙林场,在永宁设立护岸林场,在平罗、贺兰、中宁、陶乐等县设立了林业工作站,发挥国营林场、苗圃的示范带头作用,发动组织群众性植树造林,至1957年共造林33万亩,"四旁"植树5537.9万株。1958年4月,中共中央国务院发出《关于在全国大规模造林的指示》后,群众性的造林由点到面,由小到大全面展开,并陆续在天然林区、沙漠地带及水土流失严重地区建立了一批国营林场。到1965年,全区共有国营林场32个,其中经营林场17个,造林场12个,园艺场3个;六盘山成立了森林管理局,辖15个经营林场,工作由单纯封育管理向全面营林转变,共抚育天然林12万亩。

"文化大革命"中,林业生产建设受到冲击,植树造林遭到破坏。许多地方社员田边渠旁种植的林木被砍伐,对房前屋后植树范围作出限制,乱砍乱伐盛行。1971年、1973年两次全国造林工作会议提出四旁植树人均100株上标准后,对林业建设和植树造林起到推动作用。1974年起,中卫县连续3年植树500万株,超过过去20年总和,其中柔远公社结合农田基本建设大搞林网化,四旁植树101万株,绿化沟、渠、路247条,基本实现了村庄道路绿化,实现了"条田林荫道,村庄绿树绕,农田林网化,粮林齐飞跃"的良好局面。到1976年,平罗县有5个大队,贺兰县有1个大队四旁植树人均上百株,南部山区7个县有13个公社实现有万亩林。固原县古城和河川、盐池县城郊和高沙窝、同心县王团等7个公社达到每人一亩林。

中共十一届三中全会后,全区植树造林进入一个大发展时期。经过试点,在全区开展了稳定山林权属,划定自留山,确定林业生产责任制的林业"三定"工作。到1983年3月,全区完成了林业"三定"任务,普遍颁发了山林权证书,许多地方建立了林业档案,给11.6万农户划定了40万亩自留山和责任山(含荒沙、荒滩),涌现出54860个林业专业户、重点户和经济联合体,个人造林比重由1983年前的10%增加到60%。集体林场造林面积占全区造林保存面积的1/5。1984年春又划定了40万亩自留山和责任山,许多基层单位订立了护林乡规民约,建立了护林组织,整顿了分、队林场,普遍建立起各种形式的林业生产责任制。经过林业"三定",社队林场由722个发展到941处,经营面积140万亩,有林地43.4万亩,一些林场实行承包到户或联产承包,增值分成,提高了管理水平,为造林带来生机。

1983年3月,为了贯彻全国人大五届四次会议《关于开展全民义务植树运动的决议》和国务院《关于开展全民义务植树的实施办法》的精神,成立了自治区绿化委员会及办事机构,各地、市、县也都成立了相应绿化机构,拉开了全面参与大规模植树造林活动。自治区领导和各级党政军负责人带头每年同当地军民一起参加植树造林活动,人民解放军发挥了绿化祖国尖兵作用,广大青少年发挥了生力军作用。在营造"三北"防护林宁夏段1978年~1985年第一期工程建设中,实行多方集资,全民动手,国家、集体、个人造林一齐上和谁造谁有的方针政策,人工造林面积达到310.67万亩,四旁植树1.18亿株。保存面积30万亩以上的有西吉、盐池、固原、海原4县。1983年~1985年,宁夏南部山区8县共营造水保薪炭林、水源涵养林、防风固沙林、柠条饲养琳等271.2万亩,保存面积2.4.4万亩。小流域治理294万亩,封山育林70万亩,还在封山育林区内造林8.5万多亩。有效减少了水土流失,生态环境有了改善。1982年实施的联合国世界粮食计划署援建西吉防护林建设工程项目,经4年建设,提前一年超额17.7%完成工程任务,其中造林面积相当于30多年西吉县造林保存面积的14.7倍。在林草总面积中,除退耕地造林种草外,荒山造林种草面积达到64.3万亩。全县四旁植树、义务植树3655.98万株,达到全县户均有林15.3亩,林草覆盖面积由过去的12.6%提高到46.7%,土壤侵蚀率下降了62.4%,小气候明显改善,农牧业生产协调发展,农民生活有较大改善,受到联合国粮食计划署的好评。

1984年,为改善首府银川的城市面貌和和生活环境,建立带、片、网相结合的防护林体系,将银西防护林作为自治区林业重点项目之一,以新市区(今银川市西夏区)为中心的植树造林,到1990年共完成新造林10.16万亩,保存率平均达到 80% 。

1986 年开始,自治区进行了一系列林业改革和产业结构调整,植树造林持续稳定发展,实施工程林建设。开始对"三北"防护林二期工程建设的同时,根据同年 1 月召开的全区果树工作会议精神,提出"要把发展果树作为林业建设的一个突破口来抓"。1987 年,自治区党委、政府组织各部门就宁夏经济和社会发展中的问题进行论证,林业部门提出并明确了在全区建设商品水果基地的指导思想并进行规划。在全区掀起以种植果树为主的经济林建设高潮。截至 1993 年,全区发展以果树为主的经济林 3. 06 万公顷,果品年总产达到 5. 6 万吨。1996 年 ~ 2000 年,第三期"三北"防护林工程顺利完成。2000 年全区经济林和果品总面积、总产分别达到 8 万公顷,2. 5 亿公斤;春季和雨季造林作业面积 6. 2 万公顷,飞播治沙林 2 万公顷,封育 6. 7 万公顷,封育飞播造林数量是"九五"平均数的两倍。

在北部川区植树造林方面,由于 20 世纪 70 年代 ~ 90 年代初引黄灌溉第一代农田防护林遭天牛危害丧失殆尽,为了建设第二代防护林网,在加快以苹果为主的果品基地建设的同时,按照多林种、多树种、多层次的主体模式高标准的要求,重新规划了第二代农田林网,1993 年完成示范林带 2430 条,428 万株,2600 公顷的任务。到 2000 年第二代农田防护林已基本建成,平原区各县的森林覆盖率平均达到 9. 9% 。

在风沙区方面,根据 1991 年全国治沙工作会议,将宁夏河东沙地继腾格里沙漠东南缘的综合治理开发列为 10 年规划中 20 个重点之一,对沙区进行了全面规划和综合治理。1986 年 ~ 1993 年,治沙造林面积达到 3. 78 万公顷,飞播造林 1. 13 万公顷,发展饲料林 8867 公顷,封沙育林 8. 35 万公顷。

在南部六盘山林区经 20 多年不懈努力,1991 年 ~ 1993 年核心区发展针叶用材林 8780 公顷,在南部山区实施的"两杏一果"工程,1993 年"两杏"面积 3333 公顷,发展薪炭林 1. 82 万公顷。通过实施一系列水土保持,水源涵养,退耕还林还草工程,2000 年林地面积已达到 25. 33 万公顷,森林覆盖率已达到 11% 。

此外,从 1986 年开始实施由德国政府无偿资助中德共同建设的宁夏贺兰山东麓生态林业工程,已于 2000 年完成。1997 年启动,2000 年完工的宁夏优质名牌枸杞基地建设。2000 年结合西部大开发实施"退耕还林还草"工程。

第二节　水土流失治理

宁夏属全国水土流失严重省区之一,据1990年全区土壤侵蚀图计算,水土流失面积3.89万平方公里,占全区土地总面积的75%。其中水力侵蚀面积2.29万平方公里,主要分布在南部山区及其周围的黄土丘陵沟壑区。风力侵蚀面积1.60万平方公里,主要分布在干旱草原区,以毛乌素沙漠边缘的盐池、灵武、陶乐及腾格里沙漠边缘的中卫等地最为严重。重力侵蚀在南部黄土丘陵区有少量发生,以山体滑坡、湿陷地穴形式出现,影响较微。

自古以来,宁夏山区群众通过长期与干旱和水土流失作斗争,总结积累了大量成功经验。如:修建水平梯田、引洪漫地、沟坝地、歇地保墒、沟垄种植等高种植,植树造林,种植牧草、绿肥,粮草(油、肥)间轮作以及打水窖、修涝池、塘坝等。

中华人民共和国成立前,宁夏没有专门负责治理水土流失机构。中华人民共和国成立初,水土流失治理由宁夏省水利局小型水利科兼办。1956年西海固自治区成立了水保林业站,负责水土流失治理。

1949年~1957年,农民从自身一家一户发展生产的需要,开展修地筑埂、植树造林、打窖、建池、建塘坝。随后发展到农业合作集体组织,修水利、平田整地、植树种饲草、修池坝等。

1957年~1972年,在全国第一、二、三次水土保持工作会议推动下,宁夏贯彻执行"统一规划、综合发展、沟坡兼治、集中治理"的方针。自治区成立后,1959年在海原县西沿、同心县姜家湾、盐池县麻黄山设立了3个水保试验站。

20世纪60年代中,在固原地区建立了以水土保持为主要任务的林建三师,开始了有计划、有组织、有领导的综合治理工作。全区共设立了700多个治理点,涌现出隆德县八里铺、大红山、神林北山、凤岭花果山、海原县牌楼山、西沿、周套、西吉县林园北山、东风梁、固原县交岔乡美人山、同心县汪家塬、套套门、盐池县何新庄等一批植树造林、修田打坝、建洪漫地等31个治山治水先进典型。但由于在1960年开始的国家困难时期,重建轻管,致使大部中断或毁弃。1964年,兴起"农业学大寨"运动,南部山区以修建坝地为主,出现了以蒿川公社、周套大队为代表的闸沟打坝、滞洪治沙典型。固原县将建设水平梯田、结合造林作为主要治理措施，在西坪梁、交岔、王洼、四营等重点实施。西吉县以园林北山、东风梁造林为重点，设立了苏堡北山、什字北山、城关凤凰山、兴坪北山、红跃乱山庄、公易南山、平峰梁等治理点。同心县出现植树造林、防风固沙、粮食丰收的王团北生产队等。“文化大革命”开始，除麻黄山试验站外，其他水土保持机构全部撤销，人员解散，水土流失治理工作遭受重大挫折。1972年，自治区在固原组建了清水河治理办公室，对清水河、葫芦河、泾河三大流域制定了治理规划。尽管受到“文化大革命”不利影响，但在干部群众的努力下，山区农田水利有了较大发展，共建起中、小型水库50多座，总库容近5亿立方米，对调洪蓄水、防洪灌溉、保持水土起到积极作用。到1972年底，治理水土流失面积3053.7平方公里，其中建成梯田2.29万公顷、洪漫地2.22万公顷、造林4.23万公顷、种草1.37万公顷，其他20.42万公顷。1973年北方农业工作会议以后，山区坚持以改土为主，土水林综合治理的方针，宁南山区各县把农田基本建设作为保持水土措施来抓。普遍制定了山、水、田、林、路等综合治理规划，采取因地制宜，实施闸沟打坝、拦泥淤地、修建梯田、结合种草、深翻改土、歇茬保墒、土壤培肥等，保持水土的同时促进了农业生产。通过同年在固原召开的自治区水土保持现场会，观摩学习了西吉平峰公社修建水平梯田、新营公社打井发展灌溉、海原周套建设沟坝地、中卫香山钻洞子队引洪漫堤、同心汪家塬修梯田、王团公社前进大队建设农田防风林带等典型经验促进了水土流失治理。涌现出西吉县大坪、平峰公社，固原甘城大队，海原县周套大队，同心县山山大队等一批治山治水先进典型。还在海原县园子河、固原县莳河、隆德县朱庄沟等处开展了小流域治理。到1977年底，全自治区治理面积达到4640平方公里，山区梯田、洪漫地总数达到7.33万公顷，5年净增2.81万公顷。但仍然存在盲目开荒、毁林、毁草、边治理边破坏等问题。

中共十一届三中全会后，家庭联产责任制在农村全面实行，中央和地方各级领导对水土流失治理更加重视，自治区党委、政府把山区经济建设作为振兴宁夏的重要内容，多次邀请区内外专家、学者赴山区考察论证，制定了以川济山、山川共济的战略，把治理水土流失纳入各级政府重要议事日程。1979年，恢复和新建了同心县预旺、盐池县麻黄山、海原县树台、西吉县大坪、隆德县张程、彭阳县王洼等6个水土保持试验站。1980年后，水土保持开始注重小流域为单元的综合治理。一度中断的旱作“三田”建设,也以新的高标准“三田”建设取代。1982 年,全国水土保持工作会议以后,自治区成立了水土保持委员会,宁南山区各县相继成立了水土保持机构,负责领导、组织、规划、管理水土保持工作,先后开展了对水土流失规律、林草种植、机修梯田、小流域治理、林粮间作、隔坡梯田、沟坝地效益等的观测调查和研究并取得成果。如 20 世纪 80 年代,海原县园河流域水土流失综合治理,西吉县黄家二岔集治理,科研、示范、推广为一体的治理模式,分别获得国务院表彰和国家科技进步二等奖。通过动员千家万户开展小流域治理承包活动,采取工程与生物措施农、林、牧结合,因地制宜,水土流失治理呈现出群众性治理千沟万壑的新局面。为了有计划、有步骤地开展水土流失综合防治工作,1983 年～1985 年,由自治区水保部门牵头,组织农、林、牧、乡企等部门编制完成了全区水土保持专项规划,重点搞好严重水土流失地区水土保持治沟骨干工程规划。1985 年底,全区共修建水平梯田和隔坡梯田 60 万亩,沟坝地 46.7 万亩,营造水土保持林 270 万亩,种草 140 万亩,治理水土流失面积 4976 平方公里(其中小流域治理 128 平方公里),占水土流失面积的 14.6%。

1985 年后,在继续开展以小流域承包治理的同时,按 5 年左右为一期,采取集中、连续、综合治理、逐条规划、分期实施,工程、生物、耕作相结合,治坡与治沟相结合,以建设基本农田为突破口,取得了很好的效益和业绩。1990 年又进行了水土保持 10 年(1991 年～2000 年)规划,并于 1992 年对国家重点治理的多粗沙区进行了水土保持专项规划。1993 年全区开展了治理小流域 192 条,流域面积 2507 平方公里,完成治理面积 789 平方公里。中央科研单位及北京林业大学、西北水土保持研究所、西北农业大学、兰州沙漠研究所、黄河中游局和自治区科研单位、院校,在南部山区相继开设了黄家二岔、上黄、沙边子、四墩子、陶庄、毛家沟、八岔梁、党家水、灰条沟、赵木湾等水土流失综合治理新典型和新经验。1995 年全区累计治理水土面积达到 1272.3 万亩,占水土流失总面积的 22.5%,1997 年,全区承包治理小流域面积达到 66 万亩,承包农户达到 8200 多户,建成水平梯田、洪漫地、压沙地等旱作农“三田”175 万亩。

1999 年,国家实施西部大开发战略,把加快生态建设保护环境实现可持续发展做为西部大开发的重点内容。2000 年,自治区党委、政府提出加快全区生态建设的部署，制定了自治区19个县市及贺兰山、六盘山2个国家级自然保护区，全面治理水土流失、改善生态环境、实现黄河流域生态环境根本好转为目标的生态规划。确立了以科技为先，以西部大开发为契机，全面规划、统筹安排的指导原则。工程规划2000年~2010年为期10年，2000年~2001年为试点期，工程初步总规划1615万亩，其中人工造林539万亩，飞播造林和封山育林分别为140万亩和436万亩，退耕还草面积500万亩。自治区党委、政府还决定2000年首先在南部山区八县进行退耕还林还草试点，彭阳、固原、西吉、泾源、隆德五县为试点示范县，退耕任务20万亩（彭阳县7万亩、固原5万亩、西吉3万亩、泾源3万亩、隆德2万亩）、还林还草46万亩，由山区八县共同完成。要求退耕还林还草坚持产业结构调整和农民脱贫致富相结合，按照国家"退一还三"原则，以小流域为单元，退耕还林比例应在70%以上，海原、同心还林比例应50%以上，还草时必须配置30%的防护林。在试点区实行"五统一"（统一规划、统一栽培、统一验收、统一管理、分户经营）管理模式。实施以粮代赈、退耕还林还草6项政策，国家向退耕户每亩每年提供补助粮100公斤，每年补助20元，生态林每亩补助50元，实行责权挂钩，长期承包到户、到人，30年不变。将任务分配落实到县，由县逐级落实到户，分户建卡，农户凭粮食供应证和验收证，领取补助粮和补助金，实施目标、任务、资金、粮食、责任五到位。2000年，全区5个试点县共完成退耕还林还草20.5万亩，荒山造林种草26万亩。

2000年，全区累计治理水土流失面积11464平方公里，其中基本农田613.95万亩（水平梯田381.62万亩、沟坝地100.75万亩、小片水地121.63万亩、压砂地9.95万亩），造林649.47万亩，种草456.33万亩，占水土流失面积的29.5%。封山育林127.70万亩，兴建水保治沟骨干工程99座，塘坝340座，中小型淤地坝1746座，谷坊19265座，涝池2434座，水窖33.12万眼，其他小型水保工程1.04万座。"九五"期间治理速度明显加快，年均治理面积达到1000平方公里以上。以小流域为单元的综合治理在水土保持工作中起到示范推广作用，显示巨大经济、社会、生态效益。2000年，全区共开展332条小流域综合治理，控制流域面积4282.47平方公里，其中水土流失面积3675.0平方公里，共治水土流失面积1004.4平方公里。已治理的239条小流域年均蓄水2.26亿立方米，拦沙301.3万吨，年均增产粮食5.08万吨，增产果品5.65万吨。其中26条小流域还被水利部、财政部命名为“十百千”示范小流域。

第三节　土地荒漠化治理

中华人民共和国成立后，开始重视沙漠化治理，但因沙化面积大，过牧、乱垦、滥挖、乱砍现象严重，治理速度赶不上破坏速度，荒漠化不但没有控制反而不断扩大，导致风沙严重，环境质量变差。1983年4月27日~29日发生强沙尘暴，大武口、石嘴山、青铜峡、同心、海原等地风力达到12级，平罗、中卫、中宁、固原等地达到11级，持续10多个小时。银川市能见度20米，盐池等地能见度仅为3米~4米。沙尘暴过后带来强降温，最低地面极端温度仅有-8℃，给农牧业生产和人民生命财产带来严重损失，全区死伤60人，失踪3人；重灾区的同心、盐池、贺兰、青铜峡县死亡大牲畜58头，失踪27头，死亡羊只18584只，失踪9730只；农业受灾面积约200万亩，成灾60多万亩。1993年发生的强沙尘暴造成70人死亡，133万公顷耕地和草原受害，经济损失达到2.7亿元。风沙危害已经成为影响群众生活、制约经济发展的重大自然灾害。

自治区荒漠化土地主要分布东部盐池、灵武、陶乐的毛乌素沙地，中卫县北部的腾格里沙漠及引黄灌溉区永宁、平罗、贺兰等地。1949年新中国成立后，宁夏开始以营造防风固沙林为主的荒漠化治理，经历从零星治理到设置机构，进行科研推广，到全区有计划、大规模营造防风固沙林过程。1950年，省政府建设厅设立林业科，在中卫成立中卫防风林场，阿拉善旗设立通湖林场，磴口设立磴口林场，开展了防风固沙林的建设（阿拉善旗、磴口时为宁夏所辖）。1951年6月召开的林业会议提出“面向沙漠，沙内设点，沿沙设带，联带成网”的治沙方针。1953年，为加强防沙造林工作，省农林厅在盐池、灵武两县交界处设立盐灵防沙林场（今白芨滩），在毛乌素沙地防沙造林。同年秋，省农业厅又发出以公私合作和群众合作为主要方法的指示，以营造防治护岸林为重点开展防沙造林。1956年，由甘肃省林野调查队（宁夏已合并甘肃省），规划设计了从盐池经灵武、陶乐、惠农、平罗、贺兰、银川、永宁、宁朔（今青铜峡），中宁到中卫县的防沙林带，作为西至甘肃敦煌哈拉湖林带的一部分，同时相应规划了干林带、护田林网和沙荒造林。1957 年，国家铁道部第一基本建设分局与甘肃省银川专员公署签订营造包兰铁路中卫沙漠地区沿铁路两侧固沙造林合同。在中卫成立固沙林场，专门从事铁路固沙造林工作。总面积 7425.6 公顷，其中设置沙障面积 1550.7 公顷。1958 年开始，中卫固沙林场在沙坡头地段建设草方格沙障，实行草、灌、乔结合，进行固沙防护林的营造，保证了包兰铁路多年行车安全，受到联合国环境署及有关国家的赞誉。1964 年，自治区党委农林办在中卫固沙林场召开中卫铁路治沙工作座谈会，对铁路治沙工作和规划进行了研究，提出生物措施与工程措施相结合，以扎建草方格沙障、种植沙生植物，因地制宜乔灌草相结合的治沙经验，保证了铁路畅通无阻，植物覆盖度由不到 10% 提高到 42%。

自治区还在 20 世纪 50 年代初开展了防沙造林科学试验。1953 年 12 月，由苏联专家那高维勒、彼得洛夫、安·康·阿弗安等组成的专家组经在腾格里沙漠一年的观察研究，提出了沙漠造林树种选择和树种配置的意见。1954 年，国家铁道部第一设计院与有关单位配合在中卫成立铁路防沙研究工作站，进行了气象、沙丘移动、固沙造林的基础观测研究工作。1959 年 7 月，中国科学院治沙大队负责人植物分类学家刘慎愕率领的观察队对盐池、灵武沙区进行了观察，随后中科院组织专家、教授和有关院校高年级学生组成的 100 多人的治沙大队协助观察，制定了综合治理和利用沙漠的规划。同年 6 月，著名科学家竺可桢考察了灵武、盐池、中卫沙坡头等地治沙工作，提出工程与生物措施相结合、科研与群众经验相结合、积极造林固沙的意见。同年，中科院治沙大队在灵武县白芨滩林场、中卫沙坡头设立治沙试验站，开展植物固沙和机械防沙治沙的试验研究。自治区农科所森林体系也在灵武县白芨滩林场设立固沙治沙试验点，开展河东固沙造林研究。1962 年，中卫固沙林场从中科院治沙大队引进苏联头状沙拐枣、乔木状沙拐枣、绒毛蜈蚣沙拐枣、高氏碱蓬等进行试种，探索适宜造林治沙的植物品种。1963 年，自治区农科所又在中卫固沙林场设点开展治沙造林试验。通过科研为宁夏科学治沙，开展荒漠化治理奠定了基础。

“文化大革命”中，防沙治沙工作停滞，发展缓慢。1969 年，开始在中卫固沙林场建立扬水站，进行人工降雨种草种树试验，为有水灌溉条件下治沙造林提供经验。1975 年，自治区农业综合勘察队与有关县、场编制完成宁夏河东、河西防沙林带的规划设计任务书，开始有计划、大规模营造防风固沙林体系。1976年，自治区农林局林业处、农科所召开第四次沙漠造林科研协作会议，制定了1976年~1985年沙荒地大面积植树造林技术研究协作计划。由于“文化大革命”的干扰破坏及基础差、力量薄弱等影响，治理成效不高，营造防风固沙林面积仅有1.31万公顷，土地沙化没有得到遏制。

中共十一届三中全会后，自治区防沙治沙工作在总结经验的基础上，从徘徊步入快速发展阶段。1979年，国家林业部西北、华北、东北防护林建设局(简称“三北局”)在银川成立。宁夏全境被列入“三北”工程建设范围，荒漠化治理工作得到加强。同年4月，国家林业部批准建设盐池县机械化林场，贯彻“以林为主，多种经营”的方针，实施因地制宜，因害设防的指导原则，积极营造防风固沙林。1980年灵榆公路防护林建设工程启动，宁夏境内137.5公里，每侧100米~150米，造林2926.7公顷，于1984年完成。成为自治区境内营造的较大规模的公路防风固沙体系，至今仍发挥着防风固沙作用。1981年后，中科院西北水保站、宁夏农业现代化基地办、宁夏林业勘察设计院和宁夏林业厅，分别在固原地区、盐池、同心、毛乌素沙地等16个规划区连续进行了7年飞机播种造林试验，总面积达到6969公顷。经过几年试验证明，在毛乌素沙地飞播造林是成功的。1978年~1985年，全区共完成人工营造防风固沙林4.62万公顷。

1991年3月，自治区在盐池县开展《盐池县沙漠化土地综合整治》项目，由宁夏农林科学院和盐池县人民政府共同承担实施，经5年建设，林地面积由试点前2.67万公顷增加到6.97万公顷，完成划管封育、围栏补播及人工种草6.06万公顷。草原产草量提高2.4倍，使6.7万公顷沙化土地得到治理，1.33万公顷流沙得到控制。同年11月，自治区成立治沙协调领导小组，动员社会各行各业参与防沙治沙工作。1992年1月，编制完成《宁夏1992~2000年治沙工作规划》，标志宁夏防沙治沙工作纳入有计划、大规模实施阶段。同年3月，林业部治沙办、宁夏林业厅确定在盐池马儿庄乡建立治沙试验示范区，两年后试验示范区转移至柳杨堡乡，更名为《全国防沙治沙工程毛乌素沙地试验示范区盐池柳杨堡试验示范基地》。1994年5月，根据林业部在全国范围开展沙漠化普查与监测工作要求，经普查全区共有沙质荒漠化土地125.68万公顷，占全区总土地面积24.3%。通过对普查资料分析，宁夏沙质荒漠化土地演变分为两个阶段:1949年~1970年,荒漠化土地呈增加趋势,20年中共计增加4.26万公顷,年均增加0.213万公顷;1970年后加大了治理力度,至1994年,24年共减少6.98万公顷,年均减少0.29万公顷,初步实现了土地荒漠化的逆转。1996年,自治区"九五"重点科技项目《盐池荒漠化土地综合整治及农业可持续发展研究》在盐池北六乡开始实施,1999年结束。项目区经4年建设累计造林9.8万公顷,森林覆盖率由1995年的24.56%提高到1999年的34.85%,治理草场面积8.51万公顷。通过荒漠化土地试验示范治理,以点带面,推动了防沙治沙开展,总结出了依靠科学技术,结合农林牧协调发展,生态、社会、经济效益相统一的综合治理模式。

在对外合作防沙治沙方面,随着改革开放的深入取得一定成果。1990年3月,宁夏林业厅与日本海外林业咨询协会签署了在盐池县高沙窝林场合作营造治沙试验林50公顷协议,于1992年完成。1993年~1995年,日本海外林业咨询协会再次与宁夏林业厅合作,在灵武市白芨滩林场实施了中日沙漠化土地农田林业试验模式的研究项目,取得了丰硕成果,以上两项均达到国际同类研究先进水平,对荒漠化土地治理具理论和使用价值。与此同时,在自治区人民政府鼓励下,一些集体单位、民营企业积极投资治理荒漠、开发荒沙,广夏(银川)公司1996年开始在永宁县征沙渠沙区5年投入4亿元人民币,采用推沙平地、草方格固沙、林带封沙、粘土盖沙、泥水压沙等多种措施,先后治理沙漠0.4万公顷,区域生态环境明显改善,取得良好经济效益。

1986年~1995年,全区共完成人工营造防风固沙林7.18万公顷。1997年6月编制了《宁夏1996~2010年飞播造林规划》,1998年1月又在原治沙规划的基础上又编制完成《宁夏回族自治区"九五"防沙治沙工程规划》,1997年~2000年完成飞播造林治沙4.556万公顷,核实合格面积4.098万公顷。

第四节 矿山生态恢复

针对煤炭和矿产资源中存在的破坏地表植被(自然生态)、产生的固体废弃物煤矸砧地以及自燃和开采后地表塌陷等生态破坏和环境污染问题,1987年11月,自治区人民政府颁布了《宁夏回族自治区矿产资源管理条例》。对单位或个人从事矿产资源勘查、开采活动作出必须依法申请、经核准后履行登记手续，领取许可证，方可取得探矿权和采矿权的规定。1988 年 11 月又发布了《宁夏回族自治区汝箕沟无烟煤开采保护办法》，禁止无证开采和乱采滥挖，禁止私人开办小煤窑，遏制和保护了对煤炭资源、矿山生态的破坏。

20 世纪 90 年代后，国家更加重视对矿产资源和生态的保护。1991 年 9 月 20 日，颁布《宁夏回族自治区贺兰石开采保护办法》，严禁个人和无证开采贺兰石，1996 年 1 月 5 日颁发《宁夏回族自治区饮用天然矿泉水资源管理办法》，对资源开发地生态保护起到重要作用。

1995 年，全区 849 个矿山开采企业历年破坏土地总面积 10754 公顷，恢复面积为 328.37 公顷，占 3.05%；矿产资源开发、生态重建率（不完全统计）平均为 20%，最高为 37%，最低为 0.9%。在煤田灭火方面，采用以浅剥深灌为主，以覆盖灌浆为辅的灭火方法，成功地熄灭了红梁东、红梁西等 6 个火区，有效控制了上一、北三等 6 个火区火灾。

此外，宁夏在煤炭开采和加工的同时，还开展了煤矸石等的综合利用，1992 年、1994 年分别在石嘴山矿务局和石炭井矿务局建成两台利用煤矸石作燃料的 6000 千瓦气轮发电机组。2000 年发电量分别达到 11713 万千瓦和 7715 万千瓦时。用 85% 的无烟煤，11% 的黄土和 4% 的煤矸石制成的蜂窝型煤，一根火柴即可点燃热效率高、燃烧时间长，无烟、无味、无飞灰对保护环境有很大效果。

在煤矿塌陷区治理方面，现有较大塌陷区 20 处，其中石嘴山矿务局 6 处，石炭井矿务局 14 处。裂缝宽度一般在 200 毫米～300 毫米，最大达 400 毫米～800 毫米。沉陷深度一般 2 米～13 米，沉陷边界一般延展至开采边界以外 100 米～300 米。

各矿区用矸石回填塌陷区和深沟，上部用黄土覆盖夯实造田取得进展。石炭井三矿回填两条大沟建成了井口公园。石嘴山用矸石填塌陷区，有的建成了居民居住小区，有的复土造田，利用矿井水灌溉建成了矿区防风林带、农田、公园等，美化了矿区环境。总计植树造林 9384 亩，其中石嘴山矿务局 4180 亩，石炭井矿务局 5204 亩。累计矿区四周植树 100 万株，栽绿篱 15.5 万平方米，草坪 2.7 万平方米，花池 5.4 万平方米。在农副业基地建成黄河护岸林带，矿区防沙防风林带，以及煤矿工业广场、居住区、福利区防护林带等。1986 年～1990 年大武口洗煤厂矸石山灭火完成投资 44 万元。

第十篇 环境保护管理

环境保护的规划与计划管理是环境保护管理中一项重要的工作，对于推进环境管理的系统化、科学化发挥了极其重要的作用。

自治区环境保护规划与计划起步较晚。“六五”期间，由于管理体制不顺等多方原因，环保计划只有阶段性或临时性的计划。“七五”期间正式编制了环保五年计划，“九五”期间已正式列入宁夏经济与社会发展的正式计划。在此同时，还编制了《宁夏自然保护区区划方案》《宁夏自然保护区发展规划(1998～2010)》《宁夏回自治区环境保护“九五”计划和2010年规划纲要》《宁夏环保产业发展规划(1999～2005～2010年)《宁夏环境保护工作(1998～2002)纲要》《宁夏农业环境保护“九五”计划和2010年长期发展规划》《宁夏固原地区碧水计划(1995～2010年)》。

20世纪的50～60年代，宁夏工业水平很低，污染物排放量还很小，尚未形成环境保护法规的概念。宁夏较早出台的制度、规范性文件，主要是针对农业生态。1975年9月2日《关于保护天然林区野生动物资源的布告》的发布，成为宁夏第一部保护野生动植物资源的规章，对保护环境起到促进作用。

20世纪80年代开始，由于工业化进程的加快，对环境的污染已从单一的烟尘污染源，向水、气、声、固体废弃物放射性多极化的污染加剧。环境保护工作越来越受到各界的关注，并逐步摆上各级政府的议事日程。1973年，自治区计委成立“三废”办公室，对废水、废气、废渣进行治理。

1982年5月15日，自治区第四届人民代表大会常务委员会第十三次会议原则通过了《宁夏回族自治区征收排污费暂行实施办法》，是宁夏第一部环境保护的专门的地方性法规。1984年3月8日，自治区党委、人民政府决定成立自治区环境保护委员会。宁夏回族自治区人大常委会相继通过了《宁夏回族自治区天然林区保护暂行办法》《宁夏回族自治区文物保护管理暂行办法》《宁夏回族自治区水利管理条例》《宁夏回族自治区草原管理试行条例》《银川市噪声管理暂行条例》《银川市城市园林绿化暂行条例》《宁夏回族自治区土地管理暂行条例》《宁夏回族自治区矿产资源管理条例》等相关法律。

1983 年 4 月 11 日《宁夏回族自治区执行〈水土保持工作条例〉实施细则》、1988 年 11 月 10 日《关于保护甘草资源的规定》相继出台。20 世纪 90 年代,进一步通过立法,修改完善环保法规和行政规章,共制定环境保护专业法规 8 部,相关的法规和规章 3 部。排污收费、"三同时"、环境影响评价、限期治理、污染集中控制、城市环境综合定量考核、生态村镇和生态示范区建设、自治区级自然保护区建设、总量控制等环境管理和措施的推行,使行政管理与法治、经济手段更好结合,以及多种形式、生动活泼的环境宣传活动相继展开,进一步强化了环境的监督管理。同时,自治区、市(地)、县三级人大加强了环保执法检查,人大代表提建议,政协委员提议案,开创了条块结合、点面结合的环境立法执法检查体系。

自 1979 年《中华人民共和国环境保护法(试行)》中规定了环境影响评价制度、征收排污费制度和"三同时"制度以来,经过几十年的发展,环境法中的环境管理制度日益丰富和完善,在环境监督管理中发挥了重要作用,除以上 3 项外,还有比较成熟的限期治理制度、排污许可登记制度、环境标准制度、环境监测制度、环境污染与破坏事故报告制度、现场检查制度、环境保护目标责任制度、城市环境综合整治定量考核制度等。

第一章 计划管理

第一节 规 划

宁夏环境保护工作(1998～2002)纲要

1998年,自治区环境保护局依据《全国环境保护工作(1998～2002)纲要》,结合宁夏实际,编制完成《宁夏环境保护工作(1998～2002)纲要》,1999年3月24日发布。

奋斗目标 进一步加强适应社会主义市场经济的环境法制建设和环境管理制度建设,到20世纪末,力争使环境污染和生态破坏加剧的趋势得到基本控制,大部分城市和地区的环境质量有所改善,所有工业企业排放污染物达到国家和自治区规定的标准,主要污染物排放总量控制在规定的排放总量指标内,二氧化硫污染控制区大气环境质量有所改善,城市饮用水源水质基本达到国家规定的标准,黄河干流宁夏段水体质量基本达到三类标准,全区森林覆盖率达到8.5%,初步形成绿色屏障体系。到2010年,全区环境管理体系进一步完善,能源结构、产业结构和工业布局趋于合理,城市环境基础设施有较大改善,建立起具有多种效益的林业生态体系,基本控制环境污染和生态破坏,城市环境有较大改善,环境质量与经济发展水平基本适应,为走出一条保护资源、改善环境、造福后代、泽及子孙的可持续发展之路奠定坚实基础,为全区在下世纪中叶与全国同步进入现代化创造良好条件。

主要任务和措施 积极推进党政一把手对环保工作"亲自抓、负总责"制度的落实,各市、县(区)党委也积极贯彻落实环保基本国策。把中央提出的"各级党委和政府一定要一年接一年,一届接一届把环保工作抓紧抓好"的要求落到实处。

建立环境与发展综合决策制度,把环境保护工作由"决策参考"上升为"决策条件",实行一票否决制。完善和扩大辖区环境质量考核目标责任制,使环境与发展综合决策制度化。建立党委和政府领导，人大监督，全社会共同参与，环保部门统一监管，有关部门分工负责，齐抓共管的工作机制。

加大环境保护的立法执法力度，尽快修订完善原有的地方性环保法规，抓紧实施“九五”地方环保立法计划，形成较为完善的法规体系。提高环保执法人员素质，加强环保执法队伍建设，强化职能手段，开展经常性的环境保护行政执法检查活动，严肃查处有法不依、执法不严、违法不究和以权代法、以言代法、以罚代刑等违法行为。要认真对待人大、政协提案和群众来信来访投诉，及时解决环境纠纷。

坚持污染防治和生态环境保护两手抓，集中力量解决危及人民生活、危害身体健康、制约经济社会发展的环境问题。污染防治以水和大气为重点，兼顾其他公害防治，采取措施重点保护饮用水源，加强地表水、地下水和黄河水的保护；防治烟尘、二氧化硫和机动车尾气污染，2000 年实现全区汽油无铅化；解决城市垃圾，“白色污染”和噪声扰民问题。

加大老污染治理力度，在完成全区第三批限期治理项目的基础上，1999 年底前发布全区第四批限期治理项目名录，编制工业污染源实现 2000 年达标排放计划，积极推进 ISO14000 环境管理系列标准和环境标志认证工作，提高企业污染防治能力。

严格控制新污染，加强新、改、扩建项目的环境管理，切实做到增产不增污、增产减污，促进经济增长方式的转变。新建、扩建项目和技改项目必须提高技术起点，在煤炭、冶金、化工、制药、造纸、电力、建材等重点污染行业，采用生物技术、催化技术、脱硫除尘一体化技术等，开展短缺资源代替技术、二次能源利用技术和节能、节水、降耗技术的综合利用，对工业“三废”进行综合治理和开发利用，使工业废物减量化、资源化、无害化。加大老污染治理的力度，依法淘汰落后的生产工艺和设备，对严重污染环境的单位实行限期治理，加强乡镇企业环境管理控制污染向农村转移。

继续做好城市环境综合整治定量考核工作，抓好城市功能区达标和工业、生活污染防治，加快改善城市能源结构，扩大集中供热面积，建成银川热电厂，石嘴山矸石厂等一批热电联供项目，推广脱硫型煤和使用新型脱硫降尘设施。

银川市继续做好城市空气质量周报工作，石嘴山、吴忠等重点城市力争尽快实施周报制度。

加强生态环境保护工作，制定生态环境保护纲要，贯彻《全区生态环境建设规划》，把自然生态建设和管理纳入各级政府的重要议事日程；加强自然生态环境保护法制建设，建立和执行环境影响评价制度，抓紧制定《宁夏自然保护区申报审批办法》《宁夏回族自治区自然保护条例》等环保法规和规章，尽快出台实施，多渠道引进资金，加大自然生态保护和建设投入。

突出抓好南部水土流失治理，中部、东部土地沙化治理和北部土地盐碱化治理。大力发展生态农业，研究开发适合干旱地区生态农业技术模式，推广围栏养畜、栈羊育肥、秸秆养牛养羊，实现农林牧相互促进，环境和经济协调发展的良性循环。继续抓好全国治沙试验示范基地盐池县杨堡乡沙漠化土地综合整治工程，银川铁路局中卫治沙工程和广夏征沙渠生态示范区建设。

做好自然保护区建设和生物多样性保护工作，重点搞好自治区自然保护区规划，建设西吉县火石寨、石嘴山落石滩、海原南华山等自然保护区，建设中卫沙坡头中国沙漠博物馆及固原西北黄土高原生态环境监测站，形成类别齐全、布局合理、管理配套的自然保护区网络。加强湿地保护，建设银川湖面湿地特殊保护区，防止湿地自然生态破坏。完善、强化统一监督管理全区自然生态保护工作，理顺自治区自然保护区办公室的工作，提高综合协调能力。

加大辐射环境监测管理的力度，进一步搞好辐射环境影响评价工作，提高对放射源应用单位的监管执法力度，及时收贮放射性废物，加强辐射管理基础建设工作，搞好放射性废物库的建设。

抓好黄河水污染的治理和清河水流域的污染防治。为加大黄河水污染防治力度，1999 年在南部干旱缺水的固原地区实施碧水计划，在引黄灌区限期完成 9 项污水治理项目，年新增工业污水处理量 600 多万吨，使全区的水污染防治工作迈上新台阶。

集中力量解决危及人民生活，危害身体健康，严重影响景观、制约经济社会发展的环境问题，保护饮用水源。

防治烟尘、二氧化硫、酸雨和机动车尾气污染，在主要城市建成一批垃圾处理场和城市污水处理厂，逐步解决“白色污染”和噪声扰民问题，到 1999 年底，县级以上城市实现机动车禁鸣喇叭，努力减轻城市餐饮娱乐业油烟、噪声污染。

建立和完善环境投入制度，按照“污染者付费”和“开发者保护”的原则，监督排污者和开发者履行环境投入的责任，按照“排污费高于污染治理成本”的原则，提高现行排污收费标准，促进排污单位治理污染。做好排污总量收费试点工作，争取中央和地方稳步增加环境投入，协同有关部门制定促进环境保护事业发展的优惠政策，运用宏观调控手段，引导社会资金投向环境保护领域。协同财政部门制定并建立实施环境保护基金方案，在“两控区”内全面开征二氧化硫排污费。

推进环境科技发展，发挥科技第一生产力对环境保护的支撑作用。制定环境保护技术政策、加强对环保产品、工程设计与施工、环保设施运行的监督管理，做好环境咨询服务工作。

宁夏自然保护区发展规划(1998～2010年)

2000年4月18日，自治区人民政府发布《宁夏自然保护区发展规划(1998～2010年)》。

规划编制的基本原则　根据自然地带递变规律和自然资源的分布特点，合理地规划自然保护区。基本原则是全面规划，突出重点，分阶段实施的原则；重点保护、恢复建设与适度开发利用相结合，按照生态效益、社会效益与经济效益相统一的原则；与生态环境建设相结合，与地区经济发展相适应的原则；自然保护区建设必须坚持可持续发展战略的原则；加强能力建设与提高管理水平相协调的原则。

总目标及分阶段规划目标　自然保护区建设规划总目标是：通过对自然保护区科学规划，加大投入，加快建设，加强管理，到2010年，将建成一个分布合理、类型齐全、面积适宜、机构健全、建设和管理科学、效益良好的自然保护区网络。

分阶段规划目标，分近期、中期目标。

1. 近期(1998年～2000年)。规划新建11个自然保护区，使全自治区自然保护区总数达到19个，自然保护区面积由现在的12.43万公顷，提高到42.04万公顷(包括调整贺兰山、六盘山、沙湖自然保护区面积)，占国土面积的比重由现在的2.4%提高到8.1%；进一步完善自然保护区的法规体系，出台《宁夏自然保护区条例》;80%的自然保护区设置专门管理机构,配备专职技术管理人员,50%的自然保护区具备基本的保护管理设施,保护管理水平有一定的提高。

2. 中期(2001年~2010年)。规划新建自然保护区20个,使全自治区自然保护区总数达39个(国家级6个),自然保护区面积达63.93万公顷,占国土面积的12.34%;形成分布合理、类型齐全、机构完善、管理科学的保护区网络,配备专业技术人员和专职管理人员。其中,专业技术人员占管理人员总数的比例由目前的17.69%提高到25%;70%以上的自然保护区具有较完善的保护管理设施。争取有1个~2个自然保护区列入国际生物圈网保护区或国际重要湿地名录。

自然保护区规划　按部门行业分类、区域、级别等进行规划。

1. 有关部门规划在1998年~2010年期间,充分发挥林业、环保、畜牧、农业、地矿、水利、农垦等部门建设和管理自然保护区的积极性,使保护区数量增加31个。

1998年~2010年宁夏自然保护区部门、类型规划表

表10-1

管理部门	保护区名称	位置	面积(公顷)	主要保护对象	类型	建设时间	拟建级别
地矿部门	校育川石炭系地质剖面保护区	中卫县	200	地质剖面、生物化石	地质遗迹	1998~2000	省级
	水洞沟旧石器时代晚期文化遗址	灵武市	200	地质剖面、生物化石	地质遗迹	2001~2010	省级
	红果子沟长城错断保护区	惠农县	200	断层剖面	地质遗迹	2001~2010	省级
	丁家二沟中新统生物化石保护区	同心县	400	古生物化石	古生物遗迹	1998~2000	省级

续表

管理部门	保护区名称	位置	面积（公顷）	主要保护对象	类型	建设时间	拟建级别
畜牧部门	盐池滩羊自然保护区	盐池县	117000	草原生态与滩羊	草原生态	1998～2000	国家级
	落石滩四合木保护区	惠农县	1000	四合木及生态系统	草原生态	1998～2000	城市级
	月亮山自然保护区	西吉县	3300	草甸草原、野生动物	草原生态	2001～2010	县　级
	天景山中卫山羊保护区	中卫县	101300	中卫山羊及其生态系统	草原生态	2001～2010	省　级
环保部门	青铜峡库区自然保护区	青铜峡市	6000	草地水域、珍禽	内陆湿地	2001～2010	国家级
	党家岔自然保护	西吉县	1000	地震遗迹、湿地	地质遗迹	2001～2010	省　级
	庙庙湖自然保护区	陶乐县	1000	荒漠生态、水域、湿地、鸟类	荒漠生态	2001～2010	县　级
	火石寨地质景观保护区	西吉县	10000	地貌景观	地质遗迹	1998～2000	省　级
	银川湖泊湿地保护区	银川市	10000	湖泊、湿地、鸟类	内陆湿地	2001～2010	省　级
农业部门	红跃自然保护区	西吉县	1000	湿地、鱼类、西吉彩鲫	内陆湿地	1998～2000	省　级
	南长滩自然保护区	中卫县	1000	湿地、鸽子鱼	内陆湿地	2001～2010	县　级
农垦部门	黄旗口自然保护区	银川郊区	7733	野生动植物、荒漠草原生态系统	荒漠生态	1998～2000	省　级
	暖泉自然保护区	贺兰县	333	历史遗迹、草原生态	草原生态	2001～2010	省　级

2. 按行业分类规划为 1998 年 –2010 年期间，规划森林生态类型保护区 6 个，草原生态类型保护区 5 个，荒漠生态类型保护区 3 个，内陆湿地水域生态类型保护区 11 个，古生物遗迹类型保护区 1 个，地质遗迹类型保护区 5 个。

3. 按分区规划。自治区地域虽小，但区域内气候条件差异较大，资源分布及其丰富程度地域性分布规律明显，全区可分为 2 个 I 级区、5 个 II 级区。

宁夏自然保护区规划分区表

表 10－2

Ⅰ级区	Ⅱ级区
华北平原、黄土高原区	六盘山高寒阴湿区
	南部黄土丘陵半干旱区
蒙新高原荒漠区	中部风沙干旱区
	宁夏平原引黄灌区
	贺兰山区

1998 年～2010 年自然保护区分区域规划表

表 10－3

	1998～2000 年				2001～2010 年				1998～2010 年
	国家级	省级	县级	小计	国家级	省级	县级	小计	合计
六盘山高寒阴湿区		2		2		1		1	3
南部黄土丘陵半干旱区		1		1		4	4	8	9
中部风沙干旱区	1	2		3		2	1	3	6
宁夏平原引黄灌区		3	1	4	1	5		6	10
贺兰山区		1		1		2		2	3
合计	1	9	1	11	1	14	5	20	31

全自治区已建国家级自然保护区 3 个，即六盘山、贺兰山和沙坡头自然保护区。规划调整贺兰山、六盘山自然保护区面积，由 8.77 万公顷调整为 22.4 万公顷；规划沙湖自然保护区由省级晋升为国家级自然保护区，面积由 4247 公顷调整为 5580 公顷。上述 3 个自然保护区共调整增加面积 13.77 万公顷。规划新建国家级自然保护区 2 个，即盐池滩羊自然保护区和青铜峡库区自然保护区。

宁夏已建及1998年~2010年自然保护区规划示意图说明

表10-4

<table>
<tr><th>项目</th><th>序号</th><th colspan="2">名　　称</th><th>项目</th><th>序号</th><th>名　　称</th></tr>
<tr><td rowspan="8">已建成自然保护区</td><td>1</td><td rowspan="3">扩建自然保护区</td><td>贺兰山自然保护区</td><td rowspan="20">规划自然保护区</td><td>21</td><td>惠农黄河湿地自然保护区</td></tr>
<tr><td>2</td><td>六盘山自然保护区</td><td>22</td><td>青铜峡唐总干渠自然保护区</td></tr>
<tr><td>3</td><td>沙湖自然保护区</td><td rowspan="2">23</td><td rowspan="2">校育川石炭纪地质剖面保护区</td></tr>
<tr><td>4</td><td colspan="2">罗山自然保护区</td></tr>
<tr><td>5</td><td colspan="2">云雾山自然保护区</td><td>24</td><td>水洞沟旧石器晚期文化遗址保护区</td></tr>
<tr><td>6</td><td colspan="2">沙坡头自然保护区</td><td>25</td><td>红果子沟断层保护区</td></tr>
<tr><td>7</td><td colspan="2">石峡沟泥盆系剖面保护区</td><td>26</td><td>丁家二沟中新统化石保护区</td></tr>
<tr><td>8</td><td colspan="2">白芨滩自然保护区</td><td>27</td><td>盐池滩羊自然保护区</td></tr>
<tr><td rowspan="12">规划自然保护区</td><td>9</td><td colspan="2">挂马沟自然保护区</td><td>28</td><td>落石滩四合木自然保护区</td></tr>
<tr><td>10</td><td colspan="2">禅塔山自然保护区</td><td>29</td><td>月亮山自然保护区</td></tr>
<tr><td>11</td><td colspan="2">大寨山自然保护区</td><td>30</td><td>天景山中卫山羊自然保护区</td></tr>
<tr><td>12</td><td colspan="2">黄家庄自然保护区</td><td>31</td><td>青铜峡库区自然保护区</td></tr>
<tr><td>13</td><td colspan="2">南华山自然保护区</td><td>32</td><td>党家岔自然保护区</td></tr>
<tr><td>14</td><td colspan="2">叠叠沟自然保护区</td><td>33</td><td>庙庙湖自然保护区</td></tr>
<tr><td>15</td><td colspan="2">月牙湖自然保护区</td><td>34</td><td>火石寨地貌景观保护区</td></tr>
<tr><td>16</td><td colspan="2">明水湖自然保护区</td><td>35</td><td>红跃自然保护区</td></tr>
<tr><td>17</td><td colspan="2">通贵自然保护区</td><td>36</td><td>南长滩自然保护区</td></tr>
<tr><td>18</td><td colspan="2">黑泉湖自然保护区</td><td>37</td><td>黄旗口自然保护区</td></tr>
<tr><td>19</td><td colspan="2">哈巴湖自然保护区</td><td>38</td><td>暖泉自然保护区</td></tr>
<tr><td>20</td><td colspan="2">白马黄河湿地自然保护区</td><td>39</td><td>银川湖泊湿地保护区</td></tr>
</table>

宁夏自然保护区区划方案(提要)

1986年10月4日,自治区人民政府批复自治区农业区划委员会编制的《宁夏自然保护区区划方案(提要)》。方案根据宁夏地理环境的实际提出建立自然保护区的必要性以及对生产、科研、文化、教育、旅游、卫生事业的发展的重要作用。

保护区(点)规划　自治区区划出各类保护区(点)39个,其中保护区19

个，保护点20个，总面积144381公顷（折217万亩。不含滩羊保护区面积），占全区土地总面积的2.2%。其中已建保护区7个，即贺兰山、六盘山、罗山、云雾山、沙坡头、青铜峡库区、白芨滩，总面积13967公顷（折171万亩），占全区土地总面积的1.8%。

按生态类型划分　森林、动物类型14个，其中保护区9个，禁猎区5个。分别是贺兰山、六盘山、罗山、青铜峡库区、白芨芨滩、灵光寺、米钵山、头道墩、天景山和芦花台、新市区、树新、通伏、高沙窝；草地类型7个，其中保护区4个，保护点3个。分别是云雾山、盐池、南华山、香山和黄漫滩、洪广营、落石滩；文物类型6个，有暖泉、平吉堡、横城、柳杨堡、寺口子、长城；地质类型5个，有水洞沟、牛首山、王沟、西安州、同心；水域类型6个，有前进湖、滚泉、南常滩、红跃、城关、蒙宣；沙漠类型1个，有沙坡头。

宁夏回族自治区环保产业发展规划（1999～2005～2010年）

环保产业发展目标　根据《宁夏回族自治区环境保护“九五”计划和2010年规划纲要》的要求，全区环保产业发展目标是确立培养1个环保市场，壮大3个拳头产品，组建4个环保产业中心。即以优势项目为龙头，积极发展环保设备、环境工程、环保产业服务、自然生态保护4个环保产业中心，积极开发壮大低污染真空锅炉、水处理剂、粉煤灰建材3个拳头产品，带动全区环保产业的大发展。“九五”期间努力使环保产值增长率保持在20%，2000年环保总产值达10亿元，新产品及新建企业2005年达到15亿元，2010年翻一翻达30亿元。基本形成以大专院校、科研院所为主体的产学研一体化的环保产业技术开发体系，以法律和经济手段为主的环保产业市场监督管理体系，使环保产业在下世纪初成长为全区经济发展的支柱产业。

环保产业发展重点　发挥宁夏三新技术股份有限公司、宁夏华银科技实业有限公司、宁夏瀛海建材集团的龙头优势，组建产业集团，形成一支具有科技优势、设备好、生产能力强的“省队”带动全区环保产业向高水平发展，并瞄准国际市场，发展外向型环保产业，确保现有拳头产品基础上，让更多的产品打出去，参与国际、国内竞争。

在污水处理技术和设备方面，优先解决造纸、低糖、食品加工、橡胶制造业的废水污染问题，配合节水、降耗、清洁生产，积极开展中水回用等污水资源化技术的开发。

在空气污染防治技术和设备方面，应对技术力量薄弱、生产工艺落后、产品质量低劣的企业，下决心调整。改变低水平、产品重复生产和粗制滥造状况的同时，对中、小型燃煤锅炉应加强高效除尘和脱硫技术设备的开发研制，尽快形成一支有一定规模、技术先进的产业队伍及经济、适用产品。如旋转喷雾干法脱硫技术、炉内喷钙加增活化脱硫技术、循环硫化燃烧技术等，着重开发大型高效脱硫除尘器、工业废水处理有机催化净化装置。要加强对铁合金、碳化硅、水泥等冶金、建材行业粉尘、烟尘的收集装置及回收利用技术的开发研制，有效解决低空排放污染重、危害大的问题。积极扶植、推广全区先进的汽车尾气治理技术和装置，加快发展汽车电喷装置和尾气净化装置。

固体废物处理和处置利用方面，积极开展煤矸石的利用，对含碳量高的煤矸石，可开发用于燃烧发电等。发挥农业科技的优势，开展适合宁夏的垃圾堆肥技术研制，中、小型城市垃圾焚烧炉和回收资源技术的开发研制，为实现2000年城市垃圾无害化、减量化、资源化的环境目标提供技术和物质保障。

在环保产业服务业建设方面，建立起过硬的环保科技服务体系，扩大服务范围，通过项目达标、技术咨询、技术交流交易会等形式，为环保设备生产厂家提供技术服务。

低公害、绿色食品方面，还仅处于体系的形成和起步阶段，应大力扶植。配合沙漠治理和生态保护工程的开展，利用宁夏低公害、无污染的良好生态环境大力发展绿色食品，尤其是清真食品。应充分发挥清真食品优势，建立面向中东市场的清真绿色食品基地。

环保产业发展政策措施　发展环境保护产业的指导思想是“积极扶持，调节结构，依靠科技，提高质量，面向市场，优质服务”。

从2000年起，每年提取排污费的10%，建立全区环保产业发展基金。重点扶持发展方向对路的环保骨干企业和产品，支持重点环保科技攻关，项目开发和成果转化。

对效益好，信誉高的环保企业在条件成熟是经有关部门批准可发行债券和股票，用于扩大生产规模，提高产品档次和市场占有率。

把环保产业的发展纳入国民经济和社会发展总体规划。区科委、计委经委和环保局等有关部门应将环保新技术和新产品研制优先列入科技发展计划和推广计划，协助环保企业积极争取国家火炬计划、星火计划、环保科技开发等专项贷款。金融部门对经济效益好的环保企业、产品和项目，优先安排信贷资金。

运用税收杠杆扶持发展“三废”综合利用、环保新产品新技术开发、污染治理及生态保护工程建设。对环保投资项目，经审核，执行固定资产投资方向调节税零税率；企事业利用“三废”等废弃物为主要原料进行生产的，可在5年内减征或免征所得税；企事业单位进行环保技术转让，以及与技术转让有关的技术咨询、服务、培训所得，年净收入在30万元以下的，暂免征收所得税；环保产业重点发展领域进口国内不能生产的设备和仪器，免征关税和进口环节增值税；经区环保主管部门认定的环保高新技术企业及产品，减至按15%的税率征收所得税；新办的环保高新技术企业自投产年度起免征所得税两年，同时享受区上支持的新技术产业发展的有关政策。

加强交流与合作，积极推进、消化、吸收先进技术，推进全区环保产业技术进步。争取资金投入，提高环保产业发展的实力。相互配合，共同努力，推动环保产业成为全区新的经济增长点。

宁夏《中国跨世纪绿色工程规划》

根据国家环境保护总局关于编制《中国跨世纪绿色工程规划》第一期(1990～2000年)的要求精神，结合全区实际情况，自治区编制了跨世纪绿色工程项目，为保证落实项目实施，自治区环保局组织各地、市、环保部门及自治区冶金公司，自治区轻纺厅、区农垦局、青铜峡铝厂、广夏公司等进行检查、审核，共上报年度滚动计划10项。总投资57116万元。

1996年纳入《绿色工程计划》项目共6项，共投资84100万元，有银川市污水处理配套工程、新市区污水处理配套工程、宁夏硅铁合金、粉尘综合利用、宁夏干旱荒漠区野生甘草资源保护与人工栽培育种种植建设、宁夏造纸废水处理、宁夏甜菜制糖废水处理。

1998年，自治区环保局成立跨世纪绿色工程规划领导小组，由局长何琮任组长，是年纳入《绿色工程计划》的项目共9项。

银川市城区污水处理及配套工程已由银川市上报项目建议书，初步确定了处理方法，2000年前完成。

新市区污水处理及配套工程于1996年已完成北部排水系统管网建设，污水处理工程安排在2000年以后。

在宁夏造纸废水治理工程方面，自治区有万吨以上纸厂5个，最大的纸厂中卫造纸厂年产3.5万吨，1996年区计委已批复中卫造纸厂建设万吨碱回收工程，1997年可开工建设。其余纸厂尚未治理。还有宁夏甜菜制糖废水治理工程；宁夏铁合金硅铁合金电炉排尘综合治理；石嘴山市第二炭素厂搬迁；宁夏铁合金厂，SiO_2 细微粉尘治理及综合利用；宁夏干旱荒漠区野生甘草资源保护与人工栽培种植区建设；宁夏青铜峡铝厂一期工程污染治理。

1999年，对前3年的项目进行调查，已完成3项，撤销3项，新增五项，年度内实施滚动计划10项。已完成3项投资4500万元。撤销3三项减少总投资3000万元。新增5项总投资34684万元。主要有：吴忠市集污处理工程，石嘴山市大武口大气污染综合治理，银川市天然气输配工程，宁广夏种植麻黄改良沙漠荒地项目。利用盐碱沼泽地种植芦苇建设生态区。

2000年，宁夏《中国绿色工程》第二期开始实施。列入第二期的项目共27个。其中，银川市9项，石嘴山市13项，吴忠市4项，固原地区1项。共投资32977万元。

绿色工程计划

1996年，自治区环保局为了实施国家环保局“九五”期间的两大重要举措，特别编制以治理水污染为目的“保卫黄河跨世纪污染防治工程计划”，编制了以治理硅铁合金 SiO_2 尘染为目的“蓝天工程计划”，经自治区计委同意将“绿色工程计划”中的4个环保项目列入自治区“九五”计划和2010年长远规划。

宁夏跨世纪绿色工程计划项目表

表10-5

项目分类	序号	项　目　名　称	总投资(万元)
污水处理	1	宁夏银川市城区污水处理及其配套工程	24000
	2	银川市新市区污水处理及其配套工程	36000
工业固废	3	宁夏硅铁合金冶炼炉 SiO_2 细微粉尘治理及综合利用	7500
生物多样性保护	1	宁夏干旱荒漠区野生甘草资源保护与人工栽培种植区建设	1200

1998年12月3日，自治区环境保护局与宁夏冶金总公司、自治区轻纺厅、自治区农垦局、青铜峡铝厂、宁夏广夏公司等部门共同审核，提出了调查项目的清单，按照等量调查的原则（即项目的个数可以有变化，但环保资金的投入不能减少，污染物的削减量不能减少，新增的项目必须是符合国家产业政策和有关行业政策）。已完成3项，撤销3项，新增5项，年度实施滚动计划的10项。

绿色规划撤销项目　有3个项目。

1. 吴忠造纸厂废水治理工程。投资7000万元，该企业达不到碱回收的经济规模，资金无法落实。该厂因城市规划用地准备搬迁，撤销该项目。

2. 宁夏硅铁合金冶炼炉 SiO_2 细微粉尘治理及综合利用。总投资15000万元，资金无来源，行业不景气，撤销该项项目。

3. 宁夏干旱区野生甘草资源保护与人工栽培种植区建设。总投资8000万元，种植甘草1万亩，生态恢复区400平方公里，无项目单位，无资金来源，因此撤销该项目。

绿色规划新增项目　有5个项目。

1. 吴忠市城市集污及处理工程。总投资2200万元，1998年已完成投资1000万元，COD削减量0.02万吨/年。该项目和甜菜制糖废水治理项目相调整。

2. 石嘴山市大武口区污染综合治理。总投资600万元，1998年已完成投资160万元，石嘴山市加大了大气污染综合治理，对辖区内的采暖锅炉和茶浴炉从1998年起不准燃烧烟煤，只能燃烧无烟煤，加强消烟除尘器的安装，改善石嘴山市大武口区的大气污染程度，年消减烟尘11000吨/年。

3. 银川市天燃气输配工程。总投资18484万元，1998年完成投资80万元，供气11万户，供气10000万立方米，消减 $SO_2$3200吨/年，烟尘1100吨/年。该项目和宁夏硅铁合金冶炼炉 SiO_2 细微粉尘治理及综合利用项目相调整。

4. 宁夏广夏公司种植麻黄改良沙漠荒地项目。总投资9800万元，1998年已完成投资6920万元，种植麻黄12000亩，改良沙漠2000亩，该项目被国家环境保护总局命名为“全国生态示范区”。该项目和宁夏干旱区野生甘草资源保护与人工栽培种植区相调整。

5. 利用盐碱沼泽地种植芦苇建设生态区。总投资3600万元,种植芦苇6万亩,建成3万吨集中制纸浆的基地,改造盐碱地,改善生态环境质量,提供了造草纸原料基地,建设生态示范区和吴忠造纸厂项目调整。

年度计划实施项目总投资57116万元,1998年已投资完成投资10250万元,缺少资金29512万元。完成以上项目难度很大。

2000年7月10日,自治区环保局根据第一期国家绿色工程规划的实施情况,又根据石嘴山市政府的意见,编制了自治区绿色工程(第二期)项目计划。共列项目9项,总投资3.3亿元。

绿色规划项目及效益 有3个项目。

1. 宁夏甜菜废水治理工程。宁夏平罗、青铜峡、银川三个糖厂总投资1500万元,其中平罗、青铜峡糖厂停工破产,计划未实施。

2. 宁夏铁合金厂烟尘治理。治理 SiO_2 尘排放总投资3500万元,削减烟尘6000吨,停产2年被西北轴承厂兼并转产。

3. 石嘴山市第二碳素厂。于1996年12月完成搬迁。

固原地区碧水计划(1995～2010)

1998年8月3日,固原地区行署批准固原地区环保局制定了《固原地区碧水计划》。碧水计划以水环境保护为龙头,动员和调动各方面的力量围绕水做文章,"治、管、节、护"并举,工程措施与生物措施相结合,3年初见成效,10年基本达标。计划目的是蓄住天上水,截留地表水,挖掘地下水,引进黄河水;治理天然臭水、工业废水、生活污水;加强水源管理,大力提倡节约用水,工业重复用水和废水回收利用;恢复水源植被,制止生态破坏。通过优化开发和高效利用水资源,开源与节流并重,地表水和地下水互补。依法保护水资源,防治水污染和污水资源化,减少污染物排放量,提高水的利用率,保证用水水质和河流水质,改善人畜饮用水条件。

水环境保护目标 到2000年,全地区所有水库、塘坝、水窖、水池等蓄水能力在"八五"末的基础上增长35%,蓄水量增加5340万立方米;固海扬黄扩灌工程新增水量15.5立方米/秒,实现干旱带片每户2眼～3眼水窖(井)的目标。

到2000年,全地区6县城生活用水供水能力达到40000立方米/日,自来水普及率达到95%,其中固原县城供水能力达到15000立方米/日,西吉县城供水能力达到4000立方米/日,海原县城供水能力达到5000立方米/日,彭阳县城供水能力达到4000立方米/日。到2010年,全地区6县城供水能力增加到70000立方米/日。

到2000年,全地区6县城生活饮用水水质净化率达到60%,其中固原、彭阳、泾源3县城生活饮用水水质达到国家饮用水卫生标准;农村饮水水质净化率达到10%。到2010年城乡饮用水均达到国家饮用水卫生标准。

到2000年,全地区工业废水处理率达到80%,其中县及县以上工业废水,医院污水处理率达到100%;乡镇企业废水、乡镇中心卫生院污水处理率达到60%以上;废水中主要污染物、有毒、有害物质必须达标排放;废水中主要污染物排放总量年增长幅度控制在5%以内。到2010年全地区所有工业企业,生活污水处理率达到100%。

到2000年,基本建成固原县综合污水处理厂;到2010年建成海原、西吉、隆德、泾源、彭阳5县综合污水处理厂。

到2000年,流经全地区的主要河流,污染指标基本得到控制,其中清水河:固原三里铺上游段面控制到国家地面水二类标准,三里铺至沈家河水库段面控制在国家地面水质四类标准,沈家河水库下游至同心段面控制在国家地面水五类标准。葫芦河:西吉县城至夏寨水库段面控制在国家地面水三类标准;隆德县城至三里店水库段面控制在国家地面水三类标准。泾河:泾源县城以上段面控制在国家地面水二类标准,县城至香水河与泾河汇合处段面控制在国家地面水三类标准;彭阳县城以上段面控制在国家地面水二类标准,县城以下估段面控制在国家地面水三类标准。祖历河按四类标准控制,到2010年上述河流均达到国家地面水规定标准。

到2010年发源于本地区的天然苦水得到根治。

继续加快生态环境建设步伐,以治理水土流失,恢复植被,建设生态农业为重点。3年打基础,5五年初见成效。20年改变面貌。实现小雨不下山,中雨不出沟,大雨不遭灾。

水环境保护主要任务　主要有六大任务。

1. 蓄水工程计划。到2000年,天然草场的破坏和退化现象基本得到遏制,同时,人工种草面积保存在200万亩以上。加强水源涵养林的保护和建设。到2000年完成六盘山24万亩针叶林营造工程;2005年完成南华山10

万亩针叶林营造工程。

2. 节水农业工程计划。推广小畦灌溉。改大水漫灌为小畦灌溉，加强渠道砌护，减少渗漏，节约用水，扩大有效灌溉面积。灌区大力推广低压管灌技术。该技术具有“四省”（省水、省能、省地、省工），新增机井全部采用低压管灌技术，老机井到2000年50%以上改造为低压管灌井。大面积推广地膜覆盖栽培技术。2000年全地区以玉米、小麦、瓜菜、烤烟为主的地膜覆盖栽培，推广面积达到100万亩。

3. 饮用水净化处理计划。(1)水源地建设。一是对水源地周围环境的绿化建设和封闭式管理。通过植树、种草增大涵养水源，防止水土流失，降污染，提高水质质量。二是扩大蓄水量。在人口集中的固原、隆德、海原、西吉县城和三营镇等严重缺水的地区，对饮用水源地进行扩建、改建、新建、增大日蓄水量和日供水能力。另外对于以地下水为主的饮用水源地，通过勘测打新井，以提高水质、增大供水能力。(2)净化工艺处理设施的改造和建设。计划从1998年开始，到2010年，分别对固原、西吉、隆德、海原、三营4县1镇原有水厂进行技术改造，更新设备，扩大规模。建设饮用水净化厂。改造供水管网，减少跑水现象。4县1镇计划日净化能力达到5.5万立方米，估算投资6600万元，净化后解决30万人的吃水问题和现有工业、新建工业的用水问题。(3)农村饮用水净化工程。主要措施是改变用水方式。一是将直接取水改为处理后再用水。通过操作简单净化处理效果好的净化法对饮用水处理，提高用水质量；二是结合村镇规划建设，对井、泉、河水采取集中处理，统一供水方式。即集中处理后，通过管道以自来水的方式直接供到农户，达到节约用水，卫生用水的目的。三是泉水改造，将敞开式的水泉进行工程改造成半封闭式，并将人畜饮水分离。

对窖水，大力推广手压泵，以改善取水条件。推广封闭型专用水场，大力推广屋檐接水，以提高窖水的质量。

固原地区部分农村饮用地面水及高氟区净化工程表

表 10-6

<table>
<tr><th rowspan="2">县名</th><th rowspan="2">全部行政村数(个)</th><th colspan="3">部分饮用地面水村数(个)</th><th rowspan="2">工程名称</th><th rowspan="2">规模 m³/日</th><th rowspan="2">投资(万元)</th><th rowspan="2">建设年份</th><th rowspan="2">效益</th></tr>
<tr><th>合计</th><th>饮地面水</th><th>饮降水</th></tr>
<tr><td>西吉</td><td>286</td><td>47</td><td>30</td><td>17</td><td>地面水净化自来水</td><td>300×47</td><td>2026</td><td>1998~2010</td><td rowspan="6">解决60万人饮用水净化</td></tr>
<tr><td>海原</td><td>171</td><td>29</td><td>9</td><td>20</td><td>地面水净化自来水</td><td>300×29</td><td>1250</td><td>1998~2010</td></tr>
<tr><td>固原</td><td>254</td><td>79</td><td>70</td><td>9</td><td>地面水净化自来水</td><td>300×79</td><td>3405</td><td>1998~2010</td></tr>
<tr><td>隆德</td><td>245</td><td>11</td><td>11</td><td></td><td>地面水净化自来水</td><td>300×11</td><td>474</td><td>1998~2010</td></tr>
<tr><td>彭阳</td><td>160</td><td>98</td><td>71</td><td>27</td><td>地面水净化自来水</td><td>300×98</td><td>4220</td><td>1998~2010</td></tr>
<tr><td>泾源</td><td>61</td><td>10</td><td>10</td><td></td><td>地面水净化自来水</td><td>300×20</td><td>431</td><td>1998~2010</td></tr>
<tr><td>合计</td><td>1177</td><td>274</td><td>201</td><td>73</td><td>地面水净化自来水</td><td>300×274</td><td>11800</td><td>1998~2010</td><td></td></tr>
</table>

4. 污水治理工程计划。(1)城市污水集中处理工程。全地区城市1996年工业废水排放总量564.8万吨/年,只有58.959万吨的工业废水经过处理,其余均直接排入河流,造成河水污染,严重影响着下游的农业生产和群众生活。到2010年,工业、生活废水排放总量将达到3000万吨。因此,建设城市综合污水处理厂,是解决水环境污染首要任务。(2)城市污水处理。企业排放废水中的重金属、有毒物质等由工厂进行处理后排入城市污水处理厂再集中处理。政府应集中力量做好城市规划建设和管理,首先要把城市污水处理及其管网纳入城市规划。采用建设运行费用低、易操作的生物氧化塘工程和其它先进的城市污水处理工艺。(3)城镇污水集中处理工程计划。根据本地区的实际,污水处理厂的建设可分批建设,第一阶段到2005年,先建固原、隆德、西吉3县城,第二阶段到2010年,建成彭阳、海原、泾源3县城。固原县集中污水处理厂按日处理能力3万吨设计,西吉按2万吨设计,海原、隆德、彭阳、泾源四县各按1万吨设计,6县共需投资1.8亿元,其中2005年以前投资1.2亿元。

城镇污水处理工程计划表

表 10－7

县　名	设计规模	造　价	总投资	计划完成时间
固原县	3 万吨 m^3／日处理能力	2000 元/吨	6000 万元	2005 年
隆德县	1 万吨 m^3／日处理能力	2000 元/吨	2000 万元	2005 年
西吉县	2 万吨 m^3／日处理能力	2000 元/吨	4000 万元	2005 年
彭阳县	1 万吨 m^3／日处理能力	2000 元/吨	2000 万元	2010 年
海原县	1 万吨 m^3／日处理能力	2000 元/吨	2000 万元	2010 年
泾源县	1 万吨 m^3／日处理能力	2000 元/吨	2000 万元	2010 年
合　计	9 万吨 m^3／日处理能力	2000 元/吨	1.8 亿元	

5. 工业废水控制及处理。(1)改革生产工艺、减少污染的新工艺。如淀粉、造纸业采用减少污水或达标排放新工艺。减轻 COD、BOD 等有机物污染。(2)发展封闭系统,重复利用废水。把有可能造成污染的物质在生产过程和工艺流程上封闭在生产系统内,不外排污染物。并将能够利用的水循环使用,这是合理用水和减少废水排放量的一个新的发展趋势。(3)回收有用产品。尽量使流失到废水中的原料和成品与水分流,就地回收,如造纸工业中纸浆废液碱回收,漂白液中回收氯化钠,高酚浓度水萃取回收酚,电镀工业中回收铬、锌等原料,淀粉工业中回收蛋白等。(4)实行污水排放总量控制。根据各水系的功能及载污量,再依次分配给各废水排放企事业单位。发给废水排放许可证,进行总量控制,并可进入市场有偿转让。

工业废水处理工程计划,以宁夏广夏公司固原分公司的 1 万吨淀粉、1 万吨变性淀粉为主,带动西吉县精粉总公司、清真粉丝厂、隆德县淀粉厂、固原县六盘山淀粉公司、泾源淀粉厂、固原县造纸厂、固原县制革厂,各建 1 个废水处理站,年处理量 800 万吨,日处理能力 2.2 万吨,其中淀粉行业日处理量 1.65 万吨,造纸行业日处理量 4000 吨,皮革废水日处理量 1500 吨。工业废水处理工程预计总投资 2440 万元。

工业废水治理项目及投资估算表

表 10－8

序号	项目名称	日处理能力（立方米/日）	处理方法	投资估算（万元）			资金来源（万元）	
				土建	设备	合计	国家投资或贷款	自筹
1	广夏淀粉废水处理	8000	物理、化学、机械	80	170	250	200	50
2	西吉粉丝厂废水治理	1500	物理、化学、机械	50	140	190	150	40
3	西吉淀粉厂废水治理	1500	物理、化学、机械	50	140	190	150	40
4	六盘山淀粉厂废水治理	3000	物理、化学、机械	50	140	190	150	40
5	隆德淀粉厂废水治理	2500	物理、化学、机械	20	100	120	100	20
6	固原县造纸厂废水治理	4000	沉淀、化学、机械	80	220	300	250	50
7	固原县制革厂废水治理	1500	沉淀、化学、机械	50	150	200	150	50
合　计		2.2 万		380	1060	2440	2150	290

6. 天然苦水治理工程。主要是 5 处苦泉水，治理总量约 300 万吨/年，计划需投资治理资金 2400 万元。1998 年～2000 年主要是申报项目计划，争取治理资金，落实治理方案。

第二节　五年计划

宁夏回族自治区环境保护"六五"计划（1981 年～1985 年）

计划目标　从以下 4 个方面予以记述。

1. "六五"期间，治理水土流失面积从 1980 年的 3324 平方公里，增加到 3760 平方公里，对盐渍化土地采取排灌结合，井渠结合，以降低地下水位，改良土质。在南部山区和弱、中、强度化的沙漠地区，逐步退耕还林还牧，沙漠化地区要利用丘间低地营造花棒沙柳、柠条等植被封沙育林等。在 1980 年，实有造林面积 27.1 万亩的基础上，计划在"六五"期间年平均造林 4.3%。

2. 制定"六五"规划，工业的"三废"排放量以 1981 年为基数，到 1985 年工业废水以年递增 2.5%，废气年递增 1.0%，废渣年递增 1.5% 计算，加上"六五"期间新建投产宁夏化工厂、大坝火电厂和灵武矿区等企业。工业废水、废气、废渣分别以年平均 7.2%、6.1%、7.0% 的量在增加。

结合工艺改造，节能措施，更改资金的安排和环境保护补助资金等使用。推行“三废”治理和综合利用，均以投资万元数计算“三废”治理率。

3. 除了工业较集中的银川、石嘴山、吴忠市外，还有平罗、贺兰、永宁、灵武、青铜峡、中宁、中卫等县也有一些工业企业，在这些地区必须加强环境管理和“三废”治理工作。

固原地区和其他山区县，工业较少，以生态保护为主。计划建立罗山、六盘山的自然保护区。抓好联合国粮食计划署在西吉县建立1个生态平衡试验基地。

4. 环保机构建设。当年只有银川市，石嘴山，银南行署地区有基层组织，固原行署尚未设立机构。根据工作需要，计划在“六五”期间，固原地区建立环保站和固原环境监测站。川区8个县也要设置机构，以适应环保工作的发展。

计划完成情况 “六五”期间，环境保护工作处于一个初级发动阶段，机构不健全、法规不完整、没有自己的环境监测及科研力量，已经建立的2个环境管理部门——自治区环办和银川市环办只能从事宣传教育、自身建设、个别企业的治理、新建工程的环保设施的审批等有限工作。中共十一届三中全会以后，随着国民经济的恢复与发展，对环境保护认识上的提高，环保法的颁布，自治区的环境保护工作进入了新阶段。从单纯抓工业“三废”、城市环境污染治理、进入了立足于防治自然生态破坏，全面、综合管理城市环境和农村环境的阶段。环境科学的宣传教育日益广泛深入，环境污染的危害性被各级领导及广大群众逐步认识。自1979年以后，环保部门与自治区各有关部门开始建立起协调关系；新建、扩建、改建工程的污染防治内容已经基本上纳入基本建设程序；对原有污染严重的企业的治理也有了明确的渠道，分别在基建、技改计划中分期分批地安排；环境监测队伍基本形成，银川市、石嘴山市、银南地区都可以进行大气与水体的例行监测，自治区监测中心站（环保所）边建设边承担了一些监测科研任务。

宁夏环境保护“七·五”计划（1986年～1990年）

基本目标 包括4个方面。

1. 严格控制工业污染。对“七五”计划拟建的30个大中型项目和拟扩建进行技术改造的40个重点企业严格执行“三同时”规定，项目投产后，排放污染物和水重复利用率必须达到国家规定的排放标准。根据预测，1990 年当全区工农业总产值达到 50 亿元时，生产排放 $SO_2$14 万吨，颗粒物 37.8 万吨，分别比 1982 年增加 76.7%、2.43 倍；欲实现“七五”大气环境质量要求，SO_2、颗粒物削减量分别为 33672 吨和 176094 吨。为此，全区燃煤烟尘脱除率要达到 80%，工业粉尘回收率达到 80%。燃料气化率石嘴山市达 20%，银川市达 30%，集中供热联片取暖要达到 50% 以上。

严格控制企事业单位向水体中排放汞、镉、砷、六价铬、酚、氰和放射性物质，污染物不允许超标排放，全区工业用水重复利用率达 60%，工业废水总量要控制在 1.5 亿吨，处理率争取达到 50% 以上。

控制固体废弃物污染，力争工业废渣综合利用率达到 15% 左右，未综合利用的废渣要妥善贮存，严禁任意向江河湖排放，期末要建成放射性废物库。

2. 银川市、石嘴山市、中卫县的环境质量要力争有明显好转，大气中的总悬浮颗粒基本达到三级标准。划定市镇饮用水源地，加以重点保护，使其水质达到国家二级标准。银川市、石嘴山市城市污水处理率达到 63%。严格控制噪声污染，主要交通干道噪声不应超过 70dB(A)，区域环境噪声应达到国家标准。绿化面积达到人均 3 平方米 ~5 平方米。

其他市县也要努力控制污染的发展，力争使环境质量有一定的改善。

3. 保护黄河重点水系水质。努力控制黄河宁夏段汞、砷、铬、酚、氰、油和大肠菌的继续污染，入黄河的清水河、苦水河和汇渭的泾河、湖芦河等的水质不再恶化。

农田灌溉水质要符合农田灌溉水质标准。

对 15 个中型水库的水质要严防污染，对全区现有的 194 座大中小型水库，力争做到“蓄清排沙，引洪淤灌”。

对全区现有百亩以上的 274 个水湖、15.07 万亩的水湖面积，不得围湖造田，积极开展综合开发利用，其水质争取达到二级以上水质标准。

4. 保护和改善生态环境。保护农村环境，乡镇企业在没有“三废”治理设施情况下，不得进行有污染环境的生产活动。南部山区继续大力种草种树，建设植被，积极推广沼气、太阳能和省柴灶，建立最佳农村能源结构。合理开发和利用自然资源，采取有效措施，减少和防止对生态环境的破坏。

主要措施　包括 8 个方面的措施。

1. 强化环境管理。建立和充实各级环保机构,职工人总数由242人逐步增加到384人,科技人员比例达到40%,以保证更好行使国家赋予的规划、监督、组织、协调和指导的职能。

严格执行国家颁布的各项环境法规和标准,制定和完善地方环境法规和标准。

加强环境保护规划和计划工作,并组织实施和考核。“三同时”资金、7%的更改资金、排污收费等国家规定的各项环境保护资金必须予以保证。加强环境统计工作,向环境监测和管理计算机化努力。

2. 实行“预防为主、防治结合、综合治理”的方针,工业建设项目要严格按城镇规划合理布局,坚持谁污染谁治理的原则,对一切开发的项目、基本建设工程,都要严格按规定坚持环境影响报告书制度,把好“三同时”关,要对老企业分期分批加以限期治理。污染治理要按治理指标实行合同制办法,凡明显布局不合理,又扰民严重的污染单位,要有计划地搬迁或转产。要抓好污染严重行业的工艺专业化工作,对分布零散、工艺设备差、浪费资(能)源大、污染严重的铸造、锻造、电镀及热处理4个行业的255个工厂逐步进行计划调整,实现工艺专业化的协作生产。有关部门按计划颁发生产许可证、营业执照和物资供应通知单,以保证工艺专业化实现,“七五”期间撤销201个,保留35个,协作6个,专业化中心13个,进行“三废”治理,平均85%达到国家排放标准。完成污染严重、治理技术可行的38个单位、79项污染源的治理工作。加强粉煤灰、煤矸石的综合利用。对利用粉煤灰、煤矸石生产烧结砖、空心砖、矸石砖的老厂技术改造或新厂建设资金从更新改造资金中优先解决并对其产品执行国家减免税和有关规定。对企业实行环境保护厂长负责制,认真执行工业企业环境保护考核制度,积极开展创建清洁文明工厂活动。

3. 集中力量进行城市环境的综合整治。重点抓好水、气、渣和噪声污染的防治,大力推广集中供热,提高城市气化率,防止煤烟型污染。城市水源地要设置保护区,在保护区内严禁建设一切有污染的项目。注意节约用水,积极发展城市污水处理厂和土地处理系统,使废水资源化,提高水的重复利用率和污水处理率。及时清运城市城市垃圾,采取相应措施使其资源化和无害化。加强交通噪声的控制,市内要划定禁止鸣笛路段,对固定噪声要严格管理并采取控制设施,加强区域环境噪声污染的综合整治。

4. 改变燃料结构,减轻大气污染。发展城市煤气化和电气化,推广集中供热、联片采暖。在靠近水电站的地方逐步实现电气化。在供热方面对民用煤和燃煤锅炉用煤要大力推广"型煤",以减少大气中的污染物。对锅炉改造,要求安全、节能、防止污染和提高效益四统一,做到改炉节能减轻污染,对工业、民用锅炉的改造,到"七五"末要达到80%,总的治理率要达到85%以上。提高能源管理水平,实行定额供煤,超支加罚,促进企业加强管理,提高燃料利用率,输送、回收效率,最大限度的把"三废"清除在生产过程之中。

5. 控制水质污染。制定出水资源保护与管理办法,明确有偿开发,定量限额,超额加价和排放达标的规定,对排放废水征收排污水费与超标排放费。

6. 重视生态环境的保护。乡镇工业要合理布局和调整产品结构控制污染,禁止乡镇企业和个人生产与经营含不易分解和在生物体内蓄积有毒污染物或强致癌物质的产品,如联苯胺、多氯联苯、汞制品、砷制品、石棉制品、土硫磺、放射性产品等。新建有污染的乡镇企业必须同时建设污染处理设施。对全区已建的128个有污染的工业企业,要采取果断措施,限期治理。

调整农业结构,合理利用自然资源。要加强土地资源的科学管理,制止住不合理侵占土地特别是耕地的现象,合理规划和利用土地,十分注意保护和节约水资源,推广节水农灌技术。南部山区要大力种草种树,控制水土流失。合理利用草场,防止乱垦乱挖,合理载畜,防止草场退化;大力建设人工草场和改良天然草场,提高草原产草量。严格控制森林采伐量,防止采伐量与增殖量失调。改变农村能源结构,种植薪炭林,推广节柴灶,开发沼气、太阳能等新能源。开展农业生态试点,以点带面,全面推广。合理使用化肥、农药,防止农作物和土壤污染。建立和巩固贺兰山、六盘山、罗山、云雾山、沙坡头等5个自然保护区,并根据条件再建设17个自然保护点。深入开展野生动植物资源考察,加强管理制止破坏。

7. 加强环保科研和监测工作。建立宁夏环境科技开发公司,充分发挥专业环科队伍和全区大专院校、科研单位、工厂企业科技力量,大力开展环境科学技术研究和新技术推广活动。"七五"期间,积极开展"三废"资源化、农业生态良性循环综合技术,生物土壤污染防治技术等研究工作。充实和加强已建成的地、市环境监测站,使其适应监测业务不断扩大的要求,新建和装备好包括固原地区生态环境监测站在内的7个监测站,积极促进重工、轻纺、林业等系统环境监测站的建设,在全区形成环境监测网络。进一步完善银川市和石嘴山市大气自动监测站。银川市还要实现主干道噪声监测自动化并与中心站联机。各监测站要统一监测方法,改善监测手段,提高监测质量,力争作到及时准确地报告环境质量状况。

8. 加强环境宣传教育工作。充分发挥电台、电视、报纸的作用,广泛开展环保宣传工作。成立《中国环境报》宁夏记者站,努力办好《宁夏环境》,加强对青少年环保知识教育。与教育部门配合,逐步在各中小学增设环保课程,在宁大增设环境保护专业。建立宁夏环境保护干部培训中心。抓好环保系统在职人员的教育,争取在1990年前普遍轮训一次,以提高干部的素质。

规划投资　全区治理二氧化硫费用1478万元;治理烟尘费用3777万元。全区累积投资5255万元,平均投资1051万元。在城市达到大气环境质量标准的治理投资中,银川市累积治理投资1011万元,年均投资202.2万元;石嘴山市治理二氧化硫累积投资638.9万元。其中,大武口区投资329.8万元,石嘴山区投资309.1万元。在污水处理投资方面,银川市累积投资440万元,平均投资88万元;石嘴山市累积投资440万元,平均投资88万元。

计划完成情况　"七五"期间,自治区经济发展迅速,工业生产总值年平均增长12.6%。TSP全区年日均值,1990年比1985年下降了222μg / m^3,SO_2全区年日均值则下降了3μg / m^3,NOx全区年日均值为0.031mg/m^6与1985年的基本相同;银川市降尘全年月平均值为32.66吨/平方公里·月,与1985年的33.46吨/平方公里·月基本相同。1990年与1985年相比,全区大气质量总体上没有恶化,控制了污染的发展,局部地区有所改善。

黄河陶乐断面1986年主要污染物是NH_3、Hg和BOD_5,超标率为55.57%、41.47%和22.23%,而1990年主要污染物为SS、COD、AS、Hg和油,超标率分别为91.67%、80%、93.75%、45.45%和44.44%。四二干沟为接纳银川地区废水的主要排水沟,1990年与1986年相比,宁城村断面PH、NH_3、Cr^{+6}、Pb、Cd等的超标率均大于1986年。第三排水沟惠农园艺桥断面,PH、SS,总硬度,挥发酚等,1990年超标率均大于1986年。吴忠清水沟材机厂断面,SS、总硬度和汞,1990年超标率大于1986年。1990年,全区监测的26个断面中属重污的8个,占31%,属中污的有10个,占38%,而1986年全区监测的29个断面中属于严重污染级的有5个,占17.24%,属中度污染的6个,占22.69%。总之,全区地表水质污染有所加重。

1990年与1985年相比,工业废水处理率由10%上升到41%,工业废水处理达标率由18%上升为53%,工业废水排放量比1985年的下降了121万吨;消烟除尘率由24%上升为83%。废气净化处理率由4%上升为6%;固体综合利用率达到12%。从总体上说,"七五"环境保护度多数指标都已完成。

与此同时,环境治理工程向着效益型发展。宁夏水泥厂经过污染治理,年内回收水泥粉尘1万多吨及生料粉尘2万多吨,价值200多万元。宁夏大武口电厂进行1号、3号机组静电除尘改造,花费3000多万元,改造缩短了机器检修时间,仅此多发电1.8亿千瓦时,以每度电创产值1元计算,就取得1.8亿元的良好效益,而且还改善了环境。

"七五"期间,自治区生态环境管理逐步进入正规。按照统一部署、分头实施的原则,自治区有关部门积极开展了改善生态环境的植树造林、水土保持、沙化整治、生态农业试点、草原保护和自然保护区划等工作。建立了盐池县沙边子村沙化土地整治、固原县上黄村水土流失综合整治、固原县陶庄村优化组合模式等示范工程和生态农业示范点,为改善全区自然生态环境、恢复生态环境的良性循环树立了典型。

1. 工业污染防治。"七五"期间,工业污染防治在贯彻"预防为主,防治结合,综合治理"的方针以及"谁污染,谁治理"的原则等方面得到了加强。全区工业生产总值累计完成228.85亿元,1990年比1986年增长36.51亿元(增长1.3倍),但是"三废"排放量却没有成倍增长。

1990年与1985年相比,工业废水排放量减少了121.00万吨。其中污染物,如酚则减少了21.05吨(减少10.07倍),汞(Hg)、铅(Pb)、镉(Cd)和铬(Cr)总量则减少了7.99吨(减少4.25倍)。COD排放量由1986年的1.35万吨增加到1990年的1.64万吨,增长0.21倍。

1990年与1985年相比,废气排放总量增加了3470621万标立方米,增长1.3倍左右;其中SO_2排放量增加46374吨,增长0.55倍。烟尘排放量减少12464万吨,工业粉尘排放量增加3.0万吨增长0.33倍。工业固体废物产量增加51万吨增长0.17倍。

1990年与1985年相比,"三废"治理情况是:工业废水处理量增加2769万吨,增长3.11倍;工业废水处理达标增加1702万吨,增长10.38倍,处理达标率由 18% 上升为 53%。消烟除尘率由 1985 年的 24% 上升到 1990 年的 83%;净化处理率由 4% 上升为 6%。工业固体废物综合利用率达到 12%。值得指出的是,“七五”期间工业废水排放量总体上有所增加,但是,工业废水处理量却是持续上升,年增长率达到 19.2%,尤其工业废水达标率呈显著上升,年增长率达到 21.4%。经分析得出,汞(Hg)、镉(Cd)、铅(Pb)和铬(Cr),在“七五”期间其排放量呈显著意义的下降趋势(rs = -1.0,wp = 0.90),年平均下降率可达 36.9%。

1990 年与 1985 年相比,处理废水能力有 5841 吨/日上升为 8848 吨/日,增长 0.5 倍;处理废气能力由 15000 标立方米/时上升为 90772 标立方米/时,增长 5.05 倍。处理固体废弃物能力由 14000 吨/年上升为 70000 吨/年,增长 4 倍。

“七五”期间,自治区工业污染防治工作已经开始从防治阶段逐步向控制阶段过渡,并已取得一定的成就。

2. 自然保护区建设与物种保护。“七五”期间,自治区先后完成了贺兰山、六盘山、罗山 3 个森林生态类型和云雾山草原生态类型及沙坡头沙漠生态类型的自然保护区管理机构的基本建设任务,批建了中宁石峡沟泥盆系地质剖面自然保护点 1 个,完成了自治区自然保护区区划,先后共区划出各类保护区(点)39 处,总面积 14.58 公顷,其中已建保护区(点)6 处;批建保护区 9 处;拟建禁猎区 5 处;拟建保护点 9 处。已建保护区面积 11.15 万公顷,占区划保护区(点)39 个总 14.58 万公顷的 76.5%。

区划的 39 个保护区(点)中,有森林动物类型的 14 个;草地类型的 7 个;文物类型的 6 个;水域类型的 6 个;地质地貌类型的 5 个;沙漠类型的 1 个。

“七五”期间,发布了《宁夏回族自治区森林和野生动物类型自然保护区管理细则》。颁布了《宁夏回族自治区野生动物保护实施办法》和《国家重点保护野生动物在宁夏分布名录》,属国家重点保护的野生动物 51 种,属自治区重点保护的有 51 种。

3. 森林与草原保护。截至 1990 年,全区林木覆盖率由 1985 年的 4.2% 提高至 4.85%。5 年间,林地面积扩大了 138 万亩。中北部干旱风沙地区,已营造林木 110 余万亩,开发扬黄新灌区和井灌区 50 万亩,扎设格状草障 10 万亩,造灌丛固沙林与加强管护、封沙育草相结合的“三北”防护林体系,以控制

10余万亩流沙危害。中卫县北干渠地区和永宁县芦草洼地区、水利、林草与农业开发紧密结合。农田防护林占地面积在灌区已达到8%。人工半人工草地占天然草场的比例由1985年的4.8%上升到8.9%,1990年达到402.9万亩。由于颁发并贯彻《中华人民共和国草原法》和《中华人民共和国森林法》,全面推行草场生产管理责任制,以草定畜,保护改良天然草场和人工种草造林的步伐加大了,某些地区生态破坏局面已出现转机。

4. 土地资源保护。1988年以来已经初步扭转了耕地数量下降的趋势。开展了以排水治盐为中心的农田基本建设,灌区基本建成自流排水系统,银北排水不畅地区还实行机井抽水、电排站与排水沟相结合,实现了灌排基本平衡;土壤水盐运动开始向良性循环发展,盐渍化耕地比重有所下降,面积缩小,程度减轻。"三北"防护林体系的发展已控制10余万亩流沙的危害。自1957年以来,位于腾格里沙漠东南边缘的中卫县沙坡头,采用麦草方格沙障固沙与植物固沙相结合的方法固定包兰铁路两侧流沙,取得了举世瞩目的成绩。一些重度和强度沙化土地得到了一定程度的控制。总体上说,5年来沙化土地面积变化不大,但是沙化强度有所增加,影响耕地减少和质量下降的一些重大问题没有解决;控制引黄灌区土壤次生盐渍化,加速盐碱化荒地的改良利用,防治扬黄新灌区发生盐渍化,仍然是重大课题。

5. 乡镇企业污染预防治。根据1989年乡镇企业调查表明,全区乡镇工业企业重污染企业有741家,其中乡(镇)村办有306家,联办及个体办435家。主要污染行业为淀粉、印染、制革、造纸、炼焦、化工、砖瓦、黑色及有色金属冶炼等。1989年,主要污染企业排放废水619.05万吨,占全区工业废水排放总量的6.4%,其中主要污染物为COD、BOD_5、SS、酚和氰化物,还有六价铬及硫化物等。排放废气占全区工业废气排放量的5.32%,主要为SO_2和烟尘。工业粉尘排放量为1.4万吨左右,工业固废排放为13.1万吨且仅为全区的4.03%。废气排放中,以银川市为最,其次为银南地区和石嘴山市。在废气排放中,以银南地区为最,其次为银川市、固原地区和石嘴山市。

1988年,全区关、停、并、转的污染且危害扰民的乡镇企业达7个。1989年,全区主要污染的乡镇企业只有43%执行了环境影响评价审批制度。1989年~1990年完成的宁夏乡镇企业污染源调查,基本上摸清了全区乡镇企业水污染、大气污染等方面的情况,并弄清了主要污染源的分布和污染类型及规模。

6. 农业环境保护。“七五”期间，加强宣传教育、强化农业环境管理，积极治理工业污染，教育农民群众合理、科学、经济地使用化肥和农药，努力避免大量流失和对农畜产品的污染。1989 年，全区化肥施用量为 40.7 万吨，比 1985 年增加 0.75 倍，1989 年，全区农药销售量 1021 吨，比 1982 年增加 21.8%，但是，从整体上看，化肥农药使用对农业环境没有构成主要污染。1989 年～1990 年，宁夏农业环境保护监测站完成了《宁夏农业环境质量状况及发展趋势调查研究》。

7. 农村环境建设。“七五”期间，积极推广生态农业，各地已初步建立了一批生态农业试验示范点。如固原县上黄村黄土丘陵沟壑区农林牧生产结构调整。陶庄村生态农业试验示范；西吉县黄家二岔小流域综合治理、农村可再生能源综合试验；盐池沙边子沙漠化土地综合治理，四墩子农林综合样板建设；永宁县王太，银川郊区八里桥，贺兰县习岗乡的生态农业优化模式试验点；海原县园河流域综合治理、彭阳县白岔村、国营灵武农场、连湖农场等在发展农业生产进行环境建设方面都取得了很好的效益。

“七五”期间，恢复和新建了同心豫旺等县的水土保持站，自治区和南部山区各县也相继建立了水土保持主管机构。南部山区基本上扭转了过去的重工程措施轻生物措施的偏向，加快了水土流失治理速度，提高了治理质量。例如：同心县在小流域治理方面取得了可喜的进展，1987 年，全县森林覆盖率达 2.95%，退耕还牧 23 万亩，治理小流域面积为 3805 平方公里，占水土流失面积的 6%。同时，由于法制观念增强，政府关于禁止开荒和乱挖药材、陡坡地退耕种草植树，封山育林，草原轮封牧等措施得以很好执行。1984 年～1988 年，全区植树造林 365 万亩，四旁植树 2.6 亿株。治理 155 片小流域，承包农户达 16000 余户。1990 年底，累计治理土壤水蚀面积达 4737 平方公里，占水土流失面积的 20.7%。各项水保措施拦蓄洪水能力达 2.19 亿立方米（加上水库，总拦蓄能力达 5 亿立方米），减蚀能力达 2100 余万吨。但是，大面积流失尚未得到有效控制，存在着洪水年大量水土流失的潜在危险。

8. 环境管理。（1）依法行政及建设项目的环境管理。乡镇街道企业不准从事污染严重的生产项目。由于乡镇企业发展存在着生产结构的不合理性和发展的盲目性，加上设备陈旧、工艺落后，“三同时”执行率在 1990 年乡镇工业污染源调查中查出只能达到4.7%。(2)依法处理严重污染事故。从1986年到1990年,发生较大的污染事故16起。(3)积极安排限期治理项目和治理资金。1987年,全区共完成限期治理项目28项。1988年完成76项(计划安排为28项)。1989年,自治区人民政府下达全区第二批31项限期治理项目,各地、市、县也分别下达了本年度限期治理项目,经检查基本上完成了治理计划。1990年,自治区政府下达了9项限期治理项目;各地、市、县也根据本地区的实际情况安排了一批治理项目,对一些污染扰民的企业实行了关、停、并、转、迁。

9. 环境保护科学技术发展。"七五"期间,自治区环保系统共完成12项科技课题,获奖成果6项,其中自治区级以上成果奖3项。

10. 科技队伍成长。全区环保系统的科技人员逐年增加,1985年为37人,而1990年则达到50人。其年均增长率达20.7%。

11. 环境保护产业。自治区环保产业起步晚、发展不快,仅局限在生产大气除尘净化设备,年产值不足100万元。

废物综合利用率,1990年比1988年提高了71.4%,但从1990年环境统计报表反映的产值看,"三废"综合利用产值仅为682万元。

12. 环境保护投资状况。(1)投资总量及其使用方向。"七五"期间,全区企、事业单位污染治理资金合计达6403万元,其中治理废水为1396万元,治理废气为2750万元,治理固体废物1835万元,治理噪声161万元,其他为261万元。国家环保局给宁夏环保系统投资总额合计为271万元,其中银川市监测站购置仪器30万元,石嘴山市监测站购置仪器30万元,自治区放射性水平调查15万元,宁夏环保干部培训中心土建投资40万元,自治区环保所购置仪器25万元,中卫沙坡头管理所土建及沙坡改造36万元,自治区放射性环境管理所土建95万元。另外,"七五"期间,地方拨款为155万元,其中区房管所用于土建及仪器购置为60万元,固原地区生态监测站购置仪器费30万元及基建费65万元。(2)投资渠道状况。"七五"期间,全区企、事业单位污染治理资金为6403万元,其中来源于:基本建设资金1808万元,更新改造资金1801万元,综合利用利润留成618万元,环保补助资金694万元,贷款579万元,其他资金903万元。

宁夏环境保护“八五”计划(1991 年~1995 年)

计划目标和任务 2000 年的目标是:环境污染基本得到控制,银川市、石嘴山市、银南地区和固原地区的环境质量有所提高,自然生态恶化的趋势有所减缓,逐步使环境与经济社会的发展相协调,为实现宁夏生态系统良性循环,城乡环境清洁、优美、安静的远景目标打下基础。

20 世纪 90 年代,坚持经济建设与环境保护协调发展的战略思想,贯彻执行《中华人民共和国环境保护法》,坚持“三同步、三统一”(经济建设、城乡建设、环境建设同步规划、同步实施、同步发展;经济效益、社会效益、环境效益三统一)原则和推行九项制度(环境影响评价制度、“三同时”制度、排污申报制度、限期治理制度、征收排污费制度、环境保护许可证制度、排污总量控制制度、城市环境综合整治定量考核制度、环境污染与破坏事故报告制度),切实做到强化环境管理和依靠科技进步,同时要继续突出城市环境综合整治,抓好重点污染源的治理,也要注意保护生态环境。大气污染控制与节能紧密结合,积极改造落后的燃煤方式,控制住烟尘的排放;水污染控制与节水和污染资源化紧密结合,努力降低万元产值废水排放量,保护好饮用水源;固体废物污染控制要妥善处置与处理有害废物,大力发展综合利用,变废为宝;生态保护要努力增加植被,积极治理宁南等地的水土流失、中部地区的沙化土地、大面积的草场退化和灌区土壤盐碱化,加强自然保护区的建设和管理,使保护区逐步做到半自养或自养。

主要指标 工业废水排放量,1995 年控制在 16160 万吨左右,2000 年控制在 21422 万吨左右;工业废水处理率,1995 年达到 62%,2000 年达到 97%;城市污水处理率,1995 年达到 38.1%,2000 年达到 78.26%。

二氧化硫排放量,1995 年控制在 13.19 万吨,2000 年控制在 16.3 万吨;城市居民燃气普及率,1995 年达到 29.7%,2000 年达到 46.3%;集中供热面积,1995 年达到 471 万平方米,2000 年达到 1563 万平方米。

工业基础固体废物综合利用量,1995 年达到 225 万吨,2000 年达到 622 万吨;综合利用率,1995 年达到 24.13%,2000 年达到 40%;城市生活垃圾,粪便无害化处理率,1995 年达到 3.7%,2000 年达到 5%。

交通干线噪声低于 70 分贝的路段,1995 年达到 50%,2000 年达到 60%;城市环境噪声达标率,1995 年达到 60%,2000 年达到 70%。

全区自然保护区面积,1995 年达到 14.39 万公顷,占国土面积的 3%。

城市环境综合整治　银川市、石嘴山市、青铜峡市和吴忠市是城市环境综合整治是全区环境保护的重点。到 1995 年,城市环境污染基本上不再恶化。大气总悬浮粒浓度,冬季达到环境质量三级标准,其年日平均值比 1990 年降低 5%～10%,大气二氧化硫达到环境质量二级标准,基本实现烟尘控制。入黄河的排水沟、河流等的水质不再恶化。所有饮用水源水质全部达到标准;基本控制住废水中金属及有害物质的超标准排放,使有机污染状况有所改善;城市污水能力达到 8 万吨/年,生活垃圾粪便的无害化处理能力为1.1万吨/日,有 50% 的交通干线噪声低于 70 分贝,环境噪声达标率达到 60%;建设和完善城市有害废物集中处理场,放射性废物存贮率达到 80%。

工业污染防治　有效削减工业有害物质的排放,努力降低万元产值排污量,控制住废水中化学耗氧量的排放增长趋势,增加二氧化硫的治理能力,提高工业固体废物的综合利用率。防治的重点是占全区工业污染负荷 85% 的约 77 家重点污染源。

水环境保护　水环境的保护要贯彻开源与节流并重,防治污染与污水资源化相结合的方针。主要任务是划定全区水质功能区,尤其是划定黄河干流、城市和灌区水系功能区;严格控制黄河宁夏段流经城市的排水沟、灌渠和河流等水系的污染,重点整治排污大户 15 家,确保饮用水、农灌用水等水质的达标。对黄河坏要综合规划,合理开发利用资源,有效控制污染,从而改善黄河环境质量。

“八五”期末,黄河宁夏段其控制断面达Ⅱ类至Ⅳ类地表水质标准;所有饮用水质根据功能全部达到标准。

“八五”期间,治理四二干沟、银新干沟、第二排水沟、宁大湖、灵武东沟、第四排水沟和第二排水沟、唐徕渠和清水沟等水体的污染,使其各自达到根据功能要求达到的标准,改善水质。

严格控制地下水污染和超采。“八五”期末,基本控制银川市、石嘴山市、青铜峡市和吴忠市,以及部分县城的地下水污染,使酚、氰、砷、汞、铬等污染物的浓度不再增加,污染面积不再扩大。地下水主要源地,达到采补持平。

农村环境保护和乡镇企业污染防治

“八五”期末,广大农村和小城镇,大气环境质量维持国家二级标准,乡镇工业集中区大气质量达到国家二级,地面水体环境质量大部分达到或接近三类水质标准。到2000年大气和地面水环境质量保持“八五”期末水平。

按全国乡镇工业污染源调查技术规范划标准“八五”期末,三类企业数量维持或低于1990年1个~2个百分点,2000年比1995年再减少1个~2个百分点。

乡镇企业的万元产值污染物排放量,“八五”期末与1990年相比,废水削减10%,废气削减5%,固体废物削减10%,到2000年,再相应削减10%三废处理水平。“八五”期末与1990年相比,废水处理率提高10%,达标率提高10%~15%,燃料燃烧废气消烟除尘率提高10%,工艺废气交货处理率提高5%,固体废物处置率提高5%,综合利用率提高10%,到2000年,再相应提高5%~10%。

推广生态农业　“八五”期末,每个县都有生态农业试点。“八五”和“九五”期间,植树40万公顷,建成人工和改良草场58万公顷,治理水土流失面积45万公顷,治理沙化土地面积43万公顷,治理盐碱化土地面积5万公顷。到2000年,使全区的森林覆盖率达到10%,人工草地面积占国土面积的3%,28%的水土流失地、30%的沙化地、37%的盐碱地得到不同程度的治理。

自然保护区和物种保护　自然保护区是保护典型自然生态系统和物种资源的基地。“八五”,自然保护区建设和管理以及物种保护的主要任务是:加强已有自然保护区的管理,开展合理的经营活动,使保护区逐步走向自养或半自养;合理调整自然保护区的结构和类型,逐步扩大自然保护区的数量和面积,形成一个类型齐全,布局合理的自然保护区网络,建立1个国家级、自治区级珍稀濒危物种迁地保护与繁育中心,到2000年,力争使全区所有重点保护物种都能得到迁地保护和繁育。

“八五”期间,自然保护区数量扩展到22个,总面积达15万公顷,国家级自然保护区达到39个,总面积达16万公顷,占国土面积的3.4%,使95%以上的珍稀濒危物种和典型自然生态系统得到原地保护。100%的国家级保护区、60%的自治区级保护区、30%的地方级保护区实现自养或半自养。

十年规划纲要　在编制“八五”环保计划时,还编制了十年规划纲要,纲要提出:所有城市、城镇的环境质量明显城市大气质量达到二级标准。主要功能区地表水基本达到标准。城市污水处理能力达18万吨/年,生活垃圾粪便的无害处理能力为21万吨/日，有60%的交通干线路段噪声低于70分贝，环境噪声达标率达到70%；建设和完善全区有害废物集中处理场，放射性废物存贮率达到90%。

计划完成情况　“八五”期间，自治区贯彻落实环境保护基本国策，坚持以经济建设为中心，以改善生态环境防治水土流失和防治工业污染为重点，不断加大环保立法和执法力度，努力促进经济、社会和环境协调发展。截至1995年底，自治区政府提请自治区人大常委会审议颁布有关环境与资源保护的地方性法规16项，其中专门环保法规5项。自治区政府发布环保规章5项。从1993年起自治区人大常委会和自治区政府连续4年组织开展环保执法检查。并多次接待了全国人大、国务院、国家环保总局组织的执法检查。

1. 工业污染防治。“八五”期间，全区直接用于污染防治治理资金2.14亿元，完成工业污染治理项目900个。新增工业废水处理能力10.84万吨/日，工业废气处理能力160.7万标立方米/时。截止1995年底，县及县以上企业工业废水处理率达到67.1%，工业废气处理率达到74.6%，工业固体废物综合利用率达到33.4%。自治区政府先后两批下达了重点污染限期治理，涉及26家企业68个项目，基本达到了目标，取缔关停了一批污染严重的小工业污染源。

2. 城市环境质量有所改善。“八五”期间，自治区政府先后4次与银川市、石嘴山市等市县政府和有关工业部门签订了环保目标责任书，推动了城市环境综合整治，城市环境面貌进一步改观。主要城市建成烟尘控制区50平方公里。城市绿地覆盖率由8.7%提高到19.8%；城市供水能力不断提高，公交道路和排水等基础设施建设速度加快；大力推广清洁能源，推行集中供热，提高城镇型煤普及率，银川市和石嘴山市城市气化率分别达到84.1%和45%，集中供热率分别达到52%和42.1%；生活垃圾基本上实现了定点堆放、集中拉运、集中处理。

3. 生态环境恶化的趋势有所缓解。“八五”期间，全区共完成治沙造林13.2万公顷，草原补播围栏11万公顷，治理沙化面积6.67万公顷，减少沙化面积4万多公顷，在局部地区遏制了沙漠化土地的发展，实现了治理进度快于沙化速度的历史性转变；截至“八五”末，全区累计治理水土流失面积9162平方公里，治理沙漠化土地26.7万公顷，改造中低产田10万公顷，累计净增耕地面积 1.33 万公顷；有林面积达到 36.2 万公顷，森林覆盖率由 80 年代初的 2.58% 上升到 6.37%；建成 7 个不同类型的自然保护区，面积达 11.74 万公顷，占全区国土面积的 2.28%。

4. 环境管理体系初具规模。到“八五”末，全区环保系统职工人数达到 574 人，建成自治区、市、县 3 级环境监测站 14 个，开展了大气、地表水、地下水、噪声、生物和重点污染源监测，每年提供有效监测数据 4.4 万个。各级环境监理站成为主要的执法队伍，全区排污费征收总额达到 1011.2 万元。

5. 环境科技和环境宣传教育有所发展。“八五”期间，重点开展了为环境管理服务的环境保护基础研究和“软科学”研究，共有 16 项科研成果获得国家部委、自治区级和市级科技进步奖。应用环保最佳实用技术取得突破性进展，加快了科技成果转换成现实污染防治能力的速度。中小学环境基础教育试点工作取得较好成绩，试点学校由银川市 3 所学校扩展到全区 67 所学校；环境宣传逐步深入，广大群众的环保意识不断提高。

宁夏环境保护“九五”计划（1996 年～2000 年）

计划目标　“九五”期间，自治区环境保护的主要目标是：到本世纪末，环境管理体系基本健全，环境污染和生态破坏加剧的趋势力争得到初步控制，局部地区环境质量有所改善。自然保护区类型和面积进一步扩大，生物多样性保护得到加强，合理开发利用旅游资源，旅游区环境质量得到重视和保护。

主要任务和计划指标

1. 综合计划指标　“九五”期间，全区主要污染物排放总量控制在国家下达的污染物排放总量控制指标以内，银川市、石嘴山市、吴忠市、固原地区主要污染物排放总量控制在自治区人民政府下达的污染物排放总量控制指标以内，其中控制烟尘排放量 13 万吨，二氧化硫排放量 23 万吨，化学需氧量排放量 13 万吨。

2. 到 2000 年，全区废水排放量控制在 2.2 亿吨，其中工业废水排放量 1.42 亿吨，城市生活污水排放量 0.78 亿吨。工业废水处理率达到 80%，城市污水集中处理率达到 15%。

3. 工业废气处理率达到 84%，其中燃料燃烧废气消烟除尘率达到 95%，生产工艺废气净化处理率达到 50%。

4. 固体废物产生量控制在 620 万吨，其中工业固体废物产生量 550 万吨,城市生活垃圾70万吨,工业固体废物综合利用率达到50%,城市生活垃圾无公害化处理率达到35%。

5. 森林覆盖率达到8.5%,自然保护区面积达到15万公顷,约占全区国土面积的2.9%。

工业污染防治 分项记述如下。

1. 主要任务和主要计划指标。工业污染防治以水污染和大气污染防治为重点,实施主要污染物排放总量控制,工业污染源全面达标排放,有效削减污染物的产生和排放量。工业废水污染防治以有效控制化学需氧量、石油类、氰化物、砷、重金属等有害物质的排放为重点,污染防治与强制节水和污水资源化相结合,实现污染物质达标排放。到2000年,工业废水排放达标量1.42亿吨,工业废水排放达标率100%,工业废水中化学需氧量排放总量控制在9.46万吨,工业废水中石油类、氰化物、砷、重金属等污染物质排放总量控制在国家、自治区下达的主要污染物排放总量控制计划指标内。

工业废气污染防治以防治煤烟型污染为重点,提高能源效率,提高除尘效率,发展清洁能源,改善能源结构,有效控制烟尘和工业粉尘排放,削减二氧化硫排放量。烟尘型污染防治以石嘴山市为重点,主要控制冶金粉尘排放和焦油烟气、炭化尾气污染。到2000年,工业废气排放总量控制在1390亿标立方米。工业烟尘排放量控制在11.08万吨。工业二氧化硫排放量控制在19.64万吨。

工业固体废物污染防治以减量化、资源化、无害化为重点,控制排放量,减少堆放存量;加强危险废物和化学品管理,严格控制有毒化学品的生产和使用,严厉禁止境外固体废物向宁夏转移或填埋。到2000年工业固体废物产生量控制在550万吨,工业固体废物排放量控制在8.2万吨,工业固体废物综合利用率达到50%。

辐射污染防治以放射性废物处理和伴有辐射项目环境影响评价为重点,加强放射源、放射性废物以及各种电磁辐射的管理,伴有辐射项目环评率达到100%,放射性比活度大于7×104Bq/kg的放射性废物存贮率达到100%。

2. 主要措施。严格执行环境影响评价制度和“三同时”制度。大中型项目环评与“三同时”执行率达到100%,小型项目达到80%以上,新增污染物排放量必须控制在批准的总量控制指标范围内。广泛推行清洁生产,大力发展环保产业，推广环境保护最佳实用技术和废物综合利用技术，推广节能、节水、无污染工艺技术和产品，提高资源的合理开发利用和加工深度，提高能源利用率，取缔、关停或限期整改能耗高、污染重、效率低的工业企业。切实加快老污染源治理步伐，实行专项治理、限期治理和重点治理，力争完成国家下达的《跨世纪绿色工程计划》。按照突出重点、技术经济可行和综合效益好的原则，筛选确定环境污染治理项目，优先纳入自治区固定资产投资计划、基本建设计划、技术改造计划和环境保护年度计划，加强监督管理，提高污染物处理率、达标排放率和污染防治设施正常运行率，确保2000年工业污染源达标排放。

城市环境保护　分项记述如下。

1. 主要任务。要基本控制住城市环境污染加剧的趋势。继续执行“统一规划、优化结构、合理布局、配套建设、综合整治”的方针，实行污染集中控制，加快城市环境基础设施建设，综合治理工业污染、生活污染和交通污染。

2. 主要指标。污染物排放总量指标。到2000年，全区城市、城镇生活污水排放量控制在0.78亿吨，饮用水源水质达标率80%；生活垃圾产生量控制在70万吨，城市生活垃圾无害化处理率达到35%；城市生活源烟尘排放量控制在1.92万吨，二氧化硫排放量控制在3.36万吨，化学需氧量排放量控制在3.54万吨；机动车辆尾气排放达标率不低于70%；实行城市环境综合整治定量考核的主要城市烟尘控制区和环境噪声达标区覆盖率达到50%以上，银川市和石嘴山市区双控区覆盖率不低于60%。

城市环境基础设施建设指标。新增城市集中式污水处理能力10万吨/日，污水集中处理率达到15%，其中银川市达到37%以上；主要城市集中供热率达到46%，城市气化率达到45%；城市建成区人均公共绿地面积达到6平方米，绿地覆盖率达到29%左右。

城市环境质量指标。大气总悬浮微粒年日均值浓度稳定在国家三级标准之内，力争达到二级标准；二氧化硫年日均值浓度，列入二氧化硫污染控制区内的城市力争达到国家二级标准，其他城市达到三级标准；碳氧化物年日均值控制在国家二级标准之内；城市交通干线噪声控制在70dB以内，城市区域环境噪声达标率达到50%。

3. 主要措施。进一步开展城市环境综合整治定量考核，实行城市环境保护目标责任制，积极改革管理体制和运行机制，在城市率先建立环境与发展综合决策制度、环保部门统一监督管理和各有关部门分工负责制度，加大环境保护投入，多方筹资金开展环境保护工作。

结合精神文明建设，开展争创环保模范城市活动。银川市要率先达到全国卫生城市标准，并争创全国环保模范城；其他主要城市要达到自治区卫生城市标准。石嘴山市要结合城市总体规划建设园林化城市。

综合整治城市环境污染 分项记述如下。

1. 城市水污染防治。推行节约用水，清污分流和污水资源化，重点治理造纸、食品等轻工业和化学工业废水污染源；提高生活污水集中处理能力，完成银川市第一污水处理厂、石嘴山市大武口污水处理厂和吴忠市污水处理厂的建设。严格控制黄河干流石嘴山市第二水厂取水口上游河流污染带的发展，保护城市饮用水源和地面水域功能。

2. 城市大气污染治理。重点改善能源结构，推广清洁能源，提高城市气化率和集中供热率，继续建设烟尘控制区，防治煤烟型污染。加强机动车辆尾气污染管理，推广无铅汽油和净化装置，控制大气氮氧化物污染的发展。

3. 城市固体废物污染防治。重点提高城市生活垃圾资源化，无害化处理能力，加强工业固体废物、放射性废物和危险废物的管理和处置。

4. 城市噪声污染防治。重点控制交通噪声、建筑噪声、社会生活噪声等环境噪声污染，解决噪声扰民问题。继续创建噪声达标区，确保居民区、文教区和旅游风景区环境质量。

生态环境保护 分项记述如下。

1. 生态环境保护与建设的任务。要坚持自然资源开发利用与保护增殖并重，全面规划、积极保护、科学管理、永续利用的自然保护方针，突出抓好南部水土流失治理、中部土地沙化治理、北部盐碱化治理，深入开展植树、种草、绿化工作，重点加强生物多样性丰富地区、生态环境脆弱地区和生态旅游区等特殊生态系统保护。

要继续实行“谁开发、谁保护、谁利用、谁补偿”的原则，基本建立起与国家自然保护和自然资源管理法规相配套的地方性法规、规章体系和生态环境监测网络体系；建立和完善自然资源有偿使用制度和资源更新的经济补偿制度；推行自然资源开发活动生态环境影响评价制度。

到2000年，新增造林面积10万公顷，森林覆盖率达到8.5%。完成灌区二代农田林网建设，高标准实现平原绿化达标；新增治理水土流失面积4000平方公里，即治理1.16万平方公里，治理程度达到30%；新增治理沙漠化面积1329平方公里，完善盐池北6乡沙漠化土地综合治理示范区；力争宁南山区8县为国家生态农业示范县，固原、隆德、彭阳3县建成综合性、高标准农业生态建设样板，农业生态建设初见成效。

2. 主要措施。(1)造林绿化。以增加森林资源、保护和改善生态环境为目标，以防护林体系工程建设为基础，加速高山、远山和荒漠沙地造林绿化，初步构筑起绿色生态屏障，发挥森林在生态环境中的主体作用。重点建设南部山区水源涵养林，毛乌素沙区防风治沙林，贺兰山麓生态经济林和灌区农田防护林，重要抓好贺兰山东麓生态林业工程、“三北”防护林三期工程、黄河中游防护林工程、“兴果富民”工程、山区“两杏一果”扶贫开发工程；大力组织实施全国造林绿化规划和全民义务植树活动。(2)水土保持。继续大力开展黄土丘陵沟壑区及土石山区水土保持工程建设，重点加快南部山区水土流失严重地区的治理步伐。加强林草建设，增加地面植被，20度以上的坡耕地逐步退耕还林还草；大力建设各类水保工程和治沟骨干工程，充分拦蓄利用水资源；大力建设旱作基本农田，抓好旱改水、坡改梯和节水灌溉工程，提高土地生产力。(3)防沙治沙。以改善沙区生态条件为目标，根治沙害、防止沙化继续扩大为前提，加强植被建设，大力营造防护林，建成以灌木为主，草灌乔结合，点带片网结合的防护林体系；合理开发沙漠资源，积极发展沙产业，努力提高综合效益。重点抓好毛乌素沙地、腾格里沙漠边缘沙地和灌区腹部沙地治理，继续抓好全国治沙重点县中卫县和全国治沙试验示范基地盐池县柳杨堡乡沙漠化土地综合整治工程。治理开发沙漠化土地13.29万公顷，控制风沙危害面积29.7万公顷，使10万公顷受风沙危害的农田得到保护。(4)加快退化草原(场)的治理和重点草原的建设，发展“两高一优”牧业。中部及南部地区新增人工草地及改良草地2.67万公顷，围栏草场1.33万公顷，人工种植甘草0.67万公顷，开发缺水草场33.3万公顷，控制鼠虫害80万公顷，新建围栏草地家庭牧场500个。

农业和农村环境保护　分项记述如下。

1. 主要任务。大力发展生态农业，控制农药化肥等非点源污染，控制工业污染向农村转移,基本遏制农业生态环境破坏的趋势,改善农业生态环境质量,保护和合理开发利用农业资源,加强农业环境监督检测,使农业环境质量和农村人口居住环境与小康水平相适应。

2. 主要指标。到2000年,人均2亩高标准农田;力争建立国家级农业环境监测点25个,自治区级农业环境监测点50个;积极开发无公害的有机食品和绿色食品,实现农业生产的高产、优质、高效。

3. 主要措施。(1)大力开展生态农业建设。南部山区推广窑集流节灌,滴灌渗灌等节水灌溉技术,地膜覆盖栽培技术,农村节柴与沼气技术,引导和扶持以沼气为纽带的“四位一体”生态农业工程建设;中、北部地区加强对土壤盐渍化、荒漠化的治理和中低产田的改良,推广土地培肥技术,井排井灌和暗管排水技术,恢复和提高土地生产力。(2)加强农业开发项目的环境管理工作,对荒山开垦、农业区域开发、农业商品基地建设等,实行环境影响评价制度,控制和预防各类农业建设产生的负环境影响效应。(3)加强农业环境监督管理,防治农业环境污染。推广秸秆还田技术,病虫害综合防治和生物防治技术,控制化肥、农药使用量。防治农畜水产品污染,建设有机食品和绿色食品生产基地。抓好农业生态环境监测工作,改进监控手段,加强监控力度。

自然保护区和生物多样性保护　分项记述如下。

1. 主要任务。加快自然保护区建设,形成类型齐全、布局合理、管理配套,协调高效的自然保护区网络。加强做珍惜濒危物种的就地保护,积极研究推广物种适地保护和可持续利用的技术,建立对珍稀濒危物种进出口和野生动物资源开发利用的监督管理,有效保护生物多样性。

2. 主要指标。建成自然保护区(包括风景名胜去和森林公园),面积15万公顷,占全区国土面积的2.9%,其中国家级自然保护区4个,地方级自然保护区14个。

3. 主要措施。建设保护大天鹅、黑鹤、灰鹤、四合木、湖场、沙冬青等珍惜濒危野生动植物的自然保护区和具有重要意义的湿地自然保护区。

建设西吉火石寨,石嘴山落石滩,海原南华山等生物多样性丰富地区和人口密集地区的自然保护区,加强草原和草甸生态系统、地址遗迹、古生物遗迹等类型的自然保护区建设。

建立和完善自治区级珍稀濒危动物驯养繁殖基地，建设自治区级珍稀濒危动植物种基因库和各类物种、生境遗传资料数据库。保护开发作物、家禽遗迹野生物种的遗传资源。

建设自治区生物多样性保护及珍稀濒危野生动植物保护研究实验室。建设中卫沙坡头国家沙漠博物馆。

环境管理能力建设

“九五”期间，要把加强环境监督管理基础设施建设和能力建设作为重要任务，以适应日益繁重的环境保护工作的需要。

1. 环境保护机构建设。到2000年，全区各市县都应设置纳入政府序列的、能独立执法的环境保护机构。在机构改革中要进一步理顺各级环保部门的关系，合理规范自治区、市（行署）、县（市、区）三级环保部门事权范围，增加环境保护工作业务投入。

2. 执法队伍建设。到2000年，全区普遍推行环境监理制度，健全自治区、市（行署）、县（市、区）三级环境监理机构，配套环境执法必须的硬件、软件和技术装备，全面开展现场执法、环境工程监理、污染源和建设项目管理。

3. 技术支持能力建设。加强自治区环境保护科学研究所建设，建立重点实验室和环境工程中心，开展污染防治应用技术研究并为环境管理决策服务。建设环境管理信息系统，实现环境统计、监测等数据收集、处理、加工传输计算机化和网络化，建设自治区、银川市环境信息中心，石嘴山市、吴忠市、固原地区环境信息站。

4. 环境监测网络建设。到2000年，基本建成配套齐全、统一协调、运转高效、技术规范的全区环境监测网络，力争全区环境监测整体能力和综合实力达到国内中等水平。建立全区生态监测网、城市监测网、污染源监测网和环境应急响应监测网。

5. 放射性环境管理建设。继续完善放射性废物库建设，重点配套更新放射污染监控仪器设备，组建放射性环境监测重点实验室，提高放射污染事故现场监测和应急处理能力；购置电磁辐射监测仪器设备，启动电磁辐射环境管理工作。

6. 环境宣传教育培训能力建设。建设自治区环境宣传教育中心培训基地，配套必需的宣教设备器材、电化教学和电视节目摄录制器材，努力改善工作、生活条件。

环保产业　分项记述如下。

1. 主要任务。按照国家产业政策、逐步建立自治区统一、开放的环保产业市场,形成正常生产流通秩序、较合理的产业结构和产品结构,努力增加环境保护产品品种,提高产量质量,满足全区环保事业发展的要求。

2. 主要措施。调整、重组现有环保企业,重点扶持生产设备条件较全,技术力量较强,产品质量较好,市场占有率较高的企业,组建环保产业专业化集团,提高技术水平、规模经济效益和市场竞争力。

集合产业结构调整,制定环保产业发展规划和技术经济政策,鼓励机械、化工、电子等企业转产环保产品,逐步形成产业龙头和相关企业生产链,促使环保产业高起点、高速度发展。

加强对环保产业的监督管理,建立设备强制淘汰制度,定期公布限制、禁止生产和淘汰的工业设备和产品目录;培育并规范环保产品市场,对环保工程设计施工、环保技术、环保铲平实行规范管理。

环境保护投资　根据自治区“九五”环境保护计划确定的目标任务,“九五”期间,自治区环境保护投入占国内生产总值的比例要争取达到1%以上,银川市、石嘴山市争取达到1.2%以上。

计划完成情况　“九五”期间,由于采取了一系列重大措施,在自治区经济以高于全国平均速度持续增长的情况下,基本完成了“九五”环保计划确定的主要任务,基本遏制了环境污染加剧的趋势,基本保证了自治区经济社会发展的环境安全。

1. 环境污染加剧的趋势得到基本控制。“九五”期间,结合经济结构调整,取缔了一批污染严重又没有治理的“十五小”企业和1700余座土炼油炉,取缔关停率达到99%。淘汰了一批技术落后、浪费资源、质量低劣、污染环境和不符合安全生产条件的小煤矿、小水泥、小火电、小炼油及其他生产能力、设备和产品。全区1172家工业污染企业中,90.7%的企业实现主要污染物达标排放。

“九五”期间,全区安排工业污染治理项目341个,累计完成工业污染治理资金4.23亿元,比“八五”增长97.9%。列入《中国跨世纪绿色工程规划》的项目开工建设率达到100%,完成投资6.93亿元。全区下达限期治理项目

420个，投入资金1.34亿元，其中自治区人民政府下达两批重点污染源限期治理项目共39个，完成率达到87%，工业污染治理能力有较大增长。

重点区域的污染治理取得了阶段性成果。二氧化硫污染控制区的二氧化硫排放总量控制计划基本完成。启动黄河水污染防治工程，宁夏美利纸业集团公司万吨碱回收及中段废水治理工程等重点水环境污染治理项目相继动工建设，部分污染工程已投入运行或进入调试阶段。

2. 生态环境保护得到加强。“九五”期间，实施了污染防治与生态保护并重的方针，自治区人民政府批准了《宁夏生态环境建设规划》《宁夏自然保护区发展规划》，发布了《关于进一步加强自然保护区管理工作的通知》《关于禁止采集销售发菜制止滥挖甘草和麻黄草有关问题的通知》，组织开展并完成了《宁夏生态环境现状调查》。全区已建成各类自然保护区8个，总面积20.48万公顷，比“八五”末增长74.4%。银川湖泊湿地、西吉火石寨地质景观、惠农落石滩四合木等自然保护区科考工作已经启动。农村环境保护有所进展，开展了桔杆禁烧和综合利用工作，广夏征沙渠种植基地和中卫县被列为国家级生态示范区。在全区范围开展的禁止采集销售发菜、制止滥挖甘草和麻黄草工作，取得成效，受到有关部委的支持和国家检查组的肯定。

3. 城市环境质量有所改善。“九五”期间，自治区加强了城市环境综合整治，重点解决群众反映强烈的环境问题，采取推行集中供热、推广清洁能源和无铅汽油、实施垃圾无害化处置、限制机动车辆鸣笛、安装汽车尾气净化装置、完善城市排水设施、兴建生活污水处理厂、扩大城市绿化面积、加强放射性废物收贮和电磁辐射监管、控制餐饮娱乐服务业排放污染等措施，遏制了主要城市废气、废水、废渣和噪声污染加重的趋势，提高了城市形象和人民群众生活环境质量。

“九五”期间，全区完成城市环保基础设施建设投资7.67亿元，建设城市生活污水处理厂3座，新增城市生活垃圾处理能力380吨/日，城市集中供热面积446万平方米。建成烟尘控制区117.2平方公里、噪声达标区76.5平方公里，分别比“八五”末增长了134%和76.5%。全区城市空气环境主要污染物质总悬浮微粒年日均值比“八五”末降低了21.3%，银川市二氧化硫年日均值比“八五”末降低了23.9%。城市噪声污染逐年下降。银川市已实现地表水质量按功能分区达标并成为全国47个环境保护重点城市中声环境质量最好的城市。

4. 环境执法力度不断加大。“九五”期间，全区各级人大和政协分别对各级人民政府环境执法进行了监督检查和视察。自治区人大常委会连续两年对全区执行环境保护法律法规的情况进行执法检查和跟踪检查，作出了《宁夏回族自治区人民代表大会常务员会关于依法推进环境保护工作的决定》。自治区人民政府在全区范围内组织开展了关停“十五小”、“一控双达标”和禁止污染向本区转移等执法行动。自治区环保局、监察厅、经贸委、计委等部门多次对全区贯彻《国务院关于环境保护若干问题的决定》情况进行检查、监察和督察，推动了环保工作法制化进程。

“九五”期间，全区环保部门建立了政务公开和规范化服务制度，统一执法文书，规范了执法程序和执法行为，查处了一批重大违法案件。2000 年全区各级环保部门处理群众举报信件数量比“八五”未增长 19.8 倍，处理群众环境污染投诉比“八五”未增长 26.1 倍，切实保护了人民群众的利益。

5. 全民环境意识有所提高。“九五”期间，全区环境宣传教育逐步形成声势。全区各级环保部门与有关部门积极配合，通过各类新闻媒体，采取多种形式，不断举办环境宣传活动和环境法制教育培训，提高全民环境意识。“中华环保世纪行”、“向大气污染宣战”、爱黄河“和“西部开发生态行”等活动宣传了先进典型，揭露和批评了违法行为，形成了强大的社会舆论，进一步激发起社会公众保护环境的热情和积极性。

“九五“期间，全区开展了为群众办实事，解决群众反映强烈的环境问题等活动，通过昼夜值班查处施工噪声扰民和高考期间保证考生休息与考试环境等群众关心的问题，使环保贴近群众。

“九五”期间存在问题　主要存在 6 个方面问题。

1. 结构性污染突出，主要污染物排放总量控制任务艰巨。传统支柱产业是参与国内市场竞争的主要力量，也是排放主要污染物的重点污染源。2000 年，轻工、石化行业排放废水占全区排放总量的 73.2%，占工业排放总量的 78.5%；电力、建材行业排放二氧化硫占全区排放总量的 80.9%；冶金、建材行业排放粉尘占全区排放总量的 83.4%。

结构性污染使全区主要污染物排放总量处于较高水平。2000 年烟尘、二氧化硫、工业粉尘、化学需氧量、工业固体废弃物等污染物排放量分别比“八五”末增加40%、3.9%、144.8%、49.2%、和86%,6种主要污染物的排放总量超过国家下达的总量控控制指标。

2. 水环境污染严重,改善地表水环境质量刻不容缓。“九五”期间,黄河宁夏段和各条排水沟污染程度均呈上升趋势,水质处于国家地表水环境质量标准Ⅴ类或劣Ⅴ类,70%以上的断面已失去使用功能。湖泊受到不同程度的污染,一些湖泊已达不到景观水体的环境质量标准并呈富营养化状态。全区地表水体普遍受农业面源和生活污水的影响,污染逐年加重。

3. 城市环境质量较差,城市环境综合整治务十分紧迫。2000年,城市工业和生活污染源排放的污染物占全区废气排放总量的95%、废水排放总量的96%、废渣排放总量的98%。城市空气质量处于中等污染水平,总悬浮微粒和二氧化硫年是均值分别超过国家空气环境质量二级标准2.07倍和0.03倍,氮氧化物年日均值呈上升趋势。

城市机动车尾气、生活垃圾、固体废物、餐饮娱乐服务业油烟和噪声污染日益突出。垃圾无害化处置率低,危险废物直接向环境排放,给生态环境和人群健康留下了极大的安全隐患。部分城市区域环境噪声和道路交通噪声仍处于中等污染水平。民用辐射源量多面广,电磁辐射源迅速增长,辐射环境安全监管和放射性废物安全处置任务仍很艰巨。

4. 生态环境保护有待加强。全区土地退化严重,水土流失面积1.78万平方公里,占全区土地总面积的34.4%,占整个黄河流蜮水土流失面积的4.14%;土地沙化面积1.26万平方公里,占全区土地总面积的24.3%。全区有13.2万公顷农田,121万公顷草场,300多万城乡居民常年直接遭受沙质荒漠化的严重危害;引黄灌区耕地中有8.67万公顷耕地土壤盐渍化,占引黄灌区耕地总面积的32.1%;扬黄新灌区存在土壤盐渍化渍化的威胁。

全区水生态不均衡,水资源紧缺,年均降水量少,干旱不断加剧,湿地破坏严重,沙尘暴频繁发生。水资源利用率低,引黄灌区黄河灌溉水有效利用系数只有0.36。工业重复利用率只有40%左右。自然保护区建设进展缓慢,2000年全区自然保护区面积占辖区面积比例低于全国5.85个百分点。乱捕乱猎和乱挖乱采现象屡禁不止,一些珍稀野生动物栖息地环境恶化,具有重要经济价值的野生动物数量骤减,生物多样性破坏严重。

5. 农村环境问题日益突出,农业环境保护不容忽视。“九五”期间,自治区化肥、农药使用量比"八五"期间分别增长了35.6%和11.6%,农药面源污染加重,农产品质量安全不容忽视。全区农膜残留污染已日趋严重,2000年全区地膜污染农田面积占全区耕地总面积的15.1%。畜禽养殖带来的污染危害也开始呈现。

乡镇企业污染较为普遍,土炼油、小炼铅等"十五小"企业虽经多方关、停取缔,但由于地方保护主义等多方面原因,至今仍屡禁不止,局部地区农产品已受到污染。小城镇环保基础设施缺乏,一些城镇高耗能工业集聚,环境污染逐年加重。

6. 环境管理能力薄弱,环境保护能力建设欠账较多。全区尚未形成完整科学的环境与发展综合决策机制,政府环境保护宏观调控能力较弱。环境保护机构不健全,基层执法队伍数量不足、素质不高、装备落后。环境监测水平低,缺少环境质量自动监测,污染源在线监测、生态环境地面观测和实验室现代分析设备,没有形成环境重大事故预警、应急监测和快速反应能力。环境信息化程度低,环境信息采集、处理发布和分析预报速度慢、能力差。环境卫生管理和执法能力与实际需要和群众要求差距较大。

宁夏农业环境保护"九五"计划(1996年~2000年)

1990年,农业部确定宁夏是全国农业环境质量长期定点监测的15个省(区)之一,1994年,农业部选定宁夏为全国农业环保信息发布的15个省(区)监测站之一。宁夏农业环境保护"九五"期间的工作主要有:

1. 充实和加强区站的监测力量,更新和购置部分化验分析仪器和设备,需投资50万元,力争达到全国农业环境监测水平;充实和新建银川、石嘴山、银南、固原四个地区级农业环境监测中心站,使之能够开展本地区农业环境质量的常规监测。需投资250万元。

2. 继续对全区重点农业环境污染区的污水灌溉、工矿区、城郊、乡镇企、商品粮基地、出口农畜产品基地、城市副食品基地、名特优新农产品集中产区和蔬菜、瓜果、鱼类基地的灌溉水质、农田、农作物和农畜、禽、奶、水产品中的重金属元素、农药、化肥等有害物残留进行监测,累计设灌溉水分析断面62个,农田土壤样点405个,小麦样点236个,水稻样点169个。"九五"期间共需投资32.5万元。

3. 2010年长期发展规划。充实和新建盐池、平罗、惠农、贺兰、永宁、青铜峡、灵武、中卫、同心、西吉 10 个县级农业环保监测站，初步建成全区农业环境监测网络，需投资 250 万元。

农业环境监测面积基本覆盖全区，监测手段趋于现代化，监测质量达到全国先进水平，全面准确地掌握全区农业环境质量状况，需投资 80 万元。

第二章　法制建设

第一节　地方立法

环境保护法制建设主要包括环境保护立法,环境执法以及环境保护法律的普及教育3个方面。从1982年《宁夏回族自治区征收排污费暂行实施办法》产生到1990年4月17日《宁夏回族自治区环境保护条例》的出台,截至2000年,共制定颁布地方性法规7部,行政规章16部,规范性文件27个。同期召开7次法制建设的座谈会、研讨会。

在完善环境法制的同时,强调法规的实施,严格执法,查处和纠正违法行为。"八五"(1991年~1995年)以后,环境执法的力度进一步加强,自治区人大、政府多年连续组织执法大检查,加强环保执法机构建设,增加执法力量,区、市相继成立环境监察总队、支队,有的县也成立执法大队,进行定期或不定期的现场检查。依法处罚了重大污染事故的责任者,加强了污染事故防范。

宁夏各级人大、政府十分重视环境与资源保护的立法工作。到1995年底,自治区政府提请自治区人大常委会颁布的有关环境与资源保护的地方法规有16件,其中环境保护法律5件;自治区人民政府发布环保规章5件,自治区环保局等部门制定行政规章14件;各地市县人大、政府颁布环保行政措施30多件。全区环境与资源保护法律、法规基本形成体系。基本解决了环境与资源保护无法可依的现象。为依法保护环境,依法治理环境奠定了基础。

宁夏在环境保护立法中,注重发挥两方面的积极性,一是人大、政府高度重视,每年均有几件环境与资源保护的法律、法规列入立法计划;二是有关业务部门尽快调研起草送审,互通信息,互相协调,加快了立法步伐。针对宁夏的环境与资源保护特点,在环境立法中从实际出发,分清轻重缓急,逐步制订,逐步完善,逐步配套,使之形成体系。按照环境管理急需解决的问题先立法、突出的环境问题先立法的原则,力争使环境立法与环境管理工作融为一体,使管理工作有法规作依据,使之有的放矢,有法可依,有章可循。如针对在自治区内连续发生乱采滥挖野生甘草、破坏草原的事件，自治区人大及时颁布《草原管理条例》，自治区政府制定了《严禁乱采滥挖甘草的规定》，使破坏植被的现象有所遏制。针对自治区城市大气煤烟型污染的特点，自治区政府制定了《烟尘管理暂行办法》，使城市集中供热，联片采暖，使用石油液化气、电炊、型煤等清洁能源工作得到推行。城市大气环境质量得到显著改善。

截至2000年自治区人大制定的地方法规有：

1.《宁夏回族自治区征收排污费暂行实施办法》。1982年5月15日，宁夏回族自治区第四届人民代表大会常务委员会第十三次会议原则通过。共12条，法规根据《中华人民共和国环境保护法》（试行）和国务院《征收排污费暂行办法》的规定，结合宁夏的实际情况制定。规定了征收排污费的范围、标准、执行收费的环保部门，缴费时间及违规后的加收标准。从1982年7月1日起施行。该法规的施行正式拉开宁夏"谁污染、谁缴费，谁污染、谁治理"的序幕，环保部门有了治理环境污染的正式的资金来源。

2.《宁夏回族自治区环境保护条例》。1990年4月17日，宁夏回族自治区第六届人大常委会第十二次会议通过颁布。该条例是为了保护和改善生活环境与生态环境，合理开发利用自然资源，促进经济发展，防治污染，保障人体健康，根据《中华人民共和国环境保护法》和其他有关法律、法规，结合宁夏实际制定的。共7章42条。分总则、环境监督管理、保护自然环境、防治污染、环境保护资金、法律责任、附则等。是宁夏第一部完整的、系统的环境保护法律。内容涉及到防治工业污染，自然生态的保护，各级政府职责。目标责任及考核，同时规定了政府对环境保护提供经费投资。

条例从法律上赋予环保部门的职责是统一监督管理本辖区的环境保护工作，各级公安、交通、铁道、民航管理部门依法对环境污染防治实施监督管理，各级土地、矿产、林业、水利等部门，依法对资源的保护实施监督管理，法规从公布之日起施行。

3.《宁夏回族自治区农业环境保护条例》。1994年12月15日，宁夏回族自治区第七届人民代表大会常务委员会第十次会议通过，自公布之日起施行。该条例是为了保护和改善农业环境，合理开发利用农业资源，根据《中华人民共和国环境保护法》《中华人民共和国农业法》及有关法律规定，结合宁夏实际制定的。分总则、监督管理、保护与防治、法律责任、附则等5章34条。

条例规定在本区域内从事对农业环境有影响的生产、建设、开发、科研等活动的单位、个人都要遵守此法。第一次将农业环境的活动纳入到法制的轨道。同时规定,县级以上的政府环保部门对辖区的农业环境实施统一监督管理。农业部门对辖区的农业环境保护实施监督管理。土地、水利、林业、畜牧、农垦、地矿等部门依法协同农业部门对职责范围内的农业环境保护实施监督管理。同时规定了县以上农业部门设立农业环境保护监测机构。该机构按规定参加环境监测网络,负责行政区域内的农业环境监测等主要职责。

4.《银川市噪声管理暂行条例》。1983 年 9 月 12 日,宁夏回族自治区第五届人大常委会第三次会议通过。条例由银川市政府组织实施,并在 1984 年 1 月 1 日起施行。该条例是宁夏首府城市第一部通过区级人大通过的实际专业法规。对凡在市区活动的机关、学校、企业、事业、部队等一切单位和个人涉及产生噪声和活动进行规范并对违法的处罚作出规定。共 20 条。

5.《银川市城市园林绿化管理暂行条例》。1983 年 9 月 12 日,宁夏回族自治区第五届人大常委会第三次会议通过。条例共 13 条。规定在银川市的机关、部队、学校、企事业所有单位和个人,都要有环境绿化的义务。所有的城市园林、绿地、风景绿地都要受到保护,尤其百年以上和稀有名贵树木,以及有历史价值和纪念意义的古树古木,是国家的宝贵财富,归国家所有,由专门部门管理,严禁破坏。

6.《宁夏回族自治区土地管理暂行条例》。1983 年 12 月 24 日,宁夏回族自治区第五届人大常委会第四次会议原则通过。该条例为环境保护的相关法规。共 8 章 50 条,自 1984 年 5 月 1 日起施行。分总则、土地的所有权、使用权、国家建设用地、农村建设用地、农民住宅建设用地、奖励与惩罚、土地管理机构、附则等。该条例规定在本行政辖区内的一切土地,包括耕地、园地、林地、草地、水面、荒山、荒地、沙漠、中小城镇、居民区、工矿、交通、国防、名胜古迹、自然保护等用地都要纳入管理,各单位都要协同土地职能部门管好、用好土地。该条例从土地管理的角度保护生态系统、保护生态不受破坏。

7. 宁夏回族自治区人大常委会《关于依法推进环境保护工作的决定》。2000 年 7 月 21 日人大常委会第十四会议通过。该决定是在人大常委会第十四次会议听取和审议了黄超雄副主任所作的《关于检查〈中华人民共和国环境保护法〉及〈宁夏回族自治区环境保护条例〉执行情况的报告》后通过的。

该决定认为,虽然自治区环保工作几年来有了新进展,取得了一定的成绩。但全区环境形势依然严峻,防治污染的任务十分艰巨,实现“一控双达标”的目标困难很大。强调进一步加大环保法律、法规的宣传力度;进一步加大治理的力度;进一步加大执法力度;进一步加大对环保资金的投入;进一步加强对环保工作的领导;接受监督、努力改进工作等。

第二节 行政规章

1. 宁夏《关于保护天然林区野生动物资源的布告》。1975 年 9 月 2 日,宁夏回族自治区革命委员会发布。共 4 条,自公布之日施行。布告对鹿、獐、大头羊、蓝马鸡、猞猁、旱獭等珍贵动物,一律禁止猎取,对青羊等肉用动物只能在每年的 10 月 ~11 月间猎取。但机关、部队、团体等单位不得猎取,使其自然繁殖。促进资源的获益和发展。

2. 宁夏回族自治区革命委员会《关于治理工业“三废”开展综合利用的几项规定》。1977 年 6 月 20 日印发。是自治区政府转发国家有关部门的较早的一份环境治理的法规。《规定》提出了“三废”治理工作,防止新污染的产生;新、改、扩建的项目都必须严格执行治理“三废”措施与主体工程同时设计、同时施工、同时投产(即“三同时”)的规定。否则不准建设、不准投产。正在建设的项目,没有采取措施的,一律要补上。同时把消除污染、保护环境作为工矿企业全面完成国家计划的一项考核指标。在安排、检查、总结生产任务时,应同时安排、同时检查、同时总结环境保护工作。

3.《自治区人民政府关于加强乡镇企业环境管理的规定》。1984 年 10 月 4 日,宁夏回族自治区人民政府发布。规定共 8 条,自颁发之日起施行。规定禁止乡镇企业和个人生产和经营含不易分解和在生物体内蓄积有毒污染物或强致癌物质的产品。如联苯胺、多氯联苯、汞制品、砷制品、石棉制品、土硫磺、放射性产品等,已经经营的要停产或转产。对于乡镇企业和个人兴办的电镀、制革、纸浆、制纸、炼油、土磷肥、土炼焦、有色金属冶炼、小化工、漂染等污染严重的工业项目及噪声振动扰民的工业项目,必须经各级环保部门审查批准。

4. 宁夏回族自治区环境保护委员会《关于审批环境影响报告书有关规定

的通知》。1984年11月5日发布,共11条。规定是根据国务院〔1981〕27号文件及国务院有关部委〔1981〕第12号文件《基本建设项目环境保护管理办法的通知》精神制定。规定中对建设项目中环境有影响的,必须在可行性研究的同时,进行环境影响评价。对环境影响评价书(表)各级环保部门按基本建设项目计划任务书和审批权限进行审批。

5.《宁夏回族自治区保护甘草资源的规定》。1988年11月10日由自治区人民政府发布,共20条,自发布之日起施行。为了保护和合理利用甘草资源,改善生态环境,根据《中华人民共和国环境保护法》《中华人民共和国草原法》以及国务院有关规定制定,第一次将甘草资源作为特定的资源纳入到保护之列,并坚持"护、育、采"并举,以保护为主,严禁乱采滥挖。同时规定甘草的收购、运输、销售由各级医药(材)部门统一负责经营。严禁其他单位和个人收购、套购、抢购和贩运甘草,也不许在市场上销售。对违反本规定的行为进行处罚。各级畜牧、工商、医药、环保、土地、公安等部门积极协助,各尽其责,共同努力做好甘草资源的保护工作。

6.《宁夏回族自治区污染源治理专项基金有偿使用实施办法》。1989年10月10日由自治区人民政府发布。共5章21条,有总则、基金来源和使用,基金管理、奖励和处罚、附则等。

7.《宁夏回族自治区环境保护设施管理暂行办法》。1990年3月17日由自治区人民政府发布,共5章21条。分总则、环境保护设施的生产和建设、环境保护设施的使用和管理、奖励与处罚、附则等。将环境保护设施纳入法规管理的轨道。本办法适合于所有用于治理污染和保护环境的装置、设备和工程设施。对于在本区境内生产、销售、建设和使用环保设施的都必须遵守本办法。并要求加强维护保养,保证正常运行。本办法自公布之日起施行。由各级环境保护部门执行。

8.《宁夏回族自治区烟尘污染防治办法》。1990年5月10日由自治区人民政府发布,共5章24条。分总则、监督管理、污染防治、奖励和处罚、附则等。规定在宁夏境内向大气排放烟尘的单位和个人都应遵守本办法。烟尘污染统一由环境保护部门监管,提出应推广集中供热或连片供热,以减少烟尘,并规定了奖励与处罚办法。

9.《宁夏回族自治区查处环境违法行为程序规定》。1993年8月7日由自治区人民政府发布，内容有总则、管辖、调查和处罚、其间送达与执行、附则等，共5章23条。将查处违反环境保护法律、法规、规章的执行权，赋予各级环保部门。并按区、地(市)县的管辖区域查处违法行为。对查处违法行为的调查、处理程序，文书的制作作了规定。

10.《宁夏回族自治区人民政府关于进一步加强环境保护工作的决定》(简称《决定》)。1997年1月28日由自治区人民政府发布，共9条。有明确环境目标，实行环境质量行政领导负责制；突出重点，认真解决区域环境问题；严格把关，坚决控制新污染；限期达标，加快治理老污染源；保护生态环境，合理开发利用自然资源；完善环境经济，增加环境保护投入；严格环保执法；强化环境监督管理；积极开展环境科学研究；发展环境保护产业；加强环境宣传教育，提高全民环境意识。

《决定》把环保目标列为各级人民政府的重要责任目标，政府主要领导人要依法履行环保的职责，并将辖区环境质量作为考核当地政府主要领导人工作的重要内容。

在建设项目审批和竣工验收过程中，不符合环境保护标准和要求的项目，环保部门不许批准建设项目环境影响报告书或竣工验收报告，其他各有关审批机关一律不许批准建设或投产，有关银行不予贷款。《决定》实际上授予环保部门"一票否决权"，明确规定逐步提高环境保护的投入，环境污染防治投入占本地区同时期国内生产总值的比重，到"九五"末，力争全区达到1%，银川、石嘴山应高于此水平。

11.《关于进一步贯彻落实〈国务院关于环境保护若干个问题的决定〉的通知》。1997年6月18日由自治区人民政府发布，全文共5条。在通知中，自治区人民政府重申环境保护的重要意义，并对今后一个时期的环保工作提出了全面规划和要求，对明令中"十五小"企业进行强制性治理。坚持环境与发展的综合决策，统一规划。贯彻"全面规划，合理布局，综合利用，依靠群众，大家动手，保护环境，造福人民"的32字方针，坚持"谁开发，谁保护；谁破坏，谁恢复；谁利用，谁补偿"18字的原则。要强化城市环境质量综合治理，提高城镇居民生活质量。

12.《宁夏回族自治区环境污染限期治理项目管理办法》。1997年12月31日由自治区人民政府发布，共计23条，自公布之日施行。为了加强环境污染限期治理项目管理，治理污染，保护环境，根据《中华人民共和国环境保护法》《宁夏回族自治区环境保护条例》以及有关法律、法规，结合全区实际，制定本办法。规定对环境造成污染的单位，采取限定时间，治理内容及指标实行强制性治理；治理单位必须在限定日期限内完成治理任务项目。治理项目完成后，经验收，颁发《限期治理项目验收合格证》。对于限期未完成任务的，各级人民政府给予处罚。

13.《宁夏回族自治区防止辐射污染环境管理办法》。1999 年 2 月 10 日由自治区人民政府发布，共 6 章 36 条。包括总则、防治辐射污染、放射性废物管理、辐射污染事故管理、罚则、附则等。是为了防止辐射污染环境、保护和改善环境、保障公众健康，根据《中华人民共和国环境保护法》及有关法律、法规的规定，结合宁夏实际制定的。办法规定，凡在宁夏境内从事伴有辐射项目活动的单位和个人，都适用于本办法。贯彻防治辐射污染环境工作要以预防为主，坚持预防与治理相结合，监督与服务相结合的原则。全区防治辐射污染环境的工作由自治区环保行政部门实施统一监督管理。各行署（市）县协助自治区环保部门对本区域内的防治辐射污染实施监督管理。

自治区辐射环境管理所，应建放射性废物库。放射性废物产生的单位和个人，应定期将放射废物交放射性废物库贮存。暂时不用的放射源，也交放射性废物库贮存，并缴纳一定费用。

14. 宁夏《关于禁止采集和销售发菜制止滥挖甘草和麻黄草有关问题的通知》（宁政发〔2000〕65 号）。为了全面贯彻中华人民共和国国务院《关于禁止采集和销售发菜制止滥挖甘草、麻黄草有关问题的通知》结合宁夏实际制定。依照《中华人民共和国野生植物保护条例》的有关规定，国务院已将发菜的保护级别由二级调整为一级，要求各级政府和有关部门，必须加强对发菜资源的保护，采取有力措施，坚决禁止采集发菜，并做好说服、劝阻工作，引导群众停止采集发菜。农牧、公安、交通等部门要设置临时检查站进行检查，停止对宁夏“五宝”中甘草、发菜的宣传。

第三节　环保及相关部门规范性文件

截至 2000 年，自治区环保局、物价局等有关部门先后发布了一些规范性文件。

宁夏回族自治区环保局及有关部门规范性文件表

表 10－9

序号	文件名称	颁发单位	文　号	颁发时间
1	关于审批环境影响报告书有关规定的通知	自治区环保委	宁环委字〔84〕第 005	1984. 11. 5
2	环保科技档案管理规定	自治区环保委	宁环委字〔1986〕第 002 号	1986. 1. 17
3	关于环境监测车管理办法	自治区环保局	宁环字〔1986〕第 035 号	1986. 7. 18
4	关于宁夏环保产品注册登记审查认定管理规则	自治区环保局	宁环字〔1986〕第 091 号	1986. 8. 7
5	宁夏回族自治区环境保护局保密工作制度	自治区环保局		1986. 10. 4
6	宁夏回族自治区环保局职责范围	自治区环保局	宁环字〔1987〕第 011	1987. 2. 10
7	宁夏回族自治区环保科技管理办法(试行)	自治区环保局		1987. 2. 28
8	宁夏回族自治区环保局改革机关管理工作办法	自治区环保局		1989. 10. 10
9	关于中卫沙坡头自然保护区收缴保护管理费和罚款的暂行规定	自治区建设厅、物价局、财政厅	宁建办字〔1988〕第 18 号	1988. 5. 19
10	宁夏回族自治区征收排污费考核评比奖励办法	自治区环保局	宁环字〔1989〕第 021 号	1989. 1. 2
11	宁夏回族自治区污染源治理专项基金有偿使用办法	自治区环保局		1989. 10. 10
12	宁夏汽车、摩托车排气污染监督管理规定	自治区环保局、公安厅、交通厅、商检局	宁环字〔1992〕第 029 号	1992. 3. 18
13	宁夏回族自治区环境监理执法标志管理实施办法	自治区环保局	宁环字〔1992〕162 号	1992. 11. 24

续表

序号	文件名称	颁发单位	文　号	颁发时间
14	宁夏回族自治区地面水水域环境功能类别划分管理规定		宁环〔1992〕176	1992.12.22
15	关于征收污水排污费的通知	自治区物价局、环保局	宁价〔93〕118号	1993.9.1
16	关于征收排污费收款票据及征收排污费减收、免收票据使用管理的规定	自治区环保局	〔1994〕085号	1994.9.15
17	关于加强城市饮食、娱乐、服务业环境管理的通告	自治区环保局、工商局		1995.5.15
18	宁夏"九五"时期主要污染物排放总量控制实施方案	自治区环保局	123号	1997.8.18
19	环境监理政务公开制度	自治区环保局	宁环发〔1999〕013号	1999.1.28
20	宁夏环保局工作规则	自治区环保局	环保〔1999〕153	1999.11.22
21	关于加强建设项目环境管理有关问题的通知	区环保局	宁环发〔2000〕087号	2000.8.18

第四节　环境执法

环境普法教育

"五年"环境普法教育　从1986年开始，按"一五"普法的计划，把环境法规教育列入"一五"普法的内容之一，在干部、职工、学生中广泛开展起来。自治区环保局组织人员，编写了《环境保护工作手册》，广泛发放。

1. 1986年~1990年"一五"普法期间，把深入学习"两法"——《中华人民共和国环境保护法》《中华人民共和国行政诉讼法》，"一决定"——《国务院关于进一步加强环境保护工作的决定》作为主要内容，在全区开展宣传、贯彻、落实。利用宣传车、设立咨询点、宣传栏及印刷宣传品、编手册等形式促使环保管理执法人员学习。

2. 1991年~1995年的"二五"普法教育期间，全区各级环保部门以学法、守法、懂法、用法为重点以加强普法为契机，坚持学以致用，全力加大执法力度。尤其是《宁夏回族自治区环境保护条例》颁布后，把贯彻实施《宁夏回族自治区环境保护条例》作为重点，不但在本系统进行深入学习，各级环保人员还到学校、工厂、机关进行宣讲，逐条逐款的讲解。固原地区环保人员还到地区固原师专党校多次向师生领导干部培训班进行宣讲。全区各地、市县分别组织了文艺汇演。校园普法活动、上街发放宣传品等多种形式的普法宣传活动。

3. 1996 年 ~ 2000 年"三五"普法教育是环境普法的重要阶段，自治区环保局组织编制并经自治区人民政府批准《宁夏回族自治区环境保护"十五"计划》，积极参与制定和修订地方性法规，出台了《宁夏回族自治区防治辐射污染环境管理办法》，自治区人大常委会还做出了《关于依法推进环境保护工作的决定》。并清理了历年已经废止的文件。初步形成操作性较强的环境保护法规体系。

"三五"普法期间，全区环保法制工作主要有以下特点：

加强领导、健全制度，自治区环保局党组把"三五"普法列入重要议事日程，成立了以副局长马勇为组长、缑玉玺、金国兴、李玉明、付莉莉为成员的"三五"普法领导小组，并成立"办公室"，确定了工作人员。全区各级环保部门都成立以主管领导为组长，其他负责人为成员的"三五"普法领导小组。

2000 年 7 月 7 日，局党组又调整普法及普法验收领导小组，党组书记、局长邸国卫任组长，缑玉玺、金国兴任副组长。

根据需要，自治区环保局又成立了环境保护行政复议委员会、依法治理环境领导小组，"三五"普法教育验收领导小组。各级环保部门也由一把手任组长，成立"三五"普法领导小组，做到了从区局到各事业单位、区、地(市)县各级有人抓、层层有人管，"三五"普法有了组织保证。

突出重点，把邓小平依法治国建设社会主义法治国家的论述和《中华人民共和国宪法》，环保专业法等作为环保干部重点学习内容，在干部学习班，各种培训班上都要作为基本学习内容。

制订规划和年度计划，环保系统每年定期召开会议，研究制定普法年度工作规则，并按照要求每月坚持一次普法理论学习，出席率在 90% 以上。根据"三五"普法要求和"三五"普法规划，做到年初有计划、安排，年终有检查总结。

千方百计保证普法经费，每年挤出一定经费用于购买普法所需的书籍和资料。为学习创造了条件。据统计，4年来用于购买各类法律书籍21种825册，各种法制活动经费达21万元。尤其在每年的“4·22”地球日，“6·5”世界环境日等重大节日都要举行较大范围的宣传活动。

开展普法教育活动　组织干部职工深入学习邓小平关于社会主义民主与法制建设理论的同时，重点组织大家学习《社会主义法制建设基本常识》《中华人民共和国宪法》《中华人民共和国行政处罚法》《中华人民共和国行政诉讼法》《中华人民共和国行政监察法》等9部公共法和两个《条例》，又重点学习了《中华人民共和国环境保护法》《中华人民共和国水污染防治法》《中华人民共和国大气污染防治法》《中华人民共和国环境噪声污染防治法》《中华人民共和国固体废物污染环境防治法》等5部环保法律和6部相关法《宁夏回族自治区环境保护条例》自然保护区条例等。编印《环境监理手册》。

在学习方法上，一是把普法教育同环保政策法规教育结合在一起。在学习有关法律的同时，与环保的基本政策结合。二是举办全区环保系统的领导干部培训班，请国家环保总局的领导、专家和宁夏的法律专家进行讲课。举办了1期地、市、县环保局局长培训班，参加学习的80人/次，举办讲座1次，报告2次，参加173人次，印发《社会主义法制建设基本知识》30册，办理执法上岗证34人，环保普法合格的63人。同时将地、市级环保局长送出去参加全国的培训工作。全区的三市一地环保局长和20个市县级局长都普遍培训了一次。三是加强上岗培训，通过培训及考试，均取得了行政执法上岗证。四是各级环保系统集中专门学习有关法律及法规十多次，五是结合每月的政治，业务学习结合普法教育，对干部职工进行社会主义、爱国主义、集体主义，职业道德教育和环保卫士的形象教育、使干部职工树立正确的人生观和世界观。六是举办企业领导及管理层法制学习班，提高社会的环保意识。七是建立了绿色学校，全区已建立绿色学校，在校师生约32万人。2000年已有33所学校受到国家和自治区有关部门的表彰。

违法及污染事故查处

从1974年至2000年，全区共发生污染事故30多起，由于各级环境执法部门在调查处理中，依法、办事、公正的行使职权，这些事故处理后，未出现反复的问题。较大的事故有以下 15 起。

1. 1974 年 5 月,银川塑料厂发生氯气泄漏事故,造成贺兰山农场果树、枸杞等损失 40 万元。赔偿果农损失 31. 8 万元。

2. 1978 年,中宁电厂又一次发生废水淹没农田事故,1976、1977 年两年废水淹田 2810 亩,损失 15 万元,赔偿 14. 5 万元。1978 年赔偿 32. 316 万元。

3. 1982 年 4 月 16 日,石嘴山电厂粉煤灰水污染黄河水,经自治区人民政府 1982 年第三次常务会议决定,处罚该厂 23 万元。

4. 1987 年,长庆油田发生污染农田事故。由于长庆油田含油废水排放污染盐池大水坑、灵武马家滩、紧口农场农田、草场致死牲畜等损失百万元以上,最终赔偿 10. 7 万元。

5. 1987 年 9 月,银川化工厂发生尿素塔氨气泄露,致使正南 2 公里 ~3 公里范围农垦科研所 3000 多亩防护林及 60 多亩苗田、330 亩绿肥,葵花不同程度受害。

6. 1988 年,银川化肥厂氨气泄漏事故,污染农垦工程处、农垦科研所,银川市园林场等农作物,直接损失 5 万元。有 3 人轻度中毒,12 人轻微中毒,直接损失 1. 5 万元。后赔偿损失 5768. 32 元。

7. 1988 年,大武口电厂发生废水浸淹农田事故,冲渣废水浸淹农田 3100 亩,造成部分耕地报废,并对荒地水利设施构成威胁,损失在百万元以上,经自治区人民政府办公厅宁政办函〔1989〕30 号批复,赔偿大武口乡明水湖农场共 30 万元。

8. 1988 年 3 月 27 日上午 11 时,宁夏标准件厂在清理排污池过程中,本厂 1 名工人带领 5 名农民工下污泥井进行清理(该池深 6 米,直径 4 米)泥厚时,发生井下两人昏倒在井中,井上 4 人先后下井抢救也先后昏倒在井内,经抢救无效有 3 人死亡,3 人受伤,系硫化氢中毒。

9. 1988 年,宁夏化工厂氨气泄漏事故,造成银川市园林场 48. 5 亩苹果树严重受害,直接经济损失达 27 万元。经处理补偿性罚款 48 万元。

10. 1992 年 10 月 18 日 ~19 日,青铜峡市树脂厂 1200 吨烧碱和 10000 吨聚氯乙烯工程试车,因故未能正常运行,造成氯气泄露,致使整流工段 1 名技术人员死亡,2 人受伤。

11. 1995 年 8 月份,宁夏石嘴山火车站及企业专用线上发现装运垃圾的车皮98辆，总计4500吨，石嘴山市环保局发现后及时报告自治区环保局，经现场调查后，分别向自治区政府和国家环保局呈报了紧急报告，自治区副主席作了批示，铁道部以部发电通报全路采取措施，坚决杜绝此类事件再次发生，并对主要装垃圾的郑州铁路局下属西安分局等责任单位给予每车500元的罚款，并要求有关单位领导写出检查，给予通报批评。国家环保局并就此事向国务院办公厅发函报告。

12. 1999年8月29日，宁夏日盛化工集团有限公司排放“缩合母液”污染黄河，根据国家环境保护总局信访案件交办单（环办信〔1999〕042号）的要求和总局领导的批示，自治区环保局和石嘴山市环保局组成联合调查组，对宁夏电化厂精细化工分厂（现名宁夏日盛化工集团有限公司）排放“缩合母液”污染黄河等问题进行了现场调查并进行了处理。

自治区环保局于1999年9月27日下发了《关于对宁夏日盛集团有限公司违反环保法规定严重污染环境的行为处理意见的通知》，责成石嘴山市环境保护局对宁夏日盛集团有限公司违反环境保护法律、法规，严重污染环境的行为依法处理。

13. 1999年11月2日，宁夏环保局申请青铜峡市人民法院强制执行处罚青铜峡水泥厂，因1998年3月该厂使用的放射性污染源管理不善，未遵守放射源管理规定，使该厂烧成车间料位上的一枚铯－137放射源丢失，依法处罚5000元罚款。

14. 2000年6月20日15时，宁夏秦川工贸有限责任公司委托中宁县康滩乡马文生为该公司运送液氯，途经中卫县常乐乡倪滩村附近，发现液氯泄漏，将泄漏瓶抛在杨下公路至常乐乡倪滩村羊圈沟附近进入同沟约2公里处，开车逃离。事故造成中宁县城关镇、城郊乡、柔远乡、东园乡、常乐乡五个乡镇939.8亩农作物及225株树木造成不同程度的伤害，直接经济损失396582.12万元，属特大污染事故。6月27日，中卫县公安局将事故责任人马文生抓获依法处理。宁夏秦川工贸有限公司暂向事故受害人赔偿损失费15万元。

15. 2000年6月27日，彭阳硫酸厂事故排放二氧化硫（SO_2）气体，造成厂区周围953亩农田的粮食作物烧苗枯死，后经固原地区环保局会同彭阳县有关部门处理，硫酸厂赔偿当地农民经济损失42885元，并对硫酸厂下达整改通知，进行了处罚。

行政复议

1999 年 11 月 4 日，石嘴山市环境保护局对石炭井矿务局碳化硅厂因逾期未申报排放污染物处罚责令填报《排放污染物申报登记表》并处罚款 3000 元。该厂不服石嘴山市环保局作出的〔1999〕石环罚字 027 号处罚决定书，于 1999 年 12 月 7 日申请自治区环保局复议，要求撤销被申请人作出的该处罚决定。经自治区环保局调查认为，石炭井矿务局碳化硅厂在隆德县吊庄隆湖开发区范围，应由固原地区隆德县管理，根据自治区人民政府有关文件和环保法规规定，在自治区人民政府未将隆湖经济开发区移交石嘴山市管理之前，石嘴山市环保局作出的未申请排污登记而作出的行政处罚是不适当的。因而决定撤销石嘴山市环保局对石炭井矿务局碳化硅厂下达的〔1999〕石环罚字第 027 号处罚决定书。

2000 年，类似上述情况的自治区环境保护局进行行政复议的还有石炭井矿务局隆湖水泥厂、石炭井矿务局兰湖冶炼厂两个都因行政管辖问题而被自治区环保局决定撤销石嘴山市环保局作出的处罚决定书。

2000 年 3 月 3 日，自治区环保局受理石炭井矿务局矸石发电厂申请，因隆湖开发区在石嘴山的辖区内，企业建 35t/n 的自备发电锅炉，应遵照国家有关自备电站锅炉征收排污费的有关规定，加之该厂未在开发区内办理立项注册，未进行税务登记审批手续，历来在石嘴山环保局的监督管理之下。因而，自治区环保局审理认为，石嘴山市环保局对石炭井矿务局矸石电厂下达的〔1999〕石环罚字 026 号《环境保护局（办）处罚决定书》，事实清楚，适用依据正确，程序合法，自治区环保局决定予以维持。

委托执法

根据国家环保局发布的《环境监理工作暂行办法》规定，环境保护行政部门可委托其具体执法的事业单位进行现场监督、检查、处理的行政执法权。自治区环保局委托两个事业单位为执法单位。1998 年 5 月 8 日，自治区环保局法定代表人何琮为委托人，宁夏环境监理站站长谢利为被委托人，并报自治区政府法制局予以确认。2000 年 2 月 28 日，自治区环保局法定代表人何琮为委托人，宁夏辐射环境管理所所长强小媛为被委托人，并报自治区法制局于 2000 年 3 月 6 日予以确认。

执法检查

1979 年《中华人民共和国环境保护法(试行)》颁布前,自治区各级环保部门依照各自的职责及分工要求,按照国家规定的污染物排放标准(《工业"三废"排放试行标准》《工业企业设计卫生标准》《放射防护规定》)以及政策性文件,对企业事业单位排放污染物进行监督检查,以行政手段干预约束企业及其主管部门治理污染,以期达标排放。《中华人民共和国环境保护法(试行)》颁布后,全区各级环保部门对其辖区行使环保统一监督管理职责,并陆续组建了环境监察总队、支队、大队等执法监理队伍,开展环境执法工作。同时自治区人大常委会也安排环保执法的大检查。自治区政府也在 1993 年~1996 年连续 4 年安排与自治区人大常委会共同进行环保执法大检查。每次检查前,自治区人大常委会办公厅和自治区人民政府办公厅向全区各地市、县发出通知,对环保执法检查工作作出安排部署,并成立由自治区人大常委会副主任和自治区人民政府副主席为团长的执法检查团。在各地、市县先行自查基础上,有针对性的重点抽查。

自治区政协组织多次的委员视察活动,有力的推动了全区的环境法规的贯彻执行。

国家执法检查　主要有 4 次执法检查活动。

1. 1996 年全国环境保护执法检查团对宁夏环境保护及执法情况进行检查。全国环境保护执法检查团于 9 月 2 日~9 月 15 日来宁进行环境与资源保护执法检查。检查团由林业部副部长王志宝任团长,国家环境保护局副局长王扬祖、司法部副部长肖建章、自治区人大常委会副主任张立志任副团长,国家环保局司长吴报中任秘书长,成员单位有中国人民银行、国务院法制局、科技日报、中国环境报等。重点检查了银川市、石嘴山市、平罗县、中卫县、盐池县等地的经济、社会发展与环境保护工作,尤其是"八五"期间环境保护工作取得的成效,存在问题,"九五"期间的环境保护目标,污染防治计划、规划或设想意见、措施等。同时还检查了部分企业。

这次全国环境保护执法检查团来宁检查,检查针对性强,对环保工作促进大。检查结束后,自治区人大、政府组织被检查市县的党政领导和自治区有关厅局领导听取检查团检查情况通报。检查团提出的建议、要求和希望在自治区政府领导的讲话和拟定的全区环保规划、1997 年工作计划中得以体现,执法检查的成效比较显著。

按照全国人大环资委和国务院环委会环保执法检查的要求,自治区人大常委会和自治区人民政府从1993年连续4年在全区范围内开展了环保执法检查活动。通过检查对群众反映强烈、久拖未决的重点环境污染限期治理的问题得以解决。检查中还查处了一些违法案件。对造成严重环境污染的资源破坏的宁夏电化厂氯气泄漏污染事故、大武口发电厂、中宁发电厂灰渣水淹没农田事故、宁夏化工厂氨水污染果园事故等,进行了严肃的查处,体现了严肃执法的效力。

2. 国家环境保护局调研督察组到宁夏督察。受国务院委托,以国家环保局外经办主任刘亿任组长的国家环保局调研督察组第九小组一行9人,于1996年9月24日～26日就自治区贯彻第四次全国环境保护会议精神和执行国务院《关于环境保护若干问题的决定》的情况进行调研督察。

调研督察组在宁期间,听取了自治区环保局局长受自治区政府委托所作的工作汇报,自治区人大副主任张立志、自治区政府办公厅副主任郝林海出席了汇报会。之后,督察组赴永宁县第一、第二造纸厂和平罗县太西镇,实地察看小造纸、土炼焦污染现状和关停情况,并听取了永宁县政府、平罗县政府和银川市环保局、石嘴山市环保局的工作汇报;9月26日,督察组与自治区环保局就坚决执行国务院《关于环境保护若干问题决定》问题,进行了座谈。

督察组在肯定了宁夏在贯彻落实第四次全国环境保护会议精神、执行国务院《关于环境保护若干问题决定》所取得成绩的同时,提出了存在的问题,要求尽快解决机构改革等问题。同时提出取缔、关、停"十五小"应该态度坚决,宁夏在执行《关于环境保护若干问题决定》问题方面,明显滞后于其他省、区。

3. 国务院检查团对宁夏贯彻国务院《关于环境保护若干问题的决定》的检查。1997年5月19日～24日,受国务院委托,国家环保局和中纪委监察部组成的检查团,对宁夏贯彻落实国务院《关于环境保护若干问题决定》情况进行了全面检查。检查团由国家环保局副局长金鉴明任团长。检查团随后检查了宁夏化工厂、平罗县、沙湖保护区、中卫固沙林场等。检查团认为宁夏的环保工作领导重视,措施到位,抓的较紧,工作有成效,环保工作取得了显著成绩。但由于职责载体不健全,主要领导未到位,资金严重匮乏等直接原因,全区环保工作不能顺利向深度进行,严重影响全区环境质量。在检查期间,检查团设立了举报电话,共接待群众投诉75件。其中,5月21日接到29件(银川26件,银南地区3件),5月22日接到电话27个,来访群众3人次,按检查团要求,全部转各市、地查处,结果上报国家检查团。

4. 2000年8月24日~27日,以国家环保总局副局长祝光耀为组长,农业部畜牧局副局长王鹰为副组长的国家九部委联合检查组,对自治区贯彻执行《国务院关于禁止采集销售发菜、制止滥挖甘草和麻黄草有关问题的通知》的情况进行了检查。

自治区人大、政府执法检查　主要有7次执法检查活动。

1. 1992年6月10日~6月30日,自治区人大常委会,自治区政府法制局、环保局安排了自治区的环境执法检查。检查组重点检查了石嘴山市环保局,平罗县环办的执法情况及两个企业的遵法守法情况,还检查了银川市、银南地区、固原地区6个县5个企业的执法情况。

2. 1993年7月~9月5日,自治区人大开展环境保护执法检查严厉打击违法活动。这次检查由自治区人大、自治区政府,自治区林业厅、公安厅、法制局、监察厅、农业厅、水利厅、城乡建设厅、工商局、外贸局、商业厅、司法厅、畜牧局、环保局、宁夏日报社、宁夏电视台,中国环境报宁夏记者站等组成以环保局、林业厅、公安厅、法制局为检查组的固定成员。检查组通过听取地、市、县政府的自查汇报,现场查看、评价、总结等方法进行。对检查中发现的突出问题、典型,新闻媒介进行曝光,对执法严格、守法好的单位和个人给予公开表扬。主要检查:环保法律法规的执行情况;违法排污和非法经营珍稀、濒危野生动物;不执行环境影响评价或"三同时"制度;不按规定交纳超标排污费;擅自拆除或闲置污染防治设施,擅自向河道、湖泊、水库排污或扩大排污口;非法生产、加工、收购、使用,携带猎枪弹具;拒绝管理部门现场检查或弄虚作假等违法行为;发生的重大生态破坏事件和污染事故。这次检查组织严密、准备充分,在各地、市、县自查的基础进行,取得良好的效果。

3. 1994年,自治区人大常委会、自治区人民政府组成由自治区人民政府常务副主席任启兴、自治区人大常委会副主任张立志任团长的全区环境保护执法检查团。检查团由自治区人大财经委,自治区人民政府办公厅、法制局、环保局,林业厅、农业厅,畜牧局等部门组成。同时宁夏日报、宁夏电视台、宁夏广播电台，宁夏法制报、宁夏政协报、宁夏科技报、中国环境报宁夏记者站等组成的《中华环保世纪行》记者团，随同检查进行采访报道。

从 1994 年 8 月下旬起，各地、市、县开展了环境保护执法的自查工作。自治区检查团从 9 月 4 日 ~9 月 18 日分两组进行检查。

检查团通过听取汇报、现场查看、座谈讨论、征求意见等多种方法，对重点市、县的环境执法情况进行了认真的调查了解，对他们在环境执法中取得的成绩给予充分肯定，对存在的问题提出了改进意见提出了严格要求。9 月 20 日以后，检查团办公室又对 8 个重点环境问题进行了专题调查，提出了解决办法和处理意见。

自治区环保执法检查团，还通过简报形式和“宁夏中华环保世纪行”活动，对马家滩炼油厂的“三废”治理、石嘴山焦化厂综合利用焦炉煤气、宁夏钢铁厂利用含酸废水生产聚合硫酸铁净水剂、盐池县沙边子试验区整治沙化土地，发展生态农业、固原县上黄试验区调整优化农业结构、改善生态；毛家沟小流域水土保持综合治理、水沟林场荒山造林等先进典型进行表扬，对造成工业污染和生态破坏的行为和现象进行了批评和新闻曝光。

按照自治区政府和人大的要求，没有进行重点检查的地区，普遍开展了自查活动，自查面达 90% 以上，尤其是银南行署、吴忠市、中卫县和平罗县，主要行政领导亲自参加了检查，解决和处理了一批当地突出的环境问题。

4. 1995 年全区环境保护执法检查。这次检查的范围和对象是全区县级以上人民政府的环保、农业、林业、水利、畜牧、财政、工商、公安、土地、管理、乡镇企业局等有关部门执行环保等法律法规情况，重点检查银川市、平罗县、中宁县以及贺兰山国家级自然保护区、青铜峡库区管委会。

检查是通过自查与检查团检查相结合，对检查中发现的严重违法行为，组成小组进行专门调查。

5. 1996 年宁夏环境保护执法检查。自治区检查团于 9 月 6 日 ~12 日对银川市、石嘴山市、平罗县、盐池县、中卫县、隆湖开发区、青铜峡库区、贺兰山自然保护区等进行了现场重点检查。

检查团通过实地查看、听取汇报、座谈讨论、征求群众意见等方式，对各单位的环保执法情况进行了认真的调查了解，对在环保执法中取得的成绩给予充分肯定，对存在的有法不依，执法不严、违法不究的问题提出了批评；同时，检查团还主动为被检查单位的环境治理提供技术信息，使一些长期得不到解决的环境和资源保护问题初步有了解决的方向。

针对执法检查中发现的问题，自治区执法检查团依据环境保护法律、法规和全国第四次环保会议精神，经过认真研究、及时向各地通报了检查情况，并对各地政府提出了整改要求。

6. 宁夏乡镇工业环境保护执法检查。1996 年 5 月，自治区环保局经自治区人民政府同意后在全区开展乡镇企业环保执法检查。这次检查目的是强化管理、加大环保执法监督力度，关、停、转产一批污染严重、治理无望的企业，依法禁止或取缔一批严重违法的污染厂点、扭转乡镇工业环境污染管理失控的局面，确保 2000 年环保目标的实现。

这次检查的重点是银川市、石嘴山市、银南行署的小造纸、土炼焦、土炼油等行业。各地市县人民政府组织有关部门以自查为主。自治区人民政府检查组进行重点检查或在各地自查汇报后，进行抽查。

7. 2000 年环保执法检查。2000 年是自治区人大常委会、自治区人民政府确定的环保执法监督年。自治区人大常委会组成检查组对全区执行环境保护法律法规的情况进行检查。6 月 12 日～20 日，人大常委会执法检查组对银川、石嘴山、吴忠市进行环境保护执法检查。7 月 21 日，自治区八届人大常委会十四次会议，听取了《关于检查〈中华人民共和国环境保护法〉及〈宁夏回族自治区环境保护条例〉执行情况的报告》，会议作出《关于依法推进环境保护工作的决定》。

自治区政府部门执法检查　主要有 9 次执法检查活动。

1. 1989 年《中华人民共和国环境保护法》颁布后，国家先后又出台了《中华人民共和国行政诉讼法》《行政复议条例》，自治区人大及政府也相继颁布施行了《宁夏回族自治区环境保护条例》《宁夏回族自治区防治辐射污染环境管理办法》等法规，环境执法检查工作进一步规范化。

2. 1993 年 4 月，自治区环保局就有关市县的执法情况进行了专项检查。石嘴山市在征收排污费中采取了边收费边宣传环保法，帮企业算经济帐，污染帐及排污费用途，使企业提高了缴纳排污费的自觉性。当年排污费开征面达 95% 以上。银川市从 1991 年就抓法制建设和提高执法水平，明确各科室分工。在宁夏化工厂尿液泄漏造成银川市园林场严重污染事故的查处中，聘请区农学院、农科院、林业局等有关专家,先后40次现场调查,收集资料证据50份。

3. 1994年10月,自治区在全区环保系统开展了统计法执行情况检查。经检查,工业“三废”排放及治理情况、“三废”处理设施运行情况、环境管理八项制度和措施执行情况的统计依据,基本准确,反映了各地、市、县及全区环境质量状况,同时,也满足了国家环境保护部门及地方统计部门的需要。没有发现弄虚作假,随意虚报、瞒报、伪造、篡改统计数据的现象,为编制年度环境保护计划及环境规划、环境管理科研、预测等提供了依据。

但也存在部分基层企事业单位的环境统计人员不稳定,更换频繁,造成统计工作不连续,统计数据出现一定的偏差等问题。

4. 1996年自治区环保局配合自治区旅游局进行旅游景区的环境保护执法检查。

5. 宁夏建设项目环境保护执法检查。1999年7月,自治区环保局组织了检查组在全区对实施建设项目环境保护管理进行了检查。经检查,各地、市、县对“条例”进行了广泛的宣传,还举办了厂长经理培训班。通过对建设项目的环境影响评价和检查,自治区经委决定,凡是自治区经委审批的建设项目,在可研阶段必须有环保部门的《环境影响报告书(表)》审查意见,否则不予组织审批。在执行“三同时”检查中,多数建设项目能与环保设施与主体项目同时建设、同时验收、同量投产。但也有少数项目,其污染治理设施与主体建设分期建设,甚至不建污染治理设施。

6. 宁夏放射性废物产生单位执法检查。自治区环保局与法制局1999年11月中旬~12月上旬,对全区部分放射性废物产生单位进行了一次执法检查。

这次主要检查了辐射环评及“三同时”执行情况;放射性废物(源)暂存库设施及使用情况等。检查的程序是:一听二看三查四议。即听被检单位汇报;看放射性废物(源)的档案资料及有关规章制度;实地察看放射源和辐射装置运行情况及暂存源库的安全设施、出入库手续;与被检单位交换意见,指出不足,提出整改措施。通过此次检查,自治区环保局共向5家生产企业下达了限期补办环评审批手续的通知,向两家企业下达了限期送贮放射性废源的通知。

由于放射源管理处于多部门交叉管理状况，放射源使用单位不通过环境影响评价，而直接领到许可证、登记证。有些单位管理人员不愿进行环境影响评价，致使这些单位的放射源得不到环保部门的有效监控，产生的废源不能及时收贮。个别单位购源时不向任何部门申请，放射源使用不办理任何手续，一些源的活度还相当大，造成了较大的事故隐患。

12月2日，检查小组在对灵武市水泥厂放射源暂存库内的放射源进行核查时，厂家才发现暂存库被盗，库内存放的3枚出厂活度为100mCi的放射源丢失。经过灵武市公安干警的艰苦努力，在次日下午和4日凌晨才分别找回已被砸开的仅剩下内包装的二枚放射源（这二枚放射源包装后被自治区环保局辐射所收贮），另一枚下落不明。

7. 1997年，宁夏开展环境统计执法大检查。自治区环保局、统计局1997年7月~8月，对全区环境统计执法进行检查，主要检查学习和宣传《中华人民共和国统计法》和《环境统计管理暂行办法》的情况及贯彻执行情况；重点检查了统计活动中是否发生统计违法活动。

8. 2000年11月6日，自治区环保局会同自治区经贸委、监察厅、法制局开展专项执法检查，重点检查了禁止污染源向西部地区转移污染的项目。

9. 2000年9月13日~18日，自治区环保局组成督察组，分4个组赴各地、市、县及重点企业、对“控双达标”工作进行检查。关停了20个污染严重的企业和部分项目。各市、县人大、政府分别组织开展了多项环保执法检查活动，形成了强大的环境保护执法氛围。

第三章 环境管理措施

第一节 环境总量控制

1997年10月，自治区人民政府批转了自治区环保局编制的《宁夏回族自治区主要污染物排放总量控制实施意见》，制定了《宁夏“九五”期间主要污染物排放总量控制计划表》，自治区环境保护局成立了总量控制工作的指导组，组织协调和监督检查质量控制工作；各地市人民政府及自治区各有关部门建立了总量控制目标领导责任制，认真研究并制定了本辖区、本部门总量控制工作方案；各级环保部门确定了负责总量控制工作的责任人及处（科）室，配备了相应的人员，从组织上保证了全区总量控制计划的执行和总量控制指标的完成。

《“九五”期间全国主要污染物排放总量控制实施方案》下达后，自治区环保局按照实现污染源达标排放以及严格控制建设项目污染物增加量和削减老污染源排放量的原则，依据本区各地市经济发展水平、行政区域面积，人口、产业结构、污染物排放总量和环境质量现状等因素、确定了污染物排放总量分配权重，经自治区人民政府批复，将分解下达到全区各地市。

各地市环保部门在自治区环保局的指导下，对辖区污染物排放单位进行了排污申报登记，对乡镇企业开展了污染源调查，对生活污染物排放量进行仔细测算，根据企业排放达标情况，按照企业所属和行政区域分解自治区下达给本辖区的总量控制指标，制订了总量控制工作方案，经各地市人民政府批准，下达到县、行业及重点污染源单位。

执行《国务院关于环境保护若干问题的决定》，取缔、关闭和停产15种污染严重企业，削减了乡镇企业和小企业污染物排放量。全区“十五小”企业共711家，自治区环保局会同自治区监察厅组成关停“十五小”检查组，分赴各地进行监督检查，推动加快“十五小”关停进度；各级环保部门通过设立举报电话，对各类举报进行登记、立案、查处，采取断水断电、拆除设备、吊销执照、清除原料等措施,从源头上控制污染物排放。截至2000年,全区关停取缔率达到99%,削减工业废水132万吨、工业废气4.28亿标立方米、固体废物3.1万吨,有效地减少了乡镇企业和小企业排污总量。

1997年,自治区人民政府下达了全区第三批限期治理项目,共治理了22个企业的26个项目。1998年,在规定的项目完成时限内,自治区环保局与自治区法制局联合组成了第三批限期治理项目检查组,对限期治理项目完成情况进行监督检查,对逾期未完成限期治理任务的单位,依照《宁夏回族自治区环境污染限期治理项目管理办法》予以处罚,督促企业尽快完成治理任务;根据全区工业污染源达标排放的要求,确定了第四批限期治理项目,报自治区人民政府批准下达。

在1998年举行的全区第四次环境保护会议上,自治区人民政府同3市1地政府(行署),电力、石化、煤炭、建材4个污染物排放量较大的行业部门,青铜峡铝厂、宁夏化工厂2个重点企业签订了环境保护目标责任书,同时考核环境质量指标和总量控制指标的完成情况,促使各级人民政府采取行政指令保证总量控制工作的实施,各行业主管部门充分发挥行业的调控作用,保证总量控制计划的执行。

1995年以来,自治区人民政府先后作出了不再新建3000千伏安以下矿热炉、不再新批立窑水泥项目和5000吨以下小造纸项目的决定,并采取了严格审批供电方案和信贷资金的措施,加强了对新建高耗能、高污染项目的限制;环保局会同自治区经贸委、重工厅联合下发了《关于贯彻国家经贸委公布的第一批严重污染环境的淘汰工艺与设备名录的通知》,对改良型焦炉等12种严重污染环境的工艺和设备限期2000年以前全部淘汰,并对硅铁、电石、碳化硅等污染严重的设备和工艺制定了严于国家公布的淘汰要求,有力地控制了自治区境内严重污染环境的设备生产、销售、进口和使用。根据电力工业结构调整的要求,2000年以前石嘴山发电厂4台中压凝汽机组将安排停运。可减少SO_2排放量0.7万吨。

自治区环保局积极配合自治区计委和建设部门,争取国家立项并投资建设银川市第一污水处理厂、石嘴山市城市集污及处理、吴忠市城市集污及处理等城市环保基础设施项目4个,计划总投资113365万元,建成实际投资77222万元。针对固体废弃物排放量超过国家下达控制指标较多的状况,自治区环保局积极采取措施，支持大荣氰胺有限责任公司双氰胺废渣利用项目、民族化工集团化工及冶炼废渣综合利用项目、宁创集团柠檬废渣综合利用项目立项并实施，年可利用并减少排放固体废弃物5.5万吨。

第二节　污染源限期治理

1978年，自治区人民政府下达第一批36项限期治理项目，到1985年已基本完成。

1981年，在银川地区"三废"治理的基础上。扩展到石嘴山市、吴忠县、作出了治理"三废"、防止工业污染的规划。

1984年初，自治区要求限期治理一批群众反映强烈、污染严重的工业企业，共13个企业和单位（银川毛纺厂、银川棉纺厂、灵武绒线厂、青铜峡造纸厂、银川糖厂、银川起重机厂、青铜峡铝厂、青铜峡水泥厂、中宁电厂、青山机械厂、自治区附属医院、银川市人民医院、银川市第二人民医院）要在1984年内完成污染源治理任务。同时对自治区计委、宁夏宾馆、区监狱、银川铁路分局、511医院5家单位要求在当年完成锅炉的烟尘、噪声治理任务。

1984年，宁夏环保委员会于6月12日提出重点解决银川市噪声扰民问题，要求在1984年底前完成50台锅炉鼓风机及引风机的噪声治理任务，其中区属单位29台，市属单位21台，以及银川市城市交通噪声问题，并对学校、工厂等单位的高音广播喇叭限期拆除。

在"七五"期间，加强了老污染源的治理和监督检查，并安排了治理资金。1987年，全区共完成限期治理项目28项，1988年实际完成76项（计划安排28项）超额完成了任务。1989年10月10日，自治区人民政府下达了全区第二批31项限期治理项目，各地、市、县也分别下达了限期治理项目，经1989年12月检查，安排限期治理的项目完成了78项，占任务的90%。如大武口电厂灰渣处理，完成投资175万元。1989年8月经验收投产。大武口洗煤厂洗煤水重复使用项目，完成投资150万元，1992年4月1日投产，1993年3月6日进行了正式验收。大武口洗煤厂煤矸石自燃、大气中的二氧化硫、二氧化氢严重超标，经限期治理后，消除了自燃，大气质量有了明显好转。1997年6月2日，自治区人民政府下达第三批22项限期治理项目，要求分别1997年～

2000年内完成治理任务。1997年自治区人民政府还发布了《宁夏回族自治区环境污染限期治理项目管理办法》。限期治理项目完成70%以上收到了好的效果。同时，国家环保总局也下达了第三批国家环境污染限期治理项目，宁夏铁合金厂、石嘴山市第二炭素厂、中卫造纸厂被列其中。1999年5月1日，自治区人民政府下达了第四批环境污染限期治理项目13个，要求在1999年内必须完成治理计划。

第三节　城市环境综合整治定量考核

宁夏从20世纪80年代后，随着城市化建设步伐的加快，城市环境污染问题越来越突出，改善城市环境的呼声越来越高。为提高城市人民的生活质量，减少污染，自治区采取了相应的治理和整治城市环境的对策，加强了城市环境的监督管理。

1988年9月13日，国务院环境保护委员会发布《关于城市环境综合定量考核的决定》，确定了大气、水质、噪声、固废和绿化等5个方面的考核内容，20项考核指标，32个国家考核城市。宁夏银川市被列为考核城市之一。

1988年12月27日，国务院环境保护委员会发布了《城市环境综合整治定量考核实施办法（暂行）》，对城市环境综合整治定时考核的各项指标解释和记分方法作出了明确规定。

宁夏的城市环境综合整治定量考核工作起步较晚。1989年1月28日，自治区环境保护局向自治区人民政府呈报《关于宁夏城市综合整治定量考核的意见》。1989年6月5日，自治区人民政府发布《关于对我区部分城市（城镇）实行环境综合整治定量考核的通知》，通知确定银川市、石嘴山市（大武口区、石嘴山市区）吴忠市、固原县4市、县的城市（城镇）为自治区首批实行环境综合整治定量考核的市、县，其中，银川市同时为国家直接考核的城市。通知要求环境综合整治是城市政府的一项重要职责，市长（县长）对城市的环境质量负责，要把改善城市环境质量列入市长（县长）的任期目标。自治区政府成立了自治区城市环境综合整治定量考核领导小组。

1999年底，自治区政府决定调整城市综合整治定量考核领导小组组成人员，由自治区政府副主席马骏廷任组长，自治区政府办公厅副主任郑歌平、自治区环保局局长何琮任副组长。各市、县长为组长的城市环境综合整治定量考核领导小组、各市、县长在考核过程中亲自参加考核活动。同时根据国家总局关于逐年增加环境综合整治定量考核城市的要求,自治区政府同意增加了青铜峡市。2000年,石嘴山市政府作出承诺,经自治区人民政府同意将石嘴山市列为全国环境保护重点考核城市113个之一。

宁夏的综考工作从1989年起实施。对城市的大气、水质、噪声、固废、绿化等5个方面的内容20项指标进行整治考核。

为了保证各项指标的具体实施,由自治区副主席任启兴与各市(县)长签定目标责任书。并由自治区财政拨款10万元,作为奖励基金。每年的考核结果向社会公布,接受群众的监督。

1991年,全国32个城市接受国家的考核、银川市得52.88分(满分100)排名第31名,1992年11月23日,国家环保局表彰1989年~1991年城市环境综合整治定量考核先进工作者,银川市张治旗、孔昭真、王鸣义受表彰。

自治区城市环境综合整治定量考核领导小组组长与考核的市(县)长1989年、1990年、1991年~1992年共签订3次目标管理责任书,每轮由区财政拨10万元,作为奖励基金。

1995年,自治区暂停了环境保护目标责任签署和考核工作,认真组织对城考指标体系的修改、完善。1995年在省会城市中,银川市得分66.17第34位名列呼和浩特、昆明、西宁3市之前。其中质量指标(6项)得分24.44分列全国第5名,控制指标(10项)得分28.63分,排第37位,城市基本建础设施指标(采暖城市5项)得分13.6分排全国第12位。石嘴山市1995年发布了《环保目标责任制与奖惩办法》对15个责任单位进行了考核验收,与18个单位签定了95年责任书。

结合城考工作,自治区环保局、工商局联合发布了《关于加强城市饮食、娱乐、服务业环境管理的通告》,各地认真落实通告精神。灵武率先对本辖区的饮食、娱乐、服务业进行普查登记,摸清了情况,加强了管理;中卫、固原等县对饮食、娱乐、服务业开征了排污费;银川等地公布举报电话、下达限期治理、加强了对餐饮、娱乐行业的环境管理。

2000年城市环境综合整治定量考核,依据国家城市环境综合整治定量考核的有关规定,对“城考”的24项指标分项进行核查计算、现场抽查、综合评议。被考核市县得分如下:银川市 79.29 分,比 1999 年提高了 4.66 分;石嘴山市 78.6 分,比 1999 年提高了 8.4 分;青铜峡市 75.69 分,比 1999 年提高了 8.69 分;吴忠市利通区 75.55 分,比 1999 年提高了 11.53 分;固原县 73.4 分,比 1999 年提高了 1.3 分;灵武市 70.11 分,比 1999 年提高了 0.43 分。

综合全区各考核城市情况,24 项指标中,城市地面水水质达标率、区域环境噪声平均值、噪声达标区覆盖率、城市集中供热率、城市气化率、城市环境保护投资指数、“三同时”合格执行率等 7 项指标,各城市均达到了考核要求,比 1999 年提高了 3 项,其他各项指标均在考核得分范围内。全区建成烟尘控制区 98.81 平方公里,噪声达标区 71.19 平方公里,比 1999 年分别增加了 2.95平方公里和 10.43 平方公里,“城考”工作取得了较明显成效。2000 年底,全区共有设市城市 5 个,其中地级市 3 个(银川市、石嘴山市和吴忠市),县级市 2 个(青铜峡市和灵武市)。县城 15 个,县城以下建制镇 48 个。城市化水平按城镇人口占全区总人口的比例为 35.6%,城镇非农业人口占全区总人口的比例为 27.1%。城市基础设施建设力度进一步加大。全年共完成城市基础设施固定资产投资 10.42 亿元,为历年投资之最,比上年增长 62.6%;占全社会固定资产投资的 6.4%,比上年增长 1.5 个百分点。重点用于城市供水、排水、道路、供热建设和环境综合整治。2000 年新建及改造排水管道 42.2 公里,排水管道总长度达到 700.5 公里,排水管道密度为 3.46 公里/平方公里,污水处理率为 18.69%。石嘴山市大武口污水处理厂 A 段投入使用,日处理污水 6 万吨。银川市污水处理厂(10 万吨/日)和吴忠市污水处理厂(6 万吨/日)正在建设。全年城市道路清扫面积达 1186.02 万平方米,占城市道路和人行道总面积的 80%,机械清扫率为 17.3%。新建吴忠市垃圾处理场。垃圾无害化处理总能力达到 1050 吨/日,粪便处理能力达到 90 吨/日,全区垃圾粪便无害化处理率为 23.06%。公厕总量为 1188 座,建成区每平方公里达到 5.7 座,水冲公厕比例为 31.7%。

2000 年新增城市园林绿化面积 391 公顷,城市建成区绿化覆盖率达到 15.5%,建成区绿地率达到 13.16%。新增公共绿地面积 77.1 公顷,人均公共绿地面积达到 4.19 平方米。全区共有公园 27 个。银川市制定了创建国家园林城市实施方案。

在污染控制方面累计建成烟尘控制区 117.2 平方公里,比“八五”期间增长1.34倍，建成噪声达标区76.5平方公里，比“八五”期间增长91.3%。全区城市空气主要污染物质总悬浮颗粒物年日均值比“八五”末降低21.3%。银川市在全国重点城市环境综合整治定量考核中综合得分77.13分，排名第24位。

第四节 关停重污染小企业

1996年8月3日，国务院《关于环境保护若干问题的决定》发布后，自治区各级人民政府和有关部门关停一批浪费资源、污染严重的15种污染小企业，但进度迟缓，发展不平衡。为此，自治区人民政府作出了10条决定，要求各级政府和环保部门于1996年12月31日前全面完成本辖区内15种重污染企业的取缔，关停任务；县级以上人民政府将要取缔、关停的15重污染小企业名单在报纸、广播、电视发布公告。接受广大群众的监督；自治区环保部门统一负责全区取缔、关停“十五小”工作、及时检查、通报情况，对经检查没有全面做好关停工作的地、市、县和有关部门进行批评，甚至上收部分企业的管理权；各级监察、公安、计委、经贸委、财政、新闻等部门积极配合，对已取缔、关停的企业工商部门要吊销营业执照，电力部门停止供电，银行停止贷款；自12月18日起实行五日报制度，12月25日对各地、市、县进行检查，对不按时完成关停任务，隐瞒不报，以及违章新建15种重污染15小企业的，顶风违纪的有关政府主管企业的负责人、企业法人追究其责任，严肃处理。

政府10条决定发布后，银川市、石嘴山市、吴忠市、固原地区、平罗等市、县人民政府认真组织学习、专题研究、结合当地实际，制定了实施办法、各级党委、人大、政府、政协的领导亲自参加检查，定期听汇报。全区经调查摸底，界定应取缔、关停的“十五小”企业704家。其中，土炼油632家，约占“十五小”企业总数的89.3%，土炼焦38家，小造纸13家，小皮革10家，小电镀8家，土炼铅锌3家。1996年4月~5月通过自治区环保局、监察厅的检查，银川市列入关停的“十五小”企业16家，已关停15家，工商部门吊销了营业执照。其中小造纸3家，小制革2家，小炼油5家，土炼焦1家，土法电镀4家，约占全市小型企业的1.8%，产值占1.02%，职工人数占1.22%。石嘴山市应关停的“十五小”企业40家，检查时已全部关停，其中土炼焦厂36家，小造纸厂2家，小皮革厂2家。银南地区列入关停“15小”企业数较大，主要是集中在盐池县境内的600多家土炼油。大部分已关停。截至5月份国家检查团到宁夏检查时，全区已关停“十五小”660家，占应关停的93.2%。受到国家环保局的通报表扬。

第五节　排放达标

工业企业排放“一控双达标”活动

1999年~2000年底，宁夏全区开展了“一控双达标”(即全区各地要使本辖区主要污染物排放总量控制在规定的指标内；全区工业污染源排放物达到国家和宁夏规定的标准；重点城市的大气，水环境质量达到国家规定的标准)活动。至2000年年底，全区1172家工业污染企业中，有1065家企业基本实现了工业污染物达标排放，达标率90.87%，其中治理达标835家，依法关停230家；纳入国家及自治区考核的48家污染企业中，38家基本实现了达标排放，达标率79.17%，其中治理达标30家，依法关停8家；纳入地市级重点考核的117家中，81家基本实现达标排放，达标率69.23%，其中65家治理达标，依法关停16家；纳入县(区)重点考核的179家中，122家基本实现达标排放，其中治理达标85家，依法关停37家。

1999年3月，经自治区人民政府同意，自治区环保局在全国较早编制印发《全区2000年工业污染源达标排放和环境保护重点城市功能区达标工作方案》。自治区人民政府对13个单位下达了第四期治理的决定，之后每年召开人口资源、环保工作座谈会和环保工作会议，听取工作汇报，研究落实措施，部署工业污染源达标工作，明确规定各级党政部门和企业的领导，对环境保护及“一控双达标”工作实行一把手“亲自抓、负总责”，提出了“三不一停”的工业污染源达标原则，即“企业治理项目不能少，验收标准不能降，达标期限不能延，完不成任务停产治理”的原则。自治区政府还与3市1地、4个行业主管部门和2个中央直属企业签订了1998年~2000年环保目标责任书，增列青铜峡、灵武市为城市环境综合整治定量考核重点城市。把工业污染源达标排放工作纳入各级领导政绩考核的重要内容。

自治区人大常委会专题组织以“一控双达标”为主要内容的环保执法检

查，做出了《依法推进环境保护工作的决定》。自治区政协组织委员对环境保护“一控双达标”进行视察，提出了加强污染防治、生态环境保护和建设的意见和建议。通过检查、督查、调动了各级政府、各有关部门的积极性，真正形成了上下共同努力，条块有机结合，环保部门统一监督、各部门齐抓共管的达标工作机制。为摸清全区工业污染源排放污染物情况，全区从 1997 年对工业污染源进行了申报登记，逐步建立了污染源申报登记变更管理体系，确定了全区重点工业污染源清单，查清了影响大气环境和水环境质量的主要工业污染源达标重点和步骤，为工业污染源达标提供了可靠的依据。按照国家环保总局要求，1997 年起，对企业污染物排放实行科学化、定量化管理，整治不规范排污口，在重点排放工作废水企业安装流量计及监视仪，在排污口设立标志牌，标明所排污染物的重点和排放量，为工业污染达标创造了有利重要条件。在排污申报登记的基础上，自治区环保局组织编制了《全区 2000 年工业污染源达标排放和环境保护重点城市功能区达标工作方案》，确定了全区达标排放重点企业、工作机构、工作目标、工作方案和指导思想，确定了全区 48 家重点污染企业限期治理任务。自治区政府对全区 48 家重点污染源下达限期治理任务后，全区各地、市、县政府也相继对所辖重点工业污染源下达了限期治理计划，各企业均按照限期治理项目明确的治理内容、考核项目及标准，制定出本企业的治理计划和方案。自治区各级环保部门适时加强对各企业的指导服务，深入企业认真调查研究，对企业上报的治理方案，进行认真审查，组织专业技术人员帮助企业认真修改完善治理计划，筛选治理方案，热情为企业提供最佳实用治理技术和治理信息服务，为工业污染源达标奠定了技术基础。

全区环保部门认真履行监督管理职能，通过法律手段推动企业达标排放目标如期完成。按照国家有关法律、法规、加强对企业限期治理任务落实情况的法律监督，对不按期完成治理方案设计、开工建设治理工程、治理任务的企业采取公开曝光、行政处罚、加收排污费、依法关停等措施，进行严肃处理。对按兵不动、等待观望的企业予以曝光批评和处罚，通过宣传行政、法律、经济手段，推动了企业达标工作的开展。自治区环保局、监察厅、经贸委等多次联合对限期治理项目进行了检查，抽调人员组成多个督查小组，分赴全区各地市县督查“一控双达标”工作，并对重点污染企业和重点污染区域逐个检查。先后开展了治理计划方案检查、治理项目实施情况检查、治理项目完成情况检查、治理项目稳定达标情况检查和“零点行动”检查等,促进了各地区“一控双达标”工作的开展。银川市开展了“一控双达标”百日攻坚行动;石嘴山市组成六个治理检查组,分包干、责任到人,加大对污染企业的监督和治理力度;吴忠市开展建设项目和老污染治理执法检查,查处了一批违反环保法规的建设项目,逐步取缔关停了辖区内“十五小”、“新五小”;固原地区大力实施碧水计划,加快工业污染源的治理。通过严格的监督检查,加大执法力度,工业企业污染治理进度明显加快,2000 年下半年污染源达标率比 1999 年提高了近 40 个百分点。

对全区“一控双达标”工作进度及时通报,对一些治理缓慢达标无望的企业在新闻媒体上予以通报,争取社会监督。自治区环保局设立了倒计时牌,召开了草浆造纸污染处理的专题会议和铁合金企业污染治理现场办公会;在网络和《宁夏日报》等媒体上公布达标企业名单、曝光未达标企业、公告举报电话,接受群众和舆论监督。2000 年,在各类媒体上发表的各类稿件、专访、领导讲话,达 100 多件。

1998 年 ~2000 年,全区累计投入治理资金 45681. 87 万元,其中纳入国家和自治区重点考核的企业投入治理资金就达 22557. 14 万元。全区主要污染物 COD 排放量削减 1. 09 万吨,削减率 9%,烟尘排放量削减 1. 95 万吨,削减率 16. 06%,粉尘排放量削减 3. 02 万吨,削减率 18. 34%;二氧化硫排放量削减 1. 88 万吨,削减率 10. 86%。

通过工业污染源达标工作,自治区人民政府在国民经济与社会发展“九五”计划实施过程中,加大产业结构调整步骤,根据自治区产业结构特点,将经济效益差、污染危害大的 3 家甜菜制糖企业和大部分棉纺、毛纺企业关停,从产业结构中整体退出,在经济保持高增长的情况下,污染物排放量基本控制在 1995 年的水平。

“零点”行动

为了加快完成“一控双达标”任务,自治区人民政府于 2000 年 12 月 30 日上午 10:00 时至 2000 年 12 月 31 日 24:00 时(即 2001 年 1 月 1 日零时)在区政府的统一领导下开展了“一控双达标”倒计时攻坚“零点行动”。

自治区政府下发了《自治区人民政府关于加快完成环境保护“一控双达

标”任务的紧急通知》,成立了以自治区党委常委自治区政府常务副主席、区“一控双达标”工作领导小组组长马锡广任总指挥,自治区主席助理张来武、自治区环保局局长邸国卫、自治区政府办公厅副主任郑歌平任副总指挥,自治区环保、工商、公安、计划、经贸、财政、监察等十余个“一控双达标”工作领导小组成员单位领导为成员的组织指挥机构,组成了“零点行动”联络调度组、执法行动组、会务保障组、新闻报道组。全区 3 市 1 地和 19 个县(市)、区政府和环保部门也相应成立了以主管地区专员、市、县、区长为指挥长的组织指挥机构和联络、行动、保障、报道小组。自治区政府设立“零点行动”指挥调度中心,全区各地、市、县(区)分设指挥部,负责逐级统一指挥调度“零点行动”工作。

为保证“零点行动”的顺利实施,自治区“一控双达标”工作领导小组和各地、市、县(区)分别制定了“零点行动”方案和实施细则,做到了统一指挥调度、统一行动名称、统一行动时间、统一行动程序、统一行动指令“五统一”,明确了全区取缔关停、停产治理企业,确定了严格依照法律程序,坚决取缔关停国务院《决定》要求在 1996 年 9 月 30 日以前就应取缔关停的“十五小”和《决定》下发后要求取缔关停的“新五小”、国家明令淘汰的落后工艺设备和至今仍达标无行动的重污染企业的行动目标。

2000 年 12 月 30 日上午 9 时 30 分,自治区召开“零点行动”电视电话会议,举行了“零点行动”启动式,自治区及各地、市、县(区)“零点行动”指挥机构成员、人大、政协领导参加了会议,自治区环保局局长邸国卫通报了全区“一控双达标”工作情况,自治区政府常务副主席马锡广对全区“零点行动”进行了部署。全区各地、市、县(区)在电视电话会议上,通报了本地区“一控双达标”工作情况,部署了本地区“零点行动”。上午 10:00 时马锡广总指挥下达了“零点行动”开始指令,区、地、市、县(区)人民政府和各单位开始了取缔关停污染企业的行动。

为使“零点行动”取缔关停工作真正落到实处,自治区环保局下发了《对重点污染企业“一控双达标”实行督查的通知》,全区各级环保部门组成督查组对纳入本级考核的为达标企业进行“拉网式”的监督检查,严格依照法定程序,提前完成处罚决定下发前的立案、调查取证、听证告知等工作。还认真做好取缔关停、停产治理企业领导和职工的思想政治工作,宣传国务院《关于环境保护若干问题的决定》和环保法律、法规。通过监督检查和详细的分类筛选,确定了取缔关停、停产治理名单,上报同级政府批准下达了取缔关停、停产治理的决定。2000 年 12 月 30 日、31 日两天,全区"零点行动"共取缔关停"十五小"、"新五小"、淘汰落后生产工艺设备、达标无行动企业 53 家,停产治理企业 17 家。其中自治区政府关停企业 2 家,银川市取缔关停企业 17 家,石嘴山市取缔关停企业 16 家,吴忠市取缔关停企业 33 家,固原地区取缔关停企业 2 家。全区共取缔 3 家造纸企业、1 家电镀企业;关停 17 家冶金企业、21 家建材企业、6 家钢铁企业、1 家机械企业;停产治理 1 家化工企业、6 家冶金企业、5 家造纸企业、2 家建材企业、1 家钢铁企业、1 家食品企业、1 家机械企业等。

第六节 环境目标管理

为保证全区环境保护各项工作的实施,自 1989 年开始至 2000 年,自治区人民政府先后 4 次与部分市、县、重点行业,重点企业签订了环境保护目标责任书。做到目标、责任、时限、考核四落实。

1989 年 6 月 14 日,在全区环保工作会议召开期间,自治区人民政府副主席任启兴与银川市、石嘴山市、青铜峡市、吴忠市、中卫县、固原县负责人签订了 1989 年度环境管理目标责任书。目标责任书主要内容有:城市环境质量 7 项;废气 2 项;废水 3 项;开发建设项目管理 7 项;老污染源治理 3 项;烟尘控制区 1 项;排污收费 1 项;环保工作办实事 9 项等共 9 部分 35 项。各项目又制定了考核指标解释与计算方法。当日,自治区政府副主席任启兴又分别与自治区电力工业局,石油化工总公司,轻工业厅,建材总公司负责人等签订 1989 年环境保护目标责任书。

自治区环境保护局局长艾先源又与银川氮肥厂、宁夏电化厂,宁夏灵武绒线厂,宁夏水泥厂签订 1989 年环境保护目标责任书。目标书主要内容有废气、废水、废渣、绿化组织机构职责,开发建设项目,老污染治理,环境监测等 8 个部分 18 个项目。

1990 年,自治区的城市环境综合整治进入第二年,在总结八九年工作的基础上,自治区考核办以首府银川定量考核工作为突破口,在银川市参加全国 32 个城市的定量考核结果公布后,对其结果进行了客观地分析,指明了今后的努力方向。银川市政府专门召集会议,安排布署了 1990 年的环保目标责任制的考核工作。

在目标责任书签订后,宁夏电化厂将环保指标分析到车间、班组,于 1989 年 8 月将 1988 年因氯气泄漏而被罚款 15 万元从而丢掉的无泄漏工厂的牌子又拿了回来。大武口电厂也在签订了责任书后,积极行动建成渣泵房,使灰渣直排正式灰场,避免了对大武口乡 2000 多亩农田的污染,使多年的环境污染问题得以解决;大武口电厂还完成灰水输入正式灰场,澄清废水的回用工程。

1991 年开始每两年签订一次,同时,对目标责任指标进行了调查,共分 19 项,计 100 分其中固原县共 22 项,增加了生态环境保护 4 项。

1991 年初,在全区环境保护工作会议期间,自治区政府副主席任启兴代表自治区政府与部分市(县)长及各大厅局领导签订了环保目标责任书,同年 3 月,自治区环保局牵头,在对责任单位进行检查、督促、落实的同时,对全区 15 家签定 1990 年环境保护目标责任书的单位进行了检查验收。

1993 年～1994 年度环保目标考核责任书,自治区副主席任启兴与银川市、石嘴山市、吴忠市、青铜峡市、中卫县固原县签订责任书后,又分别与煤炭厅、冶金总公司、石化总公司、电力局、重工业厅、建材总公司、宁夏化工厂、青铜峡铝厂等分别签订了目标责任书。

1995 年 3 月,经认真考核验收,自治区城市环境综合整治定量考核领导小组决定对完成环保目标任务的责任单位给予奖励。

石嘴山市人民政府、固原县人民政府、宁夏电力局获一等奖;银川市人民政府、中卫县人民政府、吴忠市人民政府、青铜峡市人民政府、宁夏石化总公司、宁夏建材总公司、宁夏煤炭厅、宁夏重工厅、宁夏化工厂、青铜峡铝厂获二等奖。

第七节　建设项目管理

从 1977 年以来,自治区建设项目的环境管理就开始按照国家有关规定,并结合宁夏的实际情况、制定一系列政策、法规、使建设项目的管理逐步走向正规化。

环境影响评价

根据建设项目所作环境影响评价深度不同，分为环境影响报告书和环境影响报告表两种形式。凡是从事对环境有不利影响的开发建设活动的单位，都必须执行环境影响评价制度。违反这一制度的规定，就要承担相应的法律后果。对于未经批准环境影响报告书（表）的开发建设项目，计划部门不得办理施工执照，物资部门不得供应材料、设备。环境影响报告书未经环境保护行政主管部门审查批准，擅自施工的，可以责令停止施工，补作环境影响报告书及其审批手续。环境影响报告书的编制单位必须是受建设单位委托的持有环境影响评价证书的单位。

评价证书分为甲级评价证书和乙级评价证书。甲级评价证书由国家环境保护局负责核发，乙级评价证书由自治区环境保护行政主管部门负责核发。持有甲级评价证书的单位，可承接全国范围内各种规模的基本建设项目和技术改造项目以及区域开发建设项目的环境影响评价工作；持有乙级评价证书的单位，可承接自治区内各级人民政府环境保护行政主管部门负责审批的基本建设项目、技术改造项目和省级人民政府确定的区域开发建设项目环境影响评价工作。

宁夏在"七五"期间拥有环境影响评价单位共17家，其中综合评价证书7家，单项评价证书10家。为了配合国家对环评工作的整顿，1991年自治区环保局根据国家环保局《关于颁发〈建设项目环评证书的管理办法〉的通知》，经严格考核评定，宁夏首批核发乙级证书6个（宁夏大学、宁夏农业环境保护监测站、宁夏石化环境监测中心、宁夏电力局环保监测中心站、宁夏水利水电工程勘测设计院、银川市环保研究所）。甲级证书1个（自治区环保研究所）。

2000年宁夏环境影响评价单位名表

表10－59

序号	单位名称及编号	负责人	地址（邮编）
1	宁夏环境保护研究院国环评证甲字第3801号	童云峰	银川市西夏区怀远路520号
2	宁夏石油化工环境科学研究院国环评证乙字第3803号	陈宝林	银川市凤凰北街190号（750001）

续表

序号	单位名称及编号	负责人	地址(邮编)
3	宁夏电力科技教育工程院国环评证乙字第3808号	汪　斌	银川市金凤区黄河东路716号(750002)
4	宁夏辐射环境监督站	虢　鹏	银川民族北街121号(750004)
5	银川市环境保护研究所国环评证乙字第3807号	郭晓宁	银川市凤凰南街215号(750001)
6	吴忠市环境保护研究所	田维建	利通区裕民东街金星路15号(751100)
7	石嘴山市环境保护研究所国环评证乙字第3805号	张玉龙	石嘴山市朝阳西街26号(753000)
8	固原市环境保护研究所国环评证乙字第3806号	阎维东	固原市原州区南关街273号(756000)
9	农业环境保护监测站	马京军	银川市黄河东路722号
10	宁夏大学化工学院	刘万毅	西夏区贺兰山西路539号(750021)
11	宁夏水利水电勘测设计研究院	哈岸英	银川市胜利南街629号(750001)

1987年8月,由宁夏环保局申报经过国家环保局的考核审定,宁夏环保研究所为宁夏唯一的一个甲级环境评价影响证书的单位。1991年6月30日国家环保局正式批准为甲级持证评价单位。

1999年,国家环保总局对全国甲级单位进行审核后公布宁夏环保研究所为全国68个甲级单位之一。“八五”期间,自治区环保局对申请乙级证书的12家单位进行了审核,分析测试和质量评估,核发乙级证书7家。为了提高环评单位业务能力和技术水平,多次举办培训班,并定期进行考核(五年换发一次证书),并进行评比奖励。同时对无资质证书冒名进行参与环评的进行通报批评,纯洁了环评市场,不断提高环评质量。1984年,宁夏环保委员会根据国家计委、建委、经委,国务院环境保护领导小组联合颁发的《关于基本建设项目环境保护管理办法》的通知,制定并发布了宁夏《关于审批环境影响报告书的有关规定》,初步对建设项目的环境影响评价工作作了规范,起到了好的作用。1994年又与自治区物价局,区财政厅宁价费发〔1994〕81号《关于发布宁夏回族自治区建设项目环境影响评价收费项目和标准(试行)的通知,促使环评市场竞争有序进行。

1991 年 6 月 14 日，自治区环保局根据国家环保局的要求，对 1986 的以来，矿产（煤炭建材）、交通、水利、土地、地下水资源开发建设，已建成或正在建工程，其投资在 100 万元以上项目的环评情况，进行了填表调查。全区小煤窑开采的 14 个（县级）、农垦 4 个，部队 14 个、乡镇 65 个、共 97 个，均未进行“环评”，也未执行“三同时”。建材项目 2 个均作了“环评”，农业开发项目 3 个，2 个作了环评。自治区环保局将此情况通报了自治区有关部门。

从 1982 年开始，宁夏就陆续开展了环境影响评价工作，到 1985 年共审查了 19 个大中型建设项目的环境影响书。

1982 年 12 月，宁夏化工厂委托宁夏科技咨询服务中心承担环境影响评价。这次课题组主要由环保部门的科技人员组成。课题组精心的进行了论证，调研选址，通过模拟计算，历时 1 年，写出了 40 多万字，绘制了 70 多幅图纸，编制了《宁夏化工厂环境影响评价报告书》，获 1985 年自治区科技进步二等奖。

1987 年 6 月 2 日，宁夏环保局制定了《宁夏回族自治区建设项目环境管理实施细则》。

针对 1988 年以来，全区经济发展较快，小造纸、小铁合金、小电石行业蜂涌而上的情况，1990 年，把环境影响评价执行率和“三同时”执行率列为环境管理考核的目标管理内容之一。推动了“环评”工作的进展。

“七五”期间，执行环评的建设项目共 83 项（包括环评书、表）评价项目共投资 209965. 18 万元，评价费 213. 65 万元。

“八五”期间，建设单位其中申报环评的项目 422 个，执行环评报告书 22 个，占 5%，执行环评报告表计 391 个，占 92. 8%。总的环评执行率为 98%。建设项目总投资为 32. 5 亿元，其中环保部分投资 1. 24 亿元占 3. 8%，收取环评费共 138. 9 万元。

1991 年 9 月 14 日，自治区环保局针对宁夏西北轴承厂的技术改造项目未执行环境影响评价，发出了通报批评，责令限期在 9 月 22 日前按程序填报环境影响报告书，并严格执行“三同时”。

“八五”期间，环保部门注重正确处理环境保护与经济建设关系，即依法实行环境保护又积极主动为企业服务，提供信息和技术，对全区经济发展有重大影响的建设项目,特事特办。如青铜峡铝厂三期扩建工程(总投资17亿元)的环评审批,自治区环保局既坚持“先评价,后建设”的原则,又在征得国家环保局的同意后,简化了审批程序,为建设单位赢得了时间。固原地区环保局针对煤炭消售站和石油公司成品油库搬迁项目,从申报到审批,只用了1天时间就办完了环评表与审批。

“八五”期间,建设项目经过环境影响评价后,改变原选厂址的1个,经检查,未执行环评而被通报的建设项目10个,罚款0.8万元。

从1984年开始,重点建设项目,集中由宁夏环保研究所(甲级持证单位)进行建设项目环境影响评价,共评价项目146个。评价项目中涉及化工、冶炼、农副产品加工、电业、纺织、资源开发、机械、农业开发、引水等。其中总投资最大项目达7亿元,最小项目300万元。

2000年8月18日,自治区发展计划委员会、经贸委、环保局根据国家西部大开发战略的实施,宁夏东西部合作的建设项目日益增多,项目中污染严重、污染转嫁的问题较突出的情况制发了《关于加强建设项目环境管理有关问题的通知》。要求凡在自治区辖区内按固定资产投资方式进行的一切建设项目,包括基本建设、技术改造、合作、合资、扶贫项目和区域开发、开发利用自然资源及其他建设项目,都必须经环保部门批准建设项目环境影响评价书(表)。否则不批准不立项,工商部门不予办理工商登记。项目的审批按《建设项目环境保护分类管理名录》规定执行,投资在1000万元以上的自治区环保局审批。

2000年7月17日,国家环保总局对全国建设项目环境保护管理及环境影响评价先进单位(集体)和先进个人进行表彰,宁夏银川市环境保护局、自治区计划委员会被评为先进单位。吴忠市环境保护局的田维建被评为先进个人,宁夏大学科学与工程系的张抒峰被评为环境影响评价先进个人。

“三同时”制度

建设项目中的环境保护设施必须与主体工程同时设计、同时施工、同时投产使用,简称为“三同时”。“三同时”的规定是在1973年第一次全国环境保护会议提出的建设项目环境管理工作原则,同年经国务院批准的《关于保护和改善环境的若干规定(试行)》中也提出了“三同时”的规定。“三同时”制度的范围包括新建、扩建、改建、技术改造,一切可能对环境造成污染的破坏的工程建设项目;确有经济效益的综合利用项目。对于违反“三同时”制度的建设单位,要承担相应的法律后果。

1977 年 6 月 20 日,自治区革命委员会在转发国家计委、建委、财政部、国务院环境保护领导小组印发《关于治理工业“三废”开展综合利用的几项目规定》的通知中强调,各级计划部门、建设部门和主管部门在制定基本建设计划和审批计划任务书,扩大初步设计时,都要切实认真贯彻执行“三同时”的规定。同时对“三同时”执行情况,每年要向上级革命委员会提出报告,对于不执行“三同时”规定,人为造成环境污染的单位,要追查责任,严肃处理。

“八五”期间,自治区环保局执行国家环保局《建设项目环境保护设施竣工验收管理规定》,对西北轴承厂“八五”技术改造、“八五”脱硫搬迁项目,宁夏电化厂二期技术改造工程等组织竣工验收小组对环保设施进行单项验收。同时,加强对基层环保局执行“三同时”制度的监督检查与技术指导。各地市环保部门严把建设项目“三同时”管理关,加强了“三同时”执法力度,对不执行“三同时”项目的单位进行处罚。吴忠市加强了对建设项目全过程和管理,在项目审批后,坚持对设计图纸进行审查,对施工现场进行监督,直到竣工投产验收。吴忠市还对 2 个建设项目,试行了收缴“三同时”保证金,石嘴山市环保局制定了《“三同时”保证金管理办法》。

“八五”期间,全区竣工验收项目 181 个,“三同时”执行率为 89%。“三同时”达标项目 166 个,“三同时”达标率为 92%。

在建设项目管理中,积极推行清洁生产。“八五”期间,对工业污染,从末端治理转变为全过程控制的工作。以全区小化肥企业为重点,在 7 家小化肥厂积极推行化工部推荐的两煤变一煤、两水闭路循环的节能技术,使生产能力成倍增加,污染物排放量大幅度降低,实现了增产不增污的目的。期间未执行“三同时”或验收不合格的建设项目有 10 个,罚款 0. 2 万元。

1995 年,为贯彻“预防为主”的方针,全区组织检查了当年建成投产的工业项目 30 个,实际执行“三同时”的 26 个,占完全执行的 81%,比 1994 年提高 7 个百分点。吴忠市为了加强全过程的管理,在建设项目审批后,坚持设计图纸的审查,对施工现场监督,直到投产“三同时”验收。1995 年底统计,在“八五”期间,共建成投产的项目有 218 个,其中区级 35 个,地市级 97 个,县级 86 个,实际执行“三同时”项目共 181 个,“三同时”执行率 83%,其中区级

89%,地市级 87%,县级 77%。总投资 26.3 亿元。用于"三同时"项目投资为 2.25 亿元,占 8.5%。经验收"三同时"达标率为 88%,其中区级为 77%,地市级为 97%,县级为 90%。

"八五"期间,严格执行建设项目"三同时"建成投产,使"三废"的实际去除量分别达到:废水处理量 981.5 万吨,烟尘 36 万吨,固体废物 23.45 万吨。

1998 年,为了加强对建设项目的管理,自治区环保局成立了开发建设项目环境保护审查委员会,并拟定了建设项目管理办法征求意见稿。在具体工作中,对银川热电厂、宁夏进出口公司皮革及皮革制品的技术改造,宁夏炼油厂技术改、扩建等项目进行环评审定,对大坝电厂二期工程进行了监测,为"三同时"验收提供了数据,同时受国家环保总局的委托,对电厂的环保设施组织验收。当年又对宁夏扶贫扬黄第一期工程施工期的环保进行监测。各市、县也都组织了落实"三同时"的专项检查。

2000 年,按照自治区人民政府的要求,自治区环保局、自治区计划委员会、自治区经贸委联合印发《关于加强建设项目环境管理有关问题的通知》,进一步明确建设项目环境保护审批权限的一票否决制(后来确定为建设项目环保预审制)。在每年全区组织的环保检查中都把建设项目的"三同时"检查,作为检查、考核内容之一。2000 年,自治区 4 部门抽调 15 人,分赴区内 18 个地、市、县、重点检查了 48 家企业。对中卫明盛化工厂、东方企业、万得铝厂、灵武神光化工厂等 4 家违反"三同时"的企业进行行政处罚和停产治理。

第四章　环境监察及排污收费

第一节　环境监理

监理内容

贯彻国家和地方环境保护法律、法规、政策和规章，依法或受环保行政部门的委托对辖区内单位或个人执行环保、法规的情况进行现场监督、检查和处理。依法征收废气、废水、废渣、噪声、放射性物质等超标排污费和排污水费及加倍收费，提高征收标准排污费、滞纳金和补偿性罚款等；管好和充分用好环保资金，有效地发挥征收排污费的经济杠杆作用，促进企事业单位节约和综合利用资源、能源、治理污染、保护和改善环境。负责排污单位的排污申报登记工作，及时掌控正常作业条件下排放污染物的种类、数量、浓度和污染物排放设施及污染物处理设施的运行情况等。分析和评价排污费制度的环境效益、经济效益和社会效益。巡查、监督各种污染物的排放情况和污染处理设施的运转情况。对城市环境、农村、农业及自然生态破坏的污染事件进行调查和处理，努力抑制生态环境恶化的趋势。参与环境污染事故、纠纷和来信采访的调查处理。逐步完善排污收费制度的各项工作程序和执法程序，使污染收费工作真正做到规范化、合理化、科学化。提高监理队伍的政策水平，执法水平和业务素质，建立内部和外部监督机制，公开办事、接受监督、搞好廉政建设。复议和应诉各种环境行政行为引起的复议和应诉事件，逐步提高执法水平。

监理机构

截至2000年底，全区环保系统环境监理机构有宁夏环境监理站、两地两市环境监理站4个，还有11个县（市）县级环境监理站，共有环境监理人员120名。银川市环境所经市编委批准更名为银川市环境监理支队并派出成立了城区、新城区、郊区环境监理大队，石嘴山市环保局从市环境监理站选派人员成立了以环境监理、现场执法为主要工作内容的大武口区、石嘴山区、石炭井区环保工作站。

1995 年，根据人事部《关于同意国家环保系统环境监理人员依照国家公务员制度进行管理的批复》。全区环境监理人员都按照国家公务员制度进行管理。

2000 年，银川市监理支队、吴忠市利通区环境监理站及 5 名环境监理员被自治区人事厅、环保局评为全区环境保护先进集体和先进工作者。

县及县以上环境监理员必须经同级环保部门审查考核批准，并报自治区环境保护部门审查后，经过专门的培训，考试合格后，发给由国家环保总局统一监制的“中国环境监理”证件。同时统一佩戴“中国环境监理”证章。1993 年至 2003 年期间，统一穿戴环境监理标志制服，（石嘴山市为 1994 年 11 月 8 日正式穿戴），后按照国务院、自治区政府关于整顿标志服装的通知精神，停止穿统一制服。

在全区环保系统开展的“规范化”服务达标活动中，为形成爱岗敬业、廉洁服务、文明执法，依法行政、办事公道的良好风尚，对全区环境监理人员执行“六不准”。“六不准”的内容是：

1. 不准接受被检查者的礼品、礼金和有价证券。
2. 不准接受被检查者宴请。
3. 不准参加被检查者邀请的娱乐活动。
4. 不准参加被检查者的营销活动。
5. 不准向被检查者通风报信。
6. 不准酒后开车、酒后执行公务。

现场检查

在修订完善法规的基础上，各级环保部门加大了执法力度，自治区环保局和各地市县环保局（办）公布了环境污染事故和违法案件举报电话“12369”，部分市县配合 110 出警，加强了对环境举报案件的快速查处，各级环境监理部门加大了现场监督检查的频次和处罚力度。1997 年实施环境行政处罚案件 90 件，受理行政复议 1 件。1999 年，全区共收到举报来信 2885 封，接待来访 974 人次，办理行政处罚案件 190 件。自治区与石嘴山环保部门查处了群众举报的宁夏日盛化工集团排放“综合母液”污染黄河案件，并在新闻媒体上连续报道，取得了社会监督良好的效果。

自治区辐射性环境管理站加强对放射性废物的检查、监督，先后对20多家企业进行了检查，并抽测了20多家利用工业废渣生产炉渣砖的厂家和30多家厂家经销的约40种花岗岩，对放射性指标合格的产品颁发了放射性监测合格证或放射性质量监测报告。

自治区环境监察执法人员对银川市污水治理情况进行监察。

全区环保系统行政执法人员按照自治区人民政府要求规范执行、依法行政。在全区统一规范了环境保护行政处罚法律文书格式和环境保护行政复议法律文书格式。

自1996年以来，在每年的高考期间，全区环保监理站根据国家环保局《关于在高考期间加强环境噪声污染监督管理的通知》要求，在全区各地、市、县开展现场的监督管理。各地环保部门成立专门组织，发布公告，并在新闻媒体上发通告，公布值班电话，建立24小时值班制，与公安部门配合行动，分工负责，从每年的6月20日～7月15日，对考场周围的建筑地、工厂、饭店、歌舞厅等产生噪声源的地方进行现场监控。仅2000年，全区共受理举报电话708个，查处了532家违规单位和个人。新闻媒体曝光9家，没收污染源计60余件。

第二节　污染源调查及排污申报登记

自治区的排污申报工作始自1981年。1982年由各地市卫生防疫站、环保局（办）人员开始了工业污染的调查评价工作，全区建立432个工业污染源档案。

1986年，自治区环保局会同自治区经委，统计局安排部署了污染调查工作，成立了调查领导小组，并设了办公室，确定了技术工作承担单位、划定了范围，明确了工作方法和进度。3月份举办了培训班，各地、市、县也相继成立了污染源调查申报登记的领导机构，分别举办了培训班，共培训200多名骨干。11 月份,自治区污染源调查领导小组对全区的调查工作进行验收。建立了全区工业污染源调查微机数据库和档案库,经国家组织的西北五省(区)工业污染源调查验收组的验收为合格,并通过了自治区科技成果鉴定。

1987 年,在排污申报登记工作的基础上,银川市开展“排污许可证”的试点工作。1990 年对试点工作进行验收,为全区推广积累了经验。1991 年,对 100 个存在污染的单位,实行了水污染排放许可证申报登记。1992 年自治区环保局专门召开会议全面部署全区的排污申报登记,排污许可证工作。

1995 年,宁夏环保局召开了全区排污申报登记工作会议,并于 1996 年 3 月 14 日,自治区环保局又发出了《关于抓紧开展排放污染物申报登记工作的通知》,进一步强调各县市按地、市环保局的统一领导部署,开展工作,按地、市统计上报自治区环保局、无监测能力的县、市由地、市环境监测站承担监测任务。

1996 年,对全区排污申报登记工作又一次举办了培训班,认真学习了申报工作的有关法规、文件和材料。统一申报登记表、审查核实填写数据,按期完成了全区水污染物、大气污染物、固体废物和噪声的申报登记工作,年底进行总结。

1997 年,按照国家环保总局的部署,又组织了全区乡镇工业污染源调查工作,对全区 33 个行业,1926 家乡镇企业进行了调查,调查覆盖率达 62.63%。

第三节 排污收费

体 制

1981 年 7 月 25 日,自治区环境保护领导小组《关于做好排污收费准备工作的通知》,由自治区经委、财政局、环境保护领导小组共同议定,按以下三条原则确定收费的单位,并开始收费。1. 凡是排出电镀废水的单位。2. 中央区属和区级机关冒黑烟的锅炉。3. 1978 年区经委、计委、环保领导小组共同确定的 36 个企业到期未完成治理任务的单位。这是宁夏第一个关于征收排污费的文件。

1982 年 2 月 5 日,国务院颁布《征收排污费暂行办法》,确定分级管理体制。第七条规定:“中央部署和省(自治区、直辖市)属排污单位的排污费,缴入省级财政,其他排污单位的排污费缴入当地财政。

1982年5月15日,自治区第四届人民代表大会常务委员会第十三次会议原则通过《宁夏回族自治区征收排污费暂行实施办法》(以下简称《暂行办法》)。为适应当时的环境保护机构状况(县级机构尚未成立,自治区环保局仅是建设厅下属的处级局)和环境保护事业的起步阶段,《暂行办法》确定了“一级收费、二级管理”的体制。《暂行办法》第三条规定:“排污单位无论其隶属关系和所有制关系,都由其所在地、市环境保护部门按季征收排污费”。第九条规定:“中央部属、自治区属和驻宁部队排污单位的排污费缴入自治区财政。其他排污单位的排污费缴入当地财政”。

1983年,区环保办确定了1人专职做排污费的征收工作,1986年,在区环保局内成立了自治区环境保护排污收费监理站,1992年10月19日,经建设厅同意改名为自治区环境监理站,后又更改为自治区环境监察总队,负责全区的环境监督、检查、征收排污费。

1986年8月,自治区人民政府第十次常务会议讨论了石嘴山市人民政府关于执行自治区征收排污费规定中有关问题的请示,决定在石嘴山市范围内的中央部属和自治区属企业缴纳的排污费,可以由石嘴山市环保部门统一收取,缴入石嘴山市财政,作为预算收入,用于环境保护补助资金,每年由石嘴山市环保部门根据国家和自治区有关排污费使用的规定,向自治区环保部门和财政部门报送排污费使用计划,经核准同意后,由石嘴山市财政部门监督实施。石嘴山市排污费使用计划中用于环保部门自身建设的部分,应提取20%至25%由自治区环保部门使用。

1987年3月,原自治区建设厅下属的环境保护局,决定各地、市环办在自治区环保局审查认定后,具有收费能力的县级环保部门也可征收县以下排污单位的排污费,各地市县环保部门所征收的排污费,应邀入各地市县财政部门,纳入预算内,用于环境保护补助资金,各地市环保部门所征收的排污费中用于环保部门自身建设的部分应上交自治区环保局25%,由自治区环保局安排使用,今后每年上交区环保局25%部分,务于下年度3月底以前上交。

为了鼓励依法收费,应收尽收,1989年1月2日,宁夏环保局专门制定了《宁夏征收排污费考核评比奖励办法》。

为了纠正排污收费的违法行政行为，1989 年 10 月，自治区人民政府根据国务院《污染源治理专项基金有偿使用暂行办法》，制定并发布了《宁夏回族自治区污染治理专项基金有偿使用实施办法》（以下简称《实施办法》）。该办法第二章第三条第（一）节规定："自治区级污染治理专项基金的来源：由行署、市环境保护部门向所在地中央部属、自治区属重点排污单位征收的超标排污费，全部上交自治区财政，其中的 80% 作为自治区级基金，由自治区环境保护部门在建设银行自治区分行设立基金专户，10% 由自治区环境保护部门补助重点排污单位所在地的行署、市环境保护部门用于自身建设；10% 由自治区环境保护部门用于自身建设"。

为切实贯彻落实自治区人民政府发布的《实施办法》，1990 年 2 月，自治区财政厅、建设银行、自治区环保局联合发布了《宁夏回族自治区污染源治理专项基金有偿使用实施办法细则》，再次强调："由各行署（市）环保部门向所在地中央部属、自治区属企事业单位征收的超标排污费，在季度末十日内用'金库一般缴款书'从银行收费专户以'专款收入类－征收排污费收入'科目如数解缴自治区金库，上缴自治区财政"。

1991 年 1 月 25 日，自治区人民政府委托自治区建设厅召开建立自治区级污染源治理专项基金会议，自治区财政厅、自治区审计局、法制局、人民银行、建设银行、银川市人民政府、固原行署的负责人及二地、二市财政、人行、环保局（办）、排污收费监理站（所）负责人出席会议。会议决定，1991 年一季度内，各地市必须按照《实施办法》的规定，将 1990 年度和 1991 年一季度向所在地中央、区属企事业单位征收的超标排污费足额上缴自治区财政，各地市不得截留。如在二季度末还不执行《实施办法》的有关规定，自治区人民政府将考虑中央区属企事业单位的超标排污费由自治区排污收费监理站直接征收。但这次会议和有关领导的讲话精神仍然没有得到贯彻落实，两地两市仍然抵制依法上缴中央、自治区属企事业单位超标排污费。

1994 年 1 月 30 日，自治区环保局向国家环境保护局专题请示"中央和自治区隶属企业排污费由自治区环保部门征收"，"通过三级收费、三级管理，坚决扭转我区目前存在的排污费征收执法随意，使用违法乱纪，抗拒监督检查的混乱局面"等问题。国家环境保护局明确答复："你区人大和政府拟修改完善排污收费的地方性法规，实行'三级收费、三级管理'，这是符合国务院排污收费规定精神的”。

1998年9月，自治区人民政府常务会议决定：“由自治区环保局负责对《宁夏回族自治区征收排污费暂行实施办法》进行修改，按程序提请自治区人大常委会审议”。同日，自治区政府主席马启智在全区第四次环境保护会议上讲话中指出：“要改革现行的排污收费办法，建立区、地(市)、县三级收费制度，依法足额全面征收排污费”。

征　收

“六五”期间　1982年下半年至1983年，全区共征收超标排污费60.4万元。

“六五”末，征收单位只限区级120个企业、共收缴178.65万元，项目只有废水、废气及小四项。(提高征收标准、加倍收费，滞纳金，补偿性罚款)

用于污染治理及开展监测、监理业务、购置测量仪器、车辆等60.5万元。占收费总额33.9%

“七五”期间　征收单位增加到590个~728个，共征收超标排污费2298.9万元。征收范围有废水、废气、废渣、噪声、放射性污染等五大项。而除自治区之外银川，石嘴山，吴忠，固原等三市一地以及青铜峡、平罗等县三级都陆续开征排污费。

1989年第一次突破了百万元大关。1987年3月区环保局把区级收费权发文委托给银川、石嘴山两地市收缴。放弃了区级收费职责，给自治区级的环保经费运用带来一定困难。

“七五”期间，第一次开征了废渣(固体废物)和放射性污染收排污费，虽然不到2万元，但在征收项目上已有突破。从征收的排污费中安排治理补助及环保事业的费用共计630万元，占共征收排污费的27.4%。其中综合治理项目17.8万元，仪器设备购量236.9万元。用于开展环保管理业务活动140万元，监测活动95万元，宣教及技术培训32万元，用于环境监理76.4万元(这部分的资金主要用于区级各市(地)县监理人员的工资补助及公用费)(以下同)。征收上的超标排污费这些资金完全按照国家有关规定，按照严格的程序安排使用，并在财政的监督、验收和监管下，保证了使用的效益，并发挥了重要作用。

“八五”期间　“八五”期间，全区排污收费有所进展，期间征收单位增加至 1402 个,5 年共征收超标排污费(含小四项)3967.5 万元,比"七五"期间增长 1668.6 万元,增长 73%。

1989 年 10 月 10 日,自治区人民政府印发了《宁夏回族自治区污染源治理专项资金有偿使用实施办法》,当年 12 月 6 日,自治区环保局专项安排"拨改贷"的资金。

1991 年自治区物价局、环保局发文在银川、石嘴山、银南等三地市及川区县新开征排污水费,当年只征收 1.78 万元。以后逐年增加,到 1995 年已达 96.2 万元。

1995 年全区排污收费共征了 1402 个单位,缴收 1011.18 万元。其中,废水超标收费 430.13 万元,废气 240.53 万元,废渣 18.34 万元,噪声 64.31 万元,放射性废物收费 4.37 万元,工业污水收费 96.26 万元。四项收入 184.24 万元。其中,提高征收标准 39.21 万元,加倍收费 124.16 万元,滞纳金 653.3 万元,补偿金罚款 20.8 万元。

在区、市(地)、县三级收费中,中央和区直企业缴排污费达到 400 ~ 598 万元,县级增长较快,1995 年达 224 万元,比 1990 年增长 2.6 倍。在征收项目上有废水、废气、废渣、噪声、放射性废物以及排污水费、加倍收费、滞纳金等。

在排污费的征缴和使用中,实行了"收支两条线",当年将全部排污费上缴当地财政部门。然后由环保部门提出治污项目计划和补助费计划,经财政部门审核同意后划拨使用。企业治理资金的补助费仍然采取"贷款"的程序予以办理。

"八五"期间,共拨付补助资金 1032 万元,占总征收排污费的 26%,其中用于综合治理 94 万元;购置仪器等 406 万元,业务活动补助 346 万元,监理补助 138 万元。在购置费中用于购置汽车的 70 万元。

"八五"期间,全区实际拨付治理资金 792 万元,"贷款"治理资金 667 万元。

"九五"期间　1998 年 1 月 12 日,国家环境保护总局请示国务院《关于呈报审批酸雨控制区和二氧化硫污染控制区划分方案的请示》,经国务院批复(国函〔1998〕5 号),将宁夏石嘴山市、银川市划分二氧化硫污染控制区。1998 年 4 月 6 日,国家环保总局、发展与计划委员会、财政部和经贸委联合发布了《关于酸雨控制区和二氧化硫污染控制区开展征收二氧化硫排污费扩大试点的通知》（环发〔1998〕6号）规定每排放二氧化硫1公斤征收排污费0.2元。1998年12月31日，自治区人民政府办公厅转发自治区环保局、计划委员会、财政厅、物价局、经贸委《关于开展征收二氧化硫排污费试点工作意见的通知》，在自治区银川市、石嘴山市开征二氧化硫排污费试点、收费标准为每排放每公斤二氧化硫收取排污费0.2元，按其隶属关系，分别由自治区、银川市、石嘴山市环保部门征收。自治区的委托环境监理站征收。主要征收中央部属、自治区级属、驻宁部队和自治区审批管理的中外合资、合营、独资企业。两市主要征收市属企业事业单位和其他排污单位的。对学校、医院、幼儿园、托儿所、民政福利单位免征。二氧化硫排污费，按月计算，按季征收，从1998年12月1日执行。逾期不交的按每日增收1‰的滞纳金。

"九五"期间，全区共征收超标排污费6487.5万元，平均年收1297.5万元。2000年全年征收近2000万元，比1999年增加39%，银川市首次突破千万元大关。超标排污费的大幅度增长，为治理污染提供资金保证。同时，证明了污染物排放量也在大量增长，环境质量恶化的趋势加剧、新的污染源有较大增加，因而给环境保护工作造成很大的压力。

据2000年发布的宁夏环境状况公报记载，当年全区废水排放总量15025万吨，其中工业排放量10942万吨，工业废水排放比1995年增长40%，比1999年增长22%。当年工业废气排放总量14446272万标立方米，比1995年增长55.1%，比1999年增长31.1%，空气中的氮氧化物成上升趋势。

"九五"期间，共安排环境治理及补助款1990万元，占全年征收排污费的30.7%，（其中1996，1998，1999三年的统计资料不足。）其中，综合治理资金补助378万元，用于购置仪器中，用于购置车辆74.4万元，占全年补助金的4%。2000年5月18日国家环保总局环控发〔2000〕19号，对1999年度排污费报表汇审进行了评比，并发了通报。宁夏环保局被评为三等奖，进行了表扬。

超标排污费减免

1999年9月3日，石炭井矿务局申请自治区环保局以该局矸石发电厂采用国家重点推广的燃用低热值燃料的新型节能的环保产品——循环流化床锅炉，以太西洗煤厂洗矸、煤泥及电厂一期炉渣为燃料，一年可消耗洗矸2.3万吨，煤泥2.3万吨，炉渣5.4万吨，可节约原煤10万吨，大大降低了露天堆放的洗矸、煤泥、炉渣等造成的二次污染起到了改善环境的作用，加之该项目为贷款投资 3900 万元，收回投资需 10 年以上，因而，申请免去该厂的烟尘超标排污费。

自治区环保局根据国务院及自治区有关规定，批复不能免征超标排污费，按照电站烟尘的收费标准（超标排放量每公斤收费 0.02 元）收费。

第十一篇　科技教育

中华人民共和国成立前，宁夏城乡建筑简陋，民用建筑多为土木平房，建筑施工队伍只有由泥瓦匠和木工组成的松散的建筑行会。“土坯（垡垒）打墙墙不倒，黄土盖房淋不了”的民谣，形象地反映了当时民居的简陋和建筑施工技术的落后。

中华人民共和国成立后，宁夏建设科技教育事业得到较快发展，科研机构逐步建立，专业技术队伍不断壮大，取得了一批建筑科研成果，建设科技新产品、新成果在城乡建设中广泛应用，有力地促进了建设工程质量的提高。20 世纪 50 年代～60 年代，宁夏建设行业相继组建成立了一批建设科研院、所和建筑施工队伍，承担工业和民用建筑勘测设计和施工任务，同时还开展建筑科学研究，推广应用新技术、新结构、新材料，逐步推动建筑结构由砖木、土（坯）结构为主向砖木结构、砖混结构、钢筋混凝土结构发展，促进施工作业由手工操作为主向使用专业机具和半机械化发展。70 年代，建筑科研项目以施工单位为主，科研单位配合，结合工程实际有序进行。建筑工程勘察引进了标贯试验设备和静力触探机、原位测试手段，随后又陆续采用旁压仪、液压载荷试验机、波速仪、电子计算机等先进设备和技术。建筑工程中开始推广应用土砖胎模代木模、钢木桁架代木支撑等新结构构件，推广双嘴喷涂抹灰技术，屋面和楼板材料采用马鞍型板壳和三合一屋面（楼）板，墙体材料逐步减少黏土砖的比重，开始灰沙砖和空心砖的生产和应用。施工中开始使用万能挖掘机、卷扬机、空气锤、塔式起重机、机动滑升模板、搅拌机、压路机、翻斗车等机械设备。大量采用中小型施工机械、滑升、升板新技术及工艺设备，开始推广使用汞集中搅拌站技术；80 年代，以施工单位为主的建设科学研究与新产品开发活动深入推进，逐步发展现浇大模板为主的建筑体系，推广装配式大板建筑和框架轻板建筑，形成区内多种体系的生产能力和工艺手段。基础施工推广射水振动灌注桩和采用强夯法，滑模施工工艺、太阳能养护混凝土、蒸气远红外线干燥木材、振动沉桩、预制方桩、锥形桩基、双 T 型屋顶新结构、彩色弹涂外装修水性涂料、彩色地板等在施工中应用，重锤组合式钢模板、钢门窗大量推广。勘察设计行业全面推广计算机辅助设计；90 年代，宁夏建设系统坚持“建设事业振兴必须依靠科技进步，科技进步必须为建设事业服务”的指导方针，强化科学技术是第一生产力的思想，不断完善科技政策，推进企业科技进步，结合工作需要，组织科技攻关，完成建设科技新成果 56 项。在工程建设中，重点推广建筑业 10 项新技术，建设了一批新技术、新产品应用示范工程。勘察设计单位开始使用数字化地形成图软件，提高了工程勘察设计水平。墙体材料限制使用实心黏土砖，大范围推广空心粘土制品和非粘土制品，利用大量工业废渣。2000 年，新型墙体材料年生产能力达到 5 亿块标砖，产品品种达到 20 多个，在节约土地，保护环境方面发挥了重要作用。

随着建设环保事业的发展，建设环保系统不断加强教育工作，建设教育大体分为 4 个阶段即 50 年代至 60 年代以基础教育为主；70 年代至 80 年代中期的基本知识教育、技术培训和技能教育并举；80 年代中期至 90 年代中期以初级岗位培训及学历教育为主；90 年代中期至 2000 年以岗位培训、技能培训鉴定和专业技术人员继续教育为主，努力促进建设队伍素质提高，为保证各项建设任务的完成提供人才保障，发挥了重要作用。

第一章　建设科技

第一节　科技管理

机构　队伍

宁夏建筑勘测设计院　1958 年,宁夏建筑工程局设计院、建工部西北综合勘察院宁夏工作站成立,有技术人员 209 人。1960 年底,院、站合并成立宁夏建筑设计院。1962 年,宁夏建筑设计院精简,改为宁夏计委设计室,人员由 358 人减少到 24 人。"文化大革命"期间又改名为设计大队。1973 年,又将设计大队改名为宁夏建筑勘测设计院,事业编制人员 163 名。1978 年,宁夏建筑勘测设计院增编 337 人,总编制达 500。

宁夏建筑科学研究院　1959 年成立宁夏建筑科学研究所,以研究新型建筑材料为主,1960 年底与宁夏区建公司试验室合并,改称宁夏区建公司建科所。1961 年底并入自治区工业厅设计研究所,1962 年下半年精简时被裁撤。1980 年底,宁夏建筑工程研究所成立,1983 年批准为事业单位,人员编制 50 人。1997 年,宁夏建筑工程研究所更名为宁夏建筑科学研究院。2000 年,宁夏建筑科学研究院转制为科技型企业。

宁夏建筑工程学校、宁夏职工中专学校　1959 年成立宁夏建筑工程学校,1960 年合并撤销。1978 年恢复宁夏建筑工程学校。1981 年成立宁夏建筑职工中专学校。

工人大学　1975 年,为更好地培养技术人才,大力创办和发展"七二一"工人大学。区建二、三公司、青铜峡水泥厂、银川市建筑工程公司分别办起了 4 所工人大学,设有工业与民用建筑、水泥专业,有 98 名优秀工人进入大学脱产学习 2 年~3 年。

自治区基本建设委员会科技处　1978 年,自治区基本建设委员会增设科技处,统一归口管理全区建设科技工作。科技处的主要职责是:研究起草建筑科学的长期和近期发展规划;负责建筑、城市建设科学技术研究和情报工作;贯彻执行科研政策措施;引进和推广先进技术;对技术革新、技术革命和新的建筑科学的理论研究;配合干部部门对科技人员的管理、使用和考核工作等。

宁夏城乡规划研究所 1983 年成立宁夏城乡规划研究所,定编 15 人。主要进行城镇规划设计研究,审查市、县、镇、矿区的总体规划,承担部分、县、镇总体规划和详细规划任务,指导村镇规划和人员培训工作。

科研管理

宁夏建设科研管理主要包括计划管理、经费管理、器材管理、成果管理等,其中编制和实施年度科学技术发展计划是科技管理工作的中心任务。科学技术发展计划包括新产品试制、中间试验和重大科学研究 3 类项目。从 1971 年起,自治区革委会基建局每年年底分别向国家建设行政主管部门和自治区科技行政主管部门报送下年度计划。上报的科技计划经审查批准后,由自治区建设行政主管部门向项目承担单位下达任务,上报项目计划任务书并组织实施,划转经费。

科学技术三项费用是科学技术研究经费的主要来源。科学技术三项费用包括新产品试制费、中间试验费和科学研究补助费。经费渠道:一是国家建设行政主管部门、财政部每年分配科研项目经费指标,划转经费;二是自治区科委分配科学技术三项费用,自治区财政划拨经费。自治区建设行政主管部门负责经费的划转,监督管理经费的使用和项目的实施。1973 年,自治区科研经费对各厅、局开始实行经费切块。1977 年,自治区科学技术发展计划分为重点项目和一般项目,经费切块终止。一般项目经费按预算指标拨交各厅、局管理后,自治区基本建设委员会根据项目实际情况,对各项目经费的数额进行自主调整。

1978 年,自治区基本建设委员会成立科技处后,逐步开始对执行国家、自治区科技计划项目完成的科技成果,对经过实践证明其技术成熟、水平先进、并具备应用推广条件的应用技术成果进行鉴定。

1989 年 4 月,《宁夏回族自治区科学技术成果鉴定管理实施办法》开始实施。自治区城乡建设厅开始实行科技成果鉴定计划管理,由成果完成单位向自治区城乡建设厅科技处报送《科学技术成果鉴定计划表》,实行科技成果鉴定申请制度,组织鉴定单位对鉴定委员会提交的鉴定证书进行审核批准后,经盖章生效，颁发《科学技术成果鉴定证书》和《科学技术成果视同鉴定证书》。

1994 年，自治区城乡建设厅会同自治区科学技术委员会联合颁发了《宁夏科学技术成果鉴定管理实施办法》，明确了建设科技成果的范围涵盖了科学理论成果、应用技术成果（包括新技术、新产品、新材料、新工艺及计算机软件）、软科学成果。并实行申请制度和登记管理制度，在申请鉴定的机构、职责、条件、程序、内容以及鉴定形式等方面进一步完善了建设科技成果鉴定制度，建设科技成果鉴定报告统一使用自治区科委和国家建设部印制的科学技术成果鉴定证书。

1990 年 12 月 5 日，国家计委颁发《新产品鉴定验收办法》。1997 年，国家经贸委发布《新产品新技术鉴定验收管理办法》。2000 年，自治区建设厅开始执行新的管理办法，采用会议鉴定的形式，聘请有关专家，组成鉴定委员会，按照规定的形式和程序，对技术创新活动中新产品、新技术的主要性能，技术水平，试（投）产或在生产中试（使）用的可行性、市场前景、社会经济效益等进行综合审查和评价，并作出相应结论。通过鉴定的新产品、新技术，由自治区建设厅核发国家经贸委统一制定的新产品新技术鉴定证书。

1992 年，自治区城乡建设厅成立科学技术委员会，并同时印发了《宁夏建设厅科学技术委员会暂行条例》。1994 年，自治区城乡建设厅与科学技术委员会联合颁发了《宁夏建设科学技术管理规定》，明确了建设科技的管理职责、管理内容，管理机构，进一步加强了建设科学技术管理工作。

科技规划

建筑科学技术十年发展规划　1974 年，自治区基本建设委员会开始组织编写“五五”“六五”期间（即 1976 年～1985 年）的《宁夏建筑科学技术十年发展规划》，期间多次修改，于 1975 年编制完成。

规划所依据的原则是：要处理好需要与可能、重点与一般、当前与长远的关系，坚持抓长远、促当前。指导思想是：要改变闭门搞科研和无人管科研的倾向，不仅要坚持实行工人、领导和技术人员的“三结合”，还要搞好生产、设计科研的“三结合”，调动各方面的积极因素、攻克技术难关，为尽早实现设计标准化、施工机械化、预制构件装配化作出贡献。

规划中确定的主要目标任务是：今后十年内建工（包括设计）方面以发展

施工机械和工程建设材料为重点，促进工艺改革、结构改革和墙体改革；建材方面利用本区丰富的自然资源和工业废料，开展对“三废”（粉煤灰、矿渣、煤矸石）的综合利用研究；新产品试制主要是以支援农业和提高工程质量，降低造价为主，试制抗旱打井用石棉水泥管等。为此，规划中安排了宁夏建筑科学研究和重点新技术推广项目为31个。其中，建工科研5项，建材科研10项，新技术推广16项，预计需要经费56.2万元。这些项目完成以后，在建筑施工工艺方面，将有液压滑升模板、半装配式施工、中型砌块、装饰干作业；在预制砼构建生产方面，有热拌热模、热台座－薄膜罩养护、砼空心板和双排孔中型砌块下蛋成型机、挤压成型工艺；在施工机具方面，有轻便吊装机械、绞接式一吨翻斗车、机械喷涂抹灰和木门窗加工联动化装置等新技术新产品在宁夏工程建设中得到应用。

发展教育事业培养干部队伍十年规划　1975年，自治区基本建设委员会编制了《关于发展教育事业，培养技术干部队伍的十年规划》，为培养更多的技术干部，计划从1976年～1980年使技术干部分别占职工总数的4%～5%，即达到2500多人，到1985年使技术干部占职工总数的6%～7%，即达到4000人左右。

为实现上述目标任务，采取的主要措施有：组织职工参加重点工程的技术攻关，把有发明创造的技术工人充实到科研、设计及各种技术部门，在实践中培养和提高技术队伍；积极筹划企业办学。各单位均要开设业余中学和大学，组织职工学政治、学文化、学技术；继续做好面向全国各地推荐学生的工作，解决自治区缺少的专业技术人才；积极筹办中等专业技术学校和高等院校增设有关专业。建议自治区筹办中等技术学校一所，名称可为宁夏回族自治区建筑工业学校，设工业与民用建筑、给水排水、供热通风、建材、建筑经济5个专业，学制2年，到1985年培养2000名左右的中等技术人员。建议宁夏大学向综合性大学发展，增设工业与民用建筑、建筑学2个专业；认真做好现有技术干部和知识分子的教育和提高工作，鼓励他们充分适应新形势的要求，积极采用和发展新技术。

建筑科技“六五”规划和十年设想　1981年，自治区基本建设委员会向自治区科学技术委员会报送《建筑科技“六五”规划和十年设想》，提出“六五”至“七五”的10年内建筑科技发展总的目标是：建立适应科学研究发展需要的智能结构,“六五”期间在不扩编的前提下,采取加强学习和逐步调整人员组成比例的办法,来提高这支队伍的科学技术水平;建成学科比较齐全、相互配套、各方合作的建筑科技研究体系;形成为科学研究提供依据的专业情报网,并着手建立小型的实验基地。基本任务是:解决建筑设计与施工中的关键技术问题和研制革新施工工艺与技术装备,调动各方面的积极因素,大力抓好科学技术成果的推广应用,特别注意把阶段成果用到生产实践中去,逐步实现建筑工业化和现代化。

依据上述基本任务,确定10年内的主要研究内容有6个方面:研究各类地基土壤的特性及其处理方法,提高地基设计与施工水平;“六五”期间采用效率高、投资省、机械简单的现浇大模板等工业化方法。10年内,通过工程试点和新型建筑材料的发展,逐步推广装配式大板建筑和框架轻板建筑,形成区内多种体系的生产能力和工艺手段;研制和发展一批有实用价值的配套的施工机具,力求减少手工操作,达到均衡施工,提高生产效率;结合大中型工程建设项目,选择技术难度大、有突破性的课题进行试验与研究;研究解决建筑抗震的科学技术问题,系统总结宁夏建筑抗震经验,提出抗震设计方法和加固措施;加强对农村社队居民建房的规划研究,并积极发展农村建筑材料,设计具有农村地方特色的建筑,改善农民居住条件。

建筑科学技术1986年~2000年发展规划　1983年,自治区城乡建设厅向自治区人民政府报送了《宁夏建筑科学技术1986年~2000年发展规划(初稿)》,全文分为建筑科学技术发展方向及政策、主要研究任务和发展建筑科学研究的主要措施3个部分。

1. 建筑科学技术发展方向及政策。加快住宅建设,解决城市住宅欠账,成为城乡建设的重要工作任务。因此,规划中明确了建筑科研的紧迫任务是精心研究建造工期短、工程造价低、使用功能好的住宅。主要内容有:积极推行大模板现浇和内板外砌住宅等行之有效的建筑体系,逐步改造传统的砖混结构;根据工程需要与综合经济比较,增加经济耐用的手持小机械和重视配套装备,提高机械化水平;积极创造条件,鼓励建筑行业利用工业废料;加强建筑节能。建筑节能研究是一项长期的任务,建筑施工企业要继续探索和扩大远红外与太阳能在建筑业中的应用范围,设计单位要解决好建筑围护结构的保温、隔热问题,又要选用省电、节煤、功效好的新型建筑设备;努力创造现代的、民族的建筑风格，既要搞好它的使用功能，又要搞好它的建筑造型，为城市建设提供造型美观、经济适用的建筑产品；大力发展轻质、高强、多功能的新型建筑材料，增加水泥及其制品的花色品种，为建筑工业发展当好先行。

2. 主要科研任务。共有9个门类，34个中心课题。其中，"七五"期间编制科学技术项目共18个课题，五年累计需要科研经费177万元（不含专项仪器设备费），1991年～2000年科研项目，除"七五"未完项目的延伸外，主要是新开课题，10年总经费为"七五"所需费用的一倍约364万元。这9个门类、34个中心课题是：

（1）研究和发展工业化体系。改善内浇外砌混凝土建筑的成套技术；内板外砌住宅建筑的成套技术；框架轻板建筑科学研究；装配式大板住宅建筑的试点。

（2）建筑施工安装技术及机械化。各种建筑体系的施工机械合理配套和科学管理；钢木制品及水暖电卫部件加工联动化；新型建筑设备与制品的应用技术；建筑安装节能措施。

（3）混凝土及制品工艺。混凝土外加剂的应用技术；水泥混凝土硬化理论的研究；混凝土预制构件成型、养护工艺；混凝土冬季施工技术。

（4）工业废料的利用及新材料应用技术。粉煤灰、煤矸石等建筑制品生产工艺及应用技术；石膏及制品应用技术；加气混凝土及其他轻质板材应用技术；装修、防水与建筑塑料等材料及其应用技术。

（5）建筑与结构。建筑结构抗震设计方法及抗震措施；钢筋砼结构与构件基本性能及设计方法；农村住宅建筑、生产建筑和公共建筑的设计探讨。

（6）基础改革和地基设计与处理的研究。夯、振、钻、挖的基础施工新技术；桩、箱、筏基设计施工技术；湿陷性黄土和膨胀土地基处理技术研究；发展地基基础的测试新技术。

（7）发展现代化勘察技术。完善静力触探在工程地质探勘上的应用与新测试技术的研究；沙土地地基地震液化评价的理论与方法；建筑工程测量新技术。

（8）建筑节能研究。探索新能源在施工生产中的应用技术；节能建筑设备新技术研究；银川市新建住宅小区供热技术途径及经济分析。

(9)管理科学化。统筹法在施工组织和管理中的应用;电子计算机技术在建筑工程和管理中的应用;微型计算机建筑专用语言及其应用程序系统的研究。

建筑技术改造规划纲要　1983年,自治区城乡建设厅向建设部建筑管理局报送《宁夏回族自治区建筑业技术改造规划纲要(草稿)》,分为技术改造的任务与目标、技术改造的主要措施、几项规定3个部分。

1. 技术改造的任务与目标包括。搞好建筑功能设计,提高工程质量;节约用地,降低建筑能耗;提高工效,缩短工期;节约原材料。

2. 技术改造的主要措施。发展优化建筑体系;对砖混结构进行综合改造;发展桩基和地基处理技术;大力提高混凝土技术;全面提高工程质量;节约建筑能耗;节约建筑用地;节约原材料;加快宁夏标准构件厂的建设和原有小型预制厂的技术改造工作;改造建筑机械厂的组合式钢模板生产线,扩大其生产能力;建设热压纤维板门生产车间,满足推广钢门框、纤维板门的需要;发展建筑安装材料与制品;更新改造施工机械,发挥机械设备效益;改善劳动条件,确保安全生产;充实计量和试验设备,加强检测手段;重视学习和推广应用现代科学管理方法;组织技术攻关,提高综合效益。

3. 几项规定。建筑企业的技术装备费,必须用于技术改造和技术发展,不准挪用或变相挪用;企业的利润留成,要有50%以上作为生产发展基金,并从中提留10%作为新产品试制与推广基金;宁夏建筑工程总公司可集中一部分技术装备费和企业利润留成,主要用于解决重大技术改造、技术推广、技术攻关项目及科研技术成果奖励。

建筑科技进步"八五"发展计划和2000年规划　1991年,自治区城乡建设厅编制了《宁夏建设科技进步"八五"发展计划和2000年规划》,规划确定了宁夏工程建设方面、城市建设方面、村镇建设方面的发展方向、目标、基本任务和发展重点。工程建设方面重点发展大开间、大柱网、多功能住宅体系;城市建设方面重点发展主要城市的房地产综合发展配套建设措施,供水危机对策,缓解市内交通拥挤状况的对策和工程措施;村镇建设方面重点发展集镇规划建设、协调发展的技术措施,集镇分布体系规划,集镇规划加深加细技术标准和调整完善方法等。

建筑科技发展"九五"计划和2010年规划　1996年,自治区同建设厅编制的《宁夏建设科技发展"九五"计划和2010年规划》，确定今后研究城市化发展战略，完善城乡规划体系；配套建设城市基础设施，提高其装备现代化水平；依靠科技进步提高住宅建设水平；提高建筑工业化现代化水平，改善建筑的功能质量，大幅度提高劳动生产率；开发新型工程材料与制品，合理利用工业废料等五项重点任务。

科技成果

"四五"至"五五"期间(1971年~1980年)　"四五"初期，自治区革委会基本建设局落实党的干部政策和知识分子政策，启用大量的干部和技术人员，广泛开展了技术革新活动。由于当时建筑科学技术专业研究机构不健全，大部分建筑科研项目以施工单位为主，其他相关单位参与辅助，结合工程实际组织进行了科研攻关，并获得成功，大部分科技成果通过了区、部级的科技成果鉴定验收。

在建筑科研开发过程中，自治区燃化局基建公司建井队试制成功了0.5立方米内张式把斗装岩机转载列车，经燃化部鉴定，技术性能良好；区建二公司成功采用了沉井施工法在黄河中心建起了全国第一座河心取水泵房工程；设计制作了双钢筋自动焊接机，并生产了双钢筋陶粒整间大楼板，在工程中得到了应用；利用普通电焊机试制成功了电焊压力焊；制成木工刨安全装置；吴忠县建筑工程公司试制成功预应力砼挤压成型机；区建一公司实现了砼热拌工艺，完成了搅拌库前后台技术改造，使砼上料、计量、送灰、浇捣、蒸养、出池等工序全盘机械化；石嘴山矿务局研发了60米井塔滑模施工方法；银川市城建局在立交桥工程中采用了箱涵顶进技术；银川市建委承担了开发建设银川市砼中心搅拌站等项目。市建委、区建材研究所等单位积极探索研究开发新型建筑体系，参与建设了新型框架轻板建筑材料试验楼项目，该试验楼采用爆破桩基础，框架结构，大块预应力空心楼板，石膏轻板墙体，屋顶用砼V型板。

期间，建设工程新材料逐步代替"秦砖汉瓦"，消除肥梁胖柱，深基重盖，在研究开发上有较大的进展。宁夏建材研究所在利用废渣及地方资源综合利用方面取得了多项科技成果："三废"治理及综合利用项目粉煤灰综合利用制取白炭黑和水泥速凝剂，1972年已通过小型试验提取白炭黑和水泥速凝剂，1973年进行中间试验，提取氧化铝等，在以后的几年继续列入建材科研和新产品试制计划,探索其他方面的利用。试制成功的碳化灰砂砖和空心灰砂砖、高强石膏保温材料、石英制品、纤维板、炉渣的综合利用,并以粉煤灰、石灰、石膏等制作大板,与外省单位联合研制加气混凝土。同时,石嘴山市进行粉煤灰、电石渣、高炉水渣为原料试制砌块,到1980年占墙体材料的20%以上。银川水泥制品厂试制生产立式挤压管和石棉水泥瓦、自应力钢筋混凝土管、半干法石棉水泥井管,1975年试制生产Φ200～400mm石棉水泥管道,节约了钢材。

“六五”至“七五”期间(1981年～1990年)　宁夏建工研究所成立后,取得了射水震动灌注桩和动力法测定单桩承载力,“回弹－超声”综合法测定砼抗压强度,用振冲法加固银川平原松软地基土,银川平原用碎石挤密桩处理松软地基土,膨润土乳化沥青,西夏－1型、西夏－2型砼复合防冻剂,NJ～835内墙耐洗涂料”等多项科技成果。

同时,以施工单位为主的科学研究与产品开发活动继续进行,并取得了成效。区建一公司的内板外砌住宅体系、插入式混凝土塌落度测定器通过科技成果鉴定;区建二公司组织实施大跨度预应力钢结构,砼高烟囱施工平台整体降落技术,结构平台实时安全应力应变测试,研制成功了JG－2防水冷胶料屋面施工工艺等;宁夏建筑机械厂的SF－10物料提升机、HS－1施工电梯、JFS－100型手扶式多用砼搅拌机等取得成功;区建筑设计院承担电子计算机终端设备,使设计方案通过计算机进行技术经济比较,从而提高设计质量。这一时期是建设系统科研开发项目最多,科研开发成果最显著的阶段,截至1990年底,全系统(含测绘、环保、建材、建工)10年间共完成科技成果达83项。

1987年,以自治区城乡建设厅副厅长兼总工程师黄超雄为团长的城乡建设技术交易代表团参加宁夏回族自治区1987年技术交易会。历时6天,经自治区城乡建设厅有10个单位的28个项目参加了技术交易,共达成技术交易12项,其中鉴定技术转让合同5项,建立技术协作关系4项,达成技术交易意向书3项。

1989年,为配合自治区成立30周年庆典活动,建设厅科技处会同区土木建筑学会在自治区科技馆举办了城乡建设科技成就展览。展品包括仿真模型、工程彩照、成果实物及文字说明等,展期40天,共接待区内外观众3000余人次。

“八五”至“九五”期间(1991 年～2000 年)　宁夏建设系统坚持“振兴必须依靠科技进步,科技进步工作必须为振兴建设事业服务”的指导方针,强化了科学技术是第一生产力的思想,不断完善科技政策,推进了企业科技进步。结合建设工作需要,组织科技攻关,完成建设科技成果 56 项。如:针对自治区地震烈度高、地质构造复杂的情况,提出了《宁夏地基特性及技术对策研究》,该项研究不仅基本弄清了全区主要市、县城区的工程地质情况,而且按工程地质类别分别提出了技术对策,取得了较好的效果。于 1993 年通过自治区科委组织的科技成果鉴定。

科技奖励

宁夏城乡建设系统以施工单位为主的科研开发活动,促进了工程建设的科技进步,也涌现出在全国范围内有影响的科技成果获奖项目。1974 年,自治区燃化局基建公司土建四队队长董家林主持采用环氧树脂粘接技术,修复一榀竖向裂缝宽度达 5 毫米的 12 米跨钢筋混凝土薄腹梁,于 1978 年获得自治区科学大会奖;1974 年银川市城建局哈先甲、钟廉生、孙世耀、高雨仁、江泳等人主持的宁夏第一座立体交叉桥银川市纬六路立交桥。桥体设计采用了钢筋混凝土整体箱涵结构,1975 年用整体箱涵顶进技术,顺利完成纬六路立交桥箱涵桥体施工,不但技术先进,而且节约了 430 立方米混凝土,于 1978 年获自治区科学大会奖;1981 年被评为全国 70 年代城市建设优秀项目。

1978 年,宁夏第一建筑工程公司黄超雄、蒋林书、杨科茹等人试制成功宁夏第一台振动灌注桩机,同年连获自治区科学大会奖和全国科学大会奖;1983 年由宁夏第一建筑公司史是伟主持立项并设计,张文彬、任军平参与研制成锥形短桩,该技术在宁夏化工厂 5 号住宅楼成功应用,为在全区推广应用预制桩开辟了一条新途径。这项成果获得 1984 年全国建筑科技成果技术交流、技术交易会金质奖牌和 1985 年自治区科技进步四等奖。

1982 年,自治区第一建筑工程公司史是伟根据美国技术报道研制出一种新型混凝土坍落度测定器:针型管,并可兼测混凝土的和易性,在国内广泛推广使用。这项成果 1983 年获自治区科技成果三等奖,并于次年在南京全国建筑科技成果技术交流、技术交易会上获金质奖牌。

在工程勘察设计方面，自治区勘察设计院取得了突出成绩，获得了多项全国、建设部、自治区的科技奖项。1973 年，自治区基建局设计队裴建平等人所设计的六盘山电视塔，改进了当时国内惯用的铁塔内力计算方法：空间桁架法，于 1981 年获全国 70 年代优秀设计表扬奖。

1979 年，自治区建筑勘测设计院门溥中设计的城市大模板住宅方案及银川市规划勘测设计处林京与自治区建筑勘测设计院张光璧合作设计的宁夏北方地震区框架轻板住宅方案，分别获得全国城市住宅设计竞赛优秀奖和表扬奖；1980 年，自治区建筑设计院姚复兴、马腾云等人设计的银川市南关清真寺，具有鲜明的伊斯兰建筑特色，成功地表现了宁夏地方特色和民族风格，1984 年获全国 80 年代优秀设计表扬奖；1986 年，自治区建筑设计院高级工程师姚复兴被评为国家级有突出贡献的科学技术专家。

1982 年，宁夏建筑学会窑洞及生土建筑调研组对自治区内窑洞及生土建筑进行了较为全面的调查研究，写出了《宁夏地区窑洞及生土建筑概况》《宁夏生土建筑的抗震性能》《宁夏生土建筑震害分析及抗震措施》等论文。由宁夏建筑结构设计工作者曹少康、韩孟和国家建筑科学院工程抗震研究所龚思礼撰写的《中国西北农村建筑的抗震性能》论文被希腊雅典召开的欧洲地震工程会议录选。自治区科学技术委员会副主任张伯绍、曹少康、龚思礼出席了会议，并宣读了论文。1985 年 11 月，宁夏建筑学会生土学组参加了在北京举行的国际生土建筑学术会议，并有 4 篇论文入选会议论文集。

1996 年，银川市规划建筑设计院获建设部全国建筑节能先进集体称号，项目负责人李建华被评为全国建筑节能先进工作者。2000 年，银川市规划建筑设计院实施的 CAD 应用示范工程项目，获国家科技部颁发的全国 CAD 应用示范单位称号。

截至 2000 年底，自治区建设系统获省部级科技进步奖共 106 项。

1978 年～1997 年宁夏建设科技成果获奖项目汇总表

表 11－1

年度	成果名称	获奖等级	完成单位	主要完成者
1978 年～1980 年	内浇外砌大模板建筑成套技术	自治区科技成果二等奖	宁夏第二建筑工程公司	洪俊星 谢 钰
	磺化焦油减水剂	全区科学大会奖	宁夏第三建筑工程公司	刘育才
	振动灌注桩机	全国科学大会奖 全区科学大会奖	宁夏第一建筑工程公司	黄超雄 蒋林书 杨科茹
	热台面薄膜罩蒸气养护砼构件工艺	全区科学大会奖	宁夏第一建筑工程公司	蒋林书
	碳化石灰空心隔墙板	全区科学大会奖	宁夏建材研究所	周国梁 马镇海
	蒸压法制取高强石膏	全区科学大会奖	宁夏建材研究所	于 昌
	有机合成松香树脂胶和制品	全区科学大会奖	宁夏建材研究所	范树桥
	碳化灰砂砖	全区科学大会奖	宁夏建材研究所	谢振正 汤璇泉 马镇海 周国梁
1982 年	内板外砌住宅新体系	自治区科技成果三等奖	宁夏第一建筑工程公司	蒋林书 卡国英 袁海德 蒋祯贵 胡俊源
	新型砼塌落度测定器－针形管	自治区科技成果三等奖	宁夏第一建筑工程公司	史是伟
	三角网平差通用程序	自治区科技成果三等奖	宁夏测绘局 宁夏计算中心	王喜廷 王伦津
	利用粉煤灰研制轻质硅酸钙保温材料	自治区科技成果三等奖	宁夏建材研究所	薛金根
1984 年	射水振动沉管灌注桩施工工艺	自治区科技成果二等奖	宁夏建工研究所	李晓峰 白 威
	动测法判定单桩承载力研究	自治区科技进步三等奖	宁夏建工研究所	李晓峰 张永山
	组合钢模板的引进生产及推广应用	自治区科技进步三等奖	宁夏第二建筑工程公司 宁夏建筑机械厂	
	常规大地测量计算程序库	自治区科技进步三等奖	宁夏测绘局 宁夏计算中心	王喜廷 王伦津 周冀兰
	宁夏化工厂环境影响评价	自治区科技进步二等奖	宁夏环保局 宁夏科协	艾先源 张金生 高文华 黄启昌

续表

年度	成果名称	获奖等级	完成单位	主要完成者
1986年	公元2000年宁夏环境预测与对策研究	自治区科技进步三等奖	宁夏环保局	艾先源 孔昭真 金国兴 李平 胡杰清
1988年	宁夏工业污染源调查	自治区科技进步三等奖	宁夏环保局 宁夏环保所	赵培栋 杨春兰 胡杰清 哈振亚 蒋学礼 崔金旷
	宁夏甘草资源研究	自治区科技进步三等奖	宁夏环保局 宁夏农学院	张永庆 李天鹏 徐万仁 徐秀梅 李新华
1990年	电动提模原理在210米钢筋砼烟囱施工中的应用研究	自治区科技进步二等奖	宁夏第二建筑工程公司	曹森根 丁宝善 吴期会 成荣先 常士礼 华建林
	《宁夏中等专业学校教育综合评价系统》研究	自治区科技进步二等奖	宁夏建筑工程学校 宁夏教育厅	雒秀兰 蔡国英 周甲保 郑德金 孟祥志 孙长久 孔德勤
	大跨度预应力钢椼架施工价段试验研究	自治区科技进步三等奖	宁夏第二建筑工程公司	吴期会 孙化铭 李庆
1992年	生土建筑抗震改造试验研究	自治区科技进步二等奖	宁夏建设厅 （甘肃工业大学）	平德仁 曹凯 李学华 王辛武 张燕霞 李建荣 贾广学
	TPA~2丙烯酸路标漆	自治区星火二等奖	银川银飞涂料厂 化工部涂料工业所	诸钟尧 张福 娄岳鑫 李宏 韩军
	钢筋砼夯扩桩工艺研究	自治区科技进步三等奖	宁夏建工研究所	白威 马彦新 李晓峰 张丽英 袁伟
	《宁夏中等专业学校教育综合评价系统》推广应用	自治区科技进步三等奖	宁夏建工研究院 宁夏建筑工程学校	雒秀兰 蔡国英 吕进 范长寿 周甲保 郑德金 孔德勤

续表

年度	成果名称	获奖等级	完成单位	主要完成者
1994年	150米钢筋砼烟囱通用钢管扣件井架倒模施工工艺研究	自治区科技进步三等奖	宁夏第一建筑工程公司第一分公司	史是伟 刘纪曾 董守凯 杨正贵
	宁夏土壤环境背景值调查研究	自治区科技进步三等奖	宁夏环境监测中心站	杨春兰 金国兴 杨 红 李振声 刘佩珍
	银川市大气颗粒物污染特征来源及控制对策研究	自治区科技进步三等奖	宁夏环境保护研究所	金国兴 陈世功 蒋龙章 陈建平 刘佩珍 吴 斌 孟志军
1996年	无龙骨石膏板吊顶施工工艺和规程	自治区科技进步三等奖	宁夏建筑标准设计办公室	陆旦舟 杨树森 李玉林 孙守义 卢世明

第二节 新技术新产品推广应用

新技术新产品推广应用管理

“八五”至“九五”期间(1990 年 ~ 2000 年),是宁夏建设事业大发展时期,宁夏建设科技坚持科学技术面向经济建设和科技兴业的战略方针,紧密结合宁夏建设行业实际,把工作重心转移到科技成果推广应用上来,落实《自治区科技成果推广计划管理规定》,“八五”初期编制了《宁夏建设事业“八五”科技成果推广计划》,确定了 36 项科技成果推广目标,推广应用了一大批新技术、新产品,并针对推广需要编制颁布地方建筑标准设计图集和施工规程,举办展览会、培训班、专项推广会,有力地推动了科学技术向现实生产力的转化。

1994 年,宁夏建设新技术新产品推广协会成立,负责组织协调城乡建设系统新技术新产品宣传、推广转让、开发、引进和技术市场管理,是宁夏对外开展技术咨询、技术服务以及新技术新产品交流推广的窗口。协会采用推介会、发布会、培训班、观摩会等形式,宣传建设事业新成果、新成就,推动建设科技成果进入市场,进入生产实际。同年,根据《建设部科技成果重点推广项目管理办法》,自治区城乡建设厅会同自治区科学技术委员会颁发了《宁夏建设科技成果推广办法》(简称《办法》),1995 年,按照该《办法》的要求,宁夏城乡建设厅印发了《宁夏建设新产品推广认证管理办法》,决定在宁夏全区范围内实行建设新产品推广认证制度,对凡进入宁夏建设市场的建设新产品,按自愿原则向自治区建设厅申办推广证,通过建设厅组织有关专家和权威检测机构的综合评估的新产品,由建设厅颁发宁夏建设新产品推广证书。

1996 年,为贯彻落实中央、建设部、自治区“关于加速科学技术进步的决定”,宁夏城乡建设厅印发了《宁夏回族自治区建设厅关于加强建设新技术、新产品研究开发和推广应用的意见》和《关于加强认证建设新产品推广应用的通知》。确定了今后一个时期内,建设新技术、新产品开发推广的指导思想和目标任务,突出这一时期内,研究开发和推广应用建设新技术新产品的重要领域及内容,并提出了配套技术标准定额、人才培养、经费投入、激励机制、组织领导等方面的保障措施。截至 2000 年底,全区研究开发和推广应用的新技术、新产品 220 项。

新技术新产品推广应用

“四五”至“五五”期间(1971 年~1980 年)。建筑工程勘察能力和技术水平大幅度提高,建筑工程勘察引进了标贯试验设备和静力触探机、原位测试手段,后来又陆续采用旁压仪、液压载荷试验机、波速仪、电子计算机等先进设备和技术,能做深层载荷试验,还可进行大型工程选址勘察论证。在工业厂房和民用建筑中,改革了旧式基础,成功地采用了爆扩短桩、预制打入桩及震动灌注桩,在百米烟囱工程开始应用“M”型薄壳基础,在采用桩基方面取得了较为显著的成绩。

1975 年,自治区建筑勘测设计院率先应用电算技术进行结构设计,并陆续用 ALGOL60 语言编写出铁塔动力特性计算程序、拱顶排架动力特性及内力系数计算程序,用 FOR - TRAN 语言编译出平面框架计算程序、平面排架计算程序及空间桁架计算程序等。

建筑工程中开始推广应用土砖胎膜代木模、钢木桁架代木支撑等新结构构件;在施工中推广双嘴喷涂抹灰技术;屋面和楼板材料采用引进马鞍型板壳和三合一屋面(楼)板;在墙体材料方面,逐步减少黏土砖的比重,扩大灰砂砖和空心砖的生产和应用,引进推广了粉煤灰陶粒、粉煤灰烧结砖、粉煤灰加气混凝土,及粉煤灰、石灰、石膏等制作的大板和砌块;在保温材料方面,推广应用珍珠岩保温材料、粉煤灰保温砖；在防水材料方面，推广马台油膏、聚苯乙烯残渣等防水材料；在装饰材料方面，开发推广了亚麻屑纤维板、建筑工程用的玻璃钢（包括玻璃钢模板）、水磨石和大理石、釉面砖等装饰材料。从“四五”末期宁夏全区开始推广散装水泥。

“四五”末期，施工队伍技术装备逐步增强，施工中使用的机械设备开始增多，在施工中有万能挖掘机、卷扬机、空气锤、塔式起重机、机动滑升模板、铲运机、搅拌机、压路机、推土机、钢筋拉伸机、钢筋弯曲机、翻斗车和汽车吊等机械设备，提高了劳动效率。“五五”期间，建工以发展施工机械和工程建设材料为重点，大量采用中小型施工机械、滑升、升板新技术及工艺设备，并开始推广使用砼集中搅拌站技术，在大型工业厂房、火电工程中自制研发了电子计量，自动上料砼搅拌站，配套了砼叉车等技术。同时，在城市建设中开始使用压路机、推土机、清扫车、粪便车、垃圾车、洒水车、沥青摊铺车等技术装备，提升了市政建设与管理的机械化水平。

“六五”至“七五”期间（1981 年 ~ 1990 年），逐步发展现浇大模板为主的建筑体系，推广装配式大板建筑和框架轻板建筑，形成区内多种体系的生产能力和工艺手段。1983 年，在建筑施工生产过程中，“内板外砌”和“内浇外砌”两种住宅新建筑体系已大量推广应用，这两种住宅体系全年竣工面积预计达到 48595 平方米，占总公司住宅竣工面积的 36.85% 左右。基础施工推广射水振动灌注桩和采用强夯法，此外，滑模施工工艺、太阳能养护混凝土、蒸汽远红外线干燥木材、振动沉桩、预制方桩、锥形桩基、球铰钢网架、双 T 型屋盖新结构、彩色弹涂外装修水性涂料、彩色地面均在施工生产中应用，重锤组合式钢模板、钢窗、钢门窗已大量推广。80 年代后，宁夏主要设计单位相继建立起自己的电子计算机室，电算技术已普遍用于大型、高层建筑的结构设计，电子计算机程序也发展为大型通用程序。

“八五”至“九五”期间（1990 年 ~ 2000 年），根据《宁夏建设事业“八五”科技成果推广计划》确定的 36 项科技成果推广项目，推广应用了一大批新技术、新产品，并针对推广需要编制颁布地方建筑标准设计图集和施工规程，1992 年，勘察设计全行业开始应用计算机辅助设计（CAD），CAD 出图率达到 50%；1996 年 CAD 出图率达到 80% 左右；1998 年，全区部分设计单位建成局域网，配置全套设计软件，勘察设计各行业计算机出图率达 100%。宁夏电力设计院CAD示范工程获自治区科技进步奖三等奖。银川市规划建筑设计院实施的CAD应用示范工程项目,1999年与其他单位共同获自治区科技进步奖一等奖,2000年获国家科技部颁发的全国CAD应用示范单位称号。

“九五”期间,重点推广了建筑业10项新技术,印发了《关于我区建筑业切实搞好10项建筑新技术推广应用的意见》,并将自治区邮电通讯指挥中心、自治区建设银行培训中心和自治区百货公司购物中心等三项工程批准为我区建筑业重点推广应用10项新技术的首批示范工程项目。1996年,宁夏电力设计院在工程勘测中,开发并使用了数字化地形成图软件,提高了工程勘测速度和成图,提高了平断面图的出图率。1997年起在全区推广冷轧带肋钢筋,1999年,中房集团银川房地产开发有限责任公司在全区率先建立了中房房地产计算机管理系统。在房屋建筑中推行钢筋混凝土现浇板,要求宁夏境内地震烈度在8度及8度以上地区从2000年1月1日起设计的多层框架、剪力墙结构建筑、高层建筑、超高层建筑及多层砖混结构办公楼、住宅的厨卫间和开间超过3.6米的楼板、屋面板一律采用钢筋混凝土现浇板。

建筑节能

从1972年起,宁夏建材工业试验研究所就开始了三渣利用研究、人造木材试验研究、轻质保温承重砌块与构件、粉煤灰轻质保温材料的研究开发;区建一公司引进济南太阳能养护砼技术,试验宁夏地区利用太阳能养护砼规律,不断完善并推广应用。1980年,基本建设系统开展的以提高投资效果为中心的增产节约活动中,提出了在保证工程质量的前提下,按施工预算降低工程成本4%、节约水泥2%、钢材木材各3%、节电3%、节油10%、节煤5%的指标要求。1982年,按照中央“制止农村建房乱占耕地的紧急通知”,自治区政府下发通知并提出了四条措施,草拟《我区农村建房用地管理条例实施细则》。宁夏城乡建设在建筑节能、资源节约方面做了一些工作,进行了初步的探索。

1983年,在自治区城乡建设厅《宁夏建筑科学技术1986年~2000年发展规划(初稿)》中正式提出建筑节能是建筑科学技术的主要发展方向,建筑节能的研究是一项长期的任务。要求建筑施工企业要继续探索和扩大远红外和太阳能在建筑业中的应用范围;设计单位要解决好建筑围护结构保温、隔热问题,又要选用节电、节煤、功能好的新型建筑设备。并确定了建筑节能的主要科研任务是:探索新能源在施工生产中的应用技术;节能建筑设备新技术研究;银川市新建住宅小区供热技术途径及经济分析。

在同年制定的《宁夏建筑业技术改造规划纲要(草稿)》中又提出了1990年建筑能耗比目前水平降低20%;节约木材10%、钢材4%、水泥2%的目标。采取的降低建筑能耗的技术改造措施有:加强外墙围护结构和屋顶的保温,当前采用加气混凝土保温材料,逐步开发采用高效能保温材料;提高门窗的制作安装质量和密闭性;更新改造动力设备等。

1989年,自治区城乡建设厅编制《民用建筑节能设计标准(采暖居住建筑部分)宁夏地区实施细则》,使全区城镇新建住宅的设计能耗与1981年~1982年住宅通用设计相比较节能30%左右。

"八五"期间,宁夏积极推行建筑节能,建筑节能工作基本步入轨道,节能新材料、新产品的研究开发步伐加快。银川市建委与市规划建筑设计院、市建三公司组成了低耗能住宅课题研究组,1993年在银川市唐徕小区建成一栋节能住宅,经热工测试,符合1989年的《民用建筑节能设计标准(采暖居住建筑部分)宁夏地区实施细则》第二期目标建筑物耗热量26W/m^{2}以内的要求,其实测值为23.10W/m^2,通过这项工程的科研和试点示范,推动了全区建筑节能工作的开展。同时,也带动了新型保温材料和制品的研究开发,原来用水泥珍珠岩、加气砌块进行屋面保温的传统做法已被珍珠岩芯板、水泥聚苯轻质复合保温板及岩棉等新型保温材料代替;保温和气密性都好的塑钢窗,从1994年起每年以2万多平方米递增的速度被采用。加气砌块、石膏轻质墙板、GRC墙板等新型墙体材料也在向多样化、系列化方向发展。

1994年,宁夏墙体材料改革领导小组、自治区建设厅、自治区地方税务局等单位联合下发了《关于贯彻执行宁政发〔1993〕41号文实施办法的通知》《关于节能建筑认定办法的通知》,及宁夏墙改办印发的《关于节能建筑工程墙改专项费用返还办法(试行)》,把建筑节能与墙改专项费用有机地结合起来,有力地推动了全区的建筑节能工作。文件规定由城建部门负责节能建筑的认定工作并下达节能建筑认定书,对通过认定的节能建筑经自治区税务机关审核后,其固定资产投资方向调节税的税率按零税率核定,并享受五年内免交城市设施配套费的优惠政策,节能建筑免征墙改专项费用,实行先收后退的办法,节能建筑及新材料项目开工前,建设单位应持认定文件到税务部门办理免税手续。

1996年,建设部发布《建筑节能技术政策》。1997年,建设部等4部委下发《关于实施〈民用建筑节能设计标准(采暖建筑部分)〉的通知》,自治区建设厅开始建立自治区建筑节能试点示范工程。1998年,批准宁夏中房银川分公司开发建设的银湖小区1号~5号住宅楼为自治区建筑节能试点示范工程,并于同年申报建设部建筑节能试点示范工程项目,通过试点示范项目,积累经验,促进全区全面推行节能建筑。

1999年,自治区建设厅编制了《民用建筑节能设计标准(采暖居住建筑部分)宁夏地区实施细则》,经批准为宁夏地方行业标准,自1999年7月1日起实施。细则的基本目标是,通过在建筑设计和采暖设计中采用有效的技术措施,将采暖能耗在1980年~1981年住宅通用设计的基础上节能50%(其中建筑物承担30%,采暖系统约承担20%),规定宁夏采暖居住建筑耗热量指标为21W/m^2。

2000年10月1日,建设部《民用建筑节能管理规定》实施,自治区建设厅下发了《关于做好〈民用建筑节能管理规定〉学习、宣传和贯彻实施工作的通知》,结合地区发展实际,有步骤制定了各地实施建筑节能50%的具体时间。银川市及所辖区、县为2001年7月1日;石嘴山市、吴忠市、及所辖市县为2002年7月1日;固原地区各县为2005年1月1日。

第三节　城市抗震防灾

抗震防灾规划

1982年,自治区基本建设委员会向国家建委抗震办公室报送了《宁夏抗震防灾“六五”计划和十年规划草案》,草案的主要目标是:完成银川市和石嘴山市的生命线工程和重点工程及住宅的抗震加固;开展县、镇抗震救灾工作;提高农村建筑抗震防灾的自救能力;研究砖房的抗震加固。1983年又编制了《宁夏抗震防灾“七五”计划和后十年设想》,并向国家建委抗震办公室报送了宁夏抗震防灾“七五”计划和后10年设想附表,包括:抗震防灾计划表,银川市和石嘴山市的重点城市抗震防灾计划表,抗震防灾国家重点工程计划表,重点县镇抗震防灾计划表(固原县、海原县、隆德县、西吉县、泾源县、同心县),抗震防灾管理、科研机构及事业发展计划表。

宁夏城市抗震防灾规划的编制工作从1987年开始,根据建设部《城市抗震防灾规划编制工作暂行规定》和《城市抗震防灾规划编制工作补充规定》,自治区城乡建设厅于1988年制订了宁夏抗震防灾规划编制计划,把全区19个市县按城市规模和地震烈度的大小,分成甲、乙、丙3类模式,首府银川市按甲类模式,石嘴山市区按乙类模式,其余2市15县均为丙类模式。截至1999年,宁夏完成除盐池县外(该县为6度设防区)19个市县的城市抗震防灾规划,及宁夏化工厂、宁夏炼油厂和宁夏水泥厂等3家较大企业抗震防灾规划的编制工作。这些规划与城市总体规划有机结合在一起,并通过自治区建设厅审定和当地政府批准,为城市建设发展规划减轻和预防地震灾害提供科学依据。在此基础上,银川市、青铜峡等市县进一步组织编制了城市抗震设防区划,其中银川市的抗震设防区划于1998年初经建设部批准。

为抓好地震应急工作,自治区建设厅于1997年制定了《宁夏建设厅地震应急预案》,组成了抗震救灾工作体系,对破坏性地震和临震应急反应进行了全面的安排部署。1999年,自治区建设厅印发《宁夏建设厅系统地震应急力量安排汇总表》,安排了发生严重破坏性地震后建设厅系统内18个单位的人员、物资、设备、车辆的分配数额,并根据地震应急需要,安排了13个单位作为机动力量调集处理。

新建工程抗震设防

宁夏地震基本烈度大于等于8度的地区占全区国土面积的80%以上。1978年,国家建委召开的全国抗震工作会议确定了全国38个重点抗震城市,在5到8年内分3批建成抗震城市,银川市和石嘴山市被列为第3批城市。1980年,自治区基本建设革命委员会设立了宁夏抗震加固办公室,负责这项工作,此后在历次机构改革中一直保留这一机构设置。

"八五"时期,全国进入到一个新的地震活跃期,宁夏被列为全国11个重点监视防御地区之一,全国确定47个重点抗震城市,其中包括银川市和石嘴山市。1990年,为加强新建工程(含扩建和技术改造工程)抗震设防的管理,减轻和防御地震对工程建设的破坏。宁夏城乡建设厅、自治区计委联合印发了《宁夏回族自治区新建工程抗震设防暂行规定实施细则》明确了地震基本烈度6度和6度以上地区所有新建工程必须进行抗震设防,不得再建造无抗震设防的建筑工程的要求。截至1997年，全区累计完成城市房屋建筑设防面积2800多万平方米，县城房屋建筑设防面积1076万平方米。实施新建工程抗震设防这个治本之策，在宁夏城镇建设工程上基本得到贯彻落实。

为加强新建工程抗震设防管理，提高各类建筑物的抗震能力，1995年宁夏地震局对一些大型建设高层和生命线工程开展了地震安全性评价工作。抗震安全性能评价是对建设项目的所在场地，未来可能发生地震的最大破坏强度进行预测，为工程确定合理的抗震设防标准，力求做到工程建设投资合理、工程设施大震不倒、小震不坏的目标，为工程抗震设计提供了科学依据。为了加强对这项工作的管理，自治区政府发布了《宁夏回族自治区工程建设场地地震安全性评价工作管理规定》。根据1997年发布的建设部《超限高层建筑工程抗震设防管理暂行规定》，宁夏建立新建工程超限高层建筑的抗震设防专项审查制度，1998年成立宁夏超限高层建筑工程和隔震建筑审查专家委员会。

开展全区建设工程抗震设防质量检查。“七五”到“八五”期间，开始对新建工程进行抗震设防设计检查，组织了2次对全区设计单位进行抗震设计质量大检查，把好新建工程的抗震设防质量关。到“八五”期间，建立了新建工程抗震设防检查制度，规定每2年检查1次。1998年对全区近两年完成或正在建设的重大工程、可能发生严重次生灾害的工程和经济适用住宅抗震设计，对超限高层、村镇建设以及原有未达到抗震设防标准的房屋、工程设施、构筑物、生命线工程等进行抗震鉴定和加固的情况进行检查，要求新建项目要提供抗震设计水平，由抗震主管部门严把工程抗震设防关，抗震工程预算、决算和工程验收关，使工程项目达到抗震规范所要求的“小震不裂、中震可修、大震不倒”的设防目标。

1999年，《宁夏回族自治区防震减灾条例》经自治区八届人大第六次会议通过并发布实施，条例切实把抗震防灾的全过程纳入法制管理轨道，使城乡建筑工程抗震设防管理、工程场地抗震安全性能评价以及抗震鉴定与加固等各项抗震工作有法可依，全区抗震防灾工作在依法行政的基础上扎实有序进行。同年，自治区建设厅印发了《宁夏建设工程抗御地震灾害管理办法（试行）》《宁夏新建工程抗震设防管理暂行规定》和《宁夏现有工程抗震管理暂行规定》。经过20多年的发展，宁夏已经形成了一套成熟的抗震防灾工作体系和管理体系。

抗震加固及农村的抗震防灾

抗震加固经费渠道主要有:建设部抗震办公室的抗震加固经费。1977年~1981年,国家建委补助宁夏抗震加固经费800万元。从1989年起,建设部抗震办每年拨款40万元;争取自治区财政拨款。自治区财政从1987年起每年拨款60万元,作为宁夏南部山区农房(崖窑)的抗震改造和加固经费。向自治区人民政府申请抗震加固经费。从1989年起,每年又增拨40万元,主要用于城市抗震加固工程。为防止经费被挪用,宁夏基本建设委员会采取了专项审查专项批款的制度。截至1992年,宁夏共完成城市抗震加固工程80万平方米,水塔35座,烟囱74个,桥25座,水池20个。完成农房抗震改造24202户。其中,淘汰土拱窑4864户,加固崖窑9291户,改造危房10047户。

1986年8月,自治区城乡建设厅组织召开宁夏南部山区抗震工作座谈会,着重讨论宁南山区抗震工作的现状和存在的问题,研究了今后做好抗震工作的方针、政策和基本措施。1987年,宁夏城乡建设厅决定成立宁夏南部山区农房改造试点组,由副厅长兼总工程师黄超雄担任组长,村镇处处长平德仁担任副组长,成员10人,在同心、固原等县开展农房抗震加固和改造试点工作。

灵武县境内多次发生5级左右的地震,同时宁夏也是被国家地震局、建设部划定为可能发生地震灾害的8个重点监视区,面对严峻的地震形势。1987年,建设厅组成建筑工程震害调查鉴定小组赴灵武县对8月10日灵武发生ML5.3级地震中震害严重的17项建筑物进行了鉴定,分析了震害原因,提出处理意见。1988年1月,再次组织10名工程技术人员,前往灵武县调查建筑物震害情况,写出了《灵武地震震害分析报告》,并绘制了灵武县城楼房建筑的分布总平面图。

1988年6月,自治区城乡建设厅向自治区人民政府报送了《关于贯彻建设部抗震防灾应急措施会议精神的几点意见》,在组织领导、抗震加固、抗震设防、城镇抗震防灾规划、抗震宣传和技术服务等方面提出了抗震防灾的应急措施。1988年8月20日自治区人民政府批转了这个报告。同年,为保证工程抗震加固效果,提高工程抗震加固设计质量,在经过测算和调查的基础上,宁夏城乡建设厅印发了《关于工程抗震加固设计收费的暂行规定》。暂对一般砖混结构建筑物的抗震加固设计收费作出规定。根据国家城乡建设环境保护部颁发的《抗震加固工程预算定额(试行本)》,按1987年银川地区单位估价表,编制了新的《宁夏回族自治区抗震加固工程预算定额》。

1988年,宁夏建筑结构学术委员会在银川市召开宁夏地震活动情况专题学术报告会。自治区建设厅村镇处、村镇学术委员会整理出版了《宁夏农房抗震设防构造节点图集》共5000本。

抗震科研

1986年4月,宁夏建筑学会地震工程学术委员会成立,开展抗震科研与技术成果推广应用。1998年,橡胶垫基础隔震技术、滑移隔震技术等科研成果已开始在宁夏城市住宅建设中试点应用,如中房银川公司采用橡胶垫隔震技术在银川试点建设了7栋隔震楼房,1999年1月13日,通过了自治区建设厅专家组的鉴定验收,其抗震能力得到极大的提高,达到了减震抗震的预期目的。

南部山区生土建筑新技术加固改造危房危窑取得成效。1989年,自治区建设厅组织甘肃工业大学、宁夏建筑设计院、宁夏建材研究所和宁南山区的有关市县,制作50套整体式夯土墙模具,在西吉县进行利用新模具喉传统土打墙模具建成足尺寸房屋,进行二者抗震对比的模拟试验。1990年5月,自治区建设厅与西安冶金建筑学院联合研制生土砖机并被命名为NY－1型手动杠杆式机械,选定固原县进行试生产及生土砖建房试验,到1991年9月,压制生土砖坯1.5万块,建筑住房130平方米。1990年,在南部山区各县完成农房抗震改造5172户,超额完成计划任务。1990年10月,自治区建设厅完成的宁夏生土建筑抗震改造试验,获自治区科技进步奖二等奖和国家发明专利。

到"八五"期间抗震加固技术日趋完善。在加固设计方面,特别对多层砖混建筑的抗震加固设计,经有关专家对10多种平面类型的结构抗震验算和比较,规定其加固设计主要以增强建筑物的延性为主,采取设钢筋混凝土包角柱、构造柱、包砖柱和圈梁、钢拉杆等构件,对部分电梯井、楼梯间采取钢筋网水泥夹板墙,并编制了抗震加固通用图集。在抗震加固施工技术方面,主要改进了打孔钢拉杆接头和锚杆埋固等技术。砖墙打洞由软轴打孔机代替了人工打洞,混凝土构件打孔采用电钻夹合金刚刃头的钻具,从而减轻了对墙体和混凝土构件强度的影响;对墙体和混凝土构件设置锚杆的埋固分别采用水泥压力灌浆和环氧树脂或环氧砂浆的填塞,经试验,每根锚杆的抗拉力都满足了2吨的要求;钢拉杆接头由炭素钢加工的套筒连接件代替了花兰螺栓,通过这些技术改进,不仅满足了抗震加固设计要求,并使加固工程较为美观协调。

第四节 墙体材料革新

1990年前墙体材料革新

墙体材料开发与生产 “二五”期间,宁夏先后建设了银川市芦花台机砖厂,平罗第一、第二机砖厂、青铜峡第一、第二机砖厂,固原机砖厂等。生产实心黏土砖用于工业、民用建筑墙体砌筑。民间沿用传统的马蹄窑、生产青砖(青色黏土实心砖)供应用户。

1958年,自治区计划委员会立项并拨款,组织实施了“碳化灰砂砖”研究项目。1960年国民经济调整时期实验工作中断,1964年由谢振正负责、周国良等4人组成试验小组,恢复研究工作,归属宁夏回族自治区计划委员会(以下简称区计委)领导。

1965年完成了小型生产性试验,1967年国家拨款32万元,建成并完成了碳化灰砂砖扩大初步试验。

在此期间,新材料碳化灰砂砖研制成功得到国家建材部重视,指派西北建筑设计院、东北建筑设计院、中国建材研究院地方材料研究所多名技术人员来银川,共同完成了碳化灰砂砖工业生产设计,以及碳化灰砂砖材料性能及理论性研究。

1969年,国家又拨款47万元,建成了碳化灰砂砖生产性中间试验车间。同时建成了宁夏建筑材料研究所,并就近建设了年产2300万块标准砖的碳化灰砂砖生产厂,交由农垦十三师管理。研究成果由国家建材部向全国推广。

1975年,中国建筑材料工业总局对宁夏建材研究所下达了水泥、石灰、砂加气混凝土科研任务,与国内相关单位,在宁夏建材研究所完成了小试与扩大生产试验任务。随后数年,在国家建材总局布点的哈尔滨加气混凝土厂、天津加气混凝土厂、上海加气混凝土厂推行了加气混凝土一揽子攻关计划,进行了生产调试和技术攻关,取得了成效,所提出的工艺技术路线被国家建材总局采纳,于1980年向加气混凝土行业内全面推广。稳定了国内加气混凝土生产。

碳化石灰大板是接受国家另一项技术攻关任务,于1976年在北京市大灰厂生产线上完成。

α高强石膏粉是宁夏自主开发成功的新型材料,被广泛用于新型墙体材料的革新实践中。

1961年,自治区科学技术委员会(以下简称区科委)立项研发利用自治区储量丰富的石膏。研究试验小组由于昌负责。国民经济调整后期(1963年)研究项目停顿。1969年区科委恢复项目,由宁夏建材研究所重组,项目负责人由于昌担任,研究小组成员有李殿民、段庆奎、董文亮组成,区科委先后拨款约30余万元,用于研制石膏压力脱水器,以及研究石膏在温度与压力下的脱水机理。

1979年第一条α型高强石膏粉生产线在银川市磷肥厂建成。1985年,中卫新型建材厂通过技术转让,建成了自治区第二条α型高强石膏粉生产线。

1982年以后,α型高强石膏粉生产技术和生产装备向全国推广,转让技术和装备40多家,产值达5.25亿元,是当时国内推广最多,产品市场份额最大的专有技术。

粉煤灰合理利用是自治区科委1972年立项的科研项目,由薛金根、郑建华、李国鹏、周国良等人组成研究小组进行工作。除研发成功了用粉煤灰提取轻质墙材飘珠、小型砌块、轻质耐火材料,工业白炭黑以外;1984年至1987年进行了粉煤灰制取氧化铝与金属铝全流程扩大试验,成功的从粉煤灰中提取了金属铝。金属铝及其合金材料是用于节能建筑的良好选材。

1976年,石嘴山建成2200万标砖的粉煤灰砖厂。

1982年,建设了宁夏银川加气混凝土砌块厂,于1985年建成固原加气混凝土砌块厂、青铜峡加气混凝土砌块厂、银川郊区加气混凝土砌块厂。

1986年引进国外技术、在国家建材部和中国新型建材研究院的指导下选用国内翻版设备建成50万平方米稻草板生产线。并开发建设了3000平方米的实验楼,实验楼竣工后由国家建材部组织在宁夏召开了全国建筑稻草板应用技术推广会。

由于受到经济环境的影响和技术条件的限制，这些工厂建成以后处于停产或半停厂状态。银川加气混凝土砌块厂1985年转产金属镁，郊区加气混凝土砌块厂经过拍卖、两次转制，于1993年技改后才恢复了正常生产，青铜峡加气混凝土砌块厂也经过相类似的过程。这几家生产厂的产品，建筑不愿用、生产不景气，全区新型墙体材料行业发展陷入困境。

试验建筑 碳化灰砂砖产品上市以后，被视为取代实心黏土砖的一个途径，在银川市搞了一批建筑物，如贺兰山空军机场地面建筑物指挥塔、候机厅、生活区等；区计委家属楼，京剧团宿舍楼、农十三师师部机关大院、医院、学校等建筑。

银川市建委于1978年在银川市解放西街，采用部分空心砖和波型大面积屋面板，建筑了银川市建委综合办公楼，面积约3000多平方米，建设了波型屋面板银川市工艺美术大楼，建设了混凝土大板拼装式二层小楼试验建筑。

宁夏建材工业总公司在1987年银川市立新巷，利用纸面稻草板建筑了轻质墙体办公楼，建筑面积约3000多平方米。

在一些试验性的单体框架建筑上采用了少量加气混凝土砌块。

在30多年墙改工作中，传统观念和生产习惯没有转变，对节地、节土、节能、环境保护的重大意义尚未被全社会普遍认识，开发政策不配套，建筑、建材各自作战，推广应用措施不利，行不成合力，新型墙材生产和新型墙材建筑还处在一个试验引进和研发阶段，墙体材料革新经历着初创时期的艰难过程。新型墙体材料生产、应用局促徘徊，大面积使用困难重重。

1990年后墙体材料革新

墙体材料革新由实心黏土砖改为空心砖起步 宁夏墙改领导小组成立后，于1992年4月6日制订了《宁夏回族自治区墙体材料革新与建筑节能“八五”计划及实施方案》（以下简称“八五”计划），将墙体材料革新和建筑节能工作纳入了自治区政府工作日程，墙改有了明确的政策导向和奋斗目标。截至1990年底，全区墙体材料中，传统的实心黏土砖产量占有97.6%，新型墙体材料仅占2.4%，对大量存在的小型砖瓦企业的改造势在必行。1990年，自治区小砖瓦企业的保有量1049个，年生产能力仅有14.5亿块标准砖，而且绝大多数是作坊式生产，小土窑加手工作业，毁田造砖是一个普遍现实。

将实心黏土砖改为空心黏土砖，初期采用当时容易办到的 KP1 型烧结黏土砖技术类型，圆孔型、热阻值、抗压强度难以提升，在建筑应用中规格单一，建筑物的热、漏、裂弊端不易消除。为了提高产品技术等级，加大对烧结黏土砖行业的技术改造力度，宁夏墙改办适时提出研制 KP2 型矩形孔烧结粘土多孔砖项目，投资 4 万元与宁夏灵武万事隆建材有限公司合作立项，于 1999 年采用多排孔结构，可按设计要求生产多种规格品种，使用部位不同，可生产承重砖和非承重砖的多孔砖研发成功并投入生产，并在全区推广。

1993 年，银川河东烧结粘土空心砖生产能力已经形成，产量达到 4000 万块标砖，大量合格产品投放市场，节能建筑有了物质基础。1994 年 4 月 28 日银川市第一个大面积使用新型墙体材料的小区，长庆石油勘探局燕鸽湖基地开工建设，宁夏墙改办与银川市墙改办组织力量、深入现场指导新型墙材在建筑上的应用工作。小区规划占地面积约 136 公顷，总投资 8.9 亿人民币，建筑面积 72.3 万平方米，通称“石油城”：有野外职工住宅、单身职工公寓、写字楼、商场、医院、小学校、幼儿园、旅馆饭店、商业网点等配套建筑，总体规划为小城镇建设规模，带动了大新乡建设了大面积农贸市场及沿街商铺建筑面积约 5 万平方米，在石油城建设中建筑物墙体全部采用了空心砖、多孔砖和配套的新型墙体材料，有多孔条板，石膏板、轻质保温材料等多种新型材料。这种规模和效益是前 30 年没法比拟的，从此开创了大面积应用新型墙材的新局面。

截至 2000 年底，全区共有 126 家企业实现了空心砖或多孔砖的技术改造，当年形成的生产能力达 6 亿块标砖，产出为 4 亿块标砖，其中多孔砖的产量达到 6180 万块标砖，空心砖产量达到 36200 万块标砖。启动了民间资金投放到制砖行业的热情，自治区墙改办在制砖行业注入的专项基金约 35 万元，带动了近 2 亿元社会资金投放到制造烧结黏土砖行业。

新型墙体材料生产结构调整和优化　1991 年，按照国家产业政策，禁止了纸面稻草板生产，淘汰了玻璃马赛克外墙贴面砖。宁夏墙改办按照市场预测，在 1993 年从建材市场中清除了纸质葵花杆复合板、植物纤维复合板、硅镁为胶结料的建筑板材等劣质产品。宁夏墙改办与各市县墙改办联合相关单位，对烧结黏土砖企业进了多次大检查，1992 年、1995 年、1997 年分别关闭了市、县周边 50 多座毁田烧砖的小土窑，对暂不能关停的小土窑，严格执行批地政策,限土限地,使其自生自灭。

在《宁夏回族自治区墙体材料革新与建筑节能“九五”规划》中,规划的基本原则和措施是:长远规划与当前实际相结合,按照当前的经济条件与市场需求,重点解决容易办到又能发展的新型墙体材料产品与节能建筑;市场经济条件下与新型墙体材料导向相结合,引导企业生产、技改、转产方向;宏观产业调控与资源有效配置相结合,建设好生产示范线,开发生产基地,避免“小土群”低水平重复建设;建筑为龙头与系统工程法相结合,争取各方积极支持墙改事业,启动社会资金发展新型墙材,自治区墙改办组织示范工程,推广应用新型墙材。

1990 年以后,当建筑业有了大面积开工建设的机遇之时,同时也激活了新型墙体材料产业再上台阶的生机。

1993 年～1997 年,宁夏墙改办每年利用 10 万元专项基金,扶持混凝土砌块生产,先后有 19 家混凝土砌块企业上马,产能约在 80 万立方米,其中加气混凝土砌块生产企业建成 5 家,产能约 30 万立立米。两类砌块共投入近 3 亿元人民币,大部分资金来源于社会资金投入。

老厂通过技术改造,获得了新的生命力:宁夏国营前进农场第二机砖厂转产,引进年产 3 万立方米陶粒生产线,可产陶粒空心砌块 5 万立方米。

绝大多数砌块厂采用机械化作业,生产规模保持在 5 万～10 万立方米之间。

新建企业技术装备上了等级,跨入规模化生产的行列,宁夏银欣源热电工贸有限公司加气混凝土设计生产能力 10 万立方米,引进两台国内先进的翻转切割机,29 米长大规格蒸压釜 4 台,投产后年利用粉煤灰 4 万吨。

宁化新型建材分公司于 2000 年斥资 3680 万元,引进德国海斯先进技术与工艺建成 14 万立方米粉煤灰砌块生产线,年利用粉煤灰约 10 万吨。

轻质隔墙板注入专项基金 37 万元,用来扶持建成四家石膏空心条板厂,及小型的复合墙板厂,以带动各类轻质板材的发展。到 2000 年产能达到 2000 万平方米。

宁夏中卫石林新型建材有限责任公司,于 1995 年建成的纸面石膏板生产线,设计生产能力 1500 万平方米。

由宁夏墙改办指导帮助银川市井岗山轻质墙板厂引进了镀锌钢丝网复

合轻质板材成套技术和设备,年生产能力100多万平方米。

银川市双龙彩板制品有限公司引进了彩色涂层钢板生产线,金属面聚苯乙烯夹芯板。石嘴山市埃力泰公司引进了国内一流的数字化电脑编程(PLC),全自动聚苯乙烯生产流水线,聚苯乙烯(EPS)发泡系列轻质产品,隔热、保温性能优良。

在典范工程、试点工程的建设上,投入专项费用约84万元,先后建成石油勘探局燕鸽湖基地试点(1994年),银湖花园节能建筑小区(1996年),北安安居工程(1998年)以及新型墙材单体工程等应用项目,完成试点面积约200万平方米。

宁夏墙改办委托宁夏标准设计办公室编制、发布了新型墙材设计、应用图集与标准数10种,投入专项基金37万元,基本满足了节能建筑的需要,理顺了资源配置、产品生产、建筑设计、建筑施工、产品使用的全过程。

新型墙体材料工业大发展,为城市"禁实""限粘"打下了物质基础。投入专项费用22万元,联合各市、县相关单位、拆除违法建成的小土窑50余座,限土、限产措施流产了20余家小砖厂。在城市规划区,正负零以上禁止使用实心黏土砖的工作,于2000年开始进入了实质性的工作阶段。

宁夏墙改办每隔2年~3年,发布一次《新型墙体材料指导目录》引导新墙材投资方向,协调市场供需,到2000年自治区建设厅联合四部门发文,又一次在自治区内限止、淘汰了44种材料及住宅部品、部件,放大了主流墙体材料的发展空间,以达到淘实布新,淘劣扶优的调整目标。

社会效益　1991年~2000年,宁夏墙改累计完成新型墙体材料建筑共约804万平方米,节地4088亩,利废74.43万吨,节能约14万吨标煤。吸引社会资金投入新型墙体材料建设约8亿元人民币,扩大了就业面,拉动了乡镇企业发展,从业人员达2万人,季节性的从业人员达4万多人。

产品产量和产品品种快速增长,砌块类产品由1980年的5万立方米发展到2000年的80万立方米产能,板材类产品产能从无到有发展到2000万平方米,砖类产品产能6亿标砖,各类新型墙材2000年实际产出量5亿标砖,占2000年总产量27亿标砖的18.8%。但由于建筑季节等原因,约有一半产能没有得到充分发挥。

产品品种有3大类20多个品种,主要品种有:煤矸石烧结砖、粘土页岩粉煤灰烧结砖、加气混凝土砌块、小型混凝土砌块、石膏板、镀锌钢丝网复合轻质板材、纸面石膏板、彩钢夹芯板、GRC 空心条板、工业废渣轻质墙板等等。

化学建材发展了保温系统粘结胶，腻子，外墙高档涂料、聚苯乙烯轻质泡沫材料及聚苯乙稀挤塑和模塑保温板等，围绕节能建筑建设新墙体材料系统基本完善。

墙体材料革新，促进了宁夏石膏、石膏制品的开发工作，在国内处于领先地位，宁夏建筑材料研究院研发成果尤其突出。自 1961 年石膏研究在自治区立项，经数十年坚持如一，成为自治区以石膏业为基础，一支集科研、检验、石膏工业设计、核心装备设计制造、商贸服务为一体的综合性权威性科研机构。共取得科研成果 50 余项，其中获国家及省、部级科技奖 12 项，具有自主知识产权专利技术 5 项，如 K 型石膏抗压强度可达 1000 标号（Mpa1000），以及石膏晶须生成技术等，为业内首创成果。依托这些自主开拓创新技术和科研成果，演绎出 10 多种产品品种。进入市场以后，持续不断转化为生产力。科研成果的转化率无论在国内，还是国外市场，都处在同行业的首位，为新型墙体材料革新贡献良多。

墙体材料革新管理

机构设置　1991 年，宁夏墙改领导小组成立，自治区建材公司经理田守明任组长，成员由自治区建设厅、宁夏新型建材房屋开发公司、自治区乡镇企业管理局、自治区土地管理局、自治区财政厅、银川市建委等相关部门有关人员组成。领导小组下设办公室，设在自治区新型建材房屋开发公司。随后，银川市、石嘴山市、青铜峡市、中卫县、中宁县、吴忠市、灵武市、平罗县、永宁县、贺兰县、惠农县、陶乐县等县、市相继成立了墙改领导小组。固原行署所辖各县暂不列墙改任务，未成立墙改领导小组。

1994 年 3 月 2 日，自治区人民政府办公厅对自治区墙改领导小组的组成人员作了调整，组长由自治区副主席任启兴担任，宁夏建材总公司、自治区政府办公厅、建设厅、财政厅、土地管理局、税务局、银川市建委等相关部门的负责人分别担任副组长和成员。墙改领导小组办公室挂靠自治区建设厅，宁夏建材工业总公司副总经理田明兼任办公室主任。此后几年，相继对自治区墙改领导小组组长、副组长及成员作了相应调整。

职能分工　1992 年，自治区墙改领导小组、自治区建材工业总公司、城乡建设厅、乡镇企业管理局、土地管理局等五部门联合制定了《关于自治区墙体材料改革和建筑节能工作有关部门职责分工的规定》,各有关部门的职能分工为:墙改领导小组负责编制规划制定政策、管理墙改基金、协调推广应用、搞好试点、宣传等;建材总公司负责技术改造、优化装备等;建设厅负责编制节能建筑管理办法,组织新型墙体材料的设计、施工,组织编写标准、图集,推动试点工程,完善节能建筑配套技术细则,建立新型建材及节能建筑的综合评价标准体系,建立健全节能产品的生产许可、质量认证、城市供热节能认证等项;土地管理局的职责是进一步宣传《土地管理法》、墙改要把节土、保护耕地,作为长期国策,限制实心砖用地,对于新型建材建筑,优先安排用地,安排砖瓦用地复垦;乡镇企业管理局的职责是推进企业技术进步和产品结构调整,制定规划推广新型建材、新型墙体材料在农村新居中的推广应用,整顿毁田烧砖的企业,限制实心砖生产,鼓励新型墙体材料的生产。

墙改政策研究与实施　自治区墙改领导小组及相关成员单位,自 1991 年起,依据自治区地矿资源、产业水平,建设规模规划和研究出台了适合本区的政策法规。同年 12 月 8 日,自治区建设厅印发了《关于在框架结构建筑中限制使用实心黏土砖的通知》,对实心砖在建筑中的限制使用,首次作出了规定。

1993 年,自治区墙改领导小组根据自治区建设厅、计委、经委于 1990 年联合发布的《民用建设节能设计标准(采暖居住建筑部分)实施细则》,起草了《关于加快墙体材料革新和推进节能建筑的意见》报请自治区人民政府审批,1993 年4 月 21 日由自治区人民政府以宁政发〔1993〕41 号文批转执行。这是自治区政府第一次为自治区墙改工作发布的政策规定,成为长期推动墙体材料革新工作的纲领性文件。明确提出要加强领导,健全各级墙改组织,壮大墙改队伍。应用系统工程推进墙改、在四个层次上展开工作面:坚持区内各行政部门的密切合作;坚持以建筑为龙头,鼓励新型建材的设计和施工,及时总结经验、形成规范以点带面;坚持多层次技术改造,吸收先进技术、更新装备、提高设计水平、扩大新型建材产能;坚持分类指导,对墙材企业摸底,划分等级,分类管理。制定有效政策,推动墙体材料革新节能建筑工作。建立墙改专项费用管理机制。

自治区墙改领导小组和自治区有关部门于 1993 年 4 月 27 日印发了《宁

夏墙体材料革新和建筑节能专项费用征收和使用实施细则》。又与土地管理局联合印发了《关于加强砖瓦生产用地管理的通知》等一系列相应的配套政策措施。

1994 年 5 月 1 日,自治区建设厅批准施行由自治区墙改办、标准设计办公室编印的《承重多孔砖和非承重空心砖建筑结构详图集》。

2000 年 1 月 10 日,自治区政府主席马启智签发政府 19 号令《宁夏回族自治区推广应用新型墙体材料管理规定》,明确了宁夏墙体改革领导小组的执法权限。

2000 年 6 月 23 日,自治区财政厅、地税局、墙改领导小组联合印发了《关于印发墙改专项费用征收管理办法的通知》。

第五节 宣传教育

发展历程

中华人民共和国成立以后,宁夏建设的教育事业发展,大体经历 4 个阶段:

第一阶段 20 世纪 50 年代~60 年代,以基础教育为主。1958 年 10 月 25 日宁夏回族自治区成立以后,全区建设教育事业伴随着自治区建设步伐共同发展。建设系统对招进的工人和从部队转业、从城市和农村招收的人员,亟需进行基础知识和技能教育。为此,建设系统借鉴苏联的管理经验,开展了基础知识和技能教育。1959 年,宁夏建筑工程局创办的建筑工程学校正式成立,成为全区第一所培养中等建筑技术管理人才的学校,1960 年合并撤销。

60 年代初,由于 3 年自然灾害的影响,基本建设大量压缩,人员下放,建设教育利用每年冬季对职工进行短期的业务技术教育,其他工作处于停顿状态。1966 年受"文化大革命"的影响,建设系统的教育侧重于政治学习。

第二阶段 1971 年~1985 年,基本知识教育、技术培训和技能教育并举。全区建设系统从普通高校招收为数不多的工农兵学员,无法满足企业的实际需要。1975 年,全区建设系统响应"教育要革命""工厂办学校"的号召,学习上海机床厂从工人中培养技术人员的经验,先后创办 4 所"七·二一"工人大学,招收了一批青年职工,为企业输送一批合格的技术管理人才。同时,在发展“七·二一”工人大学的基础上，开展职工业余教育，把普及与提高结合起来，开展扫盲和文化补习工作。1978年5月31日正式恢复成立宁夏回族自治区建筑工程学校。1981年6月成立宁夏回族自治区建筑职工学校。

第三阶段　1986年~1995年，以初级岗位培训及学历教育为主。由于建设系统专业技术、管理人员来源少，加之职工队伍老化和自然减员，各类技术和管理人才的断层问题日益突出。为此，全区建设系统按照中共中央、国务院《关于加强职工教育工作的决定》和国家教育委员会《关于改革和发展成人教育的决定》，各级职工教育部门对本系统工人进行文化补习和技术补课。在此基础上，1986年~1989年，全区建设系统对技术和管理人员开展初级岗位培训，1989年以后在初级岗位培训的基础上转入中级岗位培训，举办各种类型的岗位培训班。1988年8月12月宁夏建筑工程学校先后与山东省建材学院、西北建筑工程学院在宁夏创建山东建材学院和西北建筑工程学院宁夏函授站。同时，在宁夏建筑职工中等专业学校的基础上，1989年9月成立宁夏建筑技工学校。1999年11月，2000年8月、9月宁夏建筑工程学校、宁夏建筑技工学校先后与西安冶金学院、宁夏大学、江苏省苏州科技大学在宁夏创建西安冶金建筑科学院宁夏函授站、宁夏大学建设函授站、江苏苏州科技大学宁夏函授站。宁夏建筑职工中专学校相继举办了“电大班”，与此同时，各单位还选派职工到省内外大中专院校进修，学习深造，形成了多层次、多规格、多功能的办学格局，全区建设系统的职工教育工作重点转向学历教育和岗位培训。

第四阶段　1995年~2000年，以岗位培训、技能培训鉴定和专业技术人员继续教育为主。进入20世纪90年代后，随着市场经济需要，对职工队伍的整体素质提出了更高的要求，职工培训工作增加了许多新的培训内容，岗位培训工作有了进一步的发展，企业“一长三总师”（厂长或经理、总工程师、总经济师、总会计师）和各类进修、培训班也相继开展。在继续开展岗位培训工作的同时，增加了工人的技能培训鉴定工作，实行先培训后鉴定制度，共培训鉴定1132名。与此同时，按照中共中央、国务院《中国教育改革和发展纲要》和《宁夏建设教育事业“九五”计划和2001年规划》的精神，对专业技术人员以新知识、新内容、新科技、新成果为内容的继续教育全面开展，旨在进行知识和技能补充、更新、拓展，促进完善知识结构，提高综合素质，开发创新思维,增加创新能力的教育。为适应建设系统继续教育发展的需要,1999 年 12 月经自治区人事厅批准,在宁夏建筑工程学校创建继续教育基地,负责对全区建设系统专业技术人员进行继续教育培训工作。1999 年 11 月 15 日,宁夏建设厅和人事厅联合印发了《宁夏建设系统专业技术人员继续教育实施细则》,进一步规范了全区建设系统的继续教育工作,为使建设系统继续教育工作走向正规化制度化奠定了基础。截至 2000 年底,参加接受继续教育培训人数 2424 名。1995 年 ~2000 年共培训各类技术和管理人员 18624 名。

职工教育

基础知识教育　自治区成立前,宁夏仅有 100 人左右的建筑队伍。自治区成立以后,宁夏的建设事业不断发展壮大。20 世纪 60 年代,中央为了开发和建设宁夏,先后从临近省区和中央直属的建筑安装企业中调入了一大批建筑队伍,随着建设任务的大量增加,又从城市和农村招进了大批新的工人,从部队也转业了一部分人员充实基本建设队伍,共有建筑企业 8 个,人员达 3 万多人,比自治区成立前的 1957 年底扩大了近 38 倍,针对建设队伍人员新、文化基础知识底子薄、技能差等状况,亟需进行基础知识和技能教育。建设系统在学习苏联管理经验的基础上,开展基础知识和技能教育,全行业出现了学习文化知识,学习先进技术和技能的热潮。宁夏第一建筑工程公司的前身——银川专署工程队、宁夏建筑工程公司,为解决专业技术人员匮乏的问题,在现有职工队伍和新招收的青年职工中,举办训练班,由在职的技术人员任教,训练结束后即投入工作实践。对工人进行系统的技术理论教育,先易后难,主要学习与本工种技术相近,工程过程与本工种有密切关系,操作简单而又与当前技术需要匹配的内容。针对建筑业艰苦创业时期施工工具落后、技术复杂的困难,由浅入深,攻克技术难点进行训练。通过培训,涌现出了敢于革新的木工顾玉亭同志。1959 年,顾玉亭、李成有 2 人代表公司光荣出席了全国"群英会"。这期间,公司在技术力量极端缺乏的条件下,经过训练,群策群力,建成了当时全国第一家跨度 35 米钢丝网双曲拱薄壳屋面的宁夏体育馆。20 世纪 60 年代,在没有先进设备的情况下,靠 3 台绞磨机,一次整体吊装完成了 62 米高的宁夏第一个电视塔安装任务。

1966 年 ~1970 年,受"文化大革命"的影响,教育工作侧重于政治学习,建设职工教育培训工作基本处于停顿状态。

专业技能教育　从20世纪70年代开始，随着建设事业的发展和科学技术的推广应用，宁夏建设系统在继续搞好职工基础知识教育的同时，加强对职工专业技能的提高教育。1975年，宁夏基本建设委员会制定了《关于发展教育事业，培养技术队伍的十年规划》。宁夏基本建设共有职工队伍33370人，其中技术人员1088人，占职工总数3.2%。针对建设队伍技术力量薄弱、数量少、专业不配套、分布不平衡，远远不能适应宁夏建设事业发展需要的状况，学习上海机床厂从工人中培养技术人员的经验，先后在区建二、三公司，青铜峡水泥厂、银川市建筑公司创办了"七·二一"工人大学，有98名优秀工人进入"七·二一"工人大学学习，共有35名工人和技术人员被聘为专兼职教师。同时，大力开展职工业余教育，把普及与提高结合起来，建立一个以"七·二一"工人大学为骨干的职工教育网，组织职工学政治、学文化、学技术，开展扫盲工作，根据企业发展的需要，举办各种类型人员的培训班，开展技术业务学习和岗位练兵。1979年初，区建一公司颁布试行了以岗位责任制为中心的10项管理制度，区建三公司把技术管理工作通过实践总结为"把三关、守六法、严防五害"的十字要点。

1980年，宁夏建筑工程局从年初开始就抽调专门人员，组织进行干部的培训工作，通过举办各种不同类型的培训班，轮训了一大批基层业务干部和管理人员，共举办科级干部、工长、材料、财务、合同预算、机械管理、化验员培训班35期，培训人数近2000人次。在此基础上，区建一公司和住宅公司在工人中间组织技术培训和岗位练兵，对68名瓦、木、抹灰、水暖等艰苦工种工人进行了技术培训考核。

1981年，按照中共中央、国务院《关于加强职工教育工作的决定》，本着"干什么，学什么，缺什么，补什么"的原则开展培训工作。宁夏建筑工程局首先成立由副局长、副总工程师、局属各单位党委书记和有关处室负责人参加的局职工教育委员会，下设办事机构，配备专职工作人员3名，局属企业均设职能教育机构，局属各公司、厂共有工区、(厂、队)25个，其中有11个工区(厂、队)成立了职工教育领导小组，14个工区(厂、队)职工教育工作由工会兼管，配备专干12名，兼职干事15名。当年，为了使职工全面得到文化、技术、业务等方面的补习，经上级批准，成立了局属职工学校。全局所属各单位先后开办了业务、技术培训班，初中文化补习班，扫盲班，科级干部轮训班等各种类型培训班44期,共培训了1345名业务生产骨干,此外还输送一部分同志到大中专学校、党校进修深造,代培技术、业务人员88名。

1982年,建工局所属各单位先后开办各种类型的培训班31期,共培训业务生产骨干831名,为外单位代培46名。

1983年,宁夏建筑工程总公司分总公司、公司、工区三级办学,采取脱产、半脱产、业余三种形式相结合的方法,分期、分批举办职工文化补课、技术业务培训班,截至年底共培训5301名。同年,全区建设系统根据第二次全国农村房屋建设工作会议精神,举办了4期培训班,共培训124人次,其中测量人员38人次,村镇规划86人次;各县自办村镇规划培训班4期,共培训131人次。通过学习培训,村镇规划试点在全区六个县的11个公社进行。此外,选送5人到西北建筑工程学院进修学习一年,为建设系统培养骨干业务人才。至年底,建设系统共有40%左右的职工参加了学习培训。同时,针对行业特点,经过学习培训,开展以创全优工程为目标的社会主义劳动竞赛,开展技术比武、技术练兵活动。宁夏建筑工程总公司直属的4个公司共有11名同志被评为全区的技术能手,全区建设系统参加全国建设行业瓦工、抹灰工技术比赛中荣获团体第十名,个人第十五名。

1984年,总公司制订了《1984年职工教育工作计划》,坚持多层次、多渠道、多形式的办学培训方式,举办各种专业干部培训班5期,培训人员171名;举办青工初中文化补习班20期,培训人员720名,还普遍对总公司所属青工进行了技术短训和岗位练兵。建设厅在办好厅属宁夏建筑工程学校、宁夏建筑职工中等专业学校的基础上,在全区建设系统选派84名干部参加宁夏教育学院和宁夏职工科技学院大专班学习,建设厅举办建筑学、城市规划学、电视大学教学班三个,参加学习共150人。在健全全区县级村镇机构、配备专职人员的同时,培训村镇规划人员683名,初步形成了一支初级的规划队伍,普及全区各个村镇。

1985年,根据中共中央、国务院《关于加强职工教育工作的决定》和《关于教育体制改革的决定》,建设厅制定了全区建设系统《职工教育和人才培训规划》,按照《规划》,办好职工文化技术培训。全区建设系统经职工文化补课合格者共有3584名,占应补课对象的69%;技术补课合格2295名,占应补对象41.4%;采取各种形式进行短期文化补课及技术培训1940名。通过以上各种方式和途径的提高教育，取得了较好效果，为建设事业培养了一批技术管理人员和生产技术骨干。

初级岗位培训　1986年，根据国家经济委员会、全国职工教育管理委员会关于印发《"七五"期间加强职工培训提高职工队伍素质的意见》的通知和国家城乡建设环境保护部建筑管理局关于印发《集体建筑企业技术业务人员上岗培训、考试、发证实施办法》的通知以及《关于实行建筑企业专业管理人员岗位职务培训制度》的通知，建设厅制定了《职工教育和人才培训规划》，《规划》提出：到1990年，全区城乡建设系统县以上职工队伍要发展到5万人，县以下各类施工队伍发展到6万人，共计11万人左右。各类企事业单位人才力争由1985年的4.3%上升到9%。按照这个要求，共需要培养专门人才4800名。人才结构上按大学本科、专科与中专人才比例1∶3的要求，需培养大学本科、专科毕业生1200名，中专毕业生3600名，拟达到比例协调，专业配套，布局合理，初步满足城乡建设单位的需要，使城乡建设各部门和各单位的职工素质有一个明显的提高。到2000年，全区建设系统国营施工企业和其他企事业职工人数拟发展到7万名，县以下集体企业发展至10万名，共计可达17万名。在1990年专业人才占全部职工总数9%的基础上，上升到14%，共需培养专门人才14800名；按照大学本科、专科和中专人才比例1∶5的要求，需培养大学本科、专科人才2470名，中专人才12330名。为实现上述目标，又采取建设部门和教育部门联合办学的办法，结合区内实际，发展高等教育、中专教育、技工教育，办好电视大学工民建、建筑学、城规、建经等专业教学班。加快宁夏工学院建筑类专业的发展，继续委托区内外省市高等院校代培大专生，充分利用刊授、函授等形式，鼓励自学成才，要求银川、石嘴山市、银南、固原行署各企事业单位有条件的办好职工中专班，大力发展职业学校和技工学校，逐步形成有侧重、有特色的职业技术教育格局。经过14年的努力发展，截至2000年底，上述目标均得到实现。

从1986年起，全区建设系统按照国家建设部的统一部署，率先在全区三、四级建筑施工企业技术管理人员中的经理、施工员、预算员、财务会计员、质量安全员中全面开展初级持证上岗培训工作，通过近五年的脱产、半脱产、自学、统一考试、考核等方法，截至1990年底，全区三、四级建筑施工企业的专业技术管理人员应持上岗证的3020名，全部取得了国家建设部统一制发的初级

《岗位合格证书》。同时,根据国家经济委员会、中共中央组织部、国家教育委员会印发《关于开展全国大中型企业领导干部岗位职务培训工作的报告》的通知和国家体改委《关于"七五"期间把企业干部职工培训工作纳入厂长任期责任制的意见》,实行岗位职务培训制度,培训企业"一长三总师"80 名,按照国家城乡建设环境保护部关于《建设厅长、建委主任岗位培训规划要点》,建设厅长、城建局长分别参加国家建设部和宁夏经委举办的领导干部培训班共21 人次,参加自治区党委组织部举办的干部短期培训班四期,培训 9 名。"七五"期间,宁夏建设教育管理有所加强,培训工作积累了一定经验。

中级岗位培训　1990 年起,全区建设系统的教育工作步入经常化、制度化。培训内容确定后,跨季节连续进行,对提高建设系统职工队伍素质起了重要作用。

1989 年 6 月份,在初级岗位培训接近尾声时,根据国家建设部统一安排,全区建设系统由三、四级建筑施工企业的初级岗位培训扩大到一、二级建筑施工、市政施工、房地产企业的专业技术管理人员中分期分批开展转中级岗位培训,实行持证上岗制度。1990 年,建设厅陆续制定《宁夏回族自治区建设系统各类专业管理人员岗位职务培训教学管理规定》(下简称《规定》)、《宁夏回族自治区建筑施工企业和房地产业专业管理人员岗位职务培训制度实施办法》(下简称《办法》)和《宁夏回族自治区建设系统各类专业管理人员岗位合格证书管理办法》,《宁夏回族自治区建筑施工企业和房地产业专业管理人员政治思想、职业道德、业务能力、工作业绩考核办法》。以上《规定》《办法》对岗位培训从教学管理、培训、考试、考核制度、岗位合格证书管理等作了明确规定,推动了岗位培训工作的顺利开展。从同年开始,建设厅先后对土建综合工长(施工员)、预算、材料、质量检查、安全、统计、财会、计划、机械管理、劳资、定额员等"十一大员"(以下简称"专业管理人员")的岗位培训工作全面展开,实行持证上岗制度。自此,全区建设系统专业管理人员的岗位培训工作逐步走上正规,有计划、有组织分期分批组织实施。培训单位(学校)组织教学培训管理,建设厅统一组织命题、出卷、考试、考核发证。1991 年冬季培训专业管理人员 438 名,及格率70.64%,有力地保证了培训质量。1992 年,建设厅根据国家建设部《建设教育事业十年规划和"八五"计划及自治区《国民经济和社会发展规划和第八个五年计划纲要》和建设事业发展状况,制订了宁夏建设教育事业十年规划和“八五”计划》。同年,培训各类专业管理人员716名。据统计,“八五”期间,全区建筑施工、房地产业、市政公用事业、预制构件企业专业管理人员经持证上岗的培训,共有5752名(含免试)取得了建设厅颁发的建设系统专业管理人员岗位合格证。建设厅长、城建局长、企业“一长三总师”分别参加建设部和自治区经委、建设厅举办的领导干部培训班1086人次。

“九五”期间,根据中共中央、国务院《中国教育改革和发展纲要》的精神,宁夏建设厅制定了《宁夏建设教育事业“九五”计划和2010年规划》,继续深化建设教育改革,加大培训工作的力度,使教育培训工作步入系统化的轨道。“八五”中后期和“九五”期间,按照国家建设部关于《施工企业项目经理资质管理试行办法》和《关于全国施工企业项目经理培训有关问题的通知》精神。1993年,经宁夏建设厅报请国家建设部批准,将宁夏重光建筑事务所作为宁夏施工企业项目经理培训点,承担全区施工企业项目经理培训任务。选派具有理论知识、有多年施工管理经验,且善于讲授的高级工程师9名、工程师3名、会计师3名,共15名任教师,并选派其中6名到建设部办的建筑施工企业项目经理师资培训班学习,组成教师骨干队伍。从1993年12月1日至2000年3月份,共办培训班51期,总计有5580名接受培训教育,5380名获取建设部统一制发的《全国施工企业项目经理培训合格证书》,培训合格率96.4%。参加培训的项目经理文化水平状况:大学9.3%,大专21.5%,中专27.1%,高中32.9%,初中8.2%;技术职称状况;高级工程师2.6%,工程师、经济师17.5%,助理工程师、助理经济师41.6%,技术员31.3%。培训项目经理中回族学员818名,占培训总人数的14.6%。与此同时,遵照建设部施工企业项目经理培训要面向基层办培训班的要求,根据全区各市县的状况,经建设厅研究批准,宁夏重光建筑事务所到各市县办项目经理培训班11期,共培训1194名,经培训考试合格取得全国施工企业项目经理培训合格证书1145名,为施工企业提供了方便,节约了培训费用,减轻了企业负担。

1996年~2000年,继续加大力度对全区建筑施工企业的施工、预算、材料、质量检查、安全、统计、财会、计划、机械管理、劳资、定额员等十一大员开展持证上岗培训工作,经培训考试、考核(含免修),共有6632名取得了建设厅颁发的建设系统专业管理人员岗位合格证,持证率达75.5%以上。同时,建设类其他专业的培训工作也有了进一步的开展,培训监理工程师1063名。1996年,根据《中华人民共和国教师法》,按自治区教育厅的统一部署,建设厅对厅直属中专学校、厅直属公司的中小学、幼儿园的教师进行了教师资格过渡考核,先后有173名教师取得了国家教育部统一制发的《教师资格证书》。1999年,根据国家建设部《关于建筑业与房地产企业管理人员工商管理培训工作》的精神,建设厅印发了《建筑业与房地产企业管理人员工商管理培训工作的实施意见》,《意见》对建设系统企业现职领导和后备人员、即企业现职正副经理(厂长)、党委(纪委)书记、工会主席、总工总会、总经济师培训对象和培训内容、计划提出了要求,组织实施培训三期,经培训考试、考核合格,共有289人取得了建设部统一制发的建筑业与房地产企业管理人员工商管理培训合格证书。同年,建设厅根据建设部《关于实行物业管理企业经理、部门经理、管理员岗位培训持证上岗制度的通知》精神,建设厅下发了《宁夏回族自治区物业管理企业经理、部门经理、管理员岗位培训持证上岗实施办法》(下简称《办法》),《宁夏回族自治区物业管理企业经理、部门经理、管理员岗位规范》(下简称《规范》)、《物业管理企业经理、部门经理、管理员培训教学计划》和《宁夏回族自治区物业管理从业人员岗位证书管理办法》,以上《办法》、《规范》使开展全区物业管理人员培训、管理工作步入了轨道。1999年8月9日开始至2000年12月底,共开展培训班3期,有957名经培训考试获取建设部制发的全国物业管理从业人员岗位证书,151名获取房地产产权产籍管理人员培训合格证书。与此同时,宁夏第二建筑集团公司为了提高下岗职工的再就业能力,在建设厅的协助下,开办了二建集团公司下岗专业管理人员岗位培训班,经考试考核先后有89名取得了建设厅制发的建设系统专业管理人员岗位合格证。

2000年4月10日~11月20日,组织举办两期道路与桥梁专业应急岗位培训班,集中面授600学时,开设工程制图、建筑力学、建筑材料、工程测量、土力学与地基基础、工路勘测设计、桥梁工程、路基路面工程、公路工程管理等九门理论教学;开设建筑材料检验、测量、路桥施工、公路勘测等四门实践教学实习。经培训考试考核合格,共有57人取得建设厅制发的建设系统专业管理人员岗位合格证。

工人技能培训鉴定 为有效地提高工人队伍的素质,努力造就一支以技师为龙头,高级工为骨干,中级工为主体,思想好、技术精、工种配套、技术等级结构合理的建设工人(劳务人员)队伍。贯彻先培训,后就业,先培训,后上岗,先培训,后输出,先培训,后鉴定的原则,把工人(劳务人员)教育培训工作纳入规范化、制度化的轨道,根据中共十四届三中全会决定中提出的实行学历文凭和职业资格两种证书制度的要求,建设部决定在全国建设系统实行劳务资格鉴定和证书制度。1995 年 6 月 26 日,建设部在四川省泸州市召开了全国建筑劳务资格培训与鉴定试点工作会议,对建筑劳务培训和技能鉴定、培训对象、内容、培训基地和陆续实行凭劳务资格证书就业或上岗的制度提出了明确的要求。据此,结合宁夏建设系统实际情况,建设厅在厅直属技工学校的基础上,报请自治区劳动人事厅批准,成立了宁夏机械建设行业宁夏建筑技工学校国家职业技能鉴定所。率先在全区建设系统中的砖瓦工、抹灰工、钢筋工、混凝土工、水暖工、电工中开展技能培训和鉴定工作,边培训,边试点摸索。据统计,从 1995 年开始至 2000 年 12 月底,共培训鉴定 1132 名,为进入”十五”期间全面开展职业技能培训鉴定和劳务输出奠定了基础。

专业技术人员继续教育　1998 年,建设厅按照国家人事部颁布的《全国专业技术人员继续教育规定》,调查摸底,规范继续教育管理程序,按自治区人事劳动厅的要求,审查登记,统一颁发由人事劳动厅制发的继续教育证书 720 人。同年 7 月 29 日,自治区建设厅转发了国家建设部《建设继续教育管理规定》(试行)和自治区人事劳动厅《关于专业技术人员继续教育与评聘专业技术职务有关问题的通知》,1998 年 11 月 30 日率先在建设厅直属单位开办了首期继续教育培训班,至 1999 年 3 月 19 日,共分 4 批组织实施,以学习计算机基础知识为主要内容,先后有 385 名经培训考试取得了区人事劳动厅制发的初级计算机结业证书和培训结业证。

2000 年 7 月,自治区建设厅转发了区人事劳动厅《关于对全区专业技术人员进行继续教育公共必修课学习培训的通知》和《关于做好 2000 年继续教育考核验证工作的通知》、《关于对全区专业技术人员进行计算机应用能力培训工作的通知》、《关于自治区专业技术人员计算机应用能力培训考核工作的补充通知》等 4 个文件,对建设系统专业技术人员完成继续教育必修课内容、时间提出了要求。同年 7 月,建设厅结合职称评审工作,对全区建设系统应参加职称晋升的 798 名专业技术人员进行了继续教育培训;9 月 15 日至 22 日,为配合国家西部大开发战略的实施，按照人事部《2000 年全国专业技术人员高级研修班计划》的要求，建设厅协助国家人事部、建设部在宁夏联合举办了西部大开发与城乡规划高级研修班，聘请了相关专业的国家级两院院士、博士生导师、长期从事规划管理工作的 6 名国内知名专家授课，来自全国各省市和宁夏各市县建设局、规划局局长共 65 人参加了培训，有 54 人提交了个人研修论文，同时取得了建设部、人事部颁发的高级研修班结业证书；2000 年 12 月 30 日至 2001 年 3 月 22 日，举办了第三期全区建设系统专业技术人员继续教育培训班，分三批组织实施，实行全脱产培训，学习时间为 120 学时，先后有 1008 名专业技术人员通过计算机基础知识和继续教育公共课的培训，取得了由人事劳动厅统一制发的计算机应用能力结业证书和继续教育培训结业证。

职业技术学校

宁夏建筑工程学校（宁夏城建学校）　1959 年，宁夏建筑工程学校成立，1960 年合并撤销。1978 年 5 月 31 日，自治区革委会同意成立宁夏建筑工程学校，隶属自治区基本建设委员领导，随即开始一边筹建一边招生，当年开设工民建一个班，招收初中毕业的学生 50 名，学制三年。按设计规模学生容量 480 名，基本建设于 1983 年底基本完成，基建总投资 480 万元，占地面积 78.9 亩，总建筑面积为 15310.4 平米。其中，教学楼为 4727 平米，学生宿舍楼为 2037 平米，行政办公用房、图书馆、阅览室 2582 平米，食堂兼礼堂 1287 平米，教职工家属宿舍 3419 平米。学校设有土工试验室、物理检验室、测量室、计算机室、电教室等试验室，另设有设备较为齐全的图书室、资料室、学生教工阅览室。图书馆设计容量为 10 万册，学校教职工编制为 142 名，1978 年实有教职工 49 名，同年招收工业与民用建筑专业一个班 50 名。1979 年，招收工业与民用建筑、给排水、暖卫和建筑机械四个专业，每个专业三个班，每班 45 名学生。1980 年，开设工业与民用建筑、水泥、机械电器、工程地质测量四个专业，每个专业各招 50 名，招收对象为具有初中毕业文化程度的学生，学制三年。

1982 年，自治区人民政府第七次常务会议决定将原自治区建委所属的宁夏建筑工程学校改名为宁夏工业学校，隶属自治区经委领导，仍保留建校已有的 4 个专业，逐步向高等学校区工业学院过渡，为全区培养多方面的工业人才。随着建设事业的发展，城乡建设系统所需人才专业类较多，为不断适应建设事业发展的需要,1984 年 1 月 24 日,经自治区政府决定,将宁夏工业学校名称恢复为宁夏建筑工程学校,归属城乡建设厅领导。

1984 年,为缓解区内建筑、城市规划等专业人才紧缺的局面,开办电大建筑学、城市规划两个教学班。1985 年,为解决少数民族边远地区缺少建筑行业初、中级技术人才的困难,经自治区教育厅批准,为同心县社企局招收学制为三年的成人"工民建"专业班。1986 年,招收电大"工民建"一个教学班。

1986 年 9 月 6 日,根据国家建设部关于"各省、市、自治区都应成立建工学校、城建学校"(即'一省两校')的精神,经自治区人民政府研究同意在宁夏建筑工程学校的基础上,成立宁夏城建学校,即一套班子,两块牌子。建工、城建学校规模为 840 名,教职工定编 221 名,其中城建学校规模为 360 名,设置城镇规划、给水与排水、城市建设与管理 3 个专业。同年,学校制定了《宁夏建筑工程学校 1986 年 ~ 2000 年专任教师规划》,《规划》对专业设置、学制、招生、专任教师的发展目标提出了较明确的实施步骤。

1988 年 8 月 12 月先后与山东建材学院、西北建筑工程学院合作,在宁夏创建了山东建材学院、西北建筑工程学院宁夏函授站逐步形成了多层次、多规格、多形式、多功能的办学格局,学校以"一个目标""三个面向"和"一个核心"为指导思想。即以多出人才,快出人才,出好人才作为学校的教育目标,以邓小平同志提出的"教育要面向现代化,面向世界,面向未来"的要求来培养师资,指导教育改革;以提高教学质量和教育质量为学校改革的核心。学校从创建当年招生截至 1988 年 7 月共招生 1255 名,向社会输送了七届 756 名毕业生,教职工发展到了 132 名,其中教师管理人员 90 名,工人 42 名;教师中有大学本科 37 名,专科 29 名,中、高级技术职称的教师 25 名;图书上架 38915 册。

1988 年秋季 ~ 2000 年 12 月底,学校经过发展,形成以普通中专教育、成人教育、职业中专教育、电大教育、岗位培训等多种形式,多种功能的教育格局,先后开设工业与民用建筑、建筑企业经济管理、采暖通风与空调、建筑装饰、硅酸盐工艺、房地产经营管理、给水与排水、城市建设与管理、村镇规划、村镇建设与管理、城镇规划等 11 个专业。1999 年,为适应社会的需求,又增设了物业管理和建筑水电设备两个专业,共有 24 个教学班,在校学生 1059 名。1999 年 11 月、2000 年 8 月先后与西安冶金建筑科技大学、宁夏大学创建

“西安冶金建筑科技大学”和“宁夏大学函授站”。至此与西北建筑工程学院、西安建筑科技大学、山东建材工业学院、宁夏大学合办的建筑工程、建筑经济管理专业大专函授班 7 个,共有在校学生 330 名。

截至 2000 年,宁夏建筑工程学校拥有教职工 141 名,教职工总数与学生数之比为 1∶8.4,其中教师 76 名,师生比例为 1∶14,其中专任教师 60 名,兼职教师 16 名,专任教师占教师总数的 78.95%;具有本科学历的教师占教师总数 81%,具有高、中级职称的教师分别占全体教师总数的 15.9% 和 47.4%,教师的平均教领为 10 年,行政工勤人员占教职工总数的 33.3%;实训指导教师中专以上学历以及具有中级职称者分别达到 100% 和 63.64%。据统计,截至 2000 年 12 月底,各类中专共招生 4817 名,毕业 3712 名;大专函授招生 1013 名。学校建有土工、化学、建材、力学、电工、流体力学、热工、测量等 8 个工科实验室,实验设备总值 150 余万元,实验设备自开率达到 100%。

宁夏建筑工程学校创建以后,在发展学历教育的同时,大力发展职业教育培训事业,按建设厅的统一部署要求,积极搞好各类技术、管理人员的培训工作和专业技术人员的继续教育工作。1984 年 ~1988 年,先后开办全区概预算人员的专业培训和集体企业经理上岗培训班、分析化学培训班五期,培训发证 123 名。1989 年 ~2000 年 12 月底,专门成立函授培训部,统一管理,负责组织实施培训教育工作,先后举办全区建筑施工企业、市政施工企业、房地产开发企业的施工员(含道桥)、预算员、财会员、质检员、安全员、材料员等专业技术管理人员岗位培训班 11 期,经培训考试考核合格,共有 7000 名取得了宁夏建设厅制发的建设系统专业管理人员岗位合格证。与此同时,1998 年 9 月 7 日,经建设厅批准,人事厅同意确定为宁夏回族自治区专业技术人员继续教育宁夏建筑学校基地,承担全区建设系统各类人员继续教育培训任务,制定了较完备、行之有效的管理制度,使继续教育培训工作得以规范、健康、有序地进行。1998 年 ~2000 年底,先后开办全区建设系统专业技术管理人员计算机基础知识、公共必修课培训班 3 期,培训人员 1353 名。

学校经过全体教职工的不解努力,“七五”期间,被区建设厅评为“七五”建设科技先进单位,1991 年被国家教委、建设部等 5 部委评为“全国职业技术教育先进单位”,被自治区评为“自治区重点中等专业学校”,1991 年、1995 年先后 2 次被国家建设部评为“建设部系统教育先进集体”。

1978 年~2000 年宁夏建筑工程学校招生与毕业生一览表

表 11-2 单位:人

年 份	招生数	毕业生数	年 份	招生数	毕业生数
1978 年	50		1990 年	204	204
1979 年			1990 年	199	174
1980 年	147		1992 年	288	195
1981 年	56	50	1993 年	380	132
1982 年	47		1994 年	300	213
1983 年	134	56	1995 年	253	224
1984 年	189	147	1996 年	348	370
1985 年	232	47	1997 年	310	368
1986 年	144	134	1998 年	344	268
1987 年	204	189	1999 年	382	263
1988 年	174	232	2000 年	266	302
1989 年	166	144			

宁夏建筑职工中等专业学校(宁夏建筑技工学校) 1981 年 6 月,自治区计委批准成立宁夏建筑职工学校,隶属自治区建工局领导,主要承担建工局系统的在职技术工人的培训和在职干部的技术轮训任务,专业性的培训班。学校总建筑面积为 4880 平米,基建投资 70 万元。1982 年初,该校增设一个工业与民用建筑中等专业班,参加全区统考,招生 46 名。1982 年 9 月批准为县处级事业单位,编职定员为 40 名。1983 年 4 月 26 日,自治区人民政府同意继续在该校设置职工中专班,学校教职工发展到 35 名,其中专职教师 12 名。1984 年 5 月 28 日,宁夏建筑职工学校改名为宁夏建筑职工中等专业学校,学校规模 500 名,设置工业与民用建筑、建筑财务会计、建筑经济管理 3 个专业。招收建筑系统初中毕业以上文化程度,具有两年以上工龄的正式职工,学制三年(高中毕业生学制为两年)。学完教学计划规定的全部课程,考试及格者,发给中专毕业证书,国家承认其学历。此外,可附设青壮年职工文化、技术补课和干部政治、技术业务培训班。隶属宁夏回族自治区建筑工程总公司领导,经费由总公司拨款。

1983 年,开办中专、电大学历教育班。1984 年,招收工民建电大班 53 名,高中工民建中专班41名，初中工民建中专班41名，财会中专班40名，技工油漆工专业39名。1985年，招收中专生86名。

1981年6月～1985年5月，学校先后举办文化补习、电算、美术、土建工长等各种培训班56个班次，培训学员2421名，结业2003名。

1986年，中专招生53名，举办短期培训班9期，培训结业287名。1987年，招收工民建、建筑经济管理专业各一个班，共51名。同时，举办施工员、预算员初级岗位培训班，结业133名。到1987年底，教职员工发展到61名，其中教师26名，占教职工总数的42.6%。图书上架达11182册，学校实有占地23亩，总建筑面积15341平米。学校坐落在银川市新市区。

1987年10月，宁夏建筑工程总公司撤销，学校直属自治区建设厅领导。

1988年，学校举办全区集体建筑企业施工员初级岗位培训班2期，质检员、安全员岗位培训班2期，预算员岗位培训班3期，经考试考核有116名学员取得了建设部制发的集体建筑企业专业管理人员岗位合格证。同年，由于成人招生开始出现滑坡局面，学校当年招生计划落空，1989年招生继续滑坡，没有生源，学校资金困难，教职工思想波动。学校一方面依靠开展培训，挖掘潜力，创建校办工厂，增收节支勉强维持学校的正常运转；一方面保持现有中专学历教育格局，向建设厅反映实情，开辟创办技工学校。

1989年9月，在原建筑职工中等专业学校的基础上成立宁夏建筑技工学校，保留宁夏建筑职工中等专业学校的牌子，实行两块牌子，一套班子管理，开设钢筋混凝土、木工、瓦工、建筑装饰、水暖、电焊、油漆等专业，当年列计划招生120名，争取了财政经费，使学校走出了困境，稳定了教职工队伍。1990年6月，经自治区编制委员会批复该校人员编制56名。1991年7月13日，在原编56名的基础上增编44名，至此，学校实有教职工68名，学校在职教职工纳入了全额财政拨款的事业单位管理。

1990年，学校招收初中技工钢筋混凝土专业50名，水暖专业50名，焊工专业50名，瓦抹专业50名。与此同时，学校利用职工中等专业学校的基础，开展培训工作，抽调教职工25人次，深入全区17个市、县(区)，154个单位去做宣传动员工作，开展施工员、预算员、材料员、质检安全员岗位培训班，经培训考试考核有110名学员取得了建设厅制发的(建设系统专业管理人员岗位合格证)。

1991 年~1995 年，学校的技工教育步入了较快的发展时期，办学规模逐步扩大，办学体系逐步完善，先后开设钢筋混凝土、水暖、电焊、瓦工、抹灰工、架子工、电气安装、机械维修等专业，按计划每年突破招生计划。据统计，截至 1995 年 12 月底，共招生 1405 名，毕业 1285 名。与此同时，学校挖掘潜力，寻求办学新的途径，开展培训工作和中专招生工作。1991 年，开办岗位培训班 5 个，培训学员 156 名。同年，宁夏城乡建设厅电视中专学校划归该校，实行三块牌子，一套班子管理。1995 年，开展岗位培训 108 名，中专招生 26 名。同年，学校探索教学改革，成立“双元制”教学领导小组，制订“双元制”教学计划，结合学校实际，编写了《职业实训教育大纲和理论教育大纲》，本着培养以砖瓦抹灰工为主的一专多能的新型复合型技术工人为目标，理论教学与实训教学紧密相结合的原则，开展“双元制”教学和实训。同年 7 月底，在技工专业技术等级考试考核中，在获得毕业证的同时有 177 名学生获得国家劳动和保障部制发的《国家职业资格证书》。1996 年，开展岗位培训 326 名，中专招生 26 名。同时，在建设厅的帮助和指导下，创建了“宁夏机械建设行业宁夏建筑技工学校国家职业技能鉴定所”。标志着该校从单纯的技工教育和职业技术教育职能发展成为职业技能社会管理职能，承担了全区建筑行业技术工人等级考核培训任务，开设了电工、木工、水暖、园林绿化、环卫等专业。

1997 年，超计划招生技工 405 名(原计划 400 名)。1998 年，技工招生开始出现滑坡，计划招生 450 名，实际招生 312 名，其中双学历中专生 97 名(注：从技工中选拔学习较好的学生，一边完成技工教学计划，一边完成中专教学计划，毕业时，在获得技工毕业证的同时获得中专毕业证)。1997 年下半年至 1998 年 10 月份，按建设部统一组织，学校着手组织人员编写了《建筑结构施工》《建筑装饰》《建筑电工》等专业的系列教材中的部分编写任务，计 30 多万字。

2000 年，学校做好就业安排，向深圳输送应届技工毕业生 50 名，为学校带来一定的社会效益。与此同时，2000 年 9 月，该校与江苏省苏州科技大学和宁夏大学创建了苏州科技大学、宁夏大学函授站，合作开办大专函授教育，开设工民建、工程造价、房地产管理、市政工程管理、城镇建设与管理专业。截至 2000 年底，学校教职工由创建初期的 12 名发展到 76 名，其中教师、专业技术人员 41 名，管理人员 18 名，工勤人员 17 名；高级讲师 11 名，工程师 30

名。学校集宁夏建筑技工学校、宁夏建筑职工等专业学校、宁夏建设厅电视中专学校为一体，三块牌子，一套班子运作管理，是自治区建设行业一所既培养初、中等技术工人、又培养初、中等工程技术人员和管理人员的职业学校。

宁夏回族自治区城乡建设厅电视中专学校　根据国家教委、建设部通知要求，自1986年起，开办建筑类电视中专，设建筑经济管理、乡镇建设、建筑企业经济管理3个专业，分专业全脱产学习时间为两年半、三年；业余学习时间为4年，培养招收对象为初中或相当于初中学历的在职职工。1986年4月3日，经自治区人民政府批准，宁夏城乡建设厅电视中专学校成立。同年4月暂定事业编制5人，进行筹建工作。

学校一边筹建一边开始招生工作。1987年，自治区建筑工程一公司开设建筑企业经济管理专业一个班，自治区建筑工程二公司开设建筑施工管理专业一个班，自治区建筑工程三公司开设建筑经济管理专业一个班，自治区建筑工程三公司开设建筑经济管理专业一个班，自治区建筑工程五公司开设建筑施工与管理专业一个班，吴忠市城乡建设局开设建筑施工与管理专业一个班，计5个教学班，均为业余学习；石嘴山市城建局开设建筑施工与管理专业一个班，自治区建筑工程四公司开设建筑施工与管理专业2个班，中宁县城乡建设科开设建筑施工与管理专业一个班，计4个教学班，为全脱产学习。经当年4月报名，5月参加全国成人统考，共录取学生280名。

1991年，因机构调整，将宁夏回族自治区建设厅电视中专学校合并到宁夏建筑技工学校。

宁夏回族自治区城乡建设厅电化教育中心　1986年成立宁夏回族自治区城乡建设厅电化教育中心挂靠建设厅劳动人事处，事业编制4名。其主要职责是：负责城乡建设系统电化教育工作。成立以后，在自治区城乡建设厅劳动人事处的直接领导下，协助制订全区建设系统人才发展规划目标，承担全区建设系统各类管理人员和专业技术及工人（含农民工）的职业技术教育．岗位培训、继续教育的考试考核和颁发各类证书，成人的学历教育和建设厅直属学校的教育管理工作。

第二章　环保科技教育

第一节　科学研究

基础研究

1973年～1983年，银川市、石嘴山市、银南地区相继开展了大气、地下水、噪声的环境监测工作，不仅开展了物理化学监测，部分项目还开展了生物监测研究，积累了一定的科研经验。1981年～1982年完成了全区的污染源调查，对全区的环境质量状况有了初步的了解和研究，1981年完成了银川市环境质量及污染源的初步评价。自治区环境监测中心站开展了一些环境监测科研，取得了一批实验数据，完成了上级下达的两项科研任务，发表7篇学术文章，为开展区域性的环境质量评价提供了依据。粮食、商业、水利、卫生、地质等部门和一些大专院校在各自领域内开展了环保的科研研究监测工作，商业厅食品所对飞机喷撒六六六药粉在土壤与蔬菜中的残留毒物进行分析研究。

1983年，为摸清全区甘草资源情况，自治区环保局与宁夏农学院合作组织了甘草资源的合理开发和利用调查研究，完成了调研总结报告。自治区环保局与区林业局共同组织了贺兰山科学综合考察，开展了贺兰山水生生物调查，同时还对贺兰山地面水体、底泥和土壤进行了监测，共取得1000多个数据，提交4个专题调查报告。1985年，成立宁夏2000年环境预测总课题组，宁夏南部山区国土环境规划提交了成果。编写了“银川市2000年环境预测与对策研究”，完成了“宁夏回族自治区环境监测七五规划”、“宁夏草地类自然保护区区划”、“西吉县七五环境规划”（草案）。完成“黄河水源保护规划”（宁夏部分）。以上规划为全区环境保护工作提供了一定的依据和目标。自治区环保局编报放射性废物库计划任务书及可行性报告，六盘山环境背景值考察与研究工作已出成果。

1985年大力开展环保科研和环境监测工作，有不同行业排污系数的研究,也有资源调查及监测方法的研究。其中,中卫沙坡头自然保护区动植物资源调查,新记录宁夏动物种 21 个,并采集到一百多年前已被国外学者命名而国内尚无馆藏的贺兰山岩鹨标本 12 个,填补了国内鸟类标本的一项空白。自治区环保局和宁夏医学院合作进行的紫露草微核技术应用系列研究,为自治区在医药、农药、化学及环境监测方面创开了路子。以上 2 项成果通过区级鉴定。在农业生态方面开展引黄灌区紫槐绿肥代替化肥治理盐碱的研究。积极组织区内各单位向国家申报"七五"攻关课题。全区共向国家环保局报出 15 项,最后经国家评审后确定 2 项。自治区环保局组织环保技术力量参加全区技术交易会,成交 2 项技术合同。组织编写全区工业污染源调查工作总结和技术报告,建立全区工业污染源调查微机数据库和档案库。编报 1987 年度全区环境质量年报,并组织部分地、市监测站科研人员赴宝鸡学习监测质量管理和创建优秀实验室的经验。

1988 年共开展科研课题 11 项。其中,国家环保局下达课题 5 项,自治区科委下达 1 项,自治区环保局下达 5 项。经自治区科委登记发布的环境保护成果有 7 项。其中,获三等奖 3 项、四等奖 1 项。

1986 年,自治区环保局与自治区计委共同完成了宁夏国民经济和社会发展"七五"计划中的环境保护篇。依据宁夏环境预测和原"七五"环境规划,完成了自治区环境战略规划。银川市、平罗县、石化总公司、轻纺厅及一些企业单位也在 1986 年完成了本地区、本部门的"七五"环境规划。另外,人工种植甘草技术研究是宁夏"七五"重点科技公关项目并取得了成功。

1986 年 3 月,宁夏《公元 2000 年宁夏回族自治区环境预测与对策研究》通过鉴定,50 余名区内外专家、学者和科技人员对其中的生态环境预测与对策研究、能源与环境等部分给予很高评价。该课题采用总量控制和环境影响评价相结合的方法,对银川市、石嘴山市和南部 8 县的环境、生态环境变化等方面作了重点分析、论证,提出了对策和决策研究意见,为国民经济规划和计划与环境规划计划提供了科学依据。

1986 年 ~ 1987 年,经过 600 多人的一年多努力,完成了《宁夏工业污染源调查》课题。该课题基本上查清了占全区工业总产值 81.27% 的 514 家工矿企业的周围环境、能源及资源利用情况,搞清了污染物种类、数量、排放方式及规律、区域分布特点,污染危害及治理情况,是一部较系统、完整和全面的技术文献，是环境管理、污染治理等方面的基础资料。与此同时，还建立了全区工业污染源档案库和数据库，并提出污染防治的途径方向和对策。银川市、石嘴山市、银南地区和固原地区也进行了工业污染源调查，并建立了档案库。《银川市工业污染源调查》《石嘴山市工业污染源调查》分别获市级科技成果奖。

"七五"期间，历时2年多，对全区4个地市20个市县进行调查的基础上，完成了《宁夏环境天然放射性水平调查研究》，客观反映了全区环境天然放射性水平的真实情况，并建立了放射性水平调查的数据库和土样档案库。这次调查为评价和管理放射性环境，制定相应的法规和标准，拟定常规监测和管理方案，加强自然资源开发和合理利用等方面，提供了基础资料和科学依据。

1989年，在全区范围内已初步形成了由环保部门、工农业主管部门、企事业单位和大专院校组成的环境科研队伍，初步建立了环保科研体系。自治区环保局根据本区特点，选择一些实用、经济、见效快的题目为环境管理服务。1990年，根据自治区社会经济和环境状况以及银川市城市功能区环境噪声污染比较严重的问题，自治区环保局与银川市环境监测站开展银川市城市功能区环境噪声区划研究工作。为全区噪声污染的集中控制提供了科学依据，为其他污染物的集中控制提供了经验。

1990年，自治区环保局编写上报了"七五"环境科技工作总结和"八五"环境科技发展规划，向国家环保局呈报了5项自治区在"八五"期间争取承担的"八五"科技攻关项目，并向区科委上报了1990年环保科技发展项目3项，组织开展全区执行国家地面水环境质量标准水域功能分级区划工作。

1995年，申报自治区"九五"重大环境科技的项目有：黄河宁夏段功能区划及污染物总量控制规划研究；小造纸工业废水无害化工艺技术研究；硅铁合金冶炼废电炉排放 SiO_2 细微粉尘综合利用系列研究；粉煤灰磁性肥料研究；中小型工业污水处理设备技术；电厂粉煤灰填充煤矿塌陷区试验研究；采用生物化学方法固沙治沙研究；城市污水天然养化塘处理－土地处理－资源化系列研究试验；煤焦油烟气（活性炭工业、碳素工业）治理研究；黄土高原地区生态县建设生态指标体系研究；海原南华山10万亩水源涵养林建设生态效益监测评估研究；沙坡头自然保护区人工植被恢复的研究；贺兰山马麝数量分布调查与保护对策研究；宁夏环境科学技术产业化研究；宁南山区域镇及工业小区环境规划与研究；宁夏 SO_2 污染控制对策与最佳实用治理技术研究；西北地区（以宁夏为主）环境对策研究。

1998 年，围绕自治区环境保护的重点和难点，开展“宁夏可持续发展战略”和“宁夏沙尘暴灾情及其对策”“宁夏 1236 工程”课题研究。上报国家科研课题 1 项、自治区科研课题 8 项。制定了科研单位体制改革方案，开始科研单位的体制改革工作，建立宁夏环境保护项目库，有 37 个项目进入项目库。

1999 年，自治区环保局围绕宁夏经济社会可持续发展开展环境科技工作，组织申报环境科研项目 8 个，“渣场灰水渗漏研究”“造纸黑液综合利用研究”“宁夏环保所与日本岛根县公害研究所黄沙现象共同研究”“宁夏扶贫扬黄灌溉工程生态环境问题研究”被自治区科委和国家环保总局立项实施。2000 年，自治区科技发展计划项目批准“沙坡头自然保护区人工植被恢复的研究”，承担单位为宁夏中卫沙坡头国家级自然保护区管理所，主持部门为自治区环保局。

应用研究

1984 年，宁夏环境科学学会组织会员完成了宁夏化工厂环境影响评价地表水、植被、废渣评价专题的初稿。完成了棉织品厂污水处理的咨询与研究。完成了银川糖厂扩建工程环境影响评价工作，摸清了糖厂周围地区环境质量状况，预测研究了糖厂扩建后，所排“三废”对周围地区的影响程度的范围，同时为工程“三废”治理提供了科学依据。宁夏环境科学学会会员完成了“无桐油涂料”研究，使油漆部分品种每吨成本降低 300 多元，对节约桐油以利国家增加外汇，利用山区不宜食用的油料具重要价值。自治区环保局根据实际情况把重点放在解决实际问题的应用研究方面，开展环境容量和总量控制排污系数、环境预测、污染治理及其他应用研究。

是年，自治区环保局在引种栽培紫露草成功的基础上，进行了《紫露草微核技术在环境监测中的应用研究》。1987 年 12 月，这项成果通过厅级鉴定。

1987 年～1988 年，银川市环保局完成了《银川市“四二”干沟污染物总量控制及对策研究》，为银川市 67% 的污染水治理找到了出路。1989 年 4 月以来，自治区环保局和银川市环保办公室联合应用该项成果，对排入“四二”干沟水域的企业进行排污申报登记，并应用该成果中的重要参数和环境容量，进行了总量分配，发放了许可证。石嘴山环保局及监测站，完成了国家环保局下达的《石嘴山市大气环境地面自动监测系统》的课题研究，建立了自动化程度高且透明性好的网络系统。

“七五”期间，自治区环保局与宁夏农学院共同研究完成的《改善生态环境紫穗槐作稻追肥的研究》、自治区环保局与区土肥所共同完成了《甜菜制糖工业污水对土壤及农作物的影响研究》，在生产实践中得到推广应用。自治区环保局与宁夏农学院共同完成了《宁夏甘草资源研究》已由宁夏人民出版社出版发行。该成果对全区重要的植物资源——甘草（属国家统管二类药材）资源的历史、现状、分布、生态、特性、生理指标以及人工栽培技术等诸多方面进行了系统研究，并首次提出了甘草在全区分布的面积、蓄积和分布图，还首次提出了甘草种子碾压和快速机械处理的方法，使种子发芽率提高到98%。人工种植干草技术后来逐步得到推广，对治理沙化土地、保护荒漠草原生物多样性、改善生态环境具有重要意义，同时也为人工甘草种植户带来了经济效益。

“西吉农村能源综合建设试点”被国家环保局评为环保最佳实用技术推广一等项目。“陶庄生态农业示范点”被国家环保局评为环保最佳实用技术推广二等项目。

1994年，自治区环保局将环境科研污染防治技术开发和成果转化应用作为工作的重心，组织攻关，并积极开展环境科研的国际合作与研究。各地市环保部门和区环境保护研究所选定一个环境科研课题开题研究，征集污染防治和生态保护的技术难题，联系国内外科研单位联合攻关。选聘国外著名环境科学家、专家为环境科技顾问，参与重大环境决策。组织全区性环境科学讲座或环境学术交流会，建立环境科研管理的正常程序，选编适于在宁夏应用的“环保最佳实用技术”介绍，散发给各地环保部门和有关企业单位，推广先进的环境保护科学技术，加速科研成果的转化，实施“金桥工程”。

1996年，自治区环保局加强环境科研工作，启动“MS”研究、小型造纸废水无害的研究及有关荒漠生态等方面的研究，组建全区环保产业协会和环境保护最佳实用技术推广中心。1997年，宁夏干旱荒漠区野生资源保护与人工栽培种植项目开始实施；广厦公司利用环保科技开发贷款在沙漠上人工栽培麻黄获成功。

1998 年,支持宁夏化工厂利用粉煤灰生产水泥、石炭井矿务局用煤泥做原料生产硫型煤研究,收到了较好经济效益和环保效益。

科技奖励

“七五”期间,自治区环保系统共完成 12 项科技课题,有 6 项获奖,其中自治区以上成果奖 3 项。

1986 年 12 月,全区城乡建设系统召开科技先进集体和先进个人表彰大会,银川市环境保护办公室、自治区环保所生态室和 4 名先进个人受到了奖励。自治区环保局与气象、地矿、地震以及银川市等环保部门共同完成的《公元 2000 年宁夏回族自治区环境预测与对策研究》获自治区科技进步三等奖。

1988 年,自治区环保局与宁夏农学院共同完成的《宁夏甘草资源研究》获自治区科技进步三等奖。

1999 年,自治区环保局申报的“宁夏扶贫扬黄灌溉工程项目区环境与发展研究”“宁夏环保产业发展及对策研究”“泾源县城生态环境规划研究”获自治区科技进步三等奖。

第二节 学术交流与合作

1987 年 6 月,宁夏环境科学学会与自治区科协共同举办报告会,特邀中国环境质量评价学术委员会主任、北京师范大学环科所王华东教授作了“关于环境与环境科学”学术报告,与会 300 多人听了报告。10 月,宁夏环境科学学会首次接待加拿大多伦多环科所魏德宁教授来宁夏访问,参观沙坡头自然保护区和西吉防护林工程,为全区 300 多人作了“目前世界环境问题及环境科研动向”学术报告。

1989 年 3 月,自治区环保局在银川组织召开全区首届环保技术交易会,邀请全国环保设备厂家参加,为生产厂家和治理用户提供直接见面的机会,通过技术交流,加快了治理污染的步伐,交易会成交额达 82 万元,同时也扩大了环境保护的宣传影响。

1990 年,自治区环保局受国家环保局委托同非洲 8 国 10 名科技工作者及高级官员在盐池县沙边子村进行沙化防治科研成果交流活动。

1994 年,联合国“全球 500 佳”颁奖活动在英国伦敦举行,宁夏中卫固沙林场获“全球500佳”荣誉称号。自治区环保局李天鹏副局长及中卫固沙林场场长张克智参加中国代表团赴英国领奖。自治区环保局会同自治区教育厅组成代表团，参加在日本举行的联合国地球环境儿童代表会议，自治区环保局总工程师杨春兰和韩若冰出席了会议。是年，中卫沙坡头治沙成果展在香港环境保护国际博览会展示。

1995年6月，加拿大国际开发署（CIDA）顾问、国家环境水文研究院教授约翰·海德雷博士，受自治区环保局邀请来宁考察讲学并洽谈开展国际合作事宜。初步商定由加拿大CIDA赠款与宁夏合作建设平罗糖厂高浓度有机废水治理项目和治沙研究项目。由自治区环保局协调牵线国外技术，为大荣氰胺公司寻求了节能资金渠道，以支持利用双氰胺废渣制造水泥这一消除污染、变废为宝的综合利用项目。是年9月，自治区环保局组织了西北五省区环保局协作会暨环境管理学术交流会，与会人员就西北地区共同关心的环境问题、环境管理经验及环境学术问题进行了交流，增进了西北五省区环保部门的友谊和联系。是年，自治区环保局与日本海外协力事业团、日本JICA、日本岛根县环境生活代表团及联合国环境署官员、澳大利亚驻华使馆官员、美国、加拿大等国客人，对环保引资与技术合作研究等进行洽谈，有的初步形成了意向性意见。有4名环保工作者分别到美国、加拿大、日本以及中国香港考察学习及研修。

1996年，自治区环保局组织环境代表团赴日本岛根县访问，代表团一行在日本期间考察了工业污染治理技术和环境监测技术，举行了科研合作洽谈。自治区环保局支持联合国评选“全球环保500佳”论坛活动，支持美国倡议的“CLOBE”学校活动，保护与CIDA、JICA等国际组织的联系。是年，加拿大西部环保局局长和水文研究院院长一行到自治区环保局进行友好访问，继续洽谈双方合作事宜。根据中以协定和宁夏外办的安排，接待了以色列能源部专家、学者和技术人员参加培训，并发给结业证书。1999年，自治区环保局在银川召开东西部环保产业合作洽谈和环保产品展销展示会暨全国污水处理设备国产化技术策略交流会，签订治理合同和意向书11份，资金达1000多万元，为污染治理和开发环保产品，促进环保产业发展起到积极作用。

第三节　宣传教育

宣传活动

日常宣传　1973 年～1983 年，自治区环保局充分利用各种讲座、集会，广泛开展形式多样、内容丰富的环境保护宣传教育活动。

1985 年 3 月 27 日～30 日召开全区城乡建设环境保护工作会议，交流经验，观看录像，与会 100 余名代表受到很大教育。石嘴山市、青铜峡市、银川地区、银南地区相继召开各种会议，贯彻落实全国、全区环保会议精神，分发各种宣传学习材料。是年，举办首届覆盖面大，有工人、学生、干部、领导参加的全区首届环境保护知识竞赛，参加者近千人，对参赛的优胜个人及单位给予了表彰奖励。利用一切场合广泛宣传，大造舆论，利用各种会议，大力宣传环境保护的方针、政策，提出贯彻执行的办法。紧密联系环境污染现状，宣传环境保护的重要意义，在处理工厂污染事故方面，一面严格执法，一面做深入细致的宣传工作，讲清造成危害应负的法律责任。是年，充分利用广播电视、报纸等宣传工具为环境保护工作鸣锣开道，在《中国环境报》办了宁夏专版，并加印散发 1 万份，对宣传宁夏、宣传环保发挥了重要作用，得到各界人士的好评。自治区司法厅编写了《介绍环境保护法》的科普教材。

1987 年向《中国环境报》《中国市容报》《宁夏日报》《宁夏科技报》及电台、电视台共写稿件 80 多篇，被采用 47 篇。由于采取了多渠道、多层次、多方位的宣传，取得了良好的效果。6 月 1 日实施《中华人民共和国大气污染防治法》，印刷 5000 份分送各级领导和环保人员，做到人手一册。

1988 年，在环保工作开创 15 周年之际，首次发布全区环境质量公报，并通过电视台向全区报道，扩大了宣传和影响。在对外扩大宣传教育的同时，各级环保部门加强了环保工作者自身的教育，狠抓全民环保宣传教育，收到了很好的效果。坚持“三多一全”和“三个方向”（即多层次，多渠道，多形式，全社会；面向社会，面向青少年，面向未来。）

1990 年，邀请自治区政府、人大、政协领导、企业界、教育界、卫生界的专家学者、教授共同座谈全区的环境状况，并请电视台制成专题片《环境保护面面观》播放。

1995年，全区环境教育试点的中小学校发展到150多所，从事环保工作的同志经常到大专院校、党校讲授环保知识。"4·22"地球日，自治区环保局组织在银川的环保系统职工、解放军官兵、大专院校师生及自治区党委、人大、政府、政协部分领导共千余人，集会听取了《环境形势及其对策》的报告，会后共同植树纪念。

1989年6月，自治区和银川市有关部门在银川玉皇阁广场举行银川地区少年儿童"我爱大自然"街头绘画表演。

1998年，环境宣教工作迈上了新台阶，配合自治区40周年大庆，各级环境部门和新闻媒体大力宣传宁夏环保事业的成就，形成了声势，产生了实效。自治区环保工作座谈会后组织上街宣传，当天接待咨询群众500人次，散发宣传资料6000份。固原地区环保局举办了热爱我们共有的家园"环保杯"征文竞赛活动，共收到征文40多篇；银川市开展了"宁化杯"环保知识竞赛活动，收到答卷1572份，发行《热爱我们共有的家园》读本10万多册；惠农县与有线电视广播中心联合拍摄6集环保系列电视专题片《青山绿水和蓝天的呼唤》，在有线电视上播放。自治区党委宣传部、环保局、教育厅联合下发了《关于加强全区环境保护宣传教育工作的决定》，又制定下发了《2001～2005年全区环境保护宣传教育工作纲要》，进一步明确了"十五"全区环境宣传教育的目标和行动措施，使全区环境宣传教育走上经常化、规范化、正规化的轨道。

1999年，以提高全社会环境意识为中心，启动迈向21世纪绿色生活行动，创建"绿色学校""文明小区""文明村庄"，环境宣传教育活动有了新的发展。先后和自治区妇联等单位联合开展了种"世纪树"大型公众保护环境活动，利用地球日和环境日的纪念活动和灵武矿务局共同举办了环境知识竞赛，会同自治区精神文明办公室等部门启动了环境保护绿色活动仪式，与宁夏电视台共同拍摄了大气污染专题片，在报纸、电视上发布环境保护新闻报道30多篇，客观地报道了宁夏的环境保护状况，通过《中国环境报》等新闻媒体向全国发布了宁夏首次计划生育与环境保护座谈会的情况。在"'99生态旅游年”、团中央组织的“母亲河我与您同行”绿色活动中开展保护环境的宣传。自治区环保局组织全区部分中小学学生参加了第二届全国中小学生“我需要地球、地球需要我”环保作文比赛，选送的20篇作文有5篇获纪念奖，自治区环保局获组织奖。

2000年，环境教育开展“创建绿色校园”和“环保志愿者”活动，33所中小学校（幼儿园）被自治区党委宣传部、自治区教育厅、自治区环保局联合评定为自治区级“绿色学校”。

“世界环境日”宣传活动　1984年，在第12个世界环境日期间。银川市安排宣传车走街串巷3天，宣传环保科学知识，宁夏电视台连续一周播放银川市环境质量状况等电视新闻，6月5日的《宁夏日报》编发了5篇环境保护方面的报道和文件。《人民日报》《宁夏日报》《宁夏科技报》宁夏广播电台、宁夏电视台选登和播发了50余条环境保护宣传的文章。同时，编发了6期《宁夏环境保护简报》，举办了多期学习班及环保知识竞赛等活动。组织编写《自然保护乡镇企业环境管理资料汇编》，发至全区有关单位及乡一级。在《宁夏科技报》《宁夏日报》办了以“环境与居住”为主题的专刊、专栏，发表社论、环境科学等文章。宁夏电视台录制了环境系列报道节目，现场曝光了一家医院和一家造纸厂随意排放污水，以及未经批准上马的50多家乡镇企业。邀请国家著名儿童歌曲作曲家潘振声谱写了6首幼儿环保歌曲。环境科学学会出刊3期《宁夏环境》杂志，《中国环境报》宁夏记者站也为宣传宁夏环保做了大量工作。

1986年世界环境日的主题是《环境 · 和平》。世界环保日前后开展了多种形式宣传活动。自治区农业环境监测站6月2日在《宁夏科技报》组织了世界环境日专版，《宁夏日报》6月5日刊登了4条宣传文章，宁夏广播电台播发了区城乡建设厅董家林厅长纪念“世界环境日”的专题讲话。宁夏电视台播放了银川化工厂“三废”污染记者采访录像及短评，引起了很大震动。中卫县等地还利用宣传车深入农村集镇广泛进行宣传，收到了很好的效果。银川市、吴忠市街头首次悬挂了7条庆祝世界环境日的大幅标语，增加了节日气氛，注意加强对青少年开展环境科学知识教育。通过自治区、银川市电台向银川市中小学生播放环保歌曲，在实验小学举行了环保歌曲比赛会。

1988年，在“6 · 5”世界环境日期间，自治区政协办公厅和自治区环保局联合召开座谈会，银川市在街头举办环境保护咨询活动，石嘴山市政府主持召开人大、政协有关领导座谈会，固原地区副专员周维让亲自主持座谈会。银南地区环境保护办公室给各县下拨5500元宣传经费。吴忠市（利通区）人民政府召开全市环境保护先进企业和先进个人表彰大会。中卫、灵武、贺兰等县以不同形式开展环境宣传。为了扩大宣传影响，自治区环保局与宁夏电视台共同举办首届全区环境保护电视知识竞赛，竞赛现场邀请自治区有关部门领导和厂矿企业领导参加。竞赛实况在世界环境日期间播出。同时创办了《宁夏环境报》，在《宁夏日报》《中国环境报》办专版2期。石嘴山市举办环境摄影大赛。

1992年，“6·5”世界环境日期间，积极配合宁夏电视台、宁夏日报社、宁夏广播电台及其他新闻单位举办广播讲座，开辟环境保护专栏、专版，先后完成了马家滩炼油厂、银川唐徕中学、银川十三中等单位的电视采访报道和《中国环境报》马家滩炼油厂专版等任务。以“一个地球、一个家庭”为主题，在银川中山公园举办环境保护知识有奖问答游园活动。期间，举办环境新闻发布会、座谈会，召开全区环保工作会议，邀请自治区主要领导发表广播电视讲话或在报刊上发表署名文章。

1995年，“6·5”世界环境日围绕“各国人民联合起来创造更加美好的世界”的主题，各地开展了形式多样的纪念活动。自治区环保局在环境日前，邀请在宁夏工作的美国、加拿大、英国、法国及日本的专家学者，考察了工业污染防治和生态保护情况，并在环境日这天举办了有国际友人参加的纪念座谈会；银川铁路分局组织了列车宣传和有3000名志愿者参加的清理白色垃圾污染活动。石嘴山市组织50多家企事业单位近300人参加的游行集会和群众游园活动；银南组织了领导和企业界人士参加的联谊纪念会；一些地方还举行了游园环保知识有奖问答、地方党政领导及企业领导人座谈会、街头宣传活动等，使纪念活动有声有色，颇具影响。

1996年，世界环境日期间，发布了宁夏环境质量状况公报。电视台等新闻媒介播发了专题新闻，扩大了影响范围，收到很好的宣传效果。

1998年，石嘴山市环保局在大武口中心广场举办纪念世界环境日广场文艺晚会。

环境宣传月活动　1980年2月25日，国务院环境保护领导小组办公室

发出通知,决定3月举办全国环境保护宣传月活动。宁夏回族自治区人民政府领导指示,3月15日~4月15日为宁夏环保宣传活动月。在红旗剧院召开全区环保宣传月动员大会,自治区领导作动员报告,区市各单位负责人参加。

2000年,环境宣传教育工作注重实效,全民环保意识明显得到增强。宁夏沙坡头国家级自然保护区管理处会同中卫县委宣传部、中卫县教育局等单位举办了"美孚杯"有奖征文比赛,"3市1地"环保局组织开展了新修订的《中华人民共和国大气污染防治法》宣传月活动。通过街头悬挂横幅、设点咨询、印发材料、板报宣传、图片展览、召开座谈会等多种形式,大造声势,掀起群众性环境宣传热潮。

"中华环保世纪行"宣传活动

1997围绕全区环保工作重点,开展"中华环保世纪行"活动。贯彻第二次全国宣传教育工作会议精神,创建"全国环境教育基地"。结合"三五"普法教育,做好环境法制宣传工作。协调司法部门将环境法纳入"三五"普法内容,做好颁布的法律、法规、规章的宣传工作,在全区掀起一个学习普及环保法、严格执法的宣传高潮。组织"4·22"地球日、"6·5"世界环境日、"9·16"国际保护臭氧层日及"12·29"世界生物多样性日等纪念日的宣传活动,强化环境宣传教育,提高人民群众的环境参与意识。

"中华环保世纪行"记者采访团到宁夏进行采访报道,与有关部门领导合影。

从1993年~1995年,开展的"宁夏环保世纪行"宣传活动,对提高广大群众环境意识,促进污染防治,起到了积极的推进作用,自治区党委宣传部、人大财经委、环保局和新闻工作者协会,联合对这一宣传活动中的先进集体、优秀新闻工作和好新闻进行表彰。全区中、小学环境教育也有所发展,银川市环境教育试点学校由原来的3所增加到14所,银川市第九中学被评为全国环境教育先进单位。组织中小学生参加全国"我需要地球,地球需要我"环保征文比赛,共收到征文500余篇,向国家推荐的10篇文章中有3篇文章获奖。各地日常环境宣传教育活动也十分活跃,《固原报》创办了"保护环境、人人有责"环保宣传栏目,平罗县录制了《共有一片蓝天》专题片,中卫、灵武县经常在电视台播送环保标语和歌曲，不少环保局给机关、学校、企业多次举办环保讲座、培训班，提高了领导和广大群众的环境意识。环境宣传活动更加注重实效，全民环保意识不断提高。各级环保部门认真贯彻第二次全国环境宣传教育工作会议精神，落实《全国环境宣传教育行动纲要》。

"宁夏'95环保世纪行"宣传活动，以"珍惜自然资源"为主题，重点采访报道在世界上闻名遐迩的"太西煤"资源的开采、浪费和保护问题。有中央和地方13个新闻单位记者参加的这次采访报道活动，既有新闻，又有评论，将"太西煤"再有43年将采掘贻尽的信息向社会披露后，引起了领导和广大群众的震动。对走"吃祖宗饭，断子孙路"的问题，引起人们深刻反思和高度重视。这次活动报道了青铜峡建设生态经济型防护林基地的经验和石炭井矿务局白芨沟矿综合利用矿井瓦斯的典型实例，向人们展示了节约资源，改善生态环境的正面典型实例，向人们展示了节约资源，改善生态环境的正面典型。

2000年，"中华环保世纪行"西部开发生态行记者采访团在中央人民广播电台、中央电视台、《中国农民报》《中国环境报》等中央新闻媒体上宣传了宁夏的环境保护工作成就。

"爱鸟周"宣传活动　1982年，自治区科委、自治区林业局、自治区环保局、自治区科协联合开展"爱鸟周"宣传活动。邀请专家讲授鸟类知识，在各地市讲课5场，听众近2万人。散发宣传材料1万份。在中山公园门口制作了一块28平方米永久性铁皮钢架宣传牌。绘画了以宣传宁夏区鸟——蓝马鸡为主的鸟画以及其他珍稀鸟类，得到了市民的好评。

1988年，利用"爱鸟周"活动，扩大了对自然保护物种的宣传。在"爱鸟周"期间，举办了宁夏首届笼养鸟比赛大会。

夏令营活动　1982年，自治区环保局与自治区科协青少年部组织中学生"生物科技夏令营活动"，共有40多人参加，进行了7次科普讲座，采集沙生动植物标本75种280多件，写出科普文章18篇，其中获得一、二、三等奖的11篇。

1987年，根据全国第四届环境科技夏令营的安排，宁夏环境科学学会与自治区教育厅共同组织了宁夏分营，参加了在兰州、西宁举办的环境科技夏令营。宁夏分营30多名小营员回到各地后，积极宣传环保知识。石嘴山市环境科学学会与市科协、市团委联合举办了有90余名"三好"学生参加的环境科技夏令营。

1990 年 7 月，自治区环保局与农业厅、银川市教育局、科协等 17 个单位联合举办的首届银川地区青少年生物百项科技夏令营，100 多人为期 10 天的夏令营活动，组织学生进行了宁夏境内生物生态环境及昆虫分布的调查与昆虫标本的制作，考察了六盘山自然保护区的自然环境与资源，并听取了有关专家讲解的《宁夏自然生态环境特点问题及保护》的讲座，丰富了同学们理论及感性知识，增强了自觉地认识自然、保护自然的意识。

其他主题教育活动　1987 年，邀请宁夏医学院高文华副教授作了题为《保护和改善人类环境》的报告，区市各机关、各厂矿企业和县以上领导 200 多人参加了报告会。自治区环保委员会副主任、自治区城乡建设厅党组书记杨瑞周作了纪念世界环境日的专题讲话。

1990 年，环境宣传教育以一法（环保法）、两日（地球日、环境日）、五项制度为中心，开展了大量生动活泼富有成效的主题宣传活动。自治区环保局联合宁夏少工委、区群艺馆、银川市环办等 8 个单位举办了以“我爱大自然”为主题的百名儿童街头绘画表演。自治区环保局与银川市教育局、环境保护办公室、银川地区关心下一代协会等 5 个单位联合举办了首届银川地区中小学生环境保护知识演讲赛。利用纪念地球日 20 周年之际，组织了声势浩大以宣传环保法、环境保护条例为主的宣传活动，向群众反复宣传环保法、环境保护条例的基本内容，散发宣传材料。环境教育工作在试点工作的基础上召开了首次全区环境教育工作会议。中卫县上报的 4 所学校，环境教育普遍搞得有声有色，他们组织形展的《沙坡头世界奇迹》的读书活动以及“爱家乡、爱母校、爱科学、爱文学”活动，收到很好的效果。

1992 年是《人类环境宣言》发表 20 周年，联合国在巴西召开世界首脑级环发大会，国务院环委会、中央宣传部、国家环保局、团中央要求各地开展全方位、多层次、多形式的宣传教育活动，强化全民环境意识。宣传主题为“环境与发展”。自治区环保局制定年度环境宣传教育活动计划以及实施方案，成立全区环境宣传教育领导小组，确定银川郊区、石嘴山市、吴忠市等 9 个试点单位，以点带面，推动全区宣传工作。4 月，自治区环保局与自治区教育厅联合举办以环境保护为主体的手抄小报竞赛活动，全区 45 所学校共选送小报 149 张。5 月，自治区环保局与银川市环保局、银川市教育局在银川南门广场组织环境保护主体队日活动。6月,自治区环保局上街进行环境保护宣传教育和咨询服务,同时在街头举办有关大中型企业环境保护20年成果展,散发各类宣传材料近2万份。开展以“环境与发展”为主题的厂长、经理环境保护征文评选活动。按照国家环境保护局、共青团中央关于开展“全国环境保护宣传教育活动”的决定,集中开展一次环境保护宣传教育活动。8月,全国环境宣传处长会议在银川召开,中华人民共和国环保局曲格平局长向在银川市的300多名处级以上干部作了《联合国环发大会状况》的报告,中华人民共和国环保局宣教司副司长杨朝飞分别在石嘴山和银川市作了《环境与发展》、《环境文化》报告会,石嘴山市五套班子领导及有关处级干部300人听取了报告,银川市的中小学校长、班主任及银川师范的学生近400人听取了报告。

1995年,自治区环保局组织9名儿童赴日本岛根县参加“地球环境儿童代表会议”。

1999年,以庆祝新中国成立50周年,迎接澳门回归和21世纪到来为主题的“宁夏中卫沙坡头国家级自然保护区科普展览”,共展出各类照片,图表368幅,植物实体标本90种,野生动物生态标本128种,昆虫标本480种,在中卫县引起极大反响,参展人数达3万多人次。是年,自治区环保局受国家环保局的委托举办了第七期全国互动式环境教育会议。组织银川市部分中小学、幼儿园的教师参加了广州市创建绿色学校经验交流会。

专题讲座与培训

1985年在世界环境日期间,特邀秦皇岛环境管理干部学院副院长、教授刘天齐作了《人类与环境》的学术报告,并整理铅印1000本,发往有关领导和部门。邀请自治区大常委会副主任丁毅民分别在银川、固原、银南地区、石嘴山地区作了《环境与经济持续发展的战略报告》。仅银川市一场报告,听取会议精神的各厅局处干部达380多人。

1986年,银川市环办派专人给银川市九中和回民中学高二学生进行了环境科普讲座,并组织参观了环境好、污染治理好的企业,同学们深受教育,反应很好。为了提高各级领导的环境意识,向自治区政协委员作宁夏环境保护和环境战略报告。

1987年,吴忠市环境保护办公室举办为期一周的普通法学习班。

1988年积极开展教育培训工作,主要采取“三结合”(即点与面相结合、上级与基层相结合、思想教育与经济处罚相结合)方法,不断提高广大群众的环保意识。

1999 年,开展全区中小学校长、幼儿园园长环境知识培训班,有 200 多人参加了培训学习,60 多所中小学校、幼儿园已开展了创建“绿色学校”和“绿色幼儿园”的活动。在全区举办了 4 期企业厂长、经理环保知识法规学习班,参加培训的厂长经理和环保专干有 140 多人。

文 献 选 编

重要文献选录

一、十年来宁夏省政述要

第十一章 合 作

本省为确立法定合作行政系统健全合作组织，扩大推行合作事业起见，于三十年度拟将建设厅合作科扩大改组成立为本省合作事业管理处，专司其事，惟因经费据拮，未能实现，暂将建设厅合作科内部机构予以调整以加强工作效能，计分设审核登记视察三股，各县合作指导室，专办贷放组社等工作，使省县机构划一，藉收分工合作之效，至合作业务之推进，端赖外勤人员之努力，而外勤人员之工作勤惰，恒视督导力量如何而定，为提高行政效率计，特将全省划分为四督导区（卫宁区，金灵区，永贺朔区，平惠磴陶区），视察人员除由建设厅直接任用二人外，并聘用农民银行宁夏支行农贷人员兼任，使农业金融与合作行政步骤一致，藉收事半功倍之效。

第十二章 市 政

第一节 概 况

本省僻处边疆，所有城市，率多荒凉，自建省后，亦多因陋就简，且以经费支绌，无力整修，从无市政之可言。惟市容不整，殊碍观瞻，并与人民卫生有关，因此，于二十三年九月，由本府委员会议议决组设市政筹备处，从事市政建设，成立后即行拟定计划，着手进行，如修筑马路，疏浚阴沟，建筑市场商场，开凿水井，改修棚门等，于计划决定后，即开始动工兴修，唯恐各商号住户无力兴修者，由公家发给无息贷款，以便进行，是本省市政建设之开始，数年来，各种建筑，虽远不及其他各省，然较诸已往，确已进步多多矣，兹将宁夏省办理市政方案，举述如左（下）：

宁夏省办理市政方案

市政之在地方，犹人身之有衣饰也。觇人国者，恒以市政之良窳，判政治之美恶，因是中央于各首都省会及各大商埠之市政，专设主办机关，积极经管，不遗余力，进步之速，一日千里，我宁地处边陲，因天灾人祸，财源枯竭，对于市政一项，虽属因陋就简，择要举办，然较之东南各省，相差甚远，今拟移赈款，以工代赈，就市需要，在可能范围内，择要兴办，逐渐推广，特拟议施工方案如左(下)：

(一)修筑马路：本市马路，经历年修筑，其东南西北大街，中山大街，南北王元街，铜钱市，虽已粗具形式，但其宽窄多不一律，路面仍形坑坎，且多低陷之处，一经天雨，积水成泽，交通阻绝，天晴三四日，交通仍不恢复，市民每有行路难之叹，又马路两旁阶基，忽出忽入，或砖或石，颇不雅观，亟宜整理改筑，以求宽窄一律，路面概依规定坡度，挖高填低，必使排水利而行路便，两旁阶基，全用石条铺砌，使其平直，此目前初步之整理，至改修碎石马路，亦急赶为筹备，期之来年也。

(二)疏浚阴沟：本市东西南北，原各有明暗沟洞，惜年久失修，以致污泥淤塞，不能流通，每至天雨，则房□马路之水，积于低陷之处，不易排除，日久腐化，臭秽不堪，实于卫生大有妨碍，就原有沟洞，从新浚治，改管，分途疏引于规定水池内，务使路面之水，随时宣泄，不得片刻停留，致阻交通。

(三)修改铺面，本市铺面，多为旧式建筑，门面低狭，货架拙笨，既无阳光反射，空气流通，白昼入内，则黑暗无光，如至阴洞，殊不合现代美术化之商店，拟择其房檐过低者，依规定高度，饬令改建，货架依最新号置，务要光线充足，空气流通，货架整洁美观，使其适合现代商店，藉新□面。

(四)改建菜市场：本市各区，向由公安局设立简单之露天菜市场数处，使肉食蔬菜瓜果等食料，咸集一处，供人采买，但因无天棚遮盖，一经风雨，商贩即无处躲避，第一菜市场，虽由商贩自盖棚屋，然多破烂不堪，于观瞻上殊欠不雅，拟就现有各市场，加盖较大天棚，以避风雨，而保卫生。

(五)建筑商场：市政繁荣，端赖调济，本市东南方面，居民商店较多，尚属繁华，惟西北一隅，商号稀少，太觉萧条，若不设法调济，恐短期难以繁荣，拟于铜铁市另行辟建规模较大之市场一所，令街面及米粮市小商贩，迁移其内，一则可以繁荣市面，再则可使居民购用，两有益也。

（六）建□铺房：本市东西南北大街，隙地尚多，为图整齐美观，宜将各处空地，令地主□为依式修建铺房，无力者或由公家代建出租，或筑墙壁，彩写格言语，以昭整一。

（七）开凿水井：本市饮水，多在街头巷内，旧有井内取水，惟地质特异，东北方面，水味咸燥，西南一隅，比较清洁，故东北市民，及水夫，常往西南取水，但井少人多，每感不敷，且拥挤耗时，极不经济，拟于适宜之处，开凿自流水井四五处，安设机头，并用人力车汲水，供给食户，以应需要。

（八）招募清扫夫：查马路整洁，全靠保养与临时之清扫，如路面浸陷，水道淤塞，市商各场，秽物垃圾，非勤于清扫，时久必致最大之损失，故各处办理市政者，均有清扫夫二三十名，逐日担任修养马路，淘净阴沟，扫除市商场秽物，会经改建各市，常可永久保存，至薪一层，拟由车捐项下酌支，藉符通例。

（九）改换棚门：宁东西大街各巷口，在民国二十一年整理街面时，曾经设置木棚门，藉壮观□，而便识别，惟因当日工料太简，现已间有倾塌，应另购较大木材，从新改换，以复旧观。

（十）定置张贴处，宁市各要口，原有招贴处，但因数目较少，而积亦狭，不足供文告广告张贴之需，故机关商民，往往于不应粘贴之地，亦任意粘贴，殊嫌凌乱，应将原有招贴处，另行改大，并在适宜地点，增设数处，出示禁止乱贴，以期统归一致。

以上十条，系按目前最需要者设计，其余各事，容另详细规画，逐步办理，惟上项第二条工程浩大，拟先购备石条，定制缸管，待后举办，合并声明。

第二节　市机关之组织

本省为促进市政建设，于二十三年九月间，由本府委员会议议决组设，市政筹备处，着手进行，处设处长一人，秘书一人，分设总务工程两组各设组长一人，另设会计技士等若干人，于成立之初，人才缺乏，各职员多由省道管理处兼任，另设督工员，清扫夫等各若干人，嗣于二十五年结束，由工程处兼办市政，于二十六年，以各项工程，率多完成，改工程处为建设厅市政工程处，属于建设厅。

第三节　改修省垣市面

查市面之荣枯，商业之兴衰，人民之增减，全视房屋建筑之整齐，式样之新奇，兴合否卫生以为断，故整顿市容，为建设过程中之重要任务，本城店馆住房，整洁合理，空气流通者，固属不少，而参差不齐，伸首退后，任意堆垒，不合卫生者，亦属甚多，为谋整齐壮观，建筑合理起见，于二十五年七月，制定宁夏省会建筑规程，通令遵办，凡新建或改修之工程，均须绘图加以说明，经工程处核准后，方得动工，街道划为马路干线者，宽度定为五丈，划为马路支线者，宽度定为四丈，不通行之巷道，其宽度酌量情形，定为一丈至一丈五尺，干线两旁之人行道各为一丈，支线各为七尺五寸，凡因开拓街道，收用民产全部者，照章补偿其价值。

第四节　修整省会街道

查宁夏府城改为省城后，以各街道铺面，破落不堪，废垢残垣，所在皆是，污秽纷乱，触目皆然，于观瞻卫生，障碍实多，特令饬市政筹备处，勒令居民铺户，限期自动修理，其破旧不堪者。应即补葺完美，倾圮污秽者，尤宜修理整洁，虽不求过分华丽，亦毋徒事草率，期于朴实之中，力求整齐划一，计修整者有柳树巷，南北柴市，糠市街，北大街，南大街，东西大街，中山大街，新华街等，惟中山大街工程较大，自二十三年十一月十一日起开工，至同年十二月三十日完工，工料费共支一千七百六十五元三角五分，由公家与本街住户各摊一半，所有贫穷各户无力负担者，一律豁免，由市政筹备处垫支，其各街口原有棚门，多已破烂不堪，亦经设计改建，自斯省会街道，均已焕然一新。

第五节　整理商场市场

本省中山街中山市场，系商家集资修建，二十一年前，小商贩麇集于斯，嗣因市场房间，经公家借用，商民纷就各街旁设滩贸易，极为凌乱，迨二十三年公家将房间归还后，当即传谕小贩，仍迁其中，以复旧观，并于小舞台附近隙地，准由商民筑修，加以扩充。又原有各菜市场，极不整齐，除整理外，加修天棚以避风雨，而重卫生。

第六节　收回省垣空地

省垣有主之空地，到处皆是，迭经布告并通知各业户限期兴修，而有主权者，既未动工，亦不价让，似此把持地权，阻挠市政实属非是，特于二十六年四月八日起，布告展限一月，动工兴修，以固产权，倘再违延。逾期即将空地充公，另行招领。

第七节　建筑省政府各厅处

本府办公房舍，系沿用前清道署，虽经修葺，然多因陋就简，甚不适用，惟以推行新政,工作紧张,必需合署办公,方能速其效能,于是于万分困难中,筹划经费,鸠工庀材,绘图建筑,经营数月始告工成,计正堂三进,一、大礼堂,二、总办公厅,三、会议室及主席办公室,由大礼堂东为民政厅教育厅,其西为建设厅财政厅,其他秘书处则建置于会试室之后院及左侧,审核处则建置于会议室之左厢,大门内之两旁,一为总收发处室,一为总传达室,侍卫队则分驻东西两廊,后花园建有宁静楼,前门外复筑有图书馆等,统计新建房舍二百六十楹,木石工匠以外,大半以兵工促成。整洁宽敞备极壮观。

第八节 开设文化街建筑各学校

本省教育,过去仅有省立中师两校之设立,而其校址,则系沿用清季固有考棚,及文庙之一部,因陋就简,设备欠周,所有教室宿舍,以年久失修,形式腐旧,堂舍倾圮堪虞,气象极其荒凉,欲谋扩充改建。又以限于地址非甚宽,不足以应事实之需要,适于二十二年,本府整顿庶政之时,即指定以本府东北,迄北王元大街百数十丈之空处,划为文化区域,预备兴建各级学校,以宏教育,当特以省库,未能即予实现,迄二十四年乃开始建筑,阅年完成宁夏中学及宁夏师范并实验学校校舍各一处。凡学校应有之各种堂室,殆无不备,更于对面建修各校运动场,兴校舍划出一街道相隔,工竣之后,即饬各校迁入授课,或招生开办,向之污秽空,绝少行人之地带,从此一变而为生气勃勃之教育中心区域矣,因名其街曰文化街,兹将各校校址长宽与所建房舍分类列于左(下):

一、宁夏中学校(二十四年建筑)

1. 校址东西宽五十六丈七尺　南北长三十一丈三尺
2. 北前门一座(五间)
3. 大礼堂一座(五间)
4. 图书馆一座(五间)
5. 成绩室一座(五间)
6. 特别室一所
7. 教室十所(四十四间)
8. 学生宿舍九所(三十九间)
9. 更衣室
10. 盥洗室

11. 沐浴室
12. 理发室
13. 锅炉室（以上共九间）
14. 运动场器室
15. 小学主任室
16. 小学教员室
17. 校役室（以上共五间）
18. 传达室（二间）
19. 接待室（二间）
20. 银厅厨房一所（八间）
21. 南大门一座
22. 井楼一座
23. 小便门二处
24. 前所跨院一处（八间）

以上计各种房舍共为一百三十九间

二、宁夏师范学校（二十五年建筑）

1. 校址东西宽三十七丈
2. 北前大门一座（五间）
3. 传达室（二间）
4. 勤务室（二间）
5. 大礼堂一座（五间）
6. 教室六座（三十间）
7. 学生寝室（四十六间）
8. 饭厅厨房一所（八间）
9. 厕所一所（四间）
10. 校长室
11. 教导室
12. 事务室
13. 办公室
14. 教员住室（以上各室共十二间）

15. 南大门一座(五间)

共计以上各种房舍共为一百一十九间

三、实验小学(二十四年建筑)

1. 校址东西宽三十五丈,南北长三十一丈三尺

2. 传达室(二间)

3. 接待室(二间)

4. 大礼堂(五间)

5. 教室六座(二十二间)

6. 图书室(二间)

7. 教员室(八间)

8. 教导室(七间)

9. 学生宿舍(二十一间)

10. 厨房(五间)

11. 厕所(三间)

以上共计房舍共为七十七间

第九节 建修云亭师范学校

本省人民信仰回教者甚多,惜多未受教育,二十二年为提倡教育起见,于二十三年、在省垣东教场东大寺,设立中阿学校一处,嗣因该校人事未宜,鲜有成绩,二十六年秋季,遂将组织机构略有调整,并改名为云亭师范学校,地址迁移于兴学巷之蒙回师范旧址内,该处共有面积一十二亩,颇为宽敞,惟房舍尚多破旧,且不敷应用,兹补修房共七十八间,添建新房二十间,共计工料费洋九百五十元,其新添及修葺之房屋名称列后:

1. 大礼堂六间(修)

2. 学生住室四十二间(修三十二间,添十间)

3. 教室四座共十二间(新添六间)

4. 教员办公及住室共二十间(修)

5. 过厅二间(修)

6. 传达处二间(修)

7. 厨房七间(修)

8. 厕所八间(修添四间)

第十节　建筑中山公园之明耻楼

本省中山公园，空地甚多，于二十五年建筑（工字楼）一座，亦名（明耻楼）共计房八十二间，又于南面建修球场五间，四角配房八间，面积南北长二十六丈，东西宽十五丈，楼门北面，悬挂明耻楼匾额，为考试院长戴季陶先生手书。

第十一节　建筑光园及怀远楼

本省遥居塞外，为西北门户，关系国防，甚为重要，我蒋委员长不时来宁巡视，惟一切建筑设备，简陋异常，均不足以适起居，故于二十五年春季，在省垣中山公园，鸠工建筑（光园）一处，地基东西长四十市丈，南北宽二十市丈，内建楼一座，名为（怀远楼），该楼系二层式，内计三十余间，分为会客室，卧室，会议室，餐厅，浴室等，无不具备，且有随员住室，勤务室，厨室等，尚称完善，俾作委座行辕之用。

第十二节　建筑西北运动场

本省过去，对于国民体育，向不重视，影响国民健康甚巨，为提倡国民运动，增健身心起见，于二十二年五月间，利用本府西边空地三十余亩，拨派兵工，辟为西北运动场，设置足球，蓝球，网球，排球等各种球场，及秋千铁杠，天桥与跑道等设备，以便民众随时运动，及举行运动大会之需。

第十三节　整理中山公园

本省中山公园，即旧日之西马营，有空地四百余亩，草木丛茂，湖沼清秀，二十二年即将该地辟为中山公园，由市政筹备处，着手开道路，建亭榭，栽树木，暨整湖沼等工作，二年以来，景致略具，但因限于人力，财力，物力之故，仍多因陋就简之处，二十四年间，于该园内设立省农事试验场一所，增加技术人员暨工头工人若干名，实施园艺苗木之栽培，与各种农作物试验，花木嘉禾，生色不少，惟因栽培方法，仍沿用土法，或未达尽善尽美之境，至二十九年成立省农业改进所，于园内并延聘专门技术人才，从新设计分区，大加整理，一年以来，所有花木作物，均较以前增加，且各种新奇作物花卉，均为本省人士过去所未睹，足为省垣惟一风景区，每日士媛往游者，络绎不绝。

第十四节　整修吴忠镇市区

吴忠镇为本省灵武县属之小乡镇，原为农民交易所，有大车道四处可通，过去常有绥甘山，陕等省来往客商驻足于此，是较其他乡镇为繁荣，自宁平（宁夏至平凉）公路开辟后，该镇适当要冲，交通较已往便利尤多，商业麇集，益形繁荣，为本省唯一商业区，商民随意修建，极不完整，且街道过狭，公路汽车来往，甚称不便，于展修公路之际，随亦将市区予以调整，以便商民扩大建筑时，有所遵循，常于三十年度动工修建，于年终均已大致就绪。

第十五节 建筑防空区

本省省垣自遭敌机连袭后，公私机关及居民，多疏散于城外，惟城外村庄极为零星，且无适宜房屋可资办公，除省垣东北隅指定工业区，各工厂均已在适当地区修建厂址外，并指定南门外谢家寨一带为防空区，若干机关应迁至该处附近，俾便易于召集，为求适于办公应用起见，于三十年度在谢家寨附近修建房屋多处，以备机关应用，刻已修建齐竣，亦有若干机关，均已迁入办公矣。

（摘自《十年来宁夏省政述要》建设篇）

二、栽培与繁殖

中山公园于1929年开始设农事试验场，在园内栽植本省树木，主要是杨、柳、桑、榆、沙枣。而今，公园西部桑林，原岳飞碑路边的钻天杨及园中四旁和儿童活动场四周柳、槐树与动物园内的零星榆树、槐树即为1929年春天所种。后因省内政治变革，农事试验场随之搁置。1933年马鸿逵任宁夏省主席，最初几年中山公园绿化基本上没有什么大的进展，除种了少量杨、柳、榆外，在常青树栽培中，1936年只种活了一棵桧柏，其他常青树种均未成活。在此之前，公园也没有搞育苗工作，园内树种系靠农民分摊的插干为苗，此法成活率低。从1940年成立农业改进所后，中山公园的农业试验场才开始育苗工作，其方法是修筑苗床，分别树种，采用播种，扦插及分根等法育苗，成效较好（此法后传各县）。从此，开始公园的大规模绿化工作，并先后引进23种树木进行试验，经试验有槭、梓、核桃、元宝枫、刺槐、胡杨、桑七种适合本园风土，并定核桃、槭、梓为造林树种。而今公园原西大路及文昌阁南侧人行道槭树乃为当时种植。新中国成立前夕，中山公园共有万余株树（包括小苗共4万余棵，1962年前全市树木统计均包括小苗），而且品种较少，常青树只有1936年从西安引进的一棵桧柏和1943年从贺兰山移栽的一株云杉及1947年从贺兰山引进的一株油柏,其他常青树种均未成活。

1949 年 10 月以后,经过不断试验,总结绿化经验,钻研绿化技术,不断改良土壤,改进树木栽培,养护和管理方法,在技术人员带领下,经过绿化工人辛勤劳动反复试验,特别经过 1954 年,1959 年以及 1964 年大搞绿化运动,中山公园不仅保留了过去的树木品种,而且树木由民国时期的 7 种,增至为 80 余种,并使原来 80% 左右的成活率提高至 90 ~ 96%,数量由近万株增至 18000 余株,其中:花灌木 3915 株,果树 787 株,而老树保成率达 90% 以上(根据本园统计资料)。另外,从 1958 年开始至今共植成绿树篱 5000 余米。1979 年开始,在宁夏首创了春、秋两季种植花灌木成功,绿化繁殖方法上,原来只有插树厥、播种,新中国成立后在园中为宁夏成功引进了靠、粘、接、拉等多种稼接的技术,同时大大提高了绿化树木的艺术性和观赏价值,如 1952 年春稼接的龙爪槐至今生长茂盛。(见 1952 年龙爪槐照)。另外,1984 年开始在本市园林系统内首次成功引进了野牛草,(1986 年种 3000 平方米,1987 年种 6000 平方米)。近几年先后引进剪股颖、黑麦草、紫羊毛、硬羊毛等草皮,使中山公园草坪近年猛增至万余平方米,1992 年又引进五叶地锦等攀缘植物,使中山公园的绿地复盖率达 78.8%。

中山公园树木种植操作规程如下:

一、做好植树前的准备工作:

1. 选择植树地点,确定面积,整地、定线、定点;

2. 确定树种、规格、数量;

3. 准备锹、镐、绳、杠、车等植树工具;

4. 做好劳动组织工作;

5. 预定掘苗、植树时间;

二、掘苗、分级、包装、运苗、假植;

三、挖好定植穴(树坑大小适当,表、心土分开,土质不良要换土,清理土壤,施底肥等);

四、定植、修剪根部及地上部分,注意栽植深度,根系舒展,树干扶正,分层填土,大树苗要分层踏实;

五、浇水:浇水及时,灌足(新植苗要灌 1 ~ 2 遍至成活之前)。灌水后注意扶正树,并做好保墒工作。

附:1940—1947、1962、1980、1986年中山公园绿化统计资料。

摘自《银川中山公园志》,1994年10月第1版,陕西摄影出版社。

三、中国人民解放军银川市军事管制委员会布告(摘要)

解字第一号

奉

中国人民革命军事委员会令:

本会坚决执行各民族一律平等和民族自治的主张,负责保护回汉人民的生命财产,尊重回蒙人民的风俗习惯,保护清真寺、召庙拱北,望勿听谣言,妨碍民族团结。

一切公营企业如工厂、银行、仓库、货栈等,公用事业如公路、电话、邮电等。文化教育机关如学校、图书馆、民族馆、农场、报社、教会等,公共建筑物如体育娱乐场所、名胜古踪、庙宇等,及其原有人员如局长、校长、经理、技师、工人、职员、教员、学生等,除破坏分子外,本会一律保护并量才录用。望各安心供职,负责保护所有物资器材、工具、建筑、图书仪器等一切设备,勿使损害或遗失。

中华民国三十八年九月二十六日

四、中国人民解放军银川市军管会公安处、警备司令部布告

警字第七号

为整顿市容,便利交通运输,维持城市交通秩序,保证行人安全起见,特制定交通管制暂行规则,公布于左,仰我全体军民一体遵照执行。

此布

警备司令部司令员　阮　平

政　治　委　员　杨银声
副　司　令　员　王志廉
公 安 处 处 长　兰辛斋
公历一九四九年十一月九日

第一条:车马行人,一律靠右行走;

第二条:凡车马行人,均应服从交通警察指挥,按照交通指标行进;

第三条:无论公私汽车,均需到军管会交通科登记,领取汽车通行证,方准在市内行驶;

第四条:凡重要汽车道、交叉路口、街道狭窄之处,与人行道上,禁止进行下列事项

1. 不准摆设小摊,不准停放担子、车辆和牲口;

2. 不准演技、卖艺聚众围观;

第五条:市区内之大街小巷,不准跑马(可乘骑)及学开各种车辆;

第六条:车马须依次序行进,不得并列疾驶,相互拥挤,大卡车每时行驶速度不得超过十二公里,小汽车不得超过十五公里(消防、警备、工程、救险、卫生急救者例外),并不得超过该车之载重量;

第七条:对路灯、路标电杆、电线、邮筒、道旁树木及各种交通设备、公共建筑物、均需注意保护,不得损坏;

第八条:各种车辆在夜间行走时,应设置车灯,否则禁止通行;

第九条:铁轮车辆,须沿路标指示,与靠城大车道进行,不准在大街及公路通行;

第十条:车马一旦肇祸撞伤行人,或损坏物件,应立即停止行进,对被撞者予以适当安置,并报告附近岗警,如情节严重者,应迅速报告公安机关,听候处理,违者拘捕法办;

第十一条:本规定自公布之日起施行。

五、关于成立自治区环保局的通知

宁政发〔1981〕40号

自治区建委：

为了加强我区环境保护工作，根据《中华人民共和国环境保护法》之规定，经自治区人民政府一九八〇年第二十三次常务会议决定，成立宁夏回族自治区环境保护局（为二级局），由你委代管。同时撤销自治区环境保护领导小组及其办公室，人员编制划拨环保局。

宁夏回族自治区人民政府

一九八一年三月二十五日

六、宁夏回族自治区人民政府常务会议纪要（节录）

1996年9月13日

1996年8月30日下午，白立忱主席主持召开自治区人民政府常务会议，讨论决定了如下问题：

一、原则同意自治区环保局提出的《关于贯彻落实第四次全国环境保护会议精神，坚决执行国务院〈关于环境保护若干问题的决定〉的实施意见》。由自治区环保局根据会议讨论提出的意见修改后，报自治区人民政府审批。

二、成立自治区环境保护委员会，自治区主席白立忱任主任，主席助理于革胜任副主任。各地市县成立相应的领导机构。

三、将已列入《中国跨世纪绿色工程规划》中的我区项目及自治区重点环保项目，补充纳入到"九五"计划和2010年规划中，自治区计委要做好衔接工作。

四、根据自治区机构改革方案，自治区环境保护局为政府工作部门，按副厅级组建，内设处室为正处级。

五、拟于第四季度召开全区环境保护工作会议，有关部门要认真做好会议的各项准备工作。

七、关于成立宁夏回族自治区环境保护委员会的通知（节录）

宁政办发〔1996〕116 号

各行署，各市、县（区）人民政府，自治区政府各部门、各直属机构：

为了认真贯彻落实第四次全国环境保护会议精神，加强对全区环境保护工作的指导和协调，自治区人民政府决定，成立宁夏回族自治区环境保护委员会。

一九九六年十月四日

八、宁夏回族自治区环境保护条例

（1990 年 4 月 17 日宁夏回族自治区第六届人民代表大会常务委员会第十二次会议通过 2009 年 11 月 19 日宁夏回族自治区第十届人民代表大会常务委员会第十四次会议修订）

第一章　总　则

第一条　为了保护、改善生活环境和生态环境，促进经济社会全面协调可持续发展，根据环境保护法律、行政法规，制定本条例。

第二条　本条例适用于自治区行政区域内的环境保护及其相关管理活动。

第三条　县级以上人民政府应当将环境保护规划纳入国民经济和社会发展规划，并对环境质量负责。

县级以上人民政府应当将环境保护投入纳入本级财政预算。

第四条　自治区实行环境保护目标责任制，将环境保护目标责任制完成情况作为对各级人民政府及其主要负责人工作考核评价的内容。

上级人民政府对下一级人民政府落实环境保护目标责任制的情况进行考核。考核结果应当向社会公布。

第五条　各级人民政府应当组织开展全民环境保护教育,提高全社会环境保护意识,鼓励公民和各类社会组织参与环境保护事业。

广播、电视、网络、报刊等新闻媒体应当开展公益性环境保护宣传教育,并对环境污染行为进行舆论监督。

第六条　县级以上人民政府环境保护行政主管部门对环境保护工作实行统一监督管理,可以委托其所属的环境执法监察机构负责具体环境监察工作。

发展和改革、财政、住房和城乡建设、国土资源、农牧、水利、林业、公安、经济和信息化、质量监督等有关行政管理部门依照各自职责,依法做好相关的环境保护监督管理工作。

第七条　任何组织和个人有享受良好环境的权利和履行保护环境的义务,有权检举、控告违反环境保护法律法规的行为,有权对环境保护工作提出意见和建议。

县级以上人民政府对在环境保护中作出突出贡献的单位和个人,应当给予表彰和奖励。

第二章　环境监督管理

第八条　自治区依法实施下列环境保护制度:

(一)环境影响评价制度;

(二)建设项目需要配套建设的环境保护设施应当与主体工程同时设计、同时施工、同时投产使用的制度;

(三)主要污染物排放总量控制制度;

(四)排污申报、许可、审核和收费制度;

(五)限期治理制度;

(六)法律、行政法规规定的其他环境保护制度。

第九条　环境保护行政主管部门应当会同有关部门编制城市环境功能区划,报本级人民政府批准后实施。

县级以上人民政府及其环境保护行政主管部门应当及时公开排污标准、总量控制指标、重大环境违法案件和环境突发事件处理情况等信息。

环境保护行政主管部门和其他有关行政管理部门应当向单位和个人提供防治污染技术咨询服务、指导和帮助。

第十条　县级以上人民政府应当加强污染源自动监控、信息传输与统计、环境质量监测等方面的建设。建立环境监测预警体系,配备监测设施设备和专业技术人员,提高污染源监督性监测和应急监测能力。

环境保护行政主管部门应当推广实用监测技术,保证监测数据的规范性和科学性。

第十一条　建设项目的环境影响评价文件未经依法审查批准的,该项目审批部门不得批准建设,建设单位不得开工建设。

第十二条　环境保护行政主管部门应当及时纠正或者直接查处下级环境保护行政主管部门违法或者不当的环境执法行为。

第十三条　有下列情形之一的流域、区域,环境保护行政主管部门应当暂停审批该流域、区域的建设项目环境影响评价文件,但防治污染、节能减排和循环经济项目除外:

(一)未完成本行政区域主要污染物排放总量控制指标的;

(二)生态破坏严重或者重大建设项目尚未完成生态恢复任务的;

(三)未完成限期淘汰落后工艺、设备任务的;

(四)不符合国家产业政策的项目未关闭、取缔的;

(五)工业园区、大型养殖区域等未进行规划环评的;

(六)国家规定暂停审批环境影响评价文件的其他情形。

第十四条　下列建设项目,环境保护行政主管部门不得审批:

(一)国家明令淘汰、禁止建设的;

(二)对环境污染严重的;

(三)污染物不能达标排放的;

(四)国家和自治区规定的其他污染环境的项目。

环境保护、经济和信息化行政管理部门应当公布经核查后关闭的企业、淘汰的生产线、落后工艺、设备等名录,接受社会监督。

第十五条　排污单位应当向有管辖权的环境保护行政主管部门申请领

取污染物排放许可证或者污染物排放临时许可证。

未取得污染物排放许可证或者污染物排放临时许可证的排污单位,不得排放污染物。

排污单位应当按照许可证核定的污染物种类、控制指标和规定的方式排放污染物。

第十六条 进行试生产的建设项目,建设单位应当向环境保护行政主管部门提出试生产申请。未经批准,不得进行试生产。建设项目具备下列条件的,环境保护行政主管部门应当批准进行试生产:

(一)需要配套建设的环境保护设施与主体工程同步建成,并符合环境影响评价文件审批要求和环境保护设施设计要求;

(二)对试生产中可能存在的环境风险,有必要的防范措施和应急预案;

(三)有符合上岗条件的环境保护专业管理人员。

被批准试生产的建设单位,应当在批准的排放时间、标准、种类和总量范围内排放污染物。

第十七条 禁止超过国家、地方污染物排放标准排放污染物。

排放污染物超过国家或者自治区规定的排放标准,或者超过主要污染物和其他重点污染物排放总量控制指标,或者对环境造成严重污染的排污单位,应当进行限期治理。

国家重点监控的企业的限期治理,由自治区环境保护行政主管部门决定;自治区重点监控的企业的限期治理,由有管辖权的设区的市环境保护行政主管部门决定;其他排污单位的限期治理,由污染源所在地的市、县(市、区)环境保护行政主管部门决定,并报自治区环境保护行政主管部门备案。

第十八条 限期治理的期限应当根据排污单位的工艺特点和污染治理要求确定,不得超过十二个月。但因不可抗力的原因,导致不能限期完成治理的除外。环境保护行政主管部门不得通过重复下达限期治理决定等形式,变相延长限期治理期限。

限期治理期间,排污单位应当限产限排或者停产整治,不得建设增加污染物排放总量的项目,并定期报告治理进度,环境保护行政主管部门应当跟踪检查。

第十九条 限期治理期间,环境保护行政主管部门应当收回被决定限期治理的排污单位的污染物排放许可证,核发污染物排放临时许可证。排污单位应当按期完成限期治理任务,经验收合格,重新申请取得污染物排放许可证后,方可恢复正常生产。

第二十条　环境保护行政主管部门对排污单位污染物排放、污染防治设施运行、环境风险防范等情况,应当采取采样、监测、摄影、文字记录、查阅和复制有关资料等方式,进行现场检查。被检查的单位和个人应当予以配合,如实反映情况,不得隐瞒、拒绝或者阻挠。

第二十一条　有下列情形之一的,环境保护行政主管部门可以对产生污染的设施、设备或者相关物品予以暂扣或者封存:

(一)违法转移或者处置放射物、危险废物的;

(二)在建筑施工和生产经营中产生噪声和其他污染物,造成严重环境污染,拒不改正的;

(三)乱采滥挖造成生态环境破坏的;

(四)破坏自然保护区物种、植被的;

(五)可能造成污染环境的证据转移或者灭失的。

第二十二条　环境保护行政主管部门暂扣或者封存有关设施、设备和物品的,应当经部门负责人批准,并作出书面决定;情况紧急时,可以先行暂扣或者封存,并于四十八小时内作出书面决定。

暂扣或者封存的期限一般不超过七日;情况复杂的,可以延长三日。暂扣或者封存期间,不得擅自解除暂扣或者封存,不得使用、损毁、转移被暂扣或者封存的设施、设备或者相关物品。

第三章　生活环境保护

第二十三条　县级以上人民政府应当将水污染、大气污染、固体废弃物污染、噪声污染等影响人体健康的污染治理,纳入本行政区域污染防治规划和年度计划,实施目标责任制管理,并应当将实施污染防治规划、年度计划的情况和目标责任制管理情况,向社会公布,并接受监督。

第二十四条　在居民区、文化教育医疗卫生区、城乡景观区等环境敏感区,禁止新建、扩建污染环境的工业项目,已经建成的应当限期搬迁。

禁止在城市住宅楼、以居住为主的综合楼内,设立产生油烟污染的饮食业和产生环境噪声、振动污染的饮食、娱乐业等经营项目，原有项目应当达到国家和地方污染排放标准。

第二十五条 在城市市区范围内，不得有下列行为：

（一）在居住区、机关、学校、医院等环境敏感区域从事切割、机械锤击，露天装卸或者堆放水泥、石灰、粉煤，露天喷漆或者屠宰、水产品加工、塑料制品生产、生物发酵等产生环境噪声、粉尘、恶臭污染的营业活动。

（二）在居住区、机关、学校、医院等环境敏感区域，夜间二十二点至次日六点进行产生环境噪声污染的建筑施工作业。

（三）国家和自治区统一组织的中考、高考考试期间，在考点周围二百米范围内从事产生或者可能产生环境噪声污染影响考试环境的活动；因抢险作业或者生产工艺确需作业的，应当报经所在地环境保护行政主管部门批准，并在一定范围内予以公告。

（四）排污单位将废油、潲水油以及其他含油废物，排入下水道或者随地倾倒。

（五）在城市住宅楼、以居住为主的综合楼内，在中午和夜间进行产生环境噪声污染的室内装饰、装修等活动。

（六）在城市居住区、机关、学校、医院等区域使用高音广播喇叭或者使用其他产生高噪声的音响器材。

（七）在城市公共场所组织娱乐、集会等活动，使用音响器材，产生干扰周围生活环境的噪声。

（八）使用家用电器、乐器或者进行其他家庭娱乐、聚会等活动，干扰周围居民生活环境。

（九）文化娱乐场所的边界噪声超过国家规定的环境噪声排放标准。

（十）商业空调器、冷却塔等设备、设施的边界噪声超过国家规定的环境噪声排放标准。

第二十六条 县级以上人民政府应当根据城市环境功能区划，限制新建、扩建产生烟（粉）尘的燃煤设施。

工程施工、建筑拆除、道路运输、园林绿化、清扫保洁等作业，应当采取措施，防治扬尘污染环境。

第二十七条 禁止生产、销售、使用超薄塑料购物袋；限制生产、销售和使用其他塑料购物袋,防止塑料制品污染环境。

第二十八条　人口密集区域的建筑物整体或者墙面使用的外墙体材料应当符合环保要求,不得产生污染。

第二十九条　建设、环保、质监、工商等行政管理部门应当加强对建筑材料、装饰装修材料、家具生产、销售的监督管理,防止挥发性有机溶剂等有害物质危害人体健康。

公共场所建筑物的室内装修等,应当符合国家室内空气质量标准。

任何单位和个人不得生产、销售挥发性有机溶剂等有害物质超过国家标准的装饰装修材料和家具。

第三十条　县、乡人民政府应当统筹建设农村生活垃圾收集、运输、处置设施,建立和完善农村生活垃圾污染防治体系。

建设城镇污水集中处理设施及配套管网时,应当考虑周边农村生活污水和畜禽养殖场等企业污水的接纳和处理,加强农村水污染防治。

第三十一条　村民委员会应当制定生产生活环境保护的村规民约,保护农村环境,并监督实施。

县级人民政府及其环境保护行政主管部门、乡(镇)人民政府应当支持村民委员会开展生产生活环境保护。

鼓励社会投资建设农村环境保护事业。

第四章　生态环境保护

第三十二条　县级以上人民政府应当将自然保护区、风景名胜区、湖泊湿地和封山围栏禁牧、退耕还林还草、小流域治理和其他需要保护的生态区域,划定为生态功能保护区,采取措施防止生态环境破坏和荒漠化、沙化,恢复生态。禁止在生态功能保护区内从事可能导致生态功能退化的开发建设活动。

在饮用水源保护区、自然保护区、风景名胜区、重要生态功能保护区等环境敏感区,环境保护行政主管部门和相关行政管理部门应当严格限制审批建设项目。

第三十三条　自治区人民政府应当组织编制黄河宁夏段流域水污染防治规划。黄河宁夏段流域的市、县人民政府应当根据自治区黄河流域水污染防治规划,组织制定本行政区域的黄河水污染防治规划,实施综合防治,削减主要水污染物排放量,改善黄河宁夏段水质量。

水污染物排放标准,国家未作规定的,制定地方水污染物排放标准;国家已作规定的,可以制定严于国家水污染物排放标准的地方水污染排放标准。

第三十四条　环境保护行政主管部门应当会同有关部门组织开展生态环境质量调查,进行生态环境质量分析和评估。

单位和个人开发利用自然资源,应当依法进行环境保护影响评价。对开发利用过程中产生的污染物和废弃物进行综合治理,采取有效措施防治扬尘、粉尘,妥善处理尾矿、矸石等,防止对环境以及土壤和水的污染,破坏生态环境。

第三十五条　开发利用自然资源的单位和个人,造成生态环境破坏的,应当缴纳生态环境补偿费,用于保护和恢复生态环境。

生态环境补偿费征收管理办法,由自治区人民政府制定。

第三十六条　县级以上人民政府应当加强生物安全管理,防止有害生物物种入侵;对已经侵入的,应当采取措施清除,防止扩散。

环境保护、农牧、林业、水利、海关、食品药品监督、出入境检验检疫等行政管理部门,应当加强对物种引进、转基因技术或者产品的生产、应用环节的监督管理,做好生物技术环境安全工作。

第三十七条　自治区严格保护野生动物、植物及水生生物,保护生物的多样性。

禁止非法捕猎、杀害、采集、采伐、加工、买卖、运输野生动物、植物及水生生物。

第三十八条　各级人民政府应当制定农村环境综合整治规划,将防治农村面源污染工作列入环境保护目标责任制,并落实到乡(镇)和村。

鼓励发展生态农业,综合利用农业废弃物,推广沼气、秸杆汽化、太阳能等清洁能源,推广科学使用化肥、农药、植物生长调节剂等农用化学制品的技术和方法,及时回收使用后的塑料薄膜。

第三十九条　县级以上人民政府应当划定畜禽禁养区域和限养区域,加强畜禽养殖污染防治工作,推广生物环保养殖、无害养殖等技术,防止畜禽养殖废弃物、污水对环境造成污染。

畜禽养殖业污染防治管理办法，由自治区人民政府制定。

第五章　环境风险防范与应急处置

第四十条　县级以上人民政府应当制定环境突发事件应急预案，明确相关部门职责权限，设立应急指挥机构，统一领导环境突发事件应对工作，确保环境安全。

第四十一条　环境保护行政主管部门应当对不同性质的环境应急事故状况，定期组织演练，提高应对环境突发事件的处置能力。

安监、农牧、卫生、交通、公安等有关行政管理部门，在处置安全生产、火灾、交通等事故或者其他突发事件时，应当监督事故责任单位采取防止、减轻和消除环境污染危害的措施。

第四十二条　重点控制的排污单位、危险化学品生产使用单位、放射源使用单位等是环境风险防范的责任主体，应当按照以下规定落实环境风险防范措施：

（一）进行环境风险评估，编制环境突发事件应急预案，并将评估报告和应急预案报当地环境保护行政主管部门备案；

（二）对可能出现的环境突发事件，配备必要的应急设施、设备、物资和器材，组织人员培训和应急演练；

（三）建立环境安全管理制度，定期排查环境污染事故与辐射事故隐患，定期检测、维护有关报警装置、应急设施设备，确保正常使用。

第四十三条　发生环境突发事件时，事故责任单位应当立即启动环境突发事件应急预案，采取处置措施，向所在地环境保护行政主管部门、安监等有关行政管理部门和县级人民政府报告，并由县级人民政府报告自治区人民政府及其环境保护行政主管部门。

第四十四条　环境保护等行政主管部门应当监督事故责任单位开展环境突发事件后评估，跟踪监测、提出环境恢复技术和对策，消除环境突发事件造成的环境污染。

第六章　法律责任

第四十五条　违反本条例第十五条第二款规定，未取得污染物排放许可证的排污单位排放污染物的，由环境保护行政主管部门责令改正，属于餐饮娱乐业的，处五千元以上五万元以下罚款；属于生产企业的，处二万元以上十万元以下罚款。

违反第十五条第三款规定，超出许可证核定的污染物种类、控制指标排放污染物的，由环境保护行政主管部门责令改正，属于餐饮娱乐业的，处一千元以上一万元以下罚款；属于生产企业的，处二万元以上十万元以下罚款。

第四十六条　违反本条例第十六条规定，建设单位未经批准试生产，或者违反批准的范围排污的，由环境保护行政主管部门责令限期改正，给予警告；逾期不改正的，处十万元以上二十万元以下罚款，并责令停止试生产。

第四十七条　违反本条例第十八条规定，限期治理单位在限期治理期间不执行限产限排或者停产整治规定，排放污染物超标或者超过总量的，由环境保护行政主管部门责令限期改正，给予警告；逾期不改正的，处以五万元以上十万元以下罚款。

限期治理单位在限期治理期间建设增加污染物排放总量的项目的，由环境保护行政主管部门责令限期拆除，逾期不拆除的，强制拆除，并处以五万元以上十万元以下罚款。

排污单位违法排污拒不改正的，环境保护行政主管部门可以按照本条例规定的处罚额度按日累加处罚；逾期未完成治理任务的，由环境保护行政主管部门报经本级人民政府批准，责令停产整顿或者关闭。

第四十八条　违反本条例第二十二条第二款规定，擅自解除暂扣或者封存，或者擅自使用、损毁、转移有关设施、设备和相关物品的，由环境保护行政主管部门责令限期改正，给予警告，处五万元以上十万元以下罚款。

第四十九条　违反本条例第二十五条（一）、（二）项规定之一的，由环境保护行政主管部门责令限期改正，给予警告；逾期不改正的，处一万元以上五万元以下罚款。

第五十条　违反本条例第二十四条第二款、第二十五条（三）、（四）、（五）、（九）、（十）项规定之一的，由环境保护行政主管部门责令限期改正，给予警告；逾期不改正的，处二千元以上二万元以下罚款。

违反本条例第二十五条（六）至（八）项规定之一的，由公安机关依据有关规定予以处罚。

第五十一条　违反本条例第二十六条规定，在工程施工、建筑拆除、道路运输、园林绿化、清扫保洁等作业中，产生扬尘污染的，由建设行政管理部门或者环境保护行政主管部门依据职权责令限期改正，给予警告；逾期不改正的，处二千元以上二万元以下罚款。

第五十二条　违反本条例第二十九条第三款规定，生产、销售挥发性有机溶剂等有害物质超过国家标准的建筑材料、装饰装修材料和家具的，由质量技术监督部门或者工商行政管理部门依法予以处罚。

第五十三条　国家机关及其工作人员、企业事业单位中由国家机关任命的人员有下列行为之一的，由其上级机关、主管部门或者监察机关按照有关规定给予处分；构成犯罪的，依法追究刑事责任：

（一）人民政府不履行环境保护组织领导职责或履行职责不力，致使环境质量下降和重大环境问题长期得不到解决的。

（二）环境保护行政主管部门和有关监督管理部门敷衍塞责、弄虚作假，不履行监督管理职责或履行职责不力的。

（三）国有企业事业单位违法受到责令停止生产、吊销有关证照和较大数额罚款处罚的。

（四）环境保护监督管理人员或者其他有关部门工作人员以权谋私、滥用职权、玩忽职守、徇私舞弊的。

第七章　附　则

第五十四条　本条例自2010年1月1日起施行。

九、宁夏污染减排10项要求

（2007年7月2日自治区代主席王正伟在自治区政府第95次常务会议上的讲话）

1. 强化目标责任制，实行责任倒查制。

2. 突出抓好电力、冶金、建材、造纸等重点领域和重点企业。

3. 加快节能减排技术改造，培育一批单耗居全国领先水平的优势骨干企业。

4. 坚决淘汰落后生产力。对小铁合金、小电石、小炼钢、小水泥、小造纸、小煤矿等全面排查，通过调控手段坚决将其淘汰出局。

5. 大力发展循环经济，扩大循环经济试点范围，争取将宁东基地列入国家循环经济示范区。

6. 加强工业园区污染防治工作。

7. 抓紧实施环保 12 件实事，督促其加快工作进度。

8. 严把源头关口。凡不符合产业政策、能耗过高、污染环境的项目，一个都不能上。

9. 严格执行国家有关政策。对列入淘汰类的 21 户小钢铁企业执行差别电价。已列入“上大压小”计划的小火电机组，要抓紧实施关停计划。

10. 加大节能减排投入力度，抓紧落实与国家开发银行的环保信用平台建设，并积极争取国家项目资金支持。

十、自治区环境保护厅主要职责内设机构和人员编制规定

宁政办发〔2009〕73 号

根据《中共中央办公厅国务院办公厅关于印发〈宁夏回族自治区人民政府机构改革方案〉的通知》（厅字〔2008〕30 号），设立自治区环境保护厅，为自治区人民政府组成部门。

一、职责调整

（一）将原自治区环境保护局的职责划入自治区环境保护厅。

（二）取消国家和自治区人民政府已公布取消的行政审批事项。

（三）将环境标志认证职责交由所属事业单位承担。

（四）加强环境政策、规划和重大问题的统筹协调职责；加强环境治理和对生态保护的指导、协调和监督的职责；加强落实国家、自治区减排目标、环境监管的职责。

二、主要职责

（一）贯彻实施有关法律、法规、规章，执行国家和自治区环境保护的方针、政策；拟订环境保护的规划、计划和环境功能区划并组织实施；组织拟订各类地方环境保护标准。

（二）负责重大环境问题的统筹协调和监督管理；负责重大环境污染事故和生态破坏事件的调查处理；指导、协调市县重大突发环境事件的应急、预警工作；协调解决自治区跨区域环境污染纠纷；统筹协调自治区重点流域、区域污染防治工作；负责环境监察和环境保护行政稽查。

（三）承担落实自治区减排目标的责任。组织拟订自治区主要污染物排放总量控制和排污许可证制度并监督实施；提出自治区实施总量控制的污染物名称和控制指标，督查、督办、核查各地污染物减排任务完成情况；实施环境保护目标责任制、总量减排考核并公布考核结果。

（四）负责提出自治区环境保护领域固定资产投资规模、方向和财政性资金安排的意见；负责排污费的征收、使用、管理工作。

（五）承担从源头上预防和控制环境污染的责任。对重大经济和技术政策、发展规划以及重大经济开发计划进行环境影响评价，对涉及环境保护的地方性法规和行政规章草案提出有关环境影响方面的意见，按国家和自治区规定审批开发建设区域、项目环境影响评价文件。

（六）制定水体、大气、土壤、噪声、光、恶臭、固体废物、化学品、机动车等的污染防治管理制度并组织实施；会同有关部门监督管理饮用水水源地环境保护工作；组织协调农村环境保护工作；组织指导城镇和农村的环境综合整治工作；负责核安全和辐射安全的监督管理。

（七）组织评估生态环境质量状况；监督对生态环境有影响的自然资源开发利用活动、重要生态环境建设和生态破坏恢复工作；协调、监督各种类型的自然保护区、风景名胜区、森林公园的环境保护工作；监督生物技术环境安全，牵头开展生物物种（含遗传资源）保护工作，组织协调生物多样性保护。

（八）负责环境监测和信息发布；组织实施环境质量监测和污染源监督性监测；组织对环境质量状况进行调查评估、预测预警；组织建设和管理自治区环境监测网和环境信息网；统一发布自治区环境综合性报告和重大环境信息。

（九）组织环境保护重大科学研究和技术工程示范；推动环境技术管理体

系建设;参与指导和推动循环经济、清洁生产和环保产业发展;参与应对气候变化工作。

(十)组织协调有关环境保护国际条约自治区履约工作;参与处理涉外环境保护事务。

(十一)承办自治区人民政府交办的其他事项。

三、内设机构

根据上述职责,自治区环境保护厅设10个内设机构:

(一)办公室。

负责协调和督办机关日常工作;负责机关文电、会务、机要、档案、财务、信息、安全、信访、政务公开等工作;负责机关及所属单位的人事和机构编制工作;负责离退休人员管理和服务工作。

(二)规划财务处。

拟订或组织拟订环境功能区划、环境保护综合性规划、专项规划;负责所属单位财务、国有资产管理、内部审计工作;提出自治区环境保护领域固定资产投资规模和方向、财政性资金安排的建议和资金使用年度计划,并组织检查验收。

(三)政策法规与宣传教育处。

拟订或组织拟订环境保护政策和相关制度;承担机关规范性文件的审核工作;负责行政复议等法律事务;组织开展环境保护执法检查活动;指导环境监察和环境保护行政稽查工作;组织开展生态文明建设和环境友好型社会建设的宣传教育工作;承担新闻发布工作。

(四)科技标准处。

拟订地方环境保护标准;组织环境保护重大科技攻关;组织环境保护重大技术工程示范;监督管理环境技术管理体系和环境标志认证。

(五)污染物排放总量控制处。

拟订自治区实施污染物排放总量控制计划;组织实施主要污染物排放总量控制、排污申报登记、排污许可证制度;考核总量减排情况;承担环境统计和污染源普查工作。

(六)环境影响评价处(行政审批办公室)。

承担规划环境影响评价、政策环境影响评价、项目环境影响评价工作;监督管理环境影响评价、评估机构的工作;负责行政审批的相关工作。

(七)环境监测处。

组织开展环境监测;调查评估全区环境质量状况并进行预测预警;承担自治区环境监测网和环境信息网建设和管理的有关工作;承担发布环境状况公报的有关工作;组织实施自治区建设项目竣工环境保护验收政策和相关制度。

(八)污染防治处。

组织实施环境保护目标责任制、城市环境综合整治定量考核制度和跨省界河流断面水质考核管理制度;对有关污染防治规划实施情况进行监督;承担指导、协调重大环境污染事故和生态破坏事件的调查处理及应急、预警工作;协调解决有关跨区域环境污染纠纷;负责核安全和辐射安全的监督管理。

(九)自然生态保护处。

监督对生态环境有影响的自然资源开发利用活动、重要生态环境建设和生态破坏恢复工作;协调、监督野生动植物保护、湿地环境保护、荒漠化防治管理和各种类型的自然保护区、风景名胜区、森林公园的环境保护工作;承担组织自然保护区的建立、晋级评审和报批的有关工作;组织开展全区生物多样性保护、生物遗传资源保护工作;组织开展全区生态状况评估;指导生态示范创建;承担自治区环境保护领域的国际合作与交流的有关工作;组织申报国际合作项目并监督实施。

(十)农村环境监督管理处。

组织协调农村环境保护工作;组织指导农村环境综合整治工作;承担自治区农村环境综合整治工作领导小组办公室的日常工作。

机关党委。负责机关党的建设工作,指导所属单位党群工作。

四、人员编制和领导职数

自治区环境保护厅行政编制 50 名。其中:厅长 1 名,副厅长 3 名、总工程师 1 名;正处级领导职数 11 名(含机关党委专职副书记 1 名),副处级领导职数 11 名。

五、其他事项

(一)水污染防治与水资源保护的职责分工。自治区环境保护厅对水环境质量和水污染防治负责,自治区水利厅对水资源保护负责。两部门要进一步加强协调与配合，建立协商机制，定期通报水资源保护与水污染防治有关情况，协商解决有关重大问题。自治区环境保护厅发布水环境信息，对信息的准确性、及时性负责；自治区水利厅发布水文水资源信息中涉及水环境质量的内容，应与自治区环境保护厅协商一致。

（二）森林公园、湿地公园监督管理的职责分工。自治区环境保护厅负责森林公园、湿地公园保护的统筹监督；自治区林业局负责分工范围内森林公园、湿地公园的监督管理。

六、附则

（一）本规定由自治区机构编制委员会办公室负责解释，其调整由自治区机构编制委员会办公室按规定程序办理。

（二）自治区机构编制委员会办公室对自治区环境保护厅的职责履行情况进行评估和监督检查。

陕甘宁边区政府命令

努字第一七六号

事由：为委任宁省人民政府干部由各省政府主席、行署主任、直辖市长、专员、县（市）长：

查宁夏解放后之接管工作，现已顺利完成，为加强该省行政领导，决定完成立宁夏省人民政府并任命潘自力为主席、李景林为第一副主席、马鸿宾为第二副主席、孙殿才为第三副主席、杨德志、朱敏、王金璋、石子珍、赵文献、徐宗儒、郝怀仁、曹又参、梁大钧、云曼生为委员，（尚缺五名委员待后另行委任）组成宁夏省人民政府委员会，并以李景林兼任建设厅厅长、孙殿才兼民族事务委员会主任，王自强为副主任、王金璋兼民政厅厅长、石子珍兼财政厅厅长、郝玉山为建设厅副厅长、徐宗儒兼教育厅厅长、吴友文为副厅长，赵文献兼公安厅厅长，郝怀仁兼工商厅厅长及贸易公司经理，刘汉鼎为人民法院院长、葛士英为副秘书长。

李景林原任陕北行署第一副主任职务、石子珍原任陕甘宁边区税务总局局长职务、刘汉鼎原任安边县县长职务,均即免职。

此令。

主　席　林伯渠

代主席　刘景范

副主席　杨明轩

一九四九年十月二十九日

中共宁夏回族自治区基本建设委员会关于建委常委组成人员及干部任免的报告

区党委组织部:

根据区党委关于建委、建工局合署办公并撤销建工局党委、建委党组,成立中共宁夏回族自治区基本建设委员会(简称建委党委)加强党对基本建设事业领导的指示精神,经我们研究:由吴生秀、李有煜、高俄光、杨克、李道贵、高鸿为、陈更生、刘金声、彭希、李枝源、王洪山、郝成统、肖加林、史际昌等14同志组成委员会,由吴生秀、李有煜、高俄光、杨克、李道贵等五同志为常委委员。吴生秀担任第一书记,李有煜、高俄光为副书记。并将党委各部正副部长及建委、建工局各处正副处长及设计院总支书记、院长等25人,任免呈报表也随文报去,请审查。

1960年7月15日

中共宁夏回族自治区基本建设委员会(报告)关于撤销自治区建工局及任免干部的报告

区党委组织部:

根据吴书记:关于撤销区建工局,其所属单位由区基本建设委员会领导在区建委党委统一领导下进行工作的指示精神,我们反复研究讨论后一致认为这一措施是积极的,是为了加强党对基本建设的领导,大家一致表示拥护,除建委党委的组成人员七月份已报不再另报外,现将建委党委第一副书记,建委第一副主任的任职和原建工局三名村局长的工作安排及建委各处室的干部配备报告如下:

一、区建委党委第一副书记、建委第一副主任的任职和原建工局副局长的工作安排:

武韵巷任区建委党委常委第一副书记。

任玉钧任区建委党委常委、建委第一副主任。

李道贵任区建委党委常委、区设计院总支书记兼院长,免去区建工局副局长职务。

高鸿为任区建委党委委员、监委委员、区公司党委常委、区建筑工程公司经理,免除区建工局副局长职务。

陈更生任区建委党委委员、区建委综合计划处处长,免除区建工局副局长职务。

二、区建委各处室的干部配备:

史际昌任区建委党委委员,建委办公室主任。

雍民飞任区建委办公室副主任。

李伯祥任区建委人事教育处副处长。

王惠卿任区建委劳动定额处副处长。

李生华任区建委劳动定额处副处长。

杨瑞周任区建委综合计划处副处长。

马国顺任区建委综合计划处副处长。

白光天任区建委工程管理处处长。

杜锡谱任区建委工程管理处副处长。

姜志福任区建委工程管理处副处长。

肖加林任区建委党委委员,材料设备处处长,成套公司经理。

李自成任区建委材料设备处副处长。

赵毓国任区建委材料设备处副处长。

王燕鑫任区建委设计处处长。

刘秉衡任区建委设计处副处长。

张文琪任区建委设计处副处长。

黄罗武任区建委建筑材料处处长。

丁全儒任区建委建筑材料处副处长。

王业昌任区建委科学研究所副所长。

1960年9月27日

重要文献目录

文件名称	发文单位	发文时间或文号
关于成立自治区治理工业“三废”领导小组的通知	自治区革委会	1973年8月9日
关于转发《国务院批转国家计划委员会关于全国环境保护会议情况的报告》的通知	自治区革委会	1974年1月9日
关于自治区环境保护领导小组办公室人员编制的批复	自治区革委会编制领导小组	1975年9月17日
批转区环境保护领导小组关于全区环境保护会议情况的报告和调整	自治区革委会领导小组成员	1975年10月15日
关于保护天然林区野生动物资源的布告	自治区政府	1975年
转发国家计委、国家建委、财政部、国务院环境保护领导小组印发《关于治理工业“三废”开展综合利用的几项规定》的通知	自治区革委会	1977年6月20日
申请建立自治区人民政府环境保护局的报告	自治区环保领导小组	1980年1月24日
《关于建立环境保护统计制度的通知》的通知	自治区统计局、环保办公室	1980年12月26日
关于成立自治区环保局的通知	自治区政府	1981年3月25日
关于启用宁夏回族自治区环境保护局印章的通知	自治区环保领导小组	1981年5月7日
认真贯彻执行国务院《关于在国民经济调整时期环境保护改制的决定》积极主动搞好我区环境保护改制	自治区环保领导小组	1981年5月7日
关于转发《基本建设项目环境保护管理办法》的通知	自治区计委、建委、经委	1981年5月30日

续表

文件名称	发文单位	发文时间或文号
把经营性环境保护宣传活动做好	自治区环保领导小组	1981年7月10日
宁夏回族自治区环境保护“六五”计划和十年设想	自治区环保局	1982年5月19日
认真贯彻《宁夏回族自治区征收排污费暂行实施办法》的通知	自治区建委	1982年5月28日
宁夏回族自治区土地管理暂行条例	自治区人大常委会	1983年12月24日
关于成立自治区环境保护委员会的通知	自治区党办办公厅	1984年3月8日
贯彻国务院《关于环境保护工作的决定》的意见	自治区环保局	1984年5月28日
关于审批环境影响报告书有关规定的通知	自治区环保委员会	1984年11月5日
关于加强乡镇企业环境管理的规定	自治区政府	宁政发〔1984〕139号
关于颁布《宁夏回族自治区环境监测管理实施细则》(试行)的通知	自治区环保局	1985年4月19日
关于转发《环境保护宣传工作座谈会》纪要的通知	自治区环保委员会	1985年9月20日
关于调整自治区环境保护委员会领导成员的通知	自治区党委办公厅	1986年3月21日
关于《宁夏自然保护区区划方案(提要)的批复	自治区政府	1986年7月4日
关于设置宁夏回族自治区放射性废物管理所的通知	自治区编制委员会	1986年8月23日
颁布执行《自治区环境保护局保密工作制度》	自治区环保局	1986年10月4日
关于环保局科室设置的批复	自治区城乡建设厅	1986年12月25日

续表

文件名称	发文单位	发文时间或文号
关于印发环境监测车管理办法的通知	自治区环保局	宁环字〔1986〕035号
关于印发《宁夏回族自治区环境保护局职责范围》的通知	自治区环保局	1987年4月29日
宁夏回族自治区矿产资源管理条例	自治区人大常委会	1987年11月28日
关于保护甘草资源的规定	自治区政府	1988年11月10日
关于排污费票据加盖财政厅票据监制章的通知	自治区环保局	1988年11月25日
关于对我区野生动物和自然保护区管理体制问题的意见	自治区环保局	1989年3月9日
关于对我区部分城市(城镇)试行环境综合整治定量考核的通知	自治区政府办公厅	1989年6月5日
关于启用宁夏城市环境综合整治定量考核领导小组及办公室印章的通知	自治区环保局	1989年7月17日
宁夏回族自治区工程设计管理暂行规定	自治区政府	1989年9月13日
宁夏回族自治区区外施工企业来宁施工管理规定	自治区政府	1989年9月13日
宁夏回族自治区污染源治理专项基金有偿使用实施办法	自治区政府	1989年10月10日
关于发布《宁夏回族自治区第二批限期治理污染项目》的通知	自治区政府	1989年10月10日
关于发布《宁夏乡镇、街道企业环境管理办法》的通知	自治区政府	1989年11月19日
关于发布《宁夏回族自治区环境保护设施管理暂行办法》通知	自治区政府	1990年3月17日
关于发布《宁夏回族自治区放射性废物管理办法实施细则》的通知	自治区环保局、物价局、财政厅	1990年3月20日

续表

文件名称	发文单位	发文时间或文号
关于实施《宁夏回族自治区环境保护条例》的公告	自治区人大常委会	1990年4月17日
关于发布《宁夏回族自治区烟尘污染防治办法》的通知	自治区政府办公厅	1990年5月10日
宁夏回族自治区野生动物保护实施办法	自治区人大常委会	1990年9月1日
关于核发《工程质量监督站监督员证书》的通知	自治区城乡建设厅	1990年9月19日
关于印发《宁夏回族自治区优质工程奖评选与管理办法》的通知	自治区城乡建设厅	1990年9月26日
宁夏回族自治区重点保护野生动物名录	自治区政府	1990年
关于印发《宁夏回族自治区中小学、幼儿园学生环境教育实施意见的通知	自治区教育厅、自治区环保局	1991年2月25日
宁夏回族自治区施工企业资质管理规定	自治区政府	1991年5月11日
关于《宁夏回族自治区优质工程奖评选与管理办法》的补充通知	自治区城乡建设厅	1991年5月30日
关于在框架结构建筑中限制使用实心黏土砖的通知	自治区城乡建设厅建筑材料工业总公司	1991年9月3日
宁夏回族自治区城市规划管理实行“一书、两证”制度的规定	自治区政府	1991年10月6日
关于发布《环保局机关各室及直属单位主要职责》的通知	自治区环保局	1991年10月21日
宁夏回族自治区城市节约用水管理办法	自治区政府	1992年1月16日
关于发布《宁夏回族自治区污染治理项目管理办法(试行)》的通知	自治区环保局	1992年1月25日
关于进一步明确城市公共交通经营范围和管理权限的通知	自治区城乡建设厅	1992年2月9日
关于发布《宁夏回族自治区汽车摩托车排气污染监督管理规定》的通知	自治区环保局	1992年3月18日

续表

文件名称	发文单位	发文时间或文号
转发自治区城乡建设厅关于一九九二年全区开展《人类环境宣言》二十周年纪念活动意见的通知	自治区政府办公厅	1992 年 4 月 8 日
关于贯彻落实区党委常委会议精神以小康目标抓好村镇建设工作的通知	自治区城乡建设厅	1992 年 4 月 9 日
关于印发《自治区建设厅关于进一步加快改革开放步伐发展建设事业的措施》的通知	自治区城乡建设厅	1992 年 5 月 18 日
关于允许规划设计人员利用业余时间有偿承担村镇规划设计任务的通知	自治区城乡建设厅	1992 年 6 月 13 日
关于印发《宁夏回族自治区环境监理执法标志管理实施办法》的通知	自治区环保局	1992 年 11 月 24 日
关于发布《城市燃气安全管理规定实施细则》的通知	自治区城乡建设厅、劳动人事厅	1992 年 12 月 6 日
宁夏回族自治区实施《中华人民共和国水土保持法》办法	自治区人大常委会	1993 年 6 月 16 日
关于开展环境保护执法检查严厉打击违法活动的通知	自治区政府	1993 年 7 月 25 日
关于发布《宁夏回族自治区查处环境违法行为程序规定》的通知	自治区政府	1993 年 8 月 7 日
关于印发《关于加强全区建设法制工作的决定》的通知	自治区城乡建设厅	1993 年 8 月 21 日
关于下发《宁夏回族自治区重点工业污染源监测实施意见》的通知	自治区环保局	1993 年 8 月 24 日
宁夏回族自治区实施《城市房屋拆迁条例》细则	自治区政府	1993 年 9 月 20 日
关于发布《宁夏回族自治区全民所有制建筑安装企业转换经营机制实施措施》的通知	自治区城乡建设厅、经济委员会、经济体制改革委员会	1993 年 12 月 15 日

续表

文件名称	发文单位	发文时间或文号
关于加强宁夏房地产市场宏观管理促进房地产业和住宅建设健康发展的意见	自治区城乡建设厅、土地管理局、工商行政管理局、税务局	1993 年
关于发布《宁夏回族自治区施工企业资质动态管理实施办法》的通知	自治区城乡建设厅、计划委员会、工商行政管理局、中国人民建设银行宁夏分行	1994 年 1 月 24 日
关于加强城建监察工作的通知	自治区城乡建设厅	1994 年 3 月 4 日
关于召开宁夏环境统计改革试点工作会议的通知	自治区环保局	1994 年 4 月 26 日
关于颁发《宁夏建设科学技术管理规定》等三项科技管理行政措施的通知	自治区城乡建设厅、科学技术委员会	1994 年 5 月 3 日
关于发布《宁夏回族自治区建设项目环境影响评价收费项目和标准(试行)》的通知	自治区物价局、财政厅	1994 年 5 月 19 日
宁夏中卫固沙林场荣获联合国全球 500 佳庆功表彰会议的通知	自治区环保局、兰州铁路局	1994 年 7 月 16 日
关于印发《宁夏回族自治区工程设计单位推广应用计算机辅助设计技术规划》的通知	自治区城乡建设厅	1994 年 8 月 26 日
宁夏回族自治区实施《中华人民共和国城市规划法》办法	自治区人大常委会	1994 年 10 月 14 日
关于房地产开发经营企业管理工作中有关问题的补充通知	自治区建设厅	1994 年 11 月 29 日
宁夏回族自治区村庄和集镇规划建设管理实施办法	自治区政府	1994 年 12 月 6 日
关于印发《宁夏建设新产品推广认证管理办法(试行)》的通知	自治区城乡建设厅	1995 年 1 月 1 日
关于加强环境保护工作的决议	自治区人大常委会	1995 年 2 月 17 日

续表

文件名称	发文单位	发文时间或文号
关于批转自治区建设厅等部门关于加强我区小城镇建设的意见的通知	自治区政府	1995 年 5 月 4 日
关于新型墙体和节能建筑材料项目认定办法的通知	宁墙改领字〔1995〕002 号	1995 年 5 月 9 日
关于印发《宁夏回族自治区优质样板工程评选办法的通知》	自治区城乡建设厅	1995 年 6 月 6 日
关于发布《宁夏回族自治区建设厅法制工作职能分工和工作程序规定》的通知	自治区城乡建设厅	1995 年 6 月 12 日
关于发布《宁夏回族自治区建设系统法制工作统计报告规定》的通知	自治区城乡建设厅	1995 年 6 月 12 日
关于发布《宁夏回族自治区建设系统规范性文件备案规定》的通知	自治区城乡建设厅	1995 年 6 月 12 日
关于发布《宁夏回族自治区建设行政案件行政复议规定》的通知	自治区城乡建设厅	1995 年 6 月 29 日
关于发布《宁夏回族自治区股份合作制建筑企业试行办法》的通知	自治区城乡建设厅	1995 年 7 月 5 日
关于发布《大型机械划分标准》的通知	自治区城乡建设厅	1995 年 7 月 5 日
关于印发《城市建筑方案设计竞选管理试行办法实施细则》的通知	自治区城乡建设厅	1995 年 8 月 2 日
关于印发《环境统计管理暂行办法》的通知	自治区环保局	1995 年 8 月 25 日
关于印发《宁夏回族自治区建设工程施工现场综合考评试行办法》的通知	自治区城乡建设厅	1995 年 8 月 28 日
宁夏回族自治区城市建设监察规定	自治区政府	1995 年 9 月 26 日
宁夏回族自治区建设工程质量监督管理规定	自治区政府	1995 年 9 月 30 日
关于铁路排空车皮转运垃圾事件的通报	自治区环保局	1995 年 11 月
关于印发《宁夏回族自治区关于加强电梯管理的暂行办法》的通知	自治区城乡建设厅	1995 年 12 月 6 日

续表

文件名称	发文单位	发文时间或文号
关于在我区使用商品房购销合同示范文本的通知	自治区城乡建设厅	1995年12月25日
关于加强农民住房建设的意见	自治区党委办公厅	1996年1月8日
关于印发《宁夏回族自治区城市商品房预售管理暂行办法》的通知	自治区建设厅	1996年1月9日
关于印发《宁夏回族自治区城市商品房预售管理暂行办法》的通知	自治区城乡建设厅	1996年1月9日
宁夏回族自治区城市建设档案管理办法	自治区政府	1996年3月1日
关于发布《宁夏回族自治区工程建设项目报建管理办法》的通知	自治区城乡建设厅	1996年3月4日
宁夏回族自治区实施《城市市容和环境卫生管理条例》办法	自治区政府	1996年4月5日
关于印发《宁夏电梯安装、维修保养企业资质证管理,暂行办法》、《宁夏(电梯准用证)发放管理暂行办法》、《宁夏新安装电梯开工申报手续管理暂行办法》的通知	自治区城乡建设厅	1996年4月15日
关于重申有关加强我区勘察设计市场管理规定的通知	自治区城乡建设厅	1996年6月6日
关于暂停审批工程勘察设计资格的通知	自治区城乡建设厅	1996年7月5日
关于加强建设新技术新产品研究开发和推广应用的意见	自治区城乡建设厅	1996年7月15日
关于发布《宁夏回族自治区建设行政执法与监督检查规定》的通知	自治区城乡建设厅	1996年10月3日
关于成立宁夏回族自治区环境保护委员会的通知	自治区政府办公厅	1996年10月4日

续表

文件名称	发文单位	发文时间或文号
关于印发《宁夏回族自治区工程勘察设计单位资格动态管理实施办法(暂行)》的通知	自治区城乡建设厅	1996 年 10 月 8 日
关于印发《宁夏回族自治区建筑装饰装修设计管理暂行办法》的通知	自治区城乡建设厅	1996 年 12 月 20 日
关于印发《宁夏环保产品注册登记审查认定管理规则》的通知	自治区环保局	1996 年
关于印发《宁夏回族自治区房地产价格评估管理办法》的通知	自治区建设厅	1997 年 1 月 9 日
宁夏回族自治区建设工程施工招标投标管理办法	自治区政府	1997 年 1 月 10 日
关于认真贯彻《建设部关于进一步加强城建监察工作的意见》的通知	自治区城乡建设厅	1997 年 1 月 16 日
关于进一步加强环境保护工作的决定	自治区政府	1997 年 1 月 28 日
关于印发宁夏回族自治区建设厅破坏性地震应急预案的通知	自治区城乡建设厅	1997 年 3 月 31 日
转发《自治区住房制度改革领导小组关于加强国有住房出售收入和住房公积金管理意见》的通知	自治区政府	1997 年 4 月 23 日
关于进一步加强城市液化石油气经营及安全管理的通知	自治区城乡建设厅、计划委员会、人事劳动厅、公安厅	1997 年 5 月 20 日
关于加强城市规划工作的通知	自治区政府	1997 年 5 月 27 日
关于对自治区境内电梯安装、维修企业进行资质审验颁证的通知	自治区城乡建设厅	1997 年 6 月 8 日
关于进一步贯彻落实《国务院关于环境保护若干问题的决定》的通知	自治区政府	1997 年 6 月 29 日
关于印发宁夏回族自治区建设行政执法文书格式的通知	自治区城乡建设厅	1997 年 7 月 3 日

续表

文件名称	发文单位	发文时间或文号
关于颁布《宁夏回族自治区村镇建筑工匠从业资格管理办法实施细则》的通知	自治区城乡建设厅	1997年7月7日
关于印发《全区建筑安装生产企业兼并破产和职工再就业工作指导意见》的通知	自治区城乡建设厅	1997年7月17日
关于印发《宁夏回族自治区塔式起重机械拆装管理规定》的通知	自治区城乡建设厅	1997年8月5日
关于印发《宁夏回族自治区工程项目建设管理单位管理实施办法》的通知	自治区城乡建设厅	1997年8月5日
宁夏回族自治区城市绿化管理条例	自治区人大常委会	1997年8月21日
关于印发《宁夏回族自治区房地产价格评估机构管理暂行规定》的通知	自治区城乡建设厅	1997年9月3日
转发自治区残疾人联合会自治区建设厅关于实施方便残疾人使用的城市道路和建筑物设计规范意见的通知	自治区政府	1997年9月30日
关于发布《宁夏回族自治区实施〈中华人民共和国契税暂行条例〉办法》的通知	自治区政府	1997年10月1日
批转自治区建设厅关于认真贯彻落实《宁夏回族自治区城市绿化管理条例》意见的通知	自治区政府	1997年12月1日
关于“自治区环境保护研究所(环境监测中心站)”和“自治区中卫沙坡头自然保护区管理所”划归自治区环境保护局管理的通知	自治区编办	1997年12月19日
关于发布《宁夏环境污染限期治理项目管理办法》的通知	自治区环保局	1997年12月31日
关于进一步深化城镇住房制度改革加快住房建设的通知	自治区政府	1998年1月27日

续表

文件名称	发文单位	发文时间或文号
关于印发《全区建设系统依法治理工作标准》的通知	自治区建设厅	1998 年 2 月 9 日
关于发布《宁夏建设工程材料预算价格动态管理暂行办法》的通知	自治区建设厅	1998 年 3 月 5 日
关于印发《宁夏回族自治区房地产开发企业资质管理规定》的通知	自治区建设厅	1998 年 4 月 28 日
关于印发《宁夏回族自治区城市住宅小区竣工综合验收管理办法》的通知	自治区建设厅	1998 年 5 月 26 日
关于印发《宁夏回族自治区城市住宅小区竣工综合验收管理办法》的通知	自治区建设厅	1998 年 5 月 27 日
关于贯彻《宁夏回族自治区城市居住小区物业管理办法》的通知	自治区建设厅	1998 年 8 月 25 日
关于实施《住宅质量保证书》《住宅使用说明书》制度的通知	自治区建设厅	1998 年 9 月 1 日
关于召开全区第四次环境保护会议的通知	自治区政府办公厅	1998 年 9 月 3 日
关于建立宁夏环境保护项目库的通知	自治区环保局	1998 年 9 月 4 日
关于成立中共宁夏回族自治区环保局机关委员会的通知	自治区环保局	1998 年 9 月 28 日
关于实施《住宅质量保证书》《住宅使用说明书》制度的通知	自治区城乡建设厅	1998 年 10 月 1 日
宁夏回族自治区保护甘草资源的规定	自治区政府	1998 年 11 月 10 日
关于印发《宁夏建设工程施工招标评标定标管理办法》和《宁夏建设工程招标代理单位管理实施办法》的通知	自治区建设厅	1998 年 11 月 16 日

续表

文件名称	发文单位	发文时间或文号
关于印发《宁夏回族自治区环境保护“九五”计划和2010年规划纲要》的通知	自治区政府	1998年12月29日
宁夏回族自治区城市居住小区物业管理办法	自治区主席令1号	1999年1月1日
关于进一步加强国有住房出售收入管理的通知	自治区建设厅	1999年1月11日
关于批转《宁夏回族自治区城镇经济适用住房建设实施办法》的通知	自治区政府	1999年2月24日
关于在我区房地产开发企业实施《房地产开发项目手册》制度的通知	自治区建设厅	1999年3月1日
关于贯彻执行《自治区人民政府办公厅转发自治区环保局、计委、财政厅、物价局、经贸委关于开展征收二氧化硫排污费试点工作意见的通知》的通知	自治区环保局	1999年3月9日
关于印发《宁夏回族自治区物业管理服务收费暂行办法》的通知	自治区物价局、建设厅	1999年3月10日
宁夏回族自治区涉案物品价格鉴证管理办法	自治区主席令第4号	1999年3月12日
关于印发《宁夏回族自治区建设工程施工发包与承包价格管理暂行规定实施细则》的通知	自治区建设厅	1999年3月22日
关于印发《宁夏回族自治区建筑工程劳动保险基金统一管理实施细则(试行)》的通知	自治区建设厅	1999年3月22日
关于印发《宁夏回族自治区工程建设概预算人员资格认证管理办法》的通知	自治区建设厅、财政厅、人事劳动厅	1999年4月1日
关于批转《宁夏回族自治区建筑工程劳动保险基金统一管理试行办法》的通知	自治区政府	1999年4月15日

续表

文件名称	发文单位	发文时间或文号
关于印发《宁夏回族自治区建设工程抗御地震灾害管理办法（试行）》、《宁夏回族自治区新建工程抗震设防管理暂行规定》和《宁夏回族自治区现有工程抗震管理暂行规定》的通知	自治区建设厅	1999年4月19日
关于印发《宁夏回族自治区城市物业管理优秀住宅小区达标暂行办法》的通知	自治区建设厅	1999年5月17日
关于印发《宁夏回族自治区建设行政处罚管理规定》的通知	自治区建设厅	1999年6月18日
关于印发《建筑业与房地产企业管理人员工商管理培训工作的实施意见》的通知	自治区建设厅	1999年6月24日
宁夏回族自治区建筑管理条例	自治区人大常委会	1999年8月13日
宁夏回族自治区环境保护局办理自治区人大代表建议和政协委员提案工作规则	自治区环保局	1999年9月16日
转发自治区建设厅财政厅编制办公室土地管理局物价局交通厅公安厅关于加快农村小城镇建设实施意见的通知	自治区政府办公厅	1999年10月14日
关于落实宁夏回族自治区建筑工程劳动保险基金统一管理试行办法的有关规定	自治区建设厅、监察厅	1999年11月25日
宁夏回族自治区防治辐射污染环境管理方法	自治区政府	1999年12月10日
关于印发《宁夏回族自治区已购公有住房和经济适用住房上市出售暂行办法》的通知	自治区政府办公厅	1999年
宁夏回族自治区推广应用新型墙体材料管理规定	自治区政府	2000年1月10日
关于印发《宁夏回族自治区实施注册结构工程师执业制度暂行规定》的通知	自治区建设厅	2000年2月20日

续表

文件名称	发文单位	发文时间或文号
关于印发《宁夏回族自治区物业管理企业资质管理暂行办法》的通知	自治区建设厅	2000年3月1日
关于印发《宁夏回族自治区物业管理企业资质管理暂行办法》的通知	自治区建设厅	2000年3月1日
关于转发建设部《关于进一步加强房地产测量及房屋面积计算管理工作的通知》的通知	自治区建设厅	2000年3月22日
全区建设系统依法治理工作实施规划	自治区建设厅	2000年3月29日
关于印发《宁夏自然保护区发展规划(1998~2010年)》的通知	自治区政府	2000年4月18日
关于印发《宁夏建设工程类别确认管理暂行办法》的通知	自治区建设厅	2000年5月10日
关于发布《宁夏回族自治区施工企业取费类别管理规定》的通知	自治区建设厅	2000年5月10日
关于印发墙改专项费用征收管理办法的通知	自治区财政厅、地方税务局、墙体材料改革领导小组	2000年6月2日
关于开展城市园林绿化企业资质管理工作的通知	自治区建设厅	2000年6月5日
批转自治区房改领导小组关于住房制度改革中若干问题意见的通知	自治区政府	2000年6月16日
转发自治区建设厅关于推进我区住宅产业现代化提高住宅质量实施意见的通知	自治区政府	2000年6月26日
关于依法推进环境保护工作的决定	自治区人大常委会	2000年7月21日
关于印发《宁夏回族自治区房地产价格评估管理办法》的通知	自治区建设厅	2000年8月4日
关于发布《宁夏回族自治区建设工程勘察设计招标投标管理暂行办法》的通知	自治区建设厅	2000年8月10日

续表

文件名称	发文单位	发文时间或文号
关于进一步加快小城镇建设加速我区城镇化进程的实施意见	自治区政府	2000 年 9 月 4 日
关于印发《宁夏回族自治区建筑工程施工图设计文件审查实施办法》的通知	自治区建设厅	2000 年 9 月 13 日
转发自治区建设厅等四部门关于建筑工程劳动保险基金统一管理补充说明请示的通知	自治区政府办公厅	2000 年 10 月 25 日
宁夏回族自治区住房资金管理条例	自治区人大常委会	2000 年 11 月 17 日
自治区人民政府关于禁止采集和销售发菜制止滥挖甘草和麻黄草有关问题的通知	自治区政府	宁政发〔2000〕65 号
印发《宁夏回族自治区在银行政事业单位职工住房货币分配试行方案》	自治区政府办公厅	2000 年
印发《自治区房改领导小组关于全区实行住房补贴指导性意见》的通知	自治区政府	2000 年
自治区住房制度改革领导小组关于印发建立职工个人住房档案规定的通知		宁房改字〔2000〕06 号

限 外 辑 要

2001 年

1 月 1 日,《宁夏回族自治区住房资金管理条例》颁布实施。

1 月 3 日,自治区环保局党组对处级事业单位“三讲”(讲学习、讲政治、讲正气)教育进行全面总结。

1 月 19 日,全区环保系统政务公开与规范化服务经验交流现场会在石嘴山市召开。

2 月 8 日 ~12 日,由国家环保总局牵头,国家 7 部委组成联合检查组,对全区淘汰车用含铅汽油情况进行执法检查。

2 月 13 日,自治区环保局印发《关于反腐败抓源头工作三年规划》。

2 月 17 日,自治区环保局印发《宁夏自治区环保局工作规则》。

3 月 5 日,银川市环境监理支队等 10 个单位被评为全区环保系统先进集体,孔昭真等 33 人被评为先进工作者。

3 月 8 日,自治区人民政府召开环境保护工作会议,传达贯彻全国环境保护工作会议精神,表彰全国环保系统先进单位和先进个人、全国环保杰出贡献者以及宁夏环保系统先进集体和先进个人。

3 月 20 日,自治区党委召开全区人口资源环境工作座谈会。

3 月,在全区开展环境保护产业基本情况调查,至 7 月结束。

4 月 6 日 ~8 日,宁夏境内连续发生 2 起大面积沙尘暴天气。

4 月 26 日,自治区环保局印发《宁夏自治区环保系统破坏性地震发生灾害防御应急预案》。

是月,《宁夏生态环境现状调查报告》正式印制完成。

5 月 2 日,自治区党委书记毛如柏在银川市考察城市建设,指出银川市要站在新的高度、用新的思维、新的视角规划经济发展和城市建设。

5 月 29 日,自治区环保局印发《宁夏自治区环保局行政处罚工作管理办法(试行)》。

5 月 30 日,自治区环保局、监察厅、经贸委、林业局联合发出关于在全区开展严肃查处环境违法行为专项行动的通告。

6 月 4 日,自治区主席马启智在宁夏电视台发表纪念“6 · 5”世界环境日电视讲话。

6 月 7 日 ~9 日,由国家环保总局纪检监察组组长曾晓东带队的检查组对宁夏贯彻执行《国务院关于禁止采集和销售发菜制止滥挖甘草和麻黄草有关问题的通知》情况进行检查。

7 月 23 日 ~28 日,全国环境警示教育图片巡回展在银川展出。

7 月 31 日,全国统一的环保投诉举报电话“12369”在全区开通。

8 月 1 日,自治区主席马启智对银川城市建设进行调研,要求大手笔谋划,高起点建设。

8 月 16 日,自治区环保局对宁夏民族化工集团、西夏啤酒三厂环境违法案,分别作出罚款 8000 元的行政处罚决定。

8 月 24 日,宁夏小城镇建设协会成立。

8 月 27 日,第十一届中日建筑住宅交流会在银川举行。

8 月 31 日,自治区科协、教育厅、环保局联合表彰第六届宁夏青少年生物和环境科学实践活动优秀项目。银川二中冯磊、余灏的《关于饮用水二次污染的调查报告》获特等奖。

9 月 13 日,自治区人民政府印发《宁夏回族自治区第十个五年计划生态建设和环境保护重点专项规划》。

9 月 13 日 ~15 日,国家环保总局监察局局长蒋远东率领 7 人调查组,对美利纸业、峡光纸业、吴忠市造纸厂污水污染黄河问题进行调查。

是月,银川市被科技部、国家环保总局确定为“清洁能源行动示范城市”。

是月,自治区建设厅召开全区城镇特色风貌高级研讨会。

10 月 12 日,国家环保局通报吴忠市、中卫县造纸企业 3 起污染问题。

10 月 12 日,国家环境监测总站站长万本太带领 4 名专家到宁夏考察。

10 月 24 日 ~26 日,宁夏环保技术暨产品展览会在银川举行。

是月,自治区环保局对全区秸秆禁烧工作进行检查。

是月,银川市政府决定对宁夏鑫汇集团美洁纸业公司、宁夏东方集团、宁夏永宁紫金花纸业集团、宁夏宁馨儿生物发酵公司等5家逾期未实现污染物排放达标的企业停产治理。

11月8日，自治区人大常委会审议通过了《宁夏建设工程勘察设计管理条例》，自2002年1月1日起施行。

11月12日～16日，自治区人大常委会副主任黄超雄带领检查组，对自治区和银川、石嘴山、吴忠市政府贯彻执行《中华人民共和国环境保护法》及《宁夏回族自治区环境保护条例》的情况进行跟踪执法检查。

11月28日，灵州集团成为宁夏首家通过ISO 14001环境管理体系认证的工业企业。

11月30日，太西集团贺兰山铁合金厂粉尘治理环保示范工程挂牌。

12月9日，南非世贸中心拉普斯公司与银川市签署协议共建银川森林公园。2007年6月26日，银川森林公园正式开园。

12月18日，自治区环保局、自治区文明办联合表彰全区环保系统精神文明建设先进集体和先进个人。银川市、吴忠市、固原地区环保局，永宁县、惠农县环保局，吴忠市利通区、固原地区环境监测站，石嘴山市环境监理站，以及李炯等23人受到表彰。

12月31日，由宁夏环保研究所承担完成的《宁夏重点风沙区生态环境综合治理工程环境影响报告书》通过国家环保总局组织的技术评审。

12月，自治区人民政府批转自治区建设厅等部门联合制定的《全区工程勘察设计单位体制改革方案》。

是年，将银川市划入47个国家环保重点城市，石嘴山市为新增49个大气污染防治重点城市。

是年，青铜峡市峡口镇被中央文明委、建设部授予全国创建文明城镇活动示范镇。银川市建委被建设部授予全国建设系统精神文明建设先进集体。

2002年

1月8日，自治区主席马启智、自治区环保局局长邸国卫等领导在宁夏分会场参加第五次全国环境保护电视电话会议。

1月9日，自治区环保局印发《宁夏回族自治区环境管理体系认证暂行管理办法》。

1 月 18 日，宁夏建设监理协会成立。

1 月 18 日，自治区主席马启智到银川热电厂调研。

1 月 21 日，自治区环保局党组在领导干部中开展廉洁自律十年回头看和树立正确权力观教育活动。

2 月 1 日，《银川市湖泊湿地保护办法》经银川市人民政府第 40 次常务会议审议通过，正式施行。

2 月 9 ~ 10 日，建设部部长汪光焘到宁夏慰问建设系统劳模、烈士和职工。

2 月 26 日，自治区环保局首次依法向银川市城区人民法院申请，对宁夏民族化工集团、西夏啤酒三厂环境违法行政处罚案件予以强制执行。

3 月 1 日，自治区墙体材料改革领导小组工作会议召开，研究宁夏墙体材料推广应用及专项基金收缴使用管理等问题。

3 月 15 日 ~22 日，自治区城市环境综合整治定量考核领导小组组织对银川市、石嘴山市、吴忠市利通区、青铜峡市、灵武市、固原县、平罗县 7 市县的指标完成情况进行检查验收。

3 月 19 日，全区发生入春以来强度最大、波及范围最广的扬沙、沙尘暴天气，银川地区沙尘暴持续 2 小时 5 分。

3 月，总投资达 8.23 亿元的宁夏城市电网改造工程已竣工。

4 月 15 日 ~7 月底，全区环保系统开展以“改革创新，调整发展”为主题的“学、查、改”活动。

4 月 24 日，银川市 2002 年经济适用住房建设规划出台，计划建设建筑面积 40 万平方米。

4 月 25 日，自治区人民政府召开第五次全区环境保护会议，部署“十五”环保工作任务。

4 月 29 日，根据自治区党委书记陈建国的批示，自治区环保局局长邸国卫带领执法人员调查处理群众来信反映的兴裕化工厂污染事件。

5 月 30 日，由自治区党委宣传部等单位举办“宁夏一建杯”WTO 知识电视大奖赛，8 个代表队的 24 名选手参赛，企业代表队夺魁。

6 月 5 日，自治区环保系统在银川光明广场举行纪念“6 · 5”世界环境日广场宣传咨询活动。银川市环保局在新华街举行“环境宣传电子显示屏”揭幕仪式。

6月20日,中国科学院资源与环境协调局、自治区环境保护局和自治区交通厅联合举行沙坡头沙漠生态系统研讨会。

7月1日,自治区环保局依法对宁夏东方企业开工建设6台铁合金炉作出行政处罚,4台停止在建,2台停止生产,罚款10万元。

7月2日,宁夏罗山自然保护区被国务院批准为国家级自然保护区。

7月16日,银川新区开发建设的标志性工程——新银路改造工程开工仪式举行。改造工程总长度4.6公里,工程总投资估算约7000万元。工程于10月30日完工。

7月24日,自治区财政厅下达2001年国家级自然保护区专项资金预算180万元。

7月24日,《宁夏回族自治区自然保护区管理办法》经自治区人民政府第93次常务会议讨论通过,自10月1日起施行。

7月30日,自治区人民政府第91次常务会议研究并批复同意《自治区环境保护“十五”计划》。

是月,自治区环保局根据《人民日报》情况汇编第451期反映的问题,对造纸企业废水污染进行治理,截至8月2日,有7家排放废水达标,7家正在组织验收,5家被勒令关停。

8月20日,由自治区党委宣传部、自治区环保局、自治区广电局、灵洲矿务局、太西集团联合举办的“灵洲杯”《绿色环保从我做起》有奖征文揭晓,21篇作品获奖,其中一等奖1名。

8月25日~27日,《宁夏水环境功能区划》通过国家验收。

8月26日,《宁夏回族自治区建设项目环境保护管理办法》经自治区人民政府第94次常委会议讨论通过,自10月1日起实施。

8月30日,银川市第一污水处理厂投产运行。

8月31日,国家环保总局副局长王心芳等一行7人先后在吴忠、银川市调研指导工作。

是月,在国家科技部举行的全国星火小城镇示范镇创建单位公开招标中,青铜峡市峡口镇在宁夏率先闯入国家重点建设的30个农村小城镇现代化建设示范镇创建单位行列。

9 月 1 日，宁夏取消和降低住房建设收费 45 项。其中，取消 34 项收费，降低 11 项收费标准。

9 月 7 日，自治区党委、政府召开现场办公会议，决定开发建设银川西湖“湿地公园”。

9 月 13 日，宁夏建设工程学校、宁夏建筑成人中专学校、宁夏建筑技工学校合并成立宁夏建设职业技术学院。

9 月 17 日 ~26 日，自治区环保局在青铜峡举办全区环境监测工人技术等级晋级职工技能培训鉴定工作培训班，全区环保系统 106 名技工参加了培训。

9 月 25 日，自治区主席马启智率领区直有关部门负责人，视察银川市第一污水处理厂、第二污水处理厂和第三污水处理厂的运行和建设情况。

9 月 25 日，银川南环高速公路工程正式开工，拉开了大银川环城快速通道建设的序幕。

9 月 28 日，《宁夏回族自治区在银行政事业单位职工住房货币化分配方案实施细则》颁布实施。

是月，自治区党委九届二次全委扩大会议作出《自治区党委政府关于加快宁夏城市化进程的意见》。

10 月 15 日，《宁夏回族自治区城市房地产开发经营管理条例》颁布施行。

10 月 25 日，自治区环保局决定将全区“环境监理”机构统一更名为“环境监察”。

是月，吴忠市黄河入境断面水质自动监测站建成并投入试运行，为宁夏首家黄河水质自动监测站。

11 月 6 日，银川中山公园正式免费开放。

11 月 12 日，宁夏新型墙体材料协会召开成立大会。

11 月 19 日，银川唐徕公园整治扩建一期工程胜利竣工。

11 月 28 日，银川市大西湖湿地公园破土动工。

12 月 2 日，自治区人民政府召开第 102 次常务会议，原则同意自治区环保局关于建立宁夏火石寨丹霞地貌景观和党家岔（震湖）湿地等自治区级自然保护区的意见。

是日，自治区环境监理站更名为自治区环境监察总队，自治区辐射环境管理所正式更名为自治区辐射环境监督站。

12月18日~19日，自治区人大常委会副主任黄超雄率检查组现场检查吴忠金牛化工集团、平罗沙湖纸业污染治理情况。

是年，银川市获“全国卫生先进城市”称号，石嘴山市获“全国绿化先进城市”称号，青铜峡市获“全国城市环境综合整治先进城市”称号。

2003年

1月7日，宁夏城乡规划学会成立。

是月，自治区环保局通过自治区“文明机关”复查考核。

是月，自治区环保局组织开展“扶贫济困送温暖”捐资活动。

是月，自治区建设厅将2003年确定为“宁夏城乡规划年”。

2月19日~20日，宁夏发生入春以来首次沙尘天气，与上年同期比推迟12天。

2月21日，银川铁路中学、银川市回民中学、吴忠市吴忠中学获2002年全国“绿色学校”创建活动先进单位，全区有3人获“绿色园丁”奖。

2月，全区排污费全面实现收支两条线。

是月，自治区人民政府向社会承诺年内建设80万平方米经济适用住房。是年，全区竣工经济适用住房106万平方米。

3月3日，自治区人民政府常务会议研究决定原则同意建立哈巴湖自然保护区。

3月17日，自治区环保局组织编制完成《宁夏环保局核和辐射恐怖袭击事件应急响应方案》。

3月~9月，《宁夏生态功能区划》经过国家环保总局和国务院开发领导小组办公室审核。

3月，自治区人民政府决定在全区开展“明珠杯”城市规划建设管理竞赛活动。

4月3日，自治区环保局首次举行环境违法行政处罚听证会。

4月9日17时，银川出现沙尘暴天气，最大风速20米/秒。4月10日~14日连续发生扬沙浮尘天气。

是月上中旬，全区建设环保系统部署预防“非典”工作。

5 月 27 日，自治区党委书记陈建国对《宁夏日报》有关水资源污染问题的报道作出批示，自治区环保局出动千余人对造纸企业污染治理进行监督检查。截至 5 月 31 日，共监测数据 600 多个，对 20 家造纸厂专项检查 3 次。

6 月 11 日，自治区人民政府与部分市县和自治区有关部门签订区内重点工程使用 10 万农民工的责任书。

6 月 27 日，国家环保总局批准彭阳县为第八批全国生态示范区建设试点地区。

是月，银川市环境监测中心站对银川市 16 所大中专院校生活污水排放情况进行监测，其中 13 所大中专院校排放污水超标。

是月，自治区人民政府对建设系统下达了在重点建设领域安置区内 6 万名农民工的任务，建设厅协调施工企业共安置本区农民工 6.4 万人。

7 月 14 日，银川市现代化区域中心城市发展战略研究项目正式启动。

7 月 21 日，受内蒙古和新疆一带冷空气快速东移南下影响，石嘴山市、银川市、青铜峡市和海原县兴仁镇等地发生罕见浮尘天气。

7 月 25 日，中共中央政治局委员、国务院副总理曾培炎到宁夏考察，国家环保总局局长解振华陪同考察。

7 月 28 日，国家环保总局批准银川、石嘴山、吴忠、固原 4 市为全国生态环境监察试点地区。

是月，银川市第一污水处理厂通过验收正式运行。

是月，自治区环保局公布十大环境违法案件。

是月，自治区建设厅会同自治区工商局，组织房地产开发企业开展向社会承诺销售“放心房”活动，有 31 家房地产开发企业积极参与。

是月，自治区建设厅组织全区规划设计单位开展优秀农村住宅设计方案竞赛评选活动。将获奖的优秀设计方案印制成 20 万张彩色挂图，免费向全区农村发放。

8 月 9 日，银川北塔公园拉开建设序幕。

8 月 9 日，中央电视台《焦点访谈》报道永宁县紫荆花等 4 家企业违法排污，东升村部分农民水稻秧苗死亡问题。银川市要求对全县的所有企业进行排查，对有问题的小企业责令关停，大企业限期整改。

8月9日~10日,自治区环保局执法检查组对全区部分重点排污企业进行突击检查。

8月11日,自治区环保局、监察厅、农牧厅、工商局联合发文,禁止采集和销售发菜。

8月20日,自治区环保局印发《宁夏自治区环境保护违反行政审批制度责任追究办法》。

8月23日~28日,自治区人大常委会副主任韩有为带领人大检查组,对白芨滩、贺兰山、六盘山自然保护区贯彻落实国务院《自然保护区管理条例》情况进行检查。

8月26日,宁夏贺兰山国家级自然保护区扩界获国务院批准。扩界新增面积1446.36平方公里,包括宁夏贺兰山主要地段和部分山前冲积带(斑籽麻黄生境)及石嘴山市落石滩洪积扇(四合木生境)片区。

是月,自治区人民政府清查出应取缔、关闭、淘汰、停产治理的"十五小"企业共60家(第一批),确定宁夏日盛实业有限公司超标排污案等违法案件。

9月1日,银川市银新景观水道开通。

9月6日,银川大团结、新月、西夏、迎宾、仙来五大广场竣工庆典仪式在大团结广场举行。

9月6日,丽景湖公园竣工开园。

9月25日,自治区环保局、监察厅、农牧厅、工商局组成联合检查组,对银川、石嘴山、吴忠、固原4市及同心、盐池等重点县(区)采集和销售发菜、滥挖甘草进行专项执法检查。

是月,银川春满园住宅小区通过建设部专家组验收,被评为宁夏首家"国家建筑节能技术示范工程"。

10月1日,银川市在人民广场举行庆祝中华人民共和国成立54周年暨人民广场、黄河东路、广场东西路、宁安街竣工庆典活动。

10月14日~15日,宁夏中德合作项目"环境政策与管理"培训班在银川市举办,70多人参加了培训。

是月,自治区建设厅与中国农业银行宁夏分行签署合作协议,在未来10年内由银行提供20亿元贷款额度,用于宁夏小城镇基础设施建设。

11月19日~24日,人事部和国家环保总局联合在银川举办"西部地区环保技术高级研修班”，西部地区 12 省、区、市的 80 多人参加了研修班。

12 月 20 日，银川市委、政府举办 2003 中国城市基础设施改革与发展国际研讨会，近 300 名中外嘉宾参加研讨会。

是月，宁夏建设教育协会成立。

是年，“大银川”建设全面提速，城市大框架、大格局基本形成。

是年，银川市环境空气质量二级及好于二级（优、良级）的天数为 293 天，占全年天数的 80.2%，比 2002 年增加 15 天。

是年，自治区建设厅与自治区检察院联合在全区建设行业开展“争创优质工程，争当优秀干部”活动。

2004 年

1 月，自治区人民政府印发《宁夏城市化发展纲要》。

2 月 1 日，建设部印发《关于宁夏城镇体系规划的批复》，国务院原则同意宁夏城镇体系规划。

2 月 29 日，宁夏建设职业技术学院升格为自治区建设厅管理的副厅级事业单位。

是月，自治区人民政府成立宁夏城市规划委员会，代表自治区人民政府统一指导、协调、监督全区的城市规划管理工作。

3 月 15 日，宁夏环保志愿者协会成立。

3 月 16 日，自治区党委召开常委扩大会议，学习胡锦涛总书记、温家宝总理在中央人口资源环境工作座谈会上的重要讲话精神。

3 月 23 日，宁夏首家污染治理技术阳光操作工程在石嘴山市启动。

3 月 30 日，自治区党委书记陈建国、自治区主席马启智带领有关单位负责人对全区环保工作进行专题调研。

是月，自治区建设厅会同自治区发改委、统计局建立全区房地产开发预警预报系统，定期发布房地产景气指数。

4 月 9 日，全区发展环保产业现场观摩会在吴忠市金积工业园区宁夏凌峰精细化工有限公司举行。

4 月 26 日，自治区首家“环保在线”专题电视节目《绿色家园》在银川电视台播出。

5月18日，宁夏建设系统职工思想政治工作研究会成立。

5月24日，宁夏首条10车道——银川市文萃路主车道全线贯通。

5月31日，自治区人民政府批准实施《黄河青铜峡水库湿地自然保护区总体规划》。

是日，为保证高、中考期间环境安全、安静，全区环保部门提前部署，设置举报电话，24小时值班，环保监察人员进行巡回检查。

6月10日，宁夏建设系统首个进城务工人员工会在宁夏住宅发展有限责任公司成立。

6月20日，宁夏阅海公园一期工程竣工通航典礼在银川举行。

是月，全区开展农村农业面源污染综合整治试点工作，分4个阶段进行，至年度结束。

7月6日，自治区环保局决定聘任徐自容等8人为首批环保纠风监督员。

7月9日，国家发改委下达宁夏2004年中心城市环保基础设施建设国债资金14700万元。

7月13日，国家环保总局公布2003年113个国家环境保护重点城市中的10个空气污染最重城市，石嘴山市名列第四。

7月15日，自治区人民政府第39次常务会议原则同意将青铜峡库区自然保护区范围内的国有土地，一次性划拨给保护区管理机构管理和使用。同意将青铜峡水库库区管理委员会调整为青铜峡库区自然保护区管理委员会。

7月29日，宁夏建设工程招标投标协会成立。

是月，中国环境科学学会、自治区环保局主办，宁夏环境科学学会承办的“千乡万村环境保护科普行动计划”正式启动，标志着全区环境保护工作开始向农村拓展。

是月，自治区城市规划委员会向银川、石嘴山、吴忠、固原、中卫等5市派驻城市规划督察员。

8月10日，《石嘴山市城市发展规划》编制完成。

8月20日，自治区环保局印发《宁夏自治区环境质量例行监测技术规定》。

8月23日，国家下达宁夏2004年度国家级自然保护区专项资金补助经费 330 万元。

8 月 25 日 ~26 日,国家环保总局副局长潘岳一行到宁夏调研生态环境保护情况。

9 月 7 日,国家发改委下达自治区 2004 年城市供水管网改造工程建设国家预算内专项投资计划 5000 万元,用于银川等 5 市城区供水管网工程。

9 月 12 日,全程近 5 公里的亲水大街完工通车,这是继银川市文萃路后的第二条"十车道",横贯银川中部南北。

9 月 27 日,自治区人民政府办公厅转发自治区环保局关于全区农村农业面源污染综合整治试点工作方案。

9 月 28 日,银川南环高速公路竣工通车。银川南环高速公路路线全长 22.73 公里,总投资 4.8 亿元。9 月中旬,银川市亲水大街等 22 条城市干道竣工通车,形成了银川市城市主干道六纵九横的基本路网框架。

9 月 29 日,银川亲水大街等 22 条城市干道竣工通车。

9 月 29 日,银川南环高速公路竣工通车。

10 月 10 日,自治区重点建设项目之一的银川河东机场改扩建工程正式启动,工程计划总投资约 5 亿元。

10 月 18 日,宁夏环境科学设计研究院举行成立暨揭牌仪式。

10 月 19 日,银川市第三污水厂竣工。

10 月 23 日,银川市首个湿地公园——宝湖湿地文化公园一期工程正式竣工并向市民开放。

至 10 月底,全区建设领域累计拖欠工程款达 16.39 亿元。其中政府部门拖欠达 9.75 亿元。

是月,自治区在全国最先开展的"全区首批房地产开发星级企业评比"揭晓,中房集团银川房地产开发有限公司等 16 家具有资信和品牌优势的企业胜出。

11 月 4 日,中美(地方)环境保护技术交流研讨会在银川举行,美国北卡莱那州立大学环境顾问、副教授成家扬博士作专题讲座。

11 月 16 日,由宁夏阡陌电子商务有限公司开发的区内新型电子商务平台——宁夏房网开通。

是月,自治区发改委对《宁夏危险废物和医疗废物处置中心项目可行性研究报告》作出批复，项目投资13432万元，选址位于灵武市以东10公里处的东塔乡307国道北侧缓坡区域的非农用荒地，占地面积10公顷。

是月，自治区建设厅联合自治区工商局等部门首次对全区房地产开发企业进行星级评定，银川众一集团、宁夏住宅建发集团等16家企业被评定为星级企业。

12月13日，自治区人民政府作出关于建设宁夏海原南华山区（省）级自然保护区的批复，保护区总面积为20100公顷。

12月28日，自治区人民政府颁布《宁夏回族自治区排污费征收使用管理办法》，自2005年1月1日正式实施。

是年，宁夏共征收排污费8611万元，比上年多收3676万元，在全国排污费征收增幅超过50%的6个省区中名列第一。

是年，自治区环境监测中心站与各市环境监测站开展辖区内“菜蓝子”种植基地和主要污水灌溉区环境质量调查监测工作，结果表明，全区“菜蓝子”种植基地环境质量处于安全水平。

是年，自治区建设厅在全区组织开展清理拖欠农民工工资工作，共清理兑付拖欠的农民工工资9.39亿元。

是年，全区新开工经济适用住房116万平方米，竣工92万平方米。

是年，经自治区人民政府审定，自治区建设厅第一批保留行政审批项目19项，自治区环保局第一批保留16项。

是年，自治区住房公积金管理中心营业大厅被国家文明委、建设部、团中央授予国家级“青年文明号”称号。

是年，银川市房管局、银川市建设局获自治区“文明单位”称号。

是年，宁夏建筑劳保基金管理办公室被建设部评为全国建设系统思想政治工作先进集体。

2005年

1月12日，自治区“清查放射源，让百姓放心”专项行动领导小组召开总结暨表彰会议，20个市县（市区）的先进集体（单位）和17名先进工作者受到表彰奖励。

1 月 20 日，自治区环保局召开全体干部职工大会，对开展保持共产党员先进性教育活动进行动员部署。

2 月 25 日～28 日，全区环境保护工作会议在银川召开。会议对银川市佳通轮胎有限公司等 15 家“自治区环境友好企业”、银川市第四幼儿园等 25 所绿色学校（幼儿园）以及环境容量测算和全区环保系统政务信息先进单位和个人进行表彰。

2 月 28 日，自治区党委副书记韩茂华带领考核领导小组对自治区环保局落实党风廉政建设责任制情况进行考核。

3 月 1 日，建设部、科技部联合在北京召开全国小城镇科技示范项目验收会议，吴忠金积镇顺利通过验收。

3 月 4 日，银川市现代化区域中心城市发展战略研究研讨会在北京召开。中国科学院院士、中国地理学会理事长陆大道，中国工程院院士、中国城市规划学会副理事长邹德慈等国内外知名专家就“大银川”的发展战略进行探讨。国务院副秘书长陈进玉、国家财政部副部长李勇、国家林业局副局长张建龙、国家交通部等有关部委领导，世界银行代表杜大伟等嘉宾以及自治区领导陈建国、马启智等参加研讨会。

3 月 12 日，自治区环保局项目办、宁夏环境科学设计研究院主办举行德国专家聘任证书颁发仪式暨环境保护项目合作座谈会。

是月，自治区建设厅党组决定在全区建设行业开展以“树行业新风，让人民满意”为主题的行业作风整顿活动。

4 月 8 日，“中华环保世纪行—宁夏行动”启动式在银川举行，确定 2005 年的活动主题是“保护水环境，珍惜水资源”。

是日，自治区精神文明建设指导委员会办公室、自治区环保局联合印发通知，决定在全区开展“绿色社区”创建活动。

4 月 12 日～14 日，自治区人大常委会副主任韩有为、马骏廷、李国芳分别带领“中华环保世纪行—宁夏行动”3 个执法检查组，对银川、石嘴山、吴忠、固原、中卫 5 市贯彻《中华人民共和国水污染防治法》和《中华人民共和国水法》的情况进行执法检查。

4 月 25 日，全区“塞上农民新居”建设动员大会在银川召开。

4 月 28 日，石嘴山市第八中学、银川市西夏区回民中学、固原市原州区第二中学获第三批“全国绿色学校创建活动”先进学校，李国仓等6名同志被评为“全国绿色学校创建活动”优秀教师和全国绿色学校工作先进个人。

是月，宁夏对在用放射源进行现场编码挂牌，至5月基本完成。

5月8日，自治区环保局举办“全国先进工作者强小媛同志事迹报告会”。

5月13日~17日，全国人大常委会副委员长盛华仁率领全国人大执法检查组，对宁夏贯彻落实《中华人民共和国水污染防治法》情况进行检查。

5月18日~26日，自治区环保局及自治区环境监察总队对石嘴山市百余家电石铁合金焦炭行业的清理整顿工作进行检查和全面排查。

6月1日，国家环保总局公布全国城市环境管理和综合整治2004年度报告，银川市城市环境综合整治定量考核工作名列自治区第一。

6月2日，自治区环保局、自治区文明办在长庆石油勘探局燕鸽湖社区举行“宁夏绿色社区创建活动启动仪式”。

是日，国家环保总局副局长张力军在银川参加“APEC”循环经济与中国西部大开发国际高层论谈会期间，调研宁夏生态环境保护和农业面源污染防治工作。

是日晚10时左右，一辆拉运易燃、易爆、有毒化学品二硫化碳（液体）和硫氰酸钠（固体）的汽车在银平公路固原市原州区七营镇马莲村段发生泄露，引起化学品燃烧，对周围环境空气造成污染。

6月4日，宁夏长庆石油银川燕鸽湖社区、银川兴庆区凤凰北街崇安社区被授予全国“绿色社区”称号。

6月5日，自治区环保局在银川光明广场举行“六·五”世界环境日宣传咨询活动。

6月27日，刘学军任自治区建设厅党组书记、厅长。

6月28日，自治区环保局在银川召开黄河水污染防治会议，对自治区环保局《关于贯彻落实自治区领导重要批示，确保黄河水环境安全整改方案》进行讨论修改。

是月，自治区环保局、监察厅联合下发对企业违法排污损害群众利益突出问题开展专项检查工作方案，7月14日联合印发《关于深入开展整治违法排污企业保障群众健康环保专项行动的通知》。

是月，全国妇联和国家环保总局联合表彰全国“绿色家庭”，宁夏谢强、潘军 2 个家庭获此殊荣。

7 月 21 日，自治区环保局成立《农村环保小康行动计划》编写领导小组，自治区环保局局长邸国卫任领导小组组长。

7 月 25 日，中国环保产业协会水污染治理委员会秘书长王家廉一行 6 人到宁夏调研银川市第一、第二污水处理厂 SBR 污水处理工程的设计与运行情况。

是月，自治区环保局建立和完善"局长接待日制"、"信访工作制"及"一把手"负总责等系列信访工作制度。

是月，自治区环保局、林业局邀请宁夏植物专家马德滋教授一同对石嘴山市四合木生态保护工作进行调研。

8 月，成立由自治区副主席王正伟任组长，自治区环保局局长邸国卫、自治区政府副秘书长李耀松任副组长的环保专项整治行动领导小组，决定在全区开展环保专项整治行动。

8 月，自治区环保局系统"四五"普法验收工作全面展开。

8 月，国家发改委批准宁夏危险废物和医疗废物处置中心项目总投资 10166 万元。建设起止年限为 2005 年 ~ 2006 年。

9 月，自治区环保专项整治行动领导小组办公室决定银川市荣洁生活固体废物处理有限公司、中卫市污水处理厂等 12 家企业为今年环保专项整治行动重点挂牌督办企业。

10 月 9 日，《宁夏鸳鸯湖电厂一期 2 × 600MW 工程环境影响报告书》通过国家评估。

10 月 10 日，银川市被列为中国 ~ UNDP 清洁能源行动试点城市。

10 月 17 日，由爱国华人商会世界著名企业联盟、美中经贸投资总商会、全球华人名牌网等机构联合推选的 2005 年度中国特色魅力城市 200 强推选结果公布，北京、上海、银川及中国香港、澳门、台北等 200 个城市上榜。

是月，银川佳通轮胎有限公司 30 万套全钢载重子午胎项目被自治区环保局推荐为"国家环境友好工程"。

是月，在 2005 年度全国环境监测质控考核工作中，自治区环境监测中心站及银川、石嘴山、吴忠市环境监测站均获得优秀。

11 月 7 日 ~ 10 日，监察部副部长陈昌智带领环保专项行动督查组，对宁夏环保专项行动开展情况进行督查，并深入星海湖湿地等地进行检查指导。

11月27日，自治区重点公益性建设项目、自治区成立50周年重点献礼项目——“三馆两中心”（宁夏科技馆、宁夏图书馆、宁夏博物馆、银川文化艺术中心、银川会展中心）破土动工。

11月29日，宁夏危废处置中心在灵武市正式破土动工，项目占地98650平方米，总投资10166万元。

是月，国家环保总局通过宁夏中卫美利纸业林纸一体化项目环境影响报告书。

12月2日，自治区环保局印发《关于进一步加强环境监督管理严防发生污染事故的紧急通知》，要求以吉林市吉化公司双苯厂发生爆炸，对松花江水质造成严重污染为教训，立即开展各类重点污染源及危险化学品、放射源环境污染隐患的全面排查工作。

12月3日~6日，“中华环保世纪行—宁夏行动”执委会组织人民日报、新华社、中央人民广播电台、光明日报等20多家媒体到银川、中卫、吴忠、石嘴山4市，对人大执法检查和环保专项行动后部分企业的整改情况进行检查和跟踪采访。

12月3日~6日，自治区环保局成立检查组，深入石嘴山、吴忠、银川等地19家重点企业及宁夏放射性废物库紧急检查严防发生环境污染事件工作。

12月29日，银川市重点建设工程银川商城正式开业，已有3000名业主入驻。新建成的银川商城投资5亿多元，建筑面积达9万平方米，共6层，近4000个摊位。

是月，自治区环保局党建和文明机关工作通过自治区区直机关工委考核。

是月，宁夏辐射环境监督站被评为“全国清查放射源专项行动”先进集体，杨参军被评为先进个人。

是月，国电大武口发电厂3号、4号机组烟气脱硫项目正式破土动工。

是月，宁夏环境监察总队迅速处理暖泉工业园区一化工企业毒气泄漏致人伤亡事故。

是年，全区排污费征收额达到1.47亿元，增幅名列全国第一。

是年，全区环保系统共受理群众电话投诉、来信、来访7698件，办结率达96%。

是年,全区"塞上农民新居"建设完成试点56个,3600户农民建成新居。有19个村庄进行村容村貌整治,直接受益农户1300户。

是年,全区经济适用住房开工156万平方米,竣工105万平方米,其中面向社会销售35万平方米。

是年,自治区建筑劳保基金管理办公室筹集专项资金2600万元,一次性解决了国有建筑企业多年累积拖欠的职工养老金。

2006年

1月12日,固原地区淀粉加工废水污染治理座谈会在固原召开。

2月6日,自治区环保局召开2005年度环境质量分析会。

2月16日,国务院新闻办公室通报我国建筑节能工作开展较好和较滞后的地区,银川市作为建筑节能工作得到了国家建设部的肯定。

2月17~20日,在自治区九届人大四次会议和政协八届四次会议上,自治区主席马启智提出"十一五"时期宁夏加快建设资源节约型、环境友好型社会的七大举措。

2月20日,银川市出现今年以来首次扬沙天气。

2月22日,为期一个多月的全区环境安全大检查结束。各级环保部门共出动执法检查人员2300余人次,检查企业674家、放射性物质使用单位30家、放射源186个。通过大检查,共确定重点环境监管企业128家。

3月2日,全区环境保护暨环保系统党风廉政建设工作会议召开。

3月上旬,自治区环保局对永宁县望远镇、吴忠市金积镇、中卫市迎水镇3个农村面源污染综合整治试点进行检查。

3月23日,《"十五"(2001~2005年)全区辐射环境质量报告》由宁夏辐射环境监督站编制完成。

3月27日,全球环境基金(GEF)项目专家组再次到青铜峡库区湿地自然保护区进行考察。

是月,日本国无偿援助"中国酸沉降及沙尘暴监测网络建设项目"考察团一行到自治区环境监测中心站考察,就沙尘暴监测有关技术进行交流。

4月1日,宁夏发生2002年以来污染强度最大的沙尘天气,环境空气污染最严重是中卫市。

4 月 3 日,自治区生态环境监察试点工作领导小组组织验收评估小组,对银川市、石嘴山市、吴忠市、固原市 4 个生态环境监察试点地区 3 年来的试点工作情况进行检查验收。

4 月 4 日,国家建设部决定,将 10 座县城命名为首批国家园林县城,贺兰县榜上有名。

4 月 5 日,自治区环保局成立自治区土壤调查专项工作领导小组及办公室,并启动全区土壤污染调查及污染防治工作。

4 月 6 日,“中华环保世纪行—宁夏行动”2006 年工作会议召开。自治区常务副主席王正伟讲话,自治区人大常委会副主任、活动组委会主任韩有为作工作报告。

是日,2005 年中国人居环境奖获奖城市(项目)名单在京揭晓。国家建设部授予唐徕渠整治工程“中国人居环境范例奖”,使银川成为西北 5 省区中第四个获此殊荣的城市。

4 月 10 日,国家建设部表彰通报,银川市副市长陈银生获“全国园林绿化优秀市长”称号,银川市园林管理局总工程师齐建国获“全国园林绿化十大标兵”称号。

4 月 11 日 ~13 日,国家建设部部长汪光焘在宁夏调研。

4 月 14 日,宁夏被列入全国农村小康环保行动计划试点省(区)。

4 月,自治区城市环境综合整治定量考核领导小组组织,对国家重点考核城市银川市、石嘴山市和自治区考核城市吴忠市、固原市、中卫市、青铜峡市、灵武市、平罗县 2005 年度工作进行审核验收。

是月,国务院正式批准宁夏哈巴湖自然保护区为国家级自然保护区。哈巴湖自然保护区属于荒漠—湿地类型自然保护区,总面积 84000 公顷。

是月,银川市唐徕渠环境综合整治工程项目获中国人居环境范例奖。

是月,自治区环境监测中心站、石嘴山市环境监察支队和银川市环保局局长顾川分别被评为“十五”期间全国环境保护系统先进集体和先进个人,受到国家人事部、环保总局的表彰奖励。

5 月 22 日,全国人大环资委副主任委员、中华环保世纪行组委会副主任叶如棠带领全国 13 家媒体记者到宁夏进行采访。

5 月 26 日，列入全国首批试点的宁东能源化工基地规划环境影响评价工作启动。

是月，自治区人大常委会组成检查组对全区环保法律法规执行情况进行检查，共检查各市 80 多家企业，涉及制药、造纸、铁合金、水泥、发电及城市污水处理厂、垃圾处理厂等。

是月，宁夏住宅建设集体公司总裁王新生获得“全国五一劳动奖章”。

6 月 13 日，宁夏环保联合会成立。

7 月 8 日，“2006 · 中国房地产西部论坛”在银川举行。

8 月 13 日，自治区党委常委、政府常务副主席王正伟代表自治区政府与国家环保总局签订《“十一五”二氧化硫总量削减目标责任书》和《“十一五”水污染物总量削减目标责任书》。

是月，银川市鸣翠湖和阅海公园被国家林业局评为“国家湿地公园”。

9 月 14 日，首轮入围 2006 年“全国最具投资潜力中小城市百强”城市名单已在中国中小城市网上公示，青铜峡市是宁夏唯一上榜市（县），总排名列第 76 位。

9 月 20 日，中国城市论坛 2006 年北京峰会揭晓“2006 中国城市生活质量排行榜”。银川市位列第 31 位，吴忠市名列第 41 位。

9 月 24 日，宁夏农村小康环保行动启动仪式在吴忠市金积镇举行。

9 月 25 日～26 日，全区第六次环保大会在银川召开。自治区党委常委、政府常务副主席王正伟与 5 市签订《环境保护目标责任书》。

10 月 25 日，宁夏贺兰山、白芨滩国家级自然保护区被评为全国自然保护区先进集体。

10 月 27 日，自治区主席马启智主持召开自治区人民政府第 83 次常务会议，决定撤销自治区环保局青铜峡库区湿地自然保护区管理局。青铜峡库区湿地自然保护区管理工作交由青铜峡负责，业务受自治区环保局指导。

是月，自治区建设厅组织召开全区“塞上农民新居”建设观摩会。

11 月 14 日，由自治区建设厅组织的首批宁夏建设科技奖评选活动揭晓。宁夏建筑标准设计办公室、宁夏荣恒房地产集团、宁夏第一建筑公司等 6 家单位实施的 6 个项目分别获奖，其中宁夏建筑标准设计办公室实施的宁夏 02 系列建筑标准设计图集项目获一等奖。

11月29日,国家建设部授予银川市湖泊湿地恢复与保护项目“中国人居环境范例奖”。

12月8日,自治区党委、政府作出《关于落实科学发展观进一步加强环境保护决定》。

12月11日,自治区环保局争取中央和地方能力建设资金15572万元,创历史新高。

12月14日,银川市“湖泊湿地的恢复与保护项目”荣获“中国人居环境范例奖”。

12月20日,宁夏可持续发展研究会成立。

是月,自治区党委九届十二次全委(扩大)会议作出推进以银川为龙头的沿黄城市带建设的战略决策。

是月,自治区建设厅机关被自治区直属机关工委评为区直文明机关。

是年,全区新建和改建农村示范村庄81个,新建农宅4628户,建筑面积达40多万平方米。开展环境综合整治的示范村庄达112个,覆盖农户达11338户。

是年,贺兰县被建设部命名为全国首批园林县城,宁夏建设工程招标投标管理办公室被建设部授予“全国建设系统党风廉政建设先进单位”称号。

2007年

1月6日,自治区党委副书记、政府常务副主席王正伟在《环境保护》杂志2007年第一期发表访谈文章《推进宁夏农村小康环保行动》。

1月7日~10日,国家监察部、环保总局联合检查组在对石嘴山市和吴忠市主要工业园区和主要排污企业进行突击检查后,认定宁夏地区电石、铁合金、焦炭行业污染防治已取得决定性的结果。

3月20日,建设部授予银川市为国家节水型城市。

3月25日,《2007年中国城市竞争力蓝皮书》公布:银川市在全国200个城市中居第111位,在西北5省区入围的11个城市中居第6位。

3月26日,2007年“中华环保世纪行——宁夏行动”启动。

是日,国家环保总局发布“十五”期间全国各省、自治区、直辖市生态环境质量变化趋势报告,报告显示“十五”期间宁夏生态环境质量指数提高一个质量等级,改善幅度名列全国第二。

3 月 29 日,自治区人民政府成立宁夏第一次全国污染源普查领导小组,污染源普查工作正式启动。

是月,银川市被建设部命名为国家节水型城市。

4 月 6 日,《宁东能源化工基地规划纲要环境影响评价报告书》通过国家环保总局审查。

4 月 24 日,自治区人民政府发布《宁夏回族自治区“十一五”环境保护目标责任书考核办法》。次日印发《宁夏回族自治区环境保护“十一五”规划》。

4 月 30 日,自治区党委副书记、政府常务副主席王正伟主持召开自治区农村小康环保行动计划领导小组工作会议,原则通过《自治区农村小康环保行动计划 2007 年实施方案》。

5 月 14 日,自治区人民政府印发《自治区人民政府关于认真办理 2007 年 12 件环保实事的意见》。

5 月 15 日 ~22 日,自治区环保局、监察厅组成考核组,对银川、石嘴山、吴忠、中卫、固原 5 市人民政府 2006 年度环境保护目标责任书完成情况进行考核。

5 月 31 日,国家环保总局现场踏勘黄河宁夏段出境考核断面,原则同意黄河宁夏段出境考核断面水质自动监测站站址选择在麻黄沟。

7 月 2 日,自治区人民政府召开第 95 次常务会议,听取节能减排工作情况和环保 12 件实事进展情况汇报。

7 月 13 日,自治区建设厅与自治区检察院联合召开大会,对在宁夏城镇建设领域开展预防职务犯罪专项活动进行动员部署。

7 月 17 日,自治区环保局全面开展电磁辐射污染源申报登记工作。

7 月 20 日,自治区人民政府命名彭阳县为“生态建设模范县”,成为自治区首个以自治区人民政府名义命名的“生态建设模范县”。

7 月 25 日,自治区环保局获 2006 年度全国环保系统政务信息工作先进集体。

7 月 31 日,自治区环保局、国家开发银行、宁夏电力投资公司签订开发性金融合作协议,旨在推进和完善自治区环保领域投资体制建设和信用建设,推动全区环境保护重大工程项目的实施和环保产业的发展。

9月5日,全国爱委会命名银川市为国家卫生城市。银川市成为西北地区首个被命名为"国家卫生城市"的省会(首府)城市。

9月7日,冯志强任自治区环保局党组书记。

9月21日,刘慧芳任自治区建设厅党组书记、厅长。

9月22日,银川市开展"世界无车日"活动,多数市民选择乘坐免费的公交车出行。

是月,第四届中小城市可持续发展高峰论坛在北京召开,灵武市跻身2007年度全国最具投资潜力中小城市百强,为宁夏唯一获此殊荣的市(县)。

10月12日,自治区环保局召开2007年办理人大代表建议政协提案工作座谈会。

11月16日,宁夏环境文化促进会成立。

11月20日,自治区召开第一次污染源普查工作会议,全面部署污染源普查工作。

11月21日,石嘴山市被列入全国第二批循环经济试点城市。全市"三废"利用产值突破2亿元,连续4年位居全区第一位。

12月3日,国家首次安排宁夏廉租住房建设专项补助资金1700万元,用于银川、石嘴山、吴忠、中卫、灵武等市廉租住房建设。

12月23日~24日,南部山区危窑危房改造现场观摩会在同心召开。

12月27日,自治区人民政府召开第105次常务会议,听取自治区环保局关于2007年12件环保实事落实情况汇报。

是年,自治区环保局争取到中央环保资金2470万元,7个环保项目得到支持。

是年,全区环保专项行动共出动执法人员34537次,检查企业3587家,立案查处367家,结案244起,关闭企业104家,停产限期治理企业159家。

2008年

1月7日,面向全国公开招标的自治区环卫车辆政府采购项目最终定标,共为自治区财政节省资金429.9万元,节资率达12.2%。

1 月 25 日,《宁夏回族自治区新建商品房交易价格行为暂行规定》出台。自 2 月 1 日起施行。

1 月 28 日,宁夏建设(规划)工作会议在银川召开。会议传达贯彻落实自治区经济工作会议和全国住房和城乡建设工作会议精神,总结 2007 年建设工作,安排部署 2008 年建设系统的工作任务,表彰了 2007 年度“明珠杯”城市规划建设管理竞赛活动先进单位和先进个人。自治区副主席李锐到会并作重要讲话。会后,举行了全区城市环卫车授车仪式。

是月,自治区财政厅下达 2270 万元环保专项资金,支持全区 26 个污染物减排项目。

2 月 3 日,国家住房和城乡建设部发布通报,对圆满完成住房建设计划制定工作任务的宁夏等七省区进行了通报表彰。

2 月 14 日,建设部发出通报,决定命名银川市等 34 个城市为 2007 年“国家园林城市”。

2 月 23 日,一辆载有 19.5 吨液化气的汽车侧翻在 312 国道泾源县蒿店乡附近。固原市环保局及时处置这起突发环境事件,确保环境安全。

2 月 26 日,全区环境保护工作会议召开。会议总结“十一五”以来宁夏环保工作,部署今后 3 年的环保工作,提出 2008 年的 8 项重点任务。

2 月 29 日,宁夏回族自治区党委书记陈建国在《自治区建设厅 2008 年工作要点》上作出了重要批示:建设厅 2008 年“突出一个思路”、“做好两个规划”、“确保五个重点”、“抓好八项工作”的安排很好,符合党的十七大精神,符合我区实际。请认真抓好落实,把我区的住房和城乡规划建设提高到一个新的水平。

3 月 10 日,中卫沙坡头民用机场环境影响报告书通过国家民航总局预审。

3 月 11 日 ~ 13 日,自治区环保局局长冯志强到固原、中卫调研。

是月,宁夏饮用水源地基础环境调查及评估工作全面启动。

4 月 7 日,自治区农村小康环保行动领导小组召开全区农村小康环保行动试点暨环境整治工作会议。会议表彰了试点行动优秀县区,命名第一批 12 个自治区“环境优美乡镇”和 15 个“生态村”,向全区 54 个乡镇、26 个环保监察执法机构发放 54 辆农村垃圾转运车和 32 辆环境监察执法车辆。

4月13日，宁夏回族自治区主席王正伟在建设厅“塞上农民新居”简报上作出重要批示：塞上农民新居建设工作是为自治区大庆献礼的民生工程之一，也是建设厅的一项重要工作，近期工作力度加大，速度加快，应予以肯定。但要继续注意督察，正面引导、保证质量、一抓到底，确保全面完成任务。

4月22日，自治区审计厅对自治区环保局2005~2007年度环保专项资金使用效益情况及2007年度预算执行情况进行审计。

是日，宁夏城市放射性废物库旧库废源物清理工作结束。总重约20吨的废物货包安全送至国家西北处置场终态处置。

4月26日，自治区环境应急预警中心开工奠基。

4月26日，全长130公里的艾伊河全线贯通。这是自治区水资源综合利用的规模最大、难度最大、协调最好、进度最快的工程。

4月28日，国家环保部命名吴忠市金积镇、扁担沟镇和银川市丰登镇为国家级环境优美乡镇，金积镇塔湾村为国家级生态村。

是月，自治区环保局与财政厅组织有关专家，对获得中央和自治区环保专项资金支持的伊品集团、丰友化工、贺兰山化肥有限公司3家企业环保节能减排综合治理工程进行项目竣工资金验收。

5月14日，宁夏建设厅积极响应自治区党委、政府的号召，组织开展了“情系地震灾区”捐款活动，全体机关干部和厅属各单位1273人捐款180230元。

5月17日至19日，宁夏建设厅组织工程技术人员对全区的在建工程和既有建筑进行了抽查。共检查在建工程1828项，既有建筑751项（其中学校371所、幼儿园68所、医院67家）。

5月18日，宁夏建设厅举行捐赠环卫车辆和救灾急需物资仪式，再次组织动员全区建设系统广大干部职工进行捐赠，向地震灾区捐赠了总价值63万余元的急需环卫车辆和救灾物资。

5月20日，宁夏建设厅组织开展了缴纳“特殊党费”活动，厅系统504名党员共缴纳“特殊党费”186999元，支援灾区抗震救灾。

6月1日，自治区环保局在银川市部分社区和大型超市举办“提倡布袋（菜篮）购物、拒绝白色污染”大型环保宣传活动。

6月5日，首届“宁夏十大环保人物”评选活动颁奖大会在银川举行。

6月11日~16日,国家水质自动监测技术培训班在银川举办,来自全国各地环境监测站的60多名技术人员参加了为期5天的培训。

6月15日,国家住房和城乡建设部向宁夏下达了援建甘肃省天水市过渡安置房1万套的任务(后调整为5000套),自治区党委书记陈建国、政府主席王正伟在第一时间作出重要批示,明确要求自治区各有关部门要坚决按照党中央、国务院的部署,从讲政治、讲大局、讲责任的高度,采取切实可行的措施,千方百计、保质保量、又好又快地完成过渡安置房建设任务。

6月16日,按照宁夏回族自治区党委、政府关于加强城乡建设抗震设防工作,建设抗震示范工程的要求,宁夏建设厅在银川湖畔嘉苑住宅区开工建设轻钢结构轻型复合保温墙体材料抗震示范小学。

6月19日,自治区环保局部署开展全区施工噪声和餐饮油烟专项整治。

6月21日~25日,由国家环保部宣教中心承办的阿拉伯9个国家共28名高级官员环境管理研修班学员到宁夏考察生态环境保护。

6月24日,宁夏回族自治区副主席、抗震救灾指挥部总指挥李锐带领自治区建设厅、民政厅负责人到甘肃省进行过渡安置房任务对接,共商做好过渡安置房建设工作。

6月25日,宁夏回族自治区人民政府召开专题会议,对全区援建甘肃省过渡安置房工作进行了全面安排部署。在自治区抗震救灾指挥部下设了由自治区各有关部门、各承建单位、企业和部队组成的援建过渡安置房工作办公室,办公室设在建设厅。

7月1日,自治区环保局局长冯志强现场办理自治区政协九届一次会议重要提案"关于加强农村生活污水处理的建议"和"关于治理农村生态污染的建议"。

7月2日~3日,国家环保部副部长张力军到宁夏检查验收整顿和规范矿山开发利用秩序并检查指导宁夏环保工作。

7月3日,国家发改委和住房城乡建设部下达2008年中央预算内投资6000万元,支持宁夏新建廉租住房4075套,总建筑面积20万平方米,项目涉及银川、石嘴山、吴忠、中卫、固原五市共13个市县。

7月3日,四川省环保局致函感谢自治区环保局向汶川地震灾区捐款捐物合价19.6万元。

是日，自治区人民政府办公厅印发《主要污染物总量减排考核办法（暂行）》、《主要污染物总量减排监测办法（暂行）》和《主要污染物总量减排统计办法（暂行）》。

7月10日，自治区环境监察总队、银川市环境保护局和石嘴山市监察支队被国务院7部委授予全国五年“环保专项行动先进集体”称号，全区15人被评为全国五年“环保专项行动先进个人”。

7月14日，自治区对全区旅游风景区环境进行综合整治。

同日，自治区环保局组织开展宁夏十大重点区域土壤污染状况调查工作。

7月21日，自治区环保局组织重点企业开展环境应急演练，确保北京奥运会和自治区50年大庆期间的环境安全。

7月21日~22日，中国环境与发展国际合作委员会政策示范项目研讨会在银川召开。

7月22日~25椤，国家水质自动监测技术研讨班在宁夏举行，来自全国18个省市环境监测站100名环境监测站站长及技术人员参加学习培训。

7月26日，自治区人民政府制定《关于进一步加强重点领域节能减排工作的实施意见》。

8月5日，宁夏回族自治区主席王正伟在自治区政府秘书长左军、建设厅厅长刘慧芳、银川市市长王儒贵等陪同下，视察了抗震示范工程——湖畔小学。王正伟主席对建设厅在一个月的时间内建成湖畔小学抗震示范工程给予了充分肯定和高度评价，并要求做好示范推广工作。

8月8日，自治区人民政府召开会议，与5市主管领导及重点减排项目企业代表签订2008年度主要污染物总量减排目标责任书。

8月11日，首部《宁夏环境年鉴》（2007卷）正式印刷出版。

8月12日，自治区环保局组织开展全区重点湖泊、水库及湿地水环境现状调查工作，随后编制《宁夏重点湖泊（水库湿地）水环境现状调查分析报告》。

8月14日，宁夏抗震示范工程现场观摩会在银川召开。会议介绍了抗震示范工程建设情况，示范推广抗震新技术、新材料和新工艺，要求全区每个县、市（区）都要建一所示范学校，建一户示范农居。

8月15日，宁夏援建甘肃省天水市地震灾区的5000套、近10万平方米过渡安置房建设任务圆满完成。

8 月 21 日，自治区环保局行政审批部门整建制进驻自治区政务服务中心。

8 月 31 日，中卫香山机场全面竣工。

9 月 10 日，国家环保部调研组就贯彻落实《国务院进一步促进宁夏经济社会发展的若干意见》对宁夏环保工作进行实地调研。

9 月 16 日，全国地市级环保局长岗位培训班在银川举办，70 多人参加了培训。

9 月 17 日，中国城市国际协会授予银川市“中国宜居城市”称号。

9 月 19 日，《宁夏饮用水源地基础环境调查及评估报告》通过环保部技术验收。

9 月 19 日，宁夏建设厅组织有关市县成立了全区城市供水安全应急救援总队和分队，同时在银川举行全区城市供水安全应急演练。自治区副主席李锐观摩了演练。

10 月 14 日，自治区党委、政府决定：利用 3 年时间实施黄河宁夏段标准化堤防建设工程，整个工程估算总投资 17.51 亿元。

10 月 14 日，第 39 个世界标准日之际，自治区质监局对“外墙保温系统及专用材料质量验收标准”等 21 个标准项目颁发了 2008 年“宁夏标准创新贡献奖”。

10 月 17 日，宁夏沿黄城市带发展战略研讨会暨规划审查论证会在银川召开。自治区主席王正伟、副主席李锐出席会议。特邀住房和城乡建设部原副部长、国家科学院院士、工程院院士周干峙，国务院参事王静霞等 10 名国内知名专家学者和住房和城乡建设部规划司司长唐凯参加会议。

10 月 22 日，国家住房和城乡建设部印发了《关于贯彻落实〈国务院关于进一步促进宁夏经济社会发展的若干意见〉的工作意见》，提出了 21 条支持宁夏建设事业发展的政策、措施。

10 月，自治区建设厅、环保局部署开展深入学习实践科学发展观活动。

11 月 3 日，自治区第 18 次政府常务会原则通过了《宁夏回族自治区廉租住房和经济适用住房保障办法（草案）》的审查说明。

11 月 3 日，宁夏回族自治区人民政府第 18 次常务会议审查通过了《宁夏沿黄城市带发展规划》和《宁夏回族自治区廉租住房和经济适用住房保障办法》。

11月4日，自治区人民政府第9号政府令颁布了《宁夏回族自治区廉租住房和经济适用住房保障办法》，从2009年1月1日起施行。

11月14日，自治区环保局围绕“建设环境友好型宁夏，推进我区经济社会跨越式发展”主题，组织开展“解放思想，科学发展，跨越发展”大讨论。

11月18日，自治区环保局出台《关于切实加强宁夏环境保护工作，努力服务经济发展的八条意见》，切实做到经济发展和环境保护工作“两促进、两不误”。

11月24日，自治区国控重点污染源监控中心投入试运行，全区“12369”投诉热线技术升级改造项目建成并投入运行。

11月26日~28日，环保部和财政部组成调研组，对宁夏农村环保工作进行实地调研，实行“以奖促治、以奖代补”的政策，下达1936万元支持宁夏24个村镇开展环境整治。

11月28日，宁夏回族自治区第十届人民代表大会常务委员会第六次会议通过了《关于修改〈宁夏回族自治区城市房地产开发经营条例〉的决定》，对2002年颁发的《宁夏回族自治区城市房地产开发经营条例》中相关条款进行修订，提高了宁夏房地产开发企业准入门槛。

12月2日，自治区环保局决算报表编制工作获一等奖，是自治区本级部门中唯一连续5年荣获这一殊荣的单位。

是日，财政部和环保部下达宁夏2008年中央环保专项资金预算3280万元，支持集中饮用水源地污染防治、区域环境安全保障、污染防治新技术新工艺推广应用和建设社会主义新农村小康环保行动项目。

12月5日，国家住房和城乡建设部安排宁夏扩大内需廉租住房项目建设8125套，补助建设资金1.7728亿元。

12月9日，自治区环保局召开宁夏环境教育立法座谈会。

12月11~12日，宁夏环境保护与可持续发展战略研究项目启动研讨会召开。

12月24日，环保部出台《关于进一步促进宁夏环境保护工作的意见》，共涉及6个部分19个专题。

是月，自治区农村环境综合整治工作领导小组及其办公室成立，自治区党委副书记于革胜任领导小组组长，自治区环保局局长冯志强任办公室主任。

2009年

1月4日~12日，国家污染减排核查组一行6人对宁夏2008年度主要污染物总量减排工作进行全面核查。

1月11日，自治区人民政府召开第24次常务会议，审议通过了《关于促进房地产业平稳健康发展的若干意见》。17日，自治区人民政府印发了《关于促进房地产市场平稳健康发展的若干意见》。

是月，自治区财政下拨2008年自然保护区能力建设资金300万元。

是月，《自治区国家环境监管能力建设“十一五”规划中期评估报告》编制完成。

2月2日，自治区党委第5次常委会议审定通过了《宁夏沿黄城市带（群）发展规划》和《宁夏回族自治区房屋建筑抗震设防管理办法》。

2月10日~12日，环保部“创模”技术评估组专家一行对银川市各项“创模”考核指标进行技术评估，认为银川市基本达到“创模”要求。

2月11日，贺兰县获全国评价县城的最高荣誉——“全国文明县城”称号，为宁夏第一个获得此殊荣的县城。

2月15日，在自治区人民政府第三次全体（扩大）会议上，住房和城乡建设厅荣获自治区人民政府2008年度效能目标管理考核政府组成部门组一等奖。

2月16日，自治区环境保护局正式更名为自治区环境保护厅。

2月18日，环保部宁夏环保工作协调会在银川召开，环保部副部长周建、自治区副主席齐同生分别代表环保部和自治区人民政府共同签署《推进环境友好型宁夏建设合作协议》。

2月26日，全区环境保护工作会议召开，自治区政府对2008年度完成污染减排任务的地市政府和工作突出的先进集体及个人进行表彰奖励。

2月27日，银川火车站改造工程建设动员大会在银川举行。总投资24亿元的银川火车站改造工程按照“客货分设、客内货外”的原则，使新银川火车站成为枢纽内唯一的客运站，车站设计10台18线，规模与北京西客站相当。

是月，环境保护部正式公布宁夏减排成效好于全国平均水平，主要污染物削减率在西北5省区名列前茅。

是月，环保部副部长周建一行对宁东能源化工基地进行实地调研。

3月3日，国家发改委、住房和城乡建设部安排宁夏2009年新建廉租住房新增中央预算内资金3.1亿元，用于1.55万套廉租住房建设。

3月14日~15日，宁夏发生2009年首次沙尘天气，较上年度推迟15天。范围波及银川、吴忠、中卫3市，约1.4万平方公里，历时4~9小时不等。

3月19日，自治区领导王正伟、崔波、李锐等出席银川经济技术开发区总投资额超过10.6亿元的哈纳斯液化天然气生产等三大项目开工仪式。

3月20日，全区中小学校舍安全工程启动。自治区在全国率先启动实施中小学校舍安全工程。

3月23日，六盘山热电厂举行开工仪式。

3月25日，全区环境监测工作会议召开。会议对两年来全区环境监测工作进行了总结，安排部署了今后两年特别会议对全区环境监测工作3个先进集体和19个先进个人进行了表彰。

3月26日~27日，自治区"绿色社区"创建活动培训班在银川举行，100多人参加培训。培训班由环保部宣教中心和美国环保协会支持，自治区环保厅主办，区环境宣教中心具体承办。

是月，水利部黄河水利委员会有关部门及自治区水利厅组成联合检查组，对黄河石嘴山断面水质、第三排水沟入黄河水质情况和各工业园区重点涉水企业进行了现场检查调研。

是月，宁夏环境监测中心站协助中国环境监测总站完成银川河东机场扩建项目环境保护验收监测工作，其中机场噪声验收监测是首次开展的监测项目。

是月，环境与发展国际合作委员会促进城市低碳发展国际交流研讨会在银川召开。

是月，西北首辆机动车尾气遥测车落户银川。

是月，宁夏入选"全国典型乡镇饮用水水源地基础环境调查及评估工作"

试点省。

4 月 7 日，住房和城乡建设部通报了 2008 年中国人居环境奖获奖城市（项目）名单，宁夏石嘴山市北武当生态建设项目获得“中国人居环境范例奖”。

4 月 9 日，自治区党委、政府在吴忠市召开沿黄城市带建设启动大会，沿黄城市带发展领导小组各成员单位和沿黄各市县（区）负责同志参加了会议。自治区领导陈建国、王正伟、项宗西、蔡国英、何学清、李锐、解孟林出席大会并为沿黄城市带建设启动奠基。

4 月 9 日，自治区党委、政府举行沿黄城市带（群）建设启动大会。

4 月 10 日，自治区人民政府办公厅印发《自治区环境保护厅主要职责内设机构和人员编制规定》，确定自治区环境保护厅为自治区人民政府组成部门。内设机构为办公室、规划财务处、政策法规与宣传教育处、科技标准处、污染物排放总量控制处、环境影响评价处（行政审批办公室）、环境监测处、污染防治处、自然生态保护处和农村环境监督管理处 10 个及机关党委。核定行政编制 50 名。

4 月 14 日，“中华环保世纪行——宁夏行动”2009 年工作会议在银川召开。活动的主题是“落实科学发展观，建设资源节约型、环境友好型和谐宁夏”。

4 月 17 日，全区自然生态和农村环境保护工作会议召开。会议传达环保部 2009 年全国自然生态和农村环境保护会议精神，总结 2008 年全区自然生态和农村环境保护工作，对 2009 年全区工作进行了全面部署。

4 月 22 日 ~24 日，“宁夏乡镇饮用水水源地基础环境调查及评估工作会议暨技术培训班”在银川举行。

4 月 22 日，宁夏建设科学研究院改制为宁夏建设科学研究院股份有限公司，王福华当选为董事长。

4 月 22 日，环境保护部宣教中心与美国环保协会等联合举行的“酷中国 COOL CHINA——2009 年全民低碳行动试点项目”启动仪式在北京举行。银川市代表西北地区参加该项目试点。

4 月 24 日，自治区人民政府第 33 次常务会议研究通过了《关于加快推进沿黄城市带发展的实施方案（2009 ~2012）》，对沿黄城市带建设近期发展主要任务进行了全面部署。

是月，自治区环保厅组织水利、农业、卫生、环保等方面专家对《宁夏乡镇饮用水水源地基础环境调查研究及评估工作方案》进行论证。

5月19日，自治区人民政府出台了《关于进一步加强保障性安居工程建设的意见》，对全区保障性安居工程建设任务、资金筹措办法、补助标准、职责分工进行了明确规定，为全区保障性安居工程建设提供了政策保障。

5月30日，"2009首届中国西部(银川)房·车生活文化节"在银川开幕。7天的房·车生活文化节，订售房屋2339套。

5月30日~6月5日，自治区人民政府在银川举办2009首届中国西部(银川)房·车生活文化节。自治区党委书记陈建国、政府主席王正伟、政协主席项宗西等领导亲临"房·车生活文化节"参观指导。

5月31日，2009首届中国西部(银川)房地产创新发展高峰论坛在银川开幕。

6月1日~3日，环保部督查调研组对宁夏农村环保工作进行督查调研。

6月2日，全国环保系统排污费征收稽查业务培训班在银川举行，16个中西部省区及区内19个市县环境监察机构的执法人员150余人参加培训学习。

6月4日，自治区环保厅举办污染减排环保论坛，百家企业发表污染减排宣言。同时举办宁夏2009污染减排环保论坛。

6月8日，自治区领导王正伟、项宗西、崔波、杨春光、冯炯华、李锐、张乐琴、安纯人出席2009首届中国西部(银川)房·车生活文化节颁奖盛典并为首届宁夏房地产价值人物功勋奖、2009最受宁夏消费者信赖的十大车型奖获奖者颁奖。在7天的房·车生活文化节，观展人数42.4万人次，售出汽车1738辆，订售房屋2339套，打破了宁夏历史上同类展会的多项纪录。

6月10日，国家住房和城乡建设部、发展改革委、财政部将宁夏列入全国农村危房改造试点省区，并下达扩大农村危房改造试点补助资金9800万元。

6月14日，同心县通过争取地方政府债券资金、协调贷款等多种方式，筹集9000余万元用于解决县城新区开发、危窑危房改造等民生问题。

6月26日，贺兰县被国家正式命名为第二批"全国文明县城"，是宁夏首个全国文明县城。

6月28日，国家在综合考虑宁夏农村农户数、农村危房数、地区财力差别等因素的基础上，下达了宁夏扩大农村危房改造试点补助资金9800万元。

7月2日~4日，国务院重点流域水污染防治考核组考核宁夏水污染防治工作，考核组由中纪委环保部纪检组组长傅雯娟带队。

7月6日，宁夏世界穆斯林城在永宁县举行奠基仪式。

7月23日，自治区住房和城乡建设厅组织召开全区物业服务管理现场观摩会，通过现场实地观摩、播放专题片、多媒体演示等形式，交流推广各地物业服务管理先进经验，研究讨论物业服务管理行业的热点、难点问题，提出进一步加强和改进全区物业服务管理工作的办法和措施。

7月26日，在2009中国县域经济科学发展交流年会上，灵武市跃居西部百强第29名、全国百强217名，成为全国发展速度最快的县市之一。

7月28日，自治区环保厅召开了《宁夏通志·建设环保卷》评审会。

是月，在全国2008年度排污申报核定和排污费征收工作汇审会议上，宁夏获得2008年度排污申报核定工作二等奖、2008年度排污费征收工作三等奖。

是月，自治区环保厅成立了宁东能源化工基地国家生态工业园区建设规划编制领导小组，启动了《宁东能源化工基地国家生态工业园区建设规划》编制工作。

是月，环保部组织有关部门、专家对国家重点工程银川东750千伏变电站，贺兰山、黄河750千伏输变电工程进行了竣工环境保护验收。

8月3日，自治区政府召开农村环境综合整治暨小康环保行动工作会议。

是月，国家水体污染控制与治理科技重大专项宁蒙项目启动仪式在灵武市举行。

8月3日~6日，环保部部长周生贤一行对宁夏环保工作进行了考察调研。

8月5日，宁夏首家农村空气质量自动监测站揭牌仪式在吴忠市利通区扁担沟镇良繁场场部举行。

是日，自治区政府第43次常务会议审议通过了《宁夏应对气候变化方案》。

是日，全国典型乡镇饮用水水源地基础环境调查及评估经验交流会在银川召开。

是日，环保部对外合作中心官员、意大利 GEA 公司首席技术官一行赴中卫市对生物质能电厂进行考察，确定了中卫市生物质能电厂的原料来源、价格及其他有关事项。

是日，自治区环保厅、文化厅联合组织开展"人与自然和谐杯"建设环境友好型宁夏全区书画作品展活动。

8 月 12 日，自治区人民政府召开全区"塞上农民新居"建设和农村危房改造现场督查观摩会。自治区主席王正伟、副主席李锐、政协副主席冯炯华带领自治区城乡建设工作领导小组各成员单位负责人，全区各市县政府、建设部门负责人实地观摩了同心、中卫、中宁、青铜峡、吴忠、银川、贺兰、平罗 8 个市县的 10 个示范点。

8 月 15 日，国家住房和城乡建设部部长姜伟新在自治区领导陈建国、崔波、蔡国英、李锐及相关部门负责人的陪同下，对我区住房和城乡建设工作进行了视察调研。姜伟新部长一行到自治区住房和城乡建设厅看望了全体干部职工并合影。

8 月 15 日，国家住房和城乡建设部部长姜伟新到宁夏调研。

8 月 15 ~ 17 日，"2009 中国市长论坛"暨中国市长协会四届三次常务理事扩大会议在银川举行。全国市长年度盛会首次在西北地区举办。

9 月 1 日，全区住房公积金异地购房贷款启动大会在银川召开。银川、石嘴山、吴忠、固原、中卫 5 市住房公积金管理中心和自治区住房资金管理中心共同签署了《全区住房公积金异地购房贷款合作协议书》，宁夏住房公积金异地购房贷款正式启动实施。

9 月 6 日 ~ 7 日，由国家发改委、环保部、亚洲开发银行和自治区政府主办，石嘴山市政府承办的生态环境补偿机制国际研讨会在石嘴山市举行。国家发改委副主任杜鹰，自治区主席王正伟等领导和百余名来自中国、美国、德国和澳大利亚等 10 多个国家和地区的专家学者出席了论坛。

9 月 7 日 ~ 13 日，由环保部主办，自治区党委组织部、环保厅承办的"宁夏党政领导干部环保专题研讨班"在环保部北戴河环境技术交流中心举行，这是环保部举办的宁夏首届党政领导干部环保专题研讨班。

9 月 30 日，自治区十届人大常委会第 12 次会议审议通过了《宁夏回族自治区建设工程造价管理条例》，从 11 月 1 日起正式施行。

是月，“中国－瑞士低碳城市（银川市）示范项目座谈会”在银川召开，瑞士驻华大使参赞沃尔特·迈耶一行参加会议。

是月，在自治区民政厅召开的全区性行业协会商会评估授牌大会上，宁夏环保产业协会榜上有名，荣获3A级称号。

是月，宁夏首个农村环境整治专项水处理示范项目——平罗县渠口乡人工湿地污水处理工程完成施工建设和设备安装。

10月10日，自治区应对气候变化及节能减排工作领导小组通报表彰了2008年度自治区节能降耗先进企业、先进集体、优秀节能工作者和循环经济试点先进单位，住房和城乡建设厅被评为“全区节能减排先进单位”。

10月27日，自治区主席王正伟会见住房和城乡建设部副部长陈大卫一行。

10月28～29日，住房和城乡建设部副部长陈大卫一行对银川、石嘴山住房和城乡建设稽查执法工作情况进行调研。

11月3日，自治区住房和城乡建设厅制定印发了《关于进一步规范和加强物业服务管理工作的意见》，提出了进一步理顺物业服务管理体制机制、引导物业服务企业向市场化专业化方向发展、加强物业服务市场监督管理等十条措施。

11月8日，在杭州举行的“2009中国（国际）休闲发展论坛”上，银川市荣膺国民休闲特别贡献城市奖。

11月20日，自治区人大常委会第四次会议通过《宁夏回族自治区环境保护条例（修订）》。

12月1日，在“法治宁夏”建设主题晚会上，自治区主席王正伟向被自治区依法治区领导小组命名为第二批“全区依法治理示范单位”的自治区住房和城乡建设厅等10家单位颁发了奖牌。

12月3日，住房和城乡建设部公布了第三批国家重点公园，宁夏银川市中山公园被评为第三批国家重点公园。

12月9日，宁夏被列为国家农村危窑危房改造工程试点省区。

12月17日，中卫市被自治区政府命名为自治区园林城市。

12月18日，在全国住房和城乡建设工作会议上，宁夏扩大农村危房改造工程获得全国扩大农村危房改造先进省（区），并进行了经验交流。

12月20日，因连续9年未发生重大建筑安全事故，宁夏被国家住房和城乡建设部、中华全国总工会授予全国建筑施工安全质量标准化工作先进单位。

12月28日，银川西北部水系整治工程开工。

是年，宁夏改造农村危房5万户，建设600套新型抗震示范农宅，解决3.1万户城市低收入家庭住房困难，棚户区改造新建住房100万平方米。

2010年

1月11日，自治区住房和城乡建设厅召开2009年度效能目标考核大会，对机关各处室、厅属各单位及其主要负责人效能目标任务完成情况进行了综合考核评议。

1月26日，自治区党委、政府召开自治区2009年度效能目标管理考核总结表彰大会，自治区住房和城乡建设厅荣获自治区效能目标管理考核优秀等次一等奖。

1月27日，全区住房和城乡建设工作会议在银川召开。会议传达学习了全国住房和城乡建设工作会议精神，总结了2009年住房和城乡建设工作，安排部署了2010年工作任务，表彰了2009年度住房和城乡建设先进集体和先进个人。

2月4日，国家住房和城乡建设部通报命名了2009年国家园林城市、县城和城镇，青铜峡市、彭阳县获国家园林城市（县城）称号。

2月15日，自治区人民政府办公厅印发了《关于加快推进供热计量改革意见的通知》，明确2010年1月1日以后竣工的新建建筑和完成供热计量和节能改造的既有建筑，实行按用热量计价收费，计划用2年时间，完成政府办公建筑和大型公共建筑的供热计量改造，实行按用热计价收费。

4月13日，黄河金岸项目建设大会战动员会在平罗天河湾湿地公园举行。自治区领导王正伟、项宗西、于革胜、冯炯华、李锐出席大会战动员会并为平罗塞上江南博物馆奠基。

4月19日，自治区住房和城乡建设厅组织全体党员干部职工举行了“情系地震灾区，送温暖献爱心”捐款活动。全体党员干部职工761人共为青海玉树地震灾区捐款30.31万元。

4 月 26 日，全区 2010 年农村危房改造暨城乡环境综合整治动员会议在隆德县召开，自治区副主席李锐出席会议并做了重要讲话。

5 月 7 日，自治区党委书记陈建国，自治区党委常委、秘书长蔡国英在住房和城乡建设厅厅长刘慧芳的陪同下，对我区抗震农房建设进行了调研。

5 月 31 日，2010 年中国西部（银川）第二届房车文化节房地产高峰论坛在银川市悦海宾馆会议中心隆重举行。

6 月 28 日，自治区人民政府令第 22 号发布了《宁夏回族自治区民用建筑节能办法》，2010 年 8 月 1 日起施行。

6 月 28 日，自治区人民政府印发了《关于稳定住房价格促进房地产市场平稳健康发展的意见》。

6 月 28 日，全国政协原副主席、宋庆龄基金会主席、中国福利会主席胡启立在自治区住房和城乡建设厅厅长刘慧芳的陪同下，对我区轻钢结构抗震节能体系农宅进行了考察。

7 月 13 日，全区城市低收入家庭住房保障工作会议在银川召开。自治区副主席李锐出席会议并做了重要讲话。

8 月 10 日，自治区住房和城乡建设厅召开了开展深入实施西部大开发战略大学习活动动员大会。

8 月 11 日至 12 日，国家住房和城乡建设部副部长齐骥带领国务院保障性安居工程建设督查组，在自治区副主席李锐、住房和城乡建设厅厅长刘慧芳的陪同下，对我区保障性安居工程建设工作进行了检查和指导。

8 月 25 日，自治区党委召开了专题会议，自治区党委书记张毅、自治区主席王正伟及有关领导听取了自治区住房和城乡建设厅关于沿黄城市带规划建设情况的汇报。

8 月 26 日，自治区主席王正伟主持召开政府第 74 次常务会议，研究并原则通过了《关于加快推进城乡统筹发展的实施意见》。

9 月 29 日，《银川市城市总体规划（2008 – 2020）》通过国务院部际联席会议审查。

10 月 21 日，自治区人民政府第 78 次常务会议研究通过了《关于加快发展公共租赁住房的实施意见》。12 月 20 日印发执行。

10 月 24 日，国家人民防空办公室表彰了全国人民防空先进单位和先进个人，自治区住房和城乡建设厅被评为全国人民防空先进单位。

12 月 3 日，自治区十届人大常委会第 21 次会议审议通过了《宁夏回族自治区物业管理条例》，2011 年 2 月 1 日正式施行。

12 月 14 日，宁夏博物馆获得 2010－2011 年度国家建筑行业工程质量最高荣誉奖一鲁班奖。

12 月 23 日，国家住房和城乡建设部通报了 2010 年“迪拜国际改善居住环境最佳范例奖”全球百佳范例获奖项目，中卫市开发保护黄河湿地资源项目荣获 2010 年“迪拜国际改善居住环境最佳范例奖”全球百佳范例称号。

12 月 28 日，自治区科学技术进步表彰大会在银川召开，由自治区住房和城乡建设厅组织编制的《轻钢结构抗震节能体系关键技术及其在“塞上农民新居”中的应用研究》荣获 2009 年度自治区科学技术进步一等奖。

12 月 31 日，经自治区人民政府批准，泾源县获自治区园林县城称号，石嘴山市红果子镇、青铜峡市瞿靖镇和贺兰县金贵镇获自治区园林镇称号。

参考文献

1. 陈育宁主编:《宁夏百科全书》,宁夏人民出版社,1998 年。

2. 李恽和主编:《当代中国的宁夏》,中国社会科学出版社,1990 年。

3.《宁夏年鉴(2001 ~2010)》,方志出版社。

4. 吴忠礼主编:《宁夏志笺》,宁夏人民出版社,1996 年。

5. 马福祥、陈必淮、马鸿宾主修,吴复安、王之臣编纂:《朔方道志》,天津华泰印书馆,1926 年。

6.《银川中山公园志》,陕西摄影出版社,1994 年。

7. 刘伟主编:《宁夏清真寺概观》,宁夏人民出版社,2009 年。

8.《宁夏通志 · 地理环境卷》,方志出版社,2008 年。

修志始末

《宁夏通志·建设环保卷》编纂工作始于1987年6月，由时任自治区城乡建设厅办公室副主任马维邦等同志组成工作小组，开始进行资料收集等基础性工作。后来由于人员变动等原因，编纂工作一度搁浅。

2004年8月，《宁夏通志·建设环保卷》编纂领导小组成立。领导小组下设编辑部负责本卷的资料征集和初稿编写工作。2008年2月，自治区建设厅完成了承担的初稿编写任务，先期进入初级评审，并按评审意见对志稿作了修改和补充。2008年11月，自治区环境保护局完成承担的初稿编写任务后，由《宁夏通志》编辑部指导对本卷进行合稿。2009年7月，《宁夏通志》编辑部邀请有关领导、专家对本卷进行综合评审，同时邀请鲁人勇、胡亚斌以特邀编审的身份对本卷作了重点点评和分工修改。2010年7月，本卷修改和复审工作结束，全稿交由《宁夏通志》编辑部从结构上进行技术处理并对个别内容进行了补充。

《宁夏通志·建设环保卷》共分11篇，概述、纪事、第一篇机构团体、第十一篇科技教育，以及文献选编、限外辑要由自治区建设厅、自治区环保厅共同完成；第二篇古代建筑、第三篇城乡规划、第四篇城乡建设、第五篇建筑业与勘察设计、第六篇住房与房地产业由自治区建设厅独立完成，第七篇环境质量、第八篇污染防治、第九篇自然生态环境保护、第十篇环境保护管理由自治区环保厅独立完成。

本卷初稿撰写分工：概述由张沁元、何琮完成；纪事由张沁元、戴锋、缑玉玺完成；第一篇由莫良栋、戴锋完成；第二篇由段继刚完成；第三篇由张沁元完成；第四篇由李有军（第1～6章）、张沁元（第7章）完成；第五篇由葛志杰（第1～3章）、张沁元（第4章）完成；第六篇由魏建华、庄献华、马源霞等完成；第七篇由戴锋（第1、4、5章）、李振声（第2章）、孙宁生（第3章）完成；第八篇由安维忠完成；第九篇由胡亚斌完成；第十篇由缑玉玺完成；第十一篇由汪茹、李殿民、安维忠完成；文献选编由戴锋、张沁元完成；限外辑要由张沁元、戴锋、安维忠、王玉琴完成。

在本卷编纂过程中，因人事变动和工作需要，先后对领导小组成员作了两次调整，自治区建设厅厅长刘慧芳、自治区环保厅厅长冯志强等领导对本卷的编纂出版给予了大力支持。

2004年8月，编委领导小组成立初期，副主编罗存仁、刘海晏，责任编辑任小花等对本卷的正式启动做了大量的工作。桂川、王晔华、崔万杰参与环境保护部分的资料收集、文字录入和校对工作。

《宁夏通志》编辑部聘请沙俊清领衔，王玉琴、杨云等对全志稿做了校对工作，索引编排由《宁夏通志》编辑部工作人员完成。

《宁夏通志·建设环保卷》编辑部

二〇一〇年十月六日

索　引

说明:1. 本索引以主题分析方法为主,按主体词首字汉语拼音字母顺序排列。

2. 主题词后的数字表示内容所在的页码。

3. 概述、纪事、限外辑要未编索引。

B

白芨滩自然保护区　604　605　657
白立忱　15　17　189
兵沟　187

C

长城　107　188　190　192　306
承天寺塔　30　57　106　187　306
城市公交　171　172
城市供热　163　164
出租汽车　173　174　175
拆迁　367　368

D

大气污染物　443　475　478　480　575
大武口武当庙　52
道堂　30　66　68
邸国卫　704
地下水　460　461　462
丁毅民　8　16　17
董家林　9

F

房屋产权　382　383
放射性元素　520　522　524　587
废水污染治理　562　563　564　566　570　663　665　666　667　674
废气污染治理　582　651　680　683
冯志强　18　19

G

拱北　30　66　68
滚钟口风景区　187　190　191
国家重点保护动植物　192　415　598　604　608　611　698

H

海宝塔　30　55　102　106　187　306
郝玉山　7
何琮　708　720
贺兰山岩画　192
贺兰山自然保护区　102　600　620　655　657　674
环境保护执法　587　589　591　681　688　695　712　737
环境监测站　449　450　452　530
环境综合整治　577　578
黄超雄　9　10
火石寨　187　651

J

集资建房　360　361
建筑工程公司　231　232　262　275　276　278　296
江泽民　195
节能减排　683　684　723
经济适用房　369　399　400

K

空气检测　415　658　659

L

李景林　7
亮化工程　143　144
刘慧芳　10　249　250
刘学军　10
六盘山自然保护区　193　194　601　620　655　657　674
罗山自然保护区　605　606　657　674

M

马鸿逵　191
满城　35　36　91
煤矿塌陷区治理　644　645
门前三包制度　184

N

宁夏爱国卫生运动委员会　182
宁夏城乡规划设计院　344
宁夏环境监测中心站　543　544　631
宁夏建工集团　249
宁夏建筑设计院　314　315　326　337　338　747
农业环境保护　595　596　614　676　694

P

牌坊　87　88

Q

青铜峡一百零八塔　30　61　187　306

清真寺　30　66　68　107　209　348

S

三北防护林　602　603　674
三线建设　225
沙湖　188　189　190　195　456　457　606　655
沙坡头自然保护区　16　21　188　190　195　602　603　621　629　651　655　657　801
邵井蛙　14　16　17
湿地　544　545　546　692
市政工程公司　133　134
水土保持　639　640　676
水土流失　547　548　598　637　639　640　681
水质监测　420　421　422　423　463　464
苏峪口　190　191

T

田明　10　389
土地沙化　548　549　681
土地沙化　548　549　681
土炕　227
土坯房　202　203　227　745
土壤污染　552　553　554
土壤盐渍化　549　550　598　675　692
退耕还林　415　551　598　618　634　640

W

危房改造　362　363　366　384
污水处理　140　142　717　718

X

西夏王陵　102　107　188　190　191　306
小城镇建设　216　217　219
新农村建设　204　205　321
须弥山　190　197　306

Y

窑洞　78　79　227
义务植树　634　635　636
饮用水水质　468　470　664　665
于革胜　15　17
园林绿化　177　178　179　180　183
云雾山自然保护区　602　620　657

Z

噪声　489　490　492　498　583　584　670
镇北堡影视城　190　192
治沙造林　188　598　603　629　641　642　643　651　681

中介　385　386
中卫高庙　52　53　187　306
住房补贴　403　404
住房制度改革领导小组　389　390
自来水　210
自治区基本建设委员会　5　230　231　321
自治区建筑勘测设计院　325　326
自治区治理工业“三废”领导小组　1　14　15　415　559　647　659

《宁夏通志》总目

卷　首

●卷　二　地理环境

●卷　三　行政建置

●卷　四　经济管理

●卷　五　农业

●卷　六　工业

●卷　七　建设环保

●卷　八　交通邮电

●卷　九　商贸旅游

●卷　十　财税金融

●卷十一　党派社团

卷十二　政权政协

●卷十三　综合政务

●卷十四　司法公安

●卷十五　军事

●卷十六　教育

●卷十七　科学技术

●卷十八　社会科学

●卷十九　文化

●卷二十　卫生体育

●卷二十一　民族宗教

卷二十二　艺文

●卷二十三　社会

卷二十四　人物

卷　末